誤判原因に迫る

刑事弁護の視点と技術

日本弁護士連合会人権擁護委員会編

現代人文社

はじめに

　本書『誤判原因に迫る——刑事弁護の視点と技術』は、日弁連人権擁護委員会の第 2 期・誤判原因調査研究委員会の研究成果（最終報告）である。
　簡単に第 1 期から第 2 期までの誤判原因調査研究委員会の活動について記しておく。
　もともと日弁連の誤判原因調査研究委員会は 1983 年に設置され、以来、誤判原因に関する調査研究活動を行ってきた。その成果は 15 年後の 1998 年に『誤判原因の実証的研究』（現代人文社）として出版された。その翌年（1999 年）に第 2 期の誤判原因調査研究委員会が設置され、2003 年に中間報告を出した（同報告は、季刊刑事弁護 36 号〔現代人文社〕に「誤判に学ぶ刑事弁護」という特集で掲載された）。
　その後も第 2 期の委員会は調査研究を重ねてきたが、設置から 10 年後の 2009 年に活動内容の最終報告書を日弁連に提出する段階に至った。
　さて第 2 期では、日弁連刑事弁護センターが無罪事例を会員から収集し公表していることに着目して誤判原因調査研究の対象を無罪事例全体に広げ（つまり誤判事件および誤起訴事件に広げ）、かつ分析を犯罪類型ごとに行ってきた（犯罪類型に着目した先行研究としては竹澤哲夫ほか編『刑事弁護の技術（下）』〔第一法規、1994 年〕の第 7 章「各種事件の弁護技術」がある）。
　上記中間報告の際に佐藤博史氏と中川孝博氏が第 2 期の誤判原因調査研究の対象と方法について執筆している（佐藤『誤判原因分析と刑事弁護』、中川「誤判原因の分析方法」。ともに季刊刑事弁護 36 号 28 頁以下と 33 頁以下に掲載）。
　上記佐藤論文が第 2 期の研究の特質をわかりやすく説明しているので一部を引用する。

＊

　「第 2 期の誤判原因分析の対象は、特定の 1 事件ではなく、罪名が共通する複数の事件となった。つまり、第 2 期は、特定の事件を徹底的に分析することはせず（というよりも、全記録がないため前提を欠いていた）、いくつかの同種の無罪事例を検討し、誤判原因を分析するという方法を採用したことになる。第 1 期の方法が『狭く、しかし、深く掘り下げる』ものだったのに対し、第 2 期のそれは『浅く、しかし、広く見通す』ものである。
　その結果、誤判原因、あるいは無罪弁護のための着眼点は、事件の類型ごとにか

なり異なることがわかった。考えてみれば当然で、たとえば、交通事故と薬物犯罪との間に共通点を見出すことはほとんど不可能である。両者の犯罪構成要件、犯罪立証に用いられる証拠の性質、証拠の収集方法は完全に異なるから、捜査の方法は異なり、それに応じて、弁護の方法も異ならざるをえない。たとえば、同じ『供述の信用性』でも、瞬間の出来事に関する供述が問題の交通事故の場合は、なによりも客観的事実との整合性が問題となるが（もともと供述の証拠価値は相対的に低い）、客観的な証拠が残されることが稀な薬物犯罪の場合は、常習的犯罪者たる『共犯者』の供述が決め手となることも多く、客観的事実との整合性ではなく、供述者の人物評価がより重要である（たとえば、供述の動機など）。また、薬物事件では、違法収集証拠の証拠能力が問題となるが、これは弁護人が自覚的に取り上げないと争点になりえない。常習的犯罪者あるいは暴力団員・右翼構成員を対象とした事件は、ほかに恐喝事件、暴行・傷害事件などがあるが（むろん殺人事件に発展することもある）、暴力団・右翼事件の捜査は、一般市民を対象とした捜査と異なる手法が用いられるのである。つまり、暴力団や右翼の無罪弁護は、違法収集証拠の排除法則を忘れてはならないという意味でも、交通事故弁護といわば質的に異なっている。

　また、暴行・傷害事件（や殺人事件）では犯罪構成要件はほとんど問題とならないが（問題になるのは正当防衛くらいであろう）、横領・背任事件ではそうではない。一定の事実が認められたとしても、それが直ちに横領や背任の犯罪構成要件を充足するとは限らないからである。過失の成否も同様で、一定の事実に対する評価が問題になる。

　従来の誤判原因分析では、経済事犯や過失犯は取り上げられることがほとんどなく、少なくとも、先に紹介した日弁連による誤判原因分析は、それ以外の、いわば自然犯たる刑事事件を対象としたものだった。しかし、冒頭に確認したように、犯罪を構成しない事実について処罰されることも間違いなく誤判であり、そのような誤判を防止することも刑事弁護の重要な任務である。今回取り上げることができなかったが、贈収賄事件や脱税事件も、そのような類型の事件ということができる」。

　「こうして、第2期の誤判原因分析は、第1期とはかなり様相を異にするものとなった。第1期が『狭く、しかし、深く掘り下げる』だけでなく、最終的に『総括する』ことを目指すものだったから、分析の結果は、誤判原因の共通の要素を求めていわば『収斂していった』のとは対照的に、第2期は『浅く、しかし、広く見通す』ものだったため、誤判原因は事件の類型ごとにいわば『拡散していった』のである。（中略）ところで、第1期の誤判原因分析を、あたかもエベレスト登頂に備えた超高難度の刑事弁護を目指すものと呼べば、第2期のそれは、どこにでもある小高い丘に登るのに

似て、誰にでもできる刑事弁護の観を呈している。

たしかに、『無名の』無罪事例に接すると、無罪判決が意外に身近にあることに驚く。しかし、同時に、『こんなことで無罪になるのなら、かつて弁護したあの事件はもっと努力しなければならなかった』と反省の契機になる事件も少なくない。私自身、何度も深刻な反省を迫られた。『無名の』無罪事例に学ぶことは多い。

そして、エベレストの登頂を果たすためには日頃の鍛錬が不可欠であるように、著名な重大事件の無罪弁護は、無名な軽微事件での無罪弁護ができてはじめて可能になる。その意味では、2つの誤判原因分析を再び山にたとえると、第2期の誤判原因分析は基礎としての『裾野』を、第1期の誤判原因分析は応用としての『山頂』を、それぞれ構成するといってよい。しかし、第2期の誤判原因分析といえども、近づいてみれば、それなりの難所が待ち受けている」。

＊

以下、本書の全体の構成を簡単に紹介する。

第1部は、窃盗・殺人などの犯罪類型に分類された誤判・誤起訴の原因分析である。この部分が第2期の調査研究活動の特色を最も反映した部分である。当初は強盗罪や贈収賄も分析対象に含める計画であったが最終報告に間に合わなかった（なお強盗罪は無罪確定の事例が意外と少なく途中で分析を断念した）。また、基本的に無罪が確定した事例を分析対象とした（逆転有罪の事例の中には興味深い事例もあったが、今回の分析からは除外した事例も少なくない）。第1部は、分析対象事例の数の多さと分析方法が犯罪類型ごとに行われていることから冤罪と闘う刑事裁判の現場で役立つと確信する。

第2部は、無罪判決が確定した個別事例の研究である。論考の全部ではないが、大半は事件の弁護人を務めた本委員会の委員が執筆している。したがって、各争点に関する掘り下げた分析が見られるし、また弁護活動の反省を含む報告的な部分も含まれている。

第3部は、近時の誤判原因研究に関する第一線の研究者・実務家の優れた論考である。特徴は裁判員制度の運用の行方を意識した論考になっていることである。

最後に一言。

今（2009）年6月に冤罪・松川事件の元被告人の佐藤一氏が亡くなられた。今年10月21日から冤罪・足利事件の菅家利和氏の再審公判が開始された。

自ら2度も死刑判決を受け、無罪証拠の諏訪メモを権力が隠蔽していた深刻な事実から全面的証拠開示を訴え続けた佐藤氏。1991年12月の逮捕から17年6カ月も違法拘禁され続け、録音テープによって明らかになった警察・検察の違法な取調

べで虚偽自白を強いられた菅家氏。佐藤氏の冤罪事件から菅家氏の冤罪事件まで、冤罪は切れ目なく生み出されており、今も新たな冤罪が生み出されていることは間違いない。

　第2期の委員会と委員一同は、佐藤氏や菅家氏ら冤罪に苦しめられた人々の犠牲と無念を思い、責任を深く痛感する。現在が「冤罪多発時代」であることをしっかりと脳裏に刻み、冤罪を作り出す刑事裁判制度の歪みや様々な不正義と闘い続けなければならないと思いを新たにする。困難な冤罪との闘いに本書が少しでも役立つことを願うものである。

2009年11月

日本弁護士連合会人権擁護委員会
誤判原因調査研究委員会
委員長　　一瀬敬一郎
副委員長　大川　　治

誤判原因に迫る
刑事弁護の視点と技術

目次
はじめに iii

第1部 犯罪類型別の誤判原因

  イントロダクション……………大川 治 3
1 窃盗……………本田兆司 5
2 詐欺……………一瀬敬一郎 43
3 恐喝……………大川 治 131
4 横領・背任……………佐藤博史・大川 治 173
5 暴行・傷害……………笹森 学 200
6 交通事故事犯……………黒田一弘・大川 治 223
7 強姦・強制わいせつ……………岩本 朗 257
8 痴漢事件……………秋山賢三 278
9 放火……………船木誠一郎・本田兆司 301
10 薬物犯罪……………荻野 淳 314
11 殺人(1)……………中島 宏 340
12 殺人(2)——責任能力……………庭山英雄 371
13 公務執行妨害……………大川 治 393
  まとめ——犯罪類型ごとに見る誤起訴・誤判原因……………大川 治 428

第2部 無罪を争う弁護活動

　　　イントロダクション……………本田兆司　445
1　知的障害者・年少者の供述と闘う
　　（甲山事件）……………浜田寿美男　447
2　情況証拠と闘う(ロス銃撃事件)……………中川孝博　483
3　自白と闘う(広島甲板長事件)……………本田兆司　500
4　目撃供述と闘う
　　（自民党本部放火事件）……………一瀬敬一郎　524
5　「主観的要件」と闘う
　　（なみはや銀行事件）……………大川　治　626
6　自白に頼った杜撰な捜査と闘う
　　（宇和島事件）……………大橋靖史　674
7　「やましくないなら話せ」という偏見と闘う
　　（城丸君事件）……………笹森　学　702
8　フレームアップと闘う
　　（志布志事件）……………野平康博　711
9　刑事補償請求の闘い……………笹森　学　810
10　上申書の任意性と闘う(北方事件)……………浜田　檀　822
11　同房者供述と闘う(引野口事件)……………田邊匡彦　848
　　まとめ──誤起訴・誤判の最大の原因……………本田兆司　872

第3部 誤判研究の現段階

1 裁判員制度下の冤罪問題について
　　——合理的疑いの意義・上訴審の審査方法・注意則の機能を中心に
　　……………中川孝博　893
2 裁判員制度下の冤罪問題について
　　——刑事弁護人の立場から……………今村 核　916
3 裁判員制度のもとで供述鑑定は意味をもちうるか
　　……………浜田寿美男　935
4 誤起訴・誤判原因に関する弁護士への
　　意識調査の分析から見えてくるもの……………仲真紀子　952
5 冤罪事件から捜査機関は何を学んだのか
　　——氷見事件と志布志事件の調査報告書の分析から見えてくるもの
　　……………村岡啓一　972
6 誤判研究私史……………庭山英雄　995

あとがき　1016

◎執筆者一覧 (五十音順)

秋山　賢三	あきやま・けんぞう	弁護士
一瀬敬一郎	いちのせ・けいいちろう	弁護士
今村　　核	いまむら・かく	弁護士
岩本　　朗	いわもと・ほがら	弁護士
大川　　治	おおかわ・おさむ	弁護士
大橋　靖史	おおはし・やすし	淑徳大学教授
荻野　　淳	おぎの・じゅん	弁護士
黒田　一弘	くろだ・かつひろ	弁護士
佐藤　博史	さとう・ひろし	弁護士
笹森　　学	ささもり・まなぶ	弁護士
田邊　匡彦	たなべ・まさひこ	弁護士
仲　　真紀子	なか・まきこ	北海道大学教授
中川　孝博	なかがわ・たかひろ	國學院大学教授
中島　　宏	なかじま・ひろし	鹿児島大学法科大学院准教授
庭山　英雄	にわやま・ひでお	弁護士
野平　康博	のひら・やすひろ	弁護士
浜田寿美男	はまだ・すみお	奈良女子大学教授
浜田　　愃	はまだ・ひろし	弁護士
本田　兆司	ほんだ・ちょうじ	弁護士
船木誠一郎	ふなき・せいいちろう	弁護士
村岡　啓一	むらおか・けいいち	一橋大学法科大学院教授

第1部

犯罪類型別の誤判原因

◎略記法

第1部の各稿末尾に掲載されている事例一覧では、事例の出典をつぎようにように略記する。

・日弁　→　日本弁護士連合会刑事弁護センター編『無罪事例集』
　　　　　（第1集・第2集は日本評論社で刊行し、第3集より日本弁護士連合会が刊行している）

・刑弁　→　季刊刑事弁護（現代人文社刊）

イントロダクション

大川 治

　誤判原因調査研究委員会は、日弁連人権擁護委員会内に設けられた特別委員会である。第1期の誤判原因分析・研究では少数の事例を徹底的に検討するという方法がとられ、その成果は、『誤判原因の実証的研究』（現代人文社、1998年）に結実した。
　一方、1999年に活動を開始した第2期の誤判原因分析・研究は、検討対象として、どちらかといえば「無名」の無罪事例を取り上げる方針を採用した。そして、主として日弁連刑事弁護センター刊行の『無罪事例集』1集から9集に掲載された無罪事例を中心に、調査研究を進めた。
　そして、少数の事例ではなく、複数の無罪事例を、また、再審無罪や上級審で逆転無罪となった「誤判」事例だけでなく、「誤起訴」事例をも検討対象とした。
　さらに、通常の弁護士がその日常的な業務において出会うことの多い「犯罪類型ごと」に誤起訴・誤判原因を分析・検討することにした。それも、「刑事弁護実務に資する」という観点を重視している。
　このようにして、われわれが取り上げた犯罪類型は、窃盗、詐欺、恐喝、横領・背任、暴行・傷害、業務上過失致死傷（交通事故事案）、強制わいせつ・強姦（痴漢犯を除く）、痴漢、放火、覚せい剤（薬物事犯）、殺人、公務執行妨害である。これらはいずれも、通常の刑事弁護実務で遭遇することになる類型ばかりである。
　重要な犯罪が抜けている、と感じる向きがあるかもしれない。強盗（致死傷を含む）が分析の対象になっていない。贈収賄もない。文書偽造、偽証も抜けている。また、脱税その他の経済事犯もない。もちろん、これらの犯罪類型も重要である。しかし、これらについては、無罪事例の数そのものが少ない等の事情から、検討対象とすることができなかった。
　犯罪類型に着眼して判例・裁判例を分析検討する先行的な試み・業績に目を向けてみよう。
　小林充・香城敏麿編『刑事事実認定―裁判例の総合的研究（上）（下）』（判例タイムズ社、1994年）、小林充・植村立郎編『刑事事実認定重要判決50選（上）（下）』

（立花書房、2007年）がある。これらは、いずれも裁判官の手になるもので、主として事実認定者向けの研究である。犯罪類型に着眼しているが、無罪事例を中心に採り上げたものではない。

検察官の視点に立ったものとして、司法研修所検察教官室編『無罪事件に学ぶ——捜査実務の基本』(令文社、1992年)、同『適正捜査の要点——無罪事件の検討』(同、2004年)などがある。これらは、無罪事例を検討対象としている。

しかし、必ずしも主要な犯罪類型を網羅した検討になっているわけではない。

弁護の視点で犯罪類型に着目したものとして、『刑事弁護の技術(上)(下)』(第一法規、1994年)、三木祥史編『Q&A 類型別 刑事弁護の実務』(新日本法規、2007年)がある。しかし、いずれも無罪事例を中心に調査・分析したものではない。

さらに、特定の犯罪類型に特化して無罪事例を検討するものとして、交通法科学研究会『交通事故事件の弁護技術』(現代人文社、2008年)、秋山賢三・荒木伸怡・庭山英雄・生駒巌編『痴漢冤罪の弁護』(同、2004年)、秋山賢三・荒木伸怡・庭山英雄・生駒巌・佐藤善博・今村核編『続・痴漢冤罪の弁護』(同、2009年)などがある。いずれも、特定の犯罪類型を取り上げるもので、刑事弁護の観点から非常に有用な研究である。しかし、主要な犯罪類型を網羅したものではない。

これらの先行業績と比較すると、我々の調査研究の特徴は、次の3点に整理できる。①主要な犯罪類型全般にわたること、②無罪事例（誤起訴・誤判事例）を対象とすること、かつ、③「刑事弁護に資する」との観点を中心にすえること。

われわれは、これまでの先行業績とは異なる視点から誤判・誤起訴原因に迫ったのである。その成果は、今後の刑事弁護活動に有益な情報になるだろうと期待している。

1 窃盗

本田兆司

第1 はじめに

　本稿は、日弁連刑事弁護センターに会員から寄せられた無罪事例のうち窃盗罪の無罪事例を検討・分析し、無罪類型（原因）を探求し、これを紹介するものである（本稿末尾に事例の一覧表を掲載した）。
　ところで、窃盗罪は、他人の占有する財物をその意に反して窃取という奪取罪としての性格を有し（強盗とは暴行・脅迫を手段とする点で異なる）、財物を自己の支配下に所持するという事実を要することが要件となるから、窃盗罪の無罪原因の類型としては、①犯行の日時・場所と所持の日時・場所とに隔たりある近接所持の事例、②奪取された被害品と所持品との同一性の事例、③占有の奪取の有無が問題となるほか、他罪の無罪類型と同様に、④被害者や目撃者の供述、⑤共犯者の供述および⑥自白の信用性、⑦責任能力という類型に大別できるところ、無罪事例は、1つの無罪類型によるというよりは複数の無罪類型が絡み合って、無罪が言い渡されるのが普通である。
　そこで、本稿は、無罪類型ごとに事例を紹介し、今後の弁護活動の参考となれば幸いである。なお、責任能力が問題となった無罪事例が2件報告されているが、別項で責任能力に関する事例が報告されるので、ここでは事例の紹介だけにとどめ、また、平成18年5月8日（法律第36号）改正により、窃盗罪に罰金刑（50万円以下）が創設されたので、本来無罪となるべき事案が略式起訴で済まされる可能性のあることを注意しておく。

第2　無罪事例の紹介と分析

1　近接所持の法理の適用がないとされた事例

　「近接所持の法理」とは、窃盗被害の発生時点と近接した時点において当該窃盗被害品を被告人が所持していたことおよび被告人において当該被害品の入手経路につき合理的な説明をしないもしくはできないことの2要件を満たす者は、当該窃盗の犯人と推認することができるという考え方である。

(1)　事例10
①　事案の概要
　本件は、平成9年8月末に、N支店のチェーンの掛かった駐車場に納車のために置いていた普通乗用自動車（時価500万円。以下「本件車両」という）が、エンジンキーがN支店の事務所に保管されたままで、何者かによって窃取されたという事案である。
　その約6カ月後の平成10年3月11日早朝、自動車整備業を営んでいる被告人が、本件車両に他車のナンバーを付けて運転していたところ、警察官に職務質問を受けて、A某から50万円で買い取ったと弁解したが、これが窃盗被害品と判明し、同日夕刻に緊急逮捕され、被告人は、本件車両は自分が盗んだものであると自供し、概括的な員面調書が作成されたが、その後、黙秘に転じ、同月19日の検事調べに「本件車両は、同9年8月29日ころ盗んだ」と自供し、同月21日の現場引き当たりをなし、同月25日付、26日付で、詳細な自白のある2通の員面調書が作成されたが、30日に自白を撤回し、31日の検事調べで、従前の自白は内容虚偽のものであり、本件犯行が発生した「平成9年8月29日夜には友人のS方に宿泊し、同月30日からSの家族と琵琶湖湖畔にキャンプに行っていた」旨のアリバイを主張し、「本件車両を知人の吉田ことT女からローンの肩代わりを引き受け、その代償として譲り受けた」と供述し、以後公判廷でも、一貫して窃盗を否認した事案である

②　公訴事実（訴因変更後のもの）の要旨
　平成9年8月29日午後8時ころから同年同月31日午前9時ころまでの間に、○○市内のM社N支店の駐車場で、Xが管理する普通乗用自動車1台を窃取したというものである。

③　本件争点

　被告人が本件窃盗の犯人であることを直接に裏付ける直接証拠はなく、近接所持の法理の適用と情況証拠による被告人が犯人であるとの推認ができるかが争点である。

　そして、検察官の主張する情況証拠は、ⓐ本件車両に他車（母親）のナンバープレートを装着していたこと、ⓑ職務質問の際にエンジンキーを紛失させて、隠蔽工作をしたこと、ⓒ被告人には10年前に合鍵を作って自動車を窃盗した事件で服役した前科があり、その犯行の際に使用したキーシリンダーや鍵等がトランクにあり、本件車両のトランクのキーシリンダが抜かれた状態となっていたことなどであり、これらの情況証拠から被告人が本件窃盗犯人であると推認できるか、一方、弁護人の主張する上記のアリバイや弁解供述が信用できるかが争われた。

④　判決の要旨
ア　上記情況証拠について

　ⓐ他車ナンバーを付けた自動車の運行に関して、「自動車の修理業者等の間では、未登録の車両や車検切れの車両を移動させるために他の車両のナンバープレートを取り付けて運行することが広く行われている」こと、ⓑエンジンキーの紛失について、「被告人がこれを探していたことや同乗していたR女に渡して隠したと思われるR女にわざわざ任意同行中に携帯電話で『エンジンキーを知らないか』と尋ねている」事実によれば、隠蔽工作があったといえないこと、ⓒ10年前の犯行時に使用したキーシリンダーなどの所持について「10年前の前科後も被告人が自動車盗を繰り返した事実が窺われず、本件自動車盗の手口が広く知られていることから本件車両は被告人以外の者が窃取した可能性があること、キーシリンダーが抜けているのを元に戻せばよいのにそのままにしていることも不自然である」と判示し、各情況証拠はいずれも「被告人の犯人性を基礎付ける情況証拠とは言い難い」として、情況証拠から被告人の犯行であることを推認できないと判示した。

イ　自白の信用性について

　逮捕当日の警察調書は、「その内容が具体性に欠け、断片的なものにとどまっているうえ、否認から自白に転じた理由も十分な裏付けはないし、内容的にも全面的に納得できるものではない」とし、その後の黙秘後に自白した警察調書は、その内容が、私は、㋑「平成9年8月28日の午後10時ころ、新車の屋外展示場まわりをするために」、㋺「私の所有する自動車トヨタレビンGTAPEXで自宅から……N支店に赴

き……ナンバープレートや車検標章のない本件車両……に気付いた」、㈥「何気なく携帯していたニッサン車の鍵を本件車両の運転手席側のドアの鍵穴に差し込み、左右に5、6回ひねってみたところエンジンも始動した……ことから、これを盗む考えを起こし……同月29日午前零時ころ……同駐車場西側の施錠されていない出入口から乗り出して盗み出し、……自宅までそのまま本件自動車を運転……その後、原動機付自転車を運転して、再び前記駐車場に戻り、前記レビン車のトランクに右原動機付自転車を乗せて帰宅した」というものであり、㋑について、本件犯行の発生は、平成9年8月29日午後8時以降であると述べるところと根本的に食い違っていること、㊂及び㈥について、犯行に使用したとされるレビンや原動機付自転車を本件当時被告人が所持していたとの裏付けもないこと、㈥について、被告人が偶々携帯していたエンジンキーが本件車両の鍵穴に合ったとか、本件駐車場の出入口が本件当日いかなる理由で施錠されていなかったとか、余りにも僥倖に過ぎると見られる不自然な部分があること、その他、本件被害届は……その文字が、訂正の指印が押印され、「八」か「九」かが判読しにくく、捜査官が見誤って誤導したとする被告人の説明には裏付けがあるなどと判示して、「本件各自白は、被告人が本件の真相を明らかにしないために、捜査官の誘導や自らの創作を取り混ぜて供述した、内容虚構のものであるとの疑いが濃い」といずれの自白調書もその信用性を否定した。

　ウ　アリバイ立証について

　被告人のアリバイ供述は、「8月29日夜は、親交のあったS方に宿泊し、30日昼頃から、S、Sの内妻Vの家族6名とともに、自動車を運転して滋賀県△△のQというキャンプ場へ出発し、途中、被告人の自宅によってキャンプ道具等を積み込み、午後3時頃出発して、同日夕方ころ前記キャンプ場に到着し、11日夜ころまでキャンプ場で過ごし、この間Sが病気になったことから、大阪や西宮に所在の病院へ入院させるために帰阪したことがあったが、その他には滋賀県を出たことはない」というものであり、被告人のアリバイ供述が、証人Sの内妻Vや同Sらの供述とがほぼ内容的に一致すること、平成9年8月30日に前記キャンプ場に赴いた際の日本道路公団大津料金所における高速代金の領収書やキャンプ場付近でした買い物のレシート等の客観的な証拠もあることなどから「右アリバイ供述は、その全体に関する裏づけがなされたものということができる」と判示し、被告人のアリバイを認めた。

　エ　入手経路に関する被告人の弁解について

　「T女の説明をたやすく信じたとする点にはなお疑問も残るところである」としつつ、直ちに供述しなかった動機について、被告人が、T女との親密な人間関係に照らせば、T女を庇って虚偽の自白をする十分な動機があり、被告人とT女との従前の人間関

係、特に盗難等を窺わせる外形的事情もなかったことを前提とすれば、不自然さはかなりの部分が解消されると判示し、弁解供述全体の信用性を認めた。

⑤ コメント

　被害の日時と所持の日時が余りにも隔たりがあり（近接所持の法理の適用事案）、直接証拠がなく、被害車両を所持しているという事実だけから本件犯行を行ったとの主要事実を認定できず、検察官の主張する情況（間接）事実から主要事実が認められるかが問題となる事案であった。

　情況証拠から主要事実を推認できるかという論点については、まず、間接事実の証明基準について、通説、判例とも、間接事実の認定には合理的な疑いの余地を超える証明を要すること、次に、認定された間接事実から主要事実を推認するには、経験則、論理則に基づく必要があるというのが一般的である。

　検察官が主張する、ⓐ被害車両に他車のナンバープレートがついていたという間接事実、ⓑエンジンキーを紛失したという間接事実、ⓒキーシリンダーの脱落と前歴のある犯行に使用した器材を所持していたとう間接事実などから被告人が本件犯人であると推認できるかという問題である。

　本判決は、ⓐの間接事実を認定できるが、他車のナンバープレートをつけるという反対事実もあること、ⓑの間接事実はそもそも認定できないこと、ⓒの間接事実を認定できるが、被告人が行ったとすれば、それを所持することの不合理なことなどから被告人がキーシリンダーを脱落させたと推認できないとし、結局、被告人が本件犯人であると推認できないと判断した事案であり、参考となる。

　また、供述の信用性判断についても、内容の合理性、裏付けとなる客観的証拠や客観的事実との整合性が問題となるが、駐車場が施錠されているのに被害車両を窃取できたという被告人の供述が客観的事実に整合しないこと、本件犯行に使用した車両が廃車となっていて裏付けとなる客観的証拠に矛盾することなどから、自白の信用性を否定したのは、当然のことと思われる。

　弁護活動として、検察側に、N支店の整備係の証人Pの取調べ、使用したと供述する車両の廃車証明を収集し、また、アリバイに関する客観的資料（高速道路通行料等）の収集やアリバイ証人の取調べを行わせたことが無罪を勝ち取ることにつながったといえる。

(2) 事例17

① 事案の概要

本件は、平成14年6月2日午前2時20分ころ、△△市内の民家付近を差し金、軍手およびゴムチューブなどを所持しているところを咎められ、通報を受けた警察官の職務質問を受け、その際使用していた自動車が同年4月5日ころの窃盗被害品であることが判明し、被告人の弁解が信用できないとして、起訴された事案である。

② 公訴事実の要旨
被告人は、平成14年4月5日午後1時ころから午後3時ころまでの間、S保険協会裏駐車場において、X所有四輪自動車1台とエンジンキー1個（時価20万300円相当）を窃取した。

③ 本件争点
被告人の不合理な弁解供述と近接所持の法理の適用が争点である。

④ 判決の要旨
被告人の弁解供述は、ⓐ見ず知らずの男から自動車の購入を誘われるや、確実にその引渡しを受けられる保証もないのに先に代金を支払った旨弁解し、使用していた軽自動車に自車のナンバープレートがつけられている点についても、何ら説明していないことが不自然、不合理であること、ⓑ被告人が代金として支払った現金を所持していたというのも、その経済状態にそぐわないのであって、その供述は客観的な状況と矛盾していること、ⓒ代金支払の方法等が、捜査段階と公判供述とも異なり、変遷していることから「本件車両の入手の経緯に関する被告人の供述を信用することはできない」と判示したうえ、ⓓ本件犯行から被告人の検挙によって被告人が本件被害車両を占有していたことが判明するまで、約2カ月の期間が経過していること、ⓔ本件犯行当時ないしその後の検挙までのより犯行に近い時点において、本件犯行の犯人と被告人の同一性をうかがわせるような事情は、証拠としてこれを認めることができず、その間、被告人が本件犯行以外の原因によってその占有を取得した可能性を否定できないなどと判示し、「被告人が本件犯行に及んだとまで断定することは、なお合理的な疑いが残るというべきである」と判示して、無罪を言渡した。

⑤ コメント
本件は、被告人の弁解が信用できないとした上で、近接所持の法理が適用できないと判断した判決であり、その論理が参考になる。
この点で、**事例16**（日弁連無罪事例集№736）の事案は、法的に本事案と同様の

事案と捉えることができる事案であるが、一審では、被告人の弁解が信用できないとして有罪となったが、その控訴審では、被告人の弁解が信用できないとしたうえで、㈰本件事件の取調べが5カ月以上も経ってからのことで、その当時の記憶が相当程度減退しており、記憶を蘇らせるまでにある程度時間がかかることもやむをえないこと、㈪上記コンビニに行ったのが本件事件直後ころの深夜の時間帯であったことや、同店でS社のウイスキーやミネラルウオーターを購入したという限度においては一貫していることから、供述の変遷があるからといって、直ちに、上記弁解の信用性を失わせるほどに看過しがたいものとまではいえないこと、㈫窃盗事件の犯人が、被告人がネームカードホルダーを取得するまでの間に、現金や金銭的価値の高いテレホンカードだけを持ち去り、被害品のスリッパ等は別の場所で捨てられ、このように財産的価値の低いものが一緒に捨てられていない点もまったく不自然、不合理というほどのものでないこと、㈬駐車場で人目があり、バッグの中身を確認しないでこれを拾ったというのも、首肯できないわけではない旨判示し、「被告人の弁解には不自然、不合理な点がないわけではないが、これが到底信用できない虚偽の供述と断定することまではできない」と判示して、被告人に多数の前科（常習累犯窃盗等）があることや別件住居侵入事件の態様等も、本件窃盗事件の犯人が被告人であることを疑わせる状況証拠は存するものの、いずれもこの事実を推認させるほどものとはいえず、一審判決を破棄して、無罪を言い渡した事案であり、近接所持の法理を適用する場合の問題点が参考になる。

2　被害の同一性が問題となった事例

　被害の同一性は客観的証拠により証明される必要があるが、以下の事例は、その立証ができなかった事例の紹介である。
　なお、目撃者供述や自白の信用性が問題となった事例については、後に紹介することとし、ここでは、被害の同一性に視点をあてて事例を紹介する。

(1)　事例8
①　事案の概要
　本件は、被告人が窓口カウンターで労災保険金などの金200万円余りの振込み手続を行った際、そこに置かれていた別の現金5万2,000円のお金がなくなり、被告人が窃取したという事案であり、店内の様子は2台の防犯カメラにより撮影されていたために、この映像の解析・解読により、ビデオ映像によって被告人の犯行を認

定できるか、また、捜査段階の一時期にした自白の信用性が争点となった事案である。

一審は、ビデオ映像（写真）と捜査段階の自白などを根拠に有罪とした。

② 公訴事実の要旨

平成7年8月31日午後1時47分ころ、△△所在のM郵便局において、同局為替貯金窓口カウンターの上にあったX管理にかかる現金5万2,000円を窃取したものである。

③ 捜査、公判の経過

被告人は、本件金員がなくなった8月31日当日夕方に郵便局から問い合わせを受けたが、被告人には心当たりがなく、翌9月1日にその旨回答し、同月5日に局長らによる訪問には話し合いに応じず、同月11日に、郵政監察官から郵便局で事情聴取を受けたが、知らない旨答えるという経過のもとで、10月12日に至り、▽▽警察署に逮捕・勾留され、同月18日までは、本件金員の窃取を否認していたが、同月20日の取調べで自白し、警面2通と検面1通が作成され、同日起訴された。そして、23日に起訴後の保釈を受けて、第1回公判で「犯行時の写真を見せられて自分が盗ったものと思い、盗ったように述べてしまったが、身に覚えがないと公訴事実を否認し、以後一貫して否認したという事案である。

④ 本件争点

ビデオ映像により被告人の犯行を認定できるかという点と、目撃者の供述と捜査段階の一時期の自白の信用性が重要な争点である。

⑤ 控訴審判決の要旨

ビデオ映像（写真）と捜査段階の自白などを根拠に有罪とした一審判決に対して、控訴審は、㋐ビデオ映像および弁護人の申請した拡大写真を詳細に解析、解読し、㋑窓口担当職員N女の供述や被告人の自白の信用性について、以下のとおり判示し、一審判決を破棄し、被告人に無罪を言い渡した。

ア　ビデオ映像や拡大写真等によれば、「Xの金員（5万2000円）と被告人の金員（208万円余り）とが同一性を決することはできず」、むしろ、肉眼及び弁護人の拡大コピーによれば、「肉眼で、その金員の同一性を断定できず、被告人の金員の方がXの金員よりも分厚く、中央部に白い部分が見られて、異なる金員ではないかという疑いを抱かせる余地があり」、「被告人が犯人だとすれば、待合室やNの事務処理

の状況を仔細に観察し、同人がXの金員に気がつかないような様子を察知し……大胆な犯行を企画したということになるが、そのような気配を示唆するような情景も、映像には全く現れていない」し、「本件ビデオテープによって、被告人がXの金員を窃取したと認定することはできない」と判示した。
　イ　N女の供述の信用性について
　ⓐXが金員等をカウンター上に置いた後、金員がなくなるまでには、20秒以上の時間が経過し、N女がこれにまったく気付かずに放置していたのであれば、金融機関の窓口担当者として、必要な注意義務を尽くさないずさんな処理であるようにも思われること、ⓑ本件以前にも、N女の日常の業務処理の過程で、多いときで月に2、3度位、不足が生じたことがあり、金銭的には1万円程度合わないことも少なからずあったことが認められること、ⓒ本件被害金が紛失した前後にN女が窓口で取り扱った顧客について、被告人とXのみで、それ以外の顧客は覚えていないと述べ、N女の記憶の正確性に重大な疑問を抱かせることから、「N女の供述に絶対の信頼性を与えることにはなお躊躇される」と判示した。
　ウ　自白の信用性について
　ⓐ犯行の動機として、娘の出産費用が必要なためとの供述が、窃盗の前科、前歴がなく、十分な収入を得ている状況にあり、窃取金を洋服代に費消した客観的事実とも食い違うことから、動機が希薄で不自然であること、ⓑ窃取金が検面と員面とで齟齬があり、忘れるはずのない窃取金で支払った洋服代の供述が事実に相異するなど自白内容が不自然であること、ⓒN女の目前で窃取すれば容易に発覚の危険があるのに、ビデオに写る被告人の態度には不自然な様子が窺えず、犯人であれば、ビデオテープの映像の中で、払い込み行為と窃取行為とを具体的に説明が可能であるのに具体的な供述まったくないことが不自然であること、ⓓ身体拘束から1週間近くも強い否認を続けたのに、ビデオテープの映像の一部だけを見せられて、記憶の確実性に自信がなく、虚偽自白をした疑問があるなどとして、自白の信用性を否定し、一審判決を破棄して無罪を言い渡した。

⑥　コメント
　近時防犯ビデオカメラが諸所に設置されるようになり、防犯上も証拠上も重要な役割を担いつつあるが、その画像は、設置状況や気象条件にも影響され、決して鮮明なものではなく、これが裁判の証拠となった場合、その証明力が問われることも多くなると予測される。
　本件事案は、ビデオ画像の解析が事実認定に重要な影響を与えた事件であり、

犯人性の特定にも通じる問題がある。

弁護人は、検察官提出証拠の写真を8倍に拡大し、その結果、5万円と200万円の金員の厚みなどに着目し、写真から写っているお金の厚みと封帯の存在を認めて、被害品であることの疑問を提示したものと思われ、ビデオ画像の証明力については、さまざまに工夫して画像の分析、解析が必要であることを示している。

(2) 事例 2
① 事案の概要と公訴事実の要旨
本件事案は、全面否認の6件の窃盗事件（4件は有罪）のうち、同一犯行現場における2度目のビール券や切手及び現金とカメラ1台の窃盗について、被告人が所持するビール券と切手が、押収された被告人の手帳のメモを参考にして、被害届が提出された疑念のあること、手帳には他の犯行が窺われる記載にもビール券と切手の記載があることなどが認められ、本件被害が、いつのどこの被害品が定かでないために、本件犯行による被害品であると認定できないとして無罪を言い渡した事案である。

また、カメラ等の盗取についても、目撃供述が曖昧であったために、質入した人物が被告人であると断定できないとして、2件の窃盗に無罪を言い渡した事案である。

② コメント
本件は、別件事件の被告人への押し付け事件や捜査側の杜撰な捜査や意図的な証拠の創出事案であり、誤起訴の事案といえる。

3 占有の奪取の成否が問題となった事例

窃盗罪は他人の占有を奪取することを構成要件とする事件であり、他人の占有に対する認識（故意）の存否が争点となった事例を紹介する。

(1) 事例 15
① 事案の概要
強姦致傷等を実行した被告人が、かねてから自車の自動車登録番号を隠すために、長く放置されていた車両を捨てられたものと思い、その自動車登録番号票を持ち帰った事案について、窃盗（占有離脱物横領）の成否が問題となった事案である。

② 公訴事実の要旨
〔主位的訴因〕
　被告人は、平成13年8月中旬頃、△△先路上において、同所に駐車中のA所有の普通乗用自動車前部に設置されていた同人管理の自動車登録番号票（京都××－××××）1枚を窃取した。
〔予備的訴因〕
　被告人は前記日時に、同所において、同自動車登録番号票を占有を離れた他人の物と思い込み、自己の用に供するために、ほしいいままに同車からこれを取り外して持ち去り、もって横領した。

③　捜査の概要
　捜査段階では、4件の強姦、強姦致傷等を全て自白し、その供述調書の中には、「盗んだ」との記載および「自供書」にも「廃車されていた路上に止まっていた車」から「ナンバープレートを盗んだ」との記載があるが、被告人は、公判において、窃盗（および占有離脱物横領）の事実を否認した。

④　争点
　本件車両が廃棄されて放置されていて同車両に装着されていた自動車登録番号票が「他人の財物」といえるか、また、被告人が他人の財物と認識できて窃盗または横領の故意が認められるかが争点である

⑤　判決の要旨
ア　「他人の財物」について
　Xは、本件車両の所有者として登録されており、本件登録票がなくなっていることに気付いた当日に被害届を提出していることからすれば、同人が、本件車両を自己の所有物として認識し、管理していたことは否定できず、本件空地とXが使用している建物との位置関係からすれば、同人の管理の及ぶ場所にあるといえるから、客観的には、同人が管理していたものということができるし、本件登録票は、本件車両と同様、Xが所有し占有するものと認められる。
イ　被告人の認識について
　本件空地は、通称Hドライブウエイ西脇の空地であり、同道路の西側は山林、東側は谷状の雑木林であり、本件車両の後方には、車高よりも高く廃材が積まれ、これが同車両の後部バンパーに接触し、本件車両の北側にも、明らかに放置されたと

見られる自動車登録番号票が前後とも外された３車両が放置され、西側 20 メートルのところに廃材等を利用し、郵便受けが設置され、生活の痕跡が残っている小屋があるという状況のもとで、ⓐ本件登録票を持ち帰った車両に対する被告人の認識が及んだと供述する態度は、本件車両に壊れている部分等はなく、木の葉が全体にちらほらと乗っており、泥をかぶっては乾くということが何度も繰り返したように汚れていて、捨ててあるものという印象を持ち、取るときには、強姦事件のために使うという後ろめたさがあり、周囲を警戒する気持ちもあった旨の当時のことを懸命に思い出し、その状況をより正確に話そうと努力していることがうかがわれ、真摯であること、ⓑ窃盗の点を除く他の公訴事実（住居侵入、強姦、監禁致傷、強姦致傷）はすべて認める被告人の態度は、窃盗の点のみをあえて否認するとも考え難く、本件車両の置かれていた状況からして、被告人が本件車両を捨ててあるものであるとの考えに至った事情として述べていることは、十分に理解できること、ⓒ被告人の自供書に「廃車されていて路上に止まっていた車」から「ナンバープレートを盗んだ」と記載され、「盗む」という言葉が使われている一方、廃車であると認識していたことも併せて記載されていること、ⓓ供述調書に「盗んだ」という言葉が使われても、本来自分の物でない物を持ち去ろうとするときには、周囲を警戒し、何らかの後ろめたさを感じることは十分あることであり、他人から「盗んだ」と表現され、これを否定できなかったとしても、一概に不合理とまではいえないと判示し、「本件車両の置かれた客観的状況、被告人の供述内容等を総合して考慮すれば、被告人が本件登録票を持ち去る際、本件車両は他人が所有し占有するものである旨認識していたことの証明はないというべきであり、被告人が窃盗の故意を有していたと、又は本件登録票が占有を離れた他人のものである旨認識していたとは認められない」として、窃盗および占有離脱物横領のいずれについても無罪を言渡した。

⑥　コメント

　窃盗又は占有離脱物横領の故意と「他人の財物」の管理状態との関係を説示した判例として参考になる事例である。

　この観点から、放置バイクに関する無罪判例として、**事例 19**（日弁連無罪事例集No. 712）は、平成 14 年 3 月 16 日午後 8 時ころ、△△市内パチンコ店Ｍ駐輪場において、氏名不詳者が窃取し放置したＸ所有にかかる本件バイク１台（時価約 7 万円）を発見したのに、正規の届出をせず、ほしいままに自己の占有下に置き、占有離脱物横領の罪に問われた少年事件につき、パチンコ店店員Ｐが駐車場内の所定の区画に邪魔になるような形で止まっているバイク（本件駐輪車両）があるので来てほしいと連絡を

受け、同人が駐車場に向かったところ、その後ろから少年が「すいません、私のオートバイです。すぐ動かします」と移動した事案において、少年のこの行動に鑑みれば、この時点より以前の段階で本件駐輪車両を取得していたことがいえるところ、本件バイクと同一形状である本件駐輪車両を取得していたことが認められるが、その取得日時、場所の証拠、本件駐車車両と本件バイクの同一性の証拠、少年以外の人物により本件バイクが盗まれたことが認定できる証拠がいずれもないとして、占有離脱物横領を認めることも、同一性が断定できないことから窃盗罪としても認定できないとした事例であり、放置自転車等の持ち去りと窃盗又は占有離脱物横領の成否にも参考となる事例がある。

4 目撃供述等（犯人性）の信用性が問題となった事例

犯人性が問題となる事例において、目撃者供述（犯人識別供述）による認定が行われることがある。

この点、目撃者供述（犯人識別供述）の一般的問題としては、人の観察力、記憶力が脆弱で、容貌等に類似性があり、観察条件の良し悪しによって影響され、面割方法等による暗示や記憶の混同や変容があることなどが問題であるとされる（司法研修所編『犯人識別供述の信用性』〔法曹会、1999年〕）。そこで、目的者供述の信用性の判断基準としては、
　① 客観的な識別状況の良し悪しや
　② その記憶が正確であるか
　③ 面割等の方法により暗示や記憶の変容がないか
などの観点からの注意を払う必要があり、この観点からの無罪事例を紹介する。

(1) 事例9
　① 事案の概要

自販機から金銭を盗んでいるらしい男が助手席に乗って逃げる状況を目撃した2名のうち目撃者M女は面通しによって被告人が犯人であると供述し、もう1名の目撃者Nも、犯人は被告人である旨の供述調書（死亡により、刑訴法321条1項2号により採用）があり、被告人は乗用車の運転席に乗っていただけであると事実を否認した事案である。

　② 公訴事実の要旨

被告人は、平成11年4月15日午後9時35分ころ、設置された自動販売機から現金5,000円を窃取したとの公訴事実で起訴された。

③　本件争点
M女の公判供述および死亡したNの供述調書の信用性が争点となった事案である。

④　判決の要旨
判決は、ⓐ視認状況について、M女およびNが自販機の前にいた男を視認した条件（夜間で4台の自販機の明かりや、M女は20メートル、Xは6メートル離れた所からごく短時間見ただけ）が決してよくないこと、ⓑ面通しによる犯人性の供述について、面通し前に、犯人に関する識別状況をえるための証拠化の形跡がなく、一度面通しをしたために、犯人像が被告人の人物像に修正された可能性を否定できないこと、ⓒ被告人および同乗者とも被告人が自動車を運転していたことから、自販機の前にいた男がもう一人の同乗者の可能性を否定できないとして無罪を言い渡した。

⑤　コメント
本件は、客観的事実（視認状況や取り違え）および供述の形成過程（初歩的な欠陥のある面通し）から信用性を否定した事案である。
なお、裁判所が被告人と同乗者Bとの共犯とする予備的訴因変更を促した経過に照らすと、裁判所は共謀の心証を有していたとも考えられる。

(2) 事例12
①　公訴事実および事案の概要
本件公訴事実等の概要は、深夜午前3時4分頃にガレージに駐車中の普通（軽四輪）貨物自動車の荷台の側に立っていたところ、運転席で寝ていたXがこれに気付き、積んでいた工具箱の蓋を開けて物色したと思い、自転車に乗って逃げようとする被告人を現行犯逮捕した事案である。
Xは、「被告人が懐中電灯の光を頼りに工具箱の中の物を手に取り品定めしているのがはっきりとわかった」と供述し、本件自動車の荷台に積んであった工具箱が開いていたが、荷台付近の車体、工具箱の表面、在中品からも被告人の指掌紋が発見されず、被告人は、立小便をしていたと弁解した事案である。

② 本件争点
　被告人の信用性のない弁解と目撃者Xの供述および被告人の否認供述により実行行為の着手を認定できるかが争点となった。

③ 判決の要旨
ア　被告人の弁解について
　被告人は、その場で立小便をしたと弁解するが、地面や車体、タイヤにその痕跡がまったく残っていないこと、Xが突然飛び出したために、慌ててチャックを挙げた際にズボンに尿がかかったりしている形跡もなく、嘘であるとの疑いを抱かせるが、仮に、懐中電灯で荷台を照らしたとしても、その行為だけでは窃盗の着手を認めることができない。

イ　X供述の信用性について
　被告人が工具箱の留め具を開けるなどした窃盗の実行着手の直接的証拠は、Xの目撃証言以外にはなく、以下のとおり判示した。
　捜査段階および公判におけるXの供述について、ⓐ警面では、被告人を現行犯逮捕した直後、「被告人が懐中電灯の光を頼りに工具箱の中の物を手に取り品定めしているのがはっきりとわかった」と供述するが、本件駐車場で目撃状況の再現の際の指示説明では、「実際は、車内から窓越しに、被告人が留め具を外して蓋を開けたのを見ただけである」と供述が変遷すること、ⓑ被告人の工具箱の蓋を開けていた動作をXが再現した状況が、逮捕当日と同月13日とでは、被告人がどちらの手で蓋を開けようとしていたのか等の点で全く相異し、「被告人が留め具を開けるところや工具箱の中をのぞき込んだり、中の物に触れたりしたところは見なかった。しかし、蓋を開けようとしたところは見た」との公判供述とこれまでの供述をさらに大きく翻していること、ⓒ捜査段階における供述が多分に推測を交えたものであることを認めていることから、Xの目撃供述が、捜査段階から変遷していることと蓋を開けたところを完全に目撃した事実が認められないとして、本件公訴事実はもちろん、窃盗罪の実行の着手を認めるに必要な「工具箱を開けようと蓋に触った」という事実を認定することもできないと判示した。

④ コメント
　被告人の弁解は不合理なものと思われるが、被害者Xの供述を裏付ける工具箱などから指掌紋が見つからず、被害者Xの公判供述の変遷を露呈させたことが成功した事案である。

(3) 事例 1

① 事案の概要

被害者Xが現金5万円などの入ったセカンドバッグを自動車に置き忘れたところ、この自動車を借りた被告人が盗んだとされた事案である。

被告人は、Xからの問い合わせにこれを否定し、捜査段階から一貫して窃取の事実を否定しているところ、この自動車に乗車したことのあるNは、被告人がセカンドバッグを手にとって開けているのを見たとか、セカンドバッグの中の金を預かっておくからと話すのを聞いたとの供述に依拠して、起訴した事案である。

② 公訴事実の要旨

被告人は、Xから借用していた普通乗用自動車内から、同人所有にかかる現金5万円位および財布等3点在中のセカンドバッグ1個（時価合計約1,500円相当）を窃取したものである。

③ 本件争点

伝聞および目撃供述の信用性が問題となった事案である。

④ 判決の要旨

Nの供述の信用性について、本件において、「Nの供述以外に、被告人が組当番で組事務所につめていたことを認めるにたる証拠は存在せず」、「被告人が組事務所からNに連絡して、本件セカンドバッグを捜させたり、組事務所から自宅に戻る途中、本件セカンドバッグを手に取って中を確認したなどのNの証言には疑問が生じ、「前記Nの供述によっては、被告人が本件窃盗を行ったものと認めるには未だ合理的な疑いを否定できない」として、無罪を言い渡した。

⑤ コメント

本件は典型的な伝聞供述等に依拠した公訴の提起であり、裏付けのない伝聞供述等に依拠した捜査の不備、杜撰さとこれを看過して公訴を提起した誤起訴の事案である。

(4) 事例 11

① 事案の概要と公訴事実の要旨

被告人が約3年前に修理工事をした住宅で現金45万円が窃取される住居侵入窃盗事件が発生し、その家に遺留された指紋が被告人の指紋と一致したことから、逮捕・起訴された事案である。被告人は、本件犯行を否認し、被害者宅の遺留指紋は工事の際に付いた指紋である可能性があると弁解したが、検察官は、被告人の弁解にまったく耳を貸さず、南側掃き出し窓の被告人の指紋と一致する遺留指紋を唯一の証拠として起訴した事案である。

② コメント

　弁護人が工夫した実験により指紋が遺留された可能性を立証し、判決がこれを是認して無罪を言い渡した事案であるが、検察官が被告人の弁解に耳を貸さず、科学的に遺留指紋の可能性のないことを立証すべきであったし、誤起訴の事案である。とはいえ、検察官と同様に、3年前について可能性のある指紋が残存しているとは考えられないと思う可能性もあり、思い込みが冤罪を生むことの警鐘となる事案であり、本事例が季刊刑事弁護31号（2002年）66頁にその弁護活動の詳細が掲載されているので、証拠収集の工夫などを是非参考にされたい。

5　自白の信用性が問題となった事例

　後掲一覧表に紹介するとおり、無罪事例には、多くの自白事例が見受けられ、わが国の捜査方法が旧態依然とした自白偏重の捜査にあり、その結果、裏付けとなる客観的証拠の収集などが疎かにされていることが見て取れ、このことが、誤起訴・誤判の重要な要因となっていることが理解できる。
　そして、一般的に、自白の信用性の判断基準（注意則）としては、概略
　　① 自白がいつなされ、経緯や動機が自然であるか
　　② 自白や自白内容の重要な事実について変遷がないか
　　③ 自白内容が自然であり、犯人なら当然知っているはずの無知の暴露がないか
　　④ 自白を裏付ける客観的証拠があるか、また、客観的事実に反しないか
　　⑤ 秘密の暴露があるか
などの観点を分析・検討する必要があり（司法研修所編『自白の信用性』〔法曹会、1991年〕）、また、少年の自白については、少年には未だ自我がなく未成熟であり、取調官に迎合しやすい傾向にあることから
　　⑥ 取調官の誘導や暗示に陥っていかない、迎合していないか

などの観点からも注意を払う必要がある。

　以上の注意則に照らして、これらの者の供述の信用性を弾劾する客観的資料や事実を収集することが重要である。

　以下、自白の信用性が問題となった事例を紹介する。

(1)　事例5

①　公訴事実および事件の概要（平成5年のことは月のみで示す）

　いわゆるテレクラを通じて知り合った被害者X（23歳の女性）と同市内のホテルで肉体関係を持ったあと、X女を助手席に乗せて普通乗用自動車を運転し、平成5年2月4日午前0時40分ころ、本件現場付近にさしかかり、缶ジュースの自動販売機を見付けて車を停め、X女所有の現金1万2,000円、財布1個等在中の手提げバッグ1個（現金および定期券以外の時価合計約6,000円相当）を自動車内に置いたまま、X女に500円硬貨を渡して歩道上に設置された自動販売機まで缶ジュースを買いに行かせて、そのまま走り去って窃取したとして起訴されたが、被告人は、その際、車内に置かれていたバックを車外に放り投げて走り去ったと弁解した事案である。

　ところが、その日の夜に、X女が被告人に車内に置いていた現金12,000円などの入った手提げバックを窃取されたとの被害届をしたために、△△警察署が被告人を強引に任意同行したうえ、緊急逮捕した事案である。

②　弁護活動等の経過

　被告人は、緊急逮捕された翌5日に、警察官に弁護人への依頼を求めたが、「弁護士は金がかかる。10万、20万ではない。100万円単位の金がかかる。金のないやつは頼んでも来てくれない。無理や」などと弁護人の選任を妨害し、同6日、勾留場所を拘置所とする勾留決定がなされ、当番弁護士として出動した8日に弁護人の選任を受け、同日に、勾留決定につき準抗告を申し立てたが、同日棄却され、同17日に、同15日に決定された勾留延長につき準抗告を申し立て、勾留期間を20日まで（延長決定では25日まで）に短縮され、また、同18日に、勾留理由開示および勾留取消を請求し、同19日に勾留理由開示公判が開かれたが、勾留取消請求は却下され、この日に検察官が起訴したが、そのあとも、勾留取消請求や準抗告を行うが、いずれも棄却され、起訴された約3カ月後の5月24日に保釈を請求し、翌25日保釈が許可された（保証金100万円）という事案である。

　なお、弁護人が選任された翌9日に、被告人は警察官に、バッグを捨てた地点の図面を作成したうえで、橋の上から捨てたとの自白調書が作成されたが、翌10日に

は、自白を撤回した検面調書が作成されている。

③　審理の経過
公判で、被告人は公訴事実を否認し、検察官の主な証拠としては、実況見分調書等のほかは、証人X女、本件現場に置き去りにされたX女を迎えに行った友人N、被告人を緊急逮捕や自白の獲得および被害申告後に本件現場を捜索した警察官の取調べが行われた。

これに対して、弁護人は、証拠開示（証人X女のすべての供述調書、緊急逮捕の違法性立証のための逮捕状請求書、逮捕状、弁解録取書及勾留質問調書など）、刑訴法279条に基づく池田署および拘置所に対する被告人留置品の照会請求（緊急逮捕時の着衣の立証）のほか被告人の取調べ（弁解供述の信用性など）を行った。

④　本件争点
被害者供述（現場でバッグを探した旨の供述）と被告人の弁解供述（車を発進させる直前に助手席の窓からX女のバッグを返すつもりで放り投げた旨の供述）および自白調書の信用性が争点である。

⑤　判決の要旨
判決は、被害者X女の公判供述の信用性について、ⓐ被告人が現場に捨てたと弁解しているのに、捜査段階での被害者の員面調書には、現場でバックを探したとの記載がなく、公判供述と齟齬があること、ⓑ被害者を迎えに来た証人N供述は、X女から指示されて探した場所と被告人が投げ捨てたという場所とが相異する疑念や探し方が車の窓から見たというきわめて不充分なこと、ⓒ現場を探した警察官供述は、捜索した場所と被告人の投げ捨てた場所とが相異する可能性があるうえ、捜索に関する捜査書類の作成もなく、実際に捜索が行われたことに疑念があること、ⓓ被告人が自白した川に捨てたという事実の裏付け捜査をしていないことなどを根拠にして、X女、Nおよび警察官の供述の信用性を否定し、「本件直後にバックがなかった論拠となしえない」とし、被告人の自白調書の信用性について、否認から突如自白した経緯が不自然であるうえ、その直後には否認に転じていること、取調官が被告人の供述の裏付け捜査をしていないこと、被告人の供述するとおり、利益誘導の取調べが行われた可能性があること、強引に被告人を任意同行した事実や、黙秘権の告知をしない違法もあったことなどを根拠に、誘導による自白としての信用性を否定し、被告人の弁解供述について、否認から自白に変遷した経緯の供述などの信用性

を認めて、無罪を言い渡した。

⑥　コメント

本件弁護人の刑事弁護は、まさに刑事弁護の基本を忠実に実践された事案であり、後に無罪事例に見られる弁護活動の項で紹介するが、弁護人の積極的な弁護活動が無罪判決を獲得した事例といえる。

すなわち、起訴前弁護活動としてのきめ細かな接見、勾留理由開示、勾留取消、勾留延長に対する準抗告等の手続が実行され、勾留延長期間の一部の取消しを得た。

また、積極的に証拠開示を行い、被害者X女の員面調書の開示を受け、被害者X女の本件現場でバッグを探したとの公判供述と員面調書での供述とに変遷や矛盾を露呈させ、X女の公判供述の信用性の弾劾に成功し、そのほか、被告人の弁解や自白の信用性に関して、逮捕状請求書、逮捕状、弁解録取書、勾留質問調書などの開示を受け、被告人が否認から自白に転じた不自然さや誘導により獲得された自白であることの弾劾に成功している。

さらに、刑訴法279条の照会手続や同法328条の弾劾証拠請求を活用し、これらの弁護活動が無罪獲得に至ったと考えられる。

そのうえ、無罪判決後は、刑事補償請求、裁判費用の補償請求もされていて、積極的な刑事弁護活動が参考になる。

(2)　事例14

① 事案の概要

本件は、平成11年9月末日ころまでM店に陳列されていたプラモデル1個が、同店に販売記録がないにもかかわらず、平成12年2月ころP店に陳列され、同店経営者Qが、被告人（少年）からこのプラモデルを買い取ったと供述したことから、このプラモデルがM店から窃取されたものであり、同店にアルバイトをしていた被告人が犯人であるとして逮捕、起訴された事案である。

② 送致事実

少年は、平成11年10月末ころから同年12月30日ころまでの間、△△株式会社M店3階玩具売場において、同社代表取締役社長N管理にかかる怪獣のプラモデル1個（仕入価格4万円）を窃取したものである。

③　捜査の概要

　少年は、平成12年3月14日に通常逮捕され、当初本件非行事実を否認していたものの、同月17日には本件非行事実を認める自白をしたが、同月23日、少年は再び本件非行事実を否認するようになり、以後、審判を通じ一貫して否認している。

④　本件争点

　少年の自白調書の信用性、および目撃供述としてのP店経営者QおよびM店店員のR女供述の信用性。

　なお、本件では、自白の任意性について、黙秘権侵害、取調方法および偽計手段としてのポリグラフ検査の悪用を主張しているが、判決ではいずれもこれを否定し、任意性についてはこれを認めている。

⑤　審判の要旨
ア　少年の自白の信用性

　審判は、自白について、ⓐ自白の動機が、本件逮捕当時、株式会社の試用採用期間中であり、身体拘束が長引けば正式採用が危うくなるおそれがあり、取調官から否認を続けると、勾留期間が20日のみならず検察官送致により刑事手続に移行して続くと聞かされたうえ、2年間も高額の治療費を払って歯の矯正治療を継続し、次の治療日が近づき、期待したポリグラフ検査でも無実が晴れなかったことから、絶望感に襲われて、否認を続ける意欲を喪失し、とりあえず虚偽の自白をしてでも早く保釈されたほうがよいと考えたことに無理からぬ面があること、ⓑP店でプラモデルを売却した際に領収書を作成したとの少年の自白内容について、P店の証人Qが、客から商品を買い取った場合は、とくに10万円以上の買い取りでは必ず領収書を受取ると供述するのに、領収書を貼付するノートにその領収書の貼付がないのは不自然であり、売却した際に領収書を作成したとする少年の自白内容をそのまま信用できず、ひいては少年がプラモデルをP店に売却した事実についても疑いが残ること、ⓒ非行現場の状況について、本件非行当時M店3階売場に少年以外の店員が一人もいなくなった旨の自白内容は、3階売場にアルバイト店員の少年を一人だけ残す状態になるということは考えにくく、3階売場の店員のシフト表によっても裏付けられること、ⓓM店の被害態様について、電話会社の紙袋に窃取した△、××怪獣、○○マン隊員、□□ライダーを入れた旨の自白内容は、弁10・某電話会社の紙袋のサイズ（横34×縦26×奥行き11センチメートル）の紙袋に前記4個の品物が入るとはなおさら考えにくく疑問が残り、ⓔ本件非行日時が「10日ころ」「10月初旬〜中旬の間」「中

旬の午後1時位」「10月14日」と特定するが、当初非行日時を10月末ころと供述していたことに照らせば、取調官が10月中旬に近づけようとしたという少年の供述はそれなりに信用できること、ⓕM店は、少年の供述後に、当初の10月末ころ（被害届の日を）から9月末ころと訂正しているが、これも取調官が誘導したのではないかとの疑問が残るなどと判示し、一方、少年の否認内容について、P店に1回だけおもちゃを買いに行ったことがあると一貫して供述し、少年が買ったという人形はP店で扱うカード（弁12）があることから、少年がP店で買い物をした事実は間違いないが、少年の自白内容については、客観的証拠に符合しないものや、不自然な内容のものがあるから、そのまま信用することはできず、また、少年が虚偽の自白をしたとする理由もそれなりに了解可能であると説示し、少年の自白は信用性がないと判示した。

　イ　証人Q供述の信用性について

　Qの供述によれば、M店からW、R女の2人の店員が商品確認に来店した際、店員から少年の写真を見せられたが、プラモデル等を売りに来た客と特徴が似ていたので、少年を特定したが、Qは、ⓐ少年の作成した領収書が存在せず、当審判廷において、今となっては領収書を書かせたかどうか記憶がはっきりしないという趣旨の証言をしていること、ⓑ最初に買取りの相手が歯の治療をしていたかとのWの質問に、これを否定していること、ⓒQ自身も、審判廷証言では、員面調書の内容から少し後退し、買取りに来た客が少年でなかった可能性もあることを認めていること、ⓓM店の店員から少年の履歴書の写真を見せられたうえ、M店が少年を犯人と疑っていることを感じ取っていたとの審判廷証言によれば、Qがこれによって誘導された可能性があり、Q供述は、少年から買取りしたという供述も、これをそのまま信用することには躊躇せざるをえないと判示した。

　ウ　M店R女の供述の信用性について

　R女の供述によれば、少年からおもちゃを買い取ってもらえる店を捜しているといわれ、P店を紹介し、少年は電話で、Qと商品の買取り交渉をしており、R女はP店に少年が一人でおもちゃを売りに行ったことをあとから聞いたというのであり、その供述内容は具体的で、秘密の暴露とも言える供述内容にも裏付けられており、信用性が高いといえるが、R女は、現実に少年と一緒にP店に行ったわけではないし、買取りの際の領収書がないのであるから、R女の供述だけで少年がP店に品物を売りに行った事実を推認するのは相当ではないと判示した。

　エ　結論

　本件については、少年について非行が認められないとして、少年を保護処分に付さないと審判した。

⑥ コメント

　本件は、少年の自白の信用性が問題となった事件であるが、少年は、知的にも、感情的にも未成熟であり、自我が確立しておらず、自らを表現しまたは主張する能力や意欲が劣り、捜査官の誘導や暗示に陥りやすく、厳しい追求に抵抗する能力も乏しく、迎合しやすい特性を有していると一般的に説かれている。

　本件では、少年が盗まれたプラモデルを売ったことを裏付ける少年が作成した領収書がないことから非行事実に疑念があるうえ、付添人は、少年の供述特性に注目し、少年が虚偽自白をする動機に関する証拠を丁寧に収集し、少年から買ったと供述する店主から供述の矛盾を引き出すことなどに成功し、無罪を得ることができたといえる。

　少年の窃盗事件に関しては、他に原動機付自転車を使った少年Aら5名の共謀共同正犯によるひったくりの**事例13**（日弁連無罪事例集№628）があり、この事案も少年の供述特性に注目し、ⓐ自白の動機や迎合の可能性の存在、ⓑ供述の変遷の存在、ⓒ客観的事実との矛盾などから信用性が否定された事案であり、参考となる。

5　共犯者供述の信用性が問題となった事例

　共犯者供述の信用性の判断基準としては、前記、自白の信用性の判断基準のほかに、共犯者の供述には、他者に責任を転嫁し、自己の刑責を軽減する傾向があるから（司法研修所編『共犯者の供述の信用性』〔法曹会、1996年〕）、
　　①　共犯者間の供述に矛盾や相異がないか
　　②　共犯者の利益（刑責の軽減や不起訴処分など）と不利益の程度がどれほどかなどの観点からの検討も加味する必要がある。

(1)　**事例4**
　　①　事案の概要
　本件は、駐車中の自動車からゴルフクラブ等を窃取した2名との共犯事案で、被告人は捜査段階から終始一貫して否認し、本件公訴事実を裏付ける証拠としては、共犯者2名の供述があるのみである。

　一審は、共犯者の原審公判での証言が具体的で主要部分において一致しているとして、その信用性を認めて有罪としたが、控訴審において、共犯者の供述の信用性を否定し、逆転無罪となった事案である。

②　公訴事実の要旨
　被告人は、BおよびCと共謀のうえ、平成4年8月25日ころの午前零時ころ、△△先□□店西側駐車中のX所有の普通乗用自動車内から、同人ほか1名所有のゴルフクラブ等約18点（時価合計約8万5,500円相当）を窃取した

③　本件争点
　共犯者2名の公判供述の信用性が争点である。

④　判決の要旨
　ア　一審判決は、「原判決が、被告人と共犯者BとCの3人で本件現場に行き、被告人が被害車両の錠を開け、共犯者Cと2人で物品を盗み出し、その間共犯者Bが見張りをしていたという主要部分で一致した証言をし、とりわけドアの解錠や盗み出した状況については、具体的で迫真性も認められる」と共犯者の供述の信用性を認め、有罪を言い渡した。
　イ　控訴審判決は、共犯者の供述について「仔細に検討すると、以下のとおり、両名の供述は重要な点で互いに矛盾しているばかりか、その内容は不自然な点があり、また、捜査公判を通じて看過できない変遷が認められる」と判示し、ⓐ被害品を窃取した犯行状況、ゴルフバッグの物色行為および犯行後の2階のB方へ行った際の状況に関して、共犯者間に矛盾や変遷があり、ⓑ被害品の取得について、主犯格である被告人が被害品をまったく取得しないで、共犯者だけが取得していることの不自然、不合理さを認め、ⓒ証拠上、「Cには窃盗の同種前科があり、本件を含む窃盗や覚せい剤所持事件では重い刑を受けることも予想されたのであり、自己の刑責を軽減するため、捜査段階から、既にセルシオ窃盗事件の共犯として供述した被告人を本件でも共犯、それも主犯として引き込もうとしたと考えることができるし、現に、△△マイカーセンターでのクラウン窃盗事件の起訴に続いて本件及び覚せい剤所持で追起訴されたが、執行猶予付判決を受けている事実が明らかである。そして、Bにおいても、本件で見張りをしていただけだという弁解をして、いわば被告人に罪責を肩代わりさせることにより、自己の責任を免れ又は軽減しようと企図したと理解することも可能であり、現に、自動車内からCらの犯行を眺めていただけで直接加担せず見張りの意思も薄弱であったことを理由に、本件で起訴猶予になったことが明らかであり」、「被告人と本件犯行を結びつける積極証拠であるC及びBの2名の供述は、いずれもその信用性に疑問があって、被告人を共犯者と認定させるに至らず、むしろ

証拠上本件はCとBの2名で実行したのでないかという疑いを否定できない」とし、ⓓ被告人の弁解供述については、本件犯行への関与について捜査段階から当審公判まで一貫して否定し、本件当日のアリバイを思い出せないが、CやBと車上狙いをしたことはない、Cは手先が器用で車の錠を開けるための金具を自分の車に積んでいた、などと供述しており、その供述内容や態度に格別不自然な点は見当たらない」と判示し、一審判決には明らかな事実誤認があるとして、これを破棄して、無罪を言い渡した。

⑤ コメント

本件は、共犯者の供述により犯罪を証明しようとする事案であるが、控訴審判決が指摘するとおり、共犯者の捜査段階の供述自体、不自然な供述の変遷や共犯者間の供述の矛盾があり、捜査の杜撰さは覆うべくもなく、また、原判決がこれを看過したことは誤起訴、誤判事案といわなければならない。

ところで、控訴審の弁護人は、共犯者の公判供述と捜査段階の供述調書とを仔細に分析し、供述の変遷や矛盾を明らかにするために、原審不同意の共犯者の供述調書を刑訴法328条の弾劾証拠として証拠調べをさせたことは、証拠の分析の重要さに改めて痛感させられる。

(2) 事例6

① 事案の概要および公訴事実の要旨

本件は、覚せい剤取締法違反など4件（有罪）のほか、共犯者と共謀して、駐車中の普通常用自動車からセンターキャップなど5点（時価1万6,200円相当）を窃取したとの公訴事実で起訴され、捜査段階当初から自白していたが、公判で、一緒に勾留されていた共犯者から頼まれ、犯行現場等などを教えられていたと弁解し、否認に転じた事案である。

② 判決の要旨

判決は、共犯者の供述の信用性について、ⓐ犯行の態様について、犯行場所などの指示者について変遷があり、自動車の運転者に関して不自然な変遷があること、ⓑ勾留中に被告人と本件犯行の話をしたとの事実に関して相反する供述をすること、ⓒ被告人との共犯事件がほかにあり、本件犯行時には覚せい剤中毒の症状に陥っていたことから、他の者との共犯事件と取り違えていた可能性があり、公判供述が信用できないと判示し、一方、捜査段階の自白の信用性について、ⓓ共犯者が被告人

に本件犯行について話をし、謝罪していたこと、㊐自白に先立ち共犯者の供述調書が存在し、被告人の自白調書の作成に関する弁解（取調警察官はこれを否定）を否定できないこと、㊧実況見分調書の車両位置が被害者の指示する位置と異なること、㊁本件自動車部品の盗取が将来入手する自動車のためという動機が不自然であること、㊭取調警察官や証人の証言に被告人が犯行を否認していたことが認められることなどから、取調警察官の誘導の疑いがあり、自白が信用できないとして無罪を言い渡した。

③ コメント
本件は、共犯者が犯人を取り違えたとの疑念が認められ、被告人が本件犯行の犯人であることを疑わせる事実の反証、弾劾に成功した事案である。

(3) 事例7
① 事案の概要
覚せい剤取締法違反（有罪）のほか、共犯者と共謀して清涼飲料水の自動販売機からハンマー等を使用して現金を窃取しようとしたが、捜査用無線自動車を発見して逃走したため、未遂に終わったという事案であるが、最初に共犯者が逮捕されて被告人との共同実行を供述し、その後逮捕された被告人は事実を否認したがのちに自白し、公判段階で、一時共犯者と別れて帰宅し、その後共犯者と現場には赴いたが、嫌気がさして犯行には加わっていないと弁解し、否認に転じた事案である。

② 公訴事実の要旨
被告人は、Bと共謀のうえ、金員を窃取しようと企て、平成7年5月23日午前1時ころ、△△所在の□□店（経営者X）に設置されていたXの管理に係る清涼飲料水自動販売機の鍵穴部分を所携のハンマー、ねじ等を使用してくり抜き、現金を窃取しようとしたが、警察官乗車の捜査用無線機自動車が停止したため、逃走し、その目的を遂げなかったものである。

③ 捜査、公判の経過
被告人は既に捜査段階で、本件犯行を共犯者Bと共謀のうえ継続して行った同種犯行の最後の分であると本件公訴事実に沿った自白をし、Bも同様の公判供述をしている。
他方、被告人は、公判供述で、Bとともに一連の自動販売機嵐をしたことは間違

いないが、本件犯行直前になって嫌気がさし、Bに「もう止めましょう」とか、同人が欲しがっていたガソリン代は「親父に金を借りて払うから明日の朝寄ってくれ」などと言ってBと別れ、自宅に戻ってその共謀を解消し、その後、被告人は、再び訪れたBの誘いで本件現場に赴いたが、その際被告人はもはや同人と自動販売機荒しをする気はなく、そのため、本件現場でも口実を作って車から降りていないし、自動販売機の鍵穴部分をくり抜いたのはBのやったことである旨否認に転じた。

④　本件争点

共犯者の公判供述の信用性のほか、被告人の自白の任意性、信用性が争点である。

⑤　判決の要旨

ア　共犯者Bの公判供述について

ⓐBが、被告人の「今日は止めましょう」と言われたとの公判供述の一部に沿う供述をし、ⓑ被告人が自宅に戻ったか否かという事実の質問や反対尋問の供述態度が「忘れました」あるいは「わかりません」と曖昧で、きわめて不自然であり、矛盾や証言を二転、三転させること、ⓒB自身の捜査段階での供述（員面および検面）と大幅に異なる供述をしていること、ⓓBが本件犯行の首謀者であるのに起訴猶予処分となっている不自然さなどからBの公判供述をそのまま信用できないと判示した。

イ　捜査段階の自白の信用性について

概ねBの証言に沿う形での被告人の員面調書および検面調書があり、司法警察員および検察官に対する各弁解録取書、裁判官に対する勾留質問調書、取調警察官Kの証言、被告人の公判供述によれば、ⓐ本件犯行は、本件現場から逃走した車両のナンバーから身元を割り出されたBが別件で逮捕された結果、被告人との共同犯行である旨自白したために判明したが、少なくとも被告人は、逮捕当初から平成7年7月24日付けの自白調書が作成されるまでは、本件犯行への参加を否認していたこと、ⓑ右自白調書の2日前に作成された同年7月22日付員面調書には、本件犯行のうち鍵穴部分の抜き取りが被告人とBの2人で行われたものでないという客観的事実に反する自白内容があること、ⓒ員面調書がこのような不自然な記載になったのは、当日あくまで自らの実行行為を否認していたのに、取調官に執拗に説得されてしぶしぶ認めたためであるとの被告人の弁解は、員面調書の記載内容やその体裁からすれば真実性が高いこと、ⓓ取調官証人Kの供述にも、その当時なお被告人が本件犯行を否認いたことが窺われ、取調官の相当執拗かつ強引な取調がなされたと見

ざるをえないこと、ⓔ右証人Kは、前記自白調書作成時には、犯行を認めるよう被告人を1時間くらい説得し、その際被告人が泣き出し（被告人の公判供述に沿う）、その供述を書面化することを止めてくれと頼まれたが、男らしくないと言って聞き入れなかった旨供述し、概ね前記自白調書が作成される経緯について両者の言い分は一致していること、ⓕ覚せい剤取締法違反事件や本件犯行以外の多数の同種犯行を認める被告人が、窃盗未遂一件の本件犯行を認めるに際して20分近くも泣いたということは、取調官の被告人に対する自白強要が峻烈であったことを十分に窺わせることから、任意性への疑いについてはしばらくおくとしても、少なくともその自白の信用性には強い疑問をもたざるを得ないと判示し、また、同様の内容である検面調書も、ⓖ取調べに際し警察段階の取調べの影響を明確に遮断すべき措置を取ったとは認め難いと判示し、いずれの自白調書の信用性をも否定した。

　ウ　被告人の公判供述の信用性について

　ⓐ被告人の本件犯行直前の行動についての公判での弁解は、その一部がBの証言で裏付けられ、ほかの部分も前記のようなBの不自然な証言態度などに照らせば、あながち否定できないものがあること、ⓑ本件犯行時の行動に対する弁解は、捜査段階から一貫していると見られることなどもあわせれば、被告人の公判廷における弁解と食い違う前記捜査段階での自白に疑問が生じ、ⓒ被告人に対する別件の覚せい剤取締法違反の事実は累犯となるものであり、本件窃盗未遂事件一件がこれに加わったとしても刑がそれほど重くなるとは考えられず、また、本件犯行直前の10件近くの本件同様の犯行はこれをすべて自白しており、単に刑を免れようという動機以上のものがあると考えるのが自然であり、ⓓ加えて、検察事務官作成の報告書で明らかなとおり、首謀者でありながら被告人を実行行為者として供述してきたBが本件犯行につき起訴猶予となったばかりか、その起訴猶予処分の翌日に被告人が逮捕されていることは、検察官の弁解にもかかわらず、不自然なものを感じざるをえないとして、被告人の公判供述の信用性を是認し、本件公訴事実は犯罪の証明がないとして、無罪を言い渡した。

　⑥　コメント

　首謀者である共犯者が起訴猶予となった不自然性はあるとしても、弁解録取書等の証拠の活用や、反対尋問により、共犯者の証言態度の不自然さなどを引き出したうえ、取調警察官の執拗で強引な取調状況を導き出した弁護人の尋問技術が特筆される事案である。

⑷　事例18
　①　事案の概要
　平成13年4月17日午前1時20分ころから同日午前5時25分ころまでの間に、本件公訴事実記載の場所において、同記載の被害が発生したが、目撃者Tが、□□会社駐車場付近で、1名の男性が駐車中の自動車を覗き込んだり、車の運手席側ドアの窓枠に光るものを差し込んで開け、乗り込んだりするなどの不審な行動を取り、さらに、もう一人の男性が車上荒らしの見張りをしているのを目撃し、110番通報し、駆けつけた警察官が見張りをしていた男性を逮捕したが、もう一人の男性は逃走し、その男性も、その容貌も特定できなかった事案である。

　②　公訴事実
　被告人は、Aと共謀のうえ、平成13年4月17日午前1時15分ころから同日午前1時25分ころまでの間、△△所在の□□会社駐車場において、同社代表取締役X管理にかかる普通乗用自動車を窃取しようとして運転席ドアをこじ開ける等したが、警察官に発見・逮捕されたため、その目的を遂げなかったものである

　③　捜査等の概要
　被告人は本件公訴事実を一貫して否認していたところ、共犯者Aは、逮捕直後は本件犯行を否認していたが、その後、犯行前日の4月16日午後9時か10時ころ、被告人からその携帯電話でAの携帯電話に、「車を運ぶのを手伝って欲しい。5万円くらい小遣いをやるから」という電話があり、同日午後11時過ぎころ、A方近くでAを同乗させて本件現場に到着してAが見張りをし、被告人が犯行現場に駐車されてあった普通乗用自動車のドアを用具を用いて開けるなどの方法で、被告人と本件公訴事実に及んだものであると供述し、検面調書でその供述が維持されたが、被告人の公判において、被告人と共謀したことはなく、共犯者の名前はいえない旨の供述をするに至った。

　④　本件争点
　共犯者Aの捜査段階の供述又は公判供述の信用性が争点である。

　⑤　判決の要旨
　ア　Aの携帯電話に架かってきたとの供述の信用性について
　検面によれば、Aは、本件犯行の前日前記午後9時か10時ころ、被告人の携帯

電話からAの携帯電話に電話が架かってきた旨供述（3回公判では、架設電話にかかってきた可能性もあると供述）するが、ⓐP警察署司法巡査部長作成の「差押物件複写報告書」には、平成13年4月16日午後9時から10時ころまでの間に被告人の携帯電話からAの携帯電話への発信記録がなく、同日の午後2時44分19秒の発信記録では、その接続時間がわずか3秒であり、Aの供述は客観的事実に反すること、ⓑ被告人は、自宅に架設電話を設置しておらず、本件当時専ら携帯電話を使用しており、ほかに被告人が公衆電話等を利用した状況を窺える証拠はまったく存しないことから、被告人とAとが直接会って共謀する蓋然性があるというだけでは、本件公訴事実につき、犯罪の証明がなされたとはいえないと判示した。

　イ　前日の28秒間の通話記録と共謀の成否について

　検察官は、その前日の4月15日午後9時22分に被告人の携帯電話からAの携帯電話にかかった28秒間の発信記録から、4月15日に共謀があったと主張するが、検面には「事件を起こした前日のことです。確か午後9時から10時ころまでの間だったと思いますが、被告人から電話がありました」と供述し、また、「当時だったと思います」と公判供述もし、4月15日の通話時間がたった28秒にすぎないことから、検察官の主張を採用することができないと判示して、犯罪の証明がなく、無罪を言い渡した。

　⑥　コメント

　共犯者が公判廷で捜査段階での被告人との共謀を認める供述を覆したために、共犯者の検面が取り調べられ、共犯者の供述の信用性が問題となった事案であるが、検面にある電話したという供述の裏付けとなる携帯電話の発信記録がなく、共犯者供述の信用性がないと判断された事案であるが、本件起訴は、裏付け捜査に反する供述であることが認識できたのに、あえて起訴した典型的な誤起訴事案であるといわざるを得ない。

第3　無罪事例に学ぶ刑事弁護上の留意点

　前記に紹介した無罪事例を概観するとき、きめの細かい弁護活動の重要さが認識されところであり、次のような弁護活動が参考になる。

1　起訴前弁護活動

(1) 接見の重要性

　上記無罪事例のなかで約半数は捜査段階に自白調書が作成された事例であり、ほかの罪種の無罪事例においてもその比率が多少は異なるが、自白の信用性を否定することなく、無罪を獲得することは困難である。

　以前は、逮捕・勾留の段階で受任する事件も多くはなかったが、当番弁護士制度が確立し、また、被疑者国選弁護制度も実施されている現状において、起訴前に受任するケースも多くなると思われ、無罪を確信できる事件では、きめ細かな接見を行い、捜査機関による違法な虚偽自白を獲得させない弁護活動が必要であることはいうまでもない。

　また、虚偽自白をさせられた場合には、信用性の弾劾立証のためにも、被疑者から取調べ状況等を聞き取り、それを詳細にメモしておく必要がある。

　事例5では、接見の際、弁護人が受任妨害の事実や取調べ経過などの接見メモを作成し、後に捜査官を調べる際にたいへん役だったと述べられている。また、この事例は、当番弁護士で出動した事件であり、初回接見の2日後に受任されたが、一度だけ自白調書が作成されたことを弁護人は悔やまれ、きめの細かい接見の必要性を痛感したとも述懐されている。

　ただ、被告人が否認していたために勾留場所が拘置所となり、当時の拘置所の運用によれば、土日接見や執務時間外接見が困難であったが、現在では、土日接見も相当可能な運用に改善されているので、きめ細かい接見を行うこともできる状況にある。

(2) 勾留に対する不服申立て等について

　勾留中の弁護活動としては、接見とは別に、勾留に対する準抗告、勾留延長決定に対する準抗告、勾留理由開示や勾留取消の申立てなどの弁護活動が考えられるが、これらの弁護活動による即効薬としての成果につながらないとしても、否認を続ける被疑者を勇気づけ、捜査側の自白の獲得を阻止するためにも有効である。

　また、勾留理由開示手続は、不当な勾留を停止させるために実際には有効であり、また、勾留延長に対する準抗告は、延長期間を短縮させる事例も散見され、23日を前提とする過酷な身体拘束を防ぐためにも有効である。

　事例5では、弁護人はこれらの手続を実行し、勾留延長期間を5日間に短縮したばかりか、その後早期に保釈決定を得ている。

　勾留延長期間が短縮され、釈放されて在宅起訴または不起訴処分になった実際例もある。

2　公判における弁護活動

(1)　証拠開示
　検察官の手持ち証拠のすべてが証拠請求されるとはかぎらず、捜査資料を開示させることは弁護活動の第一歩といえ、捜査機関が獲得した供述調書等の多くは不同意書面となり、証人としての証拠調べが予想され、そのためにも不開示証拠を開示させることは重要である。
　公判前整理手続の事件では、証明予定証拠（刑訴法316条の14）や類型証拠（刑訴法316条の15）の証拠開示が義務付けられたが、その裁量範囲が広く、検察官手持ち証拠のすべてが開示されるものではなく、また、公判前整理手続の対象外事件では、従前どおり、証拠開示請求を行うことが重要であることを肝に銘じる必要がある。
　事例10では、被疑者が「有償譲渡」の弁解をしているのに、捜査官は「贓品と知って譲渡を受けた」として緊急逮捕したが、違法逮捕の疑いがあり、逮捕状請求書等に関する書類を開示させて、違法立証に供されたと思える。
　事例5では、検察官が逮捕手続書だけしか証拠請求せず、弁護人は、自白の供述経過を立証するために、逮捕状請求書、逮捕状、弁解録取書、勾留質問調書などを開示させたうえ、これを証拠請求し、否認から唐突に自白に転じた不自然さ、誘導により獲得された虚偽自白の立証に役だったと考えられる。

(2)　刑訴法279条の照会手続の活用
　事例5では、警察署と拘置所に対して被告人留置物品目録の刑訴法279条による照会請求を行い、任意同行に際する衣服の着替えをさせたという警察官の公判供述が虚偽であることを明らかにし、任意同行が強引なものであったことの心証に影響を与えたと推測される事例である。

(3)　刑訴法328条の弾劾証拠の活用
　否認事件では、検察官請求の関係者の供述調書等が不同意となり、証人尋問を経ることになるが、反対尋問に備えるためにも、同証人にかかる供述調書等の獲得が必要となる。また、検察官はその証人に関する供述調書全てを開示しているとはかぎらないので、検察官に確かめ（求釈明）、すべての関係証拠の開示を求めることが必要である。

証人の証言がときとして供述調書とまったく異なることがあり、証言の信用性を弾劾するために、その関係証拠を刑訴法 328 条の弾劾証拠として請求する必要もある。

事例 4 では、共犯者の公判供述が捜査段階の供述と異なり、その変遷や矛盾を立証するために、控訴審で刑訴法 328 条による証拠申請をなし、共犯者の供述の変遷や矛盾が立証され、その信用性を否定する控訴審判決の論旨を導き出している。

また、**事例 5** でも、被害者の証言が捜査段階の供述と異なり、刑訴法 328 条により、不同意書面を証言の弾劾証拠として取り調べ、被害者供述の信用性を弾劾する判決を勝ちえたと考えられる。

(4) 積極的な客観的資料等の証拠収集

自白や共犯者の供述の信用性に関しては、捜査当局が自白や供述に甘んじて、その裏付け捜査の杜撰な場合がときとしてある。

それゆえ、供述に矛盾する客観的またはそれに準ずる証拠の収集や裏付けのない供述を弾劾する証拠を収集することが必要である。

事例 10 の犯行に使用した自動車の廃車届や貸出中であった事実の関係書証、アリバイに関する高速料金の領収書や買い物のレシートなどの客観的証拠、**事例 7** の窃取金を支払ったという洋服代の領収書などの客観的証拠が供述の矛盾を証明するのに役だったことはいうまでもない。

また、**事例 10** では、チェーンのかかった駐車場から自動車をどのように窃取したのか、裏付けのない供述として信用性が否定された事実であり、**事例 5** では、被疑者が川にバックを投げ捨てたと供述しているのに、その裏付け捜査をまったくせず、自白を誘導した疑念を抱かせるとの判決の論旨に影響したと考えられる。

(4) 鑑定的資料等の作成や収集

事例 8 は、弁護人が、ビデオ写真を 8 倍に拡大した証拠から、被害者の金員（5万2,000 円）と被告人が所持する金員（帯封の付いた札束）とが異なることに成功された。

近年防犯上の理由から、屋内屋外を問わず多くのビデオカメラが設置される状況にあり、今後これらのビデオテープの映像が犯行態様や犯人性の証明資料として利用されることは想像に難くなく、設置場所によっては、その角度だけでなく、明度の不足するビデオテープの映像の解析や評価が問題になり、そのための鑑定等による証拠評価を行う必要性を予測させる事例である。

また、**事例 11** は、遺留指紋に関してさまざまな方法から実験を実施した証拠を収集したことが成功した事例である。

このように、鑑定やそれに類する証拠を収集することが無罪判決を獲得するうえで重要である。

(5) 供述証拠の信用性の判断基準（注意則）にかかる弁護活動

目撃供述、共犯者の供述および自白などの供述の信用性に関する事件では、その信用性の判断基準に照らした証拠分析を行う必要がある。

この点で、供述および自白の経過、供述を裏付ける資料の有無、客観的事実との整合性、秘密の暴露や無知の暴露の有無等の分析、検討を要する。

ことに、共犯事件では、検察官の公訴権が差別的に運用されることもあり、注意すべきである。

事例4と**事例7**がその事例であるが、4の事例は否認事件であるが、自白した共犯者が起訴猶予処分を受け、否認した被告人は起訴処分されるという検察官の公訴権の差別運用には、そもそも利益誘導による取調べの危険性が高く、信用性に疑念があるといえる。

筆者も、実行犯である従業員が社長から犯行を命令されたと供述し、これを否認する社長が起訴され、実行犯である従業員は不起訴処分となった事件を担当し、従業員の供述は信用できないとして、無罪判決を得た経験がある。

3　判決後の弁護活動

(1) 刑事補償請求

逮捕・勾留され無罪事件が確定した場合には、刑事補償請求が可能である。

事例5では、刑事補償請求がされ、1日当たり1万500円（現行の上限は1万2,500円である）が認められたとのことである。

(2) 裁判費用の補償請求

また、無罪判決が確定した場合、被告人は裁判費用の補償請求ができ（刑訴法188条の2以下）、補償請求できる裁判費用としては、被告人・弁護人の旅費・日当、弁護人の報酬がある。

私選事件では、被告人は弁護人に対する報酬を補償請求できるので、この制度は有効である。

国選事件では、弁護人の旅費・日当・報酬は国選弁護費用として請求できるので、被告人の旅費・日当だけが費用補償請求できることになる。

事例5では、この刑事補償請求、費用補償請求をも実践されている。
　以上、無罪事例を検討し、その弁護活動を一端を紹介したが、今後の刑事弁護活動の参考になれば幸いである。

事例番号	裁判所・宣告日	事案の概要	所持者の犯人性	その他の犯人性	被害の同一性	自白の信用性	共犯者供述の信用性	責任能力
			争点類型					
1	奈良地裁平6.3.30 中村亀雄 窃盗 日弁3集55頁	借用した自動車内から5万円などが入ったセカンドバッグを窃取したとの公訴事実につき、被告人から現金を盗んだと聞かされたという証人の供述を、被害者らの供述と食い違いがあって信用できないとして無罪を言い渡した事例		○				
2	川口簡裁平6.6.1 石川博康 窃盗 日弁3集80頁	数件の窃盗の公訴事実のうち、2つの公訴事実につき、盗品であるカメラ等を質入した者が被告人であるか不明であり、また被告人の所持する手帳等に記載された盗品メモが被害品とであるか特定されていないとして無罪を言い渡した事例		○	○			
3	仙台簡裁平6.8.22 増田隆男 窃盗 日弁3集107頁	被告人は、犯行当時そう病に罹患していて、事理弁別能力はあったが、統御能力を欠いており、心神喪失者であったとして無罪を言い渡した事例						○
4	大阪高判平6.9.2 福井英之ほか1名 窃盗 日弁3集121頁	被告人を主犯とする共犯者2名の供述により、一審は有罪を言渡したが、控訴審は、共犯者の自白以外に客観的証拠もなく、共犯者供述には多くの変遷があり、ほかの証拠と矛盾することなどとして、一審判決を破棄し、無罪を言い渡した事例					○	
5	大阪地裁平6.10.18 財前昌和 窃盗 日弁3集152頁	テレクラで知り合った女性のハンドバッグを窃取したとの捜査段階での一度の自白や被害者供述の信用性を否定し、女性が自動販売機でジュースを買っている際、投げ返したとの事実を認め、不法領得の意思が認められないとして、無罪を言い渡した事例		○		○		
6	津地裁伊勢支部平7.1.12 濱田秀也 窃盗(無罪)、覚せい剤取締法等3罪(有罪) 日弁4集14頁	車上窃盗につき、共犯者の供述(証言)および被告人の捜査段階の自白の信用性が否定され、無罪を言い渡した事例				○	○	
7	宇都宮地裁栃木支部平8.3.6 小野民樹子 窃盗未遂(無罪)、覚せい剤取締法(有罪) 日弁4集105頁	共犯者と共謀し、窃盗の実行行為を行ったとの公訴事実につき、捜査段階の自白が捜査官の執拗で強引な取調べによることが窺われ、自白の信用性に疑いがあり、共謀関係からの離脱が認められるとして、無罪を言い渡した事例				○	○	
	仙台高裁秋田支部	銀行内に設置された2台の防犯カメラで撮影され						

8	平 10. 9.29 川田繁幸ほか1名 窃盗 日弁5集84頁	たビデオ画像を分析・検討し、被告人が故意にカウンターの金員を自己の占有に移したことが認められず、担当者の証言も信用できず、捜査段階の自白につき、動機やその内容が不自然で具体性がなく信用できないとして、一審判決を破棄し、無罪を言い渡した事例		○	○	
9	長崎地裁佐世保支部 平11.12.22 徳勝仁ほか1名 窃盗 日弁6集115頁	夜間の自販機の明かりだけで視認状況が悪いうえ、短時間の目撃した犯人識別供述につき、面通しの人物像の認識も明らかでなく、犯人識別供述の信用性を判断する資料が十分とはいえず、誤認した可能性を全面的に否定できないとして、無罪を言い渡した事例	○	○		
10	大阪地裁平11. 2.17 藤田正隆 窃盗 日弁6集279頁	6カ月前に窃取された盗品自動車に、他人のナンバープレートをつけて所持していた窃盗事件において、捜査段階の当初自白につき、捜査官の誘導や自らの創作を混ぜた内容虚構の疑いが濃く信用性が乏しいうえ、否認供述には相当多くの客観的証拠に裏付けられ、その内容も不自然とはいえないとして、無罪を言い渡した事例		○	○	
11	名古屋地裁 平14. 3.12 藤井成俊 窃盗 刑弁31号66頁	被告人の指紋が窓に遺留されていたという住居侵入窃盗事件につき、指紋は被告人が3年前に行った工事の際に遺留されたものであるとして、無罪を言い渡した事例		○		
12	大阪地裁平13. 1.31 小坂井久 窃盗未遂 日弁7集83頁	駐車中の自動車の荷台に積まれていた工具類を物色したとの窃盗未遂事件につき、被告人の弁解を排斥し、直接証拠は被害者の証言だけであるとし、その重要部分に変遷があり、目撃条件も悪く、その証言の信用性に疑問があるとしたうえ、被告人の逮捕時の言動をもって本件公訴事実を推認できないとして、無罪を言い渡した事例		○		
13	福岡家裁平12.12.11 山本一行 窃盗 日弁7集86頁	原動機付自転車を使った少年複数によるハンドバッグのひったくり窃盗事案につき、捜査段階のひったくりへの関与を認めた自白の信用性が乏しく、合理的な疑いをさしはさまない程度の証明がないとして、不処分を言い渡した事例			○	
14	奈良家裁平12. 9.27 波多野進 窃盗 日弁7集258頁	勤め先の商品を窃取して売却した店の店主から勤め先に通報し、勤め先が被害届を提出したことから、少年が在職中に窃盗したとの公訴事実につき、少年の自白および店主の供述には信用性がなく、ほかに非行事実を合理的な疑いを入れない程度に照明されたといえないとして、不処分とした事例		○	○	
15	京都地裁平14.10.18 三野岳彦 窃盗、予備的訴因・占有離脱物横領 日弁9集81頁	ナンバープレートを窃取(または占有離脱物横領)したとの公訴事実につき、ナンバープレートを取った車両が長らく放置され、車両を捨てに来る所との認識が不自然でない状況であり、捜査段階での供述に「ナンバープレートを盗んだ」との言葉が使用され、他方「廃車された車から」との記載もあり、廃車だとの認識があったとして、他人が所有・占有するとの認識を認定するには合理的な疑いがあるとして、無罪を言い渡した事例		○		
16	大阪高裁平14.11.26 大田直哉	民家から現金とテレホンカードを盗んだとする住居侵入、窃盗の公訴事実につき、窃盗については事件直後に近所のコンビニで拾ったとの弁解をいささか不自然と認めつつ、窃盗以外の手段でカー		○		

1 窃盗 41

	窃盗、住居侵入	ドを入手した可能性もあるとして、無罪を言い渡した					
	日弁9集92頁						
17	那覇地裁平 14.11.13	軽トラックを盗んだとする窃盗の公訴事実につき、犯行に及んだ疑いを強く抱かせる事情が認められるが、犯人と被告人との同一性をうかがわせる事情は認められないとして、無罪を言い渡した事例		○			
	中村透						
	窃盗						
	日弁9集95頁						
18	東京簡裁平 14.8.20	被告人から電話で手伝うよう依頼されたとする証人の検面調書の信用性について、被告人が使用していた携帯電話から証人の携帯電話への発信記録がないことなどから、検察官に対する供述は信用できないとして、無罪を言い渡した事例				○	
	下田俊夫・本橋光一郎・小川昌宏						
	窃盗未遂						
	日弁9集108頁						
19	千葉家裁 平 14.5.28	犯行日時場所につき、少年が「私のバイクです。すぐ移動します」などと言って移動した行為からすると、この時点以前に上記車両を取得していたといわざるをえず、占有離脱物横領と認定できず、また、上記車両と被害バイクとの同一性も証拠が皆無であり、窃盗代を認定できないとして、無罪を言い渡した事例		○			
	中溝明子						
	占有離脱物横領、窃盗						
	日弁9集44頁						

2
詐欺

一瀬敬一郎

第1　詐欺罪概説

1　犯罪類型としての詐欺

　詐欺罪の構成要件は、「人を欺いて財物を交付させた」場合（刑法246条1項）と「（人を欺いて）財産上不法の利益を得、又は他人にこれを得させた」場合（同条2項）に分かれている。財物罪である前者（いわゆる1項詐欺）を通常「狭義の詐欺」と呼び、後者（いわゆる2項詐欺）を詐欺利得罪と呼んでいる。

　広義の詐欺罪には、上記の詐欺利得罪のほか、準詐欺罪（刑法248条）、さらに近時創設された電子計算機使用詐欺罪[1]（1987年、刑法246条の2）および組織的詐欺罪（1999年、「組織的な犯罪の処罰及び犯罪収益の規制等に関する法律」3条1項9号。法定刑を1年以上の有期懲役に加重）がある。

　詐欺罪は、刑事犯罪学ないし犯罪捜査学の観点から見て、横領罪・背任罪・恐喝罪などと同様に知能犯に分類され、そのなかでも最も典型的なものとされている。詐欺罪が知能犯たる所以は、詐欺罪の実行行為が「人を欺く」という人を錯誤に陥らせ、その錯誤に基づく財産的処分行為をなさしめる行為を核心としているからにほかならない。

　詐欺罪は現実の社会の経済的な取引行為ときわめて密接に関連した犯罪類型であって、その態様は時代の社会状況を強く反映し、具体的にはきわめて多様である。

　警察庁は取引の態様に基づいて犯罪手口資料取扱細則（昭和57年2月18日警察

庁訓令第2号別表第2)で詐欺罪の手口を分類している[2]。

上記細則では、詐欺の手口の分類として、①売り付け（偽物、代金）、②借用（前借、賃貸借、寸借）、③不動産利用（家屋・土地）、④偽造有価証券利用（手形、小切手、証券、商品券、通帳）、⑤買い付け（取込み、月賦、商品）、⑥無銭（宿泊、飲食、無賃乗車）、⑦募集（保証金、会費・寄付金、資金）、⑧その他（賭博、職権、釣銭・両替、かご抜け、留守宅、賠償、結婚、保険、あっせん、横取り、受託など）に分類されており、欺罔態様を知るうえで参考になる[3]。

かつては詐欺罪全体のなかで上記②の借用や⑥の無銭飲食・無賃乗車が多かったが、1970年代後半から上記④のクレジットカード詐欺などの割合が急速に増加している[4]。

なお近時、「詐欺まがい商法」と呼ばれるいわゆる悪徳商法が多発しているが、これらについては特別立法で刑罰規定が設けられた[5]。

2　統計

警察庁編の『平成19年の犯罪』によれば、詐欺の認知件数は、全体が67,787件で、売り付け詐欺12,117件、借用詐欺3,912件、不動産利用258件、偽造有価証券利用詐欺1,983件、買い付け詐欺2,716件、無銭詐欺11,535件、募集詐欺6,810件、職権詐欺1,420件、釣銭・両替詐欺892件、留守宅詐欺5,956件、保険詐欺457、横取り詐欺1,431件、受託詐欺767件、詐欺その他が17,533件である。

公判請求された詐欺罪のデータを近時の司法統計（2007年）でみると、詐欺罪の全地方裁判所の通常第一審事件の終局総人員は5,087人である（うち無罪判決は7人）[6]。これは刑法犯総数の約1割強で、窃盗罪の約4割、恐喝罪の約3倍、強盗罪の約6.6倍、強盗致傷罪の約6.8倍である。

また無罪判決を受けた人数を司法統計で見ると、2000年から2008年までの通常第一審事件で詐欺罪で無罪判決を受けた被告人の数は、2人、2人、2人、4人、4人、1人、8人、7人、5人である。

第2　本稿で扱う詐欺無罪事件

1　最近の詐欺無罪判決の概観

本稿の検討対象は1990年から2008年の間に無罪確定した詐欺罪の事例である。本稿末尾掲載の一覧表のとおり25事例を抽出した。
　上記25事例の無罪判決が確定するまでの審理経過は、一覧表によれば次のとおりである。
　まず誤判事例が10件ある。すなわち、控訴審で逆転無罪となったのが7件(**事例2、3、11、16、17、19、25**)、控訴審で破棄差戻しされ地裁で無罪となったのが1件（**事例7**）、最高裁で破棄差戻しされ高裁で無罪となったのが1件（**事例24**）、さらに最高裁で破棄・自判し無罪となったのが1件（**事例22**）ある。
　また控訴審で検察官控訴が棄却された事例が2件ある（**事例21、23**）。
　さらに一審の無罪判決が確定した事例が13件ある（**事例1、4、5、6、8、9、10、12、13、14、15、18、20**）。

2　25事例の特質

　25事例に関し、欺罔態様、被告人および被欺罔者の属性、被害金額などを抽出してみると次の一覧表のとおりである。

詐欺罪の取引態様と被害者・被害額等の一覧表（判決の年代順）

事例	欺罔の態様	被告人の属性[（）内は年齢]	被欺罔者ないし被害者の属性	被害者数	被害金額
1	ガソリン給油	無職・精神障害者（32）	（被欺罔者）給油所従業員 （被害者）給油所	1人	ガソリン20リットル（時価約2,360円相当）
2	イラストマップ残代金	イラストマップ制作・販売業者（53）	飲食店、宿泊施設等各店舗の経営者	5人	1万5,000円3人、1万円1人、5,000円1人（合計現金6万円）
3	不動産譲渡担保（大阪）	暴力団組長（54）	顧客（不動産売却希望者）	1人	債権額1,700万円の譲渡担保による不動産所有権移転登記
4	不動産譲渡担保（高松）	金融業者（39）	顧客（相続不動産所有者）	1人	債権額5,000万円の譲渡担保による不動産所有権移転登記
5	呉服類・反物仕入れ	呉服販売・貸出業者（42）	呉服問屋	2人	①袋帯等1,371点（時価約3,240万0,500円） ②打掛40反（時価約311万9,200円）
6	県酪連購買事業奨励金請求	県酪連会長理事（60）	（被欺罔者）全酪連福岡支所長 （被害者）全酪連	1法人	①合計2億3,393万1,760円 ②合計4,678万8,752円 ③合計6,942万6,120円
7	協同組合小切手金支払請求	青果協同組合事務員（女性、42）	（被欺罔者）銀行係員 （被害者）青果協同組合	1法人	16回にわたり現金合計6,068万8,183円

2　詐欺　45

8	新電電代理店登録費	市外電話サービス受付業（40）	新入社員	15人	1人15万円、10万円、5万円の合計180万円
9	ゴルフ会員券借用	不動産仲介会社代表取締役（41）	同社従業員（女性）	1人	ゴルフ会員券1枚（1,200万円相当）
10	給与前借	新聞拡張員（44）	新聞専売所経営者	1人	現金35万円
11	担保手形受託	土木・道路工事会社代表取締役（45）	（被欺罔者）機械工具販売会社代表取締役（被害者）機械工具販売会社等	3社	約束手形28通（額面1億6,300万円）
12	海外先物取引委託保証金	海外先物取引会社業務管理部長	顧客	7人	815万円
13	タクシー無賃乗車	無職（54）	顔見知りタクシー運転手	1人	料金1万5,000円相当
14	無銭宿泊	無職	（被欺罔者）旅館従業員（被害者）旅館	1社	宿泊等の利便および飲食物の提供2万0,100円
15	自動車借用	輸入貿易業者	（被欺罔者）自動車修理業者（被害者）中古車販売業者	1社	ベンツ1台（査定40万円相当）
16	ツインドーム下請受注裏金	大手スーパー子会社専務・建設工事実務最高責任者（56）	地元建設会社代表者	1人	2億6,000万円
17	工事代金請求（水増し・架空）	孫請会社代表取締役	（被欺罔者）下請会社経理主任（被害者）下請会社	1社	1億2,821万8,940円
18	寸借（会社資金名目）	建設工事請負会社代表取締役	知人	3人	100万円、100万円、200万円
19	鉱害被害補償二重請求	町会議員（40）・町役場職員2人（52・58）	（被欺罔者）石炭鉱害事業団九州支部長、同総務部長（被害者）石炭鉱害事業団	1法人	①360万円、②214万7,000円、③316万6,000円、④288万2,000円、⑤460万円、⑥537万2,000円
20	寸借（借金返済名目）	暴力団組員（49）	顔見知りの運送会社社員	1人	現金25万円
21	サイト差引融資	石油売買仲介業等（60）	（被欺罔者）石油販売会社副社長（被害者）石油販売会社	1社	23億9,309万8,340円
22	交通事故・共済金請求	健康食品販売（24）	（被欺罔者）農協共済課担当者2人（被害者）県共済農協連合会	1法人	77万7,450円
23	商社金融取引	百貨店商事本部医療機器部部長（50）	リース会社	6社	①現金197億9,106万9,989円、約手28通（額面計104億7,989万1,475円）②現金8億6,849万1,901円
24	請負代金請求（汚泥処理）	ゼネコン従業員（54・40）	大阪府	1自治体	7,288万円
25	寸借（自動車修理名目）	無職	自動車修理会社従業員	1人	5万円

上記一覧表によれば、詐欺の手口では、借用が8件（**事例9、10、15、18、20、21、23、25**）、売り付けが3件（**事例2、17、24**）、有価証券が3件（**事例5、7、18**）である。

従来からの態様の無賃乗車（**事例13**）・無銭宿泊（**事例14**）、前借詐欺（**事例10**）、寸借詐欺（**事例18、20**）などの事例も引き続き見られるが、一方で複雑な現代的取引のなかで発生した詐欺罪が増えている（**事例21、23**）。

また被害規模について見れば、事例による被害金額の差が著しい。すなわち、10万円以下の事例（**事例1、2、13、25**）もあれば、億単位の事例（**事例6、11、16、17、21、23**）もある。とくに被害額が巨額なのが**事例21**の約24億円と**事例23**の約311億円である。

無罪事例25件の1項詐欺・2項詐欺の区分は、1項詐欺の事例が19件で大半をしめる。2項詐欺の事例は4件（**事例4、13、14および19の予備的訴因**）である。

3 「人を欺く」行為の類型

(1) 詐欺罪は従来から欺罔行為の態様で分類されてきたが、これは上記 **1** の詐欺罪の犯罪手口の分類と重なる[7]。また実質詐欺・形式詐欺という分類も試みられてきた（履行の意思能力を偽ったことを欺罔内容とする詐欺を実質詐欺、履行の意思能力の有無にかかわらず、それ以外の事項の欺罔を内容とする詐欺を形式詐欺という）[8]。

(2) 筆者は、次に述べるような「虚偽約束型」「不正請求型」の分類も可能ではないかと考えており、本稿では25件の無罪事例をこの分類方法に基づいて分類している。

その「虚偽約束型」「不正請求型」という分類は、検察官が公訴実務で主張している「人を欺く」行為の内容に則して詐欺罪を分類するものである。

「虚偽約束型」とは、詐欺罪の「人を欺く」行為が、「真実は相手に対し物・権利の移転義務を履行する意思や能力がないのに、それを秘して、その履行が可能であるかのように装って虚偽の約束を交わし、財物または財産上の不法の利益を取得した」という事実関係で成り立っている場合である。

もちろん公訴事実の文言には「約束」という言葉は出てこないが、「人を欺く」行為の内容としてさまざまな「合意」を取り付ける場合の詐欺を一括して「虚偽約束型」詐欺と称するわけである。

虚偽約束型詐欺の事例は25件の無罪事例中の19件にのぼる。その中は「約束」の内容によって、次のように分かれる。
　　①売買のように相手に対価を交付することを約束した場合（対価交付約束型）
　　　：事例1、2、5、8、13、14、16の7事例
　　②物の寄託を受けたような相手に原物の返還を約束した場合（原物返還約束型）
　　　：事例3、4、9、11、15の5事例
　　③金銭消費貸借のように同種物を返還することを約束した場合（同種物返還約束型）：事例10、12、18、20、21、23、25の7事例
　次に、「不正請求型」とは、詐欺罪の「人を欺く」行為が、「真実は相手に対し履行を請求する理由がないのに、それを秘して、不正な請求を行い、財物または財産上の不法の利益を取得した場合」という事実関係で成り立っている場合である。
　25件の無罪事例中の6件（事例6、7、17、19、22、24）が不正請求型詐欺の事例である。

(3)　なお、「虚偽約束型」「不正請求型」の区別を例を示して説明すると、詐欺事件の中にある典型契約が登場する場合、その契約を締結する際に詐欺が行われた場合は「虚偽約束型」の詐欺である。しかし、いったん有効に成立した契約の履行の場面での詐欺は「不正請求型」の詐欺になる（たとえば**事例24**参照）。またいったん有効に成立した契約の内容を新たに修正する合意を交わす際に詐欺が行われれば、それは「虚偽約束型」の詐欺にあたる（たとえば**事例2**参照）。
　件数の上では圧倒的に虚偽約束型が多いことが特色である。
　誤判がどの分類に多いかを見ると、10件の誤判事例中の5件が不正請求型の詐欺になっている。これは不正請求型の詐欺の法律構成に複雑さがあることと関連しているように思われる。

第3　誤判事例の分析(1)──虚偽約束型詐欺の場合

はじめに

　25件の無罪確定の事例中10件が逆転無罪となった誤判事例で、うち5件（**事例2、3、11、16、25**）が虚偽約束型である。事例分析の最初にこれら5件について検討する。

1　事例2　イラストマップ残代金詐欺

(1) 事案の概要と争点

　本件は、被告人がイラストマップ（観光案内と店舗の紹介を兼ねた広告用地図）の制作を受注した後、納品前に顧客に残代金の支払いを請求した際、イラストマップはすでに完成しており直ちに納品できる旨の虚偽の約束をして残代金を騙取したという事案である。

　争点は、①イラストマップがまだ完成していないのに、被告人が「マップはすでに完成したからすぐ納品する」と被害者に約束したこと（検察官が公訴事実で主張している内容）は真実か否か、②年内にマップを納品すること（被告人が真実被害者に約束した内容）は可能だったのか、である。

　このように虚偽約束型詐欺の場合、争点が公訴事実記載の欺罔文言の存否だけで尽きず、さらに裁判所が認定した欺罔文言の内容の履行可能性も争点となることが多い。

(2) 公訴事実の要旨

　被告人は、代金の一部を支払ってイラストマップを注文した顧客から商品の納入前に残代金の集金名下に金員を騙取しようと企て、真実はイラストマップは完成しておらず約束の期日までに納品できない状況であったのにこれを秘し、1988年12月26日ころから同月28日ころまでの間、北海道ニセコ町とその周辺地区において、注文のイラストマップが完成し、今日、明日中ないしは数日中に納品する旨申し向け、その旨誤信した顧客5名から残代金名下に現金合計6万円（1万5,000円が3人、1万円が1人、5,000円が1人）を騙取した。

(3) 無罪主張の要旨

　被告人は、5名の被害者らに残代金を請求する際に、すでにイラストマップが完成しすぐ納品できる旨の顧客を欺すような虚偽事実を一切述べていない。

　すなわち、被告人が5名の被害者に残代金を請求した1988年12月下旬頃、本件イラストマップは被告人が制作を依頼したグラフィックデザイナーTの統括の下で印刷業者によって校正刷りが出来上がるなど商品納品をめざして作業が進められている最中であった。本件イラストマップを完成させて年内に納品することは可能であったし、被告人は残代金を請求する際には納品の意思をもって顧客に説明していた。

(4) 捜査・公判の経過

　1988年12月23日から28日にかけて、注文先約80軒に残代金の先払いをお願いし、起訴された5名の被害者を含めて約40名から残代金の先払いを受けている。

　しかし、被告人は、残代金を受領しながら年が明けてもイラストマップを納品しなかったうえ、一時行方不明になるなど被害者からみれば態様はきわめて悪質だった。1989年5月以降、注文者らのうち数十名が被害申告をし、被告人が逮捕された。

　被告人は、当初は「マップが完成したとは絶対に言っていない」と欺罔行為を強く否認していたが、勾留途中、被害者の供述内容に沿う形で自白調書が作成された。被告人は、1990年2月と3月に被害者5名分につき起訴された。

　一審は被害者5名中の3名分は無罪としたが、残り2名分については有罪とした。控訴審ではその2名に関しても逆転無罪となった。

(5) 誤った有罪認定

　一審判決は、2名の被害者について、被告人は残代金請求時に本件マップが未だ完成していないにもかかわらず、「マップは完成したので今日か明日には到着する」などと述べ、虚偽の事実を述べて欺罔したと認定した。

　一審における誤判の原因は、安易に被告人の法廷供述を排斥し客観的証拠と食い違う捜査段階での自白調書の信用性を認めた点にあるが、最も大きな原因は、被害者供述を無批判に採用したことである。

　一方、残りの3名の被害者については、3名とも本件マップが完成したと説明されたという明確な記憶がなく、マップは年内に届くと理解していた。被告人の自白調書には、被告人が同人らに対しマップが完成した旨を申し向けたとする記載があるが、被告人の取調べに当たった警察官の法廷供述に照らすと、「自白調書が被告人の記憶、認識を正確に反映したものであるかについて疑問の余地があ」ると認定し、その信用性を排斥している。またマップの制作を請け負ったデザイナーTの証言によれば、同人は12月31日にマップの印刷を完了させる段取りでいたのであり、被告人は、集金した金員からTに請負残代金の一部を支払うことにより完成したマップの引き渡しを受けうるものと楽観していた可能性も否定できないので、3名に対しては被告人が「欺罔の故意を有していたものと認めることは困難であ」るとして無罪を言い渡した。

(6) 無罪判決のポイント

　ア　「すでにマップは完成した」との欺罔文言に関する被害者供述の信用性について

控訴審判決は、「すでにマップは完成した」と被告人が発言したのかについて、①「被告人と会ったのは客が立て込んでいて、業務多忙の時間帯の中のごく短い時間であり、交付した金員も１万5000円とさほど大きい額でないことからして、相手の発言内容に慎重な考慮を巡らした上で行動したとも思われず、聞き違いや思い込みが生じ易い状況下にあったといえる」こと、②「支払いに応じたのは、本件マップの完成それ自体というよりは、その点を含め本件マップが遅滞なく配達されてくるとの点にあったとうかがわれる」こと、③「無意識にせよ、残金請求の際の被告人の発言内容を拡大して記憶にとどめた可能性も否定することができない」ことなどから、上記発言の事実は認め難いと認定した。

　　イ　履行の意思と能力が存在していたこと
　控訴審判決は、12月下旬段階での本件マップの作成状況について、①被告人は、12月26日ころまでにグラフィックデザイナーが受け取っていた色校正紙を見て検討し、修正箇所を指示するなどしていたこと、②そのことからも被告人は遅くとも29日には本件マップが印刷を終えて完成し、グラフィックデザイナーから受け取れるとの見込みのもとに注文先への年内配達を予定していたこと、③ところがその29日に被告人が捜してもグラフィックデザイナーの所在がつかめずどうしても会えなかったことなどを認定した。
　これらの事実認定に踏まえて、控訴審は、一審が有罪とした本件２名の被害者が被告人から詐欺を受けた12月26日ころの時点で、「被告人は、完成した本件マップを年内に注文先に配達する意思」はあったし、「それが可能であるとの見込みのもとに行動していたと見る余地が十分」あったと認定した。

　　ウ　自白の信用性について
　取調べ警察官の原審での法廷証言（①被告人の供述態度が当初はマップが完成したとは絶対に言っていないと欺罔行為を強く否認していたこと、②しかし警察官が被害者の供述内容を告げて被告人を説得したこと、③そこに押し付けの状態がなかったとはいえないことを認める供述をしていることなど）から、「右各供述調書が被告人の供述するところを正確に記載したものかどうか相当疑う余地がある」と認定した。

　　エ　以上アないしウのような事実認定をふまえて、控訴審は、一審有罪の２名の被害者分について無罪判決を言い渡した。

(7) コメント

　弁護人は、被告人が起訴外の多くの顧客にも面談しており、彼らに対しては完成を装うという欺罔行為をしておらず、むしろお願いする形で残金支払いの交渉をしていた事実や、被害者と被告人との会話が聞き違いや思いこみを生じやすい状況下でなされていた事実などを丁寧に立証して、被害者供述や被告人の自白に信用性がないことを明らかにした。

　明らかになっている背景をみると、被告人は1988年9月ころから12月にかけて140人もの顧客から本件イラストマップの注文を取っていたが、依頼したグラフィックデザイナーの作業が遅れて、完成商品未納のままうち80人に対して残代金の支払を求め約40人から残代金の先払いを受けている。一軒当たりの残代金は1人わずか1万5,000円と被害額は僅少で、弁護人は可罰的違法性のない旨も主張していた。

2　事例3　不動産譲渡担保詐欺（大阪）

(1) 事案の概要と争点

　本件は、被告人（暴力団組長）が知人の共犯者らと共謀し被害者Aの所有する不動産（貸家）および亡Bの相続人C、Dの不動産（マンション）の持分権を騙し取ろうとして、被告人を債権者とする架空の貸し付け債権を担保するために上記不動産に譲渡担保を設定することを承諾させて、上記不動産を被告人名義などに移転し詐取したという事案である。

　争点は、被告人には詐欺の故意と共犯者らとの共謀はない（被告人の債権は真実融資が実行された貸付債権であり、譲渡担保も形式的なものではなく真実担保のためのものである）と言えるかである。

(2) 公訴事実の要旨

　被告人は、N、A、S、Nと共謀のうえ、Aが夫Bの死亡後、Bの前妻の子から、婚姻取消しの申立てを受け、Bとの婚姻が取消されるなどし、Bの遺産に関し相続人間で争いが生じていたところ、NがA所有名義の不動産についての売却の仲介をするなどして、AならびにAの長男Cから信頼されていたことを奇貨として、A所有の土地建物（貸家）および亡B所有の土地建物（マンション）について、実際は、第三者の担保に供し、あるいは売却するなどして金員を取得する意図であるのに、その情を秘し、1983年10月初旬ころ、Aから同女所有不動産の処分を、Aの長女Dから同女の亡B名義の不動産の持分の処分を各一任され、かつ亡Bの相続人の一人で

あるCに対して、「このままではA名義の物件は、他の相続人に取られてしまう。信用のおける第三者に形だけの架空の担保をつけて名義を変えておいたほうがいい。亡B名義の物権も持分権も同様に第三者に名義を変えておいたほうが他の相続人と話し易い」などと虚構の事実を申し向け、さらにその後Aに対しても同様のことを申し向け、CおよびAをしてその旨誤信させ、

①同年10月17日ころ、A所有名義の不動産につき譲渡担保契約を原因とする所有権移転登記手続をするため、Aにその手続に要する契約書証などを作成させたうえ、同月20日ころ、C立会いのもと、すでにAから署名捺印を得ている譲渡担保契約証書に被告人が債権者として署名捺印し、Cをして、被告人とAとの間に同女名義の不動産につき譲渡担保契約を締結し、これを原因とする所有権移転登記手続を行うことを承諾させ、同月21日、情を知らない司法書士をして、Aから被告人に対する譲渡担保を原因とする所有権移転の登記申請手続をさせ、その旨登記させ、

②同年11月17日ころ、Cから亡B所有名義の不動産についてのCおよびD各持分6分の1に関する持分移転登記の委任状などの提供を受け、同年12月14日、情を知らない司法書士をして、CおよびDの各持分について、両名からNJに対して譲渡担保を原因とする所有権移転の登記手続申請をさせ、

もって、A所有の不動産（貸家）ならびに亡B名義の不動産（マンション）のCおよびDの各持分6分の1を騙取したものである。

(3) 無罪主張の要旨

被告人は、10月20日の取引の際、利息300万円を先取りした現金1,700万円を債務者側に交付し、その貸付債権を担保するためにA所有不動産を目的とする譲渡担保契約を締結したものであるから、譲渡担保名下にAから不動産を騙取した本件詐欺について、被告人がNA、S、Nと共謀した事実はない。

(4) 捜査・公判の経過

一審では、領収証や手形など被告人が真実融資を行ったことを証明する書証は豊富にあったにもかかわらず、供述証拠の証拠評価を誤り金員の授受はなかったと認定し、懲役3年（執行猶予5年）を言い渡した（1990年3月26日）。

控訴審は、被告人が1,700万円を実際に融資した事実を認定し、逆転無罪を言い渡した。

なお、まったく本件と同一事案である共犯者S、Nに対する刑事裁判では、現金1,700万円の金員授受がなかったとの事実認定に基づいて詐欺罪の成立が認められ

た（一審は懲役1年6月の実刑。控訴審は執行猶予4年の有罪判決）。

(5) 誤った有罪認定

一審では、共犯者供述の任意性が争われ、共犯者2名（SとN）の検察官調書につき、警察での取調中に暴行・脅迫を受けて自白し、その影響が継続しているなかで作成された疑いがあると認定し、検察官の刑訴法321条1項2号書面請求を却下した（ただし共犯者NAについては書面請求を認めた）。このように被告人の本件詐欺に関する共謀の直接証拠は著しく減殺されたにもかかわらず、一審は金員の交付はなかったと事実認定し、「不動産騙取についての故意と共謀の存在は合理的疑いをいれることなく認定しうる」と判示して有罪判決を言い渡していた。

(6) 無罪判決のポイント

控訴審判決は、一審判決が被告人や共犯者（いずれも金員授受の事実を証言）らの供述相互間に食い違いや変遷があることに引きずられて現金1,700万円を交付した旨の被告人の供述を信用できないとしたことに対し、「関係者の各供述、特に、被告人、S、N、NA（ただし、別件第14回公判）らの供述は、それらの内容を子細に検討すると、お互いに符号しない部分も見られるものの、相当古い出来事に関する割りには、比較的具体的で、かつ、自然な部分もあり、また、口裏を合わせて虚偽の供述をしている節も格別なく、信用性は必ずしも低くないと考えられる」「各供述は当該取引から3年以上後になされたものであり、供述相互間に食い違いがあってもさほど不思議ではない」として、関係者の法廷供述の信用性を認めた。

控訴審判決は、①N、Sらが、マンションと貸家を担保にしてNJから融資を受けるまでのつなぎとして被告人に融資を依頼したものと考えられること、②被告人が融資額を2,000万円とし3カ月で300万円という高利で融資することを承諾していること、③取引の前日に、自分の預金口座から2,000万円を引き出していること、④被告人が現実に融資しないのであればマンションについて直ちに所有権移転登記ができないことが分かっても立腹することはないと思われるのに怒って帰ろうとしたこと、⑤領収書、S振出の約束手形の存在は融資が現実になされたことの裏付けとなること、⑥当日司法書士に費用が支払われたこと、⑦被告人はSから11月21日ころ1,000万円の交付を受けて貸家の登記済書を同人に渡し、翌年1月20日ころさらに1,000万円の交付を受けて領収書や約束手形を同人に返却しており、現実に融資したものの行為として見る方が妥当することなどを考慮して、「被告人からの現金交付がなく、少なくとも被告人の認識において前記譲渡担保債権のない架空のもので

あったと認定するには重大な疑問が残るといわざるを得ない」と判断した。
　そして、被告人が共犯者とされているNA、N、Sとの間で共謀したことについての直接証拠がなく、また、被告人からの現金交付の事実を否定することはできないのであるから、他に確証のない本件においては、被告人とNAらとの間の共謀を推認することは困難というほかないとして原判決を破棄し、犯罪の証明がないとして無罪を言い渡した。

(7) コメント

　被告人には自白はないが、共犯者2人（N、S）については、取調中に警察から暴行・脅迫を加えられ、否認供述を変更し自白している。共犯者1人（NA）については、服役中に警察の取調べを受け、そのとき暴行・脅迫が加えられ、自白調書が作成されている。
　一審では、弁護人は、共犯者3人の検察官調書の任意性を争った。取調べに従事した警察官の証人尋問により、共犯者2人（N、S）については警察官より暴行、脅迫を受けて自白するに至った疑いがあるとして任意性を否定したことが、控訴審で逆転無罪につなげる力になった。
　弁護人は、控訴審において、原審で調べた重要な証人のすべてを、再度、証人として採用させ、充分に時間をかけて再尋問することを認めさせた。そこで、主犯であるNA、共犯者のS、Nら、さらには被害者のSAに対する証人尋問も実現するなど、原審証人のほとんどを調べなおし、被告人が現金を交付していることを明らかにした。
　また、原審判決後に、金融機関に対する弁護士法23条の2第1項に基づく照会によって、現金の受領を否定していた被害者が、現金受領の数日後に銀行口座を開設して金100万円を入金していることが明らかになった。回答文書は検察官の同意を得て書証として取り調べられた。
　担当の弁護人は、「『暴力団員であろうがなかろうが、無実の人にはもちろん無罪判決を』と心から念願して弁論したが、控訴審が暴力団員に対する不当な偏見からも自由な判断をされていることは大いに評価したい」と述べている（大阪弁護士会刑事弁護委員会『無罪事例集（2集）』〔大阪弁護士会、1993年〕107頁参照）。

3　事例11　担保手形受託詐欺

(1) 事案の概要と争点

　本件は、被告人が割引の意図を秘して、被害者Xに対し、担保手形は受け取って

も「金庫に保管する」などして絶対に割引利用しない旨の虚偽の約束をし、Xから約束手形28通（合計1億6,300万円）を騙取したという事案である。

争点は、被告人がそもそも上記のような約束をしたか否かである。

(2) 公訴事実の要旨

被告人は、土木・道路工事会社（M社）の代表取締役で、かねて機械工具等販売会社（N社）の代表取締役Xから手形の貸与を求められ、Xから同金額の見返り手形を徴したうえで融通手形を交付していた。その後、被告人は、M社の経営資金に窮して担保手形名下にXから約束手形を詐取しようと企て、1982年7月30日ころから同年11月10日ころまでの間に5回、「見返り手形だけでは手形は貸せない。見返り手形を担保するために別途担保手形を差し入れてくれ。担保手形は金庫に保管し見返り手形が決済されれば返還する」など虚構の事実を申し向け、担保手形名下に約束手形合計28通（Xが代表取締役を務めるN社およびT社振出の18通とNOが代表取締役を務めるQ社振出の10通。金額合計1億6,300万円）の交付を受けてこれを騙取した。

(3) 無罪主張の要旨

被告人は、Xから担保手形の交付を受ける際に、同手形の割引利用を認める念書・覚書をXからもらうなどしており、受け取った担保手形を「金庫に保管する」などして絶対に割引利用しないと約束をした事実はまったくない。

(4) 捜査・公判の経過

本件捜査は実は本件担保手形の交付時期（1982年7月から11月）から約5年後に第二次捜査として行われており、その前に第一次捜査が行われていた。すなわち、本件担保手形交付の1年後に、Xは被告人を本件担保手形に関し横領罪で告訴し、他方被告人も対抗的にXを誣告罪（1995年の刑法口語化改正後は「虚偽告訴罪」）で告訴した。双方の告訴に関して関係者の取調べが行われたが、両事件とも告訴から2年後に不起訴処分になった。

ところが、本件当時M会社の常務取締役でその後退職したRがXに接近し、そのRの供述を基に上記不起訴から2年後（本件担保手形の交付から5年後）に、大阪地検特捜部による再捜査（第二次捜査）が開始され、被告人は詐欺罪で逮捕、起訴された（1988年）。このように本件捜査は異例の経過を辿っていた。

一審判決はN社およびT社振出しの18通（合計8,800万円）の担保手形について

詐欺罪の成立を認め懲役1年6月を言い渡した（1991年8月26日）。
　なお、被告人は捜査段階でも一貫して欺罔行為および詐欺の犯意を否認しており、自白はない。逮捕から逆転無罪判決まで6年かかった。

(5)　誤った有罪認定

　一審判決は、本件担保手形中のQ社振出の手形10通分（合計7,500万円）については、Q社とXの関係が「Xが本件担保手形授受当時にQ社の手形振り出しを実質的に支配決定するような関係はなかったものと認められ（る）」と認定し、したがって「Q社振り出しの手形についての処分権限のないXはその担保手形についての欺罔の相手とはなり得ず、本件公訴事実中、Q社振り出しの担保手形についてはXに対する詐欺罪の成立は認められない」と判示した。
　しかし一審判決は、N社およびT社振出しの担保手形については、「本件担保手形授受当時、被告人がXに対し礼金債権を有し、その担保のために本件担保手形を受領し、その手形について割引使用しても良い旨の合意があったとする被告人の弁解は信用することができ」ないとして、公訴事実中のN社及びT社振り出しの担保手形18通（合計8,800万円）についてXに対する詐欺罪の成立を認めた。

(6)　無罪判決のポイント

　　ア　本件欺罔文言の収集経緯の不自然さ

　控訴審判決は、被告人がXに申し向けたという、「担保手形は金庫に保管しておく」との欺罔文言について、「第一次捜査段階でのR・Xら関係者の供述にはまったく出ていないにもかかわらず、第二次捜査段階のRの昭和62年9月18日付け検察官調書に初めて録取され、それから後の関係者の捜査段階の供述に同旨の文言が録取されていることがうかがわれる」と関係者の供述の変遷を指摘し、「担保手形について被告人の占有の趣旨を認定する上で重要な要素になると考えられるこのような文言が第一次捜査ではまったく現われず、事件後5年も経過した第二次捜査で初めて、しかも関係者によって一斉に述べられたことはやや唐突の感を免れない」と判示し、供述の信頼性に懸念を示した。

　　イ　被告人が割引利用の意図を明示していたこと

　被告人・X間では被告人側の割引利用を認める念書・覚書が作成されている。たとえば、最初に担保手形を振り出した取引とその後の3回の各取引に際して作成された各念書には、「貴殿において保証担保手形を資金化利用されても異議有りません」

と記載され、また、1982年10月30日付け覚書には「M会社が交付を受けているN会社又はQ社振出しの見返り手形又は担保手形を割引利用しているときは、各当事者はそれに対応する約束手形を支払期日にそれぞれ決済するものとする」という記載があり、Xらはこれに何の異議も申し出ず、その後の取引において見返り手形および担保手形を振出交付している。

したがってX側が、被告人側において担保手形を割引利用する意図のあることを認識しながら覚書および念書の作成に応じた可能性を否定できない。

ちなみに一審判決は、念書・覚書問題について、具体的な根拠を示すことなく「書面の内容を充分理解認識していたとは思われない」など一方的に切り捨てて、実際に作成された念書・覚書への適正な証拠評価を怠っていた。

　　ウ　X側は被告人が直後に割り引いた手形を決済していること

X側は、本件担保手形につき9回にわたって行った実質決済について、不渡りや被告人との関係が決定的に破綻することを恐れ、あるいは、Xの取引銀行の支店長dに強要され、やむなく決済した等と説明する。しかし、Xの上記決済の理由に関する供述は著しく変遷している（たとえば、最初の担保手形の決裁理由について、当初は、「見落して決済した」と説明しながら、その後、「被告人に連絡が付かなかったのでやむなく決済した」と述べ、さらに、「被告人から頼まれて仕方なく決済資金として手形を貸した」と供述を変更している）。

またX側は本件担保手形の決済のために合計約1億2,000万円の資金負担をしたが、そもそもいくら被告人側の強硬な申入れや取引銀行の圧力があったとしても、何の支払理由もないのに1億円以上にのぼる手形を、供託等の手続を取ることなく、あるいは、その手続をとってもその後直ちに和解するなどしてこれを撤回し、決済し続けたというのは不自然である。またRの供述も同様に変遷している。

そうすると、X側によるこれらの担保手形の決済には、なんらかの理由があったのではないかとの疑いを完全には払拭することができず、このことは、担保手形につき割引きをしない約束はなかったことを推測させる。

　　エ　礼金について

本件手形取引にあたっては、実際にM社がN社およびQ社に資金援助をした形を取っていた事実があるうえ、宝塚の土地開発やQ社の神戸工場の運営をめぐってX側から被告人側にさまざまな儲け話が示唆されていたことがうかがえ、これに見合うような一連の書面が作成されていることなどからすれば、被告人とX側の間に何らか

の謝礼の話がなされていたものと考えることは不自然ではない。Rメモの中に、Q社神戸工場およびN社が購入した宝塚の土地をめぐり被告人側からX側になんらかの支払いを請求していたことをうかがわせる記載が少なからずあり、遅くとも1983年2月下旬以降、当事者間でこのような折衝がなされていたとうかがえることからも裏付けられる。

以上の経過を踏まえて、控訴審判決は、「Xが1億円以上の資金を負担して担保手形を決済したのは、利益供与ないし謝礼約束に対応したものではないかとも考えられ、そうだとすると、被告人が担保手形を割引利用したことにもそれなりの根拠があった可能性が否定できず、さかのぼって、担保手形を割り引かない約束があったか否かについても疑問の余地が残るといわざるを得ない」と認定する。

オ 当事者の行動等

見返り手形については、N社の取引銀行（H銀行）で割り引いているのをはじめ、念書等、被告人側で割引利用する意図を明確にした文書を作成していること、X側においても、割引きされた見返り手形をなんらのクレームをつけることなく決済していることなど、Xらがいうように見返り手形についても被告人側において割引利用しない合意があったとするには、明らかに矛盾する行動が多々見られる。

担保手形についても、1982年10月30日付け覚書において、被告人側の割引意図を明示し、最後の担保手形取引の後とはいえ、受領した担保手形をその5日後に前記H銀行で割り引いており、被告人側において、割引きを隠そうとしていた状況はうかがえない。

他方、X側も、やむをえずではあったとしても、念書の作成に応じているのであり、担保手形決済当時の当事者の言動を事細かに記載したRメモにも、被告人側で、割引きの事実を隠そうとしたり、ことさら弁明しようとしたような事情をうかがわせる記載がないのみならず、Xらにおいて、被告人が担保手形を割り引いたこと自体に抗議する趣旨の記載も見当たらない。

このように被告人側およびX側双方の言動、供述関係に照らすと、被告人は、見返り手形はもちろん担保手形についてもことさら割引きの意図を隠していたともいえない状況があり、X側としても、被告人が担保手形を含むX側振出手形を割引利用する意図のあることを察知しながら、金融の必要に迫られ、これらを交付したのではないかとの疑問も否定できない。

カ まとめ

控訴審判決は、上記アないしオのような事実認定を行って、「結局、本件担保手形の交付を受けるに際し、被告人が、担保手形を割引利用しないと発言したとしても、その趣旨は、その後の取引関係の進展に応じて、これを割り引くこともある余地を残したものであり、X側もそのことを察しながら本件担保手形を振り出したのではないかとも考えられるから、被告人がこれらの担保手形の交付を受けてこれを割引利用したことにより、さかのぼって被告人が本件担保手形を騙取したとするには、合理的な疑いが残るというべきである」として、原判決を破棄し無罪を言い渡した。

(7) コメント

　本件は詐欺の立証がもっぱら供述証拠、とくに被害者（側）の供述に依存していることの危険性を示した事案である。本件では被告人の自白が存在しない。それでも事件から5年後に検察庁は特捜部を使って再捜査し、被告人側から被害者側に寝返った人物の新供述（「担保手形は金庫に保管し見返り手形が決済されれば返還する」）をほとんど唯一の手がかりとして強引に起訴した。

　6年後に逆転無罪が確定したが、被告人が被った権利侵害は重大である。弁護人は、たとえば控訴趣意書などで「被告人逮捕の主たる目的は、いわゆる道路公団汚職事件を中心とする汚職事件解明のための被告人の身柄確保にあったことが十分に推察できるので、本件逮捕は、いわゆる別件逮捕であった疑いが極めて強い。しかも捜査の結果、被告人の右道路公団汚職事件等への被疑者としての関与が消滅した。そこで、被告人を釈放すれば、汚職事件解明のため起訴価値のない事件を使って被告人を逮捕したとのそしりを受けることを恐れた大阪地検特捜部は、右そしりを免れるため、本件について十分な裏付け捜査が行われていないにもかかわらず、無理して本件公訴事実で被告人を起訴するという誤りを犯す結果となった」と本件起訴が別件逮捕を隠蔽する目的で行われたことを強調しているが、確かに「なぜ起訴されたのか？」という疑問のある事件である。

　また本件は、刑事事件の裁判官が用いる「合理的疑い」に関する判断基準に著しいばらつきがあることの危険性を示した事案でもある。上記(6)の無罪判決で指摘された事実関係は基本的に一審段階で存在した証拠で認定できるものばかりである。

　もう一点付け加えれば、本件では手形が本来的に転々流通性を有していることが重要なポイントだったと思われる。したがって仮に割引利用しない旨の会話が交わされていたとしても、手形交付の当事者間で交わされた割引利用しない旨の会話の意味について、手形交付に際して存在していた具体的な状況や当事者間の手形に関する真意を実質的に理解することが重要であった。もし表面的に判断し解釈する姿勢

に終始した場合には実際から遊離した間違った判断を下すおそれがあった。

4　事例16　ツインドーム下請け工事受注裏金詐欺

(1)　事案の概要と争点
　本件は、福岡ツインドーム建設工事の実務責任者の被告人が、同建設工事について、地元の建設会社（M社・N社）を経営するBをだまして、元請会社（ゼネコン）をして第一次下請け工事を受注させる旨の約束をし、その見返りの裏金として合計約2億6,000万円を騙取したという事案である。
　争点は、被告人が上記建設工事に関しBと交わした上記約束（第一次下請け工事を受注させる等）を実現する可能性があったのかである。あわせて被告人がBと交わした約束は上記内容以上のこと（発注額やX社の社長の了承など）を含むという検察官の主張は認められるか否かも争われた。

(2)　公訴事実の要旨
　被告人（大手スーパー甲社の子会社X社の専務取締役）は、地元建設会社のM社・N社の代表者Bが、福岡ツインドーム建設工事のうち「軀体四役」（鳶・土工・型枠大工・鉄筋の各軀体工事）を元請会社から第一次下請業者（「軀体四役の頭」）として受注したいと希望していることに乗じ、BからX社の地元対策費等名下に金員を騙取しようと企て、Bに対して、真実は、X社が、Bから地元対策費等の金員が提供されることを条件に、元請会社にM社もしくはN社を上記「軀体四役の頭」として採用させたうえ、Bが被告人に提供する金員を回収しかつ適正利益を確保するに足る十分な金額で上記各工事をM社かN社に発注させる旨をX社のC社長が了承した事実がなく、また自己において確実に元請会社をして発注させる意思も見込みもないのに、いずれもこれあるように装い、「間違いなくM社かN社を軀体四役の束ね役としてゼネコンに採用させた上、用立てた金を回収し適正利益も確保できる価格でゼネコンから発注させる。このことは上司も了解している。ついては地元対策費等として着工前に6億円を協力してもらいたい」等と虚構の事実を申し向けて金員の交付を要求した。
　かくして被告人は、Bをして、上記の要求に従えば、確実に、各工事を元請会社から第一次下請業者として受注できるとともに、提供する上記金員を回収しかつ適正利益を確保できるものと誤信させ、よって、Bから、地元対策費等名下に、1989年10月18日ころ、2000年1月19日ころ、同年6月6日ころの3回にわたり合計2億6,000万円を騙取した。

(3) 無罪主張の要旨

被告人がBと交わした約束は、X社が発注する福岡ツインドーム建設工事に関し、元請会社をしてBが経営するM社またはN社を軀体四役の第一次下請業者に採用させるとの約束だけであり、それ以上のことは約束していない。被告人はこの当時上記約束を実現する意思と能力をともに有していた。

(4) 捜査・公判の経過

被告人の自白調書は存在しない。判決は、一審が懲役5年の実刑で、二審が逆転無罪である。

(5) 誤った有罪認定

一審判決は、被告人の欺罔行為につき、「真実は、地元の建設会社M工業等の社長Bから地元対策費等の金員が提供されることを条件として、同社を本件工事の第一次下請業者として採用させる旨、及びその際、提供される金員を回収しかつ適正利益を確保するに足る十分な金額で工事を発注させる旨、大手スーパー子会社X社が了承した事実がないのに、これあるように装い」、虚構の事実を申し向けて金員を要求し、「同人をして右要求に従えば、確実に、右工事を約束どおりの条件で元請会社から第一次下請業者として受注できるものと誤信させた」として有罪を言い渡した。

有罪方向の証拠は、供述証拠として、①被害者Bの捜査段階の供述と法廷証言、②第三者の供述として、被告人と被害者Bを結びつけたD（Bの親戚、Bから政治資金援助を長年受けている市議）、③E（Bの弟）の供述と法廷証言があり、非供述証拠として被告人とB側の密室における会議の録音テープ等がある。検察官は、被告人の自白がないため、録音テープを補強証拠として提出したが、判決は、録音テープの中から特定の箇所のみを抜き出し、すべての録音内容がBの供述と同趣旨であるかのように認定し証拠評価を誤っている。

なお、本件では、Bは、被告人との会合の場に同席した使用人にマイクロ・カセットテープレコーダーを持たせ密かに被告人との会話を録音させていた。収録した会話は約半年間に及んでいた。第一審裁判所はこの録音テープを証拠採用しながら充分には検討せず、また弁護人側にダビングを認めなかった。

(6) 無罪判決のポイント

ア 施主においてゼネコンに対し予算措置を講じる旨の約束があったとするB供述の信用性を否定

　原判決の事実認定に沿ったB等の供述とこれに反する被告人の供述のいずれが信用できるかを判断するため、Bが部下に命じて被告人との会話を密かに録音したマイクロカセットテープの内容を詳細に検討している。

　たとえば、Bは、1990年6月20日ころ、Eを介して被告人からゼネコンに対して予算措置の指示はできないとの話があった旨供述し、予算措置の指示ができないとの被告人の話は、Bにとっては、当初の約束を破棄されたというきわめて重要な出来事であったにもかかわらず、Eからその話を聞いたBが、直ちに被告人に連絡を取るなどしてその真意を問い質すなどの行動に出ていないのも理解し難い、などと、B側の被害者供述の信用性を分析し、被告人との間において、被告人に提供する金員を回収し、かつ、適正利益を確保するに足りる十分な金額でM社等に工事を発注させる旨、そのために施主においてゼネコンに対し予算措置を講じる旨の約束があったと述べるB、DおよびEの各供述は信用し難いといわざるをえず、被告人とBとの間において、そのような約束はなかったと考えるのが合理的であると認定する。

イ 元請会社をして軀体四役の頭に採用させることにつき上司の承諾を装ったとするB供述の信用性を否定

　Bにとっては、ツインドーム工事においてM社等を軀体四役の頭に採用してもらうためには、被告人からその約束をしてもらえば十分であって、さらにそれ以上に上司の承認を得る必要性は乏しかったといわざるをえない。

　したがって、Bが、第一次下請業者を実質的に決定する権限を有していると考えていた被告人から、元請会社をしてM社等を軀体四役の頭に採用させることについての約束を得ているのに、それでもなお上司の承諾を求めたというのは、かえって不自然であって、この点に関するBおよびDの供述は納得し難いというほかない。

　7月3日のテープの会話から、被告人が、Bに対し、元請会社をしてM社等を軀体四役の頭に採用させることにつき上司であるC社長ないしI社長から事前の了解を得ているとの話をしていたと推認することはできないといわざるをえない。

　他に、被告人が、元請会社をしてM社等を軀体四役の頭に採用させることにつき上司の承諾を装ったと認めるべき明確な証拠はなく、被告人がそのような上司の承諾を装ったと認めるには合理的疑いが残るといわざるをえない。

ウ 被告人には、M社等を軀体四役の頭に採用させる見込み、意思はあった

被告人は、ツインドーム計画の実務面の責任者になって以後、同計画に伴う下請け工事への参加を希望する多くの下請業者がゼネコンへの紹介を頼むために被告人の下に挨拶に来るようになったたけでなく、C社長をはじめ、甲社の役員等の下に挨拶に来る下請業者についても被告人に回されてくることから、被告人が、実務面の責任者としての事実上の権限やその影響力を行使すれば、ゼネコンに対しても下請け指定ができると思い込むようになっていたとしても不思議ではない。

　他方、Bは、長年建設業界で仕事をしてきた者であることからすれば、ゼネコンの協力会社等になっていないM社等を軀体四役の頭に採用してもらうことが一般に困難であることについては、被告人以上に認識していたものと考えられる。したがって、ツインドーム工事において、元請会社をしてM社等を軀体四役の頭に採用させる見込みについて被告人がBを欺罔したとも、Bが被告人の言動によって錯誤に陥ったともいい難い。

(7)　コメント

　本件では、被害者供述の信用性が問題となり、被告人と被害者側との間の密室での会話内容に関する事実認定の差が一審有罪と控訴審無罪の結論の違いを導いた。

　弁護人は、録音内容の不自然さから録音テープが原テープではなく、録音後にBが編集して自分に都合の悪い箇所を削除した可能性が高いとして、テープには証拠能力がないと主張した。一審ではダビングが認められず、検察事務官の要旨反訳書しか見れなかった。控訴審で弁護側の粘り強い説得によって裁判所にダビングを認めさせ、テープ改ざんに関する鑑定を実現し証拠採用された。これは控訴審の裁判官の心証を大きく変えた。

　弁護人は、控訴審で被害者と被告人へ尋問の際、法廷で録音テープを再生して内容を確認させ、被害者供述の虚偽性を裁判所に印象づけた（季刊刑事弁護5号〔1996年〕133頁参照）。

5　事例25　寸借詐欺（自動車修理名目）

(1)　事案の概要と争点

　本件は、自動車修理業者に架空の交通事故を口実に自動車修理を申込み、その修理を引き受けた同社従業員から寸借名下に現金5万円を詐取したという事案である。

争点は、被告人と犯人の同一性が争われた。

(2) 公訴事実の要旨

　被告人は、2003年8月2日（夕方）、山口市内の自動車修理業者（a社）を訪ねて寸借名下に現金を詐取しようと企て、交通事故を起こした事実もないのにあるように装い、同社従業員Yらに対し「公務員に車をぶつけられた。車は広島市内の飲み屋の駐車場に置いている。車を取りに行って修理してくれないか。駐車代や迷惑料を渡さなければいけないので、修理代と一緒に払うから立て替えてもらえんか」などと言い、Yをしてその旨誤信させ、移動先の広島市内でYから現金5万円の交付を受け、もって人を欺いて財物を交付させた。

　なお、本件で犯人と顔をあわせたのは、a社の社長A、社長の妻B、従業員Yとa社まで被告人を運んだタクシー運転手Cの4人であった。また、BとYは、修理する車を取りに行くため犯人と一緒に広島までa社の自動車で移動した。

(3) 無罪主張の要旨

　被告人は、a社に出向いたこともYらに会ったこともないし、またYから5万円を借りたこともなく、本件はまったくの人違いである。

(4) 捜査・公判の経過

　本件の犯人は一見客であり、犯人の特定は著しく困難であったが、次のような偶然の出来事から被告人が犯人と疑われた。すなわち、事件の3年後に、被告人がa社の事務所を訪問し、「交通事故にあったので広島に車を取りに行ってくれ。お金はいくらでも払う」などと言ったので、対応したa社のB（代表者の妻）が、その話の内容が3年前の5万円の寸借詐欺の手口と酷似しているので被告人が犯人と思い込み、事務所の隣の自宅にいたA（a社代表者）に言い、Aが直ちに110番通報した。被告人は駆けつけた警察官によって任意同行され、3年前に犯人と応対したa社の従業員Yとタクシー運転手Cが取調中の被告人を透視鏡越しに見て犯人であることを確認した。この結果、被告人は本件詐欺の被告人として逮捕された。

　被告人には、本件と類似の寸借詐欺事件（「自動車修理業者に対して、交通事故にあって車を預けている駐車場まで取りに行って修理して欲しい旨依頼し、その駐車場付近まで一緒に赴いた上で、駐車代や迷惑料を支払わなければならないなどとして、借金を申込み現金の交付を受けてだまし取るという寸借詐欺」）の前科が複数回あった。

　捜査官は、上記のような被告人の前科の内容から被告人が本件の犯人に間違い

ないと思い込んだようである。一方、被告人は、当初から本件への関与を否認しており捜査段階でも自白はない。

　一審では有罪（懲役2年6月、実刑）、控訴審で逆転無罪となり確定した。

(5) 誤った有罪認定
　一審判決は、Yら4名の人物識別供述が犯人は被告人であるとする点で一致していること、本件詐欺の手口が被告人の前科の手口とまったく同じであること、被告人が、2006年8月にa社の事務所でBに対し本件詐欺の犯人が用いた欺罔文言とほぼ同じ内容の発言をして修理する車を広島まで取りに行ってくれるよう持ち掛けたことなどから、被告人が本件詐欺の犯人であると認定した。

(6) 無罪判決のポイント
ア　控訴審の弁護人（新たな国選弁護人）は、事件当時の被告行動を裏付けるために、生活保護記録の取り寄せをおこなったところ、被告人が服役を終えて広島刑務所を出所した（2003年7月30日）直後に、飲酒で意識不明になり山口市の病院に入院し（8月1日）、翌2日午前10時に退院したことが判明した。

　引き続き弁護人がカルテ・看護記録を取り寄せると、重大な事実が判明した。すなわち、2003年8月2日午前10時に山口市内の病院を退院した際に被告人は前額部の2カ所に擦過傷あるいは前額部にガーゼを当てていたことが記録上明らかになった。このような被告人の顔面に目立つ擦過傷あるいは前額部にガーゼを当てていた事実によって、原審での目撃証言との矛盾が顕著になった。

イ　控訴審判決は、控訴審での新証拠を踏まえて、次のような事実を認定した。
①　Yら4名が犯人を被告人と識別した根拠について、全体として漠然としており、顔や話し方などについて、ある程度具体的な供述もあるものの、決定的といえるほどの特徴とはいい難い。
②　YおよびCは、至近距離から犯人の顔を観察する機会が十分にあったにもかかわらず、犯人の特徴として、前額部の2カ所の擦過傷あるいは前額部にガーゼを当てていたことの特徴を述べていないのは、不自然である。
③　犯人が、前額部を負傷していたのであれば、本件詐欺をする際、自分が実際に交通事故にあったことをYらに信用させるために、自分が負傷していることを奇貨として、その傷のことを交通事故によるものであるように装って、自ら話すのではないかと考えられるところ、犯人の言動がYらの供述からまったく窺われないのも、いささか

不自然の感を免れない。

④　犯行当日、自己の運転するタクシーに犯人を乗せてa社の事務所まで行ったCは、その車内で、犯人が「広島で交通事故をして、今医者に行ってきた」と言いながら、左腕の内側を見せたので、後ろを振り向いて見たところ、そこには注射痕のようなものが残っていた。同人らは、捜査段階においても、犯人の傷についてまったく供述していなかったことが窺われる。そして、被告人が負ったのは擦過傷であるから、ある程度の範囲にわたっていると考えられるにもかかわらず、Cが供述するように、犯人が負っていた傷が注射痕のように見えたというのであれば、その傷は擦過傷ではなかったのではないかという疑いを抱かざるを得ない。

⑤　Bは、2006年8月14日にa社の事務所に入ってきた被告人の顔を見て、直ちに本件詐欺の犯人であると認識したのではなく、被告人が、広島まで修理をする車を取りに行ってくれるよう言うのを聞いて、本件詐欺の犯人であると思ったと解されるから、Bが、被告人を本件詐欺の犯人であると認識したのは、本件詐欺と同じ手口を用いたからであるとも考えられる。

⑥　Yら4名の記憶はある程度減退していると考えられるところ、2006年8月14日に最初に被告人を見たのはBのみであり、Aは、Bから、本件詐欺の犯人が来たから警察に通報するよう言われて110番通報し、警察官が来てから被告人の顔を見て、犯人であると思ったというのであり、YとCは、警察から本件詐欺の犯人と思われる者がいるという連絡を受けて、山口警察署に赴き、取調中の被告人を透視鏡越しに見て犯人であることを確認したというのであるから、A、YおよびCは、被告人を本件詐欺の犯人であると識別するについて、Bまたは警察官の言動から影響を受けた可能性がある。

　控訴審判決は、以上の①ないし⑥の事実から、本件詐欺の犯人が被告人とは別の人物であったのではないかという一抹の疑いを払拭することは困難であるとして、原判決を破棄し無罪を言い渡した。

(7) **コメント**

　詐欺事件で犯人識別供述の信用性が正面から争われる事例はそれほど多くない。また本件のような目撃後3年を経過してからの人物識別は、特別の想起の手がかりがないかぎり、著しく困難であることは言うまでもないだろう。

　実際にも一審で取り調べられたYら4人の目撃者の供述内容は曖昧なものであり、また相互に矛盾したり、変遷もみられるなど証拠価値は著しく低いものだったようである。しかし一審裁判所は、4人の目撃者の人物識別結果が一致した点にひきずられ、

また被告人が3年後に訪れた際に本件と類似した言葉をa社Bに投げかけた事実に引きずられて、犯人と被告人の人物の同一性を認めて有罪判決を下してしまった。

　控訴審の弁護人が被告人の当時のカルテ・看護記録を入手したことは弁護活動に貫かれた熱意が引き寄せたものと言うしかない。これにより、事件当日の被告人の前額部に擦過傷がありガーゼを当てていたことが明らかになり、4人の目撃者が一審で事件当日の犯人の顔つきについて詳細に供述していながら、顔の傷についてまったく証言しておらず、捜査段階の供述調書にも出てこないことから、犯行当日に目撃した人物は被告人ではないと強く推定させる結果になり、逆転無罪に結びついた（弁護人の弁護活動レポートは季刊刑事弁護56号〔2008年〕89頁。評釈は同書182頁参照）。

　なお本件の身体拘束も深刻である。5万円の寸借詐欺は微罪であるが、被告人は2006年8月14日に任意同行そして逮捕されてから控訴審判決によって2008年2月19日に釈放されるまで約1年半勾留されていた。5万円の寸借の嫌疑でこのような長期勾留が許されていいものだろうか。

第4　誤判事例の分析(2)── 不正請求型詐欺の場合

はじめに

　10件の逆転無罪の事例のうち5件（**事例7、17、19、22、24**）が不正請求型詐欺である。同型の無罪は全部で6件なので逆転無罪の割合が高いことが特徴的である。

1　事例7　協同組合小切手金支払請求詐欺

(1)　事案の概要と争点

　本件は、青果業者からなるN協同組合の経理事務員の被告人が、N協同組合の取引銀行から小切手金支払名下に金員（6,068万8,183円）を騙取したという事案である。ただし、第一審および控訴審の公訴事実の訴因は業務上横領であったが、差戻し第一審で詐欺罪に訴因変更された。

　争点との関係では、N協同組合の誰かが本件小切手（17通。いずれもN協同組合理事長名義）を店頭支払いのために名古屋市内の金融機関2カ所で呈示し、現金合計6,068万8,183円の交付を受けたことは争いがない。

　したがって争点は、上記店頭払いのために本件小切手を呈示し、現に店頭払いを

受けた人物は被告人かどうか（人違いか否か）である。

(2)　公訴事実の要旨
〔変更後の訴因〕
　被告人は、N協同組合の取引銀行から小切手金支払名下に金員を騙取しようと企て、1983年12月17日ころから1984年5月31日ころまでの間、前後16回にわたり名古屋市内のT銀行O支店において、同銀行係員らに対し、真実は呈示する同組合理事長名義の小切手金の支払いを受ける権限もなく、支払いを受ける金員は自己において費消する意図であるのにこれを秘し、あたかも同組合の資金調達のため、小切手により店頭払いを受ける権限があるもののように装って同係員らに小切手金支払いを求め、同係員らをしてその旨誤信させ、現金合計6,068万8,183円の交付を受けて騙取した。

(3)　無罪主張の要旨
　被告人は、本件小切手17通を取引銀行に提示し金員の交付を受けたことはない。

(4)　捜査・公判の経過
　被告人は、N協同組合を退職して2年近くたって、突然にまったく身に覚えのない同協同組合内の使途不明金（最終的に約1億5,000万円）について着服・横領の嫌疑をかけられた。N協同組合の責任者から使途不明金に関する責任を認めれば警察沙汰にしないと言われ、被告人は身に覚えのないことであったが、当時病気など困難な事情を抱えていたのでやむなく示談に応じ弁償を行った（示談金額1億円。組合側は刑事事件にしないという念書を出した）。しかし現実にはその後にマスコミが報道し警察も捜査を開始した。
　このように被告人は、弁償契約の際にやむなく使途不明金について責任を認めるという事実に反する供述を行ったが、捜査機関に対しても示談手続で依頼した弁護士の勧めもあり、起訴を免れたい一心で事実に反する自白をした。その後被告人は在宅のまま業務上横領で起訴された。
　一審では、弁償契約で被告人を代理した弁護士が弁護人を務め、執行猶予を期待して被告人は公訴事実を認めたが、判決は懲役2年の実刑判決だった。被告人は同判決に強い衝撃を受けた。弁護人が控訴審でも量刑不当しか主張しないことに納得できず、結局、第1回公判期日後に従前の弁護人は辞任した。
　上記の経過を経て新たに3人の弁護人が本件の弁護を引き受けた。被告人は、

新弁護人の下で本件着服・横領の事実を全面的に否認するに至った。新弁護人らは控訴趣意書の提出期限後の着任であるという困難な状況下で積極的に原則的な弁護活動を繰り広げ、控訴審は原判決を破棄して審理を原審に差戻す旨の判決を言い渡した。差し戻された第一審で、検察官は訴因を詐欺罪に変更し、無罪の判決が言い渡されて確定した。

(5) 誤った有罪認定（一審の業務上横領の認定）

前述したとおり、一審段階の被告人と弁護人は執行猶予を期待し業務上横領の公訴事実を認めて事実関係はまったく争わず、情状証拠として示談が成立し弁償金を支払った事実を提出した。一審判決は、被告人が組合振出名義の小切手の振出権限を有し小切手資金に対する処分権限を有していたから本件各当座預金を業務上保管中であったと認定し、自己の用途に費消する目的で任務に背いて作成した小切手17通を用いて合計金6,068万8,183円の払出しを受けて同額の当座預金を横領した旨認定した。量刑は懲役2年の実刑だった。

(6) 無罪判決のポイント

ア　控訴審の破棄差戻判決（小切手振出権限の不存在）

被告人は前述のとおり、前弁護人の下で量刑不当で控訴したが、第1回公判後に新弁護人の下で事実を否認し争うようになった。控訴審は、被告人には小切手の振出権限がないことを認定して原判決を破棄し一審に差し戻した。

新弁護人は、控訴趣意書提出期限がすでに経過していたため、控訴趣意補充書を提出して、刑訴法392条2項による職権調査を発動させて事実誤認の証拠調べを認めさせて原判決を破棄させることを追求した。

控訴審で弁護人は、協同組合のY事務局長の証人尋問と被告人質問を実現させた。その証拠調べの結果に踏まえて、控訴審判決は、被告人やY事務局長の捜査官に対する供述調書中に被告人が小切手振出権限を有していたかのごとき供述記載がある点については「小切手振出権限を有する理事長の事務補助者として、被告人が小切手の機械的作成事務を事実上委ねられていたとの趣旨を述べたに過ぎないものと看るのが相当である」と認定し、さらに被告人の権限については「協同組合の経理事務に精通していたとはいえ、単なる一事務員の立場にあったにすぎなかったものであり、一介の事務員に小切手の振出権限を授与するがごとき事態は、社会通念上容易に想定しがたいところであ（る）」と認定した。

結論として、控訴審判決は、被告人が本件小切手振出権限を有し小切手資金に

対する処分権限を有していたから本件各当座預金を業務上保管中であったとする原判決には事実誤認があり、これは原判決に影響を及ぼすことが明らかであるから、量刑不当の論旨に対する判断をまつまでもなく、破棄を免れないとして、原判決を破棄し、本件審理を原裁判所に差し戻した（名古屋高裁 1990 年 3 月 19 日判決）。

イ　差戻審第一審の逆転無罪判決

差戻第一審において、検察官は本件の訴因を詐欺罪に変更したので、それ以降本件は詐欺罪の公訴事実について審理された。差戻第一審は、自ら証拠調べを行い、その結果を踏まえて、検察官の唯一の有罪証拠である被告人の自白の信用性を否定し、逆転無罪の判決を言い渡した。以下に、無罪判決のポイントを摘示する。

(a)　収集された新たな客観的証拠

弁護人は、差戻し審で、無罪方向の証拠の収集に努めた。そのために検察官手持証拠の開示請求を行い、また調査嘱託の申出を行った。検察官が小切手の耳（控）を証拠開示してきたが、そこに書かれた字の筆跡は被告人の筆跡ではなかった。

証人尋問の結果に基づいて、弁護人が裁判所・検察官の立ち会いの下に組合内の伝票類の保管状況を調査したところ、なおその時点でも振替伝票が一部現存していることが判明した。これらは裁判所に提出され領置されたが、その分析の結果、使途不明等とされた分のうち 24 件、金額にして合計 3,700 万円弱が使途不明等ではなく、振替伝票の訂正、口座間の資金の移動、協同組合口座への入金であったことが新たに判明した。

(b)　起訴前の弁償契約について

判決は、起訴前の弁償契約で被告人が認めた内容は組合の不正確な調査結果をそのまま認めただけにすぎず、小切手・金銭の持ち出しや使い込みの方法を具体的に述べた形跡など一切ないことを指摘した。

また判決は、被告人が弁償契約に応じた事情についても、「自己の立替え操作によって使途不明金が発生したと考え、警察沙汰になることを恐れて責任をかぶることにしたという被告人の供述は排斥できない」と認定し、被告人の言い分に充分な合理性があることを認めた。

(c)　自白の信用性について

自白の内容が上記(a)で述べた客観的な証拠と著しく矛盾することは決定的に重要であるが、判決はさらにいくつかの点を指摘した。まず自白は使い込みの方法に関して述べているが、判決は、その内容が現実性、具体性に欠けることを指摘したうえで、「いずれも示された資料から容易に推測できる事項であるし、小切手金も毎回ハンド

バックに入れて持ち帰ったというだけであって、体験供述としての内容に乏しい」と認定した。

また使い込み総額についても、判決は、自白では「金額の根拠は述べられておらず、弁償契約同様、組合が算出した金額にそのまま従った疑いが強い」と認定した。

以上のような諸般の事情の存在は、被告人の捜査段階での自白にはまったく信用性が認められないことを意味している。かくして判決は当然にも被告人の自白の信用性を否定した。

(d) 差戻審判決の結論

判決は、弁償契約、捜査段階及び差戻し前一審における自白には信用性がないことを認めたうえで、「自白以外の証拠によっては、組合理事長印を押捺して本件各小切手を作成した者及び銀行窓口に持参して現金を受け取った者を特定することはできず、被告人である疑いが強いといえるわけでもない。一部の小切手については、被告人が行なった可能性はあるが、その小切手を特定することはできないし、目的も不明である。そして、被告人の自白等は、それ自体種々の疑問点があるうえ、他の証拠と総合しても信用性を肯定することはできず、加えて、重要な関係者の供述にも不明朗な点が少なくない。このような証拠関係のもとでは、本件公訴事実を認めることは不可能である」と認定した。

こうして被告人が各小切手を銀行窓口に持参して小切手金を受領したことを認めることはできないとして、差戻審判決は被告人に無罪を言い渡した。

(7) コメント

本件は、控訴審の途中から受任した新弁護団の原則的な弁護活動が、すでに有罪方向に強く傾いていた控訴審の裁判官を突き動かして、原判決破棄、原審差戻しの判決を勝ち取ったと言える。本件に関しては、まず状況判断として、組合幹部が1億5,000万円近くの使途不明金の責任を取れと突きつけてきた段階で、もはや「警察沙汰」にならないで済ます方法は存在しなかったと言っても過言ではない。使途不明金問題が登場した最初の段階で、刑事事件を想定して弁護士に相談する必要があった。しかし、実際には、初期の段階から依頼した弁護士との協議で、「警察沙汰」を回避するために責任を認めて示談するとの方針が採られ、これが起訴につながった。

新弁護団の弁護活動の成果のいくつかを確認しておきたい。

① 控訴審で、組合事務長と被告人の尋問を実現し、事務長自身も精算業務に深く関与し小切手を現金化するため銀行に出向いていた事実を明らかにした。

② 警察が「銀行に対する照会結果」を入手し、被告人が「横領した」といったん自白していた小切手の金額が、後に組合の支払い口座に入金されていることを明らかにし、それに合わせて被告人の自白の一部が変遷していることを明らかにした。

③ 差戻審で、検察官手持証拠の開示請求と組合に対する文書送付嘱託、調査嘱託などで証拠の収集に努めるとともに、各証人に対する尋問で、元帳、振替伝票の行方を追求した。

④ 後任の経理担当者を尋問して、紛失したはずの帳簿、振替伝票が組合に存在することを明らかにし、組合に赴き伝票の保管状況を調査し、行方不明になったとされていた振替伝票の一部を組合倉庫から発見した。

⑤ 上記④の記録を分析し、使途不明金の行方の一部が解明された新事実が、被告人の示談内容や自白と矛盾することを明らかにした（なお、弁護人の報告は名古屋弁護士会・刑事弁護委員会『刑事弁護ニュース』1994年7月号3頁参照）。

2　事例17　工事代金水増・架空請求詐欺

(1)　事案の概要と争点

本件は、A工業を経営する被告人が、B工務店の従業員と共謀し、B工務店に水増しあるいは架空の工事代金を請求して合計約1億3,000万円を騙取したという事案である。

事実関係でいうと、被告人のB工務店に対する本件工事代金請求の内容が客観的には「水増し・架空」のものであったことは争いがない。

争点は、被告人が行っていたB工務店に対する上記工事代金請求行為に詐欺の犯意が認められるか否かである。

(2)　公訴事実の要旨

被告人は、大阪市所在のA工業（同社は建築土木業を営むB工務店の下請業者である）の代表取締役であるが、B工務店のガス土木部長であったCと共謀のうえ、架空の工事代金請求書等を利用して、下請工事代金名目にB工務店から金員を騙取しようと企て、架空の請負代金請求書等をB工務店に1991年内に5回にわたって提出して工事代金の支払請求を繰り返し、B工務店から振込入金させるなどして全体で現金8,964万8,945円および約束手形6通（額面合計3,857万円）を騙取した（全起訴分の被害額は1億2,821万8,945円）。

(3) 無罪主張の要旨

　被告人が行った本件工事代金請求は、次に述べるような貸付金を回収する意図で行われていたものであって、被告人には詐欺の犯意もなかったし、現実に被告人は何ら利得もしていない。

　すなわち、もともと被告人は、B工務店のCから、同工務店の仕事のために接待費、工事現場の対策費等、当面する金が必要なので一時用立ててもらいたいと要求され、その都度都合してCに交付していた。

　Cからは、それらの立替え貸付金の返済方法として、B工務店がA工業に下請けさせた工事の水増し請求あるいは架空の工事代金請求の形をとるよう指示され、被告人はその指示どおりに上記請求を繰り返し返済を受けていた。

　被告人は、B工務店のCの上司や経理担当者らもそのような立替・返済の仕組みを了承していると信じていた。

　なお被告人がCに渡していた立替金は、実際にはC個人が勝手に費消していたが、そのことを被告人は知らなかった。

(4) 捜査と公判の経過

　被告人は逮捕直後に警察官から被告人の弁解が事実であっても本件は詐欺になると言われ、警察の言い分どおりの自白調書の作成に応じた。しかし、その後接見した弁護人から、被告人の行為は法的には詐欺罪にならない旨の説明を聞いて否認に転じ、以後否認を通した。

　一審では有罪、二審で逆転無罪となり確定した。

(5) 誤った有罪認定

　一審判決は、被告人の捜査段階での自白（「平成3年9月まで、Cと相談してB工務店から騙し取っていたことは間違い有りません」「当初から、Cに渡す分に対して20パーセントは利益が出るようにしてくれと言ったら、Cは快く引き受けてくれた」）の信用性を認め、さらに被告人とCの間の金銭授受が1989年4月ないし1991年10月の期間に165回にわたり、接待費、工事現場の対策費等の名目で立替・返済が合計3億円というCからの金員用立ての要求や、水増し・架空工事代金請求という方法での返済が続いていたことから、被告人は、共犯者Cとの金銭授受を続ける中で、当該金員がCの個人的用途に使われるものであることを知り得たと判断して詐欺の成立を認めた。

(6) 無罪判決のポイント

ア　被告人の自白と共犯者証言との矛盾

　たしかに被告人の捜査段階の自白調書には、Cの詐欺の意図を知りつつ、しかも分け前をもらう約束の下に犯行に加担したことを認める供述がある。しかし控訴審判決は、上記の自白は、原審での共犯者Cの「当初はB工務店の請負工事に関連して使用し、個人的な用途には使用していなかった。個人的用途のために金を必要とするようになったのは平成元年12月ころからである」、「被告人から税金を追徴されたという不満を言われたが、被告人の方から分け前やリベートを寄越せという要求はなかった」という趣旨の供述に反しており、自白は信用性に乏しいと認定した。

イ　事件発覚直後からの被告人の言動の一貫性

　控訴審判決は、被告人が、架空請求が発覚した直後に、B工務店に呼び出されて事情を聞かれた際、Cから受取った領収書、振込先を指定するファックス、銀行の振込書の写し等を提出して、「2年程前からCに頼まれて、B工務店のために立替え払いをしており、その金は工事代金として請求するように言われて指示どおり手続きをとって、1991年9月10日まではきっちり支払を受けている」と説明したことやその後、B工務店に呼び出された際、同席したCに「私を騙したのですか」と詰問するなど、終始ほぼ一貫して詐欺の加担者にそぐわない言動をしていた事実を認定し、被告人の法廷供述の信用性を認めた。

ウ

　以上のように、控訴審判決は、Cの共犯者証言および被告人の自白の信用性を否定し、また他の証拠を検討しても、被告人およびA工業がB工務店の従業員Cからリベートないし利得を受領していた客観的証拠もないなど、被告人には詐欺の共犯の事実を認めるに足る証拠はないとして犯罪の証明が十分でないとして無罪を宣告した。

(7)　コメント

　捜査段階から弁護人がついていたため、自白調書は逮捕直後に作られたものにとどまったが、一審の有罪判決には自白が強く影響を及ぼしている。
　弁護人は、被告人とCの間の金銭授受の経緯を会計帳簿をもとに立証する一方、被告人の捜査段階初期の自白の信用性を争い、また共犯者Cの供述調書と法廷でのC証言の矛盾を指摘する弁護活動を行った（弁護活動の紹介は、大阪弁護士会刑事弁護委員会『無罪事例集（3集）』〔大阪弁護士会、1998年〕157頁参照）。

3　事例19　鉱害被害補償二重請求詐欺

(1)　事案の概要と争点

　本件は、被告人3名（X、Y、Z）が鉱害被害者6名と共謀のうえ、石炭鉱害事業団からの鉱害復旧名下に、家屋工事充当金合計約2,100万円を騙取したという事案である。

　なお被告人Xは○○町の町会議員、また被告人YとZは○○町役場職員で同和対策課で地対事業の手続を担当していた者である。

　争点は、①臨時石炭鉱害復旧法による家屋等移転復旧工事は、地域改善対策特別措置法（略称「地対法」。同和対策事業特別措置法の後継の時限法）にかかる道路拡幅に伴う家屋移転の補償措置とは別個に受けられるか否か、換言すれば二重補償は認められるか否か（法律論）、②仮に二重補償は認められないとしても、鉱害復旧を請求した実際の行為者（実行行為者）である上記6名の被害者らに二重補償は認められないとの認識（詐欺の故意）はあったか否か（もし実行行為者に詐欺の故意がない場合には被告人3名の共謀共同正犯者としての責任は問えない）、である。

(2)　公訴事実の要旨

　審理経過より一審の後半から実質的に予備的訴因に焦点が移ったので、まず予備的訴因の要旨を記載し、主位的訴因は簡単に記載する。

　〔予備的訴因〕

　被告人X、Y、Zは、鉱害被害者6名（A、B、C、D、E、F）と共謀して、石炭鉱害事業団の職員を欺罔して、同事業団から鉱害復旧名下に財産上不法の利益を得ようと企て、真実は、○○町施行の地対法による地対事業としての道路改良舗装工事に関し家屋解体移転補償等を受けていたのであるから、もはや臨時石炭鉱害復旧法による家屋等移転復旧工事を受けることができないのに、1989年5月から1990年7月、○○町を介して同事業団に家屋移転復旧の申出書等を提出し、家屋新築のための工事充当金を建設会社に支払うように求め、「家屋補償なし」と記載した内容虚偽の町長名義の文書を提出するなどして、同新築工事充当金の支払いを求め、家屋の鉱害復旧を行う要件に適合するものと誤信させ、よって同事業団から各建設会社に合計2,176万7,000円を振込送金させ、もって建設会社に対して上記家屋新築工事充当金相当額の債権を取得して同額相当の不法の利益を得た。

　〔主位的訴因〕

　被告人X、Y、Zは、鉱害被害者6名（A、B、C、D、E、F）と共謀して、石

炭鉱害事業団の職員を欺罔して、同事業団から鉱害復旧名下に現金合計2,176万7,000円を振込送金させこれを騙取した（欺罔行為は上記の予備的訴因と同じ。また共謀共同正犯との主張も予備的訴因と同じ）。

(3) 無罪主張の要旨

被告人Xと鉱害被害者6名は、本件補償を、鉱害被害と町の事業による損害に対する「抱き合わせ」とみなしており故意はなかった。また町役場職員だったY、Zについては、「家屋補償なし文書」の発行は事業団の求めに応じて形式的に発行したもので、二重補償を実現するための資料であるとの認識はなかった。

もともと同和対策事業の道路工事における家屋補償のほうが、鉱害補償に比べてはるかに高額であることは広く知られた事実であり、鉱害補償単独を選択することは通常ありえないことからも補償の決裁権者を含む事業団職員は町の補償がなされていたことは承知していたはずで、錯誤には陥っていない。

(4) 捜査と公判の経過

被告人らは、捜査段階での供述調書はあるが、地対法上の家屋補償と鉱害復旧による家屋補償の両方受けることは差し支えないものと思い、事業団全体もこれを承知であるとの認識を有していたもので、詐欺の故意がないと容疑を否定していた。

事件の背景として次のようなことがある。上記鉱害被害者の居住地域は福岡県の〇〇町で、石炭の採掘による地表の沈下や傾斜等によって家屋に被害が生じているので、それら鉱害被害を受けた家屋や宅地については臨時石炭鉱害復旧法に基づく家屋等の復旧工事の費用支出が認められていた。また同時に同地域は、地域改善対策特別措置法にかかる道路拡幅に伴う家屋移転の補償措置が行われていた。実務的には、地対事業による家屋補償は100%でなく、鉱害復旧による家屋新築工事充当金の支払いは金額が限られているから、従来より長年、地対事業による家屋補償と鉱害復旧による家屋新築工事充当金の支払いの二重補償がなされてきた経過があった。また通産局や九州支部での交渉でも、地対事業の対象となっている家屋等につき、併せて鉱害認定の手続きを早めるように求めたのに対し、格別二重補償は許さないとの言及がなされなかった経緯もあった。

ところが、警察・検察は、今回の二重補償を違法視し、鉱害被害者の鉱害復旧の家屋工事の申請および工事充当金の取得を詐欺罪で捜査し起訴した。

起訴時点の公訴事実は1項詐欺で構成されていた（実行行為は鉱害被害者6名がそれぞれ行ったとされ、被告人3名全員とも共謀共同正犯と主張）が、検察官は一審公判の

後半で予備的訴因として2項詐欺を追加した。

一審判決は、被告人3名全員について、鉱害被害者6名のうち1名に関して無罪（主位的訴因も予備的訴因も。確定）、残る鉱害被害者5名に関しては被告人3名全員が有罪と認定された（いずれも2項詐欺で有罪）。

控訴審は、鉱害被害者5名について争われたが、判決は、被告人3名全員について、は2項詐欺で有罪だった（1人が実行共同正犯、2人が幇助犯と認定）が、残る鉱害被害者4名に関しては無罪（1項詐欺も2項詐欺も）だった（有罪の鉱害被害者1名に関して被告人3人は上告したが退けられた）。

(5) 誤った有罪認定

有罪方向の主な証拠は、供述証拠としては、①被告人らの警察官調書、検察官調書、②共犯者の捜査段階の自白調書、③被害者（事業団）担当者の捜査段階の供述および法廷証言があり、非供述証拠として、鉱害復旧工事促進依頼文書、家屋補償照会回答文書等がある。

一審は、1項詐欺の構成である主位的訴因の成立を否定した（家屋解体新築工事費が建設業者に振込送金された時点で、家屋工事充当金の交付があったというが、同振込金の所有権が鉱害被害者に帰属したというわけではないから、1項詐欺を論ずる余地はないと認定した）が、予備的請求である2項詐欺の成立を認定した。

2項詐欺の構成である予備的請求について、被告人Xは、鉱害被害者B（Xの母）について、契約書等を作成提出し、新築した家屋の所有名義人になり、家屋新築工事充当金相当分の利益を帰属させているとして詐欺の実行行為に及んだと認定して、移転補償契約と鉱害復旧に関する手続きを両方とも行ったので、重なり合っていることを認識していたとして詐欺の故意を認めた。

さらに、鉱害被害者4名（C、D、E、F）には、町による家屋解体新築移転と事業団の家屋解体新築移転とがほぼ同一の意味内容であり、同時に補償を受けることがいわゆる「二重取り」であることは当然に理解できるものとして、詐欺の故意を認定し、Xにつき、鉱害被害者4名と共謀しての詐欺行為を認定し、有罪を言い渡した。

またY、Zについても、「家屋補償なし文書」の発行が二重補償の実現につながることを認識していたとして、鉱害被害者5名（B、C、D、E、F）に関する同文書の作成と提出を詐欺の幇助と認め、有罪とした。

しかし、被告人らと共謀したとされる鉱害被害者6名のうちAは、小学3年までしか学校に通っていないため識字能力から鉱害事業団における処分権〈決裁権〉の所在を理解していたかは疑問であり、「事業団の職員が同意書の用紙を持参したとき『ふ

たつもらって良かったね』との言葉によって、鉱害事業団が町の補償と鉱害補償を併せて受けることを許容していると認識した可能性を否定できない」として詐欺の故意を認められないので、同人との共謀によるX、Y、Zの詐欺は犯罪の証明がないので無罪と認定した。

(6) 無罪判決のポイント
ア 二重請求の違法性認識なし
　まず判決は、鉱害被害者C、D、E、Fの地対事業（同和対策事業の継続事業）と鉱害復旧による補償に対する認識について、「鉱害復旧に関する知識が乏しい者として、地対事業によって家屋を解体移転し町から補償金を受け取れば、対象の家屋がなくなることにより、鉱害復旧を受けることができなくなるなどという仕組みにまで考えが及ばず、地対事業による補償のほかに、鉱害復旧による利益を受けることができないとまで知らなかったとしても無理からぬものがある。このことは、家屋の鉱害復旧の多くが現実には原状への復旧工事を行うことなく、家屋解体工事がなされ、家屋新築工事充当金の支払いという、鉱害による補償金の支払いと誤解されるような仕組みになっており、地対事業による補償とともに、その費目の内訳が全く明らかにされないことからも裏付けることができる」と判示した。さらに判決は、二重請求が違法である旨の説明は受けていなかったこと、鉱害被害者が町との間で締結した補償契約書には、別途鉱害復旧により利益を受けられるか否かにつき、含みを残した記載がなされていることなどから、鉱害被害者の認識の可能性の限界を認めた。
　また判決は、同じ○○町内で、地対事業による補償契約の締結と復旧工事請負契約の締結が1年以内にあって二重に受給しているとみられる者が17名いることも認定している。

イ 鉱害被害者の自白の信用性欠如
　捜査段階で被害者らが詐欺の故意を認めた自白については、「本件のように地対事業から家屋補償を受けた場合、鉱害復旧を受けられないことを知らなかったとしても不自然ではない環境にあって、何故これを知り得たのかの供述がないことから、これは後になって取調官から二重請求が違法であると知らされ、鉱害復旧の意味・性質、復旧の態様等について知らないため、反論もできないまま、自白したものと思われ、信用性に欠けるといわざるを得ない」と認定した。

ウ 鉱害被害者の詐欺の故意なし

控訴審判決における最終判断は、次のようなものである。一審判決が共謀共同正犯を認定した5件のうち鉱害被害者4名（C、D、E、F）分について、①現実に鉱害被害を受けてきた者として、いくらかの補償を事業団から受けられればそれでよいといった程度の認識、②鉱害復旧の意味、復旧の態様が競合する公共事業の措置などに対してどれだけ理解があったかは疑問、③二重補償が多数行われていた地域においてその風評を知っていたとしても不自然ではない、④同人らは、本件鉱害復旧申出書の一連の書面提出の際、事業団職員が持参した書類に求められるまま署名捺印したにすぎない、として詐欺の故意は認められないと認定した。
　Xについては、「直接の詐欺の実行行為を担当していないところ、原判決はいずれも共謀共同正犯と認定して有罪としているが、……実行行為者である右鉱害被害者に詐欺の故意が認められず、したがって同人らとの共謀の事実が認定できない」として、原判決を破棄した。一審が虚偽の「家屋補償なし文書」を作成し事業団に提出した事実を認定した被告人Y、Zについても「従犯の成立のみが問題となるが、直接の実行行為者に詐欺の故意が認められず、共謀者とされている被告人Xにも罪責は問うことはできない」として原判決を破棄した。
　さらに判決は、間接正犯の構成に変更する方法があるが、被告人側に防御の機会を与えるため訴因の変更手続を要するところ6年以上経過した控訴審の最終段階なので訴因変更手続を促す措置を講ずるのは相当と言えないとして、主位的予備的公訴事実には犯罪の証明がないとして無罪の言い渡しをした。
　しかし、鉱害被害者B（Xの母）については、被告人X単独による詐欺、Y・Zの幇助が認定され有罪となった。
　控訴審判決の一審との事実認定の相違は、「鉱害被害者自身の詐欺の故意」についてであった。

(7)　コメント

　弁護人は、本件行為が行われた○○町では永年にわたり二重補償が多数行われていたという実態を、被告人Yから聞き取り提示したことで、裁判所が二重補償の事実をみずから関係者に照会した結果、二重補償の事実の存在を認定させることができた。そこから、「鉱害復旧に関する知識が乏しい鉱害被害者4名が、他に公共事業のある場合に鉱害復旧を受けることができなくなるという仕組みを知らなかったとしても不自然はない」という判示を引き出すことにつながった。
　また鉱害被害者らは、鉱害復旧申出書等の書面を自ら積極的に作成したのではなく、事業所職員が持参した書類に求められるまま押印したにすぎず、また、二重請

求が違法である旨の説明は受けていなかったこと、鉱害被害者が町との間で締結した補償契約書には、別途鉱害復旧により利益を受けられるか否かにつき含みを残した記載がなされていることを明らかにした。

4　事例22　交通事故・共済金請求詐欺

(1)　事案の概要と争点

本件は、交通事故による休業損害補償金名下に自動車共済契約による共済金77万7,450円を騙取したという事案である。

争点は、上記休業損害証明書の中に71日間交通事故当時の仕事を休業した旨の記載があるが実際には事故後に転職先の職場で稼働していた事実があったという場合に、被告人の請求行為に詐欺の故意があったと言えるのかである。

(2)　公訴事実の要旨

被告人は、健康食品の販売を目的とする株式会社甲野の特約販売店として稼働していたが、1993年5月10日、福岡県内の路上で自動車を運転中、K子の運転する自動車に追突され負傷した。被告人は、この交通事故を奇貨として、休業損害補償金名下に、加害車両の所有者が丙川町農業協同組合との間で締結していた自動車共済契約による共済金を騙取しようと企て、真実は甲野の特約販売店の仕事を1993年5月22日で辞め、同年6月4日から甲野の前に勤めたことのある有限会社乙山塗装店で再び稼働していたのに、これを秘して、自己が継続して甲野の特約販売店として稼働しており前記負傷のために休業中であるかのように装い、丙川町農協において、自己が同年5月10日から同年7月30日までのうちの71日間甲野の特約販売店の営業を休業した旨記載した内容虚偽の休業損害証明書を提出して、休業損害補償金の支払を請求し、同年10月28日、宮崎県共済農業協同組合連合会から丙川町農協を介して被告人名義の銀行預金口座に77万7,450円を振込入金させて騙取した。

(3)　無罪主張の要旨

被告人は、共済担当者の指示どおりに書類を提出し、農協の共済担当者に休業証明書を渡す際、転職した乙山塗装店での休業期間を手書きしたメモを渡し、その際、乙山塗装店の給与が株式会社甲野より安いことを知らせるため、以前、乙山塗装店に勤務していた時の給与明細3カ月分を提出した。

弁護人は、被告人が休業期間、転職の事実、転職後の給与を伝えていることから、積極的に共済金を不正に受給しようという詐欺の故意はなかったと争った。

さらに弁護人は、最高裁では、被告人がどの程度まで共済担当者に事実を告げれば告知義務を尽くしたことになるかについて、被告人の保険金請求手続に対する知識・経験や虚偽性の認識の程度、その行為態様等と、共済担当者における知識・認識・経験の程度や手続の専門家として一般的に認識すべき事情を総合的に判断して決することが必要として無実を主張した。

(4) 捜査と公判の経過

被告人は、休業損害証明書を提出し自動車共済契約による共済金を請求して3年半も経ってから、突然、共済金を騙し取ったとして逮捕された。被告人は丙川町農業協同組合の共済担当の職員に事故後の転職の事実も告げたうえ、同職員の指示に従って休業損害証明書を提出していたから詐欺を働いたという自覚はまったくなかった。

しかし、被告人は、逮捕が突然だったうえ、警察官から見せられた休業損害証明書に、実際には事故後に退職した株式会社甲野に勤めていたかのような記載がしてあり、すでに共済金を受領していることから、取調べにあたった警察官の「5月22日に株式会社甲野を辞めているにもかかわらず7月30日まで勤めたようにして保険金を受け取っているのは人を騙したことになるから詐欺にあたる」との説明を真に受け、説明どおり詐欺になるものと思い込み詐欺を認めて自白し、その旨の調書が作成された。このように被告人の自白調書は、誘導によって引き出された虚偽の自白によるものであった。

被告人は、自宅に戻り記憶を喚起させ、詐欺を働いたことはないとの確信を持ち、第1回公判から詐欺の事実を否認した。

判決は、一審および二審とも有罪だったが、最高裁が原審を破棄したうえで自判により逆転無罪判決を言い渡した。

(5) 誤った有罪認定

有罪方向の主な証拠は、供述証拠として、①被告人の捜査段階の自白調書、②被欺罔者（農協共済担当者B）の法廷証言があり、非供述証拠として、休業損害証明書等がある。

共済担当者の捜査段階における供述調書は、「被告人から本件交通事故後に転職したとの話を聞いたので、本件交通事故による休業期間中であれば会社が変わっ

ても、そこで休業損害証明書を作成してもらえば休業補償費を支払うことができることから、被告人に両方の会社から休業損害証明書を作成してもらって提出するように説明した記憶があり」と記載されており、被告人が事故後に転職した事実を告げていたことを推認させるものであった。ところが、共済担当者は、一審公判廷での証言で捜査段階の供述を覆し、転職したことを聞いたことはないと証言した。一審判決は、共済担当者の公判廷での供述が信用できるとして、被告人が共済担当者に転職したことを伝えていなかったものと認定し有罪判決を下した。

控訴審判決は、公判廷における共済担当者の供述は信用できないとして退け、捜査段階における供述調書を信用できるとした。しかし、控訴審判決は、被告人が共済担当者に、事故後転職している事実を最初に告げたことを認定しながら、「被告人はB〔共済担当者〕に内容虚偽の本件証明書を提出して休業損害補償金の支払請求をした際、同証明書の内容が虚偽であることを十分告知せずに請求しており、これが欺罔行為にあたると認められる」として一審の有罪判決を維持した。

(6) 無罪判決のポイント

最高裁判決は、被告人が共済担当者の指示に従い、上記休業損害証明書に、事故後の欠勤状況等を被告人が手書きし、転職後の給与が転職前より安くなっている給料明細書等を提出していたことなどを認め、「共済金請求に精通しない被告人としては、必要書類を提出すれば、共済金支払手続きの担当者が正当な補償金の額を算定した上、手続を進めてくれるものと信じたことには合理的な理由があるというべきである」という被告人の弁明を認めた。

そして、「本件証明書の提出行為を取り出してみれば、外形的には詐欺の欺罔行為と目される面があったことは否定しがたいところであるが、しかし、その際の被告人の行動及び共済担当者の対応を総合的に考慮すると、被告人に積極的に共済金を不正に受給しようというまでの意思があったとは認め難いというべきである」として、共済金請求につき被告人に詐欺の故意があったと認めるには合理的な疑いが残ると認定し、一審、二審判決を破棄し自判するのが相当であるとして無罪を言い渡した。

(7) コメント

一審においては、共済担当者の供述が被告人の詐欺の故意の立証を左右した。捜査段階での上記共済担当者の供述調書は、被告人が交通事故後転職した事実を告げており、詐欺の故意がないことを示していた。しかし弁護人は、この供述証拠のみでは被告人が無罪であるというには足りないと考え、公判で共済担当者が真実を

証言してくれることで無罪になると判断し、供述調書を不同意にして法廷での証言を求めた。

ところが、共済担当者は、捜査段階の供述調書を作成した警察官から呼び出され、その結果、公判廷では、捜査段階の供述を全面的に覆す証言を行った。同証言後、弁護人は捜査段階の供述調書を証拠申請したが、検察官に不同意とされた。そのため同供述証拠は実質的証拠として扱われなかった。

控訴審では、裁判長が、検察官に捜査段階の供述調書を証拠として同意するように強く勧告し検察官が応じたため、弁護人は無罪に展望が開けたと確信した。この時点で弁護人は、被告人が共済担当者に事実を告知したことが立証されれば、詐欺の故意の存在を否定できると考えた。しかし、控訴審裁判所は、休業損害証明書の虚偽の記載について被告人が積極的かつ十分に告知義務を果たしていなかったとして、一審の有罪を維持した。

そこで上告審において、弁護人は、被告人が事故前の勤務先に休業損害証明書の作成を依頼すると同時に、事故後に勤務し始めた塗装店にも同証明書の作成を依頼したこと、しかし塗装店からこれを拒否されたため、上記共済担当者から渡されていた白紙の休業損害証明書に、事故後の欠勤状況等を自ら手書きし、同時に給料明細書等を提出して転職前後の収入の相違を説明しようとしており、保険の素人として、共済担当者に対し告知すべき事実について十分告知していたこと、他方、保険のプロである共済担当者は、被告人の告知に基づいて、本件証明書に事実と異なる記載がなされていることを認識したうえで、保険実務における被害者救済と手続の迅速性の観点から、その程度の事実との齟齬は問わないものと実務的に判断して、転職後の休業分も本件証明書でまかなうことを了承して受理したものであるから、共済担当者は錯誤に陥っておらず欺罔行為は存在しないので、本件詐欺罪には該当せず無罪である旨の上告理由を主張した。

その結果、最高裁は、前述したように、被告人に積極的に共済金を不正に受給しようというまでの意志があったとは認めがたいと認定し、逆転無罪の判決を言い渡した。

担当した弁護人は、「本件は、二審と最高裁とで基本的な事実の認定に違いがあるわけではなく、ただその評価が異なるだけであるが、二審は有罪となり、最高裁では5人の裁判官の全員一致で無罪となった。その違いを分けたものが何かについては大変興味深い問題である」と指摘している（季刊刑事弁護27号〔2001年〕76頁）。

なお、判例時報の評釈では、「当該事件では、被告人は詐取の意思をきっぱりと否定するような行動があったとも判断されないし、そうかといって積極的に二重請求

を成功させようという意思が明白に存在したともいえない中途半端な状態が見られる。……積極的意思の存在が立証されないとして無罪にしたのは、被告人の行動からして犯罪故意を認定するには無理があるとの判断があって、それを敢えて認容説に基づく未必的故意によって有罪とすることは避けたとも考えられる」（判例評論523号30頁）と論じている。

5　事例24　請負代金請求（汚泥処理）詐欺

(1)　事案の概要と争点

本件は、大阪府から府営住宅の杭打ち工事を請け負ったゼネコン（N建設）の現場責任者と技術者の計2名の被告人が、工事現場から排出した汚泥の量を証明する書面に事実と異なる虚偽の数量を記載し、請負代金名下に金7,288万円を騙取したという事案である。

事実関係では、被告人らが工事現場から排出された汚泥の量を証明する書面に事実と異なる記載をしたこと自体は争いがない。

争点は、上記事実関係の下で被告人らが本件請負契約どおりの請負代金を請求したことが不正な請求になるのかという点である。

なお、一審段階で弁護人は訴因に関する求釈明を徹底して行ったが、その結果検察官は一審途中で訴因を変更した。

(2)　公訴事実の要旨

〔変更前の訴因〕

被告人らは、本件杭打ち工事において汚泥の不法投棄が行われた結果、正規に処理された汚泥量が45立方メートルであるのに、1992年4月30日ころ、525立方メートルの汚泥が処理されたように水増しして請負代金の請求をし、汚泥処理代金563万7,600円を含む工事完成払金7,288万円の支払を受けてこれを騙取した。

〔変更後の訴因〕

被告人らは、本件杭打ち工事に伴って排出された汚泥の不法投棄を行ったことにより、汚泥処理量が大阪府の見積量より著しく少ない45立方メートルにとどまったため、45立方メートル分の処理券を大阪府に提出したのでは工事完成検査に合格せず、工事完成払金の支払いを受けられないので、大阪府の見積積算量に見合う525立方メートルの内容虚偽の処理券を提出することによって工事完成検査に合格

し、工事完成払金 7,288 万円を騙取した。

(3) 無罪主張の要旨
　本件請負契約は定額・一括請負契約であるから、本件杭打ち工事が瑕疵なく完成している以上、被告人らが行った請負代金請求には正当な理由がある。

(4) 捜査と公判の経過
　大阪府から仕事を受注した廃棄物処理業者が架空の処理券を発行している事実が発覚し、それをきっかけに本件杭打ち工事についても請負側が汚泥の不法投棄をして虚偽の処理券を提出し工事代金を水増し請求しているとの見込み捜査が行われた。
　被告人らは、捜査段階で自白調書を取られている。
　一審と二審が有罪、最高裁で破棄差戻しとなり、差戻後の第二審で無罪が確定した。

(5) 誤った有罪認定
　一審判決は、弁護人の主張立証を容れて、汚泥の不法投棄の事実を認めなかったし、また実際の汚泥処理量が発注者の見積量より著しく少量である場合には請負代金が減額されるとの検察官の法的主張も認めなかった。しかし同判決は、「汚泥が適正に処理されたか否かについては、本件の契約内容になっており、実際に検査をする検査員が、処理券を確認する過程で処理券の内容が虚偽であることに気付いた場合には、その原因を調査するため、その間工事完成払金支払いの前提となる検査調書は作成されないこと、すなわち、平成4年4月30日の完成検査において合格せず、少なくとも合格が留保されたことが優に認められる」と述べたうえで、「汚泥の不法投棄やいわゆる手抜き工事の有無に関する大阪府の検査員らの調査には、相当程度の期間を要するものと思われることからすると、被告人らの欺罔行為は工事完成払金を受け取れる時期を不当に早めた」と判断して詐欺罪の成立を認めた。
　二審判決は、支払時期を不当に早めた期間を認定しないのは理由不備にあたるとして一審判決を破棄したが、同時に同判決は、被告人の自白を根拠に「その正確な量目までは特定できないとはいえ、N建設がタンク底に残留していたベントナイト廃液、汚泥の相当量を本件請負契約の趣旨に従った処理をせず、これを残土に混入するなどの方法で処理させたことは明らかである」として、被告人らが汚泥の不法投棄を行ったと認定した。

さらに、同判決は、本件工事が定額・一括請負契約であることを認めながら、大阪府の関係者の中では少数意見であった担当者の法廷証言を根拠に「処理した汚泥の実際量と大阪府の予想量との間にも顕著な差があり、これらが判明した場合には、それ相応の工事代金の減額がされるべき筋合いであったにもかかわらず、実費を大幅に上回る汚泥処理費用を含めた工事代金を請求し」たと判断し、不完全履行として相応の請負代金が減額されるべきであるのに過大な工事代金を請求・受領したことが詐欺罪に当たると認定した（大阪府の関係者の多数意見は、定額・一括請負契約だから汚泥の実際排出量によって工事代金に変更はないと解していた）。

(6) 無罪判決のポイント

最高裁は、本件請負契約が定額・一括請負契約であることから、汚泥処理費用の実際の額が見積額を下回った場合でも発注者に減額請求権が発生するわけではないとして原判決を破棄し、原審に差し戻した。

ア 定額・一括請負契約について

最高裁は、「記録によれば、本件請負契約は、競争入札による定額・一括請負契約であって、請負代金の総額が定められているだけで、汚泥処理費用等その内訳については一切定めがないと認められるから、汚泥処理費用の実際の額が発注者の見積額を大幅に下回った場合においても、この点について特段の約定がない限り、発注者は請負代金の減額請求をすることができない」と判断し、また「汚泥を場外搬出することは、請負契約上の義務に当たるが、場外搬出した汚泥の処分を関係法令に従って行ったか否かということは、業者としての公法上の義務に係るものであって、請負代金の支払請求権とは対価関係に立つものではなく、これを理由に、発注者に請負代金の減額請求権が発生するとはいえない」と判断した。これらの結論として、最高裁は、汚泥の不法投棄によって汚泥処理費用の実際の額が発注者の見積額を大幅に下回った場合に発注者が請負代金の減額を請求できることを前提として、被告人らが工事完成払金を騙取したとする原判決の判断は是認できない旨判示した。

イ 工事完成払金の支払時期について

また最高裁は、一審判決についても、「請負人が本来受領する権利を有する請負代金を欺罔手段を用いて不当に早く受領した場合には、その代金全額について刑法246条1項の詐欺罪が成立することがあるが、本来受領する権利を有する請負代金

を不当に早く受領したことをもって詐欺罪が成立するというためには、欺罔手段を用いなかった場合に得られたであろう請負代金の支払とは社会通念上別個の支払に当たるといい得る程度の期間支払時期を早めたものであることを要すると解するのが相当である。これを本件についてみると、一審判決は、被告人両名が内容虚偽の処理券を提出したことにより、これを提出しなかった場合と比較して、工事完成払金の支払時期をどの程度早めたかを認定していないから、詐欺罪の成立を認める場合の判示として不十分であるといわざるを得ない。また、被告人両名の行為が工事完成払金の支払時期をどれだけ早めたかは、記録上、必ずしも明らかでない」と認定し、詐欺罪の成立を認めるには不十分として、審理を原審に差し戻した。

　ウ　差戻し後の控訴審において、検察官は、最高裁判決が審理を尽くすことを求めた「被告人両名が内容虚偽の処理券を提出したことにより、これを提出しなかった場合と比較して、工事完成払金の支払時期をどの程度早めたか」の点について、訴因変更の請求や追加立証をしない旨釈明した。これにより同控訴審は、理由不備で一審判決を破棄して無罪を言渡した。

(7)　コメント
　本件は、民商事の取引の領域に犯罪捜査が行われた場合に、捜査機関がとんでもない初歩的な誤りを犯す危険性があることを示している。
　本件で警察・検察は、まず前提事実に関し「汚泥の不法投棄」があったと事実認定で誤りを犯し、さらに法律構成のうえでも請負工事代金請求がいかなる意味で「人を欺く」行為になるのかという最も肝心な点で誤りを犯した。弁護人は、一審段階の冒頭から、本件請負契約が定額・一括契約であることを強調して工事代金請求行為が詐欺罪にならないことを述べ無罪論を展開していたが、その正しい論理は最高裁判所に審理が持ち込まれなければ通らなかった。
　一審・二審の有罪判決は、日本の裁判官がいかに検察官追随的で自白を偏重しているかを物語っている。一審および二審の有罪認定は、結局のところ捜査段階における被告人の虚偽自白に依拠した判断であった。
　本件の被告人らは、捜査段階で何故自白に至ったのか。現場事務所長Xは、連日にわたって長時間取調べられたが、当初は架空処理券の提出を含め事実をありのままに述べる一方、詐欺の故意や不法投棄の事実は否定し刑事とも睨み合うこともあった。取調べにあたった警察官らは、「お前は所長だから何でも知っているはずや」とか、逮捕前にN建設に行ったことを「証拠隠滅だ」と脅し、架空の処理券を提出

して代金の支払いを受けたから代金を詐欺したと決めつけ、被告人の説明を聞こうとしなかった。被告人Xは、生まれて初めて逮捕・勾留され、連日の取調べを受け、しだいに「どうでもいいから勝手にしたらいい」という気持ちになり、警察官が作り上げた自白調書を認めた。

また10日遅れで逮捕された被告人Yの取調べにあたった警察官は、「この券は人を騙すためにあるのじゃないか、だから、お前さんは、これは府を騙すために使ったんだから、だから詐欺なんだから」と被告人の説明を聞こうとせず、「いつまでもでれないぞ」と脅した。被告人Yは、連日の取調で自暴自棄になり、「どうでもいいや」という気持ちで汚泥の処理費用を騙し取った旨の自白調書に署名した。

本件の弁護人をつとめた石松竹雄弁護士も、捜査官の自白強要がなければ公訴提起も行われなかったかもしれないと振り返っておられる（季刊刑事弁護33号〔2003年〕91頁）。

第5　検察官控訴の誤起訴事例の分析

1　事例21　サイト差取引融資詐欺

(1)　事案の概要と争点

本件は、被告人が、石油業界におけるいわゆるサイト差取引を利用して、実質的融資名下に、被害会社から約24億円を騙取したという事案である。サイト差取引とは、石油製品の業者間転売取引において、その売掛金入金日と買掛金支払日との間に意図的に期日差を設ける等の方法により、実質的融資を受けることを目的とする取引である。

争点は、サイト差取引とよばれる実質的融資契約の締結時、被告人に融資金の返済意思および返済能力があったか否かである。

(2)　公訴事実の要旨

被告人は、大阪市内で石油売買仲介業等を営んでいたが、いわゆるサイト差取引と称する売買形態を利用して、W鉱山株式会社等から石油製品を購入すると同時に同社に再度これを売却し、買掛金支払日を売掛金入金日の90日後に設定する等の方法により同社から金員を騙し取ろうと企て、1995年2月ころ、数回にわたり同社石油部副部長乙を介して同社代表取締役副社長丙に対し、真実は自己にサイト差取引における買掛金を支払って実質的融資の返済を行う意思も能力もないのに、これあ

るように装い、自己には多額の収入が見込めるので上記買掛金を確実に支払える旨虚偽の事実を述べて丙を誤信させ、同年5月ころから同年8月ころまでの間、前後4回にわたり、前記売買代金名下に現金合計23億9,309万8,340円を振込入金させ、もって人を欺いて財物を交付させた。

(3) 無罪主張の要旨

被告人が関係各社間においていわゆるサイト差取引を利用して実質的融資を期待することはこの業界において珍しいことではない。本件実質的融資契約にあたり、被告人もW鉱山の石油部副部長乙も、これを返済できると信じていたのであり、被告人の取引先であるK石油が被告人へ資金援助をなす見込みもあったのである。

また乙が丙に本件実質的融資決済を求めるにつき、報告すべき事項を隠蔽したり虚偽の事実を述べて丙を誤信させたことはないし、被告人が乙を道具として利用したこともない。

(4) 捜査と公判の経過

一審、二審とも無罪を言い渡され確定した。なお、同時に起訴された所得税法違反、わいろ供与罪は一、二審とも有罪とされたが、ここでは割愛する。

(5) 無罪判決のポイント

ア 有罪方向の主な証拠

供述証拠として、①共犯者（W鉱山担当者乙）の検察官調書、②被害者（W鉱山）副社長丙の検察官調書および法廷証言、③本件取引に関係したその他の会社担当者の検察官調書および法廷証言がある。

イ 一審判決

一審判決は、①被告人に本件実質的融資の返済能力がまったくなかったとまでは認められず、②乙が丙に対し、真実と齟齬する内容の報告をしたことを詐欺の欺罔行為と評価すること、および丙が錯誤に陥っていたという点には重大な疑問があるうえ、③被告人が欺罔の故意をもって、情を知った乙を幇助的道具として利用し、あるいは、乙と意思相通じて、丙を欺罔したと認めるに足りる証拠はないと判示して、無罪の言渡しをした。

ウ 控訴審判決

(a) 返済能力

　控訴審判決は、①本件実質的融資契約を締結したときの被告人の財産状況は債務超過に陥り毎月の資金繰りにも苦慮していたが、当時予定していた海外事業からの収入により多額の仲介手数料を取得できる見込みがあったこと、②被告人とK石油との関係に照らすと、K石油は被告人の政官界における影響力を利用するなどの理由から被告人に経済支援をする可能性があったことは否定できず、本件当時、被告人に融資金の返済意思も返済能力もなかったとはいえないと認定した。

(b) 共犯者供述の信用性

　被告人の自白がないため、共犯者（W鉱山担当者乙）の検察官調書に依拠しているが、控訴審判決は、同共犯者供述の信用性について、「乙の検察官に対する供述調書中には、確かに欺罔の故意を認めたかのような供述をしている部分も存在する。しかしながら、右供述調書中には、『確かに公平な目で見て、私が被告人に強く頼まれるままに、丙副社長を騙すという役目を果たしたというのが実際のところであったことは、率直に認めざるを得ません。』というように、本件融資開始当時の欺罔の故意というよりは本件融資が返済されなかったという結果からみた事後的な判断を述べたとも受け取れる部分も存在しており、この調書が欺罔の意思を認めた内容といえるのか疑問な点も見受けられる」と認定している。また、乙の一審証言はこのような検察官調書が作成された理由として、本件融資開始後の客観的事情からすると自分が丙を結果的に騙したことになると検察官から言われ、自分も責任を感じていたことから検察官の言い分に抵抗できず、前記のような検察官調書に署名せざるをえなくなったものであると供述していることについて、控訴審判決は「乙の検察官調書中の欺罔の故意を認めた部分については信用性がないものと認められる」と述べて信用性を排斥している。

(c) 被害者供述の信用性

　控訴審判決は、被告人がK石油と親密な関係を保ち、石油業界において勢力を持っているということを認識したうえ、丙（W鉱山副社長）が副社長兼営業本部長としての立場から、K石油との提携によってW鉱山の石油事業を展開するという企業利益の点で、乙と共通の目的を持っていたことも認められるとして、「丙は、W鉱山の石油事業を推進することを目的として本件融資を決裁したものであり、被告人の返済能力に関しては、被告人の石油業界における地位やK石油との深い関係等の事情からすれば、被告人が返済不能になることはないと考え、仮に3年以内に返済できない場合でも、K石油が資金援助をするなり代わりの商流を組むなりして本件融資金の回収を援助するであろうと予想して、被告人の返済能力に関する調査、報告を求め

ず決裁したとみる余地のあることは否定し難い」として、丙において、乙の報告によって錯誤に陥ったと認定するのにはなお合理的な疑いが残ると判示し控訴を棄却した。

(6) コメント

本件は複雑な経済事犯や取引形態にからんで生じた現代的事案といえる。

弁護人は、被告人には実質的融資の返済をする意思があり、その能力も見込みも十分に存在したことを具体的事実によって立証した。すなわち、被告人が必要とした月額経費と被告人固有の資金調達能力、海外プロジェクトからの収入見込み、K石油からの追加的資金援助に対する被告人の期待の妥当性、被告人には欺罔の故意がなかったことなどの事実の立証である。これによって被害者供述の信用性を批判した。

なお、被告人の捜査段階の供述調書はあるが、被告人自身が返済能力がないことを自認したうえでの供述ではないから欺罔の根拠にはならないと認定されている。

2　事例23　商社金融取引詐欺

(1) 事案の概要と争点

本件は、A百貨店の医療機器部部長だった被告人が、百貨店の部下の社員2名（B、C）や取引先として面識のある医療機器輸入販売会社の役員ら3名（D、E、F）と共謀して、輸入販売業者から医療機器を買い受けて、これを病院に売り渡すという商社金融名下にリース会社から約311億円を騙取したという事案である。

被告人は、虚偽の共犯者供述によってやっていない詐欺事件に巻き込まれ逮捕され、共謀共同正犯として起訴された。

争点は、①共犯者らの供述の信用性および被告人の捜査段階での自白の任意性・信用性、②共謀共同正犯と認定し得るに足る被告人の関与の程度である。

(2) 捜査と公判の経過

被告人は特捜部の検察官らによる自白強要型の強引な取調べを受け、虚偽の自白を強いられ内容虚偽の供述調書を多数取られたが、第1回公判から否認に転じ、以降、事実関係を全面的に争った。被告人は5名の共犯者とともに起訴されたが、公判で公訴事実を否認したのは被告人のみであったので、弁論は共犯者5人と分離された。

一審で、共犯者5名は有罪判決だったが、被告人は共犯者5名との間で共謀した

と認めるには合理的な疑いが残るとして無罪判決が下された。検察官が控訴したが、控訴審は控訴を棄却し被告人の無罪が確定した。

(3) 公訴事実の要旨

被告人は、A百貨店の商事本部医療機器部部長であったが、①同百貨店医療機器部機器営業部のB・C、医療機器輸入販売業会社Bの代表取締役Dおよび常務取締役Eと共謀のうえ、いわゆる商社金融取引を装って、リース会社から売買代金名下に金員を騙取しようと企て、1990年10月ころから1991年5月ころまでの間21回にわたり、リース会社C社等の決裁権者に対し、真実はA百貨店が医療機器等をS病院等のエンドユーザーに販売納入した事実などないのに、C社等がA百貨店に転売した医療機器等はA百貨店からS病院等に売り渡されて納入済みであるから、C社等が先にB社に医療機器等の売買代金として金員の支払をしても、約束の期日にA百貨店から確実に代金の支払を受けられるかのように装って、B社に対する代金の支払方を請求し、各決裁権者をしてその旨誤信させ、1990年11月から1991年5月までの間、前後25回にわたり、C社等から、現金合計197億9,106万9989円および約束手形合計28通（額面合計104億7,987万1,475円）を騙取し、①上記B、Cおよび医療機器等輸入販売会社Dの代表取締役Fと共謀のうえ、商社金融取引を装い、C社等から売買代金名下に金員を騙取しようと企て、同年1月23日から同年5月10日までの間、前後6回にわたり、上記C社等から現金合計8億6,849万1,901円を騙取した。

(4) 無罪主張の要旨

被告人は、B・CおよびD・E・Fとの間で、本件詐欺に関して共謀した事実は一切ない。被告人と共謀した旨の共犯者の供述はまったくの虚偽であるし、被告人の捜査官に対する自白にも任意性・信用性がない。

(5) 第一審の無罪判決のポイント

(a) 自白の任意性を否定（自白調書の取調べ請求却下）

被告人が公判段階で詐欺の共謀を否認したため、検察官は捜査段階の供述調書の証拠調べを請求した。そこで被告人に対する取調べの実態が争点となった。

特捜部検察官らの、本件における捜査方法は特徴的であった。すなわち検察官は、あらかじめ捜査機関側が描いた犯罪ストーリーと合致する供述を徹底して追及するという強引で強圧的な取調べを行った。その大筋は、まず実際に詐欺の実行行為を行

った上記共犯者らを取り調べて共犯者供述を取り、被告人を詐欺事件の主犯格に仕立て上げ、古典的な手法（「詐欺を認めれば執行猶予になる」などと虚偽の甘言を弄して自白を強制）によって有罪方向の証拠を作出しようとするものだった。

　検察官は、1992年4月下旬ころから任意の取調べを開始し、同年6月下旬の逮捕を挟んで8月初旬の追起訴までに42通もの供述調書を作成したうち自白調書は最後の3通であった。検察官は起訴が終了した8月4日以降も東京拘置所で勾留中の被告人と数回面接し、第1回公判の被告人の罪状認否にまで事実上干渉するような姿勢だった。

　こうした検察官の捜査の実際に着目し、一審裁判所は、「調書に署名指印すれば、執行猶予判決が得られ、保釈も認められるとの検察官の説明を信じ、執行猶予判決や保釈による身柄の解放を望む余り、調書に署名指印した旨の被告人の供述を虚偽として排斥し去ることは困難である」として自白の任意性を否定し自白調書の取調べ請求を却下した。

　(b)　共犯者の法廷供述の信用性と共謀の事実の否定

　判決は、次のような事実を認定した。

　①　本件各取引に関する引合受注連絡票は、担当者C、営業部長Bの押印のみで、その上司である被告人の決裁は受けていなかった。したがって、被告人は本件各取引の取引先や対象商品、取引額等を具体的に認識することはできなかったし、新規の取引先についてはその存在も認識できなかった。

　②　A百貨店内で架空取引が発覚した直後にBが作成した顛末書には、本件各取引を上司に報告せず独断で行った等、Bの公判供述とはまったく異なる内容の記載がある。

　またC作成の上申書にも、取引関係の報告はすべて直属の上司であるBに対して行っており、被告人にはしていなかった等、Cの公判供述とは矛盾する内容の記載がある。

　③　確かに、被告人もB社との取引について架空取引の混在の可能性を認識していたと推認できる面がある。しかし、被告人がB社との取引の大半が架空取引であるとの認識を有していたとまでは認められない。

　④　確かに、被告人はBやCらに指示して取引を調査させ、架空取引であれば取引を中止するように指示するなどしていない。しかし、被告人とB・Cとの間に、関係証拠を総合しても、本件取引を任せたという積極的な関与までは認められず、Bらの行為を放置したにとどまる。

⑤　したがって、被告人とBらとの間に、本件詐欺についての共謀を認めるには、なお、合理的な疑いが残るといわざるをえないから、本件公訴事実については犯罪の証明がないので、被告人は無罪である。

(6)　控訴審の無罪判決のポイント

　控訴審判決は、被告人の自白調書につき、供述の任意性に疑問が残るとして検察官の取調請求を却下し異議申立てをも棄却した一審決定の判断は相当であり、原判決に訴訟手続の法令違反はないと判示した。

　また控訴審判決は、B、C、D、E、Fの供述の信用性に関する事実誤認の控訴理由につき、具体的に論じたうえで、「原判決が、本件各公訴事実について、被告人が、B、C、D、E、Fらとの間で共謀をしたと認めるには合理的な疑いが残るとして、無罪としたことは正当として是認することができ」ると述べて検察官の控訴を棄却した。

(7)　コメント

　特捜部の検察官の取調べの逸脱が誤起訴の原因をなした事件である。検察官の取調べは不当の一言に尽きる。共犯者の供述については、さまざまな類型があるが、本件は検察官の描く犯罪ストーリーによって共犯者から虚偽の供述を引き出したケースと言える。

　弁護人は、被告人との接見で検察官の露骨な取調べの手法を伝え聞き、当該検察官に文書で抗議の申入れを行って徹底的に弾劾した。法廷においては被告人が自らの取調べ体験を明らかにする供述を行った。

　一審裁判所は、結審前に、自白調書の任意性に疑問が残るとして、自白調書の証拠申請を却下した。

　共謀共同正犯の成立要件については、1958年の練馬事件大法廷判決が基準となるから、「共同意思の下に一体となって互いに他人の行為を利用し、各自の意思を実行に移すことを内容とする謀議」を必要とする。したがって、一審判決が判示した「Bらの行為を放置したにとどまるだけでは不十分で、本件取引を任せたという積極的な関与まで必要」という判断は妥当なものである。

　本件の弁護人らは検察官の不当な取調べと闘うきわめて原則的な弁護活動をやり抜いた。被告人が偽りの自白調書を取られたこの時期は、まさに被告人の奪い合いの過程であった。

　控訴審判決がこの事実を一審の記録から読み取って次のように述べている点は示唆に富んでいる。

「被告人は原審公判廷において、『第1回公判期日の直前まで、早く拘置所から出たいという気持もあってL検事を信用する気になっており、事実を争うと主張する弁護人らと対立し、弁護人から解任しろとまで言われ、ぎりぎりまで迷ったが、第1回公判の意見陳述では事実を否認することにした。』旨供述しており、第1回公判期日直前で被告人と弁護人らとの間で意見の対立があったことは明らかである」。

第6　誤起訴事例の分析

1　はじめに

本節では一審で無罪判決が言い渡され確定した誤起訴事例をまとめて紹介する。以下では、前述した約束型と請求型に分けて述べるが、前者はさらに次のAとBに分かれる。

なお、誤判事例は【　】印で、検察官控訴の誤起訴事例は〔　〕印で紹介する。

［虚偽約束型の誤起訴事例］

A：詐欺罪の構成要件要素に欠落があって無罪となったケース	
①「人を欺く約束」が認定されなかった場合	事例8、9、13、20、【11】
②「履行の意思・能力の欠落」が認定されなかった場合	事例4、5、18、【2】、【16】、〔21〕
③ 詐欺の故意が認定されなかった場合（故意なし）	事例10、14、15
B：その他の事由で無罪となったケース	
① 責任能力なし	事例1
② 共謀の存在が認定されなかった場合（共謀なし）	事例12、【3】、【25】、〔23〕

［不正請求型の誤起訴事例］

A：詐欺罪の構成要件要素に欠落があって無罪となったケース	
① 人を欺いた請求が認定されなかった場合	なし

② 請求に正当な理由があると認定された場合	……	事例【6】、【12】、【16】、〔21〕
③ 詐欺の故意が認定されなかった場合（故意なし）	……	事例【17】、【22】
B：その他の事由で無罪となったケース		
① 人違い	……	事例【7】
② 共謀の存在が認定されなかった場合（共謀なし）	……	事例【19】

2 「人を欺く約束」が認定されなかった事例群

(1) 事例8　新電電代理店登録費詐欺

ア　事案の概要と捜査経過

本件は、市外電話サービスを行うJ社を設立した被告人が1989年8月から9月に「J社は新電電3社と直接契約している高知県の総代理店である。新電電の代理店になるには登録費として第一次代理店が15万円、第二次代理店が10万円、特約店が5万円必要である」などと虚偽の事実を申し向けて誤信した被害者15名から総額180万円を騙取したという事案である。

被告人は捜査段階で自白していたのみならず、公判段階でも当初は公訴事実を認めていたが、第4回公判以降否認に転じた。

イ　無罪主張の骨子と争点

被告人は「J社は新電電3社と直接契約を結んだ高知県の総代理人である」「新電電の代理店になるには登録費が必要である」などという虚偽の説明はしていない。被告人は、「J社はある新電電会社の一大手代理店の高知の総代理店である」と説明して顧客からJ社独自の代理店制度への加入条件として登録費を受け取っていたにすぎない。

争点は、検察官が主張するような約束（欺罔文言）があったか否かである。

ウ　無罪判決のポイント

(a) 被害者の供述について

判決は、被害者とされている者らの公判廷での供述が捜査官に対する供述調書と

異なる供述をしていること、たとえば被害者Kは、公判廷前に被告人からの手紙を読んで影響を受けた可能性も考えられ、影響を受けたのであればKの認識が相当あいまいであったことなどを指摘して、「被害者らがJ社の代理店制度と将来新電電各社の代理店となる予定の管理会社制度についての被告人の説明を混同・誤解して聞いた可能性」があることを認めた。

本件の被害者供述は、上記のような被害者の混同・誤解が警察官調書の段階で正されることなく逆に固定化されていくことによって形づくられた。

この点について判決は、被告人から講習会形式での説明を聞いた者らの警察官調書は、供述者の数も多くその理解力にも差があると考えられるにもかかわらず、相当画一的なものであること、公判廷における供述には公訴事実に反する部分があったり相当あいまいな部分があったりすることと比較して画一的な供述を自らの記憶に基づいてしていたとは考えがたいなどの事実を指摘して、「一定の方向づけのもとに、多分に警察官の誘導が預かったことが推測され、とりわけ被告人の説明文言についての部分及び金員を交付した理由についての部分の信用性についてはいずれも相当の疑問がある」と認定した。

(b) 被告人の自白について

判決は、①捜査段階の当初、被告人は公訴事実を否認し、公判廷における供述に沿う内容の弁解をしていたことが窺われること、②捜査官から愛人逮捕の可能性を聞かされて心配し、また身柄拘束が比較的長期間に及んだこと等の事実を指摘したうえで、「捜査官が自らの捜査方針に従って誘導した結果被告人がこれに迎合して右供述調書が作成された可能性も否定しえず、その信用性については疑問がある」と認定した。

エ コメント

本件の被害者らの登録費に関する記憶は非常にあいまいなものだった（これは被告人の説明した登録費のシステムの複雑さにも原因があったと思われる）。しかし、被害者の中には本件登録費の意味について公訴事実と矛盾する内容を述べていた人も存在した。したがって、もう少し緻密な捜査がなされていれば誤起訴は充分防ぐことが可能だった。しかし実際の捜査は被害者供述を詐欺罪が成立する方向に強く誘導し、誤った内容で被害者の供述を固定化してしまった。

被告人は捜査機関によって精神的に追い込まれて虚偽の自白をし、そのために公判に入ってからも当初は自白を維持していたものと思われる。事件としては被害も少額で争点も簡単であるが、詐欺罪の冤罪の典型例と思われる。

(2) 事例9　ゴルフ会員券借用詐欺
　ア　事案の概要と捜査経過
　本件は、1990年11月5日ころ、被告人が経営する会社の従業員Ｉ子に「今、裏金を表に出せなくて困っている。Ｉ子さんの持っているゴルフ会員券を使えば、その裏金をうまく表に出して使えるようにできるのでゴルフ会員券をちょっと貸して欲しい」などと嘘を言い、同女から同女所有のゴルフ会員券1枚（当時の時価1,200万円相当）の交付を受けてこれを騙取したという事案である。
　なお被告人は捜査段階から欺罔行為を否認していた（否認供述の調書がある）。

　イ　無罪主張の骨子と争点など
　被告人がゴルフ会員券を預かる旨を被害者に約束した事実などまったく存在しない。被告人は、Ｉ子からゴルフ会員券を処分したい旨の相談を受け、同会員券を1,200万円で買い取り、税金対策もしてやる旨（表向き900万円で買ったことにして）約束し、すでに売買代金の一部400万円を被害者に支払った。
　争点は、被告人と被害者との間に成立した合意はゴルフ会員券を預け、預かる旨の約束が存在したかである。

　ウ　無罪判決のポイント
　判決は、被害者供述の信用性判断に関連して以下の事実を認定した。
　被害者Ｉ子は、被告人から受け取った現金400万円について合理的な説明をなしえていない（会員券売却の手付金であると言ったり、被害者が現金が必要になった旨を言って被告人から用立ててもらったと言ったり、Ｉ子の被害者供述は著しく曖昧である）。
　また被害者Ｉ子の証言内容は、勤務会社の社長である被告人から言われたため、被告人が何をするのかよくわからないままゴルフ会員券や印鑑証明書を渡したとなっている。しかしＩ子は宅地建物取引主任の資格を持っているほどの知識のある人物だから、そのような重要な物品を目的不明のまま他人に交付する行動をとるとは信じがたい。
　さらに被害者Ｉ子の供述は、Ｉ子の手帳中の記載（被告人にゴルフ会員券を売り渡す契約の準備がなされたと考えられる内容の文言）や被告人が税務署に提出した念書（被告人と被害者間の売買契約締結書を内容とする文書）などの客観的な証拠とも矛盾し、また被害者の知人の証言（Ｉ子からゴルフ会員券の売却方の相談を受けていた）とも矛盾する。
　被害者は真実はゴルフ会員券を1,200万円で被告人に売却したのに節税のために

900万円で売ったように偽装したが、その事実を明らかにしないため捜査機関に虚偽の供述をした可能性がある。

判決は、上記のような諸点を指摘して、被害者I子の証言には数々の疑問があることを認め、被告人と被害者間にゴルフ会員券を預け、預かる旨の約束があったとは認められないとして、被告人に無罪を言い渡した。

エ　コメント

弁護人は、証拠物として開示された被害者の手帳の中にI子自身が書いた「社長と契約書取りかわす」等との被害者I子が自らの判断で被告人との取引に入ったことを示す事実記載があることを発見し（検察官はこの部分を省いて提出）、被害者I子の証人尋問でこの手帳の当該記載を示して尋問した。被害者I子に対する尋問をとおして被告人は被害者I子から本件ゴルフ会員券を購入したものであり、騙した事実などはなかったことが明らかになった。

(3)　事例13　タクシー無賃乗車詐欺

ア　事案の概要と捜査経過

本件は、1993年9月13日、被告人がタクシーに乗車する際、目的地に到達後直ちに運賃を全額支払うという虚偽の約束をして料金1万5,000円相当の財産上の不法の利益を得たという無賃乗車の事案である。なお、被告人は捜査段階で自白していたが、公判において否認した。

イ　無罪主張の骨子と争点

被告人は、タクシー乗車の時点で、タクシー運転手Yと、手持ちの金はないが運賃は行く先で金を借りて下車時に直ちに全額支払う、万一うまく借りられなかった場合には後日すみやかに支払う旨合意していたから無賃乗車ではない。

争点は、乗車時に検察官が主張するような下車時に直ちに全額支払う旨の約束が存在したか否かである。

ウ　無罪判決のポイント

判決は、被告人とYの供述から以下の事実を認定した。

① 被告人は、地元K市で過去にタクシー料金を付けにしながらその支払いを滞らせたことがあったが、K市内に3社あるタクシー会社の中でY所属の会社だけは被告人が呼べばタクシーを寄こしていた。被告人は、とくにYと以前から互いに顔も名

前も知っていて、一緒に飲み食いしたこともある仲だった。

② Yは、今回の乗車で被告人が乗り込んだ際に、直ちに「金を持っているか」と尋ねており、これに対して被告人は「持っていない。行く先で借りて払う」旨答えていた。判決は、この事実について「被告人とYとが普通のタクシーの乗客と運転手との関係でないことを如実に示している」「目的地到達後直ちに全額の運賃を支払ってもらえることには不確実性をはらんでいることを当然察知したものと推認すべき」と指摘している。

すなわち被告人とタクシー運転手Yとの間には、タクシー乗車の時点で、手持ちの金はないが運賃は行く先で金を借りて下車時に直ちに全額支払う、もし運賃相当額の全部または一部を借りることができなければその分は後日支払う旨の合意が黙示的に成立していた。したがって、Yは被告人を乗車させた時点で目的地到着直後の運賃支払いが不確実であることについて認識していた。

③ 今回、被告人とYは最後に警察署に向かったが、それは無賃乗車を申告するためではなく別件の器物損壊を申告するためであった。

判決は、上記のような事実関係を認定し、「被害者とされるYには錯誤がなかったから詐欺既遂罪は成立せず、被告人の行為の部分的な所を捉えれば欺罔行為といえるものがあったけれども、従前からの経緯を含めてそれを全体とし捉えれば、詐欺罪の構成要件とするに足りる欺罔行為を認めることはできないから、詐欺未遂罪も成立しない」と判示し無罪を言い渡した。

エ　コメント

弁護人は、尋問によって被告人とYとの間柄、今回の乗車のいきさつ、途中で知人から金を借りて支払った経過（その支払いの時点のメーターが2,200円で、うち2,000円を借りた金で払ったこと）など、本件での事実関係を丁寧に引き出した。それらの事実が被告人に有利な無罪方向の間接事実として評価されて無罪認定につながった。

(4)　事例20　寸借詐欺（借金返済名目）

ア　概要と捜査経過

本件は、某指定暴力団組員の被告人が、Bを保証人としてFから借りた60万円の返済が未了であったところ、1997年6月5日、Bに「Fが頼んだヤクザが保証人のお前から金を取ると言っている。俺が話をつけて60万円の半分の30万円にしてもらうから金をくれ」などと虚偽の事実を申し向けBをその旨誤信させて現金25万

円を交付させたという事案である。

なお、被告人は捜査段階から一貫して欺罔の事実を否認していた。

イ　無罪主張の骨子と争点

被告人は被害者Bを欺罔した事実はないし、そもそもBから25万円の交付を受けたこともない。

争点は、被告人が本件欺罔文言のようなことを言ってBから金銭の借入をした事実があるのかである。

ウ　無罪判決のポイント

判決は、①被告人が述べたという欺罔文言があれば、被害者Bは債権者に確認するなり、被告人に顛末を聞くなどするのが通常であるのに、そのような行動をとっていないこと、②介入してきたヤクザに「60万円の債務を25万円で話しをつける」という欺罔文言の内容自体が現実性に乏しく不自然なこと、などを認定して、Bの供述の信用性を退けた。結局判決は、被告人に25万円の借入申込みを装った本件欺罔行為の存在を認めるには合理的疑いが残るとして無罪とした。

エ　コメント

被告人と被害者Bは日常的な交友関係にあり、両者間の金銭授受の関係はかなりルーズであった。当然、弁護人は被害者Bに対し被告人との親密な交友関係を反対尋問で追及した。Bは著しく動揺し、最初は被告人との交遊状況を隠そうとしたが、弁護人の尋問の結果、結局親密な付き合いを認めざるをえず、被害者Bの供述の信用性を崩した。反対尋問の重要性が確認された事案である。

3　「履行の意思・能力の欠落」が認定されなかった事例群

(1)　事例4　不動産譲渡担保詐欺（高松）

ア　事案の概要と捜査経過

本件は、金融業者である被告人が、資金繰りの協力先である有限会社K興業の名義で融資を受けるにあたり、顧客である被害者Tに「K興業が金融機関から融資を受けるので、あなたの物件を担保として提供して欲しい」などと申し向け、Tをして間違いなく債務を弁済し同不動産を原状に復して返してくれるものと誤信させ、1986年4月1日、T所有の宅地等不動産5筆につき、債務者K興業・債権額5,000万

円の譲渡担保契約に基づき所有権移転登記の申請をさせてその旨の登記を了し、もって右同額相当の財産上不法の利益を得たという事案である。

被告人は20日間の勾留後に別件で再逮捕され、その勾留中にも本件の取調べがなされ、追い込まれた被告人は詐欺の意図は否定しつつも会社の経営状態について不利益な事実を供述した。

なお、検察官は当初1項詐欺（本件担保不動産の騙取）で起訴していたが、審理終盤に2項詐欺に訴因変更した。

イ 無罪主張の要旨と争点

被告人は、債務を弁済して本件譲渡担保を解消する意思を有していたし、また現に弁済の可能性があった。

争点は、被告人が、被害者から担保提供を受けた時点で、将来において本件債務の弁済が不可能になるとの認識を有していたと言えるのかである。

ウ 無罪判決のポイント

判決は、債務者の第三者への担保提供依頼を詐欺罪に問うのは「取引上の信義則に著しく反する形態のものに限定すべきである」としたうえで、担保提供を受ける時点で将来において弁済能力を欠くことを、客観的見地から高度の蓋然性をもって予見しうる状態であるのにこれを隠したという場合であることが立証されなければならないとした。

本件について、判決は、被告人の資産負債状況は決して良好ではなかったが、急速に悪化する傾向は認められず、被告人の損益計算については検察官の立証もなく、具体的金額を示す資料はないから、その側面から将来における被告人の弁済能力について高度の蓋然性をもって予見しえたとはいえないと判示した。

また、捜査段階での被告人の不利益承認の供述（「自転車操業の状態に陥っていた。借金をしてもこれを事業に投資して利益を生むという会社本来の経営が行われておらず、本件借入れの元金を返済する確実なあてはなかった」などの供述）について、判決は、被告人が現実に倒産してしまってTの不動産を取り戻すことができなかったことから、Tに迷惑を掛けたという意識をもっており、「当時、被告人が捜査官の追及に迎合しやすい精神状態であったことは十分考えられる」と認定し、また被告人の公判供述にかんがみると、被告人の自白調書が「捜査官による誘導・理詰めとこれに迎合した被告人の供述態度に基づいて作成されたという疑いを完全に払拭することはできないし、そもそも本件当時の被告人の経済状態が客観的に十分明らかにされないままで行わ

れた被告人の取調べに基づいて右供述調書が作成されたものであることからしても、その証明力は相対的に低いものと評価せざるを得ない」と判示した。

　以上の認定のうえで、判決は、「被告人がTに本件担保提供を依頼した時点において、将来の弁済期に債務を返済して担保を抹消する能力を欠くことを、客観的見地から高度の蓋然性をもって予見し得る状況にあったことについては、合理的な疑いを容れる余地がない程度にまで証明されているということはできない」「本件担保を提供させたことが取引上の信義則に著しく反するとまでいうことはできない」として、無罪を言い渡した。

　エ　コメント
　被告人の会社は本件不動産登記の5カ月後に倒産した。弁護人は被告人の会社の経済状況について資産負債状況と損益計算から詳細に検討し、経営破綻の主な原因は取引先の倒産であって、被告人自身の事業内容に内在する問題ではないことを立証した。約7年間に及ぶ長期裁判であったが、上記経営状態に関する立証や証拠開示請求（証拠開示の結果、訴因変更に繋がった）など、相当粘り強い弁護活動が行われた。

(2)　**事例5　呉服類・反物取込み詐欺**
　ア　事案の概要と捜査経過
　本件は、1985年11月から1986年6月までの間、前後25回、被告人が仕入名下に呉服類を騙取しようと企て、自己の経営するTグループのM社名義で京都市の甲に対し袋帯等の購入方を申し込み、袋帯等合計1,371点（時価約3,240万0,500円相当）の交付を受けてこれを騙取し、また1986年6月、姫路市の乙に対し同様に打掛等の購入方を申し込み、打掛40反（時価約311万9,200円）の交付を受けてこれを騙取したという事案である。
　捜査段階で被告人は自白し、またTグループ内の共犯者としてMらは検察官の主張を裏付ける供述をしていた。

　イ　無罪主張の骨子と争点
　被告人は、被告人が経営するTグループ全体の維持・発展の一つの手段として従業員MTを代表としたM会社を設立したもので、決して計画的に商品を取り込む意図のもとに同会社を設立したものではない。本件取引開始当時はもちろん、その後の各取引の時点においても、被告人が各取引に関して振り出した手形は手形決済の可能

性はあった。

争点は、M会社が取り込み詐欺を行う意図から設立されたトンネル会社か否か、また各取引時におけるTグループの手形決済の見込みの有無及びこれに対する被告人の認識がどうであったかである。

ウ　無罪判決のポイント
(a)　M会社設立の目的について
　M会社で仕入れた商品のすべてがTグループを経て問屋Nで廉売処分されたことを示す証拠はないこと、むしろM会社自身で販売したりTグループに送られたものでも問屋N以外の問屋に仕入れ値の3、4割増で売却し利益を上げていた分もあること、問屋Nには高値で売却できない物を廉売処分していたとも伺えること、被告人がM会社設立に500万円出資し1,000万円の運転資金を出していることなどから、M会社はTグループの業績回復をはかるために設立したとみる余地がある。したがって、被告人がM設立に際し取り込み詐欺を働く目的を持っていたと認めることができない。
(b)　手形決済の見込み等について
　最後の本件取引から1カ月後にTグループが倒産した。しかし判決は、本件の事実関係に踏まえて、「被告人においてもTグループが遠からず倒産するのではないかとの危惧を抱いていたと見る余地が多分にある。（中略）しかし、企業経営者としては、資金繰りが困難になっても、倒産回避に向けて種々の努力を続け、その一環として、従来からの継続的取引を続けようとするのが通常であり、これが全て許されないとすることは、いわば、倒産の危機を抱かせる企業は、ほとんど、企業存続のための努力を放棄せざるを得ないことになるのであり、このような危惧を抱いただけで、ただちに詐欺罪の故意があるとすることは、いわば、発生した結果によって犯罪の正否を決するに等しく、経済取引の実情にも合致せず、妥当とはいい難い」と認定した。

　判決は、上記に述べた観点から、被告人が倒産による債務不履行の事態を避けられる見込みが相当あると信じ、営業実績向上のためにどのように努力していたかを具体的に検討し、「倒産を回避する客観的見込みが全くなかったとは断定できず、かつ、被告人においても、倒産に対する危惧を抱きつつも、倒産による債務不履行の事態が避けられる見込みが相当あると信じ、かつ、誠実に債務履行のための努力をする意思があったと見る余地が多分にある」と認定した。

　以上から、判決は、本件公訴事実については犯罪の証明がないとして被告人に無罪を言い渡した。

エ　コメント

　弁護人は、取り込み詐欺とされた処分行為のみを取り出して立証しようとする検察側主張に対し、被告人が経営するTグループの事業全体の実態を明らかにして反証した。具体的には、被告人をはじめTグループ内の本件取引に関わった人物らが法廷で当時の経営実態や営業努力の具体的な状況を詳細に供述した。

　このような弁護人の手厚い立証活動が、上記の裁判所の本件取引に対する基本的な判断視点を正しく据えさせることに繋がったと思われる。

(3)　**事例18　寸借詐欺（会社資金名目）**

　ア　事案の概要と捜査経過

　本件は、有限会社A建設の経営者である被告人が、1996年8月9日、知人Xに対して「100万でもいいから貸してくれ。仕事は忙しいくらいある。借りた金は3カ月後には返す」旨述べて、3カ月後を振出日として元利金に相当するA建設名義の小切手を交付し100万円を借用した。同様に、9月13日に知人Yから100万円を借用し、3カ月後を振出日とする小切手を交付し、9月30日にZ商店から200万円を借用し1カ月後を振出日とする小切手を交付した。

　その後A建設は、10月21日、22日に不渡り手形を出して倒産し、同年11月8日、A建設および被告人は破産宣告を受けた。各借入金は返済していなかったことから、捜査機関は、借入当時、A建設の経営は特殊な金融業者に対するものも含めて多額の負債を抱えきわめて苦しく、返済能力はなく支払わない意図であったとして被告人を詐欺で起訴した。

　被告人は、逮捕以来、一貫して犯意を否認している。

　イ　無罪主張の骨子と争点

　被告人は、本件借入当時、経営していた会社がほどなく倒産するとは予見していなかったし、また企業経営の実情に照らし倒産が客観的に明らかであったとも言えない。

　争点は、被告人の会社はXから借用して2カ月半、Zから借用して約20日後に倒産したが、本件借用時点における被告人の借金返済の意思能力の有無をどう見るかである。

　ウ　無罪判決のポイント

　判決は、被告人が経営する会社の経済状況を詳細に検討すると、たしかに多額の

債務超過を抱えた厳しい状況ではあったものの、その資金計画からすると、被告人が抱いていた危惧は未だ一般的な意味での債務不履行の可能性の範囲に留まるものであり、未必的にせよ被告人が期限において各債権者への返済が不可能であると認識していたと認めることはできない旨判示した。

さらに判決は、①被告人は多数の個人債権者に対して、返済期には利息だけを支払って元金は延期してもらいたいと考えてはいたが、強く請求されれば元金も返済する意思であった旨供述し、現実に一部の個人債権者に対する支払いも行っていること、②本件各借入の前後を通じ、被告人は会社の営業を続けるとともに金融機関からの資金繰りに奔走しており、経営立て直しの努力もしていたと言えること、③こうした事情やその他借入時の被告人の発言等を考慮すると、被告人が本件各借入について返済期に返済しないとの意思であったとは認められないこと、④本件各借入当時、会社が多額の負債を抱えていることについて被告人に告知義務を課すべきかは疑問もあること、などの事実を認定し、「1ヵ月後または3ヵ月後に必ず返す」という被告人の発言も、貸借取引の実情に鑑みると、その発言をもって欺罔行為とするのは相当でない旨判示し、被告人に無罪を言い渡した。

　エ　コメント

弁護人は、本件事業資金を借入した前後の被告人の会社の経営状況を詳しく立証し、これにより本件借入返済が不可能になることが客観的に明らかであったとみることには合理的な疑問があることを明らかにした。

4　詐欺の故意が認定されなかった事例群

(1) 事例10　給与前借詐欺

　ア　事案の概要と捜査経過

本件は、1992年9月、被告人がA新聞の専売所において、同専売所経営者に対し、新聞配達員として稼働する意思も返済する意思もないのにその意思があるように装い、後日給与から返済するから35万円前借りさせてほしいと嘘を言って、同人から前借名下に現金35万円を騙取したという事案である。

捜査段階で被告人の自白調書が作成されている。

　イ　無罪主張の骨子と争点

被告人は、給与の前借りを申し出て金員の交付を受けた時点で、新聞配達員とし

て稼働する意思を有していた。

争点は、本件借入の時点で、本件専売所で稼働する意思をもっていたか否かである。

ウ　無罪判決のポイント
(a)　捜査段階の自白について
　判決は、法廷において被告人は、捜査官に対して、当初稼働の意思があった旨主張したものの、履歴書の職業欄に虚偽の記載をしていることを詰問され、威圧的な取調べを受け、前記専売所を紹介してくれた知人IとMが被告人の共犯の嫌疑をかけられて同人らに迷惑を及ぼすことをおそれて警察官に迎合したものであり、検察官に対しても、警察署に引続き勾留されていたことから、否認した場合警察官に難詰されることをおそれて、強いて犯意を否定しなかった旨供述しており、その供述には具体性、明確性がみられる一方、捜査官の法廷供述には不自然性が見られるとして、被告人の自白調書の被告人の犯意の記載は信用性に乏しいと認定した。
(b)　被告人の稼働の意思について
　判決は、一方で、被告人が働く意欲をなくした後も、給与を前借している被害者に対して何ら断りを入れていないなど、詐欺の嫌疑は濃厚であると指摘しながら、他方、前借後に内妻に新聞配達の仕事に就くことを告げて身支度を整え送りだされたこと、被害者宅に電話し、稼働予定日の日延べを依頼していたことなどから、途中から気が変わったものと考えるのが相当であって、業界における給与前借の慣習に悪乗りするなど人道上非難されるべきものではあるが、刑事責任上は金員受領時にも稼働の意思がなかったとの断定は困難であるとして、無罪を言い渡した。

エ　コメント
　弁護人は、被告人の逮捕当初否認していた事実から、前借りしたときには新聞配達員として稼働の意思があったことの間接事実、自白に転じた事情を丁寧に掘り出し立証した。それによって、「稼働の意思がなかったとの断定は困難」との無罪判決を導いた。

(2)　事例14　無銭宿泊詐欺
ア　事案の概要と捜査経過
　本件は、1992年6月2日、被告人が札幌市のX旅館において従業員Nに対し、宿泊料金等を支払う意思および能力がないのにこれがある通常の客を装い宿泊方を

申し込み、Nらをして、出立の際、確実に宿泊代金等の支払が受けられるものと誤信させ、同旅館に宿泊滞在し、宿泊飲食代金合計2万0,100円相当の宿泊等の利便及び飲食物の提供を受け、もって、財物を騙取し、かつ、財産上不法の利益を得た、という事案である。

イ　無罪主張の骨子と争点

被告人は、宿泊方を申し込んだ時点で、旅館に代金を払う意思はあったが、振り込まれるはずの給与が振り込まれなかったため、代金を支払えなくなった。

争点は、所持金なくして旅館に宿泊した被告人に、代金支払いの意思があったか否かである。

被告人は、旅館宿泊直前に勤務先との間で給与振り込みの約束がなされていたのかどうかについて、被告人の宿泊代金支払いの意思の裏づけとして争った。

ウ　無罪判決のポイント

判決は、①被告人に振り込まれるべき給与残高が勤務先にあったことを窺わせる間接事実がいくつか認められること、②本件投宿から出立までの被告人の行動として、残高わずか150円しかない預金通帳を敢えて見せたことは支払い能力の偽装ではなく身分証明の意図であったとみられること、③旅館を出る際、自身の顔写真など身元のわかるものが入ったバッグを預けて出ており、支払いの意思なく姿をくらまそうという意図があったとは考えにくいこと、④預金通帳を持って出ていることから、宿泊代金を引き出しに行こうとした可能性も否定できないし、実際同日に銀行に行ったことが推測できる間接事実も存在することなどの事実を認定し、「被告人に宿泊等代金支払いの意思及び能力がなかったとするにはなお合理的な疑問が残る」として、無罪を言い渡した。

エ　コメント

被告人は、逮捕直後は、無銭宿泊については身に覚えがないと否認していたが、その後自白し捜査段階で自白調書が作成されている。しかし、被告人は公判廷で、宿泊代金を支払っていない以上罪になると思ったため被疑事実全体を安易に認めただけであり、支払いの意思も可能性もあった旨主張した。詐欺特有の虚偽自白として、法律知識がない被告人の場合、債務不履行が発生していることがただちに詐欺罪になるとの捜査官の誘導に屈しやすく自白調書が作られやすいが、本件もその一例と思われる。

弁護人は、被告人の言い分をよく聞いたうえで、宿泊申込時に支払意思と能力があったことを、給与残金の振り込みの可能性、旅館を出る際に被告人の写真在中のバッグを預けるなど身元を隠そうとした事実がないこと、退出した際に銀行に行ったことなど、被告人に有利な事情を調べ立証した。それによって、「合理的な疑問が残る」として、無罪判決につながったのである。

(3) 事例15 自動車借用詐欺
ア 事案の概要と捜査経過
本件は、被告人が以前所有していた普通乗用自動車〈ベンツ〉の売却先（X商事）が同車の修理をM自動車工業（代表取締役M）に依頼したことを知り、1993年10月21日、Mに対し、「このベンツ、俺の車なんだけど、実は明日成田まで友達を迎えに行くので一時借り出したい。乗っていっていいですか。このことはN（X商事○○出張所〔通称O〕の従業員）にも言ってあるから」などと虚構の事実を申し向けてMを誤信させ同車を借り出して騙取したという事案である。

なお被告人は本件自動車を木曜日に借り出し、その際に「月曜日までには返す」旨をMに約束していた。

捜査段階で被告人は「自動車を盗んだ」と自白したので、検察官は当初被告人を窃盗で起訴したが、後に詐欺罪に訴因変更された。

イ 無罪主張の骨子と争点
被告人は、売買代金20万円の他に支払いが約束されていた残代金（修理代は約20万円だが、修理には被告人加入の自動車保険を使って修理代分を被告人に残代金として支払う約束になっていた）の受け取りが済んでいない以上、自分にも所有権の一部は残っており、一時的に利用する程度なら可能ではないかと考えて貸し出しを頼んだもので、嘘を言って騙し取ろうとしたものではないと無罪を主張した。

争点は、被告人に詐欺の故意があったか否かである。

ウ 無罪判決のポイント
判決は、客観的な事実関係として、①自動車売買の残代金の受け取りが済んでいないこと、②自動車売買契約書は作成されていないこと、③被告人がスペアキー1個を手元に保管していること、④被告人が「一時借り出したい」と頼んでいること、⑤返還が遅れている間に車両が損傷する事故が起き返還が不能になったこと等を認定した。

以上のような間接事実の存在をふまえたうえで、判決は、「被告人としては、残代金の受領が済んでいない以上、自分にも所有権の一部は残っており、これを一時的に使用することは出来るのではないか、と考え、これを一時的に使用するために、Mに対し、前記のような言葉で一時的に借り出しを頼んだものであり、同人に対して嘘を言って本件自動車を騙し取ろうという、いわゆる『欺罔の意思』の存在については疑問が残ると言わざるを得ない」と認定している。

　また、被告人の「Oから約束の代金20万円の支払いが遅れ、色々と迷惑を受けたので、腹が立ってOを困らせてやろうと思って、本件自動車を盗んだ」という自白は、「いかにも取って付けたような説明であるばかりでなく、被告人がM自動車工業に赴いた10月21日の時点では、既に20万円は支払われているのであり、右の供述は不自然で信用できない」と判示して被告人に無罪を言い渡した。

　エ　コメント
　本件自動車はだまされた被害者の任意の交付によって被告人に占有が移転されており、本件事案が犯罪になるとすれば詐欺罪しかなかったケースであるが、刑法学の問題として考えれば、そもそも可罰的違法性に乏しく、犯罪が成立しえないケースだったように思われる。

5　その他の事由で無罪となった事例群

(1)　事例1　ガソリン給油詐欺
　ア　事案の概要と捜査経過
　本件は、1990年1月18日、被告人が、三重県Y市内のF給油所において、従業員fに対し、代金を支払う意思も能力もないのにこれあるように装い、「ガス欠したのでガソリンを入れてくれ、現金で払う、20リットル頼む」などと申し向け、同人から普通貨物自動車にガソリン20リットル（時価約2,360円相当）の給油を受けてこれを騙取したという事案である。

　イ　無罪主張の骨子と争点
　被告人は、本件各犯行時統合失調症に罹患して心神喪失の状況にあり、本件各犯行においても多彩な幻覚妄想状態を呈し、責任無能力であった。
　本件では、自動車を窃取してガソリンスタンドで給油させ、代金を支払わずに立ち去るという、一見すると合目的的な行動をとった被告人が、犯行当時はたして心身喪

失状態で責任無能力であったと言えるか否かが争点となった。

　　ウ　無罪判決のポイント
　判決は、被告人の供述調書について、被告人の行動は個々の局面だけをとらえると一見合目的的できわめて正常な判断に基づいており内面異常をうかがわせる記述はないものの、記憶力等の知的側面で異常が見られないことは統合失調症の例として不思議ではないうえ、被告人の犯行時における異常な内的体験の供述（仕事が手につかず嫌気がさしてきて「ケイちゃん」らと待ち合わせることになっている被告人の家に帰りたくなり、家に帰れば「心の苦しみ」から逃れられると考え、金をもっていなかったので本件各犯行に及んだが、「心の繋がり」で「ケイちゃん」や「浩宮様」に道を教えてもらいながら自動車を走らせ、ガソリンを騙して給油させたのち、道に迷ってうろうろしているうちにパトカーに捕まった、この間の自分の行動は警察が「遠くから見ていて、何もかも知っている」と思っていたので、別に何とも思わなかった）には作為が見られず、心身喪失状態が認められるとして、責任無能力を認めて無罪を言い渡した。

　　エ　コメント
　弁護人は、被告人の言い分に真摯に対応して被告人の病歴、入院歴を把握して、被告人が統合失調症に罹患しており心神喪失の状態下での犯行と判断して精神鑑定を求め、鑑定が実施された。もし弁護人が被告人の弁解に対する配慮が及ばなかったならば精神鑑定を求めないままになったおそれがある事案である。

(2)　事例 12　海外先物取引委託保証金詐欺
　　ア　事案の概要と捜査経過
　本件は、被告人が、1991 年 9 月 2 日から海外先物取引の受託会社甲社の業務管理部長として勤務したが、代表取締役社長及び従業員らと共謀のうえ、海外先物取引の知識に乏しい顧客を勧誘し、同年 9 月 6 日から翌 1992 年 1 月 24 日までの間、前後 26 回、甲社の指導に従って商品取引を行えば、短期間で確実に高い利益が得られるなどと、虚構の事実を申し向けて被害者Aら7名を誤信させ、委託保証金名下に合計 815 万円を騙取したという事案である。全体の被害者数は 17 名、被害総額 2,188 万円で、うち被告人の関与は被害者数 7 名、被害額 815 万円とされた。

　　イ　無罪主張の骨子と争点
　被告人は、甲入社後 1 カ月余りの間は甲が詐欺会社であるとの認識はなく、詐欺

の犯意を有しておらず、したがって詐欺の共謀も存在していない。

　争点は、入社当初から業務管理部長の職に就いた被告人が、甲社が詐欺的商法を行う会社であるとの認識を持ったのはいつか、詐欺の共謀が成立したのはいつかである。

　　ウ　無罪判決のポイント
　(a)　被告人の職歴
　判決は、被告人が当該会社に入社する以前に勤務していた先物取引会社2社が詐欺事件で捜査の対象となっており、さらに上記2社のうちの1社で被告人は取締役として登記されていた事実があることを認めたうえで、上記2社の捜査は被告人の退職後の事実について行われたものであり被告人が上記2社を詐欺会社であることを知っていたとは認められないこと、取締役登記の存在も被告人が業務実態を認識していた証拠にはならないこと、本件詐欺が問われた甲社への入社時においても、被告人が甲社を詐欺会社であると認識していたとは認められないことなどの事実を認定した。
　(b)　入社直後の被告人の認識について
　判決は、警察官調書における被告人の供述から、被告人は以前勤務した会社についても甲社についても営業実態の主要な部分につき理解していなかったことが窺われ、委託保証金の騙取の意図はなかったという被告人の公判供述を裏付けている。同調書の中の、上記2社を含む先物取引会社のほとんどが詐欺会社であると思っていたとの自白部分は、「具体的な根拠を欠く概括的な評価に過ぎず」、甲社も「詐欺会社であることは分かっていたとの結論部分も信用性に欠けるというべきである」と認定している。
　また甲社入社直後、被告人が知りえた取引状況は、甲社設立後間もない時期のさほど長くない期間の取引に関するものであくまで係数上のものであり、営業員の勧誘の方法等の実際についてもこれを知りえたかについては、証拠上、まったく窺われない。被告人が詐欺会社としての甲社の営業実態を認識したというには不十分である。
　(c)　詐欺の犯意について
　以上から、判決は、詐欺の犯意を有しておらず、共謀もなかったとする被告人の公判廷における一貫した供述を排斥することはできず、被告人の甲社入社後35日間は、甲社が詐欺会社であるとの認識を有せず、したがって共謀も認めがたいとして、同期間中の犯行については無罪を言い渡した。

エ　コメント

　捜査段階での自白調書は、概括的でその信用性は乏しい。

　とくに先物取引の詐欺について、被告人に犯意、共謀が存在するというためには、被告人において、甲社社長らが、顧客から委託保証金として受領した金員を国際商品清算会社に送金しないで甲の経費として費消し、顧客が損失を被るように取引操作して委託保証金の返還義務を免れる意図をもって業務を遂行していることの認識が必要であるため、弁護人は、入社直後、ある程度の期間が経過するまで、被告人が甲社が詐欺会社であることを認識していなかったことについて、甲社内における仕事、各取引の関わりなどから詳細に立証した。

6　「請求には正当な理由がある」との主張が認められた誤起訴類型（請求型詐欺A型）

(1)　事例6　県酪連購買事業奨励金請求詐欺

　ア　事案の概要と捜査経過

　本件は、被告人が○○県酪農協同組合連合会（以下「県酪連」という）の会長理事としての地位を利用して、全国酪農協同組合連合会（以下「全酪連」という）が配合飼料の供給拡大を図るなどの目的で県酪連に支給する購買事業奨励金を騙取しようと企て、被告人の個人口座である「県酪連N」名義の普通預金口座を、これに振込入金すれば県酪連の経理に入金される正規の口座であるかのように装い、その旨全酪連幹部および同F支所長を誤信させて、1983年10月26日から1986年9月25日の間に同口座に総額金3億5,014万6,630円を振り込ませこれを騙取したという事案である。

　捜査は、1986年10月、県酪連に対する税務調査によって上記個人口座が発覚したことから始まった。すなわち、被告人は、真実は上記個人口座に振り込まれた金員は全酪連が政治献金などの政治活動に使われるべきものとして送金された金員であるが、政治活動資金である実態がわかると全酪連が奨励金として損金処理したことが誤った会計処理であるとして全酪連に課税されることになるので、全酪連O会長と相談のうえ、全酪連の立場を擁護するため、通常の奨励金として処理し、県酪連が申告漏れとして法人税1億円の追徴金を受けた（その追徴金は被告人が個人で支払った）。これを契機に1987年8月県酪連が被告人を告発し捜査が開始された。

　被告人は、捜査の最初から本件個人口座の金員が全酪連からの政治献金などの政治活動資金である旨を主張し、詐欺の事実を全面的に否定した。

イ　無罪主張の骨子と争点

被告人の上記個人口座に振り込まれた金員は、全酪連から県酪連が使う政治活動ないし酪農振興資金として託された金員であり、全酪連の会長・全酪連F支所の職員らもそのことを承知していたもので詐欺罪にはならない。

争点は、全酪連が上記被告人の個人口座への振り込み送金を政治資金との認識をもって行っていたのか否かである。

ウ　無罪判決のポイント

公訴事実を構成する奨励金の支出のみならず、起訴されたのは被告人口座に入った奨励金3年分の約3億5,000万円だが、奨励金の全体（10年分。正規口座に5億7,991万円、被告人口座に5億1,543万円）は約11億円に上る。

これらの奨励金の支出決定の経緯に関する関係者の各証言や正規の県酪連口座および被告人口座の振込み状況を検討したうえで、本件奨励金につき、通常の奨励金の振込口座とは異なる口座に敢えて変更して振込み、そのうえ、支払い明細書も本件奨励金だけ別の書面にして親展で被告人に届けるという方法の特異さについて、全酪連関係者は「特別変だという意識は」なかったと証言したが、本判決は「いかにも不自然」として、「県酪連に正式には入金されない特別の金を支給しているという認識があった」のではないかと指摘している。

最大のキーマンである全酪連O会長の法廷証言は、無理矢理関与を否定するため客観的証拠や被害者側関係者の証言と矛盾しきわめて疑問があると、判決は指摘する。

最初の飼料1トン当り850円の奨励金につき、全酪連本所内部において稟議書が作成され、O会長以下担当役職者の押印がある。O会長は、法廷で、850円の奨励金の決定経緯については記憶がないと証言し、稟議書が作成されていることについても、「通常、奨励金は購買部長と各支所が相談して決定し自分は関係しないので、稟議書に判を押すことはないはずで、どうして自分が押したのか良くわからない」と述べ、関与を否定する。

しかし、全酪連F支所長Nの証言は、自分の作成したというメモに基づいて「全酪連の本所の会長室で、O会長、K購買部長、被告人と自分で協議をした。被告人が奨励金要求の理由を説明し、O会長は、これに対し、F県内の事情も良くわかっているから、何とかする。後は購買部長と詰めろと言った」と述べ、O会長主導で決定したことを証言する。

一方、当時の全酪連本所のK購買部長は、「購買部とF支所で検討し、最終的に被告人とNが上京し自分と購買部のスタッフで詰めをやった。被告人がこの奨励金の要望の関係でO会長と話をしたということは一切聞いていない」とO会長の関与を否定する。また県酪連業務課長ONの証言は、「通常の奨励金の交渉を全酪連F支所と行い、期別奨励金、決済奨励金、年間対策費等の額及び支払方法を決めたが、それが終わった同年7月中旬ころ、被告人から、別口の奨励金を受ける話があり、『全酪連のO会長やF支所のN支所長と話をつけているから、適当な奨励金の項目を検討して欲しい。』と言われ、四種類の項目で要請文を作って同月30日にF支所に持参した」。

　このようにNやONなどの証言によっても、被告人が会長Oに対し強く要求したために、会長Oの決断によって支給が決定されたとの経緯がうかがわれるところ、金額も巨額であるのに、会長Oがまったく記憶がないというのは信用することができない。

　奨励金の支給決定時期が選挙や解散時期に付合していることから被告人の主張を一蹴できず、また被告人による本件奨励金の使用状況も検察官の解明が不十分で公訴事実の立証に資するものと言えないとし、欺罔されたとの事実を推測せしめるものではないとして犯罪の証明不十分につき無罪とした。

　　エ　コメント

　被告人の個人口座に振り込まれた奨励金は、公訴事実以外に1976年11月から1986年9月の10年間続いており、かつ正規の奨励金も県酪連口座に支払われている。

　弁護人は、全酪連から県酪連への奨励金の流れの全体像（期間10年、入金口座）を証拠を開示させて解明し、正規の奨励金に匹敵する金額が個人口座に振り込まれていることを明確にした。

　また弁護人は、被告人個人口座への奨励金振込の経緯につき全酪連、県酪連の関係者の証人尋問、被告人尋問によりその全体像を明らかにすることにより、全酪連が被告人の政治資金として使用されることを知ったうえで、10年間支給し続けたことを明らかにした。とくに全酪連関係者12名（とくに全酪連会長）の証言に相互に矛盾があるなど被害者供述の信用性を争ったことが無罪推定のポイントとなった。

第7　誤判・誤起訴事例に学ぶ若干の教訓

はじめに

周知のとおり日本の刑事裁判の無罪率は極端に低い。しかも一審で無罪となっても上級審でひっくり返されて逆転有罪になる事案も多い。したがって、本稿で紹介した25件の無罪確定事例（誤判事例10件と誤起訴事例15件）の中には、当然に冤罪と闘うための有意義な教訓が詰まっていると確信する。そこで、本稿のまとめとなる**第7**では主に次の2点について述べる。

　第1に、25件の誤起訴・誤判事例に関する無罪判決の認定理由の類型を検証し、それを明確化する。これは無罪を目指す刑事弁護にとって弁護活動の指針となるはずである。

　第2に、詐欺罪の被害者供述と自白の供述特質を検討する。これはさらに厳密な検証を積み重ねることで犯罪類型に着目した証拠評価の注意則を抽出するための基礎作業としての意義を有しているし、これもまた弁護活動の指針を提供するものになるはずである。

　最後に、その他の弁護活動に関連するいくつかの教訓について述べる。

1　無罪判決の認定理由の分類について

(1)　本稿で筆者は、すでに**第2**で「虚偽約束型詐欺」と「不正請求型詐欺」という分類も可能であることを述べたが、これは検察官が公訴事実で主張している「人を欺く」行為の内容に則した分類方法である。

(2)　ところで無罪判決の認定理由に着目して詐欺罪を分類する場合には、まず詐欺罪の犯罪構成要件について吟味することが必要となるが、同要件は、通常、(A)「人を欺く」行為を行ったこと、(B)相手が錯誤に陥ったこと、(C)相手が錯誤に基づいて財産的処分行為を行ったこと、(D)財物または財産上の不法の利益を取得したこと（これら4要素は因果的に繋がっている）からなり、かつ4要素の全部が故意の対象であると解されている。

　したがって、被告人・弁護人が無罪を主張する場合には当然、上記4要素の1つ以上の欠落か、あるいは故意がないことを主張することになる。

　上記の「詐欺の4要素の欠落」と「詐欺の故意の欠落」という無罪主張を、上記「虚偽約束型」「不正請求型」という詐欺罪の分類に即して具体的なパターンを考えると次のようになる。

　すなわち、「虚偽約束型」の場合の上記4要素欠落という無罪主張は、典型的に

は「約束」の内容として表明された「履行の意思・能力」が虚偽でないという無罪主張になるが、もう1つの無罪主張はもともと検察官が主張するような「約束」は存在していないという主張が考えられる。

一方、「不正請求型」の場合の上記4要素欠落という無罪主張は、典型的には「請求」を相手に対して行うことに理由があるという無罪主張になるが、もう1つの無罪主張はもともと「請求」なるものが存在しないという主張が考えられる。

また、「虚偽約束型」でも「不正請求型」でも、詐欺の故意の欠落という無罪主張は独立した無罪主張となる。

以上の「虚偽約束型」「不正請求型」に即した無罪主張のパターンを、無罪判決の認定理由のパターンに置き換えて整理すると次のとおりである。

まず、「虚偽約束型」で起訴された事件での無罪判決の認定内容は、次のような基本的なパターンに分かれている。

　① 人を欺いた約束が認定されず無罪となった場合（Aイ型）
　② 履行の意思・能力があると認定されて無罪となった場合（Aロ型）
　③ 詐欺の故意が認定されず無罪となった場合（Aハ型）

次に、不正請求型で起訴された事件での無罪判決の認定内容は、次のような基本的なパターンに分かれている。

　① 人を欺いた請求が認定されず無罪となった場合（Bイ型）
　② 請求に正当な理由があると認定されて無罪となった場合（Bロ型）
　③ 詐欺の故意が認定されず無罪となった場合（Bハ型）

また、「虚偽約束型」「不正請求型」ともに、上記①ないし③以外の、たとえば責任能力なし、共謀なし、人違いなどの事由で無罪と認定される場合があり、これを「その他の理由が認定されて無罪となった場合」（Aニ型、Bニ型）と称する。

したがって、弁護人は、実際の刑事事件で詐欺罪の冤罪と闘う場合には、まず、検察官の主張が「虚偽約束型」なのか「不正請求型」なのかを判別する検討作業を行う。

次いで、上記の無罪認定の内容に従って考えた場合、Aイ型・Bイ型からAニ型・Bニ型までの8つの型のどれを主に主張することになるのかを見定めて、無罪を求める主張と立証の双方に関する基本的弁護方針を練り上げることになる。

以上の「虚偽約束型」「不正請求型」の分類と無罪判決の認定内容に基づく分類をまとめて整理すると、次頁の表のとおりである。

(3) 上記**(1)**、**(2)**で述べたAイないしAニの分類やBイないしBニの分類について若干

無罪認定の類型	虚偽約束型（A型） 虚偽約束型の無罪事例	不正請求型（B型） 不正請求型の無罪事例
イ 人を欺いた約束が認定されず無罪となった場合	事例8 　新電電代理店登録費詐欺 事例9 　ゴルフ会員券借用詐欺 事例11 　担保手形受託詐欺 事例13 　タクシー無賃乗車 事例20 　借金返済名目の寸借詐欺	
ロ 履行の意思・能力があると認定されて無罪となった場合	事例2 　イラストマップ残代金詐欺 事例3 　不動産譲渡担保詐欺（大阪） 事例4 　不動産譲渡担保詐欺（高松） 事例5 　呉服類・反物取込み詐欺 事例15 　自動車借用詐欺 事例16 　ツインドーム下請・工事受注裏金詐欺 事例18 　会社資金調達名目の寸借詐欺 事例21 　サイト差取引融資詐欺	事例6 　県酪連購買事業奨励金請求詐欺 事例24 　請負代金請求（汚泥処理）詐欺
ハ 詐欺の故意が認定されず無罪となった場合	事例10 　新聞配達給料前借詐欺 事例14 　無銭宿泊詐欺	事例17 　工事代金水増・架空請求詐欺 事例22 　交通事故・共済金請求詐欺
ニ その他の理由が認定されて無罪となった場合	事例1 　ガソリン給油詐欺【刑事責任能力なし】 事例12 　海外商品先物取引委託保証金詐欺【共謀なし】 事例23 　商社金融取引詐欺【共謀なし】 事例25 　寸借（自動車修理名目）	事例7 　協同組合小切手金支払請求詐欺【人違い】 事例19 　鉱害被害補償二重請求詐欺【共謀なし】

2　詐欺

コメントする。一点は、検察官の主張内容に即した欺罔類型の分類（「虚偽約束型」「不正請求型」の分類）は明瞭だが、無罪判決の認定理由による区別は視点の置き方で分類基準の見方が違ってくる。たとえば、判決文中に「詐欺の故意がない」と述べている場合について言うと、一見するとAハ型のようであるが、実際にはAイ型の場合もあれば、Aロ型の場合もある。とくに「履行の意思・能力があると認定されて無罪となった場合」（Aロ型）と「詐欺の故意が認定されず無罪となった場合」（Aハ型）の分類は必ずしも一義的ではない。ただし、本稿では、「詐欺の故意が認定されず無罪となった場合」という分類に属する事例は限定的な範囲にとどめた（このため**事例4**、5、6はAロ型に含めた）。

　もう一点大事な注意事項として、あくまでも分類はそれ以上の意味はもたない、と言うことである。冤罪を晴らす弁護活動の源泉は、依頼者からの聞き取りを含む多様な情報群（証拠化された情報もあれば、そうでない情報もある）の中にある。その中でも無罪につながる最良の情報は被告人の体験の中にある。したがって上記の分類は、弁護方針を検証する際のヒントとなり、思考の物差し（見方）の1つとして用いれば有益だと確信するが、逆に絶対化して視点を固定化し視野を限定すれば分類の意義を失うのでこの点に留意されたい。

2　詐欺罪の被害者供述の特質について

(1)　被害者の供述は詐欺罪の犯罪捜査の普遍的な端緒である。しかも初期の被害者供述の段階からすでに犯人が特定されている場合が大半である。詐欺罪の冤罪事件では、当然、被害者供述をどう見るかがきわめて重要な課題となる。

　検討の手がかりとして、まず虚偽約束型詐欺で「履行の意思・能力があると認定されて無罪となった場合（Aロ型）」（**事例2**、**4**、**5**、**16**、**18**、**21**）について考える。上記Aロ型の詐欺のうち**事例4**、**5**、**18**は、いずれも取引後に被告人が経営する会社が倒産しているケースだが、検察官は倒産した事実を被告人が行った各取引（たとえば、**事例4**の譲渡担保契約、同**5**の売買契約、同**18**の金銭消費貸借契約）の時点で詐欺の故意があったことの重要な徴表であると主張する。このように検察官は「企業倒産の事実から取引時の詐欺の故意の存在を推認することは許される」と主張する。

　しかし、そもそも倒産事案の詐欺事件の場合、被害者は取引先が倒産するとは思っていなかったからこそ当該取引行為を行ったのである。被害者は、倒産という取引後の事実から取引時の詐欺の故意を推理し、詐欺の被害を訴え始めたのであるが、このような詐欺被害者が行う推論には、当然、誤謬の危険がある。

先に判例の立場を紹介しておく。この論点は従前から繰り返し裁判に現れているが、判例はこのような場合に詐欺の故意の存在を認定することにはきわめて慎重な姿勢を取っている。たとえば、**事例5**の判決が示した判断（「企業経営者としては、資金繰りが困難になっても、倒産回避に向けて種々の努力を続け、その一環として、従来からの継続的取引を続けようとするのが通常」であり、企業経営者が倒産の危惧を抱いただけで「ただちに詐欺の故意があるとすることは、いわば、発生した結果によって犯罪の正否を決するに等しく、経済取引の実情にも合致せず、妥当とはいい難い」）は、すでに東京地裁昭和47年6月17日（刑裁月報4巻6号1125頁）が判示した基準を踏襲したものにほかならない。

　この問題が繰り返し裁判に登場しているのは、詐欺被害者が、企業倒産という取引後の事実から遡って取引時の詐欺の故意の存在を推理している現実を示している。被害者は、倒産が取引から間もないという事実そのものが取引の詐欺性を強く推測させることになる。無罪事例の場合、**事例4**では譲渡担保の登記から5ヵ月後に被告人の会社は倒産し、**事例5**では取引から1ヵ月後に被告人が経営する企業グループが倒産し、また**事例18**では取引から数ヵ月後（長い期間で2ヵ月半、最短期間で約20日）には倒産している。これら無罪事例の被害者が被告人に詐欺の故意ありと主張したのは、上記のような倒産時期を重要な情報の1つとしながら、被害者が推測したのであるが、無罪判決が認定した通り実際にはその推測は誤っていたのである。このように詐欺罪の被害者の供述には重大な危険性が潜んでいるのであるが、次に上記検討が突き出した詐欺罪の被害者供述の普遍的特質と本来的な危険性について検討する。

(2)　詐欺罪の被害者供述には、詐欺罪の犯罪構成要件に枠付けされた重要な特質が見られ、しかもその特質が詐欺罪の冤罪を生み出す背景になっている。以下、この点について詳述する。周知のとおり詐欺の実行行為である「人を欺く」とは「人を錯誤に陥れる行為」「相手方をだまして真実と合致しない観念を生ぜしめる行為」を言う。ここから言えることは詐欺罪の特質は「人の内心に働きかける」犯罪だ、という点である。

　上記のような詐欺罪の特質は、被害者の体験にどのような影響を及ぼし、その体験を枠付けるか。比較のために暴行罪や窃盗罪の典型的な態様を例にとると、まず暴行の被害者は当該暴行を目で見て外形的に確認することができるし、また窃盗の被害者は仮に犯人の窃盗行為を目撃していない場合でも財物紛失という被害が犯罪（窃盗）によるものであることを財物の当時の客観的な保管状況を基にして高い確度で推測することができる。

これに対して詐欺の被害者にとっては、自分が被った経済的被害が果たして詐欺の実行行為によるものか、それとも民事の債務不履行の問題なのかを客観的、外形的な手がかりで確認することは不可能である。
　では詐欺被害者は、どういう根拠で「これは詐欺だ（債務不履行問題ではない）」と判断することができるのかというと、それは被害者が、当該の取引行為ないし請求行為が行われた後に、つまり事後的に収集した情報に基づいて判断することができるのである。つまり詐欺被害者は「事後情報を収集し、それに基づいて推論し」、問題の行為を詐欺の故意に基づく「人を欺く」行為だと結論づけるのである。前記(1)で述べた**事例4**、5、18の場合に被害者が、取引後の倒産から詐欺の故意の存在を推測したのも上記の「事後情報に基づく推論」の一例であり、その危険性を実証したケースと言ってもよい。
　これは詐欺の被害者供述が共通してもつ特質であり、「本来的な推論性」とも言うべきものである。
　では詐欺被害者は、現実には、どのような「事後的情報」を基にして、どのような「推論」を働かせて、最終判断として自分は騙されたという認識を持つに至るのであろうか。
　この詐欺被害者の推論作業を本稿の冒頭で提唱した詐欺罪の分類に対応させて検討すると、典型的には、「被害者が取引で交わした約束の内容を犯人が履行する能力・意思がないことが、一定の状況証拠から強く推認される場合」（虚偽約束型詐欺）と「被害者が受けた請求に理由がないことが、一定の状況証拠から強く推認される場合」（不正請求型詐欺）ということになる。表現はいずれの場合も「一定の状況証拠」と述べているが、それを整理して言えば、「犯人の不自然・不合理な言動」ということではないだろうか。
　詐欺事件の捜査においては、捜査機関は、詐欺の被害者を取り調べて「犯人の不自然・不合理な言動」に関する〈より大量の、より明確な〉情報を引き出そうとする。
　他方、冤罪事件では、もともと「犯人の不自然・不合理な言動」に関する情報が皆無あるいは極端に貧弱である。捜査機関があるがままの情報に満足すれば起訴に足りるだけの有罪証拠は集まらない。現実の捜査を見ると、有罪証拠がなかなか集まらない場合には、上記の「より大量の、より明確な」情報への追求心が一人歩きして、捜査に求められる適正さが食い殺されてしまう時がある。そういう場合には、「犯人の嘘の発言や犯人の不自然あるいは不合理な行動」が存在するが、実際のそれ以上の内容を誇張して述べる場合もある。詐欺罪の弁護人は、詐欺被害者の供述に刻印された本来的推論性に着目し、騙されたと供述する被害者が一体何を根拠、

手がかりにして意図的に騙された（つまり人に欺かれた）と推論しているのかをよく見極めなければならない。

以上のとおり、詐欺罪の被害者供述には、詐欺罪の犯罪構成要件に枠付けされた重要な特質が見られ、しかもその特質が詐欺罪の冤罪を生み出す背景になっている。

(3) 最後に、本稿で検討した無罪確定事例からAイ型とAロ型の被害者供述について、供述分析の視点を示す。
① 「人を欺いた約束が認定されず無罪となった場合（Aイ型）」（**事例8**、9、11、13、20）の場合について

この場合の被害者供述は、被害者が欺罔文言（約束内容）について意識的に虚偽の供述を行っている場合が多い（**事例9**、11、13、20）。また**事例8**のように被害者自身の実際の記憶は曖昧であるにもかかわらず詐欺の容疑を抱いた取調官に迎合して被害者供述が欺罔文言に仕立てあげられるケースもある。
② 「履行の意思・能力があると認定されて無罪となった場合（Aロ型）」（**事例2**、3、4、5、15、16、18、21）について

この場合の被害者供述については、検察官が公訴事実で主張している欺罔行為の内容が事実に反している場合も多い（**事例2**、16など）。その場合の弁護活動は、被告人が述べた真実の言動を確定したうえでその履行可能性を立証することになる。

3　詐欺罪の自白の特質について

詐欺罪の被疑者は、被害者を騙した事実（すなわち、「人を欺く」行為をしたこと）は否定しつつも、確かに被害者に経済的な損失を及ぼした事実は認めざるをえないので、取調官が被害事実を突きつけて「欺いた」事実があった（すなわち、詐欺の犯意を持っていた）という方向で多少とも執拗に取り調べると容易に自白してしまう。

本稿で検討した25件の無罪確定事例の中で、筆者が入手できた判決等の記録から自白の存在が認められるのは15件、全体の6割である（逆に自白がないのは**事例3**、6、9、11、16、18、19、20、21、25の10事例のみ）。冤罪事件の範囲で見るとき、詐欺罪の場合の自白割合は他の犯罪の場合よりもかなり高いようである。

そこで自白がある15件の事例について、主に判決文を手がかりに被疑者段階で虚偽自白をした経過について分析して見ると、各事例には自白に至る事情として次のような事実があったことが明らかになっている。

事例2では、警察官が被害者の供述内容を知らせて自白を求めるという押しつけ的な取調べがなされた結果自白してしまった。

　事例4では、被告人の経営する会社が倒産したため、不動産提供者に迷惑をかけたという負い目から自白した。

　事例7では、被告人は起訴を免れたいという強い思いから責任を認め概括的な自白をして高額の示談金を支払った。

　事例8では、捜査官が被告人の愛人逮捕をちらつかせた事実が認められる。

　事例10では、取調官の詰問調、威圧的な取調べと事件現場の新聞専売所を紹介した知人が共犯の嫌疑をかけられそうになったという事実が認められる。

　事例14では、宿泊代金を支払えなかったことから犯罪になると思い込み、安易に詐欺の容疑を認めてしまった。

　事例17では、被告人は架空請求の発覚直後は貸付金の回収のために被害会社の幹部社員の指示の下で行っていたことを説明していたが、逮捕後は警察官から被告人の弁解が事実であっても詐欺になると言われて警察の言い分どおりの自白に転じてしまった。

　事例22では、警察官から提出した休業損害証明書に実際には事故後に退職した会社に勤めているかのように記載があることから警察官に詐欺になると言われて警察の言うとおりに自白した。

　事例23では、特捜部検察官の自白すれば執行猶予になる旨の虚偽的取調べによって調べられた。

　事例24では、捜査官の強引な取調べに屈した結果被告人は自白した。

　以上に紹介した自白に至る経過は必ずしも詐欺罪の場合に特有なものではない。しかしたとえば**事例4**の判決は「現実に倒産したことで被告人が被害者に対して迷惑をかけたという思いから、捜査官の追及に迎合しやすい精神状態にあった」と認定し、詐欺罪の被疑者が陥りがちな特有の心理状況を取り上げて被告人の供述評価の一要素としている。これと同様の状況は、他の事例の場合にも存在していたと考えられ、全般的に詐欺の被疑者が虚偽自白に追い込まれやすい心理的な傾向下にあって、その事情が虚偽自白を容易に生み出す背景事情として作用したことは間違いないと思われる。

4　無罪事例から学ぶその他の教訓

(1)　犯人識別供述について

詐欺罪で無罪を主張する被告人が「人違い」を主張することは希である。なぜなら詐欺罪の被告人は、ほとんどの場合に実際に被害者との間で取引行為ないし請求行為を行っていることから、争点として「人違い」が問題となる可能性はまず考えられないからである。

ただし、もちろん上に述べたところは傾向として認められる特質を述べたものであり、過去の裁判例を見ると、詐欺罪でも下田缶ビール詐欺事件[9]のように被害者および第三者の犯人識別供述の信用性が問題となり再審で無罪になったような事例もある。

(2) 訴因事実の批判的検討

訴因で犯罪事実が特定されるが、詐欺の場合、欺罔行為とされる事実が複雑であるケースがあり、検察官がしばしば訴因の特定と法律構成に失敗することがある。

今回の25件中の5件で訴因変更が行われている。**事例3、19**は欺罔行為に関する訴因事実が変更されているし、**事例6**の最初の訴因は横領罪、**事例14**の最初の訴因は窃盗罪であった。この事実は、詐欺罪の場合、検察官がしばしば訴因の特定と法律構成に失敗していることを意味する。

弁護人は、被告人の言い分と検察官の主張する詐欺罪の訴因とを対比させ、欺罔行為に関する訴因事実と真実がどのように違っているかなど、批判的に充分検討する必要がある。

(3) 早期の証拠の収集保全

本稿で検討した25件の無罪事例の各弁護人の報告では捜査弁護の重要性が強調されている。これは自白対策以外の証拠保全の観点からも重要である。

詐欺罪以外の事件にも共通するが、①証拠書類の収集と写しの作成、②被疑者の陳述書の作成・確定日付、③関係者などの陳述書の作成・確定日付、④被害者の事情聴取と記録化などの証拠保全活動を行っておく必要がある。

これらの証拠保全はできるだけ強制捜査前にやっておく。詐欺罪の中には事実関係が複雑なケースが多いので、逮捕される前の時間が十分取れる時期に被疑者の言い分を時間をかけて聞き出しておくことが重要である。

(4) 状況証拠の収集と立証活動

詐欺罪の被告人と被害者の間には、欺罔行為の背景となった取引行為などに根ざした複雑な事実関係がある。無実を主張する被告人の言い分を裏付けるために、上記の事実関係の中から被告人に有利な状況証拠を丹念に収集する必要がある。欺

罔の類型と無罪立証のタイプは、状況証拠収集のヒントとしても役立つはずである。

このような状況証拠の丹念な収集が虚偽自白に対する有力な防御活動ともなる。

本稿で検討したすべての無罪事例の弁護人は、被告人に有利な状況証拠を徹底的に収集し、これを駆使した立証活動を行って無罪を勝ち取っている。

《参考文献》
1 萩原昌三郎「詐欺犯における欺罔行為」小林充・香城敏麿編『刑事事実認定（下）』（判例タイムズ社、1992年）293頁以下。
2 本江威憙監修、峯正文・高井新二・須藤純正著『民商事と交錯する経済犯罪Ⅱ』（立花書房、1995年）。
3 藤永幸治編集代表『シリーズ捜査実務全書3　知能犯罪』（東京法令出版、1996年）。
4 伊藤渉「形式詐欺と実質詐欺について」芝原邦爾・西田典之・井上正仁編『松尾浩也先生古稀祝賀論文集上巻』（有斐閣、1998年）479頁以下。
5 佐々木史郎編『判例経済刑法大系第3巻』（日本評論社、2000年）。
6 高橋省吾「刑法第246条（詐欺）」大塚仁・河上和雄・佐藤文哉・古田佑紀編『大コンメンタール刑法』第2版第13巻（青林書院、2000年）24頁以下。

《注》
1 海外の米、英、独、仏などの国々でもほぼ同時期にコンピュータ使用詐欺に刑罰規制を加える立法を行っている。
2 『シリーズ捜査実務全書③　知能犯罪』（1996年、東京法令出版）31頁参照。同書は各犯罪類型ごとに犯罪特質と捜査上の注意事項を紹介している。
3 最近の詐欺罪に関するテキストは取引態様を細かく分類したうえで欺罔行為を分析している（『大コンメンタール刑法』第13巻〔2000年、青林書院〕、『民商事と交錯する経済犯罪　Ⅱ』（詐欺・電子計算機使用詐欺編）〔1995年、立花書房〕など）。
4 1994年に東京地検で公判請求されたクレジットカードを不正使用した商品詐欺犯は全詐欺事犯の3割近くを占めて最も多く、次いで無銭飲食、寸借詐欺、代金詐欺、商品詐欺などが多い（前掲『シリーズ捜査実務全書③　知能犯罪』35頁参照）。
5 たとえば、現物まがい商法には「特定商品等の預託等取引契約に関する法律」（1986年）、投資顧問詐欺には「有価証券にかかる投資顧問業の規制等に関する法律」（同年）、商品先物取引には「商品取引法」の改正（1998年）、ねずみ講には「無限連鎖講の防止に関する法律」の改正（1988年）、マルチ商法には「訪問販売法」の改正（同年）などの特別立法がが制定された。
6 窃盗罪の通常第一審の終局総人数は1万2,646人で無罪は3件である。
7 前掲注3書参照。
8 形式詐欺の場合でも、①債務の履行の確実性にかかわる事情、②取引のリスクを左右する事情、③取引の経済的効果に係る事実、④当該取引が一定の情誼的・社会政策的意義を有する場合は、その目的の成否にかかわる事実（融資目的・入居資格等）を、偽れば詐欺罪が成立するとされてきた。
9 日弁連人権擁護委員会編『事例研究誤判Ⅳ』（日本弁護士連合会、1994年）233頁以下参照。下田缶ビール詐欺事件の再審請求審の決定は静岡地裁沼津支判1986年2月24日判時1184号165頁以下参照。

事例番号	裁判所（原審）宣告日 / 弁護人名 / 罪名 / 出典	事案の概要	自白の信用性	被害者供述の信用性	共犯者供述の信用性	その他
1	津地裁四日市支部平 2.8.20 / 渡辺伸二 / 詐欺、窃盗、道路交通法違反 / 公刊物未掲載	給油所から自動車のガソリン20リットル（約2,360円相当）の購入を装い騙取した事案について、被告人が犯行当時心神喪失状態であったことを認め、無罪を言い渡した事例	○			責任能力
2	札幌高裁（札幌地裁小樽支部）★平 3.8.27 / 北潟谷 仁 / 詐欺 / 公刊物未掲載	注文を受けたイラストマップが完成した旨申し向けて、残代金名下で5名から6万円を騙取したとされる事案について、一審は3名につき無罪とし、2名については有罪としたが、二審は、「完成を装った」とは認められないとし、イラストマップを作成中であり、近く届けようとしていたことを認定して、一審の有罪部分を破棄し逆転無罪とした事例	○	○		
3	大阪高裁★平 4.5.7 / 下村忠利 / 詐欺 / 大阪弁無罪2集107頁	不動産の譲渡担保に関して現実の金員の動きがなかったとして不動産の詐取にあたるとされたものであるが、実際には、不動産への譲渡担保登記設定に関して、現実に不動産所有者側に現金1,700万円を被告人が貸し付けていたとして共犯者との共謀を推認することは困難として無罪を言い渡した事例			○	
4	高松地裁平 5.2.1 / 大錦義昭ほか / 詐欺 / 大阪弁無罪2集78頁	債権額5,000万円の譲渡担保として第三者から不動産の所有権移転登記をさせて、同額相当の財産上不法の利益を得たとされる事案について、被告人の資産負債状況の推移等を詳しく検討したうえで、被告人が行為当時、将来の弁済期に債務を返済する能力があったとして無罪を言い渡した事例	○			訴因変更
5	神戸地裁姫路支部平 5.3.22 / 野々山宏 / 詐欺 / 公刊物未掲載	呉服類の制作、卸、小売販売を営んでいた被告人が、代金支払の手段として手形を交付し袋帯、打掛などの呉服類（約3,500万円相当）を購入名下に騙取し取り込んだとされる事案について、仕入れた商品すべてを廉売処分したわけではなく、行為当時被告人に倒産の事態を避けられると信じて営業実績向上あるいは追加融資の獲得など債務履行のため誠実に努力をする意思を有していたとして無罪を言い渡した事例	○	○		
6	熊本地裁平 5.6.7 / 建部 明ほか / 詐欺 / 公刊物未掲載	被告人が、全国酪農業協同組合連合会から購買事業奨励金名下に約3億5,000万円を騙取したとされる事案で、同連合会において本件奨励金が正規の会計に編入されないまま政治資金など特別の目的で使用することを認識していたとして無罪を言い渡した事例		○		
7	名古屋地裁（名古屋高裁差戻）★平 5.6.24 / 水野幹男 / 詐欺 / 判タ840号260頁	協同組合の経理事務員が取引銀行から組合振出名義の小切手支払名下に現金約6,000万円を騙取したとされる事案につき、一審は横領で有罪になったが、二審は破棄差戻しになり、差戻し後一審は、訴因が詐欺に変更されたが、銀行窓口に来た人物が被告人かはっきりしないなど犯人性に問題があるとして無罪を言い渡した事例	○			犯人性・訴因変更

2 詐欺

8	高知地裁平 5.6.25 小泉武嗣 詐欺 公刊物未掲載	被告人は、新電電3社と直接契約を結んだ総代理店と偽って、新電電との代理店・特約店契約のための登録費名下に180万円を騙取したとされる事案につき、被告人が欺罔文言を述べたか否かが争点となり、欺罔文言に関する自白や被害者らの供述は信用できないとして無罪を言い渡した事例	○	○	
9	福岡地裁平 5.7.7 黒川忠行 詐欺（一部無罪） 公刊物未掲載	被告人の会社の従業員に対し「ゴルフ会員券を貸して欲しい」と申し向けてゴルフ会員券（当時の時価1200万円相当）を寄託名下に騙取したとされる事案について、ゴルフ会員券の交付が貸付ではなく、売買であったことなどを認定し、無罪を言い渡した事例		○	
10	大津地裁平 5.8.9 河村憲司 詐欺 公刊物未掲載	新聞専売所から給与の前借名下に金35万円を騙取したとされる事案について、被告人は、新聞配達の仕事をすることを内妻に告げていることなどから、金員受領時に稼働の意思があったとして無罪を言い渡した事例	○		
11	大阪高裁（大阪地裁）★ 平 6.1.12 石松竹雄ほか 詐欺 日弁3集14頁	取引相手に対し「金庫に保管しておき見返り手形が決済されれば返還する」旨申し向けて担保手形名下に約束手形（1億6,300万円）を騙取したとされる事案につき、一審は有罪としたが、控訴審は被害者が手形を決済しているなど、被害者も被告人が担保手形を割り引くこともあることを知りながら振り出したのではないかと考えられると認定し、一審判決を破棄し無罪を言い渡した事例		○	第三者供述の信用性
12	福岡地裁平 6.2.21 太田晃 詐欺（一部無罪） 判タ885号279頁 日弁3集26頁	業務管理部長として海外商品先物取引の受託会社に途中入社した被告人が、同社従業員と共謀して委託保証金名下に9名から815万円を騙取したとされる事案について、入社後35日間は、同会社が詐欺的商法を行う会社であるとの認識がなく、また共謀も認めがたいとして、同期間中の4人に対する210万円の犯行について無罪を言い渡した事例	○		共謀
13	宇都宮地裁平 6.4.27 福田哲夫 詐欺（無罪）、器物損壊（有罪） 日弁3集56頁	被告人は目的地到着後直ちに運賃を支払う意思と能力がないにもかかわらず、タクシーを運転させ金1万5,000円相当の財産上の不法の利益を得たとされるタクシー無賃乗車の事案につき、被害者は運賃全額を直ちに支払ってもらえることは不確実と察知しながら運行を継続したのは、従前からの人間関係から後日払いの黙示的な合意があったと認定して無罪を言い渡した事例	○	○	
14	札幌地裁平 6.11.24 山本隆行 詐欺 日弁3集175頁	宿泊飲食代金約2万円相当の利便と飲食物の提供を受け、財物を騙取し、財産上の不法の利益を得たとする無銭宿泊の事案について、被告人は退職した会社からの未払い賃金の振込送金が予定されており、支払意思および能力があったとして無罪を言い渡した事例	○		
15	千葉地裁松戸支部平 7.1.17 小林克典ほか 詐欺 日弁4集17頁	被告人が中古車販売業者に売却し、修理工場に保管中であった車両（40万円相当）を一時借用名下で騙取したとされる事案について、代金の半分が未払いであるので一時的に使用するつもりで借用したとする被告人の弁明を認め、被告人には車両を返還する意思があったことを認定し、無罪を言い渡した事例	○		訴因変更
	福岡高裁（福岡地裁）★ 平 7.6.27	「福岡ドーム」建設工事をめぐり、工事の実務責任者であった被告人が、地元の建設会社に対し、下請工事を受注させることを約束して、地元対			

16	川副正敏ほか 詐欺 判時1556号42頁	策の裏金工作資金名下に、合計約2億6,000万円の金員を騙取したとされる事案につき、一審は有罪としたが、二審判決は、被告人には約束を実行する意思があったと認定して、一審を破棄し、逆転無罪を言い渡した事例	○		
17	大阪高裁（大阪地裁）★ 平7.7.7 相馬達雄ほか 詐欺 大阪弁無罪3集157頁	孫請け会社代表者の被告人が、下請け会社従業員と共謀して、水増しあるいは架空の工事代金請求書を下請け会社に提出し、下請け会社から、工事代金名下に現金9,000万円および約束手形6通（約3,800万円）を騙取したとされる事案について、一審は有罪としたが、二審において、被告人は立替金の返済を受けるための方法として請求していたもので、請求の違法性の認識がないとして逆転無罪となった事例	○	○	共犯の事実
18	長野地裁飯田支部 平10.10.26 川島一慶 詐欺 日弁5集214頁	会社の資金を調達するため、寸借名下に3名の知人から合計400万円を騙取したとされる事案について、工事収入、借入などの収入支出を検討し、借入時に被告人が返済できると認識していたとして、無罪を言い渡した事例			
19	福岡高裁（福岡地裁）★ 平11.12.14 登野城安俊ほか 詐欺（一部無罪） 日弁6集87頁	鉱害被害者6名と共謀のうえ、石炭鉱害事業団から鉱害復旧名下に現金合計2,100万円を騙取したとされる事案について、一審は共謀を認められないとして1名分を無罪、5名分を有罪と言い渡したが、二審は、被告人と共謀したとされる鉱害被害者4名については詐欺の故意が認められないので、同人らとの共謀の事実が認定できないとして、4名分につき逆転無罪を言い渡した事例	○	○	共謀・訴因変更
20	新潟地裁平12.1.7 馬場泰 詐欺、恐喝 日弁6集237頁	暴力団組員である被告人は、被害者を保証人にして自ら借金した60万円の取り立てについて、被害者に対し、「俺が話をつけて半分の30万円にしてもらうから」と申し向け借入金名下に金25万円を騙取したとされる事案につき、借用を装った事実は認められないとして無罪を言い渡した事例	○		
21	東京高裁（東京地裁） 平12.2.16 小林英明ほか 詐欺（無罪）、所得税法違反（有罪）、関西国際空港株式会社法違反（有罪） 判タ1059号243頁、日弁6集125頁（原審・判時1661号3頁、判タ1021号269頁）	石油業界におけるいわゆるサイト差取引と称する売買形態を利用して、大手石油会社から融資名下に約24億円を騙取したとされる事案について、一審は、本件当時被告人に返済能力があったと認定して無罪を言い渡し、二審は、控訴を棄却し確定した事例		○	
22	最高裁（福岡高裁宮崎支部）★平13.1.25 真早流踏雄ほか 詐欺 判時1735号145頁、判タ1053号102頁、判評523号30頁（判時1788号192頁）、刑事弁護27号76頁	農協から、交通事故による休業損害補償金名下に自動車共済契約による共済金77万円余を騙取したとされる事案について、一、二審とも有罪としたが、最高裁は、被告人が事故後に特約販売店を辞めて転職した事実を保険担当者に告げた事実を認定して、被告人に詐欺の故意が認められないとして原判決を破棄自判して、無罪を言い渡した事例	○	○	
	東京高裁（東京地裁）平14.1.11	百貨店の医療機器部部長であった被告人は、百貨店従業員と輸入販売業者従業員の共犯者5人と共謀のうえ、輸入販売業者から医療機器を買い受け			

2 詐欺　129

23	萩谷雅和ほか	て、これを病院等に売り渡すという、いわゆる商社金融取引名下に、リース会社等から合計約311億円を騙取したとされる事案について、一審は、被告人には共謀の事実が認められないとして無罪を言い渡し、二審も、控訴を棄却し確定した事例	○	○	共謀
	詐欺				
	最高裁ホームページ（高裁判決）				
24	大阪高裁（最高裁差戻）★ 平14.10.8	ゼネコンの現場責任者などの被告人が大阪府から、工事現場から排出した汚泥の量を証明する書面に事実と異なる記載をし、請負代金名下で約7300万円を騙取したとされる事案について、一審、二審とも有罪としたが、最高裁は、請負契約が定額・一括請負契約であることから、汚泥処理費用の実際の額が見積額を下回った場合でも発注者に減額請求権が発生するわけではないとして、破棄差戻。差戻後の控訴審は、理由不備により一審判決を破棄して自判し、無罪を言い渡した事例	○	○	訴因変更
	石松竹雄ほか				
	詐欺				
	刑弁33号164頁、91頁（原審・判時1759号、刑集15巻5号、裁判所時報1296号）				
25	広島高裁（山口地裁）★ 平20.2.19	自動車の修理依頼を口実に接触をはかり、寸借名下に現金5万円を詐取したという詐欺事件について、犯行の約3年後に逮捕された被告人の犯人性が争われ、原判決が被告人を有罪としたのに対し、被害者らの犯人識別供述の信用性を検討し、被告人を犯人と認定するのには、なお合理的な疑いを差し挟む余地があるとして無罪を宣告した事例		○	
	石口俊一				
	詐欺				
	刑弁56号89頁、182頁、最高裁ホームページ				

★は逆転無罪の事例である

3 恐喝

大川 治

第1 総論

1 はじめに

　本稿では、恐喝罪に関する比較的近時の無罪事例[1]を取り上げ、無罪に至った過程および弁護活動を検討・分析する[2]。そして、恐喝事案の弁護活動のあり方を考える素材を提供したい。本稿末尾に事例の一覧を掲載した。

2 恐喝罪の特徴

　恐喝罪（刑法249条）は、人を恐喝して財物または財産上の利益を交付させる罪である。
　保護法益は、被害者の財産であるとともに、その意思決定ないし行動の自由とされ、保護の対象は所有権その他の本権ではなく、占有とするのが判例（所持説）である（前田雅英『条解刑法（第2版）』〔弘文堂、2007年〕749頁）。
　瑕疵ある意思に基づいて財物・利益を移転させるという点で詐欺罪と構造が似ているといわれる。しかし、罪質としては粗暴犯に分類され、行為主体としても、いわゆる暴力団構成員（右翼を含む）が大きな割合を占めている。また、少年刑法犯の検挙人員中、窃盗、横領、傷害に次いで、約5％弱程度を占めている。

恐喝罪の粗暴犯としての罪質、行為主体の属性が、捜査段階においては、警察・検察官の事件処理に、公判段階においては裁判官の事実認定（とりわけ、供述の信用性判断や間接事実の評価等）に、それぞれ少なからぬ影響を及ぼしているものと見られる。

3　恐喝の成否と弁護活動の方針

(1)　恐喝無罪事例を検討・分析するための視点

　実際の裁判例を素材として恐喝の成否を論じる文献として、油田弘佑「恐喝の成否」（小林充・香城敏麿編『刑事事実認定（下）』〔判例タイムズ社、1993年〕247頁）がある。同文献は、①証拠の信用性判断を経て事実認定を行い、恐喝の成否を判断した裁判例を「総論に関する」ものと整理して、その証拠の信用性ないし証拠価値の判断手法を検討し、②畏怖と困惑の区別、強盗と恐喝の区別、権利行使と恐喝罪の成否という3つの論点に関する裁判例をそれぞれ「各論に関する」ものとして整理・検討している。

　上記文献は、主として事実認定者の参考の用に供することを意図したものであり、無罪事例を中心に取り上げたものではないし、弁護活動に焦点を当てたものでもない。したがって、直ちに弁護方針・活動の決定に参考になるというわけではない。

　しかし、恐喝罪の無罪事例において、(a)自白や目撃供述などの信用性判断等のいわば総論的な論点（恐喝に特有の問題ではなく、これまでに誤判原因として指摘されてきた点）が問題になっているケースと、(b)典型的には権利行使と恐喝の成否のように、恐喝罪に特有の各論的な論点が問題になっているケースが存在するのはまぎれもない事実である。

　そこで、恐喝事案の弁護方針を定めるうえでは、
　ア　上記(a)の総論的な論点が恐喝事例においてどのような形で現れ、事実認定者である裁判所によりどのような判断がなされているのか
　イ　上記(b)の各論的な論点がどのように扱われ、判断されているのか
をそれぞれ知っておく必要性が高いと考えられる。

　したがって、恐喝類型の無罪事例を、総論的な論点が問題になっているものと、各論的な論点が問題となっているものとに分類して検討するという枠組み自体は積極的に採用できるものと考える。

(2) 恐喝無罪事例と「総論的な論点」

　一般に、恐喝罪に関する体系書などの記述においては、上記の総論的な論点よりも、恐喝に特有の各論的な論点（①権利行使と恐喝罪の成否、②強盗と恐喝の区別、③畏怖と困惑の区別）に焦点を当てた議論がなされることが多い。

　前述したとおり、弁護方針を決定するうえで、これらの各論的な論点についての十分な知識が必要であるのは間違いない。しかし、実際の事件を担当しての実務的な感覚としては、無罪を争う場合、そもそも恐喝と目すべき脅迫や暴行が実在したのかどうかをめぐって事実の有無を争い、被疑者・被告人の主張に沿う間接事実を浮かび上がらせるよう努力することが多い。

　そこでは、むしろ、被害者・関係者の供述の信用性あるいは被告人の供述の信用性等の総論的な論点が正面から問題になっている。

　この点、「構成要件の解釈という理論面での作業を行うことよりも、恐喝の不存在を推認せしめる間接事実をいかに多く法廷に顕出できるか否かで、弁護活動の巧拙が決せられる」、「被告人に有利な間接事実を事件のなかから見いだすことに全力を傾けるべきである」とする見解があり（森下弘「詐欺・恐喝事件の弁護はどのように行うか」竹澤哲夫ほか編『刑事弁護の技術（下）』〔第一法規、1994年〕253頁。以下「森下論文」という）、まったく正論である。

　加えて、通常、恐喝行為自体は客観的な証拠を残さない言葉や動作によってなされることが多い。そのため、恐喝罪の成否が問題となるケースでは、供述証拠の信用性判断が事実認定において重要な位置を占めることになる。

　そして、恐喝事案の場合、行為主体が暴力団関係者や少年であることが少なからずある。この行為主体の属性が、供述の信用性判断に微妙に影響を与えていると思われる。

　したがって、恐喝の成否を弁護側から検討するに当たっては、日弁連人権擁護委員会内に設置された第一次誤判原因調査研究委員会が指摘した下記のさまざまな誤判原因（もちろん、下記に挙げたものにかぎられない）を念頭に置いて、適切な弁護方針・活動をとらなければならない。

① 自白の証拠能力・信用性判断
② 証言の信憑性判断
③ 証拠物・鑑定に関する判断
④ 客観的捜査の不備と見込捜査の問題

　本稿においても、これらの総論的な論点が問題となった無罪事例を紹介・検討し、具体的にどのような観点から被害者等の供述の信用性を争い、どこにポイントを置い

た弁護活動をするべきかを考えたい。

(3) 恐喝無罪事例と「各論的な論点」

　恐喝罪に焦点を絞って弁護方針・活動のストラテジーを述べる文献はほとんど見当たらないが、前出の森下論文は、

　ア　脅迫行為に関して検討するべき点として、

　　①畏怖と困惑の混同、②権利行使と恐喝罪の成否、③おとり捜査等（被恐喝者が事前に警察・弁護士と相談している場合は畏怖の存在や因果関係が否定される可能性がある）、④違法性阻却事由

等を掲げ、また、

　イ　脅迫行為と財物交付等との因果関係の吟味

　ウ　共犯関係の吟味

が必要であるとする。

　森下論文が指摘する点は、いずれも恐喝罪に特有の各論的な論点に関するものということができる。

　本稿においても、これらの各論的な論点が現実の事案でどのように扱われたか、を検討したい。

第2　裁判例の紹介と検討

1　無罪事例の概観

　以下、具体的に無罪事例を紹介・検討する。

　まず、全体的な特徴等について概観し、次いで、誤判事例から2例を選び、具体的な証言内容等まで踏み込んで比較的詳細に紹介・検討し、引き続き、その他の事例につきその概要を紹介する。

(1) 争点別の分類

　本稿末尾の一覧表（以下「別表」という）は、おおむね平成以降に日弁連に報告が寄せられた無罪事例、公刊物等に掲載された無罪事例を整理したものである。

　これらの事例は、争点類型として、①被害者供述の信用性が問題となった類型、②共犯者供述の信用性が問題となった類型（共謀の成否）、③自白の信用性が問題となった類型、④犯人性が問題となった類型、⑤権利行使と恐喝の成否が問題とな

った類型、⑥その他の類型、に分類することができる。

上記①ないし④の類型はいずれも総論的な争点に関するもの、⑤は各論的な争点が問題になったものである。総論的な争点について、恐喝類型に特徴的な点がみられるかどうか、各論的な争点については恐喝類型に特有の問題点が無罪事例においてどのように争われるのか、その実際を検討したい。

(2) 被告人および被害者の属性による分類

恐喝罪は粗暴犯とされ、いわゆる暴力団構成員や少年が行為主体となることが多いとされている。

そこで、別表の各事例につき、被告人および被害者の属性を検討したところ、下記のとおりとなった。被告人が男性である事案が大半であり、また、暴力団員あるいは右翼団体構成員またはその関係者が被告人である事例が24件中、11件に及ぶ。

事例番号	罪名	被告人の属性	被害者の属性
1	恐喝	暴力団組長（男性）	露天商（男性）
2	恐喝未遂	暴力団構成員（共犯者＝主犯は幹部。男性）	会社社長（男性）
3	恐喝、逮捕	教職員（労組組合員。男性）	使用者側幹部（男性）
4	業務上横領、恐喝	漁業協同組合組合長ら（男性）	建設会社営業所長（男性）
5	恐喝	暴力団組長（男性）	一般人（男性）
6	恐喝	一般人（ゲイバーに勤務する男性）	一般人（被告人の同性愛行為の相手方。男性）
7	恐喝（一部無罪）	一般人（女性。ただし、元暴力団員と共謀したとされる）	一般人（男性）
8	恐喝	車両販売店従業員（男性）	一般人（女性）
9	恐喝、詐欺	暴力団組長（男性）	会社経営者（男性）
10	恐喝	右翼団体構成員（男性）	建設会社従業員（男性）
11	恐喝	大学生（男性）	大学生（男性）
12	詐欺、横領、恐喝	運送会社従業員（男性）	運送会社従業員（男性）
13	恐喝	右翼団体顧問（男性）	会社経営者（男性）
14	恐喝等	フロント企業従業員（男性）	会社経営者（男性）
15	恐喝	暴力団員（男性）	暴力団員（男性。被告人より下位）
16	恐喝、詐欺	暴力団員（男性）	一般人（男性。被告人の知人）
17	強姦、恐喝	一般人（男性）	一般人（女性）
18	恐喝未遂	一般人（男性）	一般人（男性）
19	恐喝未遂	暴力団会長（男性）	スナック経営者（女性）
20	恐喝未遂	暴力団員（男性）	一般人（男性）
21	恐喝	一般人（男性。タクシー運転手）	一般人（男性）

22	恐喝	同和団体役員（男性）	一般人（男性。会社担当者）
23	恐喝	一般人（男性）	一般人（男性。会社役員）
24	恐喝等	一般人（男性。会社経営者）	医療法人理事長（男性）

(3) 証拠の性質・内容による分類

　恐喝罪においては、その性質上、供述証拠の信用性判断が中心になることが多い（テープレコーダなどにより、脅迫文言が録取されていたり、あるいは、暴行の痕跡が明確なケースにおいては、そもそも恐喝の成否を争うことが難しい場合が多いであろう）。

　そこで、別表の各事例において、中心となった証拠の内容を整理すると、次のとおりとなった。やはり、ほとんどの事例において、被害者供述と被告人の自白を含む不利益供述が検察側立証の中心となっている。

　他方で、弁護側で、これらの供述の信用性を弾劾するために、テープレコーダの内容を分析するなど、客観的な事実関係を示す証拠の提出に努めている事例（事例2、3、4など）が見られるのが特徴である。

事例番号	罪名	検察側証拠の種類・性質	備考
1	恐喝	主として供述証拠 ①被害者供述 ②共犯者供述 ③被告人の捜査段階での自白	・被害申告に至った経緯や被害内容について、被害者供述の信用性を否定 ・共犯者は有罪確定したが、証人として脅迫を否認 ・被告人の捜査段階の自白の信用性を否定 ・弁護側で被害者供述の信用性を否定する書証を提出
2	恐喝未遂	主として供述証拠 ①被害者供述 ②共犯者供述 ③被告人の捜査段階での自白	・喝取行為が行われたとされる部屋の客観的な家具配置状況を弁護側で立証し、これに照らし、被害者供述、被告人の自白は信用できないと主張
3	恐喝、逮捕	①被害者供述 ②被害者側の目撃証言	・「羽交い締めにしてテープレコーダを抜き取った」とする被害者および被害者側目撃証人の供述について、当該テープレコーダの録音内容を分析した結果、その信用性を否定
4	業務上横領、恐喝	被害者側供述	・弁護側で総会議事録その他の資料を精査のうえ、無罪主張を展開
5	恐喝	共犯者供述	・共犯者供述の信用性を否定
6	恐喝	被害者供述	・被害者供述の信用性を否定
7	恐喝（一部無罪）	①被害者供述 ②共犯者供述 ③被告人の捜査段階の自白	・自白の信用性を否定
8	恐喝	主として供述証拠 ①被害者供述 ②共犯者供述 ③被告人の自白（捜査・確定審）	・被害者供述につき、捜査段階の供述調書と公判供述が大きく相違
9	恐喝、詐欺	被害者供述	・権利行使を認めて無罪

10	恐喝	①被害者による犯人識別証言 ②被告人の捜査段階での自白	・弁護側で事件当時の外貌等を主張立証し、犯人識別証言の信用性を否定。
11	恐喝	①被害者供述 ②目撃証言	・弁護側において開示を受けた証拠等により、被害者供述の信用性を弾劾
12	詐欺、横領、恐喝	①被害者供述 ②被告人の捜査段階での自白	・被害者の証言および被告人の供述から、脅迫文言がないと判断
13	恐喝	被害者供述	・被害者供述には変遷があるとしてその信用性を否定
14	恐喝等	被害者供述等	・権利行使を認めて無罪
15	恐喝	被害者供述	・被害者供述の信用性を否定
16	恐喝、詐欺	被害者供述	・被害者供述の信用性を否定
17	強姦、恐喝	被害者供述	・被害者供述の信用性を否定
18	恐喝未遂	被害者供述	・被害者供述の信用性を否定。権利行使の相当性を肯定
19	恐喝未遂	被害者供述	・被害者供述の信用性を否定
20	恐喝未遂	被害者供述	・被害者供述の信用性否定
21	恐喝	被害者供述、自白	・被害者供述、自白の信用性否定。客観的事実を重視してアリバイを肯定
22	恐喝	被害者供述等	・権利行使を認めて無罪
23	恐喝	被害者供述	・被害者供述の信用性否定
24	恐喝等	被害者供述	・被害者供述の信用性否定

2 有罪判決が確定したが、再審により無罪となった事例

(1) 概説

事例 8 は、いったん、一審にて公訴事実を争わず有罪判決が確定したあと、共犯者 2 名の控訴審無罪判決確定を受けて、再審申立てを行い、無罪となった珍しい事案である。

一審において、被告人が公訴事実を争っていないので、典型的な誤判事例とは言い難いが、取り上げる価値のある裁判例である[3]。

被害者供述、共犯者供述の信用性および自白（もともと公訴事実を争っていないので自白が存在する）の信用性が問題となった事例である。

(2) 公訴事実の要旨

車両販売店の従業員であった被告人が、暴力団 O 組と親交を有する同店の経営者 B および同僚 C と共謀して、19 歳の女性 X に対し、普通乗用自動車（トヨタクラウンロイヤルサルーン）を代金 170 万円（ローン利用）で強引に売り渡しながら、その後、他の顧客から上記車両の購入申込みがあったため、X から上記車両を取り戻して転売益を得ようと企て、上記販売店事務所前で X に対し、「その車を 90 万円で売れ」

と執拗に迫り、被告人らにおいて、こもごも「売らんか、ぐずぐず言わんで早よう決めろ、社長を怒らせると後が怖いぞ」、「ここの工場長はO組の幹部と兄弟分だぞ、ぐずぐず言うとただではすまんぞ」などと脅迫し、また、車両に乗っているXを無理矢理運転席から引き摺り降ろす暴行を加えて、上記車両を喝取した、というものである。

(3) 無罪に至った経過

　一審において、被告人ら3名は、執行猶予付判決が得られるとの見通しを立てたためか、公訴事実を争わず、したがって、被害者に対する証人尋問もなされることなく、被害者であるXおよび現場に居合わせた目撃者Pの各供述調書、被告人らの各供述調書（自白調書）を証拠として有罪判決が言い渡された（以下「確定審」という）。

　被告人Aについては、執行猶予付判決となったため、控訴せず、確定したが、残るBおよびCはそれぞれ控訴し、公訴事実を争った（以下BおよびCの控訴審を単に「控訴審」という）。

　この過程において、被害者Xおよび目撃者Pの証人尋問、被告人らの尋問が行われるとともに、Xが車両を強引に売り付けられたり、車両を恐喝されたあとの行動としては明らかに不自然な行動をとっていることを示す客観的な証拠が取り調べられるなどし、BおよびCについて、逆転無罪判決が言い渡され、確定することとなった。

　そこで、被告人Aは、再審の申立てをするに至り、いったん、公訴事実を争うことなく有罪判決を受けているにもかかわらず、再審において逆転無罪を勝ち取るに至った。

(4) 裁判所の重要な判断部分の紹介と検討

　ア　被害者供述の信用性

　本件における被害者Xの供述は、捜査段階における供述調書と、被告人の共犯者とされたBおよびCの控訴審において証人として供述した内容との間で、下記のとおり大きな相違があった。

	被害者Xの捜査段階の供述	控訴審での公判廷供述
被害車両を購入した経緯	被害者Xは、勤務先（スナック）の客であり、自動車販売店M勤務のCに対し、車両購入意思を伝えていたが、たまたま、Mに車を見に行った日の夜、Bから本件車両を買わないかと電話があり、再三断ったがBやCから「もうローン会社にも申し込みをした」などと購入を迫られ、昭和61年7月初旬ころ、その意思もないのに車両代金135万円、諸経費35万円の合計170万円を、父親であるT名義のRファイナンスとの立替払分割返済契	

	約（以下ローンという）を利用して無理に購入させられた。	
本件犯行状況	Xは、昭和61年10月末ころ、友人Pに誘われ、本件車両購入後初めて、同車を運転してMを訪問し、事務所前に停車して被告人と車の調子などについて話をしているとC、Bがその場に来て、Bからいきなり「ほかにほしい客がいるので本件車両を売れ」と言われ、被告人およびCも「売らんか。ぐずぐず言わんで早よう決めろ。社長を怒らせると後が怖いぞ」、「ここの工場長はO組の幹部と兄弟分だぞ。ぐずぐず言うとただではすまんぞ。しまやかされるぞ」などとそれぞれ脅迫してきた。 Xは拒否したが、Bらは執拗に90万円で売るように迫り、Bが Cと被告人に対し、「早よう車から降ろしてしまえ。荷物も全部降ろしてしまえ」などと指示し、被告人がXを運転席から引き摺り降ろし、CはPを降ろし、荷物も降ろしてしまい、本件車両は被告人がどこかに運転して行ってしまった。Xらは代車を借りて帰宅した。Xは被告人に車から降ろされるまでの間運転席に乗ったままであったが、その間本当に殺されるのではないかと思って恐ろしく拒否できなかった。	Xは、昭和61年10月末ころ、本件車両に友人Pを同乗させてMに行った。事務所前に停車し被告人と車の調子などについて話しているとC・Bが来た。 BはXに本件車両を買いたいという客がいるが100万円で売る気はないかともちかけてきた。Xとしても、ローン支払いや燃費の関係で、同車を手放したいという気持ちをもっており、Cにもその旨話していたこともあり、値段次第でという気持でBと事務所に入り、Xとしては130万円くらいで売りたいと話したところ、Cと口論のようになり、同人から「いつまでもぐずぐずいうな」と言われ、Bの「早よう降ろさんか」という指示を受けた被告人によって「早よう降りらんか」と言いながら手を引っ張られ、運転席から降ろされ、車内の荷物も降ろされてしまった。 Xは同車を置いて帰ることを承諾したわけではなかったが、仕方なく代車を借りて帰宅した。
被害申告に至る経緯	帰路友人のUおよびV方に立ち寄り被害状況を打ち明けた。 Xは、事件から約1年2カ月後に、Bが別の恐喝容疑で逮捕されたことを知り、前記被害にあったことを許せず警察に被害届を提出した。	Xは、同年12月ころ、本件車両購入時のローン残額の返済に窮し、知り合いの警察官に相談に赴いたところ、協力するように求められて告訴した。Xとしては、最初から告訴するとか処罰を求める意思で警察に行ったものではない。
事件後の状況	本件車両を購入してから喝取されるまで、同車両を損傷してMに修理を依頼したことはない。	Xは、数日後の同年11月4日、Mの事務所で代金を受け取り、売却代金100万円から、未払の修理代金9万1,000円を差し引いた額面90万9,000円の小切手を受け取り、直ちに現金化してローン支払いなどに費消した。 Xは、本件車両購入後も度々同社に出入りし、本件以後も同様であり、昭和62年1月には知人名義を借りて信販会社のローンを組んでもらって普通乗用自動車を購入するとともに、右ローンの金額に車両代金の外に10万円を上乗せして請求する便宜を図ってもらいこれを受け取った。

　この点、裁判所は、次のように判示して、被害者供述の信用性を否定した。なお、下線部は筆者が付したものである。

　「両者を比較すると、XがMからの帰宅途中、UあるいはV方に立ち寄り、本件車両を取り上げられたことを打ち明けたことについては、右両名の警察官に対する各供述調書の記載と符合していてこれをみとめることができるけれども、<u>その他の重要部分においては明白な食い違いがみられ、このことだけでもXの捜査官調書の信用性には疑問があるといわざるをえない</u>」

「さらに、Xの捜査官調書記載のとおりの本件車両の購入経緯あるいは被害事実があったことを前提とすると、次のようなXの行動は誠に不自然、不合理といわざるをえない。
(1)　Xは、本件車両購入後も、格別の用件がなくてもしばしばMに出入りしているが、意思に反して車両を売り付けられた者の行動としては、不自然といわざるをえない。
(2)　Xは、本件被害にあったとする日以後も、同社に度々出入りし、その約3か月後には同社から他人名義を用いて車両を購入し、その代金支払いのためのローン契約に際し、車両代金に10万円を上乗せしてもらい、これを交付してもらっているが、Xの捜査官調書の記載によれば被害届をした動機は本件車両を脅し取られたことが許せない気持でいたところ、たまたまBが別の恐喝容疑で逮捕されたことを知って届出る気持になったものとされており、右事実は恐喝の被害に遭って許せない気持でいる、脅迫を受けて本件車両を喝取された被害者の行動としては誠に不合理であり、恐喝行為の被害者と加害者の関係として不自然である。さらに、本件の被害届は、本件被害があったとされる日から1年2か月が経過した後になってなされていることが明らかであるが、右のような被害者が被害届出をする時期としては、不自然に遅くなってなされたものとの感を免れない」。

「以上を総合して検討すれば、確定判決における罪となるべき事実を認定するための重要な証拠の1つであり、公訴事実を認めるために最も大きな根拠となるべきXの各捜査官調書については、新証拠である同人の証人調書と総合すると、その内容に合理的な疑いがあり、この点のみからしても、公訴事実について合理的な疑問が存するということができる」。

　本裁判例は、捜査段階における被害者供述の信用性につき、①供述調書と公判廷供述とを対照し、②供述調書と客観的事実との対照を行ったうえ、さらに③客観的なXの行動が被害者としての立場に相容れないことを検証し、その信用性を否定したものである。
　その判断手法、とりわけ、証拠から認定できる客観的事実と被害者供述との齟齬を検証し、また、恐喝の被害に遭った者として首肯しうる行動を取っているかどうかの検討（恐喝があったか否かを判断するための重要な間接事実である）を行っている点は、最高裁判例（たとえば平成元年4月21日裁判集刑251号657頁など）のとる供述の信用性判断手法に通じるものがあり、妥当なものである。

裁判所にこのような判断をさせるために、弁護人としては、被害者尋問の際に、客観的事実との齟齬を浮き彫りにし、また、捜査段階との供述との相違点を明らかにするよう努力する必要があろう。

　　イ　共犯者供述の信用性
　本件においては、共犯とされたBおよびCそれぞれについて、①捜査段階での自白調書、②確定審での公判廷供述、③控訴審での公判廷供述が存在し、①および②はいずれもいわゆる自白、③は否認供述である。
　裁判所は、B、Cについての控訴審無罪判決の存在を過大視しなかった。
　そして、BおよびCの供述について、「いずれも控訴審では右自白を翻して、公訴事実を否定する供述をしていることが認められる。このような同一供述人の前後で矛盾する供述はそのこと自体で各供述の信用性を減弱する事情とならざるをえず、その信用性は他の証拠などとも総合して検討されるべき」であると述べ、B、Cの自白と否認供述とを比較してその信用性を検討している。
　まず、Bの自白と否認供述を比較すると次表のようになる。
　自白の内容が、Xの捜査機関に対する供述と合致していることがわかる。他方、控訴審供述は、おおむねXの控訴審供述に合致している。

	Bの捜査段階の自白	Bの控訴審供述
事件当日	本件の1週間から20日前に、他の客から本件車両と同条件の車を買いたいとの申し出があったが、在庫に該当する車がなくXから買い戻して売却することを思いついた。 本件当日、たまたまXが来店したため、90万円で売って欲しいと申し出たがXに拒否された。無理にでも買おうという気になり、口調も強くなって何回も売却するよう言ったが、Xはこれに応じようとはしなかった。 そこで、被告人およびCに指示して、XとPを車から無理に降車させ、荷物も勝手に降ろさせて代車を貸して帰らせた。	Xは、本件車両購入後も頻繁に来店していた。以前からXが燃費の関係やローン支払いに困って売却意向であると聞いており、たまたま客からこの車と同じ条件の注文があったので、昭和61年10月末ころ、Bの方から買戻しを切り出した。 Xは「いくら出すね」と返事したので、事務所で代金額について細かく説明し、車両価格として105万円で買い取るが、5万円は傷の修理費にかかるので減額し100万円を売買価格とする。それでも相場より20万円くらい高い。前の修理代のつけが残っているので、これを差し引いて90万9000円を支払うと言ったところ、Xは売ることを承諾した。 客にこの車を見せる必要から車を置いて行くよう依頼したところ、同人はこれに応じた。帰りには代車を貸し与えた。
事件後の状況	昭和61年11月4日、Xに代金として90万円を小切手で支払った。	買受希望者との間に本件車両の売買契約は成立しなかったが、同年11月4日来店したXに本件車両の代金を小切手で支払った。 Xは、その後もMに出入りし、昭和62年1月には別の車を購入し、そのローン契約については、実際の売買代金よりも10万円加算して設定し、加算額をXに交付してやったこともある。

	Bの捜査段階の自白	Bの控訴審供述
自白した理由		捜査段階で自白したのは、当初否認していたものの、勾留中の接見時、家族の状況やMの営業の窮状を聞かされ、事実に反しても被疑事実を認めて保釈により早期に釈放されようと考えるようになったからである。警察官から初犯でもあるから認めれば保釈も可能であり、執行猶予もつくということを言われ、弁護人からも第一回公判後には保釈の可能性もあり、執行猶予には間違いなくなるだろうと言われ、裁判でも事実を認めた。

ついで、Cの自白と控訴審供述を比較すると次表のようになる。

ここでも、Cの自白内容は、Xの捜査機関に対する供述とほぼ合致していることがわかる。

	Cの捜査段階の自白	Cの控訴審供述
事件当日	本件当日午後3時ころXが来店した。被告人およびBが先に話をしており、Cも合流した段階でBが買戻しの話を切り出したが、Xはこれを拒絶した。 Bは90万円で売るよう迫り、次第に怒鳴り声を出すようになり、Cと被告人もBに同調して、被告人が運転席の窓越しにXに対し、「あんまりぐずぐず言わんで早よう決めんか。社長を怒らすと後が怖いぞ」と脅し、Cも同様に「おまえは汚れの女じゃろうが。ここの工場長はO組の幹部と兄弟分だぞ。いつまでもぐずぐず言うとただでは済まんぞ。しまやかされるぞ」などと怒鳴りつける口調で言った。Xはそれでも拒否していたが、Bが客と話を決めてきたのですぐ降りるようXに向けて言い出し、被告人とCに対しXらを引き摺り降ろすよう指示があった。 CはBのこのような態度から、同人がXからその意思に反してでも本件車両を取り上げようとしているとわかり、これに協力してXから同車を喝取しようと決意した。被告人がXを運転席から引き摺り降ろした。その後、被告人と二人で助手席のPに対し「早よう降りたがいいんじゃないと」と言うと同人は下車した。 BはさらにCと被告人に対し「買主がすぐ来るので、荷物も全部降ろしてしまえ」と命じた。2人で車内の荷物を放り出し、車は被告人が運転して持ち去った。	Xとは、以前から、同人が勤めている店に飲みに行って顔見知りであった。 本件車両を購入した後も、Xは度々Mに顔を出していた。その際、同車両の燃費が良くないとかローンの支払いがきついとかこぼしているのを聞いたことがある。 本件当日、Xが来店したのを知ったのは、マイクで呼ばれて事務所近くに停まっていた本件車両のところに行ってからである。すでにBと被告人が話しており、本件車両の売買の話が出ていた。BからXの本件車両を買い戻す話は事前には聞いていない。その後はそこを離れて仕事に戻ったのでそれからの状況は見ていない。
事件後の状況		数日後に、W工場長から、BがXより本件車両を100万円で買ったことを聞いた。 Xは、その後もしばしば格別の用件がなくてもMに立ち寄っていたし、昭和62年1月ころには、他人名義でローンを組んでMから別の車を購入した。その際、同社はXから頼まれて車両代金に10万円上乗せした金額でローン契約を締結させ、その10万円を同人に交付する便

	Cの捜査段階の自白	Cの控訴審供述
		宜も図ってやった。
自白した理由		当初は否認していたものの、警察官から、証人もおり否認しても無駄であるかのように言われた上、認めれば保釈が許され、執行猶予の恩典も受けられるなどと言われ、当時下血があるなど体調が悪かったこともあって認めて早期に釈放してもらいたいという気持になり、Xの調書を見せられ警察官の言うとおり供述した結果である。 公判廷では、捜査段階でも認めており、弁護人から認めれば保釈にも有利であり、裁判では執行猶予になるだろうと言われたことから事実を認めた。

　再審において、検察官は、上記のBおよびCのいずれについても、捜査段階の供述につき、確定審でBおよびCは事実関係を争わず（とりわけ、Cは逮捕直後から被疑事実を認める趣旨の供述をしていた）、自白調書の取調にも同意していたことからすれば、その各捜査官調書は大筋において信用性を有する旨主張した。

　これに対し、裁判所は、

① 　Bの供述につき、「Bの検察官に対する供述調書中の自白内容の記載と警察官に対するそれの自白の記載は、その内容が異なっており、同人が弁解するように、終始警察官の言うがままにXの供述内容に合わせて供述したものとは考えられず、保釈になった後も事実を争わずローンの残額も自ら弁済して審理を終えていることが確定記録により認められること、及びBの右供述が、同人の有罪判決に対する控訴審において被告人としてされたものであること」、

② 　Cの供述につき、「Cの各捜査官調書によれば、同人は取調中一部を否認するなどした後、再度検察官に対し事実をほぼ認めるに至っている事実が認められ、同人が終始警察官に迎合的な虚偽の供述をしていたとはいえず、右供述が、C自身の有罪判決に対する控訴審における被告人としての供述であること」

から、それぞれ無条件に信用性を肯定することは相当ではなく、他の証拠と比較検討が必要であるとして信用性判断を行っている。

　そして、BおよびCの各控訴審被告人調書に直ちに信用性があるとはいえないとしつつ、「両名の捜査段階における自白調書の記載内容のうち、犯行状況の記載はX、P及び被告人の各捜査官調書あるいは自白調書の内容と大筋において符合している上、BとCの各自白の内容も同様に符合しているものであり、前述のとおり、<u>Xの捜査官調書について、その内容が関係証拠を総合して認められる客観的事実に反し、あるいは不自然であって信用できない点が存在することからすると、これと符合しているB及びCの各自白調書についても、その内容において事実に反しあるいは不自然な</u>

行動についての記載がされているということができる」として、供述内容に着目した判断をまず示している。

さらに進んで「B及びCの各控訴審被告人調書に記載されている同人らとXの間柄、本件車両がXから引き渡されるに至った経緯については、他の証拠から認定されるそれに合致しているものであり、自白に至った状況についてのみB及びCが自分達の刑責を免れる目的で真実に反する供述をしているというのは不自然であって、両名の捜査官調書に自白の記載がされた事情についての同人らの弁解の内容もありえないものではないことからすれば、右弁解の信用性は否定することができない」として、結局、BおよびCの捜査段階の供述の信用性を否定した。

ウ　被告人の自白の信用性について

被告人は、捜査段階で自白し、第一審でも争わず、有罪判決が確定したものであるが、BおよびCの控訴審において自白を翻している。被告人の自白内容と控訴審における供述内容を比較すると次のとおりとなる。

	被告人の捜査段階の自白	被告人の控訴審供述
事件当日	昭和61年10月下旬ころの午後3時ころ、Xが本件車両で来店した。 　被告人が事務所の前に停められた右車両のところでXと雑談していると、Bが近づいて来てXに対し、同車両を90万円で売って欲しいと言ったがXは拒否した。Bがこのような申し出をしたのは、この車を購入したいという客がいたからである。 　Bは繰り返し売却するよう迫っていた。 　これを見てBに協力してXから本件車両を取り上げようと決意し、Xに対し「売らんね。売らんね。早よう決めたがよか」と言った。「社長を怒らせると後が怖いぞ」とも言ったかも知れない。 　Cは「おまえは汚れの女じゃろうが。ここの工場長はO組の幹部と兄弟分だぞ。いつまでもぐずぐず言うとただでは済まんぞ。しまやかされるぞ」と言っていた。さらに被告人が「いつまでもぐずぐず言うな。この店は誰がしとるか知っとっとか。ぐずぐず言うとしまやかせるぞ」と言って脅した。 　それでもXは承諾しなかったところ、Bが被告人およびCに対し「早ようこの二人を引き摺り降ろせ」と指示した。被告人はこれに応じて運転席のXのところに行き、その肩付近を叩いて降りるように言ったところXは下車した。被告人は直ちに運転席に乗り込み、助手席のPに「車を動かすから降りてくれ」と言うと、同女も降車した。	Xは、本件以前から本件車両を運転して度々来店していたもので、事故を起こして、Mがその修理をしてやったこともあった。 　本件時来店したXらとは最初に被告人が応対した。本件車両の買戻しの話が最初誰から出たかははっきりしないが、Bは代金として100万円で買うと言っていた。Xは車から降りてBのいる事務所に行った。Pもいったん車から降りて行った。 　被告人が持ち場の洗車場に戻っていると、Bから事務所に呼ばれ、車を預かることになったので荷物を降ろすのを手伝うことおよび代車を用意することの指示を受けた。被告人は本件車両を運転して事務所から離れた代車の駐車場に移し、同乗してきたXおよびPと一緒に荷物を代車に乗せ換えた。 　被告人が、Xらに脅し文句を言ったことはなく、Xを車から引き摺り降ろしたこともない。また、Cが同人に対し「汚れの女やっか」と言っているのは聞いていない。

144　　第1部　犯罪類型別の誤判原因

事件後の状況	Bからさらに買主が来るので荷物をすぐ降ろすよう指示があり、Cと2人で室内にあった荷物をすべて車外に出し、車は構内の洗車場に運んだ。Xには被告人が代車を渡した。	Xは車を預かった後も何回も来店しており、Mから男性名義で車を買ったとXが話していた。
自白した理由		取調官から証人もいることだからと言われたり、知人である警察官に、一日も早く帰りたいなら認めたほうが良いと説得されたりしたことなどから、家族のところに早く帰りたいという気持になったためである。Xらの調書を見せられこれに副う供述をした。確定審で認めたのは、執行猶予が付くなら早く済ませようと考えたからである。

　被告人の供述内容について、検察官は、事実に反する点があるなど信用性に疑問があると主張した。しかし、裁判所は、まず、被告人の自白について「被告人の右自白内容は、公訴事実に副うものであるが、<u>右自白がなされたのは、Xが警察に被害届出をし、これに基づいて同女に対する事情聴取が行われた後であった</u>。そして、その内容は、その重要部分においてXの各捜査官調書の内容と符合しているものである上、被告人がBらと共謀して本件車両をXから喝取しようと決意するに至った経緯及び犯行状況に関する供述内容は具体性に欠けている」として、自白のなされた時期および自白内容に着目する。

　そのうえで、「<u>被告人の捜査官調書と大筋において符合する内容のX及びPの各捜査官調書は、前述のとおり、喝取行為の存在自体について、同人らの各証人調書と対比して信用性に疑いが存するのであるから</u>、同様の内容の被告人の各捜査官調書の内容についても同様の疑問が存するといわなければならない。その上、被告人がBとの間で、本件車両をXから喝取することを共謀した時期及び場所についての各調書の記載は具体性のない抽象的なものに過ぎず、どのような経過や状況でMにおける地位も業務も異なる被告人らの間に、脅迫暴行を用いてXから本件車両を領得することを共同して行うとの意思が形成されたかについて明確にする記載がない。検察官が指摘するB、XとPが事務所内にいたか否かの食い違いについては、右供述が事件後七年以上経過した後のものであること、Pの証人調書によれば同人もPと共に降車して手洗いに行ったことが認められる上、被告人はその場に同席していたものではなく別の仕事に従事していてたまたまそのときの状況を見掛けたにすぎないという事情を考慮に入れれば、この点の齟齬を理由に大筋において他の証拠にもあるいは被告人自身の証人調書の記載とも符合する被告人の当公判廷の供述の信用性が左右されるものではない」と判示して、再審における被告人の公判廷供述の信用性を肯

定した。

(5) 弁護活動の検討と指針
ア 特徴と問題点
　本件においては、いったん有罪を認め、確定判決を経たうえで、再審により無罪となっている点が最大の特徴であり、また、最大の問題点であるともいえよう。

　再審請求書には、何故に被告人が虚偽自白に至り、確定審判決を受けたかについて、詳細に論じられている。

　被告人は、ある日突然逮捕されたうえ、3～6人の捜査官から執拗に追及され、早く認めればそれだけ早く家に帰ることができる旨の利益誘導がなされ、さらに捜査に当たった検察官からも「お前はどこの組の者か」「入れ墨を入れとらんか」等の偏見に満ちた質問を受け、司法に対する絶望感を持ち、捜査官あるいは第一審弁護人との話し合いのなかから、認めれば保釈もされ、執行猶予もつくことを知り、捜査官に迎合し、確定審においても認め続けた、1つの不運として忘れることとし、控訴もしなかったとされる。また、再審請求書は、確定審における法曹三者（第一審弁護人も含む）について、車両販売店Mを潰すことが暴力団組織壊滅に役立つとの誤解から、「これくらい厳しく追及してもいいのではないか、これくらい捏造してもいいのではないか、これくらいのことはやりかねないのではないか、これくらいのことをやっても厳しく処罰すべきではないか、等々の予断と偏見を持っていたのではないかとの疑念を第三者に持たれてもやむを得ないのではないか」と厳しく批判するとともに、第一審弁護人において、無罪につながる証拠の存在を深く追及しようとしなかったことにつき、自己批判している。

　確定審における被告人、そして弁護人の選択の当否を批判することはたやすいが、苦渋の選択であり、筆者も実務家として同様の選択を迫られたとき、どのように対応するのが最善の選択であるのか、迷わざるをえないと考える。

　本事例からは、被疑者・被告人が逮捕後まもなく自白しているからといって、これを鵜呑みにすることなく、事実関係の把握とその適切な評価に努めることの重要性を再確認することができる。

イ 無罪となったポイント
　本件で最終的に無罪となったポイントを大まかに整理すると次のようになる。
　① 被害者供述の自己矛盾（捜査段階と公判段階の供述の不一致）
　② 事件後の恐喝の被害者らしからぬ言動の存在や被害申告の経緯

③　共犯者供述に信用性が認められないこと
④　自白に信用性が認められないこと

　しかしながら、本件では、①被害者供述の動揺と、②被害者らしからぬ言動の存在（恐喝事実がなかったことを示す重要な間接事実となる）の2つの要素のウェイトが相当に重い。
　翻っていえば、弁護人において、この2つの要素を公判廷にいかに顕出できるか、いかに強調できるかが、結果を分けることになる。

ウ　弁護活動への指針
(ア)　捜査弁護段階
　本件の場合、逮捕当日にすでに被告人が半ば認めたような自白調書を作成するに至っているから、初回接見の段階で、弁護人に対しても事実を認める説明をする可能性がある。
　そのような場合に、恐喝罪の成否を争う弁護方針を立てるのは容易ではない。しかし、本件においては、事実関係を根気よく聴取することにより、「一旦、強引に売り渡した車両について、買取名目で喝取した」とする被疑事実自体の不自然さに気づくことは可能であったと思われる。また、事件発生後、被害申告がなされるまでに比較的長期間が経過していることについても、弁護人としては留意しなければならないポイントである。
　この段階では、被害者や共犯者とされる者の供述内容の詳細はわからないから、弁護人としては、恐喝事実の存在を否定する方向に働く事実関係がないかどうかを慎重に聴取する必要がある。具体的には、①被疑者と被害者との関係、特に事件の前後を通じて、どのような関係にあったか、②恐喝被害を受けた者として、不自然な言動はなかったかどうか、③事件発生から長時間経過後の逮捕である点について心当たりがないか、等を聴取することになる。
　特に、本件における被害者の事件後の行動（本件店舗に出入りしたり、便宜を図ってもらったりしている）については、被疑者において記憶しているだろうから、弁護人が適切に聞き出すことにより、重要な間接事実を把握できることになる（往々にして、被疑者本人がその事実関係の重要性に気づいていないことがあるので、弁護人がスポットライトを当てて、探り出さなければならない）。把握できさえすれば、その裏付けとなる事実関係を調査するなどして、弁護側の準備が整っていくことになる。
(イ)　公判段階

被疑者・被告人が罪を認めていても、証拠関係を検討すれば証拠不十分であったり、恐喝の成立を争いうるケースがありうる。本件では、被告人は、捜査を通じて自白してしまっているが、検察官から請求予定証拠の証拠開示を受け、これを子細に検討することで、不自然な点に気づくことは可能と思われる。

本件では、前述したように、恐喝の成立を否定する方向に働く事実関係が存在している。もちろん、検察官の請求予定証拠中にこれを窺わせる証拠は含まれていないであろうが、①被害届けのほかに、被害申告に至る経過を把握するための証拠（捜査報告書等）、②被害者の一切の供述調書等の証拠開示を求めるなど、被告人に有利となるべき事実関係をいかに数多く公判廷に顕出できるかに全力を傾ける必要がある。

これらの証拠の開示については、従前であれば、悲観的にならざるをえなかった。しかし、事案によっては、公判前整理手続により、類型証拠開示、主張関連証拠開示を活用することが考えられる。

そして、被害者に対する証人尋問がきわめて重要になるが、本件では、結果的に捜査段階の供述とは相当に相違する結果となった。

弁護の実務においては、実際に尋問するまで、どのような成果が得られるかわからないことが多い。しかし、被疑者・被告人からの丁寧な事情聴取と恐喝の成立を否定する方向に働く事実関係の調査等の活動を行っていれば、相応の材料があるはずである。そのうえで、客観的事実との矛盾、供述相互間の自己矛盾、供述内部の自己矛盾を反対尋問によって浮かび上がらせることにより、その信用性を減殺することに注力することになる。

3 控訴審において逆転無罪となった事例

(1) 概説

事例1は、一審有罪、二審逆転無罪で確定した事案である。

被告人がいわゆる暴力団の組長である点で、恐喝事犯における典型例ともいうべき事案であり、取り上げる価値のある事例である[4]。

本件においては、被害者供述の信用性および自白の信用性が問題となった。

(2) 公訴事実の要旨

被告人は、山口組系暴力団組織T組組長をしているものであるが、同組相談役Yと共謀のうえ、露天商Vから、組顧問料および露店の場所代名下に金員を喝取しよ

うと企て、昭和60年1月8日ころ、上記T組事務所において、同人に対し、こもごも「お前は俺とこの顧問になったんや。毎月5万円納めろ。金を払わんかったら商売できなくなるぞ」「組に入らんと店をたたきつぶすぞ」などと語気鋭く申し向け、さらに同年2月8日ころ、同組事務所前において、上記Yが上記Vに対し、「毎月5万円納めろ。会費を納めんかったら商売できんぞ、店をつぶすぞ。場所代も5万円の中に入っとるんや」などと申し向けて金員を要求し、同人が上記要求に応じないときは、その身体財産等に危害を加えかねないような気勢を示して脅迫し、その旨同人を畏怖させ、よって、別紙一覧表記載のとおり、同年2月8日ころから同年9月8日ころまでの間、計8回にわたり、上記T組事務所ほか1カ所において、その都度各5万円計40万円を、場所代等名下に、T組組員あるいはVの内妻らを介して交付を受け、もってそれぞれ喝取したものである、というものである。

(3) 無罪に至る経過

　被告人は、捜査段階で否認、その後、自白に転じ、第1回公判期日でも事実を認めたが、第3回公判期日以降、脅迫の点を否認して争った。

　共犯者は、捜査・公判を通じて事実を争わず、有罪判決で確定したが、被告人の一審公判にて脅迫を否認する証言をした。

　他方、被害者は、捜査段階ではいちおう公訴事実に沿う供述をしたが、一審証人として、金員喝取を否定する証言をした。

　つまり、被告人、共犯者、そして、被害者のいずれもが公判廷において、恐喝を否定する供述を行ったことになる。

　弁護人は、①被害者Vの供述は、捜査・公判を通じ、公訴事実と合致せず、同人の内妻の供述調書2通のみが合致するに留まり、供述相互間の矛盾が甚だしく信用できない、②被告人の捜査段階の自白には事実と反する点があり、また、身体拘束の長期化を回避するためのもので信用できない、③捜査段階の供述調書には、被告人と被害者が仮盃を交わしたことや恐喝被害と同時期に被害者が被告人に対し、手形を担保として貸金をしたことなど被告人に有利な事実が隠蔽されている、④本件は被害時期から数カ月後に被害者自身が傷害事件を起こして逮捕されたあとの被害申告により立件されたが、被害者は自らが暴力団員であれば公判請求が避けられず、かつ、露店営業が不可能になる可能性があったため、暴力団と無関係であることを強調すべく恐喝被害をでっち上げたなどと主張した。

　これに対し、一審判決は、①被害者らの捜査段階における供述は基本的部分で一致しており、十分な信用性が認められ、②被害者は仮盃と認識しておらず、金員

貸付の事実も被告人との有効な関係を示すとはいえないし、③被害者が捜査段階と異なる公判供述をしたのは後難を恐れたからだなどとして弁護人の主張を排斥した。

控訴審において、弁護側は、さらに、①被害者自身が元暴力団組員であったことを示す証拠（供述調書）により、暴力団に嫌悪感・恐怖感を抱いている旨強調する捜査段階の被害者供述の虚偽性を示し、捜査官が意図的に誘導したものと主張し、また、②被害者の内妻の供述調書に、捜査官の筋書きに合致させるための変造があることを指摘してその信用性を揺るがすなどの立証活動を行った。

その結果、控訴審は、弁護人の主張を容れ、被告人を無罪とした。

(4) 裁判所の重要な判断部分の紹介と検討
ア 一審判決の判断について

本件においては、一審と控訴審とで判断が分かれているため、まず、一審判決の判断を概観する。

一審判決は、事実認定の補足説明において、まず、「捜査段階における被害者V、共犯者Y及び被告人らの各供述は、本件犯行に至るまでの経緯、被告人及びYらによる犯行状況、犯行後の状況等について基本的部分で一致しており、本件『罪となるべき事実』を認定するにつきその信用性に疑問を生じさせるような矛盾、そごは存しないというべきである」と断じている。

これらの者の公判廷における供述内容と捜査段階の供述内容との間に齟齬がある以上、いずれを信用するべきかを判断するためには、供述以外の客観的事実関係や供述に至る経緯などを慎重に検討するべきである。にもかかわらず、まず、捜査段階の供述の内容に着目している点において、すでに一審判決には重大な問題がある。

検察官が起訴している以上、捜査段階の供述によって罪となるべき事実を認定できる内容となっていることは当たり前のことである。一審判決は、「検察官が起訴しているから捜査段階の供述は信用できる」と述べているに等しい。

しかも、一審判決は、捜査段階における被害者Vの供述中にすでに客観的事実と異なるとみられる点があるにもかかわらず、当該供述は「支払の日から半年以上を経過した時点でなされたものであって、その支払も多数回にわたる支払のうちの6回目以降の支払に関し他人を介して行われたものであり、それほど特異な体験に関わる事実ということはできないから、記憶が乏しかったり、誤りがあったとしても不思議ではない」とした。他方で、被害者Vの内縁の妻の供述については、「きわめて詳細、具体的であり、捜査の進展にともなって右支払状況が次第に明らかにされていったものと理解することができるから（中略）十分な信用性が認められる」と判断している。

つまり一審判決は、「捜査が進むにつれて事実関係が詳細になる」ことに何ら疑問を抱いておらず、問題意識を持っていないのである。
　そして、一審判決は、弁護人が指摘するような供述の変遷、食い違いがあることを否定できないとしつつも、「供述の基本的内容には動揺がない」として、被害者Ｖの供述の信用性を簡単に肯定するのである。
　さらには、被害者Ｖが被告人との間で仮盃を交わしていたこと、担保をとって被告人に金員を融通していたこと（これらの事実は、被告人と被害者Ｖが、恐喝し、恐喝される関係にはなく、むしろ友好的であったことを示す間接事実である）について捜査段階でなんら明らかとされていない点を弁護人が問題としたのに対し、一審判決は、そもそも仮盃の事実の存在について、疑問を呈し、また、金員の融通についても追い詰められたなかで断り切れなかったということもありうるなどとして、いとも簡単に排斥している。
　そして、一審判決は、公判廷において恐喝の被害を否定する被害者Ｖの供述につき、捜査段階でなにゆえに恐喝事実を認める供述をしたのかについて、納得しうる説明をまったくしていないとし、「捜査官として被害者Ｖの供述以外に何ら捜査資料がない段階で被害者Ｖが供述しもしないことを調書に作成することは考えられないし、被害者Ｖにおいても捜査段階では真実を述べていたからこそ、公判廷でこれを否定しようにも、今となって何故そのような供述をしたのかを説明できないでいるものと考えられる」と判断している。
　被害者において、何らかの思惑があって、虚偽の被害申告をすることは十分ありうることである。そして、そのような被害申告は場合により虚偽告訴罪など自らに刑事責任を生じさせることがあるから、捜査段階において虚偽の被害申告をした理由をはっきりと供述できない、ということが十分考えられる。
　しかし、一審判決は、そのような可能性についてまったく顧慮することなく、「捜査段階の供述が真実であるから」公判廷における供述と異なる供述をした理由を説明できないのだ、などと安易な認定をしてしまっている。
　また、一審判決は、被告人の捜査段階における自白について具体的かつ詳細な供述であって信用できるとする一方、公判廷における供述は、不自然、不合理な供述であるとして、その信用性をいともたやすく否定してしまっている。
　以上のように、一審判決は、被害者Ｖの捜査段階の供述が信用できるという判断からスタートして、捜査段階の被告人や共犯者供述全体の信用性を安易に肯定してしまっているのである。

イ　控訴審判決の判断について

以上の一審判決の信用性判断手法に比較して、控訴審判決のそれは明らかに一線を画している。

(ア)　被害者供述の信用性について

控訴審判決は、一審判決とは対照的に、まず、「被害者の捜査段階における供述は、前示のとおりほぼ原判決の認定に副うものであるが、その信用性を判断するためには、本件事案の性質に照らし、本件事件発覚の端緒及び被害者が捜査供述をなすに至った事情、同人の組関係、被告人らとの付合い程度等についてこれを吟味する必要がある」と述べる。

そして、本件発覚の端緒について、「被害者は、昭和61年2月20日午前零時30分ころ、情交関係にあったPが他の男性とパブラウンジ店内で飲酒しているのをみつけてこれに立腹し、(中略)手酷い暴行を加え、よって同女に加療約13日間を要する(中略)を負わした傷害事件で、同年2月28日M署警察官に緊急逮捕され、同年3月12日勾留中待命で略式起訴されたが、被害者が右傷害事件の取り調べを受けている間に(中略)内妻が昭和61年3月9日、『T組組員数名の者からいやがらせ、脅迫を受け、昭和60年11月8日と同年12月8日各5万円を喝取された(中略)。被害者VはT組の顧問でもなんでもなく、T組が勝手にいちゃもんをつけて金を要求しているだけだから宜しく頼む』旨M署に相談に行き、一方被害者は、同月12日本件恐喝事件の被害事実をM署の取調官に申告したのが本件発覚の端緒である」と認定した。

そのうえで、「右傷害事件は、それ自体軽微なものといえず、被害者には、(中略)粗暴犯の前科・前歴があること、さらには、被害者は、右傷害罪で取調べを受けているとき、取調官から、組の顧問になっているやないかと追及されていること、被害者は暴力団Q組の相談役を通じ、同61年3月4、5日ごろT組の事務所に、被害者の名札をおろしてやってほしい、そうしないと罰金ですむところを懲役になる旨頼んでいること、被害者は同61年3月26日左手小指を切断しただけでなく、これをアルコールづけにして取調官に差し出していることなどに照らすと、被害者は右傷害事件での厳しい処罰を恐れ、暴力団と関係していないことをことさら強調する必要があり、事実、取調べに際し、そのことをさまざまな表現で強調していることが同人の各書面により明らかであり、同人の捜査段階の各供述の信用性を検討するに当たっては、本件の背景事情として右本件発覚の端緒等を全く無視することはできない」と判示した。

そして、控訴審において取り調べられた証拠等からはむしろ被害者が暴力団関係

者と交際するなどしていたことを認定し、「被害者が暴力団とは無縁であり、商売上からも暴力団関係者を避けていた旨の被害者の捜査段階での供述は到底措信し難いものである」とした。

さらに、被害者が昭和59年11月ころ、T組事務所での酒席に呼ばれ内妻とともに馳走になったあと、その返礼として共犯者らを誘い寿司店で8,000円相当の馳走をしていること、T組総会ないし露天商の親睦団体会合に出席・参加していること、被害者が被告人に債権取立を依頼したことがあるほか、2、3回被告人に金員を貸し付けて返済を受けていることなどの事実を認定し、「これらの事実関係は、<u>被害者と被告人及びT組組員との一応の友好関係の存在を窺わしめるに十分であって、被害者が捜査段階で供述するような被告人らに恐喝されて月々5万円宛の支払を余儀なくさせられたとの事実と余りにそぐわない</u>といわなければならない」と判示している。

加えて、控訴審において取り調べられたT組の会費管理のノートにおいて、被害者が同組顧問として、月々5万円の会費を、昭和60年3月から12月まで納入しているが、同年2月分欄には斜線が引かれており納入されていないことが明らかだと事実認定したうえで、「<u>そうすると、被害者は捜査段階で、2月8日5万円を支払ったときの状況につき、被告人及び共犯者の脅迫文言を交えて供述しているが、右金員の授受が認められない以上その際の被告人らの言動に関する供述部分もにわかに信を措き難い</u>といわねばならない」と判断したほか、被害者の供述には、当時の状況を彷彿とさせる具体的状況の説明がなく、供述が一貫しないほか、本件恐喝の成否に影響すると思われる事柄についてまったく供述するところがないこと等を指摘して、被害者の被告人らから本件恐喝の被害を受けたとする捜査段階での供述の信用性には多大の疑問があると結論づけている。

(イ) その他の供述の信用性について

また、控訴審判決は、被害者の内縁の妻の供述について、本件恐喝の犯行を推認する証拠としてきわめて関連性に乏しいし、その供述調書には不自然な点があるほか、全般に証拠価値が乏しいと判断した。

そして、共犯者の捜査段階の供述についても、いずれも被害者の捜査終了後に作成された調書であること、昭和60年2月8日に被害者が金5万円を交付した事実が認められないのに、これを前提とする供述があることなどに鑑みると、共犯者の「捜査段階及び自己の裁判のとき本件恐喝の事実を認めたのは、妻と子供3人という家庭事情から一日も早く出たかったので、取調官に迎合し、被害者の供述調書に合わせて供述した」旨の供述を一概に排斥することはできず、共犯者の捜査段階における供述にも信を措き難いと判断した。

(ウ) 被告人の自白について

控訴審判決は、被告人の捜査段階での自白につき、「捜査段階及び第1回公判期日において本件恐喝の事実を認めたのは、加害者も被害者も私の身内であり早く済ませたいという気があり、また妻の体調が悪く、店のことも気になり、一日も早く出たかったから」旨述べているところ、「被告人の捜査段階における供述調書の作成時期、その内容には前示共犯者供述について説示したと同様の不自然さが認められることに照らすと、被告人の右原審供述を一概に排斥できず、その捜査段階における供述は被害者及び共犯者の捜査段階における供述に合わせて作成された疑いがあり、信用性は乏しいと言わざるを得ない」と判示した。

(5) 弁護活動の検討と指針

ア 特徴と問題点

本件においては、一審段階でも旺盛な弁護活動が行われ、被告人をはじめとして、共犯者、被害者のいずれもが恐喝の事実を否定するに至っている。

また、弁護人において、恐喝の加害者と被害者との関係としては矛盾する事実関係（仮盃を交わしたり、金員の貸付を行っているなど）をも明らかにし、かつ、被害者に虚偽の被害申告をするべき動機があることも指摘している。

前述したとおり、恐喝事犯においては、「恐喝の不存在を推認せしめる間接事実をいかに多く法廷に顕出できるか否か」が重要であり、「被告人に有利な間接事実を事件のなかから見いだすことに全力を傾ける」べきである。

この点において、本件における弁護活動には抜かりはなかったと思われる。

しかしながら、それにもかかわらず、一審判決は被告人について、有罪認定しているのであり、その背景には、被告人が暴力団の組員であるという点が大きく影響しているものといわざるをえないと思われる。また、一審判決の供述の信用性判断の手法にも重大な問題があったということができる。

一審判決を受けて、弁護人は、さらに被告人に有利な事実を法廷に顕出するべく、被害者が暴力団関係者と付合いがあったことを示す証拠を控訴審において提出し、また、被害者供述の信用性を根本的に揺るがす証拠として、会費管理のノートを提出することに成功している。このような徹底した弁護活動が控訴審における逆転無罪判決を導いたものといえる。

被害申告に至った経緯等の背景事情を調査・立証することの重要性を再認識させる事案として貴重なものといえよう。

イ　無罪となったポイント

本件で無罪をもたらしたポイントを整理すると次のとおりである。

①　被害者供述の信用性否定（客観的事実との不一致）
②　恐喝の被害者らしからぬ言動の存在や被害申告の経緯
③　共犯者供述の信用性否定
④　自白の信用性否定

本件においても、証拠評価において重要な位置を占めているのは、やはり、上記①と②である。

事例8においてもこの点がポイントとなったが、被害者供述の信用性に重大な問題があれば、仮にそれに沿う内容の共犯者供述や捜査段階での自白があったとしても、有罪認定は難しい、ということであろう。

恐喝罪の弁護をするうえでは、被害者供述の信用性を減殺し、恐喝の成立を否定する方向に働く事実をどれだけ集めることができるかが極めて重要な要素となることがわかる。

ウ　弁護活動への指針

(ア)　捜査段階

本件では、捜査段階で被疑者が否認から自白に転じている。

早期の保釈決定を得るために自白に転じる被疑者が存在するのは事実であり、そのこと自体、わが国の保釈制度運用の問題点を浮き彫りにするものであって、改善のための不断の努力が必要であることはもちろんである。しかし、弁護人としては、まず、現実的にどう対処するべきかを考えなければならない。

本件では、被疑者の属性など特殊な要因もあったとは思われる。しかし、弁護人としては、被疑者が当初否認していた以上、恐喝の成立を否定する方向に働く事実関係の収集に努め、途中、被疑者が保釈のために自白に転じるなどと主張した場合には、そのリスクを十分に説明して翻意するよう説得し、真意に基づかない自白を阻止するべく全力を尽くす必要がある（説得しきれない場合、自白に転じる経緯について、報告書等の証拠を残す努力をするべきである）。

事例8に比較すると、本件での被疑者と被害者との関係は、より緊密であるともいえる。捜査段階においても被害者の属性や、被疑者との関係、恐喝被害を受けたことと矛盾するような言動等に関する情報や資料を収集することは可能であったと思われる。同種の事例に出会った際には、これらの情報や資料がないか、弁護人としては、調査を怠らないようにしなければならない。

(イ) 公判段階

本件では、公判段階で、共犯者のほか、被害者までが恐喝被害を否定するかのような供述をしている点で、特殊ではある。

しかし、**事例8**においてもそうであったように、恐喝事案においては、喝取されたとする被害者側の供述が動揺することは少なからずある。そこで、被害者供述の信用性を減殺する事実関係等を材料として、反対尋問により、その矛盾を明らかにさせるべきである。

本件では、とくに、客観的に被害者供述と矛盾する事実を示す資料が存在している。こういった資料を入手することができる事案であれば、適切に証拠として提出できるよう、工夫する必要がある。また、これを利用した効果的な反対尋問を行うよう、努力しなければならない。

4 誤起訴事例の検討

以下、誤起訴事例を中心に（ただし、控訴審での逆転無罪事例も含まれている）、主たる争点ごとに分類して概観する。

(1) 被害者供述の信用性が問題となった事例

無罪事例の多くで被害者供述の信用性が問題となっている[5]。以下、典型的なものを紹介する。

ア 事例13

事例13は、右翼団体顧問とされる被告人が、パチンコ店で知り合った被害者に対し、被告人が勤務するT工業の運送業務を委託するためにN梱包を設立させたが、日頃から脅迫的言辞を申し向けて畏怖させたうえ、経営権を獲得するために脅迫し、N梱包名義の預金通帳や会社印の交付を受けたとされる事案である。

裁判所は、結論的には、被害者の供述には重要な事項につき一貫性がないこと等を理由として、その信用性を否定し、脅迫行為の存在を認定せず、無罪を言い渡した。

ただ、弁護側は、本件事案の実態は、N梱包の代表者としての重責や被告人からの厳しい指導に耐えられず、経営を放棄した被害者が、冷静になって後悔し、被告人に叱責されたことなどを恐喝行為として告訴したもので、被告人がかつて右翼活動に関与していたことから捜査機関が杜撰かつ強引な見込捜査を行った旨の主張を展開している。裁判所も明示的に判示してはいないものの、弁護側の主張を十分斟酌

したものと思われる。

イ　事例11

事例11は、大学生の被告人が同じく大学生の被害者から現金10万円と覚せい剤を喝取したという事案であり、被害者の被害申告の内容自体、荒唐無稽なものであった。ところが、一審は被害者供述の信用性を肯定して有罪を言い渡した[6]。

控訴審において、弁護側は、被害者および目撃証人の供述の不合理性を指摘することに加えて、被害者が覚せい剤取引に関与し、現実に暴力団から暴行脅迫を受けていたことや覚せい剤濫用により幻覚を発症していたこと、被告人が覚せい剤使用をやめさせるべく被害者を叱責したことがあり、逆恨みしていた可能性があることを主張した。そして、証拠開示を受けた被害者の手帳や供述調書等を証拠として提出した。また、被害者の再度の尋問を申請するなどの積極的な弁護活動を展開し、その結果、逆転無罪判決を勝ち得た。

控訴審判決は、被害者供述の内容を不自然・不合理と指摘し、かつ、被害者が被告人に反感を抱いていた可能性、覚せい剤使用による被害妄想様の状態に陥っていたことおよび被害者自身が覚せい剤所持等で逮捕された際に警察官から被告人から脅されたのではないかと尋ねられて供述を始めた経緯などを認定して、被害者供述の信用性を否定した。

まさに弁護人の活動が効を奏した事案である。

(2)　犯人性が問題となった事例

恐喝が問題となる場合、加害者と被害者間に面識があり、犯人が特定されていることが多い。そのため、犯人識別証言の信用性が問題となるケースは少ないと思われる。

しかし、**事例10**は、この意味での被害者供述の信用性が正面から問題となったケースである[7]。

事案の概要は、政治結社「M会」の構成員である被告人が、マンション建築工事の現場事務所長Xに対し、M会行動隊長の肩書の名刺を差し出し、「M会の者やが、分かっとるやろ。協力してもらえんやろか。5,000円、どこでも出してもろうとるけん」などと怒号して賛助金名下に現金3,000円を喝取したというものである。

そして、①被告人とは平成3年10月ころと平成4年終わり～平成5年初めころの2回、別の工事現場で会っており、賛助金を求められている、②犯人はパンチパーマでサングラスをかけたやくざ風の男である、③事件当日を含めて約1カ月の間に3回

3　恐喝　157

にわたって犯人と面談しているとの被害者による犯人識別証言があった。また、被告人の捜査段階での自白も存在した。

これに対し、弁護側は、捜査開始の約1年前の事件であるにもかかわらず、被害届が出る前に被告人の身上調査が行われていることや、当時、右翼取締運動の最中であったことに着目し、捜査機関が被告人を狙い撃ちにした可能性を念頭に置いて、事件当時の被告人の髪型を示す写真（パンチパーマではない）や平成3年当時に賛助金活動ができなかったことを示す客観的証拠を収集し、立証に努めた。

そして、公判廷において、被害者は、被告人と犯人の同一性について断定できない旨証言したことから、捜査段階における供述の信用性が問題となり、取調担当官や面通しに関与した刑事らの尋問が行われた。

裁判所は、犯人識別証言の信用性につき、写真1枚のみによる面割や単独面通しが不当な暗示を与えた可能性等を指摘してその信用性を否定し、また、被告人の自白についても捜査官により「略式になる」旨誘導された可能性があることなどを指摘してその信用性を否定し、無罪を言い渡した。

本件は、被害額の軽微な国選事件であったが、ずさんな捜査による冤罪がありうることおよび恐喝の場合も犯人性が問題になりうることを認識し、充実した弁護を行うことが何よりも重要であることを教えてくれる貴重な例である。

(3) 共謀の成否が問題となった事例

事例2は、暴力団組事務所応接室内で同組幹部（主犯）が被害者に対して債権取立名下に灰皿を振り上げ、ボールペンを投げ付けたり、手拳で頬を押しつける等の暴行脅迫を行ったという恐喝未遂事件につき、その場に居合わせた被告人に実行行為・共謀が認められるかが争われた事案である。

検察官は、脅迫開始当初から応接室内に被告人がいた旨の被害者供述およびほかの組員の供述ならびに捜査段階での被告人の自白により、当初から主犯との間に共謀が認められると主張した。弁護側は、被告人は、被害者を見かねて仲裁のために応接室内に入ったにすぎず、主犯との間に共謀はないと主張した。

当初、弁護側の主張に沿う証拠は、主犯の「被告人は途中から応接室内に入ってきた」旨の供述調書のみであった。

その後、①共犯者の弁護人から被害者が「被告人には脅されたというよりも助けられた感じである」と述べている旨の報告があった。また、②主犯から事情聴取した結果、主犯が被害者に近づいた時点（暴行の実行行為の時点）では被告人は応接室内にいなかった旨の供述が得られた。そして、③当時の応接室内の家具配置等を調

査したところ、被害者供述調書添付の現場見取図が客観的な家具配置と異なっており、被害者が供述する態様では主犯が被害者に近づくことはできないことが明らかとなった。加えて、④捜査段階での自白は保釈を得るためとの弁解を裏付ける記載が自白調書中に数カ所認められた。

そこで、被害者供述を弾劾し、自白の信用性を否定するための弁護活動が行われた。

裁判所は、被害者が組事務所に同行される以前に被告人が債権取立の経緯を知らされていなかったこと及び組長が事務所に立ち寄って主犯とともに被害者に脅迫行為を行った際のやりとりに被告人が関与していないことを認定したうえで、被告人が現場である応接室内にどの時点で入ったかについても証拠上断定できないと判断した。そのうえで、被告人に脅迫されているという気持ちがなかったとする被害者供述や被告人が脅迫文言を述べていないとする主犯の供述に基づき、被告人の実行行為への関与および共謀関係成立を認めることができず、被告人の自白についても、被害者供述と齟齬するうえ、内容的に金員喝取に向けての共同実行の意思があったと断定できる内容ではないとして、実行行為および共謀成立を認めるに足る証拠がないとして無罪を言い渡した。

本件では、捜査当初、被告人は否認しており、主犯も被告人の具体的な加担を供述しておらず、被害者供述にも客観的な家具配置と異なる現場見取図に基づくなど疑問を挟む余地が少なからずあった。本来、慎重な捜査が遂げられるべきであったが、暴力団員で同種前科があるという被告人の属性や、現場に居合わせた事実自体に争いがないことから、安易に起訴されたものとみられる。

ただ、このような事案でも、いったん起訴されれば無罪を獲得するのは難しい。

筆者も、同種事案を弁護した苦い経験がある。その事案では、被告人は、恐喝の場に居合わせたものの、終始、被害者を庇う言動を行ったのみであると主張した。そして、被害者自身も被告人には脅迫されていない旨公判廷で証言したのである。しかし、残念ながら、一、二審とも有罪で確定してしまった。

本件の判決文では、無罪の理由が比較的簡単に述べられているにとどまる。しかし、現場の応接室内の客観的な家具配置を調査して被害者に対する反対尋問で活用し、また、被告人の取調担当官を尋問するなどの弁護活動が効を奏したといえる。

(4) 自白の信用性が問題となった事例

事例4は、逮捕直後の自白があるにもかかわらず、その信用性が否定され、無罪となった事案である[8]。

3 恐喝 | 159

複雑な公訴事実をごく簡略化すると次のとおりである。
「被告人らが役員を務める漁業協同組合（漁協）が共同漁業権を有する水域にて、O石油会社が既設桟橋の撤去・新桟橋設置計画を立案し、各漁協との間で漁業権消滅の補償交渉を行って、一定の補償金支払を受けるほかはその余の補償を求めない旨の協定書を交わし、各漁協に補償金を支払ったが、被告人らは、さらに新桟橋建設を請け負ったP建設担当者に対し、工事妨害を仄めかしたり、漁業被害を受けた等と因縁をつけて金500万円を喝取した」。

被告人らがP建設から金員の交付を受けた事実に争いはなく、被告人らは捜査段階で自白しており、弁護人は、当初、無罪を期待していなかったという。

しかし、公判開始後、被害者のP建設担当者が恐喝被害を否定する証言を行うも、再度の証人申請で、肯否不明の証言に転ずるという異例の展開となった。

弁護人は、検察官から漁協の総会議事録全部の開示を得たうえ、これを詳細に検討し、被告人らが属する漁協は、当該水域での漁業権を有するほか、ヒラメの放流・育成事業を行っていたことを確認し、新桟橋建築による漁業権放棄の補償問題とヒラメ育成事業の補償問題は別個の問題であり、後者に関するP建設との交渉は正当であるとの主張立証を展開した。

本判決は、①O石油会社と各漁協間で協定書が締結されたとしても、被告人らがP建設と交渉を行うことが直ちに犯罪を構成するとはいえず、上記協定書の解釈、契約締結の際の事情等から考えられる特約等の存在、漁民の工事の影響に対する受忍限度、交渉の方法、交渉の際の態度等により、それが交渉等として許容される限度内のものと言えるか否かが本件犯罪の成否を決める重要な要素となるとして、上記協定書が締結されるに至った事実関係等を詳細に検討し、P建設との補償交渉は違法とはいえないとの判断を示した。

そのうえで、本判決は、②被告人らの自白の信用性につき、長期の身体拘束下でなされたものであること、被害者であるXらも「脅されとるような非常に誇張された表現があると感じた」旨証言していること、捜査官が協定書の「その余の補償請求をしない」旨の記載からP建設に対する補償交渉をする余地がないと短絡して被告人らを追及した可能性があること、自白調書中に自らの悪名を述べ、あるいは他の被告人の供述その他関係証拠と符合しない不自然な供述があること等を指摘して、その信用性を否定し、無罪を言い渡した。

本判決で注目すべきは、捜査機関が一定の見込み・前提のもとで被告人らを追及した結果、信用性に乏しい自白調書が作成された可能性を指摘している点である。捜査機関が一定の筋書き・前提のもとで捜査を進めることは実務上しばしば経験す

ることであるが、その前提を覆すことができれば、自白や供述の信用性を否定することが可能となる。

本件は、誤った前提で捜査が進められた事案というべきであるが、総会議事録の緻密な検討などの地道な努力が無罪を導いたといえよう。

(5) 権利行使と恐喝の成否

事例9は、X社振出手形（偽造）を割り引いた被告人が（暴力団組長）、同手形が不渡りとなったため、X社社長に支払を請求し、弁護士に依頼して工事代金を差し押さえる旨発言したことが詐欺及び恐喝に該当するとして起訴された事案である[9]。

弁護人は、被告人に実体法上の請求権があることおよび被告人の言辞が害悪の告知に当たらないことを主張して無罪を争った。しかし、一審は、詐欺は無罪、恐喝は有罪と判断した。

控訴審にて、被害者であるX社社長の再度の尋問を行うなどした結果、控訴審は被告人の言辞は害悪の告知にあたるが、具体的事実関係の下で被告人らが請求権ありと信じてもやむをえない事情があり、請求の態様も、債権回収のため工事代金の差押えやその手続のため自らまたはその委任する弁護士が役所に赴く旨を告知したにとどまり、違法性が強く社会的相当性を欠くものではないとして、違法性を否定し、逆転無罪を言い渡した。

結論的には、権利行使と恐喝の成否が問題とされたが、弁護人は一貫して害悪の告知に該当しない旨の主張立証を行っており、それが結果に影響を与えていることは明らかである。

違法性阻却事由を主張する場合にも、具体的な事実に関する主張が不可欠であることを理解する必要がある。

5 小括

(1) 恐喝罪の成否が争われる事案の類型的特徴

以上、恐喝罪の成否が争われた無罪裁判例（誤判・誤起訴を含む）を概観した。

恐喝罪の場合、その犯罪の性質上、行為者と被害者とが相対峙する形になる。また、いわゆるカツアゲ事案などを除いて、加害者・被害者間に面識があることが多く、その趣旨はともかくとして財物・利益が移転したこと、または移転しそうになったこと自体には争いがないことが多い。

そこで、それが暴行脅迫によるのか否か、あるいは、財物・利益の交付の趣旨を

めぐって被害者等の供述の信用性が争点の中心となっていく。この点が殺人・窃盗・強盗等と異なる恐喝罪の類型的特徴と考えられる。

実際、以上に概観したほとんどの事例において、事実認定に関する総論的な論点、すなわち、被害者供述、共犯者供述、被告人供述それぞれの信用性が正面から問題とされている。

もちろん、権利行使と恐喝の成否といった、いわば古典的な、各論的論点が問題となった事案もある。しかし、それとても、供述の信用性判断を含めた「具体的な事実の積み重ね」があって初めて無罪獲得につながっているのである。

そのなかで、犯人識別証言の信用性が問題となった事例（事例10、21）は、恐喝罪としては特殊な部類に属するものと思われる。しかし、固定観念にとらわれず、恐喝罪においても犯人識別証言が問題になる場合がありうる、という姿勢で弁護活動に臨むことの必要性を教えてくれている。

(2) 無罪となる事例は？

恐喝罪の成否が争われる事案の類型的な特徴は前項に記載したとおりだが、そのなかでも無罪となりやすい類型はありうるだろうか。

多いとはいえない無罪事例を検討したうえでの推論であり、統計的な根拠があるわけではない。

しかし、やはり、
① 被害者供述の信用性が最重要証拠で、ほかに有力な証拠がなく、
② 被害申告に至る過程に問題があり（事件から長期間が経過、捜査機関からの働きかけの疑い、別件で自らが拘束されている間の申告等）、
③ 被疑者・被告人と被害者とされる者との間に一定の人的関係等がある（事件前後を通じて親密、あるいは反目し合っており誇張・巻き込みの可能性がある、被害者の立場と矛盾する言動等）

ケースにおいては、恐喝の成立が否定されやすい傾向にあると考えられる。

これらの条件を満たすケースにおいては、弁護人としては、被疑者・被告人が自白している場合といえども、その自白が真意に基づかないものである可能性をも念頭に置いて、十分に事実関係の調査・検討を行うべきである。

第3　無罪事例を弁護活動にどう活かすか

1　なぜ、誤判・誤起訴は起きるのか

　誤判・誤起訴が起きるのはなぜか。
　誤解をおそれずにいうと、結論的には、弁護人が無罪判決・不起訴を獲得できなかったからである。
　第一次誤判原因研究委員会が明らかにしたとおり、わが国の刑事訴訟には構造的な問題点がある。
　密室での取調べと人質司法が数多くの虚偽自白を生み、また、客観的捜査の不備と見込捜査が冤罪を生み出した（捜査の問題）。
　自白偏重と虚偽自白が作り出されるメカニズムに対する不理解が誤った証拠能力・信用性判断をもたらした。行きすぎた書面審理が証言・供述の信憑性判断を誤らせ、さらには証拠物・鑑定に関する知見の不十分や思いこみが判断を曇らせた（裁判所の問題）。
　しかし、これらが是正されれば、誤判・誤起訴は起きないのだろうか？
　そうではない。
　捜査の問題点、証拠（自白を含む）の問題点を指摘し、検察官に不起訴とするよう促して説得する、公判で無罪を争って裁判所を説得するのは、いずれも弁護人の役割であり、責務である。
　弁護人が、無罪・不起訴とされるべき事案か否かを的確に判断し、問題点を適切に主張して防御を尽くさなければ、誤判・誤起訴は防げないし、なくならない。
　わが国の刑事訴訟は、弾劾主義、当事者主義、直接・口頭主義を採用している。捜査官憲が強制捜査権限というむき出しの暴力を行使してくるのに対峙して、弁護人は被疑者・被告人の唯一の味方となって、その利益を守るために、六法と弁論の力を武器として戦わなければならない。
　捜査機関や裁判所を批判するのは容易いが、それだけでは状況は変わらない。現状を嘆いていても始まらない。まずは、効果的な弁護活動を尽くす努力をすることである。
　そのためには、実際に無罪となった事案に学び、どのような弁護活動を繰り広げるべきかを知らなければならない。

2　恐喝罪の捜査と弁護活動

(1)　捜査の端緒への注目

　恐喝罪は、その性質上、基本的には被害者による被害申告が捜査の端緒になるとみられる（路上等でのいわゆるカツアゲ事案では、現行犯・準現行犯がありうるかもしれないが、多くはないであろう）[10]。

　　ア　被害者と犯人に面識がないケース
　被害者と面識のない者によってなされる行きずり的な恐喝（カツアゲが典型例）の場合、事件発生直後の110番通報や交番への被害申告によって捜査機関が認知し、捜査を開始することになる。
　そこでは、基本的にひったくり事案（窃盗）や強盗事案に類似した初動捜査が行われる。すなわち、被害者に最初に接した警察官により、犯人の人相、着衣、逃走方向・手段等の聞取りが行われ、事案の軽重に従って、緊急配備の要否が決定され、事件発生現場周囲の検索、不審者等への職務質問などが行われる。また、目撃者・参考人に対する聞き込み、周辺に防犯カメラ設置場所（コンビニエンスストア等）があればビデオの確認がなされる。また、犯人が車両によって逃走した場合には、いわゆるNシステムの分析が行われる。
　このようにして、被疑者・被告人が犯人と特定されて逮捕・勾留されたケースでは、どのようにして犯人と特定されたのか、が最大のポイントになる。
　それが被害者、目撃者による犯人識別供述であれば、犯人識別に至った捜査関係資料の証拠開示を求め、面割りの捜査過程が適正なものであったかどうか、目撃条件その他を徹底して争わなければならない。また、被疑者・被告人がアリバイを主張する場合、その裏付けとなる事実関係の調査および証拠化に努めなければならない。
　先に紹介した**事例10**は、犯人識別供述の信用性が問題になったケースである。**事例10**においては、事件発生後1年程度が経過してから捜査が開始されたこと、被害者と被告人との間にいちおう面識があったことなどの特殊な事情があるが、犯人識別供述の信用性を争う場合の弁護活動に多くのヒントを与えてくれる。

　　イ　被害者と被疑者・被告人との間に面識があるケース
　被害者と被疑者・被告人との間に面識があるケースにおいては、被疑者を特定したうえでの被害申告（被害届や告訴）が捜査の端緒となる。

恐喝罪の場合、民事的な背景が絡んでいることが少なからずある。そこで、一般には、警察において、被害申告者からの事情聴取が行われ、犯人処罰を求める目的以外の目的がないかどうかの確認がなされ、被害事実の裏付け捜査が行われる。事件発生後、被害申告までに時間がかかっている場合には、その背景事情の確認等が行われるはずである。

したがって、通常であれば、捜査書類は、時系列に沿って、すなわち、被害届の提出から被害者の初期供述（警察官調書）、被害者立会いによる実況見分調書、被害事実の裏付けとなる金融機関口座からの出金や借入等に関する捜査関係事項照会書等が順次作成されていくはずである。

ところが、無罪となる事例においては、この被害申告に至る過程に問題があるケースが多い。

まず、別の理由から、被疑者が狙い撃ちされている場合がある。被疑者が暴力団関係者等である場合、捜査機関によって、被疑者につき被害申告するよう慫慂されるケースがありうる。

事例8は、被告人の勤務先につき、暴力団との関係が疑われていた事案であり、警察官から被害者に対し、恐喝被害を申告するようアドバイスがなされた疑いがある。**事例1**も、被害申告に至る経過に重大な疑問があるケースである。**事例10**は犯人識別供述の信用性が問題となっているが、右翼取締運動の最中に捜査が開始されていること、被害届よりも以前に被告人の身上調査がなされていることに照らし、あらかじめ被告人を狙い撃ちする意図が捜査機関にあったと目される。

弁護人としては、①捜査開始時期が暴力団取締活動強化月間等ではないか、②戸籍謄本や前科調書の作成時期が被害届よりも以前の日付になっていないか、③被害届の作成時期より以前から捜査が開始されていることを窺わせる証拠がないか（被害事実の裏付け捜査資料が被害届の作成日付けよりも以前であるケースがありうる）等を慎重に吟味するべきである。また、被疑者・被告人に対し、捜査機関から狙われる事情がないかどうか、よく聴取するべきである。

ときには、見込み捜査により、いわば事件がでっち上げられることもありうる。**事例4**は、まさにそのようなケースである。

さらには、捜査の過程で、被疑者・被告人と被害者との関係や、恐喝被害と矛盾するような事実が判明しているにもかかわらず、意図的に隠ぺいされることがある。

事例1は、まさにそのようなケースであり、弁護人としては、①被告人と被害者との関係、②被害者の属性、③被害申告に至った経緯（事件との時間的間隔がポイント）、④事件前後の被害者の行動に恐喝被害と矛盾する点がないかどうか等の事実関係に

つき、被告人から事情聴取を行うなどして十分調査し、証拠を収集する必要がある（事例4、9、11、15、16など）。

　これらの捜査関係資料については、これまでは地道な調査や証拠開示請求等によらざるをえなかった。しかし、事案によっては、公判前整理手続に付すことを弁護人から積極的に裁判所に求め、類型証拠開示、主張関連証拠開示によりこれらの捜査関係資料の入手に努める方策が考えられる。

(2) 被害者供述・共犯者供述をどう扱うか

　捜査が進捗するにつれ、被害者の供述調書が固まり、また、共犯者がいるケースにおいては、共犯者の供述調書が固まっていく。

　捜査の過程で、客観的事実と矛盾するような供述内容については、訂正されるなどの作業が行われる。また、供述相互間の矛盾を解消するための調整も行われ、最終的に検察官調書へと整理されることになる。

　どの点に力点を置いて争うかによって異なってくるが、脅迫文言の不存在など恐喝の実行行為自体を争う場合、被害者の属性、被告人との関係、事件前後の被害者の言動等が被害者供述を崩す重要なポイントとなる。これらについては、前述したとおり、被害申告に至る経過等に関する事実確認により、反対尋問の材料が得られるはずである。また、事件現場の客観的な状況を確認したり（事例2）、被告人の主張を裏付ける客観証拠の収集に努め（事例10）、これを被害者にぶつけることでその信用性を争うことになる。

　また、被害者の供述の変遷の有無を知るために、初期供述を録取した調書が開示されていないようであれば、必ずその全部の開示を求めなければならない。被害届の記載と供述調書の記載との間にニュアンスの相違がみられるなど、無罪を争いうる事案においては、なにかしら徴憑があるものである。

　共犯者供述についても、同様であり、客観的事実との矛盾はないか、共犯者の属性、被疑者・被告人との関係等を検討するほか、被疑者・被告人の記憶の中では、共犯者とされる者がどんな言動をしていたことになっているかを聞き取りによって十分確認しておき、これと共犯者供述の内容との比較検討を行う。

　また、被害者供述と共犯者供述との比較検討（これを行うことにより、重要部分において、不自然なほどほとんどそっくりの言い回しになっていることが判明することがある）を行い、なぜ、共犯者とされる者がそのような供述をしているのかを考えなければならない。捜査段階で作成された全部の供述調書の開示を求めることも不可欠である。

　共犯者供述の取扱いについては、**事例1、事例2、事例8**などが参考になる。

(3) 被疑者・被告人の自白をどう扱うか

　恐喝罪の場合、犯人を特定しての被害申告が行われているケースでは、被害者事情聴取、参考人事情聴取その他の裏付け捜査を相当に進捗させてから逮捕状を取得し、被疑者を任意同行したうえ、逮捕状を執行するというパターンが多い。

　恐喝という罪質上、共犯者がいないケースであれば、被害者供述が最も重要で、かつ、ほとんど唯一の証拠となってしまう。そのような不安定な証拠構造であるがゆえに、捜査機関としては、できるだけ自白を取得したいと考えているはずである。そのため、取調官は、多くの情報をもとに、執拗に自白を求めてくることになる。

　完全に犯人性を争うというケースでないかぎり、被疑者・被告人と被害者との間には面識があり、何らかのやりとりがあり、また、何らかの財物・財産上の利益の移転とおぼしきものがあるケースが大半である。それだけにリスクは大きく、被疑者・被告人に否認供述を積極的に行わせることを選択した場合、取調官の巧みな誘導・論駁等により、意に反して自白に至ることがありうる。

　また、暴力団関係者が多いことも影響してか、早期保釈のために捜査段階で自白してしまうことも少なくない。

　したがって、弁護人としては、捜査の初期の段階で、黙秘するか、積極的に否認供述をさせるかの判断を迫られることになるし（その判断は必ずしも容易ではない）、早期保釈のために自白することの危険性を力説して説得に努めなければならないことになる。

　そして、残念ながら、自白調書が作成されてしまった場合には、自白に至った経過について証拠を残す努力をするとともに、やはり、不自然な内容となっていることが多いので、自白の信用性を否定する事情の有無を十分検討しなければならない（事例1、2、4、7、8など）。そのうえで、公判において、自白の任意性、信用性を徹底して争わなければならない。

(4) 法的主張をどうするか

　恐喝罪において、権利行使と恐喝罪の成否という法的主張を行うべき場合がある（事例9、14など）。

　この場合においても、まずは、事実関係において、恐喝罪が成立しない旨主張できる余地は十分にある。これらの具体的な事実関係を積み重ねたうえで、はじめて権利行使として正当である旨の法的主張が活きてくるということを知らなければならない。

3 まとめ

　以上に見たとおり、現実に無罪となった事例から、恐喝の弁護活動のためのヒント、教訓を数多く学び取ることができる。

　弁護人は、恐喝を否定する方向に働く一切の事実（多くは間接事実）を見逃さず、余すことなく拾い上げて主張・立証するよう、十分努力しなければならない。無辜の不処罰（有罪事案の場合は、適正な量刑）を実現するために、弁護人の職責の重さを改めて肝に銘じなければならない。

1　無罪事例には、再審無罪・上級審で破棄無罪となったもの（「誤判」事例）と下級審で無罪確定したもの（「誤起訴」事例）がある。本稿では、いずれについても検討の対象にする。取り上げた事例は、別紙一覧表のとおり、24件である。一覧表記載以外にも日弁連に寄せられた無罪事例があるが、確定の有無が確認できないものや判例時報等の主要な判例雑誌に掲載された事例は原則として割愛した。ただし、別表18から24までの各事例については、いずれも公刊物、判例データベースに掲載されたものである。直近の無罪事例を紹介しておく趣旨で、あえて取り上げた（確定の有無も確認できていない）。
2　検討・分析の方法は、判決文そのものの検討のほか、各弁護人から弁論要旨等の資料送付・情報提供を受けることにより、生の審理経過・弁護活動を検討・分析する方法に依った。紙上を借りて各弁護人のご協力に感謝の意を表したい。ただし、別表18から24までの各事例については、時間の関係等から弁論要旨等の原資料を検討することができていない。判決文の検討に留まる。
3　季刊刑事弁護3号（1995年）194頁に本事例の評釈が掲載されている。
4　本事例については、残念ながら公刊物に判決全文が掲載されていない。
5　事例1ないし4、6、8、10、11、13、15ないし19、21、23、24において、被害者供述が問題となっている。
6　このような事例が有罪になりうると思うと空恐ろしい。季刊刑事弁護20号（1999年）76頁に弁護人によるレポートが掲載されている。
7　本事例については、季刊刑事弁護7号（1996年）94頁に弁護人によるレポートが掲載されている。他に犯人性が問題となったものとして、事例21がある。
8　本事例では、業務上横領についても無罪となっている。
9　季刊刑事弁護20号（1999年）86頁に弁護人によるレポートが掲載されている。
10　警察庁の平成19年の犯罪によると、恐喝罪の認知総数は7,384件、うち、告訴・告発が32件（告訴30件、告発2件）、被害者・被害関係者からの届出が6,972件（110番通報が1,258件、それ以外〔被害届け等〕が5,714件）となっている。したがって、被害申告が捜査の端緒となるケースが7,004件であり、実に約95%に及ぶ。

| 事例番号 | 裁判所（原審）・宣告日 / 弁護人 / 罪名 / 出典（全文未収録含む） | 事案の概要 | 争点類型 |||||
			被害者供述の信用性	共犯者供述の信用性	自白の信用性	犯人性	権利行使と恐喝	その他
1	大阪高裁（大阪地裁）平1.2.1 / 永嶋靖久 / 恐喝 / 日弁1集350頁	捜査段階での被害者の供述は、暴力団関係者ではないことを強調して、自らの別件における刑事責任の軽減を図ろうとしたものであり、かつ、客観的証拠とも齟齬し、信用性に疑問があるとして逆転無罪となった事例	○		○			
2	大阪地裁平2.6.20 / 三上陸 / 恐喝未遂 / 日弁1集358頁 大阪1集75頁	犯行現場の図面にもとづく被害者の証言について、客観的事実と図面との齟齬を指摘するなどの弁護活動が功を奏し、共謀の成立を否定して無罪となった事例	○	○				
3	大阪高裁（大阪地裁）平2.11.28 / 戸谷茂樹ほか / 恐喝、逮捕 / 大阪1集110頁	労使紛争に関するトラブルが恐喝・監禁罪に問われたが、当該状況を録音したテープを分析することにより被害者供述の虚偽性を明らかにし、逆転無罪となった事例	○					
4	松山地裁平4.11.25 / 曽我部吉正 / 業務上横領、恐喝 / 日弁2集188頁	業務上横領および恐喝について、漁業協同組合の背景事情や総会決議・協定内容、経過を十分検討・把握しないままに見込み捜査によって自白を得たものとし、いずれも信用性を否定して無罪を言い渡した事例	○	○	○		○	
5	東京地裁平4.11.20 / 真木幸夫 / 恐喝 / 日弁2集333頁	暴力団組長の被告人が、内妻や配下組員と共謀のうえ、スナック経営者から100万円を前借りしながら返済せず所在不明となった女性の父親から、弁償名下に100万円を喝取した事案において、共犯者供述の信用性を否定した無罪を言い渡した事例		○				
6	広島地裁平5.4.16 / 島方時夫 / 恐喝 / 日弁2集329頁	被告人の同性愛行為の相手方であった被害者から35万円余りを喝取したとの事案において、疑わしきは被告人の利益にの原則に従い、被害者供述の信用性を否定し、無罪を言い渡した事例	○					
7	徳島地裁平5.8.9 / 吉成務 / 恐喝（一部無罪）/ 公刊物未登載	被告人が元暴力団組員らと共謀して同棲相手の父親から慰謝料名下に金員を喝取したとされる事件で、元組員らが慰謝料以外に養育費名下で喝取することなどを知り、同棲相手の他に父親からも喝取することが分かったとの被告人の自白は、不自然であって信用性に欠けるとして一部無罪を言い渡した事例			○			
8	福岡地裁久留米支部（再審）平6.3.3 / 馬奈木昭雄ほか2名	被害者に強引に売りつけた車両を喝取して転売益を得ようとしたとの事案につき、第一審にて事実関係を争わず有罪が確定したが、実刑となった共犯者が控訴して無罪判決が確定したことから開始された再審事件につき、捜査段階の被害者の供述調書及び被告人・共犯者の自白調書は、いずれも	○	○	○			

3 恐喝 169

	恐喝	信用性に重大な疑問があり、公訴事実を合理的な疑いを入れる余地なく認定することはできないとして無罪を言い渡した事例					
	日弁3集32頁 刑弁第3号194頁						
9	仙台高裁秋田支部（秋田地裁大館支部）平6.11.29	被害者が経営する会社の専務が偽造した手形を割引いた被告人（暴力団組長）が、手形が不渡りとなったことについて、現金や手形の内入れを子分が受けていたにもかかわらず、被害者に対し「弁護士に頼んで工事代金を差し押さえる」と言ったことが詐欺及び恐喝として起訴された事件で、原審は詐欺のみを無罪としたが、控訴審において被告人の言辞は恐喝罪の実行行為に当たるが、被告人が被害者に対して請求権があると信じたことに無理からぬ事情があり、請求態様も社会的にみて許容されない類いのものではなく、違法性を欠くとして逆転無罪となった事例				○	
	川田繁幸						
	恐喝、詐欺						
	日弁3集180頁 刑弁第20号86頁						
10	福岡地裁平7.12.20	右翼団体構成員の被告人が賛助金名下に3000円を喝取したとされる事案で、恐喝犯人と被告人の同一性についての被害者の犯人識別供述や捜査段階の自白調書の信用性を否定し、無罪となった事例	○		○	○	
	古本栄一						
	恐喝						
	日弁4集68頁 刑弁第7号94頁						
11	福岡高裁（福岡地裁）平8.1.31	被告人が被害者から金10万円と覚せい剤5グラムを喝取したという公訴事実につき、被害者供述の内容の不合理・不自然性に加え、被害者は覚せい剤使用により被害妄想に陥り、覚せい剤使用を止めるよう叱責した被告人に反感を抱いていたこと等の事情により、被害者供述の信用性を否定して、逆転無罪となった事例	○				
	作間功ほか1名						
	恐喝						
	日弁4集77頁 刑弁第20号76頁						
12	岡山地裁平9.5.27	被害者が気弱な性格で被告人を畏怖しているのに乗じ、前後3回にわたり、被害者を脅迫して金融業者から借入れをさせ、その借入金を喝取したとの事案につき、後の2回については、借入れするよう普通の口調で述べたにとどまり、脅迫と評価できる程度の言動ないし態度を示したことは認定できないとして、一部無罪を言い渡した事例			○		○
	山本勝敏						
	詐欺、横領、恐喝						
	日弁5集22頁						
13	名古屋地裁平9.3.7	被害者が代表者をつとめる会社の経営権を獲得するために同社印鑑や普通預金通帳を喝取したとされる事案で、被告人が公訴事実記載の恐喝文言を述べたという被害者の公判廷供述は、被害者作成の告訴状や捜査段階の供述調書に記載されておらず、以前の公判期日における尋問の際にも証言されていないなど、重要な事項に関する供述に一貫性がないこと等を理由に被害者供述の信用性を否定し、無罪を言い渡した事例	○				
	高橋直紹						
	恐喝						
	日弁5集143頁						
14	京都地裁平10.2.25	暴力団のフロント企業とされる会社の従業員が暴力団の威力を背景として、債権回収名下に恐喝等に及んだとの事案において、請求権があることを認定した上、被告人らが債権回収の手段として用いた言動は脅迫に該当するが、社会通念上債務者の受忍限度を超えたものとするには合理的な疑いがあるとして、無罪を言い渡した事例				○	
	若松芳也ほか2名						
	恐喝、有印私文書偽造・同行使、有価証券偽造・同行使、詐欺、公正証書原本不実記載・同行使						
	日弁5集150頁						
	仙台地裁登米支部平12.2.8	暴行・脅迫の上、被害者に普通乗用自動車1台を購入させて、これを喝取したという事案につい					

15	阿部潔 恐喝 日弁6集150頁	て、暴行により生じたとされる被害者の負傷についての目撃者の証言や被害者が何らかの犯罪の共犯とされることを回避するため自己に都合のよい供述をしている可能性、暴力団内部における日常的な上下関係に照らし被告人が被害者に対して暴行・脅迫を加える必要性は乏しいことなどを勘案して、被害者供述の信用性を否定し、無罪となった事例	○				
16	新潟地裁平12.1.7 馬場泰 恐喝、詐欺 日弁6集237頁	暴力団構成員の被告人が知り合いから金員を恐喝するなどした事案につき、事件から1年以上が経過して被害申告がなされた事情や、被告人と被害者の日常的な交友関係その他の関係証拠に鑑みて、被害者の供述は信用性に乏しく合理的疑いがあるとして、無罪を言い渡した事例	○				
17	仙台地裁平13.5.11 草場裕之ほか2名 強姦、恐喝 判タ1105号259頁 刑弁35号77頁	強姦被害を受けたうえ、恐喝されたとする被害者供述の信用性を否定し、無罪を言い渡した事例	○				
18	東京地裁平14.3.15 不明 恐喝未遂 判時1793号156頁	経営権譲渡契約の違約金名下に金員を喝取しようとした恐喝未遂の公訴事実について、被害者2人の供述の信用性は低く、被告人らの請求が権利行使の相当性を欠く恐喝行為に当たると解することは困難であるなどとして、被告人3人がいずれも無罪となった事例	○			○	
19	福岡高裁宮崎支部 (宮崎地裁) 平15.5.1 和久田修、岩井信 恐喝未遂 最高裁HP	暴力団会長である被告人が、スナック経営者に対し、みかじめ料名下に金員を喝取しようと企て、スナック経営者を脅迫し、金員の交付を要求したが、同人が警察に届け出たため、未遂に終わったとする恐喝事案において、被害者供述の信用性を否定し、みかじめ料交付の要求や、害悪の告知があったとは認められないとして、原判決を破棄し、無罪を言い渡した事例	○				
20	神戸地裁平16.3.17 不明 恐喝未遂 LexisNexis	ガソリンスタンドにおいて、同所設置の計量器の縁石に被告人運転車右後輪部を接触させるや、同店従業員Bの誘導の仕方が悪いとして因縁を付け、同店関係者からタイヤ交換費用名下に金員を喝取しようと企て、かねて自己が暴力団員であることを知っていた同店従業員C及び上記Bに脅迫を加えて畏怖させたが、同店従業員が警察官に届け出たため、その目的を遂げなかった恐喝未遂罪で起訴された事案について、被告人の行為態様は、相手方を畏怖させるに足りる害悪の告知というには合理的な疑いが残るとして、無罪となった事例					○
21	大阪高裁(京都地裁)平16.3.19 池上哲朗、戸田洋平 恐喝 判タ1162号298頁	恐喝の事案について、被告人のアリバイ主張や被告人には本件犯行を実行することが困難であったことを認めて、被告人を有罪とした第一審判決には事実の誤認があるとしてこれを破棄し、無罪を言い渡した事例	○	○	○		
22	大阪地裁平17.5.25 不明	いわゆる同和団体の支部役員の地位にあった被告人4名において、被告人のうち1名がその勤務先の会社から解雇通告を受けるなどしたことを契機として、部落差別による不当解雇の糾弾を装って同社から解雇予告手当名下に金員を喝取しようと企て、同社を訪問の上、応対した同社担当者に				○	

	恐喝	対して、解雇通告が部落差別である旨怒号するなどして同人を畏怖・困惑させ、解雇予告手当相当額を含む金員を銀行口座に振り込ませたという恐喝の公訴事実に対して、犯行態様等については、概ね検察官が主張する事実を前提としつつ、いわゆる「権利行使と恐喝罪の成否」の問題についての検討を経たうえで、被告人4名に対して無罪を言渡した事例					
	判タ1202号285頁						
23	神戸地裁平19.3.15	被告人の知人経営の株式会社Bが、株式会社Cに対し有していた債権が、株式会社Cの和議申立てにより回収困難となったため、同債権の取立て名下に、被告人が株式会社Cの専務取締役Dから金銭を脅し取ろうと企て、被告人が管理する事務所内で、Dに対して脅迫し、2,000万円を振込送金させ、もって財物を脅し取ったとして起訴された恐喝事案において、被告人がDを脅迫した事実を認定するにはなお合理的疑いが残るとして無罪を言い渡した事例	○			○	
	明石博隆						
	恐喝						
	LexisNexis						
24	大阪地裁平20.6.23	医療法人の理事の依頼により同医療法人振出名義の白地手形を回収した被告人が同医療法人理事長に対して、上記手形につき依頼返却して欲しければ3億円を小切手と現金で支払うよう要求し、金額合計2億9,000万円の小切手3通、現金1,000万円を喝取したという恐喝事件につき、被告人は上記要求をした前日に既に依頼返却の手続をしているところ、同理事長もそのことを知っていた疑いが残り、被告人が上記要求をしたというには合理的な疑いが残るとして、無罪を言い渡した事例（有価証券に関する訴因は有罪）	○				
	不明						
	有価証券虚偽記入・同行使（変更後の訴因 有価証券偽造・同行使）、恐喝						
	最高裁ＨＰ						

4 横領・背任

佐藤博史・大川 治

第1 総論

1 はじめに

　本稿においては、比較的近時の横領・背任に関する無罪事例を取り上げ、無罪に至った過程を検討し、横領・背任事案における弁護活動のあり方を考える素材を提供したい。
　なお、無罪事例には、再審無罪・上級審で破棄無罪となったもの（誤判事例）と下級審で無罪確定したもの（誤起訴事例）があるが、いずれについても検討の対象にする。

2 横領・背任事案の特徴と弁護の方針

(1) 横領罪は、他人の占有に属さない他人の物を不法に領得する犯罪であり、単純横領（刑法252条）、業務上横領（刑法253条）、占有離脱物横領（刑法254条）があるが、実務上は、ホワイトカラー犯罪の代表とされる業務上横領罪が重要である。
　背任罪は、他人のために他人の事務を処理する者が図利加害目的で任務違背行為を行い、財産上の損害を生じさせる罪であり（刑法247条）、特別規定として会社の役員についての特別背任罪（旧商法486条ないし488条、会社法960、961条）がある。

会社・官庁の役職にある者が「犯罪者」となるホワイトカラー犯罪の典型といえる。

(2) 横領・背任は、上述のとおり、ホワイトカラーが犯罪者となる代表的な類型であるが、その犯罪としての性質上、「被害者」と一定の信任関係に立つ者が、それに背いたとされる「事件」である。

そこで、次のような特徴を挙げることができる。

第1に、事件が発覚する経緯（捜査の端緒）それ自体に経済的な利害関係が絡んでいることが多い。横領、背任ともに、告訴・告発が捜査の端緒となることが多い犯罪類型であるが[1]、「被害者」が一定の思惑に基づいて告訴した場合はもとより、捜査機関が内偵に基づいて立件する場合でも、捜査機関への情報提供者には一定の利害関係がある。その結果、事件化されずに終わる場合や一部の事実のみが事件化される場合も少なくない。要するに、他の刑事事件のように、「事件」が即自的に存在しているわけではなく、なんらかの意味で選び出された「事実」が問題となるのである[2]。

第2に、問題とされる行為は、贈収賄などの場合とは異なり、表面的には正常な経済的行為として処理されていることも少なくなく（事実が粉飾されている場合でもそうである）、メモ、報告書、稟議書、議事録、契約書、送金票、領収書など多くの記録が残され、かつ、多数の者が関与していることが多い。つまり、正常な経済的行為として処理されたものが後に犯罪視されることから、外形的な行為そのものは争いないが、その意味や行為者の意図は必ずしも明らかではなく、その解明は関係者の供述に頼らざるをえない。背任の場合、図利加害目的など行為者の内心の認識・意図の立証が必要になるから、いっそう、その傾向が強まる。要するに、客観的な事実は記録され、争いはないが、その意味は「供述」に基づいて確かめざるをえないのが経済事犯の特徴なのである。

(3) 上述した第1と第2の特徴が重なり合い、横領・背任事案では、①捜査機関に積極的に協力する（あるいはその意図を汲んで迎合的に協力する）関係者と、②捜査機関と対抗的な立場に立つ被疑者（とその主張に添う供述をする者）という対立構造ができ上がる。そして、捜査機関が強制捜査に乗り出し、その狙いが明確になると、当初から捜査機関に協力してきた者（①）はもとより、被疑者の主張に添う供述をしてきた者（②）も捜査機関に迎合する供述を行うようになり、捜査機関が描く「事件の構図」が、関係者の「任意の」供述によって裏づけられる観を呈する。

むろん、それが真実である場合もあるが、しかし、弁護人としては、捜査機関が

見ようとした幻を捜査機関の意図を察知した関係者（ことに「共犯者」と疑われた者）がそれに沿って供述しただけのものではないか、と疑ってみる必要がある。

「共犯者の供述」が無実の者を巻き込むことの危険性は、従来、殺人事件などの凶行犯について指摘されてきたが、贈収賄事件を含む経済事犯でも、否、その場合には、「無実の者」といえどもなんらかの意味で「事件」に「関与」しており、無関係であるのに事件に巻き込まれたということは、ことがらの性質上ありえないから、より一層自覚的に供述の真偽を疑わなければならない、というべきである。

しかも、横領・背任事件で起訴される者は、かつて責任者の地位にあった者であることが多いから、自責の念に駆られがちで（そのことを捜査機関が逆手にとることも多い）、捜査や裁判に対する「耐性」は、他の場合に比してむしろ弱いとさえいえる。そこで、いったん自白したり、他の関係者が捜査機関の見立てどおりに供述している場合には、あきらめの境地から公判ではあえて争わないことにする場合も少なくない。

したがって、弁護人は、横領・背任事案において、①捜査機関の見立て（後述する「事件の構図」）がいかなるものかを把握することに努めるとともに、②被疑者・被告人から、「自分はこの事件をどう認識しているのか」を正確に聞き取らなければならない。そして、③被疑者・被告人の認識をもって外形的な事実関係を説明できるかどうかを検証しなければならない。捜査機関の見立てを打ち崩すストーリー、ケース・セオリーを提示できるかどうかを考え抜かなければならないのである。

(4) ここで、「特捜部型事件」に触れておきたい。

犯罪類型の多様性に応じて、捜査にも類型がある。殺人・強盗などの強行犯、誘拐・放火などの特殊犯、窃盗などの盗犯、強姦などの性犯罪は、いずれも「現場が重要な犯罪」であり、「捜査一課型事件」と呼ぶことができる。一方、贈収賄、背任・横領、詐欺などは、犯罪現場がないか、現場で資料を収集する必要のない「現場が重要ではない犯罪」であり、「特捜部型事件」と呼ぶことができる[3]。

特別背任は、まさに特捜部型事件の典型であり、ある事象に対する法的評価を経てはじめて犯罪となるのであって、事件は発掘されない限り存在しないといえる。捜査はスケジュール化され、問題となる行為と行為者が最初から明らかとなっており（いわば、答えが最初から決まっている）、その行為を犯罪とし、行為者を犯罪者とするために「事件の構図」が特捜部によって作り出される。稟議書等の資料の記載は、すべてその「事件の構図」に合致するように読み解かれる（「解釈される」といってもよい）。そして、そのように読み解くことができるように、関係者の供述を「獲得する」ことに重きが置かれる。それに反する供述や資料は、無視あるいは過小評価されるか、場

合によっては、まったく異なる意味に解釈されてしまう。他方で、事実の取り違えがあったときは、事件の構図が一瞬にして瓦解し、事件が一気に崩壊する可能性を秘めているといえる。

特捜部型事件の弁護にあたっては、その捜査の特徴を知り、これに的確に対応しなければならず、公判に臨んでは、開示証拠からいかに弁護の手がかりを見いだすか、捜査機関に事実の取り違えがないかどうか、隠された証拠がないかどうかを検証し、「事件の構図」を打ち崩さなければならないのである。

(5)　では、実際に、特捜部型事件では、捜査機関はどのように捜査を進め、どのような証拠を集めているのだろうか。

　ア　捜査機関は、企業犯罪には、①発覚した事件に対する対応と、②事件の「発掘」の2通りの端緒があると考えているようである。

新聞等で、経済取引に影響をもたらすような事案が報道されると、捜査機関は、認知した日から迅速に企業に関する基礎情報を収集し、犯罪になるか否かを検討する。また、取引先や企業内部からの通報、告訴・告発も有力なルートになる。

一方、捜査機関が、摘発すべき対象企業に焦点を絞って情報収集・内偵活動を行うこともあるとされている。まさに、「犯罪を見つけ出す」のである。どういう企業が内偵対象になるかというと、オーナー企業など経営者が会社を私物化するおそれのある会社や、企業舎弟等、反社会的勢力との関係が噂されるような会社、不良債権を抱えた企業、株取引の動向に不審のある企業などが典型例だとされている。興味深いのは、「急成長した企業」、「内部抗争のある企業」が内偵対象とされていることである。

このような内偵対象の選別が客観的に公正・公平・合理的に行われるとはかぎらず、捜査機関の思い込みや予断によって、特定の企業が内偵対象とされ、「事件が作り出される」危険性をはらんでいる。

　イ　捜査機関は、内偵対象とした企業の商業登記簿や有価証券報告書等を入手し、あるいは企業のWebサイトの分析・検討を進める。その際、不動産登記事項証明書など、財産関係の調査・検討がなされることもある。

ついで、捜査機関は、対象企業の監督・検査官庁からの事情聴取を行う。この過程で、当該対象企業自身も閲覧したことがなく、また、存在すら知らないような行政文書が証拠として収集される可能性がある。また、対象企業の取引先企業や取引金融機関に対する事情聴取が行われることもある。

そして、企業の内部関係者に対する事情聴取が行われる。

対象企業が法的倒産手続をとっている場合には、破産管財人、更生管財人や民事再生の申立代理人や監督委員からの事情聴取、資料提供が行われる。

経営陣が刷新されているようなケースでは、新経営陣からの事情聴取が行われる。また、対象企業の従業員や退職者がいわゆる内部告発をするケースがあり、これらの者からの事情聴取も行われる。

企業内部者に対する内偵捜査は危険性をはらんでいる。とくに、新経営陣が旧経営陣を告発しようとするケースなどでは、背後に企業内部での権力争いが潜んでいることが少なくない。新経営陣が自らの不正を隠ぺいするために、意図的に旧経営陣を告発する場合も皆無ではないだろう。同じことは、内部告発者についてもいえる。犯罪が作り出される可能性がある。

ウ　このような内偵捜査が行われたあと、捜査機関は事案の見通しを慎重に検討したうえで、強制捜査に踏み切るかどうかの判断をする。

不祥事が発覚したり、倒産に追い込まれたりした企業であっても、直ちには捜査が進展せず、それこそ忘れたころに強制捜査が開始される場合がある。

一方、なんの前触れもなく、電光石火のように強制捜査が開始される場合もある。

事案により千差万別だと思われるが、強制捜査が行われるに先だって、何らかの前触れが必ずあると考えられる。捜査関係事項照会があったり、従業員が事情聴取を受けたりなどがその例である。

捜索・押収においては、会計帳簿や稟議書関係など、企業経営に関わる資料がごっそり押収される。コンピュータのデータなども然りである。しかし、これらの資料については、捜索・押収を待たずとも、内偵捜査段階で、任意に取得したり、監督・検査官庁から入手したりしていることが少なくない。また、証券取引等監視委員会や公正取引委員会の調査によって、これらの資料が収集済みであることも多い。むしろ、役員のメモや備忘録等、公式文書でないものを見つけ出すことに重点が置かれているようにも感じる。これらのメモに、正式な議事録には残っていない発言などが残されているというのであろう。

主観的要件の立証が目的であろうが、こういったメモなどに不自然に力点が置かれてしまうことがある。謀議や図利加害目的の動かぬ証拠だとの捜査機関による評価・見立てが、まったく見当違いなことがある。見当違いなまま、これらの「重要証拠」に依拠した事件の構図が組み立てられ、それに沿った供述を獲得するための逮捕・勾留が行われることがある。

エ　ホワイトカラーは、やはり、逮捕・勾留による心理的プレッシャーに弱い。捜査機関は、それを知りながら、弱い立場、末端の立場にある者をも逮捕・勾留し、本丸である頭取や社長の有罪を確実にする供述を獲得しようとする。

しかも、捜査機関は、主犯格の逮捕前に、関係者、共犯被疑者からの供述固めを先行させる。「主犯格は逮捕されていないのに、俺たちだけが逮捕されている、俺たちだけの不祥事に矮小化されそうになっている」と共犯被疑者らが思ったときは、既に捜査機関の術中にある。

取調べの手法も、殺人や窃盗などとは少し異なる。具体的な実行行為部分の聴取にこだわらずに、不正に関する意思決定状況に関する供述を詳細に引き出して、具体的な不正を誰がいかにして発案し、起案・稟議決裁されたのかを解明することに重点が置かれる。事実を丹念に聞くのではなく、「不正」、「犯罪」が先にありきでそこに絞った取調べがなされがちなのである。

こうして、主犯格とされる被疑者が逮捕・勾留されたときには、すでに外堀は埋まってしまっているわけである。すべての資料や証拠は捜査機関の描いた「事件の構図」に合致するように評価され、整理されている。「知らなかったでは通らない。上に立つ者として恥ずかしくないか」という延々と続く説得が待っているのである。

オ　このようにして集められた証拠資料、供述、自白は、捜査機関の抱く「事件の構図」に合致するよう解釈され、整理される。そして、公訴提起に至るのである。

3　横領・背任と弁護の技術

前述のとおり、横領・背任類型では、故意や目的などの主観的要素が犯罪の成否を分けることになり、必然的に、被疑者・被告人の自白を含む不利益事実の承認、関係者の供述の信用性判断が重要なポイントとなる。

供述の信用性判断のあり方は、まさに誤判原因の主要な論点であるが、横領・背任類型で被疑者・被告人とされる者のほとんどが、それまでごく普通の日常生活を営み、犯罪とは無縁であるということを十分考慮しなければならない。

また、殺人や窃盗などの基本的な犯罪とは異なり、業務上横領や背任の成立要件について、一般社会人は十分な知識を持っていない。それと気付かないうちに、重要なポイントで不利益事実を承認してしまうこともあり得る。

被告人と対立する関係にある者の供述にはバイアスがかかっていることが多く、共

犯者とされる者の自白がもたらす危険も大きい。

そして、前述のとおり、捜査機関が描いた「事件の構図」に沿って事実がゆがめられることがある。事件の構図にとって不都合な事実が捨象されていないか等の検証が不可欠であるが、そのためには、企業活動に関する知識や洞察が必要となってくる。

横領・背任事案を弁護するには、その特徴・特殊性を十分理解し、細心の注意が要求されるのである[4]。

本稿においては、現実に無罪となった事例に学んで、どのような弁護活動が効果的であるのかを検討することとしたい。

第2 裁判例の紹介と検討

1 平成元年以降『無罪事例集』を含む刊行物に掲載された横領・背任の無罪事例は、本稿末尾掲載一覧表（以下、「別表」という）のとおり、合計15件で多くはない。

しかし、上記のとおり、起訴の時点では、捜査段階での被告人の自白があることも少なくなく、被告人以外の事件関係者の供述のほとんどすべては被告人の有罪を示しているといってもよいことを念頭に置くと、被告人が徹底的に争えば無罪になったと考えられる事件も存在すると思われ、無罪事例はまさに氷山の一角と考えるべきであろう。

以下、争点類型ごとに検討する[5]。

2 業務性または横領行為が否定された事例

(1) 事例1は、宝飾品の加工・販売を業とするA社の女性従業員である妻に協力してダイヤリングを販売した被告人が、その代金として預かり保管中の約束手形（額面95万円）を自己の用途に費消したとして業務上横領罪で起訴された事件である。最終的に、業務性が否定されて単純横領が認定され、起訴されるまでに公訴時効期間が経過していたから、最高裁判所において免訴判決となった貴重な案件である。

ア 公訴事実の要旨

宝飾品の加工・販売会社から委託を受け、業として同社の宝飾品の販売等を行っていた被告人が、ダイヤリング販売代金の支払いとして額面95万円の約束手形を

集金して業務上保管中、昭和55年12月15日、自己がクレジット会社に差し入れていた約束手形の買い戻し資金の一部として前記手形を提供し、もって横領した、というものである。

イ　事件の経過
弁護人は、横領行為の存在そのものを争い、また、業務性の存在を争った。
一審（大阪地判平成1・6・14）は、弁護人の主張をいずれも退け、業務上横領罪の成立を認めて被告人を懲役1年、執行猶予3年に処した。
これに対し、二審（大阪高判平成2・3・14）は、横領行為の存在そのものについては、一審の判断を是認してこれを認めたが、被告人はA社と雇用関係になく、会社のセールスレディをしていた妻に属するプロモーターの立場であり、反復継続して宝飾品の販売や付随する集金等を行っていたことには疑問があるとして、業務性を否定し、単純横領罪で有罪とした。
しかし、単純横領罪となった場合、法定刑が懲役5年以下であるから、公訴時効は5年で成立する。そこで、最高裁は、職権で、公訴提起（1986〔昭和61〕年3月7日）は犯罪行為時（1980〔昭和55〕年12月15日）から5年2カ月余を経過しており、5年の公訴時効が完成していたから免訴の言渡しをすべきであったとして、二審および一審の判決を破棄し、免訴を言い渡した（起訴事実とは異なる犯罪事実が認定できるが、認定事実を前提とすると、公訴提起時点において公訴時効が完成しており、かつ、起訴事実と認定事実との間にいわゆる縮小の関係がある場合、訴因変更の手続を経ることなく免訴を言い渡すべきとするのが判例である）。

ウ　弁護活動について
上述したとおり、弁護人は横領行為の存在そのものも争ったが、その主張は認められなかった。
しかし、業務性という別の争点を提示し、その「無罪」立証に成功し、さらには最高裁において公訴時効による免訴という結論を得たという意味で（ただし、免訴の主張はしていなかった）、弁護の成功例というべきである。

(2)　**事例3**は、共犯事件で、被告人Aは漁業協同組合の組合長理事、被告人Bは同組合の専務理事であるが、共謀のうえ、同組合に対する漁業補償金（現金）603万円を業務上預かり保管中、自己らの用途に費消するため、ほしいままに着服して横領したとして起訴された業務上横領事件である（ほかに、2度にわたり、共謀のうえ、建

設会社から補償金や監視船料名目で合計500万円を喝取したとする恐喝事件〔いずれも無罪〕がある。この点は「3　恐喝」を参照）。被告人両名はいずれも無罪となった。

ア　公訴事実の要旨

被告人Aと被告人Bが共謀のうえ、M市から漁業協同組合に対する漁業補償金として現金603万円を受け取り、同組合のため、預かり保管中、そのころ同組合事務所において、同現金のうち、260万円を自己らの用途に費消するため、ほしいままに着服して横領したというものである。

イ　無罪に至る経過

捜査の端緒は、組合内の内部対立（被告人らの失脚）と思われるが、補償金の「費消」から5年後に捜査が開始され、補償金の処理について責任者であった被告人両名は、逮捕直後に業務上横領を自白し、捜査段階で一貫して自白を維持しただけでなく、公判廷の冒頭で（金額の正確性を除き）業務上横領自体は認めるかのごとき供述を行った。

しかし、その後の公判廷では、被告人らは業務上横領の犯行自体を否認し、①補償金603万円を組合員に配分する手続をした証拠等が何者かによって廃棄されるなどして、その配分手続や使途を証明する証拠がなくなっていたが、漁業協同組合の責任者であったこともあり、捜査官にその点の責任を追及されると逃れる答弁をすることができない立場にあったこと、②他の組合役員らが、いずれも、配分により受け取った額の総額が、補償金の総額と齟齬するのは被告人らの所為による旨の供述をしていると捜査官から聞かされ、金額齟齬の責任を追及されたことから責任を逃れる方法がなく、横領の事実を認めたが、真実は補償金全額を適正に配分した旨主張するに至った。

これを受けて、一審の松山地裁は、当時の組合総会議事録などを精査すると問題とされた補償金は組合員に配分され、その書類が廃棄された可能性があり、結局、被告人らの捜査段階の供述は信用できず、「補償金は正当な手続で配分し、正当な用途に費消した」旨の「被告人らの弁解を一概に否定できない」として、横領の事実を認めることができないと判断した。

ウ　裁判所の重要な判断部分の紹介と検討

裁判所は、本件の争点を「公訴事実記載の業務上横領の犯行を証するものは、被告人両名の捜査段階における供述が最も主要なものであって、本件の争点は、被

告人両名の捜査段階の供述と冒頭手続を除く公判段階の供述とのいずれが信用できるかにある」として、次のとおり、判示した。

　㋐　補償金等現金 603 万円の存在

「昭和 56 年 10 月 3 日に、被告人らが（中略）組合所属の組合員に対する補償金等として現金 603 万円を受取り、組合事務所まで持帰ったことについては被告人Ａも認めているところであり、関係証拠上も明らかである」。

この点については争いがなく、問題は、この 603 万円が組合員に適切に配分されたのか、それとも、1 人 130 万円ずつ、合計 260 万円を被告人らがほしいままに横領したのかどうか、である。

　㋑　被告人らの捜査段階の供述の信用性に関する重要な事実

「被告人らの捜査段階の供述の信用性を検討する上で、昭和 56 年 8 月 21 日開催の組合の総会で、補償交渉委員に組合長及び専務（筆者注：被告人らのこと）を充てるとし、かつ、今後は補償交渉委員に対する謝礼として、500 万円の補償金を得た場合は 20 パーセント、1000 万円の補償金を得た場合には 10 パーセントを支給する旨、満場一致で可決していることが臨時総会議事録その他の関係証拠上認められることとの関係を検討する必要がある」。

「右総会の決議を前提とし、かつ右総会の決議の意義について（中略）不明な点があるので、これらを被告人に有利に役員報酬の実質を有する支払いをすると解する立場をとれば、本件の場合、被告人両名は各 120 万円余の報酬を受けるという解釈が導かれる余地がある。そして、組合長等でもある被告人ら補償交渉委員が組合の費用の立替をしていた場合もあることなどを考慮すれば、仮に本件横領行為の存在を前提としても、右総会決議があることは、被告人らに横領の故意又は違法性が存在しないこととなる可能性があり、これが本件の成否に重大な影響を及ぼすことは明らかである」。

「（それにも関わらず）捜査官は、これについて十分検討したうえでの供述を得ることなく、単に「謝礼」を支払うとした右議事録の結論部分のみを前提とした供述を得ているに過ぎないのであり、このことは、捜査官において、右総会決議の意義、内容等についての前記疑問点についての究明を十分にしないまま、捜査を進行させたとしか考えられない。のみならず、捜査官は、特段の根拠の説明もないまま、右総会決議の意義の解釈を最も被告人らに不利に理解する立場からの供述調書を作成しているとさえも見られる。これらのことは、右総会決議の意義についての被告人両名及びその他の関係者の捜査官に対する各供述の信用性について疑問を抱かせるものであるのみならず、被告人両名及びその他の関係者からの供述を得るに当たって、捜

査官は、客観的な事情ないしは被告人に有利に解される可能性のある事実の究明を十分にしないまま、被告人両名の有罪の証拠の収集にその力点を置いていたのではないかとの疑問を抱かせるものである。(中略)したがって、被告人らの捜査段階の自白の信用性については、十分に慎重な検討を要するものである」。

　上記のような組合の総会議事録が存在する以上、捜査機関としては、そもそも補償金の一部を被告人らが横領したという事実があったのかどうか自体を慎重に検討するべきであったといえる。裁判所の上記指摘は至極当然のものであるが、捜査機関が見立てた「事件の構図」に沿うよう、客観的な事実関係を歪め、あるいは被疑者や関係者から事件の構図に沿った供述を獲得しようとする捜査機関の姿勢が厳しく問われているといえる。

　(ウ)　補償金の配分に関する帳簿等が組合内に存在しないことについて

　「組合の総会議事録には、前記補償金の配分委員を選任したことの記載がなく、又右補償金を組合員に配分したことなどを記載した帳簿等が現在組合に保管されていない。(中略)しかるところ、被告人らは、右帳簿はあったが、組合内の被告人らに対する反対グループの何者かによって、これが廃棄されたとしか考えられない旨、当公判廷で弁解する。(中略)被告人らは、右補償金配分後、組合の役員選挙に敗れ、以来、組合事務所は、被告人らの反対グループであり、被告人らの勢力が組合から除去されることを希望し、そのために被告人らが刑事罰を受けることさえも望んでいたと考えられるHらの関係者が管理し、被告人らは組合の帳簿等の保管に関係していなかったことを併せ考えれば、組合に被告人らが在職していた当時に作成したとする帳簿類がないことを直ちに被告人らに不利に解することは相当でなく、本件補償金の配分に関する帳簿等が全く作られなかったと考えることには疑問が残る。したがって、本件補償金配分後約5年を経過して、警察の捜査が開始された時点で、補償金配分関係の帳簿がなく、その配分関係が明確でないことから、被告人らが、右補償金の一部を横領したと推認することには疑問がある」。

　捜査機関は、補償金の配分に関する帳簿等が存在しないことをもって、被告人らが補償金の一部を横領したものと考えたようであるが、裁判所が摘示しているとおり、組合内部で対立があり、被告人らは、いわば組合の執行部を追われた立場である。

　その点を考慮に入れ、本当に横領があったのかどうかを慎重に検討していれば、そもそも起訴に至らなかった可能性も十分ある。

　(エ)　結論

　「結局、被告人らが(中略)当公判廷において述べるところは理解できるところであり、かつ被告人らの取調に当った捜査官において、誤った事実ないしは少なくとも疑

問のある事実を前提として、被告人両名の取調べをし、追及をしたことから、被告人両名の捜査段階の供述がなされたものと考える余地もあり、右捜査段階の各供述の信用性には疑問が残るから、結局右各供述に従い有罪の認定は出来ないことに帰する」。

　判決の判示するところをみる限り、本件には、そもそも事件性がなかった可能性がある。選び出された事実が「事件」に仕立て上げられることの恐ろしさを教えてくれる事案である。

　　エ　弁護活動について
　弁護人は、当初の困難な状況のなかで被告人の言い分に虚心に耳を傾けることの重要性を説き、新聞社の資料室等で資料にあたって事件の背景を理解したうえで、記録を解読すれば事件の真相に気づくことがあると述懐している（新聞社の資料室は「宝の山」だったという）。事実にこだわり抜くことの重要性を改めて確認することができる。

(3)　**事例4**は、共犯事件で、被告人Aは市議会議員でN社社長、被告人Bは同社の専務であるが、Aは暴力団組長Qに1億円（手数料を除く交付額は9,515万円）を無利息で貸し付け、その担保としてQの愛人Xから同女所有の土地753.91平方メートルの所有権移転登記を得たが、同土地を分筆し365.7平方メートルを9,900万円で売却して（第1売却）元本に充当し貸金が完済されたのに、Bと共謀のうえ、残りの土地合計388.21平方メートル（上記の経緯どおりであれば本来、Xに返還すべきもの）を第三者に勝手に売却した（第2売却）として起訴された横領事件である。
　最終的に、被告人Aは無罪となった。

　　ア　公訴事実の要旨
　公訴事実をごく簡略化すると、「AがQに金9515万円（交付額）を無利息で貸し付け、その譲渡担保としてX女から同女所有の本件土地の名義移転を受けたところ、Aは右土地の約半分を売却し（第1売却）、その売買代金をもって右貸金の完済を受け、債権が消滅したから、残り半分の土地の所有名義をX女に返還すべきであったにもかかわらず、Bと共謀のうえ、これをX女に無断で他に売却処分（第2、第3売却）したから、その行為は右土地を横領した罪に該当する」ということになる。

　　イ　無罪に至る経緯と裁判所の重要な判断部分の紹介
　本件は、本来、民事上の紛争として処理されるのが適切であったと考えられるが、

一審の京都地裁も、「本事件は、1億円の金銭貸借及びその担保設定を巡るAとX女、Qとの民事問題が背景原因になっており、本件公訴事実の成否を判断するには、右関係者間の基本的な法律関係を先ず確定する必要がある」として、証拠に基づき、まず、民事的な法律関係の確定を進めた。そして、以下に述べるように争点毎に検察官の主張の誤りを指摘し、Aを無罪とした。

　㋐　誰が金1億円の借主か
　この点、検察官は、「Qが借主であり、Xは、物上保証人（譲渡担保設定者）であり、利息や返済期限の定めはなかった」と主張したが、弁護人は、「1億円の借主はX女で、利息は年1割、毎月元利合計100万円を返済する約束であり、本件土地を譲渡担保として、X女が不履行したときは、Aは譲渡担保権を実行することができる」と主張した。
　この点、証拠として覚書（判決では、「6.17覚書」とされている）が存在しており、その記載上、Qは明確に連帯保証人であり、1億円貸借の直接の当事者は甲乙と表記され、それがAとX女であることは明らかとなっていた。しかも、Xは、金銭貸借のやり取りを密かにテープ録音しており、同録音テープによれば、Xが借主となることを了解している旨が記録されていた。しかも、その後、QとXにより別途覚書が締結されており、同覚書中にも「AとX女との間で金銭貸借が成立した」との明確な記載がなされていた。裁判所は、これらの証拠関係に照らし、「1億円の借主がX女であることは疑問の余地がない」とし、「証拠を客観的に見て本件は、X女が愛人のQのために自己の本件土地を譲渡担保にして金を借りてやろうとしたものと認めるべきであり、1億円の借主をQとする検察官の起訴は誤りである」とまで断罪している。

　㋑　金1億円に利息、返済期限の約定があったか。
　前述のAとXとの覚書には、「利息及び返済期限」について具体的な記載がなかったため、検察官は、これを根拠に本件1億円は無利息、返済期限の定めのない金銭貸借であったと主張した。これに対し、Aは、「利息は年1割であり、平成3年8月15日を初回として毎月15日に元金13万円と利息87万円の合計100万円を支払い、6ヶ月後にまとめて支払う旨X女やQと合意した」と主張した。
　この点、裁判所は、「利息、返済期限の約束は書面による必要がないから、6.17覚書に具体的な記載がないからといって、その約定がなかったとはいえない。そもそもAが貸付資金1億円を銀行から金利を払って借り、それをX女に融資するというのに、他人に過ぎぬA、X女間の1億円もの融資が無利息、返済期限なしであったというのは常識的にも不自然というべきである」としたうえで、録音テープの内容等を参酌し、「無利息、無期限であったという検察官の主張は根拠に乏しく、右証拠関

係に照らしても到底無理があり、6.17覚書作成の時点で前記のとおりの利息、返済期限の取決めがなされたと認めて差し支えない」、「検察官の主張は当を得ない」と判断した。

　㈢　Aは担保権者として担保の目的を処分できる立場にあったか

　裁判所は、証拠上、元利金の返済がなされなかったことが明らかとし、「X女の債務不履行により、X女は貸金元本１億円と未払金利を一括直ちに支払うべき義務が生じ、平成３年８月16日以降Aは譲渡担保権を実行して、本件土地の所有権を取得するか、X女の同意を一々得ることなしに処分してその売却代金額から貸付元利金を回収し、差引残があれば清算金としてX女に支払えばよい法的地位にあった」と判断した。

　㈣　第１売却により、貸付金が回収されたか。

　検察官は、本件不動産の約半分が売却された時点で、売却代金により、Aの貸付金が回収され（したがって、Xに対する担保権は消滅する）、その回収した貸付金を以て、新たにQに貸付けを行った旨主張した。

　しかし、裁判所は、AおよびQの証言がこれに明確に反していることや領収書の存在等を挙げたうえ、AがQに対し、「何の担保も取らず、貸借の書類も一切作らず、無利息で返済期限も定めずに改めて貸し付けるなど全く考えられないことであり、あり得る話ではないというべきである。前記領収書の存在及びその記載からしても、Qの取得した金額については、Q自身がX女の代理を装い第１売却の代金の一部として受け取ったものであり、Aからの新たな貸付金として受領したものではないことは歴然としている。

　Aが第１売却金全額をいったん受領して自らのものとし、そのまま返済に充てたような事実は到底認められない。この点の検察官の起訴状の主張も誤りである」と断じた。

　そして、貸付金が回収されたことにより、Xに対する担保権が消滅したとする検察官の主張について、「第１売却金をAがいったん全額受領し、自己のものとした後で、それをQに改めて貸し付けたとする検察官の主張は破綻している」と断じた。

　さらに、「第１売却完了時において、AのX女に対する貸金債権及び譲渡担保権はいずれも消滅しておらず、本件土地の第１売却分を除く残り部分について、Aは依然譲渡担保権を有し、すでにX女の債務不履行が発生していることから、いつにてもその土地部分を更に処分（後の第２、第３売却がそれに該当）する等して、その売却代金から貸付残金を回収でき、それで余剰がでれば、X女に清算金を支払うことになる法的地位にあったものである。従って第２、第３売却がAの譲渡担保権の実行としての貸金残債権回収のためになされたものであるからには、それは正当な権利の行

使で罪とはならず、すでにしてAの無罪は明らかである」、「本件土地の第2、第3売却の時点で、AにはX女に対する貸金債権が残り、いつでも第1売却した残りの土地に対する譲渡担保権を実行することにより、その債権の回収を図ることのできる法的地位にあったから、譲渡担保の実行としてなされた第2、第3売却は適法な権利行使であり、罪に触れる性質のものではなかったというべきである」とした。

　ウ　弁護活動について
　本件は、QとAの供述に食い違いがあっただけでなく、AとBとの間でも供述が食い違い、AはBが無断で土地を売却しその代金を勝手に費消した旨主張し、別にAとB、N社間で係争中であるという複雑な背景を持つ事件であるが、民事紛争に関する捜査機関の基本的な知識の欠如も手伝って（たとえば、検察官は当初「Xの同意なくして土地の処分はできない旨の合意が存在した」と主張したが、裁判所は、「債務不履行があっても担保設定者の同意なくして土地の処分ができない譲渡担保などあり得るはずがない」と厳しく批判している。また、代金の大半がQに渡っていることについて、検察官が事実を認めながら、被告人は債権を回収した後あらためてQに貸し付けたと見るべきである旨主張したが、「検察官の主張は破綻している」とまで判示されている）、事実が歪められて事件化されたものということができる。
　それにしても、客観的な証拠関係に照らせば、検察官の主張が根本的に誤っていることは、判決が指摘するとおりであり、このような事案が起訴されたということ自体、信じがたいものがある。事実に即して、的確な主張を展開する弁護活動の重要性を再認識することができる。

3　不法領得の意思と背任行為が否定された事例

(1)　**事例5**は、被告人は、M学園の理事長で、同学園の金銭出納・経理等の業務全般を統括していたが、預かり保管中の銀行口座から3回にわたり合計約7億円を払い戻し、いずれも自己の用途に使用する目的で購入したハワイの物件の支払いに充てるためにアメリカの銀行に送金し、ラスベガスでカジノ賭博の預託金に充てるためにM学園振出の小切手1通（額面6,000万円）をカジノの従業員に交付して、被告人があらかじめ入金していた4,000万円との差額2,000万円の損害を加えたとして起訴された業務上横領・背任事件である。

ア　無罪に至る経過

一審（東京地判平成 11・3・17 判タ 959 号 277 頁）は被告人を懲役 2 年 6 月の実刑とした（ただし、一審判決は、ラスベガスでの賭博のために 2 回にわたり学園の金計 1 億 4,400 万円余を海外送金して横領したという事実については、学園の金であることに疑問があるとして無罪とした）。

そこで、被告人が控訴したところ、東京高裁は、被告人が個人名義で取得したハワイの物件の代金に充てるために送金した事実は認められるが、被告人の個人資産として取得したとはいえず、理事会の決議を経ていないが、それが M 学園の平素の運営実態であり、被告人に不法領得の意思があったということはできず、また、被告人はカジノの客として優遇されており、支払能力を示すために本件小切手を見せコピーを交付したが、原本は日本に持ち帰ったと推認することも不自然ではないとして、被告人が小切手をカジノの従業員に交付した背任行為を裏づける的確な証拠がないといい、一審判決を破棄して、全部無罪とした。

イ　弁護活動について

本件は、ワンマン経営者による学園の運営について捜査機関に迎合した関係者の供述の信用性が否定された事案ということができる。

背任事件については、一審ではアメリカで行われた宣誓供述書のみが証拠として取り調べられたが、控訴審で、被告人を賭博に勧誘したカジノの副社長が「小切手を見たがコピーを取ってその場で被告人に返した」旨証言し、検察官がこれに対し有効な反証ができなかった。また、被告人が主導していた学園の経営がかなりずさんだったことが「不法領得の意思」との関係ではむしろ被告人に有利な背景事情になっていることが注目されるが、背任事件の重要証拠（外国の宣誓供述書）の弱点が露呈し、背任事件が崩壊したことが横領事件についても裁判所の心証を変えたのではないかと思われる（なお、同事件の弁護活動につき、弁護人の活動報告が公表されている。山田宰「業務上横領・背任被告事件　東京高判平 11.2.25」季刊刑事弁護 20 号〔1999 年〕96 頁）。

4　任務違背が否定された事例

(1)　事例 2 は、セメントサイロの販売を業とする F 社の取締役として登記されていた被告人 A が、取引先 G 社からセメントサイロの受注を受けながら同業他社である H 社を紹介し、H 社に発注させたことが任務違背にあたるとして、被告人 A が特別背任罪

で、G社の被告人Bがその共同正犯として起訴された事件である。

ア　無罪に至る経過
　一審（大阪地判平成3・3・29）は公訴事実どおり認めて有罪としたが、控訴審の大阪高裁は、F社の運営はもっぱら社長Cと専務であるCの妻Dの考えで行われており、被告人Aを取締役に選任した株主総会は事前の招集通知もなくCが株主E（Dの母）の包括的常任代理人として出席したことになっているが、法律上必要な委任状が提出されておらず被告人Aを商法486条1項の取締役に当たるとすることに合理的な疑いがあるとして特別背任罪の成立を否定した。さらに、F社では値崩れを防ぐため値引き限度額を定めており、値引き要求が強かった取引先G社とは成約の見込みがなかったからG社から受注しなくても任務違背にならないから、G社の要望に応じ同業他社であるH社を紹介してH社に発注させたとしても、それによってF社に逸失利益相当額の財産上の損害が生ずるものではないとして、背任罪の成立も否定し、一審判決を破棄して、被告人両名を無罪とする自判をした。

イ　裁判所の重要な判断の紹介
　弁護人は、被告人Aは、取締役とはいえないとの主張を展開したが、これに対し、大阪高裁は次のとおり、判示した。
　「証人B、同Y及び被告人Aの各原審公判供述によると、F製作所は、会社設立時を除き、一度も事前の招集通知をしたうえでの株主総会を開いたことがなかったこと、会社の運営は、専ら代表取締役であるBと専務取締役であるその妻Gの考えで行われていたこと、工程会議が開かれた機会に、Bから会社の運営に関する事項が発表されることはあったが、それについての決議をするなどといったことはなかったこと、昭和54年7月末ころ、F製作所事務所において、C以外の株主が集まった際、Bから、既に被告人Aが取締役になっている旨の話がされたが、株主総会における取締役選任決議のようなことはされなかったことが認められ、さらに右会合についてCの委任状が提出されていたことを認めるべき証拠もない。そうすると、昭和54年7月末ころの右会合を、いわゆる全員出席総会として有効な株主総会であったと認めることは困難であり（原判決は、BはCの包括的な常任代理人に相当する地位にあったとみるのが相当であるというが、商法239条3、4項〈平成2年法律第64号による改正前のもの〉によれば、株主総会における議決権の代理行使は、総会毎に代理権を証する面を会社に差出すことが必要であり、仮に常任代理人なるものを認めるとしても、Cが会社に対し、その旨の届出をしていたことを認めるべき証拠はないから、原判決の右判断は是認し難い。）被告人Aの

取締役選任決議がされたとも認められないのであるから、被告人Aは、登記簿上取締役として記載されてはいるものの、商法486条の「取締役」に当たるとするにはなお合理的な疑いが残るといわなければならない」

　明快な判示であり、判決が摘示する証拠関係、事実関係に照らせば、相当な事実認定というべきである。

　また、弁護人は、被告人の任務違背を争っていたが、大阪高裁は、まず、次のとおり、被告人の任務がどのようなものであったかを判示した。

　「被告人Aは、F製作所のセメントサイロを販売する営業に関しては全面的に任されていたのであるから、引き合い先との交渉の結果受注するかどうかの決定は、同被告人のみの判断でなし得るものであったと考えられるが、F製作所では、前記のとおり、セメントサイロの値崩れを防ぐため、類型化した客種別の標準価格を決め、原則として値引きをせず、値引きする場合でも値引き幅を決めていて、それを下回る価格での受注をしていなかったのであるから、被告人Aとしては、F製作所に引き合いのあった取引につき、客の種類に応じた値引き限度額等からみてF製作所にとって利益になるような成約に努めなければならず、そのような成約の見込みがあると判断されるのに敢えて受注しないことは、相手の支払能力に問題がある等特別の事情がない限り、その任務に違背することになると考えられる。しかし、逆に、客の値引き要求が強くて折り合いがつかず、その他諸般の状況から右のような成約の見込みがないと判断した場合には、その受注をしなくても、任務違背にならないというべきである」。

　そのうえで、「（起訴事実については）同被告人が値引き限度額等からみてF製作所の利益になるような成約の見込みがあると判断しながら敢えて受注をしなかったと認めるにはなお合理的な疑いが残るものといわなければならない。逆に、そのような見込みがないと判断して受注しなかったのであれば、それが任務違背になることはなく、それによりF製作所に損害が生ずることもないというべきである」と判示した。

　　ウ　弁護活動について

　商業登記簿上、取締役として登記されている被告人につき、特別背任罪にいう取締役でないという主張を展開し、それが高等裁判所の容れるところとなって特別背任罪が否定されたことは、「事実」が「構成要件」に照らして「犯罪」といえるのかを問う「弁護の視点」の重要性をあらためて教えるものである。

　さらに、取引先を同業他社に紹介して受注させたことの任務違背性を否定し、被告人Bから被告人Aの息子名義の銀行口座に合計610万円が振り込まれていても謝礼と認定するには証拠が十分ではないという事実認定を導いた弁護活動も、特筆に

値する（なお、本件の弁護人には、わが国を代表する刑事弁護人の1人である後藤貞人弁護士が加わっている。弁護人に人を得ることの重要性はいうまでもないが、刑事弁護に携わるすべての者が無罪事例に学び、弁護の技術を向上させる必要性を改めて教えてくれる事案である）。

(2) **事例6**は、共犯事件で、被告人Aは木製パズルの製造販売を業とするM社社長、被告人Bは同社の常務取締役であるが、同社はN社（社長O）から木製パズルの半製品を仕入れ、これを化粧箱詰め等の作業を行って商品化しP社（社長Q）に販売するという取引を継続していたところ、被告人両名は、M社の取締役会で販売先1社当たりの販売限度額が定められていたからこれを遵守し、取引の実態に即した会計処理を行い、収益全額をM社に帰属させる任務を有していたのに、O・Qと共謀のうえ、P社との間で販売限度額を超えた取引を行い、限度額を超える取引について返品処理を仮装して合計1億3,229万円余を売上金から除外し、N社からP社に直接販売したかのように仮装することによってN社とP社に差益を生じさせ、その差益からパッケージ料名目でM社に2,525万円余を返却させたにとどまり、M社に1億703万円余の損害を与えたとして起訴された特別背任（商法違反）事件である。

　ア　無罪に至る経過
　一審の松江地裁は、M社が販売限度額を超えてP社に販売した商品について返品処理し、納品書・請求書等の書類の内容と実際の商品の流れが異なっているが、だからといってそれを仮装とはいえず、販売限度額を定めた取締役会決議を遵守するために行った真実のものである旨の被告人両名の公判廷での供述をも勘案すると、本件返品処理・直接取引処理（以下、本件返品取引等）を仮装のものとするには合理的な疑いが残り、仮装でない以上、売上げを除外して会計処理をすべきは当然で、被告人両名の行為は取引先の倒産等による売掛金の回収不能を回避するためになされた取締役会決議に形式的に違反するが本件のような処理を許さない趣旨であるとは考えがたいとして、取締役としての任務違背を否定した。
　検察官はこれに対して控訴したが、控訴審の広島高裁松江支部も、「書類の内容と実際の商品の流れとの食い違いを除けば、本件返品処理等が仮装のものであることにつき客観的な根拠の乏しい本件において、本件返品処理等の合理性につき実質的な検討が不足しているのは、むしろ検察官の方であ」ると判示し、本件返品処理等が仮装であることが合理的な疑いを容れない程度に証明されていないとして、検察官の控訴を棄却した。

イ　弁護活動への視点
　本件返品処理等によりNに生じた販売差益の一部を被告人両名が受領し費消した事実が発覚したことが捜査の端緒と思われるが、被告人両名の行為が形式的には販売限度額を定めた取締役会決議に反しており、そのかぎりで任務違背が認められるとしながら、取引の実際を詳細に検討して、本件返品処理等を仮装とはいえないとして任務違背を否定した点が重要である。
　現実の取引に捜査機関が必ずしも精通していないことを示す事例ということができる。逆にいえば、弁護人としても現実の取引がいかなるものであるかにつき、常に感覚を研ぎ澄ませ、先入観等に左右されないように心がけなければならない。

(3)　**事例9**は、不動産の売買等を業とするA社の社長である被告人が、Y社とマンションの建築請負契約を工事代金5億7,000万円で締結し、マンション購入者が住宅金融公庫から借り受ける融資金をA社の指定口座に振込ませ、Y社にA社の預金通帳と払戻請求書を交付することにより工事代金を支払うことにしていたが、被告人はA社の資金繰りが悪化したため融資金の振込先として指定口座以外の口座を指定して、振り込まれた融資金を債務の返済に充て、Y社には融資金を他の銀行の口座に移し替えた旨嘘を言うとともに、2億円の残高証明書を偽造してY社に呈示したことについて、被告人はY社のために指定口座に融資金を振込まれるようにすべき任務を有していたのにその任務に背いたとして、背任罪で起訴された事案である（なお、残高証明書の偽造について有印私文書偽造・同行使で起訴された）。

ア　無罪に至る経過
　一審の広島地裁は、背任罪が成立するためには物権的な信任関係が必要であるが、被告人はY社に対し指定口座に振込まれた金を請負代金の支払に充てるという義務を負ったにすぎず、担保権を設定したわけではないから、未だ物権的な信任関係はなく、被告人の行為は債務不履行になっても背任罪にいう任務違背とはならないとして、背任罪については無罪とした（有印私文書偽造・同行使は有罪）。

イ　弁護活動への視点
　民事上の債務不履行には該当すると考えられる事案であるが、そのことが直ちに背任罪の任務違背を構成するものではない、という視点は、背任罪の弁護活動におい

て重要である。民事上の債務不履行と刑事上の任務違背の区別、すなわち、どのような「事実」があって初めて「犯罪」になるのかをあらためて問うことの重要性を再認識させる事例である。

5 背任の共犯が否定された事例

(1) **事例7**は、住宅金融専門会社（いわゆる住専）のひとつである日本ハウジングローン（JHL）が甲社に対しゴルフ場開発事業資金として3回にわたり合計約16億円を融資したことについて、甲社の社長である被告人Aと取締役である被告人BがJHLの社長Cらの特別背任の共犯として起訴された事件である。

(2) 無罪となった経過
　一審の東京地裁は、ゴルフ場開発の採算性は失われており、Cらに特別背任罪が成立する余地があり、被告人らも採算性に疑問を抱いていたからJHLに損害を与えかねないことを未必的に認識しながらあえて本件融資を申し込んだと認められるが、金融機関から融資を受ける借り手は貸し手である金融機関の利益を確保すべき任務を負っているわけではないから、それだけで特別背任罪の共謀が成立するのではなく、損害の発生の認識、Cらの任務違背性および図利加害目的の認識、被告人らの図利加害目的という主観的要素のほか、身分者である金融機関職員による任務違背行為（背任行為）に共同加功したこと、すなわち、その職員の任務に違背することを明確に認識しながら意思の連絡をとげたり、その職員に影響力を行使しうるような関係を利用したり、社会通念上許容されないような方法を用いるなどして積極的に働きかけて背任行為を強いるなど、当該職員の背任行為をことさらに利用して借り手側の犯罪として実行させたと認められるような加功をしたことを要するものと解されるとし、本件ではそのような事実は認められず、特別背任の共謀を遂げたと認定できないとして、無罪を言い渡した。

(3) 弁護活動への視点
　背任罪は身分犯であるが、身分のない者も共犯者として処罰されることがある。
　しかし、身分のない者は、背任罪の故意、図利加害目的のほか、背任行為に対する積極的な加功が必要であると解され、借り手側が背任罪の共犯として処罰されるためには上記のようなさまざまな態様による積極的加功の事実が認定される必要がある。

なお、本件融資の一部を被告人らが盆栽、美術品、鯉の購入資金や株取引に投資していた事実が認められ、被告人らに不利な事情のように思われるが、JHL側の了承を受けることなくなされた融資金等の無断流用に当たるとして犯罪の成否に影響しないとされたことも、弁護の観点からは重要であろう。

6　図利加害目的が否定された事例

事例8は、共犯事件で、被告人Xは甲銀行社長、被告人Yは同銀行専務であるが、A建設への貸付が不良債権化していたのに新たにB社を設立してB社にA建設の根保証をさせ、保証債務を履行させることによってA建設の不良債権額を減少させるために十分な担保も取らず、B社に賃貸マンションを取得する資金14億円を貸し付けたこと、ほかに、同様の方法によるC興産に関するD興産への12億円の貸し付け、E社に関するFジャパンへの60億円余の貸付けが特別背任（商法違反）に当たるとして起訴された事件である。

甲銀行は、乙銀行と合併し、丙銀行が設立されて解散したが、甲銀行では、本件のような貸付を固定化している不稼働不動産や不稼働債権を流動化するという意味で「流動化スキーム」と呼び多用していた。一審の大阪地裁は、被告人両名の捜査段階の供述の信用性について「検察官の作文」である可能性があるとして、その一部を否定しつつも、本件融資は客観的に見て回収に危険性があり、被告人両名はそのことを少なくとも未必的には認識していたから、損害の発生と任務違背の事実が、甲銀行の破綻が免れれば自らの経営責任を追及されず、関連会社の顧問等に就任して相当額の報酬を受けられることを認識していたし、自己図利の認識が融資先などの利益になることの認識もあったから、第三者図利の認識がそれぞれ認められるとしながらも、本件融資の主な目的は、流動化スキームを実行して計数上分類債権を圧縮・解消して特定合併を実現し、銀行を存続させることが甲銀行の利益になると考えたためであり、本人である銀行の利益を図る目的で本件融資を実行したものと認められるとして、結局、図利加害目的を認めることができないとした（検察官が控訴したが、大阪高裁は原判決に事実誤認はないとして、2000〔平成14〕年12月25日控訴を棄却した）。

背任罪の構成要件である「損害」、「任務違背」、「自己及び第三者図利目的」が認定されながら、主たる目的は「本人図利」だったとして、「図利加害目的」が否定されたことが重要であるが、これは一審の判決文にも明示されているように、後述する平和相銀事件の最高裁決定が示した考え方に従ったもので、高裁もかかる判断を是認したことの意義は大きい。

194　第1部　犯罪類型別の誤判原因

なお、本件の詳細については、弁護人の1人による詳細な報告に譲る（本書第2部の大川治「5 『主観的要件』と闘う なみはや銀行事件」）。

第3 横領・背任事件弁護の着眼点

　以上のとおり、横領・背任事件は、捜査機関が描いた「事件の構図」が関係者の「供述」によって裏づけられているか否かを問うものである。
　そこで、事件当時の客観的背景や残された数多くの書面を分析し、捜査機関が見落とした事実に光を当て真の全体像を浮かび上がらせれば、「事件の構図」が一気に崩壊することがある。「選び出され」「描き出された」「事実」が真実とはかぎらず、「犯罪」に該当しない場合があるからである。
　また、そこから、横領・背任事件では、他の場合に比して、事実を犯罪構成要件に照らして再構成してみることがより重要であるということができる（むろん横領・背任の「事実」の有無が問題になり、「事実」が否定されて無罪となった事例もある。事例1、3、4、5、6がその例）。横領・背任事件では「事実」が「構成要件」に照らして「犯罪」といえるのか否かが問われるからである。
　横領罪では「不法領得の意思」、背任罪では「任務違背」、「損害」、「図利加害目的」がキーワードである（事例2、5、6、7、8、9、10、12がその例）。その際、横領罪の「不法領得の意思」について、「行為の客観的性質と行為者の主観の問題は、本来、別異のものであって、たとえ商法その他の法令に違反する行為であっても、行為者の主観において、それを専ら会社のためにするという意識の下に行うことは、あり得ないことではない。したがって、その行為が商法その他の法令に違反するという一事から、直ちに行為者の不法領得の意思を認めることができないというべきである」と判示した最判平成13・11・5刑集55巻6号546頁（国際航業事件）と、背任罪の「図利加害目的」について、図利加害の目的と本人の利益を図る目的が併存する場合は、その目的の主従を判断し、本人の利益を図る目的が当該行為の主たる目的であった場合には特別背任罪の成立は否定される余地を認めた最判平成10・11・25刑集52巻8号570頁（平和相互銀行事件）が、どのような場合が無罪になるのかを示した最高裁判例としてとくに重要である（ただし、いずれも有罪事例）。
　最後に、最も重要なことであるが、究極的には問題となった経済的行為を犯罪視すべきか否かが問われるから、「現実の取引」を無視した議論が説得力を持つことはない。そして、捜査機関といえども現実の取引に通暁しているとはかぎらないから、捜査機関の誤解に基づく証拠の収集（書面の解読や関係者の供述録取）を見つければ、

「事件」を一挙に崩壊に導くことができることがある（**事例2、4、5、6、9**がその例）。

横領・背任事件が「特捜事件」の典型なのは、捜査が証拠書類と関係者供述の分析という知的作業に依拠するからであるが、横領・背任事件弁護も同様にきわめて知的な営為なのである。

1 警察庁の「平成19年の犯罪」によると、横領の認知件数2,157件に対し、告訴告発が端緒となったものが558件（告訴501件、告発57件）あり、約25%であるが、業務上横領にかぎると認知件数1,274件に対し、告訴告発が合計484件（告訴436件、告発48件）となっており、約38%にも上っている。背任は、認知件数45件に対し、告訴告発が合計33件（告訴26件、告発7件）となっており、約73%である。
2 主として横領・背任を念頭において、「法人内部の役員等の対立が背景となっている事案」に関し、「法人の運営・経営の実権を現に握っている者の不正を追及することは、法人社会とよばれる日本の現状からして、警察にとっても極めて重要な課題であるが、実際の捜査においては、内部の者または監査等を行う監督官庁等の協力がなければ、犯罪を立証するための証拠の収集にかなりの困難を伴う」、「こうした不正の追及を刑事手続きにおいて迅速・確実に実現しようとするのであれば、理事会等の権限ある機関や監督行政機関により、そういった疑惑のある経営陣を法人から放逐し、新しい経営陣のもとで証拠を収集し、これを疎明資料として添付して、旧経営陣にかかる告訴・告発を行うことが最も有効である」と説く文献がある（経営刑法研究会編『書式 企業活動と告訴・告発の実務』民事法研究会、2000年）。まさに「捜査機関への情報提供者」に「一定の利害関係」があることを示す好例である。
3 以上、詳細は、佐藤博史『刑事弁護の技術と倫理』（有斐閣、2007年）124〜131頁。後藤貞人「捜査機関はどのような証拠を収集・作成しているか――証拠開示の活用（1）」自由と正義56巻5号（2005年）47頁。
4 背任罪の弁護技術を論じる文献として、小野正典「背任事件の弁護はどのように行うか」『刑事弁護の技術（下）』（第一法規、1994年）202頁。
5 別表10から15の事例は、公刊物や最高裁判所ホームページに掲載されたものである。本稿執筆に当たり、事件記録等を検討して弁護活動を確認することができなかったため、検討の対象外とした。

《参考文献》
① 藤永幸治編『シリーズ捜査実務全書4 会社犯罪』（東京法令出版、1994年）。
② 小野正典「4 背任事件の弁護はどのように行うか」竹澤哲夫他編『刑事弁護の技術（下）』（第一法規、1994年）202頁。
③ 藤永幸治編『シリーズ捜査実務全書3 知能犯罪』（東京法令出版、1996年）。
④ 山田宰「業務上横領・背任被告事件　東京高判平11.2.25」季刊刑事弁護20号（1999年）96頁。

事例番号	裁判所・宣告日 / 弁護人 / 罪名 / 出典	事案の概要	横領行為（事実）	不法領得の意思	背任行為（事実）	任務違背	損害の発生	図利加害目的	背任の共犯
1	最判平2.12.7 / 川原俊明 / 業務上横領 / 判時1373号143頁	ダイヤリングの販売代金として受領した約束手形を費消した行為の業務性を否定して単純横領で有罪とした控訴審判決を公訴時効完成による免訴とすべきであったとして破棄した事例	○						
2	大阪高判平4.9.29 / / 特別背任 / 判タ816号249頁 判時1471.155	登記簿上の取締役が商法486条1項の取締役には当たらず、さらに幹部社員が取引先から受注せず同業他社を紹介した行為は任務違背ではなく損害の発生もないとして背任の成立も否定した事例				○	○		
3	松山地判平4.11.25 / 曽我部吉正 / 業務上横領、恐喝 / 日弁2集188頁	漁業協同組合の保証金を費消したとして起訴された事件で、捜査段階および公判廷における自白があっても横領行為が認められないとして無罪とした事例	○						
4	京都地判平9.9.16 / 加地和 / 横領 / 日弁5集133頁	貸金の譲渡担保として土地の名義移転を受け、その約半分を売却しその代金で貸金の完済を受け、債権が消滅したから、残りの土地を返還すべきだったのに、無断で他に売却したことは横領にあたるとされた事案で、残りの土地の売却時には貸金債権が残っており、債権の回収を図ることができる地位にあったから適法な権利行使であるとして無罪とした事例	○						
5	東京地判平9.3.17 東京高判平11.2.25 / 山田宰ほか / 業務上横領、背任 / 判タ959号277頁 日弁6集66頁	学校法人の理事長であった被告人が法人の預金合計約7億円を不動産購入のために横領し、賭博の預託金に充てるために法人の小切手を使い背任したとして有罪判決を受けたが、横領につき不法領得の意思を否定し、背任につき小切手を使ったことには合理的な疑いが残るとして、原判決を破棄し無罪とした事例	○	○	○				
6	松江地裁平11.4.27 広島高松江支判平13.3.5 / 吾郷計宜ほか / 特別背任 / 日弁6集31頁 日弁7集128頁	木製パズルを販売する会社の代表取締役が、取締役会で決定された販売上限額を超えて販売したため、上限額を超えて販売したパズルを伝票上返品処理し、仕入先と販売先との直接取引としたことを仮装の返品処理だとして特別背任で起訴された件につき、返品処理が仮装ではないとして無罪とした事例				○	○		
7	東京地判平12.5.12 / / 特別背任 / 判タ1064号254頁	住専から融資を受けたゴルフ場開発会社の代表取締役らが特別背任罪の共犯として起訴された事件で、背任行為への共同加功が認められないとして無罪とした事例							○
	大阪地判平13.3.28	不良債権隠しのために不正融資をしたとし							

4　横領・背任　197

8	的場悠紀ほか 特別背任 日弁7集194頁	て特別背任に問われた被告人らに対し、融資は特定合併を実現して経営破綻を免れるため、主に銀行の利益を図る目的で実行されたから図利加害目的が認められないとして無罪とした事例						○
9	広島地判平14.3.20 久保豊年 背任、有印私文書偽造、同行使 判タ1116号297頁	マンションの請負代金確保のため、不動産業者が住宅金融公庫から代理受領する金員の振込口座を指定し、預金通帳等を建築請負業者に交付していたが、不動産業者が別口座を届け出て金員を受領し、別の債務の弁済に充てた事案で、債務不履行にすぎず、任務違背ではないとして無罪とした事例				○		
10	高知地判平15.3.26 不明 背任 判タ1199号118頁	元副知事らが、在任中の公的貸し付けについて背任罪に問われた事例において、判断の前提となる事実経過について、検察官調書の内容を子細に検討したうえ、その核心部分の信用性に疑問を差し挟んだうえ、各貸付けはいずれも客観的には任務違背行為に当たるとしつつ、第1次貸付けについては、同和対策や地域経済の振興を図る見地からする政策的な貸付けであったなどとして、被告人3名の任務違背の認識や図利加害目的を否定し、第2次貸付けについては、被告人AおよびBには任務違背の認識があったとしたうえ、自己保身の動機にもとづいた貸付けとみられるなどとして背任罪の成立を認めたが、貸付けの政策的側面を全面的に否定することはできないとし、加害目的は否定したケース					○	
11	広島高判平15.7.24 不明 業務上横領 最高裁ＨＰ	業務上横領被告事件について、被告人が犯人であると認定した原判決に対する被告人からの控訴に対し、被告人が本件犯行の犯人であると認めるには合理的な疑いがあるとして破棄したうえ、犯罪の証明がないとして無罪を言い渡した事案	○ (犯人性)					
12	東京高判平15.8.21 椎名啓一 喜田村洋一 業務上横領 判時1868号147頁	株式会社の取締役経理部長および経理部次長が、自社の株式を買い占めた仕手集団に対抗する目的で、第三者に対し、その買占めを妨害するための裏工作を依頼したうえ、同社のために業務上保管していた現金をその工作資金および報酬等に充てるために支出したことにつき、経理部次長が経理部長の不法領得の意思を認識、容認して犯行に加わったと認めるには合理的疑いが残り、次長に自己保身などの固有の利己目的があったことについても合理的疑いが残るとして、次長には業務上横領罪が成立しないとされた事例			○			
13	山口地判平15.11.27 山元浩 近本佐知子 業務上横領 最高裁ＨＰ	不動産の購入資金として業務上預かって保管していた金銭を、自己の用途に費消する目的でほしいままに着服して横領したとされた被告人に対して、不動産の購入資金として預かったものと認めるには合理的な疑いが残り、犯罪の証明がないものとして無罪を言い渡した事案			○			
14	福岡高判平16.5.6 不明 背任	被告人の行為と本件貸付との間に因果関係があるとは認め難く、原判決が認定した被告人の行為をもって背任の実行行為や幇助行為とみることはできないとして、幇助犯						○

	高等裁判所刑事裁判速報集平成16年198頁	における幇助行為と法益侵害の結果等との因果関係必要説を前提として、その関係を否定して無罪を言い渡した事例						
15	札幌地判平19.12.10	被告人が、有限会社Wの取締役であるBらと共謀のうえ、同社の預金から被告人の口座に給与等として振込送金させて業務上横領したとのケースにおいて、被告人は、W社に正式に雇用され、共犯者とされた者の指示に従い、同社ないしA学園に関連する就労を行うことにより、同社からその就労の対価として給与等の支給を受けているものと認識して、金員を受け取っていたという合理的な疑いを否定できず、W社からの金員の支払は、自らの就労の対価としての給与等ではなく、業務上横領に加功して得た金員であるということを認識していたと認めるには、なお合理的な疑いが残るとして無罪を言い渡した事例	○ (共犯)					
	佐藤真吾 中島正博 坂口唯彦							
	業務上横領							
	最高裁HP							

5

暴行・傷害

笹森 学

第1 はじめに

　暴行・傷害は身体犯の基本をなす犯罪であり、暴行を手段とする犯罪の重要な構成要素である。その意味で典型的な犯罪類型として事実認定の手法が確立されているようにも思えるが、反面、暴行・傷害が問題となる事件においては、喧嘩事犯を典型とするように当事者や関係者が興奮していたり、対立関係にある場合が少なくないことから、当事者の供述や関係者の目撃供述などが曖昧・不正確であったり、また双方の言い分が正反対に食い違うことも多々あって、事実認定を困難にする場合がある。だからこそ誤判の可能性も高く、弁護人としては正しい事実認定を行わせるような弁護活動が求められるのである。そこで日弁連刑事弁護センターが収集した無罪事例集のなかから、暴行・傷害事件そのものや暴行・傷害が構成要素となっている犯罪の事件などに当たり、それらのうち重要なものを分析して暴行・傷害事例の弁護活動の参考になるものを導き出したいと考えている。

第2 暴行・傷害事件の特徴

　ところで暴行・傷害事件の関係では、裁判所の立場からの分析が発表されている（小倉正三「暴行・傷害の有無」小林充・香城敏麿編『刑事事実認定――裁判例の総合的研究（下）』〔判例タイムズ社、1990年〕216頁以下）。

　それによれば、暴行・傷害関係事例での争点の分類として、(1)暴行・傷害そのも

のの有無、(2)暴行・傷害の故意の有無、(3)暴行・傷害を実行した犯人と被告人との同一性、(4)暴行と傷害との因果関係の有無などが掲げられ、また事実認定の際に考慮される要素として、①供述の変遷や供述内容相互間の矛盾、②供述証拠と物的証拠の齟齬、③動機、④事件直後の状況、⑤本来存在しているはずの証拠の公判廷への不提出などが挙げられている。今回の無罪事例の調査をした結果でもこれらの分析は有用と考えられた。そこで本稿でも、争点類型や分析要素としてこれら分類を参考にすることとした。

第3　無罪事例の概要

(1)　本稿で分析した事例は末尾掲載の別表「暴行・傷害」のとおり、無罪事例集などのなかから選んだ1992年から2007年までの14件である。

(2)　単純な暴行・傷害から、暴力等処罰に関する法律違反、監禁致傷、強姦など暴行・傷害を含むものもある。

(3)　14例中9件は現場において多人数が関与している事案であった（**事例1**は深夜の盛り場での酔漢同士2対2？の喧嘩、**2**は暴走族らによる乱闘、**5**は病院での争議行為中の事件、**6**は3人での脇差しの奪い合い、**7**はスナック内での酔客グループとママとのトラブル、**10**は施設職員と入所者らとのトラブル、**12**は被告人ら3人と警察官の事件、**13**は被告人対3人で目撃者が1人、**14**は被告人2人と被害者1人で目撃者が3人の事案である）。多人数事件では、通常、全体を一部始終目撃している者はおらず、一部の目撃者が複数そろえられる。複数の目撃者がいると証拠は強固のようにも思えるが、反面、相互間の矛盾も生じやすいので果敢に弾劾することが好結果を招くようである。

ただ、正真正銘1対1の事案もあるし（**事例8、9**）、事実上1対1の事案もある（**事例11**は被告人と同乗者対バイク運転者の事件）。

(4)　無罪類型には責任無能力もある。これに関しては、裁判所に精神鑑定を実施してもらうためには行為の異常さもさることながら、そのような行為をした心性を理解できないという事情も主張することが有効である。責任能力は、精神鑑定を採用されるか否かにあり、その場合には詳細な被告人質問により被告人の精神状態のぶっとび具合すなわち了解不可能性を提示することに専念することが重要な弁護活動となる（**事例4**の判決は「被告人がいかなる理由に基づいて本件犯行に及んだのか、外形的状況からは一切明らかとならない」「なぜに被告人が本件犯行に及んだのか十分に理解することは困難である」と判示している）。

(5)　暴行または傷害の場合、無罪類型としては、重要な客観的証拠である怪我

や傷害の部位・程度などだけから無罪を導いたものはなかった。ただ判決のなかには被害者自身の自損行為の疑いを指摘するものもある（**事例5、8、10**）。

(6) 無罪の理由は、被告人は現場にいたが（また事実関係は似たようなことがあるのだが）行為態様が分からないとか、その実質が違うとか、程度が違うというものである。これは暴行・傷害事件が一般的に犯人と被害者はいわば接近戦をしている事態が圧倒的に多いからだと思われる。

(7) 目撃者がいる場合には、目撃者の供述の真偽で白黒が決まるのが大部分である。

目撃者がいないか、決定的ではない場合、被告人と被害者の供述の対立となる場合が多い。この場合には双方の供述の真偽が問題となる（このためには反対尋問を周到に行う必要があり、証人の供述の変遷を明らかにするために従前の供述調書を開示させることが重要な弁護活動となる）。

(8) そのような場合には、客観的な証拠から供述の裏付けを得て真偽を判定する方向と関係者の供述から客観的な事実関係を確定し、それに反する供述を排除するという手法が採られる（**事例3**などは、まず「証拠上認められる客観的な事実」という項目を掲げる）。したがって弁護人の活動としては関係証拠をすべて裁判所の前に提示することが必要であるし、それら証拠の関係を確認しておくことが重要である。

被告人と被害者の供述が対立する場合で、客観的な裏付けで真偽を判定できない場合には、端的に「疑わしきは被告人の利益に」の観点から決するものがある（**事例3**の判例は「Vは……と供述するが、V自身、他方では……と供述していることに加え、……に照らすと、被告人の供述するように……可能性も否定できないので、この点は被告人の有利に認定する」と判示し、そのことを明言する）。

(9) 暴行の発端の真偽は、会話の流れ（文脈）で判断されることがある。

その場合には、被告人、被害者、関係人の利害状況や動機などが判断材料とされる。

(10) 供述の真偽は、実際問題として、どちらがより起こりうるかという観点から認定される傾向があると思われる。

第4　個別案件の分析

(1) **事例1**（札幌高判平成4年2月27日）は、深夜の盛り場で被告人らがYに因縁をつけられて始まった酔漢同士の喧嘩で、被告人は友人の共犯者と共謀のうえ被害者X、Yを殴って怪我を負わせたとして起訴された。Yの連れのXが転倒しアスファル

ト路上に頭を強打して脳挫傷を負い植物人間となった深刻な傷害事案である。被告人は、「自分の知らないうちに共犯者が傍にいただけのXの顔面を殴って転倒させた」とし、Xへの暴行と現場共謀も否認して争った。公判では被告人とその友人、被害者とその友人、目撃者2名の6人が取り調べられた。被告人と被害者双方の供述は対立したが、原審は「証言態度が真摯で一貫している」、「中立的な第三者である」などという理由で目撃証人の供述を信用して被告人を有罪とした。しかし控訴審の弁護人は、現場は路地裏で色の判別もできない暗がりであること、また医療証拠から被害者には存在しないと思われる傷害が安易に認定されていると指摘して医師証人を立てて事実関係を争った。目撃証人の再尋問は混乱を招く、もしくは供述を固めるだけだとして行わず、それらが客観的事実と齟齬していること（＝傷跡がなければ暴行もない）ことを示すために被害者を事件直後に救急治療をした医師証人を詳細に取り調べて、目撃証人の暴行態様に関する供述を崩したものである。控訴審は「被告人のXに対する暴行の事実は認められず」「（共犯者が）勢いの赴くまま、その一存でXに暴行を加えて傷害の結果を発生させたとの疑いを払拭できない」として被告人を無罪とした。客観的事実から目撃供述を弾劾するという弁護方針が功を奏したものといえる。

(2) 事例2（千葉地判平成6年3月5日）は、正月暴走の見物に同行した被告人が、暴走族の構成員多数と共謀して、X（30歳）に対し腹部等を足蹴にするなどの暴行を加え、腹部打撲などの傷害を負わせ、3時間半後に肝臓損傷による失血により死亡させ、Y（30歳）に対し腹部等を足蹴にするなどの暴行を加え、加療約2カ月を要する肋骨骨折等の傷害を負わせたとして起訴されたものである。

　自白せず一貫して否認する被告人に応じて、弁護人は関係者の目撃供述を弾劾するために公判廷で反対尋問を行い、各供述証拠相互間の矛盾やそれ自体の矛盾や限界、そして間違いのないと思われる事実関係との食い違いを指摘して相被告人を含む5人の関係者の供述の信用性を否定させた事例であり、目撃者数にひるむことなく冷静沈着で地道に弾劾した弁護活動の有効性を証明している。

　弁護人によれば[1]、本件では「路上に倒れた被害者を取り囲んでいる輪の中で、被告人は靴で被害者を何回か蹴っていた」とする目撃共犯者の供述調書が数多くあった。書証では①被告人が被害者を蹴っていた、②被告人が被害者に暴力を振るっていたのは見ていない、③被告人が被害者を蹴っていたようだとする3種に大別できたので弾劾対象を絞った。供述の変化の手掛かりを残すために目撃状況部分のみ不同意にした。反対尋問は「春風方式」を採り、ただ目撃状況の証言では、法廷で、

証言者の位置、被告人の位置、被害者の位置などを必ず図面に書かせた。とくに目撃者の左右にいた人物の特定を重視した。この結果、捜査機関に話したこととまったく齟齬するものが数多く出た。加えて被告人の識別根拠を細かく証言させ、その薄弱性を攻撃して、その希薄化に努めた（被告人の背が高いという証言が大部分だったので、当夜被告人よりも背の高い者が何人もいたことを明らかにさせた）。さらに弁護人は、弁論要旨の途中に図面を書き込んで、視覚にも訴えてわかりやすい主張を心掛けていた。

なお判決は「本件の直接の発端は、その後に、RとXが口論を始め、両者がつかみ合い、もみ合いになったことにあると解すべきものであり、さらに、被告人は、前記暴走族の構成員ではなく、本件現場にも、たまたまOの自動車に同乗していたために来たにすぎず」などとして現場共謀も否定した。

(3) 事例3（札幌地判平成6年8月15日）は、暴力団構成員の被告人が、テレクラで知り合ったばかりのX女（17歳）とその友人のY子（18歳）を団体の威力を示して暴行・脅迫し（暴処法違反）、その後X女と交際したが交際を断られたことからはさみや包丁で脅してわいせつ目的で略取し（わいせつ目的略取）、網走行きJR列車に乗せて監禁し、その後車内で殴ったり頭を壁にぶつけたりして頭部挫創の傷害を負わせ（監禁致傷）、被告人の実家のW方と知人のJ方に監禁し（監禁）、それぞれ2回にわたって強姦した（強姦）として起訴された事案である。被告人は、暴処法違反は態様を除いて認め、わいせつ略取、監禁致傷、監禁、強姦のいずれも否認した。

① 弁護方針

弁護人は被告人の前刑の事件の控訴審の国選弁護人で、被告人の性格、性向を知っており、被告人の弁解を信用した。しかし証拠構造は供述が中心の柔構造であったことから、双方の言い分や証人の証言をできるだけ公判廷でじっくりと聞くことにした。当初は手探りであったが、矛盾点をできるだけたくさん提出、拡大できる状況を作る結果となったようである。

② 証拠に対しては、㋐被害者Xの告訴状（強姦）、㋑わいせつ略取の犯行現場の状況等の実況見分調書での被害者の指示説明部分、㋒被害者、被害者の友人3名の供述調書（被害状況や目撃状況、被告人の生活状況など）のいずれも不同意にし、㋓被告人の犯行状況についての自白調書は信用性を争うに止めた。なお被告人の不利益事実の承認調書は同意した。そして、㋔録音テープ反訳捜査報告書があったが一部反訳で信用できないとして押収物（録音テープ）の還付を受け検討した。

③ 審理経過は、被害者と証人3名の証人尋問、被告人質問などが行われ、録音テープが取り調べられた。

④　審理結果は、被害者、被告人の供述は真っ向対立したが、被害者の供述は完璧と言える程に一貫していた。しかし目撃証人らの供述は、列車内の態様が監禁とは言い難いなど被告人を裏付けるように後退した。さらに監禁、強姦に利用したとされる赤茶色ベルトが、札幌で購入したものの網走方面には被告人は紐のジャージを着て行っており、犯行当日までにはなかったことが疑われ、同様に緊縛に利用したとされる白いビニール紐も、それが入っていたはずの宅急便が実行行為時には未到着で存在していなかった。そして録音テープの全内容を再生すると親密さを裏付ける「睦言」が録音されていた。

　⑤　最終弁論において弁護人は、(ア)被告人の供述を信用すると被害者Xはたいへんな嘘つきであることを強調した。実際、Xは「公判前のそれ（検察官調書）を熟読暗記して出廷証言したもののようである。調書と殆ど同じく理路整然と供述し正に舞台俳優を思わせる様な有り様であった。17才の少女のこの様な完璧な証言に奇異の思いを抱いたのは一人弁護人だけであったろうか」などと指摘。しかし、(虚偽供述の)動機がよくわからないのでできるだけ推理したとして「被害者の方はその理由定かではないが、例えば被告人の一途さに不安を感じたとか或いはその性格のシツコサに嫌気がさしたとか、或いは父親に交際している被告人のヤクザ身分がばれて教護院に送致されかねないとの予想がきっかけで煩わしさを覚えて嫌気がさしたとか、兎に角被告人に対する感情が冷えて現在では憎しみに転化しているといった二人の現状である」とした。(イ)被告人には自白調書があるが、それは被害者調書にまったく一致させたものなので、被害者の供述が信用できないとなれば自動的に信用できないとなる。(ウ)被害者の被告人の実家などでの親密そうな様子は被告人の実姉夫婦が詳細に供述し、信用性が高い。(エ)背景事情として、その時々の時期における被告人、被害者の利害状況を詳しく説明した

　⑥　裁判所は、姦淫目的で略取したとは認められないとしてわいせつ略取を否定して未成年者略取を認定し、公衆の面前の列車内での監禁は「周囲の者に助けを求めることが不可能又は著しく困難になる程度の極度の暴行、脅迫が被監禁者に加えられてい」ないかぎり成立しないから傷害に止まり、また合意に基づいて肉体関係を結び、その意思で留まったとの疑念を払拭できないとして、監禁罪・強姦罪の成立を否定して無罪を言い渡した。判決のポイントを指摘すると、

　(ア)判決の分析手法は弁論に応じているように見える。被告人を信じ関係者の言い分をじっくり聞こうとした弁護方針が伝わったといえる。(イ)争いのない事実や複数の証言から客観的な事実関係を確定し、そのうえで関係各証拠の信用性を検討している。双方の利害状況を前提に双方の供述を詳細に分析し、他の証人との供述の整

合性を根拠に真偽を判定し、真偽不明の場合は被告人に有利に認定するとし、客観的なバンド、ビニール紐の存否などによって供述の真偽を判断している。(ウ)訴因に分解された行為を全体として把握し、他の証人の供述や推理し得る現実的で常識的な行動様式など（合理性）に従って自白や供述を分析して信用性を判断している。(エ)被告人の弁解も、客観的事実関係と合っていること、他人の供述と一致していることなどによって固くて重要な証拠となることがあると認めている。

(4) **事例4**は、半年前に傷害で懲役1年6月、執行猶予4年の判決を受けた被告人が、翌日から同じ被害者宅へ押しかけ暴処法の常習暴行・脅迫で起訴されたもの。原審の弁護人は飲酒酩酊による心神耗弱などを指摘したが認められていなかった。弁護人は、捜査・公判・接見を通じて、質問に対する回答がまったく噛み合わず、被害者に大怪我をさせられた結果（事実ではない）「知能指数が下がった。その結果ほとんどすべてがわかる。小学生が自殺する理由がわかる」などと壊れたテープレコーダーのように繰り返すだけの被告人の状態や、実姉から丹念に聴取した12年にもわたる病歴などを詳細に主張し、被告人自身の支離滅裂な控訴趣意書を提出させた。高裁は、被告人質問、実姉の証人尋問を行って精神鑑定を採用、結果は精神分裂病（現・統合失調症）の慢性期にありながら妄想を残していることなどから責任無能力というものだった。正月返上で精神医学書を読み漁り控訴趣意書を書き上げた熱意が通じたと言えよう。

しかし病識のない被告人は不満のようであり、責任無能力の主張の難しさを教えている[2]。

(5) **事例5**（大阪地判平成7年3月17日）は、労働争議中の病院において執行委員長が病院長に対し暴行を働き傷害を負わせたという事案である。弁護人らは地位保全事件などの労働事件を受任していた代理人らで、背景事情としての労働争議の実態を裁判所に説得的に伝えることができたことが第一の無罪獲得要因であると考えられる。動機や背景事情としての対立関係や利害関係を明らかにすることは重要で、同様のことは**事例10**（那覇地判平成10年3月19日）でも行われている。そのうえで、**事例5**では「唾を吐きかけ、かつ、つねる」という暴行態様の特異さ・不自然さを手始めとして関係者の供述から重層的に浮かび上がる病院長の自傷行為の疑いを徐々に強めて（脇腹をつねって痣をつけることは自分でも可能）、最終的には裁判所に自損行為の疑いがあるとまで判示させている。**事例10**でも、職員である被告人の日常

的な仕事振りとはかけ離れた陰湿な暴行傷害行為の不自然さを浮き彫りにするような関係者の証言内容を積み重ねるということを目指す弁護活動を行い、2つのうち1つの公訴事実の目撃供述を「虚偽の可能性も否定できない」とまで判断させている[3]。そして、いずれの場合も、有罪を根拠づける証人の供述の変遷を明らかにできている（**事例5**では労働事件の際の供述を利用したり、**事例10**では1つの事件の唯一の目撃証人の員面調書を証拠開示で獲得するという成果を上げている）。

(6) 自損行為と類似の事案としては**事例8**（東京地判平成9年11月20日）が特筆に値する。別れ話の生じていたカップル間のホテルの廊下でのいわば1対1の事件であるが、被害者の証人尋問の結果からは被害者に生じている客観的な傷害が起こりえないという疑念から、被害者女性の1人芝居に近い事件と認定されたものである。ここでも被害者に生じている傷害結果は愁訴に基づくものと考えられ、客観的裏付けがないことから逆算して被告人の暴行行為の存在が否定されたものである。

(7) **事例6**（松山地判平成8年10月22日）は、被告人と被害者と制止に入った3人で脇差しを取り合っているうちに被告人が被害者の腹部に脇差しを刺したという起訴内容であるが、各人に刺突行為の積極的な認識がないことから暴行の故意が否定されて無罪が言い渡された珍しい事案である。

ただ、そうであっても、傷口から推理すると、故意行為だとすれば脇差しの切っ先をいったん上にあげてから下に向けて刺突するという特異な実行行為がなければならないところ、関係各人にはそのような特徴的な行為の記憶がまったくないとしていることから、やはり「刺切創」という客観的な事実との齟齬を基礎として認定を行っているので、その点を執拗に指摘した弁護活動の効果があったものといえよう。

(8) **事例7**（和歌山地判平成8年10月28日）は、スナックのママで経営者である被害者Xが暴力団員グループ4名（A、B、C、D）に殴打され、加療約4週間を要する両顔面打撲の傷害を負ったとされる事件である。検察官は、被告人らとママが別のことでそもそも口論中であったところ、被告人らが暴力団員であったママの亡夫を侮辱し、激昂して灰皿を投げつけるなどしたママに被告人らが応戦したものであると主張。弁護人は、激昂しているママの気を静めるために被告人Dだけが平手で数回殴打したのであって、他の被告人は暴行を加えたことはないと争った。

公判では、被害者ママとホステス3人、違う客グループのうちの1名、被告人ら4名が取り調べられた。ところがホステス3人は「言えません」「言いたくありません」「覚

えていません」「答えたくありません」「忘れました」と事実上証言を拒否する特異な経過を辿った。

　裁判所は被害者ママの供述を検討、重要事項に変遷があるのに合理的な説明がない、被告人らの行動は積極的に供述するのに自己の行動は曖昧で語ろうとしない姿勢が顕著である、客観的事実と認定せざるをえない事実をも否定している、脈絡から唐突と感じられる供述がある、虚偽供述をすると疑うに足るだけの動機がある、「店内が騒然とした様子もないし、むしろ他の客やホステスはママと被告人らのいざこざを放っておいて自分らだけ楽しんでいる形跡もあるのであって、このような店内の状況、雰囲気は暴力団員である被告人ら４名が１人の女性に一方的に暴行していたという状況にはマッチしない」ことから信用性を疑った。他方、被告人らの供述は他の客Ｎの供述とも一致するから排斥できない上に、ホステスらの事実上の証言拒否は「被告人らが恐かったからではなく、本当は被告人Ｄを除く他の被告人ら３名の暴行を目撃したことはないのであるが、Ｘ女の供述に反してその旨事実を述べることも、Ｘの供述に沿って虚偽の事実を述べることも憚られたからであるとの疑いを払拭できない」として、被告人らとＸが口論していた際、被告人Ｄだけが割って入ってトイレのほうへ連れて行き、Ｘの頬を平手で叩いて気を静めようとしたと認定し、その他の被告人は無罪とした。

　検察官は被告人Ｄ１人に責任を押しつけている暴力団特有の事件と主張した。

　裁判所は「有罪であれば服役する可能性が高い被告人ＡＢＣが一切暴行を加えておらず、逆に執行猶予が付される可能性が極めて高い被告人Ｄのみが暴行を加えたというのは、いかにも出来すぎた話」だが「それが予断というものである」として、逆に「当時、店内には、ＮらＧ社の社員６名を含む約８人の客がいて、右の客の中には被告人らの言動の一部を目撃していた者も何人かいる可能性もかなりあるうえ、そのうちの幾人かは検察官においても特定しているか調べれば特定しうると思われるにもかかわらず、検察官からは、右客の供述調書の取り調べ請求や証人申請がまったくなされておらず、したがって被害者側の供述は、中立的な第三者の供述によって何ら裏付けられていない状況である。それどころか、検察官において検察官調書を作成したものの、その取り調べを請求をせず、かつ弁護人からその取り調べ請求にも同意しなかったため、弁護人が証人申請して取り調べた証人Ｎは……むしろ被告人らの供述を裏付けるような証言をしているのである。このような証拠関係に照らせば、たやすく被告人らの供述を排斥し、多分に問題のある被告人らの供述に依拠して、犯罪事実を認定するのは極めて危険であると言わざるを得ない」と判断した。

(9) **事例9**（赤湯簡判平成9年11月26日）は、被告人が被害者XをスナックMのシャッターに打ちつける暴行を加えたとして略式命令を受けたが、事実は胸ぐらを掴んでいたXの手を振り払ったところXが自分からシャッターに体当たりをし「やられた。やられた」と言ったのだとして正式裁判を申し立てて争った事案。口論をして寿司店から追い出され、その足で行ったMでも口論して掴み合いになって追い出された際の出来事で目撃者のいない1対1のケースである。

裁判所は、Xは、当初別人に殴られた、被告人に何発も殴られ蹴られたとか、居合わせた全員が否定するのに寿司店内でも殴られたとか不合理な供述の変遷があり、その供述は信用できないこと、当時工事現場を2つ持っていた被告人が泊まって行くかと警察官に言われ、工期を遅らせたくないと心ならずも自白したとする被告人の弁解は信用でき、被告人の自白は任意性に疑いがあること、仮に任意性があるとしても被告人だけを立ち会わせた実況見分調書だけでは補強証拠とし不十分であることなどから無罪を言い渡した。

「シャッターに打ちつける」の意味を問う弁護人の求釈明に対し、検察官は「被告人がXの胸部を両手で押し、結果的にXがシャッターにぶつかった」という意味だと釈明。そのうえで証拠調べが行われた。被告人が自白した経緯は理解できるが、合理的理由なく変遷するXの供述は信用されなかった。

(10) **事例11**（八王子簡判平成10年11月6日）は、被害者のバイクを被告人車両が追い越したことが原因で口論となり発生した暴行被告事件で、被害者がフルフェイスのヘルメットを着用していた状態では両頬を往復ビンタで3回くらい叩くという暴行は不可能であるとして無罪とした事案である。

被告人、被害者、被告人車両の同乗者である姉、実況見分をした警察官の各供述が入り交じる「柔構造」の難事件である。それぞれの供述を検討し、複数の証言で客観的事実を確定し、それに相反する供述の信用性を否定している。口論の発端となった追い越しの際に、被害者がスピードを上げて追い越しを困難にしたという危険行為を認定し、被害者の行動の不合理さを強調してその供述の信用性を否定したものである。勝因は、起訴状に対する釈明を求め、フルフェイスのヘルメット上からの暴行の不自然さを的確に指摘したことである。判決には、検察官は「顔面」とは「両方の頬部分」、「殴打」した回数は「合計3回くらい」、「暴行を加えた」態様は「往復ビンタの形で三回くらい叩いた」と釈明したと明記されている。

(11) **事例12**（東京地判平成11年3月23日、季刊刑事弁護25号130頁）は、歩行中、

走行して来た自動車とぶつかりそうになったことから同車の助手席にいた人物と口論していた暴力団若頭Aおよびその前妻B女が、警邏中事情聴取しようとした警察官K巡査に暴行を加えて全治3日間を要する口内挫創の怪我を負わせ職務の執行を妨害したとされる事案である。KはB女に口許を、Aに右下顎を殴られたと主張し、A・BはK巡査がB女の襟元を掴んで放さないため怒ったB女がK巡査の顔面を1回殴打したがAはまったく手出しをしていないと弁解していた。

　公判では、被告人A・B、連れの知人Q、被害者警察官Kと駆けつけた警察官などが取り調べられた。

　その結果、裁判所は、Aの殴打行為を見た者はK巡査のみであり、Kの下顎部打撲の傷害が受傷直後の写真でも裏付けられていないから（そもそも下顎部を撮影した写真がない）、その傷害はKの愁訴に基づくものと考えるほかなく信用できないこと、当時Aはセカンドバックを左脇に抱えて左手拳で相手の顔を殴打することは困難であることが明らかであることから、Aの殴打行為は認められないとした。またAがK巡査の制服の襟元付近を掴んで揺すったことは制服のボタンが取れているので裏付けられているようであるが、K証言は、いくつかの点で曖昧であるうえ、被告人B女に対する突き飛ばし行為の有無、被告人Aの殴打行為の有無等の重要な点がことごとく信用できないのであるからその点にかぎって信用性が高いとは考え難い。Aがセカンドバックを抱えていたことや、一連の過程でQやB女との揉み合いも認められるからそのときにボタンが取れた可能性も考えられないではないから公務執行妨害も認められないとした。

　被告人らの弁解を信用し、Kがお上の意識で過剰に反応したという背景事情の見地から、反対尋問でKの供述の変遷を導き出した弁護活動が重要であったと考えられる。

(12) **事例13**（札幌高判平成13年5月15日）は、被告人が、会社の飲み会の帰りに、ツケを払うために一人行きつけのスナックに向かった際に、近道のため通り過ぎようとして入り込んだ駐車場の経営者Bと口論となり、「顔面を手拳で殴打し、その右大腿部を足蹴にした上、その右下腿部を足蹴にして同人を路上に転倒させて、その右膝を路上に強打させるなどの暴行を加え、よって同人に加療約2ヶ月を要する右膝蓋骨骨折、顔面擦過傷の傷害を負わせた」として起訴された事案である。

　駐車場は縦長の長方形で右側に手前から受付、4機の立体駐車場が並んであり、奥は青空駐車場で正面奥は鉄柵によって行き止まりになっており、客観的状況から人の動きを推認できる場所であったといえる。

① 捜査段階の弁護活動

事件翌日に接見した被告人は、「自分は二人に取り囲まれ、一人に殴られたので殴り返したところ、別の男にも殴られたので、恐くなって逃げ出したが、駐車場を出たところで背後に衝撃を受けて転倒し、数人から殴る蹴るの暴行を受けた、警察が来て助かったと思っていたら逆に逮捕された」、とショックを隠し切れない様子。したがって被告人の主張を構成すると「正当防衛」ということになる。

弁護人は、被告人の負傷の様子を撮影し写真撮影報告書を作成。また医師の診断を受けるよう伝え、被告人は留置管理課に訴え、17日に整形外科と耳鼻科で診断を受けさせることができた。

② 保釈

起訴と同時に保釈申請をしたが、4号で却下。被害者らに対する働きかけを懸念する準抗告裁判所を説得するため、本州に転勤命令を出しても良いとする会社の上司の上申書と、負傷の程度から手術が必要とする医師との面談結果報告書を作成し、準抗告認容。本件は、その後、確定するまで1年以上も費やされたが、この保釈がなければ被告人はとうてい頑張ることはできず無罪判決はありえなかった（なお、保釈後、直ちに被告人が事件当時着用していたコート、スーツ、靴、および眼鏡を弁護人が保管し、これが被害者らの被告人への攻撃を疑わせる重要な客観的証拠となった）。

③ 第一審

単独事件から合議体に移行し、被害者B、目撃者C、D、Eの各証人尋問が行われた。

弁護人は、開示証拠を図表化、供述の変遷および不一致を可能なかぎり明らかにしたうえで公判に臨んだが、未開示供述調書が不可欠だった。弁護人はBおよびDの供述調書全部の証拠開示を求めていたが、裁判所は最終的に「Bの反対尋問及び補充尋問終了後」にようやくBのそれが開示されたに留まった。

Bとその兄弟であるD・Eの反対尋問は食い違いを多く引き出し（Bの被告人に対する暴行の程度、駐車場受付前での被告人の追加暴行はなかったこと、Bの転倒原因など）それなりに成果を得たように思えたが、本件駐車場の前を縄張りとする運転代行業者であるCの供述は評価の分かれるところだと思われた（被告人と被害者の揉み合いがあり被害者は転倒したというもの）。

弁護側立証としては、病院のカルテ等（検察官が提出）と、「弾劾証拠」として逮捕手続書記載のBの供述部分、Bの員面調書（検察官手持ち証拠の取調請求）、及び、Bの検面調書を採用させた。

被告人の供述は逮捕直後からほぼ一貫しており（乙号証は全部同意）、公判でもそ

の供述が変遷することはなかった。ただし、被告人が相当程度酩酊していたため記憶欠落部分があったが、それを客観的に明らかにする物証が存在した（本件現場に置いてあった名刺が被告人の所持品のなかから出てきたが、被告人には持ち帰った記憶がなかった）。

第6回公判で、論告（求刑・懲役10月）、弁論がなされ、結審。弁護人は無罪を確信していたが、裁判所は、公訴事実をほぼ全面的に認容し、懲役10月、執行猶予3年の有罪判決。

有罪の理由は、Bの公判供述と被告人の供述との信用性を対比したうえで、(ｱ)B供述は、①事件直後の捜査段階の供述と比較すると、被告人が駐車場に入って来てから被害者の太腿を蹴るまでの経緯のほか、どちらの太腿を蹴られたのか、駐車場のどこで蹴られたのかなどの点で食い違いがあるが、いずれも本質的な部分ではなく、むしろ重要な部分は一貫している、②自分も被告人の顔面を殴るなどの反撃を加えた旨述べ、転倒後は暴行を加えられてないとも述べるなど、ことさらに虚偽の供述をしようとする態度はうかがわれない、③供述内容も診断書の内容と整合するうえ、被告人以外の者の供述と大筋において矛盾がない。とくに、歩道上の転倒後の状況については、信用性の高いC公判供述と矛盾なく符合するなど、信用性が高く、(ｲ)被告人供述は、C供述との不整合があり、記憶の欠落や相当程度の酩酊から信用性がないとして、B供述を全面的に信用したものだった。

④ 控訴審

何より第一審の判決理由がきわめて短く、何をもってこのように判断したのかの検証ができない点が非常に問題だった。本件では、被害者とされるBの供述にさまざまな点において変遷が見られるうえ、公訴事実についてC供述とも明らかに矛盾している部分があるにもかかわらず、これらの事実がまったく捨象されている点、弁護人が強調した被告人の負傷や眼鏡の破損等について、何らの説明もなかった。弁護人としては、何としてでも控訴して高裁の判断を仰ぎたいと考えたが、被告人は第一審途中に東北地方に転勤となっており、執行猶予判決でもあったことから、その精神的・経済的負担と今後の展望の必ずしも明るくないことを秤にかけると、弁護人の一存で控訴することは憚られ、控訴するか否かは本人に委ねることにした。控訴申立期限間際に被告人から控訴審の弁護も依頼したい旨の連絡が入った。

第一審の弁論でほぼ主張は尽くしていたが、とにかく批判的視点から、主張を組み直すことにした。第1に、Bの供述の変遷がとうてい非本質的部分とは言えないことを詳細に述べた。とくに、転倒原因についての供述の変遷は、その負傷程度が明らかになるに連れて変化していることを指摘した。第2に、Bが自己に不利益な供述

もしているとされている部分につき、そのような供述をするに至った動機を、Bが被告人に対する傷害罪で取調べを受けていないことを指摘して、明らかにして行った。第3に、Bの負傷箇所に診断書と整合しない部分があること、転倒原因について（被告人に右膝の少し下辺りを2回蹴られ、その際に足が滑って転倒し右膝を歩道に強打）、C供述（被告人が被害者を前に引き倒すような格好になり、被害者は腹這いになるくらいになって倒れた、その際被告人が足をかけることはなかった）とまったく矛盾していること等を指摘した。そのうえで、被告人の負傷（鼻の怪我、両手の指の怪我）や眼鏡の散逸破損・スーツの汚損等を合理的に説明できないBの供述の不自然性を強調した。他方、被告人の供述については、記憶が欠落する以前の記憶の正確性を他の供述との一致から導き、その信用性を主張した。

控訴審で判は、被告人質問が約1時間にわたって行われ、裁判所からは非常に詳細な尋問がなされた。審理はこの1回で結審した。

⑤ 控訴審判決

「原判決を破棄する。被告人は無罪」という宣告に弁護人は一瞬わが耳を疑った。後日受け取った控訴審判決書は、A4判で実に26頁の大部なものであり、Bの供述の変遷や他の証人の公判供述との不整合等、弁護人の疑問点にほぼすべて答えたものだった。

すなわち、①「一番大きな負傷とされている右膝膝蓋骨骨折について、それが足蹴りによるものか転倒によるものかという根幹部分において軽視することができない変遷があり、その変遷の内容と程度は単なる記憶の混乱として片付けるには大きすぎるものといわければならない。以上要するに、被害者の供述が重要な部分において一貫していると判断するのは相当とは言い難い」、②「被告人に対する暴行の程度が、最初は何もなく、次いで一回ビンタだけとなり、さらに手拳による右フック1発となるなど変遷しているが、これは被告人の負傷の程度がかなり重いと判明したことに従ってやむを得ずなされたともいえること、転倒後に被告人から暴行を受けていないことは事実を述べているに過ぎないことから、虚偽供述をしようとする態度なしとして信用することは相当ではない」、③「右前額部の擦過傷は唇と鼻を殴られたとする被害者の供述とは符合しない、転倒の様子などCとの供述とも符合しない、D、Eの供述とも齟齬しており、他の関係証拠と整合し、被告人以外の者の供述と大筋において矛盾がない、としてその信用性を高める事情としていることは首肯し難い」と原判決を痛烈に批判した。控訴審は、さらに④「被害者供述は、被告人のスラックスの顕著な擦過痕、被告人の怪我や眼鏡の散逸破損状況、被告人の両手の指の怪我、という動かし難い客観的事実を合理的に説明していないのであって、この点からも、その

信用性には重大な疑問がある」と指摘して原判決を厳しく批判し、刑訴法397条1項により破棄している。

そして、「被告人の消火器を蹴飛ばすという軽率な行為が口論のきっかけをなしているとはいえ、突然に殴り掛かるという被害者の行為は、到底正当な行為ということはできず、被告人に対する急迫不正の侵害といわなければならない。そして、被告人の被害者に対する2回の殴打は、このような急迫不正の侵害に対するとっさの反応であり、自らの身体を防衛するためにやむを得ずなされたものと認めることができる」として正当防衛の成立を認めた。しかも、「なお、被害者が歩道で転倒したことについて、Cの供述中には、被告人が被害者を前に引き倒したことによってそのような事態が生じた様に述べる部分があるが、被害者の言葉をそのとおり受け取ってようかどうかについては疑問がある上、被害者が被告人を押す形で歩道を進行してきたという当時の状況に照らし、被害者が転倒したことを被告人の有形力の行使の結果と認めることはいささか困難といわざるを得ないのであって、この点については、正当防衛に該当するかどうかについて論ずるまでもなく被告人に責任を問うことはできない」と用意周到に判断した。

⑥ 教訓

この逆転無罪判決は、何より、被告人の人柄からその供述を素直に信じることができたことに一番の原因があると思われる。

担当弁護人は、「公判請求、第一審判決、控訴審での検察官の答弁書などの節目で、弁護人のこの事件への見方はどこか大きく間違っているのではないかと自信をぐらつかされることが度々あったが、被告人の話の自然さ、そしてそれを裏付ける被告人の負傷等が、いつも弁護人のよりどころになっていた」と述懐している。

したがって供述の信用性の争いにおいては、被告人の供述を信じて、その根幹からの批判をぶつけ、対立する証人の矛盾を引き出す必要がある。

控訴審判決では「被告人のこのような弁解内容は、大筋において捜査段階の当初から一貫しており……客観的な事実とも符合するものといえる」と認定されている。

なお、本件弁護活動は担当裁判官に賞讃されている[4]。

(13) **事例14**（札幌地判平成19年3月15日）は、午前2時35分ころの深夜、接触事故で自車（シボレー）のドアミラーを破損された24歳の運転手Aが、当て逃げした男V（26歳）の車（チェロキー）を追いかけ、急左折した際の運転を誤りコンビニエンスストアが入ったビルの支柱に激突したチェロキーから男を引き摺り出し、シボレーに同乗していた24歳の親友Bとともに殴る蹴るの暴行を加え、「加療94日間を

要する頭蓋骨骨折、クモ膜下出血、鼻骨骨折の傷害を負わせた」として起訴されたものである。頭蓋骨骨折とは左側頭部陥没骨折で、その部位のクモ膜下出血である。

　検察官は、最初にBがシボレーから脱兎のごとく降りて行き、チョロキーのドアを蹴って被害者を引き摺り下ろし、率先して暴行したのはBであり、Aは後から暴行に参加したと主張。それを裏付ける証拠の構造は、被害者の怪我のうち暴行で生じたものは公訴事実記載の怪我とする被害者の通院先の医師の供述調書、3人の目撃者（交差点で停車していたタクシーの運転手、コンビニの店員、帰宅途上に通りがかった女性運転者）の供述調書、Bも暴行していたとするAの供述調書で、事実上4人の目撃供述があるのに等しかった。とくに、タクシー運転手、コンビニ店員は取調室に入れられた被告人らをマジックミラーから覗いて、被告人を区別して供述していた（被害者調書は、事件当時のことは記憶にないが2人に暴行されたことに間違いないとするものだった）。「早朝8時30分」に行われた運転手と店員それぞれ立会いの実況見分調書2通もあった。

　公判で、Bは自分はまったく手を出していない、Aを止めようとした、冤罪であると、主張。Aは自分が先に車から降り、被害者を車から引き摺り出して専ら暴行していたのは自分であり、Bが暴行していたところは見ていない（クモ膜下出血以外の怪我は自分の暴行が原因だと思う）、と罪状認否を行い、弁護人はそれに沿う詳細な冒頭陳述を行った。

　被告人の弁解が正しいと目撃者は3人ともAとBを見間違っていなければならない状況であった。

①　起訴前弁護

　Bには逮捕後間もなく当番弁護士が赴いて受任していた。Aも1度当番弁護士を呼んだが、若い弁護士に「罰金で済むと思う」と助言されて依頼しなかった。その後、Aは罰金で済むならばという気持ちもあって、記憶が曖昧にもかかわらずBが蹴っているところを見たと供述してしまっていた。この供述をばねに厳しい取調べを受けたBの弁護人は、直接Aに接見し「曖昧なことを言わないように」と助言したが、Aとは信頼関係の確立には至らなかった。その状況を危惧したBの弁護人は知人の弁護士にAとの接見と受任を依頼、同弁護士は弁護人に就任したが、起訴前々日だった。完全な信頼関係確立とは言い難く、検察官に対し抵抗半ばでAはBの足蹴り行為を見たという供述を撤回しないまま起訴された。

②　公判前

　Bは否認、Aも不安定な供述をしていたため2度の保釈請求はいずれも棄却された。被告人らは落胆して諦めかけていた。

しかし、検察官が証拠開示に応じた証拠群のなかに重要な証拠が発見された。1つは110番通報受理報告書である。BはAが運転する車でVを追跡しながら110番通報をしていたがその内容とコンビニ店員、通りすがりの女性運転者という2人の目撃者の110番通報内容であり、それぞれ通報受理時刻が記載されていた。それによればBは110番通報をしながら「やめろ、やめろ」とAを制止している様子が記録されていた。もう1つは、事件時間帯の午前2時に実施されたタクシー運転手のやり直し実況見分調書であった。それによれば目撃地点から犯人らの服装や顔の識別は困難だとするものであった。さらに、それぞれの目撃者の原始供述調書、その後の調書も開示され、それらによれば当初の供述は曖昧で簡単なもので多かれ少なかれ変遷があった。タクシー運転者に至っては、暗く遠かったので誰が具体的にどのようなことをしていたかわかりません、となっていた。そして、事故直後被害者が運ばれた救急病院の担当医師は「怪我の原因が事故か暴行かは判別不能」という事情聴取結果が記載された捜査報告書があった。また、変遷している被告人の（とくにAの）供述調書群があった。

③ 公判

これらを検察官手持ち証拠として弁護側で証拠請求したところ、検察官はことごとく不同意にした。弁護人は猛然と抗議し、最終的に「審理の進行により、（不同意）撤回もありうる」との言質を取った（結局、最終的には、110番通報受理報告書、被告人らの供述調書は検察官請求の形で採用された。後者は供述経過が立証趣旨とされた）。

弁護人は保釈を勝ち取るためにどんどん目撃証人を調べてほしいと迫った。コンビニ店員を取り調べた際、同店員とタクシー運転手の実況見分調書で被害者車両の指示説明位置が食い違うこと、商品の陰に隠れて目撃できない部分があることなどが明らかになった（ただし、率先して暴行していたのはBであること、後からAも暴行に参加したと明言）。裁判官は被害者車両の客観的停車位置を確定しなければ目撃者尋問をしても無意味であるとして検察官に補充捜査を命じるとともに、都合で延期されたタクシー運転手の証人尋問の前に罪体に関する被告人両名の被告人質問を先行して実施すると決定。弁護人は補充捜査の余裕を与えるのは不当だし不同意に抵抗する検察官の対応は許し難いとして「期日間争点整理手続に付する決定」を要求した。証拠開示裁定や審理計画が厳格にできるからである。裁判所は、それを無視して被告人質問を実施、直後に保釈を許可した。検察官は抗告したが棄却された（弁護人も冒頭陳述を行って争点を明確化したことが保釈支持の大きな理由とされていた）。

④ 被告人質問等

被告人質問では、警察官が切り違い尋問をしたこと、利益誘導をしたこと、供述

をそのまま調書に取らなかったこと、「下等」と怒鳴り続け被告人を罵倒したことなど任意性も徹底して争った。検察官は供述の変遷や不合理さを強調する反対尋問を行っただけで、任意性に関する反対尋問はネグって来た。すなわち目撃者3人一本主義に切り替えた（Aの調書は不一致供述で請求）。

その後、被害車両の客観的停車位置を示す実況見分調書が提出された（事件当時のメモに基づき審理開始後に作成されたものだった）。

タクシー運転手は、弁護人の反対尋問で2人のうち1人が何をしていたか曖昧であると供述を後退させたものの、率先して暴行していたのはBであると断言した。

そして、出頭に消極的だった女性運転者の証人尋問請求を行い、弁護人の異議申立てを排し遮蔽措置とともに採用された。女性運転者は「確実にけってたかって言われると分からないんですけど」などと答えたものの「白いTシャツの男が倒れた被害者をサッカーボールのように蹴っているように見えた」と証言した。

⑤　急転

いずれの目撃者も、被告人両名が暴行していたこと、率先して暴行していたのはBとする証言をしていて、被告人らの主張が信用されるかは微妙だった。しかも、検察官は、タクシー運転手とコンビニ店員の視野を重なり合わせて、両名が同時に犯行を目撃可能であるとする実況見分調書などを証拠請求した（ただし、これを前提とすると犯行場所が移動することとなる）。

ところが審理は急転する。

弁護人は、事件直後の被害者の言動を知りたくて被害者が最初に救急車で運ばれた救急病院のカルテやX線写真等を裁判所に取り寄せてもらい法医学者に見せ、助言をもらい最初の救急病院へ行って聞いたところ、たいへんなことが判明した。それは、事故直後には左側頭部の陥没骨折もクモ膜下出血も存在しない、頭部右側の損傷に集中しているというのである。カルテを仔細に検討すると、被害者は入院直後に繁華街に外出したため強く注意したと記録されていた。

弁護人は医師の事情聴取書を作成、提出したが検察官には認否を留保された。その間、検察官は医師を取り調べ、結局、左側頭部陥没骨折、クモ膜下出血は存在しないことを確認したが、目の奥の頭蓋骨、右目の下から頬骨にかけての骨折がある（ただし微細な亀裂で放っておいてもいいとされていた）、と補充させたうえ、「事故か暴行か判別不能だが、自分の医師としての経験からは事故よりも暴行で起きた可能性が高いと思う」という検面調書を作成請求し、これを同意すれば事情聴取書を同意すると言って来た。そして訴因変更を行い、当初の医師の供述調書は撤回するとまで述べた。

弁護人は「事故か暴行か判別不能」という部分が医師の結論であると理解をして、早期結審のため抱き合わせ同意を飲んだ（裁判はすでに1年を超えていた）。

この事件直後の怪我が違っていたという事実は大きな影響を与えた。

すなわち、目撃者の供述は3人とも頭顔面を狙い「サッカーボールを蹴る様に蹴っていた」となっていたこと、被告人Aの供述では「頭部の左側を蹴った」「被害者は頭の左側を下にして頭を歩道に打ちつけた」となっていたからである。

⑥　論告・弁論

検察官は、シボレーからどちらが先に降りたかは明確ではないものの、2人で被害者に殴る蹴るの暴行を加え、2人のうちBが率先して暴行していたことは3人の目撃供述、Aの供述から明らかとして2人の実行共同正犯としての傷害罪の成立を認め、懲役1年6月を求刑した。

弁護人は、3人の目撃供述は信用できず、被告人Bとの関係で被告人Aの供述は信用できない、としてBについては無罪、Aについては傷害結果は自損事故で生じた可能性があるとして暴行罪が成立するに止まり、罰金刑が相当と弁論した。とくに、Aの弁護人は開口一番「私は、この法廷の皆さんに自分の恥を話しておかなければなりません。それはもちろん、私が弁護過誤を犯していたことです」とA被告人の疑問を押しのけて「クモ膜下出血以外を認める」と認否することを助言したことを「被告人を最初から信じて徹底しなかった自分を大変恥じています」と自己批判した。

⑦　判決

弁護人の主張をほぼ全面的に認め、車から先に降り暴行していたのはAであり、Bが暴行していたことは認められないとして、Bについては無罪、Aについては傷害結果の因果関係は認められないとして罰金15万円で未決勾留日数を罰金に満つるまで算入するというものだった。

判決は、タクシー運転手は、①目撃位置から客観的に見えない状況を見えたと供述していること、②被告人らのうち1人が何をしていたか不明確だったと述べていること、③やり直し実況見分調書で2人の識別が困難だとされていること、コンビニ店員については、ⓐ商品などで障害物の多い店内からの目撃状況が悪いこと、ⓑその断片的な目撃状況と店から出た際の状況を想像して合体させた危険があること、そしていずれも、ⓒ2人の被告人が犯人であることを前提にマジックミラーからの面通しを行われていること、から両名の目撃供述の信用性は低いと判断、女性運転者の供述も、㋑白いTシャツの男とBの服装を記憶して供述しているが、Aと重なった状態でBを目撃していること、㋺蹴ったとする足元が良く見えていなかったこと、㋩公判廷で書かせた図面が客観的位置関係から間違っており、信用性も低いと判断した。

そして、変遷するAの供述はさまざまな影響の下でなされたものであり信用性がないとされ、反面、110番通報受理報告書を時系列に並べて客観的状況を示す証拠としてきわめて重視し、そのなかでBが110番通報中に「やめろ、やめろ」とAを制止している状況が明らかであるとして、Bの無実が導かれている。

またAの暴行と被害者の怪我の因果関係については、医師の判断は判別不能であるとして認めなかった。

⑧　教訓

3人もしくは4人の目撃証言があるからといって、ひるまず地道な分析が重要であること、原始供述、原始情報（救急病院の診断）を突き止めて矛盾を発見したこと、被告人Aの供述の変遷を丹念に追ったこと、など証拠のほころびを粘り強く追求したことが勝機を呼んだと思われる。

ただ弁護過誤の危険があったことは他山の石とすべきである。

1　大塚喜一「ある無罪事件の弁護──傷害致死被告事件」庭山英雄ほか編『日本の刑事裁判　21世紀への展望〔大塚喜一在職30周年記念論文集〕』（現代人文社、1999年）181頁。
2　田中富美子「刑事弁護体験記──責任能力に関する控訴事件の一例」第一東京弁護士會々報269　平成7年7月号33頁。
3　加藤裕「沖縄医労連前蔵忠さん弾圧刑事事件に無罪判決」（旬刊自由法曹団通信910号）。
4　門野博「刑事裁判ノート──裁判員裁判への架け橋として（3）」判例タイムズ1296号51、60〜63頁。

事例番号	裁判所・宣告日 / 事件名 / 弁護人 / 出典	事件概要	分類: 暴行・傷害そのものの有無	分類: 犯人と被告人の同一性	分類: 暴行・傷害の故意の有無	責任能力	分析要素: 供述の変遷や供述内容相互の齟齬	分析要素: 供述証拠と物的証拠の齟齬	動機	事件直後の状況	証拠の公判廷への不提出
1	札幌高裁平4.2.27 / 傷害 / 黒木俊郎・矢野修 / 第Ⅰ集−①	喧嘩傷害事件につき目撃証言の信憑性を否定して逆転無罪を言い渡した事例 ★	○				○	○			
2	千葉地裁平6.3.25 / 傷害致死、傷害 / 大塚喜一 / 日弁3集51頁	多数と共謀して暴行を加えて1名を死亡させたという事件につき、共犯者の捜査段階での目撃供述を、公判で覆して否定していることなどを理由に、その信用性を否定した事例 ★		○			○	○			
3	札幌地裁平6.8.15 / 暴処法違反、わいせつ誘拐、監禁致傷、監禁、強姦 / 組村眞平 / 日弁3集97頁	合意に基づいて肉体関係を結び、その意思で留まったとの疑念を払拭できないとして、監禁・強姦罪につき無罪を言い渡した事例	○				○	○	○	○	
4	東京高裁平6.9.22 / 暴処法違反 / 田中富美子 / 日弁3集229頁	控訴審において、はじめて精神鑑定が行なわれ、精神分裂病により責任能力として、逆転無罪となった事例				○	○	○	○		
5	大阪高裁平8.4.24 大阪地裁控訴棄却平8.3.17 / 暴行、傷害 / 財前昌和ほか3名 / 日弁4集28頁	病院から解雇された組合執行委員である被告人が、地位保全の仮処分に基づき就労しようとした際に病院の経営者である被害者に暴行を加えたとされる事件で、被害者及び目撃証人の供述の信用性を否定して無罪を言い渡した事例 ★	○				○	○	○		
6	松山地裁平8.10.22 / 傷害 / 高田義之 / 日弁4集134頁	脇差で腹部を刺突したとされたが、脇差の取り合いの際に刺さったのではないかという被告人の弁解が争われた事件で、被害者供述には具体的な刺突行為の認識がないこと、受傷の際の刺し入れ角度はむしろ取り合い時の傷害によりよく合致すること、被害者、被告人ら3人で脇差を取り合った事実が認められること、被告人の弁解は一貫していることから無罪とされた事例 ★	○					○			

7	和歌山地裁 平8.10.28 傷害 泉谷恭史 日弁4集140頁	スナックの経営者である被害者が客の暴力団員4名に殴打されるとされる事件で、被害者及びスナック従業員と被告人の供述が鋭く対立していたところ、従業員が事実上法廷での証言が拒否したので、他の客であった第三者の証言を重視して、被害者側の供述の信用性を否定して無罪とされた事例★		○		○	○		
8	東京地裁平9.11.20 傷害 米倉勉・柴田五郎 日弁5集26頁	以前交際していた女性をホテルの廊下に投げ飛ばして、頸部捻挫等の傷害を負わせたという公訴事実につき、目撃者もなく、被害者供述とこれに基づく証拠しか存在しない状況であったが、被害者の供述は、暴行の状況、負傷の内容等について客観的事実に反するうえ、曖昧な点が多く信用できないとして無罪とした事例	○			○			
9	赤湯簡裁平9.11.26 暴行 外塚功 日弁5集227頁	暴行事件の被告人が捜査段階で事実を認め略式命令を受けたものの、同命令を不満として正式裁判を申し立て否認に転じた事実について、被害者の供述は捜査・公判段階を通じて変遷しており信用できず、また警察の捜査が被告人が犯人であるとの予断のもとに行なわれたことが窺われ、初期捜査の段階で十分な裏付捜査を行い状況証拠の収集を行なうべきであったとし、さらに捜査段階での被告人の自白には捜査官の誘導によると解される余地があり被告人の自白の任意性に疑いがあるとして無罪とした事例	○	○		○	○		
10	那覇地裁平10.3.19 傷害 加藤裕・仲山忠克・西太郎 日弁5集112頁	精神薄弱者更生施設において施設職員である被告人が入所者に対して暴行の上傷害を負わせたとの公訴事実につき、現場に居合わせたとする証人による犯行の動機、経緯、犯行状況等に関する証言は不自然不合理である上、当該証人は施設の管理職にあり、労働組合の要職にある被告人を排除したいという経営者側の意図を酌んで虚偽の証言をする動機が存在することも考慮の外におくわけにもいかず、被害者の転倒による自損行為であるとの被告人の弁解は排斥できないなどとし、無罪とした事例　★	○			○	○	○	
11	八王子簡裁 平10.11.06 暴行 今村核ほか3名 日弁5集58頁	被害者運転のバイクを被告人運転車両が追い越したことが原因で発生した暴行被告事件について、被害者がヘルメットを着用していた状態では、公訴事実記載の暴行は不可能であるとして無罪とした事例	○			○	○		
12	東京地裁平11.3.23 公務執行妨害、傷害 櫻井光政 日弁6集10頁	歩行中、走行してきた乗用車とぶつかりそうになったことから同車の助手席にいた人物と口論していた暴力団若頭及びその前妻が、事情聴取をしようとした警察官に暴行を加えたとされる事件で、被告人らの行動に関する警察官の供述が曖昧かつ信用できないとし		○		○	○		

			て、若頭につき無罪が言い渡された事例 ★						
13	札幌高裁平13.5.15　傷害　磯田丈弘　日弁7集199頁		会社の飲み会の帰りに近道をして通過しようとした駐車場の経営者と口論になった被告人が、経営者の顔面を殴打し顔面擦過傷の、足蹴にするなどして転倒させ、加療2か月を要する右膝蓋骨骨折の傷害を負わせたとされる事件で、駐車場で働く経営者の親族2人と経営者と利害のある1人の目撃供述と経営者の供述の丁寧な分析から、経営者は自ら転倒した可能性があり右膝蓋骨骨折は被告人の有形力の行使の結果とは認められない、顔面擦過傷は正当防衛が成立するとして無罪とした事例 ★		○			○	
14	札幌地裁平19.3.15　傷害　秀嶋ゆかり・笹森学　未登載		接触事故でドアミラーを破損された被告人Aが接触した被害者の乗った車を追跡、急左折の際にハンドル操作を誤りビルに激突した車の中から被害者を引き摺り出し、被告人車に同乗していた友人Bとともに殴る蹴るの暴行を加え、加療94日間を要する頭蓋骨骨折、クモ膜下出血、鼻骨骨折の傷害を負わせたとされる事件で、3人の目撃者及び一緒にやったとのAの自白のいずれも信用するに足りず、BはAを制止していたのであって暴行した事実はないとして無罪を言い渡し、最初に搬送された救急病院でのCT写真などから頭蓋骨骨折、クモ膜下出血、鼻骨骨折は自損事故ないし救急病院から無断外出した被害者がトラブルを起こして生じた可能性が高いとして、Aについては暴行罪に止まるとした事例 ★		○			○	

★ 多人数事件

6 交通事故事犯

黒田一弘・大川 治

第1 はじめに

1 交通事故の状況

　2008（平成20）年度の交通事故の発生状況は、発生件数が766,147件、うち死者数が5,155人、負傷者数が945,504人（ただし、うち、5,374人は、事故後30日に以内に死亡）であった[1]。ここ数年、死亡事故、負傷事故は減少しているものの、いまだその水準は高い。

　これらの交通事故案件のうち、相当数は民事事件として処理されているであろう。しかし、刑事事件として訴追されるケースも相当数存在すると推測される。とくに、近年は、交通事故事犯に対する世論が厳しい。政府による刑罰権行使も当然影響を受けていると考えられる。

　2007（平成19）年度の司法統計によれば[2]、過失傷害の罪の通常第一審事件の終局総人員は全地方裁判所で6,975人（うち無罪16人、公訴棄却19人。なお、過失傷害罪の終局総人員数は、終局総人員総数の約1割弱を占める）、全簡易裁判所で216人（うち無罪7人、公訴棄却3人。なお終局総人員総数の約2％弱を占める）であった。

　もちろん、過失傷害罪のすべてが交通事故案件というわけではない。しかし、交通事故案件の割合が相当数を占めていると推測される。交通事故案件は、弁護人として、日常的に、遭遇する可能性の比較的高い事件類型であるといえる。

2　交通事故事犯の特徴

　交通事故に関係する刑事事件としては、①危険運転致死傷罪（刑法208条の2）、②自動車運転致死傷罪（同法211条2項）、③業務上過失致死傷罪（同法211条1項。自動車以外）、④道路交通法違反などがある。
　近年の交通事故案件の特徴・傾向を一言であらわせば、「重罰化」である。
　かつて、寛刑化政策の結果、交通事故の起訴率は一時期低下していた。しかし、近年は、起訴率が増加しつつある[3]。
　そして、業務上過失致死傷罪の法定刑は、従前は長期5年であった。しかし、これでは不十分と考えられたのか、平成13年6月にまず道路交通法の改正により、酒酔い運転等の法定刑が加重された。
　ついで、同年11月の刑法改正により故意犯としての危険運転致死傷罪が新たに設けられた。その法定刑は、傷害が長期15年、死亡させたときは短期1年以上の有期懲役であり、まさに重罰である。
　さらに、平成19年刑法改正により、法定刑を長期7年とする自動車運転過失致死傷罪が設けられた。自動車を運転するという点に着目して刑を加重しているわけである。通常の業務上過失に比べて、自動車運転行為に、より重い注意義務を課す、あるいは違法性・責任が重いと評価するだけの根拠があるかはかなり疑問である。しかし、刑法は改正され、実際に運用されている。これが現実である。
　従来、交通事故案件、とりわけ業務上過失致死傷案件は、比較的無罪率が高いとされてきた。
　しかし、重罰化傾向が見られる現状において、今後も従前のように無罪を勝ち取ることができるかどうかは未知数である。弁護活動の充実が不可欠である。

3　交通事故事犯における弁護活動の着眼点

　「過失行為」は、法の要求する客観的な注意義務に違反して法益侵害結果を引き起こすことだとされている。この客観的な注意義務は、一般人の有する能力があれば結果を予見し、それに基づいて結果を回避できたのに、結果予見義務を果たさず、結果を回避しえなかったという意味であり、「結果予見可能性ないし結果予見義務」（以下「予見可能性」という）と「結果回避可能性ないし結果回避義務」（以下「回避可能性」という）から成っている[4]。

実際には、概ね、①客観的（であると見られる）証拠（主として実況見分調書）および鑑定結果、②被告人の供述・自白調書および③目撃証言・被害者証言（供述調書）が検討され、過失（予見可能性および回避可能性）が認定されるというプロセスをたどるのが通常であろう。

　無罪事例を概観したところでは、裁判所は、実際の事故現場や事故車両の状況などを前提に、科学的な（と裁判所が考えている）アプローチから客観的な事故原因を明らかにし、そのうえで過失を検討している。このような科学的アプローチを重視し、前提とする点が交通事故事件の大きな特徴といえる[5]。

　もちろん、交通事故の事案でも自白や第三者供述の信用性が争われることがあり、たとえば被告人の自白調書がある場合、その取調べにおける問題点（利益誘導、暴行・脅迫、理詰めの取調べなど）が指摘され争点となることもある。しかし、その場合でも、自白や第三者供述の信用性は、その内容が客観的証拠等と整合しているかどうかを重視して判断される傾向が強いところが特徴的である。

　交通事故事案で無罪を勝ち取るためには、その特徴を踏まえた弁護活動が不可欠である。

4　本稿の検討対象

　いうまでもなく、業務上過失致死傷は交通事故事案にかぎられない。しかし、業務上過失致死傷全般を検討対象とすると、さまざまな過失態様が問題になりうる。犯罪類型別に無罪事例を検討するという趣旨に鑑み、本稿では、もっぱら交通事故事案の無罪事例を検討の対象とする。

　なお、交通事故事案の無罪事例を検討するためには、本来、業務上過失致死傷罪のみならず、新たに創設された危険運転致死傷罪や自動車運転過失致死傷罪についても、検討対象とするべきである。

　しかし、2009年3月現在において、公刊物、判例データベースを含めて、危険運転致死傷罪および自動車運転過失致死傷罪の無罪事例に接することができなかった（なお、福岡地方裁判所は、平成20年1月8日、いわゆる福岡市3児死亡事件において検察官の主張した危険運転致死罪の適用を退け、業務上過失致死罪と判示している[6]。2009年3月現在で、未確定であり、また、業務上過失致死が認定されており無罪事例とはいえないため、本稿では検討の対象外とした）。

　そこで、本稿においては、従前の業務上過失致死傷罪における無罪事例を検討対象とする。

本稿末尾の一覧表（以下、「別表」という）①及び②は、比較的近時の無罪事例を整理したものである。おおむね平成15年ころまでに言い渡された無罪事例は日弁連発行の無罪事例集（第1集から第9集まで）に、それ以降のものについては最高裁のホームページや判例雑誌によった。後者については、判決文を検討するに留まり、弁護活動を詳細に検討できていない。また、多くは確定の有無を確認できていない。しかし、近年の無罪事例の傾向を概観する一助にはなろう。

　日弁連に多数の報告があった交通事故事案（車対車あるいは車対人）における無罪事例を類型的に分類すると、概ね、①公訴事実記載の事実関係が争われたもの（**別表①**）と、②過失の存否が争われたもの（**別表②**）に分けることができる（以下、別表記載の事例を「**事例1**」などとして引用する。なお、同表中、★を付した事例は、確定の有無が確認できていない事例である）。

　以下、本稿では、上記の類型分けに基づき、無罪事例の紹介および若干の分析を行う。

第2　裁判例の紹介と分析

1　交通事故の事実関係が直接争われたケース

(1)　公訴事実記載の事故事実の存否が争われたケース

　公訴事実に記載された事故事実そのものの存否が争われるケースがある。この類型に属する事例として、**事例7**、**11**、**16**、**19**が挙げられる。

ア　事例7について

　この類型に属する典型的な例は、**事例7**である。
　本事例の公訴事実の概要は次のとおりである。
　「被告人は、平成4年4月11日午前1時30分ころ、業務として普通乗用自動車を運転し、名古屋市○○区○○△丁目△△番△△号付近の片側三車線の道路を名古屋駅方面から伏見通方面に向かい時速約40キロメートルで進行するに当たり、自車進行車線右側の第三車線にはM運転の普通乗用自動車が並進していたのであるから、右に進路を変更する場合には、M運転車両の動静に注意し、同車との安全を確認しつつ進行すべき業務上の注意義務があるのにこれを怠り、M運転車両の動静に注意を払うことなく右に進路を変更した過失により自車右側面をM運転車両の左側面に衝突させ、その衝撃により同車を対向車線に進出させ、同車をして対向進行して

きたX（当時49歳）運転の普通乗用自動車に衝突させ、更に自車を同衝突の衝撃により右前方に暴走させてX運転車両に衝突させ、よって、Xに対し入院加療47日間を要する頸部・右肘・左足挫傷、左足第一趾末節骨、其節骨骨折等の傷害を右X運転車両の同乗者Y女（当時43歳）に対し加療42日間を要する頭部打撲、頸部挫傷等の傷害を、同車同乗者Z（当時49歳）に対し加療11日間を要する腰部挫傷、左下腿打撲等の傷害をそれぞれ負わせた」。

やや複雑であるが、関係する車両は、被告人車両、M車両およびX車両の3台である。

そして、検察官の主張する事故態様を模式化すると次のとおりとなる。

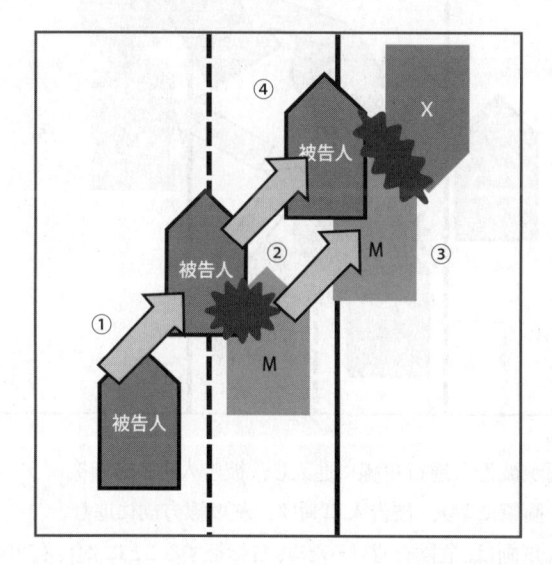

① 被告人車両とM車両は並進していたが、被告人車両が追い抜きざまに右側車線に進路変更。それにより、被告人車両の右側面をM車両の左側面に衝突させる。
② その衝突により、M車両は対向車線に進出し、対向進行してきたX車両に衝突。
③ また、被告人車両も対向車線に暴走し、X車両に衝突。

つまり、この検察官が主張する図式では、被告人が加害者だ、ということになる。

以上に対し、被告人は、一貫して、「自らが右車線に進路変更したのではなく、M車両が自車進行車線に進入し衝突した。それにより、自車が第一車線方向（注：本

6　交通事故事犯　227

件現場は、片側3車線）に向かったので、危険を感じ、やむなく右に転把したところ、被告人車両がスピンして対向車線に入り、X車両等と衝突した」旨主張した。また、弁護人は、被告人の主張に基づいて、同趣旨の冒頭陳述を行った。弁護人は、冒頭陳述の中で、被告人車両、M車両、X車両の動向を、それぞれ対比してわかりやすく主張している。被告人及び弁護人の主張する事故態様を模式化すると、次のとおりである。

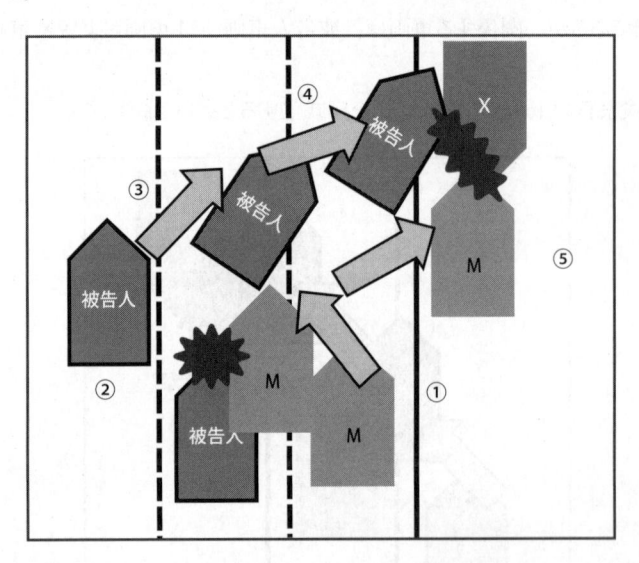

① M車両が被告人進行車線に進入し、被告人車両と衝突。
② 衝突の衝撃により、被告人車両は、左車線方向に進む。
③ 被告人車両は、危険を避けるため、右転把することにより、右車線方向に進行。
④ さらに対向車線上でX車両と衝突。
⑤ M車両も対向車線上に進み、X車両と衝突。

つまり、被告人の主張する図式では、Mが加害者であり、被告人は被害者だ、ということになる。

検察官は、Mがハンドルを左に切ったことはなく、被告人がM車両の前に飛び出したことが事故の原因であるとし、目撃者2名を証人尋問申請した。

しかし、証人尋問の結果、目撃者2名とも、被告人車両がM車両の前方に出た時点以降からの目撃であり、被告人車両とM車両との衝突時点の状況を目撃しているとはいえないことが明らかになった。

そこで、検察官は、事故状況について鑑定申立てを行い、これが採用されること

になった。その結果、おおむね被告人の主張に沿った鑑定結果が出た。すなわち、まず、M車両が被告人進行車線に進入して被告人車両と衝突し、これにより被告人車両がいったん左に進行し、さらに右方向に進行したことが認められるとの鑑定結果であった。

これに対し、検察官は、再鑑定の申立てをしたが、裁判所は証拠採用決定をしなかった。

そして、裁判所は、被告人に対し、無罪の言渡しをした。

裁判所は、まず、目撃者の証言について、「両名は、本件事故を予見し注視していたものではなく、飲酒して帰宅途中にたまたま本件事故を目撃したものであり、最初の被告人車両とM車両の衝突は、ほんの一瞬の間であることや両名の目撃位置等を考慮すると両名は、両車両が衝突後被告人車が対向車線に入ったところを目撃したに過ぎないと考えるのが妥当」と判断した。

そして、事故態様について、「本件各車両の損傷状態等を考慮すれば、(中略)鑑定書の本件関係の各車両全体の軌跡は、概ね整合性が認められる」、「仮りに、被告人の車両がM車両の進路に入り衝突したとすれば、M車両とX車両の衝突地点はもとより、両車両の停止位置は、もっと西側となり関係各車両の軌跡等全体の整合性が損なわれることになると考えられる」としたうえで、「以上の事実を総合して判断すると、M車両が並進中被告人車両に衝突したため、本件事故が発生した可能性が極めて大である」と判断した。

本件では、被告人が事故態様について、一貫した主張をし、また、弁護人も、被告人の主張に即して効果的な弁護活動を行ったと考えられる。目撃証人2名の弾劾に成功するとともに、鑑定結果が被告人の主張に沿うものであったことが決定的であった。

弁護活動が功を奏し、無罪を導いた好例であるとともに、交通事故事案において、客観的な証拠がいかに重要であるかを教えてくれる事例である。

翻ってみると、捜査機関が車両の衝突地点や停止位置、車両の損傷状況などの客観的な事実に基づき、事故態様の究明を行っていれば、このような起訴に至らなかったものと考えられる。客観的な事実究明を怠ったことによる誤起訴事案であるといえよう。

イ　その他の事例について

事例11は、横断歩道手前に佇立する被害者を認めながらその動静を注視せず、横断を開始した被害者を認めて急制動をとったが衝突し、傷害を負わせたとして起訴

された事例である。

　本事例の一審において、検察官は、①被告人に本件横断歩道の認識がなかった旨を明確に認めながら、訴因にその旨を記載せず、②本件事故の目撃者である証人Mが、本件横断歩道またはその手前に車両が存在していた旨を供述するにもかかわらず、その存在を否定し、③さらに、本件事故における被告人の過失行為については、1つは被害者の動静を十分注視せず、その安全確認不十分のまま進行した行為が過失であり、もう1つは、本件横断歩道の直前で停止できるように進行せず、時速50キロメートルのままで進行した行為が過失であるとし、横断歩道またはその手前に停止していた車両の存在を前提とした被告人の注意義務と過失行為を何ら主張しなかった。

　これに対し、裁判所は、本件事故の態様は、「本件横断歩道のほぼ中央付近の手前の歩道上で佇立していた被害者が、右横断歩道又はその手前の直前に停止していた車両の前を通って真っ直ぐ横断を開始し、右停止車両の車道側の角を出たところを、右横断歩道や右停止車両の認識がなく、また、被害者に対する動静注視も十分に果していたとは言えないまま進行した被告人がこれをはねてしまった」と事実認定した。そして、「検察官が主張する訴因での事故態様は、右停止車両が存在しない見通しの良い道路の横断歩道を渡って来た被害者を、同人の動静を十分注視しないまま進行して来た被告人運転の車両がはねてしまったという、単純な横断歩道上の事故とするものであって、事故態様は大きく異なると言わざるを得ない。右停止車両の存在は本件事故において、被告人にいかなる注意義務や過失行為があったのかを判断する上で、決定的に重要な事項であって、右停止車両の存在は本件の前提事実の中心的な争点となるべき性質を有していることから考えると、検察官の主張する訴因で、右停止車両の存在を認定し、その存在を前提とした被告人の注意義務や過失行為を認定することが許されない」とした。

　また、検察官は、本件横断歩道の直前で停止できるように進行しなかったことが過失であるとも主張したが、裁判所は、被告人が横断歩道の存在を認識していなかったとの事実認定を前提として「認識をしていない横断歩道の直前で停止できるように進行しなかった点を過失と認めることはできない」と判断した。

　さらに、裁判所は、被告人が動静注視義務を尽くしたとしても、事故の結果を回避できなかったと判断し、「検察官が主張する被告人の動静注視義務とこれを怠った過失のみからでは、本件事故を防ぐことはできなかったものと解されるものであり、被告人に右の点で過失行為があったとはいえない」と結論づけた。

　そして、裁判所は、「検察官主張の訴因は、本件横断歩道又はその手前の直前で

停止していたと認められる車両を全く前提とせず、実際の事故態様と異なる態様の事故を前提としたと言わざるを得ない」とも述べ、検察官の訴訟活動を厳しく批判している[7]（なお、本事例は、検察官により控訴されたが、控訴棄却により確定している）。

本事例も客観的な事実究明を怠ったことによる誤起訴事案であるといえる。

事例16 は、原審有罪判決が控訴審で破棄された誤判事例である。

原判決は、被告人が、「業務として普通乗用自動車を運転し、岡山県浅口郡ａ町大字ｂｃ番地先道路を北方から南方に向けて」「進行するにあたり、」「ハンドルを的確に操作して道路左側を進行すべき業務上の注意義務があるのにこれを怠り、」「ハンドルを的確に操作しないで進行した過失により、自車を対向車線に進出させ」たと認定したが、弁護人は、「被告人がハンドルを的確に操作しないで進行した過失により、自車を対向車線に進出させ」た点について合理的な疑いがあると主張した。

これに対し、控訴審は、鑑定を採用し、その結果、「被告人車とＢ車の衝突態様について、(1)東側路側帯近傍からＢ車側車線に向かって斜めに進行している最中の被告人車と、被告人車を見て、センターライン寄りに走行していたＢ車が衝突を回避しようと左へ転舵している最中に衝突したという態様、又は、(2)一旦被告人車側車線へ進入したＢ車が、自車線へ戻ろうとしている最中に、Ｂ車の行動を見て衝突を回避しようとわずかに右へ進行した被告人車と衝突したという態様がそれぞれ相応の根拠をもって推認される」とした。そして、原判決は、上記(1)の事故態様を認定したが、控訴審は、上記(2)の衝突態様についても十分考えられ、これを排斥しうる証拠が存しないことに徴すると、原判決の上記判断には合理的な疑いが残る、と判断した。

客観的な事実関係に依拠した鑑定の結果に基づいて、公訴事実に記載された「ハンドルを的確に操作しないで進行した過失により、自車を対向車線に進出させ」た事実を認めるには合理的な疑いが残るとしたものである。交通事故事案において、鑑定の重要性を改めて認識させる誤判事例である。

事例19 の公訴事実は、8車線一方通行道路の第1車線に停車させていた普通乗用自動車を第8車線方向に向かい発進進行させる際に、安全確認を怠った過失により、後ろから進行してくる普通自動二輪車に衝突の危険を感じさせて急ブレーキをかけさせて転倒させ、傷害を負わせたというものである。

これに対し、被告人は、漫然と発進したわけではない、被害者が急制動の措置を講じて転倒するときには、自分の車は止まっており、被害者は自車が止まっているのに勝手に転げた等と主張した。

裁判所は、被害者供述と被告人供述を詳細に検討し、「被害者の供述には、合理的疑いを容れる余地が多分にあり、これを採用できない。人間の認知能力の内在

6 交通事故事犯 | 231

的制約として、位置関係や速度、時間等について厳密に知覚できるとは考えられず、したがって、被害者が被告人車両を発見した位置、危険を感じた時のそれぞれの位置、転倒し、停車したときのそれぞれの位置等についての実況見分の記載や、被害者・被告人の車両の速度、挙動等に関する供述が、ある程度感覚的なものになってしまうことはやむを得ないところもあるが、本件の場合は、被害者の公判供述及びこれに利用されている被害者立ち会いの実況見分の結果には、若干の修正では補正し得ないほど不合理な点があると言わざるを得ない」として被害者供述の信用性を否定した。

　そして、被告人供述については、「被害者の速度を時速60キロメートルだった旨述べている点など、若干疑問の余地がないわけではないが、客観的証拠等と大きな矛盾点はなく、おおむね信用してよい」と判示し、被告人車両が停車している状況で、「被害者車両が三叉路の交差点に差し掛かる車線の切れた辺りで被害者が顔を上げて被告人車両に気づき、急ブレーキをかけてタイヤをロックさせ、転倒したものと認められる」と判断した。

　捜査段階で、客観的な事実関係と照らし合わせて被害者供述の信用性を吟味していれば、このような起訴を回避できたものと考えられる。本件も、客観的な事実究明を怠ったことによる誤起訴事案の1つである。

(2) 公訴事実記載の結果発生の有無が争われたケース

　追突事故などのケースにおいて、被害車両の運転者や同乗者が鞭打ち症などの傷害を負ったかどうか自体が争われることがある。

　この類型に属するものとして、他覚所見のないむち打ち症について傷害の証明を不十分として無罪を言い渡した事例がいくつかある（**事例1から3および5**）。

　業務上過失致死傷罪は結果犯であることから当然の結論ではある。しかし、診断書等が証拠として提出されれば、医師は一般に第三者的立場の者であるから、つい信用してしまいがちである。これらの無罪事例の存在からは、診断書等の記載を鵜呑みにせず、生じた具体的結果の内容についても疑問を持ち、十分吟味をする必要があることを学ぶことができる。

　同種の事例として、**事例18**がある。

　本事例は、被告人が普通乗用自動車を運転中、自車右前部をA運転の大型貨物自動車左後部に追突させ、Aに加療約1週間を要する頸部外傷性症候群等の傷害を負わせた旨認定した原判決を破棄し、Aが本件事故によって原判示のとおりの傷害を負った事実を認定することはできないとした誤判事例である。

控訴審は、まず、事故態様について検討したうえで、「被告人車及びA車の本件事故時の速度、両車の総重量差と損傷の程度等に加え、Aの上記供述内容をも参酌すると、本件事故自体の衝撃は必ずしも軽微であったとはいえないものの、その衝撃がAの身体に及ぼした影響は軽微なものであったと推認することができる」とした。そして、傷害結果についての証拠である診断書に関し、Aを診察した医師の供述を「医学的常識に反した供述をしており、治療日数に関する診断書の記載は信用でき」ないし、「『交通事故にて受傷』との記載についても、今回の受傷が交通事故によるものか否かは診断結果からは判断できず、あくまでもAからの申告に基づいて上記のとおり記載しただけである旨供述しており、本件事故との因果関係についての診断書の記載も信用できない」と判断した。
　さらに、Aの供述について、「本件事故による傷害の程度に関するAの供述は、相当の誇張や虚偽が混入している疑いが強く、にわかに信用できないというべきである。以上のとおりであるから、AがBに訴えた自覚症状は、真実であったかどうか疑問の余地がある」と判断した。
　控訴審判決は、事故態様、診断書、受傷者の供述の信用性を順次慎重に吟味している。これは、弁護人が控訴趣意書、控訴審において、積極的な主張・立証を展開したからであろうと推測される。本件もまた、診断書に対して果敢に闘いを挑むことの重要性を教えてくれる誤判事例である。

(3) 過失行為と結果との間の因果関係の有無が争われたケース

　追突事故により生じた結果に関し、追突時の速度や衝突態様などから、過失行為と結果との間の因果関係の存否が問題になることがある。上記(2)の類型と似ているが、本類型は、何らかの負傷結果が存在すること自体は認められる、ないし積極的に争われておらず、それが事故に起因するかどうかが争われているという点で異なる。
　基本的には、客観的な証拠から車両の損傷箇所や衝突速度などの具体的かつ詳細な事実を認定するアプローチが重要である。
　この類型に属するものとして、追突事故により被害者に約2週間程度の頸椎捻挫の傷害を負わせたとして起訴され、原審は傷害を認めて有罪としたが、控訴審はそれを否定して無罪とした**事例4**がある。
　本事例では、被告人車と被害車両の損傷箇所、衝突速度等が争点となり、原審で2人の鑑定人による鑑定がなされ、争点についての鑑定結果は分かれたが、原審は、衝突速度を時速約13キロメートルとする鑑定結果を採用し、被害者が頸椎捻挫の傷害を負ったとして被告人を有罪とした。

しかし、控訴審は、両車両の損傷箇所を丹念に検討して原審が認定した損傷箇所のいくつかを否定し、また、衝突速度はこれを時速 13 キロメートルと認定した原審と異なりもう1つの鑑定結果である時速 6.37 キロメートル以下と認定し、その他証拠もあわせて被害者が頸椎捻挫の傷害を負う可能性はないとした。

(4) 公訴事実記載の事故態様の有無が争われたケース

　公訴事実には、捜査機関が捜査した結果としての事故態様および過失内容が記載されている。これに対し、弁護人が、公訴事実記載の事故態様とは異なる事故態様等を主張し、裁判所においても、証拠関係から判断して、公訴事実記載の事故態様であったのか、他の事故態様であったのか、確定できない場合がある。被害者側の過失が先行して事故が発生したケースに比較的多く見られる。一種のアナザー・ストーリーが成り立ちうるケースである。

　この類型に属するものとして、**事例6**、8、9、10、12 から 14 がある。

　事例6は、降雨時に自動車を運転し、右に湾曲する道路の登坂車線を走行中の少年が、走行車線を進行中の被害車両を追い越そうと高速で加速進行した過失により自車を滑走させて走行車線に進出させ、被害車両に衝突させて自車もろとも対向車線に飛び出し、対向車2台に衝突させて 10 名の者に傷害を負わせたとして送致されたケースである。

　裁判所は、本件事故現場の道路状況や少年車両の駆動方法、過去の滑走事故事例等に照らせば本件送致事実記載の滑走の可能性も考えられるが、少年車両の速度や加速した場所や程度、少年車両と被害車両の衝突地点、両車両の衝突部位や位置関係等が不明であって、両車両が対向車線に進出した原因としては、少年車両が滑走して走行車線に進出し被害車両と衝突した以外の衝突形態の可能性も存在し、かつ、その可能性を否定するだけの証拠もないとして不処分とした。

　事例 10 は、他の衝突事故で路上に倒れていたと思われる被害者を轢過したとされた事件であり、原審は有罪、控訴審で逆転無罪となった誤判事例である。

　被告人および弁護人は、そもそも被告人運転車両が被害者を轢過した事実は一切存在しないと主張した。しかし、原審判決は、「被告人運転車両の前輪左アームの前側下部に、被害者と同じ血液型の体毛の付いた人の組織片が削り取られたように付着していたことが認められるところ、人の組織片が前輪アームに付着するということは極めて稀有な事象である」、「本件組織片は被告人運転車両が被害者の身体を轢過したときに付着したものであると強く推認され」るなどと判断し、被告人が過失により進路前方の車道上に仰向けに寝ていた被害者を自車左側前後輪で轢過し、同

人に左前腕表皮剥脱および左下肢表皮剥脱の傷害を負わせたとして有罪判決を言い渡した。

これに対し、控訴審判決は、上記組織片が付着していたとされる前輪アームにルミノール反応が出なかった点を重視し、「本件組織片が、被告人運転車両の前輪左アームによって被害者の左前腕の表皮剥脱部分から削り取られたものであるとしながら、本件組織片や前輪左アーム等から全くルミノール反応が出なかったことについて、原判示の前記理由だけで合理的に説明することはできない」、「本件組織片が被告人運転車両の前輪左アームに付着していたからといって、右組織片が被害者の身体から剥離した組織片そのものであることの証明のない本件においては、原判示のように、これが被害者の左前腕の表皮剥脱部分に由来するものであると直ちにいうことはできない」と判断した。

また、控訴審判決は、「被害者の着衣の痕跡の点についてみると、原判決の認定によれば、被害者の履いていたジーパンにタイヤが乗り上げたことを示す比較的明確な痕跡が認められるのに、同人の着ていたシャツにはタイヤの通過を示す痕跡が全くないというのも、ジーパンとシャツの素材の違いやタイヤの作動状況等を考慮に入れても、不自然と思われる」、「O作成の平成4年9月9日付け鑑定書（前同甲第8号）及び同証人の原審第3回公判における供述では、被害者の死体には肋骨骨折がなく、肝臓の粉砕状の破裂もみられないことなどからすると、その着衣にタイヤマークがあるということでもなければ、被害者は轢過されていないということができるとの見解が明確に示されている」、これらを併せ考慮すると「被害者の身体の損傷状況や着衣の痕跡等をみる限り、被害者の躯幹が自動車に轢過されたとみることには重大な疑問が存する」と判断した。

さらに、控訴審判決は、被告人の供述とこれに沿うM女供述について検討し、「被告人の捜査官に対する各供述調書や原審及び当審各公判における左前輪に感じた衝撃の程度に関する被告人の供述は、必ずしも一貫したものではないのであって、むしろ、『ガタンというショックがあり、左前輪が何かに乗り上げたような感じがした。』などというM女の司法警察員に対する供述調書中の供述からすると、衝撃がそれほど激しいものともいえなかった可能性も否定できず、被告人らが感じた左前輪の衝撃は、弁護人が当審弁論で主張するように、道路に脱げていた被害者の靴を轢過したことによるものか否かはともかくとして、被害者の身体以外の、当時本件道路に落下していた何らかの物体を轢過したことによるものと考える余地も残されている」、「被告人運転車両が被害者の身体の一部を轢過したことを裏付けるに足る客観的証拠がなく、また、これを推認させるに足る十分な情況証拠もない本件においては、左前輪の衝

撃の感覚を述べたにとどまる被告人の供述やM女供述をもって、直ちに、被告人運転車両が被害者の身体の一部を轢過したと断定することには躊躇を覚えざるを得ない」とした。

いずれの事案も、別の事故態様の蓋然性を考慮し、公訴事実として記載された事故態様そのものを認定するには、なお合理的な疑いが存在するとされたものといえる。

すすんで、公訴事実記載の事故態様そのものに疑問を投げかけ、事故原因を被害者の義務違反が原因であると積極的に認定して無罪とした事例がある。

事例8は、交差点を右折していた被告人車が交差点内を直進してきた被害車両（自動二輪車）に衝突したとして起訴された事案である。

裁判所は、検察官主張の右折車と対向直進車との衝突事故とみるのは実態に則さず、被害者が優先道路に左折進入した際（その後交差点に直進進入する）の徐行義務違反が事故原因であるとして、無罪を言い渡した。

裁判所は、被害車両と衝突したときに被告人車が停止していたとの被告人の公判供述について、事故直後から一貫し、実況見分調書に照らしても矛盾を生じないので信用性は高いと判断した。一方、被害者の公判廷供述について、被害者が被告人車を発見したのは右斜め後方から前方に向き直った瞬間であり、その直後に急ブレーキをかけて自車もろとも転倒しており、右発見時には被告人車の位置、動向を正確に認識できる状況にはなかったことなどを理由として、直ちには信用しがたいとし、被害車両と衝突したとき、被告人車は停止していたと判断した。

そのうえで、裁判所は、被告人は、被害車両を被告人車が本線道に進入する直前において発見し、直ちに停止措置を講じて衝突地点において停止したものの、その直後、転倒滑走してきた被害車両と衝突したと認め、被告人が進行していた本線道の方が優先道路であったから、被害者は同道路を進行する車両の進行を妨害してはならず、同道路に進入する際には徐行しなければならない注意義務を負っていたにもかかわらず、被害者がこの義務を怠ったことが事故の直接の原因であると判断した。

事例9は、普通貨物自動車の尾灯等の灯火を荷台後部のドアパネルにより覆い、夜間に一般道路を進行したため、後続の自動二輪車運転者に自車の発見を遅らせ、自車の後部に衝突させて傷害により死亡させたとして起訴された事案である。

裁判所は、距離関係や被害者からの被告人車の視認状況などから、被害者に前方不注視等の事情があった疑いが強く、業務上の注意義務を尽くしても本件事故の回避が不可能であるとの疑いが払拭できないとして無罪を言い渡した。

この判決では、実況見分調書、鑑定書に基づいて検討した結果、被告人車がドアパネルを下ろした開放状態のまま進行していても、被害車両は被告人車を停止距

離の範囲外で発見することができ、衝突を回避する措置をとることができたと考えられ、これに被告人車が進行していたことを考慮しても、被害者が前方注視義務を尽くして運転しておれば衝突を回避でき、被害者が実際に危険を感じたと認められる位置から被害者に前方不注視等の事情があったものと強く疑わせるとして、業務上の注意義務を尽くしても本件事故の回避が不可能であるとの疑いが払拭できないとして、被告人には過失が認められないと判断された。

2 過失の存否が争われたケース

公訴事実に記載された事故の外形的事実には争いがないが、当該事実を前提とする過失の存否が争われることがある。

(1) 実況見分調書の信用性が問題になったケース

交通事故事案では、実況見分調書が必ず証拠として提出される。無罪が争われるケースでは、多かれ少なかれ、実況見分が正確に行われているか、実況見分の結果が調書に正確に再現されているか等をめぐって激しく争われる。とりわけ、内容の異なる複数の実況見分調書が存在する場合、その信用性が重大な争点となる。

弁護人は、公訴事実がどの実況見分調書に基づくものなのかを確定したうえで、実況見分調書の矛盾を明らかにする弁護活動を展開することになる。

事例21は、先行車を追い越すにあたり対向車を認めたのであるから、直ちに追い越しを中止する注意義務があるのに、追い越しを続けた過失により、被告人車との衝突を避けようとして道路中央付近に進出した対向車に衝突し、2名を死亡させたとして起訴された事例である。

この事例では、実況見分調書が2通あり、その信用性が問題になった。

裁判所は、それらの内容を被告人および第三者の各供述と対比して検討し、一方の実況見分調書を排斥し、他方の信用できる実況見分調書に基づいて検討した結果、仮に対向車が時速100キロメートルで走行して来たとしても、追い越しを完了し自車線に戻ることが可能であったとし、被告人には追い越しを中止すべき注意義務がなかったとした。そして、被害車両が被告人の走行する車線に進入してきたことが、被害者側の過失による可能性を完全に否定できないと判断した。

事例27は、被告人が脇見運転をして前方注視義務を怠って時速約40キロメートルで漫然走行した過失により、自転車で横断中の被害者と衝突して被害者を死亡させたとして起訴された事案である。本事案でも、2通の内容の異なる実況見分調

書があった。

　第1の実況見分調書は、対向車両が膨らんできた直後すぐに被告人車が被害車両と衝突したという内容のものであり、第2の実況見分調書は、対向車両がすれ違った後、対向車両を被告人が目で追うなどしてその後衝突したという内容のものであった。

　裁判所は、2通の実況見分調書および被告人の公判供述から、被告人車の走行速度が時速50キロメートルから55キロメートルであったとしたうえで、2つの実況見分調書の信用性を検討し、被告人は一貫して対向車両が自分にぶつかると思うくらい大きく膨らんできたこと等供述しており、具体的・詳細で事故直後から一貫しているので、事故直後に作成された第1実況見分調書の信用性は高いと判断した。他方、第2実況見分調書については、通常人であれば衝突の危険を感じないことになるので被告人の供述を説明できないことになる、むしろ対向車両が大きく膨らんできた原因は被害者が自転車をこぎ出してきたのを見て、それを避けるために対向車両が急に大きくハンドルを切ったものと考えるのが合理的である、などと述べてその信用性を否定した。

　そのうえで、被告人が被害者を発見できたとしても停止距離を超えるので回避可能性がなく、また、対向車が妨害物となり被害者を発見しえず予見可能性もないと判断された。

(2) 被害者側の事情が問題になったケース

　交通事故事案では、被告人に被害者の存在が認識できたか、あるいは被害者の行動が予見できたかなどが争われることがある。被害者の行動についての予見可能性はいわゆる信頼の原則の適用場面であるともいいうるが、被害者側のこれらの事情から被告人の予見可能性あるいは回避可能性が否定されることがある。

　被告人に被害者の存在が認識できたかが問題になったケースとして、**事例20**がある。このケースは、被告人が前方注視を怠った過失により、対向歩行中の被害者に衝突させ死亡させたとして起訴されたものである。

　裁判所は、被告人の過失の有無および被害者との衝突の結果回避の可能性の有無は、本件事故当時の被害者の動静いかんにかかるとしたうえで、被害者が対向歩行中であった事実を認めるに足りず、前方注視義務違反の過失および結果回避可能性はいずれもこれを認めるに足る証拠はないとして無罪とした。

　被害者を認識することが困難で被告人に被害者の行動を予見しえなかったケースとして、**事例23**がある。本件は、被告人が酒気を帯びて自動車を運転して信号機

のある交差点内に侵入したところ、横断歩道に飛び出してきた被害者と衝突し、被害者が死亡したとして起訴された事例である。

　裁判所は、被害者が赤信号を無視して飛び出した可能性が強く、被告人には回避可能性がないとして無罪とした。

　この判決では、青信号により交差点に進入しようとする自動車運転者であってもその前方注視義務が一般的に免除されるものではないが、信号無視の横断歩行者の存在を予見しうる特別の事情がないかぎり、右方から赤信号を無視してあえて交差点内に進入し道路を横断しようとする歩行者はないと信頼して運転すれば足りるから、青信号により交差点に進入しようとする自動車運転者の前方注視義務は相当程度軽減されるとしたうえで、信号無視の横断歩行者の存在を予見しうる特別の事情はなく、被害者の服装は夜間では非常に見にくいもので、実験結果からも裏づけられるとし、被告人に前方注視義務違反の過失を認めることは困難であるとした[8]。

　事例22は、被告人運転の普通貨物自動車が、右折時に、対向直進する自動二輪車と接触し、被害者を死亡させたとして起訴された事案である。

　この事例の争点は、①被害車両の速度、②被害車両の走行経路、③被告人の右折に際しての対向直進車両に対する安全確認義務違反の成否であった。

　判決は、①について、相互に矛盾する検察官と被告人の各主張のいずれが正しいかについて、他の客観的証拠から検討しても的確な判断資料が不足しているので確定できず、被告人の捜査段階以来一貫した供述の信用性を一概に排斥することもできないとした。そして、②については、捜査が十分遂げられた形跡はなく、検察官も被害車両の走行経路は不明であるとの釈明をしているとした。さらに、③について、被告人は、対向直進方向に対するいちおうの安全確認の措置も取ったうえ、右折を開始しているから、このような場合に高速度で対面信号の表示を無視して高速度で直進してくる被害車両のあることまで予想して安全を確認する義務はなかったとした。もっとも、被害車両の速度や走行経路が認定できるような別の事案では、異なる結論もありうるものと思われる。

　被告人に被害者の行動を予見しえなかったとされたケースとして、前方注視を怠り右折した過失により、対向車（原動機付自転車）と衝突させ傷害を負わせたとして起訴された**事例26**がある。

　裁判所は、被告人車から被害車両に対する視認可能性、被告人が右折直前の被害車両の走行位置、被告人車が右折のために停止した地点に至るまでに要した時間、その後、被害車両を発見・衝突するまでに要した時間を実況見分調書に基づいて認定し、被害車両についても同様の認定を行い、被告人車の各位置から見た

6　交通事故事犯　239

具体的な被害者車両の視認可能性を詳細に検討したうえで、被告人が右折するにあたり、当時被害車両を視認しえなかったか、あるいは視認しえたかどうか疑問であったというべきであるとした。そして、そのような事情のもとでは、被告人に、前照灯を消し、暗がりの中を時速30キロメートルもの速度で道路中央線寄りに対向車両等を注視せず対向進行してきた被害車両（判決は無謀とまで述べている）のあることを考慮して交差点中心付近で一時停止等し、対向車の有無など十分に確認して進行すべき注意義務があるとは考えられないと判断した。

(3) 注意義務の存在が否定されたケース

注意義務（予見可能性、結果回避可能性）は、客観的な具体的状況（車両の速度、道路の状況など）や被告人が認識した状況などに基づくものである。したがって、注意義務の存否はこれらの基礎事実ないし基礎事情の存否（認定）にかかっているといえる。

注意義務の存在が否定されて無罪となるケースは比較的多い。**事例25、30、32、34、36から38、40、41、43、44**はいずれも注意義務の存在が否定されたものに分類できる。

事例25は、高速道路上、車線変更を不適切に行ったため蛇行させた過失および蛇行後高速度のまま急ハンドルを繰り返した過失により側壁に衝突、横転させ同乗者を死傷させたとして起訴された事例である。

この事例では、自車に蛇行を生じさせた第1過失と自車に生じた蛇行を収束させなかった第2過失が問題になった。

判決は、第1過失について、自動車運転者として自動車運転中に適宜速度を調節しハンドル操作を的確に行い、事故発生を未然に防止する業務上の注意義務が一般的にあるとしたうえで、被告人車の後方で目撃していた証人および鑑定人の被告人車の走行速度についての証言によれば、被告人車が右側車線に車線変更し、蛇行を開始する直前の速度は時速約100キロメトル程度であったとし、車線変更の態様も無理のないスムーズなものであったと判断した。

そして、鑑定証人の証言からも蛇行原因の主原因がはっきりしないことや、前日のタイヤ交換に伴う被告人の認識していなかった車両の不安定要素の存在が否定できないこと等を考えると、被告人がハンドル操作を誤り、左急転把をしたため蛇行が発生したと認めることはできないと述べて、第1過失の存在を否定した。

次に、第2過失について、判決は、本件のような状況下でいったん蛇行が生じた場合に、左右に大きくハンドルを切ることなくハンドルを蛇行より少し遅らせてゆっ

り小さく切るというハンドル操作を行うことで蛇行を収束させて、ハンドル操作の自由を失うことを回避し事故発生を防止すべきであるとするのはほぼ不可能を求めるに等しいから、本件においてこの行為を注意義務として要求することはできないとして第2過失の存在も否定した。

事例 37 は、結果回避可能性が否定された代表的なケースである。しかも、一、二審とも有罪としたものを最高裁が覆し、無罪を言い渡したケースで、まさに誤判事例である。

公訴事実の概要は、「被告人は、平成 11 年 8 月 28 日午前 0 時 30 分ころ、業務としてタクシーである普通乗用自動車を運転し、広島市○○区○○△丁目△番△号先の交通整理の行われていない交差点を直進するに当たり、同交差点は左右の見通しが利かない交差点であったことから、その手前において減速して徐行し、左右道路の交通の安全を確認して進行すべき業務上の注意義務があるのにこれを怠り、漫然時速約 30 ないし 40 キロメートルの速度で同交差点に進入した過失により、折から、左方道路より進行してきたO山K夫運転の普通乗用自動車の前部に自車左後側部を衝突させて自車を同交差点前方右角にあるブロック塀に衝突させた上、自車後部座席に同乗のM下O男（当時 44 歳）を車外に放出させ、さらに自車助手席に同乗のU田A雄（当時 39 歳）に対し、加療約 60 日間を要する頭蓋骨骨折、脳挫傷等の傷害を負わせ、M下をして、同日午前 1 時 24 分ころ、搬送先のH病院において、前記放出に基づく両側血気胸、脳挫傷により死亡するに至らせた」というものである。最高裁は、過失の点を除く客観的な事実関係は、上記の通りであると判断した。また、被告人について、徐行義務を怠った過失があるとも判断した。

しかし、最高裁は、「本件事故の発生については、O山車の特異な走行状況に留意する必要がある」として、「O山は、酒気を帯び、指定最高速度である時速 30 キロメートルを大幅に超える時速約 70 キロメートルで、足元に落とした携帯電話を拾うため前方を注視せずに走行し、対面信号機が赤色灯火の点滅を表示しているにもかかわらず、そのまま交差点に進入してきた」ものであり、このような「O山車の走行状況にかんがみると、被告人において、本件事故を回避することが可能であったか否かについては、慎重な検討が必要である」とした。

この点、本件では、被告人におけるO山車の認識可能性及び事故回避可能性を明らかにするため本件現場で実施された実験結果を記録した実況見分調書が証拠として提出されていた。

同実況見分調書には、①被告人車が時速 20 キロメートルで走行していた場合については、衝突地点から被告人車が停止するのに必要な距離に相当する 6.42 メー

トル手前の地点においては、衝突地点から28.50メートルの地点にいるはずのO山車を直接視認することはできなかったこと、②被告人車が時速10キロメートルで走行していた場合については、同じく2.65メートル手前の地点において、衝突地点から22.30メートルの地点にいるはずのO山車を直接視認することが可能であったこと、③被告人車が時速15キロメートルで走行していた場合については、同じく4.40メートル手前の地点において、衝突地点から26.24メートルの地点にいるはずのO山車を直接視認することが可能であったこと等が示されている。

一、二審判決は、上記実況見分調書に依拠して、仮に被告人車が本件交差点手前で時速10ないし15キロメートルに減速徐行して交差道路の安全を確認していれば、O山車を直接確認することができ、制動の措置を講じてO山車との衝突を回避することが可能であったと認定したわけである。

しかし、最高裁は、「対面信号機が黄色灯火の点滅を表示している際、交差道路から、一時停止も徐行もせず、時速約70キロメートルという高速で進入してくる車両があり得るとは、通常想定し難い」、「しかも、当時は夜間であったから、たとえ相手方車両を視認したとしても、その速度を一瞬のうちに把握するのは困難であったと考えられる。こうした諸点にかんがみると、被告人車がO山車を視認可能な地点に達したとしても、被告人において、現実にO山車の存在を確認した上、衝突の危険を察知するまでには、若干の時間を要すると考えられるのであって、急制動の措置を講ずるのが遅れる可能性があることは、否定し難い。そうすると、上記②あるいは③の場合のように、被告人が時速10ないし15キロメートルに減速して交差点内に進入していたとしても、上記の急制動の措置を講ずるまでの時間を考えると、被告人車が衝突地点の手前で停止することができ、衝突を回避することができたものと断定することは、困難であるといわざるを得ない。そして、他に特段の証拠がない本件においては、被告人車が本件交差点手前で時速10ないし15キロメートルに減速して交差道路の安全を確認していれば、O山車との衝突を回避することが可能であったという事実については、合理的な疑いを容れる余地があるというべきである」と判断し、被告人に無罪を言い渡した。

実況見分調書の記載に基づき、機械的に考えるだけであれば、一、二審のように、結果回避可能性があるという判断に至るかもしれない。しかし、それはいわば机上の空論である。衝突の危険を察知するまでの時間、急制動の措置を講ずる時間という、ごく当然に生じうる時間を考慮に入れて、結果回避可能性の有無を判断した最高裁の判断手法は、合理的で説得的なものである。

それにしても、本件では、一、二審ともに有罪となり、被告人を罰金40万円に処した。

もし、被告人が上告をあきらめ、罰金を支払っていれば雪冤を得ることはできなかっただろう。本件は、あきらめずに闘うことの重要性を教えてくれる誤判事案である。

(4) 自白の信用性が否定されたケース

加害者とされる被告人は事故直後しばしば強い自責の念におそわれることがある。そのため、捜査官の取調べにおいて捜査官に迎合し、自己に不利益な説明をしたり、あるいは自白してしまいがちである。被害者が死亡したケースではなおさらである。

しかも、交通事故事犯は、故意犯ではなく、予期せぬ状況で突発的に発生するものである。そして、交通事故は、高速移動下で、一瞬の間に起こることがほとんどである。筆者（大川）も交通事故に遭遇した経験を持つが、一瞬の間に起きた、予期せぬ事態を正確に知覚・記憶することはほとんど不可能である。そのようななかで、結果的に自らに不利益な供述をしてしまうことがある。

このように、交通事故事案における被告人の自白には、もともと信用性に限界があるといえる。

一方、被害者が死亡し、さらに目撃証人もいないケースでは、いきおい、被告人からの自白を獲得するための捜査が展開されることになる。さらには、公判段階で、被告人の自白に頼った検察官立証が行われることになる。

こうして、自白の信用性が重大な争点になるのである。

事例24は、普通貨物自動車を運転していた被告人が、Ｔ字路を右折する際右方から進行してきた原動機付自転車に衝突させあるいは進路妨害して転倒させて運転者を死亡させたとされる事件である。

裁判所は、実況見分調書およびこれを前提とする被告人の自白調書は信用できないとして無罪を言い渡した。

この事例では、実況見分調書での被告人の指示説明に矛盾があった。そして、実況見分実施者が衝突痕跡を誤認して実況見分調書を作成しており、衝突地点手前に被害者が転倒した痕跡が認められることなどから、自白の信用性が否定された[9]。ここでも、実況見分の正確性を争うことの重要性を見て取れる。

事例28は、徹夜で飲酒歓談した被告人が、貨物自動車を運転中に歩行者に衝突して傷害を負わせたが救護・通報をしなかったとして起訴されたが、捜査段階の自白調書にもかかわらず、被告人に人身事故の認識があったとはいえないとして無罪を言い渡した事例である。

被告人は、捜査段階において一貫して人身事故を起こしたことを認識していた旨述べていたが、公判廷においてこれを翻し、人身事故の認識がなかった旨供述した。

この点について、判決は、客観的な状況等を勘案して被告人の公判供述の信用性を認めたうえで、人身事故の認識があったという自白調書の内容は不自然不合理なもので信用できず、むしろ、被告人が衝突前に被害者を認識していたはずであると考えていた取調官の追及に抗しきれず、これに迎合して、現場の状況からの推測に基づき、事故当時の認識とは異なる供述をした疑いをぬぐいきれないとして、人身事故の認識があったという自白調書の信用性を否定した。
　被告人の供述の信用性について、客観的な証拠・状況との整合性が特に重視される点が交通事故事案の特徴といえる。

(5) 第三者供述の信用性が否定されたケース

　交差点での事故の場合、被告人の対面信号機が赤色表示かどうかが問題となることがあり、同乗者などの供述の信用性が争点となるケースがある。
　事例29は、交差点における衝突事故について、一審判決は被告人が赤信号で進入したと判断したが、控訴審は、相手方車両の運転者、同乗者、同伴車両の運転者などの証人の証言が重要な部分で齟齬不自然であり信用しがたいとして、一審判決を覆した誤判事例である。
　被告人は、対面信号機の信号の青色の表示に従って原判示の交差点に自車を進入させ、そのとき相手方運転車両が進行してきた交差道路の信号機は赤色を表示していたから、本件衝突事故について被告人に過失はないと主張した。
　しかし、原判決は、相手車両の運転者M女、その同乗者N女、同車両の先行車両の運転者でM女らの連れのO女らの原判示事実に沿う各供述は、具体的かつ率直で不自然、不合理なところはなく相互に符合して信用性が高いのに反し、被告人は、事故直後、M女らに対し被告人車の客のX女が対面信号機の信号を見ていないのに「客も青だと言っている」などと申し向けたり、X女に青だったと証言してくれるよう依頼するなど、甚だ不自然な言動をしていて、被告人自身が青色信号で交差点に進入したか否かに確信を持っていないのではないかと思われるなどとして、被告人の対面信号は赤色点灯であったと判断した。
　控訴審は、まず、利害関係のない目撃者P女に関し、「本件事故が発生したとき本件交差点の北側角に所在する○○ビル一階の洋裁店内に居たP女は、原審公判において、ドーンという衝突音がしたので、すぐにM女車の対面信号機の信号を見るとその信号は赤色を表示していたことを証言している」、「第三者的立場のP女が前記のように述べるところはそれなりの重みがある」と判断した。
　そして、被告人の事故後の言動について、「被告人車の乗客であるX女は、被告

人から『証人になって下さい。私は青で発進したでしょう。』などと言われたが、その以前に被告人は『赤信号やろうが。』という調子でM女らに怒っていたと述べているのであって、これによれば、被告人が自身では青信号であることを確認していないのにX女を引き合いに出してあたかも青色信号で本件交差点に進入したものであるかのような言動をしたとばかりみることはできない」とした。

　さらに、相手車両運転手であるM女、その同乗者N女、M女の先行車両運転手であるO女ら（いずれも友人関係）の供述について、「数字をあげて説明するところは正確性に難点があり、同人らが連れ立って行動していた仲間であるところから全体的に自己弁護の色彩が顕著に認められるのであって、これが具体的、率直で不自然、不合理なところがなく相互に符合し信用に値するとした原判断には疑問があるとしなければならない」とし、控訴審において再度実施されたM女の証人尋問の結果、原審供述とも大幅に内容が変更されたことなどを挙げ、「M女車が本件交差点手前の停止線に至ったときその対面信号がまだ黄色であったというN女及びM女の原審証言は必ずしも措信しがたいばかりでなく、当時O女車が道案内し、M女車がそれに追随して進行していたという事情からすると、加速して走り去ろうとするO女車に追いすがろうとしたM女車が対面信号機の信号の表示にかまわず本件交差点に進入した状況も想定できないわけでなく、O女車とM女車との間隔やM女車の速度の如何によってはM女車がいわゆる全赤の三秒間を経過した後に本件交差点に進入した可能性すら全く否定できない」と判断した。

　そして、被告人車両の進行状況について、「被告人が本件交差点手前で一時停止するためギアをニュートラルにして交差点に接近していった事実は証拠上明らかである」、「停止するつもりでそれに応じた進行方法をしながら停止線に近付いていた被告人が、停止線近くまで来て逆にギアをセカンドに入れアクセルを踏み込むという行為に出るのにはそれなりの動機付けがなければならない」とし、諸々の可能性を検討したうえで、「被告人がいうように、被告人において、対面信号機の信号の表示が青色に変わったので特に左右を見ないで加速進行したと考えるのが最も自然であるというべきである」と判断した。

　基本的には、第三者供述の信用性をどのように争うかという問題であるが、交通事故の場合、客観的な証拠が存在することから、客観的状況との整合性が重視される点が特徴的であるといえよう。逆にいうと、証人尋問に当たり、客観的状況との矛盾点を明らかにして弾劾することが極めて重要になる、ということである。

第3　無罪事例に学ぶ弁護の留意点

1　事故現場を調査せよ

　交通事故の事案においては、一瞬の出来事により過失の有無が判断されることになる。その一瞬の出来事がどのように起きたのか、それを知るためには、事故現場を弁護人が実際に調査することが不可欠である。
　交通事故は全国で多発しており、その捜査はまさにパターン化されたものである。実況見分についても、通行車両があるなかで、短時間のうちに実施されることが多く、ずさんなものとなっていることが少なくない[10]。
　交通事故はもはや日常的なものであり、捜査官に一定の先入観・思い込みがあることが少なくない。そのような思い込み・見込みに基づいて、立会人から供述を録取したり、道路上の地点を特定したりすることから、実際の事故と実況見分調書の内容がかけ離れていることもある。
　弁護人は、必ず事故現場に実際に足を運び、視認状況や道路面の状況、寸法等々を、自らの体を使って確認する必要がある[11]。
　このような確認作業を通じて、捜査の問題点を検証し、弁護側ケース・セオリーを構築していくことになる。

2　客観証拠を重視せよ

　交通事故の事案では、普通に捜査が行われているかぎり、客観的証拠がよく保存されていることが多い（ただし、客観証拠とされがちな実況見分調書が信用できないことは前述したとおり）。
　民事における損害賠償請求事件としての側面も有しており、損害保険会社が関与するケースが多いので、捜査機関が収集した資料のほかに、損保会社が作成した事故車両や事故直後の現場の状況の写真等、客観的証拠が比較的多く残っている。これは他の犯罪類型には見られない大きな特徴である。
　これらの客観的証拠は事故原因を考えるうえで貴重な資料になる。
　弁護人としては、これらを通じて、具体的な現場の状況（道路の幅や実際の形状、信号機の位置、視認状況、交通量など）、関係車両や現場の損傷箇所（あるいは損傷していない箇所）、被害者の怪我の部位・程度等をよく確認し、観察しておく必要がある。また、事故車両が保管されているようであれば、その車両についても実際に確認して

おくべきである。

　交通事故の発生機序ないし原因については、客観的証拠に基づいて工学的鑑定の活用によってある程度は解明されうる。しかし、弁護人は、工学的鑑定において採用されている理論や方法の問題点のみならず、それ以上に、工学的鑑定の前提となる客観的証拠から得られたとされる情報に誤りがないかどうかを十分吟味しなければならない。交通事故事件の無罪事例においてはかかる考察がなされている場合が多く、弁護活動において十分に留意すべきところだと思われる。

3　被疑者・被告人らの言葉に耳を傾けよ

　交通事故案件においては、被告人および第三者（被害者・目撃者）の各供述の信用性を判断するに当たり、とりわけ客観的証拠が重視される傾向が強い。
　被告人および第三者の各供述の信用性は、その内容が客観的証拠によりよく合致するかどうかがポイントとなるので、尋問の際には客観的証拠をよく把握したうえで準備する必要がある。
　捜査機関が客観的な事実であると考えていること自体が誤っていることがある。目撃者や被害者の供述がそのような捜査機関の「思い込み」に合致している場合、その思い込みを覆す客観的証拠を見つけ出すことができれば、目撃者らの供述の信用性を大きく減殺することができる。
　逆に、被告人の供述が客観的証拠と食い違ってしまうと、その信用性が否定されることになる。そのような結果を避けるためにも、客観的事実関係を把握することが不可欠である。
　さらには、一見、客観的と思われる事実関係と被疑者・被告人の説明が食い違うからといって、あきらめてはならない。客観的と思われる事実関係自体が誤っているかもしれないのである。
　また、交通事故には誰でも巻き込まれる可能性がある。普通の人が犯罪者として責任を追及されるのである。多くの人は、被害者の死傷の結果に対し、多かれ少なかれ、負い目を感じ、自責の念に駆られている。記憶になかったり、記憶に反していることであっても、捜査機関から「被害者や目撃者の説明と違ってるぞ」と言われれば、迎合してしまいがちである。捜査段階での被告人の供述調書や被告人を立会人とする実況見分調書は、そのようにして録取・作成されたものなのかもしれない。被告人に不利な自白や証拠があるからといって、あきらめてはいけない。
　まずは、被疑者・被告人らの言葉に虚心に耳を傾けることである。そのなかから、

真に客観的な事実関係が判明することもある。

4 証拠開示の重要性

公判前整理手続が導入されたことにより、事案によっては、類型・主張関連証拠開示を得られる可能性が出てきた。

事案によっては、複数の実況見分調書が作成されていることがある。被疑者・被告人に有利な実況見分調書等が隠されている可能性がある。

こういった事例では、証拠開示が重要なポイントになってくる。

5 交通事故弁護に関する参考図書

なお、最近、交通事故案件の弁護活動に関する文献が相次いで刊行された。
交通法科学研究会編『交通事故事件の弁護技術』（現代人文社、2008年）および高山俊吉著『交通事故事件弁護学入門』（日本評論社、2008年）であり、いずれも実践的な内容で、大いに参考になる。

交通事故事案での誤判を防ぐためにも、弁護人は、これらの知見を活用しながら、弁護の技術を磨くことが重要である。

---

1 「平成20年中の交通死亡事故の特徴点及び道路交通法違反取締り状況について」警察庁交通局、平成21年1月
2 本稿執筆時点で、平成20年度の司法統計データを利用することができなかった。
3 三木祥史編著『Q&A 類型別刑事弁護の実務』（新日本法規、2007年）366頁
4 「過失行為」の捉え方については、過失段階説と過失併存説があり、実務上は過失段階説に立つとされている（最判昭38・11・12刑集17巻11号2399頁、裁集刑149号69頁、判時353号46頁。前田雅英『刑法総論〔第3版〕』〔東京大学出版会、2003年〕352頁以下）。しかし、このような交通事故の原因についての捉え方について、疑問が投げかけられている（たとえば、堀野定雄「科学的視点で交通事故を考える」季刊刑事弁護18号〔1999年〕27頁以下参照）。
5 堀野・前掲注4論文27頁以下、秋山賢三「交通裁判における事実認定——裁判官、弁護人の立場から」季刊刑事弁護18号（1999年）39頁以下。
6 判タ1268号330頁
7 なお、この判決では、本文で述べたことに続けて、検察官は被告人が横断歩道の認識がなかったと主張するにもかかわらずその点を訴因に明示せず、認識の過失しか認められない被告人に横断歩道の直前で停止できるように進行しなかったという判断の過失まで問おうとしている点は、責任主義に反しこれを認めることはできないとした。さらに、検察官の主張する訴因として残ったところの、被告人の被害者への動静注視義務と右義務を怠った過失の主張を前提とする被告人は本件事故を防ぐことができなかったとし、裁判官が行った訴因変更の勧告を検察官が受容しなかったことは訴因明示義務違反であり、同訴因に記載がない事実を前提に被告人の注意義務や過失行為を認定することは被告人の防御権にも影響を与えるので許されないなどとしている。
8 なお、脇見・居眠り運転など明白な前方不注意は証拠上ないことが指摘されている。
9 なお、判決は、被告人車両と被害車単車が接触衝突したかどうかの観点から記録を精査したが、被告人車両に衝

突痕と認められるものはなく、衝突音だけで衝突があったことを認定できない旨述べている。
10　交通事故事件における実況見分調書の問題について、交通法科学研究会編『科学的交通事故調査　実況見分調書の虚と実』(日本評論社、2001 年) 参照。
11　髙山俊吉「交通事故・事故弁護をつくる」季刊刑事弁護 18 号 (1999 年) 21 頁以下参照。

別表① 事実関係が争われたもの

事例番号	裁判所・宣告日 / 弁護人名 / 罪名 / 出典（全文未収録を含む）	事案の概要	争点類型
1	久留米簡判昭58.11.9 / 下田泰 / 業務上過失傷害 / 公刊物未掲載	他覚所見のない鞭打症について傷害の証明が不十分とした事例★	公訴事実記載の結果発生の有無
2	枚方簡判平2.8.7 / 増田勝久 / 業務上過失傷害 / 公刊物未掲載	追突交通事故において、被害者の鞭打ち損傷の傷害結果を否定した事例★	公訴事実記載の結果発生の有無
3	相馬簡判平2.8.29 / 佐々木健次 / 業務上過失傷害 / 日弁1集358頁	他覚所見のない鞭打症について傷害の証明が不十分とした事例★	公訴事実記載の結果発生の有無
4	札幌高判平3.12.12 / 米塚茂樹ほか1名 / 業務上過失傷害 / 日弁2集343頁	追突交通事故により被害者に約2週間程度の頸椎捻挫の傷害を負わせたとして起訴されたが、原審は傷害を認めた有罪としたが控訴審はそれを否定して無罪とした事例	過失行為と結果との間の因果関係の有無
5	山口簡判平5.6.7 / 猪俣俊雄 / 業務上過失傷害 / 公刊物未掲載	追突交通事故において、被害者5名に腰椎捻挫、頸椎捻挫などの傷害を負わせたことの証明がないとした事例	公訴事実記載の結果発生の有無
6	山口家判平7.8.30 / 作良昭夫 / 業務上過失傷害 / 日弁4集55頁	降雨時自動車を運転し右に湾曲する道路の登坂車線を走行中の少年が、走行車線を進行中の被害車両を追い越そうと高速で加速進行した過失により自車を滑走させて走行車線に進出させ、被害車両に衝突させて自車もろとも対向車線に飛び出し対向車2台に衝突させて10名の者に傷害を負わせたとして送致された事例。少年車両の速度や加速した場所や程度、少年車両と被害車両の衝突地点、両車両の衝突部位や位置関係等が不明であって、両車両が対向車線に進出した原因としては少年車両が滑走して走行車線に進出し被害車両と衝突した以外の衝突形態の可能性も存在し、かつ、その可能性を否定するだけの証拠もないとして不処分とした事例	公訴事実記載の事故態様の有無
7	名古屋簡平7.10.16 / 福島啓氏 / 業務上過失傷害 / 日弁4集94頁	被告人が運転車両の進路変更に際し、自車を並進していたM車両にぶつけ、M車両をして対向車線を走行中の自動車に衝突せしめ、同車内の3人に傷害を負わせたとの業務上過失傷害事件につき、公判供述や鑑定結果などから判断して、本件事故は、被害車両とされたM車両が被告人車両に衝突したため発生した（つまり、実際には、被害者が加害者で、加害者とされた被告人が被害者であった）可能性がきわめて高く、被告人については公訴事実にかかげる過失があったと認めるに足る証拠がないとして無罪を言い渡した事例	公訴事実記載の事故事実の存否

8	高崎簡判平9.11.25 根岸茂 業務上過失傷害 日弁5集27頁	交差点内を直進してきた被害者運転車両（自動二輪車）が、交差点を右折していた被告人運転車両に衝突したとされる交通事故について、検察官主張の右折車と対向直進車との衝突事故とみるのは実態に則さず、事故原因は、被害者が優先道路に左折進入した際（その後交差点に直進進入する）の徐行義務違反が原因であるとして、無罪を言い渡した事例	公訴事実記載の事故態様の有無
9	福岡地判平9.12.9 藤井克巳 業務上過失致死 日弁5集45頁	普通貨物自動車の尾灯等の灯火を荷台後部のドアパネルにより覆い、夜間に一般道路を進行したため、後続の自動二輪車運転者に自車の発見を遅らせ、自車の後部に衝突させて傷害により死亡させたとして起訴された事案で、距離関係や被害者からの被告人車の視認状況などから被害者に前方不注視等の事情があった疑いが強く、業務上の注意義務を尽くしても本件事故の回避が不可能であるとの疑いが払拭できないとした事例	公訴事実記載の事故態様の有無
10	仙台高判平9.12.16 川原眞也ほか7名 業務上過失致死 道路交通法違反 日弁5集67頁	他の衝突事故で路上に倒れていたと思われる被害者を轢過したとされて起訴されたが、被害者に生じた傷害や車両に残された痕跡が轢過によって生じたとするには疑問があり、被告人と同乗者の衝撃を受けたとの供述も、道路上に落ちていたなんらかの物体を轢過したことによると考える余地があるとした事例	公訴事実記載の事故態様の有無
11	札幌高判平12.1.27 （原審：留萌簡判平10.12.1） 梅原成昭 （原審：近藤伸生） 業務上過失傷害 日弁6集141頁 （原審：日弁5集201頁）	検察官控訴事案において、検察官主張にかかる訴訟手続の法令違反、審理不尽の違法及び事実誤認等があったとはいえないとして控訴を棄却した事例 （原審：横断歩道手前に佇立する被害者を認めながらその動静を注視せず、横断を開始したと認めて急制動を取ったが衝突し傷害を負わせたとして起訴されたが、横断歩道またはその手前で停止していた車両が存在していたにもかかわらず、検察官主張の訴因にはこの事実がまったく前提とされず、そのため実際の事故態様と異なる態様の事故を前提としているとして無罪を言い渡した事例）	公訴事実記載の事故事実の存否
12	東京地判平15.7.8 川口幸護 業務上過失致死 判時1863号150頁	被告人が赤色信号を無視して自車を交差点内に進入させた過失により、自車を対向右折してきた車両に衝突させてその運転者等に傷害を負わせたという公訴事実について、被害者および目撃者の供述の信用性に疑問が残り、被告人運転車両が交差点に進入した当時、対向信号機が黄色信号を表示していた可能性が大きいとして、被告人に無罪が言い渡された事例★	公訴事実記載の事故態様の有無
13	福井地判平15.12.8 不明 業務上過失傷害 最高裁HP	被告人が、対面する赤信号を看過して交差点に進入した過失により、相手方運転車両に衝突し、相手方に傷害を負わせたとして起訴されたが、被告人が、交差点に進入した際に対面信号機の信号が赤色を表示していた事実も、本件事故により相手方が傷害を負った事実もいずれも認めることができず、犯罪の証明がないとして無罪とされた事例★	公訴事実記載の事故態様の有無、公訴事実記載の結果発生の有無
14	横浜地判平16.1.22 不明 業務上過失致死傷 判タ1157号290頁	赤信号を見落として交差点に進入したことを過失とする業務上過失致死傷被告事件で犯罪の証明がないとして無罪が言い渡された事例★	公訴事実記載の事故態様の有無
15	横浜地判平16.5.18 不明 業務上過失致死 道路交通法違反 判タ1180号337頁	普通乗用自動車で駐車場を発進する際、安全確認を怠った過失により、酔って寝ていた被害者に気付かずその車底部に巻き込み車輪で轢過するなどして死亡させた業務上過失致死、道路交通法違反（その際の酒酔い運転）事件において、被告人が本件車両を運転していたと認めるに足りる証拠はないとして無罪が言い渡された事例★	犯人性

16	広島高岡山支部判平17.11.9 近藤幸夫 業務上過失傷害 最高裁HP	業務上過失傷害被告事件について、被告人がハンドルを的確に操作しないで進行した過失により、自車を対向車線に進出させたとした点には合理的な疑いがあり、被告人に上記過失があるとした原判決には事実の誤認があり、原判決を破棄したうえ、無罪を言い渡した事案	公訴事実記載の事故事実の存否
17	高岡簡判平18.11.8 不明 業務上過失傷害 最高裁HP	前方不注視により歩行者と衝突したとされる業務上過失事件において、被告人が犯人であるとはいえないとして無罪を言い渡した事案★	犯人性
18	広島高岡山支部判平18.11.22 賀川進太郎 業務上過失傷害 最高裁HP	被告人は普通乗用自動車（軽四）を運転中、先行する大型貨物自動車の動静を注視しなかったため同車に追突する交通事故を起こしたが、本件事故によって大型貨物自動車の運転者に原判決のとおりの傷害を負わせた事実を認定することができないので、同事実を認定した原判決には、判決に影響を及ぼすことが明らかな事実の誤認があるとして、原判決を破棄したうえで、無罪を言い渡した事案	公訴事実記載の結果発生の有無
19	大阪地判平20.10.23 不明 業務上過失傷害 最高裁HP	被告人が、8車線一方通行道路の第1車線に停車させていた普通乗用自動車を第8車線方向に向かい発進進行させる際に、安全確認を怠った過失により、後ろから進行してくる普通自動二輪車に衝突の危険を感じさせて急ブレーキをかけさせて転倒させ、傷害を負わせたという業務上過失傷害の公訴事実について、被害者供述の信用性については合理的な疑いが存するとして排斥し、被告人供述により、被害者車両は停車していたものと認め、同公訴事実について無罪の言い渡しをした事例★	公訴事実記載の事故事実の存否

別表② 過失の存否が争われたもの

事例番号	裁判所・宣告日 弁護人名 罪名 出典（全文未収録を含む）	事案の概要	争点類型
20	広島地判平6.2.18 新田義和ほか1名 業務上過失致死（無罪）、道路交通法違反（有罪） 日弁3集44頁	被告人が前方注視を怠った過失により、対向歩行中の被害者に衝突させ死亡させたとして起訴されたが、被告人の過失の有無および被害者との衝突の結果回避の可能性の有無は本件事故当時の被害者の動静如何にかかるとしたうえで、被害者が対向歩行中であった事実を認めるに足りず、前方注視義務違反の過失および結果回避可能性はいずれもこれを認めるに足る証拠がないとした事例	被害者側の事情
21	山口地判平6.5.20 作良昭夫 業務上過失致死 日弁3集78頁	先行車を追い越すにあたり対向車を認めたのであるから、直ちに追い越しを中止する注意義務があるのに、追い越しを続けた過失により、被告人車との衝突を避けようとして道路中央付近に進出した対向車に衝突し、2名を死亡させたとして起訴されたが、2通の実況見分調書のうち信用できる実況見分調書に基づいて検討した結果、仮に対向車が時速100キロメートル走行してきたとしても追い越しを完了し自車線に戻ることが可能であったとし、被告人における追い越しを中止すべき注意義務の存在を否定し、むしろ被害車両が被告人の走行する車線に進入してきたのは被害者側の過失による可能性を完全に否定できないとした事例	実況見分調書の信用性
	大阪地判平6.6.10	被告人運転の普通貨物自動車が右折時に、対向直進する自動二輪車と接触し、被害者が死亡したとして起訴され	

22	重成薫 業務上過失致死 日弁3集86頁	たが、相互に矛盾する検察官と被告人の各主張のいずれが正しいかについての他の客観的証拠から検討しても的確な判断資料が不足しているので確定できず、被告人の捜査段階以来一貫した供述の信用性を一概に排斥することもできない、捜査が十分遂げられた形跡はなく、検察官も被害車両の走行経路は不明であるとの釈明をしている、対向直進方向に対する一応の安全確認の措置も取ったうえ、右折を開始しているから、このような場合に高速度で対面信号の表示を無視して高速度で直進してくる被害車両のあることまで予想して安全を確認する義務はなかったとした事例	被害者側の事情
23	和歌山地判平6.9.9. 吉田一雄 業務上過失致死（無罪）、道路交通法違反（有罪） 日弁3集111頁	被告人が酒気を帯びて自動車を運転して信号機のある交差点内に進入したところ、横断歩道に飛び出してきた被害者と衝突し、被害者が死亡したとして起訴されたが、被害者が赤信号を無視して飛び出した可能性が強く、被告人には回避可能性がないとした事例	被害者側の事情
24	横浜地小田原支判平7.4.18 井上文男 業務上過失致死 日弁4集170頁	普通貨物自動車を運転していた被告人が、T字路を右折する際右方から進行してきた原動機付自転車に衝突させあるいは進路妨害して転倒させて運転者を死亡させたとして起訴されたが、実況見分調書およびこれを前提とする被告人の自白調書は信用できないとした事例	自白の信用性を否定
25	大阪地堺支判平7.11.7 高見秀一ほか1名 業務上過失致死傷 日弁4集96頁	高速道路上、車線変更を不適切に行ったため蛇行させた過失および蛇行後高速度のまま急ハンドルを繰り返した過失により側壁に衝突、横転させ同乗者を死傷させたとして起訴されたが、自車に蛇行を生じさせた第1過失と自車に生じた蛇行を収束させなかった第2過失のいずれも否定した事例	注意義務の存在を否定
26	湯浅簡判平8.1.11 泉谷恭史 業務上過失傷害 日弁4集101頁	前方注視を怠り右折した過失により、対向車（原動機付自転車）と衝突させ傷害を負わせたとして起訴されたが、被告人から被害車両に対する視認可能性、被告人が右折直前の被害車両の走行位置、被告人車が右折のために停止した地点に至るまでに要した時間、その後被害車両を発見・衝突するまでに要した時間からして、被告人が右折するにあたり当時被害車両を視認しえなかったか、あるいは視認しえたかどうか疑問であったとし、前照灯を消し、暗がりの中を時速30キロメートルもの速度で道路中央線寄りに対向車両等を注視せず対向進行してきた被害車両（無謀とまで述べている）のあることを考慮して交差点中心付近で一時停止等し、対向車の有無など十分に確認して進行すべき注意義務を否定した事例	被害者側の事情
27	水戸地判平8.6.4 助川裕ほか2名 業務上過失致死（無罪）、道路交通法違反 日弁4集162頁	被告人が脇見運転をして前方注視義務を怠って時速約40キロで漫然走行した過失により、自転車で横断中の被害者と衝突して被害者を死亡させたとして起訴されたが、被告人車の走行速度が時速50キロメートルから55キロメートルであったとしたうえで、2通の実況見分調書のうち、事故直後に作成された第1実況見分調書の信用性は高いとし、被告人が被害者を発見できたとしても停止距離を超えるので回避可能性がなく、また、対向車が妨害物となり被害者を発見しえず予見可能性もないとした事例	実況見分調書の信用性
28	那覇地判平8.10.11 加藤裕 道路交通法違反、業務上過失致死	徹夜で飲酒歓談した被告人が、貨物自動車を運転中に歩行者に衝突して傷害を負わせたが救護・通報しなかったとされ起訴されたが、捜査段階の自白調書にもかかわらず、被告人に人身事故の認識があったとはいえないとした事例	自白の信用性を否定

6　交通事故事犯　253

	日弁4集167頁		
29	福岡高判平9.10.1	交差点における衝突事故について被告人が赤信号で進入したとする一審判決を覆し、相手方車両の運転者、同乗者、同伴車両の運転者などの証人の証言が重要な部分で齟齬し不自然であり信用しがたいとした事例	第三者供述の信用性を否定
	最所憲治		
	業務上過失傷害		
	日弁5集80頁		
30	横浜地横須賀支部判平11.3.30	時差式信号機によって交通整理の行われている交差点を、時差式と知らない被告人が交差点入り口付近で信号が全赤に変わったと判断して右折したため、対向して進行してくる自動二輪車の運転者が衝突を避けようとして急ブレーキをかけて転倒し、被告人運転の車両に衝突して死亡した事故について、全赤信号の場合の右折車の運転手は、直進車がその位置・速度等からして交差点に進入してくるものと認められる場合等特段の事情があるときを除いては、右折しても過失はないとして、被告人の過失を否定し無罪を言い渡した事例★	注意義務の存在を否定
	工藤昇、高山俊吉、佐藤進一		
	業務上過失致死		
	日弁6集14頁		
31	越谷簡判平11.12.16	普通自動車運転中に最高速度遵守義務違反、前方注視義務違反により交差点において被害者を跳ね死亡させたという業務上過失致死事件につき、被害者が泥酔状態にありその行動の予測が困難であったことや被告人、目撃者の証言などから被告人に注意義務違反の過失を認定することはできないとして、無罪を言い渡した事例★	被害者側の事情
	金子重紀		
	業務上過失致死		
	日弁6集234頁		
32	横浜地横須賀支部判平13.10.11	バイクとゴミ収集車との衝突事故で、業務上過失致死罪に問われた被告人に対し、バイクは相当の速度が出ており、被告人がカーブミラーを見てもバイクを確認することはできなかったとして無罪とした事例★	注意義務の存在を否定
	工藤昇、田中俊夫		
	業務上過失致死		
	日弁8集146頁		
33	水戸地判平14.3.18	交通事故で業務上過失傷害罪に問われた被告人に対し、一審が下した有罪判決を東京高裁が「審理不十分」として破棄、差し戻したところ、被告人の供述は信用できるとして無罪を言い渡した事例	注意義務違反を否定
	後藤直樹		
	業務上過失傷害		
	日弁8集230頁		
34	札幌地判平14.5.10	前方注視不十分のため交通事故を起こし、歩行者2人を死亡させたとして業務上過失致死の罪に問われた被告人に対し、歩行者2人は対向車線から道路を横断してきたが、現場は暗いうえ交通量も多く、歩行者の横断を予想しにくく、前方不注視の立証には証拠が足りないとして無罪とした事例★	注意義務の存在を否定
	岸田昌洋・岸田洋輔		
	業務上過失致死		
	日弁9集46頁		
35	大阪地判平14.9.18	赤信号を無視して進入した自転車をはねて運転者を死亡させたとして傷害致死罪に問われた被告人に対し、発見時、自転車が赤信号で交差点に進入してくるとは予想できず、前方注視義務違反はなかったとして無罪とした事例★	注意義務違反を否定
	今中浩司		
	業務上過失致死		
	日弁9集63頁		
36	大津簡裁平14.10.31	片側2車線道路を北東に向かって進行していた被告人車両が、南西方向に進行すべく転回する際、後方の安全確認を怠ったため、進行してきた後続車両に自車を追突させたとされる事故（業務上過失傷害）について、被告人の後方確認義務（予見義務）違反を認めながら、後続車両の運転手は、前方を十分注視せず時速100キロメートルで急接近してきたと認定し、仮に被告人が予見義務を果たしていたとしても結果回避可能性がなかったとして、過失の内容をなす注意義務違反のうち結果回避義務が存しないとして無罪を言い渡した事例★	注意義務（結果回避可能性）の存在を否定
	山中俊夫		
	業務上過失傷害		
	日弁9集79頁		
	最2判平15.1.24	黄色点滅信号で交差点に進入した際、交差道路を暴走してきた車両と衝突し、業務上過失致死傷罪に問われた自	注意義務（結果回避可能性）
	椎木緑司		

37	業務上過失傷害 判タ1110号134頁、 判時1806号157頁、 日弁9集140頁	動車運転者について、衝突の回避可能性に疑問があるとして無罪が言い渡された事例	の存在を否定
38	大阪高判平15.2.27 山田一夫 業務上過失傷害 日弁9集220頁	業務上過失傷害の罪に問われた被告人は、交通頻繁な市街地の道路で法定速度以下のスピードで、前方左右を注視しながら進行しており、本件事故発生の原因には被告人には過失がないのにもかかわらず、原判決では、適宜安全な速度に減速せず、かつ、前方左右を注視しなかった過失があると認めて被告人を有罪とした。しかし、被告人に公訴事実記載のような減速の義務を課すことはできないうえ、前方左右の注視義務についても、証拠上、被告人にその違反があったとまで認めることは困難であるため、被告人を本件業務上過失傷害の事実につき有罪とはできないとして、無罪とした事例	注意義務の存在を否定
39	東京地判平15.11.13 不明 業務上過失傷害 判時1863号150頁	被告人が対向直進車両の有無およびその安全確認不十分なまま交差点内で右折した過失により、自車を対向直進してきた車両に衝突させてその運転手に傷害を負わせたという公訴事実について、目撃者の供述の信用性に疑問が残り、被害者運転車両の交差点進入時における対面信号は赤色表示であったと認定したうえ、被告人において対向直進車両が交差点内に進入することを予想することは困難な特段の事情があったなどと信頼の原則を適用して、被告人に無罪が言い渡された事例★	信頼の原則
40	東京地判平15.12.15 川口誠 業務上過失傷害 最高裁HP	大型貨物自動車を運転していた被告人が、信号機により交通整理の行われている交差点を左折した際に左後方から進行してきた自転車と衝突した事故について、被告人に過失が認められないとして無罪を言い渡した事例★	注意義務の存在を否定
41	大分地判平18.11.29 不明 業務上過失致死 道路交通法違反 最高裁HP	夜間、速度規制がない道路において、時速約60キロメートルで運転中、自車進路上に転倒していた被害者を右前輪で轢過し、業務上過失致死罪に問われた自動車運転者について、轢過の結果回避可能性がないとして無罪とされた事例★	注意義務（結果回避可能性）の存在を否定
42	松山地判平19.12.11 不明 業務上過失傷害 道路交通法違反 最高裁HP	信号待ちをしていた被害車両に追突させたとする業務上過失傷害事件で、追突事故は、同乗者であった甲がハンドルを急に切ったため発生したとする被告人の供述を信用できるとして、業務上過失傷害につき無罪を言い渡した事例（道交法違反は有罪）★	注意義務違反を否定
43	水戸地判平20.1.14 不明 業務上過失致死 最高裁HP	前方注視義務違反、減速義務違反を過失とする業務上過失致死被告事件で、犯罪の証明がないとして無罪が言い渡された事例★	注意義務の存在を否定
44	札幌高判平20.7.24 今瞭美 業務上過失傷害	被告人は、大型トレーラーを運転し路外から国道上に進出し横断左折する際、右方道路から進行してくる軽四貨物自動車を右前方約369.9メートルの地点に認めたものの同車が接近する前に右折を完了できると考えて進行し、被告人車右後側部を軽四貨物自動車右前部に衝突させ、同車運転手に重傷を負わせたとする業務上過失傷害の公訴事実に対して、被告人には、夜明け前、街路灯がない法定最高速度時速60キロメートルの直線道路で進路前方の暗闇の中に左方から右方へ移動する明かりが視認可能な状況にあるのに同車運転手がそれに気づかず時速約80	注意義務の存在を否定

| 最高裁 HP | キロメートルのまま、かつ、すれ違い用前照灯のままで進行してくることまで予見する義務はないから、過失は認められず、業務上過失傷害罪は成立しないとして、原判決を破棄し無罪を言い渡した事例 |

7

強姦・強制わいせつ

岩本 朗

第1 はじめに

　本稿においては、いわゆる性犯罪のうち、強姦・強制わいせつ事案についての無罪事例を取り上げて検討する。電車内等での痴漢事件については、本書別稿で取り上げられるので、本稿における検討からは除外している。
　本稿で検討の対象とした無罪事例は本稿末尾の一覧表の**事例1**ないし**18**であり、責任能力が問題となった事例やもっぱら科学的証拠（DNA鑑定等）が決め手となった事例は除外している。また、無罪が確定した事例を対象としたが、**事例14**ないし**18**については、確定の有無について確認ができていないため、主な検討対象からは除外している。

第2 強姦・強制わいせつ事案の特徴

　強姦（刑法177条）・強制わいせつ（刑法176条）の構成要件は、①反抗を著しく困難にする暴行・脅迫を行って、②13歳以上の婦女を姦淫することである。①の要件は、当然のことながら、姦淫ないしわいせつ行為が被害者の意に反するものであることを前提にしている。また、被害者が13歳未満であれば、暴行・脅迫の有無を問わず、強姦ないし強制わいせつが成立する。
　このうち、反抗を著しく困難にする暴行・脅迫の認定は、強盗罪における反抗を抑圧する暴行・脅迫と異なり、女性であることが多い被害者の対応との関係で非常

に微妙であり、実際上は、被害者の同意ないし承諾があったのか否かが重要な争点になることも多い。

この点について、磯邉衛「強姦の成否」『刑事事実認定（下）』119頁以下は、強姦事件の事実審理において一般に問題とされ争点となるのは、①性行為について被害者の承諾があったかどうか、②被害者に加えられた暴行脅迫が果たして「抗拒を著しく困難ならしめる程度」に達していたかそうでないか、③強姦の犯意で不埒な振舞いに及んで未遂に終わったものかそれとも強制わいせつのみの目的で襲ったにとどまったものかどうか、④被害者が犯人を被告人と特定するにあたって誤りがなかったか否か、の4点であると整理している。

次に、強姦・強制わいせつ事案における証拠構造の特徴であるが、加害者と被害者のみがその場にいる状況で犯行が行われる場合が多い結果、結局、犯行を否認する被疑者供述と対立する被害者供述（証言）の信用性が有罪・無罪の決め手になる場合が多い。

被害者供述の信用性が問題になるパターンとしては、①被害者が姦淫されたり、わいせつ行為をされたりしたこと自体については争いがなく、専ら被害者の犯人識別供述の信用性が問題になる場合と、②逆に加害者と被害者との間で性交渉を含む一定の接触が行われたこと自体については争いがないが、被害者がその意思に反して強いて姦淫されたり、強いてわいせつ行為をされたことについての供述の信用性が問題になる場合（すなわち被害者の同意ないし承諾が存在するのではないか、ということが問題になる場合）とが存在する。

この点について、森下弘「性犯罪事件の実務上の問題点」季刊刑事弁護35号（2003年）36頁以下は、性犯罪冤罪事件の発生原因を、①被害者が被害を受けた事実は存在するが、誰が犯人であるかと誤認した「犯人誤認型」、②犯人と被告人の同一性を誤認する「同一性誤認型」、③被害者が被告人等に対して怨恨を抱いており、実際には被害が存在しなかったり、または姦淫等に対して被害者の同意が存在した「怨恨型」、④被害者が被告人等に何らかの理由で責任を転嫁しようとする「責任転嫁型」、⑤たとえば電車内で偶然手が当たった行為を痴漢行為と誤認するような「犯行誤認型」の5類型に分類して論じている。このうち、①および⑤は痴漢事案を念頭においた類型であり、強姦・強制わいせつ事案で問題になるのはこのうちの②、③および④ということになる。

性犯罪における犯人識別供述の信用性の問題は、犯人識別供述の信用性判断について一般的に論じられているところと基本的には異ならないが、被害者の目撃条件が劣悪である場合が多いこと（たとえば夜間や暗闇で犯行がなされた場合など）、被害者

が年少者であることも少なくないこと等に注意が必要であろう。他方、被害者の同意ないし承諾が問題となる事案については、男女が性交渉に至る経過や性交渉の中身には社会的にみてさまざまなバリエーションがありうるので、犯行前の事情、犯行後の事情を含めた間接的な事実をていねいに分析する必要が出てこよう。

そこで、以下においては、まず、被害者の犯人識別供述の信用性が問題となった事例について具体的に検討し、次に被害者の同意ないし承諾が問題となった事例についても具体的に検討を行うこととする。

第3 犯人識別供述の信用性が問題となった事例

1 はじめに

犯人識別供述が問題となって無罪となった事例としては、**事例1**ないし3、5、13の各判決がある。

本稿では、**事例1**の判決(ただし、強制わいせつではなく、公然わいせつ事件である)、控訴審での逆転無罪判決である**事例5**および**事例13**の判決を取り上げる。

2 事例1 公然わいせつ事件

(1) 事案の概要

本件は、午後5時ころ、犯人が、路上で、11歳と10歳の女子の被害者に対して、自己の陰茎を露出して見せたという事案である。

(2) 判決理由のポイント

裁判所は、被害者両名の供述には被告人が犯人ではないかとの疑いを抱かせるものもないではないが、犯人の観察、識別、記憶の正確さについてそれぞれ疑問を残しており、とくに相互暗示の疑いを払拭しきれないことを考え合わせると、被告人を犯人であると断定することについてはなお合理的な疑いが残る、とした。

その理由は、㋐被害者の犯人目撃時間がごく短時間であったこと、犯行時刻は日没直後で暗くなりかけていて、犯人を見づらくなりかけている状況にあったこと等から、被害者両名にとって、犯人の容貌などを冷静かつ正確に観察、識別して記憶することが相当程度困難な状況にあったこと、㋑被害者両名の証言する犯人の特徴は、丸っぽい顔で髪がちょっと薄いという程度にとどまるうえ、捜査段階では、犯人が四角

張った赤っぽい顔であった旨供述したことがあって変遷していること、⑦取調べを受けている被告人について、単独面通しを実施しているうえ、面通しの際、被害者両名及び被害者両名の通学先の小学校長が同時に部屋に入り、相互に意見交換をしており、面通しが適正に行われなかったこと、等である。

(3) 無罪判決を導いた弁護人の活動について

　本件において、弁護人は、児童の犯人識別供述・証言の信用性について判断した最高裁平成元年10月26日判決（板橋強制わいせつ事件上告審判決。犯人識別供述の信用性評価に関するリーディングケースである）を引用して、被害者両名の犯人識別供述・証言の信用性が低いことを極めて説得的に主張している。

　具体的な反証としては、とくに被害者両名に対する反対尋問が成功したことが無罪判決の決め手となったと思われる。すなわち、本件の被害者両名は、犯行当時11歳および10歳と低年齢であったため、この点を配慮し、両名の証人尋問は公判準備手続のなかで行われたが、このなかで、被害者両名は、弁護人の反対尋問に対し、結局犯人の顔をよく覚えていない旨証言したのである。

3　事例5　住居侵入・強姦事件

(1) 事案の概要

　本件は、午前4時ころ、犯人がマンションの居室に窓から侵入し、就寝中の被害者（19歳）に対して、洋バサミを突き付け、両腕をタオルで後手に縛るなどの暴行を加えて強姦したという事例である。

(2) 判決理由のポイント

　裁判所は、被害者の犯人識別供述について、その信用性を否定した。なお、被告人の自白についても、被告人の知的能力が低いことや自白に秘密の暴露ないしこれに準ずると目される部分がまったく見当たらないことから、その信用性を否定した）。
　その理由を整理すると以下のとおりである。

　　ア　被害者の目撃能力（視力）
　被害者の視力が両目とも0.03という強度の弱視であったが、被害当時は、寝込みを襲われたため、普段使用しているコンタクトレンズをはずしており、裸眼のままであったことを認定した。この点は、後掲ウの犯行当時の犯行現場の明るさの問題とと

もに、被害者の目撃条件が劣悪だったことの根拠となっている。

　イ　目撃時間の短さ
　被害者は足下にいる犯人に気付いてから、うつ伏せにされて後手に縛られ、仰向けにされたときは枕かクッションを顔に被せられたと供述しており、被害者が犯人の顔を瞥見する機会はあったとしても、これを凝視する機会があったようには窺われないことを認定した。

　ウ　犯行当時の明るさ
　犯行時刻が日の出の若干前（午前4時30分ころから同50分ころまでの間）であったと推定されるところ、被害者の居室の構造等に照らすと、まだかなり薄暗かったのではないか、という疑いが残ることを認定した。このうち、犯行推定時刻については、被害者の供述による犯人の行動を場面ごとに区切って、各場面の所要時間を推定し、合計した犯行全体の所要時間を推定するという手法をとっている。また、被害者の居室の構造については、レースのカーテンや網戸が存在したこと、窓の外側にはベランダの外壁が存在したこと等、客観的な現場状況を細かく検討している。
　なお、この点について、一審判決は、犯行の時刻を午前4時45分ころから午前5時ころまでと認定したうえ、現場の採光状況、被害者と犯人の位置、距離関係等からすれば、被害者が裸眼視力0.03という近視であることを考慮しても、犯人の人相等を識別するには十分な明るさがあったものと認められる、と説示していたが、これを否定したものである。

　エ　被害者供述における犯人の特徴について
　被害者の面通し前の犯人像についての供述は、「年齢27、8歳の男、上下黒っぽい服装、身長168ないし170センチ位、パーマがかかったような頭髪」という程度にすぎず、明確ではなく、「目がぎょろっとした感じで、面長、手のごつごつした、きたない感じの男」などという、より具体的な点は、被告人の面通し後に初めてなされた供述であることを認定した。

　オ　面通し方法について
　面通しの方法について、警察官数人により連行され追及されている被告人を示して確認させた点、単独面通しの方法をとった点で問題があったことを指摘した。
　なお、本件においては、被告人の捜査段階における自白が存在しており、自白の信

7　強姦・強制わいせつ　　261

用性が認められれば、被害者供述の信用性に一定の疑問が生じたとしても、無罪判決には至らなかった可能性が高い。この点について、裁判所は、被告人の自白についても、被告人の知的能力が低いことや自白に秘密の暴露ないしこれに準ずると目される部分がまったく見当たらないことから、その信用性を否定した。具体的には、被告人の自白には、作業用の軍手をつけたままコンドームを袋から取り出して陰茎に装着したという点および犯行後の逃走経路に関する自白と被告人が職務質問を受けた時刻が整合しないという疑問点があり、「右2点が意味するところは、取調官が被告人を容易に誘導しえたということと、取調官が気付かなかったため誘導できなかったところは、不自然なまま残っているということ（およそ真犯人による真実の自白であれば、取調官が気付かなかった点についても、他の証拠と整合していることが多いはずである。）であり、後述するとおり、被告人の自白にいわゆる「秘密の暴露」ないしこれに準ずると目される部分が全く見当たらないことをも併せ考えると、被告人の自白は取調官の誘導と被告人の迎合等の産物ではないかとの疑いを否定し去ることは困難である」とした。

(3) 無罪判決を導いた弁護人の活動について

控訴審での弁護人の立証活動は、原審ですでに被害者の証人尋問が実施されていたことをふまえ、被告人の自白の任意性・信用性の弾劾に力点が置かれていたようであり、控訴審では被告人を逮捕した警察官や取調警察官の証人尋問が行われている。そうすると、被害者供述の信用性に関する証拠は一審段階での証拠とほぼ同一だったわけであり、同一の証拠を前提に一審と控訴審が正反対の認定（評価）に至ったということになる。

すでに述べたように、被告人の捜査段階の自白および被害者の犯人識別供述のいずれの信用性も低下したことが無罪判決につながったといえよう。

4　事例13　強制わいせつ事件

(1) 事案の概要

本件は、当時23歳の被害者の女性が、路上で友人と待ち合わせをしていたところ、背後からバイクで走行してきたヘルメットを着用した犯人から、ワンピースの裾をまくり上げられ、右手を下着の中に差し入れられて陰部を触られたという事案である。なお、犯人はその場から逃走したが、犯行から3日後に、被害者が自宅近くの路上でバイクに乗った男性（被告人）を見かけ、犯人に間違いないと考えて警察に申告し

たという事情がある。

(2) 判決のポイント

　裁判所は、以下に述べるような理由を挙げて、被害者の犯人識別供述の信用性を否定した。

　ア　犯行前に犯人を目撃した際の目撃条件
　被害者の視力は、左右とも0.6で乱視が入っているというのであるから、犯行直前に10メートル以上離れた場所にいた犯人を目撃した際に被害者がその容貌を詳細に認識しえたものとは言い難いと認定した。

　イ　犯行時の目撃時間
　被害者が意識して犯人の容貌を見て認識したのは、犯行時に間近に見たときのものであり、その時間は、公判供述では2秒くらい、捜査段階での供述では1秒くらいであって、一瞬といえる程度のごく短時間であると認定した。

　ウ　捜査段階の被害者供述による犯人像と被告人の相違
　捜査段階の被害者供述による犯人像は、「年齢40から45歳、やせ型、ピンクの長袖シャツ、刈り揃えた口ヒゲ、黒っぽいスクータータイプのオートバイ、黒色半キャップ型のヘルメットをかぶった配達人風の男」というものであるのに対して、被告人は、「年齢40歳、身長175センチメートル、体重74キログラム、がっちり型、茶髪、口ひげとあごひげ、中学校卒業以来美容室勤務」というのであって、「やせ型」ではなく、「配達人風」でもない。また、被害者は、「犯人はやせ型で頬がこけたイメージをもっていた」と供述しているが、被告人が逮捕された後に被告人の面通しを行った際、「顔が意外とふっくらとしていましたので、正直、犯人の男だろうかと不安になりました」と供述し、犯人の頬の印象は被告人のそれと異なるかのような供述をしている。そうすると、捜査段階の被害者供述における犯人特定の根拠は、結局のところ、目が良く似ているということに尽きると判示した。

　エ　被告人の頭髪の特徴について
　被告人は茶髪であり、ヘルメットをかぶった状態でも被告人の後頭部の茶髪が明瞭に見られるはずであるが、犯人が逃走するのを後方から見ていたはずの被害者が、犯人の髪について茶髪であるという印象を抱いていなかったことも犯人と被告人との

7　強姦・強制わいせつ

同一性に対する疑問を抱かせると判示した。

　オ　犯人のひげに関する供述について
　被害者の警察官調書においては、当初は「口ひげ」とのみ記載があり、「あごひげ」については記載がなく、後の調書になって初めて「あごひげ」に関する記載が現れていることから、被害者が当初から犯人のひげについて明瞭な記憶を保持していたのか疑問が生じるといわざるをえないと判示した。

(3)　無罪判決を導いた弁護人の活動について
　控訴審における弁護活動については、控訴審における弁護人が執筆した「曖昧な被害者供述のみによる犯人特定」（季刊刑事弁護26巻〔2001年〕140頁以下）に詳しいが、犯行3日後に被害者及びその知人が被告人を追尾して特定したとされる際の追尾状況について現地を調査した詳しい報告書を作成・提出したり、バイクの同一性に関して被告人所有のバイクの写真撮影報告書を提出するなどして、豊富な書証を提出したとのことである。ただ、控訴審では、人証調べ等は行われなかったとのことである。

第4　強いて姦淫したり強いてわいせつ行為を行っていないとして無罪としたもの

1　はじめに

　強いて姦淫したり、強いてわいせつ行為を行ったと認められないとして無罪となった事例としては、**事例4**、**6**、**7**、**9ないし11**、**13**の判決がある。**事例14**ないし**18**の判決もこの類型の判決である。
　このうち、被害者の供述の信用性が否定され、被害者が強いて姦淫された事実が認められないとした**事例4**および**事例11**の判決を取り上げる。

2　事例4　強制わいせつ事件

(1)　事案の概要
　被告人が、アパート内の自宅において、被害者に対して、柳刃包丁をつきつけ、その頸部を両手で締めつけ、「あんたは死ぬのと触られるのとどっちがいいんだ」など

と申し向けて、被害者を全裸にして、被害者の乳房および陰部等を手指で弄び、舌でなめ回し、写真撮影を行い、さらに自己の陰茎を被害者の肛門に押しつけ、口淫をさせるなどのわいせつ行為を行ったとされた事案である。

(2) 判決理由のポイント

　裁判所は、被害者が当時婚約者のいる24歳の女性であったのに対し、被告人は52歳の裕福でもない平凡な男にすぎず、本件前に合意のうえで肉体関係に至るような兆候は存しなかったこと、にもかかわらず本件わいせつ行為の内容が夫婦間や恋人同士の間でも通常行われないきわめてわいせつ度の高い行為であること等から、本件わいせつ行為が被告人の何らかの脅迫等により、被害者の意思に反してなされた疑いはかなり濃いとした。

　しかし、以下に述べる理由から、わいせつ行為が強制によらず、合意に基づいてなされたとの合理的な疑いがあると判断した。

　ア　まず、裁判所は、本件以前から被告人と被害者との間には浄水器の販売員と顧客という人的関係があり、被害者は被告人が独居する6畳1間の現場を頻繁に訪れ、数時間入り浸ることも多かったこと、本件当日、被告人が被害者に新しい顧客を紹介すること等をめぐって、被告人と被害者との間で激しい口論があったこと、その後、午後7時ころから午後10時ころまでわいせつ行為が行われたこと、午後10時45分ころ、被害者が被告人方の窓から「助けて」、「きゃー、警察」と叫んだことから、近隣住民が警察に通報し、警察官が被告人方に駆けつけたこと等を争点以外で認定できる事実として確定している。

　イ　そのうえで、わいせつ行為前後の状況についての被害者および被告人の供述内容を検討し、以下のような疑問点を指摘している。
　　a　脅迫に用いられた包丁に関する供述
　被害者は、こたつの上に置かれていた包丁を被告人から遠ざけるため、窓を開けて叫ぶ前に、こたつ板の手前側をまずちょっと浮かせて板上のものを全体に向こうに動かし、さらに細かいものを手で押して包丁もこたつの向こうの方に落ちたと思うなどと公判で供述したが、捜査段階でのこれらの点の供述は、包丁の位置や包丁の落とし方など、公判供述と異なる内容になっている。そうすると、被害者は、少なくとも窓を開けて叫ぶ段階では、包丁の存在を意識していなかったと認めるのが相当であり、この点に関する被害者の供述は、包丁による脅迫に恐怖し、本件わいせつ行為に応

ざざるをえなかった旨訴えるための虚偽の供述であると断ぜざるをえないとした。

　b　助けを求める直前の状況

　隣室の住人である証人は、「2人で言い合っているような雰囲気がした後、何か物が倒れる様な大きな物音がし、更に2人のやり取りが続き、物音から15分くらい後に、助けて、という声が聞こえた」と供述しているが、これは、被告人のすきをみていきなり物を持って殴りつけ、それと同時に窓を開けて助けを求め、その後にこたつ板をひっくり返したという被害者供述を矛盾し、むしろ被告人の供述と符合するとした。

　c　警察官が現場に到着した時点での状況

　被害者は、被告人方から廊下に飛び出したときは、まだ警察官は戸口に来ておらず、廊下の端の入口のドア付近から入って来るところであって、警察官が部屋のドアをノックしたり、中に問いかけてきたことはなかったとの供述を堅持しているが、現場に赴いた警察官は、ドアをノックして呼びかけたが応答がなく、さらにノックするなどしたと供述しており、被害者がことさら虚偽の供述をしている疑いがあるとした。

　d　姦淫を拒否した理由について

　被害者は、姦淫を拒否した理由について、捜査段階から第2回公判に至るまでの間は婚約者の存在を挙げてきたが、第9回公判では、自らの信仰を理由に挙げている。しかし、被害者は、これ以外にも説明に窮すると思われる点についてはすべて信仰を理由にしているきらいがある。事柄の性質上これらの点の記憶を誤ることは考えられず、被害者のこれらの点の供述は、まったく虚構である可能性があるとした。

　e　肛門性交を試みた態様について

　被害者は、公判では、被告人がスキンローションを出してきて、被害者に自分で肛門の周囲に塗るように命じ、かつ被害者の身体を動かして被害者のほうから挿入行為をするように命じられた、と述べているが、検察官調書では、被告人が自分で陰茎か被害者の肛門にスキンローションを塗りつけ、被害者を四つんばいにした状態で陰茎を押しつけてきた、と記載されている。被害者の公判供述は、挿入方法等について不自然な印象を受けるうえ、ローションを誰が塗布したのかということについて被害者が記憶違いをするはずはないことから、この点についての被害者供述は全体として疑わしいとの印象を免れない、とした。なお、結局スキンローションの容器が現場から発見されていないことも被害者の供述の信用性に疑問がある根拠として指摘している。

　f　ゴム製性具、ゴムサックについての疑問

　証拠上、避妊用ゴムサック1個と、いぼ突起やひだ隆起のあるゴム製性具3個は、こたつ板の上に置かれていたものと推認されるが、被害者はこのような物は見ていな

いし、性具については用途もまったく知らなかったと述べている。しかし、仮に被告人自身がこれらを持ち出したとしたら、被害者にこれを示し、その使用の要否を尋ねるなり、これらの効用について告げるなりするのが通常でないかと思われ、その結果被害者がその存在等について認識することとなるはずであるし、こたつ板の上にある以上、被害者がまったく気づかなかったということは考えがたい。にもかかわらず、被害者がその存在に気づかなかったとあえて述べる心理は、気づいていたと言えば合意があったことを認めることになるのを恐れたことになるのではないかと考えられる、とした。

　　g　その他の事情
　被害者は、被告人方の電灯は点いていなかったと思うと供述するが、現場に臨場した警察官および被告人は点いていたと供述している。被害者がこの点で記憶違いをするなどということは考えられないのに、このような供述をあえてしている心理は、被害者としては、明るいところで本件のようなわいせつ行為をやっていたことを否定したいためではないかと考えられる、とした。また、被害者は、口淫をしているところを写真に撮られた記憶はないと終始述べているが、証拠の写真によれば、撮影の際、フラッシュが用いられ、かつ被害者がカメラのほうに視線を向けていることが認められ、かかる状況下で意思に反して写真に撮られたのであれば、まったく覚えていないとは通常は考えがたく、被害者の供述は作られたものである疑いがある、とした。

　ウ　判決は、これを前提に、被告人による暴行、脅迫に関する供述内容の検討をし、それぞれ以下のとおり判示している。
　　a　包丁による脅迫の点について
　この点についての被害者の供述は事件当夜から一貫しており、内容もかなり具体的であり、かつ帰ろうとしていた被害者を帰らせまいとするには何らかの強制めいた行為が必要ではなかったかとも考えられることから、一面脅迫がなされた疑いが濃いようにも考えられるが、先に検討したとおり、被害者は、窓から外に叫ぶ段階において包丁を意識していなかったにもかかわらず、強制である旨訴えるためにことさらこの点の供述を偽っているのであって、他にも相当疑わしい供述が存することを考慮すると、被害者の供述のみでは脅迫の事実を認めることにためらいが残る、とした。また、仮に脅迫があったとしても、それはその後の推移からして、被告人方にそのまま在室させようとする趣旨にとどまるものであって、その後、被害者がこたつに入ってコーヒーを飲んだり、あるいは被告人が被害者の胸を服の上から愛撫したりしながら雑談をしたという和解的な情況の中で、その後のわいせつ行為との因果関係が断絶されて

いる疑いも残り、したがって、包丁がこたつ板の上に置かれていたことをもって、直ちに強制わいせつ罪における脅迫にあたるものとはいいがたい、とした。
　b　首を締めたことについて
　被害者は、被告人に1回首を締められたと供述しているが、その態様についての供述は曖昧で変遷がみられるうえ、証拠として、被害者の頸部の首締めの痕跡を撮影した写真や「まだ首が痛い。」などといった訴えが記載された被害者供述調書が存在しないこと、被害者供述の全体の信用性の低さも考慮すると、被告人が、心中話の際、ふざけ半分に被害者ののど仏に手をあてた行為に着想を得て、この供述を創作したのではないかとの疑いが残る、とした。

　エ　なお、裁判所は、判決の最後に、「被告人の供述を基にして、既に検討したところを総合すると、真実は、次のような経緯で本件わいせつ行為がなされたのではないかとの疑いをぬぐい去ることができない。」として、概要、以下のとおり述べている。
　被害者は、顧客である被告人との取引関係を継続するため、しぶしぶながら胸への愛撫を了承したところ、次から次へとわいせつ行為を要求され、写真撮影を求められ、そこまでならと1つ1つ応じていくうちに、次第に自らも行為に引き込まれてしまい、結局姦淫以外の行為は全て応じてしまった。、
　その後、被害者は、我に返って、被告人の要求に応じてしまったことを後悔するとともに、撮影した写真を婚約者に送るなどと発言した被告人の身勝手さに対して怒りがこみ上げて感情の抑制がつかなくなり、警察を呼ぶといって、窓を開けて大声で叫んだ。その結果警察に通報され、警察官が駆けつけてきたため、事が大きくなり引っ込みがつかなくなった。
　裁判所は、これらのことをあくまでも可能性として述べてはいるが、これはまさにアナザーストーリーの可能性であり、しかも実質的には相当高い可能性を認めているように思われる。

(3)　無罪判決を導いた弁護人の活動について
　本件での弁護人の活動は、被害者供述・信用性の弾劾が中心であった。被害者は、第2回公判および第9回公判で証人として尋問されているが、両公判での証言において、たとえば姦淫を拒否した理由についてまったく違う理由を証言したり、脅迫に用いられた包丁をわいせつ行為中に被告人から遠ざけた事実についての証言内容が変遷し、捜査段階での警察官調書・検察官調書との間でも変遷・矛盾が露呈するなどした結果、判決において信用性に疑問があるとされるに至っている。これは、弁護

人が反対尋問において被害者供述・証言の変遷・矛盾を丹念に追及した結果であろう。

　本件は、事件前から被告人と被害者との間にかなり濃厚な人間関係が存在したという事情があったとはいえ、他方で、犯行前後の経過のなかで被告人が包丁を持ち出したという事実が存したことには争いがなかったところであり、被告人による暴行・脅迫を争うことには困難な面があった事例である。

3　事例11　強姦致傷事件

(1)　事案の概要

　被告人が友人複数と行ったディスコで知り合った複数の女性と居酒屋に場所を移して飲酒したあと、そのうちの1人である被害者をワゴン車に同乗させたあと、同車内で被害者に暴行・脅迫を加えて強姦し、傷害を負わせたとされた事案である。

(2)　判決理由のポイント

　裁判所は、被害者は自己の人物像を殊更に貞操観念があるかのように偽り、和姦の可能性を否定する方向へ事実を曲げた証言をしているほか、被害状況や告訴に至る経緯についても不自然・不合理な点が多くあるとして、被害者供述・証言の信用性を否定した。

　判決は被害者供述・証言を詳細に分析しているが、判決が理由とした主な点は以下のとおりである。

　ア　本判決は、まず、被害者の受傷状況について検討し、医師の診断書および供述調書等の証拠から、本件の直後に被害者が左下腿部・両側大腿部の所々に皮下出血の傷害（全治1週間）を負っていたことが推認できるだけであって、それ以上に被害者に本件に起因する受傷が存在したと認定することはできない、とした。そして、この皮下出血はなんら治療を要しない軽傷であり、この部位におけるこの程度の軽傷であれば、被害者の酩酊の程度や本件前後の行動に照らすと、種々の機会に生じえたと考えられるから、この傷害を被告人に暴行されて強姦されたという被害者証言の決定的裏付けとすることはできない、とした。なお、この裁判所の認定には、弁護人が作成・提出した被害者が本件の直後に利用したクリーニング店の店員の女性からの事情聴取書の内容が大きく影響している。

イ　次に、本判決は、被害者証言の信用性全般について検討し、被害者の人物像や被害者証言の特徴等について判示している。
　　a　被害者の落ち度とこれについての自覚の有無
　被害者証言によっても、被害者は、ディスコで声を掛けられた初対面の被告人らと居酒屋で夜中の3時過ぎまで飲み、その際にはゲームをしてセックスの話をしたり、被害者自身は野球拳で負けてパンストまで脱ぎ、居酒屋を出るときには一緒にいた2名の友人と別れて被告人の車に1人で乗ったというのであるから、その後被告人から強姦されたことが真実であったとしても、被害者に大きな落ち度があったことは明らかである。しかし、被害者の証言内容および態度からは、自らにも落ち度があったことの自覚がまったく窺えないばかりか、かえって自分はいちおう慎重に行動していたという趣旨の証言をしている。被害者が本心から自己に落ち度がなく、自分は慎重に行動していたなどと思いこんでいて、そのような証言をしているのであれば、被害者は社会常識に欠けるところが甚だしい女性とみられてもやむをえないであろうし、本心では落ち度を自覚しているとすれば、その証言態度の誠実性に疑問が生じ、その証言にはことさら被告人に不利になるように誇張したり、話を作ったりした部分もあるのではないかと疑われても致し方ないであろう、とした。
　　b　証言の変更部分から窺われる証言の特徴等
　被害者は、本件当時着用していたというワンピースについて、第2回および第3回公判では被告人の臭いが付いているのが嫌だったのでパンティーと一緒に捨てた、と証言したのに、第12回公判においては、この証言が嘘であったとしてこれを覆し、本件当時着用していたワンピースはクリーニング後リフォームに出した等と証言した。そして、証言の変更の理由としては、警察で事情聴取を受けたとき、服の提出とかいろいろと面倒くさいと考え、ワンピースは捨てたと言ってしまった等と証言した。しかし、被害者は、警察官から事情聴取を受けたとき、本件当時着ていた服があるかと聞かれているのであり、着衣が重要な証拠品になるということは認識できたと認められる。それにもかかわらず、面倒臭いなどという程度の理由でワンピースは捨てたと嘘の供述をしたうえ、丈が長くてださいので切ったという作り話までして切れ端ならあると答えたというのである。このような虚偽供述ないし供述をした理由として述べるところは、通常の常識人を基準にして考えればそれ自体理由になるかどうかも疑問であり、そのまま信用することは躊躇されるところである。強姦の被害者としては、その被害に遭ったときに身に付けていた衣類は、告訴に伴い警察に証拠品として提出するか、汚らわしいと思うなどしてこれを処分するのが通常であろうが、被害者としても、被告人から強姦されたときに着ていたワンピースをリフォームに出してまで着続けようとしていた

と供述すれば、捜査官から不自然と思われるのではないかと考え、この点につき虚偽供述をしたのではないかと推察される、とした。

　c　被害者の経歴・素行等
　被害者がファッションモデルやイベントコンパニオンをするなどしており、かなり派手な経歴の持ち主であるうえ、ディスコやカジノバーに出入りしていたこと等を認定している。さらに、被害者がレンタルビデオ店からアダルトビデオを借りていること、しかも本件で告訴するか否かで迷っている時期にアダルトビデオが借り出されていることから、この当時の被害者は、告訴するかどうかで悩み苦しむという状況になかったのではないかとも疑われるところである、とした。なお、レンタルビデオ店からの過去貸付明細書は、弁護人からの提出証拠である。

　d　小括
　本判決は、これらの事情等を総合し、被害者については、慎重で貞操観念があるという人物像は似つかわしくないし、その証言には虚偽・誇張が含まれていると疑うべき兆候がある、とした。

　ウ　本判決は、そのうえで、被害者証言の信用性を個別的・具体的に検討している。
　a　居酒屋での言動について
　本件前に立ち寄った居酒屋での被害者の言動について、被害者は、初対面の被告人らの前で、ゲームとはいえセックスに関する話を抵抗なくしているうえ、少なくともパンストまでは脱いでこれを手に持って振り上げるという大胆かつ刺激的な行動をとっているのであるから、かなり節操に欠ける女性であるといわざるをえない、とした（脱いだパンストを振り上げてはいないという被害者証言は信用できず、被害者がパンティーまで脱いで振り回したのではないかとも疑われる、とした）。また、飲酒量について、テキーラを2杯飲んだが、あとは飲むふりをしてテーブルの上にあったグラス等に捨てたとする被害者証言については、ゲームに負けて酒を一気飲みするときは、皆が注目して掛け声をする状況にあったこと等から、他の者に気づかれないようにテーブル上のグラスに酒を捨てることができたかはかなり疑問であったとし、被害者は、テキーラをかなり多量に飲んでいたとした。
　そのうえで、被害者は、居酒屋における自己の言動等について、一部真実とは異なる証言をし、飲酒量を実際よりもかなり少なめに証言していると認められるとし、この2点は、強姦か和姦かが争点となっている本件において重要な意味を持つ事柄であり、被害者はこれらについて、和姦の可能性を否定する方向で真実と異なる証言をしているのであって、このことは被害者証言の核心部分の評価にもかなり大きく影

響するといわなければならない、とした。
　b　居酒屋出発時の状況について
　被害者のみが被告人の車に乗り、被害者の友人2名は被告人の友人の車に乗って出発した事情について、被害者の友人と被告人の友人の証言ないし供述を検討したうえで、被害者は、居酒屋を出発した際の状況についても、被告人の友人の車で被害者の友人らがついて来ると思ったので被告人の車に乗ったなどと、自己の当時の貞操観念を強調する方向に事実を曲げて証言をしているといわざるをえない、とした。
　c　被害状況について
　被害状況に関する被害者証言には不自然、不合理な点が多く見られるとした。
　すなわち、被告人は、本件現場に到着するまでの間、口説き文句の1つも言わず、到着後、車を降りてから、被害者が車を降りて歩いているのに気づいて襲いかかり、車内に引きずり込んで姦淫したということになるが、それまで一緒に飲酒し、ゲームの中でセックスに関する会話までしていたことを考えると、被告人の行動はあまりにも唐突で不自然であること、被告人に襲われた被害者は、車外で少なくとも2回大声を上げたが、被告人は、被害者の口を塞いだり、「騒ぐな」と脅迫したりはせず、口を塞いだのは車内に入ってからということになるが、これは不自然であること、被告人と被害者の体格からして、被告人が抵抗する被害者を押さえ付けながら1人でワゴン車のスライドドアを開けたうえ、車高が高いワゴン車の中に、引き上げるように被害者を引きずり込むことが可能であったか疑問が残るといわざるをえないこと、被害者証言によれば、被告人は被害者が首を絞められて嘔吐したにもかかわらず、その直後に被害者を姦淫していることになるが、被告人が酒に酔った被害者が嘔吐したことによる臭気や見苦しさをものともせず直ちに被害者を姦淫したというのはやや不自然であり、かえって性交後にワゴン車内で被害者が嘔吐したことで被害者と言い争いになったという被告人の供述のほうが事実の流れとしては自然のように思われること等を指摘している。
　なお、被告人のワゴン車の車高については、裁判所による検証が行われている。
　d　告訴に至るまでの経緯について
　被害者は、強姦された直後は被告人を訴えることしか考えておらず、病院へ行ってみるという話を知人にしてもいたのに、実際に病院に行ったのは約3日後であること、本件当時着用していた衣類をすぐに捨てたり、クリーニングに出したりしたこと、告訴に至るまで多数の知人への相談をし、とくに知人に紹介してもらった暴力団関係者が被告人に連絡をして圧力をかけていること等から、被害者は、本件直後の心境や被

告人に圧力を与えた状況等の告訴に至るまでの経緯についても、一部信用性の乏しい証言をしていることになる、とし、これらの事実は、本件告訴の真実性に疑念を生じさせるものというべきである、とした。

エ　最後に、本判決は、被害者が告訴した理由等に関する推論として、以下のとおり述べている。

「すなわち、被告人の供述によっても、被害者と性交した後に、車内で嘔吐した被害者を責め、強引に車外へ引っ張り出そうとしたというのであるから、被告人は、被害者に対しそのプライドを踏みにじるような無礼な振舞いをし、被害者と非常に気まずい別れ方をしたことが明らかである。被害者は、別れ際に被告人からこのような仕打ちを受けたことにより、強い屈辱感を抱いたと思われる。そうだとすると、被害者の性格からして、被告人に対する怒りを友人等にぶちまけようとするのはごく自然のことであろう。そうする場合に、被害者としては、和姦を前提にしては自己のプライドを著しく損なう笑い話にしかならないと考え、本当はかなり深酔いしていたため、断片的な記憶しか残っていないのに、これらを適当につなぎ合わせ、証言のようなストーリーを思い付き、本件直後にまずD子にこれを伝えたのを契機として、次々に友人らに同じような話をし（少なくとも10人位に直接被害の話をしている）、友人・知人の協力を求めて被告人に圧力をかけてもらったが、被告人が謝罪等を全くしない一方、周囲の告訴等を勧める動きも強まり、引っ込みがつかなくなり、ついには告訴に及び、その延長線上で真実に反する証言に及んでいるのではないかとも考えられる」。

本判決自身が「ストーリー」という表現を用いている点が特徴的であろう。

オ　なお、この判決は、当番弁護士として出動して受任した捜査段階の弁護人の弁護活動に対して、「当番弁護士による右のような準抗告の申立は、当時としては全く認容される見通しがなかったものであり、黙秘の勧めを中心とするこのような弁護活動は、当時としては被告人に変な期待を持たせると共に、検察官による公訴提起を招き寄せる効果しか有しなかった、まさしく有害無益なものであったと評せざるを得ない」として、感情的とも思える激しい非難を行っている。このような批判は弁護活動に対する批判としてはまったく不当である（吉弘光男「弁護活動非難の裁判例批判」季刊刑事弁護15号〔1998年〕45頁）。

(3) 無罪判決を導いた弁護人の活動について

本件においては、弁護人は、多数の書証を取調べ請求し、被害者の証言を全面

的かつ徹底的に弾劾している。なかでも、被害者が利用していたクリーニング店の店員からの事情聴取書を作成して提出し、すでに述べたとおり裁判所の心証に大きな影響を与えていること、被害者のレンタルビデオ店での過去貸付明細書を入手して証拠として提出し、被害者が告訴をするか否かで迷っている時期に交際相手の男性がアダルトビデオを借りてきて被害者宅で鑑賞するのを咎めずに許容したうえ、自らも鑑賞しているかもしれないことを立証したこと、居酒屋での被害者の飲酒状況（多量の飲酒をしていた）や行動（パンティーを脱いで振り回したのではないかとも疑われること等）について、被告人と一緒に行動していた友人の警察官に対する供述調書を弁護側から書証として取調べ請求し、被害者が被告人のワゴン車に乗車するまでの経過についての被害者の証言の信用性の弾劾に成功していること、被告人が被害者をワゴン車内に引きずりこむことが可能であったか否かについて、ワゴン車についての検証を申し立ててワゴン車の車高が高いことを明らかにしたこと等、間接的な事実について豊富な証拠を提出していることが特徴的である。このような豊富な証拠を提出したからこそ、被害者証言を的確に弾劾することに成功したものと思われる。

　本件の被害者は、本判決自身が随所で言及するように、強姦事件の被害者としては通常考えられない態度や行動を継続しており（本判決は、被害者が公判をほとんど欠かさず傍聴に来ていたことについても言及し、強姦の被害者としては異例のことであるとわざわざ述べている）、そもそも公訴提起そのものに相当無理があった事例と言えるのかもしれない。とはいえ、弁護側の精力的な立証なくしては、やはり無罪判決には至らなかったであろう。

第5　紹介した判決からみた刑事弁護上の留意点

1　犯人識別供述が問題となる事案

　被害者の犯人識別供述の吟味にあたっては、一般に犯人識別供述について論じられているのと同様、①客観的な目撃条件（目撃した際の時刻、明るさ、距離、被害者の視力、被害者が目撃をした時間の長さ等）、②被害者の犯人識別供述の内容の変遷、とくに最初の犯人識別供述の内容の吟味、③面通しの方法、とくに暗示性の強い単独面通しの方法が用いられていないかどうか、④被害者が犯人識別供述を行うまでの間に捜査官や第三者から暗示や誘導を受けていないか、⑤被害者に被暗示性が強い傾向がないか（知的能力が低かったり、年少者ではないか）等を十分に検討して反対尋問等による弾劾を行うべきである。

事例1および5では、被害者の目撃条件がきわめて劣悪であったうえ、被害者の面通し前の供述は具体性に乏しかったこと、単独面通しが行われたこと等から犯人識別供述の信用性が低いとされている。

2　強いて姦淫したのか、強いてわいせつ行為をしたのかが問題となる事案

　この類型においては、被告人の弁解について虚心坦懐に耳を傾け、これを基礎付ける証拠の収集に労をいとわないことが必要である。犯行前についても、犯行後の経緯についても、被告人と被害者との間でさまざまな交渉や接触が存在することが多いから、間接事実や間接証拠は豊富に存在するはずである。このような間接事実や間接証拠の聴取・収集を行わずして被害者の証言・供述の信用性の弾劾は不可能であろう。
　そのうえで、被害者の証言・供述の信用性の弾劾に全力を挙げることになるが、特に以下のような点に留意することが必要であろう。
　すなわち、①被害に至るまでの被害者の行動に不自然な点が存在しないか、②犯行態様についての被害者の証言に不自然な点が存在しないか、③犯行後の被害者の行動に不自然な点が存在しないか、たとえば、「強姦」の加害者に対する被害者自身による接触や被害者自身による「強姦」被害現場への再訪など、性被害を受けたことと矛盾する行動をしていないか、④被害届や告訴に至る経緯に不自然な点が存在しないか、たとえば、告訴前に、適切でない第三者（暴力団関係者など）を通じて、加害者側に接触してきたことがないか、あるいは告訴の実質的な主体が被害者以外の誰か（被害者の配偶者や交際相手、親族など）ではないか、⑤告訴を受けた捜査機関の動きに不自然な点が存在しないか、たとえば、被害者側が有力者を通じて警察に圧力をかけたりしていないか、等について留意して、これらに関する証拠の収集に努力すべきである。これらの点のほぼすべてについて、**事例11**が非常に参考になると思われる。

事例番号	裁判所・宣告日（原審） / 弁護人名 / 罪名 / 出典（全文未収録含む）	事案の概要	犯人識別供述	被害者の承諾・同意	実行の着手	暴行・脅迫	自白
1	新潟簡裁平2.8.28 / 砂田徹也 / 公然わいせつ / 未掲載	道路上での公然わいせつ行為について、未成年の被害者2名の犯人識別供述の信用性を否定した事例	○				○
2	高松地裁平3.4.15 / 臼井満 / 強制わいせつ致傷 / 日弁1集177頁	道路上での強制わいせつ致傷事件で、被害者および目撃者の供述の信用性を否定した事例	○				
3	宇都宮地裁平3.5.30 / 大木一俊ほか / 強姦未遂、強制わいせつ / 日弁1集263頁	道路上での強姦未遂・強制わいせつ事件について、被告人が限界級の知能であり、被誘導性があることから自白の信用性を否定し、さらに足跡鑑定から被告人の犯人性を否定した事例	○				○
4	東京地裁平4.2.17 / 長谷川直彦 / 強制わいせつ / 判時1454号154頁	被告人の自宅において行われた強制わいせつ事件について、被害者の供述の信用性を否定し、わいせつ行為が強制によらず合意に基づいてなされたとの合理的な疑いを認めて無罪とした事例		○		○	
5	大阪高裁平4.2.28 / 渡部善信 / 住居侵入・強姦 / 判時1470号154頁	被害者の自宅に侵入して行った強姦事件について、被害者の犯人識別供述の信用性を否定し、また被告人の自白が取調官の誘導と被告人の迎合の産物である疑いがあるとして、その信用性を否定した事例	○				○
6	那覇地裁平4.11.24 / 藤井幹雄 / 強姦等 / 公刊物未掲載	自動車を利用した数件の強姦・強姦致傷事件のうちの1件について、いわゆるナンパであると認められて犯行の一部が無罪となった事例		○		○	
7	福岡地裁小倉支部平5.4.14 / 岩成重義 / 強姦等 / 公刊物未掲載	強姦2件、青少年健全育成条例違反2件で起訴された事件のうち、強姦1件について、被告人が行った暴行・脅迫が被害者の犯行を著しく困難にするものとはいえないとして無罪とした事例		○		○	
8	富山地裁平5.10.21 / 佐伯康博 / 強姦・強姦致傷等 / 公刊物未掲載	女性を自動車に引きずりこんで強姦しようとした事案について、実行の着手が否定され、傷害罪が認定された事例			○		
9	札幌地裁平6.8.15 / 組村眞平 / わいせつ略取・強姦等	以前交際していた17歳の少女を連れ回して、その間に姦淫した事案について、姦淫についての同意があった可能性を認めて無罪とした事例		○		○	

	日弁3集97頁					
10	岡山地裁平6.8.31 小林裕彦 わいせつ誘拐・強姦致傷 日弁3集117頁	13歳の少女に対する強姦致傷事件について、被告人の暴行・脅迫の程度が被害者に性行為を促す程度のものにとどまるとした事例			○	
11	東京地裁平6.12.16 藤本勝也ほか1名 強姦致傷 判時1562号141頁	ディスコで知り合った女性を自動車内で強姦したとされた事案について、被害者供述・証言の信用性を否定し、姦淫について被害者の同意があった可能性を認めて無罪とした事例		○	○	
12	甲府地裁平10.2.5 梶原等 強姦 日弁5集76頁	外国人の被害者が帰国したため被害者供述が検面調書1通のみであった事案について、その信用性が十分でないとした事例		○	○	
13	東京高裁平12.8.2 高井佳江子 強制わいせつ 判時1725号174頁	路上での強制わいせつ事案について、被害者および目撃者の供述の信用性を否定した事例	○			
14	仙台地裁平13.5.11 草場裕之ほか 強姦・恐喝 日弁8集27頁	探偵業を営む被告人と知り合った被害者が被告人方において強姦されたという事案について、被害者である女性の供述には、被告人方に赴いた経緯、強姦の被害状況、告訴に至る経緯が不自然かつ不合理であり、客観的証拠と照らしても被害者が虚偽の供述をしている疑いがあるとして、強姦の事実を認定できるほどの信用性がないとした事例		○	○	
15	福岡高裁平13.6.29 鍬守正一 強姦・強盗 日弁8集94頁	被害者の跡をつけて被害者方を訪ねた被告人が、玄関先で話しをしたあと、便所を借りたいと言ってあがりこみ、そのまま居座ったうえ、自分はヤクザだなどと言って脅迫して姦淫に及んだとされた事案について、被害者が助けを呼んだり被害申告をする機会があったのにこれをしていないのは不自然であるとされ、被害者の供述のうち、姦淫に向けた暴行脅迫に関する部分については直ちに信用することができないとされた事例		○	○	
16	京都地裁平14.4.19 若松芳也 強姦致傷 日弁9集27頁	被告人が飲食店で知り合った被害女性に対して被告人方建物内で暴行して強姦し、加療1週間の傷害を与えたとされた事案について、被害者の供述は全体として信用できないとして傷害罪のみ認定した事例		○	○	
17	大津地裁平15.1.17 加藤幸則 住居侵入・強姦 日弁9集135頁	マンションに侵入して1人暮らしの女子大生に暴行を加えたとされた事案について、被害者の供述にはティッシュペーパー等の客観的な証拠の提出経緯および暴行を受けた状況についての供述内容に理解しがたい点が含まれており、合理的な疑問が残るとして無罪とした事例		○	○	
18	横浜地裁平15.6.2 森川文人ほか 強姦 日弁9集229頁	被告人方において知人を強姦したとされた事案について、被害者の証言の信用性を認めるのは困難である一方、被告人の供述にも変遷があり、信用性をみとめがたいが、他に公訴事実を認めるに足りる証拠がないため、犯罪の証明がなく無罪とした事例		○	○	

7 強姦・強制わいせつ

8

痴漢事件

秋山賢三

第1 はじめに

　混雑した電車内の痴漢行為は迷惑防止条例違反（罰金50万円、懲役6月以下）、強制わいせつ罪（刑法176条、懲役6月以上7年以下）によって取り締まられている。本稿では、ここ数年における電車内痴漢に関する裁判のうち、一、二審が結論を異にした強制わいせつ事案中、主として3つの「逆転無罪」事例を取り上げ、無実を訴える被告人の弁護を担当する際の素材を提供したい。

　なお、本稿脱稿後、平成21年4月14日、最高裁第三小法廷は、一、二審の有罪・実刑判決を破棄し無罪を言い渡したが、その内容は末尾に紹介する。

　最初に、3つの具体的裁判例（事案の概要と一、二審判決の要点）を紹介する。次に、この種事件の特殊性と理論的な問題点を明らかにし、次いで裁判官と弁護人がそれぞれに当面している問題点を個別に素描する。なお、痴漢事件を受任したことのある実務家・研究者が共同して作成・編集した秋山賢三ほか編著『痴漢冤罪の弁護』（現代人文社、2004年）、同『続・痴漢冤罪の弁護』（同、2009年）を併せてご参照頂ければ幸いである。

第2 3つの「逆転無罪」事例から学ぶ

　第1事例…JR宇都宮線事件（平成10.3.30浦和地裁2刑強制わいせつ；有罪・懲役1年6月執行猶予3年、控訴審平成10.12.2東京高裁3刑原判決破棄・

無罪）
　第2事例…西武新宿線第1事件（平成13.12.6 東京地裁刑9強制わいせつ；有罪・懲役1年2月実刑、控訴審平成14.12.5 東京高裁4刑原判決破棄・無罪）
　第3事例…西武新宿線第3事件（平成17.1.21 東京地裁刑15強制わいせつ；有罪・懲役1年6月執行猶予3年、控訴審平成18.3.8 東京高裁9刑原判決破棄・無罪）

1　第1事例…JR宇都宮線事件
（判決は『痴漢冤罪の弁護』608頁以下所収）

(1)　事案の概要（公訴事実）
　平成9年10月14日午前7時52分ころから同日午前8時ころまでの間、JR宇都宮線東大宮駅から大宮駅に進行中の電車内で、満員のため身動き困難な状態で自己の前方に立っていたA子（16年、高校生）に対し、同女のパンティー内に手を差し入れ、その陰部に指を挿入して弄んだ」との強制わいせつの嫌疑。

(2)　一審浦和地裁2刑平成10年3月30日（有罪、懲役1年6月執行猶予3年）
　ア　A子証言の信用性を肯定
　「A子証言は詳細・具体的であって信用に値する」の一言で信用し、「他の証拠により認められる客観的事実と符合しているか」「不自然、不合理な点はないか」「供述に変遷はないか」等の供述の信用性評価基準に照らしたうえでの検討は一切せず、それら論点には何も触れないまま簡単に信用している。

　イ　弁護人主張をすべて排斥
　①　逮捕者がA子である現行犯人逮捕手続書に記載された内容とA子証言が異なるとの弁護人主張に対し、「逮捕のようなあわただしい間に作成される書類に多少の誤りがあるのはやむをえない」として排斥。
　②　A子（156㎝）と被告人（168㎝）は身長差がありすぎて、被告人がA子の陰部に指を入れる姿勢を7分間も続けられないとの主張に対して、「満員で身動きのできない状態での姿勢であり、不可能とは言えない」として排斥。
　③　電車のなかで怖くて身動きができなかったA子が大宮直前で後ろを振り返って「降りて」と言い、後車後、被告人の袖を掴んで結構汚い言葉を使って大声で叫んだというのは、対応がおよそかけ離れていて、A子証言は信用できない旨の弁護人

主張に対し、「それまで恐怖にかられていた被害者が約7分の経過である程度落ち着きを取り戻し、勇気を奮い起こして女性の敵に激しく抗議をしたと解されるので、証言の信用性に疑いをいれることにはならない」と排斥。

(3) 控訴審東京高裁3刑（平成10年12月2日）、原判決破棄・無罪

ア　判決の骨格

本件の争点は原審認定に沿うＡ子証言の信用性に帰着する。

原判決は、Ａ子証言が詳細・具体的であるとして信用性を肯認しているが、証言を仔細に検討すると、被害状況および犯人確認の点において多大な疑問があり、その言葉どおりに受け取ることはできない。他に被告人を犯人と断定するに足りる証拠はなく、原判決には事実誤認があり、破棄を免れない。

イ　Ａ子証言の信用性

① 被害状況に関するＡ子証言は、一審証言と捜査段階供述との間で説明し難い大きな変遷、食い違いがあるから、その信用性は割り引いて考えざるをえない。このことは同証言中、被告人を犯人だと確認した部分の信用性についても大きく影響を及ぼすことになる。

② Ａ子は、被告人が犯人である旨2回も確認した旨証言する。しかし、被告人とＡ子との身長差、それを基にした検証結果（客観的資料）を考慮すると、Ａ子の左太股に他人の手が当たっていたとの「1回目の確認」は、被告人の手ではなく被告人以外の別の乗客の手である。膣の中に指を入れられているときに確認した旨の「2回目の確認」についても、証言を全面的に信用できない。

ウ　警察官証言の信用性

本件当日、逮捕直後の被告人を大宮警察署に連行したＯ警察官の「被告人が犯行を認めたかのような供述をしていた」との証言は不自然であり信用できないと判示し、「逮捕時に作成される書類に多少の誤りがあるのはやむをえない」等と述べ、捜査機関の書類・調書作成のミスを救済することに終始した一審判決に比して、捜査機関に対して厳格な態度で臨んでいる点に特徴がある[1]。

2　第2事例…西武新宿線第1事件
（『痴漢冤罪の弁護』360頁以下、判時1813号157頁）[2]

(1) 事案の概要

「平成12年12月5日午前7時57分ころから午前8時10分ころまでの間、西武新宿線鷺ノ宮駅から高田馬場駅間を走行する電車内で、乗客のB子（19年、専門学校生）の右手首を掴み、その右手を自己の勃起した陰茎に擦りつけるなどした」との強制わいせつの嫌疑。

(2) 一審東京地裁9刑平成13年12月6日（有罪、懲役1年2月の実刑）

ア 一審判決の骨格

公訴事実記載の趣旨に沿うB子証言の信用性を肯定し、B子の近くに乗り合わせたことを認めながらも、犯行を否認する被告人供述の信用性を否定した。

イ B子証言の信用性

① B子は、主尋問、反対尋問で、具体的で詳細な供述をし、とくに不自然・不合理と見られる点はない。体験に基づいた記憶がなければ、このような供述を容易になしうるものではない。

② 弁護人は、被告人（176㎝）とB子（153㎝）の身長差からして、被告人が勃起した陰茎をB子の右腰の腰骨の下辺りに押しつけることは、被告人が電車内の通常の立ち方で立った状態ではできない旨主張するが、被告人がまっすぐに立った状態での陰茎の付け根の高さはおおむね80㎝弱、B子が尋問の際、陰茎を押しつけられた「右腰の腰骨の下辺り」を示すように求められ手のひらを右腰に置いたときの手のひらの真ん中辺りの高さは81㎝程度であり、B子供述は、被告人が足をB子の足には触れない程度に開いていて、被告人が腰を若干落とした状態であったことを窺わせる内容になっているから、B子の供述は不自然、不合理とは言えない。

③ 弁護人は、B子が犯人から股間を右腰に押しつけられる行為を約10分間、陰茎を触らされる行為を約10分間もされているのに退避行動を取っていないこと、一緒に電車に乗った友人の甲が遠くないところにいるのに甲に助けを求めてはいないこと、それなのに、高田馬場駅で被告人を把捉する行動をしているのは余りに不自然であると主張するが、電車内でわいせつ行為の被害に遭った女性がこのような心理状態に陥り、動いたり声を出したりできないことはよくあることで、何ら不自然ではない。

④ B子は、公判で本件電車が上石神井駅に停まった旨事実に反する供述をしているが、事件から供述までの時間の経過や尋問時の緊張感から記憶が変化したり、混乱したと考えられるうえ、このことは本件の核心部分ではなく、このような供述部分があるからと言って供述の信用性を損なうものではない。

⑤　B子の供述内容は、被害直後からほぼ一貫していて、記憶に基づいた供述としての特徴を有しており、その信用性をさらに高めている。
⑥　B子には虚偽の供述をしてまで被告人を罪に陥れる動機はない。
⑦　被告人は警察官調書において、本件電車内の8名の人物について、その年齢や性別、人によっては服装や表情についても供述し、その位置や向きについて図面を作成している。被告人が本件犯行を行う際に、気付かれたりしないかと周囲の乗客を警戒して見ていたとすると、被告人の供述するような記憶が残るものと考えられる。

ウ　被告人供述の信用性
①　被告人は、本件電車の進行方向右寄りに立っていた旨の図面を書き、鷺ノ宮駅で右側ドアから乗客が乗ってきたので周囲の乗客の移動があった旨供述し、B子の供述とは食い違っている。進行方向右寄りに立っていたというのに、左側ドアから降りたというのは不自然・不合理である。
②　被告人が、本件電車を降りた後、JR山手線に乗り換えるため階段を上ろうとする際にB子からダウンジャケットを捕まれた旨供述しているが、その際の被告人の供述は変遷したり曖昧であったりするうえ、B子および甲の供述によれば、被告人はその階段を昇ろうとはせず、ビッグボックス改札口方向へ向かったことが認められ、被告人の上記供述も信用できない。
③　被告人は、公判で捜査段階とは明らかに異なった供述をしている。被告人の公判供述どおりの出来事があったのであれば、自分を痴漢犯人として掴まえてきた者との特別な出来事として捜査官に当然供述している筈であるし、そのことが供述調書にも記載されるはずであるから被告人供述は信用できない。

(3)　控訴審東京高裁4刑（平成14年12月5日）、原判決破棄・無罪
ア　判決の骨格
B子証言の被害事実に関する部分は基本的に信用性を肯定できるが、被告人の犯人性に関する部分については重大な疑問がある。他方、被告人の本件犯行を否認する供述の信用性は容易には否定できない。他に本件犯行を立証する決定的な証拠が存在せず、本件は合理的な疑いを入れない程度の立証がないことに帰着する。

イ　B子証言の信用性
①　B子は、体験した痴漢被害の状況を克明に供述しているが、被害状況、犯人

識別と被告人との同一性について、一部始終を直接視認したり、犯行の最中に犯人の手を取り押さえるなどして犯人を特定したわけではない。むしろ、B子が視認できたかぎりの周囲の状況、自己と犯人と疑われる人物との位置関係、身体に接触した感触から推測している部分も相当にある。よって、B子証言や証人それ自体についても、信用性に関する事項について慎重に検討し、証明力を評価する必要がある。

② B子証言は、全体として具体的かつ詳細で、被害直後からほぼ一貫し、供述態度に真摯性が窺われ、虚偽の供述をしてまで被告人を罪に陥れる動機は見当たらない。よってB子証言に沿う被害事実自体は存在したと認める。

③ B子が、犯人が被告人である旨特定している点は、B子は犯人の顔をじっくり見てはいないし、当時のB子の視力は0.2から0.3であり、その観察は心許ない。犯人の着衣や身長等に関する供述も、他の成人男性と識別するに足りる特徴と言えるかどうか疑問である。

④ 駅で降車した後、被告人を捕まえた点について、B子は、降車時に一瞬犯人から目を離したというのであるから、誤認の可能性はより高い。

⑤ 被告人とB子との身長差や着衣の特徴からすると、被告人が、B子が供述する痴漢行為を周囲に不自然と思われないで敢行しえたかどうか疑義がある。

　ウ　被告人供述の信用性
　被告人供述が不自然・不合理であると指摘する原判決の説示は関係証拠に照らし是認できない。被告人の本件犯行を否認する供述には明らかな不自然、不合理ないし客観的事実の齟齬は認められない。よって、被告人供述が全体として信用性が低いとする原判決の判断は是認し難い。

3　第3事例…西武新宿線第3事件
(判決は『続・痴漢冤罪の弁護』付録CD-ROM36-1、36-2)

(1)　事案の概要
　「平成15年10月22日午前8時15分頃から8時23分頃までの間、西武新宿線新井薬師前駅から高田馬場駅に至る電車内で、C子（16歳、高校生）に対し、その背後から無理矢理同女のパンティーの上から陰部をなぜ回すなどした上、引き続き、同パンティー内に左手を差し入れて陰部を触るなどした」との強制わいせつの嫌疑。

(2) 一審東京地裁15刑平成17年1月21日（有罪、懲役1年6月執行猶予3年）
　ア　判決の骨格
　C子の証言は信用でき、同女が判示被害に遭ったことや、わいせつ行為に及んだ犯人が被告人であることを含めて合理的な疑いを超えて肯認できる。

　イ　C子証言の信用性
　①　被害状況や経緯に関するC子証言は、記憶の曖昧な部分はその旨断ったうえで具体的、詳細に述べ、体験した者でなければ語りえない迫真性に富み、不自然、不合理な点は見当たらず、弁護人の反対尋問にも動揺は見られない。よって、C子証言には信用性があり、公訴事実記載の被害に遭ったことは明らか。
　②　新井薬師前駅から高田馬場駅に至る間、同一人物がその手で一連のわいせつ行為に及んだと認められる。
　③　被告人と犯人との同一性に関し、C子は、電車が大きく揺れて左側に身体が傾いた折に右後方を見てわいせつ犯人だと考えた男を捕まえたところ、その男が被告人であったというものである。犯人識別に関する供述も、具体的、明確で、迫真性、臨場感があり反対尋問にも動揺しておらず信用性がある。

　ウ　被告人の供述について
　①　被告人が述べる「外国人風の男」が被告人の左後ろにいて被告人の左太股の辺りから前に手を伸ばしてわいせつ行為を働く余地はない。
　②　被告人が、当時、リュックサックと折り畳み式傘を携行していた旨窺えるが、傘をずっと左手に所持していた旨認める状況にはなく、また、被告人は検察官に対し、傘とリュックサックを片手で持つことは可能である旨自認する供述をしており、被告人が犯人であることに合理的疑いが生じることにはならない。
　③　被告人が、左手首に文字盤部分の大きな腕時計をはめていたとしても、C子供述の信用性を減殺しない。

(3) 控訴審東京高裁9刑（平成18年3月8日）、原判決破棄・無罪
　ア　判決の骨格
　C子が被害に遭ったことは間違いないが、C子証言は被害事実と被告人とを結びつけるには足りない。また、第三者が犯人である可能性も否定できない。

　イ　C子証言の信用性

C子が被害を受けた事実は間違いないが、犯人が被告人であると断定する程の信用性はない。C子は、痴漢直後の手を捕まえたのではなく、C子が犯人だと思った人を捕まえたのにすぎない。

　　ウ　被告人供述の信用性
　①　被告人の供述は、被告人が携帯していたリュックサック、折り畳み傘や左手首にはめていた文字盤の大きい腕時計等とも符合しており、信用性が高い。
　②　被告人は新井薬師前駅の1つ手前の沼袋駅から乗車し、新井薬師前駅でいったん下車して再乗車している。下車してから再乗車する間にC子と他の乗客との間に割り込み、乗車前からC子に対して痴漢行為をすることは不可能に近い。

　　エ　客観的な第三者の犯行可能性
　①　原判決は、第三者による犯行の可能性を考慮に入れていない。C子供述と被告人供述とは、第三者の犯行可能性を考慮に入れるならば合理的に両立する。
　②　警察がずさんな「再現実験」により、外国人風の男の居た場所からは手が届かないと決めつけ、C子を誤って誘導した可能性がある。

　　オ　捜査、起訴について
　被告人が被った数多くの苦難を考えると、慎重の上にも慎重を期した捜査を経たうえでの起訴が必要である。

第3　「痴漢裁判」に潜む問題点

1　捜査の実情と起訴に至る病

(1)　杜撰になりやすい痴漢事件捜査
　第3事例の控訴審無罪言渡しの翌日、ある全国紙の社会面[3]には、「この2年半を返せ…捜査ずさん」「休職し生活保護、妻の信頼が支え」との見出しで痴漢冤罪被害の深刻さが大きく報道された。この事案は、被告人が、当初から自分の左後ろに居た「外国人風の男」が犯人ではないかと思う旨、捜査官に訴えていたことが調書上も明らかになっていた。控訴審判決は「被告人と被害者との言い分を当初から冷静に吟味すれば、或いは本件は起訴に至らなかった事案ではないかと考えられる」「被告人が受けた数多くの苦難を考えるとき、この種事案をたかが痴漢事件として

扱うのではなく、慎重な上にも慎重を期した捜査を経た上での起訴が必要である」と捜査・起訴を手厳しく批判した。

また、被告人はC子の下着に手を入れた旨疑われたのだが、それなら被告人の手から付着物を採取して検査すれば被告人の嫌疑が晴れたはずである。杜撰にもそれすら怠っていたものであり（被疑者の指への付着物の検査について、担当警察官は「忘れた」と証言した）、被告人は起訴され105日間勾留されていた。

(2) 常に「人違い」の可能性をはらむ被害女性の供述

痴漢事件における犯人の特定過程は、最初から最後まで被害者と称する女性の供述に依存している。被害女性の「カン」や「推測」によって「犯人だと思われてしまった者」が犯人にされている。

被害者証言には「人違い」を犯しやすい要因が充満している。混雑する電車内では、当該女性は前後周囲で少なくとも5～6人の未知の人間に囲まれている。被害に遭ったことは確かでも、神ならぬ身で「誰の手か」を正確に特定することは難しい。当該女性の「カン」「感触」に依存しつつ単に「思い込んだ」だけのことを「真実」と錯覚し、確信し続ける場合がある。被害女性の証言は、かなりの確度で信憑性が肯定できないと犯人特定の資料にするのは危険である。しかも、当初は「あの人らしい」程度だった認識内容が、法廷では「あの人に絶対間違いありません」と確信的証言に高められることが多い。

希には、第1事例のように、被害女性が左太股に触っている最中の犯人の「手」を確認した旨述べるケースがあるが、控訴審判決は「その手の持主は被告人以外の別の乗客であると考えるのが自然である」と判示し、結局、無罪になっている。

(3) 「駅事務室に赴いた者」が即真犯人とされている

犯人の特定過程は種々あるが、現実的には駅事務室に赴いた男性が犯人であると断定されている。女性に疑われて、車両内かホーム上で「やった、やっていない」と争いになり、それから駅事務室へ行くことになる。しかし、法廷で無罪を主張する被告人が駅事務室に行った理由は、決して痴漢行為を認めたからではない。ホーム上で言い争ったりするのはみっともないし、第三者を交えて冷静に話をすれば何とかなると考えたケースがほとんどなのである。ところが、駅事務室に行くと、直ちに鉄道警察隊に通報され男性を引渡す旨マニュアル化されている。このときの現行犯人逮捕は被疑者が先に立って行った場合でも女性が車内か駅ホーム上で現行犯人逮捕をしたことになっている。

(4) 被疑者の身柄と参考人が一挙に手中に

　通常事件では被害届が出され、それから「犯人探し」が始まる。しかし痴漢事件では、被疑者の身柄と被害者たる参考人が一挙に捜査機関の手中に確保される点に特色がある。いわば「ホシ（犯人）が割れた」外観を呈する。被害女性の供述が「一貫」していたり、信用できると考えられた途端、捜査機関は思考停止に陥る危険がある。被疑者・被告人の必死の弁解も聞き流され、被害女性の供述だけを頼りに起訴されることがある。身柄が警察にあり、女性の供述が信頼できると考える以上、確たる捜査が何もなされないこともある。犯行時の再現がもはや不可能である以上、被疑者とされた者を起訴しなければ事件自体が壊れてしまう。

　第2事例、第3事例では、警察官による被告人（被疑者）の取調べは2回しか行われていない。しかも第3事例では、被告人が述べた「外国人風の男」の存在については、ことさらにそれを否定する方向で「再現実験」がなされている。この点につき控訴審判決は、「被告人役の警察官らは警棒等の装備をしたままで実験をしており、又、いずれも弁護人らのように混み具合についての緻密な計算もした上でのものとは言えない」と指摘し、C子に対しては「（被告人が犯人であるとの）警察官の強引とも言える決めつけが、被告人を犯人と考えつつも、その時点では訂正可能であった被害者を被告人が犯人に間違いないと言う確信へと誤導してしまった可能性がある」旨指摘した。被告人の弁解を真摯に聴取する姿勢があるかどうか、捜査官の見識とモラルとが問われているのである。

2　証拠構造の特殊性…客観的証拠の重要性

　痴漢裁判では、(i)痴漢行為の有無、(ii)被告人と犯人との同一性、が争点となる。証拠方法としては、①被害者の供述録取書、公判証言、②被疑者の供述録取書、被告人の公判供述、③現行犯人逮捕手続書、実況見分調書等の捜査関係書類等の3類型である。要するに、問題となる事件のほとんどが被害者と称する女性の供述と、否認する被告人供述の信憑性評価による判断なのである（本稿で取り上げた3つの事例も、まさにそのとおりである）。

　他に、警察官証言（第1事例では、警察官証言を無批判に信用した一審判決は、控訴審で破棄された）、乗り合わせた他の乗客（第2事例）の証言等がある場合がある。

　希には、痴漢犯人が女性のパンティーに触ったとの被害者供述がある場合、被疑者の指に付着している繊維の繊維質を調べて被害女性着用のパンティーと同一の繊

維質であるか否かの鑑定がなされたケースがある。今後は、たとえば、被害者の着衣や被疑者の手等に残された痕跡から潜在指紋を検出する方法、すなわち「物的・科学的な証拠方法」が積極的に活用されるべきである。現に、「現代のハイテクノロジーの時代にあっては、潜在指紋の検出は単に検出するという作業に止まらず、検出された潜在指紋が不鮮明な場合でもコンピューターによる画像処理技術を利用して限りなく鮮明なものにしようとする試みがなされている」と説かれている[4]。

3 被害者証言の信用性

　痴漢事件では「初期供述」がとくに重要である。「最良の証拠 (best evidence)」とは、最も真実を正しく伝える証拠の意味であるが、痴漢裁判では、被害者が事件直後に抱いた素朴な認識内容をいかに保存するかが課題である。

　しかし被害者が、事件直後から捜査官によって供述調書を作成されたり、法廷証言に至るまでにはかなりの時間的経過がある。【ある事実の知覚・認識 → その記憶の保持 → 法廷証言での再現】の過程で、記憶の混乱や、自然に進行する忘却、捜査官の暗示等による修正が施され、「記憶内容」それ自体が変容する可能性がある。このような修正された可能性のある供述は決してベスト・エビデンスではない。その意味で、被害者の事件直後の記憶がどのようなものだったのか、がきわめて重要になってくる。

　被害者証言が時日の経過とともに、徐々に、そしてますます詳しくなることがある。起訴に近くなった段階において「結晶化」が進み、有罪判決獲得に向けて「調書上仕上げられる」わけである。そのような供述調書類の完成によって、起訴した被告人を有罪に持ち込むための「道具立て」が揃う。それ以後、訴追側が当該供述内容を守り抜き、被告人を有罪に持ち込むための「ネットワーク」が事件終局まで存続し続ける。

　被害女性の供述が被告人に有利に変遷することは滅多にない。捜査機関による暗示や本人の思い返しによって初期供述が徐々に修正され、被告人を犯人だとする方向で、すなわち起訴を正当とする方向で「結晶化」したに過ぎない可能性が常にある。被害者証言が、(i)具体的、(ii)詳細、(iii)自然・一貫性、(iv)合理的、(v)迫真性、(vi)主観的確信、等の徴表を挙げ、「有罪のための6要件」とすることが「眉唾」である理由もここにある（なお、「有罪徴表6要件」につき[5]参照）。

　第1事例の一審判決は、これら「6要件」を具備するかどうかについてすらきちん

とした分析・検討を怠ったまま有罪としたが、それらを1つ1つ検討した高裁判決によって簡単に破棄・無罪とされた例である。第2事例の控訴審判決は、被害の存在について被害者証言が「6要件」を充足すると述べつつも、犯人特定については被害者証言を採用しなかった事例である。第3事例の控訴審判決は、被害者証言の信憑性について、「高校生である被害者が本件のような悪質な痴漢被害に遭って驚くと共に、困惑狼狽したことは容易に想像がつき、相当の興奮状態にあったものと推測できる。そうすると、自然、周囲の状況に関する冷静で緻密な観察は期待し難いといってよい」と述べ、被害女性による犯人特定証言の客観的・主観的条件がきちんと認識・分析されている。

第4 裁判官はどのようにして痴漢事件を解明しているのか

1 「被害女性」の供述に対する理解

　証拠の証明力は裁判官の自由な判断に委ねられる（刑訴法318条）が、自由心証主義は、裁判官が好き勝手に判断して良いという意味ではない。裁判官の判断は何よりも合理的でなければならず、自由心証主義は経験則・論理則・実験則の制約を受けている。

　被害を訴える女性の供述は、それぞれの資質やその当時の客観的条件によって規定されている。その供述は、広い意味で識別供述の一種であるとは言えるが、正確には目撃供述ではないし、現行犯的ではあっても正確な意味での現行犯人とは言えない。なぜなら、彼女は「現場」そのもの、すなわち「誰の手」かを見ているわけではないし、単に「カン」や「憶測」で述べている部分が多いからである。さらに、この「被害供述」には往々にして主観性が強く働き、しばしば「思いこみ的」で誤りを伴い易い。またいったん「犯人はこの人です」と供述して以後、当該女性はその名誉にかけても、執拗に当該証言を維持する傾向がある。すなわち、その供述は、いわゆる「結晶作用」が生じ、日時が経過するに従い、ますます「具体的かつ詳細になりやすい」傾向を持つ。

　渡部保夫「証言心理学の刑事裁判への応用可能性」（季刊刑事弁護11号〔1997年〕38頁）によると、「i目撃証人が強い自信をもって証言している場合、ii目撃証人が、出来事の細部についても詳細に述べている場合等には、裁判官は簡単に証言を信用してしまう傾向がある。iii目撃証人が、ある人物を犯人として識別してしまうと、

捜査官はこれを簡単に信用し、それを前提として単線的な捜査に進んでしまうことがある、ⅳ捜査官は、或る人物について犯人であるとの予断を抱くと、目撃者を示唆・誘導してでも、その人物についての不利な供述を引き出そうとすることがある」旨指摘されている。

痴漢被害を訴える女性の供述にも、この道理が当てはまる場合が多い。概して物証はなく、被告人とされた者と当該女性の2人しか供述者がおらず、他に目撃者がいない。このような場合、「誰が犯人か」を決めるのは、被害者と称する当該女性自身、すなわち、当該女性が「事実上の裁判官」となってしまう。

石井一正元判事は、「人は一度、犯人と被告人との同一性を承認するとこれに固執する傾向があると指摘されている。たしかに、一旦、同一性を承認し後にこれを取り消すことは、供述者の自己矛盾であり、観察・記憶の欠陥を告白することになり兼ねない。……いわんや、その人の同一性承認供述を基礎に捜査、訴追の手続が進められていくうちに、供述者が承認供述を取り消し難い心境に陥ることは見やすい道理であろう」と説かれている[6]。

2 現に存在する「虚偽の被害申告」

女性が架空の痴漢被害をでっち上げた事例が現にある。たとえば、夫が自分に構ってくれないので夫に振り向いてもらうために虚偽の痴漢犯人をでっち上げた例がある。犯人にされた男性が、その女性を被告として損害賠償請求訴訟を提起し、裁判所は虚偽告訴を理由として当該女性に対し金150万円の損害賠償金の支払いを命じた（福島地裁会津若松支判平成12年（ワ）第159号、平成13年11月6日判決）。この判決は仙台高裁平成14年4月25日判決（控訴棄却の判決）により確定している。しかもその後、福島地検検察官は、この虚偽告訴をでっち上げた女性を虚偽告訴の罪（刑法172条）で起訴し、平成15年8月25日、福島地裁はこの女性に対し懲役1年の実刑判決を言い渡した。また、東京・JR中央線の電車内で携帯電話を使用していた女子学生に対し、「携帯電話をやめなさい」と注意した中年男性に対し、女子学生は人前で注意されたことに腹を立て、下車後、国立駅前の交番警察官に「この人が私に痴漢したのよ」と痴漢容疑で告訴し、そのためにその男性は21日間も勾留された。起訴はされなかったが、男性側は、違法な身柄拘束の原因を作ったこと等を理由に、当該女子学生や国、東京都を被告として国家賠償請求訴訟を提起し、一、二審は男性の訴えを棄却したが、平成20年11月7日、最高裁第二小法廷は女子学生を被告とした訴えについて原判決破棄し東京高裁に差戻、現在、審理中である[7]。

「虚偽の痴漢被害申告」の態様には、まったくの「架空の話」が捏造される場合の他に、被害事実が現実に存在する場合で犯人の特定が争われているときに、強いて被告人が犯人であるとする方向でねじ曲げられることがしばしばある、というのが弁護人の実感である。

3　裁判官は「被告人」をどのように理解できるか

(1)　常習的・プロ的痴漢行為者の存在

　痴漢を働く者には、ⅰ上級、ⅱ中級、ⅲ初級、の3つのランクがあると言われる。特にⅰとⅱは常習的・プロ的痴漢であり、満員電車内での痴漢行為の8割以上が彼らの仕業だと言われている。このプロ的痴漢常習者は、先ず自らは捕まるようなヘマはしない。彼らは、善良の市民をダミーとして利用し、市民を間に挟んで巧みに粉飾しつつ痴漢行為を働くことがある[8]。
　したがって、捕まっているのはほとんどの場合、初級者か「痴漢冤罪者」であることになる。ましてや、被害女性の剣幕に押されて「第三者に説明したらわかってもらえる」と考えて駅事務室に赴いている者は、それだけで冤罪の犠牲者である蓋然性があると言える。第3事例では、犯行態様からしてプロ的痴漢常習者が介在した疑いがあり、その点を考慮に入れれば被害者証言と被告人供述とは合理的に両立する旨、弁護人が主張し、結果的にこの主張が控訴審で認められた。

(2)　真犯人にとって「否認」は割に合わない

　もともと、強制わいせつ事件は告訴なくしては起訴できない親告罪である。身に覚えのある真犯人が捕まった場合、事実を率直に認めて示談をし、不起訴または軽い刑に持ち込むことを考えて当然の事案である。その意味で「痴漢で逮捕・起訴されて否認を通す」ことは、真犯人にとって割に合う話ではないことになる。ましてや昨今、「否認すれば初犯でも実刑」という裁判が横行しているとき、痴漢の真犯人がわざわざ弁護士を選任して痴漢裁判を闘おうと考えるのは現実的ではない。痴漢事件で起訴され、否認して争っている被告人は、概して前科・前歴がなく、勤務先で真面目に働いてきた者がほとんどである。彼等は、やってもいない痴漢行為を認めることが人間としてのプライドにかけて許せず、そのために否認して正しい裁判を求めている場合がほとんどである。
　もちろん、否認して争う被告人のなかには、やっているのにことさらに否認して罪から逃れようとする者が存在するかもしれない。犯罪の嫌疑をかけられた本人が罪を

逃れるために画策しているのではないか、との側面からの考察が必要であること自体は否定しない。しかしながら、痴漢行為（破廉恥罪）をしているのに、否認すれば20日間以上勾留される体制の下で、捜査機関に頑強に否認し、弁護人にも無実を訴え続け、相当のお金と時間を使って裁判を闘うということは簡単なことではない。裁判官に対して無実を訴えることは、もしそれが嘘であれば、すべて被告人が「狂言」「計算ずく」の行為ということになる。無実の主張が認められず有罪判決が下される場合、日本の裁判所では「反省していない」「示談の努力すらしてはいない」として実刑判決を下す場合がある。

東京高2刑平成12年8月29日（埼京線第2事件控訴審判決）は、この点について触れ、「一方、被告人は一貫して犯行を否認しているところ、その弁解自体が直ちに不合理とは言い難いばかりか、被告人が相当の負担を忍んで否認の態度を貫き、身の潔白を強く主張している状況等に徴すると、被告人が殊更に自己の刑事責任を免れるために虚偽の弁解に終始していると断定することには躊躇を感じざるを得ない」旨判示し、被告人の否認する態度を無罪判決理由の1つの要素にしている[9]。

弁護人も、単に被告人が否認するからといって、それを鵜呑みにして否認の弁護をしてはいない。罪を素直に認めて示談したりすれば不起訴や罰金刑ですむことのある痴漢事件で、なおかつ、否認して頑張る被告人については、そのように頑張るなりの「真実」という立派な根拠を持つ被告人がほとんどではないだろうか。

(3) 被告人の行動に対する見方、評価が180度異なる場合がある

第2事例では、被告人が電車内乗客8名の年齢、性別、位置、向き等を記憶していた事実について、一審は「被告人が本件犯行を行う際に気付かれはしないかと周囲の乗客を警戒して見ていた」旨判断し「被告人が本件犯人である裏付けである」旨理解した。しかし将棋の羽生善治名人は、わずか3秒間で盤面をすべて記憶し、一瞬のうちに次の一手を絞り込むといわれる。人が職業的訓練によって身につけた特殊能力の発露である場合も現実にはある。果たせるかな控訴審は、「被告人が芸大を出たデザイナーで、通常人が記憶しない特徴を捉えて記憶する技能を修得していたと理解すれば格別不自然なことではない」と述べ、「被告人の説明はそれなりの合理性がある」と理解し原判決を破棄した。

1つの人間の行動が、裁判官の識見の程度、物事の理解力の深浅によってまったく正反対の結論が導かれる一例である。

(4) 「被告人供述の変遷」に関する判示から

裁判官は、被告人の公判供述と捜査段階における供述録取書の記載とを前後比較し、「被告人の供述が変遷しているから信用できない」などと判示することがしばしばある（たとえば、第2事例、第3事例の一審判決）。しかし、捜査官による供述録取書の記載は、被告人の供述をありのままに記載してくれているわけのものではない。被告人が述べたことが無視されたり、言ってもいないことが歪曲して記載されるようなことが現実にはしばしばある。供述録取書の記載を、真実、被告人がそのとおりに述べたように一義的に前提して「理由なく変遷した」と解釈し、被告人の公判供述の信用性を否定した第2、第3事例の一審判決が控訴審により破棄されたのは、けだし当然のことである。

4　イギリス・ターンバル判決と痴漢裁判

　1976年、イギリス・デブリン委員会報告は、目撃証言一般を含む犯人識別供述の信用性を論じ、補強証拠の必要性法理を唱えた委員会報告である。これによると、犯人と被告人との同一性を立証する証拠が犯人識別供述しかない場合、犯人識別供述には危険性が伴うので、たとえ2人以上の証人によって識別されたときでも、被告人は原則として有罪とはされず、補強証拠が必要だと唱えている。
　1977年のイギリス・ターンバル判決[10]は、一審で有罪を言い渡された被告人4名についてのイギリスの控訴裁判所の判決であるが、4名のうちターンバル被告ともう1名の被告は有罪、あとの2名は無罪となった。この控訴審判決は、一審有罪の4名の被告人の控訴審で、有罪・無罪と仕分けられた詳細な理由を述べている。ここで説かれている証拠法則は、目撃証言があるとき、目撃の前提となる客観的状況がどのようなものかということに関してである。目撃した状況が非常に暗いなどの明暗度、あるいは短時間しか目撃していないなどの目撃時間、証人の視力の程度とか、証言の前提となる客観的状況が劣悪（poor）である場合、他に補強証拠がないかぎりは直ちに陪審の解散を命じて本人を釈放するという原則を樹立した。
　他方、目撃の客観的状況が良好（good）な場合、たとえば、長時間目撃しているとか、明るいとか、信用し得る客観的状況のもとで獲得した認識に基づく証言であれば陪審裁判にかけて有罪・無罪が決まる。しかし、客観的状況が劣悪な場合に、補強証拠がないのであれば、陪審にかけるまでもないとして、陪審の解散を命じて被告人の釈放を命じるわけである。
　電車内痴漢事件において、被害女性により犯人識別供述がなされる客観的状況は「良好（good）」なのか、或いは「劣悪（poor）」なのか。何の面識もない者同志

がひしめいているラッシュ時の電車内で、しかもほんの数秒、一瞬間の出来事について、被害女性が正確に犯人を特定することは甚だ困難だとは考えられないだろうか。

5 「心理学鑑定」の重要性

(1) 「自由心証主義」と心理学鑑定

　裁判実務家の中には、「供述心理の領域について特別な心理学の知見をわざわざ心理学者の手を借りてまでして獲得する必要はない。それは裁判官の専権的判断領域であり、自由心証主義に対する介入である」との考え方が根強く存在している[11]。しかし、裁判官は全知全能ではない。裁判官は単なる法律の専門家にすぎないのに、人間の微妙な心理状態や社会の複雑な仕組みから発生する諸々の事象についてまで何もかも理解できる顔をして判断を迫られている。裁判官は心理学を初めとする法律学以外の経験科学的な知見に対し、もっと謙虚にこれに依拠しながら誤りのない裁判を心がけるべきではないだろうか。

(2) 第3事例における浜田鑑定書、浜田証言

　第3事例の控訴審において、弁護人は、(i)心理学的知見に照らし、被告人供述は、自らが現に体験したことを物語っていると考えられるか否か、(ii)被告人以外の第三者が痴漢行為をしていたとして、被告人がそのことに気付かなかったことが心理学的に見てありうるかどうか、(iii)その他関連事項、の3つの鑑定事項を掲げて奈良女子大学浜田寿美男教授に鑑定を依頼した。

　浜田教授は、(i)被告人は「外国人風の男」が怪しい旨、当初から主張しているが、これは非体験者による捏造の範囲を超えており、体験にない虚構を想像で語っているものとは考えられない。よって被告人の供述は、心理学的な知見に照らし、自らが現実に体験したことを物語っていると考えてよい。(ii)被告人が電車内で痴漢行為がなされていることに気が付かなかったことは、被告人の関心が前の男性の服装に集中し、そこに「図地分節」の「図」があったことから考えて心理学的に十分にありうる。(iii)被害者C子の供述は、その被害状況についておおよそ正確だとしても、C子は早くから右後ろの被告人を犯人として特定したことが窺われ、それによってその後の行動が支配された可能性が高く、その意味で犯人特定に関して誤謬を犯した危険性を排除できない、との鑑定結果を得た。

　弁護人は、浜田教授の証人申請とともに浜田鑑定書を事実取調請求したところ、東京高裁は浜田証人の尋問実施後、前記鑑定書を証拠として採用し、それに基づ

いて原判決破棄・無罪の判決が言い渡された。

控訴審判決は、「浜田証言及び鑑定意見書によると、(被告人供述は) 心理学的知見からして自らが現実に体験したことを語っているものと考えてよいというのであり、……被告人が電車内での第三者の痴漢行為に気付かなかったとする点についても、認知心理学の図地分節によって説明でき、心理学的に十分にあり得るというのである」と述べ、その他の証拠資料とも併せて、「これらを総合すると第三者の犯行の可能性を含む被告人の否認供述は、容易には排斥することができないというべきである」と結論付けている。

(3) わが国における心理学鑑定の活用状況

わが国でも、すでに事実認定に際して心理学鑑定が活用されてきている。比較的最近の事例では、徳島ラジオ商殺し事件の再審開始決定では、住込店員2名が外部から家の中を覗いて見た目撃供述の信用性について、照明学・視知覚心理学の立場からの鑑定が採用された。この鑑定では「2名の目撃供述の中には、わずかな同一照明下で実見したものとしては、到底、相容れないものが混在しており、全体としての供述内容は視知覚心理学上容認し難いものであることが指摘されている」旨判示されている (徳島地決昭和55年12月13日判時990号20頁以下)。また、殺人事件の園児証言の信用性に関して検察官申請の心理学鑑定を採用して一審無罪判決を破棄差戻した (大阪高判平成2年3月23日判時1354号26頁) ところ、差戻後の神戸地判平成10年3月24日判時1643号3頁は、目撃供述の信用性を支持する鑑定を排斥したうえ無罪としている。強制わいせつ事件で、小学4年生の女児の被害証言の信用性を否定する心理学鑑定書が採用されたが、排斥されて有罪となり控訴も棄却された事例 (浜田寿美男『取調室の心理学』〔平凡社新書、2004年〕81頁以下)、強盗致傷事件で、幼児の目撃証言能力につき、幼児証言の信用性に関する多くの資料に基づき詳細に分析した心理学鑑定書が採用された事例 (秀島ゆかり「強盗致傷事件幼児の証言能力」季刊刑事弁護16号1998年90頁以下) 等がある。

ドイツにおいては「心理鑑定人」の意見が誤判・再審事件で盛んに用いられており、誤判救済のために重要な機能を果たしているようである[12]。

(4) 進展しつつある「法と心理学の架け橋」

わが国においても、たとえば、渡部保夫監修『目撃証言の研究──法と心理学との架け橋をもとめて』(北大路書房、2001年) のように、心理学、法学研究者と実務家の共同による研究成果が発表され始めている。今後、痴漢事件のように確たる物

証がなく被告人と被害女性の供述の信憑性判断がすべてを決するような事案については、心理学鑑定の果たす役割はますます大きくなるであろう。

第5　弁護活動上の隘路

1　弁護人の基本的な視点

　痴漢事件では、ごく普通の市民が突如痴漢犯人に間違われ、逮捕されている。無実なので簡単に釈放されるはずと期待していても、長期間勾留され何年間も裁判に巻き込まれることもある。彼らは、自ら留置場・拘置所に拘禁され、裁判というものに初めてぶつかり「無実の被告人には無罪を」の鉄則が機能していないわが国司法の現実を思い知らされている。裁判官に冤罪であることを知らせうる者は先ず当該事件の弁護人である。しかし、ラッシュアワー時の電車内痴漢行為について、どの程度の認識を有しているかは裁判官の個性に左右される。このような裁判官に対して被告人の無実をどのようにして知らせるかが弁護人の課題となる。

2　被害者証言の弾劾方法

(1)　弁護活動の目的は、被告人を犯人である旨特定した被害女性の証言に虚偽や人違いの可能性がないかを明らかにし、そのうえで、裁判官に「疑わしきは罰せず」の鉄則を適用してもらうことである。東京高裁9刑平成13年3月28日判決[13]は、この微妙な問題点について、「被告人から実際に痴漢の被害を受けていた可能性がないとはいえないとしても、被告人若しくはそれ以外の者からの……何らかの不愉快な接触を感じて、被告人から痴漢の被害を受けたものと思い込んだ可能性もなお否定しきれない」旨判示し、一審無罪判決を維持して検察官の控訴を棄却した。

　具体的な事実認定の困難さは、東京高裁2刑平成12年8月29日判決[14]のように「痴漢と間違われた男性にとってもその疑いを晴らすための有効な手だてがないことが通例である」との認識を出発点とし、具体的事件の中で有効な「手立て」を発見することが弁護人としての最大の課題となっている。

(2)　被害女性の供述内容が現実には不可能なことであることを立証しえた事例がある。第1事例の控訴審判決は、「被告人（169㎝）、被害者（156㎝）の身長差からして、その手の持主が被告人であることはあり得ない。その手の持主は被告人以外の乗客

であると考える方が自然である」と判示し、被害者証言のようなことはありえない旨言い切って無罪とした。第2事例の控訴審判決も、被告人（176 ㎝）と仮装被害者（153 ㎝）の身長差が顕著であり、被告人の陰茎の位置と下げた右手小指付け根の位置関係から、被告人が不自然な姿勢を衆目に曝すことになることは明らかであり、その場で第三者にも発覚する危険性が相当に高いことも否定できない」ことを挙げ、原判決説示の合理性を否定して無罪の結論を下している。

3 「初期供述」に如何にアプローチできるか

前記したとおり、被害女性の初期供述を正確に把握することは容易ではない。被害女性の供述が後になるほど詳しくなることがあるが、弁護側から見て被害供述が「正しい方向」へ変遷することはまずない。事件直後の供述から、その後の捜査機関による暗示や本人の思い返しにより、被告人が有罪になる方向にのみ「修正」されつつ、ある時点で結晶作用により固定したにすぎない可能性が常にある。

弁護人の初期供述へのアプローチは、現行犯人逮捕手続書その他の事件直後に作成される証拠資料の分析、被害者の捜査初期の供述調書の開示を求めたり、被告人の初期供述の確保とその分析によりなされる。第2事例で逆転無罪の有力な原因の1つとなったO弁護人作成の接見メモのように、弁護人と被告人との接見内容が初期の被害者供述、被告人供述の状況を窺わせる重要な資料となった例もある。

4 被告人供述の裏付け

被害者供述の弾劾とともに、それと並行して被告人供述を当該事件の他の客観的証拠により裏付ける作業がもう一つの重要な側面である。無実の被告人であるならば証拠上明らかとなっている客観的部分との符合関係を必ず伴っているはずであり、それにより被告人供述の信憑性を拡大し、裁判官の理解を求める粘り強い作業である。

5 「アナザー・ストーリ」主張の可否

無罪判決をかち取った事例のなかには「アナザー・ストーリー」を主張・立証した結果と考えられる判決がいくつかある。たとえば、札幌地裁平成15年5月9日判決[15] は、「中年男性による痴漢行為、すなわち人違いの可能性まで排斥することには躊躇を禁じ得ない」と述べ、犯人は被告人以外の者である可能性を指摘したうえで

無罪を言い渡している。また、第2事例の東京高裁判決も、控訴審段階で弁護人が、被告人作成の電車内図面5枚を申請して採用されるとともに、被告人以外の者による犯行可能性を弁護人が具体的に指摘し、間接的には無罪判決につながったと考えられている。

6 「再現実験」の重要性

　被害者の証言内容がもし真実なのであれば、現実の電車内ではどのような状況になるのか、不合理・不自然とみられる点はないのか、を実際に可視化するための「再現実験（写真、ビデオ等による）」は、今や痴漢事件を闘う基本的弁護方法として確立している。検察側からも、主として被告人供述の弾劾を目的としてではあるが、再現実験の結果がしばしば証拠として提出されている。
　弁護人が、被害者証言が述べる「犯行」の客観的条件を忠実に再現する努力を示しつつ実践するならば、当該具体的な客観的条件の下で、裁判官が証言の信憑性を正しく判断することに多いに役立つであろう。
　再現実験結果は、実験の客観的条件を吟味しながらも次第に裁判所によって採用されており、被害者証言の内容が荒唐無稽で現実にはありえないとして無罪判決に繋がった事例が増えている。たとえば、第2事例では、被害者の証言する行為がそもそも被告人にとって可能かどうかを検証するための再現実験により、控訴審判決は、B子証言は現実には被告人に不可能を強いるものだとの結論付けで無罪判決に繋がっている。

7 「無実の者には無罪を」の原始的実践

　痴漢事件は、ごく普通の市民が突如として遭遇する刑事事件である。しかし、市民が刑事事件の被告人たる立場に立たされたとき、誰しもが物心両面におけるあまりにも過重な負担に喘ぐことになっている。それだけに、この種事件の捜査や起訴の運用は慎重になされなければならない。
　第3事例の控訴審逆転無罪判決は、いみじくも「この種事案を、たかが痴漢事件として扱うのではなく、慎重な上にも慎重を期した捜査を経た上での起訴が必要である」旨、訴追側に強い警告を発した。曖昧な被害者証言にしか依拠していないうえに、なかには、被害者を誘導・誤導してまで被告人を犯人に仕立てる事例もないではない。捜査であれ、弁護であれ、そして裁判官であれ、およそ刑事司法に携わる者にとって

の共通の了解事項は「絶対に無実の者を罰してはならない」との鉄則である。
　この種事件の判決は、実際のところは被害者証言と被告人供述のいずれを信用するかによって決定されている。起訴された被告人やその家族は、その生活の破壊はいうに及ばず自殺までをも企てた事例もないではない。冤罪を生み出す基本構造が最も端的な形で発現するこの種事件は、一見、些末な事件のように見えながらも、現在、最も先鋭に闘われている冤罪救済運動の1つの分野である[16]。

第6　待望久しい最高裁の原判決破棄・逆転無罪判決

1　本稿脱稿後の平成21年4月14日、最高裁第三小法廷は、防衛医科大学教授（当時60歳）が被告人として起訴された強制わいせつ被告事件につき原判決破棄・無罪の判決を言い渡した。この事件は、小田急線・成城学園前駅〜下北沢駅間で、被告人が「女子高生」に対して執拗な痴漢行為を働いたとして起訴された事件であるが、被告人は一貫して否認していた。逮捕直後実施された繊維鑑定の結果では、被告人の手指に女性の着衣（パンティ）の構成繊維の付着は認められなかった。しかし、一、二審は女性証言だけを根拠に懲役1年10カ月の実刑を言渡していた。
　第三小法廷は、満員の電車内痴漢行為の特殊性、すなわち、客観的証拠の少ないこと、被害者の思い込みで特定された場合に防御がきわめて困難であること、それらの特殊性を考慮したうえ、とくに慎重な判断が求められると前置きし、女性が述べる痴漢被害は執拗かつ強度であるのに積極的回避行動をとってはいない、そのことと被告人に対する糾弾行動とは必ずしもそぐわない、成城学園前駅ではいったん下車しながら再び被告人のそばに乗車しているのは不自然、などと指摘し、一、二審の判断は「必要とされる慎重さを欠く」と述べて無罪を言渡した。犯人性よりも事件性（証言の虚偽性）を問題視する明解な判決であった。

2　本判決のメインは、那須弘平、近藤崇晴両裁判官が当該事案と痴漢冤罪にとってきわめて適切な補足意見を述べている点にある。
　那須裁判官は、「冤罪で国民を処罰するのは国家による人権侵害の最たるもの」であり、「詳細かつ具体的」「迫真的」などの一般的抽象的理由で女性証言の信用性を肯定し有罪根拠とするには慎重な検討が必要であると述べて「合理的な疑いの基準」につき考察し、電車内痴漢犯行は、①普通の能力を有する者がその気になれば、その内容の如何を問わず、法廷で具体的で詳細な体裁を具えた供述をする

ことはさほど困難ではない、②女性は検察官と入念な打ち合わせを経たうえで尋問に臨んでいるから、公判供述が外見上「詳細かつ具体的」「迫真的」なものになるのは自然の成り行きである、したがって、証言が「迫真的」であっても有罪に踏み切るにはなお厳しい点検が欠かせない、女性の供述は、一般的・抽象的性質は備えていても、特別に信用性を強める内容は含んではおらず、補強証拠もなく「事実誤認の危険が潜む典型的な被害者供述である」と述べた。

　この最高裁判決は、まさに現在における痴漢裁判の判例の到達点であり、この判決の趣旨が徐々に下級審に浸透することによって本稿で述べた事柄のほとんどはその目的を達する関係にある。そして、本判決の法廷意見、補足意見、反対意見をよく噛みしめて読み比べるならば、ここ数年の「痴漢冤罪」を巡るわが国の司法状況がほぼ過不足なく理解できるように思われる。なお、この事件の弁護団を構成した4人の弁護人の判決に対する見解は、季刊刑事弁護59号（2009年）に特集が組まれている。

1　この事件については『痴漢冤罪の弁護』133頁以下に大熊裕起弁護士の評釈がある。
2　「西武新宿線事件」（いずれも戸塚署）は3つあるが、これまでは、3件ともに無罪判決が確定している。
　　ア．第1事件（本稿第2事例…平成12年1月5日発生、なお、鳥海準弁護士の評釈〔『続・痴漢冤罪の弁護』72頁〕がある）
　　イ．第2事件（平成15年2月26日発生、東京地判平成16年5月10日無罪確定（なお、安田隆彦弁護士の評釈〔『痴漢冤罪の弁護』152頁〕がある）。
　　ウ．第3事件（本稿第3事例…平成15年10月22日発生、なお、今村核弁護士の評釈〔『続・痴漢冤罪の弁護』97頁〕がある）。
3　平成18年3月9日付け朝日新聞朝刊。
4　瀬田季茂・井上尭子著『犯罪と科学捜査』（東京科学同人、1995年）107頁、『続・痴漢冤罪の弁護』191頁の佐藤善博「繊維鑑定」論文参照のこと。
5　秋山・佐藤『痴漢裁判における『冤罪』の構図』自由と正義2002年12月号42頁。
6　石井一正『刑事実務証拠法』（第二版）（判例タイムズ社、2000年）393頁、浜田寿美男教授も、論文「痴漢事件の供述をどのように読むべきか──心理学から見たいくつかの論点」（『続・痴漢冤罪の弁護』167頁）のなかで示唆に富む指摘をされている。
7　各判決については『続・痴漢冤罪の弁護』付録cd-rom42-1、42-2、42-3参照のこと。
8　山本さむ『痴漢の百科』（データハウス出版、1998年）42頁。
9　埼京線第2事件控訴審判決、『痴漢冤罪の弁護』572頁
10　渡部保夫「犯人識別供述の信用性に関するイギリス控訴裁判所の一判決について」判タ559号31頁以下。
11　このような考え方を決定文中で端的に表明したものに平成16年8月26日東京高裁第2刑事部の袴田事件再審事件即時抗告審決定（判時1879号3頁以下）がある。
12　K．ペータース『誤判の研究』（北大図書・能勢他訳）中には、近親相姦罪（123番）、故殺罪（136番）、子どもとの猥褻行為（275番）等について、心理鑑定人の鑑定により無罪が言い渡された事例が紹介されている。なお、浅田和茂「証言の信用性と心理学鑑定…ドイツ連邦裁判所の判例について」『田宮裕博士追悼論文集』（上）（信山社、2003年）201頁以下。
13　総武線事件控訴審判決、『痴漢冤罪の弁護』508頁。
14　埼京線第2事件控訴審判決、『痴漢冤罪の弁護』579頁。
15　札幌地下鉄事件、『痴漢冤罪の弁護』296頁以下。
16　『続・痴漢冤罪の弁護』（現代人文社、2009年）は、こうした状況下における弁護活動のなかから生まれた最新の著作である。

9 放火

船木誠一郎・本田兆司

第1 はじめに

　放火罪は刑法108条以下に規定されているが、犯罪行為が対象物を焼燬するという態様を伴うことから、ことに既遂の場合、放火対象物をはじめとして、現場の物の全部ないし一部が文字どおり焼燬されていたり、破損するなどしており、証拠資料が不十分であることが多い。

　たとえば、放火事件においても、ほかの犯罪と同様、犯人と被疑者または被告人との同一性が問題となることが多いが、犯人性を特定する資料としての指紋、毛髪等の犯人の遺留物といった物、さらには、着火に使用した物、放火媒介物などといった物も焼損していることが多い。

　また、放火現場では、焼損物が堆積していたり、消火活動に伴って物品が散乱するなどし、犯行時の状況と異なった状態になったり、証拠資料の収集についても困難が伴う場合が多い。

　他方、放火事案において、燃焼の経過等に関しては、客観的な資料、証拠が残存されているという側面もある。

　すなわち、
　①焼燬されたとはいうものの、その焼燬状況から、発火点、発火方法等を特定することが相当程度可能であること
　②いかに証拠が焼燬されているとはいうものの、資料が残存物として残ることも多く、これが客観的事実を確定する証拠として残ることとなり、これに対して検証、鑑

定等を行うことによって、客観的事実を明らかにすることができること
③燃焼は、着火→燃え上がり→焼燬といった燃焼過程をたどることから、このような過程を科学的に検証することが可能となること

といった特徴がある。

以上のとおり、放火事件は、犯人性に関しては、証拠資料が焼失しているという反面、後述するように、自白をはじめとした供述の信用性が問題となる事例も多く、その供述の信用性判断に際しては、着火から焼燬といった燃焼過程をたどること、発火点や発火方法等を特定できる可能性があること、必ず残存物が存在することから、このような証拠等によって認められる客観的状況と供述との齟齬の有無といったことに対する検討が重要となる。

第2 無罪事例の概括的検討

日弁連刑事弁護センターにおいて、収集整理している無罪等の事例で、放火罪が無罪になり、放火罪の成立が否定されたものの主要な事件は、本稿末尾掲載の一覧表（以下、「別表」という）のとおりであり、これを無罪類型として区分すると、以下のとおり、5つの類型に分けることができる。

第1の類型は、放火罪の成立要件が具体的危険犯としての「公共の危険」発生を要件とする類型である。

事例1は、アパートに隣接する駐車場に駐車中の普通乗用自動車のボディカバーに火を放った建造物等以外放火被告事件において、車両後部とアパートとの距離が0.56メートルしかなく、2名の証人が、そのまま放置すれば、付近の建造物への延焼のおそれのある状態に至るのではないかという抽象的な意識を感じたとしても、炎の高さが10センチメートル程度で、燃え上がるというよりはなめるように横に広がり、7、8回くらい息を吹きかけたら消えたという火力の状態で、燃焼実験の経過を記載した司法警察員作成の実況見分調書の写真によれば、着火後14分の時点で炎の大半は自然鎮火し、残っていた炎は2、3カ所にすぎなかったことが認められるという火力の程度であったことや、燃焼の状況、当時の気象状況（大宮市消防長作成の「気象状況について（回答）」）等から、「未だ付近の建造物等への延焼の客観的危険性を肯認しうる状況にも、一般人をして右のような結果を生ずるおそれがあると危惧させるに足りる状態にも至っていなかった」として、放火罪の成立を否定し、車両等について器物損壊罪の成立を認めるにとどまった事例が挙げられる。

第2の類型は、犯人と被告人との同一性が問題となる類型である。

事例2は、被害者のいわゆるダイイングメッセージに引きずられた捜査が行われ、このダイイングメッセージを軽信等したことを指摘し、無罪とした事例である。

　事例3は、犯人目撃供述について、一定の絞り込みをした面割り用の写真帳によって目撃した男性ないしそのうちの1人に似た者の写真として、いずれも被告人の写真を選び出した3名の証人の公判供述の信用性について、目撃供述の検証を実施し、視認時間や目撃内容を詳細に検討し、その信用性を否定して無罪とした事例である。

　事例12は、建造物等以外放火保護事件において、火災が発生した事実は認められるが、本件火災が少年の放火によって発生したものであることを示す物的な証拠はなく、少年は捜査当初から一貫して放火の事実を否認している事案であるが、自動車の前で不審な行動をする少年の後を追いかけた証人の供述の信用性について、証人には、本件火災が証人宅の直近まで迫ってきたという強い被害感情を持ち、また、放火による火災が頻繁に発生し、少年がその犯人であると強く疑い、一定の先入観があった可能性が否定できないとして、その供述の信用性はとくに慎重に検討すべきであるとして、証人の供述が、客観的事実（自動車の停車場所）との不一致があり、犯行場所やその態様が不自然であり、供述の変遷にも不自然、不合理な点があるなどとして、不処分とした事例などが挙げられる。

　第3の類型は、責任能力が問題となる類型である。

　放火事案の責任能力については、行為者に精神発達遅滞、精神疾患が認められることがしばしばあり、また、アルコール摂取等のもとで衝動的に行為がなされることもあり、行為者の特性、動機の合理性等について慎重な検討を要する場合が多いことがいえる。

　事例8は、自殺念慮を抱き、焼身自殺を企て、アパートの自室に灯油を撒いて点火して放火したという事案であり、統合失調症者の責任能力が争点となった事案であるが、統合失調症の責任能力については、犯行時、統合失調症に罹患していたからといって、そのことだけで直ちに被告人が心神喪失の状態にあったものとされるものではなく、その責任能力の有無・程度は、被告人の病状、犯行前の生活状態、犯行の動機・態様等を総合判定すべきと解されており（最三決昭59・7・3刑集38・8・2783）、本事例も、被告人の犯行当時の病状、犯行前の生活状態、犯行の動機・態様等を総合検討して、行為時に心神喪失状態にあったとして無罪を言い渡した事例がある。

　第4の類型は、共謀共同正犯が問題となる類型である。

　事例6は、暴力団同士の抗争中に、一方の暴力団A組の幹部を含む複数の組員によって対立関係にある暴力団の系列に属するB組の組長宅の乗用車が放火された

事案であるが、A組組長である被告人について、A組幹部等に対して抽象的指示をしたと認定しつつも、この指示は具体的な内容とするものではなく、これによって被告人が放火行為の共謀に加工したものということはできないとして共謀共同正犯の共謀の成立を否定し、無罪を言い渡した事案であげられる。

第5の類型は、自白の信用性が問題となる事例である。

前記のとおり、放火罪については、犯人と被疑者または被告人とを結びつける証拠におのずと限界があることから、これに関する証拠としては、自白に依存することも多く、したがって、訴訟上、自白の信用性判断が重要な論点となる事例である。

以上、第1の無罪類型は、放火罪特有のものであるが、第2から第5の無罪類型は、放火罪にかぎらず、ほかの罪名の事案においても、共通する論点の事例であるが、自白の関係でいえば、放火罪の特有の信用性の判断要素があり、次に紹介する。

第3　自白の信用性が問題となった事案

1　事例の紹介

前記のとおり、放火罪でも自白の信用性が問題となる場合があり、その際、自白が証拠によって認められる客観的状況と齟齬するか否かが重要な判断要素となる。

事例7は、被告人が、知人方に放火して全焼させたとされる現住建造物等放火被告事件であり、捜査段階における自白調書以外、目撃証人の供述等本件犯行と被告人とを結びつける直接証拠がない事案であり、第一審（秋田地判平5・3・24）が自白に信用性を認めず、無罪を言い渡した判決に対して、検察官が事実誤認を理由として控訴した事件の控訴審判決である。

控訴審において、検察官の控訴を棄却したが、被告人が、捜査段階の一時期自白した供述調書の信用性を否定した判断内容が参考になる。

判決は、まず、「本件のような事案にあっては、まず、出火箇所と出火原因を確定できるか否かが重要であることは論をまたない」として、放火された所有者のX女や被告人を立会人とする犯行状況等を再現する被害者方焼け跡での実況見分調書などの証拠によって、建物外壁の焼燬、ドアおよび窓の状況、屋内の状況等の焼毀状況等から出火箇所および出火原因を認定し、火種は、何人かの何らかの作為的行為に起因して点火したものと推認されるが、その火種が何であるかを客観的証拠により確定するのは困難であるとの結論を得る。

次に、情況証拠として、動機面と出火後の被告人の行動について吟味を加え、か

かる情況証拠だけからは、被告人が、検察官主張の放火行為をなしたと認定することができないと判断している。

　そして、自白の信用性については、動機としては、姿を消して戻らないX女に対する腹いせからバスタオルだけを燃やすつもりであれば了解できるが、X女方への動機であるというのであれば、動機が薄弱であること、犯意については、7通の自白調書の中で犯意に触れたものがただ1通であり、それもX女方への放火の確定的故意を認めたものではなく、未必の故意を認めたに留まること、放火の手段、方法についてのストーブの上のほうに掛けている干し物の大きめの敷布かバスタオル様の布にもっていたオイルライターで火をつけた旨の被告人の供述が秘密の暴露であると認められないこと、燃焼拡大状況等の供述に著しい変遷があるとまではいえないが、真の体験供述といえず、誘導の跡が歴然としていることなどを判断要素とし、その信用性を否定した。

　そのうえで、「酩酊のため本件火災当時のことを全く覚えていない旨の被告人の弁解が全面的に信用できるか疑問も残るが、被告人の自白調書には、随所に誘導の形跡、あるべき供述の欠落、不自然な点があり、かつ誘導の形跡や供述の欠落部分につき、被告人も記憶が喚起されて自己の記憶に基づき供述し、あるいは、被告人が真実は記憶を有していながら故意に記憶がないことを装ったことを個別具体的に証明するような証拠は皆無であるから、捜査官の誘導により自白調書が作成された旨いう原審以来の被告人の弁解を排斥することはできない。したがって、被告人の自白調書の信用性には合理的疑いがあるというべきである」と判示して、結論として、「以上によれば、本件火災発生につき被告人の何らかの作為的行為が関わった疑いはあるが、情況証拠のみから被告人が検察官主張の訴因にかかる放火行為をしたと認めることはできないし、被告人の自白調書の信用性にも合理的疑いがあるから、有罪認定のために情況証拠で不足する点を被告人の自白調書で補うこともできない。したがって、被告人と本件火災とが何らかの関わりを有するとしても、証拠上、被告人が、いかなる動機、目的によりいかなる行為をしたのかを確定するに足りるだけの心証を得ることはできない」として原審無罪判決を支持した。

　本件事件の原審は、自白の信用性判断を焼燬状況などといった客観的事象と自白との整合性だけではなく、動機とされる事象のほか多岐にわたる事項との関係から信用性判断を行っているが、控訴審が、放火罪に特有な発火点、出火原因、燃焼拡大状況といった焼燬の過程に注目し、各事項との関係を信用性判断の要素とした点で参考になる。

　なお、控訴審では、放火罪の訴因に追加的に重失火罪の予備的訴因が許可され

たが、この点も、控訴審の事後審的性質から説示している点が、参考になる。

事例9は、被告人が、自己所有の納屋を取り壊していたが、作業がはかどらないことなどに憤激して同納屋に放火しようと企て、同納屋の庇の下で廃材を燃やせば納屋を焼燬したうえ、その東側に近接して建てられているA子が現住する自己所有の住宅に延焼することもやむなしとして同納屋および同住宅を全焼させたという現住建造物等放火被告事件である（なお、これは主位的訴因であり、重失火罪の予備的訴因がある）。

判決は、実況見分調書などにより、本件庇の構造、本件火災直前の右庇やその周辺の状況、火災発生に至るまでの被告人の行動について検討を加え、「仮に被告人が納屋を燃やしてしまおうと思ったのであれば、納屋の2階には燃えやすい稲藁があったのであり、通常はこれに直接火をつけようと考えるはずである」と判示し、放火行為の不合理性や発火後の消化活動を行った行為などの不自然さに注目し、「これら諸事情によれば、捜査官が、前記のとおりの予断を抱き、火災発生前の本件庇の状況や被告人の行動、それと焼跡の状況との整合性等について問題意識を持つことなく、ひたすら被告人が放火をしたとの供述を得ることのみに努力し、それに反する証拠には目をつむったままに、被告人の取り調べを行ったものと推認される」と判示し、被告人の体調、性格等から、捜査官から追及された結果、自棄的な供述内容になったと推認できるとして、自白の信用性を否定し、無罪を言い渡した。

この判例も、火災現場の客観的な状況等を重視し、被告人の行為を自白との不合理さに着目している点が参考になる。

2 これら各裁判例は、主として自白の信用性判断が重要な争点となり、現場等の状況と自白との整合性に着目していることがわかる。

他の犯罪類型における事案においても、自白の信用性が問題となった場合、客観的事実と自白との整合性が重要な判断要素であることはいうまでもないが、放火罪では、燃焼の過程等が相当程度客観化することが可能であるから、現場の状況、発火実験などが極めて重要な資料となることを着目すべきである。

前記2例のほか、自白の信用性が問題となった事例（事例4、10、11、13）のいずれも、これらの客観的事実との関係を重視し、信用性の判断をしている。

第4 放火罪における自白の信用性判断で留意すべき具体的事項等

前記各裁判例等を参考に、放火罪に関して自白の信用性を判断するうえで検討さ

れるべき事項として、次のようなものを挙げることができる。

1　動機に関する事項

　放火事件では、衝動的情動に基づいた放火や、さしたる具体的目的がなく、自己の鬱憤を晴らすために犯行に至ったとされる事例も多くある。
　しかし、他方では、保険金目的の放火等、計画的犯行であるとされる事例もあり、計画的犯行の場合、放火は、それ自体が目的ではなく、目的遂行の手段であったり、証憑を毀滅させる手段であったりし、衝動的原因に基づく事例とはそもそも類型を異にするといえる。
　裁判例では、このような動機とそれに基づく行為との整合性についても、注目している。すなわち、衝動的原因に基づく行為であるにもかかわらず、現場等の状況を冷静に判断して行為しているとしか考えられない状況があれば、動機と状況の整合性に疑問を生じさせることになる。
　この点で、**事例7**は、否認から自白、さらに否認と変遷した事例であるが、自白に転じた理由について、「放火が重大犯罪であるからこそ、被告人が真犯人だとしても、それだけで否認する十分な理由になり得るが、それまでの否認を覆して自白するとなれば、相当の決意がいるであろうし、当然、かような決断をするだけの動機、契機があるのが通常であろう」と判示しているのは、動機や犯行の契機の供述が通り一遍となっている動機に疑念を差し挟んでいる。
　事例9では、被告人が供述する着火方法について、仮に被告人が納屋を燃やしてしまおうと思ったのであれば、納屋の2階には燃えやすいものがあるのに、「本件では、納屋から3メートル以上離れた場所であり、かつベニヤ板等の可燃物をほとんど取り除いてある庇の北端の下に火のついたダンボール箱を持って行って火を付けるという方法を取っており、これは放火の着火方法としては極めて迂遠な方法であって、着火する可能性があまりなく、不自然である」と判示し、動機に疑念を呈している。
　事例10は、事前にある建物に放火しようとの計画を立てて放火したという事案であるが、「自宅で本件犯行を決意したが、放火の用に供する材料は全く用意せず、かつ確実な入手の見込みのないまま、被害店舗に赴き、それからぼろ布をメーターボックスの中から発見し、店内の物置内から灯油を見つけ、同ビル内にある会社からマッチを持ち出して放火行為に及んだとされている。放火をしようと事前に計画した者の行動としては、その確実な実行を期するという意味において、不自然といわざるを得ない」と判示して、動機と犯行行為とに疑問を呈している。

9　放火

事例 13 は、自白の信用性が否定されたが、放火行為の供述について、「ライターで点火したら、火はどのように燃え上がったのか、どれ位見守っていたのか、その時、炎によってどのような光景が浮かび上がっていたか、それを見て何を考えたかなど、真に被告人が放火をしたのであれば、目の前に展開したであろう情景や印象について何ら触れるところがない」ことに疑念を呈し、「これらの供述内容の欠落は、記憶の減衰で説明できる程度を超えている」と判示する。

以上のとおり、放火罪における動機の重要性が見て取れる。

2　被告人の能力等の属性

被告人の判断能力、精神発達能力などの属性が信用性判断に関係する事例がある。

前記各裁判例においても、被告人の酩酊状態、被告人の性向等が自白の信用性判断を行うに際して吟味されている。

もとより、これら属性は、行為者が犯行を行った場合において、責任能力の問題となるが、放火事犯において、さしたる動機を有していることが認められない場合には、判断能力等に問題があるような人物が犯人に仕立て上げられ、自白が誤導等に基づいてなされる危険性を有している点に留意する必要がある。

事例 11 では、精神発達遅滞と判定された被告人の自白の信用性を否定する1つの要素としている。

3　燃焼経過に関する事項

放火罪の自白の信用性判断には、放火行為そのものと火災との整合性等を検討する必要がある。

(1)　供述にある発火点と現場の状況から認められる発火点が一致するか

現場が焼燬されていても、発火点については、相当程度特定することが可能である。

これによって、出火場所、出火原因（失火と放火を分ける重要な点である）を特定し、これと被告人との関係、供述の信用性等が検討されなければならない。

この点、すべての事案で、実況見分調書が作成されているが、当初の実況見分が不十分であったために、再度実況見分がなされる事例も見受けられ、これを対比することで、捜査官の誘導等の痕跡が窺える事例がある。

事例1は、燃焼実験の経過を記載した実況見分、建物等の状況を記載した捜査報告書などを検討し、「そのまま放置すれば、付近の建造物への延焼の恐れのある状態に至るのではとの抽象的な危険を意識したというにすぎず、右供述は公共の危険の発生を証左とするに足りるものではないというべきである」と判示する事例が挙げられる。

(2)　供述にある点火方法によって、現に点火することが可能であるか
　この点については、捜査段階において、発火、点火実験等が実施されていることが多いが、その実験が正しく行われているか否かが吟味されなければならない。
　事例4は、被告人の供述する点火方法によって、ふすまが燃焼した実験結果報告書があるが、裁判所の検証が実施され、右点火方法によっては、ふすまが燃え上がらず自然鎮火し、無罪となった事例である。
　弁護人は、被告人の供述に基づいて再現実験を行い、供述による点火方法では、燃焼しないことを確認して、検証を請求したものと思われ、弁護人の再現実験の結果報告書を証拠採用させるのではなく、裁判所に検証を行わせる訴訟活動も有効である。

(3)　点火が可能として、これが燃え上がって焼燬に至るのか。
　これについても、実験が行われていることが多いが、その実験が正しく行われているか否かの吟味を要する。
　事例4は、捜査機関の点火実験が、燃えやすい材料をふすまに貼って実験をした可能性あり、裁判所の検証が実施されていて、弁護人は、ふすまの点火実験を行い、焼燬に至らないことを確認していると思われる。
　このように、被告人の供述する点火実験を実際に検証することが重要である。

(4)　広く現場の状況と供述とが整合するのか
　事例9は、「(被告人の)供述によっても、廃材等を燃やしていた火が燃え始めた場所は、その火元の真上や直近ではなく、1メートル以上離れている紙箱や、それとは反対の方向で、より遠くにあるベニヤ板であることが認められる」として、当然残るべき痕跡がない事実に着目し、信用性判断の1つの根拠としている。

(5)　焼燬状況等に関する供述内容からすると当然に残るべき痕跡の有無を検討する必要がある

事例 13 は、残存物について、「廃材以外の残焼物の有無及び状況、油分の有無、点火に供ざれた火源や媒介物を推知させる資料の有無等については、上記実況見分調書中には全く触れるところがなく、貼付の写真からこれをうかがい知ることも困難であり、また、分析した旨の資料も、本件審理の経過では一切証拠請求されておらず、このような採証活動が当時存在しなかったことが推認される」として、火災現場に残るべき残存物に着目し、信用性判断の1つの根拠としている。

(6)　火災当時および火災後の状況

　火災当時ないし火災後の行動と供述とが矛盾する場合がある。
　同じく、**事例9**では、被告人が、火災の際、ホースで水をかけたり、叔母に消火器を借りに行かせる行為を指摘して、「放火の実行行為とは相容れないものである」とする。

4　供述の変遷等

　供述の変遷が信用性判断の重要な要素であることは、放火事案に特徴的にいえるものではないが、放火事案においては、捜査官があらかじめ現場の痕跡等の状況を知っていることから、これに整合する供述が誘導等によって行われる危険性があり、その場合には、一見、供述と現場の状況とは整合性を有することになるが、このような場合には、供述内容が徐々に詳細になったり、現場の状況と合致するように変遷することがあり、これらの点には留意すべきである。

第5　まとめ

　放火事件では、捜査、公判を通じて、出火場所、出火原因、燃焼の経過等を確定することが基本的なことであり、そのための弁護活動が重要である。そのうえで、捜査機関の行う燃焼実験等が適正に行われているか、自白調書と被告人の弁解供述を加味して、実際にこれを検証することもなど留意すべきである。
　弁護活動を行う場合、自白の信用性が問題となるような事件では、前記の着目点に留意し、現場に当り、実験を実施するなどしてこれらの客観的な資料を確認し、自白との整合性等について、検討する必要がある。

事例番号	裁判所・宣告日 / 弁護人 / 罪名 / 掲載	事案の概要	自白の信用性	故意	公共の危険	共謀の存否	責任能力	目撃供述の信用性	その他
1	浦和地判平2.11.22 / 萩原猛 / 建造物等以外放火 / 判時1374号141頁	建造物以外放火につき、「公共の危険」の発生を否定し、器物損害罪の限度で処罰した事例			○				
2	大阪高判平5.5.7 / 杉谷義文ほか / 殺人・現住建造物等放火 / 日弁2集246頁 判タ837号279頁	被害者のダイイング・メッセージに引きずられた捜査と自白の強要－羽曳野放火殺人事件						○	○
3	東京地判平6.3.15 / 鈴木一郎ほか / 爆発物取締罰則違反・火炎びんの使用等の処罰に関する法律違反・建造物等以外放火 / 判時1498号130頁	いわゆる皇居迫撃弾事件について、目撃証人3人の証言が、それぞれ、同一性を識別できる程に人物の容貌の特徴を視認できる状況にあったものと認められない、同時に目撃したとされる他の人物に関する目撃供述との関係で目撃人物と被告人との同一性を認めることができない、視認条件および供述内容などからしてそれのみで同一性を肯定することができる程の証明力を有しておらずアリバイの成立する可能性があることと併せ考慮すれば被告人と目撃された人物の同一性を認定することはできないとして、無罪を言い渡した事例						○	アリバイ
4	和歌山地判平6.3.5 / 橋本敏ほか / 現住建造物等放火・同未遂（一部無罪）/ 判時1498号1525号158頁	ライターでふすまの一部を破りこれに点火し、建物を全焼させたとの公訴事実につき、公訴事実に沿う相被告人の捜査官に対する自白は、概ね自発的になされたものと認められるものの、秘密の暴露に当たる供述がないばかりか、客観的事実と一致しない点を含んでおり、体験供述性に疑問があり、自白調書に信用性を認めるにはなお合理的疑いが残るとして無罪を言い渡した事例。なお、上記自白調書以外の自白調書については、任意性ありとして証拠の取調請求を却下	○						
5	鳥取地判平6.4.27 / 寺垣琢生 / 非現住建造物等放火・詐欺・同未遂・犯人隠避（一部無罪）/ 日弁3集58頁	火災保険契約を締結したうえ、工場に放火して保険金を詐取したとの公訴事実につき、有罪方向に積み重ねられた証拠がどれ一つ確実なものではなく、これらの相互に足らざるところを補いながら有罪へと支持し合うとしても、その支持力は放火という重罪を支えるにはとうてい及ばないとして無罪を言い渡した事例							○
6	福岡地久留米支判平7.3.28 / 岡崎信介ほか	暴力団同士の抗争中に一方の暴力団A組の幹部を含む複数の組員によって対立関係にある暴力団の系列に属する組長宅の乗用車に放火された事件で、A組組長で			○				

9 放火 311

	建造物等以外放火・覚せい剤取締法違反（一部無罪） 日弁4集41頁	ある被告人について、A組幹部に対し抽象的指示をしたと認定しつつも、この指示は具体的な犯罪行為を内容とするものではなく、これによって被告人が放火行為の共謀に加功したものということはできないとして共謀共同正犯の成立を否定し、無罪を言い渡した事例						
7	仙台高秋田支判平6.9.27 木元慎一 現住建造物等放火 日弁3集203頁	現住建造物等放火事件につき、情況証拠のみから放火行為を認めることができず、自白調書の信用性にも疑いがあるとして、検察官控訴を棄却した事例	○					
8	岡山地判平7.12.8 重松隆 現住建造物等放火 判時1565号149頁	統合失調症者による自殺衝動に基づくアパートに対する放火行為について、被告人の是非弁別能力が欠如していたとする鑑定に依拠して、本件犯行は統合失調症による幻聴等を苦にした被告人の自殺念慮に生活不安が重なって行われたものであり、是非弁別能力を有していたことについては疑問がないとはいえないとし、無罪を言い渡した事例				○		
9	岡山地判平8.2.7 香山忠志 現住建造物等放火 判時15574号149頁	叔母が現在する自己所有の住宅を焼燬したとの起訴につき、動機や着火方法、実行行為前の被告人の行為などから、放火の故意があったとする被告人の供述やその他の証拠は信用性に欠けるとして無罪を言い渡した事例	○					
10	福岡地久留米支判平8.5.8 高橋謙一ほか 非現住建造物放火（無罪）・業務上横領（有罪） 判時1584号154頁	非現住建造物放火事件につき、被告人の自白は客観的状況に相反し、また不自然であることから信用性には合理的な疑いを入れる余地があり、目撃証人の証言もポリグラフ検査結果なども被告人を犯人として認定するに足りないとして、無罪を言い渡した事例	○			○		
11	仙台高秋田支判平9.12.2 川田繁幸 非現住建造物等放火 刑弁16号126頁	工場放火事件と物置放火事件の2件の放火事件について有罪を認定した第一審判決について、工場放火を認めた捜査段階の検察官調書はその信用性に疑問があり、自白を除いた証拠から認定できる事実のみをもってしては、工場放火事件について被告人の犯行とするには合理的な疑いをいれない程の心証に達することはできないとして、原判決を破棄し、工場放火事件については無罪を言い渡した控訴審の事例	○					
12	千葉家審平12.3.27 金子宰慶 建造物等以外放火 日弁6集269頁	建造物等以外放火保護事件について、少年を犯人であるとする目撃証人には、少年の犯人性に関し一定の先入観があった可能性が否定できず、また、現場の状況や同証人の現場での対応等に関する供述についても変遷がみられるなど、不自然、不合理な点が多く信用できず、他に少年と犯人を結びつける証拠がないことから、非行事実はなく不処分とした事例				○		
13	仙台地判平13.4.24 小関眞ほか	現住建造物等放火未遂および器物損壊の公訴事実につき、捜査段階の自白は、前者については、被告人と犯行との結びつきにつき、自白の真実性を担保するに足	○					

312　第1部　犯罪類型別の誤判原因

| 現住建造物等放火未遂・器物損壊

日弁8集12頁 | りる秘密の暴露や客観的証拠が見当たらず信用できないとし、後者については、証人の犯行目撃供述は、捜査経緯の不自然性、被告人供述との整合性等から客観的な裏づけがないとして、無罪とした事例 | | | | |

10

薬物犯罪

荻野 淳

第1 はじめに

　本稿では、1994（平成6年）以降、日本弁護士連合会刑事弁護センターの無罪事例集第3集から第9集に掲載の覚せい剤等の薬物犯罪の無罪事例（無罪判例）、および、その後日本弁護士連合会刑事弁護センターに寄せられたが、第10集以下の無罪事例集が未発行のため、無罪事例集に未掲載の覚せい剤等の薬物犯罪の無罪事例（無罪判例）を題材として、その誤判原因（無罪となった原因）を分析し、そこから今後の弁護活動における着眼点を探ってみた[1,2,3]。

第2 無罪事例の全体的な分析

1　まず、今回の分析対象となった覚せい剤等の薬物犯罪の無罪事例を、分類してみた。分類項目については、覚せい剤等の薬物犯罪の類型に特徴的なものをできるだけ抽出してみた[4]。なお、事例番号は、本稿末尾掲載の一覧表の番号である。

2 無罪事例の分類

(1) 違法収集証拠
　① 尿の採取過程に重大な違法があった**事例2**、3、15、21、24
　② 尿の採取手続は一連の違法な緊急逮捕手続の状態を利用してなされたもの

であるから違法であるとして、補強証拠としての尿の鑑定書の証拠能力を否定した**事例9**

③　窃盗の被疑事実による逮捕状の不呈示による違法な逮捕状態を利用してなされたと認められる採尿、その検査結果、その利用により得られた令状により押収した覚せい剤の証拠能力を排除した**事例18**（注・最高裁第２小法廷平成15年２月14日判決の原原審判決）

④　覚せい剤取締法違反事件で、別件の任意同行が、警察官らの強制に基づく違法なものであったと認定し、その後警察署に面会に来た弁護士への対応等からみて、警察官らにおいて、令状主義の諸規定を潜脱する意図がなかったということはできないとして、取調中に請求して発された強制採尿令状に基づいて得られた尿の鑑定書の証拠申請を違法収集証拠として却下し、無罪を言い渡した**事例39**

⑤　モーテルに宿泊した被告人に対し、警察官が無銭宿泊等の嫌疑で警察署に任意同行するにあたり、強制的に捜査車両に乗せ、その後警察署で長時間にわたり留め置き、採尿等の令状を入手したうえ、差し押さえた被告人の尿から覚せい剤が検出されたとして起訴したが、任意同行・採尿手続に違法があったとして、尿の鑑定書が証拠排除され、無罪となった**事例40**

(2)　訴因の特定

この点に関する無罪事例はみあたらなかった。

(3)　被告人の知らない間に他人によってなされた覚せい剤等の所持・使用

①　被告人が、覚せい剤を「眠っている間に射たれた」と主張した事案につき、被告人が自己使用を認めたかのような友人および捜査官の供述の信用性を否定し、証明不十分とした**事例1**

②　各種証拠から被告人が公訴事実記載の期間に故意に覚せい剤を自己の体内に摂取使用したとの推認はできず、証拠上合理的な疑いが残るとされた**事例6**

③　被告人が運転していた同人所有の車から、覚せい剤入りのたばこケースと大麻入りの名刺入れが発見された事件で、隠匿状況に顕著な違いがあり名刺入れについては第三者が隠した可能性も否定できないとして、大麻所持について犯罪の証明がないとされた**事例8**

④　採尿検査の結果から被告人の体内に覚せい剤が摂取されたことは明らかであり、また、被告人が同種前科二犯で覚せい剤の親和性を認めることはできるが、被告人や証人の供述の信用性から、コーラの中に被告人が知らない間に覚せい剤が入

れられていた可能性も否定できないとして無罪にした**事例 14**

⑤　尿および頭髪から覚せい剤が検出された被告人について、被告人が知らない間に夫によって膣内に覚せい剤を注入されたものであるとの被告人の供述は、これに添う内容を含む被告人の夫の供述の信用性に問題があるとしても、なお信用しうるとして、無罪が言い渡された**事例 16**

⑥　同居人を車を発進させ轢過し殺害したとされる事案と、尿から覚せい剤が検出され、覚せい剤取締法違反に問われた事件について、覚せい剤の自己使用については、本人の意思によるものであるとすることについての証明は不十分として無罪とした**事例 20**

⑦　被告人が、氏名不詳者と共謀のうえ、情を知らない第三者をして日本に覚せい剤を輸入しようとしたとの公訴事実につき、共犯者との共謀を直接裏付ける証拠はまったくなく、また、被告人の本件への関与を推認させる、第三者が氏名不詳者より渡されたメモに被告人の姓と電話番号が書かれていた事実についても、氏名不詳者がどのような経緯で電話番号を知り、どのような意図でメモを第三者に渡したか、証拠上合理的に推認することはできないとした**事例 22**

⑧　自己の尿中から覚せい剤が検出されたのは、睡眠中などにその意に反して注射されたためである旨の被告人の弁解を原判決が不自然・不合理であるとして排斥したのに対して、被告人の弁解どおりその意に反して覚せい剤を注射された疑いが濃厚であるとして、原判決を破棄し、無罪を言い渡した**事例 29**

⑨　被告人が使用・乗車していたレンタカーの後部座席床に落ちていた覚せい剤について、被告人の所持ではなく、第三者が落としていたものである可能性があるとの理由で、覚せい剤所持につき無罪になった**事例 33**

⑩　車内に残された被告人のバック内から発見された覚せい剤について、被告人は、右バック内に覚せい剤を収納した覚えはないと主張した事案につき、車両の所有者がバックの中身に手を触れずそのままバックをトランクのタイヤハウス内に移動させたという証言の信用性を否定し、覚せい剤所持について証明不十分として無罪とした**事例 35**

⑪　被告人が、同棲男性の別件の家宅捜索時に任意同行され任意で採尿され提出し、簡易鑑定で陰性になり、帰宅したが、8日後覚せい剤が検出されたとして逮捕された。被告人に注射痕はなく、起訴状記載の公訴事実には摂取方法の特定がなく、検察官は、論告においても被告人の尿から検出されたのだから認識なく摂取はありえないと主張するのみで、摂取方法について証明できなかったことなどから、自己使用には未だ合理的な疑いが残るとして、無罪となった**事例 38**

(4) 鑑定

① 検察官が鑑定書を検討した結果、フェニルメチルアミノプロパンが認められないとして鑑定書の証拠調べ請求を撤回した**事例12**

② 被告人が、証拠となった尿については、別人のものを凍らせて警察署に持ち込んだと主張したため、尿から覚せい剤反応は出たものの、判決は誰の尿かは特定しないで、尿が警察署のトイレで採られたものではなく持ち込まれた可能性があるとして、無罪とした**事例25**

(5) 故意

① 覚せい剤の自己使用事案について、上野駅近辺でイラン人から花粉症の薬として購入したとの被告人の供述につき、その直後に被告人が警察署に別件の被害届を出すために出頭している状況等から、覚せい剤であるという未必の故意も認められないとされた**事例5**

② 自動車内での覚せい剤所持事件につき、第三者による車内への覚せい剤の積載ならびに被告人がその存在を認識していなかった可能性を否定できず、被告人に覚せい剤所持の認識があったと認定するには合理的な疑いをいれる余地があるとされた**事例4**

③ 共謀による覚せい剤の輸入の成否につき、事実に照らすと、被告人が覚せい剤を密輸するとはっきりした説明を受けていないことは明らかであって、被告人が冷凍車を手配した時点で積荷であるシジミの中に覚せい剤が入っていることを知っていたかどうか（犯意の有無）が争点であるが、捜査段階において犯意を認めた被告人の自白は、任意性が認められるものの、覚せい剤の密輸だと気付いた時期および理由という重要な点について不合理に変遷しており、内容的にも不自然・不合理な点が認められることに加え、何らの利得もなく関与した動機が合理的とはいえないことからその信用性に重大な疑問があり、自白が虚偽だという被告人の公判供述は一応首肯に足るものであるから、自白は信用性がないとして無罪とした**事例17**

④ 暴力団員らによる営利目的の覚せい剤密輸入にあたり、大量の覚せい剤が隠匿されている多数のシジミ入り麻袋等を岸壁で自己運転の貨物自動車に積載し、覚せい剤取締法違反および関税法違反の共同正犯または幇助犯として起訴されたトラック運転手について、詳細な事実経過の認定に基づき、客観的な事実からは被告人の犯意を疑いを入れない程度に推認することはできず、捜査段階における自白も、「覚せい剤」あるいは「密輸」の表象の内容、程度、時期について変遷ないし齟

齬があるうえ、犯行動機が不自然、不合理である等の問題があって信用できないから、被告人に犯意があったことを認めるに足りる証拠がないとした**事例19**（自白調書があった事案）

⑤　雑貨店を営んでいたイラン人経営者が、送金業務を行っていたところ、麻薬特例法のマネーロンダリングに関する罪に問われたが、検察官が刑訴法321条1項2号で請求した共犯者の検面調書については特信状況を否定して採用せず、不法収益の認識、および共犯者との不法収益隠匿等の共謀がないとして、無罪になった**事例30**

⑥　夫婦でハワイ旅行をしたところ、夫が単独で大麻の買付をし、ハワイから国際スピード便で、乾燥大麻642グラムが入った小包2個を郵送したが、妻はまったく知らなかったため、輸入の共謀はなかったとして、無罪になった**事例31**

⑦　麻薬（MDMA）の自己施用について、少年が、先輩Xから無理やり口に押し込まれ口に水を注ぎ込まれて麻薬と知らずに飲み込まざるをえなくなったものである等の主張に対して、これを否定するXの供述がその内容等から、その信用性に疑問を残す余地があること、少年の弁解に矛盾せず、あるいはこれに添った第三者の供述が存在することなどから、少年の弁解を虚偽として排斥できない合理性があること、他に、少年が麻薬を麻薬と認識しつつ自己の意思で摂取したことを裏付ける事実はないことから、少年に非行事実がないとして、不処分決定を下した**事例34**

⑧　被告人は、共謀のうえ、カナダより営利目的でスーツケースに隠匿収納して覚せい剤を輸入しようとしたとして起訴されたが、サフランが隠匿されていたと思っており、規制薬物が隠匿されていることは知らなかった旨主張した事案につき、被告人は、サフラン以外の物が隠匿されている疑いを抱いていたものと認められるが、そもそも故意責任を追及するには、法益侵害の可能性があることを認識していただけでは不十分であり、少なくとも反対動機を作出することのできる基礎となるべき事実の認識、すなわち、本件では、本件スーツケース内に規制薬物が隠匿されている蓋然性を基礎付ける事実の認識が必要だが、その認識があったと認めることには疑問があり、未必的にせよ故意があったと認めることはできないとして、無罪とした**事例36**

(6)　営利目的の認定

この点に関する無罪事例はみあたらなかった。

(7)　自白

①　覚せい剤所持の共犯として一審は有罪判決であったが、控訴審において、捜

査段階における被告人、共犯者の自供内容に不自然な部分があるとし、被告人が自供したのは共犯者（交際中の女性）をかばうためであったとして、捜査段階での自白の信用性を否定して、覚せい剤所持につき原判決を破棄して無罪（一部無罪）とした**事例 11**

② 覚せい剤所持の共謀共同正犯とされた被告人について、その供述は捜査公判を通じて変遷を重ね、秘密の暴露に匹敵するような固有の体験の発露を伴う信用性の高い自白ではなく、妊娠中であることや争わないほうが得策であるとも受け取られるような原審弁護人の意向等推察して争われないことにした形跡が窺え、また実際に覚せい剤を所持していた内縁の夫をかばおうとして虚偽の自白をしたとの弁解を直ちに否定できないなど、変遷の中の一部にすぎない不利益な自白だけでは犯罪の証明がないとして無罪を言い渡した**事例 13**

③ 被告人の大麻所持に関する自白内容は、その重要部分である大麻草入容器の発見状況が客観的証拠関係から窺える発見位置と決定的に矛盾していること、被告人が他の関係者をかばおうとの意図で虚偽供述を行う動機もありえなくはないことから、自白の信用性を否定し、大麻取締法違反について被告人を無罪にした**事例 26**

④ 恋人に痛み止めとしてもらった覚せい剤を飲用したことについて、捜査官になした覚せい剤認識の自白は、子どもに会いたいなどの家庭的事情から捜査官に迎合して期待に沿う供述をしたものと疑われるとして、本件公訴事実については犯罪の証明がないとして無罪となった**事例 32**

(8) 責任能力

この点に関する無罪事例はみあたらなかった。

(9) 共犯

① 覚せい剤の譲渡事案について、譲受人とされる証人の証言には核心部分において不自然不合理な点が多く信用性がないとされた**事例 7**

② 覚せい剤の譲渡事案について、譲受人とされる供述には看過できない数々の疑問点があり信用ができず、譲受人が虚偽の証言をする動機がまったくないとはいえないこと、被告人の供述は捜査・公判段階を通じてほぼ一貫しているうえ、その供述内容を裏付ける証拠もあり排斥できないことなどから、被告人が譲渡人であると認定することには合理的な疑いが残るとした**事例 10**

③ 被告人が主犯格とされた覚せい剤取締法違反・関税法違反事件について、

一審判決が控訴・上告を経て確定したあと、第三次の再審請求に対し開始決定がなされ、有罪認定を支持する唯一の直接証拠である共犯者供述について、一般論として「引き込み」の危険があり慎重な認定が必要と述べたうえで、供述内容と客観証拠の対照・供述相互の整合性・供述内容の不自然性・供述経過・新供述との比較等を詳細に行った結果、信用性に疑問があるとし、さらに被告人弁解についても詳細な検討を加え、犯罪の証明がないと結論付け無罪を言い渡した**事例 23**

④　知り合いと共謀し、路上で覚せい剤を密売したとして覚せい剤取締法違反などで起訴された被告人に対し、共犯者の供述中少なくとも被告人との共謀を認めた部分については、その信用性を全面的に肯定するにはなお疑問が残ることなどから、覚せい剤を密売した男と共謀したという事実の証明がないとして無罪とした**事例 27**

(10)　その他

①　麻薬密売人として逮捕、起訴され、大麻取締法違反などの罪に問われた被告人に対し、犯人は被告人か双子の弟であることは間違いないが、証人の供述では被告人が犯人とはいえず、被告人にはアリバイが成立する可能性があるとして無罪とした**事例 28**

②　容易に発見できる状態で覚せい剤・注射器が入っている財布が、遺失物として警察に届けられた場合、被告人は、覚せい剤を、警察官を介して間接所持したとは認められないとして、覚せい剤所持を無罪とした**事例 37**

第3　以上からわかる覚せい剤等薬物犯罪における誤判原因の傾向概観

まず、第1に、捜査段階での、違法な証拠の収集が多く、違法収集証拠で証拠が排除されて無罪になる事例が、相当数ある（**事例 2、3、9、15、18、21、24、40**）。

第2に、訴因の特定に関して、無罪になった事例はみあたらなかった。

第3に、所持や自己使用に関して、第三者が被告人の知らない間に被告人の車に隠したり、被告人の飲食物に混入したりするケースがあるため、このような場合の無罪事例が意外と多くみられる。今回は、40件中11件と、全体の4分の1を超えた（**事例 1、6、8、14、16、20、22、29、33、35、38**）。

第4に、鑑定書に関しては、その内容等に誤りがある事例がある（**事例 12、25**）。

第5に、覚せい剤については、覚せい剤として販売されるとはかぎらず、被告人が

他の一般的な薬と認識していたりする場合があり、故意（覚せい剤の認識）について否定される事例がある（**事例5**）。また、被告人の知らない間に第三者によって覚せい剤が置かれたような場合は、覚せい剤所持の認識を欠くような場合（**事例4**）や、知らずに輸入の手伝いをさせられる場合（**事例17、19、31、36**）などもある。

第6に、営利目的に関して、無罪になった事例はみあたらなかった。

第7に、自白の信用性が問題になる事例では、捜査官に迎合するケース（**事例32**）のほか、覚せい剤等の使用等は明白な違法行為であるから、共犯者等をかばおうとして不自然な自白をするケースがみられる（**事例11、13、26**）。

第8に、責任能力の点については、今回の検討判例中は、無罪事例はみあたらなかった。

第9に、共犯に関しては、共犯者の供述の検討等、一般の共犯事件と同様に注意すべきであるが（**事例23**）、とくに譲渡事案において、譲受人の供述の信用性が問題になり、無罪とされる事例がみられる（**事例7、10**）。

第10に、アリバイ（**事例28**）や、間接所持の解釈（**事例37**）が、問題になった事例が見られる。

第4　個別事案における誤判原因の検討

1　被告人の知らない間に他人によってなされた覚せい剤等の所持・使用の事例

この類型の無罪事例は、今回の対象裁判例中、11件と、全体の4分の1を超えている。したがって、十分に注意すべき類型である。以下、**事例14**の事例を取り上げて、誤判原因、無罪を勝ち得た弁護活動について、検討したい[5]。

事例14は、採尿検査の結果から被告人の体内に覚せい剤が摂取されたことは明らかであり、また、被告人が同種前科二犯で覚せい剤の親和性を認めることはできるが、被告人や証人の供述の信用性から、コーラの中に被告人が知らない間に覚せい剤が入れられていた可能性も否定できないとして無罪にした事例（確定）である。

(1)　事案の概要

1997（平成9）年7月19日　被告人（K）は、友人らと第三者から借金の担保として預かっていた車両に乗っていたところ、警察官の職務質問を受け、当該車両が盗難車両であることが判明し、居合わせた友人1名（Y）とともに、窃盗

容疑で現行犯逮捕された。

同年7月22日　勾留中に採尿される。

後日、覚せい剤反応でる。

同年8月9日　窃盗について処分保留で釈放。

同時に、覚せい剤自己使用の疑いで再逮捕。以後、被告人は、一貫して、否認。

同年8月29日　起訴

(公訴事実)

「被告人は、法定の除外事由がないのに、平成9年7月10日ころから同月19日までの間、大阪府内又はその周辺において、フェニルメチルアミノプロパンの塩類を含有する覚せい剤若干量を自己の体内に摂取し、もって覚せい剤を使用したものである」

1999(平成11)年3月24日　無罪判決

(2) 弁護活動の経緯

Kとの最初の接見において、弁護人は、Yが知らない間にコーラに入れて飲まされた旨の否認の主張を聞く。弁護人は、Kの真剣さと、虚飾がないことは理解したが、「知らないうちに飲まされた」は、否認の常套句であること、Kは、覚せい剤自己使用を含む前科で執行猶予中であること、覚せい剤を入れたとされるYは、Kと一緒に現行犯逮捕された、いわばKの子分であり、この主張は怪しいという印象を持った。

その後、Yに一般面会したところ、Yの言葉に、K以上に、虚飾も作意もなく、真実味があふれており、弁護人は、先の疑念がまったくの間違いであると痛感する。

Yによれば、「逮捕2日前に、Kの愛人宅で、Tと一緒に覚せい剤を使用しようとしていたところを、Kに見つかり、Tと自分がKに殴られた。Tは、そのことを根に持って、Kの飲むコーラに覚せい剤を入れ、自分もその手伝いをさせられた」等ということであった。

Yは、証人尋問において、この内容を、非常に率直に証言した。

検察官は、Yの証言を弾劾すべく、Yを取り調べた警察官を証人として請求し、Yの供述に捜査段階から変遷があることを立証しようとしたが、警察官の証言は、混入話をYからはじめて聞いたときの状況について、曖昧な証言しかできず、かえって、はじめから混入話を聞いていたにもかかわらず、あえてその内容を調書化しなかった疑いが濃厚となった。

次に、被告人の妻の被告人やY氏への度々の接見、Yに何度か差し入れをしている事実を立証してきた。しかしながら、Yの警察での供述経過を検討すると、妻の

接見前から、KとYの供述が一致していたことから、検察の立証は失敗した。

検察は、次に、覚せい剤の非常習者が、少量の覚せい剤を、一度だけ飲用摂取したにすぎないのであれば、覚せい剤は、48時間以内にほとんど排泄されてしまい、5日後に検出されることはありえないと主張し、その立証のために、鑑定書と、警視庁科捜研技官を、証人として請求した。

しかしながら、これは、ガスクロマトグラフィ分析法によれば正しいが、これは、約30年も前に常用されていた検出方法であり、本件では、もっと精度の高いガスクロマトグラフ質量分析法により尿鑑定がなされていた。後者によれば、非常習者の1回だけの使用でも、7日以上覚せい剤が検出される可能性があり、この旨は、反対尋問で明らかにされた。

(3) 判決

採尿検査の結果から被告人の体内に覚せい剤が摂取されたことは明らかであり、また、被告人が同種前科二犯で覚せい剤の親和性を認めることはできるとしたが、KとYの供述が非常によく一致していることなどを検討して、被告人や証人の供述の信用性から、コーラの中に被告人が知らない間に覚せい剤が入れられていた可能性も否定できないとして無罪にした（確定）。

(4) 弁護活動上の留意点

「知らないうちに飲まされた」は、否認の常套句ではあるが、現実に、このようなケースが存在する以上、被告人の主張を、虚心坦懐に聞くこと、被告人の主張を裏付ける証拠がないか十分に調査、証拠収集を行うことが、重要である。

また、本件のように、検察官が、詐欺的とも言える鑑定書を出してきた場合があるのであるから、弁護人として薬物鑑定に関する基礎的な知識が必要であり、鑑定書を専門家に見てもらうなど慎重な対応が必要である。

本件では、途中で弁護人が長期入院することになり、その後を別の弁護人が引き継いでいる。そこで、引き継いだ弁護人が、鑑定に関する検察側の欺瞞に気付くことになった。このことからわかるように、視点を変える、多角的に検討することが重要であり、複数弁護人の重要性が明らかになった。とくに否認事件では、できるかぎり複数の弁護人がつく、少なくとも信頼できる他の弁護士のアドバイスを受けるなどの工夫も重要であろう。

ちなみに、当職が担当した覚せい剤事件での、近時（2008〔平成20〕年4月）の兵庫県（兵庫県警察本部刑事部科学捜査研究所）での覚せい剤の鑑定書を調査したと

ころ、複数の鑑定方法（薄層クロマトグラフ分析、ガスクロマトグラフ〔GC〕分析、ガスクロマトグラフ〔GC-MS〕分析）が明示されて、並列的にどの方法でも、覚せい剤が検出された旨の、鑑定がなされていた。

2 故意

薬物については、知らずに輸入の手伝いをさせられる場合も多い。今回は、全体の40事例のうち、1割の4事例が、このケースであった。そこで、以下、覚せい剤輸入の故意が争われた**事例36**を取り上げて、誤判原因、無罪を獲得するための弁護活動について、検討したい。

これは、被告人が、香辛料のサフランが隠匿されていると思って、覚せい剤が隠匿されたスーツケースを国内に持ち込んだ事例であり、覚せい剤輸入の故意が争われた。千葉地方裁判所平成17年7月19日判決は、未必的にせよ故意があったとみとめることはできないとして、無罪とした（確定）[6]。

(1) 事案の概要

被告人は、共謀のうえ、カナダより営利目的で覚せい剤をスーツケースに隠匿収納した女性3名に同行して、覚せい剤を輸入しようとしたとして起訴された。

被告人は、捜査段階から、パラリーガルである共犯者から、香辛料であるサフランを高額の関税を免れるために隠して輸入しようと説明されて、運搬役の女性3名を紹介されたため、本件スーツケース内には、サフランが隠匿されていると思っており、規制薬物が隠匿されていることは知らなかった旨を供述して、覚せい剤取締法違反（および関税法違反）の故意を争った。

これに対し、検察官は、共犯者らの供述から、被告人が、サフラン以外の物を運搬すると疑いを抱いてしかるべき状況にあり、そのような言動もし、共犯者の対応もそのような疑いを解消できるようなものでなかったから、規制薬物が隠匿されていることについての概括的かつ未必的な故意があった旨主張した。

(2) 公訴事実の要旨（覚せい剤輸入に関する部分）

被告人が、共犯者と共謀の上、みだりに、営利の目的で、覚せい剤を輸入しようと企て、事情を知らない運搬役の女性3名に、カナダから、航空機で、覚せい剤2万5863.12グラムが隠匿されたスーツケースを本邦に持ち込ませて、輸入した。

(3) 薬物犯罪における故意

 本件のような事案については、最高裁判所第2小法廷平成2年2月9日判決がある。この判決では、薬物の名称を特定して認識していなくても、違法な規制薬物であるという概括的な認識があれば、当該規制薬物の輸入、所持等の故意を認めることができるとされている。

 したがって、検察官は、違法な規制薬物であることの未必の故意を、立証しようとしてくる。そこで、被告人の供述、共犯者の供述等から、このような立証を試みることになろう。

 これに対して、事例36において本判決は、「そもそも故意責任を追及するには、法益侵害の可能性があることを認識していただけでは不十分であり、少なくとも反対動機を作出することのできる基礎となるべき事実の認識、すなわち、法益侵害の発生する蓋然性があることを基礎付ける具体的な事実の認識が必要であるというべきである」と判示しており、弁護人としては、このような認識はなかったことを、弁護活動で、明らかにすることが要求される[7]。

 本事件では、被告人は、本件スーツケース内にサフラン以外のものが隠匿されている疑いを有していたが、それは共犯者の1人の言動が不自然であったという以上に具体的な事実に基づくものではなく、他方、その共犯者が、被告人に対してサフランを日本に輸出する旨説明していたこと（パラリーガルである共犯者から、香辛料であるサフランを高額の関税を免れるために隠して輸入しようと説明された）には、被告人がそれを信頼するに足りる相応に合理的で具体的な事実の裏付があった。

 そこで、本判決は、「これらの事情に照らすと、被告人に、規制薬物を輸入するという犯罪行為について、反対動機を作出することのできる具体的な根拠となりうる事実の認識、すなわち、本件各スーツケース内に規制薬物が隠匿されている蓋然性を基礎付ける事実の認識があったと認めることには疑問があり、被告人に、本件各スーツケース内に規制薬物が隠匿されていることについて、未必的にせよ故意があったと認めることはできない」と、判示した（確定）。

(4) 薬物犯罪における故意に関する弁護活動

 本事例については、弁論要旨は入手できなかったので、判決を検討すると、本件の経緯に関する証拠は、共犯者Sおよび被告人の公判廷および捜査段階での供述等の供述証拠がほとんどであるとしたうえで、共犯者Sの捜査段階の供述、公判廷での証言と、被告人の捜査段階の供述、公判廷での証言等を、ていねいに検討することにより、本件各スーツケース内に規制薬物が隠匿されている蓋然性を基礎付け

る事実の認識があったと認めることには疑問があり、被告人に、未必的にせよ、故意があったと認めることはできないと判示している。

したがって、本事例では、弁護人も、これらの共犯者、被告人の供述を、十分に検討し、被告人の供述を裏付ける相応に合理的で具体的な事実の裏付けがあったことを、主張・立証していくことが求められよう。

本事例のように、被告人の主観面が争点になるケースは、本件のように、供述証拠が中心になることが多いと考えられるので、弁護活動においては、このように供述証拠をめぐって、主張・立証することが、多くなろう。

第5　覚せい剤等薬物犯罪における誤判原因の分析と弁護活動における着眼点

まず、第1に、捜査段階での、違法な証拠の収集が多く、違法収集証拠で証拠が排除されて無罪になる事例が、相当数ある（**事例2、3、9、15、18、21**）。

今回の無罪事例においては、**事例18**が注目される。この無罪判決については、控訴され、同様に無罪とされた後、最終的には、最高裁第2小法廷平成15年2月14日判決[8]において、違法収集証拠の排除について、肯定されている。違法収集証拠の排除については、最高裁第1小法廷昭和53年9月7日判決がリーデイングケースであり、その後の最高裁判例はこれを踏襲し、下級審においても、この判断方法が定着し、違法収集証拠が排除されて高裁段階で確定したものも少なくないが[9]、これまで最高裁判所において、実際に違法収集証拠として証拠が排除された判決はなかった。この点について、最高裁第2小法廷平成15年2月14日判決が、初めてのものであり、注目される。

もっとも、右最高裁第2小法廷平成15年2月14日判決は、違法な第一次証拠とそこから派生する証拠の証拠能力を一体視する第一、二審判決とは異なり、右採尿による尿の鑑定書が違法収集証拠として証拠能力が否定される場合であっても、右鑑定書を疎明資料とされた捜索差押許可状に基づく捜索により発見され差押えられた覚せい剤およびこれに関する鑑定書は、司法審査を経て発付された令状による押収であることなどの事情を重視して、証拠能力を肯定している点に問題がある。

なお、違法収集証拠については、証拠を排除するまでの重大な違法ではないが相当程度の違法があれば、情状に影響することがあると思われる。したがって、この点の主張は、積極的になされることが必要であろう[10,11,12]。

そこで、どのような場合に、最高裁第1小法廷昭和53年9月7日判決のいう、証

拠収集手続の違法が令状主義の精神を没却するような重大なものであって、これによって得られた証拠を被告人の罪証に供することが違法捜査抑制の見地から相当でないと認められる場合とされるか問題となる。この点は、今回の事例の分析からは、必ずしも明らかではないが、採尿の過程で意に反して便所の扉を全開にして後ろから警察官の監視を受けるなかで排便することを余儀なくされ被告人に強い屈辱感をあたえた場合（**事例3**）、被告人の明確な帰宅の申出を何度も拒んだりして強制採尿のための令状が発付されるまで約4時間50分もの間警察署内で被告人の身体を拘束した場合（**事例15**）、強制採尿令状請求の疎明資料が内容虚偽であった場合（**事例21**）、採尿について窃盗の被疑事実による逮捕状の不提示による違法な逮捕状態を利用してなされたと認められる場合（**事例18**）などには、令状主義の精神を没却するような重大な違法とされている。

　なお、最高裁第2小法廷平成15年2月14日判決においては、公判において違法を糊塗する警察官の態度も考慮されているようであるから、弁護人としては、捜査時の違法の態様に注意するのみならず、公判においても厳しく追及していくべきだろう。

　第2に、覚せい剤の自己使用に関しては、自己使用の日時等について第三者が知ることは少ないなどの性格から、訴因の特定が問題になることが多い。もっとも、現実には特定に問題がある起訴は控えられたり、公判段階で特定がなされていると思われ、今回検討した裁判例では、判決段階で無罪になったものはみあたらなかった。

　この点は、最高裁昭和56年4月25日決定で一定程度の概括的記載が許されるとされているが[13]、現在でも、訴因の特定に疑問があれば積極的に求釈明すべきであるし、事案によっては、訴因の変更がなされる場合があろうが、許される訴因の変更か、十分に検討する必要があろう。

　なお、**事例14**の事例については、弁護人は、この公訴事実（前記**第4、1**参照）では、訴因の特定を欠くとして公訴棄却を求めたが、裁判所は、本件のような覚せい剤の使用の事案においては、訴因の特定として足りていると判断した。

　第3に、所持や自己使用に関して、第三者が被告人の知らない間に被告人の車に隠したり、被告人の飲食物に混入したりするケースがあるため、このような場合の無罪事例が意外と多くみられる（**事例1、6、8、14、16、20、22、29、33、35、38**）。

　今回検討した無罪事例では、11件と、全体の4分の1を超えているから、被告人からこのような主張がなされたときは、弁護人としては、安易な言い訳と考えずに十分にその主張を検討すべきであろう。

　先に検討した**事例14**では、弁護人が、接見当初は被告人の「知らないうちの飲

まされた」の主張に対して、若干の疑いを持ちつつも、その後の接見や、関係者との接見を誠実に行うことにより、この疑念がまったくの誤りであることに気付いている。

第4に、鑑定書に関しては、その記載が不十分な例がある。実務上記載が不十分ないしは誤りがある場合は散見されるので、弁護活動上、鑑定書の検討は必須であろう。

事例12は、鑑定書を不同意にし、鑑定担当者の証人尋問を予定していたところ、鑑定に誤りがあったとして検察側が証人申請も鑑定書も撤回し無罪の論告をした事例であり、通常特に問題がないとして同意している鑑定書のなかには、鑑定の誤りがあるものが含まれている可能性がある。

たとえば、単純に、鑑定書の記載上、鑑定に消費された量と残った量の和が、当初の量と一致しないことさえある。この程度のことは簡単にできるのであり、必ずチェックすべきであろう。

事例25は、被告人が確信的に他人の尿を持ち込んだ事案だが、任意提出の場合であり、また、警察もこのような目論見に気付いていなかったため、些細な見過ごしや見逃しを重ねたなどの偶然に支えられた事案であり、かなり例外的なケースと考えられる。しかしながら、例外的とは言え、存在したケースであるから、被告人からこのような主張があった場合は、証拠を十分に収集、検討する必要があるだろう。

なお、**事例14**で、検察官が、覚せい剤が検出できる期間に関して提出した鑑定書は、あえて、古い検出方法を前提としたもので、詐欺的な内容のものであった。このような鑑定書を提出することは許されるべきことではないが、現実にこのような事例があったのであるから、このような点にも注意を図るべきであり、弁護人は、薬物の検出方法の基礎を知るとともに、適宜、専門家に検討を依頼することも必要であろう。

第5に、覚せい剤については、覚せい剤として販売されるとはかぎらず、被告人が他の一般的な薬と認識していたりする場合があり、故意（覚せい剤の認識）について否定される事例がある（**事例5**）。また、被告人の知らない間に第三者によって覚せい剤が置かれたような場合は、覚せい剤所持の認識を欠くような場合（**事例4**）や、知らずに輸入の手伝いをさせられる場合もあるので（**事例17、19、31、36**）、注意が必要である。

また、近時問題になってきた麻薬特例法のマネーロンダリングに関する罪関係では、外国人が無許可で自国に安価に送金する業務を行うケース（銀行法違反）が増えているが、そこで知らずに犯罪収益の送金を請負うことにより、不法収益の認識を欠くような場合があるので、注意が必要である（**事例30**）。

第6に、営利目的に関して、今回検討した無罪事例では無罪になった事例はみあ

たらなかったが、所持の量等から、営利目的の有無については、慎重に検討すべきである。

　第7に、自白の信用性が問題になる事案があるが、一般的に自白について問題になるのと同様な点に注意すべきは当然である。たとえば、**事例32**は、子どもに会いたいなどの家庭的事情から、捜査官に迎合したと思われるケースである。

　また、**事例32**では、覚せい剤使用で有罪になっても初犯であるから実刑にならないとの見通しを持って、迎合したことも考えられる。

　さらに、薬物事犯では、覚せい剤等の使用等は明白な違法行為であるから、共犯者等をかばおうとして不自然な自白をするケースが見られる（**事例11、13、26**）。

　したがって、弁護人としては、被告人の自白を安易に信じることなく、自白に不自然なところがないか、変遷はないか、共犯者等をかばっていないか、捜査官への迎合等はないかなど、十分に検討する必要があろう。

　第8に、責任能力の点については、今回検討した無罪事例では、無罪になった事例はみあたらなかった。

　そもそも、責任無能力であれば、起訴がなされないであろうし、現在の裁判実務では、薬物によるある程度の精神的な能力の低下は、ほとんど考慮されず、責任能力を認める傾向があると思われる。

　第9に、共犯に関しては、共犯者の供述の検討等、一般の共犯事件と同様に注意すべきである。

　たとえば、**事例23**では、判決自体が、共犯者とされる者の供述には、一般に、いわゆる引き込みの危険があるので、その信用性を十分に検討する必要があると述べている。

　とくに譲渡事案においては、譲受人の供述の信用性が問題になり、無罪とされる事例がみられる（**事例7、10**）。譲渡事案においては、譲受人の供述は十分に検討する必要があろう。

　第10に、アリバイ（**事例28**）や、間接所持の解釈（**事例37**）が、問題になった事例が見られる。

　アリバイについては、一般の誤判事件と同様、問題になる。もっとも、自己使用の事案では、鑑定書があることから、アリバイが問題になることは考えにくい。**事例28**の事例は、大麻の譲渡事案である。

　なお、大麻取締法違反事件については、そもそも大麻を刑罰をもって取り締まるべき立法事実が存在するか疑問が存するところである。少なくとも情状には大きな影響を与えるので、十分に検討する価値があると思われる[14]。

第6 最後に

　本稿は、分析の対象が、無罪事例集第3集から第9集に掲載の無罪事例および、その後日本弁護士連合会刑事弁護センターに寄せられたが、第10集以下の無罪事例集が未発行のため、無罪事例集に未掲載の覚せい剤等の薬物犯罪の無罪事例（無罪判例）に限定されるなど限界があり、覚せい剤等の薬物犯罪の誤判原因の分析の入り口に立ったにすぎないが、覚せい剤等の薬物犯罪は、現実にも多い犯罪類型であり、無罪事例集にも多くの事例が掲載されていた。無罪事例の分析が有効かつ重要な犯罪類型であろう。

　また、近時導入された即決裁判では（平成18年10月1日施行）、覚せい剤の自己使用事例などで即決裁判への同意が求められることがあろうが、今回検討したように、さまざまな誤判原因があるので、安易に同意することは、禁物であろう。

　なお、覚せい剤等の薬物犯罪は、自白事件も多く、かつ、再犯事例も多い類型であるから、誤判原因の分析のみならず、情状面での弁護の工夫や、いかに薬物への依存の克服を図るかも重要な課題であろう。

　1　かならずしも弁論要旨等が十分に入手できていないため、原則として、判決書を元に分析し、適宜、弁論要旨や弁護人からのアンケート結果を加味して検討した。
　2　無罪事例集第3集から第9集掲載の薬物事件は、覚せい剤取締法違反事件に関するものがほとんどであるが、大麻取締法違反事件、麻薬及び向精神薬取締法違反事件、国際的な協力の下に規制薬物に係る不正行為を助長する行為等の防止を図るための麻薬及び向精神薬取締等の特例等に関する法律違反事件に関するものも若干ある。
　3　一部、少年に非行事実がないとして不処分決定を下した少年審判例（事例34）を含む。
　4　もっとも、自白の信用性や、共犯者の供述の信用性等、各犯罪類型に共通の問題点もあり、一つの裁判例の問題点が分類項目のいくつかにまたがる場合もあるので、理論的・体系的な整理が困難な点がある。このような限界を前提に、いちおうの分類を試みた。
　5　事例14については、刑事情報№19（編集発行大阪弁護士会刑事弁護委員会）21～24頁に、秋田真志弁護人の事件報告がある。弁護活動の経緯が詳しく報告されており、本稿第4、1は、この報告に負うているところが大である。
　6　判タ1206号280～286頁。
　7　未必の故意については、故意についての認識説（表象説）と意思説の対立を反映して、可能性説、蓋然性説、認容説、動機説等があるとされることが一般的である。本判示は、蓋然性説を採っているように読める。
　8　最高裁判所刑事判例集57巻2号121頁、判タ1118号94～99頁、判時1819号19～23頁。
　9　下級審判例を概観したものとして、石井一正『刑事実務証拠法〔第2版〕』（判例タイムズ社、1988年）91頁以下参照。
　10　違法な捜査手続により苦痛を受けた事実を、広義の「犯行後の状況」に属する被告人に有利な量刑事情として考慮した裁判例として、浦和地判平成1年12月21日判タ723号257頁、浦和地判平成3年9月26日判時1410号121頁がある。
　11　もっとも、刑の量定が犯人の責任を基礎とすべきものである点からみて、通常、その者が犯した犯罪についての量刑を決定的に左右するような事情になるとまではいえないだろう（東京高判平成7年8月11日判時1567号146頁以下参照）。
　12　原田國男『「量刑判断の実際」』（現代法律出版、2003年）152頁以下参照。
　13　小林充「覚せい剤使用における訴因の特定」判タ989号4～11頁。

14 長野地方裁判所伊那支部昭和62年5月30日判決は、「少量の大麻を私的な休息の場で使用し、かつその影響が現実に社会生活上害を生じなかった」事案については懲役刑を科するとすれば、少なくともその限度において憲法13条、31条に違反するとせざるをえないとするものと解される（丸井英弘「大麻取締法違反事件の争い方」季刊刑事弁護12号〔1997年〕89〜92頁）。

《参考文献》
1 無罪事例集第3集〜第9集・日本弁護士連合会刑事弁護センター。
2 髙野隆「薬物事件の弁護はどのように行うか」刑事弁護の技術（下）（第一法規、1994年）337〜353頁。
3 「特集／薬物・覚せい剤事件に強くなる」季刊刑事弁護12号（1997年）。

事例番号	裁判所・宣告日（原審）／弁護人名／罪名／出典（全文未収録含む）／確定有無	事案の概要	争点：違法収集証拠	争点：訴因の特定	争点：被告人の知らない間に他人によってなされた覚せい剤等の所持・使用	争点：鑑定	争点：故意	類型：営利目的の認定	類型：自白	類型：責任能力	類型：共犯	類型：その他
1	札幌地裁小樽支部 平6.3.25／工藤倫／覚せい剤取締法違反／日弁3集30頁／不明	被告人が、覚せい剤を「眠っている間に射たれた」と主張した事案につき、被告人が自己使用を認めたかのような友人および捜査官の供述の信用性を否定し、証明不十分とした事例			○							
2	名古屋地裁平6.8.9／家田安啓／覚せい剤取締法違反／日弁3集93頁／確定	尿の採取過程に重大な違法があるとしてその鑑定書の証拠能力が否定され無罪となった事例	○									
3	岐阜地裁多治見支部 平7.1.12／美和勇夫／覚せい剤取締法違反・暴行／日弁4集10頁／確定	別人に対する覚せい剤取締法違反による捜索差押の場に居合せた被告人に対し、被告人に覚せい剤の前科があることから、捜査官が尿の任意提出を迫り、排尿に先だち、被告人の意に反し便所の扉を全開にし後ろから警察官の監視を受けるなかで排便することを余儀なくされたと認定し、任意捜査の限界を超えた違法行為であり被告人に加えられた精神的打撃が強いことから尿の証拠能力を否定して、無罪を言い渡した事例	○									
4	大阪地裁平7.5.30／戸谷茂樹／覚せい剤取締法違反・窃盗／日弁4集83頁／確定	自動車内での覚せい剤所持事件につき、第三者による車内への覚せい剤の積載ならびに被告人がその存在を認識していなかった可能性を否定できず、被告人に覚せい剤所持の認識があったと認定するには合理的な疑いをいれる余地があるとして無罪を言い渡した事例					○					
5	福島地裁いわき支部 平7.10.2／折原俊克／覚せい剤取締法違反／日弁4集59頁	覚せい剤の自己使用事案について、上野駅近辺でイラン人から花粉症の薬として購入したとの被告人の供述につき、その直後に被告人が警察署に別件の被害届を出すために出頭している状況等から、覚せい剤であるという未必の故意も認められないとして					○					

	高裁で有罪で確定	無罪を言い渡した事例								
6	大阪地裁平7.10.6 原田裕彦 覚せい剤取締法違反 日弁4集90頁 高裁で有罪で確定	覚せい剤の自己使用事件につき、科捜研の尿鑑定結果および被告人の両腕の注射痕、採尿の際の行動、覚せい剤の使用歴等から被告人が公訴事実記載の期間に故意に覚せい剤を自己の体内に摂取し使用したとの推認はできず、証拠上合理的な疑いが残るとして無罪を言い渡した事例				○				
7	那覇地裁沖縄支部平8.12.18 武田昌則・阿波連光 覚せい剤取締法違反・恐喝未遂 日弁4集157頁 確定	覚せい剤の譲渡事案について、譲受人とされる証人の証言には核心部分において不自然不合理な点が多く信用性がないとして、無罪を言い渡した事例							○	
8	福岡地裁平9.2.14 中島繁樹 覚せい剤取締法違反・大麻取締法違反・詐欺 日弁5集184頁 確定	被告人が運転していた同人所有の車から、覚せい剤入りのたばこケースと大麻入りの名刺入れが発見された事件で、隠匿状況に顕著な違いがあり名刺入れについては第三者が隠した可能性も否定できないとして、大麻所持について犯罪の証明がないとした事例（控訴罪は観念的競合であり、無罪の言い渡しはしないとされた）				○				
9	福岡地裁平9.7.9 内田史浩 覚せい剤取締法違反 日弁5集92頁 確定	被告人が捜査・公判を通じて自白している事案について、尿の採取手続は一連の違法な緊急逮捕手続の状態を利用してなされたものであるから違法であるとして、補強証拠としての尿の鑑定書の証拠能力を否定して、覚せい剤使用について無罪とした事例	○							
10	大阪高裁平10.6.30 （奈良地裁葛城支部） 高野嘉雄・関洋一 覚せい剤取締法違反 日弁5集170頁 確定	覚せい剤譲渡の事件で、被告人は公訴事実記載の日の前日に譲受人に会い1万円を受領したことは認めつつも、公訴事実記載の日に会ったことは否認し、また、1万円は別途請求権を有する債権の返金として受け取ったものであるとして容疑を全面的に否認した事案につき、譲受人の供述には看過できない数々の疑問点があり信用できず、譲受人が虚偽の証言をする動機がまったくないとはいえないこと、被告人の供述は捜査・公判段階を通してほぼ一貫しているうえ、その供述内容を裏付ける証拠もあり排斥できないことなどから、被告人が譲渡人であると認定することには合理的な疑いが残るとして、一審判決を破棄し、無罪とした事例							○	
11	福岡高裁平10.10.23 （福岡地裁） 永田一志 覚せい剤取締法違反 日弁5集198頁 控訴審で確定	覚せい剤取締法違反（所持）の共犯として一審は有罪判決であったが、控訴審において、捜査段階における被告人、共犯者の自供内容に不自然な部分があるとし、被告人が自供したのは共犯者（交際中の女性）をかばうためであったとして、捜査段階での自白の信用性を否定して、覚せい剤の所持につき原判決を破棄し無罪（一部無罪）とした事例						○		
	高知地裁平10.12.15	覚せい剤を尿検査の結果で使用したとして								

10 薬物犯罪　333

12	山下道子 覚せい剤取締法違反 日弁5集75頁 確定	覚せい剤を尿検査の結果で使用したとして起訴された事件で、検察官が鑑定書を検討した結果、妊娠中であることや争わないほうが得策であるとも受け取られるような原審弁護人の意向等を推察して争わないことにした形跡が窺え、また実際に覚せい剤を所持していた内縁の夫をかばおうとして虚偽の自白をしたとの弁解を直ちに否定できないなど、変遷のなかの一部にすぎない不利益な自白だけでは犯罪の証明がないとして無罪を言い渡した事例					○			
13	仙台高裁秋田支部平11.3.16 （秋田地裁） 伊勢昌弘 覚せい剤取締法違反 日弁6集51頁 確定	覚せい剤所持の共謀共同正犯とされた被告人について、その供述は捜査公判を通じて変遷を重ね、秘密の暴露に匹敵するような固有の体験の発露を伴う信用性の高い自白ではなく、妊娠中であることや争わないほうが得策であるとも受け取られるような原審弁護人の意向等を推察して争わないことにした形跡が窺え、また実際に覚せい剤を所持していた内縁の夫をかばおうとして虚偽の自白をしたとの弁解を直ちに否定できないなど、変遷のなかの一部にすぎない不利益な自白だけでは犯罪の証明がないとして無罪を言い渡した事例							○	
14	大阪地裁平11.3.24 秋田真志・秋田仁志・岩佐嘉彦 覚せい剤取締法違反 日弁6集117頁 確定	採尿検査の結果から被告人の体内に覚せい剤が摂取されたことは明らかであり、また、被告人が同種前科二犯で覚せい剤の親和性を認めることはできるが、被告人や他の証人の供述の信用性から、コーラの中に被告人の知らない間に覚せい剤が入れられていた可能性も否定できないとして無罪にした事例					○			
15	札幌地裁浦河支部平12.2.18 海川道郎 覚せい剤取締法違反 日弁6集135頁 控訴審平13.2.20原判決破棄、逆転有罪。平13.3.16上告取下げ	覚せい剤の自己使用事案につき、強制採尿のための令状が発布されるまで約4時間50分もの間警察署内で被告人が身体を拘束されたことは、その違法の程度が令状主義の精神を没却する重大なものであり、したがって令状発布後になされた採尿手続により採取された尿の鑑定書を証拠として許容することは、将来における違法な捜査の抑制の見地からして相当ではないとして無罪を言い渡した事例			○					
16	東京地裁平12.3.29 秋廣道郎・大島久明・山本健一 覚せい剤取締法違反 日弁6集316頁 確定	尿および頭髪から覚せい剤が検出された被告人について、被告人が知らない間に夫によって膣内に覚せい剤を注入されたものであるとの被告人の供述は、これに添う内容を含む被告人の夫の供述の信用性に問題があるとしても、なお信用しうるとして、無罪が言い渡された事例					○			
17	鳥取地裁米子支部平12.10.26 高橋敬幸 覚せい剤取締法違反・関税法違反 日弁7集48頁	共謀による覚せい剤の輸入の成否につき、事実に照らすと、被告人が覚せい剤を密輸するとはっきりとした説明を受けていないことは明らかであって、被告人が冷凍車を手配した時点で積荷であるシジミの中に覚せい剤が入っていることを知っていたかどうか（犯意の有無）が争点であるが、捜査段階において犯意を認めた被告人の自白は、任意性が認められるものの、覚せい剤の密輸だと気付いた時期および理由という重要な点について不合理に変遷しており、内容的にも不自然・不合理な点が認められることに加え、何らの利得もなく関与した動機が合理的とはいえないことからその信用						○		

18	確定	性に重大な疑問があり、自白が虚偽だという被告人の公判供述は一応首肯に足るものであるから、自白は信用性がないとして無罪とした事例							
	大津地裁平12.11.16 上田次郎 覚せい剤取締法違反・窃盗 日弁7集57頁 高裁無罪。最高裁では使用につき無罪、所持・窃盗について一審差戻し。差戻し審は、有罪。控訴棄却、上告棄却で確定。	窃盗罪の通常逮捕状の執行により身体を拘束されたとされる被告人が任意提出した尿から覚せい剤成分が検出され、その後右結果等を疎明資料として請求、発付された捜索差押令状の執行により覚せい剤が発見されたことによる、覚せい剤の自己使用および所持の事実について、逮捕に関与した警察官（複数）の、「逮捕状を呈示した」旨の証言は客観的な逮捕状の折り目と符合しておらず信用できず、結局逮捕時に逮捕状の呈示がなされていない疑いがあるし、「逮捕状の緊急執行ではない」という、不自然な、しかし明確な否定証言を警察官らが繰り返している以上、裁判所が「逮捕状の緊急執行であった」という救済的解釈をすることは、違法捜査抑制の見地からみても相当ではないとし、逮捕状の呈示は憲法34条の精神に基づくものであるから、逮捕状の不呈示の違法は、令状主義の精神を没却する重大なものであるとして、その違法な逮捕状態を利用してなされたと認められる採尿、その検査結果、その利用により得られた令状により押収した覚せい剤の証拠能力を排除し、覚せい剤の自己使用および所持の公訴事実について、無罪とした事例	○						
19	鳥取地裁米子支部平12.12.14 青木孝・木村豊 覚せい剤取締法違反・関税法違反 日弁7集65頁 確定	暴力団員らによる営利目的の覚せい剤密輸入にあたり、大量の覚せい剤が隠匿されている多数のシジミ入り麻袋等を岸壁で自己運転の貨物自動車に積載し、覚せい剤取締法違反および関税法違反の共同正犯または幇助犯として起訴されたトラック運転手について、詳細な事実経過の認定に基づき、客観的な事実からは被告人の犯意を疑いを入れない程度に推認することはできず、捜査段階における自白も、「覚せい剤」あるいは「密輸」の表象の内容、程度、時期について変遷ないし齟齬があるうえ、犯行動機が不自然、不合理である等の問題があって信用できないから、被告人に犯意があったことを認めるに足りる証拠がないとして、無罪を言い渡した事例（自白調書があった事案）				○			
20	東京地裁平12.12.18 平賀睦夫 覚せい剤取締法違反・殺人 日弁7集185頁 上告審確定、覚せい剤については無罪	同居人を車を発進させ轢過し殺害したとされた事案と、尿から覚せい剤が検出され、覚せい剤取締法違反に問われた事件について、覚せい剤の自己使用については、本人の意思によるものであるとすることについての証明は不十分として無罪とした事例			○				
21	福岡地裁平13.2.9 幸田雅弘 覚せい剤取締法違反 日弁7集100頁	2件の覚せい剤取締法違反（いずれも自己使用）被告事件のうち1件について、強制採尿令状請求の疎明資料（被告人が水溶液入りコンドームをパンツ内にぶら下げていた旨の警察官作成の報告書）が内容虚偽のものであると認定し、同強制採尿令状は違	○						

	平14.1.5 平11(わ)835号事件は無罪、同868号は有罪で確定	法に取得されたものであり、同令状による採尿手続自体が違法であるとして、鑑定書の証拠能力を否定して無罪を言渡した事例							
22	大阪地裁堺支部 平13.3.22 西村義明 覚せい剤取締法違反 日弁7集162頁 確定	被告人が、氏名不詳者と共謀のうえ、情を知らない第三者をして日本に覚せい剤を輸入しようとしたとの公訴事実につき、共犯者との共謀を直接裏付ける証拠はまったくなく、また、被告人の本件への関与を推認させる、第三者が氏名不詳者より渡されたメモに被告人の姓と電話番号が書かれていた事実についても、氏名不詳者がどのような経緯で電話番号を知り、どのような意図でメモを第三者に手渡したのか、証拠上合理的に推認することはできないとして、無罪とした事例			○				
23	福岡地裁平13.7.17 原田香留夫・竹澤哲夫・上田國廣・入屋秀夫・川副正敏・椎木緑司・笹木和義・木下準一 覚せい剤取締法違反・関税法違反・傷害 日弁8集100頁 確定	被告人が主犯格とされた覚せい剤取締法違反・関税法違反事件について、一審判決が控訴・上告を経て確定したあと、第三次の再審請求に対し開始決定がなされ、有罪認定を支持する唯一の直接証である共犯者供述について、一般論として「引き込み」の危険があり慎重な認定が必要とされたうえで、供述内容と客観証拠の対照・供述相互の整合性・供述内容の不自然性・供述経過・新供述との比較等を詳細に行った結果、信用性に疑問があるとし、さらに被告人弁解についても詳細な検討を加え、犯罪の証明がないと結論付け無罪を言い渡した事例						○	
24	横浜地裁平13.12.3 金谷達成 覚せい剤取締法違反 日弁8集174頁 最高裁執行猶予付きで有罪確定	被告人が、母親と警察署に任意出頭して覚せい剤使用の有無を事情聴取され、尿の任意提出を求められている途中で、これを拒否して警察署外へ逃げ出し、追いかけてきた警察官に発見され、有形力を行使されて強制的に警察署に連れ戻されて執拗に尿の提出を要求されてやむなくこれに応じた事案について、採尿過程には被告人の真意による同意はなく、令状主義の精神を没却する重大な違法があるとして、鑑定書の証拠能力を否定し、覚せい剤の自己使用の公訴事実について無罪を宣告した事例	○						
25	釧路地裁帯広支部 平14.3.27 篠田奈保子 覚せい剤取締法違反 日弁8集237頁 上告棄却、有罪確定	覚せい剤取締法違反の罪に問われた被告人が、証拠となった尿については別人のものを凍らせて警察署に持ち込んだと主張したため、尿から覚せい剤反応は出たものの、判決は誰の尿か特定しないで、尿が警察署のトイレで採られたものではなく持ち込まれた可能性があるとして無罪とした事例			○				
26	釧路地裁帯広支部 平14.2.7 小原健司 覚せい剤取締法違反・大麻取締法違反 日弁8集265頁 確定	被告人の大麻所持に関する自白内容は、その重要部分である大麻草入容器の発見状況が客観的証拠関係から窺える発見位置と決定的に矛盾していること、被告人が他の関係者を庇おうとの意図で虚偽供述を行う動機もありえなくはないことから、自白の信用性を否定し、大麻取締法違反について被告人を無罪にした事例					○		
	大阪地裁平13.10.4 横井貞夫	知り合いと共謀し、路上で覚せい剤を密売したとして覚せい剤取締法違反などで起訴された被告人に対し、共犯者の供述中少な							

27	覚せい剤取締法違反 日弁8集278頁 高裁破棄、最高裁有罪確定	くとも被告人との共謀を認めた部分については、その信用性を全面的に肯定するにはなお疑問が残ることなどから、覚せい剤を密売した男と共謀したという事実の証明がないとして無罪とした事例						○	
28	前橋地裁平14.9.5 松本淳 大麻取締法違反、国際的な協力の下に規制薬物に係る不正行為を助長する行為等の防止を図るための麻薬及び向精神薬取締等の特例等に関する法律違反 日弁9集69頁 確定	麻薬密売人として逮捕、起訴され、大麻取締法違反などの罪に問われた被告人に対し、犯人は被告人と双子の弟であることは間違いないが、証人の供述によれば被告人が犯人とはいえず、被告人にはアリバイが成立する可能性があるとして無罪とした事例							○
29	東京高裁平14.7.15 高村浩 覚せい剤取締法違反 日弁9集87頁 確定	自己の尿中から覚せい剤が検出されたのは、睡眠中などにその意に反して注射されたためである旨の被告人の弁解を原判決が不自然・不合理であるとして排斥したのに対して、被告人の弁解どおりその意に反して覚せい剤を注射された疑いが濃厚であるとして、原判決を破棄し、無罪を言い渡した事例		○					
30	名古屋地裁平16.7.6 髙森裕司・田邊正紀 銀行法違反、国際的な協力の下に規制薬物に係る不正行為を助長する行為等の防止を図るための麻薬及び向精神薬取締法等の特例等に関する法律違反 未掲載 確定	雑貨店を営んでいたイラン人経営者が、送金業務を行っていたところ、麻薬特例法のマネーロンダリングに関する罪に問われたが、検察官が刑訴法321条1項2号で請求した共犯者の検面調書については特信状況を否定し採用せず、不法収益の認識、および共謀者との不法収益隠匿等の共謀がないとして、無罪となった事例				○			
31	京都地裁平16.11.25 村元健眞 大麻取締法違反・関税法違反 未掲載 確定	夫婦でハワイ旅行をしたところ、夫が単独で大麻の買付をし、ハワイから国際スピード郵便で乾燥大麻642グラムが入った小包2個を郵送したが、妻はまったく知らなかったため、輸入の共謀はなかったとして、無罪になった事例				○			
32	神戸地裁姫路支部平17.3.10 吉田竜一 覚せい剤取締法違反 未掲載 高裁で有罪確定	恋人に痛み止めとしてもらった覚せい剤を飲用したことについて、捜査官になした覚せい剤認識の自白は、子どもに会いたいなどの家庭的事情から捜査官に迎合して期待に沿う供述をしたものと疑われるとして、本件公訴事実については犯罪の証明がないとして無罪となった事例					○		
33	福岡地裁小倉支部平17.3.15 角南雅徳	被告人が使用・乗車していたレンタカーの後部座席床に落ちていた覚せい剤について、被告人の所持ではなく、第三者が落としていたものである可能性がある、との理	○						

10 薬物犯罪

	覚せい剤取締法違反 未掲載 無罪部分は確定。有罪部分は控訴し棄却された。	由で覚せい剤所持につき無罪となった事例。なお、被告人の尿からは覚せい剤が検出されており、使用罪としては有罪とされた。							
34	東京家裁八王子支部平17.4.26 角田雄彦 麻薬及び向精神薬取締法違反保護 未掲載 確定	麻薬 (MDMA) の自己施用について、少年が、先輩Xから無理やり口に押し込まれ麻薬と知らずに飲み込まざるをえなくなったものである等の主張に対して、これを否定するXの供述がその内容等から、その信用性を残す余地があること、少年の弁解に矛盾せず、あるいはこれに添った第三者の供述が存在することなどから、少年の弁解を虚偽として排斥できない合理性があること、他に、少年が麻薬を麻薬と認識しつつ自己の意思で摂取したことを裏付ける事実はないことから、少年に非行事実がないとして、不処分決定を下した事例					○		
35	福岡地裁平17.5.13 千綿俊一郎・美奈川成章 覚せい剤取締法違反 未掲載 確定	車内に残された被告人のバック内から発見された覚せい剤について、被告人は右バック内に覚せい剤を収納した覚えはないと主張した事案につき、車両の所有者がバックの中身に手を触れずそのままバックをトランクのタイヤハウス内に移動させたという証言の信用性を否定し、覚せい剤所持について証明不十分として無罪とした事例			○				
36	千葉地裁平17.7.19 本田正幸・宮家俊治 覚せい剤取締法違反・関税法違反 未掲載 確定	被告人は、共謀のうえ、カナダより営利目的でスーツケースに隠匿収納して覚せい剤を輸入しようとしたとして起訴されたが、サフランが隠匿されていたと思っており、規制薬物が隠匿されていることは知らなかった旨主張した事案につき、被告人は、サフラン以外の物が隠匿されている疑いを抱いていたものと認められるが、そもそも故意責任を追及するには、法益侵害の可能性があることを認識していただけでは不十分であり、少なくとも反対動機を作出することのできる基礎となるべき事実の認識、すなわち、本件では、本件スーツケース内に規制薬物が隠匿されている蓋然性を基礎付ける事実の認識が必要だが、その認識があったと認めることには疑問があり、未必的にせよ故意があったと認めることはできないとして、無罪とした事例					○		
37	高松地裁平17.7.28 安藤誠基 覚せい剤取締法違反 未掲載 控訴審無罪確定	容易に発見できる状態で覚せい剤・注射器が入っている財布が、遺失物として警察に届けられた場合、被告人は、覚せい剤を、警察官を介して間接所持したとは認められないとして、覚せい剤所持を無罪とした事例							○
38	福島地裁平17.11.2 安田純治	覚せい剤の自己使用事案。被告人が同棲していた男性の銃刀法違反被疑事件で、家宅捜索され（男性は途中で逃亡）、任意同行のうえ、任意に採尿され提出。簡易鑑定で陰性で帰宅したが、その後の鑑定で覚せい剤が検出されたとして8日後に逮捕された。逮捕時の再家宅捜索時に注射器などが押収されたが、血液型は右男性と一致したが、			○				

338　第1部　犯罪類型別の誤判原因

	覚せい剤取締法違反	被告人と異なった。被告人には注射痕もなく、公訴事実・論告では摂取方法の特定はなかった。被告人は、自分の意思で使用したことはないし、他人に知らないうちに使用させられたことについても誰かに使用されたことに思い当たる点はまったくないと供述した。被告人の尿から覚せい剤成分が検出されたことのみで自らの意思で覚せい剤を使用したと推認することはできず、体内に摂取された覚せい剤の量がきわめて少なかった可能性が否定できず、あるいは感覚自体に個人差が考えられるので、覚せい剤が摂取された自覚がまったくなかったことは不自然で経験則に反するとまでは言えず、これを完全に排斥することはできないというほかない以上、未だ合理的な疑いが残るといわざるをえないとして無罪となった事例							
	未掲載								
	高裁で有罪確定								
39	福岡地裁平18.1.18	覚せい剤取締法違反事件で、別件の任意同行が、警察官らの強制に基づく違法なものであったと認定し、その後警察署に面会に来た弁護士への対応等からみて、警察官らにおいて、令状主義の諸規定を潜脱する意図がなかったということはできないとして、取調中に請求して発された強制採尿令状に基づいて得られた尿の鑑定書の証拠申請を違法収集証拠として却下し、無罪を言い渡した事例	○						
	美奈川成章								
	建造物侵入・窃盗・覚せい剤取締法違反								
	未掲載								
	確定								
40	宇都宮地裁平18.8.3	モーテルに宿泊した被告人に対し、警察官が無銭宿泊等の嫌疑で警察署に任意同行するにあたり、強制的に捜査車両に乗せ、その後警察署で長時間にわたり留め置き、採尿等の令状を入手したうえ、差し押さえた被告人の尿から覚せい剤が検出されたとして起訴したが、任意同行・採尿手続に違法があったとして、尿の鑑定書が証拠排除され、無罪となった事例	○						
	橋本賢二郎								
	覚せい剤取締法違反								
	未掲載								
	確定								

11
殺人(1)

中島 宏

第1 はじめに

　殺人は、犯罪の代表的な類型であると形容される。刑法犯の認知件数に占める比率は必ずしも高くないが[1]、生命という重大な法益侵害を伴う重罪であることから、犯罪論を講じるうえでも重要な位置づけが与えられている。このことは、誤判原因の究明や、誤判回避のための弁護活動においても、同様に考えられるべきであろう。すなわち、殺人における誤判の発生は、死刑をも含む厳しい刑罰や、社会からの強い非難に無実の被告人を直面させることになる。殺人という犯罪類型に絞って誤判原因を論じることの意味づけとして、まずそのことを確認しておきたい。

　本稿では、殺人事件について、起訴されたが無罪となった事例（誤起訴）と、有罪判決が出されたがのちに上級審で覆された事例（誤判）を素材として分析を加え、そこに見られる誤起訴・誤判原因を明らかにするとともに、これを防ぐための弁護活動のあり方を模索していく。ただし、殺人の無罪事例のうち、その相当数は、責任能力の存否、特に心神喪失といえるか否が争点となって無罪が言い渡された事例であることに注意が必要である。それらも誤判・誤起訴の事例であることは間違いないが、問題の所在を若干異にするため、本稿では対象から外すこととする（本書において、責任能力に関する誤判原因・誤起訴原因については、庭山英雄「殺人(2)——責任能力」で扱われる）。

　具体的に検討の対象としたのは、日本弁護士連合会刑事弁護センターが収集した無罪事例のうち、判決文・弁論・論告などの入手が可能であり、かつ、比較的近

年に判決が出された17件である。個別事例については、すでに研究例が豊富な著名事件よりも、あまり知られていない事件の中で参考に値するものを詳しく紹介している。なお、詳細は、本稿末尾に掲載した一覧表を参照のこと。

第2　殺人罪における誤判・誤起訴の特徴

　典型的な犯罪の類型である殺人には、他の犯罪類型と比較した場合、構成要件の特殊性はない。したがって、誤判・誤起訴の原因を論じるにあっても、殺人という構成要件の類型から導かれる特別な視点は見いだし難いように思われる。そして、伝統的な誤判研究は、再審無罪事件などを素材としてきたため、そこで誤判原因の一般論として語られていることの多くが、殺人類型にみられる誤判・誤起訴原因と重なる関係にあるといえよう。

　もっとも、実体法上の構成要件的な特徴が見られないからといって、実態として発生する殺人事件の捜査・訴追が、他の犯罪と比較して何の特徴も有しないわけではない。まず、殺人事件の重大性に注目しなければならない。殺人事件の多くは、マスメディアで報道されることとなり、地域住民あるいは（事案によっては）国民から高い関心が向けられる。地域住民は、事件が早期に「解決」することを望んでおり、犯人の検挙に時間を要すれば、地域住民から捜査機関に対して、犯人検挙を急がせるような圧力が発生することになる。殺人事件において、捜査機関による見込み捜査や、自白強要型の捜査が行われたり、証拠構造における推論過程に無理があるにもかかわらず情況証拠による起訴が行われたりする背景には、このような「事件と社会との関連性」における殺人の特殊性があるといえるだろう。本稿で後に検討する事案のうち、**事例 13**（大分みどり荘事件）、**事例 14**（ロス疑惑事件）などは、その典型といえる。また、時効期間が迫った時点において無理な起訴が行われるのも、同様の原因によるものであろう。今回検討した事案の中では、**事例 8**（北方事件）、**事例 10、11**（いずれも城丸君事件）などにそれが見受けられる。

　このことは、同時に、実際に行う弁護活動に対する逆風を生み出す。地域社会が被告人の口から真実を明らかにすることを求めるため、捜査段階や公判段階における黙秘権の行使に対しては、マスコミの反応などを通じて、強い抵抗が伝えられることになる。また、近時では、警察発表のみに頼らない事件取材のあり方が模索される中で、弁護人が取材対象とされ、弁護人の口を通じて被疑者の「言い分」が伝えられることを期待する向きがある[2]。取材者が善意に「公平性」を追求しているのだとしても、結果としてそれは、弁護人を通じた社会からの供述の強要という機能を果

たしかねない。本稿での分析では踏み込むことができなかったが、誤判・誤起訴を防ぐための処方箋としては、とくに重大事件について、こうした訴訟手続の外側の事情にも目を向ける必要があるかもしれない。なお、**事例 10、11** は、まさにそうした状況と弁護人が闘いながら、被疑者の黙秘を守り通した事例であった。

　殺人類型の特徴として、無罪事例の分析を通じて得たもうひとつの視点は、殺人事件においても、その事実経過に「およそ事件性が存在しなかった」という誤判・誤起訴事例が、相当数見受けられることである。従来、典型的な誤判・誤起訴の問題は、犯罪行為によって結果が発生していることを前提に、その犯人と被告人との同一性が争われる場合とされてきた[3]。とくに殺人については、被害の発生が外形的に明らかであり、例外的な事例を除けば、死体の存在が前提となって捜査が開始されるため、およそ「事件性」を欠くような事案は、誤判・誤起訴の原因を論じる際には、あまり念頭に置かれていなかったように思われる。この点において、たとえば痴漢冤罪事件のように、そもそも事件性を欠く類型の誤判・誤起訴が多発しうる類型とは顕著な違いがあった。しかし、殺人事件においても、①事件性の有無を厳しく問うべき事案があることを認識しつつ、②事件性を争う場合の弁護のポイントを明らかにすることには、一定の意味があると思われる。

　また、その他に、被告人によって構成要件に該当する実行行為が行われたことに争いはないものの、共謀や、殺人の故意など、主観的要素が存在しないため、殺人の成立が否定される事例もある。これらもまた、被告人による実行行為の有無を争う典型的な誤判・誤起訴事例とは区別したうえで、全体を見渡すことが有益であろう。

　そこで以下では、殺人の無罪事例を、①事件性が否定された類型、②被告人と犯人の同一性が否定された類型、③殺意や共謀など主観的要素が否定された類型に分けて、個別の事案を踏まえた検討を行うこととする。

第3　事件性が否定された類型

1　個別事案の検討

事例 1（東京地裁八王子支部平成 12 年 2 月 9 日判決）

　本件は、病気で衰弱し、痴呆症状も進んでいる母親と 2 人で生活をしていた被告人が、母親を自宅で殺害し、死体を自宅の浴槽内に放置することによって遺棄したとされた事案である。被害者の死亡から 2 カ月半にわたって浴室に死体が放置され、腐敗して悪臭が出ていたことから本件が発覚したが、捜査開始が報道されるとすぐに、

家を出ていた被告人が警察署に出頭し、殺人と死体遺棄の両方を認める供述をした。弁護人の接見に対して被告人は殺人を認めており、第1回公判期日での認否においても殺人の事実を認め、死体遺棄について故意があったか否かのみを争う旨の陳述がなされた。ところが、第2回公判期日における公判の更新手続において再度の認否が行われた際、突然にそれまでの自白を撤回し、殺人について無罪を争うこととなった。

　被告人は、殺人を実行したときの状況について、次のような自白をしていた。午前6時30分頃、新聞配達の仕事を終えて帰宅し、殺害方法について考えたのち、午前7時頃、自分の枕を母親の顔に強く押しつけて息をできないようにして殺害した。

　これに対して、公判における供述では、①新聞配達が終わったあと、配達漏れの連絡があったので、被告人がバイクで届けることになり、途中、コンビニで母親の朝食と昼食を買ったのち、新聞を届けて午前8時頃に帰宅したところ、②母親が布団で寝たまま死亡していた。そこで、弁護人は、当日の行動に関する被告人の公判供述を裏づける立証活動を行った。具体的には、ⓐコンビニで母親の食事のための買い物をしたとする公判供述に合致するレジスタの記録、ⓑ配達漏れをした家に新聞を届けたのちに帰宅したとする公判供述に合致する販売店の記録帳などを提出した。また、被告人の勤務先の店主からは、被告人の公判供述に沿う内容の陳述書を得た。検察官が不同意としたため、店主の証人尋問を申請したが、「事件により迷惑を被った」との感情から出頭せず、申請を取り下げざるをえなかった。ところが、逆に検察官が店主の証人尋問を申請し、店主を勾引して証人尋問を強行した。店主の供述は、弁護人が得ていた陳述書の内容と一致するものであり、検察官の意に反して、被告人の公判供述を裏づける結果となった。

　本件は、死体が発見された時点で、すでに長期にわたり遺棄されていたため死因の特定が困難であり、母親が「殺人により死亡した」ことが客観的証拠によって裏づけられていない。被告人が公判で自白を撤回したことに伴い、検察官は、④死因が殺人であることを証明するために、病理検査を含めた再鑑定を申請した。また、㋺自白において凶器とされている被告人の枕の鑑定を申請し、被害者と同じDNA型を検出することにより自白を補強するなどの立証を試みた。しかし、いずれも失敗に終わった。とりわけ、凶器とされた枕のDNA型鑑定では、母親のDNA型が検出されなかったことにより、むしろ自白の信用性を疑わせる結果となった。

　判決は、まず、死体の鑑定結果などから、母親が病死した可能性が十分にあり、被告人による死体遺棄も死体の措置に困ったあげくに引き起こしたものと理解できることから、死体の存在と発見状況は、それ自体では殺害行為の存在を窺わせるもの

とはいえないとした。そのうえで、自白について検討し、(i)事件当時の被告人と母親の関係からすれば、殺害の動機が不自然であること、(ii)被告人の当日の行動に関する客観的事実に照らすと、殺害時刻に矛盾があり、殺害を企図した状況も不自然であること、(iii)自白の重要部分に変遷があること、これらに対し、(iv)病死した母親の死体を発見して遺棄した経緯や、自白をしたのちに翻した理由について、公判廷における被告人の供述は虚偽として排斥できないことから、自白は全体として信用性が乏しいと判断した。そして、自白の真実性を保障し得るだけの補強証拠が存在せず、合理的な疑いを容れない程度の立証があったとはいえないとして、殺人について無罪を言い渡した（死体遺棄につき懲役2年）。

事例2　（岡山地裁平成7年12月6日判決）

　被告人が、長男Y（生後77日）が泣き止まないことに立腹し、①頭部を手拳で殴打し、②頸部を手指で圧迫し、③自己の右手親指をYの口腔内に挿入するなどし、窒息により死亡させて殺害したとされた事案である。被告人の妻（当時）が帰宅したところ、被告人がYに添い寝する形で熟睡していたが、被告人の右手親指がYの口の根元まで入った状態でYが死亡していた。妻の連絡により駆けつけた妻の父母等によって警察に通報がなされ、被告人は、駆けつけた警察官によって現行犯逮捕された。被告人は飲酒酩酊してたため、実行行為についての記憶はない旨を主張したうえ、殺人の実行行為および殺意を否認した。

　本件は、被告人の記憶がないため自白がなされておらず、また、自宅での出来事であるため目撃証言等も存在せず、被告人の犯行であることを示す直接証拠が存在しない事例であった。そのため、検察官は、ⓐ直接の死因が頸部圧迫または口腔内への異物挿入による窒息死であること、ⓑ現場が密室状態に近く、物色の跡などもなく、被告人以外の者がYに暴力を加えた可能性はないこと、ⓒ酒に酔って、過去複数回にわたって妻に暴力をふるったり、Yに「教育」と称して乱暴な扱いをしたこと、ⓓ隣家の住人が、泣き止まないYに対して被告人が怒鳴り声を上げるのを聞いたことなど、情況証拠の積み重ねによって被告人によるYの殺害を推認しようとした。

　弁護人は、検察官の推論に対して、㋑殺害するのであればいくつもの方法を用いているのは不自然である（生後77日に過ぎないYに、頭部への殴打だけでも致命傷を負わせるのは容易）、㋺窒息させる方法として親指を口に挿入する方法を考えつくのは不自然である、㋩犯行後に痕跡を消そうとせず、親指を入れたままで発見されたのは不自然である、㋥妻の公判供述などによれば、被告人は飲酒時の暴力癖・粗暴的性格が出ることはあっても、過去のYに対する行為は、あやし方が上手ではないに過ぎな

いといえることなどを反証として挙げた。さらに、ⓗ被告人はYに親指をしゃぶらせてあやすことがあったことを指摘して、本件は、泣き止まないYを寝かすために、被告人が自分の親指をしゃぶらせながら腕枕をして横になったときに、指をYの口に入れたまま被告人自身も眠ってしまったことによって生じた事故であると主張した（＝アナザー・ストーリーの提示）。

判決は、鑑定書および鑑定証言から、本件の死因は、頸部圧迫ではなく、口腔への異物挿入による窒息死であると認定した。そのうえで、口腔への異物挿入については、弁護人の主張に沿った判断を行い、被告人がYを寝かしつけようとして親指をしゃぶらせているうちに寝入ってしまったか、あるいは、泥酔状態で無意識に指をしゃぶらせてしまった可能性が否定できないとした。そして、被告人の意思に基づいて有形力が行使された可能性も考えられるが、そうでない可能性も十分に考えられるのであるから、検察官の主張には合理的疑いが残るとして無罪を言い渡した。

事例3（長崎地裁平成9年7月11日判決）

本件は、被告人（父親）が、シンナーを吸引して異常な行動をする自分の長男を、自ら経営する鉄工所にて扼殺したとして起訴された事案である。被告人は、捜査段階から一貫して犯行を否認しており、異常な行動を見せた長男を病院に連れて行くためにおとなしくさせようとして指で首を絞めて失神させたのち、逃げないように両手首を縛るなどしておき、長女を駅まで迎えに行って帰宅したところ、長男がロープで首を吊って自殺していたと主張した。

本件では、自白や目撃証言が存在せず、もっぱら情況証拠のみを根拠として公訴提起がなされている。そして、**事例1**、**2**と同じように、被告人が、そもそも本件の結果が犯罪行為によってもたらされたのではないとの弁解を提示していることから、情況証拠のうち、被害者である長男の死因が何であるかが最大の争点となった。

判決は、長男の死体を解剖して作成された鑑定書を詳細に検討して、①死体に残された特徴が、手指で頸部を絞めての扼殺によって生じるはずの特徴と一致しないこと、②死因が、索状物の圧迫による窒息（＝首を吊って死んでいたという被告人の供述に一致する死因）ではないことが証明できないことから、被告人が手指で頸部を絞めた行為と死亡結果との因果関係は認められず、むしろ、縊頸に近い条件での窒息死である可能性が高いと判断した。

また、被告人の供述については、ⓐ病院に連れて行くために首を絞めたとの供述は、客観的に不適切であっても不合理とはいえないこと、ⓑ長男の言動は殺意形成の理由になるが、被告人が憤激しなかったとしても不自然ではないこと、ⓒ首を絞めた行

為は危険なものであるが、殺意に基づくものとは認定できないこと、ⓓ被害者の着衣に付着した鉄さび・土砂・繊維、現場付近から採取された足跡、現場に存在した物品などの存在が、被告人の供述内容と整合していること、ⓔ検察官は、それらの情況には被告人の供述内容と矛盾する点があるので被告人によって偽装されたものだとするが、各情況と供述内容とは矛盾しておらず、不自然ともいえないことなどから、長男が自殺したという供述の信用性を否定できないとした。そして、本件については、公訴事実の存在を認めるには合理的な疑いが残り、また、長男が自ら縊頸死した可能性を否定することができないとして、無罪を言い渡した。

2　誤判・誤起訴原因の分析

　上記4つの事案のうち、**事例1～3**は、被害者の死亡事実に被告人が何らかの形で関与しているにもかかわらず、実際の事実の経過では、事故死、病死、自殺といった犯罪とは異なる別の事情が介在していたことが明らかになった事案である。

　事例1～3は、被告人が主張した事実経過が、極めて特異なものであることに注目すべきだろう。前述のとおり、殺人は本来、犯罪により被害が発生したことの痕跡が客観的な証拠として残りやすい類型である。それにもかかわらず、これが誤って起訴されてしまうのは、通常、捜査機関や一般人の感覚では想定しえないような、特殊な事情が真実に潜んでいる場面が必然的に多くなる。そして、その裏返しであるが、この類型に共通するのは、情況証拠において、有罪の可能性が強く示されていることである。したがって、誤起訴・誤判を回避するための弁護活動としては、この一見すると盤石に見える情況証拠をどのようにして弾劾するかがポイントとなる（なお、以上の前提として、弁護人自身が、盤石に見える情況証拠に惑わされて被告人の言い分を意識的・無意識的に排斥することがあってはならないのは当然である。この類型における弁護方針の決定では、「小説よりも奇」である事実の発見こそが弁護人の役割であり、容易なことではあるまい）。

　弁護人は、殺人の事件性を否定する以上、客観的事実として、まず被害者の死因について、徹底した究明が必要となる。この点について、**事例1～3**は、いずれも死因についての鑑定を多用し、これを裁判所に詳しく検討させることによって、殺人以外の原因で死亡した可能性を客観的事実によって裏づけた点が注目に値する。とくに**事例1、3**では、死因についての鑑定結果が、事案の帰趨に決定的な役割を果たしている。

　ところで、挙証責任が検察官にある以上、情況証拠を弾劾するためには、本件の被害が犯罪行為以外の原因で発生した可能性を示すことができれば足りることにな

る。しかしながら、各事例においてはいずれも、被告人・弁護人の側から、どのような事実が存在したのかを示す、いわゆる「アナザー・ストーリー」を積極的に展開している。これらの類型は、一見すると検察官側に盤石の情況証拠が揃っている事案であるため、消極的な弾劾だけでなく、この事件において一体何があったのかを積極的にアピールする必要がある。

　そのうえでさらに、被告人・弁護人自身が提示した「アナザー・ストーリー」を、客観的証拠によって積極的に立証する防御活動が必要である。この点については、**事例1**が参考になる。弁護人は、被告人が主張する事実関係を支える客観的な証拠として、買い物をしたスーパーのレシートの記録を探り当てており、これが被告人の公判供述の信用性を高めている。もっとも、そうした立証が常に成功するとは限らないのであるから、これと並行して、挙証責任の所在に根ざした、検察官側の主張・立証に対する地道な弾劾も怠るべきではない。

　なお、**事例1**では、こうした情況証拠の弾劾に加えて、捜査段階において被告人が自白していた事案であったため、自白の信用性についても争わざるをえなかった点が、さらに特徴的である。この事件では、検察官の請求により、凶器とされていた枕に付着したDNAの鑑定が行われ、被害者のDNAが検出されなかったことが、自白の信用性を否定するうえで大きな意味を持った。もっとも、現場の状況からすれば、枕にDNAが付着している可能性も少なくなかったようであり[4]、紙一重の判断だったというべきかもしれない。また、この類型において、自白がなされた場合については、補強法則（刑訴法319条2項）の活用が考えられる。死因について、鑑定結果などから、犯罪以外の原因によって死亡した合理的な疑いがあるとされたならば、罪体の重要部分（何人かの犯行による被害の発生）を証明する自白以外の証拠は存在しないことになる。この場合、いわゆる形式説によれば、自白の証明力如何にかかわらず、有罪判決は許されないことになる。

第4　被告人と犯人の同一性が否定された事例

1　個別事案の分析

事例4（広島高裁平成13年4月24日判決）

　本件は、被告人が、自宅で同居する被害者Yから預金通帳と銀行届出印を強取しようと企て、停泊中のカーフェリーの船内で飲酒をしようと桟橋まで誘い出し、Yが船に乗り込もうとしたところで背後から押して海中に突き落とし、溺死させて殺害した

とされた事案である。被告人は、自宅にてYの預金通帳と銀行届出印を盗んで35万6,000円を銀行から払い戻しており、強盗殺人のほか、有印私文書偽造、同行使、詐欺で起訴されている。

被告人は捜査段階において、警察による取調べ開始後1時間40分で、殺人も含めて自らの犯行を自白しており、複数の自白調書が作成されている。ところが、検察官による取調べおよび勾留質問では、殺人の事実を否認した。すなわち、捜査段階の一定期間において、警察官に対する自白と検察官に対する否認とが併存したことになる。そして、公判においては一貫して殺人を否認した（Yの預金通帳と銀行届出印を抜き取り、現金を払い戻したことは認めている）。

本件は、犯行の目撃者はおらず、また、Yの死体には、それのみで犯罪行為により殺害されたことを示す痕跡は残っていない。したがって、検察官は、Yが犯罪行為によって死亡したのであり、その犯人が被告人であることについて、唯一の直接証拠である捜査段階の自白に依拠することで証明可能と判断したのであった。したがって、本件では、自白の信用性が主な争点となった。

第一審は、一連の自白調書について、①否認と併存する特異な形態である、②供述内容に看過できない不可解な変遷がある、③供述内容が客観的事実と矛盾するなど不合理な点が多々ある一方で、④真犯人のみが知りうる事実であり、かつ、客観的証拠によって裏づけられたものが何一つないとして、その信用性を否定し、無罪を言い渡した（広島地判平成9年7月30日判時1628号147頁）。

控訴審においても、自白の信用性が争点となることは同様である。そして、本件における一連の自白には、ⓐ取調べ開始直後に自白している[5]、ⓑ供述経過において、否認から自白に転じたり、自白から否認に転じるだけでなく、極めて短期間のうちに、認否が「行きつ戻りつ」を繰り返すように変遷しているという特徴がある。こうした事情を踏まえて、弁護人は、被告人の心理学的能力および性格特徴の分析と一連の供述内容に対する心理学的分析を心理学者に依頼し、自白の内容が虚偽であるとした心理学的鑑定書を裁判所に提出した。

控訴審判決では、弁護人が提出した心理学的鑑定書を引用しないものの、実質的には、そこでの鑑定意見と一致する判断を示しながら、自白の信用性を否定し、強盗殺人について無罪を言い渡した原判決の判断を支持し、控訴を棄却した。

事例5（大阪高裁平成5年5月7日判決）

本件は、被害者Yが自宅で就寝中、何者かが侵入して、ガソリンを撒いて火をつけたことにより、Yが死亡した事案である。駆けつけた救急隊員に対して、救助され

たYが「Xにやられた」と告げたことから（そののちYは死亡）、当日のうちにXが逮捕された。Xは、当初は否認していたが、勾留された後、自白に転じて調書が作成された（ただし、弁護人との接見では、一貫して否認している。本件では、捜査段階で頻繁な接見がなされている。自白を回避することはできなかったが、頻繁に接見する弁護人に、被告人が自分が無実である旨を伝え続けることができたのは、その後の防御活動において、大きな意味があったと思われる）。

　検察官は、①自白調書の存在のほか、②犯人がXである旨の供述を含む被害者Yの供述調書、③動機、被告人が勾留中に同房だった者に向けて犯行を認める供述をしたなどの間接証拠から、本件の有罪が立証できると考えて、殺人、現住建造物放火で被告人を起訴した。

　本件の弁護活動も、必然的に、ⓐ自白調書、ⓑYによる供述調書の信用性を弾劾することが中心となるが、具体的には、まず、犯行時刻およびその前後の現場の客観的情況を、鑑定や実験によって明らかにすることが重要であった。鑑定や実験によって明らかになった客観的事実と各供述の矛盾を指摘することによって、それぞれの信用性が弾劾されることとなる。

　第一審は、被告人の自白、被害者Yの供述のいずれについても信用性を否定して、無罪を言い渡した。検察官が控訴したが、控訴審判決では、これらの点について、より明快な判断が示されている。まず、被害者Yの供述について、㋑Yは自分が被告人から強い恨みをかっていると感じていたことから、自分を襲うとすれば被告人であるとの先入観を抱いていたこと、㋺供述では、Yが消火活動のために逃げ遅れたとするが、これは灯油の燃焼速度と矛盾しており、むしろ熟睡していて逃げ遅れた可能性が高いこと、㋩そうであれば、犯人はすでに在室していないはずであり、Yが目撃できる可能性が乏しいことを挙げて、信用性を否定した。また、検察官は、Yの供述は、死期を悟った者が臨死の際に行った「ダイイング・デクラレーション」であり、利害を超越した真摯な供述として信用できると主張したが、㊁Yの供述時の意識は清明であり、回復への期待を有している時期のものであるとしてこれを退けた。

　捜査段階での自白については、(i)殺害の具体的な方法の重要部分について供述内容が変遷しており、捜査官に迎合した供述である可能性が高いこと、(ii)供述内容が、現場で使われたポリ容器の位置や被告人の着衣の情況などの客観的事実に矛盾することなどから、信用性が否定された。また、情況証拠として挙げられた、同房者に対する供述は、捜査官に対する自白内容をそのまま伝えたに過ぎないか、あるいは、同房者が検察官から聞いた話を混同した可能性があり、それ自体の信用性が極めて低いとされた。そして、本件は、基本的証拠である被害者の供述、被告人の自

白には解明できない合理的疑問が残り、情況証拠も薄弱であるとして、原審の無罪判決を支持し、控訴を棄却した。

事例6 （松江地裁平成2年1月17日判決）

　本件は、ドライブインで酒を飲んだ被告人が、そのドライブインの一角にある経営者の住居の寝室で寝ていた小学校1年生の女児Yを連れ出し、付近に生育していた山芋の蔓様のものを首に巻き付けて絞殺したとして、強姦致傷と殺人で起訴された事案である。被告人は、ドライブイン横のガソリンスタンドで仰向けに倒れて寝ているところを発見されて、任意取調べを受けた。当初はドライブインで酒を飲んだあとのことは酔っ払って覚えていないとの弁解をしていたが、取調べ開始の数時間後には、自白をしている。なお、接見した弁護人に対しては、当初の弁解のとおり、酔っ払っており覚えていない旨を述べている。

　本件は、指紋、強姦致傷の際に付着したはずの血液痕、下着に残るはずの精液痕、殺害に使用された凶器などの物証が何も残されていない。検察官による公訴提起の根拠は、①被告人の自白調書のほか、物的証拠として、②Yの寝室外庭に残された足跡が、被告人のズック靴底の紋様と一致したこと、③Yの頸部に付着したのと同じ植物が被告人の左手首にも付着していたことのみであった。したがって、本件の弁護活動も、自白調書の信用性を軸として展開されることになる。

　まず、弁護人は、取調べ初期の段階における供述録取書（証拠調べ請求されていないもの）の開示を求め、ⓐ初期段階における被告人の自白では、殺害場所として死体の発見場所とはまったく異なる場所を指し示していたこと、ⓑ取調べの過程で被告人の自白内容が曖昧なものから詳細なものへと変遷しており、捜査官に迎合した様子が窺えることなどを明らかにした。また、現場の様子について検証を行うように、数回にわたって裁判所に求めており、その結果、自白内容には現場の客観的事実と矛盾する点が多々あることが明らかになった。さらに、ⓒ事件当夜の被告人の記憶の有無について、アルコール実験などを踏まえた鑑定を委託し、ほとんど記憶欠損であり、著しい運動失調状態であったことを明らかにした。

　これを受けて判決は、④物証のうち足跡痕は、被告人が酩酊徘徊した際につけた可能性が否定できず、植物については犯行と関係なく付着した可能性があることを指摘し、いずれも排斥した。そのうえで、自白については、㊄秘密の暴露がないこと、㊅内容が変遷しており、その理由が解明できないこと、㊆内容が客観的事実に照らして不自然・不合理であることを指摘してその信用性を否定し、無罪を言い渡した。

事例7 （東京高裁平成3年4月23日判決）

　本件は、1974（昭和49）年7月に発生した、いわゆる松戸OL殺人事件における控訴審での逆転無罪判決である。

　捜査当時は、本件は首都圏で発生していた連続女性殺人事件のひとつであると見られ、被告人は、他の殺人事件も含めて疑いを向けられていた。被告人は、まず最初に、別件である窃盗事件で逮捕・勾留され（第1期間）、続いて、同じく別件の強姦事件によって逮捕・勾留された（第2期間）。これらの期間中、捜査機関は、本件とは別の女性の殺人事件について、被告人を取り調べている。

　窃盗および強姦事件が起訴された後は、起訴後の勾留（第3期間）を利用して、本件殺人事件の取調べが行われた。このとき、被告人は本件の犯行を自白し、自白調書が作成された。また、この時期に、被害者が行方不明になったときに所持していた傘、定期入れ、財布などが、死体発見現場に近い川の土手などで発見された。

　捜査機関は、上記の証拠物の発見が「秘密の暴露」にあたるものだとして、被告人を本件の殺人罪で逮捕・勾留し（第4期間）、本件の取調べを行った。この期間においても、被告人は、警察官および検察官に対して自白をしており、各調書が作成されている。しかし、検察官は、本件の殺人については処分を保留したまま釈放とした（別件の起訴後の勾留による身体拘束は継続中）。

　そして、その後（第5期間）も本件殺人についての取調べを継続した。被告人は、本件犯行の自白を維持し、被害者の着衣や所持品についての供述を行った。また、捜査官は、被害者が当時着用もしくは所持していた衣服（サロペットスカートおよびその吊り紐、パンティーストッキング）および靴などが、死体発見現場の事業地付近で発見した（捜査機関によれば、これも秘密の暴露にあたるとされた）。検察官は、これらの捜査の結果をもって、被告人を本件殺人でも起訴したのであった。しかし、被告人は、本件での勾留質問以降、第一審、控訴審を通じて、犯行を否認した。

　本件では、被告人と犯人を結びつける有力な物証は見あたらず、また、被告人と犯人の結びつきを示す間接証拠も乏しいため、結局のところは、被告人の自白の任意性・信用性が争点となった。そして、自白の任意性・信用性の判断においては、特に本件における代用監獄（当時）を利用した取調べの態様がひとつの大きなポイントとなっている点に特徴がある。

　第一審（千葉地松戸支判昭和61年9月4日判例集未登載）は、上記のうち第5期間における自白について、釈放後も新設の警察署に1人だけを留置して、厳しい監視状況下において取調べを続けたことから、任意性を欠くとして証拠能力を否定した。しかし、第3期間、第4期間の自白については、任意性および信用性を肯定して、

被告人を有罪とした。

控訴審では、第3期間および第4期間の自白の任意性・信用性が争点となった。判決では、任意性について、①留置状況、②留置場での言動、③取調べの状況、④自白内容の観点から判断を加えている。まず、①留置状況については、(a)捜査本部の強い意向によって新設された警察署に被告人のみを移管したこと、(b)捜査本部の要員から看守者を割いて出し、四六時中、被告人の言動を記録あるいは録音して取調班に報告していること、(c)歯磨き粉の購入など被告人の生活上の行動についても取調班の意向を重視して看守にあたり、取調べの際に被告人が取調班に房内での事項について頼むように仕向けたこと、(d)接見禁止がなされていたこと、(e)運動の機会を与えないことなどを認定した。また、②留置場での言動については、(a)不安定な精神状態から常軌を逸する行動をしたこと、(b)他方で、人恋しさから看守に話しかけ、取調べを待ち望むような言動すら見せたことを認定した。③取調べの状況については、連日休みなく取調べが行われ、10時間に及んだのが1回、7〜9時間に及んだのが17回など長時間にわたって追及が行われており、④自白の内容については、取調べごと、あるいは、取り調べた者ごとに内容が変遷しており一貫性を欠いていることを挙げて、第3期および第4期の自白にも任意性は認められないとした。

さらに、判決では、任意性を否定しつつも、「事件の重大性を考慮して」信用性の判断も行っている。信用性の判断にあたっては、ⓐ自白内容の変遷の程度、ⓑ自白内容の変遷の動機、ⓒ自白内容の不自然さ、ⓓ秘密の暴露などの点から判断を加えている。検察官は、ⓐ自白内容の変遷について、被害者を強姦して殺害したこと、全裸にして土中に死体を遺棄したこと、被害者の着衣や所持品を捨てたことなどの「大筋」において一貫していると主張した。しかし判決は、それらは自白を待つまでもなく明らかであるとして「大筋」としての一貫性を否定し、犯行における具体的行動についての自白内容については、変遷が著しいとした。そして、ⓑ本件における自白の変遷は、捜査の進展に関連したものであり、取調官から強く示唆を受けて誘導された結果と見るのが素直であるとした。また、ⓒ自白内容については、(a)殺害前に強姦したときの状況、(b)殺害方法、(c)犯行の経過と犯行後の所要時間、(d)犯行前後の被告人の行動などを検討したうえで、自白の内容自体が不自然であり、また、客観的事実と一致しないとした。さらに、ⓓ秘密の暴露については、(a)被告人の指示状況が確たる供述調書で裏づけられていないこと、(b)現に発見したときには、いずれも被告人は立会・目撃していないこと、(c)発見された着衣等の状況が被告人の供述からは窺えないような状態だったことなどから、捜査の過程で発見された被害者の傘、着衣、靴が、被告人が取調官に捨てた場所などを指示したことによって発見さ

れたとは評価できないとした。以上の事情を考慮した結果、判決は、被告人の第3期・第4期における被告人の自白には、信用性もないとした。

このようにして、原判決の有罪認定における証拠構造の柱であった自白の任意性・信用性を否定した結果、控訴審は、原判決を破棄・自判して、被告人に無罪を言い渡した。

事例8 （福岡高裁平成19年3月19日判決）

本件は、1987（昭和62）年から1989（平成元）年にかけて佐賀県杵島郡北方町で発生した3件の殺人事件（いわゆる北方事件）の控訴審判決である。被告人Xは、1989年頃に、別件の覚せい剤事犯につき起訴後の勾留中に、北方事件の被疑者として取調べを受け、自白を含む上申書を作成した。しかし、その後、北方事件について被告人への捜査は中断していた。ところが、公訴時効の完成が迫った2002（平成14）年になって、突然再びXが捜査の対象となり、北方事件の被疑者として逮捕された。

被告人と犯人を結びつける直接証拠は、捜査段階（もっとも、逮捕される13年前における捜査のことである）でなされた自白のみであった。そこで原審では、検察官が証拠調べ請求した多数のXによる上申書（自白を内容とする）などの証拠能力が争われた。裁判所は、この上申書が作成された際の取調べは違法なものであり任意性も欠くとして、その証拠能力を否定する証拠決定を出した。そして、残りの情況証拠のみからでは、被告人と犯人の同一性について合理的な疑いが残るとして、無罪判決を言い渡した（佐賀地判平成17年5月10日判時1947号23頁）。

検察官は、①上申書（自白）等を証拠排除したことが法令違反にあたり、②情況証拠の総合評価を適切に行えば、合理的疑いを超えて犯罪事実が証明できる（原判決は事実誤認）と主張して控訴した。さらに、検察官は、③控訴審の審理において、被告人が犯行に用いたとされる車の中にあった写真から指紋を採取した際に用いたゼラチン紙に残された体液から検出したミトコンドリアDNAと、被害者の1人であるCのミトコンドリアDNAとが一致するとの鑑定書を提出し、被告人と犯人の同一性を主張した。

判決では、まず、ⓐ上申書等の証拠能力について、原審の証拠決定における判断をすべて維持する旨を判示した。被告人に対する取調べの様子については、昼食も夕食もとらせず13時間27分間にわたって取調室に滞留させるなどして、連日、深夜まで追及的な取調べが行われたことをあらためて認定している。また、本件の取調べは、別件において起訴後の勾留がなされていた被告人の身体拘束を利用して行わ

れたものであるが、勾留の基礎となっている犯罪事実（覚せい剤取締法違反）以外については、取調べ受忍義務がないにもかかわらず、本件においては、取調べ受忍義務を課したに等しい取調べが行われているのであるから、令状主義を甚だしく逸脱する違法性の高い取調べであると判示している。

次に、ⓑ事実誤認の主張に対しても、原判決の判断はすべて正当として是認できるとした。そして、ⓒ検察官が提出したミトコンドリア DNA の鑑定書については、㋑ミトコンドリア DNA は母系遺伝するものであり、同一型を保有する者は少なからず存在していること、㋺写真が押収された当時は、DNA 型鑑定が行われることなど考慮されていなかったので、押収後に写真に触れた人の範囲が明らかでなく（つまり、Cではない第三者のミトコンドリア DNA である可能性も少なくない）保管状況も心許ないことなどから、被告人の犯人性を推認させる情況証拠としては、証拠価値が低いとした。

以上により、裁判所は検察官の控訴を棄却して原審の無罪判決を維持した。なお、福岡高検は、本判決に対する上告を断念し、一審の無罪判決がそのまま確定した。

事例9（大阪高裁平成 11 年 9 月 29 日）

本件は、1974（昭和 49）年3月に西宮市にあった知的障害児の施設「甲山学園」で、2名の園児が行方不明になり、園内トイレの浄化槽から遺体で発見され、学園の職員だった被告人が殺人で起訴された事件（甲山事件）の差戻控訴審である。

甲山事件では、当初、被告人に対する捜査（第一次捜査）が行われたものの、不起訴処分となった。しかし、神戸検察審査会がこれに「不起訴不相当」の議決を行ったことから、神戸地検は再び捜査を開始（第二次捜査）し、1978（昭和 53）年3月9日に被告人を起訴した。なお、本件の特異な背景事情として、被告人のアリバイ証人が偽証罪で起訴されたことが挙げられる。被告人は第一次捜査における逮捕や取調べに対する国家賠償請求訴訟を提起し、勝訴判決を得た。ところが、検察官はこの国賠訴訟において被告人のアリバイを証言した学園長および職員を偽証罪で起訴したのである（いずれも無罪確定）。また、殺人事件そのものについても、一度は不起訴とされた事件が再捜査ののち起訴されているほか、第一審（神戸地判昭和 62 年 10 月 17 日判時 1179 号 40 頁）が被告人を無罪としたにもかかわらず、控訴審（大阪高判平成2年3月23日判時 1354 号 26 頁）がこれを破棄して神戸地裁に差し戻した。差戻第一審（神戸地判平成 10 年3月24日判時 1643 号3頁）は、再び被告人に無罪を言い渡したが、検察官は再び控訴した。これに対して、控訴を棄却し、無罪を維持したのが本判決である。

検察官の主張を支える証拠のうち、直接証拠としては、①第一次捜査において作

成された自白調書のみが存在する。この自白を、②被告人が被害者を寮の外に連れ出すのを見たとする園児の目撃証言、③死亡した園児と被告人との両方の衣服に付着していた繊維などの情況証拠が支える構造になっており、自白の信用性のほか、これらの間接事実の成否ならびにその推認力の評価が重要な争点となっている。そして、差戻審では、被告人・弁護人の側から④アリバイの存在が主張されており、その成否が争われることとなった。

　まず、①自白については、ⓐ本件での被告人の自白は、その内容が概括的で具体性、迫真性がなく客観的事実に反していること、ⓑとくに犯行動機については、通常の人間の考えることとして極めて不合理であり、他の者の供述内容とも矛盾することから、その信用性を否定し、事実に反しているとした。

　次に、②園児の供述については、ⓐ事件から3年以上経過した第二次捜査段階になって初めて重要な供述をしているが、口止めがなされたことを示す事実は存在しないこと、ⓑ事件から3年以上経過した時点でなされた捜査官による事情聴取の際の暗示・誘導を受けて、実体験していないにもかかわらず、目撃したかのような供述をしてしまったことが疑われる状況が随所にあること、ⓒ供述内容の不自然さ、曖昧さなどなどから、その信用性を否定した。

　また、③付着繊維については、分光分析、顕微鏡検査による繊維の形態を中心とした鑑定のいずれについても、酷似・類似と判断できるほどの証拠価値を有するとは認められないとした。

　そして、④被告人のアリバイについては、ⓐアリバイ工作がなされたことを示す事実はないこと、ⓑ事件直後から変遷していない職員の供述に含まれる事実と、アリバイに含まれる事実とが一致すること、ⓒアリバイと矛盾する関係者の供述は、事件から20年も経って出てきた供述であること、ⓓ走行実験の結果もアリバイ主張を裏づけるものであったことなどから、成立している可能性が高いと判断した。

　以上から、園児供述によって被告人が被害者を連れ出したとの認定はできず、また、本件自白の信用性も乏しいうえ、園児証言などの情況証拠と照らし合わせても自白の信用性は高まらないとして、原審の無罪判決を維持した。

事例10（札幌地裁平成13年5月30日判決〔第一審〕）
事例11（札幌高裁平成14年3月19日判決〔控訴審〕）

　本件は、被告人が1984（昭和59）年1月10日に、電話で被告人方に呼び出した被害者Y（当時9歳）を、殺意をもって不詳の方法によって殺害したとされた事案である。被告人は、1984年当時、任意の取調べを受けていた。また、1988（昭

和63) 年6月に、被告人が住んでいた嫁ぎ先の農家の納屋からその児童の骨と思われる人骨が発見された際も、任意の取調べやポリグラフ検査を受けている。しかし、これらの時点では、被告人は検挙されなかった。ところが、時効完成が近づいた1998 (平成10) 年12月になって、急展開し、被告人が逮捕・勾留され、殺人罪で起訴されるに至っている。

　被告人は、検挙されたのち、捜査段階においても公判においても、一貫して黙秘を貫いており、自白はもちろん、被告人からの弁解も示されていない。そして、本件は、犯行そのものを目撃した者はいない。したがって、検察官が本件を起訴したのは、もっぱら、以下のような情況証拠のみを根拠とするものであった。すなわち、①被告人が住んでいた家で発見された人骨片のDNA型、歯牙様物、スーパーインポーズ法、毛髪などの鑑定結果がYと一致しており、他方、他に該当する行方不明者が存在しないことに鑑みると、「被害者Yの人骨が被害者の住んでいた家から発見された」といえること、②1984年当時の任意取調べにおいて、被告人は、Yが自宅を出たあと自分の家に来たことを認めており、被告人がYとの最終接触者だといえること、③事件当日に被告人が当時の自宅から親族の家に重たい段ボール箱を運び出したり、その後の自宅から嫁ぎ先へと段ボールを運び出すなどしており、転居のたびに遺体を持ち歩いた末に、発見場所となった嫁ぎ先の家に持ち込んだといえること、④被告人が嫁ぎ先で黒っぽい煙が出る物を燃やしていたことなどである。

　弁護人は、事件当時、被告人の自宅の近くでYの姿を目撃した子どもたちの供述によれば、Yが去った方向は、被告人の自宅とは別方向であるとして、被告人が最終接触者であるとの前提を争っていたが、第一審判決では、目撃証言の内容は、被告人が最終接触者であることと矛盾しないとされた。そして、裁判所は、これらの情況証拠から、被告人が何らかのYの死亡につながる行為を行い、Yを死亡させたものであると認定した。

　しかしながら、被告人が殺意をもって被害者を死亡させたかどうかについては、ⓐ死因が特定できず、現場には犯行の痕跡も残されていないこと、ⓑ被告人が殺害する動機が不明であること、ⓒ被告人がYを自宅から呼び出す目的について、身代金目的の誘拐など殺害に結びつくものであるとはいえないこと、ⓓ事件直後の取調べにおいて、犯行をほのめかす発言をしているとしても、それが殺意をもって殺したことまでを暗に認めたとはいえないこと、ⓔ被告人が一貫して黙秘を貫いていることを被告人に不利な事実として考慮してはならないことなどから、殺人を認めるには合理的な疑いが残るとして、無罪を言い渡した。控訴審判決も、おおむね同様の判示をして原審の無罪判決を支持し、検察官の控訴を棄却している。

事例 12（京都地裁平成 14 年 2 月 22 日判決）

　本件は、被告人が、美容学校の理事長Yを刃物で突き刺して殺害したとされた事案である。被告人は、捜査段階から一貫して本件への関与を否認しており、自白は存在しない。また、犯行当時、犯人を目撃した者はいるが、犯人の顔を確認してはおらず、結局のところ、本件もまた、被告人と犯人の同一性については、情況証拠によって認定するほかない事案であった。

　検察官は、①被告人は、Yが関与した美術品取引のトラブルに関して依頼を受け、Yを監視しており、その目的は拉致・監禁や殺傷などであることが推定できること、②風貌や着衣が実行犯として目撃された男に似ていること、③運転手として雇ったKに対して口止め工作をしたこと、④知人に人生を悲観する電話をかけたり、人殺しの心境について語ったこと、⑤自首を勧める友人に、ある人物の名前を出すわけにいかないので、自首はできないと語ったこと、⑥本件後に自動車を処分したこと、⑦衣類等を処分したこと、⑧本件後に住居を転々としていることなどから、被告人が本件の実行犯であることが推認できるとして、公訴を提起した。

　判決では、上記の各情況証拠の推認力について個別に評価を加えて、③Kに対する口止め、⑤自首はできないと語ったこと、⑥自動車の処分、⑧住居を転々としたことについては、被告人が本件犯行に何らかの関与をしていることを窺わせる事情であるとした。しかしながら、①被告人の監視行動の態様については、それが被害者の殺傷等を目的とするものとは考えにくいこと、②現場で目撃された実行犯との類似性については、確かに共通点もあるが、体格の点において合致しないことを指摘し、さらに、本件犯行時、現場には被告人以外にも本件に関係しているのではないかとの疑いを払拭できない人物がいたことからすると、被告人が本件の実行犯であると推認することはできないとして、無罪を言い渡している。

事例 13（福岡高裁平成 7 年 6 月 30 日判決）

　本件は、1981（昭和56）年6月に、大分市のアパート「みどり荘」203 号室にて同室に居住する女性が殺害され、みどり荘の住人の1人である被告人が起訴された「みどり荘事件」の控訴審における逆転無罪判決である。本件では、捜査段階において「被害者を殺したことは間違いないと思う」などの被告人の不利益供述があり、調書が作成されているが、具体的な犯罪行為については記憶がないとされている。また、犯行を目撃した者も存在しない。したがって、原判決の有罪認定は、情況証拠の積み重ねによって支えられている。具体的には、①被告人の身体に被害者

の抵抗によるものと思われる損傷があること、②被告人が本件発生当時、倒れている被害者の横に立っていたこと（被告人の不利益供述から認定）、③被告人がみどり荘の203号室から自分の居室である202号室に戻った直後、風呂場で自分の身体を洗ったこと、④被告人の陰毛である可能性が高い体毛が現場に遺留していたこと（陰毛の鑑定によって認定）などから、被告人と犯人の結びつきを認定している。

　控訴審判決では、まず、①被告人の損傷について、ⓐ頸部損傷の状態についての警察官の供述の信用性が乏しいこと、ⓑ頸部損傷の状態から逆算すると、犯行時間帯に生成されたとはいえないこと、ⓒ左手甲の損傷の状態からは、それが爪によるものである可能性が一番高いとはいえないこと、ⓓ左手甲の損傷は、日常生活の中で気づかないうちにできる可能性もある程度の傷であり、別の機会に負傷したとする被告人の弁解を否定できないことを挙げ、犯行時に被害者の抵抗によって生成された可能性が高いとはいえないとした。

　また、原判決が被告人の不利益供述によって②③の間接事実を認定したことについては、以下のような事情を挙げて、当該供述の信用性を否定した。まず、ⓐ犯罪行為については一切記憶がないのに、犯罪後の現場の状況については極めて詳細に供述されており、極めて不自然なこと。ⓑ健康状態が極めて悪い被告人に対して長時間の取調べが行われる中で、母親との面会を認めるので供述するようにとの利益誘導が行われたり、陰毛の鑑定によって被告人の犯人性が絶対確実となったと決めつけ、その旨を被告人に伝えて供述を求めたりしたことから、供述の任意性が疑われること。そして、ⓒ犯行の物音およびその後に被告人が身体を洗う音を聞いたとするアパート住人の証言内容は、状況に照らして不自然であって、事件を知ったうえで想像をも交えて経験したかのように述べている疑いが濃厚なので、この証言との一致によって被告人の不利益供述の信用性を認めることはできないこと。ⓓ203号室から自分の居室に戻ってきた時点のテレビ画面に関する被告人の供述は、当該場面よりも30分前の画面についても被告人が見たことを記憶していることも合わせてみれば、「203号室から戻ったとき」の記憶であるとはいえないことなどである。

　そして、注目すべき本判決の特徴は、人の同一性識別のための新しい科学的証拠の信用性についての判断が示されている点である。まず、原審が有罪認定の根拠として用いた④陰毛の鑑定（形態学的検査、血液型検査、分析化学的検査を組み合わせたもの）について、個人識別の方法として確実とはいえず、その結果を重要な決め手とすることは危険であるとして、その信用性を類型的に否定した。さらに、本件では、控訴審が職権によって⑤DNA型鑑定を実施しており、現場に遺留された毛髪のDNA型と被告人のDNA型が同一であるとの鑑定結果で出ていた。これについて、判決

では、ⓐそもそも遺留毛髪であるとして鑑定に用いられた毛髪が、その長さなどからみて被告人の毛髪であるとは到底考えられないこと、ⓑ当該鑑定は、DNA バンド測定において幅のある不正確な測定をしていることを、実際に鑑定作業を担当し鑑定書を起案した鑑定人が認めていることなどから、その信用性を是認することはできないとした。

　以上により、裁判所は、一審の有罪判決を破棄・自判し、無罪を言い渡した。

事例 14（東京高裁平成 10 年 7 月 1 日判決）

　本件は、1981（昭和56）年11月に、被告人Xが、アメリカのロスアンジェルス市内の路上において、被告人Yと共謀して、保険金騙取の目的で、Yに自分の妻であるVをライフル銃で撃たせて殺害したとして、殺人等で起訴された事案である（いわゆるロス疑惑事件）。第一審は、殺害の実行犯とされたYについては無罪としたうえで、Xは（Yではなく別人の）氏名不詳者と共謀してVを殺害したと認定して、無期懲役を言い渡した（東京地判平成6年3月31日判時1502号48頁）。なお、検察官は、控訴審において、原審の認定どおり、共謀の相手で実行行為をした者をYではなく「氏名不詳者」とする予備的訴因を追加している。

　本件は、被告人両名ともに自白をしておらず、被告人と犯人とを結びつける直接証拠が存在していない。そこで、①Vを射殺したのがYであること、②XがY（ないし氏名不詳者）とVの殺害について共謀したことを、情況証拠によって立証することができるかどうかが争点となっている。

　まず、①Yが実行犯であることの立証について、検察官は、ⓐYが本件実行に必要な条件をすべて兼ね備える唯一の人物であることから、実行行為者がYであることを推認できると主張した（いわゆる消去法的認定）。しかし、裁判所は、検察官が設定した「必要条件」の絞り込みが適切ではないとして、この推論を否定した。その他にも、検察官はⓑYが事件前日にXと面談していること、ⓒ現場で目撃されたバンと同色同型のバンを借り出しているが、その使途は本件現場へ乗っていくため以外にはなく、走行距離も現場との往復距離に合致すること、ⓓレンタカー会社の名前を秘匿していたこと、ⓔアリバイがないこと、ⓕ報酬の一部を受け取っていることなどを情況証拠として掲げたが、これについても裁判所は、「検察官は、有罪認定をするのに都合の悪い、いわば消極的可能性を持つ他の一面や、有罪認定とは矛盾する可能性が高い情況証拠をも正当に評価するという視点が十分でないようにみえる」として、個々の情況証拠からの推認過程を批判的に検討したうえで、Yについては無罪とした原判決の判断を支持した。

次に、②Ｘが氏名不詳者と共謀してＶを銃撃させたかどうかについて、検察官は、ⓐ動機・目的の存在、ⓑ共犯者の物色、ⓒＶに対する殴打事件、ⓓ犯行現場に自らＶを臨場し、銃撃しやすい場所に立たせて合図を送るなどしたこと、ⓔ銃撃の情況・態様が、Ｘが主張する強盗よりも、むしろ保険金殺人を窺わせること、ⓕ銃撃に利用された車について虚偽の供述をしていることなどを、犯罪事実を推認させる情況証拠として掲げた。これに対して裁判所は、まず、①の認定を前提に、銃撃実行者が未解明であることを指摘し、不詳者との事前共謀を認定するのは、「その共犯事実について、仮に氏名不詳者が見つかっても、その者からの事情聴取が必要でないほどの、確かで、証明力の高い証拠が備わっていることを検討・確認しなければならない」と述べた。そのうえで、各情況証拠からの推認過程を批判的に検討して、被告人Ｘについても、無罪を言い渡した。

2　誤判・誤起訴原因の分析

　かつての誤判原因の研究においては、特に被告人と犯人の同一性（犯人性）が問題とされる場合は、自白の任意性および信用性の評価が最大の問題点とされていた。しかしながら、近年においては、自白などの直接証拠が得られない事件について、情況証拠の積み重ねによる有罪認定のあり方が注目されている[6]。今回の研究で対象とした、殺人について犯人性が問題となった無罪事例においても、①自白を中心に検察官のストーリーが組み立てられた事案と、②情況証拠による推認の積み重ねによって検察官のストーリーが組み立てられている事案とが混在している。

　自白を中心としてストーリーが組み立てられている事例においては、まず自白の任意性が問題となりうる。もっとも、判例実務が自白について証拠能力を問題とすることを避け、証拠能力は肯定したうえで信用性の判断において問題を処理しようとする傾向にあるのは周知のところであろう。ただ、今回の対象事例の中にも、自白の任意性を否定して無罪を導いたものが存在する。**事例7**は、代用監獄の恣意的な運用が被疑者の供述の自由を奪ったものとして任意性が否定された。また、**事例8**は、別件の起訴後勾留を利用して、受忍義務のない「余罪（すなわち本件）」につき、受忍義務を課した態様で行った取調べが違法であることを理由として、被告人作成の上申書の証拠能力を否定している点が注目に値する。もっとも、違法な取調べによって自白がなされた場合の争い方につき、刑訴法319条1項の文言に沿う形で「不任意」であることを明らかにすべきなのか、あるいは、違法収集証拠排除法則の応用場面ととらえて手続の違法を明らかにすべきなのかは、理論的にいずれが妥当であるかはと

もかくとして、弁護戦略上は、事案の性質に応じた選択が必要となろうか。

なお、**事例7**、**8**は、いずれも別事件での代用監獄（当時）への身体拘束を利用して不任意自白が誘発されたケースである。殺人類型、とりわけこれらの事例のように、複数の被害者が連続して殺害されたケースにおいては、社会からの処罰圧力が極めて高い。別件逮捕などの「古典的」な違法捜査が活用される危険性は、今日でも決して小さいとはいえないだろう。誤判回避の観点からは、古くて新しいこの問題にも注目しておく必要がある。

自白の信用性について判断がなされたものについては（**事例4～7、9**）、いずれにおいても、①自白内容の変遷（および変遷した理由に合理性があるか）、②自白内容と客観的証拠との不一致、③自白内容そのものの不自然さ・不合理を基準として用いている。また、事案によっては、これらに加えて、④秘密の暴露の存在について検討を加えている。

こうした注意則が裁判実務の中に定着していることを前提にすれば、誤判・誤起訴を回避するためには当然、これらの注意則に従いながら、自白の信用性を弾劾していかなければならない。まず、①自白内容の変遷との関係では、そもそもどのような方法によって変遷の事実を認識するかが重要である。**事例6**では、証拠調べ請求された検察官調書では自白の変遷は窺えないが、弁護人が警察段階における初期の自白調書の開示を受けたことによって、取調べの初期における供述の変遷（ならびに客観的証拠との不一致）が明らかになった。公判前整理手続において、これらの証拠はいずれも制度的に開示を求めることが可能ではあるが、弁護人は、できるだけ早い段階で、幅広い開示を受けることができるように求めていくべきである。なお、**事例4**は、同一日において、否認と自白がなされるなど、極端な変遷が見られた事案であった。

次に、②自白内容と客観的証拠との不一致については、その判断の前提として、客観的証拠とされる証拠資料の正確性が十分でなければ意味がない。客観的証拠の内容を、科学的手法を用いて緻密に評価することが重要である。たとえば、**事例5**では、放火殺人が行われた現場の状況について、実験や鑑定を積極的に活用して明らかにしたうえで、その結果と自白（および被害者供述）との矛盾を突くことに成功している。

また、③自白そのものの不自然さについては、**事例9**が、犯行動機の不自然さにとくに注目している点、また、自白ではなく不利益供述についてではあるが、**事例13**が犯行の前後の詳細な記憶と犯行そのものに対する記憶の欠落について、真犯人の心理状態として不自然であるとした点が、参考に値しよう。

さらに、④秘密の暴露についても、**事例4**、**6**、**7**などで争われている。**事例7**では、検察官は、被告人の指示によって証拠物が発見されたとするが、(a)指図したときの具体的な状況、(b)発見されたときの被告人の立会いの有無について、具体的な立証を検察官に求めている。自白の信用性判断の注意則は、捜査機関側からも当然に意識されており、そうなれば、捜査機関は自白の信用性を担保するために、「秘密の暴露」を獲得目標に据えることになる。先に捜査機関が証拠を取得しているにもかかわらず、あたかもこれが被疑者の供述を契機に与えられたものであるかのように装うことも想定すべきだろう。裁判所および弁護人は、一見して秘密の暴露にあたる事項であっても、それが本当に秘密の暴露にあたるといえるのかどうか、批判的・分析的に検討しなければならない[7]。その意味で、**事例7**は重要な先例である。

　このように、自白に対しては、一連の注意則を念頭に置きながら、その信用性を弾劾する弁護活動を展開することになるが、その際に、いわゆる供述心理学の経験科学的な知見を応用することも検討すべきであろう。**事例4**において、心理学者による心理鑑定が提出され、判決に事実上の影響を与えている点は、注目に値する。また、**事例9**も、事実上、心理学者によるサポートの上で、自白や目撃証言と闘う弁護活動が成り立った例である。

　次に、情況証拠による推認の積み重ねによって検察官のストーリーが組み立てられている事案については、①個々の間接証拠が、間接事実を十分に証明しえているか、②証明された間接事実の組み合わせによって、主要事実が十分に推認されているかが問われなければならない。後者との関係で、**事例10、11、12**が、情況証拠のひとつひとつについて要証事実を推認する力を緻密に評価したうえで、その結果、情況証拠全体としては、被告人が何らかの形でその事件に関与したことを推認する力はあるものの、要証事実である「被告人が殺害を実行した」ことについては証明できないと結論づけているのは、注目に値しよう。また、**事例14**は、情況証拠による事実認定の一般論として、「中核となる要証事実について、質の高い情況証拠による立証が不可欠とされることは、刑事責任の帰属に関するという事柄の性質上当然である」旨を判示した。何をもって「中核となる要証事実」と呼ぶかについては争いがあろう。ただ、少なくとも、**事例14**のように共謀共同正犯で起訴されたとき、実行犯とされた共犯者が無罪とされたのであれば、その時点で中核となる要証事実（＝実行犯たる共犯者の存在）を支える情況証拠は消失したとみるべきであり、別の「質の高い情況証拠」によって、要証事実が強く推認されなければならないことになる[8]。

　ところで、被告人の犯人性については、直接証拠を欠いている場合に、「他の者の犯行である可能性がない」ことを証明し、そのことから主要事実を推認するいわゆ

る消去的認定が用いられることがある。消去法的認定は、犯行機会についての条件設定が適切に行われ、犯行可能な者が正しく絞り込まれたときには、強い推認力を持つ。しかし、そのような強い推認力を持つからこそ、条件設定が適切に行われているかどうかを厳しく吟味しなければならない。**事例14**における被告人Y（銃撃の実行犯）を無罪とした判断は、まさにこの条件設定についての吟味が正しく機能しえた場合である。この点に関連して、**事例10、11**は、「被告人が何らかの形で事件に関与していること」については消去法によって認定している。しかし、被害者が被告人の自宅とは異なる方向へ歩いて行ったとする目撃証言の存在などからは、このような認定が許される事案であったか、評価が分かれるところではないか。

　被告人の犯人性については、目撃証言の存在が大きな意味を持つことが多い。今回扱った事例では、**事例5**において、殺人類型ではやや異例であるが被害者Yの目撃証言の信用性が問題となった。判決では、自白の信用性と同様に、まず客観的証拠によって現場の状況を具体的に明らかにしたうえで、①供述の中で述べられている目撃状況が客観的証拠と矛盾しないか、②目撃証言の内容そのものに不自然な点がないかが検討されている。また、**事例9**においては、知的障害を持った子どもの目撃証言のとらえ方が検討されている[9]。目撃証言の信用性については、自白と同様、こうした判断基準の活用とともに、供述心理学の専門家による鑑定等のさらなる活用が期待される。

　その他、客観的証拠に関しては、**事例8、13**において、ＤＮＡ型鑑定が用いられており、これが逆に被告人の無罪を明らかにする方向で作用したことに注目すべきであろう（事件性を欠いた類型の事案でも、**事例1**においても同様のことがあった）。自白偏重からの脱却は、情況証拠による事実認定の活用へと繋がっていくことになり、科学的証拠の活用は今後さらに盛んになっていく。しかし、新たな鑑定技術に不可避的に内在する技術的な未熟さは、誤判原因のひとつとして、十分に意識されなければならない（本研究の対象事例ではないが、今後は足利事件の教訓がこれを伝える）。**事例13**において、鑑定人自らがその問題点を明らかにしたのは象徴的である。また、鑑定の科学的な原理に問題がないとしても、鑑定の技術が「枯れた」ものでない場合、具体的な鑑定の作業においてミスが生じる危険がある。**事例13**において、鑑定資料に本来の対象資料とは別の物が混入した可能性が高いことが指摘された点も、重要なポイントとなろう。なお、**事例13**のように、裁判所が職権でＤＮＡ型鑑定を実施しようとするとき、仮に鑑定結果において、被告人のＤＮＡ型と現場遺留資料のＤＮＡ型が一致しないとすれば、無罪獲得のための有力な証拠資料ということになる。しかし、だからといって、ＤＮＡ型鑑定に直ちに同意すべきかどうかは、弁護戦略と

して議論のあるところだろう[10]。

第5　主観的要素のみが否定された類型

1　個別事案の分析

事例15（福岡地裁平成12年3月23日判決）

　被告人は、深夜、被害者Yの交際相手の女性A（被告人はAとYが交際している事実を知らなかった）と自宅にいた。このことを知って怒ったYが、突然に被告人方に侵入し、被告人の顔面をブーツで蹴り続け、左眼が腫れ上がって見えなくなるほどの傷害を負わせた。被告人は生命の危険も感じたことから、Yをベッドの下に転倒させて顔面を手拳で殴打し、両名はベッドの下で揉み合いになった。被告人がYに抱きつくようにして、Yの頸部に腕を巻き付けて押さえると、Yはいったんは静かになったが、やがて両足を激しくばたつかせるなどして再び抵抗したので、頸部正中付近を絞め続けたところ、被害者はまったく動かなくなった。その後、警察に通報して警察官が駆けつけるまでの間、同じ体勢をとり続けた。警察官が駆けつけたところ、Yはすでに心肺停止していた。本件は、このYの頸部を圧迫して窒息死させた行為により、被告人が殺人罪で起訴された事案である。

　本件は、一連の事実経過については、被告人は争っていない。ただ、上記のような経過において、被告人が殺意をもって実行行為を行っていたと認定できるか否かが、問題とされる事案であった。

　検察官が、この点について、どのような根拠で殺意ありとみて起訴に至ったかは明らかでないが、判決が認定しているとおり、被告人は、Yが動かなくなった際、Aが「もう放して」と言うのに対して、「放したらまた暴れる」と答えて、継続的に頸部を圧迫する体勢をとり続けており、頸部を強く圧迫していることを認識していたことがうかがえる。また、駆けつけた警察官に対して「死んだら俺の責任」と言うなど、死亡の危険性を認識していたと思われる事情も存在する。おそらく、こうした事情から、被告人には未必の故意があったと判断したのであろう。

　判決は、まず、殺意の存在を認めるためには、①被告人が死亡したその時点において、②気管を閉塞するのに十分な程度の強い力で、③ある程度の時間、継続して絞め続けることを、行為者が認識していなければならない旨を判示した。そして、司法解剖の結果とAらの供述によって認定できる上記一連の経緯とを併せて検討した結果、本件では、死亡との因果関係のある行為は、被告人が頸部正中付近を強く

絞め付けた時点から始まり、Yはその数分後に呼吸停止状態に陥っていると認定した。そして、この時点においてはまだ、被告人が自分の扼頸行為について、その強さや時間的継続を認識していたと認めるには合理的な疑いが残るとして、未必の故意の存在を否定した（そのうえで、本件を傷害致死罪の構成要件に該当する行為として、盗犯等防止法1条1項3号所定の正当防衛にあたるか否かを検討している。本件扼頸行為が開始された時点においても、被告人の生命・身体に対する危険はなお継続していたとして正当防衛の成立を認め、傷害致死も成立しないため、無罪を言い渡した）。

事例16（横浜地裁平成12年1月17日判決）

本件は、暴力団の関係者である被告人が、複数の共犯者（同じく暴力団関係者）と共謀して、監禁、傷害致死、殺人などを行ったとして起訴された事案である。多数の公訴事実のうち、ここで取り上げるのは、1994（平成6）年7月25日に東京都国立市で、E・F・Gの3名と共謀し、Gが被害者Yの頸部を絞めて窒息死させることにより殺害したとする殺人の事実についてである。

弁護人・被告人は、Gが実行行為を行ったことについて、捜査段階におけるGの自白調書（検察官調書）は、捜査官から「解剖所見では頸部に指の跡がある」と聞かされたり、EやFに「泣きが入った」ことを聞かされ、自分が責任を負うために自白したものであり、捜査官の誘導・切り違え尋問によるものであると主張した。しかし、そうした事実は存在しないとしてこの主張を退け、さらに、自白調書の内容はYの死体に関する客観的証拠と矛盾せず信用性が高いと判示した。そして、公判においてGの実行行為を否定した被告人およびGの供述は、公判の途中から供述を変遷させたことについて合理的な理由がなく、供述内容も不自然であり、信用することができないとして、Gによる実行行為を認定した。

また、弁護人は、被告人とGとの間には共謀が成立していないことも主張した。本件では、犯行の直前に、監禁していたYの処理について4名の話し合いが行われていた。意見がまとまらず行き詰まっていたところ、Gが「俺に任せておけ」「俺がやる」と言って部屋を出て行き、離れにいたYを直ちに殺害したとの事実が認められる。検察官は、Gが殺害のために部屋を出て行った時点で、被告人も部屋にいてこれを黙認していたことから、共謀が成立すると判断して、本件を起訴している。しかし、裁判所は、話し合いが行き詰まったところでグループの首領として絶対的な地位にあるGが殺害を決定し、直ちに実行した経緯に鑑みれば、被告人がGの犯行を認識していたからといって、自己の犯意を実現するためにGの犯行を利用するような積極性を見て取ることはできず、犯罪を共同遂行する旨の共謀があったとするには合理的な

疑いが残るとして、この殺人のみについては、被告人に無罪を言い渡した。

事例17（東京高裁平成14年2月18日判決）
　本件は、暴力団幹部であった被告人が、組事務所の建物内で、組員Yをナイフで刺殺した事案である。被告人は、Yと揉み合っているときに偶然ナイフが刺さったのであり、故意に突き刺したことは一切ないと主張した。原判決は、犯行時の状況について、現場に居合わせた被告人の配下で弟分的な地位にある組員Hの供述を根拠に、被告人の主張を排斥し、殺意を認定したうえで、有罪判決を下した。
　これに対して、控訴審では、Hの供述について、①現場の状況、他の目撃供述の内容、被害者の負傷状況との整合性がなく、②具体性や臨場感を欠いているうえに、③供述内容が変遷していることを指摘、さらに、④Hは当初、共同正犯として取調べを受けており、自ら保身を図る動機もあるため、恩義がある兄貴分の被告人に不利な供述をしたからといって、そのことから直ちに信用性が高いとは言い難いとして、その信用性を否定した。そして、ナイフを用いたときの具体的状況を認めるべき証拠が存在せず、被告人が殺意をもって刺殺行為を行ったと認定するのは躊躇するとした。他方、「偶然に刺さった」との被告人の弁解については、供述に変遷があること、供述内容が不自然であることから、その信用性を否定した。したがって、裁判所は、本件は、殺意をもって刺殺行為を行ったのではなく、傷害の故意をもってナイフを刺したところ、致命傷となってしまったものと認定して、傷害致死に該当する行為の存在が認められるに過ぎないとした。
　そして、傷害致死を前提にした場合、犯行当時、被告人には急迫不正の侵害が存在しており、ナイフでYを傷つけた行為には、防衛行為としての相当性があるとして、原判決を破棄、無罪を言い渡した。

2　誤判・誤起訴原因の分析

　殺意・共謀など主観的要素の存在が争われる場合も、自白が存在しなければ、その認定は、もっぱら情況証拠に基づいて行われることになる。**事例15〜17**はいずれも、検察官がそれぞれの推認力の評価を誤った例である。

第6　おわりに

　本稿では、「犯人性」「事件性」という2つの観点から事案を分別し、それぞれにおける誤判・誤起訴原因の検討を試みた。しかし、殺人は、構成要件そのものに特徴がないだけでなく、同じ殺人罪の中でも、実行行為の方法、犯行の計画性、犯人と被害者の関係性、共犯者の有無など、実態として広いバリエーションを持つ犯罪類型である。したがって、誤判・誤起訴原因の研究においては、より多くの類型に分けたうえで、それぞれの類型ごとに論じていく必要があるのかもしれない。今後の課題とすべきであろう。

　最後に、2008（平成20）年12月から、被害者参加制度が施行された。冒頭で述べた、殺人事件の重大性から生じる刑事弁護への様々な圧力は、被害者参加制度の導入によって、さらに加速していく危険が高い。被害者参加制度が、殺人事件における新たな誤判原因として機能しないように、注視していく必要があろう。

1　平成19年における刑法犯認知件数2,690,883件に対し、殺人は1,199件であり、0.04%に過ぎない。
2　たとえば、朝日新聞2009年3月22日付・第3社会面「裁判員時代の事件報道へ　信頼される記事、積極的に　朝日新聞の新しい指針」。
3　荒木伸怡『刑事訴訟法読本』（弘文堂、1996年）188頁。
4　本件の弁護人へのインタビュー取材による記事として、拙稿「刑事判例レビュー　殺人・死体遺棄被告事件において、自白には信用性が乏しく、補強証拠も存在しないことを理由に、殺人につき無罪を言い渡した事例」季刊刑事弁護27号（2001年）116頁以下。
5　捜査初期の自白であることは、通常、自白の任意性および信用性を支える事情と見られがちであるが、本件では逆に作用した。この点につき、司法研修所編『自白の信用性』（法曹会、1991年）10頁。
6　特集「情況証拠による事実認定」季刊刑事弁護27号（2001年）22頁以下、司法研修所編『情況証拠の観点から見た事実認定』（法曹会、1994年）など。
7　秘密性の要件について、前掲注5書45頁。
8　白取祐司「判批」ジュリスト臨時増刊『平成10年度重要判例解説』190頁（1999年）。
9　甲山事件の園児供述の心理学的分析として、浜田寿美男『証言台の子どもたち——甲山事件　園児供述の構造』（日本評論社、1986年）。
10　みどり荘事件弁護団の苦悩について、みどり荘事件弁護団編『完全無罪へ　13年の軌跡——みどり荘事件弁護団の記録』（現代人文社、1997年）55頁以下。

事例番号	裁判所・宣告日 / 弁護人名 / 罪名 / 掲載誌	事案の概要	事件性	犯人性	主観的要素	自白の任意性	自白の信用性	被害者供述	目撃供述	情況証拠	科学的証拠
1	東京地裁八王子支部平12.2.9 / 高木一彦 / 殺人・死体遺棄 / 刑弁27号116頁	被告人が同居している母親の遺体を風呂に放置して自宅を出たのち、自分が殺したとして自首した事案について、自白には信用性が乏しく、補強証拠も存在しないことを理由に、殺人については無罪を言い渡した事例	○				○				○
2	岡山地裁平7.12.6 / 佐々木浩史 / 道路交通法違反・殺人 / 刑弁15号120頁	生後77日の乳児の頸部を圧迫して死亡させたとして起訴された事案について、自分の指をしゃぶらせたまま眠ってしまったことによる事故であるとする被告人の主張が認められ、殺人を認めるには合理的疑いが残るとして無罪を言い渡した事例	○							○	
3	長崎地裁平9.7.11 / 峯満・福崎博孝 / 殺人 / 日弁5集124頁	被告人（父）が被害者（長男）を扼殺したという事案につき、被告人が、シンナーを吸引し異常な行動を見せた被害者をおとなしくさせるため同人を扼頸し失神させた後外出し、その間に被害者が意識を回復しロープで首を吊り自殺をしたと主張したことについて、3人の鑑定人による被害者の死体の鑑定を比較考量した結果、被告人による扼頸行為と被害者の窒息死との因果関係に合理的な疑いが残り、被害者が自ら縊頸死した可能性は否定できないとして無罪を言い渡した事例	○							○	
4	広島高裁平13.4.24 / 渡部邦昭・原田香留夫・松島道博・下中奈美 / 強盗殺人・有印私文書偽造・同行使・詐欺 / 日弁8集43頁	強盗殺人について、被告人の捜査段階における自白が唯一の証拠であるところ、同供述は、揺れ動き、最終的には明確に否認するに至ったもので、内容も不自然・不合理な点があるなど信用性に疑問があるとして、犯人と被告人との同一性および犯罪の証明が不十分であるとして無罪を言い渡した一審判決を維持した事例		○			○				
5	大阪高裁平5.5.7 / 杉谷義文・杉谷喜代 / 殺人・現住建造物等放火 / 日弁2集246頁	放火殺人事件で、病院で被害者が死亡する前にした供述の信用性を否定して無罪を言い渡した事例	○				○	○			
6	松江地裁平2.1.17 / 吾郷計宜 / 強姦致傷・殺人 / 日弁1集25頁	幼女強姦殺人事件につき、法廷で、事件当時、酔っ払っていたので覚えていないと弁解する被告人の捜査段階の自白調書の信用性が否定され、無罪となった事例		○			○				
7	東京高裁平3.4.23 / 野﨑研二ほか	殺人事件について、別件逮捕中、代用監獄に留置して行われた被疑者の取調べが違法であるとして、自白の証拠能									

	住居侵入・強姦・常習累犯窃盗・殺人・死体遺棄 判時 1395 号 19 頁	力および証明力を否定し、無罪を言い渡した事例	○		○	○		
8	福岡高裁平19.3.19 名和田茂生・大倉英士 殺人 LEX/DB28135169	昭和62年ころに発生した殺人事件について、公訴時効の完成が迫った平成14年に起訴された事案について、捜査段階で被告人が作成した上申書の証拠能力を否定し、DNA鑑定の信用性を否定するなどして、無罪を言い渡した事例	○		○			○
9	大阪高裁平11.9.29 古高健司ほか 殺人 判時 1712 号 3 頁	知的障害児施設において園児が遺体で発見された事件について、被告人の自白の信用性、園児の目撃証言の信用性を否定し、アリバイの成立を認めて無罪を言い渡した事例				○		
10	札幌地裁平13.5.30 笹森学・三木明 殺人 判タ 1068 号 277 頁	昭和59年に行方不明となった被害者の殺害につき、時効完成直前の平成10年になって起訴された事案で、殺意をもって被害者を死亡させたと認定するには合理的な疑いが残るとして無罪が言い渡された事例	○			○	○	○
11	札幌高裁平14.3.19 笹森学・三木明 殺人 判タ 1095 号 287 頁	昭和59年に行方不明となった被害者の殺害につき、時効完成直前の平成10年になって起訴された事案で、殺意をもって被害者を死亡させたと認定するには合理的な疑いが残るとして無罪を言い渡した原審を支持した事例	○			○	○	
12	京都地裁平14.2.22 若松芳也・高野嘉雄・津乗宏通 殺人 日弁 8 集 213 頁	美容学校の理事長を刺殺したとして殺人罪に問われた被告人に対し、被告人が何らかの形で関与していたことは認めるが、単独で殺害したとの起訴事実は合理的疑いを容れない程度まで証明されていないとして無罪とした事例	○			○		
13	福岡高裁平7.6.30 古田邦夫ほか 強姦致死・殺人 判時 1543 号 181 頁	強姦致死、殺人被告事件につき、DNA鑑定の信用性を否定するなどして、一審の有罪判決を破棄し、無罪を言い渡した事例	○		○		○	○
14	東京高裁平10.7.1 弘中惇一郎ほか 殺人・詐欺・銃砲刀剣類所持等取締法違反・火薬類取締法違反 高刑集 51 巻 2 号 129 頁	保険金騙取の目的で、共犯者と共謀し、自分の妻を銃で撃たせて殺害させた事案において、実行犯とされた当該共犯者の関与を否定したうえで、氏名不詳者との共謀を認定した原審の有罪判決を破棄し、無罪を言い渡した事例	○			○		
15	福岡地裁平12.3.23 野田部哲也・萬年浩雄・池田耕一郎 殺人	深夜、被告人方に侵入し被告人に暴行を加え続けた被害者と揉み合いになった末、扼頸行為により被害者を窒息死させたという殺人事案につき、被告人が被害者の暴行により生命の危険を感じて及んだ扼頸行為に未必的故意は認められず、また被害者の一連の行動から被告人の行為には盗犯等防止法1条		○		○		

	日弁6集272頁	1項3号所定の正当防衛が成立するとして、無罪を言い渡した事例						
16	横浜地裁平12.1.17	監禁、傷害致死、殺人などの公訴事実につき、殺人については、共犯者のリーダー格の単独の実行行為であることが、被告人および共犯者の供述を比較検討した結果認定することができ、被告人らが実行者と被害者の処置に関して話し合いをした事実や実行者の殺害行為を黙秘したという消極的動作から、被告人に自己の犯意を実現するために実行者の犯行を利用するような積極性は看取できず、犯罪を共同して遂行する旨の共謀があったとするには合理的な疑いが残るとして、無罪とした事例		◯		◯		◯
	小賀坂徹・鈴木健							
	監禁・傷害致死・暴力行為等処罰に関する法律違反・殺人・死体遺棄・強盗傷人・強盗・逮捕監禁・窃盗・恐喝・営利略取・恐喝未遂・傷害・覚せい剤取締法違反・銃砲刀剣類所持取締法違反							
	日弁6集329頁							
17	東京高裁平14.2.18	暴力団幹部であった被告人が組員を刺殺したとして殺人罪に問われた事件で、「行為は殺意までは認定できず、傷害致死に当たるが、ナイフを振り回したのはやむを得ず、正当防衛が成立する」として一審を破棄し、無罪とした事例			◯		◯	◯
	齋藤正和							
	殺人							
	日弁8集259頁							

370　第1部　犯罪類型別の誤判原因

12

殺人(2)

責任能力

庭山英雄

第1　はじめに

　私が日本弁護士連合会から検討対象として資料の提供を受けたのは計8件であった。そのうち1件は、殺人ではあるが上訴されて有罪が確定した事案であったので、検討の対象から省いた。残り7件でもダンボール箱一杯の資料の量であったので、正直に言ってたじろいだ。しかし送ってくれた全国の皆さんのご苦労を考えたら、そんなわがままは言ってはいられない。早速検討を始めて、総括的報告を含めると2005年以降、研究会で計8回ほど報告した。検討対象とした7件の内訳は次のようである（資料内容との関係で統合失調症の用語を使えなかった。以下精神分裂病という場合、統合失調症と読み替えていただきたい）。なお、以下の「分類番号」は、日本弁護士連合会において付した整理番号である。

　精神分裂病その1　雇用促進住宅事件（分類番号1－25。無罪事例集No.554）
　精神分裂病その2　福岡公園殺人未遂事件（分類番号1－34。無罪事例集No.613）
　精神分裂病その3　奈留町事件（分類番号1－44。無罪事例集No.730）
　精神分裂病その4　二回刺突事件（無罪事例集No.673）
　内因性うつ病その1　江戸川事件（分類番号1－14。無罪事例集No.257）
　内因性うつ病その2　赤羽台事件（分類番号1－49）
　パラノイアの一種　沖縄パラノイア事件（分類番号1－28。無罪事例集No.534）

以上の事件の具体的検討のほか、研究会での議論の過程で取り上げられたいくつかの問題についても検討する。読者の忌憚のないご意見をいただければ幸いである。

第2　雇用促進住宅事件

1　公訴事実

被告人は、平成7年2月20日午前2時45分ころ、自宅のある雇用促進住宅2棟4階から2階に至る階段および踊り場において、被害者（当時64歳）に対し、殺意を持ってカッターナイフでその頚部を数回切りつけるなどしたが、傷害を負わせたにとどまり殺害の目的を遂げなかった。

2　一審判決（確定）の結論

検察官は、本件犯行当時被告人は、完全責任能力を有していたと主張するが、弁護人は被告人について、精神分裂病による妄想に支配され、心神喪失の状態にあったと主張した。その間にあって裁判所は、弁護人の主張を入れ、被告人に責任能力無しと判定して無罪判決をくだした。
　係属裁判所は、福岡地方裁判所であり、判決日は平成9年1月29日である。
　裁判官は、照屋常信・冨田一彦・坂本寛，弁護人は、松浦恭子。

3　精神鑑定の経緯

被告人は、本件について逮捕されたあと、起訴前の平成7年3月から4月にかけて城野医療刑務所に鑑定留置され、村田浩医師から本件犯行当時に精神状態等について鑑定を受けた。この間被告人は非協力的であり、同医師により幻覚、被害関係妄想が出現しているとの診断を受け、向精神薬の投与を受けた。
　被告人は、本件起訴後、同年11月から平成8年1月にかけて、福岡県立太宰府病院に鑑定留置され、園本健、小原喜美夫両医師から鑑定を受けた。その間被告人は協力的であり、毎日の生活も穏やかで落ち着いていた。だが馬場に対する被害妄想については、訂正不能であると診断された。

4　鑑定の内容

村田鑑定は、精神臨床診断の定石どおりの種々の検討を経たあと、被告人は本件犯行当時、妄想性人格障害、および精神分裂病の軽度の欠陥状態にあり、是非を弁別し、自己の行動を制御する能力について障害はあったが、それは著しいものではなかったと判断した。

　これに対し、園本・小原鑑定は、要旨次のように判定した。被告人は平成4年に共立病院を退院後、1年以上も薬を飲んでいなかったため、精神分裂病が再燃しやすい状態にあったところ、本件犯行の10日ぐらい前から、奇妙な行動（たとえば救済者のような内容の張り紙を近くの神社にしている）が目立ち始め、精神分裂病再燃にともなう自己の誇大感情、誇大妄想を発展させていった。また思考障害も発生していた。したがって本件犯行当時、被告人は精神分裂病の再燃・増悪期にあったということができる。

5　私見

　上記2つの鑑定とも、きちんとした診察や検査を行っており、被告人の精神分裂病の程度についてなぜ見解がわかれるのか、私にはわからなかった。あえていえば、村田医師は起訴前に訴追側から鑑定を依頼されており、園本・小原両医師は起訴後に裁判所から鑑定を依頼されている。その違いからくるのではないかと考えるほかない。私の短からぬ経験によれば、法医学鑑定人には訴追側に親和性をもつ者と被告弁護側に親和性をもつ者との2種が明らかに存在し、鑑定の結果がわれわれには予測できるのである。精神医学界にもそのような傾向があるのではないか、と考えざるをえない。

　しかし最後に判定するのは裁判官であるから、裁判官に人をえなければ無罪判決など出るはずがない。おそらく本判決の裁判官は、疑わしきは被告人の利益にの原則を忠実に守れる職人的裁判官であったに違いない。出世主義の裁判官であったなら、この事件では有罪判決を出したであろう。

　他方弁護人の活躍も見のがせない。弁護人の積極的活動がなかったら、基本的に事なかれ主義の裁判所が正式鑑定を命ずるはずがない。それを正式鑑定にまで踏み切らせた蔭には弁護人のなみなみならぬ努力があったと推察する。記録によれば、弁護人は国選弁護人であり、女性協同法律事務所の所属である。協同法律事務所の存在意義が立証されたケースであるとも言えよう。

　私は今、自分の法律事務所に公設弁護人研究所を併設している。大分以前にシ

ドニー（オーストラリア）の公設弁護人事務所を見学した。そこには所長以下50人ほどの所員（弁護士や種々の専門職）がいた。数多くの上級審や難しい事件を手分けして担当し、毎年いくつもの判例を勝ち取っているという。本件の弁護人が協同事務所の所属と知ったとき、シドニーでの体験を思い出した。日本にもこの種の事務所ができるのを願ってやまない。それがなければ検察官集団に対抗できるはずがない。

第3　福岡公園殺人未遂事件

1　事件の概要

　被告人は、平成10年10月15日午後7時35分ころ、博多区の公園内において、被害者（当時63歳）に同公園内から退去するよう求められたことに腹を立て、同人が死亡するかもしれないと認識しながら、右手に持っていた七徳ナイフで同人の胸部ならびに腹部を刺したが、加療3カ月程度の傷害を負わせたにとどまり、殺害の目的を遂げなかった。なお被告人は、本件犯行当時、妄想型の精神分裂病のため心神耗弱の状態にあった。一審裁判所（福岡地方裁判所）は以上の事実を認定して、被告人を懲役3年に処した。

2　その後の経過

　二審で国選弁護人を受任した美奈川成章弁護士は、上記の責任能力ありとの判断に疑問を抱き、友人の医師に相談したところ同意見であったので、控訴趣意書において心神喪失による無罪を主張した。すでに捜査段階において嘱託鑑定に基づく松尾鑑定が存在したが、裁判所は新たに小原医師に精神鑑定を命じた。両者の鑑定は、被告人が本件犯行当時、人格の崩壊は少ないものの、妄想型の精神分裂病に罹患していたことについては意見が一致していた。
　しかし松尾鑑定は、被告人の症状は軽いと診断し、小原鑑定は軽くない、または重いと診断した。そこで二審裁判所（福岡高等裁判所）は、上記の2つの鑑定の内容を参考にし、他の証拠をも合わせて検討し、本件犯行当時の被告人の精神状態について次のように判断し、被告人の本件行為は、心神喪失者の行為として罪とならないと判決した（判決日は平成11年7月29日）。

3　二審裁判所の認定

① 被告人には平素から被害者意識に基づく妄想が顕著であり、幻聴や思考障害が認められることは、前記両鑑定ならびに被告人の法廷発言によって明らかである。
② 公園から出て行け、行かないで被告人と被害者とは喧嘩になった。被害者がいきなり「殺してやる」と言って近づいて来てもみ合いとなり、2人とも倒れた。被告人は起き上がろうとしたが、被害者が被告人の胸ぐらをつかんで離さなかったので、殺されるかと思い、「放さんか」と言いながら右手に持ったナイフを振り回した。以上が被告人の供述であるが、それらは被告人の被害妄想に基づくものと考えられる。
③ 被告人にはもともと粗暴性があったのではないかとの点については、被告人の数多くの前科のうち、傷害は1件のみであり、首肯しがたい。
④ 犯行後被告人はナイフを洗ったりしているが、意図的な証拠隠滅行為と解するのは早計である（行為が稚拙にすぎる）。
⑤ 被告人はある程度仕事（放置自転車のリサイクルなど）をしていたが、社会に適応していたとも言い難い。
⑥ 小原鑑定によれば、被告人は精神鑑定のための入院について理解していない。また記録によれば、被告人はかつて精神分裂病により11年間入院していた。

4　私見

　二審担当の弁護士は全国的にも著名な刑事弁護士である。さすがと言うほかない。よい友人（精神科医師）に恵まれていたことも幸いした。理解のある裁判官にあたったことも幸いしている。よく心神喪失にもっていけたものである。精神鑑定といえども、裁判官にとっては判断の一資料にしかすぎない。総合認定が許されている。二審裁判所の認定をあらためて読み返してみると、心神喪失の可能性のほうが大きいとは言えるが、心神耗弱の判断が完全な誤りとも言えない。結局、裁判官の素養に頼るほかないのであろうか。

第4　奈留町事件

1　本件公訴事実

　被告人は、日ごろから実父（当時74歳）に精神病患者扱いにされていることに不満を抱いていたが、平成13年7月12日午前7時40分ころ、奈留町の自宅におい

て上記実父から「また病気が出たとか」などと言われたことに激高し、殺意をもって台所から持ち出した包丁で同人の胸部を数回突き刺し、同人を失血死させた。

2　一審判決（確定）など

　長崎地方裁判所は、被告人が殺意を持って本件犯行を行ったことは明らかであるが、被告人は当時精神分裂病の再発時にあり、心神喪失状態にあったと判断されるので、責任能力はないとして無罪とした（判決日は平成15年2月26日）。同判決は一審で確定したので、弁護人は刑事補償を請求した。記録によるかぎり、その後の経過は不明であるが、この問題については章を別にして後に取り上げる。被告人が心神喪失による無罪であると、弁護人は刑事補償まで請求することを忘れがちであるので、注意しなければならない。

3　捜査段階の林田鑑定

　被告人は精神分裂病の緊張型である。発症は昭和57年ころであり、再発を繰り返して分裂病の欠陥状態となっている。精神状態が悪化したときには実父に対する攻撃性が増し、暴力がしばしば見られる。最近の4年間は服薬が不規則であり、平成13年6月ころから精神分裂病の前兆が顕著であった。
　本件犯行当時、被告人は精神分裂病の急性の増悪期にあり、易刺激性で、同人には強い衝動性、攻撃性が見られ、実父に対する被害妄想的解釈と幻聴とから犯行に及んだと考えられる。なお被告人にはかねてから軽度ではあるが、精神発達遅滞も見られた。よって本件犯行当時における被告人の是非善悪の弁別能力、行動制御能力は著しく減退しており、ほとんどない状態であったと言ってよい。

4　公判段階の松野鑑定

　被告人は本件犯行前、軽度の精神発達遅滞、精神分裂病の残遺状態であったが、犯行直前に分裂病の急性悪化、再燃を来たしており、衝動性、攻撃性が高まっていた。しかし凶器を用いていることや、犯行直後に悔悟して助けを求めたりしており、まったくの滅裂状態には至っていなかった。動機においても被害妄想に影響されてはいたが、妄想のすべてが分裂性のものとも言えない。したがって本件は、分裂病の直接的影響下にあって、被告人の弁別能力、行動能力は著しく障害されてはいたが、

まったく失われていたわけではないと結論される。

5 私見

被告人は犯行直後にわれに返り、兄とともに救助活動などを行っており、捜査段階で簡易鑑定に付されておれば、責任能力ありと鑑定されていたかもしれない。しかし公判前、公判時の両鑑定が結論（ほとんどない状態）においてほぼ一致しており、総合認定、総合評価を許されている（刑訴法318条）裁判所としては、判断しやすかったケースであったと考えられる。それにしても精神分裂病の現われ方は複雑かつ微妙であり、われわれ法律家にとってはまことに難解である。今後、医療観察法が実際に動き始めれば、裁判所の責任能力判断がどちらに動いていくか、予測のかぎりでない（以上、2005年当時の判断）。

第5 2回刺突事件

1 本事例の概要

本事例は、本件犯行当時被告人は心神耗弱であったと認定した一審判決を破棄し、被告人は重症の破瓜型精神分裂病で、同人の第1刺突行為は精神運動興奮を伴う妄想様反応下での行為であり、また、第2刺突行為も命令幻聴を伴う作為行為であって、犯行当時の行動制御能力は完全に失われていたとして、心神喪失を認定し無罪を言い渡した事例である。

本件の一審判決は平成12年4月25日岐阜地方裁判所。

同二審判決は平成13年9月19日名古屋高等裁判所刑事第一部（裁判長・裁判官　堀内信明、裁判官・堀毅彦、裁判官　手崎政人）。

弁護人は船橋直昭。

2 控訴趣意

① 原判示当日自宅の台所等で被告人と実母T木T子（被害者）とが口論し、被害者が洋風出刃包丁（本件包丁もしくは包丁）を持ち出して先に外に出、これを追って外へ出た被告人と対峙した際、被害者が包丁の刃先を被告人に向けてきたため、被告人は殺されるかもしれないと考えて、被害者ににじり寄り、両手を被害者の両肩に

乗せ、左足を被害者の右足に引っ掛けて被害者を後方に倒したうえ、被害者の落とした包丁を拾い上げ、これを被害者の喉元で上下させて威嚇したところ、被害者が両手を伸ばしてこれを掴んできたので、被告人が包丁から手を離すと、被害者がこれを両手で掴んで自己の喉元に突き刺し（第1刺突）、その直後に「殺してしまえ」との声を聞いた被告人が、包丁を持った被害者の手を上から右手で押して被害者の喉元を刺し（第2刺突）、これらによって被害者は死亡した。

② 第1刺突は被害者自身の故意もしくは過失によるとの疑いが強く、第2刺突も被告人の違法行為とはいえ、幻聴に支配されて心神喪失の状態でなされたものであるから、被告人は無罪である。しかるに原判決は、公訴事実とほとんど同一の事実（2度突き）だと判断しているのであるから、原判決には理由不備ならびに事実誤認の違法がある。

3 控訴裁判所の判断その1（被告人の精神状態）

被告人は、被害者とT木Y一との間に長男として生まれ、4歳のときに実父が自殺したため、以後被害者に養育され、大学を1年で中退し、昭和60年ころ繊維関係の会社に就職し、結婚して2女をもうけたものの、音のノイローゼに悩まされて退職した。その後は職場を転々と変えて、やがて仕事をしなくなった。宗教に強く惹かれたとして、いろいろな寺を訪ねるうち、何の理由もなく戸を蹴ったり、仏壇を倒したりといった奇異な行動をとるようになった。これらが原因となって離婚したが、そのころから幻聴や幻覚といった病的体験を訴えるようになり、同年12月から平成4年までS病院に入院したのを皮切りに、本件発生直前の平成10年9月までの間合計10回精神病院への入退院を繰り返した。

被害者は、被告人が破瓜病にかかって以来、生活全般の面倒をみることはもとより、苛立つ被告人に対して、根気よく接するように努めてきたが、次第に苛苛が蓄積し、被害者自身、精神科医師の治療を受けたこともあった。一方被告人は、なにかと批判や干渉を受けることに不快感や憎しみを抱くようになり、親子喧嘩が絶えない状況にあった。被告人は平成10年9月Y病院を退院したが、軽快したわけでもないのに薬を飲まなくなった。そのため被告人は、本件発生当日までの間に種々の幻覚に悩まされるようになった。これらの事実を総合すると、被告人の本件直前の状態は、重症の破瓜病が相当増悪した状態になっていたと考えられる。

4 控訴裁判所の判断その2（被害者死亡の経緯）

被告人は、緊急逮捕された直後に自白したものの、その後はいわば消極的否認に転じ、さらに原審第11回、第12回公判において、いわゆる二度突きを否定する供述をするようになった。これを変更後供述と呼ぶが、その概要は次のとおりである。
(1)　犯行当日の夜、自宅の2階で寝ていた被告人は、階下の物音で目覚め、1階におりていって、台所にいた被害者と激しい口論となった。興奮した被告人は、室内の柱に被害者の額をぶつけた。すると被害者は、台所から包丁を持ち出し、美容室店舗内を通ってその出入り口から外に出た。話し合いを続けようとした被告人も被害者を追って自宅玄関から外に出た。
(2)　そして被告人は、玄関先で被害者が包丁を右手に持って刃先を被告人に向けているのを認めたので、「殺されるかもしれない」「やるかやられるか」などと考え、被害者ににじり寄り、その両肩に自分の両手を乗せ、左足で被害者の右足の太もも付近を強く蹴るようにして引っ掛けると同時に、被害者を後方に倒した。
(3)　被告人は、被害者が倒れるとき落とした包丁を右手で拾い上げ、仰向けに倒れた被害者をまたぎ、中腰で構えた包丁を被害者の喉元付近に示して上下させて威嚇したところ、被害者が包丁の柄を両手で掴みもみあいとなった。そのとき包丁の先が被害者の喉に4.5センチメートルくらい刺さった（第1刺突）。その直後に被告人は、誰かの声で「とどめをさせ」といわれたので、被害者の手を押し、被害者の喉をさした（第2刺突）。このころ自分（被告人）が「死ねば楽になるやろう」などと怒鳴った覚えはないが、被害者が「ああ」というような声を出したことは覚えている。
(4)　その後われに返って110番通報をしたが、その際自分が罪に問われるのをおそれ、警察の人には被害者の自殺という説明をしたように思う。
(5)　以上(1)ないし(4)のような変更後供述については、一部にあいまいな点がないでもないが、被告人にストーリーを創出する能力があるとは考えられず、被告人の変更後供述の全体的信用性は、これをたやすく否定できない。

5　本件犯行時の被告人の精神状態

　U木鑑定は、その鑑定書において、被告人は本件犯行当時、重度の欠陥症状を伴った破瓜型精神分裂病の状態にあり、自己の行動の是非善悪を判断し、それに従って行動する能力は有していたが、その程度は著しく障害されていたと判断した。

W松鑑定は、その鑑定書において、被告人は本件犯行当時重症の破瓜病で、社会適応については、入院すべき場合に順ずる程度の適応不良であり、人格欠陥も著しいものであって、犯行当時の行動制御能力は完全に失われていた、と判断した。
　なおS田医師は、警察官に対する供述調書（検2）において、本件犯行直前まで診察し、治療してきた精神科医師として、被告人が本件犯行当時、是非善悪の区別がつかない状態であった可能性があると述べている。

6　被告人の犯行当時の責任能力

　W松鑑定は、原審および当審の記録等を検討し、17回にわたって被告人と面接を行い、身体的諸検査および心理学的諸検査を実施したうえでのものであって、鑑定の資料や手法においてとくに問題とすべき点はない。また被告人の変更後供述も踏まえて判断がなされており、その判断に不合理な点は認められない。
　これに対しU木鑑定は、捜査段階の資料によってなされ、その証言も被告人の変更後供述より以前になされたものであって、鑑定の資料および手法において不十分な点があることは否めない。したがって、本件犯行当時の被告人の是非善悪の弁別能力は著しく減弱していて、その行動制御能力は完全に失われていたと疑うべき合理的な理由があるから、犯行当時の被告人の責任能力は欠如していたと判断せざるをえない。

7　若干の私見

　判決理由を何度も読み返したが、いささか冗長だといった感想を抱いたことを正直に述べておこう。しかし被告人を無罪とした結論に異議を唱えるつもりはない。有罪判決をくつがえして無罪判決を出すのには、慎重の上にも慎重な判断が必要なのだと理解すべきかもしれない。いずれにしても被告人の刺突行為の評価にはかなり微妙なものが含まれているように思われる。

第6　江戸川事件

1　公訴事実

　平成2年2月6日午前5時ころ、被告人は江戸川区の自宅において、殺意を持って

長女めぐみ（当時9年）の頚部を両手で締め付け、同人を窒息死に至らしめた。引き続き同時刻ならびに同所において、同じく長男けんじ（当時12年）の頚部や胸部等を文化包丁（刃渡り18センチメートル）で数回突き刺し、同人を失血死に至らしめた。

2 弁護人の弁論要旨

　被告人は、本件犯行当時、内因性うつ病に基づく強度の希死念慮により、自己の行為の是非善悪を弁識する能力、およびその認識に基づき自己の行為を制御する能力をともに完全に喪失しており、責任能力を欠いていたので、前記殺人についてはいずれも無罪。
　被告人の責任能力の判断に関しては、内因性うつ病即責任無能力と考える立場と、うつ病と犯行との具体的関連性を検討し、犯行当時の被告人の具体的な精神状態を考察したうえで判断する立場とがある。
　後者の立場をとる場合であっても、うつ病の場合には精神分裂病と異なり、人格の崩壊を伴わず、犯行の動機も一見了解可能のように見えるので、判断を誤らないよう厳に戒める必要がある。
　被告人の責任能力については、犯行の動機の了解可能性、犯行の態様、犯行に付随する行動、その他を抽象的・形式的に判断するのではなく、被告人の病気前の性格や生活状況、さらに被害者らとの関係をも踏まえたうえで、具体的・実質的に考察しなければならない。

3 鑑定の経過

(1) 金子鑑定について

　本件でなされた3つの鑑定のうち、捜査段階の金子鑑定は、被告人が内因性うつ病にかかっていたことは認める（そう考えてもよいとの表現ではある）が、是非善悪を弁識する能力やそれに基づいて行動する能力を欠いていたとまでは言えないとする。

(2) 松下鑑定について

　これに対し公判段階での松下鑑定は、本件犯行時の被告人の精神状態は、内因性うつ病に基づく著名なうつ状態であり、自己の行為の是非善悪を正しく認識し、その認識に基づいて自己の行為を制御する能力をともに完全に喪失していたとする。

(3) 逸見鑑定について

2つの鑑定が対立したので、検察官は裁判所に第3の鑑定を請求した。これを担当した逸見鑑定人は、希死念慮の発言が認められれば、その事実のみをもって刑事責任能力は否定されるとする松下鑑定は不適当と結論した。しかし裁判所はこれを認めなかった。

4 私見

検察官の興望をになって有名な逸見鑑定人が登場したが、裁判所は責任能力なしとする判定をくつがえさなかった。私は松下鑑定を仔細に検討したが、きわめて納得的であり、裁判所の見識をたたえるべきであろう。

係属裁判所は、東京地方裁判所であり、判決日は平成5年4月14日である。

裁判官は、大野市太郎・平塚浩司、弁護人は、大内猛彦・小澤哲郎。

ここで便宜、犯罪白書の統計について触れる。同書によれば、平成6年から15年までの10年間において、心神喪失で無罪とされた者はわずかに22名。年平均2.2名であった。そのうち、うつ病によるものはゼロであることに注目したい。

第7 赤羽台事件

1 公訴事実

被告人は、昭和62年10月12日午前7時ころ、北区赤羽台の自宅において、父親（当時89歳）および母親（当時87歳）を殺害して自殺しようと決意し、文化包丁で父の頸部を突き刺すなどして失血死させ、同文化包丁で母をも突き刺すなどして同じく失血死させた。

2 一審判決等

裁判所は、被告人のこれまでの精神病歴、本件殺害行為の異常性、事案の重大性等に鑑み、公判段階で2回にわたり精神鑑定を行うなど慎重な審理を尽くした。その結果、被告人は犯行当時、内因性そううつ病のうつ病相期にあり、その精神障害の程度も重く、行為の是非善悪を判断し、これに従って行動する能力を欠いていた（したがって責任能力なし）として無罪判決をくだした。

係属裁判所は、東京地方裁判所であり、判決日は平成元年5月19日である。

なお弁護人は判決確定後、元被告人のために刑事補償を獲得しているが、わずかな報酬しか得ていない。これまた弁護人の鑑と言うべきか。私などとても真似できない。

3 判決理由で注目すべき箇所

検察官は、主として被告人の捜査段階の自白ならびに簡易鑑定に依拠して、責任能力あり（心神耗弱）を主張したが、裁判所は要旨次のような判断を示した。

検察官の主張中には、重篤な精神病者でもその行動のすべてがまったく異常、かつ通常人に了解不可能でないかぎり、法的には責任無能力にはならないとの論調も見受けられるが、証人中田修、同風祭元の証言をまつまでもなく、いかに重い精神病者であっても、そのすべてが終始異常な行動をとり続けるものでないことは、言うまでもない。検察官の見解は独自の見解であって、採用に値しない。

4 私見

真鍋勉弁護人は刑法学会でも名を知られた研究者でもあった。弁護士としても人権派のリーダー的存在であった。その弁護人が精神鑑定の実現に努力したことが、第一の勝因であるが、これを受けて立った裁判長もわれわれ学者の間でも評判のよい裁判官であった。両々あいまってこの無罪判決が生まれたものと思われる。判例タイムズ705号262頁がとりあげたのは、上記の判決理由に注目したものと思われる。ちなみに前最高裁判所裁判官の島田仁郎判事も当判決に異をとなえていない（参照、『大コンメンタール刑法〔初版〕第2巻』〔青林書院、1989年〕771頁）。

第8 沖縄パラノイア事件

1 公訴事実の概要

被告人は、平成8年2月2日午前11時ころ、自宅マンションの一室において、いずれも殺意を持って就寝中の次男（当時1歳）に対し、その胸部を出刃包丁（刃体の長さ約13.5センチメートル）で5回突き刺し、失血死させた。また長男（当時4歳）に対し、同出刃包丁で2回突き刺したが、傷害を負わせたにとどまった。

2 責任能力についての判断

　弁護人は被告人について、本件犯行当時、妄想性の精神障害が高じて心神喪失の状態にあったと主張した。これに対し検察官は同人について、心神耗弱の状態にあり、限定的とはいえ責任能力はあったと主張した。裁判所は主として、仲村鑑定（弁護人の請求に基づく）および保崎鑑定（検察官の再度の請求に基づく）を詳細に比較検討して心神喪失を認定し、被告人を無罪とした。
　係属裁判所は、那覇地方裁判所であり、判決日は平成9年7月18日である。
　裁判官は、長嶺信榮、釜井景介、裁判官　河村　浩、弁護人は、加藤裕。

3 仲村鑑定の内容

　被告人は以前ライオンズマンションにいたころ、知人から「万引き親子」と言われ、これが噂として広まっているとの「万引き妄想」を一貫して抱いていた。この件に続いて、夫の職場である「はるやま」の責任者に離婚させられるという「離婚妄想」をも抱くようになっていった。このような被告人の妄想は、被害関係妄想（何でもない他人の表情や出来事などをすべて自分に結び付けて考える）だと考えられる。
　被告人の精神障害は、パラノイアの一種である敏感関係妄想であり、精神分裂病ではない。被告人は本件犯行当時、意識障害や幻聴はなかったが、被害妄想が高じており、パニック状態にあったと思われる。そしてその症状の程度は重度であったと言ってよい。

4 保崎鑑定の内容

　被告人の妄想は当初、万引き妄想であったが、万引きをするような女性は夫にふさわしくないのでやがて離婚させられると考えるようになった。それらの妄想が始まったのは、平成7年の夏から秋にかけての時期と推測される。
　被告人の精神障害は、妄想性障害（従来のパラノイア概念を含む）であり、精神分裂病ではない。被告人は本件犯行2週間前ころから落ち着かず、3、4日前から急速に病状が悪化し、犯行当日には、証人仲村のいうパニック状態に近かったと思われる。

5　仲本診断の内容

捜査段階において仲本医師によって行われた簡易鑑定によれば、本件犯行当時被告人は、中程度の妄想性障害（パラノイア）に罹患していた可能性が高く、その離婚妄想の結果反応性うつ状態に陥り、無理心中に及んだものである。

6　裁判所の判断

仲村鑑定は、パラノイアの一種である敏感関係妄想であるとし、保崎鑑定は妄想性障害であるとしている。被告人の妄想は、万引き妄想から離婚妄想へと発展拡大し、その特徴は妄想追想とする点において、両者の診断は一致している。病名の違いは、診断基準の違いにしかすぎない。

その他種々の情況をあわせ検討したところによれば、被告人の妄想は、本件の殺害動機の形成に関係しているだけでなく、本件犯行自体を支配していた可能性がある。したがって、仲村鑑定のいうように心神喪失の状態にあったとまでは断定できないが、責任能力が存在したとすることには、合理的な疑いが残ると言わざるをえない。

7　私見

最高裁判所判決昭和48年12月13日判例時報725号104頁は次のように判示する。「刑事裁判において『犯罪の証明がある』とは、『高度の蓋然性』が認められる場合をいい、それは、反対事実の存在の可能性を許さないほどの確実性を志向した上での『犯罪の証明は十分』であるという確信的な判断に基づくものである」。

ここでは「合理的な疑いを超える」との表現は用いられていないが、「反対事実の存在の可能性を許さないほどの確実性」と述べているので、合理的な疑い原則を最高裁は採用しているものと考えられる。同判決は厳密にいえば、「犯罪の証明」について述べられたものではあるが、責任能力の有無の認定（有罪無罪を左右する）にも適用されて差し支えないであろう。ちなみに「疑わしきは被告人の利益に」の原則が情状証拠についても適用があるか否かについては日独の学界にかなりきびしい議論がある。

第9　刑事手続と精神鑑定

1　精神医学における疾病の分類

　すでにケース研究において、いくつかの精神障害者による事件を取り上げた。精神障害の種類がそれらにとどまらないことは言うまでもない。それではそれらが数多くの精神障害のなかでどんな位置を占めているかについて、以下に検討してみたい。

　わが国の精神医学の領域において広く取り入れられている、有名なシュナイダーの疾病分類によれば、精神障害はまず心的資質の異常と疾病の結果とに分類され、ついで次のようにさらに細かく分類される。法律家にとっては少しややこしいが、我慢して読んでいただきたい。

　心的資質の異常といわれるものは、それほど数は多くない。大要次の3種に分類される。

　　異常知能資質（精神遅滞等）
　　異常人格（精神病質等）
　　異常体験反応（心因反応等）

　これに対し疾病（および奇形）の結果による分類は少しややこしい。大きく身体学（病因論）と心理学（症候論）との2種に分かれる。そして前者には以下の種別がある。

　　中毒
　　進行麻痺
　　他の感染症
　　脳奇形
　　脳外傷
　　脳動脈硬化
　　老人脳疾患
　　他の脳疾患
　　新生てんかん

　これらは前記症候論の系譜でみると、急性（意識混濁）、慢性（人格解体）、および痴呆の3段階に分かれることを知らなければならない。

　前記心理学ないし症候論の系譜には、そのほかに一般によく知られているそううつ病（循環病）と分裂病との2種が加わる。私などは、これまで精神障害について、分裂病、そううつ病、パラノイアぐらいしか知らなかったが、実に多種多様の疾病態様のあることがわかって驚きであった。従前、医師の精神鑑定書を読んで、なぜもっと明快に説明できないのか、と不満を抱いたが、これでいくらかは理解できるようになった気がする。

次にわが国の精神科医師や精神医学者の鑑定書にしばしば出てくる、国際的な疾病分類について触れる。私はわが国の精神鑑定書を読んで、これらの引用に接したとき、当初ペダンチックに感じたが、すでに国際的基準として承認され、日本の医学界にも通用していることを知って考えを改めた。日本の刑事法学者のなかで精神鑑定に最も関心の深い1人だと自負する、私でさえこの程度であるから他は推して知るべしか。

国際疾病分類には世界保健機構によるものとアメリカ精神医学界による診断統計マニュアル（最新版はDSM-IV）とがあるが、ここではより一般的と思われる前者について紹介する。

F0　症状性を含む気質性精神障害
F1　精神作用物質の作用による精神および行動の障害
F2　精神分裂病、分裂病型障害、および妄想性障害
F3　気分障害ないし感情障害
F4　神経性障害、ストレス関連障害、および身体表現性障害
F5　生理的障害および身体的要因に関連した行動症候群
F6　成人の人格および行動の障害
F7　精神遅滞
F8　心理的発達障害
F90－98　小児期および青年期に通常発生する行動および情緒の障害
F99　特定不能の精神障害

これらの分類を見て読者はすでにお気づきのように、わが国の伝統的な分類が病因論的な仮説に基づく分類であるのに対し、国際標準分類は診断項目についての操作目的での診断基準だという点である。わが国の精神鑑定書において、伝統的と国際的との両基準が併記される理由がここにある。

2　精神鑑定の実際と問題点

鑑定の進め方は、鑑定の性格上若干の法的制約を伴うが、基本的には一般の精神科臨床における診断法と異ならない。鑑定人はまず被鑑定人の家族歴、本人歴を調べ、現在の状態について診断をくだし、ついで裁判で問題となっている、過去の特定行為時の精神状態を推定する。さらに進んで法的能力の有無、程度まで判断すべきだとの考え方もあるが、私はこの方向をとらない。もっとも、法的判断は原則として裁判所の専権だということを理解したうえで、参考までに付記するなら別であ

る。

　鑑定の参考資料としては、戸籍謄本、学籍簿、過去の入院時の病歴、前科前歴記録など、被鑑定人に関する、できるだけ客観性のある資料を収集する必要がある。家族歴等の調査は、主として被鑑定人や家族との面接によるが、なるべく客観的資料と照合する必要がある。さらに現在症等の診断についていえば、まず精神疾患が生じうる身体疾患の有無を審査する。ここでは問診が重要な位置を占める。心理テストも重要な補助手段となるであろう。最終診断は、内科的な診察・検査、神経学的な診察・検査、家族歴、本人歴、現在症などを総合して決定される。

　次に問題点の第1は、診断の結果が鑑定人によって異なる点である。今回私が検討の対象とした分裂病の4ケースについても、うち3ケースが妄想型であり、1ケースが緊張型である。しかも鑑定人が2人いると、2人の意見が異なっている場合が多い。ある著名なケースでは、第1鑑定人は精神分裂病の破瓜型（欠陥状態）、第2鑑定人は同じ破瓜型ではあるが、その病勢進行期、第3鑑定人は分裂病の緊張型、第4鑑定人は同じ緊張型ではあるが、その寛解状態、第5鑑定人は緊張型分裂病ないし非定型精神病（病状増悪期らしい）であった。分裂病という点で一致しているのが救いではあるが、弁護士としてはいい加減にしてくれと言いたくもなる。

　それなら分裂病以外ならわかりやすいか。私が検討対象としたそううつ病の2ケースでは、合計5人の鑑定人の意見が異なっていた。しかし法律家にとってもわかりやすいケースがないわけではない。同じく私の検討したパラノイアのケースでは、2人の鑑定人の意見がほぼ同様であった。

　もう1つの問題点は、医師の診断結果が同じであっても、法的な責任能力の有無の判断が異なる場合があるという点である。第一、鑑定書に責任能力の有無や程度について記すべきか否かについても医師の意見が一致していない。捜査段階と公判段階とで鑑定結果がほぼ画然と異なる点も気になるところである。われわれ弁護士の間では、よい鑑定人とわるい鑑定人との種別がひそかにささやかれている。誰に頼むかによって、鑑定結果がかなりの程度予測できるのである。

　このような結果がどうして生ずるか。まず学派が異なると、判断が異なる。学派が同じでも鑑定人には個人差がある。それに精神医学の複雑さが輪をかけている。私は鑑定について研究を始める前には、鑑定は科学的であるか一義的に答えが出るものと考えていた。それゆえ鑑定全般、とりわけ精神鑑定の不確定性について知ったときには驚いた。教育がわるいと指摘する医学者もいるが、一理はあろう。

　第3の問題点に移る。われわれ弁護士がしばしば悩まされるのは、適切な鑑定人を探すことが大変困難だという点である。裁判所は専門別の鑑定人候補者名簿を保

有しており（訴追側も持っているらしいが見たことはない）、われわれが苦労してようやく見つけ出した鑑定人を採用せず、他の鑑定人を指名してくる。この点に関しあえていえば、それら鑑定人が裁判所から与えられた資料を実によく読んでいることである（ケース研究の過程で気がついた）。それはそれで結構なことではあるが、自白調書への対応はどうなっているのであろうか。

　最後にもう1点。鑑定の拘束性の問題である。鑑定人は、前提条件である生物学的要素と心理学的要素とをわれわれ法律家に提示するのが役目であるから、責任能力の有無の判断にまで踏み込む必要はないのではないか。しかし一定の条件を備える（たとえば医学界でまったく異論がない）場合、拘束性が生ずることを否定するつもりはない。さきにもちょっと触れたが、念のため付言する。

第10　刑事弁護と精神障害

1　鑑定の必要性の立証

　すでにケース研究で見たごとく、弁護人が鑑定の必要性を実感するのは被疑者・被告人本人との接見の結果が一番多い。事件記録の精査がこれに次ぐ。これらで疑問を感じて家族面接までやる弁護士がいるかもしれない。友人である精神医学者に質問の手紙を出す人もいる。敬服に堪えない。国選弁護人の職務と私選弁護人のそれとの間には差異はないと言われる。理屈はそうであるが、現実にはそこまでやるのはなかなか難しい。

　鑑定請求にあたっては、弁護人はそれまでに調べた本人の病歴と犯行時の病的徴候とをできるだけ具体的に記載し、可能ならば医師の診断書など裏づけとなる資料を添付したほうがよい。医学的文献の収集と引用も有効であろう。事件によっては、正式鑑定の請求以前に簡易鑑定の請求を必要とする場合もあろう。

　簡易鑑定との関係でいえば、捜査段階で違法・不当な鑑定請求もなされないではないので、弁護人は訴追側の動向を注意深く見守らなければならない。被疑者・被告人の悪性格の立証や身柄拘束の延長に鑑定が利用されてはならないことは、言うまでもない。

2　鑑定手続上の留意点

　弁護人として鑑定を依頼する場合には、鑑定人の専門性について十分に吟味する

必要がある。とは言ってみても、精神鑑定にかぎっても、鑑定人を見つけることは非常に難しい。私には精神鑑定を依頼した経験はないが、その他の領域（とくに法医学鑑定）では散々苦労させられた体験を持つ。しかも費用は弁護人の自弁である。鑑定を早くやってもらうために手土産を持って遠隔の地まで挨拶に行ったりする。にもかかわらず数年後に出された鑑定結果は必ずしも被告人に有利ではない。帰りの新幹線のなかで密かに涙したこともある（あとは死が待っているだけだから）。

　さきにも触れたが裁判所は専門別に鑑定人の候補者リストを持っており、われわれ弁護人が特定の鑑定人を請求しても、それに応じない場合が多い。法医学鑑定の場合、裁判所の指定する鑑定人はかなり偏っているが、精神鑑定の場合はその偏りがもっとひどい。弁護人は事前準備を十分に行い、おかしいと思う点については、公判廷で即座に反論しなければならない。刑訴法321条4項の解釈にさいし、かつて専門家に対しては反対尋問はできない、と主張する学者もいたが、鑑定の経緯に不合理な点が法廷で暴露されたりして、今は影を潜めた。

　これも繰り返しになるが、ケース研究の過程で鑑定人の多くが裁判記録を丹念に読んでいることがわかった。医師もしくは精神医学者の役目は法律家の判断の素材を提供することにあるのに、なぜ裁判記録を読む必要があるのか。われわれ弁護人が気にかけるのは、被告人の自白である。自白があるから心神喪失ではない、と鑑定人は予断を抱かないでほしい。これらの点についても、疑問のあるときは法廷で即座に対応する必要がある。

3　医療観察法の意義と課題

　平成17年7月15日に「心神喪失等の状態で重大な他害行為を行った者の医療及び観察等に関する法律」（医療観察法と略称）が施行された。この法律の目的は、心神喪失等の状態で他人に対する重大な加害行為を行った者について、その病状の改善およびこれに伴う、同様の行為の再発防止を図り、同人の社会復帰を促進することにある。その目的達成のためには、継続的かつ適切な医療が必要であるが、その確保のために入院、通院、退院、退院期間延長、処遇の終了、再入院等は裁判所の決定を要するものとされた。

　弁護士は付添人としてこれらの手続に関与できるが、入院、通院に関する審判手続では付添人は必要的とされている。したがって私選の付添人がいない場合には、裁判所は国選付添人を選任しなければならない。識者の伝えるところによれば、全国レベルで月1件程度の適用例があるとのことである。この程度の適用率であれば、

もう少し受け入れ体制を整えてから施行したほうが良かったと思われる。大阪池田小事件の発生（加害者はすでに死刑執行されている）に驚いた政府法務省が急遽作った可能性大であり、多分に政治的な臭いがする。

とは言うものの、弁護士は実際の対応を迫られているので手続の要点を照会する。医療観察法に関わる者は次のようである。

　　対象者
　　裁判官
　　精神保健審判員
　　精神保健参与員
　　鑑定人
　　社会復帰調整官
　　保護者
　　付添人
　　別の合議体

また手続の流れは通例、次のようである。

　　申立て（不起訴、無罪、執行猶予等）
　　鑑定入院質問
　　鑑定入院（原則2カ月、1カ月延長可）
　　カンファレンス（裁判所は打ち合わせと呼ぶ）
　　審判期日
　　決定（却下、入院による医療、入院によらない医療、医療を行わない）

なお医療観察法と現行の精神保健福祉法との関係について付言すれば、医療観察法による入院中は精神保健福祉法の適用は排除される。また入院によらない医療（通院）の場合には精神保健福祉法が重複して適用される。

4　刑事補償請求

無罪が確定した元被告人は、判決裁判所に対し、刑事訴訟法188条の2～7に基づく費用補償請求と刑事補償法に基づく刑事補償請求とができる。ここでは後者に焦点を当てる。私などは、精神障害者の犯罪の弁護を担当した場合、精神鑑定等に力を使い果たして補償請求を忘れそうな気もするが、弁護人は当然に元被告人（もしくは後見人、相続人）の補償請求を援助すべきである。出血サービスを余儀なくされた弁護人にとっては、自分自身のためにもなろう。

刑事補償額は、裁判所が1日1,000 以上1万2,500 円以下の範囲内で決める（刑事補償法4条1項）。そのさい次の条件を考慮することができる。「拘束の種類及びその期間の長短、本人が受けた財産上の損失、得るはずであった利益の喪失、精神上の苦痛及び身体上の損傷並びに警察、検察及び裁判所のの各機関の故意過失の有無その他一切の事情」（同法4条2項）。

　私の見るところ問題は、「請求者自身の帰責事由」または「他の競合事件の存在」があるときには、裁判所の健全な裁量により補償の一部または全部をしないことができる、と定めている同法3条の解釈である。

　私の経験では、再審無罪の場合を除いては最高額が認められた裁判例を知らない。しかしこれは誤っている。刑事補償請求権は、憲法40条で保障された基本的人権であるから、よほどの事由のないかぎり最高額以下に1日あたりの算定額を裁量決定すべきではない。よく考えてみると、刑事補償請求権は客観的違法に基づく結果責任であるから、刑事補償法3条の解釈は「疑わしきは元被告人の利益に」の原則に基づいてなされなければならない。「減額」を当然とする実務は早急に改められるべきである。

（注記）本章に関しては、後掲の第3部第3章「刑事弁護と精神鑑定」をも参照されたい。

13
公務執行妨害

大川 治

第1 総論

1 はじめに

　本稿では、比較的近時（平成以降）に言い渡された公務執行妨害罪（刑法95条1項）の無罪事例8件（概要は、本稿末尾掲載の一覧表のとおり）を取り上げる。無罪に至った過程を検討し、公務執行妨害事案における弁護活動のあり方を考える素材を提供したい。例によって、誤起訴事例、誤判事例のいずれをも検討対象とする。

2 公務執行妨害罪の特徴

(1) 構成要件的な特徴

　公務執行妨害罪（狭義。刑法95条）は、文字どおり、公務員に対して暴行または脅迫を加えて、公務員の職務の執行を妨害することを処罰する罪である。
　暴行または脅迫の客体は、公務員である。しかし、保護法益は、公務員の身体や自由ではなく、公務員による公務の円滑な執行である。
　公務員の「職務」の範囲は、広く解されている。判例は「ひろく公務員が取り扱う各種各様の事務のすべて」が含まれるとする（最判昭和53年6月29日刑集32巻4号816頁）。「職務を執行するに当たり」の範囲は、「具体的・個別的に特定された職務の執行を開始してからこれを終了するまでの時間的範囲」だけでなく、「まさに

当該職務の執行を開始しようとしている場合のように当該職務の執行と時間的に接着しこれと切り離し得ない一体的関係にある」とみられる行為も含まれるとされている（最判昭和45年12月22日刑集24巻13号1812頁）。その結果、無罪を争う弁護活動において、職務の範囲や、職務執行の範囲を問題とするのは、容易ではない。

争われるのは、「職務の適法性」である。

違法な職務執行は保護に値しない。また、違法な職務執行に対しては、正当防衛も可能である。職務執行の適法性の3要件として、①当該公務員の一般的・抽象的職務権限に属すること、②具体的職務権限に属すること（適法性）、③職務行為の有効要件である法律上の重要な条件・方式を履践していること（要保護性）、が挙げられている。実務的には、違法な捜査、違法な行政警察作用に対する行為が問題になることが多い（上記②の問題だとされている）。違法な職務質問、所持品検査もしくは任意同行（いずれも警察官職務執行法の問題）、または違法な任意捜査に対する対抗行為が公務執行妨害罪に問われることがある。

弁護の観点からは、職務の適法性の問題を、刑事訴訟法上の捜査の適法性の問題と一体化して捉えることができる。捜査が違法であれば、それによって得られた証拠につき、違法収集証拠として排除を求めることで無罪を争う。同時に、実体法上は、違法な職務執行として、公務執行妨害罪の成立が否定されると説くのである。

今回取り上げた事例中、**事例4**で、職務執行の適法性が争点となっている。

公務員に対する「暴行」、「脅迫」は広義のものとされている。

暴行は、公務員に向けられた有形力の行使であれば足り、直接に公務員の身体に向けられる必要はないという。公務員の近辺でモノを壊す行為が暴行に当たるというのである。脅迫は、直接公務員に告知されず、第三者に対して行われたものであっても、公務の執行を妨害しうるという。

そうすると、暴行・脅迫に当たらない、として無罪を争うのは容易ではなさそうである。しかし、争う余地はある。後に紹介する**事例3**は、この意味での「暴行」なのかどうかが争われたケースである。

また、暴行・脅迫は、公務員の職務の執行を妨害するに足りる程度でなければならない（最判昭和33年9月30日刑集12巻13号3151頁）。客体が警察官の場合は、妨害するに足りる程度ではない、と争いうる余地がある。なにしろ、「警察の人」だからである。非力な一般人が、警察の職務執行を妨害するのは難しいはずである。

(2) 無罪が争われる事件の特徴

労働者の集団示威行為や政治活動（デモ行進等）と警察官との衝突事例で、いわ

ゆる活動家らが公務執行妨害罪に問われるケースが多い。公務執行妨害で無罪が争われる事例の典型である。後に紹介する**事例1**および**2**は、いずれもこの種の事案である。

この種の事案では、多人数の者が関係する混乱したなかで、偶発的に発生した暴行等の有無が争点になる。勢い、被害警察官の供述や同僚警察官の証言の信用性判断が中心にならざるをえない。警察官が被害者であることから、その証言は、党派性を帯びる。

弁護側としても、混乱したなかで、誰が何をしていたか、被告人がどこにいて、何をしていたかを争っていくのは必ずしも容易ではない。

やはり、写真やビデオテープのような客観的な証拠が重要となる。

また、公務執行妨害罪は、交通検問や職務質問など、市民と警察官が接する場面で発生しやすい犯罪類型でもある。行為者が飲酒して、あまり、事実関係を覚えていないことも多い。ここでも被害警察官の証言の信用性が争点になる。**事例3**や**4**はこの種の事案である。なお、**事例5**は、職務質問を受けた際に、犯人が車両をパトカー等に衝突させて逃走した、として公務執行妨害、器物損壊に問われたものであるが、被告人の犯人性に関する被害警察官らの目撃証言の信用性が正面から問題となった興味深い事案である。

そして、前述のように、要件を備えない逮捕や違法な任意同行など、違法な捜査活動に対する対抗行為が公務執行妨害罪に問われることが少なくない。**事例6**はまさにこの種の事案である。この点も、公務執行妨害類型の特徴といえる。

3 公務執行妨害罪と弁護活動の方針

公務執行妨害事件の弁護方針を検討するうえで、裁判所や捜査機関側による実務研究を参照できれば有意義である。

しかし、実際の裁判例を素材に公務執行妨害罪の成否を実務的に論じる文献は多くない。とくに、捜査機関サイドで無罪事例等を検討した公刊物に接することはできなかった。

一方、公務執行妨害事件の弁護方針を実務的に論じる文献として、笠井治「公務執行妨害事件の弁護はどのように行うか」(『刑事弁護の技術（下）』〔第一法規、1994年〕270頁）がある。

同論文は、「『被害者』が警察官である場合には、捜査機関と『被害者』はいわば一体であり、捜査手続きそのものが被害警官＝捜査機関と加害者の二元的対立

関係に整序される。そこには、捜査機関による証拠の組織的ねつ造が行われやすい土壌がある」、「公務執行妨害事件は、他の罪名の被告事件に比し、無罪となる確率が平均よりかなり高く、不起訴率は例年ほぼ65パーセントを超えている[1]。その特有の原因・理由として、ひとつには被害者（公務員）側が事実や証拠を組織的にねつ造しているのに、捜査官や公訴官である検察官が身内意識に駆られてこれを見逃していることや、また公務執行妨害罪成立の要件である『公務の適法性』に、法律上・事実上疑問の生ずるケースが多いからだと推測しても不合理ではない」、「公務執行妨害事件においては、先鋭に対立する当事者の供述を吟味し『被害者』の供述と捜査機関の誤りを明らかにして、被疑者・被告人の供述の信用性を論証するということが、弁護活動の立証上の核心となる」などと主張して、「闘争的弁護」の不可欠性を説く。いずれの指摘も貴重なものである。

同論文は、さらにすすんで、起訴前弁護における一般的問題として、「早期の証拠収集活動、とりわけ当事者的でない客観的な証拠の収集が要請される」とし、事実認定あるいは証拠上の問題点として、警察官証言弾劾の重要性を説く。そして、捜査機関が作成した客観的装いを整えた証拠を安易に同意してはならないなど、実務的に有用な技術を具体的に展開している。

なかでも特筆すべきは、次の指摘である。

「『被害者』たる警察官を含め複数の警察官証人が存在する場合、口裏合わせが行われていると思ってまず間違いはない。したがって警察官証言は、客観的事実に一致しようがしまいが、内容的に同一化する傾向がある。ということは反対尋問により、その不自然性・不合理性を引き出すことができれば、警察官証言全体を一挙に崩壊させることも可能だということを意味している」。

確かに、ビデオテープなどの客観的な証拠と、警察官証言が一致しなければ、証言の信用性に関する裁判所の心証形成に対するインパクトは大きいだろう。今回取り上げた**事例1**、**2**および**7**は、まさにそのような事例である。

そのような弁護を可能にするために、できるだけ客観的な証拠を集めなければならない。

弁護人が自ら収集することも重要であるが、捜査機関の手元に重要な証拠が残されていることが多い。

これまでは、昭和44年4月25日最高裁決定の枠組みに従い、証拠開示命令の申立てを活用するしかなかった。しかし、現在は、公判前整理手続・期日間整理手続がある。これを積極的に活用することで、捜査機関が保有している客観的な証拠を開示させることが重要である。

また、捜査機関による証拠の改ざん・ねつ造のおそれがある場合には、証拠保全手続を検討することも必要である。
　なお、公務執行妨害類型では、無罪を争うだけでなく、起訴された場合の保釈獲得も忘れてはならない。公務執行妨害では、被害者や目撃者が警察官であることが多い。警察官に対する働きかけや証拠隠滅は、事実上、ありえない。速やかに保釈請求すべきである。
　また、平成18年改正により、公務執行妨害罪（刑法95条）に選択刑として50万円以下の罰金が追加された。つまり、略式手続が利用できるということである（裁判所法33条1項2号）。有罪がやむをえない事案での活用が考えられる。

第2　裁判例の紹介と検討

1　無罪事例の概観

　比較的近時（おおむね平成以降）の公務執行妨害罪の無罪事例として公刊物に掲載されたもの、日弁連に報告のあったものは、今回取り上げた8件であり、必ずしも多くはない[2]。
　事例2、5、7および8は、第一審有罪で、第二審で逆転無罪となった誤判事例である。それ以外は、いずれも、第一審で無罪が確定している。
　事例1および2は、集団行動中の警察官との衝突事例である。いずれも、被告人が公務執行妨害行為を行った犯人であるか否かが争点になっている。現場写真やビデオテープ等の客観的な証拠と被害警察官の供述の齟齬が問題となった点で共通している。
　事例3は、被告人の行為が「公務員に対する暴行」に当たらないとして、公用文書毀棄罪のみの成立が認められた珍しい例である。
　事例4、7および8は、公務員に対する暴行（**事例4**が殴打、襟首をつかんで揺さぶる、**事例7**が腹部を殴打する、**事例8**が胸を突く）が認められないとして無罪になった事例である。
　事例6は、警察官の行為が任意捜査および警察官職務執行法2条の任意同行として許容される有形力の行使の限界を超えており、適法な職務執行と認められないとして、被告人の行為が公務執行妨害に当たらないとした事例である。
　以下、まず、公務執行妨害事案の典型的な誤判事例である**事例2**および**事例7**を詳細に紹介する。

その後、その他の誤判・誤起訴事例を重要なポイントに絞って紹介する。

2 集団行動の際における警察官との衝突事例
　　──事例2　控訴審で逆転無罪となった事例

(1)　概説
　事例2は、一審有罪、二審逆転無罪で確定した事案である[3]。
　本件は、在日韓国人団体の指導的地位にあった被告人らが大阪市内所在の大韓民国総領事館に対して韓国の民主化等を申し入れる集団行動をした際に、被告人が警備中の警察官を暴行したとして公務執行妨害に問われたもので、本類型の典型的事案の1つである。
　本件においては、被害者供述の信用性が中心的な争点となった。

(2)　原判決が認定した罪となるべき事実の要旨
　第一審判決は、次のとおり、罪となるべき事実を認定し、被告人を有罪とした。
　「被告人は、昭和62年6月26日、M同盟大阪府本部委員長として、M同盟のほかN会議及びO同盟の構成員ら約60名と共に、大阪市〇〇所在の駐大阪大韓民国総領事館（以下、「韓領」という。）に対し韓国の民主化等を申し入れる集団行動に参加し、その行動指揮を担当していたものであるが、同日午後5時前ころ、韓領東側の正面出入口前において、右M同盟等の集団と同集団の韓領内への侵入を阻止するため右出入口を背にして横一列に並んで警備に当たっていた警察官らとが対峙した際、右警備に従事していた警察官らのうちの大阪府南警察署警ら課第一係巡査X（当時36歳）に対し、同人の身体を手や上体で押し、同人の右肩を左手で掴んで引っ張って暴行を加え、もって同巡査の公務の執行を妨害した」。
　被害警官であるXは、上記の暴行によって、制服の右肩章を止めるボタンがちぎれ、肩章が外れたと主張した。
　一方、被告人および弁護人は、上記の日時場所でXと対峙したことはあるが、暴行を加えたことはまったくないとして無罪を争った。

(3)　無罪に至る経過
　被告人は、第一審の公判を通じて、一貫して暴行の事実を否認した。
　弁護人は、第一審において、積極的な弁護活動を展開し、①被告人らが行った集団行動は、正当な活動である一方、警察官らの行為は、請願権を圧殺するもの

で違法である（公務執行の違法性）、②警察官Xは、被告人に暴力をふるってきたが、被告人は一切暴力を振るっていない、実際、被告人は、警察官の前で手を組み、手を出さないよう自制していたのであり（写真に残っている）、警察官に暴力を振るう理由がない（暴行の不存在）、③被害警官Xの証言は作為的なもので信用できず、これを補強するK証言も信用できない、などと主張して全面的に争った。

　これに対し、一審判決は、①X証言に副うK証言は信用できず、また、P証言のうちXの盛夏シャツの肩章が外れた目撃状況に関する部分は信用できないとしながらも、②P証言のうち、Xの盛夏シャツの肩章が外れたときに被告人がXと接近して相対していたこと、そのすぐ後で、Xが指で被告人を指す動作をし、「あいつパクる」など言ったこと、Xの盛夏シャツの肩章が外れてから被告人がすぐに後ろに下がったこと、Pが後方に下がった被告人のところまで行って「あの警察官が狙っています、注意して下さい」と言ったとの部分はX証言とおおむね符合しており、信用できるとし、③Pの上記証言部分、当時の対峙状況、Xの上司に対する報告状況等を総合すると、X証言のうち、少なくとも右肩章が外れた前後の状況についての部分は十分信用できるとして、被告人がXに対し暴行した旨判断した。

　控訴審において、弁護側は、一審判決が肯定したX証言の信用性を弾劾することを最大の課題とした。

　まず、①被告人がXの肩章破損行為をしなければならない意図・動機がなかったことを、さまざまな情況証拠を挙げて主張し、②現場写真を最大限に活用し、写真の内容とX証言との矛盾を追及するべく、敵性証人ではあるが、控訴審であらためてXの尋問を行い、現場写真に照らして、被告人がXの肩章を破損できる位置にいなかったことを明らかにし、③X証言が、同人の検察官調書と矛盾していることを反対尋問において明らかとするなど、積極的で緻密な弁護活動を展開した。

　その結果、控訴審は、弁護人の主張をおおむね受け容れ、被告人を無罪とした。

(4) 裁判所の重要な判断部分の紹介と検討

ア　被告人が警察官Xに暴行する意図・動機について

　一審判決は、Xの証言のうち、肩章が外れた前後の状況についての部分は十分信用できるとした。その部分の概要は、次のとおりである。

　「Xの正面に被告人がいた。Xは、被告人に対し『敷地内に入るな、私たちにぶつかってきたり、押したりするのをやめろ。』などと言ったが、被告人は無視して、手と身体でXの腰より上を押してきたり下から突き上げた。さらに、<u>被告人は、右手でXの左腰を掴まえ、左手で右肩付近を掴まえてXの身体を右横に倒そうとするような</u>

動作をした。その後すぐ、Xのけん銃を結わえた盛夏シャツの右側肩章の間を通していたつり紐が右腕を滑ってズボンの方に垂れ下がったのに気がついた。Xはつり紐が外れた理由がすぐには分からず肩章につけて直そうとしたら、肩章を止めている盛夏シャツの襟下のボタン二つがちぎれていて、肩章が襟側で外れて前に垂れていたことに気付いた」

この点、弁護人は、被告人には、上記下線部のような行為をする意図・動機がなかったと主張した。

一審判決もその点については、「被告人には警察官らの阻止線を実力で破ってまで韓国領事館に侵入する気はなかったかもしれない」とした。しかし、「当時の混乱した状況下においては、X証言にいう被告人の動作、すなわち右手でXの左腰を掴まえ、左手で右肩付近を掴まえてXの身体を右横に倒そうとするような動作が、警察官らの阻止線を破って韓領に侵入するための動作であるとは断定できない」としたのである。

つまり、被告人に韓国領事館に侵入するまでの意図がなくても、現場が混乱していたから、Xに対して上記下線部のような行為をしてもおかしくない、というのであろう。しかし、そうすると、被告人が一体どういう意図・動機で、警察官の右肩付近を捕まえて倒そうとするような行為に至ったのかが、まったく不明である。

この点、控訴審判決は、被告人の意図・動機を曖昧なままにした第一審判決を批判する。そして、X証言にいうような被告人の行動（上記下線部）が仮にあったとすると、その態様からみて、警察官XとK間の阻止線を実力で破って韓領に乱入するための意図的な行動とみるのが自然であると判断した。そのうえで、被告人に、そのような意図的な行動をするだけの動機・意図があったか否かを検討している。

そして、控訴審判決は、Xの肩章がはずれる少し前の時点で撮影された写真に基づいて、被告人は、「自らは手を出さないことを態度で示している抗議姿勢、すなわちXの目の前で自分のベルト付近で右手で左手首を掴み腕を前に組んで対峙している姿勢」を取っていたこと等を詳細に認定した。

そのうえで、「<u>被告人が領事と会うことは当初から予定されていないうえ、行動指揮者として、集団を指揮し、韓領前で韓国の平和大行進の時刻である午後5時に、緊急声明文を読み上げ、愛国歌を合唱しようと考えていた被告人が、午後5時直前ころ、自ら混乱を引き起こすような行動に出るとは考えられない。被告人には、Xが言うような警察官の阻止線を実力で突破し韓領に侵入する動機・意図があったとは認められず、X証言にいう被告人の行動は、動機・意図の点から考えても不自然といわねばならない</u>」と判示した。

つまり、客観的な状況等に照らし、被告人が警察官に対して、右肩付近を捕まえて倒そうとする行動をとる動機・意図がない、と判断したのである。

　イ　Xが、肩章がはずれたことに気付いた際の被告人の位置について
　一方、被害警察官であるはずのXは、被告人がXの右肩章を引きちぎった事実を現認していない。
　Xの前で対峙していた被告人が、右腕でXの左腰を、左腕で右肩に手を置いて右の方に引っ張った行動をした、そのすぐ後に右肩章が外れたことに気付いた、被告人の右行為によって右肩章が外れたことに間違いないと思い、目の前にいた被告人に対し、「お前、後で逮捕したる」と言った、と証言するに留まっていた。
　この点、控訴審判決は、「Xが、右肩章が外れたことに気付き、被告人に対し、『後で逮捕したる。』と言ったとき、被告人がXの目の前にいたかどうか」を、客観的な証拠である写真に基づいて、詳細に検討している。
　そして、「押収品ネガフィルム焼付写真帳の作成報告書抄本（検36号）添付の写真25Ａは、Xが右肩章を付けた状態で集団を規制しようとしている場面であるが、Xの正面はPであって、被告人は写っていない」、「写真25Ａ直後ころの写真24Ａは、Xが右肩章が外れているのに気付かないまま、両手を前に出して集団を規制しようとしている場面であり、Xは、同写真で自分の目の前にいたのは被告人であると記憶していると供述するが、同写真には被告人は写っていない」、「写真24Ａの後の写真である写真22Ａは、肩章が外れた状態のXが右端に位置して集団と対峙し、被告人がXの前を南の方に向かって歩いている場面であるが、Xは、依然肩章が外れたことに気付いていない様子であり、もとより目の前を南に向け歩いている被告人を指差している状況ではない」と判示したのである。
　上記をみると、Xの証言が、写真から窺える客観的な事実と矛盾していることが明らかである。

　ウ　X証言の変遷について
　さらに、控訴審判決は、被害警察官であるはずのX証言の変遷について検討し、次のように判示した。
　「検察官は、本件公訴提起に当たり、X及びKの各検察官調書を最重要証拠と考えていたことが明らかであるが、Xは、検察官に対する供述調書（昭和62年7月1日付）で、右肩章が外れたときの状況につき、『……それからこの赤色ポロシャツの男（被告人を指す。）が左手で私の制服の肩章を掴み、確か右手で私の左腰付近の帯革

13　公務執行妨害　401

を掴み、一瞬私を相手からみて左の方へ倒そうと引っ張りました。その瞬間プチという音がして肩章がはめてあるボタンがちぎれる感じがし、ボタンが飛んだのが見えました……。』と具体的かつ迫真性に富む供述をしており、これによれば、Xの右肩章が外れるなどしたのは、被告人の所為によるものであることが極めて明白である。しかしながら、右の点に関するXの原審及び当審証言は、『被告人が私の左腰付近と右肩付近をつかまえ、右横に引っ張ったとき右肩章部分がちぎれた、そのとき被告人に右肩に手をかけられていたので、被告人の行為によってちぎられたことがすぐ分かった。』と供述する一方、『肩章がちぎれた事実と被告人の手の位置とが全く結びつかず、ボタンが外れた理由はすぐには分からなかった。ボタンがちぎれる音がしたかどうか覚えていないし、ボタンが飛んだのは見ていない、検察官に調書記載のような供述をしたのは、担当検事と相性が悪かったから……。』というのである。被害者でありかつ現職の警察官であるXが、事情聴取を受けた検察官に対し、何故右のように誇張した供述をするに至ったのか、『相性が悪かったから』という理由からは、到底納得できるものではなく、右の疑問は、当審における同人の証言によっても氷解されない」。

　エ　控訴審判決の結論
　控訴審判決は、以上の検討のほか、さらに警察官Kの証言の信用性の検討（信用性を否定）等を踏まえて、次のとおり結論づけ、原判決を破棄して、被告人に無罪を言い渡した。
　「（前述したところで）認定した諸事情に照らすと、被告人がXに対し、故意に公務執行妨害罪の暴行行為に当たるような行為に及んだとは考えられない。
　なお、原判決は、被告人の暴行態様としてXの右肩を左手で掴んで引っ張った暴行のほか、同人の身体を手や上体で押す行為を認定しており、X証言にはこれに副う供述部分がある。しかしながら、前記のように、被告人には警察官を排除し、その阻止線を実力で破って韓領に乱入する意図が認められないうえ、右行為は、毎日新聞報道写真に見られる前記被告人の抗議姿勢と余りにそぐわないものである。X証言の信用性について前記指摘した数々の疑問を考えると、右の点についてのX証言も信用性に乏しいといわざるを得ない」。
　「以上述べたように、本件公務執行妨害の事実はこれを認めることができない」。

(5)　弁護活動の検討と指針
　ア　特徴と問題点
　本件においては、一審段階でも非常に積極的な弁護活動が行われた。

警察官Xの信用性に限界があることは、一審判決も認めているし、これを補強するKの証言については、一審判決も信用性を排斥している。
　その意味で、一審の弁護活動は成功している。
　ところが、それでも一審は、被告人の公務執行妨害行為を認定したのである。結局、一審は、X証言の問題点を十分に分析し尽くさないまま、公務執行妨害行為をした、という部分だけを取り上げて信用性を安易に認める、という過ちを犯したとしかいいようがない。
　一審判決を受けて、弁護人は、さらに徹底した弁護活動を展開し、あらためて敵性証人ではあるXの尋問を行い、その証言の信用性を崩すことに成功した。
　また、客観的な写真等から導くことのできる「事実」を控訴審裁判所に提示することに成功した。
　これらの弁護活動が功を奏し、控訴審における逆転無罪判決を導いたと考えられる。

　イ　弁護活動への指針
　本件のような事案では、警察官側が口裏合わせをしたり、公務執行妨害行為の現行犯逮捕や緊急逮捕の正当性を強調するべく、事実を歪曲することがありうる。本件は、まさにそのような事案である。
　警察官側の供述の矛盾（供述の中における矛盾、前の不一致供述、客観的事実との不一致等）をいかにえぐり出せるか、が重要なポイントとなる。
　また、写真等の客観的資料を収集し、それを徹底的に分析し、検討し抜くことの重要性を教えてくれる事案である。

3　被害警察官ら供述の信用性が否定された事例
——事例7　控訴審で逆転無罪となった事例

(1)　概説
　事例7も、一審有罪、二審逆転無罪で確定した事案である。
　本件は、いわゆる「過激派」の活動家である被告人が、国内線出発ゲートの手荷物検査で催涙スプレーを所持していることが判明し、近くの部屋（警戒詰所）で職務質問を受けた際に、被害警察官の腹部を殴打するなどしたという事件である。

　第一審では、①そもそも警察官に対する暴行行為が存在したのかという点と、②

職務質問とそれに付随する行為の適法性が争点となった。第一審判決は、被害警察官を含む2名の警察官の証言の信用性を肯定する一方、被告人の供述の信用性を排斥して、暴行行為の存在を認めた。そして、職務質問等が適法であったとして、被告人を有罪とした。なお、第一審判決については、判例時報1794号151頁に掲載され、匿名の囲み記事において「本判決は、職務質問における有形力行使の適否を判断する際、実務上参考になると思われる」などとして紹介されている[4]。

しかし、控訴審では、第一審で取り調べられなかった警察官2名の証人尋問が実施された。そして、控訴審は、第一審判決の事実認定につき、「原審で取り調べた証拠によっても支持することができない」などとして破棄し、無罪の自判をした。

本事例もまた、誤判事案の一つである。

(2) 公訴事実の要旨

公訴事実の概要は、「被告人は、平成13年2月8日午後7時ころ、東京都大田区羽田空港《番地略》東京国際空港西旅客ターミナルビルの2階に設けられた出発口Gゲート（ゲート式金属探知機やX線手荷物透視検査機等の設置された手荷物検査所の一つ）のわきにある警戒詰所において、制服を着用してハイジャック防止等のための警戒警備に従事していた警視庁東京空港警察署所属の警察官B（当時46歳）から、挙動不審者として職務質問を受けて所持品の提示を求められるなどした際、椅子に座った状態のまま、所持していた水溶紙片を、目の前の事務用机の上に置かれた水の入った紙コップの中に入れようとして、すぐ左側辺りに立っていた同警察官にこれを制止しようとされるに及び、やにわに同警察官に対し、その腹部を左手で一回殴打し、引き続いて左手でその制服の左襟部分辺りをつかんで押すという暴行を加え、もって同警察官の上記職務の執行を妨害した」というものである。

(3) 暴行行為の有無についての争点

本件の「暴行行為」は、上記の「警戒詰所」（以下「詰所」という）内で起きたとされている。

登場人物は、被告人、被害者とされる警察官B（司法警察員巡査部長）、目撃者であり、かつ、被告人を現行犯逮捕したという警察官C（司法警察員警部補）、警察官D（司法巡査）および警察官E（司法巡査）の5名である。

警察官Bは、詰所内で被告人に対して職務質問をしている最中に、被告人が突然、机上に置かれた水の入った紙コップの中に、メモ用紙（水溶紙片）を入れて証拠隠

滅を図る行為に出たので、これを制止しようとしたところ、被告人が警察官Bの腹部を殴打するなどの暴行をしたと証言した。そして、その状況を、警察官C、DおよびEも目撃していたというのである。

つまり、警察官B、C、DおよびEら全員が詰所の「中」にいる状況下で、被告人が水溶紙片を紙コップに入れようとし、引きつづき、警察官Bに対する暴行行為がなされたことになる。

これに対し、被告人および弁護人は、「詰所において、被告人に対する職務質問の担当者であったBが、上司の警察官Cとともに同詰所の外に出ている間に、被告人が、ズボンの左後ろポケットに入れていたポケットホルダーを取り出し、その中に入っていた水溶紙のメモ類を抜き出した上、これを机の上に置かれた紙コップに入れて処分したところ、同詰所内にいて被告人の逃亡防止に当たっていた警察官Dらが驚いて、被告人に一方的な暴行を加えたというものであって、被告人は、Bに対して暴行を加えたことはないだけでなく、そもそも同詰所内にいた警察官に対して暴行に及んだことも一切ない」と主張した。つまり、被告人によると、水溶紙片のメモ類を紙コップに入れた時点では、警察官BおよびCは、詰所の外にいたというのである。

被告人の主張どおりであれば、被害者であるはずの警察官Bは、詰所の「外」にいたことになるから、そもそも警察官Bの腹部を殴打するなどの暴行ができるはずがなかった、ということになる。

このように、本件では、被告人と、被害者である警察官Bらの供述が真っ向から対立していた。

(4) 第一審の審理および判決の概要と問題点

第一審では、警察官B、Cおよび水を入れた紙コップを届けた警備会社社員Fの証人尋問が行われたほか、Gゲートに設置された防犯ビデオであるビデオテープ2巻も証拠として提出された。

警察官Bは、詰所内で被告人の職務質問を始めた後の状況について、次のように証言した。

「Cが詰所の中にやって来たので、私は、いったんCと2人で詰所の外に出て、G3ゲートの開披台辺りに保管してあった本件スプレーを同人に見せながら、これまでの経緯等を手短に同人に説明した後、すぐに、同人と一緒に詰所に戻った。私とCが詰所から出ていた間、詰所にはDとEの2人かそのうちの1人がいたが、私とCが詰所に戻った後は、Dらは出入口の方に行き、その辺りをうろうろしていたと思う。そして、Cも、被告人に対し、催涙スプレーを持っている理由などを尋ねたが、被告

人は何も答えなかった。そのころ、Fが紙コップに入った水を持ってきたので、私は、これを受け取って被告人の目の前の机の上に置き、被告人に同様の質問を続けたが、被告人は何も答えなかった。そのうち、被告人は、椅子に座った状態のまま、体を前後に揺するなど落ち着かないような態度をとり始めた。そのとき、私は、被告人の左横に立って質問をしており、Cは、被告人とは机を挟む程度に離れて立っていたほか、DとEは、詰所の出入口辺りにいた。そして、被告人は、ポケットホルダーか財布のいずれから取り出したものか分からなかったが、突然、目の前にあったメモ紙片のうちの一部を右手でつかんで、紙コップの中の水に浸そうとした。私は、被告人が何か証拠を隠滅しようとしていると考えて、とっさに右手を前に出して被告人の右手の甲辺りをつかむようにし、紙コップの上から被告人の手をどかせて被告人がメモ紙片を紙コップの水に浸すのを制止しようとした」。

その後、被告人に腹部を殴打されるなどしたというのである。

第一審判決は、警察官Bの上記証言について「具体的かつ詳細なものであり、一部記憶にあいまいな点はあるものの、そのような点についての記憶に不明確な部分があってもやむを得ないと考えられるようなものにすぎない上に、弁護人の反対尋問を経ても主要な点につき動揺はなく、また、内容的に見ても、上記の経緯で被告人の言動等に不審の念を抱いた警察官が、更に被告人の身分確認等を行うため、被告人の所持品の検査をその承諾を得て実施しようとする際の行動として、それなりに自然な流れに沿った内容」であるとして、その信用性を肯定した。

ところが、警察官Bの証言は、第一審段階で、すでにいくつかの点で、他の警察官らの証言・供述と食い違いを見せていた。

たとえば、警察官Cは、「詰所の中に入ってから、一度Bと一緒に詰所の外に出て、同人から経過の説明等を受けた後、すぐに同人と一緒に詰所に入って被告人に本件スプレーの所持目的を尋ねるなどしたが、いったん1人で詰所の外に出て本件スプレーを確認してみた後、再び詰所に戻ったところ、机の上に紙コップが置いてあった」旨証言した。しかし、警察官Bは、「警察官Cが1人で詰所を出て行った記憶はなく、紙コップが届けられた際にもCは詰所の中にいた」旨の証言をしているのである。

この点は、素直に考えれば無視できない食い違いだといえる。しかし、第一審判決は、「Bは、被告人に対する職務質問に注意を集中していたため、Cや他の警察官らの出入りの状況については記憶があいまいであるという趣旨のことも述べており、本件当時の状況等から見て、同人にその点に関して記憶のあいまいさや思い違いなどがあっても無理からぬ面があることは否定し難いところであるから、上記のようなBとCの証言相互の食い違いが、両名の証言の全体的な信用性に関わるほど重要なも

のとはいえ」ないなどとして、安易に警察官Ｂの証言を信用してしまっている。

また、警察官Ｂに対して紙コップを届けたＦは、「水の入った紙コップを届けに行き、詰所の出入口辺りでＢにこれを手渡した際、詰所の中には、Ｂのほかに警察官が２人いた」と証言した。これに対し、警察官Ｂは「そのとき詰所の中にいた警察官はＢとＣの２人であった」旨の証言をしている。

この点は、前述の警察官Ｃの証言と併せ考えると、無視できない食い違いである。先に見たように、警察官Ｃは、いったん、詰所の外に出て、戻ったところ、机の上に紙コップが置いてあったと証言している。つまり、Ｆによって紙コップが届けられた際には、警察官Ｃは詰所の外にいたと見るのが自然である。そうすると、Ｆが詰所内にいるのを見た「２人の警察官」は、警察官Ｃではなく、警察官ＤおよびＥである可能性が高い。それにもかかわらず、警察官Ｂは、紙コップが届けられた際には、警察官Ｃが詰所の「中」におり、警察官ＤおよびＥは詰所の「中」にはいなかった旨の証言をしているのである。

ところが、第一審判決は、ここでも、「詰所への警察官の出入りの状況に関するＢの記憶にあいまいさがあって、これが無理からぬ面もある」、「（Ｂの）証言も、ＤやＥが、被告人を詰所に同行した際及びＢがＣに経過説明等をするために詰所から一時退出した際を除いて、終始詰所の外にいたとまで断定的に述べたものではない」などとして、安易に警察官Ｂの証言の信用性を肯定した。

そして、警察官Ｂの証言には、被告人から受けた暴行の態様に関して検察官調書の記載と矛盾していたり、Ｂが受けた衝撃の強さ等に関する証言が主尋問に対する答えと反対尋問に対する答えとで大きく変遷しているなど、その信用性に疑問を生じさせる事情があった。

ところが、第一審判決は、これらについても、「同趣旨のことを質問者の問いに対応して若干異なった言い回しで表現したにすぎないと考えられるようなもので、実質的に変遷しているとはいえない」、「証言の全体的な信用性を左右しないような瑣末な点にすぎない」、「Ｂの証言するような出来事は十分にあり得ることであって、特に不自然、不合理なものということはできない」などと判断した。

さらには、警察官Ｂの証言は、客観的な証拠である防犯ビデオの内容に照らしても、疑問があった。上記防犯ビデオには、航空会社の関係者らが詰所をのぞいている姿なども映っているのに、Ｂの証言によれば詰所の外で航空会社の関係者らの応対に当たっているはずのＤやＥと目される人物の姿は映っていないのである。

しかし、第一審判決は、この点についての弁護人の主張についても、「詰所の出入口そのものは上記防犯ビデオの撮影範囲から外れているのであるから、この防犯ビ

デオの映像にDやEの姿が映っていないからといって、直ちに両名が終始詰所の中にいたということになるものではない」などとして、簡単に一蹴してしまっている。

つまり、第一審判決は、警察官Bの証言における数々の食い違いや疑問点につき、まるで警察官Bの擁護者であるかのように、弁護人の主張をことごとく退けて、その信用性を肯定したのである。その判断姿勢は、いわば、「証言がはじめにありき」である。客観的な証拠から「動かしがたい事実」をまず認定する、という姿勢からは程遠い。

(5) 控訴審判決の紹介と検討

控訴審判決は、上記の第一審判決とはまったく異なり、客観的な証拠である防犯ビデオの内容を詳細に検討し、客観的に認められる事実は何か、という観点からアプローチする。

そして、党派性を帯びた警察官の証言よりも、より中立的な立場である警備会社社員Fの証言に重きを置いて、子細に検討するところからスタートする。

まず、控訴審判決は、防犯ビデオの時刻表示に注目する。時刻表示の正確性について、多少の誤差はあっても、大きく相違することはないと判断したうえで、防犯ビデオに映っている出来事がどの時点のものであるかを、防犯ビデオの時刻表示を手がかりとして、客観的に特定しようとするのである。

そして、控訴審判決は、防犯ビデオの映像と警備会社社員Fの証言とを子細に検討し、次のような事実経過を認定した。なお、この事実経過は、控訴審で取り調べられた警察官Eの証言とも合致している。

① 18時45分ころに、警察官Bが被告人を詰所内に同行
② 18時53分ころまでに、警備会社社員Fが、警察官Bに水の入った紙コップを届ける。
③ 18時58分ころから19時00分ころまで、警察官BおよびCが、詰所の「外」に出て、手荷物検査開披台辺りで催涙スプレーを確認
④ 19時00分ころ、警備会社社員Fは、時計を見ながらゲートの閉鎖を指示
⑤ 19時01分ころ、詰所内で被告人が紙片を紙コップに入れようとした

先に見たように、第一審において、警察官Bは、被告人を詰所内に同行して、職務質問をし、そのあと、警察官Cとともにいったん詰所の「外」に出て、詰所の「中」に戻ったあとに、警備会社社員Fが水の入った紙コップを届けてきた、と証言した。

しかしその証言は、上記の客観的な事実経過と明らかに食い違う。控訴審判決は、この食い違いは無視できないものとし、「紙コップの水が届けられた後本件暴行まで

終始詰所内にいて被告人と対峙していたという（B証言の）重要な前提が明らかに事実と反しているのであって、その証言全体の信用性にも疑問を抱かざるを得ない」と判示した。

　そして、控訴審判決は、警察官Cの証言についても、「詰所内に紙コップの水が届けられたのは警察官Bと詰所に戻って以後の時点である趣旨の証言をしており、その後の被告人の態度の変化から本件暴行に至る経緯が、一連の経過として、具体性を持って述べられている点は警察官Bの原審証言と同様であり、このような警察官Cの原審証言の信用性にも同様の疑問を抱かざるを得ない」と判示した。

　一方、被告人は、第一審以来、警察官BおよびCが詰所の外に出ている間に、水溶紙片を紙コップに入れようとしたと供述してきた。

　この点、控訴審判決は、「少なくとも、被告人の供述どおり、紙コップの水が詰所内に届けられて以後に、警察官B及びCが詰所の外に出ていた時間帯が存在したことは、前述のとおり動かし難い事実」であり、これを虚偽であるとして直ちに排斥することはできない、と判示した。

　そして、控訴審判決は、警察官BおよびCが詰所の「外」にいた19時00分ころから、1分足らずが経過した19時01分ころに、被告人が詰所内で水溶紙片を紙コップに入れようとしたと認められるところ、「この間に、詰所内で警察官Bが証言するような職務質問等の経緯があったとは考え難いというべきで、被告人が供述するように、警察官B及びCは、被告人がメモ紙片を紙コップの中に入れようとした時点においても、いまだ詰所の外にとどまっていたのではないか、または少なくともBらが証言するような職務質問等を行う状況には至っていなかったのではないかとの合理的な疑いを入れる余地がある」と判断した。

　控訴審判決は、さらに進んで、控訴審での証人尋問等の結果をも併せ詳細に検討し、「4人の警察官の証言内容は、奇しくも、Bがメモ紙片を紙コップに入れようとした被告人を制止しようとして暴行を受けたという状況だけが一致していて、その余の詰所内の状況についてはまるで整合性がないどころか、むしろ証言内容が相互に矛盾しているといってもよく、B以外の3人の警察官については、一体誰が本件暴行時に詰所内にいて、どこに位置していたのかが全く判然としないのであり、そのような3人の警察官の目撃証言に、たやすく信用性を認めることはできない」と判示した。

　そして、控訴審判決は、次のように述べて、第一審の訴訟指揮、そして、本件の捜査のあり方にも苦言を呈した。

　「結局、原判決がその事実認定の主要な根拠とした警察官B及びCの各証言は、原審で取り調べた防犯ビデオの映像と客観的に矛盾する部分があり、信用すること

13　公務執行妨害　409

ができないし、原審裁判所は、このビデオを採用していながら、その判文からしても、これと警察官B及びCの各証言とを付き合わせて十分な検討をしておらず、その事実認定は原審で取り調べた証拠によっても支持することができない上、当審で取り調べた警察官D及びEの各証言をあわせて検討しても、原審の事実認定上の問題点が解明されるどころか、かえって四者四様で相互に矛盾する様相を示すに至っている。」、「裁判所として、ここで、何も捜査側に有利なように各証言を善解すべきいわれはない。ふりかえってみれば、本件では、捜査段階においても、客観的な証拠である前記ビデオ映像の存在を重視し、4名の警察官の供述を検討すべきであったのであり、原審においても、検察官において最初から前記ビデオの証拠請求をし、その取り調べをした後に、警察官B及びCの証言を求め、この各証言とビデオ映像とで矛盾があったのであるから、当審で取り調べざるを得なかった警察官D及びEも証人として取り調べて、これらの人証及び物証を総合判断していれば、あるいはより説得力のある結論に至っていたかもしれない」

「捜査機関において、ビデオ映像という客観的証拠を軽視し、原審裁判所もこのずさんさを是正しなかったために、事案の真相が不明になったといわざるを得ない。本件は客観的証拠の重要性を示唆する一事例というべきであろう。かくして、当審に至って、これらの証拠を総合検討してみても、原判決の事実認定の瑕疵は改善されず、かえって、事実誤認の疑いが深まったといえるのである」

(6) 弁護活動の検討と指針
ア 第1審における弁護活動と問題点
本件の弁護人は、第一審で誤判が生じることとなった背景事情として、次の5点を挙げている[5]。

① 被告人が「過激派」であったこと
② 被告人が、別件で執行猶予判決を受けており、控訴中であったこと（身体拘束への公安部のこだわり）
③ 密室状態の場所で発生したこと
④ 目撃者が原則的には警察官しかいなかったこと
⑤ 第一審裁判官の予断と偏見ないしは高裁に対する屈従的姿勢（ひっくり返されることへの恐怖感と保釈における高裁の態度に対する従属的姿勢）

弁護人らは、第一審における反対尋問や、防犯ビデオの取り調べを通じて、警察官BおよびC証言に客観的事実等との矛盾があることを明らかにし、また、被告人が

行ったとする暴行態様の不自然性を明らかにする弁護活動を行った。

しかし、第一審では、有罪判決が出されるに至った。

その背景事情として、上記5点があるほか、弁護人らが反省点として指摘するのは、身体拘束の長期化との兼ね合いで弁護人も妥協的にならざるをえず、証人が警察官BおよびCならびに警備会社社員Fの3名のみとなったことや、防犯ビデオが証拠として提出されていたにもかかわらず、十分に検証することができなかったこと等である。

イ　控訴審での弁護活動

控訴審では、裁判所が当初から事実審理に積極的であり、警察官DおよびEの証人尋問を採用したほか、最終的に警察官Bの再度の証人尋問を行っている。

さらに、弁護人は、航空会社の業務報告書を証拠調べ請求し、刑訴法323条書面として採用されるに至っている。

これらの弁護活動が功を奏し、逆転無罪の控訴審判決を導いたものといえよう。

ウ　弁護活動への指針

本件も事例2と同じく、公務執行妨害事案に内在する警察官らの口裏合わせ、事実の歪曲の危険が顕在化したものと考えられる。

本件では、防犯ビデオという客観的な証拠が存在したことが無罪判決を獲得するうえで重要なポイントとなっている。第一審で防犯ビデオが証拠として提出されているにもかかわらず、第一審裁判所はこれを子細に検討することなく、安易に警察官Bの証言を信用してしまった。逆にいうと、客観的な証拠が存在しても、それを的確に利用できなければ、第一審判決のような誤判に至る危険がある、ということである。本件で、もし、防犯ビデオが存在しなければ、えん罪がまた1つ作られることになったのではないだろうか。

本件は、公務執行妨害事案において、防犯ビデオ等の客観的な証拠の内容を徹底的に検証し、客観的な事実関係を明らかにすることがいかに重要であるかを教えてくれる貴重な事例である。

4　その他の誤判・誤起訴事例の検討

(1)　被害警察官供述の信用性が問題となった事例
　　──事例1、4、5、8について

ア　事例1について

事例1は、山口県工場経営・労働者代表会議が主催した集団示威行為に参加した被告人が、デモ行進を規制していた警察官Sに対し、プラカードの柄で暴行したとされる事案である。

　警察官Sは、「圧縮規制にとりかかって間もなく、プラカードを持って振っている被告人を見た。その後、機動隊の盾の列が乱れ、盾の隙間ができたところ、被告人と目と目が合い、その瞬間、同被告人からプラカードの柄の角材でヘルメットの脳天を殴られ、引き続き左側頭部を殴られ、さらに左目を突かれそうになったので、角材を取り上げ、『公妨、公妨、あのはげ』と叫んで、角材を左手に持ち替え被告人の逮捕にかかった。（中略）殴られてから逮捕するまで被告人を見失っていない」旨証言した。

　警察官Ｉも同じような目撃証言をした。

　被告人は、当初から一貫して暴行の事実を否認した。

　被告人は、デモ行進開始当時は、本件プラカードを所持していたが、山陽本線のガード下をくぐった付近で、だ行進の合図がなされ、機動隊の圧縮規制が予想された、そこで、後方に転送させる意図で後部に位置して進行していたＨに本件プラカードを手渡した、その後、本件事件があったとされる間まで、本件プラカードを手にしていない、と主張した。

　弁護人は、弁護側反証において冒頭陳述を行った。その際、「本件デモにおいて、被告人が公訴事実記載のような暴行を警察官に加えた事実は全くない。右に述べた本件の経過（注：機動隊員が被告人に対し、手拳で殴打する暴行を加え、被告人の眼鏡が壊れるなどした）からも明らかなように、被告人の逮捕は、暴行の事実のあるなしにかかわらず、予め活動家に目星をつけて行われたいわゆる狙い撃ち逮捕である」と主張した。

　そして、弁護人は、警察官に対する尋問を経て、検察官が証拠調請求をした写真のほかに、警察官が本件デモ行進を撮影した写真や、ビデオフィルムが存在することが明らかになったとして、提出命令を申し立てた。

　検察官は、「申し立ての目的が、右写真等の中から、被告人に有利な証拠を探索し、これを積極的に反証として利用する意図にあることは明白である。しかしながら、現行刑事訴訟法は、当事者主義を基本構造とし、当事者双方が互いに、その収集した証拠を駆使して攻撃防御を行うことによって真実を発見することを原則としており、自己に有利な証拠の収集は、各当事者が自ら行うべきであって、相手方当事者の手持証拠を覗き込み、その中から自己に有利な証拠を探索し、これを利用することは許されない」などと主張した。

しかし、裁判所は、弁護人の申立てを認め、検察官に対し、デモ行進がJR西日本山陽本線ガード下にさしかかった時点から被告人が逮捕される時点までの写真、ビデオテープの開示を命じた。
　本件事実関係によれば、上記JR西日本山陽本線ガード下にさしかかった時点以降に、デモ隊がだ行進を始め、機動隊の圧縮規制が始まることになる。被害警察官Sの証言が真実であれば、圧縮規制が開始された直後ころに、被告人が本件プラカードを保持しているはずである。したがって、その時点ころの写真やビデオテープという客観的な証拠を検討すれば、被害警察官Sの証言の信用性が判断できる。裁判所が証拠開示を命じたのは、適切な判断だったといえる。
　弁護人は、開示された写真、ビデオテープの内容を徹底的に検証して、詳細な最終弁論を行った。
　裁判所は、写真およびビデオテープ等に基づいて、大要、次のとおり判断し、被害警官らの証言の信用性を否定して、被告人に無罪を言い渡した。
　「デモ隊がガード下をくぐり抜け、未だ機動隊との接触を開始する前の場面において本件プラカードは被告人の後部に位置するHが所持していることが認められる。従って、それ以前に被告人からHへ右プラカードの受け渡しがなされたことが認められる」
　「デモ隊と機動隊との接触後の場面においてもなお、被告人が本件プラカードを所持しておらず、その後部に位置する人物が所持していることが認められる」
　「(証拠写真には)圧縮規制開始後の状況が撮影されているのであるが、その右端上部に、デモ隊における位置及び頭髪が薄い等の特徴からして被告人の後頭部と認められる部分と、盾及び機動隊員のヘルメットを間に挟んで同被告人と向かい合い対峙する形で角材を握った機動隊員が写されており(中略)これらによれば、この時点ころには、本件プラカードの柄は機動隊員の手に渡っていることが認められる」
　「以上を総合すると、(中略)デモ隊がだ行進を開始した頃には、本件プラカードを被告人は所持しておらず、Hが所持しており、機動隊が圧縮規制を開始した後の(中略)時点においても同被告人は本件プラカードを所持していなかったのであるから、真に、本件公訴事実のような暴行が行われたものとすれば、(機動隊が圧縮規制を開始した)時点と、本件プラカードがS(被害警察官)の手に渡った時点との間において、Hあるいはその他のデモ隊員から同被告人への本件プラカードの受け渡しがなされていなければならず、しかる後、同被告人において、I(警察官)の頭部を本件プラカードで一回殴打し、そのうえで、本件暴行に及び、(圧縮規制開始後の写真が撮られた時点)の直後ころ、Sらによってデモ隊列外に引き出され逮捕されたことになる」

「ところが、(上記の) 場面の後かなり経過してから、前記の特徴などから被告人と認められる人物が機動隊員のヘルメットを奪取する場面が撮影されており、(中略) 同被告人が本件犯行を犯したはずの時点より後も、相当時間、Sらに捕捉される事なく行動していたことが認められ、このことからすると同被告人による暴行事実を現認した直後に同被告人を現行犯逮捕した旨いうS証言及びI証言はその限りにおいて明らかに事実と異なるものである」

「**本件のように刻々と様相を変えていく混乱のなかにおいて公訴事実記載のような一瞬の出来事を認定するには、犯人逮捕の時期と犯行時期との時間的接着性はきわめて重要な要素であり、この点において客観的事実と相違する右各証言は、(中略) その全体の信用性に重大な疑いを生ぜしめるものといわなければならない。**」

「(写真等によれば) **本件犯行直前ころまでは、同被告人がプラカードを手にしていたとの証拠は存しないばかりか、むしろ、手にしていなかったと認める余地が多分にある**」。

本件では、デモ行進という集団行動中の出来事が公務執行妨害とされている。この種の事案では、被害警察官側が口裏合わせ等をする可能性が高く、本件もまさにそのような事例といえる。

弁護人は、客観的な証拠として写真やビデオテープの開示を粘り強く求め、これを実現し、その内容を詳細に分析・検討した。その積極的な弁護活動が無罪をもたらしたといえる。

先に紹介した**事例2**の弁護活動とともに、本件の弁護活動は、この種の事案の弁護方針・活動に多くの指針・教訓をもたらす貴重なものである。

イ　事例4について

事例4は、妻が公務執行妨害罪の現行犯として逮捕されようとした際に、被告人が警察官に対し、襟首をつかみ、顔面を殴打する暴行を加え、全治約3日間の右下顎打撲の傷害を負わせたとする公務執行妨害・傷害の事案である。

市民生活における警察官との接触が公務執行妨害事件に発展した事例の1つである。

公訴事実の概要は、「被告人は、妻を公務執行妨害の現行犯人として逮捕しようとしたN巡査に対し、『何が逮捕だ。ふざけんじゃねえ。』などと怒号しながら、同人の襟首を掴み、左手拳でその顔面を殴打する暴行を加え、同人の職務の執行を妨害するとともに、右暴行により、同人に全治約3日間を要する右下顎打撲の傷害を負わせた」というものである。

判決は、被告人に暴行を受けたとするN巡査の証言を信用できないとした。
「被告人のN巡査に対する殴打行為に関する証拠としては、同巡査の証言があるのみである。（中略）同巡査の右下顎部打撲の傷害は、受傷直後の写真によっても裏付けられていない。結局、右の傷害は、同巡査の愁訴に基づくものと考えるほかなく、同巡査の右証言は信用できない」。
また、被告人に一部自白調書があることについて、次のように判示し、結論として、信用性を否定した。
「被告人は、捜査段階書記の供述調書及び公判において、殴打行為をしたことは否認しているが、捜査段階の後半の供述調書においては、N巡査と揉み合いになって、左腕を前後に振るように動かした際に、セカンドバッグか手の甲が警察官の顔に当たったかもしれないと供述する。（中略）右の供述は、内容自体曖昧であって信用性が高いものではない。この点について、被告人は、公判廷において、公務執行妨害、傷害の被疑事実を傷害に落としてもらい、罰金で済ませてもらいたいという期待から、捜査官に迎合した供述をしたが、故意に殴ったことはどうしても認めることができなかったと供述するところ、（中略。自白調書における供述は）被告人の右の公判廷供述を前提とすると、よく理解しうるものである。」「以上によれば、被告人がN巡査を殴打したとは認められない」
さらに、被告人がN巡査の襟元付近を掴んで揺すったか否かという点について、「N巡査の証言は、既にみたとおり、いくつかの点について曖昧である上、（中略）重要な点がことごとく信用できないのであるから、その影響は他の部分にも及ぶと考えざるを得ず、被告人が制服の襟元付近を掴んで揺すったという点に限って信用性が高いとは考えがたい。」などとして、結論として、「以上を総合すれば、被告人がN巡査の制服の襟元付近を掴んで揺すったと認めるには合理的な疑いが残る」とした。
弁護人の粘り強い反対尋問が功を奏し、被害警察官の証言の信用性を否定することに成功した事例である。

ウ 事例8について

事例8は、職務質問を受けたパキスタン人が、被害警察官の胸を突くなどしたという公務執行妨害事件である。
第一審は、公訴事実に副う被害警察官Bの証言の信用性を肯定し、被告人を有罪とした。
しかし、控訴審は、警察官Bが、自己の記憶に反してあえて虚偽供述をしている部分があると推認されるなど信用性が低く、他に被告人がBに対して暴行を加えたと

認めるに足りる証拠がないとして原判決を破棄し、被告人に無罪を言い渡した。

公訴事実の概要は、「被告人は、平成15年4月6日午前0時35分ころ、東京都杉並区高円寺北《番地略》甲野店前路上において、警ら中の警視庁第二自動車警ら隊所属の逃査B（当38年）から挙動不審者として職務質問を受けた際、同巡査に対し、両手でその胸部を2回突き飛ばすなどの暴行を加え、もって、同巡査の職務の執行を妨害したものである」というものである。

警察官Bの供述の概要は次のようなものである。

① 警視庁第二自動車警ら隊所属の巡査長であるBは、同乗していた警察官DおよびEとともに、平成15年4月6日午前零時30分ころ、高円寺駅の南口方向から北に向けてパトカーで警らしていた。

② Bは、車道を歩行中の外国人ふうの男Cの挙動に不審を感じ、DおよびEとともに職務質問を始めた。

③ その際、北の歩道上のほうから、被告人が、持っていた傘を投げ捨てて興奮した様子で小走りで近づいてきて、「何だ、差別しているのか、周りにいっぱい日本人はいるだろう、ふざけるな」などと怒鳴るような大きな声を上げた。Bは、不審を感じ、被告人に対して身分確認のできるような書類の提示を求めたが、被告人はこれに応じなかった。

④ Bは、Eに応援を呼ぶよう指示するとともに、Cと被告人を引き離し、Cに対する職務質問をDに任せ、自分は被告人に対して身分の確認を求め続けた。その後、すぐにEが戻ってきてDの応援に加わり、また、杉並警察署のパトカー乗務員であるF巡査部長およびG巡査長が来てBの応援に加わったが、被告人は身分を証明できるような書類を提示しようとしなかった。

⑤ Bは、被告人に対し、所持品検査をしようとしたり、身分証明書の確認を求めたが、被告人は「ふざけるな、差別するな」などと大声で騒ぎ立て、Bの胸付近を両手の手の平で、肘を曲げた状態で突き飛ばすかのように2回突いてきた。そのため、Bは一歩よろけた。さらに、その後、被告人は、胸を近づけて胸ごとBに体当たりをしてきた。

⑥ Bは、被告人に対して、「公務執行妨害で逮捕するぞ」と叫び、被告人の両手を押さえ、FとGが両側から被告人の肩付近を押さえて制止した。すると、被告人が後ずさりして尻餅をつき転んだので、BがFらとともに、被告人を抱きかかえるようにして立たせ、被告人を現行犯逮捕した。

原判決は、上記Bの供述について、

(1) その内容が具体的であること、

(2) 本件現場にいた警察官の数が途中から増えたという客観的な状況に符合し、かつ、それは、Bが、被告人の言動を見て、Eに応援を呼びに行かせたためであるなどとその理由を合理的に説明するものであること、
(3) 被告人の検察官調書における供述に符合すること、
(4) Cに対する職務質問の状況、Cが職務質問を受けている途中に被告人がやってきて大声を上げたことなどについて、Dの原審公判供述や、Cの検察官調書における供述とも符合するものであること

に照らし、信用性が高い、とした。

しかし、原審において、被告人および事件の発端となったCは、上記Bの証言と相反する供述をしているが、①具体性という点では、Bの証言に劣らないものであり、②現場にいた警察官の数が増えたという点では、Bの証言と一致していた。控訴審判決は、これらを指摘し、原判決がBの証言が信用できる根拠とした上記(1)および(2)の点に疑問を呈している。

そして、控訴審判決は、被告人の検察官調書の記載は信用できないし、Bの供述と符合しているともいえないとして、上記(3)の点にも疑問を投げかける。

さらに、控訴審判決は、原判決の根拠(4)について、Bの供述のうち、Cに対する職務質問を実施したきっかけに関する部分につき、Bの同僚警察官であるDの原審公判廷供述および検察官調書やCの供述と明らかに異なっていると指摘する。とりわけ注目するべきは、同僚警察官であるDの供述の評価である。Dは、原審公判廷において、「Bの供述に沿う捜査段階の自己の供述が虚偽であることを認めた」というのである。原判決はそれにもかかわらず、B供述の信用性が左右されないと判断した。しかし、控訴審判決は、同僚警察官Dの公判廷供述およびこれに合致するCの検察官調書における供述の信用性を肯定し、これに反する「Bの供述を誤っているといわざるを得ない」と判断したのである。

そして、控訴審判決は、次のように述べて、被害警察官Bの供述の信用性を明快に否定した。

「原判決がB供述の信用性が高いとする根拠として挙げた理由は、いずれも是認できず、しかも、B供述のうち、Cに対する職務質問のきっかけに関する部分は、あえて記憶に反する事実を述べているものと推認されるのである。そして、これらの点、さらに、被告人に対する職務質問の際のB及び被告人の言動に関する供述、Bに対する被告人の暴行の態様、程度に関する供述、被告人に対する現行犯逮捕の時期、状況に関する供述等、B供述全般に見られる不明瞭性等を考え併せると、B供述の全体的信用性は低いものと評価せざるを得ない」

さらに原判決は、他の証拠を検討し、結局、「被告人から原判示のような暴行を受けた旨述べるBの原審公判供述を信用することは難しく、他に被告人がBに対して原判示の暴行を加えたことを認めるに足りる証拠もないから、所論が主張するその余の点について検討するまでもなく、被告人を有罪と認定した原判決は破棄を免れない」としたうえ、自判し、被告人に無罪を言い渡した。

原審において、弁護人は、粘り強く、被害警察官であるBや同僚警察官Dに対する反対尋問を行ったものと考えられる。その結果、同僚警察官Dから、「Bの供述に沿う捜査段階の自己の供述が虚偽である」旨の供述を引き出すことに成功したと思われる。

このような事態に至れば、本来、被害警察官Bの供述の信用性が大きく揺らぐはずである。原審判決がBの供述の信用性判断を慎重に行っていれば、原審でも無罪判決を言い渡すべきものだったと考えられる。ところが、原審判決は、Bの供述と、これに反する被告人、C、そして、同僚警察官Dの供述の信用性判断を誤ったのである。「警察官」の供述は信用できる、という過度な思い込みがあったと言われてもやむをえないだろう。

その意味で、本件は、裁判所の判断に誤りがある典型的な誤判事例の1つというべきである。

このような誤った判断をする裁判所があり得る、ということを前提に、弁護人は果敢な弁護活動を展開しなければならない。

エ　事例5について

事例5は、被告人が公訴事実記載の日時、場所において普通乗用自動車（「グロリア」）を運転中に器物損壊、公務執行妨害の各罪を犯したとして起訴された事例である。

先に紹介した**事例1**、**2**、**4**、**7**および**8**の各事例は、いずれも暴行等、公務執行妨害罪の構成要件該当事実の有無に関する被害警察官らの証言の信用性が問題になった。しかし、本件**事例5**は、「犯人性」に関する被害警察官らの証言、すなわち、「目撃証言」の信用性が問題になったケースである。

本件も、原審は有罪、控訴審において無罪となった誤判事例である。

公訴事実の概要は、「第一　平成9年5月7日午後11時52分ころ、東京都台東区東上野一丁目15番2号先路上において、被告人運転にかかる普通乗用自動車を同所に停車中のT交通自動車株式会社所有の普通乗用自動車に衝突させて、同

車の左後部バンパー等を凹損し（損害額15万9840円相当）、もって、他人の器物を損壊した
　第二　前記日時ころ、東京都台東区東上野一丁目15番3号先路上において、警ら用無線自動車浅草4号に乗務して警ら中の警視庁浅草警察署司法巡査H及び同Oが、被告人を挙動不審者として職務質問しようとした際、被告人運転にかかる普通乗用自動車を右警ら用無線自動車に衝突させ、もって、右両司法巡査の職務執行を妨害するとともに、右衝突により、国有物品である右警ら用無線自動車の前部バンパー等を凹損し（損害額50万0650円相当）、さらに、右警ら用無線自動車を同所に停車中のH自動車交通株式会社所有の普通乗用自動車に衝突させ、同車の左後部ドア等を凹損し（損害額35万8060円相当）、もって、他人の器物を損壊した」
というものである。
　被告人は、上記犯行当時のグロリアの運転者であるとして公判請求されたが、捜査および公判を通じて、一貫して、各犯行を否認し、犯人は被告人からグロリアを借りて運転していた甲野であり、被告人には犯行当時アリバイがあると主張した。
　そして、本件グロリアのハンドルからは、甲野の左手中指の指紋と12点の特徴点で一致する指紋が1個検出されているが、被告人の指紋や掌紋は検出されていないという客観的事実があった。これだけでも、被告人の関与を疑うべき十分な根拠になりうる。
　ところが、原判決は、おおむね次のように述べて、被告人を有罪とした。
(1)　本件犯行当時にグロリアを運転していた者は被告人であることに間違いない旨の原審証人H、同Oおよび同Nの各証言は、良好な目撃状態で本件を目撃しており、かつ、相互に重要部分で一致しているから、信用できる。
(2)　被告人のアリバイの主張については、証拠関係が変化するに応じて変遷していて被告人が自らの記憶に基づいて供述しているとは認められず、被告人の供述は信用できない。被告人のアリバイの主張に沿う原審証人Uおよび同Gの各証言は、信用し難い。
(3)　指紋の点について、「同じ箇所を何度も触れて指紋の流線がだぶってしまう場合などは指紋は検出されない。また、指紋で個人識別をするには特徴点が12点なければならないが、グロリアのハンドルから検出された甲野の指紋以外の指紋や掌紋はその条件を満たさなかったので対照不能となった」ものであるから、グロリアのハンドルから被告人の指紋や掌紋が検出されなかったことは、被告人が犯人であることと矛盾しない。
(4)　Gは、5月5日ころに甲野がグロリアを運転しているのを目撃したなどと証言す

るが、それらが事実であったとしても、その後その所有者である被告人が甲野からグロリアの返還を受けたとしても何ら不自然、不合理ではないから、被告人が犯人であることと矛盾しない。

これに対し、控訴審判決は、上記の原判決の判断に対応して、おおむね次のように判断した。

① 本件現場がもともと深夜の路上でそれほど明るいとはいえず、しかもフロントガラス部分以外はフィルムが貼られた車の運転席の運転者を見るという状況での目撃であること、静止した状況での目撃時間はかなり短く、瞬間的といっていいほどであること、グロリアが前進や後退をし始めてからあとの目撃は、フロントガラスを警棒で叩きながらの、さらには途中からは同ガラスにひびが入った状態でのものであり、しかも警察官としては身の危険を感じながら早急に逮捕すべき状況下のものであることが認められ、これらを総合すると、その目撃状況は、原判決がその説示中でいうほどには良好な状態下でのものということはできず、このような状況下での目撃者の証言の信用性の判断に当たっては、その供述内容を吟味するほか、関係する他の証拠によってその内容が補強されているかなど相当慎重に検討する必要がある。

② Hは「運転していたのは、年齢23歳くらいヤセ型、面長、一見遊び人風の男で助手席には若い感じの男が乗車しており、後部座席にも人影が見えたので3人乗りと判断したのです」と供述しており変遷もないが、犯人の容貌等についての供述内容がそれだけでその信用性を十分担保するほどに具体的に特徴をとらえたものとまではいえない。

Oは、写真面割り前の警察官調書において「運転席には年齢22～3歳位、やせ型、面長、一見遊び人風の男、助手席には男で若い感じ、後部座席に人影が見えて3人乗りと判断したのです」と供述していたが、写真面割り後の警察官調書において、運転者の容貌について「一見外人ぽい顔」という部分がつけ加わり、さらに、検察官調書で、「運転席に男がいたほか、助手席にも若い男がいました。H巡査部長は、後部座席にも人影があったと言っていますが、私は気づきませんでした」と供述しており、その変遷は、信用性を判断するうえで軽視し難い。

Nは、写真面割りの際は、被告人が犯人であると断定することは避けていたが、被告人逮捕後の同月21日に取調室に入る被告人を見て、犯人に間違いないと供述し、原審公判廷においても同様の証言をしている。しかし、被告人は、本件当夜と異なり、逮捕時には頭を坊主にし、眉を剃った状態だったのであるから、

逮捕されている被告人を見て直ちに犯人と断定できたというのは、やはり不自然というべきである。すでに写真面割りの段階で被告人の写真を見せられることによって暗示を受け、そのうえで手錠をかけられた状態の被告人を見て、犯人は被告人であるとの確信を抱いてしまったおそれも否定できない。

これらを総合すると、「捜査公判を通じて重要部分について一貫し、かつ、相互に重要部分で一致しているHら3名の目撃供述は十分信用することができる」旨の原判決の説示には、にわかに左袒し難い。

③　本件では、グロリアのハンドルから被告人の指紋と1点たりとも特徴点が一致する指紋は検出されず、他方、弁護人および被告人が本件の犯人であると主張する甲野の指紋（甲野のものと確定しうるもの1個と6点の特徴点で一致するもの1個）が検出されている。当審証人Iは、一般論として「被告人が分泌物の少ない体質であること、指紋が一旦付いたが、他の指紋が触れたりこすったりしたため消えてしまったこと、あるいは被告人が意図的にハンカチなどで拭ってしまったことなどが考えられる」旨証言したが、被告人が分泌物の少ない体質であることは証明されておらず、かえってグロリアの後部リアガラス外側から被告人の指紋が検出されていることからすれば、被告人がそのような体質でないことが窺われる。また、いったん付いた被告人の指紋が意図的にせよ偶然にせよ、こするなどして消えた可能性がある旨の説明も、甲野の指紋が前記のとおり検出されていることにかんがみると、やはり不自然で、説得的でない。ハンドルから被告人の指紋が検出されない理由は、その直前にこれに触っていなかったからであると考えるのが、やはり可能性としては一番高い。

　　グロリアのハンドルから対照不能の指紋があったことを説明したうえで「グロリアから被告人の指紋や掌紋が検出されなかったことは、被告人が本件の犯人であることと矛盾するものではない」との原判決の見方は、本件に即していえば、指紋が人証等に比し格段に客観的で証明力の強力な証拠であることに徴し、安易にすぎる。

④　本件アリバイの主張の骨格は、証人の各証言に依拠するものであり、その信用性を肯定して被告人にアリバイがあるということには相当慎重でなければならない。しかし、本件では、アリバイに関する各証言の一部に符合する客観的事実が認められ、UおよびGにおいて、右裏付けのある事実にことさら結びつけて意図的に記憶と異なる証言をしている疑いがあるとはいえないのであり、右両証言の信用性を否定した原判決の判断は肯認できない。

以上の検討の結果、控訴審判決は、「被告人が本件グロリアを運転中に器物損壊、

公務執行妨害の各罪を犯したと断定するにはなお合理的な疑いが残り、結局本件は犯罪の証明がない」として、被告人に無罪を言い渡した。

控訴審判決の目撃証言の信用性判断に関する判示部分は、いずれも参考になる。その背景には、弁護人らによる精力的な活動があったと考えられる。目撃証言の信用性を弾劾することの重要性をあらためて認識させてくれる事例である。

(2) 「公務員に対する暴行」該当性が否定された事例――事例 3 について

事例 3 は、道交法違反について事情聴取を受けていた被告人が違反に関する点数切符を左手でつかみ取り、引き裂くなどした行為が警察官に対する暴行に当たるとして公務執行妨害・公文書毀棄の罪に問われた事案において、「公務員に対する暴行」とはいえないとして、公務執行妨害罪は成立せず、公文書毀棄罪のみが成立するとした珍しい事例である。

事実経過の概略は、「座席ベルト装着義務違反の取締り中の警察官ら（S 巡査、K 警部補ら）が、違反を現認し、被告人運転車両を停止させた。運転席から降りた被告人を説得して移動交番車の中に入ってもらった。可動式テーブルの前の椅子に座らせ、免許証の提示を求め、説得の末、提示を受けて、被告人の氏名等が判明し、点数切符の作成を開始した。被告人は違反していない旨を主張し続けていたが、S 巡査は、報告票の自認書の欄に被告人の署名押印を求めた。S 巡査らが、違反は現認されているし、点数は取られると話したところ、午後 2 時 55 分ころ、被告人が作成中の点数切符をつかみとって、両手に握りつぶし、細かく引き裂いた。S 巡査は『何するんだ。返せ。』と言ったが、被告人は、破った切符をはいていたトレパンのポケットに入れて移動交番車から降り、自分の車に乗ってしまった」というものである。

弁護人は、警察官の職務執行が違法であるなどの主張をするとともに、「被告人が机の上の点数切符を手にして引き裂いた際、対面していた佐藤巡査の身体には一切触れていないし、いわゆる間接暴行を加えたわけでもないから、公務執行妨害罪は成立しない」と主張し、「暴行」該当性を争った。

判決は、次のように判断し、公文書毀棄罪のみの成立を認めた。

「公務執行妨害罪にいう『暴行』というためには、有形力の行使が、直接、公務員の身体に対してなされたものであることは要しない。しかし、『公務員に対して』暴行が加えられたことは必要である。

被告人がテーブルの上に置いてあったバインダーから点数切符をつかみ取った行為は有形力の行使であることは明らかである。その際に S 巡査の左手がバインダーまたは点数切符に添えられており、被告人の行使した有形力が S 巡査に感応するもの

であったとしても、それだけでは、『公務員に対する暴行』ということはできない。行為者において、自分の置かれた状況が公務員が適法に職務を行使している場面であることを認識し、自分のなす有形力の行使が公務員の職務執行の妨害となるべきものであること（公務員の職務執行継続の意思を挫くものであること）を意識したうえで有形力を行使したものを公務員執行妨害罪における『公務員に対する暴行』というべきであって、公務員の職務執行の場面におけるすべての有形力の行使を『公務員に対する暴行』と評価すべきではないと思料する。

例えば、公務員が職務執行中書類等を所持していたところ、その隙を見てこれをひったくる行為は、当該公務員の身体に感応するものではあるが、それだけでは『公務員に対する暴行』とはいえないであろう。本件の被告人の行為はそれに類するものである。

被告人が、テーブルの上のバインダーから点数切符をつかみ取った行為は、適法な職務を執行しているS巡査に対して行われた暴行である、とまでは認めることはできない」。

構成要件該当性を争うことの意義を再確認させてくれる事例である。

(3) 職務の適法性が否定された事例——事例4について

事例4は、駅ホームにおいて臨場した警察官から迷惑防止条例違反の容疑で事情聴取を受けた際に、被告人が、その場から逃走しようとして、警察官に対し、所携の傘で胸部を2回突き、右足で同警察官の右足を1回足蹴にする暴行を加えたとして、公務執行妨害、傷害に問われた事案である。

判決は、大要、次のように述べ、被告人の意思に反して電車から無理やり降ろすなどした警察官らの行為が任意捜査及び警職法2条に基づく任意同行として許容される有形力の行使の限度を超える違法なものであったとして、これに対する被告人の行為は公務執行妨害に当たらないとし、傷害行為も正当防衛であるとして、公務執行妨害・傷害については無罪を言い渡した。

「I巡査らは、到着した電車に乗り込んだ被告人を、I巡査において被告人の右手をつかみ、T巡査において被告人の左腕を押さえて、2人がかりで間もなく発車すると思われた電車から無理やりホームに降ろした上、両巡査又はT巡査において引き続き被告人の身体を押さえてその行動を制約していたものであって、被告人は、終始任意同行に応じることを拒絶して、再三その場を立ち去ろうとしており、I巡査と電話で話をしたK弁護士においても同巡査に対し被告人を帰宅させるよう強く求めていたことから、被告人が任意同行を求めるI巡査らの説得に応じる可能性はうかがわれな

かったこと、被告人において、I巡査に学生証を提示するなどして氏名、住所、年齢等を明らかにしていたことから、直ちに被告人に同行を求めて事情を聞かなければ、所在不明になるなどして後日被告人から事情を聴取し、あるいは身柄を確保することが困難となるような事情は認められなかったこと、更に説得するのであれば、発車間際の電車から無理やり降ろすといった危険な行為をあえてすることなく、被告人が乗り込んだ電車に一緒に乗り込んで説得を続けるというより穏便な手段を取ることもできたことを考えると、被告人をその意思に反して電車から無理やり降ろすなどしたI巡査らの行為は、もはや、任意捜査ないし警察官職務執行法2条に基づく任意同行として許容される有形力の行使の限度を超えたものというほかなく、適法な職務執行であるとはいえない」。

本件では、任意同行に応じるよう説得する過程で、被告人が弁護人に携帯電話で相談するなどしている。その事情が、任意同行の適法性の判断に影響を及ぼしていると考えられる。

公務執行妨害事件の弁護活動において、捜査の違法性を争うことの重要性を再認識させる事例である。

第3　弁護活動のための着眼点

公務執行妨害事件の全般的な弁護方針・弁護活動の指針は、総論において述べたとおりである。

8件の無罪事例を概観することにより、
① 被害警察官側の証言を弾劾することの重要性
② 客観的証拠の収集、分析・検討することの重要性
③ 「公務員に対する暴行」等の構成要件該当性を検証することの重要性
④ 捜査活動の違法性＝公務執行の違法性を主張することの重要性
をあらためて確認することができた。

繰り返しになるが、多くの公務執行妨害事案では、被害者が警察官であり、また、目撃者の多くが警察官である、という特徴がある。これは、そのまま、事実の歪曲、口裏合わせのリスクが極めて高いということを意味する。警察官であるからといって、その証言が信用できるわけではない。警察官も人である。警察官が被害者となるのだから、被害者自身はもちろん、その同僚である警察官らの供述・証言が党派性を

帯びるのを避けることはできない。

　弁護人は、そのことを十分に認識し、裁判所に理解させなければならない。しかし、危険性を抽象的に叫ぶだけでは効果は望めない。党派性を帯びており信用できないと一般論で議論しても、裁判所の心証を動かすことはできない。

　やはり、重要なのは、地道に、事実を積み重ねることである。

　客観的証拠から認められる動かしがたい事実を押さえる。そして、被害警察官、目撃警察官らに対する反対尋問により、事実を引き出さなければならない。客観的事実との矛盾、供述相互間の矛盾、供述者自身の自己矛盾を明らかにしなければならない。

　その「事実」の力だけが、裁判所を説得し、理解させることになる。警察官の供述・証言がいかに信用できないか、ということを。

　無罪事例から得られる教訓、注意点を十分咀嚼して、今後の弁護に活かしていく必要がある。

1　ただし、不起訴率が高いとする当該指摘については、公務執行妨害罪（刑法 95 条）の刑罰が 3 年以下の懲役若しくは禁固のみだったことが影響している可能性がある。現在は、選択刑として 50 万円以下の罰金が追加されているため（平成 18 年改正）、不起訴率に変化が生じうる。
2　なお、本稿で取り上げたもの以外に、①大阪高判平成 2 年 2 月 6 日判タ 741 号 238 頁（警察官らによる所持品検査が必要性・緊急性を欠くとして職務行為の適法性が否定された事例）、②鹿児島地判平成 2 年 3 月 16 日判タ 726 号 239 頁（違法な公務執行を理由に公務執行妨害罪の成立を否定した事例）がある。いずれも、評釈論文がある（①につき、別冊ジュリ 119 号 8 頁、②につき、判タ 731 号 46 頁）。
3　季刊刑事弁護 20 号 63 頁に弁護人によるレポートが掲載されている。
4　本文記載のとおり、第一審判決は判例時報に掲載されているが、控訴審判決については、筆者の知るかぎり、LEX／DB 等の判例データベースを含み、公刊物に掲載されていない。控訴審判決は、捜査や事実認定のあり方に警鐘を鳴らす有意義なものであるだけに、残念である。
5　日弁連刑事弁護センター主催の第 78 回「目撃証言研究会」（平成 16 年 4 月 19 日開催）における報告による。

事例番号	裁判所・宣告日（原審）/裁判官/弁護人名/罪名/出典（全文未収録含む）	事案の概要	争点類型 被害者供述の信用性	目撃供述の信用性	共犯者供述の信用性	自白の信用性	犯人性	違法な職務執行	その他
1	山口地裁下関支部平2.5.9 / 小川國男・加賀山美都子・松尾嘉倫 / 今村俊一 / 公務執行妨害 / 公刊物未掲載	デモ行進を規制していた警察官に対し、被告人がプラカードの柄で暴行したとされる事案において、被害警察官および目撃警察官の証言の信用性が、写真、ビデオテープから認められる客観的事実に反しているとして、否定され、無罪を言い渡した事例	◯	◯		◯			
2	大阪高裁平6.2.9（大阪地裁）/ 重富純和・久米喜三郎・出田孝一 / 中北龍太郎・谷野哲夫・大川一夫 / 公務執行妨害 / 日弁3集333号9頁・刑弁1号190頁	集団行動中に発生したとされる公務執行妨害罪の公訴事実に沿う警察官の供述につき、現場写真との矛盾、供述の変更等から、その信用性を否定し、原判決を破棄して無罪を言い渡した事例	◯			◯			
3	秋田地裁平9.9.2 / 秋山敬 / 津谷裕貴 / 公務執行妨害・公文書毀棄 / 判時1635号158頁	道交法違反について事情聴取を受けていた被告人が違反に関する点数切符を左手でつかみ取り、引き裂くなどした行為が警察官に対する暴行に当たるとして公務執行妨害・公文書毀棄の罪に問われた事案において、「公務員に対する暴行」とはいえないとして、公務執行妨害罪は成立せず、公文書毀棄罪のみが成立するとした事例	◯	◯					◯
4	東京地裁平11.3.23 / 朝山芳史 / 櫻井光政 / 公務執行妨害・傷害 / 公刊物未掲載	妻が公務執行妨害罪の現行犯として逮捕されようとした際に、被告人が警察官に対し、襟首をつかみ、顔面を殴打する暴行を加え、全治約3日間の右下顎打撲の傷害を負わせたとする公務執行妨害・傷害の事案において、被害警察官の供述の信用性、被告人の自白の信用性を否定して、殴打行為の存在を否定し、襟首をつかむ行為があったとするには合理的疑いが残るとして、無罪を言い渡した事例	◯			◯			
5	東京高裁平11.8.17（東京地方裁判所）/ 米澤敏雄・岩瀬徹・沼里豊滋 / 岡村実・山本孝・石川順子・白井創・伊藤方一・見付泰範 / 器物損壊・公務執行妨害被告事件 / 判タ1051号326頁	公務執行妨害、器物損壊被告事件について、第一審判決が有罪の根拠とした警察官らの目撃証言の信用性には疑問があるなどとして、第一審判決が破棄され、無罪を言い渡した事例	◯	◯					◯

6	千葉地裁平15.6.20　金谷暁・土屋靖之・齊藤貴一　小口千恵子・山田安太郎・畑山穣・関守麻紀子・阪田勝彦・浜田薫　強制わいせつ・迷惑防止条例違反・公務執行妨害・傷害　公刊物未掲載	駅ホームにおいて臨場した警察官から迷惑防止条例違反の容疑で事情聴取を受けた際に、その場から逃走しようとして警察官に対し、所携の傘で胸部を2回突き、右足で同警察官の右足を1回足蹴にする暴行を加え、公務執行妨害、傷害に問われた事案で、被告人の意思に反して電車から無理やり降ろすなどした警察官らの行為が任意捜査および警職法2条に基づく任意同行として許容される有形力の行使の限度を超える違法なものであったとし、これに対する被告人の行為は公務執行妨害に当たらないとし、傷害行為も正当防衛であるとして無罪を言い渡した事例	○			○	
7	東京高裁平16.1.21（東京地方裁判所）　原田國男・大島隆明・佐々木一夫　和久田修・河村健夫　公務執行妨害　公刊物未掲載	空港で挙動不審者として職務質問を受けた際、所持していた水溶メモ紙片を水の入ったコップに入れようとするのを制止しようとした警察官に対し、腹部を殴打するなどした公務執行妨害事案について、客観的なビデオ映像を詳細に検討したうえで4名の警察官の証言の信用性を否定し、被告人の供述の信用性を排斥できないとして、職務質問等は適法で公務執行妨害罪が成立するとした原判決（判時1794号151頁）を破棄し、無罪を言い渡した事例	○	○			
8	東京高裁平16.12.2（東京地方裁判所）　須田賢・井口修・西田時弘　永見寿実（主任）・西澤圭助・永縄恭子　公務執行妨害　判時1903号151頁	職務質問を受けたパキスタン人が警察官の胸を突くなどしたという公務執行妨害事件につき、公訴事実に副う被害警察官の証言は、自己の記憶に反してあえて虚偽供述をしている部分があると推認されるなど信用性が低く、他に被告人が原判示暴行を加えたと認めるに足りる証拠がないとして、有罪の原判決を破棄したうえ、被告人に無罪を言い渡した事例	○		○		

13　公務執行妨害

まとめ

犯罪類型ごとに見る誤起訴・誤判原因

大川 治

　犯罪類型ごとに誤判・誤起訴原因を通覧・検討すると、①犯罪類型の相違に関わらず、共通する誤判・誤起訴の原因（以下「罪名横断的な原因」という）と、②罪名ごとに特徴的な原因（以下「罪名固有の原因」という）の存在を指摘できる。以下、この2つの観点から、若干の分析を試みる。

　なお、殺人類型については、分析対象としなかった。伝統的に誤判・誤起訴原因として一般に論じられたことの多くが殺人類型に妥当するからである（中島論文参照）。

第1　罪名横断的な誤判・誤起訴原因

1　自白の証拠能力

　第1期誤判原因分析・研究の成果からも明らかなとおり、自白の証拠能力の判断の誤りは誤判をもたらす。

　もっとも、今回、検討対象とした犯罪類型別無罪事例中で、自白の証拠能力が明確に否定されたケースはわずかである。放火類型の【事例4　和歌山地判平成6年3月15日】では、一部の自白調書について任意性が否定された。他には、暴行・傷害類型の【事例9　赤湯簡判平成9年11月26日】において、「任意性に疑いがある」との指摘がなされているのが目を引く程度である。

　ただ、自白の信用性が問題とされている事案は数多い。これらのなかには、実質的に、利益誘導など任意性に疑問のある状況で得られた自白であることを理由とする

ものが含まれている可能性がある。たとえば、窃盗類型の【事例7　無罪事例集454】【事例14　無罪事例集69】では、任意性を肯定しているが、取調官による追及等の事実を、自白の信用性を否定する理由の一つとしている。また、手続上、証拠採用の段階で任意性立証を経て採否が判断されるから、判決段階では、主要な争点とされていない可能性もある。

　日々の刑事弁護の実践において、被疑者に対する暴行や精神的圧迫が加えられるケースは後を絶たない（暴力団構成員に対しては明らかな暴力が振るわれるし、それ以外でも痕跡の残りにくい態様での有形力の行使、威嚇的言動はしばしばみられる）。

　自白の証拠能力を巡る問題状況は、未だ解消されていない。弁護人は、違法捜査による自白が誤判をもたらす危険性に、常に危機感を持たなければならない。捜査段階では、取調べの可視化と勾留に対する準抗告等、適時に適切な対抗措置をとらなければならない。公判段階では、任意性に関する立証等に注力しなければならない。

2　自白の信用性

(1)　概観

　いずれの犯罪類型でも自白の信用性が否定され、無罪となったケースが数多くある。自白の信用性判断の誤りは、犯罪類型の相違にかかわらず、誤判・誤起訴の重要な原因である。

　ただ、類型ごとに無罪事例を概観すると、犯罪類型によって自白の信用性が問題となる頻度に相違がみられる（自白の信用性が主たる争点の1つになっている事例をカウントした）。

①	窃盗類型	19件中、7件	約36%
②	詐欺類型	25件中、15件	約60%
③	恐喝類型	24件中、8件	約33%
④	放火類型	13件中、6件	約46%
⑤	横領・背任類型	15件中、2件	約13%
⑥	暴行・傷害類型	14件中、2件	約18%
⑦	交通事故事犯	44件中、2件	約4%

⑧	薬物犯罪類型	40件中、4件	約10%
⑨	強姦・強制わいせつ類型	18件中、3件	約16%
⑩	公務執行妨害類型	8件中、2件	約25%

　痴漢類型で取り上げられた3件の無罪事例においては、そもそも自白がなく、その信用性が争点となっていない（なお、秋山賢三ほか編『痴漢冤罪の弁護』〔現代人文社、2004年〕において、9つの事件が分析されているが、明確な自白があるのは1件のみ、謝罪らしき言動があったものが1件で、それ以外の事例に自白はない）。

(2) 分析
　ア　自白の信用性が問題となった件数が比較的少ない類型
　①　薬物犯罪類型
　薬物犯罪類型のうち、自白の信用性が争点となったものは、検討対象となった無罪事例の約1割程度である。内容を見ると、2件は共同所持（**事例11、13**）、1件は単独所持（**事例26**）、1件は自己使用の事案（**事例32**）である。
　薬物犯罪の自己使用の場合、尿等の鑑定結果という客観的な証拠がある。それもあって、捜査段階における自白の信用性が問題になるケース自体が少ないものと推測される。
　一方、共同所持の場合には、共犯者による巻き込み事案もあろうが、共犯者等をかばうために（その動機にはさまざまなものがありうる）、積極的に虚偽自白を行うケースがありうる（今般、検討の対象となった事例はいずれもこのタイプである。上記の単独所持のケースも同様である）。
　弁護人は、とりわけ共同所持のケースにおいて虚偽自白がなされている可能性を念頭におく必要がある。そして、自白に至る経緯や契機（たとえば知人の接見後に自白に転じた等）、自白内容に不合理・不自然な点（客観的状況との不一致等）等がないか、慎重に検討し、接見を繰り返すべきである。現に共犯者等をかばう目的で虚偽自白をしていることが判明したときは、虚偽自白により有罪となった場合の不利益等を説明し、被疑者の説得に努めなければならない。
　②　交通事故事犯類型
　業務上過失傷害・致死類型の場合、自白の信用性が主たる争点の1つになった件数は検討対象となった事例のうち約4％程度であり、少数といえる。
　本類型の場合、主観的要素としての過失の内容について、自白の信用性が問題に

なりそうに思われる。しかし、「過失の客観化」といわれるように、交通事故事案の場合、事故の客観的状況などから、過失の認定が行われることが多く、有罪無罪を決するうえで、自白に大きなウェイトが置かれていないのかもしれない。

だからといって、業過事件における自白の信用性を吟味することを軽視すべきではない。交通事故事案では、客観性を標榜した捜査が行われる。しかし、実況見分調書が多くの誤りを含むものであることは、もはや周知の事実である。誤った実況見分調書に基づき、自白が誘導される可能性が否定できない。

また、交通事故の加害者は、通常、一般人であり、事故直後は自責の念から必要以上に責任を認めてしまいがちである。被害者が死亡し、目撃者がいない事案においては、捜査機関が過失を基礎づける事実に関する自白を獲得しようとしてさまざまな誘導等を行う可能性がある。これにより虚偽自白がなされる危険性は常にある。

弁護人は、自白に至った経緯等を慎重に検討し、事故現場に足を運び、客観的状況と自白内容との間に不一致がないかどうか、十分確認しなければならない。

③　暴行・傷害類型、公務執行妨害類型

暴行・傷害類型でも、自白の信用性が争われたケースは多くない。14件中、2例に留まっている。

これら2例の特徴は、他に目撃者がいない1対1の事例だ、ということである。ひるがえってみれば、当事者のほかに明確な目撃者がおり、その供述内容が信用できるケースにおいては、自白の信用性そのものを争わないか、争ったとしても有罪となっているものと推認される。

一方、公務執行妨害類型では、8件中、2件で自白の信用性が問題になっている。暴行・傷害類型よりも頻度が高いが、2件のうち、1件は、「妻が公務執行妨害罪の現行犯として逮捕されようとした際に、被告人が警察官に対し、暴行を振るった」という事案（**事例4**）であり、第三者的な目撃者がいる事案ではない。もう1件も、警察官が目撃者となっている事案（**事例8**）である。つまり、党派性のない客観的な目撃者がいない事案だ、といえそうである。

これらの類型の場合、とくに1対1の事案において、被疑者・被告人が自白していたとしても、その内容に不自然な点はないか、自白するに至った経緯と動機等を十分検討するべきである。罰金刑の対象にないようなケースでは、早期の身体拘束からの解放を優先して、略式命令を受けるべく、虚偽自白している可能性もあるので、要注意である。

④　強姦・強制わいせつ類型、痴漢類型

強姦・強制わいせつ類型においても、自白の信用性が争点となったケースは比較

的少なく、痴漢類型においては、皆無である。

これらの類型は、その性質上、1対1で犯罪が行われることが多いから、被害者供述の信用性だけでなく、被告人の自白の信用性が問題になるケースが多いようにも思われる。しかし、現実には、多くの無罪事例で自白の信用性が主たる争点にはなっていない。

これは、自白があるケースではそもそも無罪が争われること自体が少ない、あるいは、被害者供述の信用性が否定されないかぎり、自白の信用性を争っていても有罪となっている、という事情によるのかもしれない。

とくに、痴漢類型においては、被疑者が、不本意にであれ、罪を認めれば釈放され、無実を主張して事実を争えば勾留のうえ、起訴されてしまうという、厳しい、そして、不当な現実がある。痴漢類型で、無罪が争われる案件のほとんどは、その厳しい現実を乗り越えて、被疑者が否認を貫いたケースであると思われる。

しかし、これらの類型で自白があるからといって油断することは決して許されない。富山氷見事件では、被告人の自白があったが、まったくの冤罪だったのである。

弁護人は、自白に至る経緯や内容の合理性、事件前後の客観的状況等をつぶさに検討しなければならないのである。

イ 財産犯について

財産犯のうち、窃盗、詐欺、恐喝については、自白の信用性が争点となったケースが比較的多く見られる。

しかし、詐欺、恐喝類型では、犯人性そのものが問題になるケースは少なく、自白の内容として、犯意に関する部分の信用性が問題になるものが大半であるのに対し、窃盗類型は、事実の存否そのものに関する自白の信用性が問題になっている点に相違がある。

このように、自白の信用性といっても、どの点に焦点を当てて検討するべきなのか、犯罪類型ごとによって相違があることに十分配慮する必要がある。自白の信用性判断に関する経験則は、すでに多くの研究成果が公表されているが、客観的事実と自白内容との間に矛盾がないか等の検証のほか、犯意についての自白に関しては、自白に至った経緯や自白内容そのものに不自然・不合理な点がないかの検討が必要である。

以上と異なり、横領・背任類型については、自白の信用性が争点となったケースが少ない。

これらの類型では、何らかの事件の存在や犯人性には問題がなく、不法領得の意

思や図利加害目的などの主観的構成要件要素について争われることが多いので、自白の信用性が問題となるケースがありうると思われる。その意味で、自白の信用性が争われた事例がわずかであるというのは、意外な結果であるが、あるいは当該類型においては、自白がありながら無罪が争われるケースが少ないのかもしれない。

　ウ　放火類型

　放火類型では、検討対象のうち、半数近くの事例で自白の信用性が問題となっており、相対的に多数ということができる。

　この点については、各論において詳細に検討されているが、放火類型の場合、犯人性を特定するための資料（遺留物等）自体が焼損してしまっていることが多く、自白の信用性判断が重要なウェイトを占めることがその背景にある。

　そして、客観的な現場等の状況から認められる焼損に至る経緯等の事実関係と自白の内容が合致しているかどうか、がとくに重要なポイントとなっている。

　弁護人は、放火類型における自白内容について、客観的な状況と合致するか否か等、慎重な検討を行う必要がある。

(3) **証言の信用性**

　証言の信用性が問題となる場面としては、大きく分けて、被害者供述の信用性（目撃供述を含む）、第三者供述（とくに目撃供述）の信用性、共犯者供述の信用性があり得る。以下、個別に検討する。

　ア　被害者供述の信用性
　①　概括

　窃盗類型においては、取り上げられた19件のうち、2件【事例5、7】、詐欺類型においては、取り上げられた15件のうち、10件、恐喝類型においては、24件のうち、17件において被害者供述の信用性が争点となっている。また、暴行・傷害類型においては、14件のうち、責任能力が問題となったケースを除くすべての事例で、被害者供述の信用性が争点となっている。公務執行妨害類型も8件すべてで被害者供述の信用性が争点になった。

　強姦・強制わいせつ類型においては、強姦の実行の着手が否定された事例を除き、すべての事案において、痴漢類型も同様に、すべての事例で被害者供述の信用性が争点となっている。

　他方、横領・背任類型においては、15件の検討対象事例のうち、明示的に被害

者供述の信用性が問題となったケースは報告されていない。同様に、業務上過失傷害・致死類型においては、44件のうち、被害者供述が明示的に争点となったのは2件、放火類型においては、13件のうち、被害者供述が問題となったのは1件のみ（それもいわゆるダイイング・メッセージが問題となったケース）となっている（薬物犯罪類型においては、その性質上、被害者供述が問題となるケースはない）。

② 被害者供述の信用性が問題になることが多い類型

詐欺類型、恐喝類型、暴行・傷害類型、公務執行妨害類型と性犯罪類型（強姦・強制猥褻、痴漢）は、犯人と被害者が1対1の関係になることが多い等の性質上、被害者供述の信用性判断が重要な争点となるケースが多いものと考えられる。

しかし、詐欺、恐喝類型とその他の類型とでは、信用性判断のポイントが異なるものとみられる。暴行・傷害類型および性犯罪類型、とりわけ、犯人性が問題となる事例においては、被害者供述が目撃供述の性質を有していることが多いと考えられるから、「被害者は嘘をつかない」といった経験則は成り立たず、目撃供述の信用性判断一般に関する経験則をフルに活用してその信用性を弾劾すべきことになる（この点は、窃盗類型についても同様であろう）。また、公務執行妨害類型では、被害者が警察官であり、その証言には党派性があることに注意しなければならない。

一方、詐欺、恐喝類型においては、犯人性が問題になるケースは少なく、ある行為の趣旨や欺罔による錯誤の有無、畏怖の有無・程度等が問題になる。したがって、被害者供述の信用性を判断するに当たっては、錯誤や畏怖があったとすることと矛盾するような事件前後の言動がないかどうか等が重要なポイントになってくる。

③ その他の類型

被害者供述の信用性が争点となった事例数が少ない類型としては、窃盗類型、横領・背任類型、交通事故事犯類型、放火類型がある。

まず、横領・背任類型において被害者供述の信用性が問題となることが少ないのは、企業等が被害者となることが多く、また、行為者の単独行為が問題となることが多く、被害者供述に重要なウェイトが置かれていないからだと推認できる。

窃盗類型の場合は、被害者自身が犯行を目撃している事例そのものがそれほど多くないからではないかと考えられる。

交通事故事犯類型の場合は、致死事件では被害者が死亡しているのでその供述の信用性が問題になることはないが、致傷事件においては、本来、被害者供述の信用性が問題になりうると考えられる。しかし、事案の性質上、被害者の供述よりも客観的な事実関係が争われることが多いことが影響しているのかもしれない。

放火類型においても被害者供述が問題になるケースが少ないが、これは、被害者

が目撃者となるケースが少ないことが原因と思われる。

　　イ　第三者供述の信用性
　第三者の目撃供述の信用性が問題になった事例として、窃盗類型においては、19件中、2件が、暴行・傷害類型においては、14件中、6件が、交通事故事犯類型においては、44件中、明示的には2件が、放火類型においては、13件中、4件が、強姦・強制わいせつ類型においては、18件中、2件が報告されている。痴漢類型では、3件中、2件で被告人を連行した警察官の証言や、乗り合わせた他の乗客の証言が存在するが、目撃供述ではなく、重要性は高くない。公務執行妨害類型では、8件中、4件で目撃警察官の証言がある。
　以上の類型を除く他の類型においては、第三者の目撃供述の信用性が問題になったケースは見られなかった。
　詐欺、恐喝等の主観面はともかく外形的な行為についての争いが少ない類型（犯人性が問題になることの少ない類型と言い換えることができよう）においては、第三者の供述、とりわけ、目撃供述の信用性が問題になることは少ないようである。もちろん、これらの類型においても、同席した第三者が見聞きした内容等が重要な証拠となることが多いから、その信用性の慎重な検討・判断を怠るべきではない。
　他方、殺人や窃盗など、犯人性が正面から問題になることの多い類型においては、まさに目撃供述の信用性判断が有罪無罪を分けることになるから、なおいっそう、慎重な検討・判断が求められるということができる。

　　ウ　共犯者供述の信用性
　共犯者供述の信用性が否定された事案について概観したかぎりでは、必ずしも類型毎の明確な特徴を見いだせなかった。
　すべての類型で、共犯者供述が問題となった件数自体、それほど多くない。

　　窃盗類型　　　　　　　　19件中、4件
　　詐欺類型　　　　　　　　25件中、7件
　　恐喝類型　　　　　　　　24件中、3件
　　横領・背任類型　　　　　15件中、2件
　　暴行・傷害類型　　　　　14件中、1件
　　放火類型　　　　　　　　13件中、1件（共謀を否定）
　　薬物事犯類型　　　　　　40件中、4件（ただし、うち2件は、譲受人

強姦・強制わいせつ事案　　　　18件中、0件
痴漢類型　　　　　　　　　　　3件中、0件
公務執行妨害類型　　　　　　　8件中、0件
交通事故事犯　　　　　　　　　44件中、0件

あえていえば、財産犯において、共犯者供述が問題となった比率が多いようである。

(4) 証拠物・鑑定に関する問題

供述証拠以外の証拠物や鑑定の評価が争点となった事例を各犯罪類型ごとに概観する。

　ア　窃盗類型

事例8は、一審有罪、控訴審無罪の事案であるが、一審で有罪の根拠の1つとされたビデオ映像（写真）について、控訴審において、拡大写真を提出することにより、被害品との相違が明らかになっている。ビデオ写真等は、「動かぬ証拠」と評価されてしまいがちであるが、その評価を争うことの重要性を改めて教えてくれる事案である。

事例11は、被告人の指紋が現場に遺留されていたことが重要な間接事実（いわゆる併存的事実）であったが、それが犯行とは別の機会に遺留されたことを明らかとしてその証拠価値を否定することに成功した事案である。

　イ　詐欺、恐喝、横領・背任類型

これらの類型においては、供述証拠以外の証拠の評価が重要な争点になった無罪事例は見当たらない。

これらの事例では、犯人性自体が問題になることは少なく、主観的要件の有無等が主として争点になるからだと考えられる。

しかし、供述証拠の信用性を評価するうえで、他の証拠との関係が問題になることもあり（たとえば恐喝類型において、客観的事実と図面との齟齬が問題になった事例〔**事例2**〕や労使紛争の状況を録音したテープの分析により被害者供述の信用性が否定された事例〔**事例3**〕など）、これらの犯罪類型においても証拠物の評価は重要である。

　ウ　暴行・傷害類型

客観的証拠としての怪我や傷害の部位・程度などのみで無罪を導いたケースは見当たらないが、**事例3**は、録音テープの一部についての捜査報告書ではなく、録音

テープの全内容を再生することによって、被告人に有利に働く方向への反証に成功している。

　エ　交通事故事犯類型
　本類型においては、①傷害結果についての立証が不十分とされた事例、②実況見分調書の信用性が否定された事例がある。
　本類型は、供述証拠よりも客観的な事実がいかなるものであったかによって、犯罪の成否が分かれるという性質を持っており、他の類型に比較して、供述証拠以外の証拠の評価が重要なポイントを占めることになる。
　実況見分調書が概して杜撰なものであるということは従前から指摘されていることであり、工学鑑定（ただし、その信用性についても慎重な判断が必要である）等により、弾劾していく必要がある。

　オ　放火類型
　放火類型においては、その性質上、被告人と犯行との結びつきを証する重要な証拠が焼損していることが多く、証拠物の評価のみによって無罪となった事例は見当たらなかった。
　しかし、上記の事情から、放火類型では、いきおい、自白に依存しながら捜査を進めるということになりがちである。そこで、自白の信用性をめぐって無罪が争われるケースが大半となっており、本研究において、検討された各事例においても、客観的な証拠から認定できる事実関係（焼損状況等）が自白と合致するか等、自白の信用性判断に用いられている。
　自白内容に問題がある場合は、弁護側でも積極的に供述内容どおりの経過で出火するか否か、実験を行ったり、鑑定を求めることが必要であろう。

　カ　薬物犯罪類型
　本類型においては、尿の鑑定結果（自己使用類型）、押収・領置物の鑑定結果（所持類型）が決め手となることが大半であり、共同所持その他の共犯事例を除き、自白や第三者の供述等の信用性が重要な争点となることは少ない。
　また、鑑定書の内容そのものが否定されることはまれであり（ただし、**事例12**ではフェニルメチルアミノプロパンが認められないとして、鑑定書の証拠調べ請求が撤回されている）、証拠物に関しては、やはり採尿経過等の違法性に関する違法収集証拠の問題が中心となる。

キ　強姦・強制わいせつ類型、痴漢類型

本類型においては、被害者供述の信用性が争点となることが多く、非供述証拠の評価や鑑定によってのみ無罪が導かれた事例は見当たらない。

しかし、強姦・強制わいせつ類型における**事例3**は、自白の信用性の他、足跡鑑定の結果から被告人の犯人性を否定しており、注目される。

また、痴漢類型では、痴漢犯人が女性のパンティーに触ったとの被害者供述がある場合、被疑者の指に付着している繊維を調査し、被害女性着用のパンティーと同一の繊維質であるか否かの鑑定がなされたケースがあると報告されており、弁護人としても、物的・科学的な証拠方法の活用を検討するべきであろう。

ク　公務執行妨害類型

本類型では、多人数の者が関係する混乱したなかで、偶発的に発生した暴行等の有無が争点になる場合があり（**事例1、2**）、写真やビデオテープのような客観的な証拠が重要となっている。

弁護人が、いかにこれらの客観的な証拠を入手できるか、が方向性を決定づけることになる。

(5) 客観的捜査の不備と見込み捜査

客観的捜査に不備があったり、見込み捜査が誤起訴・誤判の原因となるケースは、いずれの犯罪類型にもみられるが、とりわけ、検察庁の特捜部案件などの著名事件、暴力団員を被疑者とする事件、横領・背任などの経済事犯において、見込み捜査が行われがちである。

これを犯罪類型ごとに見てみると、詐欺類型では、訴因変更が行われた事案が25件中5件あり、検察官が訴因の特定および法律構成に失敗していることを示している。これは、捜査側が描いた事件の構図、見込みに問題があったことを示唆するものである。

恐喝類型のうち、**事例10**では、右翼取締運動の最中に捜査が開始されたという背景事情があり、見込み捜査が誤起訴を生んだものといえるし、**事例4**は、事件の経過を十分検討・把握しないままに見込み捜査を行って虚偽自白を獲得したものといえる。

横領・背任類型においても、捜査機関の描いた「事件の構図」が誤りだった事例が散見される（**事例2、3、4、5、6、9**など）。

暴行・傷害類型の**事例9**も、初動捜査の段階での十分な裏付け捜査が不十分であったことが判決文中で指摘されている。

交通事故事犯類型においても、ずさんな実況見分調書に基づく誤起訴・誤判がみられる（**事例21、27**）。

放火類型における**事例2**は、被害者のダイイング・メッセージに引きずられた捜査の誤りが誤起訴を招いた事例である。

また、痴漢類型においては、前述のとおり、供述証拠が重視されているが、被疑者の指に被害女性に由来する物（パンティーの繊維や体液等）が付着しているか否かの鑑定など、物的・科学的証拠に基づいた客観的な捜査が行われるべきであろう。

3　罪名固有の誤判・誤起訴原因

ついで、無罪事例に現れた「罪名固有」の誤判・誤起訴原因について概観する。

(1) 窃盗罪

窃盗罪においては、「盗品の近接所持の法理」が罪名固有のものとして議論されている。これは、情況証拠による犯人と被告人との結びつきを認定する手法の一個別論である。先に見たとおり、窃盗罪類型においては、その性質上、目撃供述等は少なく、自白以外に被告人と犯行との結びつきを証する直接証拠が乏しいという事情があり、「近接所持の法理」が論じられるわけである。

被疑者が盗品を事件と近接して所持していれば、窃盗犯人であることを示す重要な間接事実になるであろうが、これのみで決定的であるとはとうてい言いえない。このことは、裁判官の手になる論考においても指摘されている（渡邊忠嗣ほか「贓物の近接所持と窃盗犯人の認定」小林充ほか編『刑事事実認定（下）』81頁等）。

逆にいえば、近接所持の事実を重要な間接事実として起訴された事案であれば、その点を揺るがす弁護活動によって、無罪に導きうる可能性があるわけである。

窃盗類型のうち、**事例10**、**事例17**において、近接所持の法理が問題とされたが、いずれについても犯人性を立証するに十分ではないとして、無罪となっている。

(2) 詐欺罪

詐欺罪においては、①欺罔行為の吟味（商取引では、多少のうそや誇張は社会的に許容されており、欺罔行為とはいいえないし、単に虚偽の事実を告知するのみでは足りず財産処分を誘発する虚偽の事実の告知である必要がある）、②返済能力・返済意思の吟味（結

果論を排除する必要があるし、債務超過と支払不能との異同に留意する必要がある)、③取引上の債権債務関係と欺罔との関係の吟味、④錯誤の吟味、⑤錯誤と財物交付との因果関係の吟味が重要である（森下弘「詐欺・恐喝事件の弁護はどのように行うか」竹澤哲夫ほか編『刑事弁護の技術（下）』255頁以下)。これらの点は、罪名固有のものとして、注意が必要である。

この点に関し、本研究では弁護方針を練り上げる視点として「虚偽約束型」「不正請求型」に即した無罪主張のパターンを整理しているので活用されたい。

(3) 恐喝罪

恐喝罪においては、①権利行使と恐喝罪の成否、②畏怖と困惑の区別のほか、③脅迫行為と財物交付等との因果関係の吟味も必要である。

事例9においては、正面から権利行使と恐喝罪の成否が問題となり、無罪とされている。ただ、単に正当な権利行使に当たる、という主張を行うだけでは不十分であり、具体的な事実の積み重ねのなかから、そもそも害悪の告知に当たらない等の主張と組み合わせて無罪を主張することが必要である。

(4) 横領・背任罪

横領・背任類型に共通する特徴として、外形的な行為には争いがないが、その意味・評価に争いがあるケースが多いということである。経済事犯の特質として、被疑者・被告人側と被害者側で、経済的な思惑が複雑に絡み合っていることがあり、また、被疑者・被告人が、一定の社会的地位を有していた者（責任者等）であることが多い点も重要なポイントで、捜査の圧力に脆弱であるという面が指摘できる。

さらに、構成要件要素として、横領罪における不法領得の意思や背任罪における図利加害目的など、主観的要素が多く、いきおい、自白の獲得に依存した捜査が行われるという側面がある。

そして、財産上の損害についても十分吟味する必要がある。

横領罪で起訴されながら、不法領得の意思がないとされたものが8件中、2件ある。

そして、背任罪で起訴されながら、任務違背性が否定されたものが8件中、2件、本人の利益を図る動機が主であったとして、図利加害目的が否定されたものが2件、損害が否定されたものが2件ある。

これらのポイントは、罪名固有のものとして、十分吟味・検討されるべきである。

(5) 暴行・傷害罪

暴行・傷害罪においては、罪名固有の誤起訴・誤判原因として、明確なものは見いだせなかったが、既に述べたとおり、事件が一対一の構図となっていることも少なくなく、目撃供述がない場合の自白や被害者供述の信用性が重要なポイントとなる。

また、他方で、多数の関係者が関与することも少なくなく、その場合、目撃供述の信用性判断が重要なポイントとなっている。

(6) 交通事故事犯

交通事故事犯類型にあっては、やはり、それが過失犯であるという構造上、供述の信用性判断のみで有罪無罪を分けることは容易ではなく、客観的な事実関係がどのようになっているかが重要なポイントとなっているといえる。

そして、実況見分調書の記載内容に杜撰な点が多く、これをいかに弾劾できるかが、弁護のポイントとなってくる。

そのため、当該類型にあっては、事故現場や関係車両の調査・検討が不可欠となっており、弁護活動のなかでも特筆すべき特徴を有しているといえる（高山俊吉「自動車事故の弁護はどのように行うか」竹澤哲夫ほか編『刑事弁護の技術（下）』162頁以下参照）。

(7) 放火

放火事件の特徴は、客観的な証拠が消失しており、犯行当時の再現が困難であること、消火活動により現場が荒らされ、犯行前後の状況が不明となっていることから、一般的に捜査自体が困難であるとされていることにある。いきおい、自白に依存した捜査が進められがちであり、本類型においては、客観的事実関係と自白内容との関係を吟味検証することが重要なポイントとなるといえよう。

弁護上のポイントとして指摘されているのは、①動機の問題、②出火場所の問題、③放火方法の問題、④焼燬経路の問題であり、これらを包含する形で、自白、鑑定結果、目撃証言等が争われることになるとされている（荒井新二「放火事件の弁護はどのように行うか」竹澤哲夫ほか編『刑事弁護の技術（下）』322頁以下）。

(8) 薬物犯罪

本類型では、違法収集証拠が問題となるケースが多いことが重要な特徴である。

(9) 強姦・強制わいせつ

本類型では、①姦淫・わいせつ行為の存在には争いがないが、被害者の犯人識

別供述の信用性が問題になるケース、②そもそも姦淫・わいせつ行為といえるものが存在するのかどうか、が問題になるケースに区分できるという特徴がある。

②の点は、本類型に特徴的な罪名固有の問題であるといえ、犯行前後の事情等を含めた間接事実の慎重な吟味検討が必要となる。

(10) 痴漢

痴漢類型では、事実認定の困難さを最大の特徴として挙げることができる。

この点については、すでに多くの先行研究があるところであり、弁護人としては、これらを十分検討・吟味する必要がある。

(11) 公務執行妨害

公務執行妨害類型では、労働者の集団示威行為や政治活動（デモ行進等）と警察官との衝突事例で、いわゆる活動家らが公務執行妨害罪に問われるケースが多い。この種の事案では、被害警察官や同僚警察官など、党派性を帯びた証人の証言の信用性判断が中心になる点が特徴である。

また、要件を備えない逮捕や違法な任意同行など、違法な捜査活動に対する対抗行為が公務執行妨害罪に問われることが少なくないのも特徴である。

4 まとめ

以上、罪名横断的な誤判・誤起訴原因と罪名固有の原因をそれぞれ概観した。

取り上げた無罪事例の範囲に限界があることから、以上の分析結果が普遍性を持つかどうかはわからない。しかし、今後の弁護活動を行ううえで、目安にはなろう。

今後、さらに、検討・研究が深められ、犯罪類型ごとに、誤起訴・誤判を防ぐための方策が講じられることに期待したい。

第2部

無罪を争う
弁護活動

イントロダクション

本田兆司

　第1部においては、主に日本弁護士連合会刑事弁護センター刊行の『無罪事例集』から、弁護士が通常の刑事裁判で体験する窃盗罪などの15の罪種について、誤起訴・誤判類型（原因）を分析・検討し、そこから誤起訴・誤判を防止するための実践的な刑事弁護活動を紹介した。
　そして、わが国の刑事裁判実務は、国際的な人権規約に反する刑事手続における制度的な欠陥、すなわち、長期間の代用監獄を利用することを許す捜査のあり方などに問題があり、そのことに誤起訴、誤判の原因があり、ひいては、捜査当局が今なお自白などの供述証拠の収集に重点を置き、その供述を裏付ける客観的証拠の収集を蔑ろにする杜撰な捜査を許容するという、構造的な欠陥があるといえる。
　そこで、第2部では、新聞報道等によって国民から注目された11の無罪事例をとりあげて、そのまとめとして、わが国の刑事裁判が抱える法的な問題点を検討し、裁判員裁判制度もはじまったので、少しでも、今後の刑事弁護活動の参考に資することができればと願うものである。
　ところで、わが国の刑事裁判実務は、制度的な欠陥、すなわち、捜査当局の見込捜査のもとに、被疑者を代用監獄に長期間にわたって身体拘束し、被疑者に取調への義務を課す制度であり、被疑者への自白の強要を容認する制度的な欠陥を是認する制度である。それゆえに、捜査当局は自白などの供述証拠に依拠し、これらの供述を裏付ける客観的証拠を疎かにし、杜撰な捜査を容認することになるのである。
　死刑再審4事件だけでなく、誤判が判明した氷見事件や足利事件の例を引くまでもなく、わが国の刑事裁判実務は、供述証拠を重視する余り、捜査当局の捜査に危うさがあり、誤起訴・誤判の危険性を孕んでいるのである。
　その典型的な実例が、第2部で紹介される11の無罪事例なのである。
　刑事弁護人は、わが国の刑事裁判実務が抱えるこのような制度的な欠陥を十分に認識し、刑事裁判の基本である、無罪推定の原則、疑わしきは罰せずの原則を実現するための弁護活動を実践する責務があるのである。
　そして、証拠裁判主義にいう犯罪の証明とは、「『犯罪の証明がある』ということは

『高度の蓋然性』が認められる場合をいう」と説き、この「高度の蓋然性」とは、「反対事実の存在の可能性を許さないほどの確実性を志向したうえでの『犯罪の証明は十分』であるという確信的な判断に基づくものでなければならない」(長坂町放火事件の最高裁判決・昭48・12・12判時725号104頁) と説示しているが、刑事裁判の実情が「犯罪を行ったという可能性の確信でよい」と思わざるをえないのは、筆者1人でないと思えるし、少なくとも、捜査当局の捜査の実態はまさにそうであり、その根拠が自白などの供述証拠にあることは明白である。

　以下では、各事例の詳細な分析は各論考に譲るが、11の無罪事例の誤判原因を見ていくこととする。

1
知的障害者・
年少者の供述と闘う
甲山事件

浜田寿美男

第1 はじめに

　1974年3月17日、兵庫県西宮市の知的障害児入所施設甲山学園で、当時12歳の女児M子ちゃんが行方不明となり、2日後の3月19日夜、同じく12歳の男児S君が行方不明になって、その数時間後、2人とも学園内の浄化槽から溺死体で見つかった。2人の子どもが連続して行方不明になり、遺体が同じ浄化槽で発見され、しかもそのときマンホールの蓋が閉まっていたことで、ただちに殺人事件と認定され、捜査が開始された。これが甲山事件のはじまりであった。

　最初に行方不明になったM子ちゃんについては、前後の状況が不明で、手がかりをつかめなかったが、2人目のS君については、事件の2週間後になって、同学園の女児A子から、Y保母が居室棟廊下を「非常口の方へ連れて歩いていくところを見た」との目撃供述が聴取され、これによって4月7日、Y保母がS君殺害の容疑で逮捕された。しかしY保母は、10日後に自白をしたものの、その後これを撤回し、否認を続けたために、検察は起訴に持ち込むに足る証拠がそろわないとして、Y保母を処分保留のまま、4月28日に釈放した。それから3カ月後の7月30日、Y保母は、明確なアリバイがあったにもかかわらず不当に逮捕されたとして、国家賠償請求訴訟を起こし、また検察は、さらに1年余り後の1975年9月23日に、Y保母を嫌疑不十分で不起訴とした。この時点で甲山事件は終結を迎えてよいはずだった。

　ところが、マスコミで大きく取り上げられ、Y保母が犯人であるとの疑いを拭えなかったためであろう、S君の遺族が、不起訴から10日後の10月3日に検察審査会に

不服を申し立て、翌年の1976年10月28日には「不起訴不当」との議決が下された。検察がこれを受けて再捜査に乗り出し、第一次捜査で繰り返し事情を聴取していた子どもたちに対して再度事情聴取をすることで、Y保母がS君を「非常口から引きずり出すところを見た」というB君など、さらに3人の子どもたちから目撃供述を得て、1978年2月27日にY保母を再逮捕、3月9日には起訴した。事件発生から4年近くを経過したのちの異例の再逮捕・起訴であった。Y保母が起こしていた国家賠償請求訴訟は、これによって、刑事裁判の結着を見るまで中断されることになる。

　このように紆余曲折を経て甲山事件は裁判に持ち込まれた。そして、そこからY保母の無罪が最終的に確定する1999年10月8日まで、この事件はさらに他に類のない経緯をたどることになる。事件発生から無罪確定まで、数えれば25年、まるまる4半世紀を要したのである。裁判の経緯は以下のとおりである（なお本件では、国家賠償請求訴訟でY保母のアリバイを証言した元園長と元同僚保母が偽証罪として起訴され、一時期併合審理された。これについても最終的に無罪が確定するが、この偽証罪裁判についてはここでは触れない）。

　　　1978年　6月　 5日　初公判
　　　1985年　10月　17日　神戸地裁　　　無罪
　　　1990年　3月　23日　大阪高裁　　　無罪判決破棄、地裁に差し戻す
　　　1992年　4月　 7日　最高裁　　　　弁護側の上告を棄却
　　　1998年　3月　24日　神戸地裁　　　差戻審で無罪
　　　1999年　9月　29日　大阪高裁　　　検察側控訴を棄却
　　　同年　 10月　 8日　検察上告断念　無罪確定

　最初の神戸地裁では、7年余りの審理を経て無罪判決が下されたが、検察が控訴、これを受けた大阪高裁で審理不尽との理由で差戻しの判決となり、弁護側がこれに対して上告、最高裁はこれを棄却した。この時点ですでに第一審開始から14年を経過していた。そののち神戸地裁（差戻審）が2度目の無罪判決、そして大阪高裁（第二次控訴審）が検察控訴を棄却して、3度目の無罪の判決を下し、これでもってようやく無罪が確定したのである。

　このように甲山事件ではY保母の無実を積極的に認める明確な無罪判決が3度にわたって言い渡され、破棄差戻しの判決を別にすれば、直接の有罪判決は1度も出ていない。その意味では、通常に言う意味での誤判事件とやや趣を異にするように見える。しかし、刑事裁判として最長の審理期間を記録したこの事件は、冤罪事件に見られるほとんどあらゆる論点を抱えており、今後とも学ぶべきことの多い事件として

意味を持つ。

　なお、筆者はもともと発達心理学を専門とする研究者であり、最初の第一審において、本件が知的障害児の目撃供述を最大の争点とするという事案の性格から、特別弁護人として認められ、これに関与したもので、弁護活動を総体として検討・分析できる立場にはない。担当した弁護人の方々による本件弁護活動分析は、また別のかたちで報告されることを期待したい。

第2　起訴にいたるまでの曲折と問題点

　本件が起訴されて後、裁判の過程でもっとも大きな争点となったのは、やはり目撃と自白であり、この点についての検討がここでの本題となるのだが、そこに入る前に、起訴にいたるまでの捜査段階について、いくつか問題点を指摘しておきたい。本件の問題状況をより具体的に知っておくことが、本題の議論を進めるうえでの前提となると考えるからである。

1　福祉施設内の事故を殺人事件と見誤った可能性

　事件の起こった甲山学園は、重度の子どもたち50名、中・軽度の子どもたち50名、計100名を収容する知的障害児の施設であった。標高300m余りの甲山の中腹にあって、周囲は雑木林や墓地に囲まれている。浄化槽で溺死した2人は、中・軽度対象の青葉寮に生活していたが、障害の度合はかなり重く、ことばでのコミュニケーションの難しい子どもだった。

　最初、M子ちゃんが行方不明になったのは、3月17日、3時のおやつから夕食までの間である。のちに被疑者・被告人となるY保母は、このとき夕食から勤務に入っていた。園では警察に通報し、手のあいた職員が手分けして必死になって探したが見つからず、2昼夜にわたって捜索を続けるなか、19日の夜8時すぎに、寮内を見回った指導員が、2人目のS君のいないことを発見することになる。急遽、ふたたび全職員が動員され、警察官も一緒になって学園の内外の捜索を行った結果、その夜の9時過ぎから深夜にかけて、学園内の青葉寮裏の浄化槽から2人が溺死体で発見された。

　警察は、遺体発見時にマンホールの蓋が閉まっていたことから、ただちに殺人事件と断定、翌朝4時には捜査本部を設置し、9時には現場検証と聞き込みのために50人におよぶ捜査員を投入した。しかし、その後を振り返ってみたとき、そもそもこ

れが殺人事件であったのかどうか、問題はこの出発点にあった。

当時の園長は、責任者として、翌日の朝刊に「2人の子どもを同時になくし、悲しみに耐えない。子どもを預けてくれた父母の信頼にこたえられず、強く責任を感じている。指導員、保母は人員不足の中で努力しているが、2件の事故とも、こうした状況の中で起き、申し訳なく思っている」という談話を載せている（神戸新聞、3月20日）。ここで「2件の事故」と語っているように、園長の認識のなかでは、これは事故であって事件ではなかった。まして殺人事件であるなどとは、思いもよらなかった。それは園長1人の認識というより、当時学園で仕事をしていた職員の多くの認識でもあった。

青葉寮では夜など、男子指導員1人、女子保母1人の2人で50人近い子どもたちを見なければならない。子どもたちのなかには、言葉でのコミュニケーションのままならない子も多く、排泄や着脱の基本的な生活習慣さえ介助を要する子が少なくなかった。まして個々の子どもたちがどの程度、危険に対する認識を持ちえていたかもあやしい。2人が溺死していた浄化槽には、検証の結果、ブリキの玩具など、子どもたちが投げ込んだとしか思えないものがいくつも見つかっている。子どもたちはふだんから浄化槽のコンクリート台を遊び場にしていて、ときにマンホールを開けて、ものを投げ込んだりして遊んでいたのである。

人手が足りず、およそ豊かな処遇を望めない状況のなかで、職員のあいだにはいくつもの不安材料があった。それゆえ2人が溺死体で見つかったとき、職員の大半は子どもたちどうしのあいだで起こった、かぎりなく事故に近い何かでなかったかと思ったという。それをあえて事件と名づけるとするなら、それは殺人事件ではなく、むしろ福祉的処遇の貧困による「福祉の事件」であった。

ここに子どもたちのふだんを知っている職員たちと、それを知らない捜査官たちとの決定的な違いがあった。しかしその後の流れを支配したのは、これを殺人事件として断定した警察捜査の側であった。

実を言えば、本件の第一次捜査が終わり、Y保母が不起訴になった後になって、事件当時16歳だった女児C子が、最初に行方不明になったM子ちゃんについて、おやつのあと浄化槽のうえで、一緒にマンホールを開けて遊んでいて、「引っ張ったら落ちた」と言い始めた。2人が連続して行方不明となり、その2人とも同じ浄化槽で見つかったのであるから、ほぼ同一の経緯で亡くなったものと考えるべきところ、一人目のM子ちゃんについては、直接的には別の女児C子が絡んでいるとの供述が出てきたのである。このC子の供述は当時の状況に符合するし、当の供述自体におよそ想像では語れない内容が含まれていたために、検察もこれを事実と認めざるをえなか

った。そこで検察は法廷段階になって、M子ちゃんのこの事故の経緯を、Y保母によるS君殺害の動機に絡めて、事故現場を見ていてこれを防げなかった責任をごまかすために、他の職員が勤務のときに同様の事件を起こしたのだという犯行筋書を組み立てていくことになる。しかしその筋書構成には無理がなかっただろうか。むしろC子の供述が語ったこの事実が、もし事件直後に明らかになっていたとすれば、はたして本件を学園職員による殺人事件というふうに認定しえたかどうか。警察は具体的な調査を重ねる前に、死体発見の外形的状況だけで、殺人事件と断定して大捜査陣を送り込み、マスコミが事件翌日から大々的な報道に走った。そこにそもそもの問題があったことを指摘しておかなければならない。

2　検察審査会制度の手続的不備

　検察は、事件の翌年に、Y保母に対して嫌疑不十分として不起訴処分を決定した。Y保母がS君を連れて行くところを見たとの目撃供述が女児A子から聴取され、また逮捕段階でY保母は一時自白したのだが、これらの目撃と自白を、その他の諸証拠と合わせ考えても、Y保母を有罪にすることはできないとの判断を、検察みずからが下したのである。これによってY保母を巻き込んだ疑惑の渦はいったん終息したかにみえた。
　ところが、マスコミの報道等でY保母のことを犯人と思い込んでいたS君の遺族は、不起訴はおかしいとして検察審査会に申し立て、これを受けた当審査会は1年後に「不起訴不当」との決定を下した。ただし、その検察審査会はその審査の過程で、Y保母の側の事情聴取をいっさい行っていない。裁判においては原告・被告がそれぞれ証拠に基づく主張を行い、それを裁判所が審理し裁くという構図になっていて、そのことが手続として明記されているのだが、検察審査会制度にはそのような審査手続が明記されていない。そのために一方当事者の言い分だけを聞いて審査・決定することが事実上可能である。現に本件不起訴に対して開かれた検察審査会は、Y保母らの主張をまったく聞く機会を持つことなく、上記の決定を行ったのである。
　また検察は、検察審査会の決定を尊重しなければならないが、それに拘束されない。それゆえ検察が不必要と考えれば、この決定を蹴ることもできた。ところが本件は、いったん検察が面子をつぶした事件である。事件から3年たって、不起訴処分当時の検事正が異動し、組織体制を新たにしていた神戸地方検察庁は、名誉挽回とばかりに再捜査に乗り出す。そして第一次捜査ではなんらの有用な供述を得ていなかった学園の子どもたちをあらためて訪ねて、事情聴取を重ね、そこからさらに3人の目撃

供述者を引き出すことになったのである。検察はこれを新証拠としてY保母を再逮捕し、起訴した。

　検察審査会制度そのものは、立法の趣旨をたどってみれば、起訴・不起訴の権限を一手に握る検察が、その権限を不正に行使しないようチェックするものである。たとえば警察や検察部内の問題に対して検察が手心を加えて不起訴にするようなことがあってはならないし、そうしたことを防ぐためにこそ民間人で組織する検察審査会が必要となる。ところが本件の場合は、検察審査会が権力側の名誉挽回の機会を与える機会となった。その意味で、この制度がむしろ逆方向に機能したと言わなければならない。このようなケースで検察審査会の審査手続がこうした偏面性を許容していることの問題性は無視できない。

3　分刻みのアリバイ追及とアリバイ工作の想定

　前述したように、Y保母は、本件で明確なアリバイがあったにもかかわらず不当に逮捕されたとして、検察の不起訴処分以前に国家賠償請求訴訟を起こしていた。そして検察審査会の決定が出たとき、この国家賠償請求訴訟の審理はなお進行中であった。それゆえ検察が検察審査会の決定を受けて再捜査に乗り出すにあたっては、この国家賠償請求訴訟の成り行きが問題になったはずである。実際、Y保母のアリバイ問題をクリアできないかぎり、再逮捕・起訴できないことは明らかであった。

　本件の初動捜査においては、外部からの侵入の形跡が確認されなかった。子どもたちどうしの間で起こった事故であったならば、それは当然のことだったのだが、警察はどういうわけか子どもたちの関与をほとんど考えず、犯人を内部の職員に絞って、いわゆる消去法でもって捜査が進められた。つまり犯行前後で挙動の不審な者がいなかったかどうか、犯行の動機につながるような事情を持つ者がいなかったかどうかという観点から、学園職員への事情聴取が重ねられた。このことが職員らの間に疑心暗鬼を生み出し、結果として根拠の薄弱なうわさ的な情報が渦巻いて、いかにもY保母があやしいというようなストーリーが捜査陣のなかに流れ込むことになった。しかしそのような情報の渦から、正確な情報を引き出すことは、およそ不可能なことではなかったか。

　M子ちゃんとS君が行方不明になった3月17日、19日の両日とも学園内にいた青葉寮職員は4人、Y保母もその1人だった。Y保母が容疑の線上に浮かんだのは、そのためであるが、それに加えて被害にあったM子ちゃんが遺体で発見されたとき、Y保母が鎮静剤を打たなければならないほど感情を取り乱したこと、学園葬で泣き

出してしまったことなどが、容疑を抱かせる要因として働いていたと言われる。しかし考えてみれば、Y保母は短大を出てまだ2年目の若い女性で、しかもM子ちゃんが行方不明になったとき宿直勤務にあたっており、M子ちゃんを守れなかったことに強い責任を感じていた。そのことを思えば、遺体発見時にY保母が激しく動揺したとしてもおかしいとは言えない。ところが、消去法でこのなかに犯人がいるという話になったとき、このように目立った行動をしたことが問題視され、本件に関わって何かがあったのではないかと疑われることになる。

　亡くなった2人の子どものうち、最初に行方不明になったM子ちゃんについては、その前後の状況がはっきりせず、捜査の手がかりとなる情報がほとんどなかったのだが、2人目のS君については、3月19日の午後7時前に職員が関わっており、そののち午後8時過ぎに行方不明だとわかったということで、問題となる時間帯が比較的はっきりしていた。一方、Y保母はこの日、M子ちゃん捜索のためのビラ配りに駅のターミナルに出かけ、そこから午後7時半に学園に戻り、管理棟事務室で園長や同僚保母、指導員と一緒に、今後の捜索をどうすればいいか話し合っていた。この点は確かで、その後の裁判でも争いはない。そしてY保母は、それから8時過ぎに青葉寮の女子職員からS君の行方不明の報せを聞くまで、管理棟事務室を出ることはなかったと主張し、園長、同僚保母、指導員もまた、この間、Y保母と一緒にいたと認めた。そうだとすればY保母には完全にアリバイが成り立つ。

　ただ、本件でのアリバイ問題は、通常の事件で言われるそれとやや異なる。実際、通常の事件においてアリバイが問題になるのは、問題の時間帯に現場周辺にいて犯行可能だったのか、それとも遠く離れたところにいて現場での犯行は不可能だったのかというレベルの話である。本件の場合でも、もしY保母が学園に戻ってくる7時半以前にS君が青葉寮からいなくなっていたとすれば（その可能性は十分にあった）、そのときY保母は学園にいなかったのであるから、アリバイは完全に成り立つ。しかし、7時半以降となると、Y保母は少なくとも甲山学園内にいた。Y保母は、管理棟事務室にずっといて外には出ていないと主張しているのだが、事件現場の青葉寮やその裏の浄化槽は、事務室と同一敷地内にあって、そこから遠いところにあるのではない。とすれば、管理棟事務室にいたというその間に、その場をはずした時間的な空白が少しでもあれば、アリバイは成り立たないことになる。

　S君を青葉寮から連れ出して浄化槽に投げ込むという行為は、それ自体でみれば、5分もあれば可能である。そこでY保母がその現場には行かなかったということを証明しようとすれば、ほとんど分刻みのアリバイが必要となる。しかし、推理小説ならともかく、現実の事件で、分刻みのアリバイを問題にすることがどこまで可能だろうか。

Y保母を犯人とする捜査側の想定からすれば、Y保母にアリバイが成り立つはずはないのであるから、この点を徹底的に追及することが捜査のポイントとなる。現に、第一次捜査の取調官たちは、Y保母のこのアリバイを取調べの中心においた。しかし現実の生活場面において分刻みのアリバイを証明することはほとんど不可能である。Y保母もまた、後述のように、この分刻みのアリバイ追及にまともに応じようとして混乱してしまい、自分の記憶に自信を失って、結局、それが自白に落ちる原因の1つとなった。

　一方で、Y保母と一緒にいたと主張していた園長や同僚保母・指導員もまた、Y保母のアリバイについて、詳細にわたる事情聴取を繰り返し受け、その供述が調書に録取された。そして彼らはこれを国家賠償請求の裁判でも証言したのだが、ただ捜査段階の調書に記載された供述と裁判での証言の間には、相当の月日が経過していて、その内容にいくつか微妙な食い違いがあった。そしてY保母を犯人と考える捜査側の想定からすれば、Y保母にアリバイがあるはずもなく、それゆえこの供述の変遷自体が問題視される。検察は、第二次捜査でY保母を再逮捕すると同時に、そのアリバイを証言した元園長と元同僚保母を偽証罪で逮捕することになる。国家賠償請求の裁判に臨んで、元園長や元同僚たちがY保母と相互に供述を照らし合わせ、整理して法廷で証言した内容が、第一次捜査の段階で警察・検察に供述した供述調書の内容と食い違っているのは、Y保母をかばってアリバイ工作をした結果だというのである。

　分刻みのアリバイが問題にされたとき、たとえ前日のことであっても、そこに記憶の揺らぎや食い違いがあって当り前だし、それがないということのほうがよほど稀有と言うべきであろう。しかも本件の供述は、前日どころか、1週間前、2週間前、あるいは半年前、1年前のことを語ろうとしたものなのであるから、多少の変遷はむしろ自然ですらある。また証人たちが法廷証言に臨むにあたって、相互に供述を照らし合わせ、整理するのは、法廷への準備として当然である。そうだとすれば、そこから生じた供述の変遷にいちいち注目して、アリバイ工作があったとすることが、はたして許されるかどうか。検察にとっては、Y保母を本件被疑者として逮捕・起訴した以上、アリバイが成り立つはずはなく、したがって国家賠償請求裁判でY保母にアリバイがあるとした元園長たちの証言は偽証でなければならない。しかしそれは検察側の想定が正しいとしたとき、そこから出てくる論理上の帰結にすぎないであって、およそ証拠に基づく事実の認定ではない。

　「事実の認定は証拠による」というのは刑事訴訟法上の大原則である。ところが、ここではむしろ逆に、Y保母が犯人に違いないとの想定から、アリバイ工作があった

とのストーリーを思い描き、それによって、それ自体は不自然と言えないただの供述変遷のなかに偽証の証拠を見出したのである。「事実の認定は証拠による」とは反対に、まるで「証拠は事実の想定による」とでも言うような逆立ちが、ここで実現してしまっている。かくして甲山事件においては、元園長および同僚保母がY保母とともに被告席に連座して、20年にわたる苦難を共にすることになった。分刻みのアリバイを人々に求めることの危険性を、私たちはここで肝に銘じておく必要がある。

4 子どもたちへの口止め工作の架空性

　同様の問題が、子どもたちの目撃供述のなかにも現れる。
　第一次捜査では、事件当時11歳のA子から、Y保母がS君を連れ出すところを見たとの供述が出た。しかしこの目撃供述はY保母の有罪性を証明するに十分なものと認められず、それゆえに第一次捜査は検察の不起訴処分で終わった。そしておよそ3年後、検察審査会の決定を受けてスタートした第二次捜査で焦点となったのが、事件当時甲山学園で生活していた子どもたちへの再度の事情聴取であった。甲山学園はこのときすでに廃園となっており、子どもたちはみなそれぞれ別の施設等に措置変更されていたのだが、捜査官たちがそれぞれ目ぼしい子どもたちを訪ねて行ったのである。
　その結果、第一次捜査段階で目撃を供述していたA子に加えて、僕も見た、私も見たというかたちで、あらたに3人の子どもたちの目撃供述が聴取されることになった。なかでも後述のB男は、単にY保母がS君を連れて非常口のほうに歩いていくのを見たというにとどまらず、非常口まで行ったあと、手を離したすきにS君が四つん這いで逃げたのをY保母が追いかけ、S君の両足を引っつかんで、非常口から引きずり出したとまで供述した。この目撃供述がそのとおりであれば、そのあとS君を浄化槽に投げ込んだことにつながる脈絡で、まさに決定的証拠というべきものであった。
　第二次捜査で目撃供述をしはじめた子どもたちもみな、第一次捜査で5〜6回以上の事情聴取を受けており、その時点ではY保母が本件にかかわるような目撃をいっさい供述していなかった。のちに法廷に出て証言することになる子どもたちは、A子、B男を含めて5人。このいずれもが、3年から4年をかけて、それぞれ計20回にも及ぶ事情聴取を受けている。これだけの機会を反復して新たに目撃供述が出て、これがY保母の有罪を示す証拠として固められてきたというだけで、すでにその供述には重大な問題があると言わなければならない。
　第一次捜査のA子の供述は、事件から2週間余りあとのものであるからまだしも、

第二次捜査で目撃を供述したＢ男ら３人については、３年以上も経ったあとに、それまでの何も見てはいなかったという供述を変更しての新供述であった。もしこれが本当だとすれば、子どもたちは、事件当初、なぜこのことを言わなかったのかが問題となる。検察側は、これに対してＹ保母の周辺の人たちから口止めされたからだと主張することになる。しかし、このことを積極的に裏づける証拠があらかじめあったわけではない。

　じっさい本件の口止めをしなければならない立場の犯人がいたとして、子どもたちにいつ口止めができたかというと、それがほとんど考えられない。検察側の想定した筋書によれば、Ｓ君が連れ出された数分後には行方不明がわかり、職員が騒ぎ出したことになっている。そのとき後に目撃証人になる子どもたちはみな、まだ起きていて、職員からＳ君を知らないかと聞かれた子どもたちもいたし、職員と一緒になってＳ君を捜した子どもたちもいた。この時点で子どもたちがＹ保母が連れていたことを知っていて、あえて口をつぐんだのだとすれば、職員が騒ぎだすまでに口止めしておかなければならない。しかし、それはおよそ不可能である。そもそも検察側の想定したとおりの犯人がいたとして、このとき犯人は浄化槽にＳ君を運んでマンホールから投げ込んだのであるから、そこから再び青葉寮に戻ってくる時間的余裕はなかったし、たとえ戻ってくることができたにしても、連れ出しをどの子に目撃されたかはわからなかったはずである。そうだとすれば、口止めなどおよそ考えられない。

　また、もし口止めがあったとして、それを子どもたちがどこまで守ることができただろうか。後に法廷で目撃を証言することになる子どもたちはみな、事件の１週間後から事情聴取を受けはじめ、第一次捜査だけでそれぞれ５、６回は捜査官に聞かれる機会をもっている。そのなかでＡ子が３回目の事情聴取ではじめて目撃を供述するのだが、そのプロセス自体が、後述するように難渋していたし、誘導も強く疑われる。またそれ以外の子どもたちは、３年もの間、目撃は語っていない。つまりＡ子は、警察官の執拗な事情聴取にもかかわらず、２週間余り犯人からの口止めを守り、その他の子どもたちについては３年あるいはそれ以上の間、口止めが効いたということになる。

　ここであらためて注意しておかなければならないことは、口止めに関して何らかの証拠が先にあって、この口止め工作の犯行筋書が浮かび上がったのではないということである。むしろ話の流れは逆である。つまり子どもたちの目撃供述がなかなか出ず、Ａ子から出てきたときもしぶしぶという状態であり、その他の子どもたちは何年も目撃供述が出てこず、事情聴取を繰り返した結果ようやく出てきた。そこで、もしこの供述を真実だとすれば、これだけ供述聴取に難渋した理由がなければならない、それは口止めがあったからではないか。そういう流れで口止めの筋書が出てきた可能性が

高い。つまり証拠から事実の認定がなされたのではなく、事実についてのある強い想定があって、そこから口止め工作があったらしき供述が、事後的に証拠として引き出されたことがうかがわれるのである。

5　証拠と事実認定の逆転

　本件は、そもそも殺人事件ではなかったにもかかわらず殺人事件として出発した可能性が高い。そしていったん不起訴になって終結しかけたところを、検察審査会の決定を受けた検察が、名誉挽回とばかりに再捜査に乗り出したことで、その後の20年以上にわたる苦渋の裁判を、Y保母と、偽証罪でそこに連座した元園長・同僚保母に強いた事件である。そうであってみれば、そこでY保母の有罪性を示すものとして提出された諸証拠は、いったい何であったのだろうか。

　事実の認定は証拠によらねばならない。これは刑事訴訟の大原則である。しかしこれが現実には必ずしも守られず、逆にある人物を犯人として想定するところから、証拠が生み出されていくという事態があることを直視せねばならない。

　本件で検察側が主張してきたアリバイ工作や口止め工作のストーリーは、上に述べてきたとおり、証拠に基づいた事実の認定ではなく、むしろY保母を犯人とする以上はそうした工作があったとしか考えられないという理屈上の想定にすぎない。おまけに検察はその想定があたかも証拠に基づいているかのように、大量の証人を立ててこれを立証しようとした。第一次の第一審裁判所はこれに対して、アリバイ・口止め工作に関わる検察側証人を調べるまでもなく、それ以外の証拠でもってY保母の無罪の心証を十分に得ることができるとして、これらの証人をすべて排除した。実際、検察側の主張どおりにこれらの証人を全員調べていれば、すでに7年かかっていた第一審の審理をさらに数年は延ばさなければならなかったであろう。その意味でしごく真っ当な判断であった。

　ところが検察はこの無罪判決に対して、アリバイ工作・口止め工作の証人を排除して審理を打ち切ったことは「審理不尽」であるとして控訴し、第一次控訴審裁判所もそれを認めて、無罪判決を破棄し、再度地裁に差し戻す判決を下してしまったのである。

　証拠があって、それによって事実の認定がなされたのか、それとも証拠によらず何らかの思い込みで出発して、その想定から証拠らしきものが生み出されたのか。この2つの違いを明確に意識しておくことが、公正な刑事裁判には求められる。

　本件で唯一の物証として提出された相互付着繊維についても、実は同様の疑いが

持たれている。もしY保母がS君を抱き上げて浄化槽に落としたのであれば、そのときY保母が着ていたコートにS君の着ていたセーターの繊維が付着し、またS君のセーターにはY保母のコートの繊維が付着しているはずである。そしてこの「はずである」という想定のとおりに、両者の付着繊維の鑑定から、相互繊維の同一性が示されたという。しかしこれが真の証拠固めであったのか、それとも「証拠固め」という名目のもとの「証拠作り」であったのかは、きわめて微妙な問題である。本件では、たとえ繊維の同一性が証明されたとしても、相互付着の機会が本件犯行時だったと特定できる証拠はないとして、これを有罪証拠と認めることはなかったのだが、物証でさえ証拠固めのかたちで作り出されてしまう危険性を、私たちは知っておかなければならない。

　以上、本件の中心問題となる目撃と自白を除いた論点について、その問題点を整理してきたところで、目撃供述に議論を移すことにする。

第3　子どもたちの目撃供述の起源をさぐる

1　刑事弁護におけるアナザー・ストーリー論

　刑事弁護においてアナザー・ストーリー論は禁忌とされる。たとえば殺人事件で無実と思われる被告人を弁護するなかで、ではいったい誰が犯人なのだという疑念が弁護人のなかにも沸き起こる。それで弁護活動が思わしくいかないとき、真犯人とおぼしき人物を名指して、被告人は無実だと主張したくなる。そうした弁護は当然にして邪道である。原則論から言えば、検察側がその諸証拠でもって行った有罪立証に、合理的な疑いを提示できれば、それで弁護は十分であるはずである。しかし現実には、裁判官がそれで納得してくれるかどうかに不安がある。それゆえどうしても真相はこうだという対案を示したくなる。

　本件の場合も、そもそも殺人事件ではなく、子どもたちの遊びのなかで起こった、かぎりなく事故に近い何かであった可能性が、当初から強く疑われた。しかし弁護団はこの本件の真相論を法廷で積極的に主張することは控えていた。弁護活動の原則に忠実であろうとしたのである。それにまた、この真相論を打ち出せば、学園の子どもたちが本件に絡んでいることを示唆することになる。そうなれば知的障害の子どもたちを犯人にして、被告人を守ろうとしているかのように誤解されかねない。そのことが得策とは思えなかったのである。

　この弁護方針で、第一審は無罪判決を勝ち取ることができた。しかし、そののち

控訴審で無罪判決が破棄され、上告審でも上告を棄却されてからは、差戻審で本件がいったい何だったのかの議論を、弁護側の主張に加えることになった。これは本来、そこまで主張する必要のない議論であったはずだが、裁判がはじまってすでに十数年を経て、主張しうることはすべて主張しようとの判断が優位を占めた結果である。

こうした通常のアナザー・ストーリー論以外に、もう1つのアナザー・ストーリー論がある。それは事件の真相を論じるものではない。もし弁護しようとしている被告人が無実であるとすれば、その被告人の有罪性を示す証拠には何らかの虚偽が忍び込んでいることになる。そのときその証拠が虚偽である可能性を示し、そこに合理的疑いを提示するだけでなく、そこから一歩踏み込んで、いったいどうしてそのように虚偽の忍び込んだ証拠が形成され、法廷に提出されることになったのかを、もう1つのストーリーとして示す。つまり捜査の過程において、被告人が種々の証拠でもって真犯人であることが証明されていく、その過程を検察側が1つのストーリーとして示すとすれば、弁護側は、無実の被告人がどのようにして真犯人であるかのような位置に立つことになったのか、それを証明するかのように見える証拠がどのようにして形成されてきたのかを、アナザー・ストーリーとして対置していく。これがもう1つのアナザー・ストーリー論である。

本件の子どもたちの目撃供述およびY保母の自白については、弁護側がまさにこのアナザー・ストーリーを積極的に提示したと言ってよい。まず子どもたちの目撃供述をこのような観点から見てみる。

2　子どもたちの供述能力という観点

本件の最大の争点は、その出発点においてすでに、知的障害の子どもたちの目撃供述であると考えられていた。ただ本件裁判がはじまった当初は、供述調書等がまだ十分に開示されておらず、この問題を取り上げる視点が明確ではなかった。事案の性格からして本件には知的障害児のことを多少とも知っている協力者が必要だとして心理学の研究者に声がかけられることにはなったが、それも知的障害の子どもたちの目撃供述をどこまで信用できるかという漠然とした問題意識からにすぎなかった。実際、当時の弁護団のなかには、問題の子どもたちには知的障害があって、そもそもその供述能力に欠けているのだから、供述の内容に立ち入るまでもなく、この目撃供述を証拠から排除すべきだという議論があったという。

ところが、障害とか能力の観点から子どもたちの供述を排除するという発想に対しては、救援会のメンバーなどから強い反発があった。当時は障害者解放の運動が盛

り上がっていた時期だけに、障害や能力それ自体によって人を判断することの差別性が強く意識されていたのである。どのような障害をもち、能力がどのようなレベルにあろうとも、問題は、それぞれの能力でもってその人がどのような生活世界を生きているかということにある。そういう視点から見るかぎり、子どもたちの供述をその能力論で片付けるわけにはいかない。

　裁判での弁護活動として見れば、供述能力をまず問題にするというのは、当然に考えられる方針の1つではある。現に、後に法廷に立つことになった5人の子どもたちのなかには、供述した内容以前のところで、事件そのものを認識していないと言わざるをえない子どももいた。ある子どもは法廷で、被害者であるM子ちゃん、S君がいまどうなっているかと聞かれて、この事件で亡くなったことさえ認識していないことが明らかになった。そういう証人に数年前の当の事件のことを聞くこと自体、そもそも法廷証言の前提を欠いていると言わざるをえない。その意味で供述能力が問題になることも、一面では確かである。しかし他方で、問題をすべて能力問題に帰すことができないことも明らかだった。

　能力は供述の内容を規定する1つの要因ではある。それゆえこの能力が決定的に欠けている事例においては、それだけでもって証拠能力を排除することがありうる。しかし現実には、ある一定のレベルの供述能力の持ち主が、ある具体的な出来事を体験したのち、その体験について、ある事情聴取場面で、ある捜査官から、ある尋問のやり方で聞かれ、それに応えて語るのであって、そこには能力以外の諸要因がいくつも絡み合っている。その供述の具体的なありようを見ずして、一般論で供述の信用性を論じることはできない。

　そこで弁護団が課題としたのは、目撃を供述したすべての子どもたちが、捜査官との間で3〜4年をかけて積み上げてきた供述に、徹底して付き合い、この過程で何か起こったかを時間の流れのなかで整理し、そこに分析のメスを入れることであった。このことが結果として、前述のアナザー・ストーリー論につながっていくことになる。これに対して検察側の鑑定人はまったく対照的な方法をとった。この点についても簡単に触れておく。

3　能力の視点に終始した検察側鑑定

　検察もまた、知的障害の子どもたちの目撃供述が最大の争点になることをにらんで、本件目撃で中心となったA子とB男の2人の子どもについて、精神科医や発達心理学者たちに委嘱して、3通の心理学鑑定書を提出した。この鑑定書の結論はいずれも、

子どもたちはこの事件の目撃に関して十分に供述能力はあるし、その供述内容に信用性が認められるというものであった。

　この鑑定人たちは、子どもたちに対して知能テストや性格テストを行い、あるいは検査室で簡単な記憶実験を行って、それによって能力レベルを判定し、これを最終的に確認されたとされる目撃供述に当てはめて、そこから鑑定の結論を引き出している。それを要約して言えば、まず本件目撃は「先生が子どもを連れて非常口の方に行った」とか「非常口から子どもを引きずり出した」というもので、そのように単純な事実ならば、問題の子どもたちの知的能力でも、何が起こったかを見て、理解し、それを記銘して、その後、第三者にその通り伝えることは可能である。つまり供述能力はあるというわけである。このことには、一部の子どもを除いて、弁護側にもとくに異論はない。問題はそのあとである。

　鑑定の対象となったA子とB男は、いずれも精神年齢にして7歳前後というところである。これくらいの精神年齢の子どもは、現実にあったことならば、上述のとおり、単純な出来事を体験してこれを供述することはできるが、もし現実になかった架空のことだとすれば、人から教えられるか、それを自分で考え出すしかない。しかし単純な出来事とはいえ、供述調書にすれば数ページになるような内容であるから、これを他者から教えられても、記憶して語ることはできない。現に知能検査などでも、短い文章を読み聞かせて、しばらくして内容を思い出して再生させるものがあるが、この子どもたちはこれに正解できない。また他者から教えられたのではなく、自分からこれを考え出して虚構を語ったのだとすれば、供述調書にして数ページになるようなストーリーを、矛盾なく整合的に語ったことになるが、それもこの子どもたちには難しい。こういう論理である。

　つまりこの子どもたちの能力では、これだけの嘘を、他者から教えられてもつけないし、あるいは自分から考えて、矛盾なく作り出すこともできないというわけである。理屈だけを表面的に聞けば、一見それらしく聞こえるかもしれない。しかしここで問題なのは、この鑑定人たちが子どもたちの能力の判定にのみに依拠して供述を鑑定したということ、つまり子どもたちがどのような状況で、どのような経緯をたどって目撃を供述するようになったのかについて、その具体的な過程をまったく見ようとしていないことである。鑑定人たちは、テストや実験で測定した子どもたちの知的能力レベルを、検察が最終的に証拠とした目撃供述に当てはめて、このような供述を行うことが能力的に可能かどうかを検討しただけで、この子どもたちがその最終供述にいたるまでにたどった膨大な量の供述調書をまったく検討の外においていた。結果として、子どもたちが事情聴取に当たった捜査官との間で、膨大な時間をかけて種々のやり取りをし

た、その現実のプロセスを無視することになってしまったのである。
　心理学者たちが従来の手法で人物の能力や性格特性を鑑定したとしても、その能力や性格特性だけでもって、当の人物の具体的な行動まで判定することはできない。
　心理学鑑定がそのレベルのとどまっているかぎりは、およそ現実の事実認定に資することはありえないというべきだし、それはかえって事実認定上危険な結果を招きかねない。

4　供述の背後の黒衣

　ここであらためて、子どもたちの目撃供述がどのような流れのなかで聴取されていったのかを追ってみたい。
　裁判で法廷の証言台に立つことになった5人の子どもたちは、「子ども」とは言っても、彼らが法廷に立った1980年にはすでに青年の域に達しており、うち3人が20歳を越えていた。
　この5人の供述の記録は、捜査復命書、員面調書、検面調書をすべてあわせれば、総計で100通を超え、しかもそれが事件のあった1974年から1978年まで、4年間にわたって積み上げられていた。その全体を時間の流れに沿って並べ、目撃供述がどのように変遷しているかを整理することが最初の作業である。警察・検察が子どもたちから聴取したこの「言葉の記録」を、目撃場面ごとに整理して、時系列で並べ、5人の供述変遷を相互に対照させる。そうして長期に及んだこの供述聴取の過程に何が起こったかを追跡する。残されたわずかな記録から過去の事実を立ち上げるという意味では、これは心理学の仕事というより、歴史学、あるいは考古学の仕事に似ている。ともあれ、そうして膨大な供述資料を素朴に整理して、全体の流れを見ていけば、やがてそこに一本の線が見えてくる。
　目撃供述とは、本来、目撃者が問題の出来事について経験したことを、その記憶に基づいて語ったものであるはずである。供述を記録した供述調書も、そのように供述者が自分から自発的に体験の記憶を語ったという形式でまとめられている。ところが、よく見てみると、実はその背後で聞き手である捜査官が黒衣のようにうごめいている。「取調べの可視化」というのは、被疑者の取調べや参考人からの事情聴取の過程をすべて録音・録画することで、言わばこの黒衣の姿をすっかり見えるようにしておこうということである。黒衣の姿をはっきり見定めておかないかぎり、聴取された自白や目撃の供述を正しく判断できない。
　もちろん捜査官たちも、建前から言えば、供述聴取によって目撃者の体験の記憶

をできるだけ忠実に、その原形のままに取り出すことを目標にしているはずだが、実際には捜査官の関心は、目撃者の記憶をありのままに取り出すというより、事件の解決につながる手がかりをいかに見つけるかというところに向かいがちである。そのため捜査官たちは、事件にまつわるいろんな捜査情報から、この事件はこういう事件ではなかったか、ここにはこの人物が関与していたのではないかというように、何らかの仮説を思い描き、それに沿って供述聴取を行うし、その結果として目撃者の供述がその仮説に沿う方向に歪められてしまうことが少なくない。捜査官の側には、供述を一定の方向に導こうとする意図はなくとも、事件解決の手がかりを求めて、おのずと自分の考えているイメージに合致する情報を無意識裡に引き出してしまうことがある。

5　A子供述の誘導の軌跡

　膨大な量におよぶ本件の子どもたちの供述の流れを素直に眺めてみれば、その背後に捜査官たちが意図的あるいは無意図的に供述を誘導していく姿がおのずと浮かび上がってくる。悪意ではないにせよ、そこに黒衣が暗躍する姿が垣間見えるのである。

　甲山事件の場合、物的証拠といえるようなものはほとんどなく、捜査の中心は目撃等の供述証拠の収集に向けられた。外部からの侵入の形跡がなかったことから、内部犯行だとの線が強く打ち出され、職員の誰が疑われてもおかしくないなかで、職員たちの間に疑心暗鬼が渦巻き、なかには自分が無実であることを主張するために、あえて誰それがあやしいと言い立てるものも出てくる。その最大のターゲットとなったのがY保母だった。

　捜査本部がいつごろからY保母に容疑を向けるようになったのかは証拠上はっきりしないのだが、少なくとも事件から1週間経って、職員たちに対して一通り事情聴取を行った段階で、Y保母に相当の容疑が向けられることになったことはまちがいない。そして3月26日あたりから子どもたちへの事情聴取が繰り返されるなかで、S君が行方不明になった夜、Y保母を青葉寮で見たという話が出てくる。それがA子の供述であった。A子の4月4日付供述調書には「S君がいなくなった日の夜、自分の部屋で布団に入って寝ていたら、Y先生が部屋で遊んでいたS君を呼び出して、女子棟廊下を非常口の方に歩いていった」という内容の供述が録取されている。これによってY保母は逮捕された。

　このA子の目撃供述には他になんの裏づけもなかった。そればかりか、A子のこの供述自体がスムーズに出てきたものではなかった。4月4日付供述調書以前に2度の

事情聴取が行われていて、そこではおよそ曖昧で、見当違いの供述しか聴取されていなかった。まず3月27日の最初の事情聴取では、事件と関係のない遊びの場面の脈絡でY保母がS君を呼んで連れて行ったという話が出たにすぎず、次の4月3日の事情聴取では、このS君の連れ出し場面が事件の夜の脈絡にはめ込まれたものの、今度はY保母の名前が出てこない。そして4月4日、3回目の事情聴取でようやく事件の脈絡でY保母の名前が引き出され、上記の目撃供述が録取されたのである。

　この供述聴取の経緯については、ごく簡単な供述調書と、そのときの様子を捜査官が記録した捜査復命書によってしかわからないのだが、それぞれの事情聴取に3〜4時間をかけていることは記録から明らかであった。先生が子どもを呼んで連れて行くという日常生活の些細な場面について、これだけ執拗に聞いたということそのものに大きな誘導力が働いた可能性を考えざるをない。そして現にA子の供述の流れを見れば、最初は事件と何の絡みのなかった日常の出来事情報がY保母に関わって引き出され、次いで、それが人物特定のないかたちで事件の脈絡にはめ込まれ、最後にそこにY保母の名前が登場するという経緯をたどっている。

　捜査官たちは意図的に誘導したのではないかもしれない。しかし、少なくとも自分たちの働きかけが、知的障害の子どもたちに対して誘導的な効果を持つ危険性について、およそ無警戒だったことは間違いない。そもそもこのようなケースにおいてこそ、事情聴取の過程を録音・録画に収めて、のちにチェックできる態勢をとるべきではなかったか。そのようなチェックのできる状態がないかぎり、子どもたちの供述を証拠とすることは危険である。もし子どもたちの事情聴取が録音・録画されていれば、その供述形成の過程は、事後にはっきりと目に見えるかたちでチェックできただろうし、そこに働いた誘導のプロセスを、さらに明確なアナザー・ストーリーとして提示できたはずである。

　本件A子の事情聴取については、手続の上でA子の伯母が立ち会ったことになっていて、供述調書に署名・押印している。しかし、それは単に形式的なものでしかなかった可能性が高い。少なくともこの立会いが実質的なチェックとなりえたという保証はない。捜査官たちが本当の意味で誤判を防ごうと思うのであれば、単なる形式的手続ではなく、実質的に誘導の危険性を防止し、それをチェックできる手立てをとらなければならない。もしそうした手立てが取られていたならば、本件は四半世紀にも及ぶ不幸を生み出すことなく、早々に決着していたはずである。

6　B男供述の背後にあるもの

Ａ子の供述は、Ｙ保母がただＳ君を連れて廊下を非常口の方向に歩いていくところを見たというだけで、日常的に繰り返し体験したような場面であった。つまりその後もずっと記憶に残るような特異な体験ではなかった。それに対して、第二次捜査の段階ではじめて本件目撃を語ったＢ男の供述は、Ａ子の供述よりはるかに劇的で、殺人事件にふさわしいものになっている。なぜこのような供述が３年後になってはじめて語られたのかが問題である。検察の言う口止め工作などは、前述のとおり、およそありえないことであり、論外と言わざるをえないのだが、ではどのようにしてこの目撃供述がＢ男によって語られることになったのか。

　事件当時12歳だったＢ男は、当初は目撃らしきことを何も語っていなかったが、事件やその報道には相当の関心をいだいていたようで、１年後に「自分は見ていないが友達の〇〇君は見た」というようなことを言いはじめ、そのうえで３年後に検察が再捜査に乗り出したとき、「先生がＳ君を連れて女子棟廊下の非常口から引きずり出すのを僕は見た」との供述を行うようになった。もしこれが本当ならば、その後マンホールに連れて行って浄化槽に投げ込んだという流れにおのずとなってしまう決定的な目撃供述だった。

　Ｂ男は、周囲の人とおしゃべりを楽しむことのできる子どもで、ことばの能力は相当にあった。しかし、そのことばの力を生活のなかでどのように使って生きてきたのかを考えると、単純にその能力だけで評価することはできない。たとえば、Ｂ男が事件から３年余り経って目撃供述をはじめたときの供述調書には、Ｙ保母がＳ君を非常口から引きずり出したとの劇的な場面だけでなく、一見些細な点について実に驚くべきことを供述している。

　問題の目撃場面は午後８時過ぎ、小学生年代の子どもたちが就寝時間になってからのことだが、供述調書ではそれより数時間前の夕食場面からの出来事が語られている。肝心の目撃場面だけを供述調書に録取したのでは、捜査官の側で強引に言わせたかのように思われかねないということもあって、事件の日の出来事を流れで供述して、あれこれのことがあったその先で、就寝時間になってたまたまこの場面を目撃したというかたちにしたかったのであろう。それが自然であるし、現実のほとんどの供述調書では、問題になる肝心の場面に加えて、その前後にそれなりの脈絡を語らせるのが通例である。Ｂ男の目撃供述がその日の夕食から語られているのは、その意味で当然かもしれない。ただ問題はその中身である。

　Ｂ男は、はじめて目撃供述を語ったその調書に、事件の日の夕食は「ハヤシライス」だったと思うと供述し、３日後、再度目撃供述を求められたときには、おかずには「生野菜に何かを巻いたようなもの」が出たと答えている。何気なく読み飛ばせば、その

1　知的障害者・年少者の供述と闘う；甲山事件　　465

おかしさに気づかないかもしれないが、考えてみれば、人が3年以上も前の夕食のメニューを覚えていられるものだろうか。わずか1週間前でさえ、夕食は何かと聞かれて、思い出すのは困難だし、1カ月前となると、よほど特別な日でもないかぎり、ほとんど不可能だと言ってよい。ところがB男はここで3年以上も前の夕食を答えているのである。対人的なコミュニケーションに問題を持つ自閉的な障害の子どもが、普通の人が覚えているはずのないような些細な日常の出来事を、日付つきで覚えていることはあるが、B男はそのようなタイプの子どもではなく、むしろ人とのおしゃべりが大好きで、対人関係障害の傾向はない。現に、そうした特異な記憶を示すエピソードはこれまでまったくない。では、なぜB男は3年以上も前の夕食のメニューを語ることができたのか。

　本件では被害児の死亡推定時刻が問題になり、その日の夕食が何であったかは、捜査側にとって重要な関心事であった。それゆえ捜査の過程で当日の夕食のメニューを把握していたはずで、捜査官はそれを知ったうえで、B男に対して誘導的に聞いて、この供述を得たとも思われた。しかし調べてみると、その日の夕食はハヤシライスでも生野菜に何かを巻いたものでもなく、まったく違うものだった。そうだとすればB男が供述したメニューは何だったのか。当初は、これがどういうことだったか、よくわからなかった。

　ところが、このB男が実際に法廷に呼ばれて証言をしたとき、なるほどとそうだったのかと思うことになる。最初の検察による主尋問では、B男は前日ないし前々日に行われた打ち合わせどおり、連れ出しの目撃を、問題なくすらすらと証言した。夜の8時過ぎ就寝の準備をしているときに、Y保母がS君を連れて廊下を非常口まで行き、そこで手を放したすきに逃げ出したS君を追いかけ、両足をつかんで引きずって、非常口から連れ出したという話が、検察の尋問に沿って見事に語られた。しかし問題は反対尋問である。そこでB男の問題が露呈することになる。

　刑事事件の事情聴取や法廷証言では、当然、問題となる過去の出来事が取り上げられて、実際にそこでどのようなことがあったのかが問われる。供述者は、そのときのことをできるかぎり思い起こして答えなければならない。ところが証言台に立ったB男は、どう見ても、問題となった過去のことについて「思い出して」答えているように見えない。むしろ何かを聞かれるつど、問題の過去のこととは関係なく、とにかくその場で「思いついた」ことを答えてしまう。そう思わざるをえない場面が無数に繰り広げられたのである。結果として矛盾だらけの証言が次々と出てきて、その矛盾を正そうとするとさらに新たな矛盾が出てくる。そうして矛盾がたまるだけたまっていく。それを無視することはできない弁護団は、B男を何度も法廷に呼ぶことになった。しかも

どの回も朝の10時から夕方の5時までの法廷である。こうしてB男の反対尋問には膨大な時間がかけられた。

　思い出して答えるのではなく、思いついたことでも答えてしまう。それがきわめて危険な供述姿勢であることは、あえて言うまでもない。夕食のメニューなどは事件本体に直接関係ないので、そのまま調書に記載されても実害はないが、連れ出し目撃の肝心な部分となるとそうはいかない。事件から3年経って再捜査に臨んだとき、この点をめぐって、捜査官とB男の間でどのようなやりとりがなされたかを考えてみなければならない。

　捜査官たちは、当然、Y保母を犯人とする物語を思い描いて、このB男のもとを訪れ、事情聴取を行ったはずであるし、一方でこの事情聴取を受けるB男もまた、この事件には強い関心を抱いていた。現に、不起訴以前のB男の供述調書を見れば、B男は、どこで聞いたか先のA子の目撃供述を知っていて、自分は見ていないが別の男児もまた見ていたとか何とか、関連の話をあれこれと広げている。そのB男に対して捜査官たちは、A子のほかに目撃者はいないか、君自身は見ていないかと、相当時間をかけて問いただしたはずである。そこのところでB男が、本件についてそれまで見聞きしたあれこれの情報をもとに、そのときそのときの思いつきを織り交ぜて答えたとすれば、捜査官がその1つ1つの真偽をチェックできないままに、B男の供述を自分たちの描いた物語の方向に引き寄せた危険性はきわめて高いと言わなければならない。

　もし捜査官たちが、このB男の供述姿勢の問題に気づき、Y保母の容疑について白紙で事情聴取していれば、その危険性を未然にチェックできたかもしれない。また、そのときの様子が録音・録画されていれば、事後的にでも簡単にチェックできたはずである。しかし現実にはそのような手立てが取られていない。それに再捜査に踏み切った段階で、捜査側は何より新しい目撃者の出現を期待していた。この期待が誘導源として働き、そこにB男の供述姿勢が絡み合ったとき、捜査側がその新供述に飛びついて、厳格なチェックを怠った可能性は高い。

　現実には捜査官とB男とのやりとりがどのようなものであったかを直接に示す録画や録音がない以上、これらは推測でしかない。しかし録音・録画をしていないということ自体は捜査の不備であって、それを弁護側のせいにするわけにはいかないし、また推測自体が、捜査官たちが当時おかれていた状況とB男の供述姿勢の問題を考え合わせたとき、相当の根拠を持つ。少なくとも、B男は体験したとおりのことを3年経ってそのまま記憶によって供述したという検察側のストーリーに比べれば、ここに描いたアナザー・ストーリーのほうがはるかに蓋然性は高い。

かくしてB男の目撃供述について、こうした強力なアナザー・ストーリーが成り立つことを見たうえで、その背景の問題として、どうしても触れておきたいことがある。

7　生活に根を下ろさない言葉

　過去の現実を記憶によって思い起こして供述するのではなく、相手の問いに応じて、そのつど思いついたことを答えた結果として、次々と矛盾した供述を重ねてしまう。そんなB男の姿を法廷で繰り返し見せつけられていくなかで、やがて沸き起った疑問は、いったいB君にとって言葉とは何かということである。直感的、印象的な言い方をすれば、彼の言葉は浮いている、この生活のなかに根を下ろしていない。

　人間にとって言葉の力は非常に重要なもので、これがあればこそ周囲とのコミュニケーションができ、この社会での生活を円滑に送ることができる。したがって言葉の発達につまづきがあれば、周囲はなんとかその力を伸ばしたいと思う。ただそのうえで、この力はただ伸ばしすればよいというのではない。なぜ言葉の力が必要なのかとあらためて問えば、当然ながら、言葉を使って人どうしが互いに思いをやりとりし、共同の生活を築いていくためである。

　たとえば、言葉を話しはじめたばかりの2、3歳の子どもでさえ、朝起きて母親から朝ごはんは何がほしいかと聞かれれば、目玉焼きがいいとか、ふりかけご飯がほしいとか言い、母親の側も可能なかぎり子どものその思いをかなえようとする。朝ごはんを食べながら、母親がごはんが終わればどうしようと聞けば、子どもがテレビを見たいと言ったり、公園に行きたいと言ったりするし、テレビを見るということになれば、じゃあ何を見ようかと相談する……そういう具合に流れていく。そんなふうに人は生活の流れのなかで、たがいの思いを言葉に託し、その思いを汲み取りあって、そこに共同の生活の流れをつくっていく。言葉は、この共同の生活の流れの節目節目で使われて、そこに根を下ろしていくのだと言ってもよい。

　言葉を通して、具体的に他者との共同の生活を実現していく。その過程で言葉は力を発揮し、また根を下ろしていく。しかしこの当り前のことが、生活のなかでうまく成り立たない状況を生きる子どもたちがいる。

　B男は家庭の事情で3歳から施設生活をはじめている。ようやく片言が出はじめたころのことである。そして3年間を児童養護施設で過ごし、学齢前にはずいぶん言葉もしゃべるようになって、そこからさらに6年間を甲山学園で過ごして12歳になり、そこで事件に出会い、事件後も別の施設で3年を過ごして、15歳のときに先の目撃供述を語り、さらに3年を経て法廷に立って証言することになった。そのとき18歳だ

った。B男の生活はほとんど施設のなかで終始し、言葉の力を施設のなかで伸ばし、施設のなかで使われてきた。彼の言葉の力は、能力論として見れば、それほど低くはない。じっさい表面的な受け答えは、さほどはずれることなくやりとりできるし、それでもって十分におしゃべりを楽しんでもいた。ところが、彼のしゃべる言葉は根を下ろしているように思えない。それは何故なのか。

　施設では、朝起きて先生から「おはよう」とは言ってもらっても、「朝ごはん、何が食べたい」と聞いてもらえない。たとえ聞かれたとしても、朝食のメニューは最初から決まっていて、これこれがほしいと言っても、その思いは満たされることがない。食後にテレビを見たいと言っても、テレビは50人に1台しかなく、見る見ないを選べるだけで、これこれの番組を見たいと言っても無駄……、一事が万事、この通りで、自分の思いを言葉に託して語っても、その思いを受けとめもらって、それが生活のなかに実現していくということにはならない。もちろん子どもどうしの遊びとか、先生とのおしゃべりで言葉を交わし、楽しみあうことはある。しかしそれが生活を離れた「おしゃべり」でしかないとすれば、結局、生活の現実のなかに言葉が根を張るというふうにはならない。

　おしゃべり好きのB男は、子どもどうしのおしゃべり以上に先生としゃべるのが大好きで、なんとかしゃべりたいのだが、先生のほうは忙しくて、そうそう相手にしていられない。それでB男はついついちょっとオーバーなことを言って先生の目を引こうとする。しかしそうしてオーバーなことを言うことが増えてくると、先生の側ではB男が嘘をついているように見えてきて、信用を失う。信用を失えば、ますますオーバーなことを言わないと振り向いてくれないことになる。この悪循環で、結局、周囲を混乱させる嘘も出てきて、施設内で問題になる。そういうエピソードがいくつもあった。

　言葉の力は伸ばしても、伸ばした力を使った生活が十分に広がっていかない。子どもたちがそういう施設という制度空間を生きてきたなかで甲山事件は起こったのである。もちろんこのことは本件裁判のある断面にすぎない。しかしこれがB男の目撃供述を作り出したアナザー・ストーリーの土壌となったことを指摘しておかなければなるまい。

第4　自白の起源を追う

　さて、子どもたちの目撃供述の問題から、今度はY保母の自白について、それがどこからきたものなのかを見ておかなければならない。ここでもY保母の自白が、その自らの体験に起源を持つのか、それともそれ以外のところに起源を持つのかという視

点で、これを論じることになる。

1　自白にいたる2つのストーリー

　刑事裁判において自白の問題は、通常、任意性と信用性の2つのレベルで論じられる。つまり「強制、拷問又は脅迫による」ことがなかったかどうか、「不当に長く抑留又は拘禁された」状況下でなされたものでないかどうかをチェックして、まずは証拠能力の有無を判定する。そしてこの任意性のチェックを経て証拠能力が認められたうえで、当の自白内容が信用できるかどうかを、これまで蓄積されてきた信用性の判断基準を用いて検討するということになる。しかしこのような判断の仕方は、しばしば力動性を欠いた形式的なものになる。つまり取調べの外形的条件を静態的に分析して、任意性を侵す状況がなかったかどうか、その有無を検討し、あるいは自白の内容、否認の内容についてその外形的な特徴を取り出して、これもまた静態的に信用性基準との合致の有無を照合・判断するということになりがちである。つまり、そこでは自白をそこにいたる力動的な過程として考える視点が欠如してしまう。
　自白にいたる過程を静態的にではなく、力動的に見ようとすれば、そこには2つのストーリーが考えられる。1つは被疑者・被告人の立場にある当人が、実際に問題となっている事件を犯していて、取調官の追及と説得で、自らの犯行を自白していくというストーリーである。あるいはいったん自白してそののち再び否認したとすれば、やはり刑罰や社会的な制裁が恐くなって嘘の否認に立ち戻ってしまったというストーリーとして理解される。被告人の有罪を立証しようとする検察にとっては、これが真のストーリーと考えられることになる。そして、もちろんこのストーリーで被告人の否認から自白、あるいは自白から否認から過程を、大きなぶれなく解釈できれば、この自白の信用性は十分ということになる。
　しかしここにアナザー・ストーリーを考えることが可能である。つまり実は無実の被疑者・被告人が取調官の強引な追及と説得に負けて、否認し続ける抵抗力を失い、嘘の自白に落ちてしまうということがありうる。そしてそののち何かのきっかけで思い直せば、それまでの自白を撤回し、再び真実そのとおりに否認するということになる。それは先の真犯人の自白ストーリーに対して、無実の人が自白へ落ちるもう1つのストーリーである。
　本件のY保母の自白について弁護側が積極的に行ったのは、このアナザー・ストーリーの提示であったと言ってよい。それは単なる虚偽自白の一般的な可能性の提示にとどまるものではなく、Y保母が巻き込まれた取調べ状況を、細大漏らさず、き

わめて具体的、詳細に再現して見せた、稀有のものであった。

　じつを言えば、本件において唯一、不幸中の幸いと言えたのは、Y保母が起訴されたのち、弁護側の保釈請求が認められたということである。殺人容疑を否認しての保釈は、きわめて例外的な措置と言ってよい。その理由の1つには、本件がいったん不起訴になってのち再捜査によって再逮捕・起訴に及んだという経緯に、なにかしら危うさがあったと感じられたこと、また1つそれに加えて、第一次捜査から再逮捕されるまでの間にY保母は結婚していて、再逮捕時には幼子を抱えていたということが配慮されたのかもしれない。いずれにせよ、そうして保釈によって身柄が外に出ていたことで、弁護団によるY保母への事情聴取が遠慮なく、徹底してできたというのは、弁護活動上、きわめて大きな意味があった。実際、そのような徹底した事情聴取ができたからこそ、Y保母が自白に落ちていった過程を、他の事件では見られないほど詳細に、また具体的な形で展開しえた。このアナザー・ストーリーは、法廷における弁護側の本人尋問で展開され、また最終弁論で精細に描き出されることになった（なお第一審の審理と並行して、ノンフィクション作家松下竜一の手でまとめられた『記憶の闇』〔河出書房新社、2000年〕は、文字どおりの意味で、無実の人が自白にいたるアナザー・ストーリーの典型例となっていると言ってよい）。

　以下、Y保母が無実であって、なお自白に落ちたというアナザー・ストーリーが成り立つかどうかを見てみることにする。

2　被疑者の無実の可能性を考えない取調べ

　Y保母は、4月7日、甲山学園を今後どうしていくかを話し合う保護者会の開かれている場から、警察官たちによって引き抜かれるようにして身柄を拘束され、S君殺害の容疑で逮捕された。もちろん本人は、背後でどのような捜査が潜行していたかを知るよしもなく、逮捕は文字どおり寝耳に水であった。彼女はそのときのことを次のように語っている。

　「何度も逮捕されて慣れている人ならいざ知らず、普通の人にとって逮捕される自体が第一の衝撃です。冤罪ならば、逮捕は青天のへきれきですよね。私の場合は腰が抜けました。保護者や職員が、私が乗せられている車の通行を阻止して『降りていらっしゃい』と言ってくれたのですが、涙をぼろぼろこぼすばかりでした」（朝日新聞、1999年10月14日朝刊）。

　それでも逮捕後、警察署での弁解録取書で彼女は「私は絶対やっておりません」と、気丈に述べている。しかし警察官たちは、彼女を犯人と決めつけて、「おまえみ

たいに極悪非道な女はおらん。自分の罪に対して何とも思わんのか」とか、「これはふつうの女にできる犯罪じゃない。おまえは何か邪心にとりつかれとるんとちがうか」と口々に罵倒のかぎりを尽くす。震え上がって、目を机に落としていると、「机に何か書いてあるのか」と激しく机をたたいて迫る。この威嚇的な取調べが、逮捕当日は夜遅くまで、6時間近くもつづいたという。

　Y保母が疑われるようになったについては、これという明確な証拠があったわけではない。繰り返し指摘したように本件が殺人事件だったかどうかがそもそも問題であったし、そのうえで容疑の理由も、2人の子どもが行方不明になった両日とも学園にいたこと、M子ちゃんが遺体で発見されたとき取り乱し、葬儀でも泣き出したこと、また疑心暗鬼の職員たちのなかでY保母におかしな言動があったという情報が流れたこと、そうして消去法で容疑が絞られていくなかで、A子から漠然とした連れ出し目撃の供述がなされたというぐらいのことでしかなかった。これらの疑惑にはいずれも確たる根拠はない。そうした状況で捜査側がY保母の逮捕に踏み切ったということは、証拠状況の不確かなまま、本人の取調べによる自白の聴取に賭けたということにほかならない。

　証拠がそろわない時点で身柄を押さえ、断固とした取調べによって本人の自白を求めるという捜査は、本件にかぎらず、多くの冤罪事件に見られる。しかしその危険性についてはいまだに十分認識されていない。実際、「無実の者が虚偽の自白に落ちることなど、通常はあるまい」という思い込みが、一般の人のみならず、捜査官のなかにもしばしば見られる。現実には、無実の人でも一定以上の取調べ圧力にさらされれば、虚偽の自白に落ちていく危険性がつねにある。にもかかわらず、本件の取調べにあたった捜査官たちは、この虚偽自白の危険性について十分な警戒心を欠いていた。そのことは逮捕直後に捜査官たちがY保母に投げつけた罵倒のことばに如実に表れている。

3　自分の記憶がかき乱されて

　逮捕のその日から、それまでの平穏無事な日常生活を断たれ、取調室と留置場とを往復する生活がはじまる。留置場の房は1日の疲れを癒せるような安らぎの場所ではもちろんない。そこでの様子をY保母は次のように述べている。

　「まず素っ裸になって身体検査をされました。人間としてのプライドを剥奪され、精神をずたずたにされました。兵庫県警の地下にある独房は夜も昼も分からず、時間の観念が奪われ、不安になりました。獄中でも食事や排泄などの日常はあるわけですが、

すべて監視の下に置かれ、他人から見られ続けて生活させられると、考える力もマヒし、取調べに対抗して無実を訴える力をはぎ取られます」（朝日新聞、前同）

　しかし、いかに精神がめげようと、彼女にはこの生活を回避することも、自分から取調べを拒絶することもできない。

　逮捕の翌日、威嚇的な態度はなくなったものの、相変わらず厳しい口調での取調べがつづいた。前夜、学園が手配してくれた弁護士の接見を受けたのだが、彼女には弁護士がどういう役割をするものかも分からず、「黙秘しなさい」との指示にむしろ反発をおぼえた。じっさい自分はやっていない。だとすれば、正直にありのままを話せば無実を明かせるはずだと思ったのである。

　取調官は、否認するＹ保母に対して「おまえにはアリバイがないんだ。そのアリバイさえ証明できれば、すぐにでも釈放だ」という。Ｓ君が行方不明になった当夜、学園に帰ってきた7時半から、行方不明の知らせを聞いた8時すぎまでの間、彼女は管理棟の事務室に園長先生らといて、そこからは一歩も出ていないものと思っていた。ところが取調官からすれば、その管理棟から青葉寮、そこから浄化槽までの経路をたどって犯行を犯したとして、それだけなら最低5分もあればできる。事務室から短時間抜け出すだけで犯行は可能である。そこで彼らはほとんど分刻みのアリバイを求めることになったのである。

　しかしＹ保母からすれば、もうすでに20日ほども前のことである。分刻みで思い出すことなどほとんど不可能である。取調官の与えてくれるヒントに従って思い出しても、結局は8時すぎまでの間に15分ほどの空白ができて、これが埋まらない。逮捕の2日目、3日目、4日目とアリバイ追及が連日つづくなかで、考えに考えた彼女は、それまで管理棟から一歩も出ていないと言っていたが、トイレにくらいは行ったかもしれないと思いはじめる。そうして4月11日には、管理棟を出て青葉寮の職員トイレに行った旨の供述訂正を行った。結果として、彼女は一歩現場に近づいたことになる。

　このころから取調官は手のひらをかえしたように、Ｙ保母のことを「エッちゃん、エッちゃん」となれなれしく呼んで取り調べるようになっていた。しかしけっして取調べが甘くなったわけではない。トイレに行ったことで8時までの15分の空白を埋めたつもりでいた彼女に、今度は取調官はＳ君の行方不明の知らせを聞いたのは、8時ごろではなくて8時15分すぎだったはずだと追及する。ここであらたに15分の空白が生まれる。おまけに8時前には青葉寮トイレに行った前提のうえでの話である。Ｙ保母は混乱して、すっかり自分の記憶に自信を失ってしまう。供述調書には次のように記されている。

　「（トイレにいったあと）どこをどう歩いたか、どこへ寄ったか、……すべてはっきり思

い出すことができません」(4月12日)
　「一日でも早く調べをしていただいて、私の無実をはらすために微々たることでも思い出してお話をしたいと思います」(4月13日)
「(知らせを聞くまでの) 15分間ぐらい、私はどうしていたのか、思い出しません。……自分でも不思議な気がしますが、何とか思い出してお話ができるようにいたします」(4月13日)
　どうにか思い出そうと必死になって、ほとんど強迫的な意識にかられている姿が、供述調書の行間から浮かび上がってくる。そして逮捕から1週間が経った4月14日の供述調書には、こんな奇妙な供述まで出てくる。

　　　この15分間ぐらいの間の記憶はどうしても思い出せないのです。その時間ごろ、ちょうどS君が連れ出されたころになりますが、いろいろのことを考えると、私が無意識のあいだにS君を殺してしまったような気がいたします。
　　　子どもたちは清純で天心爛漫です。嘘をいうとは思いません。私がS君を連れ出したのを見ている子どもがあれば、それは本当のことだと思います。
　　　私は意識がはっきりしておれば、もしS君を殺っておれば、その事実をありのままにお話したいと思いますが、そのことがどうしても思い出しません。

　「空白の15分」を作り出され、それを追及されて、記憶がすっかり混乱しているうえに、A子の目撃供述を突きつけられて、自分で自分のことが信じられなくなっていることがわかる。

4　誰からも信じてもらえなくなって

　記憶の混乱のなかで、それでもY保母はどうにか否認を維持していた。「無意識のあいだに殺したかもしれない」という奇妙な自白も、翌日には思い直して否定している。アリバイを思い出すことができず、記憶が混乱しても、自分はやっていないという確信まで揺らいでいたわけではない。
　しかしそうして否認をしつづけることができたのも、自分のことを信じてくれる人がいるという思いに支えられてのこと。いや目の前にいて自分を追及している取調官に対してさえ、なんとか理解してほしいと思って、無実を訴えつづけているのである。この信じてくれている人がいる、疑っている人にも信じてもらいたいという思いこそが、否認を支える。逆にこの信じる気持ちが萎えたとき、それこそ孤立無援、自分一人で自分

を支える以外になくなる。

　ただ、自分を信じてくれている人がいると思っていても、その人と直接に出会って、確認できるわけではない。むしろ取調官からは、「自分たちがあなたを疑うだけの証拠があるのだ、周囲の人だってそれはわかっている、最初はあなたを犯人ではないと信じていた人だって、いまではもうあなたのことを疑いはじめている」などと言われる。そう言われて、ちがうと断言することはできない。なにしろ彼女は房のなかにあって、確かめるすべはないのである。外の情報はすべて取調官によって握られ、そこで取捨され、都合よく制御される。

　Y保母は取調官から、いまでは学園の園長も同僚もみな、あなたのことを疑っていると言われ、それでも否認するなら、彼女を逮捕するさいに妨害した職員たちも逮捕して取調べなければならないとも言われた。同僚たちにそんな迷惑をかけるわけにはいかない。

　しかし一番こたえたのは、父親もまた疑っていると言われたことだった。

　逮捕された直後から父親は、愛媛の新居浜からかけつけて、娘に会わせてほしいと警察に日参していた。ただ殺人事件の取調べ中に身内に会わせるなどということは、通常ならありえない。ところが4月17日の夕刻、警察は父親との接見を許可したのである。記憶に揺らぎをみせながらなかなか落ちないY保母の気持ちを、なんとかやわらげようとの意図があったのかもしれない。

　Y保母は3人の取調官同席のもとで父親と面会した。彼女は信じてほしいと父親に訴え、父もそれに応じて彼女を励まし、20分の短い時間ではあったが、彼女には久しぶりに心の落ち着く時間だった。しかし夜にはまたアリバイに関わる厳しい取調べがつづく。たまたまその日はM子ちゃんの1カ月目の命日にあたっていて、そのことを思い出させられ、罪責感を衝き動かされてもいた。父親とのほっとした時間も束の間、彼女はふたたび苦悩のなかに投げ込まれた。そのなか取調官は、夕方面会を終えた父親を捜査員が送っていったときのことを、彼女にこんなふうに告げたという。

　「エッちゃん、さっき捜査員がお父さんを車で送っていきましたが、お父さんは車の中でふーっと大きな溜息をついたそうです。エッちゃん、この溜息は何だと思いますか。この溜息はエッちゃんを疑っている溜息です。ひょっとしたらうちのエッちゃんがやったのではないかという溜息です。──エッちゃん、親というものは、たとえ子がやっていても、うちの子に限ってそんなことはないと思うのが親心ですよ。エッちゃんのお父さんはそうではありませんね。エッちゃんを疑っているのです。その苦しみが大きな溜息になって出たんです。ぼくら捜査員は人間の一挙一動を絶対に見逃さないように完璧に訓練されていますから、このことは絶対に間違いありません。──エッちゃんを

信じている者は、もうこの世には誰もいないのですよ」(松下竜一『記憶の闇』)

　溜息を聞いただけで、その背後の思いまで知ることができるはずはない。ふだんの日常的なやりとりのなかでなら、そんな馬鹿なことはないと言い返すこともできただろう。しかし10日間にわたって、「やった」「やらない」の一点で追い詰められてきた彼女にとって、これは致命的な一撃であった。

　彼女は涙のなかで自白する。そのとき2人の取調官も一緒になって涙を落としたという。

5　「M子ちゃんとS君をやったのは私です」

　自白を調書にとるまえに、Y保母は父親と学園にあてて手紙を書かせてほしいと頼んで、2通の手紙を書き、封をして、すべてが終わったら渡してほしいと、取調官に手紙を託した。そのうえで次のような調書を録取されている。

> 　今夜は本当のことを申し上げます。M子ちゃんとS男君をやったのは私に間違いありません。その理由については明日朝から申し上げます。
> 　私が本当の気持をいう気になったのは、M子ちゃんとS君があのマンホールのつめたい中で、どんなに苦しんだか、こわかったか、その苦しみを考えるときに、私の苦しみなどはそれにくらべるとなんでもありません。ですから今夜は勇気を出して思い切って申し上げました。
> 　私はこの本当のことをお父さん、学園の人達に対して2通の手紙を書きました。私が全部しゃべったときにこの手紙を渡して下さい。
> 　S君とM子ちゃんの冥福を祈っております。田中部長さんにM子ちゃんが死んでちょうど1ヶ月になると教えてもらいました。忘れてはならないことを忘れていました。M子ちゃんに悪いことをしたと思っております。
> 　M子ちゃんとS君をマンホールに落として殺したのは本当に私に間違いありません。どうぞ御両親の方々もお許しくださいますようお願い致します。

　調書を取り終えたのは夜の12時過ぎ、房に帰ったY保母は、下着の肩紐を結んで首に巻き、両手で紐を引いて自殺をはかる。しかし気が遠くなると手が緩む。また試みても同じ。結局、首に赤い痣をつくっただけで、朝を迎えることになる。

　ほんとうに死ぬ気だった。しかしこのとき、もちろん、自分がM子ちゃんやS君を殺していないという自信が揺らいだわけではなかった。遺書のつもりで書いた2通の手

紙はいずれも、神に誓って自分はやっていないと訴えたものであった。

6　2つ目の自白

　翌18日は、朝早くから取調室に引き出され、自殺しようとしたことをきつくとがめられた。そこでY保母はあらためて、自分はやっていないと訴え、否認調書をとってほしいと頼んだのだが、取調官は受けつけない。ここでまた「エッちゃんはやっておきながら、自分で気がつかないのかもしれない」という無意識説を持ち出されることになる。そのうえで彼女は、小さい頃に別れた実母について思いもかけない話を聞かされた。

　Y保母の実母は彼女を生んだとき、出血が多く、産後の肥立ちが悪くて、しばらく夫の顔もわからないような健忘症状態になったというのである。彼女はそのことをまったく知らなかったのだが、警察は逮捕後、彼女の親戚をあたってそんな情報まで入手していたのである。そして取調官は、あなたはその母親の血を引いているのという。現にM子ちゃんが浄化槽で見つかったとき、彼女自身ほとんど狂乱状態になって、そのときのことをちゃんと記憶していないだろうとまで言われた。

　やった記憶はない。しかし埋めるべきアリバイがどうしても埋まらない。なんとか記憶を取り戻さなければと強迫的に思っているなかで、自分には健忘症の遺伝的な気質があるのではないかと突きつけられて、Y保母はふたたび自白へと落ちる。しかし今度は、前日のようにやっていないことを承知で、自暴自棄になって自白したのとちがって、彼女はもう自分がわからなくなっていた。彼女はこのとき取調官に、自分のほうから「私になんとか思い出させてください」と頼んだという。

　その日の取調べ時間は14時間におよんだのだが、とられた自白調書は断片的で、しかもきわめてあいまいでしかない。以下が全文である。

　　私はうすぼんやりと憶えていますが、青葉寮に入ったのは女子棟の子どもの部屋から入りました。洗濯仕分け室の方から3つ目の部屋でした。靴を履いて上がったのか、脱いで上がったのか、憶えていません。子どもは確かにおりましたが、誰だったか、寝ていたか起きていたか、2、3人だったか、憶えていません。
　　私はそれからいったん廊下に出て、非常口の方へ歩いていきました。いま非常口へ歩いて行ったと言いましたが、私の思い違いでディールームの方へ歩いていきました。R子ちゃんの部屋までくるとS君が鬼ごっこをしておりましたので、「S君」と声をかけました。S君の鬼ごっこの相手は憶えておりません。ほかに誰が

居ったのか、それも分かりません。私はたしか部屋の中に脚を一歩踏み入れて、「S君」と声をかけた感じがします。それからもときた方へバックしました。

　はっきり断言できませんが、私の右手でS君の手を引き、真っすぐ突き当たった東非常口から外へでました。非常口の扉はいつも鍵がかけてありますので、マスターキーで私が開けて、外へ出たような気がします。

　もし彼女が犯行をおかしたのならばこういう流れになるであろうということを、順を追って外形的にたどっただけで、しかも間に「憶えていません」「分かりません」「断言できません」ということばが頻発し、憶えているらしく語ったところも「うすぼんやりと」とか「感じがします」とか「気がします」とか、どうしようもないほどあいまいである。
　いったいこれは自白といっていいものなのだろうか。

7　自白から否認へ

　自白といっていいかどうか迷うような自白調書が、その後、19日、20日、21日と3日間つづいた。なかには「今日から動機などについて聞かれることと思いますが、私はやったことはありませんので、そのような動機などについては喋れるはずがありません。分かりません。思い出せません」と、否認のことばも混じるし、「私の真心は誰にも分かっていただけません。ですからもういいです」などという自暴自棄のことばも記録されてもいる。その間、自白で一貫していたというより、むしろ自白と否認のあいだを行きつ戻りつしていたというのが実態であった。
　ともあれこれらの自白調書は、4月17日から21日までの5日間で終わり、そののち22日から3日間は調書がない。もちろん取調べがなかったわけではない。ここにいたってY保母はふたたび、自分はやっていないという確信に、あらためて立ち戻ることができたという。そのきっかけは一見ささいなことだった。
　連日の取調べでアリバイの証明を求められて、彼女は事件の日の夜7時半から8時15分ころまでの間の記憶に意識を集中して、そこにどうしても埋められない空白ができることに打ちひしがれていた。しかしその時間帯の直前まで、自分はM子ちゃんの捜索に必死になっていたではないか。またその時間帯の直後には、青葉寮の職員からS君がいなくなったと聞いて、懐中電灯をもって1人で学園の外に飛び出し、必死になって雑木林のなかを探し回ったではないか。そのときの必死の思いを彼女はあらためて思い起こしたのである。あれだけ必死になって捜索した自分が、その数分と間を置かない直前に、S君をマンホールに投げ込んだなどということがありうるだろ

か。それはありえない。たとえ無意識でもありえないと、あらためて確信したのである。

本件捜査に関与した元検事は、本件の無罪確定後、自らのホームページで、4月22日の日に彼女をはじめて取り調べたときの様子を述懐している。彼女は問題の時間帯のアリバイの話になると動揺して、手が落ち着かない。それをみて、彼女に両手を机の上に伸ばさせ、「ほら、両手が震えているじゃないか。その両手でお前がS君を殺したんだ」と怒鳴りつけた。そしてそのまま彼女を退室させようとしたとき、彼女は退室すまいと机にしがみついて、「私はS君をやっていません。検事さん自白調書を取り消して、否認の調書を作ってください」と何度も絶叫したという。

しかし否認調書がとられたのは、それからさらに3日後、25日のことである。そしてその以降、Y保母は否認を堅持して、処分保留のまま釈放された。

8 真犯人が冤罪者をどこまで演じることできるか

Y保母が逮捕から釈放にいたるまでの間、否認から自白へ、そしてその自白もさまざまに揺れて、最後には否認に転じて釈放された。その間のストーリーは、検察の主張では、真犯人が有罪証拠を突きつけられて崩れ、あるいは反省・悔恨の情に駆られて自白したものの、やはり刑罰と社会的制裁が恐くなって否認へと転じたのだということになるのだろうが、しかしY保母のたどった供述の過程をそのようなものとして説明できるであろうか。むしろ逆に無実のY保母が、以上に見てきたようなアナザー・ストーリーをたどって、一時、虚偽の自白に迷い込んだのだと理解したほうが、よほど自然である。

そもそも、もしY保母が真犯人であるとすれば、このアナザー・ストーリーは虚偽で構成した想像の産物ということになる。つまり真犯人が、実は自分がやっていながら、冤罪者のふりをして無実を装い、捜査段階の自白過程を、このような嘘のストーリーで取り繕って説明したということになる。しかし真犯人が冤罪者を装って、ここに見たようなストーリーを想像で描けるかどうか。それは小説家的な巧みな想像力の持ち主でも、ほとんど不可能ではないか。

たとえば逮捕当日に弁護士の接見を受け、そのとき「黙秘しなさい」と指示されて、Y保母は反発をおぼえたという場面があった。つまりY保母はそこで、「自分はやっていない。だとすれば、正直にありのままを話せば無実を明かせるはずだと思った」のに、弁護士は「黙秘しなさい」という指示するものだから、それに反発をおぼえたというのである。この話はY保母が無実の人だとすればよくわかる。では、これは冤罪者を演じる真犯人の弁明として理解できるだろうか。

1 知的障害者・年少者の供述と闘う；甲山事件　　479

実際、もしY保母が真犯人で、かつこのような弁明をしたのだとすれば、彼女はここで「ほんとうは自分がやっているのだけれども、もし自分がやっていないとすれば、正直にありのままを話せば無実を明かせると思うはずだ」から、「黙秘しなさい」という弁護士の助言に「反発をおぼえるはずだ」というふうに理屈で考えて、そのように弁明したことになる。しかしこの弁明がいかに困難であるかは明らかであろう。このように屈折した想像は、どれほど想像力豊かな人間にも困難である。供述の信用性を判断する基準として、よく「体験したものにしか語れない」ということが言われるが、この話はまさに無実のものとして冤罪を体験していなければ語れない内容になっていると言ってよい。
　この小さな場面にかぎらず、冤罪者を演じてアナザー・ストーリーを語ることは、実はきわめて困難なことである。それを語って、しかもそれが残された供述証拠や、他の情報源によって確認された事実と見事に符合するとき、それはまさに「冤罪者として虚偽の自白を体験したものにしか語れない」ものになっている。
　ちなみに、強い圧力状況下で起こる虚偽の自白には2つのタイプがあることが、虚偽自白論において認められている。Y保母の語ったアナザー・ストーリーはまさにこの2つのタイプを見事に語って見せている。自白研究の成果によって明らかになった2つの自白タイプを、文字どおり具体的に語っているということそのものが、虚偽自白の非体験者には、ほとんど不可能なことと言わなければならない。
　念のためにこの自白タイプを説明しおくと、1つは強制迎合型と呼ばれるもので、強圧に負けて、自分がやっていないことは自分でよくわかっているのに、あきらめて相手に迎合し、嘘で自白してしまうもの、もう1つは同じく強圧下で追及を受けているうちに、事件当時の自分の記憶に自信を失っていき、やがてひょっとして自分がやったのかもしれないと思いはじめて自白に落ちてしまうもので、これは強制自己同化型と呼ばれる。本件のY保母の自白は、この2つのタイプをともに含んでいる点できわめて興味深いものだった。
　まず4月17日、否認を続けているなかで父親との面会を許され、ほっとしたのも束の間、捜査官から実は父親もまた娘のことを疑っていると聞かされて、もはや自分を保てなくなって「M子ちゃん、S君を殺したのは私です」と言ってしまった。そのときY保母は自分がやったかもしれないと思ったのではない。やっていないことはわかっているのだが、その自分をもう信じてくれる人はいない。それに浄化槽の汚水のなかで亡くなったM子ちゃんについては、もし自分がちゃんとしていれば行方不明にもならなかったのではないかと、ひどく責任を感じていた。ところがこの日は、そのM子ちゃんが亡くなってからちょうど1カ月という月命日であったのに、自分は忘れていた。そ

のことに強い罪責感に襲われたY保母は、S君殺害を追及されているなかで、M子ちゃんの殺害まで自白してしまったのである。

翌日の4月18日の自白は、まったく様相を異にする。というのもこの日は、自分の実の母が自分を産んだときに難産で記憶喪失状態になったということを聞かされ、お前はその血を引いているのだと言われ、あわせてそれまで説明できなかった「空白の15分」を突きつけられたことで、ひょっとして自分がやってそれを憶えていないのではないかと思わされて、そこで自白することになったのである。

Y保母がこの2つの種類の自白過程を、自らの体験としてきわめて具体的に、また詳細に語っている。このような話を、非体験者が想像で語ることはおよそ不可能である。言い換えれば、Y保母が体験者、つまり虚偽自白の体験者であったからこそ語りえたことだと言わなければならない。

甲山事件の自白に関するアナザー・ストーリーは、Y保母の語りによって明らかにされてきたものであり、それ自体が説得的であると同時に、それが検察により提出された自白の供述内容とも見事に符合する。つまり真犯人がいったん真実の自白をしながら後に撤回したというストーリーではおよそ説明できない部分が、このアナザー・ストーリーではほとんど説明されている。しかもこれは、冤罪者を演じる真犯人（つまり冤罪の非体験者）が想像力で創り出せる範囲を明らかに越えている。この点を見ただけでも、少なくとも心理学的には、本件被告となったY保母の無実性を疑う余地はない。

第5　終わりに

本件はそもそもこれを殺人事件と即断した間違いから出発した可能性が高い。ただ、真相がどうであったかについては、私たちはその可能性を示唆するにとどまる。そのうえで問題は、Y保母を本件の犯人とする検察側のストーリーが、どこまで合理的な根拠を持つものであったかである。そこのところで検察が提示した主要証拠は、子どもたちの目撃供述とY保母本人の自白であった。検察はY保母が犯人ならばこそ、この目撃供述が正しく聴取され、また本人の抵抗を打ち破って真の自白が引き出されたのだというストーリーを描いた。

これに対して弁護側の反論は、それらの目撃供述や自白が信用できないというにとどまらず、子どもたちの目撃供述がどのように形成されてきたのかのアナザー・ストーリーを展開し、またY保母の自白がどのようにして引き出されたかのアナザー・ストーリーを、Y保母の語りから描き出した。つまりこのようなアナザー・ストーリーの積極

的な展開によって、冤罪としての甲山事件の成り立ちを目に見えるかたちで示したのである。とりわけ自白についてのアナザー・ストーリーは被告人となったY保母自身が自ら描いたものであり、「冤罪を演じる真犯人」の想像のレベルを超えていることで、それ自体がY保母の無実性を証し立てるものだった。

甲山裁判の過程で弁護側は、少なくとも言葉のうえでは、ここに言うようなアナザー・ストーリー論を明確に打ち出したわけではない。しかしいまの時点で振り返ってみたとき、単に検察側の証拠をつぶすだけではない、もっと積極的な弁護活動を展開してきたことは確かである。それをいま私のことばで言い換えるとすれば、やはり「もう1つのアナザー・ストーリー論」だったというべきではないかと思える。

　甲山事件はY保母のおかした殺人であるという疑惑は、結局のところ、根拠のない妄念でしかなかった。しかし捜査の権力をもつ人々が、この妄念に、それが妄念とも知らず取り憑かれたとき、それは強大な磁力を発揮し、人々のことばを吸い寄せて、やがて妄念にそれらしき根拠を与えていく。疑われたY保母もまた、この強大な磁場にさらされ、精神を翻弄されて、あげくは自分がほんとうにやったのかもしれないとまで思わされる瞬間を生み出してしまった。しかしともあれ、多数の弁護人が多大な努力を傾注し、膨大な時間を費やして、その妄念をどうにか追放することはできた。

　かくして、甲山学園で2人の子どもが浄化槽で溺死したという事実だけが残った。もちろんそれこそが最も深刻に問われなければならない問題であった。しかしその事実につづく25年は、その不幸の内実をあきらかにするどころか、それを隠蔽するものでしかなかった。この事件は、そもそも「福祉の事件」ではなかったかということを、私たちはあらためてかみしめておかねばならない。

2

情況証拠と闘う

ロス銃撃事件

中川孝博

第1　はじめに

　いわゆるロス疑惑に関する2つの事件（殴打事件と銃撃事件）は、マスコミ先行という状況下での捜査・起訴、マスコミの過熱報道がもたらす人権侵害、共犯者証言の信用性、自白がない事件における膨大な情況証拠群の評価方法、膨大な数の証拠調べに必然的に伴う裁判の長期化問題、被告人供述の虚偽性に関する評価の問題、不詳の第三者との共謀を認定できるのかという問題、訴因変更なしに実行犯を変更して有罪認定してよいのかという問題、外国における事件の捜査の問題、外国における事件の防御の問題等々、さまざまな論点を提供した。銃撃事件の無罪判決が確定したあとも、元被告人がサイパンで逮捕され、多数の問題がさらに生じたことは記憶に新しい。
　元被告人の自殺（と報道されている）により劇的に幕を閉じたロス疑惑事件ではあるが、これら多数の問題に臆することなく立ち向かっていった弁護人たちのパワーには驚嘆を禁じえない。その活動のありようについては、とくに本件弁護人の1人である弘中惇一郎がきわめて多数の論文等を公表し、紹介しているので、それらをぜひご覧いただきたい。
　本稿で私が検討するテーマは1点のみ、あまり注目されていないが重要だと考えるものについてである。
　本格的に事実を争う場合にしばしば問題になるのが、当事者が争点にしていなかったり指摘していなかったりした事実や証拠の解釈が、突如判決書のなかで指摘さ

れるという事態である。そのような事態が訴因を逸脱しそうな場合には訴因変更の要否の問題となるが、そこまでには至らない場合、それをどのような問題としてとりあげ、どのように処理するのが妥当かについて議論がなされている[1]。

　これらの議論が主たる対象としているのは、検察官が主張した（あるいは再審事件における確定判決が構築した）証拠構造の組み換え等による有罪判決の言渡しだが、それとは逆の場合も想定しうる。弁護側が主張していない理由に基づく無罪判決の言渡しという問題である。ロス銃撃事件においても、弁護人がさほど強調しなかった2つの事実を控訴審が拾いあげ、合理的疑いがあることの重要な根拠としてとりあげた、と弘中は述べている（後述）。

　このような弁護人が主張しなかった疑いを裁判所が提示することについては、現在のところ喫緊に取り組むべき重大な検討課題とは考えられていないようである。「疑わしきは罰せず」なのだからそんなに問題はないのではないかという指摘[2]や、「裁判所が無罪方向で被告人側も指摘していなかった被告人に有利な点を無罪判決にて指摘することは、検察官に挙証責任があるという意味での当事者主義において、合理的疑いが形成されたという事態であり、論難される謂れはない」[3]との指摘からもうかがわれるように、わりとあっさりした検討に止まっているものが多い。しかしながら、

ロス疑惑事件に関する略年表

81年11月18日	銃撃事件発生
82年11月30日	V死亡
84年01月以降	疑惑の銃弾騒ぎ、過熱報道継続
85年09月11日	X殴打事件で逮捕
87年08月07日	殴打事件一審で有罪判決
88年11月10日	銃撃事件で起訴（公判132回）
94年03月31日	銃撃事件一審有罪判決（無期懲役）
94年06月22日	殴打事件控訴審控訴棄却
98年07月01日	銃撃事件逆転無罪判決（公判18回）
98年09月16日	殴打事件上告棄却（確定）
03年03月06日	銃撃事件上告棄却（確定）
08年02月22日	ロス市警、サイパンでXを逮捕
08年10月10日	Xをロスに移送
08年10月11日	X死亡（死因は首つり自殺という報告）

＊弘中惇一郎作成の年表（季刊刑事弁護27号〔2001年〕66頁）を基に若干の情報を追加した。

ロス銃撃事件を詳細に検討してみると、案外難しい問題が背後に控えていることがわかる。裁判員裁判が開始された今日において、その問題が重要なものとして浮上してくる可能性は高い。本稿では、ロス銃撃事件において控訴審が被告人に有利な事実を「拾ってくれた」（と弘中がコメントしている）事実を検証し、本件にとどまらず、今後の裁判制度の運営を考えるにあたって無視できない一般的ポイントを抽出することを課題としたい。

第2　一審判決と控訴審判決はどのように評釈されたか

　ロス銃撃事件の一審判決[4]は、実行正犯と主張された人物（Y）[5]については被告人と犯人の同一性につき合理的疑いを超えた証明がなされていないとして無罪としつつ、共謀共同正犯と主張された人物（X）については、訴因変更なくして、氏名不詳の第三者と共謀のうえ本件を実行したとの証明があるとして有罪とされた。この事実認定のあり方に対しては、強い批判が加えられた。

　たとえば渡部保夫は、本件の特徴を「供述依存型の状況証拠」が中心であること、そして「重要な併存的状況証拠がない」ことと捉え、一審判決の「最大の弱点」として、共謀の証拠がなく、共謀があったのであれば発見されるべき証拠が発見されていないことを挙げている。そのうえで、裁判所が重視した間接事実につき、①擬装工作として自分に対してもライフル銃を発砲させるという共謀内容の不合理性・不自然性、②保険をかけていたという間接事実の推認力の弱さ、③殴打事件の存在や2人の人物に対する殺害依頼という間接事実の認定の不安定さ（ⓐこれらの間接事実を認定させる供述証拠群の信用性について弁護側によるさまざまな反論があること、ⓑ伝聞供述というものの不安定さ、ⓒ当該間接事実が存在したとしてもある程度日数が経過しているためその持続性に対する疑問）、④被告人の弁解の虚偽性という間接事実を認定させた証拠の不安定さ（事件発生から相当年月経過している目撃供述の正確性に対する疑問、白色のバンの駐車を見た時点とグリーン車から犯人が出てきて犯行に及んだ時点とのズレがありうるという反対仮説成立の可能性）を挙げている[6]。

　また、川崎英明は、①被告人が虚偽供述をし、白いバンの存在を故意に隠匿したという間接事実の認定につき、この認定の根拠とされている目撃供述の信用性に疑問の余地があるため被告人供述を虚偽と断定できず、これを重視することは危険である、②殺人計画をかねてから有していたという間接事実の推認力につき、2名に対する依頼内容は漠然としているし、もう1名であるZへの依頼とその実行も、それが事

実であったとしても、その後心境変化等の事情があった可能性もあり、銃撃事件の実行を推認させるには不十分である、③多額の保険金をかけていたという間接事実の認定と推認力につき、多額の保険といえないし、動機となるべき事実は推認力が弱い、④（渡部の前記評釈を引用し）実行正犯が特定されないのに共謀の存在を認定できるとすること自体が疑問、⑤①と②の間接事実の存在を証明する証拠は供述証拠であり、信用性につき具体的にさまざまな問題点があるため、間接事実自体不動性に問題があるから、主要事実認定の支柱とすることは疑問、という5点を指摘し、主要事実を認定するにはなお疑問が残ると意見を述べている[7]。

　このような批判を浴びた一審判決の当否を審査した控訴審判決[8]は、実行正犯と主張された人物に対する無罪を維持し、さらに、共謀共同正犯と主張された被告人に対しても無罪判決を言い渡した。ただし、2人の評釈に完全に沿った認定がなされたわけではない。全面的にこれらの批判を受け入れたのは、実行正犯が特定されないのに共謀の存在を認定できるとするのは困難という点と、共謀内容の不合理性くらいであろう。被告人に不利益な供述証拠群については完全に信用性を否定したものはほとんどなく、被告人に不利益な間接事実の推認力についても、そのほとんどについて一定程度推認力を認めている。被告人の虚偽供述性についても、「虚偽供述であり、虚偽供述をした理由は共謀共同正犯だからだ」という検察官の主張が成立する蓋然性は相当程度高いと評価している。総じて、渡部や川崎が一般的疑いとして提示している疑問の部分をそのまま受け入れることはなく、当該具体的事情をくまなく拾って信用性評価と推認力評価を逐一行っているといえる。

　この控訴審判決の結論に反論を加える評釈はほとんどない[9]。一般的疑いの提示にとどめることなく事実認定の過程を詳細に記したことについては、「情況事実の立証程度や情況事実から主要事実を認定する過程について、さまざまな面から検討し、これを判決文上でかなりありのままに表現しているといえる。したがって全体に歯切れが悪く、いわば行きつ戻りつする文章になっている」[10]と分析され（歯切れが悪いことを非難しているわけではないことに注意）、「刑事事件の裁判書としてはもっともよい部類に属すると思います。自分たちの心証に忠実に、ていねいな書き方をして、当事者の主張に応えようとしているのではないでしょうか」[11]と好意的にコメントされている。

第3　裁判所が「拾ってくれた事実」

　このように詳細な判決理由のなかにおいて、弁護人がさほど強調していない事実を裁判所が「拾ってくれた」ものがあるという。弘中は次のように述べている。

1つは犯行現場にX氏のシャツのボタンが落ちていて、これはすぐに見つかったわけではなくて事情聴取をしているうちに見つかった。もし意図的な偽装工作であればすぐにアピールするはずである。ところが2、3日たってからいろいろと聴いているうちに出てきた話で、しかも行ったらあったということで、これはかなり重要だということ。
　それからもう1つは白いバンについて、これはX氏の写真の片すみに写っている白い三角形が、結果的に本件の白いバンだということになり、それがバンの特定とか位置関係の立証の根拠となったわけです。ところが、二審になって、もし計画的な犯行だったらVさんにカメラを持たせてバン方向に写真を向けて撮影させるということをX氏が黙認しているということは、非常に考えにくいといったようなことを裁判所のほうで新たに指摘したのです。この点も一審の裁判所では全然そんな発想もしなかったし、われわれもそう強くアピールしたわけでもなかったことです[12]。

　ボタンやカメラの点を、もちろん弁護側としても全然言ってなかったわけではなくて、指摘はしているのですが、そこを柱としてアピールするというようなことまでの大きな位置づけはしなかったんです。裁判所はこちらが思った以上の大きな位置を与えたということですね[13]。

　この発言がなされた座談会においてもこれらの点についてはかなり関心が持たれ、関連する議論が相当程度なされている。しかし、なぜ控訴審がこれら2つの事実を「拾ってくれた」かについては議論の対象とされていない。「裁判所は、当事者が論争している平面とは違ったところでものごとを見ている場合があるということですね」[14]というコメントが付されるに止まっている。確かに、裁判官が何をどのように考えていたかについて憶測をはりめぐらせても、あまり有意義な議論にはならないであろう。しかし、私が提唱している「あとづけ可能性審査の応用」というアプローチ[15]で本件控訴審判決を読むと、この点に関してある程度意味のある分析が可能であるように思われるのである。順に見ていこう。

第4　判決書の叙述それ自体

　まずは、弘中が指摘している2点の事実について、控訴審判決書それ自体はどのよ

うに叙述しているかを正確に把握しておきたい。

　亡くなったVが撮影した写真のなかに白いバンが写っている点について、控訴審判決書は次のように述べている。前半は、「Xが虚偽供述をしたのか、そしてそれはXが共謀共同正犯であったからか」という立証命題に関わるさまざまな情況証拠を個別に検討している部分に登場するものであり、後半は、最終的にすべての情況証拠を総合評価する場面で登場するものである。

　　白いバンの人物がXの共犯者であったとの考えに対して生じる大きな疑問は、X写真ナンバー13に白いバンの一部が写し込まれていることの意味についてである。もし、このバンにXの共犯者が乗っていて、そのため事件後Xとしては共犯者の存在を捜査機関に悟られないようこのバンのことを覚えていないと言って隠しているのであれば、事件発生前にVと一緒に本件現場付近を動きまわって写真撮影をしたときにも、Xとしては、共犯者の乗っている白いバンが写真に写し込まれて、事件後警察の手に渡るおそれのあるような撮影行動は、用心して極力避けた筈ではないかと思われる。ところが、Xは、Vにカメラを渡して、白いバンが当然写し込まれると考えられる方向や位置に自ら動いて行き、そこをVに撮影させ、それがX写真13となっているのである。この写真では、偶々、バンのウィンドーピラーやドアフレームの一部だけが写るだけに終わっているが、カメラを手にしていたのはVであるから、そのカメラアングルは専らVの判断に任されていたと見なければならない。ファインダーをのぞいていたVが撮影角度を多少でも左に振れば、白いバンが車体部分まできっちり写し込まれるのを避け難い状態にあり、逆に言えば、X写真ナンバー13にバンの一部しか写し込まれなかったのは、全くの偶然でしかなかったのである。そこで、もしバンにXの共犯者が乗っていたと仮定した場合、Xのとったこの行動はあまりにも不用心、無警戒過ぎると考えねばならない。本件発生前の白いバンに対するXの意識がこのように無警戒であったのに、事件発生後には一転して、バンに気がつかなかったといって不自然な形で隠蔽に努めるというのでは、銃撃を境にしてその前後のXの態度があまりに不統一過ぎると考えざるを得ず、本件のような犯行を周到に準備して計画したのと同一の人物が示す行動としては、不自然過ぎて首肯できない点が多い[16]。

　もしXが白いバンのことを覚えていないと述べたのはバンの人物と共謀していたからであり、何としてでもバンの存在を隠そうとしたためであるというのであれば、

次の点はどのように理解すればよいか。すなわち、X写真ナンバー13にはXと並んでこのバンの一部が写っているが、もしXが、本件発生後にこのバンのことをことさら隠そうとしたのであれば、同人としては、当然、事件前に現場付近でVと写真を撮りあっていたときにも、このバンが写真に写らないように注意していた筈であり、少なくとも、バンが写りそうな位置、方向に自分が立って、その自分とバンとを一緒にVの手で写真に撮らせるような不用意な行動は、Xとしては避けていた筈ではないかと考えられる。ところが、Xは、実際にはそのような位置、方向に立ってVに写真を写させており、その際、カメラアングルをもう少し左に振ってバンの車体全景を写し出すかどうかは、専らVの選択に委ねていたことになるが、Xの事件前後でのこのように不統一な態度は、検察官が主張する本件犯行の計画性、用意周到性に照らすと、不自然過ぎるのでないかと思われる点である[17]。

Xのボタンが発見されたことについては、次のように叙述されている。写真の場合と同様、前半部分は個々の情況証拠を個別に検討している場面で登場するもの、後半部分は総合評価の場面で登場するものである。

　Xは、11月23日、病院でのロス警察からの事情聴取時に、犯人の暴行によってシャツを引き裂かれたと説明し、犯行当時着用していたシャツを捜査官に手渡したが、そのシャツから取れたボタンが、11月25日にロス警察の実況見分の際、Xが説明した付近から発見された事実が認められる。また、同じ場所付近に、Xが着用していたサングラスのフレームや割れたレンズが落ちていたことも、事件直後に撮られたリース写真によって明らかである。サングラスを落とした理由は犯人とのもみ合い以外にもいろいろ想定できるし、また、そのレンズが割れていて、その材質からするとかなりの力が加えられたようにも推測され、一方事件発生後の本件現場ではVを救助するために多くの関係者が動きまわっていたから、その過程で割れた可能性を否定できない。そうすると、サングラスについては、犯人から暴行を受けたとするXの供述とすぐに結びつけて、その裏付けとするのは適当でない。しかし、シャツのボタン発見の経過には、Xの供述を一部裏付ける点があるように思われる。すなわち、グレイの原審供述によれば、グレイらロス警察の捜査官が11月23日に病院でXの事情聴取を行った際、Xから、事件当時犯人に胸ぐらを掴まれたという事実を新たに聞き出し、その過程で、その事実を証明するものとして事件当時Xが着用していたというシャツの提出を

受け（グレイの原審証言［151 ― 1895］、時系列記録［甲397、398］、再事情聴取書［甲407、561］）、その後現場の捜査、見分をしたところ、そのシャツから取れて落ちたと認められるボタンを発見したというのである（グレイの原審証言［151 ― 1895、152 ― 1967、2030］）。当審で取り調べた寺尾証人は、Xがわざとボタンをちぎって現場に投棄しておいたのではないかとの見方を述べているが、Xの供述経過、ボタンの発見過程には格別のわざとらしさは見当たらない。もし、Xが、被弾直後の混乱した中で、偽装工作として、ことさらボタンをちぎり取って現場に投棄してきたのであれば、同人の性格からみて、23日にシャツを提出するより以前に、数回にわたって事情聴取が繰り返された過程のどこかで、そのことを自分から持ち出し、強調して主張していてもよさそうに思われるし、マスコミからインタビューを受けたようなときに述べていてもよさそうなものと考えられるのに、そうした事情は見受けられないからである（シャツを提出した経緯についてはXの原審公判供述［187 ― 10299］）。

　ボタン発見の経過には何ら疑問とする点は見当たらないが、そのことを前提として、何故シャツのボタンが取れ、この場所に落ちていたかについて、検察官は納得できる説明をしていない。警察捜査の取りまとめに当たった寺尾証人は、当審証人として、Xがボタンをちぎって投棄してきた疑いを指摘している。1つの見方ではあるかも知れないが、証拠上全く根拠がないことも事実である。これらの疑問を考慮することなく、Xが白いバンのことを覚えていないといって否定する等したのはバンのことを隠すためであったに違いないと断定してよいかには、なお疑問が残る[18]。

　判決書の叙述をありのままに受け取るというあとづけ可能性審査のアプローチでこれらの叙述を読むと、先に紹介した弘中発言の趣旨と判決書の叙述それ自体には、微妙なギャップが存在しているように思われる。順に見ていこう。
　まず写真の点についてだが、弘中は、「計画的な犯行だったらVさんにカメラを持たせてバン方向に写真を向けて撮影させるということをX氏が黙認しているということは、非常に考えにくい」ということを裁判所が新たに指摘したと述べていた。
　しかし、この発言と判決書の間には2点ずれがあるように思われる。第1に、被告人が写真撮影を黙認しているはずがないという点を判決書が指摘していることは確かだが、それは推論の過程の一駒にすぎず、最終的な疑いではないという点である。第2に、計画的な犯行という検察官の主張に合致しないという意見は、写真撮影を

黙認していること自体のみから生じているのではないという点である。

判決書の叙述を厳密に読むと、事件発生の前後の態度が不統一であること、すなわち被告人の行動が一貫していないということを最終的に問題にしており（第1点のギャップ）、その不統一状態を指して、検察官の主張する犯人の計画性・用意周到性と合致しないのでおかしいとしていること（第2点のギャップ）がわかる。弘中の指摘だけを読むと、「被告人は写真撮影に無警戒だったことそれ自体から計画的犯行とはいえない、と控訴審は考えた」と理解してしまいしそうになるが、そうではない。あくまでも、「計画的な犯行であることと、事件発生前後の被告人の態度が一貫していないことは矛盾する」という、やや抽象的なレベルの疑問にとどまっているのである。経験則を直接問題にしているのではなく論理則を問題にしているのだ、と言い換えてもよい。

以上のように、写真に関連して裁判所が指摘している疑問は、やや抽象度が高い[19]。検察官の主張する犯人像とずれているという疑問に尽きるのであり、それ以上でもそれ以下でもない。また、実は一貫していると説明できるかとか、一貫できなかった合理的理由があるといえるかといったテーマをあれこれ考察しているわけでもない。考察しようにも手がかりがなく、すべて単なる想像にすぎないから検討する必要がない（あるいは判決書に叙述する必要がない）と考えたのであろう。さまざまに考えられる仮説群——被告人の供述する通りグリーン車が存在し、実行犯はその車内の人物だったという仮説、客観的には白いバンの車内の人物が犯人だが白いバンに被告人は気付かなかったという仮説、気づいてはいたのだが記憶が何らかの理由により破壊されたという仮説、記憶はあるのだが、被告人が共謀共同正犯であるという理由以外の何らかの理由により隠しているという仮説等——のいずれにも結びつきうるけれども、そのなかのどれが最も合理的かという問題には直接答えを示すことのない、抽象性を備えた疑問を提示しているのが特色である。

次にボタンの点についてだが、弘中は、「意図的な偽装工作であればすぐにアピールするはずである。ところが2、3日たってからいろいろと聴いているうちに出てきた話で、しかも行ったらあった」ということを裁判所が新たに指摘したと述べていた。

しかしながら、ここでも弘中発言と判決書の間には、ずれがあるように思われる。確かに、「意図的な偽装工作であればすぐにアピールするはずなのにしなかった」という点を判決書は指摘しているが、それ自体を検察官の主張に対する疑問としているわけではない。ボタンが落ちていたことと被告人が共謀共同正犯だという主張が結びつく合理的理由があるかにつき、控訴審で取り調べた寺尾警察官の証言に含まれる推測（被告人がボタンをひきちぎって投げた）に根拠がない理由として書かれているにすぎない。あくまでも、「被告人の供述どおりの場所からボタンが発見されたこと」自体

2 情況証拠と闘う；ロス銃撃事件 | 491

が重要だと考えているのである。このように、ボタンから生じた控訴審の疑問は、Xの供述はすべて虚偽だと言い切れない（客観的事実に符合する部分もある）という、これまたやや抽象度の高い疑問なのである。

以上のように、弘中の発言は、控訴審判決理由が推論の過程で叙述している部分や、想定される批判に対する反論として叙述している部分をピックアップしている[20]。「そんな違いはたいしたことじゃない」とか、「似たようなもんだろう」と思われた方もいるかもしれない。しかし、この微妙なズレは、なぜ裁判所がこれらの事実を拾ったのか、そして、弁護人はなぜこれらの事実を強調しなかったのかを解明する重要なヒントとなるように思われる。

第5　なぜ弁護人はこれらの事実を強調しなかったのか

判決書が叙述するこれらの疑いを正しく把握することによって、写真に白いバンが写っていた事実や被告人のシャツのボタンが落ちていた事実を弁護人が強調しなかった原因（意識的に強調しなかったのか、無意識的にしなかったのかはわからないが）がみえてくるように思われる。それは、判決書が叙述する疑いを主張しようとすると弁護人はどのようなストラテジーをとらねばならないかを検討することによって浮かび上がってくる。

まず写真についてだが、白いバンが写真に写っていたことを弁護人がことさら取り上げることが被告人側に有利に作用する、という保証がない。被告人が白いバンの存在に気づかないはずがない（よって気付かなかったという被告人の主張は嘘である、そしてこれは被告人が犯人であることの証拠だ）という検察官の主張を強化することにつながりかねないからである。

被告人が（少なくとも主観的には）白いバンの存在に関して虚偽供述をしていないという主張を根拠づけるためには、①実際に白いバンは存在しなかった、②白いバンは存在していたが気付かなかった、③事後に生じた理由により白いバンの存在に関する記憶が破壊された、という3つの仮説のいずれかの成立を目標としなければならない。しかし、写真の存在を強調することは①②の可能性を丸ごとつぶす危険性が高いのである。また、③を主張することについても問題がある。グリーン車に関する被告人供述内容が虚偽ではないことを他方で主張・立証しているのであるから、一種の二律背反的状況に陥るリスク、すなわち、③の主張を行うこと自体が、後者の主張を弱めてしまうというリスクを甘受しなければならない。

また、「白いバンの存在に気づき、記憶しているのだが、被告人が本件犯行の共謀共同正犯者であるという理由以外の理由によりその事実を隠している」という主張をすることも抽象的には可能だが、現実にそのような主張をすることは、弁護人の立場からはできないだろう。被告人供述の虚偽性を前提とすることになるからである。このような主張をあえてするということは、これまたグリーン車に関する主張の強度を弱めてしまうというリスクを背負うことになるし、虚偽供述を維持する「真の理由」をなぜ明らかにしないのかという事実上のプレッシャーがかかることになり、弁解をしないことからの不利益推認のリスク（法的にそのような不利益推認が許されるかはともかく、事実上のリスク）も待っている。

　ボタンについてはどうか。弁護人は、被告人は虚偽供述を行っていないという主張をしているわけだから、供述の一部が客観的事実と符合しているという理由を立てるのはもっともなようにも思える。しかし、現実の訴訟の場を考えるならば、やはりそのような理由を強く主張しようという気にはなかなかなれないのではないか。

　第1に、控訴審が提示した疑いは、前述のように、「被告人の供述の中には客観的事実と符合する部分もある」という相当抽象度の高い疑いである。アナザー・ストーリーが要求されているというプレッシャーのなか、少しでも具体的でわかりやすい疑いを提示しようと努力しているなかで、このような抽象度の高い疑いを発見し、提示しようという気になるだろうか。実際、弘中はこの控訴審の疑いをかなり具体的な疑いと「誤読」していた。抽象度の高い疑いよりも具体的疑いを提示しようとするスキーマ、具体的疑いでないと裁判所は受け入れないだろうと考えがちなメンタリティがあるからこそ、それに引っ張られ「誤読」してしまったのではないだろうか。抽象度の高い疑いを控訴審が出したことに気付いていないこと自体、抽象度の高い疑いを提示しようと考えていなかったことを示しているように思われるのである（念のため付言しておくが、弘中を非難しているわけではない。このような状態になるのは避けられないことだと考える理由を説明しているのである）。

　第2に、抽象度の高い疑いを発見し、それでもあえて提示することを決断したとしても、この疑いは直ちに検察官に反駁される危険性がある。抽象度の高い疑いしか出せないということは、それだけ、当該主張を支える材料が少ないということを意味する。これはすなわち、水かけ論に陥るリスクを感受するという決断をしなければならないということである。本件についてみれば、客観的事実と符合しているといっても、その客観的事実というのはボタンが落ちていたことにすぎない。当該問題と関連する「客観的事実」があまりないなかでこの主張をすることは、結局水かけ論に持ち込まれるリスクを伴う。寺尾警察官が言うところの「被告人がちぎって投げた」という推測も

2　情況証拠と闘う；ロス銃撃事件　493

まさにこれである。弁護人としてはそのような推測に優る推測で対抗することを事実上迫られるが、証拠上それに優る推測をすることはすこぶる困難なのである。となると、弁護人がボタンに関して主張したとしても、控訴審が出しうる判断のなかで最も可能性が高いのは、「何ともいえないから考慮の外に置く」、「弁護人の指摘する事実は当該結論を左右するものではない」ではなかろうか。主張してみてもよいがあまり効果がないだろう、と弁護人が考えるのは自然なことであるように思われる。

第6 控訴審はなぜこのような疑いを叙述できたのか

以上のように、現実の訴訟の場で控訴審が叙述した疑いを弁護人が自ら呈示・強調することはすこぶる困難であることがわかった。それでは、控訴審はなぜ2つの疑いを叙述することができたのだろうか。

控訴審が抽象度の高いこれらの疑いを堂々と呈示していることは、おおいに評価されねばならない。多くの人を納得させやすく、また自身も安心しやすい具体的なストーリーを構築できないからといって無罪とすることを断念せず、このような疑いを合理的疑いとして提示したこと自体、(残念ながら日本では)注目すべきことなのである。そこで、なぜこのような疑いを控訴審裁判官は叙述できたのかを検討してみよう。なぜこのような疑いを抱いたのか、ではなく、なぜ「書けたのか」を問題にしていることに注意していただきたい。精神論ではなく、技術論を問題にしているのである。

本判決書の量は膨大で、25万字強からなる（一審判決は6万5,000字強だから3.8倍以上の量となった）。このような大部のものになった理由は、証拠そのものが大量に存在するという事情もあるが、これら証拠の証明力に関する検討を具体的かつ詳細に記しているからであろう。また、検察官の主張や弁護人の主張の紹介とそれに対する評価についても相当記されている。

仮に、「控訴審の判決書は長すぎるので10頁程度に書き直せ」という課題を出されたら、その判決書はどのようなものになるだろうか。検察官や弁護人による主張の詳細はほとんどそぎ落とされ、「独白型」に変更されるだろう。そして、証拠の証明力に関する検討部分も、細かなところはほとんど省略され、結論を支える直接・直近の理由しか示していないようなものに変容するだろう。

控訴審が提示する上記の疑いも、具体的な検討経過が詳細に示されないまま、当事者からみればいささか唐突に示されることになると思われる。その叙述は、とくに検察官の立場からみるならば、(検討経過が示されていないので)審理不尽を理由と

する不服申立てがしやすく、かつ、疑いが相当程度抽象的なので、審理不尽と結びつけて経験則違反を理由とする（最終的には事実誤認）不服申立てがしやすい判決書に仕上がるに違いない[21]。

　控訴審判決について評釈したもののなかで、控訴審の証拠評価につき明確に反対するものは現在までのところ1件だけである[22]。そのなかでは、今回テーマとしている「白いバンが写真に写っていたことに関する疑い」について、次のような批判がなされている。「経験則に反して証拠評価をし、消極的価値を過大視しているように思われる。一枚の写真に白いバンの一部が写っていたとしても、たまたま写ってしまっていたのかもしれないし、隠そうとしていたわけではないとはいえまい。また、写真に写っているような白いバンをおぼえていないというのであれば、隠そうとしていたと見るのが常識であり、経験則であろう」[23]。明確な反対論がこの1つにとどまっているのは、控訴審判決書自体が、当該2つの疑いの提示に至るまでに、関連テーマに関する膨大な情況証拠の証明力評価の過程や当事者の主張に対する応答を相当程度丁寧に叙述しているため、そう簡単に経験則違反や審理不尽の批判をすることができないからであろう（にもかかわらず反対論を唱えた前記評釈の問題については後述）。

　たとえば、控訴審判決は、個々の間接事実の証明力評価につき、ほとんどの部分について「検察官の主張どおりの事実があったとして当該事実が存在する蓋然性」と「検察官の主張どおりの事実がなかったとして当該事実が存在する蓋然性」を丁寧に叙述している。私は、「判決理由の書き方注意則」として、「個々の間接事実につき、ベイズの定理に従って蓋然性評価を具体的に示すべし」という提案を行ったことがある[24]。本件判決書は概してこの注意則をきっちり適用した書き方になっていると評してよいだろう（判決理由をくまなく精査したわけではないので暫定的なコメントに止めておくが）。また、従来の「裁判官の心構え」としての注意則である「間接事実の評価は同時に、かつ平等に行うこと」にも、忠実であるとの評価を得られやすいものとなっている。

　個々の間接事実の推認力や間接事実を導く供述証拠の信用性等を丁寧に評価するためには、弁護人の主張に応えさえすればよいということにもならない。2つの疑いは、弁護人の主張を限定的に解する（または否定する）からこそ生まれた疑いともいえるのである。たとえば、弁護人は白いバンに関する被告人の供述は虚偽でないと主張する理由として、「もしこの白いバンが銃撃現場に死角を作るために配置された遮蔽物であったとするならば、それが人の目に触れていることは、Xの意識の中では、当然織り込み済みのこととなる筈であるから、そのバンのことについて、これを見たのに見ていないといって隠すことは、ことさら疑いを生じさせるだけであり、Xの対応として考えられない」と述べていた[25]。私自身はこの理由はもっともだと思うが、控訴審

判決はこの主張を全面的に認めたわけではなく、「必ずしも理由のない見方ではないが、反面、バンの関与が事実であれば、そのことをすべて積極的に認めるとばかりもいえないであろう」と評価するにとどまっている[26]。特定の仮説に飛びつくことなく、さまざまな可能性と、具体的な蓋然性計算を行い、「わかりすく具体的な特定のアナザー・ストーリーに飛びついてそれと整合しなさそうな間接事実等を一刀両断する」という方法をとらなかったことによってはじめて、あの抽象度の高い疑いが叙述できるに至ったといえる。

このように、最後まで一定の結論に「飛びつく」叙述をせず、個々の間接事実の証明力等をクールに検討し続ける叙述方式をとることによって、抽象度の高い疑いを提示しても不自然であるとか唐突であるとかいった印象を与えないことに成功したのが控訴審の判決理由である。「これだけ丁寧に諸事実を検討したのにもかかわらず、検察官の主張するストーリーに収斂しない部分がどうしても出てくる」という、疑いの析出過程が読み手によく伝わるからである。

判決の結論が妥当でないと考える者がこの判決書の叙述を批判しようとすると、どこか一部分のみを引っ張りだしてきて異論を唱えて事足りるという訳にはいかなくなる。簡単に批判しようとすると、どうしても、1つの仮説に飛びついて当該仮説に合う事実を強調し、あまり合わないものは「可能性の論理」等で一刀両断したり説明を端折ったりするという「飛びつき主義」的批判の呈を示してしまう。現に、先に引用した評釈も、判決理由中の特定部分のみを括りだして経験則違反を主張するという形式になっている。これでは説得力がないのである。

しかし、判決書が前述のような簡略ヴァージョンであったらどうであろうか。このような「一部分のみを括りだして行う批判」も容易にできてしまうことになってしまう。「これだけ丁寧に諸事実を検討したのにもかかわらず」という部分が読み手に伝わらないため、抽象度の高い疑いは、抽象度が高いというだけで批判されやすくなり、かつ、判決理由に示された荒い叙述の隙間をぬって様々な審理不尽・経験則違反を理由とする批判が容易になるからである。これらの危険に鑑みると、そのような可能性が高いことがわかっている控訴審裁判官は、もし短く書けといわれたならば2つの疑いをそもそも叙述しない可能性すらあるのではなかろうか。実際、最終的な総合評価の場面では相当程度重要な地位を占めているあの2つの疑いは、判決理由の冒頭に示された「当裁判所の判断の概要」においては示されていない。それどころか、被告人が虚偽の供述をしたという主張に対する疑いそのものが示されていないのである。

第7　得られる示唆

　裁判員裁判の運営を効果的なものにするために、証拠の厳選や争点・主張の絞り込みをいかにすべきかが盛んに議論されている。また、判決理由をいかに短くするかという議論も行われている。ロス銃撃事件における今回の検討結果は、これらの問題を議論するにあたって考慮しなければならないポイントを示唆してくれるように思われる。

　証拠の厳選や争点・主張の絞り込みが必須とされるのは、わかりやすい裁判、そして迅速な裁判にしないと裁判員制度が機能しないという不安があるからである。わかりやすい裁判」であることが必要と考えられている裁判員裁判において、より「わかりやすい主張」を弁護人が迫られることは今後増えていくだろう。

　わかりやすい主張を迫られた弁護人は、いきおい、かなり具体的な疑いを提出しようとするスキーマを持ちがちになるだろう。それに対応して、ある程度抽象性のある疑いは主張しにくくなるだろう（または、そもそも思いつかなくなる）。また、具体的な主張をすればするほど、その主張と矛盾することを前提とした他のストーリーもまた主張しにくくなっていくだろう。具体的な主張をする場合にはその根拠も具体的でなければならないと考えるのが自然とされる環境下で、自身の主張をつぶすような疑問を提示・強調せよと要求するのは現実的ではない。

　この「わかりやすい主張」は、裁判官や裁判員に理解されやすいというメリットを持つ反面、主張が単線化しやすく、当該主張以外に無罪理由となる事情があるかという点に対する目配りを事実上できにくくさせるという危険を有する。

　それだけに、多様な証拠群を多角的・網羅的に検討する裁判体の責務は今後より一層強調されなくてはならないが、審理の迅速化という要請から証拠の厳選という課題を過度に重視すると、この責務を強調することの意義も大幅に低減してしまう。

　争点絞り込み・証拠厳選に関する議論において、この危険性に対する配慮はあまりなされていないようである。たとえば、「当事者間に争いがあれば直ちに争点とするのではなく、立証の柱となる間接事実は何かなど、主張された間接事実が要証事実の認定において持つ意味合いを考えて、立証対象を的確に設定する必要がある。例えば、要証事実に対する推認力が弱く、公訴事実の立証の成否に影響がないとの見極めがつく間接事実であり、争点を拡大するなどの弊害がある場合は、審理対象から除外すべきであろう」との見解が提唱されている[27]。わかりやすく迅速な審理という観点を重視するとこのような主張になることはよくわかる。しかし、情況証拠の推認力は多義的なのであり、整理手続の段階で推認力が弱いとの見極めがどの程度つ

くのか、疑問なしとしない。ロス銃撃事件で控訴審判決が重要したボタンの存在という事実は、多種多様な証拠群を丁寧に検討したからこそ、その重要性を浮かび上がらせることに成功したといえるし、抽象度の高い疑いであっても容易に批判されにくい叙述を可能にしたのである。ちなみに、一審判決においてボタンに関する記述は一切登場しない。ロス銃撃事件が仮に公判前整理手続に付されたとした場合、整理手続を主催する裁判官が前述のようなアプローチで臨んだならば、ボタンに関する主張や証拠をカットする可能性は十分にある[28]。

　ロス銃撃事件はまた、裁判員裁判における判決理由のあり方についても示唆を与えてくれる。裁判員裁判においては判決理由の長さを短くすることが必要と一般に考えられているが、事案の特殊性を考慮することなく、ただ短くすること自体を目的化することの危険性は計り知れない。犯行に至る経緯の部分などをカットするといった程度の要請であればさほど問題がないが、証拠評価の部分についても簡略化を要請することについては疑問がある。ロス銃撃事件のような複雑事案において無罪判決理由を短くするということは、抽象度の高い疑いを提示しにくくなる危険をもたらす。また、叙述の荒い無罪判決理由ができあがることになるわけだから、必然的にあげ足をとりやすくなり、上訴されやすくなるという危険をもたらす。そして、判決理由に書かれていないことが多くなるため原判決は審理不尽なのではないか、そして経験則に違反しているのではないかと疑問をもたれる可能性が広がり、上訴審の負担（当事者にとっても控訴審裁判官にとっても）を不必要に重くする危険をもたらす。そして、上訴審の比重が高くなるほど、一審の裁判員裁判の意義は低下する。裁判員のための裁判を強調することがかえって裁判員裁判の機能低下をもたらすという皮肉な結果を生じさせないようにしなければならない。

　裁判員裁判における審理のあり方や判決理由のあり方を考える際には、以上のようなポイントを考慮しなければならない。基本的には、「困難な事件であるのにもかかわらず、無理にわかりやすくしようとしたり、簡略化しようとしたりしない」ことを至上命題としなければならない。この基本的価値観をもとに、法律的関連性概念や判決理由のあり方に関する検討を深化させていく必要がある。その際には、実証なき印象論・抽象論・経験論に基づく大ざっぱな議論ではなく、過去の歴史（学ぶべき教訓）を実証研究によって丁寧に拾いあげ、具体的に活かすという作業が必須となる。その作業がどのようなものであるべきかを例示するものに本稿がなっていれば幸いである。

　　1　最近のものとしては、司法研修所編『裁判員制度の下における大型否認事件の審理の在り方』（法曹会、2008 年）、

川崎英明「裁判員裁判の審理のあり方——司法研修所編『裁判員制度の下における大型否認事件の審理の在り方』を読んで」季刊刑事弁護56号（2008年）115頁等参照。
2　座談会「情況証拠といかに闘うか——4事件に見る実践と課題」季刊刑事弁護27号（2001年）50、52頁［白取祐司、村岡啓一発言］参照。
3　豊崎七絵『刑事訴訟における事実観』（日本評論社、2006年）297～298頁。
4　東京地判平成6年3月31日判時1502号48頁。
5　ロス銃撃事件に登場する人物名（略称）は統一されていない。本稿では混乱を避けるため、判時1655号に掲載されている控訴審判決理由中の略称で統一する。したがって、他の文献を引用する場合も、引用元の文献が使用している略称部分だけは改変を加えているので注意されたい。
6　渡部保夫「状況証拠の集積による司法判断の動き」法学教室173号（1995年）66、68～71頁参照。
7　川崎英明「情況証拠による事実認定」光藤景皎編『事実誤認と救済』（成文堂、1997年）53、72～74頁参照。
8　東京高判平成10年7月1日判時1655号3頁。
9　土本武司「判批」判例評論481号64頁、白取祐司「判批」ジュリスト1157号（1999年）188頁参照。ただし、板倉宏「情況証拠による事実認定——いわゆるロス疑惑銃撃事件第二審無罪判決を中心に」警察学論集51巻12号（1998年）121頁は、本判決の事実認定には経験則違反があると指摘する（後述注23参照）。
10　石塚章夫「裁判官から見た情況証拠による事実認定——判断者の関心はどこにあるのか？」季刊刑事弁護27号（2001年）29、34頁。このコメントは、ロス銃撃事件、長坂町放火事件、東電ＯＬ殺人事件における各無罪判決をまとめて取り上げてなされたものである。
11　前掲注2座談会54頁［守屋克彦発言］。
12　同51頁。
13　同52頁。
14　同52頁［村岡啓一発言］。
15　中川孝博『刑事裁判・少年審判における事実認定——証拠評価をめぐるコミュニケーションの適正化』（現代人文社、2008年）15～88、248～255頁参照。
16　判時1655号97頁3～4段目。
17　同100頁3～4段目。
18　同100頁4段目。
19　抽象度が高い疑いは合理的疑いでないことを意味しない。証拠の検討に基づいて言葉によって表明できる疑いである以上、抽象度が高くとも合理的疑いである。合理的疑いでない疑いの例として「抽象的疑い」が挙げられることはあるが、それは「人間って嘘をつくものだよね」だとか、「そもそも真実って人にはわからないからさ」とかいった類の、証拠に基づかない疑いを指す。合理的疑いの意義については本書第3部1参照。
20　弘中は、他の論文の中でも「（白い）バン方向への写真撮影の無警戒さ、……被告人のシャツのボタン発見が時間をおいてなされたことなどの被告人の言動の不自然さを指摘して、検察官の主張を斥けた」と同趣旨の叙述を行っている（弘中惇一郎「ロス疑惑・銃撃事件」季刊刑事弁護27号〔2001年〕66、67頁）。
21　道頓堀事件の「独白型」一審無罪判決に対し、検察官が控訴審においてとったストラテジーがまさにこれであった。中川・前掲注15書132～145頁参照。
22　板倉・前掲注9論文参照。
23　同125頁。
24　中川・前掲注15書78頁注26参照。
25　弘中はつとにこの主張をしていた。弘中惇一郎「ロス銃撃事件——〈情況証拠の積み重ね〉はどこにあるのか」季刊刑事弁護3号（1995年）111、113頁参照。
26　判時1655号97頁4段目～98頁1段目。
27　中里智美「情況証拠による認定」木谷明編著『刑事事実認定の基本問題』（成文堂、2007年）249、251頁注12。
28　証拠として取り調べるべきか裁判所に判断がつきかねる場合には採否を保留したまま取調べに入り、審理の進行状況に応じて採用したり請求却下したりすればよいとの見解も唱えられている（司法研修所編・前掲注1書51～53頁参照）。そのような方策をまったく否定すべき根拠はないが、中間評議のあり方や冒頭陳述のあり方と絡めてさらに慎重な検討が必要であるし（田淵浩二「大型否認事件の審理上の課題——部分判決制度を含む」法律時報81巻1号〔2008年〕47、52～53頁参照）、本稿の視点からは、次のような危険を指摘することもできる。すなわち、このような方式によると、裁判体により特定の証拠のみによって中間的事実認定が（事実上）まずなされることになる。その後新たに争点や証拠調べを追加すべきか否かは、その段階で形成された心証に照らして判断されることになるのではないか。いきおい、追加されて取り調べられた証拠も、その段階で形成された心証に引きついて評価しがちになるのではないか。こう考えると、「飛びつき」主義的証拠決定および心証形成が行われやすい構造であることは否定しがたい。ロス銃撃事件が仮にこのような手続を踏むことになった場合、やはり、ボタン等に関する吟味を行う機会自体が消失する危険が発生することを否定できないように思われる。

3

自白と闘う
広島甲板長殺人事件

本田兆司

第1　本件事案の概要

　本件事件は、被告人方に同居していたMが、1993（平成5）年12月20日午前2時ころ、相当酩酊した状態で、被告人方の約1キロメートル先で友人Fらと別れ、そのころ寄宿していた被告人方に戻ろうとしていたと推測されるところ、その後行方不明となり、その約2週間後の1994（平成6）年1月4日午前8時20分ころ、広島港の通称1万トンバース付近で、行方不明当時の服装のままの溺死体で発見されたという事件である。

　被告人は、1993年12月20日午後1時6分ころに、同居していた被告人方に被害者が置いていた預金通帳と印鑑を使用し、その預金から金3万5,000円を、同月27日にも金32万1,000円を引き出したことがあり、被告人が言うには、Mに約30万円のお金を貸していたが、それを返してもらえないでいたということであり、被告人には家賃の未払い、クレジット代金の未払い等の負債があり、その一方、Mにも、多額の借金があり、その借金が1つの理由で離婚が決まった直後のことの事件であった。

　溺死体の状況だけからすれば、Mが海中に転落した原因が、自殺、他殺、事故によるものかは不明である。

　捜査当局は、翌1月5日に、昨年12月20日と27日に被告人によって被害者の預金の引き出しと被告人の記入した払戻請求書等により預金が引き出されたことが判明したことから、被告人がMを殺害し、預金を強取したという強盗殺人および私

文書偽造等の嫌疑のもとに、被告人は、同日（1月5日）午後3時50分ころに、警察に任意同行を求められた。被告人は、事情聴取をはじめて約40分後の午後4時30分ころに、被害者が置いていた通帳と印鑑を用いて2回にわたって預金を引き出したことを認め、さらにその約60分後の午後5時50分ころに、被害者を殺害したことも認めたため、それから同6時40分ころまで、殺害に関する上申書を作成し、引き続いて、同7時5分ころまでに、詐欺等に関する上申書を作成して逮捕された。その後、Mの殺害については、警察官の取調べでは殺害を認め続けていたが、検察官の取調べでは一部を除き否認し、最終的に殺害を否認したが、起訴された事案である。

なお、2回にわたる預金の引き出しと払戻請求書等の記入は一貫して認めている。

第2　本件公訴事実

本件公訴事実は、「被告人は、遊興費等に窮したことから、広島市南区△△所在○○ビル302号室の自宅で同居するM（被害者）を殺害して同人の預金通帳及びその銀行届出印鑑を強取しようと企て、平成5年12月20日午前2時30分過ぎころ、飲酒酩酊して帰宅したMに対し、同区△△所在広島港桟橋1号（以下「第1桟橋」という）に係留された同人勤務会社のカーフェリー船内で更に飲酒しようと申し向け、同日午前3時ころ、同人を前記自宅から同桟橋まで誘い出した上、同所において、同桟橋に係留中のカーフェリーS丸に乗り込もうとする同人の背中をその背後から両手で押して同人を同桟橋下の海に突き落とし、よって、そのころ同海中において、同人を溺死させて殺害し、ついで、同日午後1時ころ、前記自宅において、同人のセカンドバックから、同人が所有する普通預金通帳1通及び「M」と刻した印鑑1個（時価約300円相当）を抜き取り強取した」とする強盗殺人罪と、同年12月20日午後1時06分と同月27日に預金の引き出したとする私文書偽造、同行使、詐欺罪の事案である。

第3　判決の経過とその結果

1　一審判決（1997〔平成9〕年7月30日広島地裁判決・判時1628.147）

本件強盗殺人につき無罪を言い渡した（なお、私文書偽造等は有罪）。

3　自白と闘う；広島甲板長殺人事件　501

2 一審判決に対する控訴

　検察官が強盗殺人につき事実誤認等を理由として控訴を申立て、一方、弁護人が詐欺等につき事実誤認、量刑不当を理由とする控訴を申立てた。

3 控訴審判決（2001〔平成13〕年4月24日広島高裁判決・日弁連無罪事例集8 No.655）

　検察官および弁護人の各控訴を棄却する。

第4　主な証拠から認められる事実

　本件証拠において、当事者に争いがなく、関係証拠により認められる事実は、以下のとおりである。

1　死体の発見状況等

　1994（平成6）年1月4日午前8時20分ころ、広島市南区△△付近の岸壁（通称IB）から約50メートル先海上において、Mが浮遊している水死体で発見され、所持品の財布内には、1万円余りの現金およびM名義の振込金受取証等があった。

2　死体の状況、死因等（死体解剖）

　医師の鑑定所見によれば、被害者の身長が166センチメートルで、体表には、7つの赤褐色などの変色斑が認められ、うち2カ所の変色斑が皮下出血によるものか、腐敗変化によるものか不明であり、5カ所の変色斑に皮下出血があり、その原因は、飲酒して転んだ際にできた可能性もあり、その他骨折もなく、胃、小腸の上部内には、液状物が多く、血液等の各1.0g中のエタノールの含有量は、血液で2.18mg、尿で3.88mg、胃内容で2.38mgである。
　死因は、溺死と認められて外因死を推認できるが、詳細が不明であり、死亡時期は、1ないし2週間前に死亡したものと推定された。

3　Mの死亡時期等

Mの死亡時期は、1994年1月4日を基準として1ないし2週間前、すなわち1993（平成5）年12月21日ころから同月28日ころまでの間と推定されるが、①MがFらと別れた同月20日午前2時ころの状態につき、Mが酩酊していたこと、また、Mの遺体からかなりのアルコール分が検出されていること、②遺体の着衣が、Fらと別れた際のMの服装と同一であること、③Mは、同月20日に元妻Iに電話をかける約束をしたが、電話をかけなかったことを総合して、Mは、同日午前2時ころにFらと別れたあと、体内からアルコール分があまり消失しないうちに死亡したものと推定された。

4　Mの失踪前の行動

　Mは、乙株式会社に勤務し、同社所属のフェリーI丸甲板長として勤務し、1993年12月19日から休暇となっていたが、勤務予定日の同月23日になっても出勤しないで、同月27日に至り、上司が広島南警察署に家出人捜索願を提出した（同証人の公判供述）。

　Mは、同年11月中旬以降、広島県廿日市市の自宅を出て妻Iと別居し、勤務日には勤務する船に、非番日には被告人方に宿泊していた（捜状）。

　同年12月19日昼間に、Mは、この日離婚届を提出し、離婚した元妻Iとその親族に会い、自分の借金処理を約束して元妻Iに翌日電話すると言って別れ、同日午後7時30分ころから同9時過ぎころにかけて、宇品神田3丁目の「東来軒」にいた友人FにGと3人で酒を飲もうと電話し、Fが午後9時過ぎころ、Gが午後10時過ぎころに、Mの待つ宇品神田1丁目の「養老の瀧」で合流して一緒に飲食し、午後11時ころに、3人は、同店を出て宇品神田5丁目のお好み焼きに行き、そこでGの妻Hも加わって、翌20日午前0時ころまで飲食し、その後、4人がG宅に行き、午前2時ころ、Mは、FとG宅を出て宇品御幸4丁目の宇品第2公園付近に至り、そこで、Fと別れた。

　MがFと別れた場所は、被告人方から約1キロメートルの距離があり、徒歩で約13から15分の所であった。

　別れた当時、Mは、かなり酔って千鳥足の状態であり、Fの送ろうかとの申出を断り、被告人方に泊まれるのかと問いにも答えないで、広島電鉄宇品線の電車通りを渡って西側へ歩いて行き（Fの3回公判、Gの4回公判、H子の4、5回公判、I子の10回公判、検1と検28・捜状、検29・写報）、その後、翌年1月4日午前8時20分ころ、水死体で発見されたのである。

5　被告人の 1993 年 12 月 19 日以降の行動（自白供述を除く）

　同日午後 8 時 56 分に、自宅から同僚 K へ電話している被告人に、M が「お前も後から来い」と声を掛けて、被告人宅を出て行った（K の 8 回公判、被告人の 31 回公判、検 168・電話料金領収証）。

　翌 20 日午前 5 時過ぎに、被告人は、第 1 桟橋に行き（検 30・N の員面、被告人の 31 回ないし 33 回公判）、同日午後 1 時 6 分ころ、被害者の通帳、印鑑を広島銀行皆実町支店に持参して、有印私文書偽造、同行使、詐欺の犯行に及んだ。

　M の元妻 I は、M が電話をすると言った 20 日に電話が架からなかったことから、翌 21 日、連絡先として聞いていた被告人方に 2 回にわたり電話を架け、被告人方の留守番電話に、連絡されたい旨の伝言をした（I の 10 回公判）。

　その後の 12 月 27 日午前 9 時 12 分ころ、被告人は、再度被害者の通帳、印鑑を広島銀行広島駅前支店に持参して、有印私文書偽造等の犯行に及んだ。

6　第 1 桟橋の状況等

　広島港の航路には、H 汽船の I 丸、S 丸ほか J 汽船の K 丸など 6 隻のカーフェリーが定期運航し、広島県営桟橋のうち第 1 桟橋上には、コンクリート製の防絃台座（以下「本件コンクリート台」という。その高さは 1.2 メートルである）が東端と西端沿いに 3 個ずつ設置されていて、各防絃台座の海側の状態は、垂直になっていてゴムフェンダーが取り付けられている。

　同桟橋東側に停泊中のカーフェリーに船員が乗船する方法の 1 つとして、本件コンクリート台の上に上って、カーフェリー船尾右舷側のスタンデッキの端に設置してある手すりを持って、手すりの直下にある鉄製防絃部（以下「上部防絃部」という）に足を置き、船側に乗り移って、手すりを乗り越え、スタンデッキに乗り移るということを行っていて、M もこの方法で乗船した経験があり、被告人もこの乗船方法を認識していた。

7　供述心理にかかる鑑定

　本件事件では、供述に関する 2 名の学者による心理学的鑑定が採用されている。控訴審判決（以下「本判決」という）に影響を与えたと思われる鑑定結果としては、

①自白が真実であると考えると心理学的に不自然である点が多くあり、虚偽自白であると考えた場合、被告人の心理学的特徴とその置かれた状況から、矛盾がないこと
②上申書の文体が自発的に書かれた文体と異なる特徴が認められ、他者の影響を受けて書かれた可能性が高いこと

などの鑑定結果が得られたが、本判決が判決文中に引用した部分は、被告人の知的能力が劣ることの心理学的調査結果だけであり、裁判所での供述分析への理解の乏しさが見て取れる。

第4　本件争点

　本件では、凶器などの客観的証拠や殺害の目撃者もなく、被告人をその犯人とする証拠としては、被告人の捜査段階での上申書および自白調書が唯一のものであり、本件争点は、捜査段階の自白および上申書の信用性ということになる。

第5　殺害に関する供述の状況

1　Mの殺害に関する捜査段階の自白と否認が交錯する特異な経過

　被告人は、1月5日、任意同行されて事情聴取が開始された約40分後に、預金の引き出しに関する事実を自白し、その約1時間後に、Mの殺害についても自白し、引き続きて、殺害を認める上申書を作成し、その後、以下のように自白と否認とを繰り返す特異な取調べ経過を呈した。

月日 1994年	警察での取調べ		検察官（等）での取調べ		弁護士の接見	
	調書等	殺害の認否	調書等	殺害の認否	接見弁護士	殺害の認否
1月5日	任意同行	否認のち自白				
	上申書	自白				
	弁解録取	自白				
1月6日	検113号	自白				
1月7日	検114号	自白				
			弁解録取	否認		
			勾留質問	否認		
	検115号	自白				

1月8日	検116号	自白				
					W弁護士	否認（以下同）
	検117号	自白				
1月9日	検118号	自白				
1月10日					M弁護士	否認（以下同）
	検119号	自白				
1月11日	検120号	自白				
	検121号	自白				
			検138号	自白		
1月12日	検122号	自白				
1月13日	検123号	自白				
1月14日	検124号	自白				
	検125号	自白				
1月15日	検126号	自白				
1月16日	検127号	自白				
1月17日			検139号	自白		
1月18日	検128号	自白				
			検140号	途中より自白		
			検141号	否認		
			検142号	自白のち否認		
1月19日	検129号	自白				
1月20日	検130号	自白				
			検143号	否認		
			検144号	自白		
1月21日					H弁護士	否認（以下同）
	検131号	自白				
	検132号	自白				
1月22日	検133号	自白				
			検145号	否認		
1月23日	検134号	自白				
			検146号	否認		
			検147号	否認		
			検148号	否認		
	検135号	自白				
1月24日	検136号	自白				
			検149号	否認		
			検150号	否認		
			検151号	否認		
			検152号	否認		

| 1月25日 | 検137号 | 自白 | | | | |

(注　本表は主任弁護人が第51回目撃証言研究会〔日本弁護士連合会〕で配布した報告資料から転記した)

2　警察官Sの原審供述内容

　警察官Sの原審供述によれば、本件詐欺等について被告人を追及したが、被告人は、当初「知らない。やっていない」などと言って否認し、預金の払戻請求書の指紋等の証拠があることを告げたところ、同日午後4時30分ころ、本件詐欺等を自白し、さらに、諭すように説得したところ、その1時間位後に「すいませんでした」と涙を流しながら、Mを殺したことを自白したなどと供述する。

3　被告人の原審供述内容

　被告人のMの殺害を否認する検察官調書の供述（原審検139号等）によれば、本件上申書を作成したのは、警察官Sが怒鳴るように厳しい口調でMを殺したのではないかと言われ、殺していないなどと答えると、殴りそうな感じで質問してきたからであり、握り締めた拳で殴りそうに思えて怖かった。また、取調べの際、同刑事から、「目撃者が何人もおり、お前がMを殺したことは分かっている」と言われ、それでもう逃げられない、犯人でないといっても通らないと思ったことも、少し泣いてしまったこともあり、「僕が海に突き落として殺しました」などと殺害をみとめたのも間違いなく、本件上申書のうち、宇品の桟橋にMを誘い出して、フェリーに乗ろうとしたときに、後ろから手で押して海に落としたという内容は、刑事から言われたわけではなく、勝手に話を作って書いたものであり、殺した理由も、頭の中で考えて書いたことであり、2頁目の、Mの成仏を願って本当のことを言ったということは、このときの被告人の間違いない気持ちであるなどと供述する。

第6　自白の信用性判断

　本件事件は、殺害について、これを証明する客観的証拠がまったくなく、したがって、控訴審の判断は、被告人の自白と上申書の信用性（一審では任意性も争点であったがこれを否定した）にかかる事案であり、以下、本判決の判断について紹介する。

1　捜査段階の自白内容と自白および上申書の作成および供述経過等

ア 自白内容

　被告人の自白は、Mが、1993年12月20日午前2時30分ころ、酒に酔った状態で被告人方に帰ってきた様子を見て、Mに対し、「船に飲みに行こう」と言って誘い出し、同人とともに第1桟橋まで歩いて行った。同日午前3時ころ、同所において、Mが、同桟橋東側に停泊していたI丸に乗り込むため、同桟橋の最も北寄りのコンクリート台に上がった。そして、Mが、被告人に背中を向け、そのカーフェリーに乗り込もうとしたとき、被告人は、Mの背中を両手で押し、バランスを崩したMは、カーフェリーと同桟橋との間に転落して海中に沈んだというものである。

イ 1月5日の自白および上申書作成の経過について

　任意同行されてきた被告人を1994年（以下、年を除く）1月5日午後3時50分ころから、警察官Sが取調べを開始したところ、被告人は、当初Mの預金を払い戻したこと自体を否認していたが、同日午後4時30分ころ、本件詐欺等の事実を自白し、次に、同日午後5時40分ころ、Mを殺害したことを認め、同日午後5時50分ころから同日午後6時30分ころまでの間に、本件強盗殺人の公訴事実を認める内容の上申書（原審検110号。以下「本件上申書」という）を作成し、続いて、同日午後6時40分ころから同日午後7時5分ころまでの間に、預金通帳等の隠し場所等を記載した上申書（原審検111号）を作成した。

ウ 1月6日以降の供述内容と供述経過

　1994年1月5日に本件強盗殺人の公訴事実を認めて、本件上申書を作成したあとの同日午後11時15分ころ、被告人は、酒に酔っているMを、1993年12月20日午前3時ころに広島県営桟橋まで連れて行き、I丸（フェリー）が停泊している桟橋の上から、両手で強く同人の背中を押して、海中に転落させて殺し、殺した動機は、Mが持っている預金通帳に入っている預金が欲しかったからであると供述し、翌1月6日には、本件強盗殺人の公訴事実を認め、現場検証でもその旨指示説明したが、1月7日の検察官による弁解録取および裁判官による勾留質問では本件殺人を否認し、1月8日から同月24日までの連日、警察官に対しては本件殺人等の事実を認め、その間の同月11日のM警察署における検察官の取調べでは本件殺人の事実を認めたが、同月17日以降の検察庁における検察官の取調べでは本件殺人の事実を否認し、またその後自白に転じ、18日の検察官の取調べでは、いったん本件殺害したことを認めたあと、調書の読み聞けの際に、本件殺害を否定して署名指印をしないと

述べて拒否し、同月20日に本件殺害を認めたのを最後に、その後一貫して本件強盗殺人の公訴事実を否認し続けた。この間の弁護人との接見は、1月8日に接見が開始されてその後ほぼ1日置きに行われた。

2 自白等の形成経過と信用性

ア 検察官の主張

検察官は、何人も自己に不利益な事実を任意に供述する場合、殊に強盗殺人のように凶悪重大犯罪の場合には、通常その事実が真実であることは経験則の教えるところであり、任意調べ開始からわずか1時間40分後に本件強盗殺人を自白したものであって、任意捜査の初期の段階であえて虚偽の自白をすることは考えられず、被告人が上記のような経過で本件強盗殺人の公訴事実を自白したのは、正に身に覚えがあったからにほかならず、被告人が取調官に迎合したとか取調官を恐れたなどと考える余地はなく、また、被告人には身に覚えのない本件強盗殺人の公訴事実を創作して自白する理由は何もないうえ、短時間のうちに、身に覚えのない強盗殺人についての迫真性に満ちた自白を創作し、供述するなどということはできることではなく、以上のような取調べおよび自白に至った経緯等によれば、自白の信用性はきわめて高いというべきであると主張した。

イ 1月5日付自白および上申書に関する控訴審の判断

警察官Sが被告人を怒鳴ったり、机を叩いたり、握り拳を作って殴るような素振りをしたことや目撃者がいるなどと言ったことは認められず、また、あえて「△△県営さんばし」を犯行場所として誘導するとは考え難く、前記のような狭い場所に、しかもコンクリート台の上から突き落としたことを殺害方法として誘導することは不自然というべきであるが、被告人は、本件詐欺等の事実について、当初否定していたが、同刑事から証拠を突き付けられたうえ、厳しく問い詰められた結果、自白せざるをえなくなったものであり、その際、被告人がある程度同刑事を恐れる感情を抱いたであろうことは、1月16日以降における被告人の特異な供述経過に照らしてみても、十分推測される。

さらに、本件上申書に記載された殺害方法等は、同桟橋の状況や船員の日ころの乗船方法等を知っている者にとっては、格別独創的なものと認められず、被告人がMを殺害していないとしても、その知識・経験等に基づいて、本件上申書に記載されているような犯行場所、殺害方法等を考え出して、その旨虚偽の自白をすることが不可

能とはいえず、被告人には軽度の知的障害が認められ、被告人の自白の信用性を肯定する方向に働く事情もあるが、被告人がMを殺害していない場合であっても、本件上申書の記載内容等を創作して供述することは不可能でないうえ、Mが殺害されたとの客観的証拠はなかったのに、Mの預金を引き下ろしたことと関連付けられてなされ、知的能力の低い被告人が、返答に窮してしまい、その場の追及から逃れるため、Mを殺害した事実を創作して供述したものと見る余地もあり、1月6日以降における被告人の供述経過がきわめて特異な状況を呈していることをも考慮すると、被告人の自白の信用性については、なお慎重な検討が必要であるとして、自白等の信用性に疑念があると判断した。

ウ　1月6日以降における自白に関する控訴審の判断

被告人は、1月6日以降、Mを殺害した事実自体については、警察官には一貫して自白を維持したうえ、検察官にも本件殺害を認める供述をしたものの、その供述経過全体をみると、被告人の自白は真犯人が良心に基づいて真実を供述したものとするには不自然な点があり、また、検察官にはその供述が揺れ動き、最後は明確に事実を否認する供述が続いているのであり、こういった事情を総合すれば、同日以降における被告人の供述経過は、自白の信用性を高めるものとは認め難いと判断した。

3　預金の払戻し行為と自白の信用性

ア　検察官の主張

検察官は、被告人が1993年12月20日と12月27日の2回にわたってMの預金を引き出したのは、同人が生存していれば、発覚を免れず、同人が死亡していることを認識していたからこそ敢行したものであり、Mを死亡させたからにほかならないと主張し、一審判決が、被告人の預金取得行為を目して、殺害犯人でなければ決してできないとまではいえないとの判示は、被告人の預金の払戻し行為（間接事実）のもつ意味を無視した判断であると主張した。

この主張は、自白の裏付けとなる客観的事実として、また、自白の合理性を主張するものと考えられる。

イ　控訴審の判断

①1度目の払戻しは、Mに9,000円を取られて所持金がなくなり、Mの預金の取得を思いつき、これまでMに30万円くらい貸していたので、Mがそんなに文句をい

わないだろうと思ったこと、②Hビルに勤務して売店業務に従事しているとき、売上金を着服したことが会社に判明して2度としないと約束したのに、再度売上金を着服して、会社を解雇され、その後、関連会社にアルバイトとして雇用されたのに、売店の物品をまた盗んで解雇されたことを認めたうえで、Mが生存していれば、預金払戻し行為が容易に発覚する態様の重大な不正であり、Mを納得させる弁解困難な重大な行為であっても、被告人が場当たり的に行う行動傾向の人物であるとし、③Mが家賃を分担することもなく、被告人が買っていた食料品を無断で食べて代金を支払わず、被告人が貸していた金員を返そうとしなかったことから、被告人の意識として、Mの預金を引き出すことが、船内での売店の売上金を抜き取ることよりも抵抗感が少なかったと推認され、④2度目の払戻しも、その後もMが帰って来ないばかりか、同月23日になっても会社に出勤しないで行方不明になっていたことから、同様に同月27日に再び預金を引き下ろしたものと推認されるとし、結論としては、2度の預金の払戻し行為という間接事実から、被告人がこの事実を知らなければ、前記預金を払い戻すことがありえないとまではいえないと判示し、預金の払戻し事実によって、自白を裏付けるものとも、また、自白に合理性があるとまでいえないと判示した。

4　飲酒を口実にMを誘い出したとの自白の信用性

ア　検察官の主張

　検察官は、①一審判決が認定するとおり、非番で深夜の時間帯に、Mが乗船しない他船に酒を飲みに行くことは通常考えにくいが、②Mは、同桟橋から程近い被告人方に寄宿し、直前まで飲酒していたのであるから、引き続き近くに停泊中の勤務先会社の船で飲酒するために出かけたとしても不思議ではないこと、③帰宅した際のMの飲酒状態に関する供述、出かける際の着替をした旨の供述、第1桟橋に行く途中の電車通りでその時道路工事がなかった旨の供述、途中でMに肩を貸して痛かったなどという犯行状況の被告人の供述が具体的、迫真性があることから、被告人の供述が十分信用できると主張した。

イ　控訴審の判断

　①被告人は、I丸やS丸の船員や乗務員以外の者が勤務後等に船内の船員食堂で飲酒することがあり、各自翌日の勤務に備えて適宜就寝し、その時間が午前零時を大きく超えることはなかったことを認識していたと推認されること、また、②船員らが飲酒を終えて就寝していることが明らかな時刻である午前2時過ぎに出航を数時間

後に控えているカーフェリー内での飲酒に誘う行為はきわめて非常識で、過去にもそのような事実もなく、Mが飲酒酩酊して帰って来たとはいえ、このような口実でMを誘い出したとする被告人の自白には、疑問があること、③被告人の犯行に至る事情の供述は、検察官の主張するとおり、具体的な供述ではあるが、犯行自体からは遠い事柄に関する供述であって、必ずしも犯人でなければ供述できないものとはいい難いこと、かえって、④被告人が、船で酒を飲もうという口実でMを誘いだそうとしたのであれば、第1桟橋に同人が乗務するI丸が停泊しているか否かについて大きな関心を有していたはずであるが、被告人の自白調書には、この点を気にしていたような供述が何ら記載されず、犯人の供述としては迫真性に欠けるなどと判示し、被告人の供述の信用性に疑問があると判示した。

5 Mがカーフェリーを誤認した供述の可能性と信用性

ア 検察官の主張

12月19日には第1桟橋の東側にI丸、西側にS丸が停泊していたが、被告人はMが東側に停泊しているS丸に乗ろうとした際、背中を押して海中に突き落としたと供述した事実について、一審判決が、I丸の乗務員であるMが東側に停泊するS丸をI丸と誤認することは酔っていたといえ、およそ考えられないなどとし、被告人がMを船に誘って桟橋にいったこと自体疑問が残ると判示したことに対して、①Mは飲酒酩酊して注意力が散漫となっていたこと、②Mが東側に停泊している船を休暇前の乗務時と同様にI丸と思い込み、見えにくい西側に停泊する船（I丸）に注意を向けることなく、S丸に乗り込もうとした可能性が十分あること、③MがS丸と知りながら、その売店の酒を飲もうと考えて乗り込もうとした可能性もあるとして、Mの行動を合理的に説明できると主張した。

イ 控訴審の判断

①第1桟橋におけるカーフェリーの係留状況等は、同日午後、翌20日午前6時の始発便となるS丸が第1桟橋東側到着後そのまま同所に停泊し、最終到着便のI丸が第1桟橋西側に入り同所で停泊することに変更されたために、結局、同月20日午前3時ころは、第1桟橋東側にS丸、第1桟橋西側にI丸がそれぞれ停泊することになったが、本件当日第1桟橋に行った場合、Mは、同桟橋に到着するまでは、同桟橋東側にはI丸が停泊していると考えていたと推認されること、②Mが、第1桟橋東側に停泊しているS丸に乗り移ろうとした時点においても、その船がI丸であると

誤認しえたか検討すると、I丸とS丸とは外形上、全体の形状等がかなり似通っているものの、各船の両舷側板には、それぞれの船名が大きく書かれているうえ、船体両舷にペンキで引かれたラインの色がI丸がオレンジ色などでS丸が青色とまったく異なり、また、S丸にはスタンデッキに防風壁があるのに、I丸にはスタンデッキには防風壁がなく、そのうえ、第1桟橋における夜間の照明等に関する1月27日付検証調書（原審検99号）によれば、同桟橋東側に停泊しているS丸の右舷船尾付近の船名が約10メートル北側から確認でき、同桟橋西側に停泊している○丸の船名も、その約10メートル北側から確認できることから、本件当日午前3時ころの第1桟橋の付近の状況がある程度明るく、I丸および僚船であるS丸の特徴等を熟知しているMが一見すれば、両船を区別できたものと推認できると判示し、③MはI丸に専属乗務し、他人が乗務するS丸に、しかも、船員らが就寝中の深夜、単なる飲酒のために、午前6時に出向予定で船員らが起床して出港準備するS丸に、売店の酒を飲む目的で無断で乗り込むという犯罪行為になりかねない非常識な行為をあえて行う必要性があったとの事情も窺えず、また、売店のある客室は施錠されていて、船長らが宿泊している船長室、1等航海室らを通ってまで売店に行って飲酒するという非常識な行為をあえて行おうとしたものとは認めがたいと判示し、④結論として、Mは、第1桟橋で本件コンクリート台に近付いた時点において、停泊中の船がS丸であることに気付いた可能性が高いというべきであり、また、これに気付きながら、飲酒のため同船に乗り移ろうとしたとは考え難いと判断し、被告人の自白には、Mの前記行動に関して疑問があると判示した。

6　船名の供述の変遷と自白の信用性

ア　検察官の主張

　一審判決が、上申書に、第1桟橋東側にはI丸が停泊していたと記載され、その後の自白において、東側にはS丸が停泊していたと船名を訂正、供述を変遷したことは、犯行と密接に関連する事項であり、自白供述全体の信用性に疑いを生じさせるとの判断に関して、検察官は、①S丸とI丸とは構造も類似し、外形上顕著な違いがないこと、②Mの隙を見計らい、海中に転落させて殺害しようとする緊迫した場面において、被告人の意識が船名などに関心が向かず、または余裕がなかったと見るべきであること、③被告人が直感的にI丸と思い込み、あるいは、Mがすぐにカーフェリーに向かったことからI丸と思い込んだ可能性が十分考えられることを総合すれば、被告人が当初I丸と思い込み、その後、船名の供述を変更して変遷したとしても

自白の信用性を否定する根拠となりえないと主張した。

イ　控訴審の判断

　船名について、本件上申書（原審110）には、「Mが勤務しているI丸に誘い出して、船に乗るとき後ろから押した」とあり、1月5日付弁解録取書（原審検112）には、I丸が停泊している桟橋の上からMを押したとあり、1月6日付警察官調書には、「Mを誘うとき、I丸が桟橋にいればいいなと考えていたのでその気持ちから上申書についい出てしまい……自分にしてみれば何の船であろうと殺したことには間違いない」とあり、1月8日付警察官調書によれば、「I丸が第1桟橋に停泊しているとは良く分からなかった……第1桟橋に到着した際、その東側には、S丸、O丸、I丸のどれか1隻が停泊し、桟橋が当時暗い状態で船名など見えなかったので、その船か全く分からなかった」とあり、1月9日実施の実況見分（原審検100）の指示説明では、「船名が書いてある方は見なかった」とあり、1月19日実施の検証（原審検99）では、「Mが防舷台に上がろうとしている時、船が違っていることに気付いた」とあり、同日付警察官調書で、「今までの3回の現場検証はI丸を使っているが、Mを殺した時の船はS丸だったと思う……実際に船名などのことは考えていなかった」と供述し、その供述の変遷経過によると、①被告人の供述は、船名について客観的事実と食い違うものがあり、Mを殺害するために、どの場所で、どのような方法でMを付き落とすのかなど第1桟橋の状況に注意を払う必要があり、船と桟橋との距離がどの程度かを確認したはずであり、そうすれば、S丸の船名、青色ライン、スタンデッキの防風壁の有無からS丸であることを確認できたはずであり、②被告人には酩酊の事実がなく、桟橋の入口からコンクリート台まで歩けば、それがS丸であることに気付いた可能性が高いこと、③したがって、船名に関する被告人の自白供述には信用性に疑問が残ると判示した。

7　犯行場所、殺害方法等に関する供述の合理性

ア　検察官は、被告人の自白は、犯行場所および殺害方法について、コンクリート台に上がったMを突き落とした点などは具体的であり、合理性を有すると主張した。

イ　控訴審の判断

　①コンクリート台を犯行場所とした点について、被告人の供述によれば、Mをコンクリート台に導いたものではなく、Mが自らコンクリート台に近づいたというのであり、

成り行き任せで不自然な印象を否めないこと、②本件犯行は、Mがコンクリート台に上がり、スタンデッキの手すりをつかむ前に突き落とすために、敏捷に行動する必要があるが、被告人はMから「早よ来いや」と言われてコンクリート台に上がったというのであり、殺害を企図してその機をうかがっていた者の行動としては不自然であること、③被告人がMの背中を押したのは、Mがコンクリート台の上で、スタンデッキの手すりの方向に手を伸ばしたとき、ほんの少しの力で押したというのであり、背中を押されたMは、そのままスタンデッキの手すりをつかむ可能性が高く、つかめなくても、両手を手すりの間に突っ込む形で体を支えることができ、Mが海に転落することが考えがたく、他により確実に海に転落させる方法があり、転落の可能性がきわめて低い方法で殺害した点で、被告人の自白は不自然かつ不合理であるというべきであると判示し、④加えて、Mが転落する際、Mの手は手すりや船体に触ったのか、Mの顔面などの身体が手すり付近にぶつかったのかなど、被告人が犯人であれば、ごく近くで目撃したはずの状況が何ら供述されていないのも、犯人の供述として不自然というほかないと判示した。

8　Mが本件コンクリート台に簡単に上がったとの供述の合理性

ア　検察官の主張

　一審判決が、「酒に酔い、まっ直ぐ歩くのも決して容易でなかったMが、被告人の自白にあるように、被告人が助けもなく『石に両手をかけて飛び上がるようにして』コンクリート台に『簡単に上がった』というのは不自然である」との判示に対し、Mは、他の助けを借りずに1人で歩くことが十分可能な状態にあり、また、酩酊により足元がふらつくからといって腕力が失われるわけでもないから、コンクリート台に1人で上がることは可能であったと主張した。

イ　控訴審の判断

　Mは、本件当日午前2時ころF等と別れた際、酩酊し、血液1g中に2.18mgのエタノール含有量が認められ、本件コンクリート台の高さは、1.2メートルであるところ、Mが本件コンクリート台に両手を掛け飛び上がるようにして簡単に上がったとの供述は、Mの前記酩酊による状態に照らすと疑問を抱かざるをえず、また、警察官3名（血液1g当たり1.55mg、1.99mgと1.93mg）の実験により、2人の警察官がコンクリート台に飛び上がることができたが、Mの酩酊状態に照らすと疑問を抱かざるをえず、肩を貸してMを連れてきた旨の被告人の供述との間に一貫しないものもあり、不自然な

印象を否めないと判示した。

9 道路工事が行われていないとの供述の信用性（秘密の暴露性）

ア 検察官の主張

1月8日付警察官調書（原審検116）によれば、被告人宅から第1桟橋まで歩いて行く際、当時行われていた電車通りの道路工事が行われていなかったことを思い出したとの被告人の供述は、体験供述であり、自白の信用性を補強すると主張した。

イ 控訴審の判断

①道路工事の状況、被告人方と道路工事現場と現場事務所の位置関係を認定し、現場の状況や現場事務所への作業員らの出入りの有無によって、被告人が12月19日の日曜日には道路工事が行われないことを知っていた可能性があること、②12月19日午後11時ころ自宅にいたことが認められ、工事に伴うエンジン音等が聞こえないことから道路工事が休みであることに気付いていた可能性があること、③1月8日までに捜査官らが聞き込み捜査等によって道路工事の休みの状況等を把握していた可能性があること、かえって、④「この日、私とMさんがこの道路を横断した時には、どうしたわけか道路の工事をしてなかった」との被告人の供述によれば、電車通りや工事現場付近に来るまで、道路工事が休みであることを知らなかったという趣旨であるところ、「他人に見られたらいけないという気持ちがあった」との供述があり、Mを自宅から第1桟橋に誘い出しというのに、「本件工事で作業員らに見られることを懸念する気持ちや見られる危険があるのに、同所付近を通る経路を選んだ理由などに関する記載が何ら存しない」のは、「殺害を決意した犯人の心理状況等を述べるものとしては不自然との印象を否めない」と判示し、「したがって、本件工事が行われていなかったとの供述は、被告人が自白にあるような行動を採らなくても供述が可能である上、その供述内容に不自然な点もみられるのであり、これが被告人の自白の信用性を補強するものとはいい難い」と判示した。

10 広島港の潮位と自白の信用性（秘密の暴露）

ア 検察官の主張

被告人は、1月5日の自白から、殺害時の状況として、「Mがコンクリート台に上がって乗船しようとした」旨供述するが、桟橋と船との高低関係は、潮の干満により

変動し、コンクリート台を使用できるのは、潮が満ちた時間帯に限定され、本件当日午前3時ころは、正にコンクリート台から乗船することに適する潮位であり、また、1月9日の実況見分の指示説明とも客観的な状況に符合し、警察官においてとうてい誘導できない事項であり、犯人でなければ知り得ない「秘密性」がきわめて高い供述であると主張する。

イ　控訴審の判断

　船に乗船するためには、コンクリート台に上がってスタンデッキの手すりに手をかけ、上部防舷部に足をおけるような潮位の場合にかぎられ、第6管区海上保安本部の回答によれば、本件当日午前3時ころの潮位の場合、コンクリート台から上部防舷部までの高さは約0.4メートルであり、コンクリート台を利用して乗船することに適する状態といえ、1月9日の実況見分（原審検100）の際に、被告人が指示した位置の高さとも食い違いが約0.15メートルであり、被告人の自白のうち「Mがコンクリート台に上がって乗船しようとした」との供述および前記実況見分時の指示説明は本件当日の潮位の状況と符合している。

　しかし、被告人は、平成元年ころから船に乗船して働いていたものであり、また、コンクリート台を利用して船に乗船した経験もあり、潮位やこのような乗船方法に関するある程度の知識を持ち、これに適した潮位はかなりの時間継続するものとみられ、「Mがコンクリート台に上がって乗船しようとした」事実を体験していなくとも、被告人が潮位や乗船方法に関する知識などに基づいて虚偽の供述をした可能性が無視しえない程度にあり、自白の信用性を大きく高めるとみるべきではないが、S丸の船長Sによれば、潮位からコンクリート台とスタンデッキとの高低差の推計値と現実の高低さが0.61メートルであるのに対し、被告人の推計値が0.15メートルにすぎないことに照らすと、被告人が実際に体験した事実を述べたものである可能性が相当あるというべきであり、自白の信用性を高めると判示した。

11　Mが海中に沈んだ際の海水音の供述の合理性

ア　検察官の主張

　Mが海中に沈んだ際の状況につき、被告人が犯人であり「海面からバシャバシャという水音が聞こえた」のであれば、強く印象に残ったはずであり、記憶が喚起されたり、記憶違いをすることはないとの原判決の判示について、Mを海中に突き落とした直後の被告人は、犯行を敢行した直後の冷静さを欠く状態にあって、後に記憶

が喚起されることもあり、供述の変遷に不合理性・不自然はないと主張した。

イ　控訴審の判断

　Mを海中に突き落とした直後の状況に関する被告人の供述は、上申書には、「Mさんが海の中へぷくぷくとあわをたててしずんでいきました」とあり、1月6日付警察官調書には「海中にドボンブクブクという音と共に沈んでいったのです」とあり、1月8日付警察官調書には「Mさんはドボーンという音をたてていました。……海面からバシャバシャという音が聞こえた」とあり、1月24日付警察官調書には、「『ドボーン』という音で、続いて『ブクブク』という音はかすかに聞こえたように思います」とあり、被告人にとってはMが海面に浮上してきたことを示す「バシャバシャ」という音は、「ドボン」という音に続く「ブクブク」という音以上に、M殺害の成否に関わる重大な事実として強く印象付けられてしかるべきであり、「ブクブク」という音を記憶していたというのに、「バシャバシャ」という音がしたという事実を当初失念していて後に記憶を喚起したというのは不自然と思われ、自白の信用性に疑問を生じさせる一事情となると判示する。

12　Mの左靴に付着していた塗膜片と自白の信用性

ア　検察官の主張

　広島県警本部刑事部科警研の鑑定の結果によれば、水死したMが着用していた左靴に付着していた塗膜片とS丸の右舷船尾側付近の船底部の塗膜片とが同種のものであると鑑定され、Mが足をばたつかせるなどして左靴と船底部とが接触して付着した可能性が高いのであり、自白の殺害の場所および方法に関する中核部分において、塗膜片という物的証拠によって裏付けられていると主張する。

イ　控訴審の判断

　S丸は建造後2回中間検査を受けて、その都度、船底部の全面に2号塗料が塗布され、剥脱した場所には1号塗料を塗布したうえ、2号塗料が塗られ、場所によって、塗装の状況が異なり、鑑定資料の塗膜片を採取した場所は、Mの落下地点とされる船体部分から6ないし7メートル離れた場所であり、本件塗膜片と同種のものが、採取されたS丸の塗膜片の中に存在したとしても、これと前記落下地点とされる船底部の塗膜とを同種のものとすることには疑問があり、塗膜片は場所により異なると認められ、I丸やO丸の塗膜片と一致しなくとも左靴の塗膜片がI丸やO丸の船底部の塗膜

が付着したものではないといえず、さらに、コンクリート台から海中に落下した場合、海中の同人の足と船底部との間にはかなりの距離があり、足をばたつかせるなどしても、靴が船底部と接触したと考えることは疑問があり、以上、いずれの点にも疑問があり、塗膜片が自白の信用性を裏付けるとはいえない。

13 動機と自白の信用性

ア 検察官の主張

検察官は、原判決が、自白について、本件強盗殺人の犯行動機として挙げられている事情を全て総合しても動機として弱く、不十分な感を否めないと判示したことに対し、①被告人は、顕著な浪費癖があり、本件当日ころ、所持金がわずかとなっていたこと、②使い込んでいた親族旅行費用を是が非でも補塡しなければならない状況に追い込まれていたこと、③Mに対し、相当強い不満を感じ、同人を嫌い、疎ましく考えていたことを総合考慮すれば、本件強盗殺人を企図したとしても何ら不合理ではなく、動機として十分に首肯しうると主張する。

イ 控訴審の判断

被告人が金銭に窮していたことや、Mを疎ましく思っていたこと等の事実が認められるが、被告人には、粗暴な犯罪歴や行動傾向等がみられず、また、被告人の自白では、本件強盗殺人は、事前に計画して行われたとされているのであり、このような形態での強盗殺人においては、被告人が金銭に窮していたことや、Mを疎ましく思っていたことなどの前記諸事情を総合考慮しても、なお犯行の動機としては薄弱といわざるを得ないと判示した。

14 被告人の本件当日以降の言動と自白の信用性

ア 検察官の主張

検察官は、①被告人が12月30日にO丸の船員と飲酒した際および1月4日にYがMの荷物を取りに来た際、Mが本件当日以降も生きていたことを前提とする言動をしていることは、Mが12月20日午前2時から間もない時間に死亡した客観的事実とそごし、生存していたことを装ったと見ることができること、②Mが被告人方に帰ってこず、12月27日ころに捜索願が出されたことを知ったにもかかわらず、Mの安否を心配したり、真剣にその行方をさがしていないこと、③本件事件当日の朝、N子に長

電話していることは殺害に伴う精神的動揺を示すものといえることから自白の信用性をさらに高めるものであると主張する。

イ　控訴審の判断

被告人は、Mが行方不明になっていることを知っていたTらから、Mはどうしたのかと尋ねられて、Mが同月23日ころ被告人方を出たまま帰って来ないなどと述べたこと、また、1月4日に警察からMの遺体が見つかったとの連絡を受けたYが、同日午後2時ころに被告人方までMの荷物を受け取りに行った際、被告人に対し、Mと最後に会ったのはいつかと尋ねたところ、12月20日午前8時30分ころMと一緒に被告人方を出て、そこで別れたのが最後であったと述べたこと（被告人は控訴審で否定するが）が認められ、この言動が客観的事実に矛盾するところ、被告人が虚偽の説明をし、Mの20日以降の生存を偽装するにつき、そのような偽装が殺害の事実の発覚を防止することにつながるとは考えられず、他に何らかの必要があったとも認め難く、Yに午前8時30分に別れたと述べた直後に、警察官Sに対して、同月19日夜であると述べたことが認められ、被告人が20日以降の生存を偽装したとするには不自然であり、軽度の知的障害のある被告人が日にちに関する曖昧な記憶のまま、その都度適当な日にちを述べたものと考える余地があり、被告人の前記言動が、被告人の自白の信用性を高めるものとは認め難いと判示した。

15　被告人の虚偽弁解と自白の信用性

ア　検察官の主張

検察官は、原判決が、自白の経過、預金の引き下ろしおよび本件当日朝の行動等に関して、被告人は不合理または虚偽の弁解を重ねていることを是認しながら、被告人には場当たり的、前後の脈略すら考慮しない傾向があり、その弁解の不合理さは自白の信用性を増すことにはならないとの判示に対し、①被告人が無実の者であれば、一貫した納得しうる説明が可能なはずであり、②その弁解の不合理性や虚偽性は、被告人の自白の信用性ないし真実性と裏腹の関係にあり、③他の間接事実ともども、自白の信用性を増強する事由となると主張する。

イ　控訴審の判断

1月5日の取調べ状況に関する被告人の原審公判供述は、変遷も目立ち、全体として不合理な内容のものといわざるをえないが、この不合理性は、証拠により認めら

れる前記自白に至った経緯等とともに、自白の信用性を疑わせるものというべきであるが、自白の内容なる事実自体にかかわるものではないから、被告人の自白が事実を創作して供述したものとみる余地もあり、前記判断を左右するものではないと判示した。

16 結論

　控訴審判決は、①捜査段階の自白調書や上申書について、任意の取調べ後の2時間後に自白をし、上申書を作成した事実に関して、その取調べには、暴行、脅迫、誘導や目撃者の存在の告知をした事実が認められず、被告人の自白に信用性を肯定する方向に働く事情というべきであること、②また、被告人が実況見分の際に行った殺害当時のおけるカーフェリーの手すりの高さに関する指示説明が、当時の客観的な潮位の状況にはほぼ符合すること、③被告人が、本件当日である1993（平成5）年12月20日および同月27日の2回にわたって、Mの預金のほぼ全額を引き下ろしたこと、④本件当日午前2時ころ、MがFと別れた際、被告人方に帰ろうとしていたと認められることなどの事実は、自白の信用性を高めるものと評価すべき事情も存在する。

　しかしながら、被告人は、①1月5日に自白した2日後である同月7日には、早くも本件強盗殺人の公訴事実を否認したうえ、検察官の取調べにおいては、供述が揺れ動き、最後は明確に事実を否認するに至っているのであるから、その供述経過全体をみると、これが自白の信用性を基礎付けるものとは言い難いことや本件殺害の動機も薄弱であること、②検察官が重視する被告人方から第1桟橋に赴く途中の道路工事の状況やMの靴に付着していた塗膜片などは、必ずしも自白を裏付けるものとはいえないこと、③自白の内容をみると、被告人が供述するような殺害方法では、Mが海に転落しないのではないかとの重大な疑問があり、仮にそのような方法で転落したならば同人の身体に残るものと考えられる痕跡が死体にないこと、④自白の核心部分である殺害方法の供述、Mをカーフェリーでの飲酒を口実として誘い出したとの供述やMの乗船する船ではないS丸に乗り移ろうとしたとの供述には不自然かつ不合理な点があり、当初の自白には、Mが乗り移ろうとしたカーフェリーの船名が客観的事実と異なる供述があり疑問があること、⑤被告人が犯人であれば供述すると思われるにもかかわらず、供述されていない重要事項（たとえば、被告人が本件コンクリート台の上でMの背中を押した直後、Mの手はスタンデッキの手すりや船体などに触ったのか、同人の顔面などの身体は手すり付近にぶつかったのかなど）が存在することなどと判示し、被告

人の自白は、本件強盗殺人の公訴事実を認定する証拠としては、その信用性に疑問があるというべきであるとし、本件強盗殺人の公訴事実について、犯罪の証明がなく、原判決に本件強盗殺人について事実誤認はないとした。

第7　まとめ

　本件事案は、まさに自白の信用性の有無が判決を左右する事件であり、「自白と闘う」という表題に相応しい事案である。
　第1部の無罪事例には、多くの自白の信用性を否定した事例が紹介されているが、本件事案は、捜査段階の自白調書の形成過程が、警察官と検察官とで、自白と否認とが繰り返され、取調官によって交錯するという特異な経過をたどり、虚偽自白がなされる要因を推測されるからである。
　この点で、任意性自体に問題があると思われるが、この点は措くこととして、結局、被告人は、被害者Mの預金を引き出したという負い目を抱え、そのことから誤ったストーリー＝本件殺害を行ったと曲解した取調べ警察官の厳しい追及に遭って、返答に窮し、自白したものと推測するのが自然であり、それゆえに、厳しい追及と思えない検察官に対しては、本件殺害を否認したと考えるのが合理的である。
　仮に、被告人が本件殺害の真犯人であれば、同じ日に取調べた警察官と検察官とで、一方で自白し、他方で否認するなどということはおよそありえないと思える。
　この点で、控訴審において、心理学的鑑定が実施され、検察官が同意しなかったために鑑定のすべてが証拠とならず、判決中にも知的能力に関する事実以外の鑑定が引用されていないが、裁判所は、鑑定書を一読している可能性があり、被告人に知的能力に問題があるとの判示には、「真の自白であると考えた場合に、心理学的に見て不自然」と考えられる心証を有していたものと思われる。
　この私的鑑定の必要性については、公判前整理手続を前置とする裁判員裁判が始まり、自白の信用性が争点となる事案においては、裁判所による鑑定の実施が認められないことを予測して、私的鑑定を行う必要性を示唆している。
　また、本判決は、従来の判例、通説の自白の信用性に関する判断基準（注意則）に沿って、自白の内容について詳細な分析とその判断を示している。
　すなわち、自白の信用性にかかる判断基準としては、概略、
　　① 自白の動機やその形成経過に不合理、不自然がないか
　　② 自白を裏付ける客観的資料がないか
　　③ 自白と客観的事実に齟齬や矛盾がないか

④　自白に秘密の暴露あるか又は無知の暴露（犯人であれば当然あるべき体験供述）がないか

⑤　自白内容が不自然、不合理的でないか

などの観点から自白内容を分析・検討し、その信用性を判断するのが一般的である。

この点、控訴審は、①自白の動機や形成経過について、動機が不十分であり、その形成経過が不自然であること（前記第6・13、2）、②自白を裏付ける客観的資料がないこと（前記第6・3、12）、③自白と客観的事実とに齟齬があること（前記第6・5、6）、④秘密の暴露がなく、むしろ、無知の暴露が認められること（前記第6・9、10）、⑤自白内容が不自然、不合理であること（前記第6・4、7、8、11）を総合的に考えて、自白等の信用性を否定し、無罪を言い渡したものであり、自白の信用性にかかる判断基準の参考事例として、精読する価値のある判例であり、また、供述心理学的鑑定をはじめ、不自然、不合理な供述に対する弾劾証拠の取調べなどの積極的な弁護活動の成功例といえる事案である。

4

目撃供述と闘う

自民党本部放火事件

一瀬敬一郎

第1 事件の概要と目撃供述

1 事件の概要

(1) 自民党本部放火事件とは

　1984（昭和59）年9月19日、その当時政権党だった自由民主党の党本部のある自由民主会館の建物が時限式火炎放射装置を使ったゲリラと思われる攻撃によって放火され、同建物の500平方メートル以上を焼燬した。これが自民党本部放火事件である。事件後Q派は機関紙等で同派の組織が本件放火を敢行した旨の記事を掲載した。

　事件発生の翌年の1985（昭和60）年4月、Q派の活動家である被告人（当時40歳）が逮捕され、翌5月に現住建造物放火・道路運送車両法違反で起訴された。

　公判は同年9月から始まり約6年間の審理を経て一審は無罪判決（1991〔平成3〕年6月）、控訴審は控訴棄却判決（1994〔平成6〕年12月）で被告人の無罪が確定した[1]。なお筆者は捜査段階から本件の弁護人を務めた。

　公判審理上の争点は目撃供述の信用性で、本件放火事件は目撃供述に関する証拠評価の注意則を抽出した司法研修所編『犯人識別供述の信用性』（法曹会、1999年）の調査裁判例一覧表の35番（一審判決）と72番（控訴審判決）として取り上げられている。

(2) 公訴事実

被告人が起訴された上記の2つの罪名の各公訴事実の内容は次のとおりである。

① 現住建造物放火の公訴事実

「被告人は、ほか多数の者と共謀の上、東京都千代田区永田町1丁目11番23号財団法人自由民主会館所有の建物（鉄筋コンクリート造り9階建て）を時限式火炎放射装置を用いて焼燬しようと企て、1984年9月19日午後7時35分ころ、右火炎放射装置を荷台に各設置した保冷車型普通貨物自動車2台を同建物北側に隣接する飲食店南甫園駐車場に駐車させ、右各自動車から時限装置によってボンベ内の高圧ガスをガソリン及び灯油の混合油入りのボンベ内に流入させ、そのガス圧によりノズルから右混合油を噴出させてこれに点火し、その火炎を同建物に向けて放射して火を放ち、よって人が現在する同建物の3階から7階までのうち約523平方メートルを焼燬したものである」。

② 道路運送車両法違反の公訴事実

「被告人は、ほか1名と共謀の上、1984年9月19日午後7時20分過ぎころから午後8時ころまでの間、東京都港区元赤坂2丁目2番21号先から同都千代田区六番町13番地1先に至る間の路上において、普通貨物自動車の前・後部に、厚さ約1ミリメートルのアルミ板を金型でプレスして文字数字部分を打ち出し、白色塗料を塗布し、文字数字部分に緑色塗料を塗布して偽造した足立××ひ××××の自動車登録番号標各1枚を着装した右普通貨物自動車を走行させ、もって偽造にかかる自動車登録番号標を使用したものである」。

上記①②の各公訴事実について後述する争点の3人の目撃者の目撃供述と関連する範囲で若干説明する。

まず上記①の「時限式火炎放射装置」は、各「保冷車型普通貨物自動車」に2組ずつ積載されていたが、同火炎放射装置は50キロガソリンボンベ3本、電磁弁2個、圧力調整器1個を1組としていた。したがって本件放火には電磁弁8個と圧力調整器4個が使用されていたことになる。

検察官は、本件犯行に使われた上記電磁弁および圧力調整器を犯行約1カ月半前の1984年8月1日に東京都内の2つの店舗で被告人が購入したと主張し、その事実を目撃証人N子（C社の秋葉原営業所で被告人に圧力調整器5個を販売したと供述）と目撃証人T子（C社の蒲田営業所で被告人に電磁弁10個を販売したと供述）によって立証しようとした。

また上記②の「普通貨物自動車」は上記①の放火実行犯人グループを犯行現場付近から逃走させるための車両であり、「東京都港区元赤坂2丁目2番21号先」とは警視庁赤坂警察署東宮御所警備派出所前の権田原交差点である。

検察官は、放火実行犯人グループを犯行現場付近から逃走させる行為を被告人は分担したと主張し、その事実を上記東宮御所警備派出所前で立番勤務し権田原交差点を通過する不審車両等の警戒に当たっていた警察官Y（上記②の車両の助手席に被告人が乗っていたのを目撃したと供述）によって立証しようとした。

さらに検察官は、本件放火はQ派による組織的な犯行で被告人はゲリラ事件等の武装闘争を敢行するために結成されたQ派の非公然組織である「Q派革命軍」の一員であると主張し、その事実を警視庁公安部の警察官や押収物によって立証しようとした。

以上の説明から明らかなように、検察官は、被告人は本件放火について実行行為を行ったものではないが、被告人は「Q派革命軍」の一員であって犯行に使用された部品を購入し、かつ、犯人を逃走させる行為を分担していることから本件放火の謀議に参加したものであるとして本件放火につき共謀共同正犯としての刑事責任を主張した。

2 「地取り捜査」・「遺留品捜査」と3人の目撃供述

自民党本部放火事件の事件捜査のため警視庁公安部は捜査本部を設置し、間もなく本件はQ派によるゲリラ事件であると断定した。同時に捜査本部は、犯罪発生の直後から約1カ月間、「地取り捜査」に重点を置いて捜査し、犯罪現場とその周辺での聞き込みなどを実施した。この捜査の中で目撃者の警察官Yが発見された。

他方、事件発生の約1カ月後から、「遺留品捜査」として犯行現場に遺留された火炎車両内の時限式火炎発射装置の中の部品（圧力調整器と電磁弁）の購入店舗調査が行われた。この捜査の中で目撃者のN子とT子が発見された。

捜査段階で被疑者を特定する重要証拠は、上記のような「地取り捜査」や「遺留品捜査」で発見された3人の目撃者（店員N子・店員T子・警察官Y）の犯人識別供述であった。

また同時に起訴後の裁判でも3人の目撃供述が争点となった。

3人の目撃者の犯人識別供述は、概要、次のとおりである。

① 女子店員N子（C社秋葉原営業所の社員、当時22歳）の目撃供述

本件放火事件の約50日前である8月1日の午前10時頃から11時頃の間に坂田工業の坂田と名乗る男が圧力調整器5個を買いに来たので、その客に部品を販売した。

その坂田という客は初めての客で顔は面前で見た。坂田が店にいた時間は5分くらいで、物品受領書に「坂田」とサインして帰った。

② 女子店員T子（C社蒲田営業所の社員、当時24歳）の目撃供述

N子が販売したのと同じ8月1日の午後2時頃、協和電機の小島と名乗る男が電磁弁10個を買いに来たので、その客に部品を販売した。

その小島という客は初めての客で顔は面前で見た。小島が店にいた時間は5分くらいで、物品受領書に「小島」とサインして帰った。

③ 警察官Y（警視庁赤坂署の警察官、当時36歳）の目撃供述

本件放火事件発生直前の9月19日午後7時22、3分ころ、赤坂警察署管内の権田原交差点にある東宮御所警備派出所の外のたたきの上で立番勤務中に、停止線を超えて横断歩道の手前で停車していたライトエース（逃走車両）を見て、その助手席のドアの「高松運輸」という文字や助手席に乗っていた人物を見た。

その時の車までの距離は一番遠い地点で約15メートルだった。目撃時間は全体が長くて14、5秒。そのうち顔を見たのは長くて7、8秒だった。

上記①②③の3人の目撃者の特徴は、第1に同一場面を目撃したのではなく3つの別々の場面を目撃している点、第2に事件発生前の事件性に関する認識がまったくない日常業務中の目撃である点である。

なお、裁判所は3人の目撃供述の信用性に関して次のとおり判示した。

一審判決は、警察官YとN子の目撃供述の信用性を否定したが、T子の目撃供述の信用性は肯定した。ただし、「被告人の購入した電磁弁10個のうち8個が本件時限式火炎放射装置に使用されたとの検察官の主張は、合理的な疑いを容れない程度までに証明されていない」と判示し、T子の目撃供述と事件との関連性を認めなかった。

控訴審判決は、まず警察官YとN子の目撃供述について一審判決の判断には誤りがない旨を判示し、さらにT子の目撃供述の信用性に関しては「原判決は、T子証言の信用性の評価を誤っているといわざるをえない。そうだとすれば、被告人が蒲田営業所において電磁弁10個を購入した事実を認めることはできないから、原判決にはこの点において事実誤認があり、弁護人の主張は正当と認められる」と判示した。

かくして3人の目撃者全員の目撃供述の信用性を否定した。

なお、3人の目撃者に対する警察・検察の捜査状況（事情聴取、人物識別、供述調書作成など）をまとめると次頁**表1**のとおりである。

3　裁判経過

(1)　一審の裁判経過

一審の審理の概要は次のとおりである（【 】は公判期日の回数）。

1985年9月	【1】起訴状朗読など	
1986年3月	【10】検察側証人尋問の開始	
7月	【17】目撃証人Y（警察官）の主尋問	
	（【18】～【22】が反対尋問、【23】は再主尋問と再反対尋問）	
9月	Yの目撃現場（権田原交差点）の検証	
1987年2月	【28】目撃証人T子（女子店員）の主尋問	
	（【29】、【30】が反対尋問）	
3月	【31】目撃証人N子（女子店員）の主尋問	
	（【32】が反対尋問）	
4月	【33】部品（遺留部品と販売部品）の同一性立証の開始	
5月	【35】検察側、部品の同一性立証のために販売先捜査に従事した警察官38名を証人申請	
	（以降、【60】まで部品関係立証が続く）	
1988年8月	【61】弁護側の冒頭陳述	
	【62】アリバイ証人の証拠調べ開始	
	（【74】までアリバイ証人の立証続く）	
1989年3月	【75】被告人質問によるアリバイ供述開始	
	（【83】まで被告人によるアリバイ立証続く）	
7月	【85】N子・T子の取調官KGの尋問	
8月	【87】警察官Yの取調官WSの尋問	
10月	【89】検察側の筆跡鑑定の立証開始	
1990年2月	【98】検察側の革命軍立証の開始	
6月	【107】検察側のアリバイ反証の開始	
8月	【110】検察側の頭髪関係反証	

表1 捜査と供述の経過

年月日		面割写真帳作成・捜査・事件・公判	取調べ・証言 警察官Yの	取調べ・証言 店員N子の	取調べ・証言 店員T子の		
1984年	8.1	N子、圧力調整器を坂田に販売。T子、電磁弁を小島に販売。(N子、T子の目撃体験)					
	8.20	警察官Yに使用した面割写真帳(65人70枚) 作成					
	9.19	自民党本部放火事件発生 (Yの目撃体験)					
	10.1		□□			┐	
	10.2		□			│	
	10.6		□○			│「地取り捜査」	
	10.8		□ ■			│	
	10.15	遺留品捜査用の面割写真帳(364枚) 作成				│	写真選別
	10.24			□		│	
	10.29			□×		│	
	11.5			□×		│	
	11.28			□×	□○	│「遺留品捜査」	
	12.4				□ ■	│	
	12.26			□ ■		┘	
	1.17		□○■		□○		
	1.19			□×■			
1985年	4.28	被告人逮捕					
	5.1			□△			
	5.2			□△	□○■		
	5.4		□○■				実物面通し
	5.5		□ ■				
	5.13		□ ■				
	5.18	起訴					
	7.24		◎				
	8.28		◎				
1986年	9.19	権田原交差点での夜間検証	◎				
	9.30		◎				
	10.15		◎				法廷証言
	10.29		◎				
	11.14		◎				
	2.13				◎		
	2.26				◎		
1987年	3.13				◎		
	3.31			◎			
	4.15			◎			

□ 事情聴取　　○ 写真選別・実物面通しで同定
× 写真選別・実物面通しで同定せず　　△ 不確かな人物同定
■ 調書作成　　◎ 法廷証言

3　目撃供述と闘う：自民党本部放火事件 | 529

　　　　10月　【115】弁護側の筆跡鑑定の立証開始
　　　　　　　　（【119】まで弁護側の4人の筆跡鑑定人の証拠調べ）
　1991年1月　【120】弁護側の頭髪関係の立証
　　　　　　　【122】弁護側の4人の心理学鑑定人の証拠調べ開始
　　　　　　　　①浜田寿美男証人の証言
　　　　　　　　②富田達彦証人の証言
　　　　2月　【123】弁護側の心理学鑑定人の証拠調べ
　　　　　　　　③増田直衛証人の証言
　　　　　　　　④嚴島行雄証人の証言
　　　　　　　　（【125】も引き続き増田、嚴島両証人が証言）
　　　　3月　被告人、保釈で出獄（勾留期間5年11ヵ月）
　　　　　　　【126】論告（求刑懲役10年）
　　　　5月　【127】弁護側の弁論
　　　　　　　　（【128】、【129】までの計3回廷）
　　　　6月　【130】判決（無罪）

　上記の年譜からわかるように3人の目撃証人の証拠調べは1986年7月から翌87年4月までで終了したが、その後も次のような証拠調べが行われた。
①　放火使用部品と購入部品の同一性に関する立証
②　アリバイ立証
③　筆跡鑑定関係（圧力調整器・電磁弁の各購入者および被告人の筆跡の同一性）
④　革命軍関係（Q派革命軍の押収物などによる被告人の活動内容の特定）
⑤　頭髪関係（被告人の事件当時の頭髪の伸び具合の特定）
⑥　心理学鑑定（鑑定書を作成した4人の心理学研究者の証人尋問）

(2) 控訴審の裁判経過

　控訴審の審理の概要は次の通りである。
　1991年7月　　検察官控訴申立て
　1992年2月　　東京高検、控訴趣意書を提出
　1993年2月　　弁護側、答弁書を提出
　　　　9月　【1】弁護側、答弁書を陳述

　　　　　　（【2】、【3】の計3回廷で陳述）
　　10月　【4】検察側、証人1名（公安部の警察官）で共謀立証
　　　　　　（【4】【5】が主尋問、【6】【7】【8】が反対尋問）
1994年5月　【10】被告人尋問（アリバイ供述）
　　6月　【11】弁護側の4人の心理学鑑定人の証拠調べが開始
　　　　　①　嚴島行雄証人の証言
　　　　　②　伊東裕司証人の証言
　　　　　③　仲真紀子証人の証言
　　　　　④　浜田寿美男証人の証言
　　7月　【12】弁護側の4人の心理学鑑定人の証拠調べ
　　　　　（嚴島、伊東、仲、浜田の各証人が証言）
　　7月　【13】検察側および弁護側の各弁論
　　12月　【14】判決（控訴棄却）

　弁護人側は、控訴審の最大の焦点をT子の目撃供述の信用性否定におき、心理学研究者に依頼して部品購入を模擬したフィールド実験を行い、その実験結果を基にT子の目撃供述に関する心理学鑑定書を作成した。
　その心理学鑑定の骨格を答弁書に反映させたため答弁書提出までに時間を要し、控訴審の開始は一審判決から2年後になった。控訴審の証拠調べでは、検察官側が警察官1人による「革命軍立証」を行い、弁護人側はT子の目撃供述に関する心理学鑑定を行った4人の心理学研究者の証人尋問を行った。

4　途中から検察官立証の主軸となったT子の目撃供述

　検察官の有罪獲得の構想は、上記2で述べたとおり、本件放火への被告人の関与を①「放火犯人の逃走援助行為（逃走用車両による犯行現場からの逃走の援助）」と②「放火に使われた時限式火炎放射装置の部品の購入（圧力調整器と電磁弁の購入）」の2種類（目撃場面としては3カ所）で立証しようとするものであった。
　注意を要することは、上記2種類の被告人の関与形態という検察官の構想自体は最後まで変わらなかったが、検察官の当初の立証構想は逃走援助行為（警察官Yの目撃供述による立証）を主軸としたものだったが、途中から部品購入行為（店員N子・T子の目撃供述による立証）に主軸が転換したことである。

即ち、当初の検察官の立証構想が逃走援助行為だったことは、起訴事実に道路運送車両法違反が含められていることからも明らかであるが、実際に警察官Ｙに対する証拠調べが終了した時点で同人の目撃供述の信用性に重大な疑問があることが明らかとなった。そこから部品購入行為、特にＴ子の目撃供述による電磁弁の購入行為を主軸とするものに検察官の立証構想は転換した。

この転換に伴って、検察官は、購入された部品と本件放火に使用された部品の同一性を立証するために多数の警察官証人を追加申請してきた。この部品の同一性立証のために延べ約 50 人の警察官が証人申請されたが、これは被告人・弁護人の膨大な防御活動を強制するもので、いわば事実上の被告人・弁護人の無罪獲得を妨害する訴訟行為だった。

また一審判決は無罪であったが、Ｔ子の目撃供述の信用性を肯定したことは検察官に控訴審での逆転有罪の手がかりを残したものであり、Ｔ子の目撃供述をめぐる控訴審での攻防は非常に緊迫したものだった。

＊

一審判決がＴ子の目撃供述の信用性を肯定したことに端的に現れているように、本件放火事件の３人の目撃供述の中ではＴ子の目撃供述の信用性評価が最も難しい。Ｔ子の目撃供述に限って言えば、一審裁判所は正真正銘の誤判を犯していた。このようなＴ子供述の重要性と分析の困難さに鑑み、本稿ではＴ子の目撃供述の信用性を中心に検討する（以下の**第3**から**第10**までの８つの角度から分析を加える）。

ただしＴ子の目撃供述の検討に入る前に、次の**第2**で警察官ＹおよびＮ子の目撃供述の信用性について簡単に見ておきたい。

第2　警察官ＹおよびＮ子の目撃供述の信用性

1　警察官Ｙの目撃供述の信用性

(1)　警察官Ｙに関する裁判所の判断

一審判決および控訴審判決は、いずれも警察官Ｙの目撃供述の信用性には重大な疑問がある旨述べる。一審判決は、判断の結論部分において、「Ｙの目撃供述については、その目撃が極めて悪い条件下で行われており、目撃車両（逃走用車両）がその時刻に通ったことは認められるが、助手席の男については、目撃供述の内容となっている人物の個々の特徴が視認できたかどうかの前提に疑問がある上、その他の客観的、主観的目撃条件、供述の経過等を検討すると、信用性に重大な疑問があり、

これをもって被告人が右車両の助手席の男と同一人物であると断定するには、未だ証明が不十分であるといわざるを得ない」と判示した。

　Y供述に関する論点は非常に多岐にわたるので、裁判所の判断については判決文を参照されたい。以下では、警察官Yの目撃供述の信用性判断の前提となる諸要因などについて若干整理して述べる。

(2) 目撃者の記憶に影響を与えた諸要因

　警察官Yの誤った識別に作用したと考えられる要因などを示すと次のとおりである。
　警察官Yの目撃場面の条件は非常に悪く、夜間、街路樹で遮られた路上で、車の助手席にいる人物を短時間だけ目撃したというものであった。しかも、事件発生前であり、日常業務の一環の目撃でしかなく、有意的注意を払っていなかった。
　つまり、①目撃場面の条件は、7〜8秒、夜間の路上、8.25〜15.9メートル先、街路樹の妨害があり、車の助手席にいる人物の横顔を3、4回ちらちらと少し顔を横に向けたのを見た程度だった。②目撃者の条件は、日常業務の一環であり、追いかけもせず、ナンバーを確認しようともしなかったし、初対面の人だった。③保持期間は、初供述まで12日、写真面割まで17日、面通しまで7カ月半であった。
　④写真面割は、写真枚数が70枚で、うち被告人を含む5名のみが写真2枚、写真面割りを行った回数は3回、写真を見て「そっくりだ、特徴がないのが特徴のような感じがします」と供述していた。⑤実物面通しは、単独面通しで、写真付で逮捕報道を見た後の手続で、実物を見て額が広かったことを思い出したと供述していた。

(3) 遅れた写真面割と写真面割前の反復取調べ及び調書化の不備

　10月1日に警察官Yの目撃申告がありながら、警察が、実際に写真面割を行ったのは、10月6日である。もともと申告が目撃から12日後で期間が経っているのに、さらに5日間も写真面割を遅らすことは、できるだけ早期に行うべき人物識別の方法として異例である。面割写真帳は事件発生前からQ派のゲリラ事件用に作成してあって、現に自民党本部放火事件の実行犯人を目撃した南甫園従業員に対する写真面割で使っているのであるから、この遅れは、ますます不自然である。
　警察は、10月6日の写真面割の前に、面割当日も含めて計4回も警察官Yを取り調べている（10月1日の夕方と夜、2日、6日）。もちろん、写真面割の前に取調べを行い、記憶内容を言葉で述べさせ、記録しておくことは必要である。しかし、反復的な事情聴取は、供述を歪める原因になる。この事例のように、4回も反復していることは異常である。

このように取調べを反復した理由は、おそらく取調官からみて目撃供述の内容が曖昧で使い物にならなかったからであろう。繰り返し同じことを質問される目撃者は、意識すると否とに関わらず、徐々に供述内容をより明確なものに変更していくものである。例えば、一審判決が指摘している警察官Yの「目撃時刻」「眼鏡の有無」「助手席の男の動き」や「目撃車両を不審と思った理由」に関する供述の変遷は、その証左と言えよう。
　しかも、6日の写真面割の結果も、当日には調書化せず、2日後の10月8日の5回目の取調べで初めて警察官Yの供述調書を作成している。
　以上のような反復取調べと供述書による記録化の不備は、当然、目撃供述の信用性にも疑問を感じさせる。
　では、捜査官は、なぜY供述の証拠価値の低下という危険をおかしてもあえてこのようなやり方をしたのであろうか。自民党本部放火事件の場合、人物識別手続を行う段階では、未だ被疑者は特定されていない。このため目撃者の記憶が良好とは言えず、写真面割で直ちに被疑者を特定できない。このような場合に、どうしても被疑者を割り出したい捜査官は、目撃者の供述の断片や変遷に合わせながら、恣意的に被疑者像をデッチ上げていくしか方法がない。こうして反復的な取調べが強行されるのである。
　他方、目撃者の側も、記憶喚起を熱心に求めてくる捜査官に対し、何かを答えてあげたい気持ちになるので、簡単に「わからない」とは言いにくくなる。しかも、目撃者は、記憶を喚起しようと努めても、すぐには答えにくいものが多いであろうし、また、捜査官がどんな答えを望んでいるのか知りたくなるが、捜査官の考えもはっきりしない。こういうとき、目撃者に対する事情聴取は、不可避的に反復されていくことになる。
　もう一つ付け加えると、このように目撃者に対して反復的な取調べが行われる場合には、当然、供述がしばしば変遷する。そのため警察は、毎回の取調べの結果を、逐次調書化することを避けたくなる。このように反復取調べと調書の不備は表裏の関係にあるといえる。
　ところで、次に警察官Yを取り調べた捜査官（WS警部）自身の興味深い証言を紹介しよう。彼は、公安警察で長年犯罪捜査の仕事をしてきたベテランの警察官である。
　WS警部は、一審の法廷で、「(警察官Yは) かなり覚えているな、顔は浮かんでいるな」と思った、だから「もう少し記憶を鮮明というか、復元してほしいな」と思ったし、「まだこの人は詰めて聞けばもっと記憶がはっきりしてくるんじゃないかな」と考えたと証言する。
　また、WS警部は、取調べの度に「調書を取らなかったというのは、要するに彼

の見た状況を完全にイメージとして浮かび上がらせてから写真面割りをして、その写真面割をしたのを調書にまこうということでございましたので、私としては、そんなに急ぐ必要はないと考えました」と証言している。

　以上のベテランの警察官の本音の証言は、警察官Yに行われたような目撃者に対する反復的な取調べが、実は、決して偶然に起こったことではないことを明らかにしている。警察の取調べは、目撃者に「記憶を植え付ける」過程になっていること、したがって、目撃者に対する反復的な取調べこそが、誤った目撃供述を生み出す構造になっていることを明らかにしている。

(4)　面割写真帳と捜査官の問題点

　警察官Yの写真面割に使われた面割写真帳（65人分、70枚）には、写真構成上偏りがあった。一審判決は、たんに「被告人を含め2枚の写真が貼付された人物が数名いる」としか書いてないが、正確には60人が写真1枚づつ、被告人を含む5人だけが各2枚づつ写真が貼られていた。しかも、判決には書いてないが、その5人のうち3人の写真の裏には、当該本人の名前が書かれていた（写真帳の頁をめくると台紙の西洋紙の下の写真の裏の漢字がはっきり透けて見える）。写真によって異なる情報が付されていたことが、識別者になんらの影響も与えなかったとはいえないのである。

　警察官Yは、65人の中から一旦2人を選んで、その後被告人を選んだが、その2人の写真の裏には名前が書かれていない。この偶然とは言えない関連を見ると、この面割写真帳のバイアスが、警察官Yの写真面割の結論を左右したと考えるべきではないだろうか（しかも、2人のうちの被告人以外の1人について、警察官Yは、「目や正面から見た感じが違う」と言って除外したが、そもそも2人の写真を区別して識別する根拠が、判決も指摘するとおり、合理的でない）。

　この70枚の面割写真帳のもう1つの問題点は、写真帳が実は事件発生前の同年8月に、「どうもQ派はゲリラをやるんじゃないか」ということで、警視から「事件が起きたら、君、行ってもらうから写真帳を作っておいたほうがいいんじゃないか」と言われたWS警部が部下に下命して予め作成していたものだという点である。このような事件発生前に作成された写真帳には、事件の内容・規模、目撃者の供述内容や記憶の状態の良し悪しとかかわりなく、とにかく早期に目撃者に犯人を選ばせたい、という警察の露骨な意図が見え隠れする。したがって写真面割を行う捜査官は、警察上層部の強い期待に影響を受け、犯人検挙のプレッシャーにさらされていたと考えられる。警察官Yを取調べたWS警部が、取調べ毎に調書を取らず、しかも視認可能性に関して目撃現場の実況見分すらやろうとしないなど、目撃者の記憶の状態や

3　目撃供述と闘う：自民党本部放火事件　535

識別能力をチェックすることを著しく怠った原因は、このような犯人検挙のプレッシャー抜きには理解できない。

捜査官であるＷＳ警部は、写真帳作成者の意図を察して、70枚面割写真帳の中で写真が2枚づつになっている5人に対し、内心「犯人はこの男ではないか」と思いながら写真面割手続を行うことになり、当然、警察官Ｙに対して写真面割で暗示的誘導的言動を取ったと強く推測される。

(5) 単独面通しの問題点

被告人は、1985年4月28日、すなわち警察官Ｙの単独面通しの4日前に、自民党本部放火事件の犯人として逮捕され、被告人の名前と顔写真が大きくマスコミ報道された。警察官Ｙは、当然、この被告人の顔写真を見ていたと考えられる。警察官Ｙにとっては、すでに2回（10月6日と1月17日）の写真面割で同定した人間が、実際に逮捕されたのであるから、もはや単独面通しは、実物確認としての独自の意味は持たなくなっていた。

しかも警察官Ｙが行った単独面通しは、目撃から7カ月余りも期間が経過してから行われたものである。これだけの期間が経過すれば、通常、9月19日に目撃したときの生の記憶を保持し続けることは、著しく困難である。

一審判決も、「目撃者による犯人の同一性の確認は、第1回目のそれこそが決定的に重要で、その際の判断の正確さの程度がその証拠価値のほとんどを決するというべきであり、本件のように2度の写真面割り後に行われた面通しには写真面割りによる影響が払拭できないから、面通しによる再度の確認は、必ずしもＹ証言の信用性を高めるものとはいえない」と指摘する。

以上の意味からも、警察官Ｙの単独面通しについては、もはや実物の人物を見て人物識別の正確さをチェックするという機能を、まったく期待できない状態であったと言わざるをえない。

単独面通しのもう1つの問題点は、目撃者は、単独面通しで見た被告人に関する記憶を、あたかも当初の目撃時の記憶のように供述する場合があるといえるが、このことは警察官Ｙにも当てはまる。警察官Ｙは、公判廷で、目撃した助手席の男の額は広い感じがしたと証言する。しかし、記録によれば、警察官Ｙが助手席の男の額について初めて供述するのは、面通しの後の供述調書であり、公判廷で、「面通しの時、額が広かったことを思い出した」と証言する。

以上の証拠を分析すれば、「面通しの際に暗示を受けた結果、そのように述べるに至ったのではないかとの疑問が残る」と一審判決が指摘するとおり、警察官Ｙは、

当初の目撃時の記憶で供述しているのではなく、単独面通しで見た被告人の顔の記憶をもとに供述していると考えるのが相当である。

2　N子の目撃供述の信用性

(1)　N子に関する一審判決

　一審判決および控訴審判決は、いずれもN子の目撃供述の信用性を否定した。一審判決はN子の目撃証言の信用性に関して、坂田と名乗る客の容貌に関するN子供述について、「N子は、坂田と名乗る客の顔の形、顎、口、唇等の特徴につき具体的な供述をしていない。『顔の輪郭が丸顔という印象はなかった』といっても、一体どのような顔の形であったか分からないし、『唇は分厚くなかった』といっても、被告人の特徴である『唇の薄さ』を指摘するものではない。しかも、最初に作成された昭和59年12月26日付司法警察員調書では、『顔の輪郭はどちらかというと丸顔』と供述する一方、唇の特徴に関する供述はなく、昭和60年1月19日付検察官調書には、顔の形や唇の特徴についての供述は見られず、同年5月1日と2日の被告人の面通し後に作成された同月2日付検察官調書では、『甲（被告人）の顔の輪郭も、ほんの少し頬に肉がついていれば坂田と名乗っていた人に似ていると思った』『鼻や口についても、坂田と名乗っていた人の鼻や口がどんなであったかはっきりした記憶がない。ただ、坂田と名乗っていた人の唇は厚かったという記憶はなく、やや薄めに見えた甲の唇を見て、そういえば坂田と名乗っていた人もこんな唇だったかなと一瞬思ったが、この点については自信はなくはっきりしたことは言えない』旨供述しているのであって、右のようなN子の捜査段階における供述に照らすと、N子は坂田と名乗る客の顔の形や唇の特徴についての具体的な記憶はなく、前記の『丸顔という印象はなかった』、『唇は分厚くなかった』ということ自体、被告人の面通し等による影響があったのではないかと疑われるのである」と判示し、結論部分では、「N子は、公判廷での証言の機会のほか、捜査段階における、2回の写真面割り、及び2回の面通しのいずれかの機会においても、被告人が右坂田と同一人である旨を確認していないものである。N子は、右のように髪型及び目の印象について似ているとは供述するものの、全体として同一人であることの判断を示していないのであるが、供述者の目撃し記憶している被目撃者の容貌等の特徴をそのまま言語化して供述することは困難であり、特徴を的確な言葉で表現することができなくても、再認できる場合があるから、目撃者による被目撃者の同定については、目撃者の述べる個々の容貌特徴の一致のほか、目撃者がその全体的総合的な判断で、被目撃者と対象者が同一人であると再

認することが重要であり、N子がそのような確認ができなかったことは、同人の記憶が十分にはないことを窺わせる」と判示した。

N子の目撃供述に関するその他の論点に関しては判決文を参照されたい。以下では、N子の目撃供述の信用性判断の前提となる諸要因などについて若干整理して述べる。

(2) 目撃者の記憶に影響を与えた諸要因

N子の記憶の状況は、目撃場面が単なる一見の客に対する販売であり、有意的注意を払っていない。しかも、初供述までに3カ月弱が経過している。

①目撃場面の条件は、約5分間、ただしこのうち顔を見た時間はわずかであった。②目撃者の条件は、視力0.4で、目撃時眼鏡着用であったかについては供述に変遷があったし、単なる一見の客で日常業務の一環の販売なので特別の不審さや関心を抱いていなかった。③保持期間は、初供述まで84日で、写真面割まで3カ月、面通しまで9カ月だった。④写真面割は、写真枚数が364枚、うち被告人を含む3名のみが運転免許証写真付で被告人のみが免許証関係の写真2枚であった。写真面割りの回数は4回で、結果は分からないというものだった。⑤実物面通しは、単独面通しで、T子と同日に面通しを行っている。写真付で逮捕報道後に行われている。回数は2回、供述は少し似ているとは答えたが同一人物であるとは同定しなかった。

(3) N子に対する遺留部品捜査における暗示・誘導の危険性

10月中旬、すなわち警察官Yが写真面割で被告人を選別した1週間後、捜査本部は、遺留部品捜査（電磁弁と圧力調整器を対象とした不審購入者の聞取り調査）を開始した。つまり被疑者の1人として被告人を特定した以降の捜査として、上記遺留部品捜査が行われた。その後、さらに11月28日にT子が写真面割で被告人を選別した。このため捜査機関は、物品受領書に書いたサインの筆跡から「坂田」と「小島」は同一人物と判断していたため、N子に対する遺留部品捜査で「坂田＝被告人」という暗示・誘導がなされた危険性がきわめて強い。

(4) 364枚面割写真帳の問題点

10月15日、捜査本部は、遺留品捜査に使う面割写真帳を完成させた（写真枚数364枚、Q派の構成員ばかり346名分。3つの分冊からなる）。

被告人の写真は第3分冊（51枚、42名分）に含まれているが、その42名中逮捕写真のほかに免許証関係の写真が貼付されているのは、被告人を含め3名だけであ

る。その3名中被告人のみが2枚の免許証関係の写真を貼付されている。

この面割写真帳に写真構成上の問題点があることは明らかであり、二審判決も、「このように各被写体の写真の枚数、逮捕写真の番号が付いているか否かの有無、写真の種類の点において不統一であることは望ましいことではない」と指摘している。

(5) 執拗な反復取調べ

N子は、「坂田工業の坂田」という購入者を選ぶため、計3回の写真面割を行っている（10月29日、11月28日、翌年1月19日）。最初の2回が警察、3回目が検察によるものである。しかし、いずれの写真面割でも写真を選べなかった（なおN子は、11月5日、「小山」なる別の購入者の顔を割るための写真選別を行い、同じ364枚の写真帳を見せられているが、このときもN子は写真を選べなかった）。

実は、11月28日には、最初、蒲田営業所のT子が写真選別をし、「協和電機の小島」という購入者として、被告人の写真を選別していた。捜査本部は、あらかじめ小島と坂田はサインが似ているから同一人との判断を持っていたため、捜査官に指示して、同じ日のうちにN子に再び364枚写真帳を見せたのである。

N子の場合、写真面割では写真を選別していないが、面割写真帳を見たことの影響は大きい。N子は、単独面通し以前に、少なくとも都合4回も、被告人の写真を含む面割写真帳を見ているのである。たとえはじめて見る人物写真であっても4回もの閲覧によってN子の中に何らの記憶形成もなされなかったとは決して言えないのである。

(6) N子の目撃供述の変遷

反復取調べの過程で、N子の目撃供述は、顕著な変遷を遂げている。これは捜査機関の予断に基づく尋問と深く関連しており、暗示や誘導の影響が濃厚である。

最も重大な変遷は、サインの仕方に関する供述である。

もともとN子は、11月28日に捜査官から事情聴取を受けた際には、サインの仕方について覚えていない旨答え、12月26日の警面でも「どのようなサインの仕方をしたか……よく覚えていません」と供述していた。ところが、N子は、法廷証言で、坂田を覚えている理由の一つとして、サインの仕方が変わっていることを挙げて、坂田が物品受領書にサインをする際の姿勢について具体的に再現までしている（一審裁判所はそのN子の姿勢を写真に撮って調書に添付した）。

このようなN子の目撃供述の変遷については、二審判決が的確に分析しているので、以下、判決を引用する。

まず、判決は、「N子は、サインの仕方が問題になっていることを十分承知したうえで、『覚えていません』と明確に供述していたのに、検面に至ると、詳細に記憶していることになり、それゆえに印象に残っていることになるのは、単に記憶を蘇らせたということでは説明が困難であり、T子供述との関連なしには考えがたいというほかない」と指摘する。

　判決は、さらに具体的に、「N子供述がT子供述に影響を受けたことは明らかで、T子の供述情報が検察官を介してN子に流入し、N子の原記憶を歪めた可能性は否定できないというべきである。はたしてそうだとすれば、N子が『坂田』の言動について捜査段階より詳細に証言し、物品受領書にサインをする際の姿勢について具体的に再現までしているとしても、真実N子がそのような原記憶を保持していたことの証左になるものではない。(中略) N子は、自己の原記憶を変容させ、しかも、変容しているのにも気づかずに、原記憶であると思い込んで供述していると認めざるをえない。」と判示する。

　このように目撃者に対する執拗な繰り返しの取り調べは、意図しなくても目撃者の記憶に新しい情報を植えつけ、記憶を歪めるおそれがある大変に危険な行為である。目撃者に対する人物識別の方法として、行ってはならないものであるといえよう。

(7) 単独面通しの問題点と弊害

　被告人は、自民党本部放火事件の被疑者として1985年4月28日に逮捕された。マスコミは、この逮捕を大きく報道した。逮捕当日のテレビ、さらに翌朝の新聞各紙の一面で、逮捕の事実と被告人の名前および顔写真が報じられた。おそらく4回も写真面割を行ったN子は、面割写真帳で見覚えのある人物が、実際に逮捕されたということで、衝撃を受けたに違いない。N子にとっては、「私が見たのはあの顔の男だったか」という個人レベルの認識と、「あの顔の男が犯人だったのだ」という社会的に公知となった事実とが、重なって認識される状態になったと考えられる。したがって各目撃者にとっては、単独面通しで新聞に載った男性を見せられれば、自分が目撃した人物と思わざるを得ないような状態が、社会的に形成されたものと言えるのである。

　このような背景の下で、N子は、5月1日と2日の計2回、単独面通しをし、「髪型とか目の感じとか全体的に似ている」と思った旨を供述する。また、5月2日付けのN子の供述調書では、「坂田と名乗っていた人の人相について印象的に記憶しているのは、目から上辺りであり、具体的には上まぶたに脂肪の乗りが少なく、やや奥目がちの人であり、髪には少しウエーブがかかった感じで大雑把に横の方で分けていた

という記憶が残っているのです。その私の記憶に残っている部分と、昨日、本日と見た甲（被告人をさす）の目から上の感じが似ていると思いました」と供述している。

しかし、N子のこのような供述も、2日続けて単独面通しで同じ人間を見たことの影響を強く受けたと考えられるし、2回目の単独面通しの日には同じ会社のT子も単独面通しをしておりこの点にも影響を受けていると推測される。

さらに、そもそも前年の8月1日から実に9カ月余り経過したときであり、当初の目撃の記憶をもとに人物識別を行うことはもはや不可能になっていたと考えるのが自然であるうえ、実際にも、N子は、単独面通しの2回とも、被告人が坂田と同一人であることまで確認しているわけではない。

＊

次に**第3**ではT子の場合の客観的な知覚条件について検討し、**第4**ではT子の目撃が日常業務の一環として行われたことと有意的注意との関連について検討する。

なお、以下の検討の際にはT子の供述内容をできるだけ具体的に紹介しながら信用性を吟味することとする。

第3　目撃者T子の知覚条件と保持期間

1　争点

知覚条件と言ってもT子が小島と名乗る客に電磁弁を販売したのは、時刻が午後2時頃、場所は部品販売業務が行われている営業所内の通常の明るさの室内であるから、警察官Yの場合のような視認条件の劣悪さのような問題はない。しかしT子の目撃供述の信用性について批判的な検討作業を行うためには、そもそもT子が行った小島と名乗った客との応対はどのようなものだったのか、そこでのT子の知覚条件はどのようなものだったのかを正確に把握しておかなければならない。T子が供述する至近距離から小島の顔を見た、約5分間小島と応対したなどというT子供述の中身は厳密に検証される必要がある。

2　一審判決

一審判決にはT子の知覚条件を厳密に検証する視点はまったくない。むしろ一審判決は、「観察」という項を立てて「T子は小島と名乗る客の顔を、幅40ないし50センチメートルのカウンターをはさんだ至近距離から観察しているこ

と、時間はカウンターをはさんでの観察のほか、カウンターから4、5歩の距離からの観察、その他客を見ていない時間を含めて合計で約5分間であること、観察の態様が店舗内で客と対応にでた店員という関係であって会話をしながら観察していることが認められる」と判示し、T子の知覚条件の良好さを強調している。

3　分析

(1)　T子が小島に応対した場所・時間を再現するとどうなるか

　一審判決は、目撃証言の信用性の基礎をなす「観察の正確性」という点について、上記のとおり至近距離、5分間、客と店員という関係での会話をしながらの観察というような条件を列挙して、T子の観察が正確であったと認定している。

　しかし顔の特徴の確認という点ではT子の観察条件は、けっして良好なものとはいえない。

　まず、T子と小島の会話を交わしたという関係の実際を厳密に検討するため、この争点との関係では目撃現場である蒲田営業所の様子を知っておく必要があるから、次頁にT子が当時勤務していた蒲田営業所の見取り図（**図1**）を示す。

　次にT子と客（小島）との会話量を公判廷でのT子の供述から再構成してみると次のとおりである。

T子　：　いらっしゃいませ
客　　：　先程電話したものですが、NGさんいらっしゃいますか
　　　　　（店員NGからT子への指示、T子は倉庫に）
　　　　　（T子：少々、お待ち下さい）
T子　：　こちらです。
　　　　　（客　：はい。どうも。おいくらですか）
　　　　　（T子：1個 4,370 円ですから、10個で 43,700 円です）
T子　：　お宅の会社名は何でしょう。
客　　：　キョウワデンキです。
T子　：　「キョウワ」はどういう字を書くんでしょうか。
客　　：　協力の協に、平和の和です。
　　　　　（T子：納品書と受領書をもってカウンターへ）
　　　　　（客　：43,700 円です）

図1　T子が小島を目撃した当時勤務していたC社蒲田営業所の見取図

T子の供述によれば、小島が来店したとき、T子は①にいて、その後、③→②→④→②の順に移動しながらAにいる小島と応対した。小島はカウンターでT子から電磁弁を受け取り物品受領書にサインした。

T子　：　はい。ありがとうございます。納品書と領収書はこちらになります。
　　　　　（受領書を差し出して）こちらにサインをお願いします。
　　　　　（客：それじゃ、どうも）
T子　：　ありがとうございました。

おおよそこういう流れになる。T子の供述にはないがやりとりの流れのうえであったと考えられる部分を丸括弧で挿入している。この挿入部分も含めても約300字にすぎない。

(2)　T子が小島の顔を見た6つの場面

3　目撃供述と闘う；自民党本部放火事件

証拠からT子が小島の顔を見たと推測される次の6つの場面について、距離と角度と時間を具体的に検討してみる必要がある。

  (i) 小島が入ってきてT子が「いらっしゃいませ」と声をかけたとき
  (ii) 倉庫から電磁弁10個をダンボールに入れて小島の前のカウンターに置いたとき
  (iii) 協和電機の文字の書き方を自分の席から聞いたとき
  (iv) 書き終えた伝票を持ってカウンターの前に戻ったとき
  (v) 物品受領書にサインを求めサインをしてもらったとき
  (vi) 小島が帰るとき

上記6つの場面について個々に分析する。

(i)について。

この場面でT子は整理棚の前（図1の①）にいたという。その場所から、営業所に入ってきた小島に「いらっしゃいませ」と声をかけている。しかし小島が、別の方を向いて「NGさんいらっしゃいますか」と言ったので、T子は、その客がNGの客と分かり自分の仕事に戻った（第29回公判）。

いうまでもなく、この際の距離は、至近距離というわけではない。またT子が小島の顔を見た角度も正面からではない。小島は真っ直ぐNGの方を向き同人に対して話しかけてきたので、T子は小島の左斜めの顔を見たことになる。時間的には、一瞬のことであろう。

(ii)について。

T子はNGとのやりとりを経て倉庫（図1の③）に電磁弁を取りに行って、電磁弁10個を入れたダンボールをカウンターの上におき、このとき小島と向き合い「こちらです」と言う。しかし、この時は、特に客の顔を見る必要はなく、客に商品を確認させればよいのであるから、小島の顔を見なかったか、見たとしても一瞬のことと思われる。T子は小島の位置関係について「（ダンボールを）置くときは正面というか、やや斜めぐらい」だったと証言している。

(iii)について。

この場面でT子は自分の席（図1の④）で伝票を書きながら「協和電機」の「キョウワ」の字を小島に聞いたが、至近距離ではない。

小島の顔の向きについてT子は、「お客さんに会社名の確認をしましたよね。その時にお客さんはやや上の方を向いてたような格好で真横ぐらいの形で見てると思います」（第29回公判）と証言している。時間的には、数秒間であろう。

(iv)について。

その後、T子は物品受領書などの伝票を持って小島の前のカウンター（図1の②）にやって来た。距離は一審判決の言うとおり至近距離にあたる。
　この場面では、たしかにT子は伝票を差し出し代金を受け取るわけだが、小島の顔を見たかどうかは証言上明らかではない。
　(v)について。
　この場面でT子は、「サインをお願いします」と言ってボールペンを差し出すが、この時も客の顔を見たか否かは明らかでない。T子は、小島がサインする際は物品受領書を押さえて、「字を見てました」（第29回公判）と言っており、小島の顔を見た形跡がない。
　仮に見ていたとしても、高さ90センチメートルとされるカウンターの上でサインするため上半身を折り曲げ頭を下げた感じの小島の顔を上から見下ろす形になるわけで、角度としては到底正面の顔を見ることはできない。
　(vi)について。
　T子証言によれば、小島はサインを終えると「割合すぐ出ていきました」という。そしてT子は、その小島に対して「ありがとうございました」と言ってすぐ自分の机のほうに戻ったのだという。この場面でのT子は、小島の顔を一瞬見てすぐお辞儀をしたと思われるが、それも一瞬のことであろう。

(3)　T子が小島を見た距離と角度について

　以上の検討の結果から、T子が小島の顔を見た距離と角度については、次のことが言える。
　第1に、T子が小島の顔を正面から「幅4、50センチのカウンターをはさんだ至近距離」の位置で見たと認められるのは、(vi)の「ありがとうございました」と最後にお辞儀をする際の一瞬だけである。
　第2に、(i)の小島の入店時の場面では斜めの角度の顔を整理棚の前から、(ii)の倉庫からカウンターの前にやって来る場面では「幅4、50センチのカウンターをはさんだ至近距離」の位置からではあるが小島の顔の角度は「やや斜めぐらい」の感じで、さらに(iii)の協和の字を聞く場面では距離もカウンターから離れて自分の席からであり小島の顔の角度も「やや上を向いた真横ぐらいの形」でそれぞれ見たものでしかない。
　第3に、(iv)のT子が伝票を書き終えてカウンターの前に戻った場面では、見たとすれば「幅4、50センチのカウンターをはさんだ至近距離」で小島の顔を正面から見たかもしれないが、しかしこの場面では見たかどうか不明であり、(v)の小島がサインしている場面では物品受領書を押さえてやり字を見ていたのでやはり顔を見ていな

い。

(4) T子が小島の顔を見た時間について

T子が小島の顔を見た時間についても次のことが言える。

T子が客の顔を見たのは4回、多くても6回だが、いずれもほとんど一瞬の間、客の顔を見ただけのことである。やや長かっただろうと思われるのは、「協和」の字を聞いたときぐらいで、それとても返答をきいて眼を伝票の上に戻していると思われる。したがって、5分間応対したからといっても、T子が客の顔に目を向けたのはきわめて短い時間であり、全部合わせても10数秒間ぐらいであろう。

しかもT子が小島の顔を正面から「幅4、50センチのカウンターをはさんだ至近距離」で見たのは、「ありがとうございました」とお辞儀をした最後の一瞬の場面だけなのである。それ以外の場面ではいずれも、T子は小島の顔を正面からではなく別の角度から見ていることになる。

(5) T子が供述するまでの保持期間について

T子に対する捜査機関の事情聴取・写真面割りは次のように行われている（529頁の表1のT子の欄を参照）。

1985年11月28日　1回目の事情聴取（取調官は警察官KG）
　　　　　　　　写真面割りを実施（3冊分364枚の面割り写真帳から1枚選別）
　　　　　　　　ただし供述調書は作成されず。
　　　　12月4日　2回目の事情聴取（取調官は警察官KG）
　　　　　　　　員面調書が作成される（1回目に選別した写真1枚が調書に添付）
1986年1月17日　3回目の事情聴取（取調官は検察官TC）
　　　　　　　　写真面割りを実施（150枚の面割り写真帳から2枚選別）
　　　　　　　　検面調書が作成される（同日選別された2枚の写真が添付される）
　　　　5月2日　4回目の事情聴取（取調官は検察官HT）
　　　　　　　　面通しが行われる。
　　　　　　　　検面調書が作成される（面通し）

初対面の人物である小島に対する目撃（1984年8月1日）から初めての事情聴取・写真面割り（同年11月28日）までの期間が約4カ月、実物面通し（1985年5月2日）までの期間が約9カ月を経過している。

もともと、犯人の顔を正確に目撃した目撃者が目撃直後に他の暗示を受けない条件のもとで行った面割り・面通しは、決定的証拠価値を有する重要な証拠である。

しかしながら、そのように言えるのは、目撃者が対象の同一性を他と識別し得る程度に認識し、しかもその同一性の認識・判断が鮮明な間に他からの暗示を受けない条件及び情況のもとで面割りを行い、引き続き目撃による同一性判断が面割り写真による影響を受けない間に面通しが行われた場合である。

なぜなら、殊に顔貌や体格等による人の同一性の認識判断は事件の経過や内容の認識（こういったものは時の経過に従った順序だった認識記憶に馴染む）とはまったく様相を異にしていて、単なる事実の認識ではなくそれを前提とする比較対照という判断作用が中心を占めているものであるから常に誤認の危険を孕んでいるばかりでなく、記憶の希薄化や記憶の一部の誇張化の生じ易いものであるからであり、また面割り面通しに際し提示された写真や人物による暗示も考えられるからである。

目撃からの時間の経過とともにその危険が大きくなると考えられ、さらに写真による面割りと実物の面通しの間に長い時間が置かれると面通しが（犯人の確認ではなく）写真の人物と面通しの対象の同一性の確認作業に終わりかねず写真の間違った印象による面割りの誤認がそのまま面通しに引き継がれる危険があり、面通しの独自の意義が失われる危険が存するからである。したがって、T子の人物識別手続の条件は非常に悪い。

4　控訴審判決

控訴審判決は、「T子は、一見の客である『小島』と応対した後、捜査官から『小島』名義の物品受領書を発行したことの確認を求められたのは約4か月後の昭和59年11月27日、警察官による写真面割りは翌28日、警面作成は同年12月4日、検察官による写真面割りと検面①作成は昭和60年1月17日、更に被告人の面通しと検面②作成は、同年5月2日で、『小島』と応対してから実に約9か月後というのであるから、T証言の信用性については慎重な考察が必要であると考えられる」としたうえで、「T子証言は、看過できないいくつかの問題点を包蔵しているといわざるをえない」として、次のような諸点を指摘する。

控訴審判決は、「まず、T子の観察条件は、顔の容貌特徴の確認という観点からみると、必ずしも良好なものとはいえないように思われる。確かに、T子は、『小島』なる人物と約5分間くらい、会話をまじえながら応対し、その間にはカウンターをはさんで40ないし50センチメートルという至近距離の位置で『小島』の顔を見たりもしていることは、原判決の指摘するとおりである。しかしながら、会話とはいっても、客と応対した店員という関係において、伝票を書くときや品物あるいは納品書等を渡す

ときに事務的な最小限の言葉をかわしたにすぎず、客の容貌等を印象づけるような内容のあるものではないし、T子は、応対した約5分間のうち、『小島』の顔に目を向けていた時間というのは、そのうちの一部であるうえ、カウンターをはさんで至近距離の位置で見た時間は更に限られ、しかも、正面から見た時間というのはなお一層限られることに留意しなければならない」と判示した。

第4 日常業務の中の目撃について

1 争点

T子はC社蒲田営業所で日常業務として省力機器関係の部品を商品販売する仕事に従事しているから、小島への電磁弁の販売はT子の日常業務の一部であった。このような日常業務の中の目撃という条件がT子の目撃供述の信用性評価にどのように影響するかについて検討する。

2 一審判決

論告は、「日常業務の一場面としての販売であるか否かは、蒲田営業所における通常の販売パターン、客の通常のサインの仕方を基準として判断すべきである」が、小島への電磁弁の販売は、販売した個数が10個と通常の現金売りの客の個数より多く珍しいこと、また小島の物品受領書へのサインの仕方が普通ではあり得ない特異な動作であったことから、日常業務の中での目撃ではないと主張する。

一審判決も、小島への電磁弁販売の際の販売個数（10個）および物品受領書へのサインの仕方がともに特異だったから強く印象に残った旨のT子の供述の信用性を肯定している。

3 分析

(1) 有意的注意は知覚に影響を及ぼす

T子は、自分が勤めている店で商品を売ったときに小島と名乗る客を見た、その小島の行為と顔について記憶している、と言いその内容を証言している。その証言がT子の小島に対する正確な記憶にもとづくか否かは、この「見た」ということに関する厳密な分析と評価による。つまりT子の「見た」ということを、経験則と心理学的法

則に照らして検討することが必要である。

　そもそも見るという行為は、対象に向きあっているその人の意識のあり方に規定される。言い換えれば、「注意して」見るか、「漫然と」見ているかという、言わば有意的注意の度合いが知覚に対して決定的な作用をもたらす。

　T子の小島に対する応対は、日常業務の一環であり特別の有意的注意は何ら向けられていない。

　T子は、C社蒲田営業所の一店員で営業事務を担当していた。店頭での客との応対もT子の仕事のうちの一つであった。同営業所の店員は、1984年8月1日当時、総勢5人であった。KT所長のほか、原審で証人にたったNGと、もう1人FJという男性社員がいて、その3人が営業を担当していた。そして、T子とMOという2人の女性社員が営業事務を受け持つという構成だったのである。

　T子の主尋問の中での証言によれば、同人は1980年9月1日から84年12月28日まで同営業所に勤務していた（85年1月17日付検面調書によれば84年12月16日付けで退社し、その後は同営業所でアルバイト勤務とある）。蒲田営業所の業務内容は、電磁弁や圧力調整器、シリンダー、バルブなどの省力機器の販売であり、営業事務担当のT子自身の具体的な仕事の内容は、客からの電話注文を受けたり、伝票処理、帳簿の記帳、および店頭客への応対などであった（第28回公判）。

　つまりT子にとって、小島への応対のような仕事は、84年8月1日の時点ですでに3年11カ月間も続けていた、まさに日常業務の一こまだったのである。客が商品購入のために店頭に来た場合、T子のなすべきことは、客の要求に応じて正確に商品を出すこと、代金をまちがいなく受領すること、会社の定形の納品書兼請求書、領収書、物品受領書などを定められた通りに作成することなのである。

　したがって、客の顔を覚えることは、その客が継続的に取引きする予定でもなければ、T子の職務としては関係がない。あるいは、その場合でさえ、その客が継続的に取引きするのであればT子の仕事としては営業担当者、たとえばNGに引き継げばすむことかもしれないのである。その客が反復して商品を購入しに来れば、その反覆ゆえに客の顔を自然に覚えるだけのことである。T子にとって個別の客に関心があるわけではなく、小島のような客は、T子にとって抽象的な「客」にすぎないのである。

　また、店員にすぎないT子にとっては、主観的に「客」の具体的な人間、人物像に関心があるわけではない。T子にとっては、単なる「お客さん」なのであり、「お客さん」に型どおりに商品を販売することが関心事なのである。店員たるT子が、個別の客に関心を持つとしたら、その客に「お客さん」という範疇以上の主観的な興味をもった場合に限られる。では、小島なる客は、T子が主観的な興味をもつ対象

だったであろうか。証拠上、それを窺わせるものは何もない。
　後に詳述する、10個の現金売りという点および小島のサインの仕方についても、その特異性をどのように判断するにせよ、そのことを契機に、T子が客の人物像に関心を持つにはいたらなかったこと、まして小島の容貌に注意を向けなかったことは、証拠上明白なのである。
　このようにT子は、何か特別な事故や事件を目撃した場合あるいはそれに匹敵するような有意的注意をもったわけではなく、約5分間の小島との応対は最初から最後まで、あくまで日常業務の一環としての応対にすぎなかった。このようにT子による約5分間の小島との応対全体が日常業務の一環として行われたために、同人の有意的注意の程度は、決して強いものではなかった。

(2)　小島なる客は上司のＮＧが受けた客であった

　次に、有意的注意の問題を考えていく場合、客への応対を最初に誰が行ったかが大きな意味をもつことに注目する必要があろう。訪れた客に最初に応対するとなれば、あらかじめ電話で在庫確認し注文している客であったとしても、当の訪問客が実際に注文した客かどうか、以前に購入したことのある客かどうか、初めての客だとすれば今後の取引相手となるのかどうか、そもそも商売上信用できる人物かどうか等々について、瞬時に観察できる限りの判断をし、それなりの対応をしなくてはならない。最初の応対者には当然、そうした観察と判断、対応が求められるわけである。
　ところが、最初の応対者がすでにそうした観察と判断を行い、客の用件もすべて聞いた結果を受けて、第一応対者からその客への応対を引き継ぐような場合、その人は引き継いだ客に対して果たしてどれほどの注意力、観察力をはたらかせるであろうか。すでに用件はすべて聞いており、客に対する言わば「品定め」も終わっているわけで、あとは事務的に商品と代金の授受、伝票を切って手渡すことを落ち度なく片付けさえすればいいのである。
　小島はあらかじめ電話で電磁弁10個の在庫を確認し事前に注文したうえでNGを訪ねてきた客であった。したがってT子は、上司のNGの指示に従い、NGから店売りの客だから伝票を書いてくれと言われて、NGが在庫を確認したうえですでに記入していたノートを見て小島への応対を引き継いだだけだった。
　つまりT子は、上司のNGの指示どおり事務的に事を進めたにすぎない。NGとの間ですべて話のついている客を引き継いだT子は、商品の引き渡し、代金の授受、伝票処理をごく事務的に行っただけなのである。何か今後の取引きに結び付くかどうかといった関心から、T子の側で客の小島に何か積極的に話しかけていくなどという

ことはまったく考えられない。事実、それを窺わせる証拠はまったくない。

その意味でT子にとって自分の客という意識は希薄だったうえに、行動としても客に対して主体的に応対したということはなかったのである。これは、T子の仕事が営業事務という補助的な仕事であることからも当然といえば当然のことなのである。

客の入店直後、整理棚の前で仕事中だったT子は、「いらっしゃいませ」と言って客の方を見た。しかし客の小島はT子の方を見ることなく、電話で話した男性（NG）の方に向かって「先程電話した者ですけど、NGさんいらっしゃいますか」といった感じで声をかけてきた（第28回公判）。したがってT子は、その客がNGを訪ねてきたと分かったので直ぐ自分の仕事に戻ったのである。

つまり小島への最初の応対はNGが行ったはずであり、T子の関心や注目が客の小島に向けられることはなかったのである。

だからT子も「NGさんのお客さんだと思ったので特にそんな気に留めてはいないです」（第29回公判）と証言しているのである。

この事実からも明らかなように、NGを訪ねてきた客（小島）に対するT子の有意的注意の度合いは、通常の客に比べても、きわめて低いものであったのである。

(3) T子の客との会話はきわめて少なく、習慣的挨拶の域を出るものでない

次に、一審判決が、「観察の態様が……会話をしながら観察している」と判示している点について検討する。

まず、具体的に、T子が客とどのような会話を交わしたかを検討することとする。

①最初、客が入店したとき、「いらっしゃいませ」と声をかけたという。ただし、このように声をかけた事実があったか否かの点についてT子は、「みんなお客さまに対してはいらっしゃいませといいますので」（第29回公判）といい、日常業務における習慣的あるいはマニュアル的慣行からの推測として証言しているのであって、具体的な確証があって、小島に対して「いらっしゃいませ」と声をかけた事実を証言しているのではない。

②その後、T子は倉庫に行き、部品をそろえて、客のそばのカウンターの上に商品を置いた。このときのことについてT子は、「こちらですとか、何か言ったと思いますけど。ちょっと言葉は覚えていないですけど、普通は、こちらになりますとか、何とか。黙っては置かないと思いますので、その程度の言葉は言っていると思いますけど」（第29回公判）と証言している。

しかし、これも習慣的事実からの推測にすぎないことは、「いらっしゃいませ」の場合と同じである。仮にこの点をおくとしてもT子は、このとき、小島がそれに対してど

のような応答をしたかについて何も覚えていない。ダンボール箱の中の電磁弁の型番や個数を小島が確かめ、T子が何か言葉をかけながらその小島を見ていたという状況ではなかったのである。

つまりこの場面でもまた、「会話をしながら観察」したと言える状況はなかったということである。

③次に、T子が伝票を書く際、小島とのあいだで「協和電機」の「協和」という文字の書き方をめぐってやり取りをした場面はどうであろうか。

T子は電磁弁10個を入れたダンボール箱をカウンターの上に置いたあと、自分の机に戻って伝票を書き始め、書き始める前に「キョウワはどういう字ですか」と客に尋ねたと証言している。そして小島が、「協力の協に平和の和」だと答えた（第28回公判）というのである。

確かにこれは、T子の側から尋ね、小島から答えが返ってきたという意味で、文字どおり一言ずつとはいえ、会話を交わしたと言えないことはない。しかしこれは、T子が伝票に「協和」という文字の書き方を聞くだけの、本当に一言の会話でしかないのである。

T子は自分の机で伝票に所定事項を記入していく作業の流れの中で、左斜め2～3メートル前の客に向かってほんの瞬間、顔をあげて声をかけたのであろう。伝票に目を落としたまま、顔もあげないで「協和」の字の書き方を聞くのが礼儀上失礼にあたるからほんの少し顔をあげたにしか過ぎない。こんな場合、客の顔を見つめ続けるのもまた失礼にあたるためT子はほんの瞬間、ちらっと客の小島のほうに顔を向けただけなのである。

したがって、小島とのあいだで「協和電機」の「協和」の字の書き方を尋ねたというこの場面についてもやはり、「会話をしながら観察していることが認められる」と認定することは到底できないと言わなくてはならない。

④さらに、T子は伝票を書き終えてカウンターの前に行き、納品請求書と領収書を客に示して代金の支払いを求めた。

このとき、T子は、「幾ら幾らになります」と言ったと思う（第29回公判）と証言する。しかし、これも推測であり、店員としての習慣的事実にすぎず、具体的記憶ではない。事実、T子の言ったこと、およびこれに対する客の対応について、T子は習慣的な事実以外の具体的な個別的事実を証言できないのである。

⑤その後、T子は、「納品書、領収書はこちらになりますと言いまして、受領書を出しまして、こちらにサインお願いしますと言いました」（第29回公判）と証言する。このように、T子が「物品受領書」の受領印欄へのサインを求め、小島がゆっくりと

丁寧にサインする。それを終えて直ぐ、小島は電磁弁を入れたダンボール箱を持って出ていった、というのが最終場面の状況である。
　ここでもサインを求めるのは、習慣的事実にすぎないし、このときのT子の行動としての、物品受領書をカウンターの上に置いたこと、ボールペンをカウンター上に書きやすいように置いたことも習慣的事実を証言しているにすぎず、具体的にこのような事実があったことを信用することはできない。
　T子の証言は、前述のように記録を追認したり習慣的事実を述べるだけであり、記憶の喚起になっていないので、それ自体信用性が低いといわざるをえない。仮にT子の証言を前提としても「会話をしながら観察している」ということはできない。客との応対という面で本来もっとも密接なやり取りがなされるはずの場面ですら、T子の小島への応対がきわめて事務的にしかなされていないことが分かる。
　たとえば、代金の支払いについても事前の電話で客のほうはあらかじめ知っていて準備していたと思われ、T子が納品書と領収書を差し出して「幾ら幾らになります」というだけのやり取りで代金の授受は終わっている。小島の側から「お幾らになりますか」と尋ねたり、あるいは小島が伝票を手にとって単価幾らで総額幾らになるか確認しながら支払いの準備をするというやり取りではなかったのである。そこには、「会話をしながら観察している」という状況はまったくない。
　また、代金の授受を終えてから、物品受領書の受領印欄へのサインをお願いする際にも、T子は客がボールペンを持っているかどうかを確かめることもなく、自分のボールペンを物品受領書と一緒に小島の前に差し出したと証言している。ここにも「会話をしながら観察している」と言える状況は認められないのである。
　また、これにつづくサインの時も会話はしていないし、物品受領書を肘で押さえるサインの仕方についても、「この人はこういう人だと思いました」「面白いなと思っただけで」「ちょっとはおかしいとは思いましたけど、そんな、人のやることにあれですよね。追及するわけでもないし」「そういう癖だと思いました」（第29回公判）などというT子証言の中には、小島の顔に注意を向けさせるほどの強い関心をもったことを示すものは何もない。T子は基本的に無頓着、無関心だったのである。
　T子はそもそも、営業所の事務担当であり、客に対して職務上の注意や関心を向ける習慣がないうえに、小島という客がNGから引き継いだ客であったことも、あまり強い注意を向けさせなかった要因になっていると言える。
　また、サインの間、T子はずっと字を見ていたとも証言している。この点からも「会話をしながら観察した」とは言えない。
　一審判決は「観察の態様が、店舗内で客と対応に出た店員という関係であって、

3　目撃供述と闘う；自民党本部放火事件　553

会話しながら観察していることが認められる」と認定しているが、以上みてきたように「会話しながら観察している」状況ではなかったことは、証拠上明白であると言わなくてはならない。

(4) 一審判決は「有意的注意の度合い」の検討を放棄

　一審判決の誤りの中で最も重大な誤りは、一審判決が、顔の容貌の記憶との関係で一番重要な条件である「有意的注意の度合い」について厳密な検討をまったくしていないことである（逆に、後述のとおり、T子の「個数の多さ」と「サインの仕方の奇妙さ」を無条件で受け容れている）。

　われわれの日常体験でも目撃条件が明るく障害物もなく一応良好と言える場合でも、有意的注意を著しく欠く場合には、自分でも驚くほどに記憶していないことが発生するものである。

　一審判決の「T子が小島の顔を、至近距離から、(見ていない時間を含めて) 約5分間、客と店員という関係で、会話をしながら観察した」という認定は、きわめて誇大な表現である。実態は、至近距離から小島の顔の正面を見たのはほんの一瞬であり、他は合計しても十数秒間、やや離れた距離から、角度をもって顔を見ていたにすぎない。これは、正面からの写真によって再認するには、まったく不十分な観察条件である。

　一審判決は「客と店員という関係で、会話をしながら観察」と判示しているが、T子が小島と名乗る男に対して、一見の客という関係以上に、人物として関心を持たなかったということは証拠上明白である。

　T子の場合には、例えば、飛び込みの現金客に対して、これを機会に常連の取り引き先にしようというような関心をもったわけではない。また、小島なる男に対して、その風貌等に関係して、「ハンサムだ」とか「だれそれに似ている」とかの個人的な興味を抱いたわけでもない。

　後述するとおり電磁弁10個という数量の多さやサインの仕方の特異性について、何らかの（あまり強くない）感想をいだいたことが認められたとしても、それが「こんなことをする人はどんな人なのだろう」「どんな顔をしているのか」等の、人物およびその容貌への関心を惹起させたことはまったくない。

　さらに言えば、T子の供述によっても、小島がサインをしていたときも、「字を見てました」と供述するとおり、それがきっかけとなって顔を観察したわけではない。

　したがって、T子が厳密な意味で、小島の顔を「観察した」のではないことは明らかである。いわんや、容貌の特徴を覚える意思を持って、注意深く観察したことなどは、ただの一瞬間もないのである。要するに、T子はきわめてわずかの時間、小島を漫

然と見ていたにすぎないのであって、その顔は単に「視野の中に入っていた」にすぎないのである。

このような観察条件で、4カ月後に、T子が小島の容貌を思い出せる可能性がまったくないことは明白である。

4　控訴審判決

控訴審判決は、「T子が『小島』の顔を見たといっても、それは、日常業務を遂行する場面において、見たにすぎないことに注意する必要がある。つまり、T子は、蒲田営業所において、客からの電話注文を受けたり、店頭客に応対するなどの営業事務を担当していたものであるが、『小島』に応対した時点において既に4年近くも右業務を続け、『小島』と応対後も約5か月間右業務に従事していたことが認められ、このようにT子は日常業務の一環として『小島』に接したものである。そして、T子が、『小島』に対して、今後継続的に取引をしてほしいといったような職業上の関心・興味を抱いたような形跡は見当たらず、T子にとってみれば、『小島』は、NGから応対を引き継いだ単なる一見の客という以上の存在ではなかった。また、『小島』の容貌に関して、誰某に似ているといったような特定の人物に関連づけて記憶にとどめるとか、同人に特に好悪の感情を抱くといったような個人的な関心を抱いた形跡もない。以上のことからすると、同人の『小島』に向けた注意の水準は必ずしも高くはないと認められるのであって、T子が『小島』を「見た」といっても、『小島』の容貌を記憶にとどめる意志をもって注意深く観察したというようなものではなかったことに留意しなければならない。

以上のとおりで、T子の観察条件は、観察の時間や個人的関心の程度、注意の水準のどれをとっても、原判決がいうほどに問題のないものではなく、むしろ、約4か月後に記憶を思い起こしたうえ、正確に人物を再認し同定することが可能かという観点から吟味してみると、それを肯定するに足りるほどの良好なものではなかったといわざるをえないように思われる」と判示した。

*

次に、T子が小島のことを記憶していたと供述する根拠にあげる「電磁弁の販売個数の多さ」の点と「不自然なサインの仕方」の点について、**第5**と**第6**で検討する。

第5 小島に対する電磁弁の販売個数の多さの問題について

1 争点

小島への電磁弁10個の販売は、T子に小島の印象が残るような販売だったと言えるか。

2 一審判決

一審判決は、「T子は、小島と名乗る客が印象に残っている理由として、現金売りの電磁弁の販売数量が多いこと、サインの仕方の特異性を挙げているところ、証人NGも、蒲田営業所では、現金売りは掛売りに比べて非常に少なく、1日に1、2件あればいいほうで、ない日もあること、電磁弁を現金売りで買って行く客は普通1個か2個買って行くのがほとんどで、まとめて買って行った客は、昭和55年から同証人が証言した第28回公判期日までに、前記協和電機を名乗る客の1回だけであることを証言しており、右の電磁弁10個の現金売りは、同営業所においては特異な出来事であったことが認められる。(中略)右の電磁弁の販売状況及びTの供述する前記サインの方法、態様等に照らせば、Tの印象に残ったとの供述は十分首肯できる」旨判示する。

論告も、「電磁弁の出荷明細綴及びCK社管理本部に勤務する証人YNの証言(第38回公判)によれば、同営業所における電磁弁AB41－03－5　AC100Vの現金売りは、昭和58年8月1日以降同59年8月31日までの1年間でわずか合計9回にすぎず、かつ、一度に販売した個数も同59年8月1日の10個を除けば、5個が1回、4個が1回、2個が2回、1個が4回という状況であり、このことに照らせば、電磁弁10個の現金売りは正に日常的な販売状況とはかけ離れた、特異な出来事であったことは間違いなく、販売員であるT子証人にとって関心を惹く出来事であったことは明白であり、それ故にこそ同証人も『(10個ぐらい売ったというのは証人の勤務の中には何回ぐらいか)覚えている中では1回だったと思います』(第28回公判)と証言しているのである。右のような特異性に着目すれば、電磁弁10個を現金売りした時の状況についての記憶が通常の販売場面とは分離された、浜田作成の鑑定書にいうところのエピソード性を持っていたことも明らかと言わねばならない」と主張する。

3　分析

(1)　電磁弁の販売数が10個というのは、蒲田営業所にとって特異なことではない

　そもそも電磁弁は掛売りでは数十個とか百個単位で販売される商品なのであって、仮に「現金売りとしては特異な数」だとしても、10個という数それ自体が電磁弁の販売として特異な数ではないという事実も見ておかなくてはならない。つまり電磁弁という商品は一度に10個、20個購入されること自体で不思議がられるような機械部品ではないのである。このような蒲田営業所の日常の取引実態に照らせば、たとえ「現金売りとしては」10個は特異な数だったとしても、その購入数の10個という数がその数のゆえに店員の印象に残るというのは考えにくい。蒲田営業所の店員にとっては10個という数は何ら「特異なもの」とは言えず、印象に残るような出来事ではないと考えるのが合理的である。

　たしかに、蒲田営業所における電磁弁の現金売りの個数が普通は1個か2個であり、小島に対する販売のような10個という数はT子、NGにとって初めてのことであったかもしれない。しかし、10個という数は、同営業所で在庫している範囲の数であり、ほかから取り寄せするほどの多数個ではなかったことも明らかである。しかも、たとえ初めての経験だとしても、それで店員が驚いたり、あとで店内で話題になるほど多い数ではないことも明らかである。これらの事実は10個の印象度を客観的に分析する場合に、決定的に重視されなくてはならない。

　そもそもNGが、10個という数の注文を受けて、そのとき驚いたという事実はまったくない。他方、T子にしても、NGからの指示で電磁弁10個を倉庫から取り出して客（小島）に渡すように言われた際、その数の多さに注目したなどと供述・証言しているわけでもない。むしろT子は、NGから指示を受け小島への応対を引き継いでから、NGのノートを見てなんの疑問や疑念や不自然さも抱かず、事業所の隣にある倉庫に小島が注文した電磁弁10個を取りに行っている。その際にT子がNGに個数のこと（その多さ）を聞き返したりした事実はまったくない。

　以上を総合的にみて、10個は「現金売りとしては」比較的多い数の部類に属するとは言えても、販売員の関心を惹くのが当然なほどの「特異な販売である」とまでは言えないというべきである。

(2)　現実にもT子は電磁弁の販売数量が10個であることに奇異な印象は抱いていない

何より重要なことは、知覚・記憶という面においては、あることが客観的に特異なことであったか否かということではなく、T子自身にとって主観的にそのことが特異と感じられたか否かが問題にされなくてはならないということである。知覚と記憶に影響を与えるのは、主観的な特異性なのである。
　それでは、T子は電磁弁10個の現金売りをどのように感じたのであろうか。T子自身の証言から見てみることにする。その前提として、まず本件電磁弁は蒲田営業所ではよく出る商品だという事実がある。T子は、弁護人から、倉庫に商品を取りに行くのにメモしていったのかと聞かれて「よく出ますので、覚えて行ったかも知れないです。メモは、持って行った記憶がないですから」（第29回公判）と答えている。
　そして、ダンボールに入れて商品を運ぶということについても「多い場合は入れる」（同）「（段ボールは）探さなくてもその辺に散らばっていますので」（同）と言って、ダンボールに入れて運ぶ程度の量の購入が珍しくないことを証言している。
　掛売りの客でも、配達に出るまで待っていられなくて取りに来るお客もあるし、こうした商品の引き取りもあるからだと言うのである（同）。
　要するに、この商品10個をダンボールに入れて運ぶことは決して珍しいことではないのである。
　したがって、T子が最初に10個という個数を聞いたときの印象について次のように証言しているのも不思議なことではない。

「（弁護人）
　10個という個数はどうでしょうか。
　　　　言われたか、ノートに書いてあったのを見たか、覚えてないんです。
　言われたか、ノートに書いてあるのかを見たとして、あなたは10個という個数を聞いて、どう思いましたか。
　　　　…………。
　あるいは何も思いませんでしたか。
　　　　10個か、ぐらいしか思わなかったと思いますけど。」（第29回公判）

　このようにT子自身、自分は商品の個数について関心がないことを率直に認めているのである（同）。
　こうしたT子証言から言えることは、電磁弁10個という数が、決して蒲田営業所の店員が奇異な印象を抱くほどのものではないということである。「現金売りとしては」通常の数からすれば、幾らか目立つというに過ぎない。右のT子の「10個か、ぐら

いしか思わなかった」という証言が端的にそのことを示している。

　10個という個数が実際にどのような意味をもっていたのかを窺わせる実に示唆的な証言がT子によってなされている。次にそれを見ておく。

「(弁護人)
証人はNGさんから10個と言われたか、あるいはノートを見て10個という数を見た時、ああ10個かと思っただけでとくに何も感じなかったというご証言を先程されたんですけれども、そうだとすればなぜ10個というのが記憶の根拠にあるんでしょうか。
　　その時はあまり、10個かぐらいしか思いませんでしたけど、あとから物品受領書を見せられた時に10個だったんで……何といっていいかな……それが、あとから10個ということは、多かったからということで記憶に残ったというんじゃいけないんでしょうか……。」(第29回公判)

　T子は、8月1日の応対当時には「10個か、ぐらいしか思わなかった」ことが、11月28日になって「物品受領書を見せられた時に10個だったんで」記憶に残ったというのである。その際、T子は、「あとから10個ということは、多かったから記憶に残ったというんじゃいけないんでしょうか」という言い方によって、物品受領書を見せられてから個数が比較的多いことに着目し、それを当の応対場面が記憶に残っていた理由の一つにしたことを期せずして吐露したのだと言っていい。
　つまり、T子は自分の写真選別が正確であると主張するためにも、そのときの印象を強く持っていたと理由づける必要があり、10個という販売個数が多いという理由を11月28日の時点で作り出したと考えられる。これは記憶の確認だけであって記憶を喚起したものではない。これは人間の生理的・心理的作用として、人間の記憶が断片的な情報を安定した体系へと組み入れるように働き、そのようにすることで論理的一貫性を持たせようとするという人間本来の心理的な性向がT子にも作用した結果であると考えられるのである。
　ここでのT子の「いけないんでしょうか」という言い方は、物品受領書記載の記録に基づく理由の後付けであることを極めて明瞭な形であらわしている。
　T子の供述の要素を一覧表にすると次頁**表2**のとおりであるが、その大半は、物品受領書から明らかになることであり、記憶の喚起からではない。
　たしかに実際の現象としては、10個という個数が店頭売りにしては多かったので、

3　目撃供述と闘う；自民党本部放火事件　｜　559

表2　T子供述の供述要素

		物品受領書の記録から分かること	昭和59年12月4日員面	昭和60年1月17日検面
1	問題の客に品物を売ったのは8月1日である	●	●	●
2	客が来たのは午後2時ごろである		○	○
3	客は一人で入って来た			
4	客が入ってきたとき私は整理棚の前にいた			○
5	NGが電話で在庫確認を受けていた		○	○
6	NGから現金売りの客だと言われて引き継いだ		○	○
7	売ったのは電磁弁（AB41-03-5AC100V）だった	●	●	●
8	型番はNGのノートを見た			
9	売った個数は10個である	●	●	●
10	商品は私が隣の倉庫にとりに行った		○	○
11	商品は段ボールに入れて持って来た			○
12	持って来た段ボールをカウンターの上においた			○
13	そこで私は客と向かい合うかたちになった			
14	それから自分の机に戻って伝票を書いた			○
15	伝票の客名欄に「協和電機」と書いた	●	●	●（1字1字確かめて）
16	その字について客は「協力の協に平和の和」と言った			
17	そのとき机からカウンター越しに客を見た			
18	納品兼請求書、領収書及び物品受領書を持ってカウンターのところへ行った			○
19	代金43700円をもらった	●	●	●
20	物品受領書にサインをしてもらった	●	●	●
21	名前は「小島」だった	●	●	●
22	ボールペンは私の黒のボールペンをわたした		○	○
23	客は左肘で紙を押さえてボールペンを真直に立てて、非常にゆっくり立てた		○	○
24	書きにくそうに伝票が動いたので私が手で押さえた			○
25	そのとき客の顔をすぐそばで見ている			
26	応対した時間は5分くらいだった		3〜4分	

●物品受領書の記録から分かること
○それ以外

物品受領書を見て「こういうことが過去にあったかな」という感じをいだくことはあるかもしれない。しかしそれは、「10個売ったことがある」という言わば知識に組み込まれた記憶でしかないはずである。したがって、そういう場合でも、その時のその場面の情景が、生のエピソードとして浮かびあがってくるといったかたちの記憶喚起がなされることはほとんどないであろう。まして、前記のようにしていだいた感じを手掛りにして、小島への10個の電磁弁販売にまつわる数分間のやりとりを同時的に記憶喚起することなどおよそありえないことである。

以上のようなT子証言の具体的な検討をとおしても、8月1日の応対当時、10個という個数がT子にとって強く印象に残ったという形跡はまったく窺えないのである。したがって、電磁弁10個の販売が現金売りとしては数が多かったので、そのときの販売状況が記憶に残っていたとするT子の供述は到底信用できない。それは物品受領書を見せられたことを契機にこじつけて思いついた、後からの理由づけだと推察されるのである。

(3) 日常的販売行為

こうした推論の正しさを直接に示すのが、日常的販売行為からの類推としか考えられない事柄をあたかも当時の生の記憶として語ったに違いない供述である。これを、電磁弁10個にかかわるT子の員面から検面、法廷証言へと至る中での供述の変遷や不自然な詳細化が見られる点から検討することとする。

第一にはNGから小島への応対を引き継ぐとき、NGのノートを見たという証言が、員面・検面ではまったく出てこないのに法廷で初めて述べられている点であり、第二には員面段階では触れられていなかった電磁弁10個を入れるダンボールの話が検面および法廷証言段階で詳細に述べられるようになっている点である。

電磁弁10個という個数の多さが小島への販売状況を覚えている理由だとするT子供述はあとから思い付いて理由づけしたものではないかという疑いに通ずる問題として、以下この二つの点をめぐる供述の不自然な変遷と詳細化の意味について分析し検討する。

(4) 上司NGのノートを見たというT子の証言について

小島への応対を引き継ぐとき店員NGのノートを見たとするT子の証言が事件から約2年半後の法廷（1987年2月26日）で初めてなされた。

小島から注文のあった電磁弁の型番などをメモした店員NGのノートを見たことについて、T子が法廷で初めて言及したのは小島との応対時から2年半以上も経って

からのことであった。このことが、小島との応対に最も近い員面・検面の段階はまったく供述されず、年月を経た後の法廷証言の段階で初めて述べられるようになったのは、いかにも不自然であるというほかない。

ちなみにT子が1984年8月1日に小島と応対してからの員面、検面、法廷証言の時期および経過期間について一覧化すれば次のとおりである。

小島との応対	1984年8月1日	
員面	1984年12月4日	約4カ月後
検面①	1985年1月17日	約5カ月後
検面②	1985年5月2日	約9カ月後
公判証言	1987年2月13月	約2年6〜7カ月後

NGのノートを見たことについて、1984年8月1日の小島との応対から約4か月ないし約9カ月経過した員面・検面の時点でまったく供述されていなかった。よって、その時点でT子の記憶になく、事情聴取でも話されなかった事柄が、小島との応対から2年半以上も経った公判段階で記憶喚起されたというのは実に不可解である。他にもT子は、小島が43,700円を現金で支払ったとき、釣りはなかったいうことを同じように法廷証言で初めて言及している。なぜこのようなことが生じるのであろうか。

後にダンボールの件でさらに論及するが、T子の場合、ほかにも員面段階ではまったく触れられていないことが検面から法廷証言へと供述の回数を重ねるにつれて詳細になる傾向がある。つまりT子は、小島が来店したときの場面にはじまる当日の販売状況について、あたかも具体的にそのときその場面の記憶を喚起したかのように実に多くのことを供述し証言しているのだが、しかしそれが果たして本当にそのときの記憶に基づいてなされているのかどうかについて大きな疑問がある。T子の供述を子細に吟味すればわかることだが、同人においては日常の販売業務として「いつもしていること」と「8月1日の小島に対してしたこと」が区別されないまま供述される傾向がきわめて強いからである。

例えばその端的な例として、次のようなT子の証言を見れば、そのあたりの区別がなされていないのではないかとの疑問をもたざるをえない。

「(弁護人)
普通あなたの営業所ではだれかが入って来ると声をかけるんですか。
　　はい、いらっしゃいませとかけますけど
その男性に対してあなたはそういう声をかけた記憶ありますか
　　はい。みんなお客様に対してはいらっしゃいませといいますので。

みんなというのは営業所にいる全員ですか。
　　みんなというのはお客様みんなという意味です。」（第29回公判）

「（弁護人）
それでは、8月1日に入って来たお客さんとあなたとどちらが先に声をかけたことになりますか。
　　私の方が先だったと思いますけど。
（弁護人）
それは先程あなたのおっしゃった、いらっしゃいませという声だったということですか。
　　そうだと思います。
いらっしゃいませという声をかけた時、あなたはその男性と目線を合わせましたか。
　　ええ普通お客さんの方に向かっていいますから、自然と合うと思いますけど。
合わせた記憶あるんですか。
　　……覚えてないです。」（第29回公判）

　いつもしているからそのときもしているかも知れないということと、このときした記憶があるということとは明確に区別されなければならないにもかかわらず、上記証言からうかがわれることは、T子の場合、そこが混同されているのである。
　すなわち、「声をかけた記憶ありますか」と問いただされて、「はい。みんなお客様に対してはいらっしゃいませといいますので」と答えているところなどに、そのことが如実に示されている。また、小島と目線を合わせた記憶の有無を質問され「覚えてないです」と証言しているT子は、その直前では「目線を合わせましたか」と問われて「ええ。普通……（中略）……、自然と合うと思いますけど」と証言しているのである。
　このようなT子の供述姿勢はきわめて危険であると言わなくてはならない。本来、その日そのときの具体的な場面の記憶に基づいて供述・証言すべきところ、T子の場合には日常の一般的経験やそこからの類推が、まるでそのときの記憶であるかのように供述・証言されているのである。
　そうしたT子の供述姿勢からするならば、問題の小島との応対時に店員NGのノートを見たという法廷証言についても、それが「8月1日」の小島との応対時の具体的な記憶に基づくものと安易に見なすことはできない。むしろT子が、「いつもなされて

3　目撃供述と闘う；自民党本部放火事件　｜　563

いることだからその時もそうしたであろう」という販売状況の日常的パターンの類推からその証言を行ったと見るほうが合理的である。
　その法廷証言は次のとおりである。

「(検察官)
最終的とおっしゃるのはどういう場面からなるんでしょうか。
　　　NGさんが最初に受けていたみたいなので、ノートに型番が書いてあったので、現金売りのお客さんだということをNGさんにいわれて私が引き継いで応対しました。
だれのノートに書いてあったんですか。
　　　NGさんのノートです。
NGさんはそのノートのメモを見て証人に型番をおっしゃったわけですね。
　　　はい。
個数についてはどうでしたか。
　　　個数も、ノートに書いてあったか言葉でいわれたかちょっと覚えてないですけど、すぐわかりました。
型番はどういうふうにおっしゃられたんですか。
　　　それもノート私が見て、これだという感じで見て書いたんじゃないかと思うんですけれども。」(第28回公判)

「(弁護人)
商品名とか、得意先とかあるんではありませんか。
　　　商品名はNGさんのノートに書いてあったんで、それを見たか、NGさんからもう一度言われたか、ちょっとわからないですけど。
ノートに書いてあったというのは、確かな記憶ですか。
　　　見た記憶あります。
見た。
　　　NGさんのノートを見た記憶あります。
この商品の商品名が書いてあるという趣旨ですか。
　　　はい。
あなたは整理棚の前にいて、NGさんから店売りのお客さんだから伝票書いてくれと言われて、NGさんの机のノートをのぞき込んだということになりますか。
　　　はい。

その時、商品名を口頭で言われたわけではないんですか。
　　　　先程も言いましたけど、どっちかちょっとわからないんですけど、ノートを見た覚えはあります。
　ノートに書いてあったという記憶もあるんですか。
　　　　はい」（第29回公判）

　Ｔ子はこのように、「ノートに型番が書いてあった」とか、「ＮＧさんのノートを見た記憶があります」と明言している。
　しかし、員面調書や検面調書の中ではこのノートに関する記述はまったく見られない。そのいずれにも、小島への応対をＮＧから引き継いだこと、ＮＧからの指示で当該型番の電磁弁10個を倉庫へ取りに行ったことの供述がありながら、ノートについてはひとことも触れられていないのである。これは、電話注文なら通常、注文メモとしてノートに書いているから、このとき書いていたはずだという類推から、後の法廷段階で証言されるようになったと考えるほかないであろう。Ｔ子はそうした注文メモのノートを見て商品を倉庫に取りに行ったり、それに基づいて伝票を書いたりすることを日常業務として毎日何回となく繰り返し行っていたはずである。したがって、小島への応対のときもやはり「ノートを見たはずだ」というのなら何も不思議はない。だがＴ子の場合には、はっきりと「ノートを見た記憶がある」というのである。しかも、小島と応対した時点から２年半も経った法廷証言の時点で、突如として述べられるのである。Ｔ子の供述姿勢がいかに危険なものであるかを端的に示すものだと言わなくてはならない。
　このようなＴ子の供述姿勢からすれば、その販売時点では何も感じていないのに、「電磁弁10個という個数は現金売りとして非常に多い数なので、そのときのことはよく覚えている」などと供述しても不思議はないであろう。

⑸　電磁弁10個を段ボールに入れて渡したというＴ子の証言について
　電磁弁10個をダンボールに入れて渡したとする供述が員面で話されていない。
　Ｔ子は、電磁弁10個という個数は現金売りにしては多い数であり、その数の多さもあってそのときのことをよく覚えているのだと言いながら、その数の多さの問題に密接に関わるダンボール箱のことについて、出来事に最も近い（約４カ月後）員面の段階でまったく触れていないことも不思議であるというほかない。小島に対して電磁弁10個を販売したとき、Ｔ子が本当にその販売場面や小島のことを印象に留める理由になるほど、10個という数の多さに注目したのであれば、数の多さゆえにダンボール

3　目撃供述と闘う；自民党本部放火事件　565

に入れて倉庫から運んだことの印象がなぜ員面段階で語られなかったのであろうか。
　電磁弁10個をダンボールに入れて倉庫から持ち出し、カウンターの上に置いたとする検面や法廷での供述、証言もまた、後からの理由づけとしか考えられない。このくらいの個数だといつもダンボールに入れて持ち運ぶので、「この時もそうであったはずだ」として供述、証言の詳細化がなされたと見ざるをない。先程のノートの問題と同様、ここでも実際の記憶に基づかない販売業務の日常的パターンからの類推による供述、証言の詳細化がなされているわけであり、重ねてT子の供述姿勢の問題性を指摘しておかなくてはならない。
　その上で、仮にT子が小島への販売時に本当に個数の多さに注目し何らかの印象をもったのであれば、当然その印象はダンボールに入れた行為と結びつき記憶に留められるはずなのに、員面段階では個数の多さだけが語られ、ダンボールに入れたとする供述が欠落している点が大きな疑問であることを併せて指摘しておかなくてはならない。
　つまり、員面段階で電磁弁10個をダンボールに入れたと供述していないことは、個数の多さがそのときのことをよく覚えている理由だとするT子の供述が、実は物品受領書をみて後から理由づけされたことが真実であることを裏付けているのである。
　T子が、小島への電磁弁10個という現金売りは同人の蒲田営業所での約3年11カ月の間で初めて経験する数の多さであり、そのときのことはよく覚えているというのであるならば、T子は初めて経験する現金売りとしての数の多さに注目しながら、倉庫の棚から電磁弁10個をダンボールに入れたはずである。すなわち、T子が販売時に数の多さに注目したのであれば、その注目とダンボールに入れる行為はまさに一体の印象であったはずなのである。
　ところがT子は、員面段階で数が多かったことなどからそのときのことはよく覚えていると供述しながら、NGからの指示で電磁弁10個を倉庫から持ち出して小島に渡したことについて触れるくだりでダンボールにいれたことについてはまったく触れていない。
　以上の結論として、小島への電磁弁10個の販売時に個数の多さに注目したというT子供述は事実に反すると考えざるをえず、物品受領書を見てあとから理由付けられたものと見るしかない。
　すでに分析・検討したとおり、T子は販売時には10個という個数について「ああ、10個か」くらいにしか思わなかったというのが真実なのであり、個数の多さに注目などしなかったのである。だから、それをダンボールに入れたかどうかについてもまるで印象に残らず、員面の段階では記憶になかったのである。したがって、ほかの多くの

事柄と同様に電磁弁10個をダンボールに入れたという点についても供述の詳細化がなされたが、しかし員面調書にそれがまったく触れられてさえいないことから、そもそも10個という個数について、販売時にT子が何ら注目していなかったということなのである。

4 控訴審判決

　控訴審判決は、「確かに、蒲田営業所における電磁弁の現金売りの個数が通常は1個か2個程度であり、『小島』に販売した10個という個数は、T子やNGにとって初めてであったことが認められる。しかし10個という数は、同営業所で在庫している範囲内の数で、他の営業所から急きょ取り寄せなければならないほどの数ではないうえ、T子が10個という数の多さに驚き、客に用途を尋ねるとか、販売後に店員らの間において数の多さを話題にした形跡も見当たらない。T子は、NGから指示を受けて『小島』への応対を引き継いだ際個数の多さからその数を再確認することもなく、言われるままに倉庫まで電磁弁10個を取りに行っているのである。T子は、弁護人から、10個という個数をどう思ったか質問されるや、『10個か、ぐらいしか思わなかったと思いますけど』と答えていることからも窺われるように、10個という個数ゆえに、販売状況の詳細、更には、客の容貌が印象に残るほど、その個数が特異性を持ち合せているとは思われない」と判示した。

第6　小島の不自然なサインの仕方の問題について

1　争点

　物品受領書に記入した小島のサインの仕方がどこまでT子の記憶に基づいていると言えるかを検討する。

2　一審判決

　一審判決は、「サインの仕方についてのT子の供述は、『左の肘でこの物品受領書の左下の方を押えて』『ボールペンをほんとに真ぐ立てて書いてました』『(書いたスピードは) 非常にゆっくりだったと思います』『(それで滑るのを動かないように押えたとい

うことですか）ええ。また、手のひらで押えなかったので書きにくそうだったので』『（丁寧な書き方だったですか）そうですね。丁寧に見えました』『（字の大きさは）ほかのお客さんに比べたら小さいなって感じました』などと具体的で臨場感があり、T子自身が公判廷で当時の小島と名乗る人物のとった姿勢を明確に再現できたこととあいまって、同証言の信用性を高めるものである。右の電磁弁の販売状況及びT子の供述する前記サインの方法、態様等に照らせば、T子の印象に残ったとの供述は十分首肯できる」旨判示する。

上記判決は、サインの仕方に関するT子供述に対する検察官の証拠評価をそのまま受け入れたものだった。

3 分析

(1) T子は「サインの仕方」について、奇異な印象を受けていない

サインの仕方についても、目撃の知覚条件として検討する際に問題とされるべきことは、それが客観的にどうであったかということではなく、あくまでもT子がそのサインの仕方をどう感じたかという点である。まさに主観的なことがT子の記憶に影響を与えるのである。

それでは、T子は、小島がサインするのを見て実際にはどのように感じたのであろうか。

T子は、小島なる人物のサインの仕方について、「左のひじでこの物品受領書の左下を押さえて、ちょっと書きにくそうなので私が押さえたんです」（第28回公判）と証言し、そのときに自分が受けた印象について次のように証言している。

> 「（弁護人）
> あなたから見て、ひじで押さえるのは、何か特別の訳があったように見えましたか。
> この人はこういう人だと思いました。
> 　　（中略）
> あなたとしては、なぜそういう格好をするのかという理由までは、考えなかったわけですね。
> ちょっとはおかしいとは思いましたけど、そんな、人がやることにあれですよね。追及するわけでもないし。
> 　　（中略）
> 肘で押さえることは非常に妙に思ったと、あるいはちょっとおかしいなと思った。

あるいは世の中にはこういう人もいるんだと思った。こういうふうに大雑把に分けた時に、あなたの気持ちは私が今言ったので、どれにちかいでしょうか。
　　　　ちょっとおかしいなぐらい。
　　　　（中略）
それでお客さんがボールペンを立てて書く理由は何かあると思ったんでしょうか。
　　　　そういう癖だと思いました。」（第29回公判）

　つまりT子は、小島がサインするとき、「左のひじでこの物品受領書の左下を押さえた」ことについて、「この人はこういう人だと思い」「ちょっとおかしいなぐらい」の感じをもったと言うのである。そして、「ボールペンを立てて」書いたのを見ても「そういう癖だと思いました」と証言している。
　T子のこうした証言からは、客の小島に強い不審感を抱いたとか、特異な人物として注目した様子はまったく窺えない。現にT子は、客を送り出してすぐ何事もなかったように自分の机に戻り仕事にとりかかっているのである。
　結局のところ、T子がサインの仕方を「ちょっとおかしい」と思ったとしても、一審判決が言うようにサインの仕方がT子の印象に強く残ったわけではないことは明らかである。

(2) 小島への販売は事後に話題になっていない

　小島への販売について、直後または事後において、サインの仕方を含め一度も話題にしたり、思い出していない。
　ある出来事が特定の人物の記憶にどのくらい残るかにとって、その本人が、そのときに、どれだけの強さの印象をもったかということと並んで、出来事の直後ないし事後に、それについて何か意味づけをもって考えたかどうか、他の人と話題にしたかどうか、ということがきわめて大きな関係を持ってくる。
　この点では、証拠からも明らかなように、T子は小島への電磁弁の販売について、販売個数の多さも、サインの仕方の奇妙さも、小島という人物についても、その容貌についても、小島が帰った直後にもその後にも営業所の中で誰にたいしても話題にしていない。また、帰宅した後、家族とも話していない。
　それどころか、T子自身、4カ月後に警察官が事情聴取に来るまで一度も思い出したことがない旨を供述している。
　小島に販売したことについてT子がこのように無関心であることが、小島への販売

3　目撃供述と闘う；自民党本部放火事件　｜　569

状況に関する同人の記憶を急速に薄れさせる大きな要因になったことは明らかである。

そもそもT子は、物品受領書を見せられてもすぐには小島への販売状況を思い出せなかった。

T子が小島に電磁弁を販売した状況について強い印象を持ったのではないという推論が正しいことを示す直接証拠は、T子が警察官KGから物品受領書を見せられても、すぐには何も思い出せなかったことである。

弁護人に「じゃあその物品受領書を見せられて、あなたはまずどういうことを思い出しましたか」と聞かれて、T子は「すぐには思い出せませんでした」と答えている（第29回公判）。

前後の関係からして、これが小島の顔のことではなく、販売の事実についても、すぐには思い出せなかったという趣旨であることは明らかである。

強い印象を受けて記憶に刻み込まれた出来事ならば、何かの手掛かりを示されれば、「ああ、あのこと」という形で、すぐに思い出すのが普通である。

ところが、T子の場合は、そうはならずに、物品受領書のサインが自分のものであることの確認から始めて、その記載事項を読み、それについて考え、というかたちで、記憶を喚起していったというのである。この経過自身が、8月1日の販売について、一連の生のエピソード記憶として思い出したのではないことを物語っている。日常的販売行為の枠をこえた強い印象を決して受けていないため、その販売状況についてサインの仕方を含め明瞭な記憶を持つことがなかった事実が明らかである。

(3)「サインの仕方」が出てきた取調べの経緯

次に「サインの仕方」の供述が出てきた事情聴取過程について論ずる。これは、不可視のブラックボックスの中にあるが、そのブラックボックスのなかの状況をうかがわせる手がかりがなくはない。N子の「サインの仕方」の供述の変遷からうかがわれる事情聴取状況との対照である。

T子とN子は、いずれも3通の供述調書を録取されており、担当の捜査官は共通である（1通目の員面がKG巡査部長、2通目の検面がTC検事、3通目の検面がHT検事）。それゆえT子・N子両名の事情聴取に一定の共通の力が働いたことが推測される。ここで「サインの仕方」供述と関わって興味深いのは、この両証人が最初の調書（員面）で、問題の販売状況をよく覚えている理由として挙げた供述が、その後どのように変遷したかである。これを時期ごとに一覧にしてみると次頁**表3**のようになる。

ここで考慮しておかなければならないのは、T子に事情聴取した警察官KGがその

表3　T子およびN子が最初の調書で述べた「販売状況を記憶している理由」とその変遷

T 子	尋問者	N 子
11・28 事情聴取① ┌─ 12・4 事情聴取② ─ 《最初に供述した記憶の理由》 ・8月に入って最初の日であったこと。 ・10個もいっぺんに現金でまとめて買っていったこと。 ・サインを求めた際、変わった格好をして小さな字を書いたこと。 　──【1984年12月4日付員面調書】	警察官KG	10・29 事情聴取① 11・28 事情聴取② ┌─ 12・26 事情聴取③ ─ 《最初に供述した記憶の理由》 ・現金売りの客はほとんど工員風で、夏なのに背広姿だったこと。 ・会社名を聞いたときに「上様でいい」と言われたこと。（どのようなサインの仕方をしたかは良く覚えていませんと供述） 　──【1984年12月26日付員面調書】
┌─ 1・17 事情聴取③ ─ ・サインの仕方をさらに詳しく述べその奇妙さゆえに覚えている旨供述。 ・まとめて10個も買って行ったので覚えているという。（「8月の最初の日であった」との理由はなくなる） 　──【1985年1月17日付検面調書】	検察官TC	┌─ 1・19 事情聴取④ ─ ・現金売りの客はほとんど工員風の人で、夏なのに背広風の上着を着て、こざっぱりしていた。 ・現金で5個まとめて買っていく客は少ない。 ・サインをするとき紙を押さえず書きにくそうだった旨供述。 　──【1985年1月19日付検面調書】
┌─ 5・2 事情聴取④ ─ ・電磁弁10個を買い、非常に変わった形でサインした。 　──【1985年5月2日付検面調書】	検察官HT	┌─ 5・2 事情聴取⑤ ─ ・圧力調整機5個を買い領収書は上様でよいと言ったが、それでは困ると言って名前を尋ねると煩わしそうに「サカタコウギョウ」と答えた。 ・用紙を押さえずに片手で書きにくそうにサインしたので印象に残っている。 　──【1985年5月2日付検面調書】

時にはすでに、N子から入手した圧力調整器の物品受領書の検討によって、サインの仕方について仮説をもっていたに違いないことである。

すなわち、10月24日にC社秋葉原営業所を訪問調査して、8月1日の坂田なる人物による圧力調整器5個の購入の事実をつかんだ警察官KGは、その後、10月29日にN子に対して、N子自身としては二度目にあたる写真面割りを行うが、その時には、まだ実在をつきとめていない村田電機の存在もあって、坂田に絞った捜査ではなかった。

しかし、その後の調査によって、不審購入者は坂田に絞られ、11月9日には坂田

のサインのある物品受領書を秋葉原営業所から任意提出させたのである。捜査本部としては、当然その物品受領書から指紋・掌紋をとるための検査をしたであろうし、坂田のサインについても、科学警察研究所の研究員に聞くなどして、調査したと思われる。

したがって、8月1日のC社蒲田営業所における小島なる人物による電磁弁10個の購入の事実をつかんだ11月27日の段階では、警察官KGは「坂田」のサインについてその特徴を熟知していたのみならず、その書かれ方についても、一定の仮説を持っていたと考えられるのである。

それは、警察官KGがC社蒲田営業所で電磁弁10個の物品受領書を見たとき、即座に、「坂田というサインの筆跡と、協和電機の小島という筆跡が酷似していることにそのとき気が付きました」（第85回公判）ということ、また翌28日にT子への事情聴取に出掛ける際に、上司から「サインをするときに筆記具は自前の物を使ったのかどうか……を忘れないで調査して来い」という指示を受けたことなどの供述からも推察される。

そこから、28日に警察官KGがT子に対して事情聴取する際に小島のサインの仕方について、坂田のサインの分析から得ていた仮説に基づいて「こんな書き方ではなかったですか」等の質問を行い、T子がそうかも知れないと思ったことが、12月4日の員面調書作成の段階では、最初からT子の思い出した記憶であるかのように供述された、ということが大いにありうるのである。その意味で、実際に体験したT子でなければ知り得ず供述できない事実であるとは言えないということである。

(4) T子とN子の初期供述の比較

T子の初回供述調書（1984年12月4日付T子の員面）とN子の初回供述調書（同年12月26日付N子の員面）はまったく同じ形式をとっており、いずれもその最後の部分で、なぜこの問題の客のことを憶えているかの理由を列挙している。

供述の対象となるべき出来事が殺人現場の目撃というような衝撃的なものであれば、その記憶の理由をあえてあげる必要はないが、日常業務の一コマを想起するというのであれば、それをなぜ憶えているのかが当然にして問題となる。

T子・N子の供述がその点についてまったく同じ形式で言及しているのは、尋問者の側にその点の問題意識があったことを示しているからである。記憶理由を供述したことについては、その背景として尋問者側の働きかけがあったことは間違いない。そうした働きかけ中での記憶理由の供述であったことを念頭においておく必要がある。

ところで、この点でもっとも注目すべき問題は、N子が最初の員面調書で客のサイ

ンの仕方について「よく覚えていません」と供述しておきながら、次の検面調書ではこの客のサインの仕方がおかしかったことを詳しく述べている点である。

まず、12月26日付員面調書（警察官KG録取）には次のように記述している。

> 「私は伝票に坂田工業と書いてから、ガラス製の商品ケースの上に物品受領書とボールペンを差し出してサインをお願いしました。
> どのようなサインの仕方をしたか、その後、品物をどのようにして持ち帰ったかということは良く覚えていません。」（1984年12月26日付員面調書）

この供述から明らかなことは、サインの仕方についてN子に対して尋問者の方から尋問しているはずだということである。

「良く覚えていません」という否定表現の供述を供述者の方が自発的にすることはまずない。「サインの仕方はどうだったのか」と聞かれたからこそ、「良く覚えていません」との答えが出たと考えるのが自然である。

実際、同一の尋問者（捜査官KG）の方では12月4日時点でT子からサインの仕方が奇妙であったとの供述を引き出しており、またT子の勤務する蒲田営業所から見つけた物品受領書と、N子の勤務する秋葉原営業所から見つけた物品受領書とが、その受領印欄のサインに類似性があるとの問題意識の下にT子・N子への事情聴取が行われていたという事情があった。その点から考えて、捜査官KGは物品受領書のサインに当初から着目しているはずであって、現にT子からはこのサインの仕方にかかわる印象的な供述をすでに得ていたのであってみれば、N子に対してこの点を取り上げて尋問を行ったことは当然である。N子からは「良く覚えていません」との答えが返ってきたのである。

ところが、それから24日たった翌年1月19日のN子の検面調書には次のように記述されている。

> 「また、私どもの会社では、6枚綴りの伝票の5枚目にあたる『物品受領書』の受領印欄に認印かサインをもらうことになっていますので、物品受領書とボールペンを持ってカウンターまで行き、相手にこれを差し出して、
> 　済みません、こちらの方にサインをお願いします。
> と頼みました。
> 　普通、サインするときには、左手で用紙を押さえて書きますが、その時のお客さんは、紙を押さえずにサインをしようとしたので、用紙がずれて、書きにくそう

3　目撃供述と闘う；自民党本部放火事件

でしたので、私がカウンター越しに両手を伸ばして用紙を押さえてやった記憶があります。

　また、サインをするときには普通には場所にこだわらず、手早く書く人が多いのですが、この時の客は受領印欄の中にゆっくりと書いていた記憶があります。」
（1985年1月19日検面調書）

　前回には「良く覚えていません」と供述していた人が、あらためてここまで記憶を想起したことになる。N子は、当初から受領印欄のサインに着目していたはずの捜査官から、このときまでにすでに3回の事情聴取を受けていた。そのN子が、問題の販売から5カ月半以上たって4回目の事情聴取で客のサインの仕方を思い出すということはおよそ考え難いことである。T子からサインの仕方が奇妙であったとの供述を得ていた尋問者が、T子・N子に対応した客は同一だとの仮説の上に立って、N子に同様のサインの仕方がなかったかどうか問い質したと考える以外に、突然この新供述が出てきた理由は見当たらない。N子のこの時の事情聴取の場には、「サインの仕方」の供述を期待する尋問者からの強い働きかけがあったと考えるべきである。
　また物品受領書の受領印欄の署名が走り書きではなく、欄のなかにきっちり納まる形で、やや震えるような字体で書かれているところから、N子のこの検面調書にあるように「受領印欄の中にゆっくり書いていた」との供述は容易に導き出すことが可能である。つまり特異な「サインの仕方」の供述を引き出そうとする力が働くなかで、現にその特異な「サインの仕方」が供述された可能性が十分にうかがわれるし、そう解釈しなければN子の供述変遷は理解できない。
　問題は、T子の事情聴取の場にもN子と同様の力が働かなかったとの保証はないということである。
　もちろんN子の場合には自らが「サインの仕方」を供述する前に、T子の供述があったからこそ、そこに沿う供述を引き出そうとの力が働いたと考えられる。T子の場合にはそうした先行供述はなかったが、日常的な販売場面の供述に説得力をもたせるために、捜査官がその記憶の理由を求めようと働きかけたことは、その供述調書から十分にうかがえるし、その結果「8月に入って最初の日であった」こととか、「販売個数の多さ」の供述が引き出された。
　しかし、「8月に入って最初の日であった」などという脆弱な理由をあえてあげなければならなかったところにその不十分さはよく表れている。記憶の理由を十分なものにするために、さらなる供述が求められた。
　T子の最初の事情聴取の場のなかに、N子におけるのと同様の力が働いていた可

能性は決して小さくない。

(5) 「サインの仕方」に関する供述の変遷

まず、T子の1回目の員面調書にはこう書いてある。

「この人は、私が差し出したボールペンを立てるようにして強く持つと、左肘で受領書を押え、体に似ず、小さな震えるような字でゆっくりと
　　小島
と書いたことをよく覚えております。」（1984年12月4日員面調書）

T子が物品受領書の実際のサインを見ずにこの供述をしたという保証があれば、この特異なサインの仕方の供述の信用性はきわめて高いと言ってよい。しかし物品受領書を見せられたのちこの販売場面を徐々に思い出したとのT子証言からして、この供述が物品受領書を見たのちのものであることは明らかである。

しかも、上記調書の「小さな震えるような字でゆっくりと『小島』と書いた」という部分は、物品受領書現物のサインの字体そのものを言葉で表現したものに他ならない。そのうえで「ボールペンを立てるようにして……左肘で受領書を押え……」という供述部分は確かに特異であるが、これがT子の記憶にもとづく供述であるとの保証はない。

実際、字体が固く、筆勢がなく、震えるような字体はボールペンを立てて書いたとの仕種をある程度示唆しているものと言えるし、それに問題の物品受領書からは指紋が検出されたとの記録はなく（指紋検出の努力をしたことは当然と思われる）、尋問者がその点の情報を持っていたとすれば、手指で押さえてサインしたのではないとの可能性を念頭において尋問したことも十分に予想されるからである。

また、この「サインの仕方」供述が「8月に入って最初の日だった」という恣意的な記憶理由と並べられているところからして、この「サインの仕方」供述自体が記憶理由として後から構成された可能性を大いに示唆している。そして次の検面調書からは、「8月に入って最初の日」という理由づけが消えたのと対照的に「サインの仕方」の供述は、先の員面調書よりはるかに詳細化し、調書上これが大いに強調されることになる。その1985年1月17日付検面調書では、次のようになっている。

「本来この欄には認印をもらうべきですが、一般に、現金で買って行くお客さんの場合、印鑑を持ってくるのは稀ですので、このときもサインを求めたのです。

すると相手の人は私が差し出したボールペンを受け取ると、左肩を突き出すようにやや半身に構えて左肘で物品受領書の左下の部分を押え、右手に持ったボールペンをほぼ垂直に立ててゆっくり震えながら、しかも小さな字で、

　　　小島

とサインしていました。

　物品受領書にサインをしたとき、スチール製の棚の上で、しかも下に何も敷かずに書いていたのですから、多少震えるのも無理はないと思いましたが、普通なら左掌で押さえるところを肘で押え、ボールペンを少し手前にねかせて書くのが普通なのに、垂直に立てて書き、自分の名前を書くのにあんなにゆっくり書いたことが印象的でしたので、今でもそのときの状況はよく覚えています。

　私は、その人が書きにくそうに見えましたので、手で用紙を押えてやった記憶があります。」(1985年1月17日検面調書)

　前の員面調書では「この人は、私が差し出したボールペンを立てるようにして強く持つと左肘で受領書を押え、体に似ず、小さな震えるような字でゆっくりと『小島』と書いたことを覚えております」と供述していただけなのに、ここでは内容的にずいぶん膨らんでいることが分かる。

　「手で用紙を押さえてやった」というのは検面調書にはじめて出てくるものであるし、もう一点、先の員面では「小さな震えるような字でゆっくりと」と供述している点が、検面では「ゆっくり震えながら、しかも小さな字で」サインしたとして、その震える様子を「スチール製の棚の上で」書いたためだと供述している点も注目される。というのも、員面では「小さな震えるような字」として字の特徴を供述しているだけで、その動作には触れていないのに（実際、物品受領書に残されたサインの字体は「震えるような字体」である）、検面では「震えながら……サインしていました」とその動作を供述しているからである。

　微妙なようだが、決して無視できない供述の変遷である。員面では客観的に残されたサインの字体を語ったところから、検面ではこれを動作化して供述した。そしてその後、この動作の供述が前面に出て公判廷証言では、**図2**のように、T子は小島が物品受領書にサインしたときの様子を再現するまでに至ることになるのである。

　こうして見てくるとT子の1984年12月4日付員面と1985年1月17日付検面の供述については二つの可能性が考えられる。一つには、いずれも1984年8月1日の販売の原体験を記憶として想起し、それに基づいて供述したとの可能性（A）と、いま一つには、1984年8月1日の販売の原体験が、一部記憶として残っていたとして

図2　T子が再現した小島のサインの仕方

T子は法廷の証言台のうえに置かれた事務テーブルをカウンターに見立ててその上で小島が物品受領書にサインしたときの様子を再現した（第28回公判）。

も不十分で、初回員面供述に際しては物品受領書が大きな手がかりとなり、それにもとづいて記録を記憶として語り、さらに検面供述に際しては同じく物品受領書および前回の員面供述内容を参照しつつ供述した可能性（B）である。

　供述調書だけからは、このいずれとも断定することはできない。ただ調書上は前者（A）であるように録取されているのだが、実際には後者（B）の可能性が高い。4カ月も前の日常的な販売状況についての供述であること、また上記のような微妙だが無視しえない変遷があること、「8月に入って最初の日」などという特異とは言えない理由が後づけされていたこと、そしてN子においては「覚えていません」としていたものが後に詳しく語られていて公判廷ではT子と同じように「坂田」のサインの姿勢まで再現していること、しかも、N子もT子同様に物品受領書の用紙を押さえてやったと公判廷で供述したことは、尋問者側からの誘導的な力が働いていたと疑われる。こうした諸点を考えると、むしろ後者（B）の可能性の方が大きいと言わなければならない。

　さらに言うと、誘導的な力の場にさらされて供述が歪んできたとき、それが反復されることでチェックされ訂正されるより、むしろその都度の調書記録化を通して固定化し、二次記憶化していく危険性も出てくる。

　供述者─尋問者によって構成される事情聴取の場は、共同想起の場であり、物品受領書記載の情報を軸にして供述の骨組はできあがり、その記憶の理由を求める尋

3　目撃供述と闘う；自民党本部放火事件　　577

問者の側からの働きかけによって、物品受領書にあるサイン現物の特徴を組み込んだ「サインの仕方」供述が徐々に構成されていった可能性があることを指摘しておきたい。

(6) T子の供述には、具体性も臨場感もない

　一審判決は、T子が法廷で「サインの仕方」について述べたところをもって「具体的で臨場感があり……」として、それがT子証言の信用性を高めるものと判定している。

　しかし、この供述の大半が物品受領書の筆跡そのものから導き出されるものであることはすでに指摘したとおりである。字体そのものが震えるようで、小さな欄に小じんまり収まっているところから、速く書いたか遅く書いたかと言えば、遅くゆっくり書いたものと言う以外になく、書き方が丁寧かどうかと言えば、楷書で書いたこのサインは丁寧としか言いようがなく、字が大きいか小さいかと言えば、小さな欄に収まったこの字は客観的に小さいと言う以外にない。

　記録として残った筆跡だけからでも、その字の特徴を具体的に語るとすれば、これ以外にない。それをT子の1984年8月1日における体験の記憶だと言える証拠は存在しない。

　一審判決の言う「具体的で臨場感があり……」は、供述の具体性や臨場感がほんとうの意味で価値をもつためには、単にその表面的な特性がその基準を満たしているというだけでなく、その具体性・臨場感が、体験に基づいていなければ語れないだけの質に達しているのでなければならない。それは供述者が事後の何らかの手がかりでもって想像的に構成しえないような質をもっているかどうかにかかわる基準なのである。

　そこで、原判決がT子供述について言う「具体的で臨場感があり……」の判定は、その真の意味での信用性判断の基準を満たすものと言えるかどうかが問題となる。

　原判決が信用性を高めるものだというその供述自体が、物品受領書の筆跡自体から十分に構成しうるものであり、T子供述を最初の員面調書から検面調書へと追っていくと、「震えるような字体」で書いたというふうにその筆跡の字体そのものの特徴を述べていたところから「震えるようにして書いた」という動作の供述に変わっていったことがうかがわれる。

　つまり字体から署名の仕方が導かれるようなかたちでの供述変遷もあった。そして、「左の肘でこの物品受領書の左下の方を押えて」「ボールペンをほんとうに真っ直ぐ立てて書いていました」という特異なサインの仕草も、同様に字体そのものから構成

できる範囲を超えていない。

　また4カ月も前の日常的な場面を想起するについて、その理由を求める必要性を尋問者が強く感じたことは、T子・N子両名の員面調書からもうかがわれるところであり、尋問者の働きかけの下に特異なサインの仕方の供述構成を促された可能性は大きい。そうすると表面的にはいかに具体的で臨場感があるようにみえても、供述と合致するかたちの仕草をT子が公判廷で実演してみせても、T子のサインの仕方に関わる供述に特段の信用性を認めるべき根拠はない。それどころか逆に、事後的な構成の危険性すら強く疑われるのであって、T子供述をもって「具体的で臨場感がある」がゆえに信用性が高いとする一審判決の認定には根拠がないと言わざるをえない。

4　控訴審判決

　控訴審判決は、「また、（客は）左肘で物品受領書の左下の方を押え、右手に持ったボールペンを真っ直ぐ立て、非常にゆっくり書いた」「書きにくそうで伝票が動いたので、（T子が）押さえてやった」というT子の証言は具体的で臨場感があるといえなくもないと述べたうえで、次のように判示する。

　すなわち、控訴審判決は、弁護人から質問されて、T子が証言した前述の供述（第29回）を引用し、「T子は、サインの仕方についての印象を語っているのであって、この証言からすれば、T子が客の『小島』に不審感を抱き、特異な人物として注目した様子は窺われないのであって、販売当時サインの仕方が多少変わっているという印象を受けたとしても、サインの仕方が販売状況の詳細、とりわけ、客の容貌を長く記憶に刻むことを可能とするほどの契機となるような特異性を有しているとは思われない。

　そして更に述べれば、電磁弁の販売個数であれ、サインの仕方であれ、T子を含め、店員らが販売後にそのことを話題にしたふしはないばかりでなく、自身、約4か月後に警察官が事情聴取に来るまで、『小島』への販売やその容貌について一度も思い出したことはない旨証言しているのであって、T子にとっては、『小島』への販売がさほど異常な出来事ないし関心を引く出来事ではなかったことが窺われるのである。

　また、T子の証言する販売状況が具体的で詳細ではあるものの、警察官から初めて事情聴取されたのが約4か月後というのであるから、日常業務の一場面を生の記憶としてその詳細まで覚えているというのはかえって不自然といえなくもなく、T子の詳細なる供述は、物品受領書に残された痕跡すなわち販売日時、商品名、数量、金額、客のサイン、特に震えを帯びた特異な筆跡などを手掛かりとし、これに日常業務から

の知識や類推をまじえて記憶を再構成した結果に基づくと解する余地がないわけではない。

　右のとおりで、Ｔ子の述べる販売状況が具体的、詳細であること、更には、Ｔ子が公判廷でサインをした際の『小島』の姿勢を再現したとしても、必ずしも『小島』の容貌に関するＴ子証言の信用性を担保するものではなく、むしろ、Ｔ子が一見の客である『小島』への販売をさして特異な出来事であると受け止めなかったという前記の状況からすれば、『小島』の容貌についての記憶は本来希薄なものであった可能性は否定できないように思われる。ちなみに、Ｔ子と同じような体験をし、ほぼ同じ時期に警察から記憶の再起を求められたＮが『坂田』のサインの仕方を覚えていないと述べていたのにもかかわらず、公判廷においてはサインの姿勢まで再現していることを指摘しないわけにはいかない」と判示した。

＊

　Ｔ子の人物識別手続の信用性を検討するためには、最初の識別手続（11月28日のＫＧによる写真面割り）を受けた際のＴ子の小島に関する容貌記憶が問題となる。このＴ子の容貌記憶問題を**第7**と**第8**で検討する。

第7　「二段階で行われた人物識別」の問題点(1)
──小島の頬と唇の特徴に関するＴ子供述の曖昧さ

1　争点

　Ｔ子が述べる小島の頬と唇に関する供述（「頬がふっくらした」や「えらの張った感じ」、あるいは「唇の薄い感じ」）はどこまで信用できるかを検討する。

2　一審判決

　一審判決は、「Ｔ子は、さらに、小島と名乗る客の全体的印象、特徴について、『(歳は) 35から40くらい。(身長は) 165くらいかなと思うんです』『(髪は) 天然パーマのような感じ。ぴしっと分けた感じではない。七三くらいに分けてたんですけれども。そんなちりちりじゃないですけど、ちょっとウェーブがかった。天然パーマかなという感じの。短くはなかったです。長髪ではないです』『唇が少し薄めで、あと、頬の辺が少し肉付きがよかったかな』『ちょっとふっくらというか、えらがちょっと張ったような』

『茶色っぽい洋服を着てたんじゃないかということを（警察官に）話しました』と証言しているが、同証言の内容は、詳細な弁護人の反対尋問に対しても一貫して維持され、（中略）信用性が高いといわなければならない。」と判示する。

3 分析

(1) 小島の頰に関するＴ子供述への疑問

一審判決はＴ子証言の要旨の中で頰の特徴について、次の３種類の表現をとっている。
ⓐ「頰の辺りが少し肉付きが良かったかなという感じ」
ⓑ「太っているというよりも、ちょっと、耳のやや前辺りの顎の近くが張ったような感じ」
ⓒ「えらがちょっと張ったというような感じ」

上記のⓐⓑⓒの３つの表現は、本来、Ｔ子においては小島の顔の同じ箇所の一つの特徴を別の言葉で表現したものであるが、その表現の仕方の通常の使い方からして、そもそも人の顔の同一の箇所をさしていると言えるか疑問である。

例えば、警察官作成の似顔絵書きのためのマニュアルにおいて、頰の類型として、「頰骨が出ている」「頰がこけている」「頰の肉付きがよい」「えらが張っている」という４類型が列挙されていることから明らかなように、「頰の肉付きがよい」という表現と「えらが張った」という表現は、まったく異なった２つの類型として扱われている。

Ｔ子の上記表現の中では、ⓐとⓒのちがいが最も明らかである。通常、顔の中の「えら」とは、両顎の下の骨格として出っ張っているところをさし、頰とは顔のわきのやわらかい部分をさす。言葉の通常の用い方としても、「えら」を頰を含む意味で使ったり、逆に頰をえらを含む意味で使ったりはしない。

さらに、顔の特徴のイメージ的な類型としていえば、「頰の肉付きがよい」ないし「頰がふっくら」という場合は、肉がついて肥えた感じがする類型なのに対して、「えらが張った」という方は、肉付きではなく骨格そのものが張り出している感じの類型である。

ⓑの「耳のやや前辺りの顎の近くが張ったような感じ」というのは、「張った」という言葉や「太っているというよりも」という表現から、ⓒに近いものと言える。

以上のようにＴ子は小島という１人の顔から受けた一つの印象を述べようとしながら、実際には「頰がふっくら」と言ったり「えらが張った」と言ったり、その表現の通常の意味では顔の別個の部位の特徴について述べているかのように供述している。これは小島の容貌に関するＴ子の供述が極めて曖昧なものであることを意味してお

3 目撃供述と闘う；自民党本部放火事件

り、はたして正確な記憶にもとづく供述であるか重大な疑問があると言わなければならない。

(2) T子の顎、えらに関する供述はなぜ出てきたのか

　捜査段階ではT子は一貫して「頬がふっくら」と言っていた。

　最初、T子は、12月4日付の警察官KG作成の員面調書においては、「頬がふっくらとした顔の輪郭」が写真帳の第3分冊の17の右下の男と似ている旨述べていた。

　次に、翌年1月17日付の検察官作成の検面調書においては、まず、「頬がふっくらした、やや小太り」という記憶がある旨供述していた。と同時に、T子が選んだ被告人の写真（110番と134番）について、「110の写真の男の人は、私が見た記憶のある男の人と比べて、大分若く見えますし、頬骨もやや出っ張りすぎです。134の写真の男の人のように頬がふっくらしていました。この写真の方が私の記憶とより近い感じがします」と述べていた。

　さらに、5月2日の面通しの際に作成された検察官の供述調書では、「私の記憶にある小島とサインした人の記憶とAがどこか似ていないところはないかと探しましたが、何もありませんでした。ただ強いてあげれば、小島とサインした人よりAの方が頬の肉付きがほんの少し薄いと言うか、ほんの少しこけているなと感じた程度でした」と述べていた（引用中のAは、被告人を指す）。

　また、同じ2日付の供述調書の中で、被告人の本件での逮捕時の写真（4月29日撮影）2枚を示して、「本日警視庁で見た、Aとお話しして来た人はこの写真の人です。この写真2枚を見ると、正面に向いて写っている頬の感じが本日見た実物よりやや肉付きが良いように見えます」と供述していた。

　以上のとおり、捜査段階の供述は、共通して「頬の感じ」を中心に述べている。12月4日付の員面の中には「顔の輪郭」という言葉があるが、これも「頬がふっくらした」という言葉につづいて出てくる表現であり、頬のふくらみが顔を正面から見たときに輪郭としてもわかることを述べたものと言える。

　また1月17日付検面では、「小太り」という供述があるが、これも「頬がふっくらした」という言葉につづいて述べられている表現であり、体格そのものは員面の段階で「中肉」と供述していたことを考えると、頬のふくらみの程度が「小太り」という印象を受けるほどのものであることを述べたものと言える。

　これらの捜査段階の供述を検討した結果からは、小島と名乗った客の容貌についてT子がいだいた印象は、「頬」を中心としたものであり、イメージ的に言うと、「頬の部分に通常人より多く肉が付いており、正面から見たときに顔の両側の頬がふっく

らして頬のふくらみが目立つ、顔の印象として小太りという感じをもつような状態」の顔であることが明らかである（ただし、上記の「頬」に関する供述に信用性があるか否かは、もちろん別個の検討を要する問題である）。

ところが検察官の誘導により、公判廷の証言で「えら」「顎」が出てくる。

公判証言でも、T子は、検察官の主尋問に対して、最初は捜査段階と同様に「ほほの辺が少し肉付きがよかったかな」（第28回公判）と証言していた。

上記のT子の証言部分は、次のようなやりとりになっている。

「（検察官）
　その人の顔ですが、どんな印象が今残っていますか。顔全体の感じとか、その時の印象、残っていることおっしゃってみてください」
　　　　　唇が少し薄目で、後、ほほの辺が少し肉付きがよかったかな。そのくらいなんですけども」（第28回公判）

右の検察官とT子のやりとりには、誘導的な尋問の類がまったく見られない。T子がごく自然に、自分の小島についての容貌を「ほほの辺が少し肉付きがよかったかな」と述べていると言える。

ところが、この証言直後、検察官の尋問に対してT子は次のように答えている。

「（検察官）
　肉付きというと、どういうことですか。太っているという感じですか。
　　　　　太っているというよりも、ちょっと、この辺が張ったような感じで。
　今、証人が、この辺がとおっしゃりながら両手を両顎のほうにあてがっておられますけれども、耳のやや前辺りの顎の近くですか。
　　　　　はい。
　その辺りが。
　　　　　ちょっとふっくらというか、えらがちょっと張ったような。
　そういう感じですか。
　　　　　はい。」（第28回公判）

ここではじめて、T子の供述の中に「えら」という表現がでてくる。このように検察官の「耳のやや前辺りの顎の近く」という言葉に引きずられて出てきたものなのである。
この検察官の言葉は、「顎」という単語そのものを含めて（とくに「両顎」とはえらの意味である）、捜査段階でもそれまでの公判でも一回も出ていない言葉である。また、通常の理解に従えば、検察官が使った「耳のやや前辺りの顎の近く」という表現は、

ほぼ「えら」の部分と同じ箇所をさすものと考えられる。したがって、検察官の右の尋問は明らかな誘導だったと言える。

T子は、この検察官の尋問に対して「はい」と肯定した証言をしているが、検察官が尋問した箇所が、T子の記憶の中にある「頬の辺り」の範囲とはたして同一といえるか、全く疑問である。したがって、上記の問い答えの直後にT子が「ちょっとふっくらというか、えらがちょっと張ったような」と証言して出てきた「えら」と言う表現は、捜査段階も含めてその時点で、初めて出てきた言葉であることからみて、検察官の誘導に強い影響を受けた結果出てきた証言であると考えるのが合理的である。

同様に検察官の誘導を示している尋問箇所をもうひとつ引用する。

「（検察官）
どういう感じが、先程の8月1日のお客さんの小島という人と似ていたんですか。
年齢的なところと、あとほっぺたがこんな感じだったから。
肉付きというか、えらの感じというか、そういったようなことですか。
　　　はい。」（第28回公判）

ここでは検察官は、T子の「ほっぺた」という言葉をわざわざ「えら」と直接に言い換えている。「ほっぺた」を「えら」に言い換えるなどというのは、誘導というよりは誤導というべき露骨な尋問である。

このように検察官がT子の「頬」という表現を意図的に「えら」ないし「顎」という表現に誘導しようとしていることは否定の余地なく明白である。

(3) T子の小島の容貌に関する供述の著しい曖昧さ
ア　小島の頬の特徴について

「頬がふっくらした感じ」や「頬の肉付きがよい」という表現と「えらが張った感じ」という表現を混在させるT子に対して、その部位と特徴の特定をめぐって、弁護人の反対尋問が行われたが、結局、容貌供述は明確にならなかった。

「（弁護人）
じゃあ、えらが張ったような感じというんですけれども、これはあなたが警察官から事情聴取を受けた時の言葉遣いそのままですか。
　　　その時、頬が、この辺が、えらから…。
両耳のすぐ下くらいですか、両耳の下付近…。

ええ、その辺がちょっとふっくらしてる感じだったと、そういうふうにお答えしてるかもしれません。
それは頬という言葉使いだったんでしょうか。
　　　頬と言ったかもしれないんですけれども。
その頬という場合、口をふくらませれば、ふくらむ部分…空気を口に含めば、ふくらむ部分か、それとも耳の下の骨の部分のことをおっしゃっているんですか。
(裁判長)
正面から見た限りでは目と耳を結んだ線の真中辺りを手で押さえられましたから、そういうことで聞いて下さい。
(弁護人)
いわゆるほっぺたでよろしいんですか。
　　　ほっぺたのこんな所じゃないんですけど。
目の下じゃなくて…。
　　　だからこの辺です。
ちょっとこの辺というのが、あなたが5本の指を使って全部おおわれるんでちょっとわかりにくいんですが。
(検察官)
検察官には、どこを指してるか明確にわかります。あまり、こういう所で証人を混乱させるような尋問は続けないで下さい。
(裁判長)
自分の顔の目尻と耳を結んで、その線の下辺りを押さえているんじゃないですか。
　　　はい、そうです。
(弁護人)
そうすると、そこがふっくらとした感じと。そういう言葉遣いでしたか。
　　　はい。」(第29回公判)

　裁判長は反対尋問をかなり強引に中途で終わらせて、「目尻と耳を結んだ線の真ん中(の下あたり)」という部位の特定をしようとした。しかし、この表現によっても問題は一向に明確になっていない。というのは、「頬」と「えら」に関する問題の核心は、肉付きの特徴の問題か、骨格の出っ張りの問題か、というところにあるのだが、右のような「目尻と耳を結んだ線の真ん中(の下あたり)」という部位の特定によっては、むしろこの核心問題がぼやけてはっきりしなくなるからである。
　その結果、T子自身の証言が、自家撞着を起こしてしまう。例えば、T子は一方

3　目撃供述と闘う；自民党本部放火事件

では主尋問において自分から、「年齢的なところと、あとほっぺたがこんな感じだったから」と言いながら、他方で反対尋問において弁護人から「いわゆるほっぺたのことでよろしいんですか」と聞かれると、「ほっぺたのこんな所じゃないんですけど」と否定するのである。

　この種の供述をT子は公判廷でくり返している。このようなT子の公判廷の証言態度からは、まさにT子にはもともと記憶がなかったのではないか、という根源的な強い疑念をいだかざるをえない。

　すなわち、上に述べたような頬・えらに関するT子の供述の変遷と混乱は、主要に検察官の暗示・誘導によって生み出されたものであるが、さらに突き詰めて検討すべき点はT子の実際の記憶状態如何である。

　結論から言えば、上記のような頬をめぐるT子の供述の変遷等は、次の検討からも明らかなように、そもそもT子の小島の「頬」に関する記憶が著しく曖昧であることからもたらされたものと言わざるを得ない。

　まず第1に、検察官の暗示、誘導があったとは言え、公判廷で突然に「あご」のことを言い出したり、「えらが張っている」と言い出したのは余りに唐突である。ここからは、そもそもT子の小島の容貌に関する記憶が著しくあいまいであり、実体験に裏付けられた印象としての容貌記憶は存在していないのではないか、と考える方が合理的である。

　また第2に、T子の供述の変更は、たしかにT子が無自覚に述べてしまったという側面もあるであろう。しかし、供述態度全般からは、T子は自分が言い方を変えていることを十分に自覚しているとみられるから、T子が意識的に検察官に迎合して供述したというのが実態であろう。

　このような迎合をT子が行っていることも、もともとT子には小島の容貌に関する記憶がないからこそできたことだ、と考えるのが自然である。

　以上の分析を総合して考えると、結局、T子の容貌供述に関しては、捜査段階で述べていた「頬がふっくら」という印象自体が本当に記憶に基づいてなされた供述ではないこと、したがって小島の容貌に関するT子供述にはまったく信用性が認められないことが明らかになったというべきである。

　なおT子は小島の唇の特徴についても供述しているが、第28回公判における検察官の「どういう感じが先程の8月1日のお客さんの小島という人と似ていたんですか」という主尋問に対しT子は「年齢的なところと、あとほっぺたがこんな感じだったから」と供述し、唇の特徴については積極的に供述していない。明らかに小島の唇に関するT子の供述は頬の特徴に関する供述よりもさらに一層曖昧である。

結局、T子の「唇」に関する供述は、写真を見てからその写真の印象を徐々に自分の原体験と錯覚してしまう現象が生じ、その錯覚に基づいて供述されていると考えるのが最も自然かつ合理的である。

4　控訴審判決

　小島と名乗る客に関するT子供述について、控訴審判決は、「『小島』の容貌に関するT子の証言も、原判決がいうほどに具体的なものとはいえないように思われる。すなわち、原判決がとりあげたところの、T子が記憶していたという『小島』の容貌特徴は(1)年齢が35歳から40歳くらい、(2)身長が165センチメートルくらい、(3)髪が、天然パーマのようなちょっとウェーブがかった感じ、七三くらいに分けていたが、ぴしっとした分け方ではない、長さは短くはなかったが、長髪ではない、(4)唇が少し薄め、(5)頬の辺が少し肉付きがよかったかなという感じで、ちょっと耳のやや前辺りの顎の近くが張ったような感じで、ちょっとふっくらというか、えらがちょっと張ったような感じ、の5点に整理できるところ、このうち、(1)の年齢、(2)の身長、(3)の髪は顔の特徴ではなく、狭義の顔の特徴といえるものは、(4)の唇、(5)の頬の辺りの2つにすぎない。T子の容貌供述には、人物特定のために重要な要素である目鼻だちの部分に関する供述がないのである。」「『唇』と『頬の辺』のみでは、人物の個性を判断するための要素としては不十分であり、唇が少し薄めであるとか、頬の辺が少しふっくらしているという程度で、はたして約4か月後に一見の客の顔を思い出し、その顔を再認・同定できるのか疑問を抱かざるをえないのである。なお、T子の容貌供述は、原判決がその容貌供述があいまいであるとして信用性を否定するN証言と比較しても、特段の差異はなく、N証言をあいまいであるというなら、T子証言もまたあいまいであるといわざるをえないことも付言しておきたい」と判示した。

第8　「二段階で行われた人物識別」の問題点(2)
　　　——写真を見る前の小島の容貌に関する
　　　T子の記憶

1　争点

　T子は、写真面割り手続で写真を見る前に、小島の頬と唇の特徴を思い出して警察官KGにその特徴を述べたと供述するが、このT子供述はどこまで信用できるかを

検討する。

2 一審判決

一審判決は「T子が右写真面割りに際して、『余りよく覚えていない』と述べたのは、T子自身が証言しているとおり、はっきり全部覚えていないと写真を見てもしょうがないと思ったからであり、小島と名乗る客の容貌についての記憶が余りないという趣旨ではないのであって、T子が十分な記憶がないのに写真選別に臨んだものとはいえない」と判示する。

3 分析

(1) 二段階の人物識別の反復を分析する基本的視点について

T子は、11月28日のKGの取調べで、当初、面割写真帳を見る前に「よく覚えていないから見てもわからないです」と言って写真面割りを受けることを断った。しかし、その後、KGから「じゃあ、見たことがあるような人がいたら何枚でもいいから出してください。選んで下さい」と言われて写真面割りを行うことになった。こういう経過で行われた写真面割りで、T子は364枚の写真の中から「見たことがあるような人」として被告人の写真1枚を選別し、次の段階でどこで会った人かをいろいろ考えた末に被告人を小島と同定した。つまりT子は11月28日の写真選別で〈選別—同定〉の二段階の過程をたどって被告人を小島と同定した。

このような〈選別—同定〉の二段階の過程をたどる人物識別は異例であるが、その後の翌年1月17日のTC検察官による150枚の面割写真帳による写真面割りでも、また同年5月2日のHT検察官による実物面通しでも、T子は〈選別—同定〉の二段階の過程をたどって被告人を小島と同定した。

このような経過を経たT子の犯人識別供述の信用性の有無・程度を判断するためには、小島の容貌に関するT子の記憶状態の分析と写真面割りと面通しの適否の分析の両面から検討を加える必要があるが、**第8**では前者の分析について述べる。

ただし2つの分析の結果は互いに深く関連しあう。とくに「写真面割り」と「面通し」による犯人識別手続の中で出てきた諸事実がT子の容貌記憶の存否・程度を判断するのに決定的に重要な証拠となってくる（具体的には、後述するとおり犯人識別手続の全経過に関する分析が、T子には小島の容貌に関する記憶が実際には無かったのではないかということを強くうかがわせることになる）。

またT子の小島の容貌に関する記憶について検討する場合には、T子に対して行われた捜査機関の捜査方法および捜査段階の記録（弾劾証拠として採用されている12月の員面調書1通と1月と5月の検面調書計2通）を検討対象とする必要がある。ところが警察官KGによって行われたT子の最初の犯人識別手続（11月28日に実施）の写真選別の際に供述調書が作成されず、員面調書は6日後の12月4日に作成されている。これは最初の犯人識別手続という重要な手続にとって致命的な欠陥であり、このために写真面割りの際T子が見せられた写真が、T子本人の目撃供述に与えた影響の有無・影響の程度をチェックしにくくなっている。したがって小島の容貌に関するT子の記憶や供述の信用性を分析する場合には、犯人識別手続において捜査機関側がとった不公正さを考慮に入れながら厳密な検討が加えられるべきである。

⑵　**T子は、面割写真帳を見る前は、小島の顔を思い浮かべることが
できなかった**

　T子が小島に電磁弁を販売してから約4カ月後の11月28日に面割写真帳を見る前の時点での小島の容貌に関する記憶を検討するため、まず第29回公判に行われた弁護人の反対尋問に対するT子の証言を紹介する。

「（弁護人）
じゃあその物品受領書を見せられてあなたはまずどういうことを思い出しましたか。
　　　　　すぐには思い出せませんでした。
物品受領書を見てサインは自分であると。それはすぐ確認できたんでしょう。
　　　　　それはすぐわかります。
それでサインが自分だということから、ああそういえばというふうにして思い出すんでしょうが、その思い出すまでどのくらいの時間がかかったか、あるいはどのようなやりとりが警察官とあったか、それをご証言いただけますか。
　　　　　先程も言いましたけど、売った人は男だったかとか、年令とか、顔自体覚えてますかとも聞かれましたけど、まあ細かい顔のつくりとかは全然わかりませんので、ですから時間としては……だんだんとは思い出しましたけど……段取りなんて、ちょっとわかりません。
だんだん思い出していくといって、最終的にはその警察官とのやりとりの中で、あなたは8月1日の電磁弁を売った人の顔を思い浮かべるようになったんですか。
　　　　　はい。

3　目撃供述と闘う；自民党本部放火事件　　589

それは写真を見る前ですか。
　　　　　いえ、写真見てからです。
じゃああなたはその警察官とのやりとりの中では、まだ電磁弁を売った人の顔までは思い出してなかったわけですか。
　　　　　細かい内容はわかりません。
大体どういうことをその時点で写真を見る前に思い出してたんですか。
　　　　　髪型とか、えらが少し張ったような感じとか、あとは年令ですね。あと男性だということと……、そのくらいです。
男性、年令というのを除きますと、具体的なその人の顔の特徴というのは髪型と、えらが張っていると。その程度なんでしょうか。
　　　　　あと、くちびるがやや薄い感じがあったかなという感じで。
写真を見る前にですか。
　　　　　はい。
目付きとか、鼻とか耳の形とか……。
　　　　　そんなの覚えてないです。
じゃああなたとしては、男性の特徴を思い浮かべたというようなことなんでしょうかね。
　　　　　特徴というよりか、まあ覚えてることを話しただけなんで。
じゃあ、髪型、えらが張ったような感じ、くちびるが薄いような感じ、これはその時点で、その警察官にお話したんですか。
　　　　　はい。
警察官は、それ以外の点はどうかというようなことは聞いてきませんでしたか。
　　　　　聞かれましたけれども、そんなに覚えてないです。覚えてないものしゃべれないんで。
覚えてないのはしゃべれないと、あなたは言ったんですか。
　　　　　はい。」（第29回公判）

　上記の証言から、T子の記憶状態を知るために必要なポイントとして、次の①ないし④を抽出することができる。
　①T子は、警察官KGから物品受領書を見せられてもすぐには小島に対する販売状況や小島の容貌を思い出せない状態だった。
　②T子は、小島の顔については「顔自体覚えていますかとも聞かれましたけど、まあ顔の細かいつくりとかは全然わかりません」、「目付きとか鼻とか耳とかは覚えてい

ない」という状態であった（これからT子は目・鼻・耳など小島の顔の内部の特徴については最後まで全く思い出せなかったことがわかる）。

③T子は、面割写真帳の写真を見てからはじめて小島の顔を思い浮かべるようになった（換言すればT子は写真帳を見る前は小島の顔のイメージを思い浮かべることができなかった）。

④T子は、「そんなの覚えてないです」とか「全然わかりません」とかいう強い語感の言葉を用いて小島の容貌に関する記憶の欠如を積極的にアピールする姿勢を示している（これは小島の顔に関するT子の記憶が極端に乏しいことをT子自身が実感を込めてアピールしているものである）。

T子は、上記①ないし④と同時に、「写真を見る前に思い出し、警察官に話したことは、男性、年齢、髪型のほか、容貌に関しては『えらが少し張ったような感じ』と『唇がやや薄い感じ』だけだった」とも述べている（これを⑤とする）。

問題は、最後に述べた上記⑤という証言は、他の上記①ないし④の事実と矛盾しないのかということである。もし矛盾しないとすれば、写真を見る前のT子は、「小島の顔を思い浮かべることはできていない。しかも目、鼻、耳の記憶もない。しかし、小島の頬と唇だけについては記憶がある」ということになる。これがあり得るとするのが検察官や一審判決の立場である。しかし一体このような形での容貌に関する記憶喚起が通常の場合にあり得るのか重大な疑問がある。

まず上記③の「T子は写真を見る前は小島の顔を思い浮かべることができなかった」という証言は、T子が捜査官に対して表明した体験（何度も尋ねられたがどうしても小島の顔を思い浮かべることができなかったという強い印象が残っている体験）に基づいた証言と理解するのが自然である。

他方、「人の顔を思い浮かべる」というのは、当該人物の顔について一定のイメージが再生できている状態であり、一定の再生ができていて、再認の手がかりをもっている状態といえる（もちろん、実際に再認できるかどうかはまったく別の問題であり、再認できなかったり、誤った再認をする場合が多いであろう）。

通常は、人が顔の特徴を思い出しているときには、あくまでもまず顔全体のイメージを思い浮かべたうえで、はじめて顔の部分の特徴を思い出している。とくにT子にとっての小島の場合のように過去に一度しか会ったことがないような人の場合には、顔を思い浮かべなければその人物の顔の中のどこかの部分を思い出すということは不可能である。

逆に言うと、T子が、もし本当に「頬」と「唇」について、「ほほの辺りが少し肉付きがいい」とか「えらが少し張ったような感じ」あるいは「唇が少し薄め」などと

3 目撃供述と闘う；自民党本部放火事件

いう特徴を思い出しているのであれば、それは小島の顔を「思い浮かべている」ということになる。しかし、これは上記③のT子の「写真を見る前は、小島の顔を思い浮かべることができなかった」という証言と矛盾する。

したがって、写真を見る前に、「顔」や「唇」について記憶しているところを述べたというT子の供述はまったく信用することができず、T子は、写真を見る前には小島の顔を全く思い出していなかったと考えるのがT子の証言と最も合致し、かつ合理的である。

(3) 「覚えていない」というT子供述の意味

T子は警察官KGから面割写真帳を見て欲しいと言われたとき、「あんまりよく覚えていない」（第28回主尋問）とか、「よく覚えていないから見てもわからないです」（第29回反対尋問）とかいう趣旨の供述を繰り返し行っている。

実は、この「あんまりよく覚えていない」という法廷でのT子の供述は、次のとおり、最初は検察官が行った主尋問で出てきた。

「（検察官）
　それでは警察官は、その写真帳の中に先程の証人がおっしゃられた印象の人がいるかどうか見て欲しいということをおっしゃったわけですか。
　　あんまりよく覚えていないと言ったんで、じゃあ、なんか見たことがあるような人がいたら、何枚でもいいですから出してくださいと言われて。
　それで選んだわけですか。
　　はい。」（第28回主尋問）

もともとT子自身が発した「よく覚えていない」という言葉の通常の意味は明瞭であり、それに従えば、T子がこの言葉を発したことは、写真を見る前のT子が小島の容貌について全く記憶喚起できていなかったことを端的に示したことを意味する。

T子自身が発したこの言葉の意味を正確に検証するために、第29回公判の関連する証言部分を引用する。

「（弁護人）
　あなたは写真帳を見せられる前に警察官に何か言いましたか。
　　よく覚えてないから見てもわからないですと言ったと思います。
　それに対して警察官は何と言いましたか。

　　　　　じゃあ見たことがあるような人がいたら何枚でもいいから出して下さい、
　　　　　選んで下さいと言われました。
　その見たことがあるような人という意味は、8月1日に見たことがあるような人という意味でしょうかね。
　　　　　その時はそんなにしぼらなかったと思います。
　じゃあ、この写真の中からとにかくあなたが今まで見たことがあると思うような人をとにかく選んで下さいという趣旨だったわけですか。
　　　　　はい。
　あなたはよく覚えてないんでいやだと。そういうふうなことはおっしゃらなかったんですか。
　　　　　いやだとは言わなかったですけど……。見て下さいというものを見なく
　　　　　ちゃ困りますよね。
　あなたとしてはそれを見て8月1日に応対した人の写真がもしあれば選び出せるかもしれないというような気はありましたか。
　　　　　少しはありました。
　それはどういう意味ですか。先程のご証言だとよく覚えてないんでということだったんですが……。
　　　　　いや、顔自体を細かく目がこうだとか鼻がこうだとか、そういうことを覚
　　　　　えてないんで選びにくいという形でそういう気持ちがあって写真を見る
　　　　　前に警察の方に言ったんです、覚えていませんって。ほんとにちゃんと
　　　　　覚えてなくちゃ写真帳を見てもしようがないと思ったんで。はっきり全
　　　　　部覚えてないと見てもしようがないと思いましたので。
　だけれども選び出せるかもしれないという気持が少しはあったということですね。それはなぜですか。
　　　　　それは、ちょっとその時の気持はわからないです。」（第29回公判）

　上記の「よく覚えていないから見てもわからないです」というT子の言葉は、取調官との重要なやりとり（会話）の筋を写真面割りから2年3か月もたった時点でよく記憶していて、その内容を自発的に述べたものであって、それだけ強く自己の生の体験に裏付けられた証言であると解される。つまり、この言葉は、T子の記憶、とりわけ小島の容貌に関する記憶について、T子が自分の記憶の程度に忠実に、正直に告白し（「よく覚えていない」）、写真面割りを断ったもの（「見てもわからない」）と考えるのが自然であり、それ以外の解釈が通用する余地はない。

3　目撃供述と闘う；自民党本部放火事件　593

ところがKGは、T子の「よく覚えていない」という発言を本当は「非常によく覚えている」と理解したという。KGは通常の自然な解釈とは180度ちがった評価を下したことになる。

しかし、もともとT子が本当は小島の顔を「非常によく覚えてい」たとしたら、なぜ公判廷の証言においてまで、「小島の顔を思い浮かべられるようになったのは『写真を見てから』だった」と証言（第29回公判）しなければならなかったのか。あるいは、「顔自体覚えてますか、とも聞かれましたけど、まあ細かい顔のつくりとかは全然わかりませんので」とか「(目付きとか鼻とか耳の形とか) そんなの全然覚えてないです」という証言（第29回公判）が出てきたのか。

T子は、写真面割りを既に1984年11月と翌年の1月の2回やり、その際に2回調書を作成していた。その結果として、1985年4月に被告人が「犯人」として逮捕され、その直後の5月には警視庁で面通しを行って被告人を識別している。

このような体験を経たT子が、裁判で証言にたった時点で、慎重に判断したいということで自分の過去の記憶を実際よりもいわば少なめに表現したなどという解釈が合理的といえるだろうか。KGのこの供述は、あらゆる意味で通用しない。

ところが、一審判決は、「T子が右写真面割りに際して、『余りよく覚えていない』と述べたのは、T子自身が証言しているとおり、はっきり全部覚えていないと写真を見てもしょうがないと思ったからであり、小島と名乗る客の容貌についての記憶が余りないという趣旨ではないのであって、T子が十分な記憶がないのに写真選別に臨んだものとはいえない」と認定した。

しかし、これは余りにも強引で、無理な解釈である。T子が供述しているのは、一審判決が無理にこじつけた上記のような内容ではまったくない。基本的に、この引用部分は、小島の顔を覚えていないにもかかわらず、KGに押し付けられて写真帳を見ることになったT子が、小島の顔を選び出せる気があったかと聞かれて、「全くありませんでした」と答えるわけにはいかない、という言い訳なのである。「少しはありました」というのを、「少しは」というのは謙遜の気持ちで「ありました」に実質がある、とするのは一方的な解釈で正しくない。

以上のことは、この部分のT子の結論が「わからない」となっていることによっても明らかである。

4　控訴審判決

控訴審判決は、前述した第29回の「(じゃあその物品受領書を見せられてあなたはど

ういうことを思い出しましたか。）すぐには思い出せませんでした。」以下のT子の証言を引用して、その「やりとりからすればT子は警察官から物品受領書を見せられても、『小島』に対する販売状況や『小島』の容貌はすぐには思い出せなかったこと、写真を見る前には、年齢、髪型、えらが少し張ったような感じ、唇がやや薄いような感じを思い出したが、細かい顔の作りとかはわからず、目付き、鼻、耳とかは覚えていない状態であったこと、『小島』の顔を思い浮かべるようになったのは、写真を見てからであることが指摘でき、これによれば、写真を見る前の段階においては、T子は『小島』の顔のイメージを具体的かつ明確には思い浮かべることができなかったものと認めざるをえない（なお、T子が写真を見る前に『小島』の容貌等について右の程度であっても供述していたとするならば、捜査官としてはそれを供述調書に録取し、写真面割り前のT子の原記憶の保全、立証に努めるべきであったと思われる。）。

T子は、弁護人から『あなたは写真帳を見せられる前に警察官に何か言いましたか』などと問われて、『よく覚えていないから見てもわからないですと言ったと思います』『顔自体を細かく目がこうだとか鼻がこうだとか　そういうことを覚えてないんで選びにくいという形でそういう気持ちがあって写真を見る前に警察の方に言ったんです、覚えていませんって。ほんとにちゃんと覚えてなくちゃ写真帳を見てもしょうがないと思ったんで。はっきり全部覚えてないと見てもしょうがないと思いましたので。』と答えていることも、T子が『小島』の顔のイメージを具体的かつ明確に思い浮かべていないことを裏付けているといって差し支えない」と判示した。

また、控訴審判決は、「Tの容貌供述を前提とすると、Tは、『小島』の顔の造作について、人物特定の判断に重要な要素となる目、鼻などを思い起こせず、頬の辺と唇だけを思い起こしたということになるが、『顔を思い浮かべる』ということは、その人物の顔の全体について再生できている状態を意味し、そのごく一部にすぎない頬の辺と唇だけを再生するということは通常ありえないように思われることに照らすと、Tのこのような容貌に関する記憶喚起はいささか不可解というほかない。そうだとすれば、Tが供述する、『頬の辺がちょっとふっくらした感じ』とか、『唇が少し薄めの感じ』というのも、そもそも、明確に記憶を再起していたのか疑問を入れる余地がないわけではない」と判示した。

第9　「二段階で行われた人物識別」の問題点(3)
——不自然な人物識別手続

1　争点

まず「どこかで会ったことがある人」として被告人を選び、次の段階でどこで会った人かをいろいろと考えていって8月1日に電磁弁を売った小島とわかったという人物識別の方法の問題点について検討する。

2　一審判決

一審判決は、「KGがT子に、『見たことがあるような人』と言ったのに対し、T子は、そのとおり素直に見た旨の供述もしている。しかしながら、右のT子及びKGの両証言によれば、右写真面割手続が、小島と名乗る客の写真選別のために行われていたことはT子も当然に理解しており、また、実際にT子は、小島だと思う人物の写真を選別しているのであって、T子は、言葉どおりに、『これまでに見たことがあるような人』の写真を選別したのではなく、小島の写真を探して、選別したものと考えられ、KGの右指示は写真選別の当否に影響を及ぼすものではない。

また、T子の供述中、『第三分冊の17の右下の写真を選ぶときに、まず、どこかで会ったことがある人だということで選んで、それでどこで会ったことのある人かなといろいろ考えていった。友人、親戚、買物に行く店の店員、営業所で会った人などを順に考えていって、その結果選んだ』旨供述する箇所がある。しかしながら、T子は、『頬と唇が似ているとして右写真を選んだ。写真面割りの際に1時間ないし2時間考えたが、この人が8月1日の客であるとの記憶を喚起したのは、写真を見て早いうちであり、その後は慎重に選びたいのでいろいろ考えていた時間であるが、その結果最初に出た結論は変らなかった』旨の供述もしている。このことを総合して考えれば、T子の証言する趣旨は、写真を見て、どこかで会ったことのある人だという印象を受けるとともに、それと前後して、頬、唇等から小島であると考えたが、間違えているといけないので、ほかのところで会った人でないか、いろいろ思い出してみて確認をしたということと理解するのが自然であって、T子による写真選別は、浜田寿美男（第122回）及び富田達彦（第122回）が証言するような消去法的なものではない。」と判示する。

3　分析

(1)　T子は最初「覚えていない」として写真面割りを断る

警察官KGは、「よく覚えていないから見てもわからない」と言って写真面割りを断

ったT子に対して、「じゃあ、なんか見たことあるような人がいたら、何枚でもいいですから選んで下さい」と指示し、とにかく写真面割りを行うように求めた。このように「なんか見たことあるような人がいたら」とか、「何枚でもいい」とかいう方法で写真選別を行わせることは、T子に8月1日の小島から一旦離れた選別基準で写真を選ばせることを意味する。したがって、T子が「見たことがある人」として1枚の写真を選んでも、その写真の人物が小島として選ばれたわけでないことは当然である。

しかし、KGはT子に何とかして小島を選ばせたいと強い思いを持っているし、またT子の小島に関する容貌記憶が欠けている（少なくとも著しく曖昧である）。このような事情が重なったとき、第二段階の写真面割り手続として行われる「見たことがある人」と小島との一致・不一致の判断手続が著しく曖昧な手続となり、その結果、T子に小島の容貌記憶が欠けているにもかかわらず（否、欠けているからこそ）、合理的な根拠がないまま何時の間にか"見たことがある人"＝小島とされてしまうことを危惧せざるをえない（T子の場合に、その危惧が現実化したことについては後述する）。

ところが一審判決は、「右のT子及びKGの両証言によれば、右写真面割手続が、小島と名乗る客の写真選別のために行われていたことはT子も当然に理解しており、また、実際にT子は、小島だと思う人物の写真を選別しているのであって、T子は、言葉どおりに、『これまでに見たことがあるような人』の写真を選別したのではなく、小島の写真を探して、選別したものと考えられ、KGの右指示は写真選別の当否に影響を及ぼすものではない。」と判示し上記の危険性を否定する。以下では、この一審判決の誤りを明らかにする。

(2) T子は「見たことがあるような人がいたら何枚でも」と写真面割りを受ける

まず写真選別の仕方に関連するT子自身の証言は、前述した「よく覚えていないから見てもわからないです」というT子の言葉は、取調官との重要なやりとり（会話）の筋を写真面割りから2年3か月もたった時点でよく記憶していて、その内容を自発的に述べたものであって、それだけ強く自己の生の体験に裏付けられた証言であると解される。つまり、この言葉は、T子の記憶、とりわけ小島の容貌に関する記憶について、T子が自分の記憶の程度に忠実に、正直に告白し（「よく覚えていない」）、写真面割りを断ったもの（「見てもわからない」）と考えるのが自然であり、それ以外の解釈が通用する余地はない。

「(弁護人)

警察官が聞いてきたのは写真帳から選びなさいということは見たことがある人という趣旨でしたね。
はい。
あなたとしては写真帳を見る前に８月１日に見た人を選ぼうという気で写真帳を見ていきましたか。それとも警察官の言うようにとにかく見たことのある人をさがしてみようという気持で見ていったんでしょうか。どちらでしょうか。
警察の方からそういうふうに言われたんで　その通り素直に見ました。
とくに８月１日、先程あなたがご証言になったような部分的な記憶しかない人の顔を何とかさがそうと、そういう気持で見たわけではないということでしょうか。
そういうのもあります。
そういうのもある………。
はい。
とにかく見たことのある人をさがそうという気もあるわけですか。
はい。
あなたが写真帳を見た時８月１日に応対した人かどうかそういうことを念頭に置きながら見ましたか。
その時は写真帳を見るだけでそんなには考えなかったです。
見たことがある人という基準で見ていったんじゃないんですか。
それとあとえらがちょっと変わったような感じでそういう感じで見ていきました。」（第29回公判）

　なによりも、Ｔ子の証言を出発点にすえなければならない。すなわち、弁護人から「８月１日に見た人を選ぼうという気」か「警察官の言うように、とにかく見たことのある人を探してみようという気持」かと、二者択一を迫られて、Ｔ子は明確に「警察の方からそういうふうに言われたんで、その通り素直に見ました」と証言した。
　Ｔ子は「見たことのある人」を探して、写真帳を見ていったと証言したのであるが、問題はその意味をどう捉えるか、である。
　この意味を確定させるために、前述の証言の一部を再度引用しておく。

「（弁護人）
その見たことがあるような人という意味は８月１日に見たことがあるような人という意味でしょうかね。
その時はそんなにしぼらなかったと思います。

じゃあこの写真の中からとにかくあなたが今まで見たことがあると思うような人をとにかく選んで下さいという趣旨だったわけですか。
　　　はい。」(第29回公判)

　上記の証言の中でＴ子は、8月1日に応対した客を探す気もあった旨を供述しているのをどう理解すべきか。この供述は、前のやりとりを受けて、弁護人が「8月1日の客を探す気はなかったのですね」と尋ねたのに対して、100％そう決めつけられると困るという感じで、「そういうのもあります」というかたちで出てきたものである。そして、他方、積極的に「8月1日の客を念頭においたか」と尋ねられると、Ｔ子は、「そんなには考えなかったです」と証言するのである。
　つまり、ＫＧが行っている写真面割りが小島に関する警察の捜査の一環として行われていることは当然の前提として十分認識したうえで、しかし小島の顔について想起しようにも手がかりとなる顔の特徴についての記憶が無いから、やむなく「見たことがある人」という基準で写真をみていったのである。逆に言うと、「小島を探す気持ち」というのは、100％ないと決め付けられると困るが、小島の容貌に関する手がかりがない、という状態で写真を見ていったのである。
　だから、「見たことのある人」を捜して写真帳を見ていった場合は、たしかに女性の写真を選別することはないであろうが、かりに「見たことのある人」という感じをいだいたとしても、その人物が本当に目指している人物(本件では小島)か否かは保障の限りではないのである。
　ところで、先に検討した供述にすぐ続いて、「見たことがある人」という基準以外に、もう一つ「えらがちょっと変ったような感じ」が写真帳を見ていく基準として証言される。
　これはどういうものだろうか。もし、この「えらの張った感じ」が、明確な記憶であって、しかも「えら」とともに顔全体のイメージまで浮かび上がらせるようなものであったとしたら、先に確認したような、一義的には「見たことのある人」であって、場面自覚としての「8月1日の客」という意識が付随するというような写真帳の見方には絶対にならないことは明白である。
　そうすると、この「えら」は、実際に写真帳を見ていったときには、基準にしていたわけではないが、事後的に特徴として自覚され、さらに二次記憶化して、最初からの基準＝特徴だったと錯覚されたものと考える以外にない。
　しかし、もしＴ子が写真を見る前に「頬」と「唇」についてＫＧに言っていたのであれば、ＫＧは「小島の頬の特徴に似た人がいたらこの写真帳の中から探して下さい」

とか、その容貌に関する部分的な特徴を手がかりにしながら、写真帳を見るようにすすめる方法をとるであろう。その場合には、決して、もし露見したら被告人・弁護人、さらには裁判所からも批判されるおそれがある「見たことがある人がいたら何枚でもいいから選んで下さい」と言わなければならないような状況がT子の側にあったという事実である。

　以上の検討から、T子が写真帳を見るようにすすめられた時のT子とKGのやりとり（会話）の事実が、T子は写真帳を見る前に小島の顔についてまったく記憶を喚起しえていなかったことを如実に裏付けているといえる。

(3)　T子の「二段階の選別」による写真面割りと容貌記憶の不存在

　T子が、17番右下写真を「二段階の選別」で選んでいるのは、小島の容貌に関する記憶がなかったことを示している。

　T子が17番右下の写真を選ぶときに、まず「どこかで会ったことがある人」として選び、どこで会った人かいろいろ考えて、その結果選んだ旨述べていることについて、一審判決は、その趣旨は、「どこかで会ったことのある人だという印象を受けるとともに、それと前後して、頬、唇等から小島であると考えたが、間違えるといけないので、いろいろ確認をしたと理解するのが自然であって、T子の写真選別は、浜田、富田両鑑定人の証言するような消去法的なものではない」という。

　しかし、ここでの問題は、T子の写真選択が、本当に、自分のこれまで出会ったあらゆる人物の像を思い描き、該当しないものを一つ一つ消していって、最後に残った人物をそれとして特定するという、言葉の厳密な意味での消去法的なものかどうかということではない。

　そのような記憶喚起の仕方が実際には存在しないことは明白である。

　T子は17番右下写真を、まず第一段階としては、「見たことのある人」として選んだのみであり、「小島だ」と思って写真を選んだのではない。T子が面割写真帳を見ていったときは、「顔を思い浮かべていない」状態での選別だったから、まさに「見たことのある人」という基準で写真を見ていくしかなかったのである。

　何よりもT子が、17番右下写真を第一段階としてはあくまでも「見たことのある人」として選んだ、と明白に述べている。

　T子の証言を一つだけ引用して確認しておく。

「（弁護人）
　それであなたが一枚の写真を選び出したわけですね。この第3分冊の17の写

真の3枚のうちの下段の右側の写真を選び出したわけですね。
　　　はい。
　この選んだ基準は先程の面通しの時のあなたの御証言と比較してみると、この写真も今までどこかで会ったことがある人を選んだんだと、こういうふうな基準で具体的にはこの写真は選び出されたものではないんですか。
　　　どこかで会ったということで選んだんですけれども。
　17の三枚の写真のうちの一枚というのもまずはどこかで会ったことがある人だなあということで選ばれたわけですか。
　　　はい。」（第30回公判）

　つまり、364枚の写真の中から第3分冊17番右下の写真一枚を、第一段階として（最終的にではなく）選んだときには、8月1日の小島として特定して選んだのではなかった。
　逆に言えば、T子は17番右下写真を最初から小島として選んだわけではない。もちろん一般的な可能性としては、顔が思い浮かばなくて「見たことのある人」を探しながら写真帳を見ていて、ある写真を見た瞬間、突然これまで思い浮かばなかった小島の顔が浮かんだ、ということもありうる。しかし、本件はT子の次にかかげる証言に明らかなとおり、そのケースではないのである。

「（弁護人）
　そういうふうに、まず17の下段の右側の本件の写真を選んだ時には、その瞬間にはどこで会った人かなというのはわからなかったわけなんでしょう。
　　　はい。」（第30回公判）

　一審判決は、「T子の証言する趣旨は、写真を見て、どこかで会ったことのある人だという印象を受けるとともに、それと前後して、頬、唇等から小島であると考えた」というのであるが、この「前後して」という言葉がなにを意味するか、必ずしも明らかでない。
　しかし、それが「どこかで会ったことのある人だという印象を受ける」よりも前に、または同時に、「小島だ」として写真を選んだという趣旨を含むのであればそれは先に引用した二つのT子証言と全面的に矛盾する。
　それでは、「どこかで会ったことがある人」と感じてから後ではあるが、そんなに遅くはなく、頬と唇の印象から「小島であると考えた」という意味なら正しいのか。

3　目撃供述と闘う；自民党本部放火事件　　601

これも、否である。

そもそもT子は、写真帳を見ていくときに、「顔を思い浮かべる」ことができず、したがって、明確な人物像あるいは人物を特定づけるような部分的特徴（仮にそういう特徴があるとして）を手がかりにすることができなかったのである。だからこそT子は、「見たことのある人」を探していったのである。頬と唇の印象なるものが、そこから人物を特定できるほど都合がよいものならば、最初からそれでいけばよいのである。

繰り返すが、写真を見ているうちに、ピンときて、それまでに浮かばなかった全体像が喚起されたというケースではないのである。

さらに、仮に百歩譲って、「頬と唇の特徴」を手がかりにして写真を見ていったとしたら、その場合には17番右下の写真を見て選んだ時点で顔の他の特徴がもっと思い出されるはずである。

ところが、小島の容貌に関するT子の供述は、写真選別後も、何一つ変わらないのである。

つまり、写真を見てから「顔を思い浮かべた」と証言しているのに、思い出す手がかりになったという特徴（頬の特徴）以上のものが、T子の証言にはまったく出てこないのである。

このことは、上記のように百歩譲って考えてみても、T子の写真選別には信用性がないことを意味している。T子の供述している頬と唇の印象なるものが、実は面割写真帳の写真を見た体験から作られた「二次的な印象」にすぎないことが、明らかとなったと言える。

まずT子の第30回公判での重要な証言を引用する。

「（弁護人）
それであなたが一枚の写真を選び出したわけですね。この第三分冊の17の写真の3枚のうちの下段の右側の写真を選び出したわけですね。
　　　　　はい。
この選んだ基準は先程の面通しの時のあなたの御証言と比較してみると、この写真も今までどこかで会ったことがある人を選んだんだと、こういうふうな基準で具体的にはこの写真は選び出されたものではないんですか。
　　　　　どこかで会ったということで選んだんですけれども。
17の三枚の写真のうちの一枚というのもまずはどこかで会ったことがある人だなあということで選ばれたわけですか。
　　　　　はい。

……（中略）……
(弁護人) 17の下段の右側の写真をまずどこかで見たことがある人だなというふうに選ばれて、その後どこで見たことがある人かなあというのを思い出して行く過程で、どういう所で会った人たちのことをまず思い出して、まず違うかどうか考えて行かれました。
さっきお話したのじゃだめなんですか。
先程は面通しの時のことについて聞いたんですけれども、今は写真を選んだ場合のことについて聞いているわけです。
選ぶ過程は先程と同じです。
そうすると、あなたの友人とか親戚とか日常生活であなたが会っている買物の時のお店の店員さんとか、また蒲田営業所の人でも、4年間あなたが仕事をしていた時に会った人、そういう人をずっと含めて思い出した結果、選んだんですね。
はい。
そういうふうにまず17の下段の右側の本件の写真を選んだ時には、その瞬間にはどこで会った人かなというのはわからなかったわけなんでしょう。
はい。」（第30回公判）

　上記の引用箇所の供述は、5月の面通しにおける同定過程を前提にして尋問に答えているのでやや舌足らずであるが、ここからも、T子が17番右下写真＝被告人を、①最初は「どこかで会った人」として選んだこと、②すぐにはどこで会った人かはわからなかったこと、③8月1日の客だと判断するまでには、身の回りのことや、あらゆる面から考えたこと、④ほかで会ったということがないので、8月1日のお客さんだと判断したことが明らかである。
　これは明らかに、二段階的な同定方法と言うべきである。T子が実際に二段階的な同定をしたと言っているのではない。T子が自分の同一性識別の経過を述べるのに、二段階的な方法でやったと証言している、ということなのである。
　例えば、上記にみた弁護人の「4年間あなたが仕事をしていたときに会った人、そういう人をずっと含めて思い出した結果、選んだんですね」という質問に対して、T子は、「はい」と答えている。T子は、4年間に日常生活で出会った人、蒲田営業所で出会ったすべての人物をチェックしてそれで判断した、と説明するのである。
　上記のような説明をするような犯人識別は、言うまでもなく著しく不自然であり、そのような犯人識別には信用性が認められない。その意味で、「二段階的な選別」をしたというT子の供述は、T子の犯人識別の信用性を分析するうえで、きわめて重要

な証拠だと言わなければならない。

(4) T子の容貌供述は頬と唇だけ

　T子の容貌供述は「頬」と「唇」のみであり、個人を特定し、顔を再認するのには不充分である。したがって容貌記憶と再認自体が不正確なものと言わざるをえない。

　T子の容貌供述は、写真面割り後のものを含めても、「頬」（ないし「えら」）と「唇」の二つの特徴以外には何もない。

　前記(2)で引用したT子の証言で明らかなとおり、顔の内部すなわち目鼻立ちの部分に関する供述がまったくないということ（例えば「顔自体覚えていますかとも聞かれましたけど、まあ細かい顔のつくりとかは全然わかりませんので」などの証言）は、T子の容貌供述の特徴の一つである。

　T子は写真を見た後で「小島の顔を思い浮かべた」旨証言しているが、しかし顔の全体のイメージについては、具体的な供述は見当たらない。また、「顔は思い浮かべた」と言いながら、目鼻立ちなどについて「頬」と「唇」の二つの特徴以上に何かを思い出したという事実もない。

　結局、T子が述べている容貌供述の「頬」（ないし「えら」）と「唇」は、人物の個性を判断するための要素としては弱い（目などに比べて）うえ、「ほほの辺りが少し肉付きがよかったかな」「ちょっとふっくらというか」といった証言に見られるように、その特徴表現の貧弱さは、写真選別できなかったN子のそれと実質的にほとんど同じ程度である。もちろんこれだけで比較することはできないが、はたしてT子の容貌供述の程度で、一体、顔を特定することが可能かは、すこぶる疑問である。

　この点の分析は、前記(3)で詳しく検討した、T子が第3分冊の17番右下の被告人の写真をどのようにして選別したのか、という問題と重なってくる。

　すなわちT子は、最初は「見たことがある人」ということで17番右下の写真を選んでいる（この点は一審判決も同様に認定している）。問題は、その後本当に何らかの「ひらめき」があって、本当に「あっ、この見たことがあると思っていた顔の人は8月1日の小島だ」と記憶が喚起されたのか、という点である。

　ここでは結論だけ述べることにするが、「頬」と「唇」で被告人の写真を小島と再認することはできなかった、というのが唯一の正しい解答である。

　したがって、写真選別の方法に関する供述を分析すれば、「頬」と「唇」は、実際の写真選別においては何ら役に立っていないといえる。

　ということは、単に「頬」と「唇」だけでは足らないというのではなく、そもそも「頬」と「唇」のみを思い出したというT子の供述自体が、T子の記憶の実態に照らして不

合理で信用できないということでもある。つまり、本当に小島の容貌の記憶があってなされた供述とは言えない、ということである。

(5) T子は写真を見る前には容貌記憶なし

　員面調書におけるT子証人の容貌供述は、写真を見る前には小島の顔の記憶がなかったことを裏付けている。

　T子の小島に関する記憶の信用性を検討する場合、目撃に最も近い段階で作成された証拠である員面調書がきわめて重要な意味をもつことはいうまでもない。

　員面調書の中で、T子は小島なる人物の様子を次のように述べている。

　　年齢　　　35～40歳
　　身長　　　自分より少し高いくらいで165～170センチ
　　体つき　　中肉
　　髪　　　　少し長めできちんと分けていない、ウェーブのかかったフワーッとした感じ
　　上衣　　　茶色っぽい感じの服
　　ネクタイ　していない

　以上の供述を得たところで、警察官KGは写真帳を見せて面割りさせ、その第3冊の17番右下の写真を選んだ後で、その写真の特徴である
「頬がふっくらした顔の輪郭」
「唇が薄くて大きい」
という2点が、小島に似ていると述べた、と員面調書には記載されている。

　もとより員面調書の内容は、それが最も目撃時に近い時期の証拠だという意味から、きわめて重要な証拠である。とくにT子供述を録取した本件員面調書では、頬と唇の特徴に関する供述が、写真面割り後に供述されたものとして録取されているが、これは後に詳述するとおり、単なる文章作成上の問題ではないことに留意すべきである。

　目撃証人に関する員面は、容貌供述の時期につき写真選別の前後を区別して作成されたとみるのが合理的である。

　T子の員面の特徴は、T子が、写真面割り以前において小島の容貌について、全く供述していない内容になっている点である。この点については、次のように分析することができる。

　もともとKG警察官のT子に対する事情聴取の最大の目的は、小島の容貌を聴き出すことである。したがって、KG警察官は、この事情聴取において、小島の容貌の特徴について必ず質問したはずである。つまり「この客の顔を憶えていますか」と聞

3　目撃供述と闘う；自民党本部放火事件　605

いたのは間違いない。もちろん、写真を見せる前にそのような質問をしたはずである。それなのに員面調書をみると、写真面割り以前にT子は、小島の容貌についてまったく供述していない。わざわざ写真面割り後に写真を見ながら小島の容貌について供述したと明確に記載されているのである。

そもそもKGは 11 月 28 日に事情聴取した結果を写真面割捜査報告書に作成し上司に報告して点検を受けたであろう。12 月 4 日に作成した員面調書の内容についても、事前に点検を受けたであろう。仮に写真面割前に何らかの容貌特徴をT子が述べていたのであれば、KG警察官は必ず写真を見せる前の箇所にその旨記載したはずである。被告人の写真を選んだ写真選別手続の信用性を不注意な文章表現で損なうようなことは 100 パーセント考えられないと言ってよい。

したがってその記載がないということからは、写真を見せる前の時点でT子は、小島の容貌について「憶えていない」「わからない」と答えたというしかない。つまり、T子は写真を見る前には小島の容貌を全く憶えていなかったのである。

(6) 検察官（写真）面割りでも面通しでも二段階的な同定をした意味

1月写真面割りおよび5月面通しにおいても、二段階的な同定をしたことは、T子が小島の記憶を有していない決定的な証拠である。

1985 年1月 17 日の検察官の写真面割りにおいて、T子は符2の写真帳（150 枚写真帳）から 134 番と 110 番の写真を選別した。

この経過について、直後の検面調書では、「このとき本職は……写真 150 葉を供述人に示したところ、110、134 の写真を選び出し、110、134 の写真の男の人が印象に強く残っています。多分、110 と 134 の男の人は同じ人だと思いますが、私が見た記憶があるのは、134 の写真のように 35 歳から 40 歳位に思われる男の人でした。110 の写真の男の人は、私が見た記憶のある人と比べて、大分若く見えますし、頬骨もややでっぱりすぎです。134 の写真の人のように頬がふっくらしていました。この写真の方が私の記憶とより近い感じがします。昨年、8月1日に電磁弁 10 個を買って『小島』とサインして行った男の人は多分この人だろうと思います。」と記載されている。つまり、二つの写真を初めから小島に似た人物として選び出したように書いているのである。

ところが、面通し直後の検面調書において、改めて1月の検事調べでの写真選別のことが振り返られ、「この時も私は見たことがある人だと直感的に判り、比較的簡単に多分同人物だと思われるその2枚の写真を選んだのでした。そして何処で逢ったかと考えてみると、私の今までの生活や人との付き合いを振り返ってみても蒲田営

業所で応対したことのある人しか考えられなかったのです。しかも、昨年8月1日に電磁弁を買って奇妙な恰好で小島とサインして行った人しか思い当たる人がいないのです」というふうに、「見たことがある人」から小島への二段階的な同定であったと供述されるのである。

そして法廷証言においては、まず主尋問において、検察官から二枚の写真をどういう理由で選ばれたんですか、と聞かれて「やはり、見たことがあるという理由で」答えている。これは「やはり」と答えていることからも明確なように、「どこかで見たことがある人」の意味だと解するのが自然であろう。

ところが、検察官はこの答えに対して「見たことがあるというのは、先程のご証言の8月1日、電磁弁10個を売った、その時のお客さんであるということですか」という誘導尋問を行い、それにつられてT子は「はい」と答えてしまった。

しかし、当然反対尋問で「その二枚の選ばれた写真というのも、先程の警察官の三分冊の写真を示された時に、あなたが選んだ場合と同じように、まずどこかで会ったことがある人だなということで110と134の写真を選ばれたわけでしょうか」と聞かれると、「はい」と答え直している。

以上から、1月のT子の写真選別が、11月の写真面割りと同じように、「見たことのある人」から「小島」への二段階的なステップを踏んだものであるとT子自身供述していることは明白である。

一審判決が認定したように、T子が8月1日に小島の顔について強い印象を受け、11月28日にその顔のイメージ・特徴を思い出したうえで写真を選別した（あるいは写真選別を契機に容貌を明確に思い出した）というのが本当ならば、次に写真選別する時には、そのイメージ・特徴と現に見ている写真の顔を比べ、その同一性を確認するという手続になるはずである。

11月28日に小島の顔について明確に思い出したという命題と、1月17日に「見たことがある」から始まる二段階的な同定をしたという命題は、絶対に両立不可能である。なぜなら、一度喚起した小島の顔の記憶はなくしてしまうわけにはいかないから、いくら慎重にやろうと考えても、その記憶像を括弧にいれて、「まずはどこかで見たことがある人だと思う」などという器用なことは不可能だからである。

したがって、もう一度、「見たことがある」という印象から出発して「8月1日に見た人」にたどりついたとT子自身が供述していることは、11月28日に小島の顔を思い出したというのが事実ではないことを示すものである。

もし、T子が11月28日の写真面割りの際に小島の顔を思い出したということをあくまでも事実と認定するのなら、写真選別が二段階的なものであるという1月の供述

の方が信用できない、つまり嘘だということになる。

　その場合、本当は11月の写真選別の記憶を基に簡単に写真を選んでいるのに、初の写真面割りの時の慎重さを演技的に再現しようとして、その時と同じように二段階的に選んでいると供述したのだというわけである。

　この推測はあり得ないことではないが、この解釈をとる場合、T子の供述そのものの信用性を根本から覆す羽目になる覚悟が必要となる。

　二段階的同定を説明する法廷証言は、次の通りである。

「(弁護人)
面通しの時に8月1日に見た人と似ているというふうに思ったというようにいわれましたね。
　　　　　はい。
これは一番最初から、見た瞬間にそういうふうに思ったんですか。
　　　　　いろいろ考えたんですけど、もしかしてほかで会ったかなということを考えたんですけど、そういうこともないんですね。ほかで会ったということがないんで、やはり来たお客さんだということで。」(第30回公判)

「(弁護人)
それでは、今現在の記憶ということで聞いて行きます。60年5月2日にHT検事の調べを受けた時に、面通しをした人とどこで会ったのか思い出して行く過程で、あなたはまずどういうふうな所で会ったのかなということを思い出されましたか。
　　　　　……私の身の回りのいろんな、あらゆる面からです。
例えば親戚であるとかお友達であるとかそういう人かなというふうにもずっと思い出して行ったんですか。
　　　　　それもあります。後、よく買物に行く所の店員さんとか。ですから、あらゆる身の回りのことを思い出してよく考えましたけど。
ということは、逆にいいますと、まずどこかで会った人だなというふうに、あなたがピンと来たという時には、そういう人たちの中にも入っているかなということも含めてまずピンと来たということですか。
　　　　　何しろどこかで会ったということは、何ていうのか……どこかで会ったという記憶はあるんですけれども、……すぐには8月1日のお客さんだということはわからなかったんで、いろいろ考えました。

　　　　　(中略)

608　第2部　無罪を争う弁護活動

ただ、前に見た人だなというふうに第一印象感じられて、それを区別して行く中に、買物の時の人もあるでしょうし、蒲田営業所に来た人でも8月1日の人ではなくて、証人は4年近く勤めていらっしゃったわけだから、その中で出入りした人じゃないかなとか、そういうのも含めて前に見たことがある人だなというふうにまず第一印象としては思われたと、そういうことですか。
　　ええ、それも含めて。ですからあらゆる面から。」（第30回公判）

　上記の引用箇所は、二段階的同定の一番わかりやすい説明になっている。
　すなわち、①最初は「見たことのある人」「どこかで会った人」だと感じたこと、②すでには8月1日の客だとはわからなかったこと、③8月1日の客だと判断するまでには、身の回りのことや、あらゆる面から考えたこと、④「ほかで会ったということがないんで、やはり8月1日のお客さんだ」断定したこと、が明らかである。
　とくに、②から、最初に8月1日の客だと思った上で、念のためにあれこれ再確認しているのではなく、どこで会ったかわからないからあれこれ考えたということが重要である。
　さらに、③、④から、いろいろ考えていると、そのうちに思い出してわかったというのではなく、「あらゆる面」から検討して、「ほかで会ったことがないので」8月1日の客だとわかった、ということも重要である。
　検面調書でも、「Aを最初に見た第一印象は、前に見たことがある人だなというのでした。前に見た人だとピンと来たのです。単に道を歩いていてとか電車で乗り合わせて見たことがある人だということではなく、話をしたことがあるとか少しの時にしろ何らかの応対をしたことがある人だという感じをそのAを見た瞬間に持ったのでした」と書かれており、面通し後の同一性識別が、「見たことのある人」から「小島に似ている人」への、二段階的ないし消去法的なものであるとT子自身が供述していることは明白である。
　二度目の写真面割りによる同定を二段階的ないし消去法的に供述していることすら不自然なのに、T子は面通しにおける三度目の同定を、明確なかたちで二段階的に供述しているのである。
　ここにおいて、11月28日の写真面割りのときに、T子が小島の顔を明確に思い出せていないことが確定的になる。
　1月のときには、実際は二段階的に同定したわけではないが、11月の写真選別の記憶を忠実に再現するという配慮からわざとそのように供述したのだという解釈もありえないではなかった。しかし、実際の人物を初めて見る面通しにおいて、写真選別

3　目撃供述と闘う；自民党本部放火事件　609

の模様を演技的に再現する必要はまったくない。本当に小島の顔の記憶が蘇っているのなら、写真よりもずっとリアルな現実の顔を見て、まさに「ああ、あの時の小島さんにそっくりだ」という感想がでてくるはずなのだ。

それなのに、最初「どこかで見たことがある人」としか感じないということは、T子が小島の顔を思い出していない最終的な証拠である。

(7)　T子の写真選別には捜査官の暗示・誘導の疑いが濃厚

以上の検討から、小島の顔を記憶していないT子が被告人の写真を選んだのは捜査官による暗示・誘導が強くうかがわれる。

第1に、小島の容貌についての記憶がほとんどないT子に対して、警察官のKGが、「どこかで見たことのあるような人がいれば、何枚でも選んで下さい」という指示を与えたことは、著しく危険な写真面割りを事実上強いるものであった。人物識別の捜査のあり方としてはきわめて不適切なものであった。このようにして行われた写真面割りの結果には信用性がないことがT子の犯人識別の分析を通じて明らかとなった。

第2に、そのような誤った指示とT子に小島の容貌の記憶がほとんどないことが重なって、T子はなんらかの要因によって小島なる人物のとはまったく別人物である17番右下の被告人の写真を選んでしまった。

第3に、T子自身、その選択に心理的ためらいが存在したことは確実であるが、にもかかわらず、選択した写真像の方から、不明確であった小島の像を構成しなおすことをとおして、小島と同一人物だという結論を下してしまった。

第4に、そのような選択の無根拠性がT子の心理を規定し、〈選別―同定〉という二段階で人物識別したという供述が生み出されたのである。

T子の犯人識別供述にかかわる全証拠を合理的に推論すれば、この結論の妥当性は動かない。つまり被告人を小島と同定したT子の犯人識別供述には合理的疑問があると言わざるをえない。

4　控訴審判決

控訴審判決は、「T子が写真帳を見る前の段階における『小島』の容貌に関する記憶の喚起が右のように漠然としたものであったがために、警察官KGは『なんか見たことがあるような人がいたら、何枚でもいいですから選んでください』と言い、T子も、KGの指示に従って、『これまでに見たことがあるような人』という印象により写真を選別し、次にその人物を『小島』であると同定するという二段階の思考過程を踏ん

で選別・同定した疑いがあるといわざるをえないのである。このことは、弁護人の質問に対して、T子が次のように答えていることによっても明らかである。」として、前述した第29回（●●頁参照）、第30回（●●頁参照）公判のT子の証言を引用し、「（T子は）以上のように答えているのであって、このやりとりからすれば、T子は、17の下段右側の写真を見てぱっとあの時の客だと思い出したわけではなく、まず『どこかで会った人』という印象により右写真を選別したうえ、いろいろ考えてその人物を『小島』であると同定したという二段階の思考過程を踏んで選別・同定した疑いがあるといわざるをえない。もっとも、T子は、右のように述べるその一方で、『（とくに8月1日、先程あなたがご証言になったような部分的な記憶しかない人の顔を何とかさがそうと、そういう気持で見たわけではないということですか）そういうのもあります』と答えている部分もあるが、この証言部分は、T子が『どこかで会った人』かどうかを素直に見ていったと述べていること、その旨を何度も繰り返し述べていることなどに照らして、前記判断を左右するものではない。そうだとすると、原判決が、『T子は、言葉どおりに、『これまでに見たことがあるような人』の写真を選別したのではなく、小島の写真を探して、選別したものと考えられる』と判示したのは相当でないといわざるをえないのであって、このようなT子の選別・同定の二段階的思考は、『小島』についての容貌記憶の欠如ないし曖昧さを物語る以外の何物でもなく、その選別・同定の危険は明らかというべきである。

　そして仮に、T子の思考過程が前記の二段階的なものではなく、『小島』の写真を探して選別したものであるとしても、T子が写真帳を見る前の段階における『小島』の容貌に関する記憶の喚起が前記のように漠然としたものであったことは間違いなく、T子は、『頬の辺がちょっとふっくらした感じ』と『唇が少し薄めの感じ』を拠り所にして、写真帳の中から最も似ていると感じた人物を選びだし、その写真の人物すなわち被告人が客の『小島』であったように思うと判断し、それを根拠に再認・同定したという可能性を排除できないように思われる」と判示した。

第10　T子の目撃供述を分析した控訴審の心理学鑑定

1　本件放火事件と心理学鑑定

　本稿で紹介したT子の供述に関する分析は、かなりの部分を一審の浜田鑑定と控訴審の共同鑑定に依拠しているので、紙数の関係もあるが、**2**以下では控訴審の心

理学鑑定の骨子を紹介する。

最初に、本件放火事件の一審および控訴審で弁護側が反証活動として行った心理学鑑定の全体を紹介しておく。

一審では、次の4つの心理学鑑定が行われた（鑑定人の所属大学は最新のものを記す）。

① 『目撃証人Yの目撃供述の信用性に関する鑑定書—夜間の交差点を左折する車および助手席搭乗者の認識および記憶に関する心理学的考察』（厳島行雄、日本大学・認知心理学）。

② 『目撃証人T子、Nの犯人識別供述の信用性に関する鑑定書—心理学的手法を用いた供述分析』（浜田寿美男、奈良女子大学・供述心理学）。

③ 『目撃証人Yの犯人識別供述の信用性に関する鑑定書—車の搭乗者の顔の知覚条件に関する心理学的考察』（増田直衛、慶応大学・知覚心理学）。

④ 『目撃証人Tの犯人識別の信用性に関する鑑定書』（富田達彦、早稲田大学・学習心理学）

控訴審では、4人の心理学研究者（厳島行雄、仲真紀子〔北海道大学〕、伊東裕司〔慶應義塾大学〕、浜田寿美男）による共同鑑定を実施し、『目撃証人Tの犯人識別の信用性に関する心理学鑑定書—フィールド実験にもとづく実験心理学的および供述心理学的検討』が作成された。

弁護人は、一審で上記心理学鑑定書4通を証拠申請した。また控訴審でも共同鑑定にかかる心理学鑑定書1通を証拠申請した。検察官はいずれも不同意としたが、同鑑定書の作成者である心理学研究者（一審、控訴審ともに4人）を証人尋問した後に裁判所は刑訴法321条4項を適用して計5通の心理学鑑定書を証拠採用した。なお検察官はその証拠採用に異議を申立てたが異議は却下された。

なお一審段階の心理学鑑定書の内の上記①は、警察官Yの目撃条件を基にして模擬フィールド実験（目撃現場の権田原交差点での自動車の走行実験）を行ったものである[2]。

また控訴審段階の上記共同鑑定もT子の目撃条件を基にして模擬フィールド実験（商品購入の実験）を行って作成された心理学鑑定書である[3]。

2　控訴審の心理学鑑定の課題

鑑定の課題について控訴審の心理学鑑定は次のように述べている。
「本鑑定書は、自民党本部放火事件に関して、被告人を犯行関与者とする根拠の一

つとなったT子の犯人識別供述ないし写真面割と面通しの結果について、実験心理学的および供述分析的手法を用いて検討を加えて、その信用性を鑑定するものである。

T子の供述ないし写真面割・面通しの結果に対して、原判決は、これをおおむね正しいとしてその信用性を認めている。

しかしながら、T子証人が供述した問題の販売状況については、一般的な心理学的知見に照らして、にわかにその信用性を認めることのできない困難な状況が存在する。ごく外形的な状況だけを取り出しても、次の3つの点を指摘することができる。

(1) 問題の販売状況は、日常的な販売業務の一コマであって、その当時には何らの不審も抱かれていなかった事実。

(2) 問題の販売は、一見客への販売であり、しかもあらかじめ電話で品物を特定して注文のあったものであって、この販売に要した接客時間は非常に限られたものであった事実（T子証人自身は、これを「3-4分」ないし「およそ5分」と供述した）。

(3) T子証人への最初の事情聴取が行われたのは、問題の販売の日から3カ月28日という長期間を経過した時点であったという事実。

何らの不審をもたれることのなかった日常業務の、ほんの数分間のやりとりを、4カ月ちかくもたった後、どの程度まで記憶喚起しうるのか。そのうえで、そのやりとりの相手の人物、さらに顔をどこまで正確に記憶に残すことができるのか。

これらの困難さについては、従来の心理学的知見によっても、また経験則に裏付けられた一般的な常識に照らしても否定できないところである。

いずれにせよ、上に摘記した(1)ないし(3)のような外形的な条件が、問題の販売場面を記憶して正しく供述するうえで、重大な障害になったであろうことは想像に難くない。

それゆえ、T子の供述が、これらの困難な状況をクリアして、信用性を満たすものになりえたか否かについては、相当に慎重な分析を加えなければなるまい。

本鑑定書では、第1に、T子の目撃−供述状況を模擬したフィールド実験を行い、T子と同等の目撃−供述状況下で、どれほど正確な供述（回答）が可能なのか、現実に出会った客をどこまで正しく写真選別できるのかを実験心理学的に検討する。

第2に、T子のケースよりはるかに恵まれた記憶条件をも含めて、写真選別で正しく客を言い当てられる目撃−供述状況を作り出したとき、どういう条件が写真選別の成功に関わってくるのか、その条件分析を行う。

第3に、T子の場合が、これらの写真選別の成功に関わる条件をどの程度満たしているのか、あるいはいないのかを分析する。

さらに、その実験結果に照らしつつ、T子の目撃-供述経過および法廷証言について、供述分析的手法を用いて検討を加える。
　控訴審の心理学鑑定は、フィールド実験の結果を分析した第1部と供述分析的手法で分析した第2部からなる。

3　控訴審の心理学鑑定の第1部

　フィールド実験から4つのことが明らかになったことを指摘する。
　部品購入実験は、T子供述の内容にできるだけ合わせて行われたが、その概要は次のとおりである。
　まず購入先の店舗は卸売りの店を選んだ。
　訪問前に店に電話して「協和電機の小島」と名乗り購入予定の商品の在庫を確認してから店を訪問した。
　購入者は名刺（「協和電機」と書かれ、担当者欄が空欄になっているもの）を持参し、店員の目の前で担当者欄に「小島」とサインし、店に渡した。なお購入者は左手首に包帯を巻いて店舗を訪ね、名刺にサインをする際に店員に名刺を押さえてくれるよう依頼した。
　再生・再認のためには、心理学者が購入時から約3カ月後に店舗を訪問し、商品購入が実験を兼ねたものであったことを説明し、販売店員（被験者）にインタビューした。

①実験結果I
　T子の目撃-供述状況を模擬すべく、多数の被験者を対象にして、フィールド実験を実施した。実験的に有効な事例86件中、T子とほぼ同等ないしそれに近い（ただし他の諸条件からすれば、なおT子の場合より記憶にとって有利といわざるを得ない範囲のものが大半を占める）条件下での事例を41件得ることができた。
　この41件中、写真面割でヒットしたものは、1人もいなかった。
　購入実験はT子の目撃-供述状況を模擬して行ったが、あくまでも実際の店舗での購入実験であるため、全ての事例についてT子と同等水準の目撃条件を作り出すことは困難であった。そのため目撃状況が記憶に関与する要因の中で比較可能な、①店舗特性として来客数が1日20人以下でうち一見客は6人以下（T子は推定10人）、②購入者の滞在時間が10分未満（T子は推定5分）、③会話量が1000字未満（T子は推定300字から500字）、④事後に話題にしたりリハーサルをしていない、という

4条件を満たしているものをT子とほぼ同等ないしはT子より有利な条件の事例としてデータを分析した。こうして抽出したT子とほぼ同等水準の目撃条件の事例は41事例あった。

この41事例の中で写真選別でヒットしたものは1人もいなかった。これはT子と同等水準の目撃条件では3カ月後の顔の識別は不可能であることを意味する。

②実験結果Ⅱ

フィールド実験では条件統制が困難なために、結果的にT子の目撃-供述条件に比べて記憶に不利になったもの（これは少数である）、反対にずっと有利な条件設定となったものがあった。これら多様な条件下で得られた有効事例が全体で86件であった。

この事例の被験者86名中、8名のものが写真選別でヒットし、残り78名のものは写真選別ではずれたか（49名）、写真を選べなかったか（21名）あるいは出来事そのものを覚えていないために写真選別自体を施行できなかった（8名）。

そこでいかなる条件を具えている場合に写真選別でヒットしやすいのかを、統計的に分析した結果、そこに10個の指標を取り出すことができた。

10個の判別指標は、分類すれば「客観的な要因」と「主観的な要因」と「写真選別に関する要因」から構成されている。すなわち、①1日当たりの購入客数が少ない（1日2人以下）、②購入に費やした時間が長い（10分以上）、③店員と購入者の会話量が多い（1000字以上）という「客観的な要因」、④購入者に特異性を感じた、⑤購入方法に特異性を感じた、⑥商売上の関心を持った、⑦購入者が帰った後に話題にしたり思い出すなどリハーサルしたという「主観的な要因」、⑧写真選別前に自信がある（5段階評定で自信の高い方から3段階まで）、⑨写真選別後に自信がある（5段階評定で自信の高い方から2段階まで）、⑩写真選別の後に自信度が増すという「写真選別に関する要因」である。

まず写真選別ヒット群の8名について10個の判別指標を検証すると、10個の判別指標のうち少なくとも6個の指標を満たしていた。ヒット群の8名で特徴的な指標をあげると、④の「購入者に特異性を感じた」の指標は8名全員が満たし、⑥の「商売上の関心を持った」の指標は7名が満たし、また、⑧の「写真選別前に自信がある（5段階評定で自信の高い方から3段階まで）」の指標も7名が満たしていた。

次にT子の場合は10個の判別指標をどのくらい満たしているだろうか。

まず客観的な要因を見ると、①の一日当たりの購入客数は10人以上、②の滞在時間は最大で5分（厳密には3、4分）、③の会話量は300字から多めでも500字で

ある。いずれも満たしていない。

次に主観的な要因を見ると、④の事後話題・リハーサル、⑤の購入者の特異性、⑥の購入の特異性、⑦の商売上の関心、は、いずれもＴ証言中にはない。

まず事後話題・リハーサルはＴ子証言では４カ月後に警察から物品受領書を見せられて初めて協和電機の小島への商品販売を思い浮かべたと述べており明らかに該当しない。

購入者の特異性では、一応、サインの仕方の奇妙さに関する供述が検討されるべきであるが、「この人はこういう人だと思いました」「ちょっとはおかしいとはおもいましたけど、そんな、人がやることにあれですよね。追及するわけでもないし」「そういう癖だと思いました」等に照らせば、とうてい、Ｔ子が小島という人物自身に特異性を感じていたとは言えない。

購入の特異性については、一応、販売数10個の数の多さに関する供述が問題になるが、「10個か、ぐらいしか思わなかったと思いますけど」「あとから物品受領書を見せられた時に10個だったんで……それが、あとから10個ということは、多かったからということで記憶に残ったというじゃいけないんでしょうか……」等に照らせば、Ｔ子が小島の購入行動に不自然さを感じていないことは明白である。

さらに商売上の関心は、Ｔ子は「10個か、ぐらいしか思わなかった」という証言の直前の尋問で小島に販売した型の電磁弁が月にいくつ売れているか聞いたことがないのかと聞かれて、「すみません。あまり関心がないので」と証言している。Ｔ子には協和電機が顧客になる余地があるかとか、逆に取り引きすると危険ではないかなどの商売上の観点から関心や不安を持った事実は見られない。

その他の写真選別の前後の自信度は、前はいったんは「覚えていないから見てもわからない」と言って面割り写真を見ることを断ったぐらいであるから自信度は５段階評価で下から２番目位で、選別後も同じレベルである。

以上の検討から、Ｔ子は判別指標を一つも満たしていないことは明らかである。

③実験結果Ⅲ

判別指標を用いて写真選別結果を数値的に表すことのできる統計的な手法である数量化２類による分析をフィールド実験の結果に対して行った。この手法は、個々の事例の得点の高低により写真選別の結果が分かれるように、判別指標から事例の得点を計算する方法を決定するものである。

分析の結果、高い得点にはヒットの事例のみが集中し、中程度の得点にははずれの事例のみが存在し、低い得点にははずれの事例、写真を選べなかった事例、出

来事の記憶のない事例が混在するような得点の計算方法を得ることができた。

こうして得られた得点をもとにすることによって、フィールド実験における事例を、それがヒット事例であるか、非ヒット事例であるかを完全に言い当てることが可能となる。また、非ヒット事例の中でも、写真を選べなかったか、あるいはそもそも出来事の記憶がないケースであるかないかを言い当てることが可能となる。

数量化2類の分析により得られた計算方法を用い、T子の事例についての得点を計算したとろ、T子の得点はきわめて低く、フィールド実験の事例の中で-2から-1に相当することが明らかになった。このような得点を示す事例は、写真選別でヒットする可能性は全くといってよいほどなく、写真が選べない、あるいは出来事の記憶のない可能性が高い。したがって、T子が正しい写真を選んでいることはまずなく、実際には出来事も覚えていない、あるいはフィールド実験と同じような雰囲気で写真選別を依頼した場合には選ぶことができなかった可能性が高い。

④実験結果Ⅳ

写真選別でヒットした者、はずれた者、選べなかった者の3群に分けて、販売場面の出来事や客の人物についてその回答内容を見ると、回答数、正答数はヒット群、はずれ群、選べず群の順で多い。ところが、回答した項目のなかでの正答率には3群間に差がない。

つまり、写真選別に関してよりよい記憶をもっていると思われる者ほど回答数は多いが、正答数はその回答数にほぼ比例しており、正答率そのものは上がらない。

このことは、正答-誤答にかかわらず、そこには類推にもとづくものが多分に含まれていることを示す。

また、86事例中から典型6事例を取り出して分析したところ、回答内容が鮮明にみえる被験者でも、写真選別がヒットする者もあれば、ヒットしない者もある。したがって、回答内容の鮮明度（つまり「具体的で臨場感がある」といった供述の印象度）は写真選別結果を予測する指標になりえない。

また個別回答内容についても、鮮明に自信をもって語ったものが結果として誤答であるというケースは数多い。

さらに有効事例86件以外に、実験において販売担当者を誤認し、実験者も被験者も気づかぬまま、当該担当者以外の人物に事情聴取したケースが一例存在した。この被験者は、実際には問題の販売を担当しなかったにもかかわらず質問されるままに回答し、相当数の正答を出したのである。この事例は、人がいかに類推的に答えてしまうものであるかの象徴的事例と言える。

以上の実験結果ⅠないしⅣの結果からして、T子の目撃–供述状況は、写真選別で正しい結果を得るための条件をほとんど具えていないものと言わざるをえない。
　T子とほぼ同等の、つまり記憶にとって非常に困難な条件下でも、写真選別そのものは拒絶せずこれを行って、結果として間違った人物の写真を選び出した者が41名中23名いた（56%）。その数は、記憶があいまいだから選べないとした者（14名、34%）、そもそも当の場面の記憶がないとした者（4名、10%）よりもはるかに多かったのである。
　さらに言うと、写真選別前に自信度をきいたところ「まったく自信がない」と答えた者が有効事例86名中20名あったが、そのうちなんと12例（60%）が写真選別を拒まず、言われるままに一枚の写真を選んだ。人は写真選別を求められたとき、「分からない」と言って選別を拒否することは少なく、自信のないままにとにかく選別してしまうことが往々にしてあるのである。T子においてもそうした危険性がきわめて高かったことが強くうかがわれる。

4　控訴審の心理学鑑定の第2部

　T子の供述、写真面割・面通し結果を、上の実験結果に踏まえつつ、供述分析的手法を用いて検討したところ、次の諸点が明らかになったとする。

第1　T子の目撃供述をいくつかの供述要素に分けて供述分析を加えた結果、それが真の記憶に基づくと言えるための要素は、皆無か、あるいはきわめて少ないことが明らかになった。
　すなわち、T子の供述のうち、その骨格となる重要部分は、すべて当該販売状況を記録した「物品受領書」に記載されたものであって、この記録がT子において記憶として蘇ったとの保証はない。むしろ「物品受領書」上の記録を記憶として供述していった可能性が強くうかがわれる。
　その余の肉付け的供述部分は、ほとんど日常の販売活動からの類推によって供述しうるものである。
　またT子供述にあるような供述要素は、多くの人が現実に類推的に供述しうるものであることが、フィールド実験結果からも明らかにされている。

第2　原判決がT子の供述に信用性を認める根拠にした「販売商品の個数」（電磁

弁 10 個）は、ただ第三者的に見た個数の多さに注目したにすぎないものであって、T子本人がこの点について主観的特異性を感じた証左はない。周知のとおり、供述の信用性にかかわって問題になる要因は、第三者的客観性ではなく、当事者的主観性である。供述分析によれば、T子がこの販売個数の主観的特異性をもって問題場面をよく憶えている理由としたのは「理由の後づけ」の可能性が高い。

すなわち、特異性が高ければ記憶に残りやすいというのは従来、心理学的に確認されている知見であるが、問題はその特異性はあくまで当の被験者（供述者）本人の感じた特異性であって、それが第三者にいかに特異的であるとしても、当事者にとって特異的でなければ何の意味もない。

本件のT子にとって、「電磁弁 10 個」という個数が何ら特異な印象を与えるものでなかったことは、法廷証言自体から充分にあきらかである。

捜査段階の供述調書でこの個数を記憶の理由にしているのは、むしろ供述上通常はきわめて困難な日常的場面を記憶していることになったため、あえて客観的特異性を取り出し、それを理由として後から付け足した可能性が高い。

また、フィールド実験からも、販売個数の特異性によって写真選別ヒット率があがるとの結果は得られていない。

第3　原判決がT子の供述の信用性を認める根拠とした「サインの仕方」は、同人の供述の前後状況から構成可能なものであって、「これを体験しなければ供述しえない」と言えるほどの唯一無二（uniqueness）の基準に達していない。その意味で、これもまた「理由の後づけ」の可能性がある。

すなわち、T子が供述した「サインの仕方」については、この供述以外に直接そのことを示す証拠は存在しない。それは具体的かつ詳細にわたる供述であるため、一見、T子自身の記憶に基づいたもののように見えるが、物品受領書のサイン自体が小さく、ていねいに、震えるような字体で書かれていたところから、当の「サインの仕方」そのものを推測的に構成するのは困難でない。T子が事情聴取で供述を繰り返すなかで、これが二次記憶化した可能性があり、T子自身が法廷でこれを再現したからといって、それは問題の客が実際にそのようなサインの仕方をやったとの証明にはならない。

T子とまったく同様の事情聴取を受けたN子が、当初、サインの仕方を「わかりません」と供述していたのに、後にT子とほぼ同様のサインの仕方を供述するようになったことは、明らかに誘導の事実を指し示すものであって、ひいてはT子にも同様のことがあったことを強く示唆する。

またフィールド実験の示すところでも、サインの仕方の記憶が写真選別ヒットと関わっているように見えるが、これについては「怪我」や客の「不審感」と連動していて、むしろ後者の要因が強く働いた可能性が高い。

第4　T子は写真面割において「見たことがあるような人」を探し、「見たことがあるような人」の写真を選別したうえで、そののちそれが問題の購入客であると同定したものである。この〈選別─同定〉の二段階過程はきわめて危険であって、到底信用できない。

すなわち、写真面割における〈選別─同定〉の二段階過程は、原判決の認定したようにT子の慎重さをあらわすものではない。実際、この二段階過程が2回の写真面割と1回の面通し、都合3回にわたって繰り返された。そのことからみて、これを慎重さの故と言うことはできない。

いくら慎重な人であっても、一度同定・確認したものを、次回もう一度振り出しに戻って「見たことがあるような人」からはじめ、同じ二段階過程をたどって確認することはありえない。もしそういうことがあったとすれば、最初の確認そのものが慎重さに欠けていたものだったといわねばならない。それゆえこれは慎重さの表れというより、T子の記憶の曖昧さの表れと言う以外にない。

また、フィールド実験においても、正確に思い出せなかった被験者が特定の写真をさして「見たことがあるような人」だと指摘し、これを選んだ例があるが、そのうちの誰一人として正しく問題の購入者を選ぶことはなかったし、ましてそのようにして選別したのち、それを問題の購入者として同定するという〈選別─同定〉の二段階過程を経たものはいない。この二段階過程の背後に、むしろ捜査官からの強い働きかけを考えねばならない。

第5　T子は写真面割手続以前に、問題の客の頬と唇の特徴を思い出したと法廷で証言したが、これはその他の法廷証言と内部矛盾を来すものである。また現に、最初の員面調書によれば、面割手続後に写真を前にしてはじめて頬と唇の特徴を指摘したことは明らかで、そこには写真による暗示・誘導の危険性が疑われる状況にあった。

すなわち、「見たことがあるような人」という形で行われた写真面割の結果と、頬と唇の特徴をあらかじめ思い出したとの供述とは相矛盾するものであって両立し得ない。前記**第8**の〈選別─同定〉の二段階過程を三回も繰り返したことからみて、頬と唇の特徴をあらかじめ思い出したとの証言の方に疑問があると判定せざるをえない。

また現に、最初の員面調書には写真選別後に頬と唇の特徴を指示したことが明記されている。捜査官は、供述の信用性をできるかぎり高める方向で調書録取するものであるとの経験則からして、供述の信用性を明らかに低下せしめるこの事実はT子証人の現実の供述態様を正しく反映したものと考えるべきである。

5　控訴審の心理学鑑定の結論

「フィールド実験結果の分析によっても、供述分析的考察によっても、T子の写真面割・面通しが正しく『小島』なる『問題の客』を指し示した可能性は、ほとんど絶無に等しいと結論せざるをえない」と述べる。

6　購入実験でヒット8事例の指標の紹介

一審判決がT子の目撃供述について信用性を肯定したのは、弁護活動の不充分さの故なのかと尋ねられれば、簡単にイエスとは言いにくい。警察官Yの目撃供述やN子の目撃供述に対する評価の基準が同じと思えないところもあるからである。警察官YやN子の各目撃供述に対する一審判決の証拠評価は、それなりの基準を持っているが、他方、T子の目撃供述に対する証拠評価は、ほとんどが検察官の論告の丸写しだからである。

しかし、3人の目撃者の供述の中で、T子の目撃供述に対する証拠評価が最も難しいことも事実である。T子の供述評価の争点は「販売個数の10個という多さ」「不自然なサインの仕方」という問題と「二段階の人物識別」という問題に絞られる。このうちの後者の問題の方が最も大きな問題で、この領域の分析を通じて、T子に人物識別できるだけの記憶が備わっていないことを充分裏付けることができる。

しかし、一審判決を見ると、実際には、弁護人にとっては、前者の方がアキレス腱だったと言っても過言ではない。一審では結局「10個」「サイン」の問題について、裁判官を説得し切れていなかった。ここに一審段階での弁護活動の不充分さがあったと言える。具体的には、一審でのT子の目撃供述に関する弁論（証拠評価の作業）が充分ではなかった。

控訴審の心理学鑑定は、この弱点を克服するものだったと言える。

上記5までに紹介したとおり、控訴審の心理学鑑定では有効データ86件（被験者86人）のうちで3カ月後に150枚150人の面割写真帳を使って人物識別手続を行ったところ8件（被験者8人）が正しい写真選別を行った。

上記の「10個」「サイン」の論点と関連するデータとして、上記8件（8名）のヒット事例に関する再認実験時の回答・発言中の4つの指標に関する部分のみを紹介する。
　その4つの指標は、ⓐ購入者の特異性（普通とは異なる客）、ⓑ購入の特異性（購入のしかたが普通ではない）、ⓒ商売上の関心（期待・不安）、ⓓ事後の話題・リハーサルである（ただし〈　〉の中は、回答はないがほぼ該当するものがあったと言えるものである）。

＊

事例1　被験者／21歳女性　購入品／感熱紙100枚　値段／979円
ⓐちょっと変わった方だった。何かおどおどしているような感じだった。
ⓑ話が何か、ちょっと噛み合わないというか。本当にこれ欲しくて来たお客さんじゃない気がしました。とりあえずこれでいい、みたいな感じだった。どういうものが欲しいか聞いて、どういうものがあるか、こちらでとりあえず説明して、そしたらもうそれでいいみたいなかたちになって……。
ⓒ〈今後の商売にはつながらないとの印象を持ったことは明らか〉
ⓓあとで話題にした。名刺に名前の入ってない名刺ってあるかなあって話をして。誰が来たのって言われたので、こういう人が買っていったよって感じの。ちょっと印象が強すぎて。この名刺見てって言って名刺をみんなで見て暫くはその話をしてた。見たことがなかったですね、今まで。名前がない名刺なんて……。

事例2　被験者／24歳女性　購入品／クーラーバック　値段／2435円
ⓐ一番印象に残っているのは、濡れていた背広のズボンとその包帯の傷。どちらかというと風体が怪しいような。本当になんか変わった感じだったんで印象残ってた。あまり好みじゃない。
ⓑ会社の方でお電話もなしに来られる方、めずらしいので、それで憶えていたんですよ。特にうちのカタログもお持ちでなかったし、あんまり用途がはっきりしなかったというか。お値段だけでこの商品をみつくろった。品物を購入に来たという割には目的がはっきりしなかった。会社の方が景品で買われるというのはめずらしいですね。
ⓒあんまり印象が良くなかったんで、これはこの後も続いて商売にならないなと思って……。
ⓓクーラーバック買いに来た方がいて何だか会社の景品で使うかもしれないというので、このクーラーバックですけど、それ渡しましたよっていう話はした。（名刺も探して取り出す）

事例3　被験者／32歳男性　購入品／ブルゾン　値段／4200円
ⓐ100パーセント商売の人ではないと思います。あのしゃべりかたと名刺とあの手はなんだろうなあと。普通の名刺じゃない。名前とか、書いていなかった。あやーっと思って、それでもう商売の人じゃないなと思いました。
ⓑ〈サンプル買いといいながら商売人でないと感じている。〉
ⓒそれ貰っていきたいというだけで、しゃべり方がテンポが速い。商売に熱心な方ではない。商売に熱心な方は、商品について聞きますから口調もゆっくりしゃべりますよね。だから自然に、商売やっていないかが分かった。
ⓓ〈売ったあとで、どういう人かなあということは思いましたね。〉

事例4　被験者／59歳男性　購入品／蛍光灯ソケット　値段／2318円
ⓐ名刺いただきましたけど、他の方の名刺でしたかね、自分の名前を書いておられました。手が不自由な方でした。
ⓑ〈この協和商会さんとは今まで取引がないんです。電話で私どものソケットが使いたいということで。この程度の数ですと、小売店で扱うような数なんです。取りに行くからって言うので、それで来られたんです。この程度の量を知らない人が買いに来ることはまずない。〉
ⓒこの程度の数を持っていく人は、サンプルとして持って行くわけですよ。ですから後に残る。その時の話が何らかの形で続くんです。ところが今回の協和商会さんの場合は、終わってるわけです。うちとしては商売としてこんなケースはあまりないんです。はじめてくらい。
ⓓ〈名刺を保管しており、さがしてすぐ取り出してきた。〉

事例5　被験者／44歳男性　購入品／学童用ヘルメット　値段1500円
ⓐ商売人じゃあない感じの人だったから。おかしいなとは思ってた。（飛び込みで買いに来るお客は）めったにないです。うちは作るとこだから。小売りはしない。（お金を出すときなどに不都合だったことは）わざとらしく。名刺にお名前を書くこと自体おかしいですもんね。
ⓑ〈塾からのヘルメットの需要という初めての話にそれ相当の関心をもった。〉
ⓒ塾の生徒さんに被せるヘルメットを、この方が塾から依頼されているらしいんですよ。それで、数量は100個位、大した量じゃないんです。需要があるのかなと。売ることやっぱり考えちゃいますから。需要があるのかなと考えた。東京で商売になれば非常にいいですしね。

ⓓ〈商売に結び付くのかなと期待した。〉

事例6　被験者／32歳女性　購入品／野菜ボールペン12本　値段／1112円
ⓐ男性の方で、手かなんかに包帯を巻いてらして、すごくサインしてもらうのも不自由な方だったと思うんですけど。うちはご紹介しか受けていないので、こういうお客はほぼないです。
ⓑ〈紹介による取引しかない。〉
ⓒ回答なし。
ⓓ変な人だねと話題にはなりました。手も怪我してるし、なんかびくびく、びくびくしているような感じがして、何だろうねあの人、って話題になりました。

事例7　被験者／24歳男性　購入品／角2角3封筒　値段／2111円
ⓐおどおどしていたような感じがした。これからも買いに来たいという話をしたのでちょっと一瞬大丈夫かなと思った。名刺で最初から名前が書いてあるのでなくて、渡すときに書かれるというのは初めてだった。
ⓑ回答なし。
ⓒ現金取引きではなく、品物が多くなって、それが伝票だけの処理になってきた時に、信用できるかどうか、ちゃんと調べてみないと分からないんじゃないかな、という気になった。通常、小売りとかはしていないもので。
ⓓちょっと大丈夫かな、という話をした。また来るかなと思い、客から受け取った名刺を初めの何カ月かはとっておいて、受付のボードに貼っておいた。

事例8　被験者／58歳女性　購入品／マジック2ダース　値段／1854円
ⓐ全然知らない人は、うちの場合、買いに来ないんです。小売り屋さんじゃないから。全部紹介で見えますから。それこそ初めてですから。あと、全部、紹介できますから。だから、警戒しちゃったわけ。
ⓑノートが欲しいっておっしゃったの。ノートならいろいろ罫があるわけで。そしたらじゃいいです。じゃあ、なんか違う、値段の安定してるのなんですかって。だから目的がなかったわけよ、一番欲しいもの。結局マジックになって。
ⓒとにかく、お金がもらえるのかなと、そっちの方が心配だった。品物先に持って行かれちゃったら困るし。
ⓓ〈名刺を保管しており、捜してすぐ取り出して来た。日付が記入してあった。〉

*

以上に紹介した3カ月後に写真面割りでヒットした8件の被験者の場合の4つの指標、すなわち、ⓐ購入者の特異性（普通とは異なる客）、ⓑ購入の特異性（購入のしかたが普通ではない）、ⓒ商売上の関心（期待・不安）、ⓓ事後の話題・リハーサルは、T子の場合のそれらと比べて著しくかけ離れている。

　以上のような購入実験のヒット8事例の具体的な「特異性」と対比したとき、T子の場合の知覚条件、とくに有意的注意の水準が、4カ月後に小島のことを生の記憶として思い浮かべることができるようなものでなかったことは明らかである。またT子が上記ⓐないしⓓを含む10個の判別指標を一つも満たしていないことは前述したとおりである。

　控訴審の心理学鑑定は、本件放火事件の弁護活動にとっては力量のぎりぎりだった。その控訴審の心理学鑑定がどこまで効いたかどうか、控訴審判決は全く触れていないが、筆者は控訴審の心理学鑑定がなければ控訴審でT子の目撃供述の信用性を覆すことはできなかったと考えている。

　いずれにしても控訴審判決が、T子の目撃供述の信用性に関して「原判決は、T子証言の信用性の評価を誤っているといわざるをえない。そうだとすれば、被告人が蒲田営業所において電磁弁10個を購入した事実を認めることはできないから、原判決にはこの点において事実誤認があり、弁護人の主張は正当と認められる」と判示したことで、弁護活動の成果を確認した。

1　自民党本部放火事件の一審判決は、東京地判1991・6・27（判時1430・3、判タ673・74）、同控訴審判決は、東京高判1994・12・2（判時1533・25、判タ865・107）。控訴審の冒頭までの弁護人の活動については松永憲生『冤罪・自民党本部放火炎上事件』（三一書房、1993年）参照。
2　Y証人に関する模擬フィールド実験の詳細は、厳島行雄教授の研究論文である「目撃者証言の心理学的考察Ⅰ──自民党本部放火事件におけるY証言の信用性をめぐって──内容分析の試み──」日本大学人文科学研究所研究紀要四四号（1992年）93頁以下、「目撃者証言の心理学的考察Ⅱ──自民党本部放火事件におけるY証言の信用性をめぐって──フィールド実験からのアプローチ──」同紀要45号（1993年）251頁以下、「目撃者証言の心理学的考察Ⅲ──目撃者証言に影響する諸要因について──」同紀要48号（1994年）199頁以下を参照されたい。
3　T証人に関する模擬フィールド実験に関連した論文としては、次のものを参照されたい。仲真紀子・伊東裕司・厳島行雄「裁判と心理学──シミュレーション実験によるアプローチ」季刊刑事弁護11号（1997年）55頁以下。浜田寿美男「供述分析の視点からのアプローチ」季刊刑事弁護11号（1997年）65頁以下。仲真紀子『「見たこと」は信頼できるか──目撃証言』『「温かい認知」の心理学──認知と感情の融接現象の不思議』金子書房（1997年）。仲真紀子「目撃証言の信用性に関わる要因：シミュレーション実験によるアプローチ」基礎心理学研究16号（1998年）101頁以下。拙稿「自民党本部放火事件におけるT証言の心理学的鑑定─目撃供述を争う刑事弁護と心理学鑑定」季刊刑事弁護11号（1997年）45頁以下。拙稿「目撃供述の信用性と心理学鑑定──模擬フィールド実験的アプローチを中心に」渡部保夫先生古稀記念『誤判救済と刑事司法の課題』（日本評論社、2000年）409頁以下参照。

5

「主観的要件」と闘う

なみはや銀行事件

大川 治

第1 事案の概要

　本件は、バブル経済の崩壊により経営困難に陥った金融機関である株式会社福徳銀行（以下「福徳銀行」という）の元頭取と専務取締役が、不良債権処理の手法に関し、回収可能性のない不良貸付を行ったとして、旧商法上の特別背任罪に問われた事件である。

　事件の舞台は、以上のとおり、福徳銀行であるが、その後、同行は株式会社なにわ銀行（以下「なにわ銀行」という）と、後述する預金保険法に基づく特定合併（新設合併）を行い、株式会社なみはや銀行（以下「なみはや銀行」という）となった。そして、福徳銀行の元頭取らだけでなく、なみはや銀行の経営陣に対しても強制捜査が及ぶなどした。そこで、「なみはや銀行特別背任事件」、「旧福徳銀行特別背任事件」などと呼ばれている（商法違反〔特別背任〕被告事件、大阪地判平成13年3月28日・大阪高判平成14年12月25日）。

　バブル経済崩壊後の「失われた10年」の間に、いわゆる住専関係の不良債権処理が大きな問題となり、当局の金融政策が二転三転した。折から金融ビッグバン、省庁再編、さらには政権交代などが複雑に影響し合い、不良債権処理と破綻金融機関の経営陣や関係者に対する民事・刑事上の責任追及が、あたかも国策のように進められた。預金保険機構、住管機構（のちに整理回収機構に改組）、整理回収銀行（のちに整理回収機構と一体化）、検察庁などがこれら破綻金融機関の処理、不良債権の処理、責任追及にさまざまに関与した。

金融機関の大再編と不良債権処理が一段落した現在、これらのバブル経済崩壊後の後始末をめぐる政策の当否は歴史の評価に委ねるしかない。

　本件は、まさに不良債権処理、破綻金融機関の処理に関する金融政策の転換期に起きた出来事について、銀行の頭取、専務取締役が罪に問われ、最終的に無罪を獲得できた事案である（その後、同様に特別背任に問われた銀行経営陣が無罪となる事案が続いた。また、長銀事件では2008年7月18日、最高裁が元頭取らに対し、逆転無罪判決を言い渡した）。

　しかし、本件捜査を受けたことにより、福徳銀行が特定合併を果たして設立されたなみはや銀行に信用失墜が生じた。また、その後に行われた金融庁の検査により、破綻金融機関と認定され、なみはや銀行は破綻処理を受けることになった（1999〔平成11〕年8月7日付）。なんとも後味の悪い結果である。

　近時、検察庁の捜査が経済社会に大きな影響を与える事案が少なくないが、本件もそのような案件の1つである。

　筆者は、本件の弁護人のひとりとして弁護活動に従事した。反省点も含め、できるだけ客観的に本件を紹介し、今後の同種事案における弁護活動の参考になればと思う。

第2　捜査・公判の経緯

1　捜査

　筆者を含む弁護人らは、元頭取らの逮捕以前から相談を受けていたが、1999（平成11）年6月6日日曜日、大阪地方検察庁特捜部により、元専務取締役および融資担当支店の支店長その他の担当者が逮捕された。

　速やかに弁護人選任を受け、捜査弁護を開始したが、数日を置いて同月11日、元頭取が逮捕されるに至った。なみはや銀行の現経営陣を含む取締役らも逮捕され、捜査段階での弁護活動は多くの困難に立ち向かわざるをえなかった。

　稟議書等がすべて押収されていることから、具体的にいかなる案件が問題にされているのかが必ずしもはっきりせず（担当支店の支店長や融資担当者はおおむね把握していたが、元頭取らに細部に至る記憶があるはずもない）、接見指定のなかで接見時間にも制約があった。

　そして、最大の困難は、最初に逮捕された専務取締役が、新生なみはや銀行を存続させ、これ以上の経営陣らの逮捕等を防ぐために、苦悩の末、弁護人の初回

接見の時点までに、取調担当検察官に対し、すでに一部犯意を肯定するかのような自白をしてしまったことであった。黙秘させるべきであったなどというのはたやすいが、生まれて初めて身体拘束を受けたホワイトカラーが、新生なみはや銀行を存続させたいという一縷の望みに賭けて、苦悩の末に検察官に迎合する供述をしたものであり、そのなかで、供述の方向性を修正しようとするのは相当に困難であった。

しかし、元専務取締役、元頭取の両名とも、逮捕当初から、弁解録取、勾留質問などの様子、取調べの様子を克明に記録しており（勾留後、直ちにはノートを入手できないので、元頭取については、チリ紙に記録するという涙ぐましい努力をしていた）、取調べの際の検察官の質問内容とそれに対する応答内容、供述録取書の記載内容、その時点での本当の心情、記憶、気持ちなどを、リアルにまざまざと書き込んでいた。これが、のちの公判で重要な証拠になっていく。

現在でこそ、『被疑者ノート』の差入れをするなどの取調状況可視化の努力が実践されているが、当時は普遍的ではなく、また、被疑者両名が自主的に（弁護人のアドバイスを受ける前に）記録を残していたものである。捜査終了後にこれらのノートを入手し、具体的内容を検討することにより、公判での「自白調書」対策を準備することができた。

1999年6月27日に最初の起訴、同年7月14日、8月3日にそれぞれ追起訴が行われ、長かった捜査は終了した。

2　公判　第一審

追起訴完了後、検察官から証拠開示を受けた。大蔵省による検査記録等を含む膨大なもので、その精査に時間を要したが、裁判所、当事者による事前準備のための打合せ期日を5回程度開催し、進行予定などについて打合せを行った。

開示証拠に対する同意不同意の意見を事前に検察官に伝えた後、被告人らの保釈を請求した。しかし、地裁段階で却下され、1999年10月7日、準抗告によりようやく保釈を得ることができた。

身体拘束解放後、ようやく十分な時間をとって被告人らと公判対策を行うことができるようになり、1999年11月1日、第1回公判を迎えた。

公訴事実に対する求釈明などを経て、被告人、弁護人の意見としては、起訴事実すべてについて無罪であると主張した。

前述したように本件では膨大な書証が証拠請求されていたが、問題となっている融資案件が実行されたことやこれら融資に至る背景事情、被告人らの銀行内における地位および任務等など、客観的に明らかな事実や争いのない事実も多く、裁判所

からの示唆により、刑訴法327条の合意書面を活用することとなった。

2005 (平成17) 年刑事訴訟法改正による公判前整理手続や裁判員制度の下では、合意書面制度が活用される場面が増えるかもしれないと思われるが、少なくとも筆者は、本件以前には合意書面を利用したことはなく、新鮮な経験であった。

本来、合意書面は、書証の内容や証人が供述することが予想される内容を書面に記載した場合、その元となる書証や人証によらずに当該合意書面を証拠とすることができるという制度であり、合意書面の信用力を争うことは当然できるものである。それはそうとして、本件においては、弁護人が取調べに同意した書証をいちいち取り調べなくとも、合意書面を取り調べることで、争点に絞った審理を充実させることが主たる目的となった。具体的には、冒頭陳述書をベースに弁護側として同意できる事実関係（もちろん開示証拠に基づく内容である）を抽出し、検察官、弁護人それぞれが署名押印することで合意書面を作成した。

そして、弁護人が不同意とした書証、特に供述録取書等について、当該供述者を証人として尋問することとなった。大蔵省検査において、流動化スキーム案件の査定を行った検査官、預金保険機構担当者、会計監査人担当公認会計士、福徳銀行の顧問弁護士、福徳銀行の経営陣等を証人尋問し、被告人両名の尋問を経た。これらの証人尋問により、多くの成果が得られたと考えている。

弁号証として、前述した被告人らが作成したノートを証拠請求したが、書証としては同意できないというのが検察官の意見であった。そこで、被告人らの供述する取調経過を記録したノートの存在、ということを立証趣旨として、物証として証拠調べ請求したところ、裁判所は採用してくれた。

その後、論告求刑と弁護人の最終弁論となったが、弁論においては、次のとおり、多岐にわたって無罪を主張した。

① 本件の背景事情と特異性
② 流動化スキームは不良債権隠ぺい策なのか？
③ 大蔵省検査及びキャッシュフロー表について
④ キャッシュフロー表の合理性について
⑤ 福徳銀行における融資審査の体制と被告人らの故意に関して
⑥ 動機・概括的共謀の不存在
⑦ 任務違背性について
⑧ 図利・加害目的
⑨ 損害
⑩ 被告人らの捜査段階での供述の信用性について

また、弱腰と批判されるかもしれないが、本件では、自白調書が存在していたことなどから、弁論において、無罪を主張しながら、情状も予備的に主張した。もし有罪となったときは、損害の規模などから実刑が予測されるところ、情状について何らの準備もしないという賭けに出ることができなかった。

　2001（平成13）年3月28日に迎えた判決公判において、主文が朗読された。「被告人両名は無罪」。

　内容的には、本件各貸付は回収可能性に問題があるもので、任務違背性等の要件を充たし、また、自他図利、本人加害の認識も認められるとされたので、書かれた構成要件としてはすべて充たしているという判断であったが、本人の利益を図る目的が併存しており、図利加害目的との主従を判断し、「主として本人である銀行の利益を図る目的で本件融資を決行、実行したものと認められる」として、特別背任の成立を否定するものであった。

　流動化スキームやその回収可能性を判断するために福徳銀行が作成したキャッシュフロー表が必ずしも不合理なものではないと判断された点など、弁護人らの主張が容れられたところもあったが、客観的な回収可能性やいちおう図利加害の認識があると判断された点については不満も残る。

　しかし、福徳銀行の利益のために、これらの貸付を実行したという認定は、まさに被告人らの思いに一致するところであり、被告人らの苦悩と苦労が報われた判決内容だと考える。

3　公判　控訴審

　検察官は、一審判決を不服として、控訴し、控訴審に審理の場が移った。
　控訴趣意書において、検察官は、一審における主張を方向転換し、福徳銀行はすでに実質的に債務超過状態にあったものであり、特定合併をして延命したとしても、福徳銀行のためにはならなかった、したがって、被告人らが問題となる各融資を実行することは、不良債権の隠ぺいであり刑事罰の可能性もある粉飾の手段であったから（検察官は「特定合併を騙し取るに等しい行為」だという）、被告人らにおいてこれらの融資が本人である福徳銀行の利益になると認識していたことはなく、特別背任が成立すると主張した。

　つまり、一審段階では、「特定合併を実現するために不良貸付をした」という構成であったが、控訴審では、「不良貸付をしてまで特定合併を選択するのではなく、早期に破綻することが福徳銀行の利益にかなうという認識を有していたはずである」と

主張したのである。

　検察官の上記主張の変更は、一審判決が「検察官が主張するように被告人らが傷口を大きくしてから破綻するよりも傷口が小さいうちに破綻処理された方が真の意味で同銀行のためになると考えていたことまで認定することはでき」ないと判示して特別背任の成立を否定したことを受けたものと見られる。加えて、本件の捜査が開始された後である1999（平成11）年5月に実施された金融監督庁のなみはや銀行に対する検査の結果、金1,000億円を超える債務超過状態にあると認定されたことが大きく影響している。一朝一夕にしてこれだけの債務超過状態に陥ることはなく、特定合併以前から福徳銀行が実質的に債務超過に陥っていたはずであり、そうだとすると、被告人らにおいて、特定合併を選択するのではなく、早期に破綻することこそが福徳銀行の利益にかなうという認識を有していたはずである、というのである。

　弁護側は、「被告人らは、新銀行が早晩破綻することを予期しながら、責任追及を免れるために、新たに責任追及を受ける対象となるべき行為を繰り返して銀行の利益にならない特定合併を実現しようとした」とする検察官の主張には、根本的な矛盾があるとして批判を加えつつ、実質的に債務超過であったとする点その他について、全面的に争った。

　控訴審においては、検察官から多数の事実取調請求がなされたが、若干の書証と証人（2名）が採用されたほかは却下され、被告人質問が行われ、結審した。

　2002（平成14）年12月25日宣告の控訴審判決は、検察官の控訴を棄却するものであった。

　検察官の立論の柱である実質債務超過論について、これを明快に否定し、被告人両名の本件各融資にかかる回収の危険性についての認識は確定的なものではなく、未必的な限度に留まるとし（原判決を是認）、本人図利についても、「銀行が破綻した場合の預金者、取引先等のほか地域経済に与える混乱には甚大なものがあり、これを避けようと考えることは銀行経営者として自然であること、少なくとも被告人両名が経営トップの地位に就いた時期において、福徳銀行の破綻を避けるための実現可能な他の手段については所論もこれを指摘できていないことに照らすと、結局、本件各融資を実行した主目的は福徳銀行の破綻を避けるために特定合併を実現させることにあったという原判決の認定は相当である」と明快に判示した。

　上記控訴審判決に対し、検察官は上告せず、被告人両名の無罪は確定した。

第3　本件の構造

1　本件の特色

　一般に、金融機関の貸付行為が特別背任に当たるとされる事案としては、典型的には、行為者と貸付先との間に何らかの関係があるいわゆる情実融資が考えられる。そして、多くのケースにおいて、現実に回収不能となった結果、損失が発生したとして、罪に問われているものと考えられる。
　しかし、本件で問題とされた各融資については、いずれも被告人らと融資先との間に特別な関係があるわけではなく、また、立件当時において未だ弁済が継続している状況にあった。そして、問題とされた案件は、何か特別な事情のある貸付というわけではなく、多くの類似の融資案件とスキームを同じくするもの（福徳銀行において「流動化スキーム」と呼ばれていた）であった。
　つまり、不良債権の回収と新規融資の組み合わせである「流動化スキーム」が用いられた多数の融資案件のうち、3件のみが起訴されたという点で特徴的な案件であった。
　そして、福徳銀行の元頭取と元専務取締役が起訴されたのは、同人らが当該多数の融資案件を審議していた融資審議会（いわゆる本店稟議案件について稟議する会議体）のメンバーであり、かつ、資金の貸付け並びに貸付け債権の保全および回収などの業務を統括し、あるいは担当していた、という理由からであった。
　しかし、通常の金融機関においては、融資案件といっても、多数の本店稟議案件が存在する。本件においても例外ではなく、流動化スキーム案件であるという点で特徴はあったものの、被告人らが直接にこれらの案件に取り組んでいたわけではないし、融資審議会のメンバーとして、稟議書に基づいて、審議し、融資の可否を決したにすぎなかった。

2　検察官の主張

　それにもかかわらず、何故に被告人らが特別背任に問われたのか、であるが、この点については、検察官が第一審において本件の背景・動機として主張する点を概観するとわかりやすい。

> 福徳銀行は多数の不良債権を抱え、単独行として存続困難
> 　⇒　大蔵大臣から預金保険法上の特定合併のあっせんを受けた。

⇩

> 債務超過会社は合併できない！
> 　⇒　不良債権を付け替えるための流動化スキームを多用

⇩

> 特定合併に向けて大蔵省検査が実施
> 　⇒　自己査定結果を上回る不良債権が認定
> 　　　⇒　さらに流動化スキームを多用

⇩

> 特定合併の際、預金保険機構による不良債権買取を予定
> 　⇒　買取価格が予想を下回り、多額の売却損が出ることが明らかに！

⇩

> 1998（平成10）年7月2日ころ、不良債権を流動化スキームにより隠ぺいするため、回収に著しい困難がある案件を実行もやむをえないとの合意成立
> 　⇒　概括的な共謀

⇩

> 7月8日ころ、被告人A（元頭取）は、被告人B（専務取締役）ら取締役および審査部長に対し、8月末までに「割り切って実行する」よう指示
> 　⇒　本件不良貸付へ！

　つまり、検察官は、被告人らが福徳銀行の債務超過を回避し、特定合併を実現するために、組織的に不良貸付けを行った、というストーリーを組み立てたわけである。

3　特定合併とは何か

　特定合併制度とは、1997（平成9）年12月12日成立の改正預金保険法の附則

において定められた破綻金融機関の処理手法の1つである。

具体的には、2以上の破綻金融機関を全部の当事者とし、預金保険機構による資金援助を受けて行われる新設合併制度であり（預金保険法附則6条の3）、破綻金融機関とは、「業務若しくは財産の状況に照らし預金等の払戻しを停止するおそれのある金融機関又は預金等の払戻しを停止した金融機関をいう」と定義されている（同法2条4項）。

特定合併制度が設けられるまでの金融機関の破綻処理は、破綻金融機関を正常ないわゆる受け皿金融機関に吸収合併させることなどによって行われていたが、特定合併制度の特徴は、①2以上の破綻金融機関を合併させる点、②預金保険機構が資金援助を行う点に特徴があった。

手続としては、
ア　まず大蔵大臣（1998〔平成10〕年6月22日の金融監督庁設立後は、同庁長官）により2以上の破綻金融機関に対する特定合併のあっせんがなされ、
イ　特定合併により設立される金融機関の健全かつ適切な運営を確保するために必要とされる事項に関する実施計画を策定して大蔵大臣（同年6月22日の金融監督庁設立後は、同庁長官）の承認を受け（同法附則6条の6第1項）、
ウ　上記あっせんおよび承認を受けた破綻金融機関は、1年以内にかぎり、預金保険機構に対し、当該破綻金融機関または特定合併により設立される金融機関に対する資金援助を行うことを連名で申し込む（同法附則6条の4第1項）、
こととなっていた。

また、特定合併についても、銀行法30条により、合併の認可申請、認可の手続が必要とされるほか、株式会社の合併と同じ法的性質を有していることから、合併する両行とも債務超過でないことが必要であった。

以上のとおり、特定合併制度は、破綻金融機関を救済するための制度であるから、頭取ら経営陣が特定合併を実現させようとするのは当然のことであった。

検察官は、被告人らが、この特定合併を実現するために、債務超過に陥ることを免れるため、特別背任行為に及んだとして、本件の構図を描いた。

しかし、特定合併を実現させるための行動は、当然のことながら、本人である銀行の利益を図る目的で行われたはずである。特定合併を実現しようとしての行為を背任行為として評価しようとした検察官の事件の構図自体に、そもそも無理があったのだ。

なお、特定合併制度は、1998（平成10）年10月に成立した金融再生法および早期健全化法において、破綻金融機関に対する特別公的管理、金融管財人による

管理、金融機関に対する資本注入などの新制度が導入されたことに伴い、福徳銀行となにわ銀行の合併に対する適用1件のみで、1999（平成11）年4月1日付けで廃止された。しかも、そのただ1例の特定合併によって誕生したなみはや銀行が、本件捜査の影響を受けて、結局、破綻したわけであるから、結論的には、金融行政の失策であったといえるだろう。しかし、これは、個々の金融機関の経営者にのみ責任があるのではなく、当時の政府、国会、そして、社会全体がその責任を負うべき問題である。金融行政の変動の徒花ともいうべき特定合併制度に、銀行の生き残りを賭けて真摯に対応した被告人らを罪に問うことによって解決できるものではない。

被告人らは、金融機関全体をむしばんでいた不良債権問題の処理過程において、あたかもスケープゴートとされた観すらある。

4 流動化スキームとはどういうものか

(1) 流動化スキームの目的

本件で背任行為とされた融資は、「流動化スキーム」とよばれるものであった。

福徳銀行においては、不良債権の管理、回収を管理部が担当するとともに、別途個別具体的な不良債権回収の対策、方針を協議する場として個別債権検討委員会を設置していた。

そして、福徳銀行の資産状況が悪化していたことから、不良債権の会計上の処理方法である償却、あるいは債権特別勘定などの科目で引当金を積むという処理を行うことが容易ではなく、新規融資を伴う不良債権の回収策が取られるようになった。固定化している不稼働不動産あるいは不稼働債権を流動化するとの意で「流動化スキーム」と呼ばれ、不良債権回収方法として定着していった。

もちろん、新規融資を伴う回収策であって、二次ロスのリスクがあったことから、頭取決裁案件につき、個別債権検討委員会に上程して方向付けを行い、その後、融資審議会で審議を受けることになっていた。

(2) 流動化スキームの態様

ア　付け替え型

不良債権先の債務者が福徳銀行の第一順位の抵当権が設定された収益物件を有しているような場合に、債務者の関連会社に上記収益物件の購入資金を融資したうえで売却させ、不良債権先が受け取った売買代金をそのまま不良債権の返済として回収して、関連会社への融資は上記物件の収益によって返済を受けるというもの。

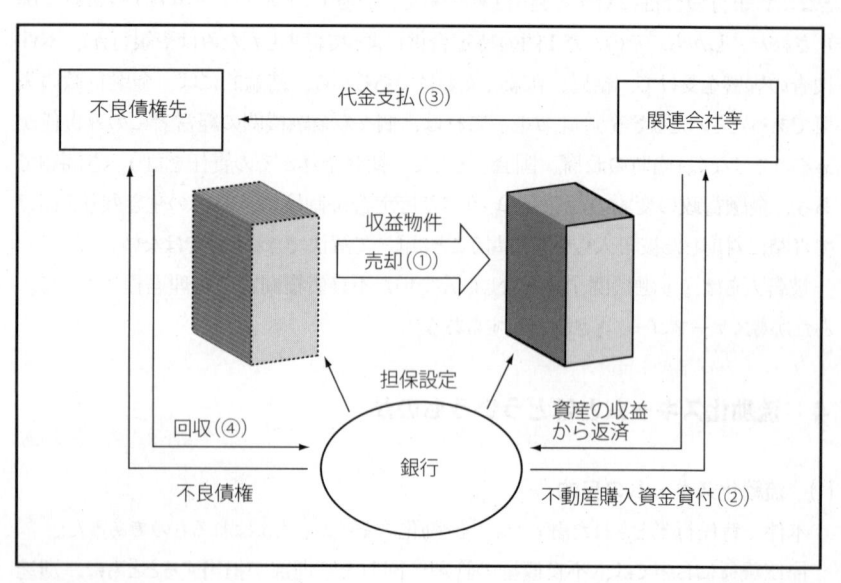

付け替え型

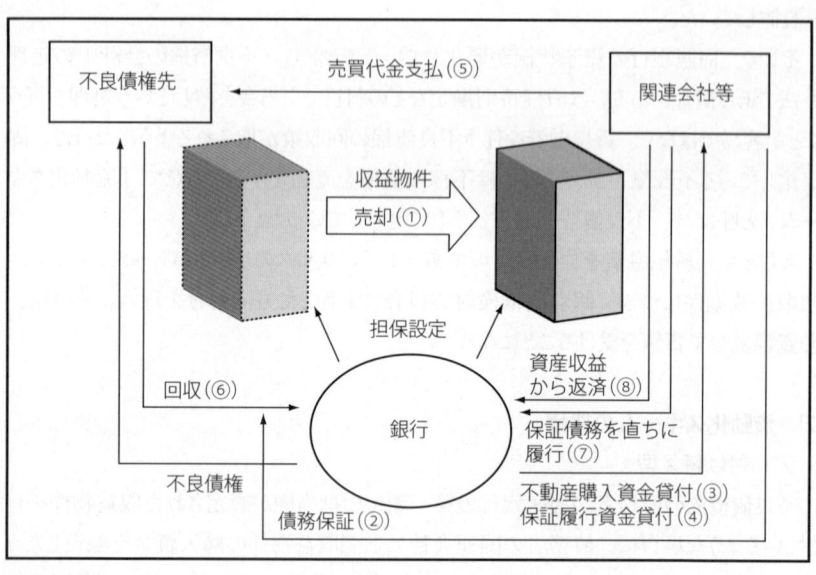

保証履行型

新規融資の回収可能性は、当該不動産の収益力と関連会社の信用力が裏付けとなって、流動化前に比較して改善されるから、単に不良債権を「付け替えた」ものではなく、合理性の認められる回収方法である。しかし、福徳銀行が第一順位を有していなければ、実効性のある回収は難しいので、この手法を用いることのできないケースがあり、後述する「保証履行型」が用いられるようになっていった。

　イ　保証履行型
　不良債権先の関連会社に対し不良債権先の債務を保証させたうえで、関連会社が不良債権先あるいは第三者から収益物件を購入する代金及び不良債権先の債務を保証履行する金額を併せて融資し、直ちに不良債権先の債務を保証履行させたうえで、その後、融資金全額を購入した収益物件の収益によって返済させるというスキーム。
　保証履行する会社として、当初は、一定の事業実績を有する既存の関連会社が利用されていたが、その後、設立後間もない会社を利用したスキーム（新設会社型）も現れるようになり、さらには、個別債権検討委員会上程時には未設立で、その後に設立される新会社に融資する案件（新会社型）も現れるようになった。

　ウ　流動化スキームについての大蔵省の評価
　以上のとおり、福徳銀行においては、保証履行型流動化スキームを実行し、不良債権の回収を進めていた。その後、福徳銀行は、特定合併のあっせんを受けるのに先立って、1998（平成10）年4月7日から24日にかけて、同年3月31日を基準日とする大蔵省検査（第22次）を受けた。
　その検査において、流動化スキーム案件の査定が問題となり、銀行側と検査官側との間で議論、協議が継続した結果、「収益物件キャッシュフロー表」（以下「キャッシュフロー表」という）が作成された。当該キャッシュフロー表は、個別案件の数値を記載し、これに基づいて検査官が貸出の回収可能性を判断するためのものであり、同キャッシュフロー表を利用することについて、当時の大臣官房金融検査部管理課も了承した。そして、検査官側は、収益物件の経済耐用年数を便宜上一律30年としたうえで、それぞれの流動化案件を上記キャッシュフロー表にあてはめ、収益物件の耐用年数残存中に全額回収可能なものについては第Ⅱ分類債権、耐用年数残存中に回収できないものについては、不動産担保相当分を第Ⅱ分類、それを超える部分を第Ⅲ分類とする査定がなされることになった。第Ⅱ分類は、基本的には全額回収可能という前提である（つまり、不良貸付ではない）。

上記のとおり、第22次大蔵省検査で、流動化スキーム自体が不良貸付である等の評価はなされず、キャッシュフロー表を作成の上、回収可能性の判定がなされることになったことから、福徳銀行において、キャッシュフロー表を回収可能性判断の基準とすることになり、個別債権検討委員会、融資審議会に流動化スキーム融資案件を上程する際には、必ず同表を添付する扱いがなされるようになった。

被告人らは、個別債権検討委員会、融資審議会のメンバーであるが、個々の融資案件については、稟議書の記載と担当者の説明以外に情報がない。その稟議書に、第22次大蔵省検査の過程で作成されたキャッシュフロー表が添付され、その記載上、回収可能性が肯定されるのであれば、被告人らが回収できると判断してもやむをえないと考えられる。

そこで、弁護側は、流動化スキーム自体に経済的合理性が認められるだけでなく、いわば「当局のお墨付き」のあるキャッシュフロー表により回収可能性が判断されていたから、そもそも本件各融資は不良貸付ではないと争うこととなった。

第2　第一審における争点と裁判所の重要な判断

以下、第一審段階での本件の争点ごとに、検察官の主張と弁護側反論、裁判所の判断を整理して紹介する。なお、判決文中の「Ｉ銀行」は、「なみはや銀行」のことである。

1　保証履行型流動化スキームについて

この点については、結論的に、裁判所は、検察官の主張を容れず、弁護人の主張を採用した。

争点	検察官の主張	弁護人の主張	裁判所の判断
保証履行型流動化スキームに	本来の意味での回収を目的とした流動化スキームではなく、不良債権を隠蔽するために、何らかの名目で不良債権の回収資金を作り出すために考え出されたものであって、不良債権を付け替えるための工作である。	当時、物件取得費用を超過する収益を生み出す高収益物件が流通していたことから、この超過する収益を保証履行資金に充てることによって不良債権の回収を図る方策として考え出されたもので、経済的合理性を有し、不当な貸付けではない。	「保証履行型流動化スキームが、①通常よりも利回りのよい高収益物件の存在、②収益の見込める期間内の収益の総和が取得する際に要する費用（売買代金等）及び保証履行資金を超えていること、③不良債務者とは別個の法人格（新会社という）が上記高収益物件を取得するとともに、不良債務者の福徳銀行に対する債務を保証する意思を有してい

対する総括的評価				ること、④新会社が不良債務者とは独立しており、新会社の収益が不良債務者の資金繰り等に利用されることがないこと（法人格が独立していること）の各条件が現実に充たされていることなどを前提とするものであれば、同スキームが不良債権回収の手法として一応の経済的合理性を有するとの弁護人の主張を必ずしも排斥することはできない。
保証履行型において、融資額が増加し、必然的に担保不足となる点について	全く自己資金がない状態で融資先に物件購入資金全額に加えて諸経費及び保証履行資金を融資するものであることから、回収する不良債権額以上の融資がなされ、収益物件に担保権を設定しても、ほぼ必然的に担保不足を生じる。	バブル時代に、物件の担保価値のみを重視した融資がなされた結果、多額の不良債権が発生したことの反省に立てば、物件の時価価値ではなく、収益を重視した物件の実質的担保価値を重視すべきであり、保証履行型の流動化スキームは、まさに融資実行時の収益物件の収益実績に着目して行う融資形態であることから、このような流動化案件については、融資を決めるにあたって物件の時価価値を基準とする担保評価は、それほど意味を持たない。		「本件当時、バブルの崩壊から相当時間も経過して、不動産の価格が相当に低下しており、これに対し、不動産価格ほど賃料は低下しないことから、不動産の時価及び賃料の対比という観点からは収益性の高い物件が存在していたこと」が窺われ、「担保は、融資金の回収を確実にするため、予定された返済がなされない場合に備えて設定されるものであるから、仮に、弁護人主張のように、確実に物件取得費用、保証履行資金等以上の超過収益を生み出す高収益物件が存在し、同収益物件から得られる収益計画が現実に即しており、確実性の高いものであれば、交換価値の観点から担保不足であるからといって、直ちに回収可能性に危険があるということはできない」。
また、弁護人が指摘するとおり、上記前提が充たされていれば、仮に融資先会社に債務不履行があったり、他の債権者から強制執行の申し立てがなされるような事態となっても、銀行が最先順位の担保権を確保している以上、無剰余取消となり、収益物件について競売が現実に実行されることもなく、また、仮に、融資先会社が賃料を融資の返済にまわさず、他に流用し、融資金の返済がなされない場合は、物上代位によって賃料を差し押さえたり、強制管理などの民事執行法上の手続きを採ることで、融資金の回収を図ることができると考えられる」。
しかしながら、「不動産の時価は、まさに収益あるいは収益予想をも基本に算定されるとも考えられるから、時価が低いということは、現時点での収益性が将来も維持できな

			い可能性も見込まれるとも解しうる。そこで、収益物件の収益からの回収が確実とはいえないような場合には、やはり時価評価の観点からの担保不足であることは、融資金の回収に危険を与える要因として考慮されなければならない」。 「以上に照らすと、必然的に担保不足を生ずるという点のみから、直ちに保証履行型流動化スキームが不当な融資形態であるとまでいえないとしても、融資金の回収が収益物件の収益のみに依存することとなるため、その実行にあたっては、十分な担保を徴してなされる通常の融資と比較し、相当慎重に物件の収益力と収益の管理を把握し、回収可能性の検討がなされる必要がある。」
融資先が不良債務者の関連会社である点について	融資先の別会社が保証債務を履行しても、不良債務者への求償権の行使に実効性は望めないことから、敢えてこのような融資を受ける別会社は、不良債務者の関連会社であることが一般的であって、物件の収益が不良債務者の資金繰りなどに流用されるおそれがある。	収益物件から上がる家賃等の振込を同行の口座にするなどの方法によって収益を確実に管理することが可能であり、仮に債務不履行が発生した場合には、前述のとおり、抵当権に基づく物上代位による賃料の差押えや、強制管理による回収を図ることができる。	「確かに、約定返済額については、弁護人が主張するような方法で、銀行で把握することが可能である」。 しかしながら、「融資先会社の資金管理には限界があって、たとえば将来の大修繕などに備えて資金を確保している必要があったとしても、そこまで銀行側で管理することは困難であり、融資先が不良債務者の関連会社であれば、一時点で約定返済額以上の収益があった場合、資金繰りに苦しむ不良債権者に流用されるおそれは相当高いとみられる。そこで、収益物件の維持管理などの必要経費や、何らかの事情で収益性が落ちた場合に返済に充てるための資金が不当に流用されることを防止する必要があると認められ、そのためには、たとえば、被告人Bが当公判廷で供述するように、銀行からウォッチャーとして人材を送り込む、定期的に融資先の会社の資産状況を調査するなどの適切な措置が講じられる必要がある」。
新会社設立型の問題点	① 本件各融資は、いずれも流動化スキームのために新たに設融資先となっており、不良債務者に適当な関連会社がないため、やむなく新たに会社を作って新債務者としたもので、新会社には何らの事業実体も資産もなく、多額の融資を行う相手としては不適切	本件融資以外の債務を負っていないことや他の債権者がいないことで債権管理がしやすいことなどの利点がある。	① 「あくまで収益物件の収益のみから全額回収可能であるという前提に立てば、必ずしも融資先が新会社に事業実体や資産がなくとも、管理会社に委託するなどの方法も含め、収益物件の管理等の業務遂行が可能である限りは、このことのみで回収に危険がある

| について | である。
② 表面上会社の体裁を採っていても実質的には不良債権者のダミー会社であって、流動化スキームの実行は、実質的には不良債務者への追加融資にほかならない。 | | とも断じることはできない」
②「新会社設立型の流動化スキームの関係で、設立された新会社について法人格が否認されるまでの事情は見出しがたく、結局回収可能性判断で具体的に問題となるのは、前述した資金の流用の問題が中心」
⇒ 第20次日銀考査において、日銀考査官から、既存の関連会社に融資するよりも、新規法人を設立させ、分離させた形式にすべきとの趣旨の指摘がなされており、これらの事情に照らすと、新会社設立型であることのみをとって、保証履行型流動化スキームが不当な融資であるとまで断じることはできない。 |

2　キャッシュフロー表の合理性について

　この点については、キャッシュフロー表が作成された経緯や、同表が回収可能性を判断するうえで、重要な要素となっていたことから、不良貸付であるか否かを判断するうえで、きわめて重要な争点と認識し、弁護側において、さまざまに主張立証を試みた。しかし、残念ながら、結果的には、弁護人の主張が容れられず、経済的合理性を肯定できない、という結論となった。

争点	検察官の主張	弁護人の主張	裁判所の判断
キャッシュフロー表の評価に関する概括的主張	検査官に対し、流動化スキームによる貸付金が回収可能であることを主張して、査定結果を少しでも良くすることを目的として、極めて短時間で作成されたものに過ぎず、収入を過大に、経費を過小に見積もって返済可能原資を算出したもので、これから融資を行うにあたって、キャッシュフロー表の基準にあてはまったからといって、その融資において回収が可能であると判断できるものではない。	そもそもキャッシュフロー表は、検査官の指示、指導により策定することになったもので、各項目についても不動産鑑定士等の意見を聴取しながら客観資料を収集・提示し、大蔵省検査部の指導、了解を得て作成したもので、ひとつのシミュレーションとして合理性を有する。	経済耐用年数を一律30年と設定している点については、いちがいに不合理であると断ずることはできないものの、その他の、家賃収入が毎年上昇し続けるとしている点、経費率を安全率等を含めて20パーセントしか見ていない点、当然必要となるべき法人税や大規模修繕費を度外視している点については、客観的に経済的合理性があるとは認められず、結局、同キャッシュフロー表は、流動化スキームの回収可能性を判断する基準としては、あまりに甘すぎると言わざるを得ない。
ⓐ家	家賃収入が毎年2.79パーセント上昇し続けることが前提とされており、不合理である。	①客観的データに基づいて算定したものであり、不合理ではない。	①客観資料とされている昭和57年から平成9年までの総務庁発表の近畿圏の家賃指数は、

		②検査官から金利の上昇率を設定するように指導がなされたことから、家賃収入についても、検査官の了解を得たうえで、上昇を見込むことになった。	新旧マンションを含めた全マンションの家賃をもとに出された指数であって、特定の物件の家賃の推移を示したものでないことは明らかであり、社会通念上も、一つの収益マンションに着目した場合に、家賃収入が毎年上昇するとは想定しがたい。 ②金利の上昇が家賃の上昇の一因となることまで否定できないとしても、家賃が金利のみに連動しているものとはみられず、経済的合理性を裏付けるものでない。 ⇒ 以上より、家賃が一律に毎年増加し続けるという設定自体、経済的合理性が高いものはいえない。
⑥経費率が安全率等を含めて20パーセントとされている点について	経費率が安全率を含めて20パーセントとされており、法人税や大規模修繕費などが計上されていない。	経費率は、不動産鑑定士の意見を聞いたり、審査部で調査がなされた結果をふまえて設定されたもので、検査官の了承も受けており、不当でない。法人税や修繕費を度外視しているのは、敷き引き収入、駐車場代、広告収入など、家賃収入以外の収入を考慮していないからであって、この点も不合理とはいえない。	「賃貸マンションの所有者が年間恒常的に必要な経費としては、固定資産税、都市計画税などの税金、火災保険料、エレベーターなどの設備の修理費、掃除など管理維持費、賃料集金代行業者への管理費、軽微な修繕費などがあり、また、この他、通常、収益マンションは、10年に一度程度外壁の補修や塗り替え、内装の改装、屋根の修理などの大改修を行う必要があり、このような大改修費については、所有者に別の資金がない限りマンションの収益から出す他はない。」 「本件において、経費率については、特段客観的なデータは示されておらず、不動産鑑定士Мの見解が、収益マンションについて20パーセントとした根拠とされている」が、М自身、「経費率の目安は、新築物件について述べたもので、中古物件にはこの目安は不適当である」などと供述している」ことなどに照らし、キャッシュフロー表の経費率は低すぎる。 「また、法人税や大規模修繕費を考慮していない点についても、これらが、今後ほぼ確実に必要となる経費であり、法人税については収入額から、大規模修繕費についても、物件の価格に応じて、ある程度一般的基準を立てて予測することが可能であるのに対し、他方、敷き引き収入によっては、ほとんど期待できない物件（駐車場がなく、看板広告

			を行っていないマンションなど。）があることも十分想定され、これらの収入から、法人税や大規模修繕費の支払が可能などと、一律に度外視することに経済的合理性があるとは考えられない。」 ⇒　経費を安全率も含めて20パーセントとし、法人税や大改修費を考慮していない点についても、経済的合理性があるとはいえない。
ⓒ　返済期間の点について	物件の経済耐用年数を一律建築後30年間としているのは不当である。	長期間であるからといって不合理であるとはいえない。	「銀行員であるFは、他の金融機関のアパート、マンションローンについても、20年から25年という返済期間となっている案件が多いと供述し、検査官も銀行側から提出された都市銀行のアパートローンの資料に基づいて30年と設定したことが認められ、必要なメンテナンスを施し、適正な管理が行われることを前提とすれば、弁護人が指摘するように、キャッシュフロー表が返済期間が長すぎる点で不合理とまでは言い切れない。

3　流動化スキームが多数実行された背景事情について

　特定合併直前の1998（平成10）年7月から9月にかけて、福徳銀行において、過去と比較して、多数の保証履行型流動化スキームが個別債権検討委員会および融資審議会で可決され、実行されている点につき、その背景事情が争点となった。それが、不良貸付の動機、主観的認識に関わる重要な事実だからである。次表に記載するとおり、検察官は、被告人らが、福徳銀行が債務超過に陥ることを危惧し、分類債権を減少させるために、流動化スキームを多数実行することにしたと、主張した。

　この点について、弁護側は、被告人両名が債務超過に陥るとは認識していなかったとして、さまざまに主張立証した。

　しかし、結論的に、債務超過に陥る旨の深刻な危惧を抱いていたとまではいえないとの判断が得られたものの、流動化スキームを実行することによって、できるかぎり分類債権を減らすとともに、債権特別勘定（以下「債特」という）を取崩すことにより積極財産を少しでも多く確保する必要がきわめて高かった旨の判断がなされた。

争点	検察官の主張	弁護人の主張	裁判所の判断
流動化スキームが実行された背景事情	被告人両名らは、合併の前提として債務超過を回避しなければならず、同年4月の大蔵省検査の結果、第Ⅲ及び第Ⅳ分類債権の額が自己査定額を大幅に上回って、同年3月末決算で、純資産額約151億円まで減少していたところに、同年6月26日、預保から約170億円の売却損が見込まれる旨伝えられたことから、債務超過に陥る危惧を抱いたこと、さらに、同年5月に、大蔵省や東京証券取引所から、新銀行に引き継ぐ不良債権はできるだけ少なくすべきであると指摘され、同年6月29日及び30日にも、近畿財務局から、預金保険機構に対する譲渡の対象とならない第Ⅲ及び第Ⅳ分類債権の解消を求められたこと、合併後の新銀行の自己資本比率を少なくとも2パーセント台にする必要があったことなどから、被告人両名らは、預金保険機構に対する不良債権譲渡により発生する売却損をできるだけ減らす一方、譲渡の対象とならない第Ⅲ分類債権等を合併までに解消するとともに債特を取り崩して資産確保をしておく必要を強く感じていた。	被告人両名らは、資産の評価替え（営業権やソフト資産の計上）により、よほどのことがない限り、合併時に債務超過に陥ることはなく、特定合併は可能であると考えており、170億円の売却損の発生は予定外であったが、資産評価替えにより吸収しうる範囲の問題であった。特定合併のあっせんを受け、預金保険機構の買取り交渉も進み、株主総会も乗り切ったことからもともとの目標であった資産内容の改善＝不良債権の回収に注力するべく流動化スキーム案件の上程・実行が増加したにすぎない。また、5月21日の段階で、すでに大蔵大臣から特定合併のあっせんがなされていたこと、以前破綻したD銀行では、営業権の譲渡にあたり、1700億円程度の評価がなされており、被告人両名もこれを認識していたこと、Tメモに記載された6月29日の被告人Aの発言は、例えばそれまで前提としていた数値を前提として試算した発言であった可能性なども十分に考えられ、また、6月例えばそれまで前提としていた数値を前提として試算した発言であった可能性なども十分に考えられ、また、6月26日の段階で、預保に譲渡債権の取り下げについて基本的には了承されており、さらに7月2日には、70億円程度の譲渡債権の取り下げが正式に認められたことなどの事情も認められ、今後各数値を変更することで債務超過とならないと認識していた。	被告人両名らが、当時、債務超過によって特定合併が不可能となるとまで強い危惧を有していたかどうかは別として、当時の福徳銀行の資産状態が相当薄くなっており、新銀行の自己資本比率などについて相当危惧していたこと自体は証拠上優に認められる。 この当時の福徳銀行では、金融監督庁長官から実施計画の承認を受け、かつ特定合併後の新銀行が社会的にクリーンかつ健全な銀行として認知されるために、特定合併までの間に、できる限り分類債権を減らすとともに、債特を取崩すことにより積極財産を少しでも多く確保する必要が極めて高かったと認めることができる。

4 本件各融資が実行された当時の被告人両名の認識について

　検察官は、特定合併を実現するために、多額の第Ⅲ分類債権の多くを多数の流動化スキームを実行することにより隠蔽するためには、回収に著しい困難がある案件を実行することもやむをえないと認識しており、頭取たる被告人Aにおいて、常務会でその旨発言し、本件各融資についての概括的な共謀が成立したと主張しており、本件各融資実行当時の被告人両名の認識内容が重要な争点となった。

この点について、弁護人は、「難しい案件でも割り切ってやる」との趣旨の発言は存在せず、捜査段階でこれを認めた被告人らの供述調書は、合併により誕生したなみはや銀行の存続を切望する被告人らに対して、検察官が自白するよう求めた結果、虚偽の供述が為されたものであると主張した。また、被告人らの供述調書中には不合理な記載があり、これは、検察官による作文であるとも主張した。
　裁判所の判断は、結論としては、「本来最も重視されるべき物件の収益性等について十分慎重な検討がなされていたとは言い難く、全額の回収にある程度危険のある流動化スキームについても実行せざるを得ないとの認識をもって、多数の流動化スキームについて融資を可とする決裁を行い、実行していた」との判断に至った。しかし、その判断の過程において、「難しい案件でも割り切ってやる」との発言があったとは認定されず、また、供述調書の記載が作文であるとの弁護人の主張も採用されるなど、一定の成果があったと考えている。
　裁判所がこのような判断をするに至った背景として、被告人らが逮捕後に拘置所において、連日の取調べの状況を克明に記録しており、これを証拠として公判廷に提出しえたことが大きく影響している。被告人両名がこれらの記録を残していなければ、裁判所が供述調書の信用性を否定するところまで踏み込むことはできなかったと考えられる。まさに取調べの可視化が必要とされるゆえんである。

争点	検察官の主張	弁護人の主張	裁判所の判断
当時の被告人両名の認識に関する総論	被告人両名は、合併までに、福徳銀行に残る多額の第Ⅲ分類債権の多くを多数の流動化スキームを実行することにより隠蔽するためには、回収に著しい困難がある案件を実行することもやむを得ないと合意し、7月8日の常務会で、被告人Aが他の役員及びPに対し、同旨の発言をした。その後、個別債権検討委員会、融資審議会に回収に著しい困難があって本来貸付を実行してはならない案件が多数含まれていることを知りながら、貸付を実行する旨の可決の決済を次々と行った。	当時の福徳銀行は検察官が指摘するように債務超過に陥って特定合併が不可能となる可能性がなく、流動化スキームは大蔵省検査を経て、キャッシュフロー表も加えて、慎重かつ厳格に審査することになったことから、被告人両名が回収に著しく危険のあるスキームが上程されてくることを予測することは到底不可能であった。 　当時の福徳銀行の状況は、検察官が指摘するように債務超過によって特定合併の実現が危惧されるような状況になく、また、合併後には旧経営陣の責任について審査する第三者機関が設置されることになっており、さらに、実施計画、合併後の金融監督庁の検査、監査法人の監査などで流動化スキーム案件について審査される可能性を当然認識していたことから、被告人両	被告人両名ら福徳銀行の経営陣が、本件各融資が実行された当時、融資した金員が回収できることを望んでいたこと自体は否定できないものの、不良債権（分類債権）を計数上解消し、債権取崩しにより積極財産を増加させることに関心が向けられ、本来最も重視されるべき物件の収益性等について十分慎重な検討がなされていたとは言い難く、全額の回収にある程度危険のある流動化スキームについても実行せざるを得ないとの認識をもって、多数の流動化スキームについて融資を可とする決裁を行い、実行していたものと認定することができる。

		名が、あえて背任罪にあたるような融資を実行することは考えられない。	
「難しい案件でも割り切ってやる。」との趣旨の発言の存否	被告人両名は、平成10年7月2日、「これからは、難しい案件であっても流動化スキームをある程度割り切って実行する必要がある。」などと話し合ったうえ、さらに、被告人Aが、同月8日、常務以上の役員及びPを集めて、同様の発言をした。	被告人両名がそのような趣旨の発言をすることはあり得ない。	当時の福徳銀行のおかれた状況や、前記認定事実のとおり、実際に、この直後に、管理部担当職のWやQから、○○支店あるいは△△支店に対して、急遽流動化スキームの立案が指示されていることなどを併せ考えると、被告人両名が上記の趣旨の発言をしたとしても、不自然ではない。 しかし、他方、被告人Aが、発言したとされる7月8日の時点では、すでに7月2日の時点で、預保への買い取り債権を一部取り下げることにつき、預保の了解を得て、そのリストも提出し、福徳銀行の売却損が170億円から100億円程度に減少することはある程度確実な状況であったことから、7月8日の時点になってかかる指示をする必要は特に高いものとはみられないこと、7月8日付けT作成のノート、同日付け被告人B、PおよびS作成の各業務日誌のいずれにも、上記被告人Aの指示については、特に記載されていないこと、本件以前のスキームにおいても、頭金なしで、保証履行資金を上乗せして融資をするという形態自体は変わっていないことなどに照らすと、ことさら、この時期に改めて「難しい案件でも割り切ってやる。」との発言をあえてなす必要があるか疑問が残る。
	被告人両名は、捜査段階において自白している。	なみはや銀行を存続させるために、やむなく虚偽の自白をしたものである。	被告人Aは、「検察官から、『これ以上否認していると新たな逮捕者が出る。（I銀行頭取の）Tの逮捕もあり得る。』などと言われ、自分が否認を続けていると、検察官が言うように、事件が次々に拡大・発展し、T頭取を始め、I銀行の現役員も逮捕されるかも知れず、そうなれば、I銀行が間違いなく破綻してしまう。融資当時の最高責任者として、逮捕者が続出していることについては申し訳ないので、自分が責任を負うことにすれば、周りのみんなが少しでも楽になれると考え、更に、的場弁護人からも、接見時に『これ以上逮捕者を出さず、事件を

早く収束するためには、あなたの責任を明らかにする方がよい。みんなもこれを期待している。主任検察官と面談し、被告人Ａが責任を取るので、現経営陣には手を付けないとの約束をしてきた。』とのアドバイスを受けた。そして、検察官から、『君が責任をとると言うことで、弁護士から聞いている。従って、君が個別に指示をしてやらせたということにすれば、みんなが一番助かる。』といわれた。そこで、私が「難しい案件」発言をした旨の調書が作成された。」旨供述しており、被告人Ｂも捜査が拡大しないように検察官の意向に沿う供述調書に署名指印した旨供述していること、上記供述は、本件当時の状況に照らし、必ずしも不合理ではないこと（また、当時、<u>被告人Ａ、被告人Ｂが拘置所内で記載していた日記にもこの間の検察官及び弁護人とのやりとりが記載されている。</u>）、被告人Ａの６月23日付け調書には、「私は、被告人Ｂに『これからはマル個の委員会でも、中には難しいスキームでも融資をしていかざるを得ないな』と話をしました。そして、被告人Ｂも『そうですね。難しい案件でもある程度割り切って実行する必要がありますね。』と言って同意してくれました。」と記載がある一方、被告人Ｂの６月20日付け調書には、「私は、被告人Ａに対し、『これからは、流動化スキームをある程度割り切って実行する必要があります』と申し上げました。すると、被告人Ａ頭取は、『難しい案件も中には入ってくることだな。仕方がないだろう。』と言ってくれました。」との記載があり、双方の供述内容にくい違いがあること、被告人ら以外の融資審議会の構成員であったＢ、Ｓ、Ｒ、Ｔ、Ｐ、Ｑは、捜査段階では、「被告人Ａが平成10年７月８日ころに行った『無理な案件でも割り切って実行して欲しい』との指示を受けて、本件各融資の回収が困難であることを知りながら、敢えて融資を実行した。』旨供述しているが、いずれも公判ではこれを否認し、いずれも、「検察官から、否認すれば、事件の捜査

		が拡大し、I銀行の経営に影響を及ぼし、破綻する危険性があることを告げられ、また、すでに被告人Aら自身が無理な案件でも実行するよう指示した旨自白していたから、指示があったことを認めるよう言われ、前記発言があったとの供述調書に署名指印した。」旨供述しており、本件経緯に照らし、そのような経緯は必ずしも不自然ではないことなどに照らすと、ただちに被告人両名らの公判供述を虚偽のものとして排斥することはできない。 被告人両名らが明確に「難しい案件でも割り切って実行せざるを得ない。」との趣旨の発言をしたとの事実については、認定しない。
被告人両名の供述調書には、「保証履行型回収スキームの収益物件が収益物件たるゆえんは、債務者が収益物件を所有し、ここから上がる収益が債務者に帰属することを前提としている。しかし、債務者が収益物件を第三者に譲渡することがあること、債務者が収益物件に後順位の抵当権を設定し、この後順位の抵当権者から不動産の競売を求められることもあること、債務者の一般債権者が収益物件である不動産について差押え、競売を求めることもあること、収益物件が思うような収益を上げられなかった場合、債務者は収益物件の管理を放棄したり、収益物件そのものを取り壊してしまうこともあることなどの事態が発生した場合には、収益物件その物が収益物件としての用をなさなくなってしまう。」旨の記載がある。	当該供述調書の記載は、検察官の作文である。	次順位の抵当権者らが現れ、仮に競売の申し立てがなされたとしても、収益物件の最低売却価格が第一順位の福徳銀行の債権額以上の価格でなければ、無剰余取消となり（民事執行法188条、63条2項）、現実には競売されることがないうえ、仮に収益物件が処分等されても、抵当権を新たな取得者に対し対抗できること、抵当権による物上代位により、賃料を差し押さえ、回収することも可能であることなどを併せ考えると、前記供述調書の内容は不合理で、検察官が、ことさら被告人らが保証履行型流動化スキームの回収可能性がないことを認識していたことを強調するための作文である旨の弁護人の主張は否定できない。よって、供述調書中、この部分は信用できない。

5 本件各融資の回収可能性、任務違背性及び損害の有無について

　弁護人は、本件各融資につき、「いずれの融資も客観的に回収可能であって、上記融資を実行したことは、何ら被告人両名の銀行に対する任務に違背せず、また、銀行に損害も発生していない。したがって、当然、被告人両名に任務違背及び銀行に損害を与えた認識はない。」旨主張し、各案件毎に詳細に回収可能性があり、損害が発生していない旨主張立証に努めた。

しかし、各融資案件はいずれもキャッシュフロー表上の回収可能性を前提とするものであるところ、前述したように、裁判所は、キャッシュフロー表の経済的合理性自体を否定する認定をしたことから、各融資案件についても必然的に回収可能性が否定される結論となった。

　すなわち、裁判所は、各融資案件について、客観的回収可能性等につき、詳細に事実認定したうえで、「本件各融資案件が融資審議会で可決された時点で、客観的に回収に相当な危険があったこと、また、被告人両名が、そのことを少なくとも未必的に認識していたことが認められる。また、融資が実行された時点で、福徳銀行の保有していた資金が流出し、回収に相当の危険がある債権に転化したことから、その時点の経済的見地に立てば、同行に損害が発生したことが認められる。」、「たとえ、計数上不良債権が解消されるという意味で福徳銀行に一種の利益が認められるとみたとしても、被告人両名が本件各融資を実行したことは、銀行の役員としての同人らに期待されていた任務に違背したものと認められる。」とし、被告人らの未必の故意、損害の発生、任務違背の存在をいずれも肯定した。

　残念な結果であるが、検察官は回収が困難であることについて、確定的に認識していたことを前提とする主張を組み立てていたのに対し、「被告人両名は、本件融資案件について、融資金が回収されることは望んでいたものの、全額を期間内に回収するには相当の危険があることを少なくとも未必的には認識していたものと認められる。ただし、前同様融資金の相当部分は回収できると認識していた可能性は否定できない。」と、未必的な認識とするに留めるとともに、相当部分については回収できると認識していた旨判断しており、弁護人の主張が一定範囲で容れられたものと考えている。

6　図利加害目的について

　本件では、図利加害目的が重要な争点となったので、各項目ごとに裁判所の判断を紹介する。

(1)　自己図利の認識について

争点	検察官の主張	弁護人の主張	裁判所の判断
	被告人両名は、それまで流動化スキームという安易かつずさんな融資によって、表面上不良債権を解消したかのよう	被告人らは、福徳銀行の将来に関して特定合併の道を選択した際、福徳銀行が現実には破綻していなくても「破綻	被告人両名は、本件各融資を実行することによって直接的に何らの経済的利益を得ておらず、被告人両名が、本件

争点	検察官の主張	弁護人の主張	裁判所の判断
自己図利の有無	に装っていたが、特定合併が実現せずに福徳銀行が破綻すれば、より資産状況を悪化させて破綻させた責任やこれまでの安易かつずさんな不良債権処理策に対する法的責任や経営的責任が問われることであろうことを認識しており、さらに、合併後も福徳銀行の関連会社及び新銀行の顧問として以前と変わらない報酬を得るためにも特定合併を実現する必要があり、これら自己保身を図る目的のために、あえて本件各融資を実行したことは明らかである。	金融機関」の烙印を押され、役員である被告人らが福徳銀行を退任することは決定していたものである。そして、被告人らは、万一役員就任時に問題のある行動があったとすれば、その後に責任追及がなされることは十分に承知していた。 被告人らは、従前のキャリアからして、仮に転職したとしても、福徳銀行におけるのと同程度の収入を十分に得ることができたはずであり、被告人らが、従前受けていた報酬にしがみつくはずがない。検察官の主張は、現実を全く無視したものである。	融資当時、合併後の新銀行の顧問等に残って、その経営に関与することを念頭において、これを図るために融資を決定したとは認められないものの、本件融資等の結果、特定合併が順調に進み、銀行の破綻が免れれば、破綻自体による経営責任が追及されることもなく、関連会社の顧問等に就任して、相当額の報酬を受けられることについては、認識していたと認められる。すなわち、本件各融資実行が究極的には自己の利益にもつながるものと認識しており、自己図利の認識があったものと認められる。

(2) 第三者図利の目的について

争点	検察官の主張	弁護人の主張	裁判所の判断
第三者図利の認識について	本件各融資により、不良債務者は、そのダミー会社を通じて、到底他の金融機関では得られない有利な条件で多額の融資を得ていた。	本件各融資により融資を受けたのは、あくまで、B社、D興産、Fジャパンであって、法人格の異なる不良債権者の会社に福徳銀行からの融資金が流れることまで、融資をした福徳銀行において想定することはできないから、不良債権者の利益を図る認識はない。 また、たしかに、融資を受けた三社は融資を受けたことについては利益を得たものであるが、他の金融機関と比較して、金利、返済期間等で有利な条件で融資を受けたわけではなく、その利益は通常の融資を受けた場合と異なるところはない。	本件各融資は、いずれも全額回収することに相当危険のある融資と認められ、通常の金融機関では考えられない融資であることから、各融資先会社は、通常であれば受けられない多額の事業資金の融資を受けた点で明らかに利益を受けたと認められる。 不良債権者も、融資先会社によって融資金から自己の債務を保証履行してもらうこと自体、利益を受けていると認められ、さらに、前述したように、融資先会社は不良債務者と法人格は別個としても、実質的な経営者はいずれも同一であり、本件各融資は、これら実質的経営者にも当然利益を与えたものと認められる。そして、被告人両名も、融資先会社が急遽設立された新会社で、不良債務者の多額の債務を保証履行することなどに照らし、各融資先の実質的経営し、各融資先の実質的経営者が、不良債権先の経営者と同一であることについても、認識していたと認められる。 以上より、被告人両名は、本件各融資が融資先会社、不良債務者及びこれらの実質的経営者の利益となることについて認識したうえで、本件各融資を実行したもので、第三

| | | | 者図利の認識があったものと認められる。 |

⑶ 本人加害の認識について

　この点、裁判所は、「本件各融資は、客観的に全額回収することが相当困難であると認められ、これを実行することは、銀行に損害を与えるものと評価される。そして、被告人両名は、本件融資金が全額回収されることは望んでいたが、少なくとも本件各融資金が全額回収されない可能性が高いことを認識したうえで、本件各融資を実行したものと認められ、銀行に損害を与えることについて少なくとも未必的には認識していたと認められる」と判断した。

⑷ 本人の利益を図る目的の有無について

　以上のとおり、裁判所は、図利加害目的の存在については、結論的にいずれについても認めた。
　しかし、弁護人は、本件各融資の主たる目的は、本人である福徳銀行が特定合併により存続できることにあり、本人の利益を図るのが主たる目的であったと主張したため、この点につき、裁判所は、詳細に検討・判断した。

ア　図利加害目的と本人図利目的が併存するケースについての一般論

　裁判所は、図利加害目的と本人図利目的が併存するケースについて、次のとおり、一般理論を明らかにした（下線は筆者。以下同じ）。
　「被告人両名は、本件各融資を実行するにあたり、自己及び第三者の利益を図る認識並びに銀行に損害を与える未必的認識を有していたと認められ、図利加害目的を肯定するためには、図利加害の点につき、必ずしも意欲ないし積極的認容までは要しないと解すべきであることから（最高裁決定昭和63年11月21日刑集42巻9号1251頁参照）、上記各認識がある以上、一応これらの目的があったと認められることになる。」
　「この点、<u>行為者に、図利加害の目的に加えて、本人の利益を図る目的も併存する場合については、その目的の主従を判断し、その結果、本人の利益を図る目的が当該行為の主目的であったと認められる場合には、特別背任罪の成立は否定されるべきと解すべきである</u>（最高裁判決昭和29年11月5日刑集8巻11号1675頁、同決定昭和35年8月12日刑集14巻10号1360頁、同決定平成10年11月25日刑集52巻8号570頁参照）。」

5　「主観的要件」と闘う；なみはや銀行事件　651

「そして、ここにいう目的とは、行為の動機の趣旨に理解すべきである（上記平成10年最高裁決定等参照）。」

　イ　本件各融資の主目的（動機）について
　ついで、裁判所は、自己図利認識、本人加害認識、第三者図利認識のそれぞれについて、詳細にその程度を検討し、主たる目的（動機）が何であったかを判断、説示している。その判断過程が参考になるので、以下、やや詳しく引用する（わかりやすくするため、下線等を加えた）。
　①　自己図利に関する被告人らの認識の程度について
　「前述したように、被告人両名は、本件融資により、特定合併を実現し、銀行の破綻を回避させることによって、経営責任の追及を回避すること、関連会社等の顧問などに就任することで、以前と変わらない報酬を受けることができることについても、一応の認識を有していたと認められる。そこで、以下、被告人両名が、これら自己保身についてどの程度の認識を有していたかについて、検討する。
　まず、経営責任の追及について検討する。保証履行型流動化スキームによって不良債権の回収を図っていることについては、平成8年に行われた第21次大蔵省検査や第20次日銀考査で、すでに検査官や考査官から個々の案件について具体的な問題点を指摘されており、当初から、流動化スキーム自体は、行政当局に明らかになっていたと認められる。また、第22次大蔵省検査に際しても、個々のスキーム案件について厳しい指摘もなされたものの、最終的に出された示達書等では、流動化スキーム自体に関して、不良債権回収手段として違法、不当である旨の指摘はなされず、むしろ、キャッシュフロー表により回収可能なものについては、第Ⅱ分類と査定されるなど、弁護人が主張するように、ある意味公認されたような状況であったこと、その後に金融監督庁に提出された実施計画の中にも、分類債権解消策として、流動化スキームを活用することが明記されていたことなどの事情も認められ、これらの事情に照らせば、被告人両名らは、流動化スキームを実行していることについて、行政当局から責任追及がなされること自体は危惧していなかったと認められる。
　また、前述のとおり、福徳銀行の経営悪化のそもそもの原因は、バブル時の経営陣が不動産融資を拡大させたことにあって、被告人両名にその直接の責任があったとはみられず、当然、被告人両名自身も同様の認識を有していたと推認される。
　さらに、被告人Aは、頭取就任以前から、福徳銀行がこのまま単独行として存続することは難しいと認識していたにも関わらず、敢えて頭取に就任していること、特定合併によって、福徳銀行が破綻を免れたとしても、必ずしも今後被告人両名の責任

追及がなされないとは限らないにもかかわらず、さらに責任追及の対象を拡大する多数の流動化スキームを実行している。

　以上の事情を照らすと、被告人両名が、当時の金融機関の破綻に関する報道等から、銀行が破綻した場合に経営のトップである自分たちに対し責任追及がなされる可能性があると認識していたと認めるのが相当であるとしても、少なくとも、それを避けるために、流動化スキームを実施し、特定合併を実現しなければならなかったというような深刻かつ切迫した危惧を抱いていたとは認めがたく、これをもって、本件各融資の主な目的とは認められない。」

「次に、合併後に報酬を得る目的等については、前述のとおり、特定合併が実現して、福徳銀行が破綻を免れれば、被告人両名は、関連会社に再就職して報酬を受け取ることができると認められ、同人らも当然これを認識していたと認められるが、前記認定の経緯に照らすと、被告人両名が主に報酬を得たいがために特定合併を実現しようと考え、本件各融資のような流動化スキームを実行したと認定することはできない。

　なお、被告人Aについては、報酬以外に、専用個室、送迎車の供与がなされているが、関係証拠によれば、専用個室はトイレの横で元食堂として利用していた部屋を改造したものであり、また、送迎車については、福徳銀行が暴力団O組系武闘派組織のP組と訴訟を行っていたことから、警察から身辺警護のため車を利用するように要請されていたことから提供されていたことが窺われ、いずれも、このような利便の供与を欲して、本件融資をしたものとも認められない。

　さらに、仮に検察官が主張するように、被告人両名が、銀行のためにならないことを認識していながら、本件融資をして特定合併を押し進めたとすると、結局、遅かれ早かれ新銀行が破綻し、関連会社に就職した被告人両名も報酬の道が断たれるとともに、より厳しい責任追及がなされることになることは容易に想像しうるところである。

　以上によれば、被告人両名が自己保身等を主な目的として、特定合併を実現させようとしたとは認めがたい。

　よって、被告人らが、自己の利益を図ることを主な目的として、特定合併を実現させようとしたとは認められない。」

② 第三者図利に関する被告人らの認識の程度について

「この点、本件各融資において、前述したように、被告人両名個人と本件各融資先、保証履行先の関係者の間に特段の人間関係、利害関係は認められず、本件各融資は、銀行側から積極的に働きかけて実行されたものであって、各債務者側から被告人両名に直接働きかけがなされたり、何らかの見返りを約束されていたような事情は

5　「主観的要件」と闘う；なみはや銀行事件　653

認められないことなどに照らすと、被告人両名が、融資先会社やその実質的経営者らの利益を図ることを主な目的として、本件各融資を行ったとは認めがたい。」

③ 本人加害に関する被告人らの認識の程度について

「さらに、前記認定事実及び関係各証拠に照らし、被告人両名が積極的に銀行に損害を与えることを欲するような事情が一切認められず、加害目的が主な目的であったと認められない。」

④ 小括

「本件では、前記認定事実及び上述した流動化スキーム実行の背景事情並びに当時の被告人両名らの認識等、特に債務超過に至っていなくとも、特定合併の実施計画の承認を受けるためには、第Ⅲ分類債権を減らすことが必要であったことに照らし、被告人両名らが本件各融資を行った主な目的は、本件融資金の一部（保証履行分）により不良債権を回収し、計数上の不良債権（主として第Ⅲ分類債権）を減少させ、実施計画の承認を受け、特定合併を実現する（と共に対外的な信用、評価の維持を図り、計数上の不良債権が少ない状況で新銀行を発足させる。）ことによって、福徳銀行の破綻を免れることにあったと認めるのが相当である（保証履行型流動化スキームは、特定合併の話が持ち上がる以前にもある程度実施されており、その目的は、本来的には固定化している不良債権を流動化し、解消するためのものであったが、当初の不良債権の実体的な解消から、形式的な解消による対外的信用、評価の維持に力点が移り、本件当時は、分類債権の解消により、実施計画の承認を受け、特定合併を実現させることが第一次的な目的となっていたものとみられる。）。」

ウ 本件融資の目的と本人の利益

以上のとおり、すでに裁判所は、本件各融資の主たる目的（動機）が、特定合併を実現させて福徳銀行の破綻を免れるという目的、すなわち、本人図利にあったと判断した。この点、検察官は「本件各融資を行った目的が、特定合併を実現して、福徳銀行の破綻を免れるためのものであったとしても、それは、真の意味で福徳銀行の利益には叶っておらず、被告人両名に福徳銀行の利益を図る目的があったとは認められない」旨主張していたため、裁判所は、さらに進んで、本件各融資による福徳銀行のメリット、デメリットやこれに関連する事項についての被告人両名の認識について検討を行っている。

この点について、まず、検察官、弁護人の各主張を対比すると次のとおりである。

争点	検察官の主張	弁護人の主張
福徳銀行にとっての真の利益について	① 不正貸付けによる不良債権隠しなどを行って特定合併を実現させることにより譲渡債権の買取り代金として多額の資金援助を受けたとしても、譲渡債権の中には不良債権隠しによって正常債権を装った債権など種々の瑕疵がある債権が含まれており、将来、これらの瑕疵を理由に整理回収銀行から譲渡債権の買戻しの要求が出れば、新銀行に致命的な信用不安を与えかねないことを十分分かっており、このような形での特定合併の実現が真の意味で福徳銀行のためになるものではないと認識していた。 ② 特定合併により福徳銀行が実質的に生き延びる道を選択したが、その一方で、被告人両名は、当時、真に福徳銀行のことを考えるのであれば、不正貸付けを繰り返すことにより将来に大きな禍根を残してまで合併するよりも、金融監督庁に対し、同銀行の真実の財政状態を開示して救済を求め、違った方法で福徳銀行の生き延びる道を探すのが本来選択すべき道であると思っており、仮にその結果、福徳銀行が、いわゆる破綻処理されるとしても、傷口を大きくしてから破綻するよりも傷口が小さいうちに破綻処理された方が真の意味で同銀行のためになるとも考えていた。 ⇒ 結局、被告人らに福徳銀行の利益を図る目的は認められず、自己保身のためである。	① 被告人Aは、特定合併制度を受け入れる前段階において、大阪の地元の金融機関との合併の道を探ったり、都市銀行の傘下に入ること、あるいは、外資系の会社の資本参加について交渉たりしていたところ、平成9年8月下旬、大蔵省銀行局中小金融課の課長から特定合併制度を持ちかけられたのであり、福徳銀行は、この大蔵省の発案にしたがったにすぎず、当時は、特定合併制度を利用することが最善の方策と考えていた。単なる瑕疵を理由とした譲渡債権の買戻し要求は新銀行に致命的な信用不安を与えることにはならない。 ② 検察官は、違った方法で福徳銀行の生き延びる道を探すのが本来選択すべき道であると主張するが、一体どのような方法を想定しているのであろうか。違った方法を具体的に明らかにしなければ、検察官の主張は成り立たない。 　被告人らは、福徳銀行において特定合併の道を選択するにあたって、大蔵省銀行局の指導の下で十分協議しながら進めており、大蔵省等の指示に基づいてすべての資料を提出し、情報を開示し、大蔵省の検査を受けて合併手続を進めているのであるから、何らの問題はなかったはずである。被告人らは、真に福徳銀行のことを考えて、特定合併の道を選択したのであって、このことは、決して、被告人らの図利加害目的につながるものではない。

　引き続き、この点に関する裁判所の判断をやや詳しく紹介する（わかりやすくするため、下線等を加えた）。

① **本件各融資によるメリットについて**

「本件各融資自体のメリットとして、不良債権の形式的減少による対外的信用、評価の維持を図る趣旨があり、本件当時の被告人らの認識としては、特定合併の実現（また、新銀行発足にあたって、できるだけ計数上不良債権が少ない形で出発したいという点も含む。）が大きな割合を占めていたとみられるから、以下、この点を中心に、検討する。

　ⓐ 破綻の危険性と特定合併による破綻回避

　前記認定事実のとおり、福徳銀行では、バブル崩壊によって、多額の不良債権を抱えるようになり、長引く不況及び不動産価格の低迷から、不良債権処理は一向に進まないばかりか、信用不安から資金繰りの危機に直面しており、被告人両名ら福徳銀行経営陣がB銀行との合併を決断した当時、被告人両名ら銀行経営陣及び行政当局では、次に近隣金融機関が破綻した場合には、福徳銀行は、資金繰りに行き詰まって破綻するとの認識が持たれており、<u>何も手を打たなかった場合、福徳銀</u>

行は早晩資金繰り破綻していた蓋然性が高かったと認められる。
　そして、B銀行と平成10年10月1日付けで合併することを平成9年10月に対外的に発表し、さらに、平成10年5月に特定合併のあっせんを受けて、対外的に特定合併を行う旨を発表したことで、その後は、仮に予定どおりに特定合併ができなかった場合、それだけで福徳銀行は早期に信用不安を起こし、破綻していた蓋然性が高かったものと認められる。
　また、特定合併制度自体は、大蔵省サイドで構想されたもので、当時、G銀行の破綻が確実視されていたことから、福徳銀行を初めとする関西の経営不振行が連鎖的に破綻することを避けるために、合併構想のあった福徳銀行及びB銀行に対して、積極的に特定合併制度に乗るように指導がなされたものであった。したがって、当時、行政当局自体も、特定合併により、経営不振銀行の救済を図ることが最善の策であると考えており、当公判廷でE及びHが供述するように、福徳銀行とB銀行の特定合併を何とか成功させたいという認識を有していたと認められる。
　他方、被告人両名ら福徳銀行経営陣の側でも、被告人Aが上記常務会で「現在の段階で新法に乗る（おそらくそうすれば、資金繰りはめんどうみてくれるだろう。）」などと発言しているように、行政当局の意向に従って特定合併のスキームに乗れば、行政によるバックアップが期待できると認識していたと認められる。
　また、大蔵省では、特定合併の構想の中で、関西の金融システムの再編のため、福徳銀行及びB銀行のみではなく、さらに、合併を進めていく姿勢であったことが窺われ（被告人Aの平成9年10月8日の常務会での発言）、被告人Aの常務会での発言（平成10年5月8日「（F銀行に対し）二行合併後でもいつでも受け入れる用意があると言っておく。」「公的資金での資本注入についても、当行とB銀行だけでは極めてむつかしく、大阪が加われば極めてやさしいと行政からいわれている。」）、被告人Aの公判供述などに照らし、被告人両名ら福徳銀行経営陣も、特定合併実現後も、近隣他行との合併をすることによって、さらに銀行の経営基盤を高めていくことを視野に入れ、また、今後、公的資金による資本注入を受けられる可能についても認識していたと認められる。
　ⓑ　特定合併による具体的メリット
　合併自体によるメリットとして、営業基盤の強化、単独行を越えたリストラが可能となることなどが期待される。さらに、特定合併が認められることによって、時価相当額とはいえ、預保への不良債権譲渡によって公的資金の導入を受けられ、その結果、福徳銀行にとっては、一括して不良債権を大量に処理できるとともに、今後収益をあげるために必要な貸付原資が得られること（本件各融資が実行された同年9月には、

B銀行も併せて約3000億円の公的資金が導入されることが確定していた。)、公的なバックアップを受けて合併することにより、対外的信用が高まり、預金額の増額や調達金利の低減などによって、資金ポジションが大幅に改善されることなどの利益が期待される。また、福徳銀行では、実施計画を策定するにあたり、特定合併後の外資や都市銀行との資本提携及び第三者割当増資による資本の増強策についても具体的に検討されており、これらについても、あくまで特定合併が実現した場合に初めて可能となるものであったと推測されることなどに照らすと、特定合併によって期待される経営改善効果は相当大きかったと認められる。

ⓒ 特定合併後に破綻している点について

なお、現実には、前記認定事実のとおり、特定合併がなされたにもかかわらず、新銀行であるI銀行は、本件起訴後の平成11年8月7日に破綻処理が開始されている。してみると、特定合併自体がなされても、不良債権の増大その他により、いずれ銀行は破綻することを被告人両名も認識していたのではないかが問題となる。

しかし、破綻の理由については、必ずしも本件証拠上明らかではないが、返済状況一覧表によれば、本件各融資を含む同表記載の一連の流動化スキームについては、I銀行が破綻する段階まで、全件約定返済がなされており、これらの流動化スキームの実行による損害の発生が直接の原因であったとは認められない。また、検察官が冒頭陳述で指摘する、整理回収銀行による譲渡債権の瑕疵の指摘が、I銀行の信用不安の一因となったものとは推測されるが、譲渡債権については、買い手である預保が、自ら調査したうえで、一方的に買い取り価格を決めたものであること、整理回収銀行から指摘された瑕疵の具体的内容については証拠上明らかではないものの、流動化スキームに関しては、基本的には、今後の支援をしなくても最終返済可能なもの以外については、預保への譲渡債権から除外していたことが窺われ、これらの事情に照らし、被告人両名らが整理回収銀行からの譲渡債権の瑕疵の通知がなされることを予測していたとまでは認めがたい。

また、前記認定事実のとおり、平成11年5月から7月に実施された金融監督庁の検査で1000億円を超える債務超過を指摘されたことが、破綻処理開始の直接の引き金となったと認められるが、福徳銀行では、前述のとおり、以前から行政当局に対し、流動化スキーム自体については明らかにしており、特に合併前になされた大蔵省検査において、キャッシュフロー表によって査定が行われたことなどに照らし、被告人両名が、特定合併後の金融監督庁の検査で、同キャッシュフロー表が否定され、流動化スキームについて、同キャッシュフロー表より厳しい基準で審査されることになることまで予期していたとは認め難い。

さらに、前述のとおり、被告人両名ら福徳銀行の経営陣では、特定合併後に、さらなる他行との合併、資本増強計画等について具体的に検討していたことに加え、公的資金の導入の可能性についても期待を抱いていたこと、また、被告人Aが、本件で身柄拘束された後も、拘置所の中で、なお、Ｉ銀行が破綻を免れるための方策について自分なりに真剣に検討していることなどの事情に照らすと、被告人両名が、特定合併前に、合併後新銀行が破綻する可能性が高いものと考えていたと認めることはできない。」
　② 本件各融資によるデメリットについて
　「本件各融資によるデメリットは、実質的不良債権の増加（資金の固定化等も含めて）である。
　すなわち、前述したように、特定合併直前の七月から九月までの三か月間で、本体分のみで、総額七五四億六一〇〇万円もの本件各融資を含む流動化スキームが実行されており（別紙六）、その相当部分が不良債権化すれば、実質的な不良債権は増加することになる。そして、これだけ多額の流動化スキームが実行されれば、たとえ特定合併を実現しても、単なる一時的な延命に過ぎず、新銀行の経営はいずれ破綻することが明らかではないかとも考える余地もある。
　しかし、他方、前述のとおり、被告人両名は、本件各融資を実行するに際し、その回収可能性について十分慎重に検討していたとは認められないものの、いわゆる情実融資にみられるような、無担保、無利息、返済期限なしといった明らかに不合理な融資を行ったというわけではなく、少なくとも大蔵省検査で用いられたキャッシュフロー表で回収可能となるような収益物件が確保されることを前提として、同物件に第一順位の担保権を設定したうえ、家賃収入を福徳銀行に設けられた口座に振り込ませ、金利も三パーセントに設定し、各融資を実行していることが認められる。
　したがって、被告人両名は、保証履行型流動化スキームが銀行に与える損害について、同スキームによる融資額全額分が損害となると考えていたわけではなく、まず、保証履行分については、ほとんど回収が期待できなかった債権を新会社に付け替えたに過ぎず、銀行に実質的な損害はないと考えており、さらに、物件取得費や経費分（いわゆるニューマネー部分）についても、全額回収することには相当の危険があるとは認識していたとしても、収益物件を取得させている以上、その収益から相当額については回収できると認識していたと認められる。」
　③ 当時、被告人両名が破綻回避のために取り得た手段等について
　「福徳銀行では、平成九年当時、次に近隣金融機関が破綻したような場合、資金繰りが行き詰まるような危険的状況にあり、同行の経営のトップであった被告人両名

としては、何とかして同行の資金ポジションを好転させ、同行が破綻することを防ぐ必要があると考えていた。そこで、被告人Aは、都市銀行や外資の資本参加や、近隣金融機関との合併の道を模索した上で、最終的に、大蔵省も積極的な姿勢を見せていた特定合併の道を選択したものであって、実際に、合併発表後、同行の資金繰りは良化したと認められ、この点の経営判断に、特段不当な点を見出すことはできない（前述した常務会でも、被告人Aを初めとする福徳銀行経営陣が真剣に同行の破綻を免れる方法について考えていたことが窺われる。）。

　そして、前述したように、一旦、特定合併することを対外的に発表した以上、仮に失敗したような場合には、資金繰りが厳しい福徳銀行では、それだけで信用不安を起こし破綻していた可能性が大きく、被告人両名としては、福徳銀行の破綻を避けるためには、何としても特定合併を実現しなければならないと考えていたと認められる。

　ところが、前記認定事実のとおり、大蔵省検査で自己査定を大幅に越える分類債権の指摘がなされ、さらに、その後、預保から予想外に多額の売却損の指摘がなされたことにより、福徳銀行の資産状況は予想以上に悪化することが判明し、多額の分類債権が残ることとなった。このような状況のなかで、被告人両名は計画どおり特定合併を実現するためには、特定合併までに何とかして分類債権を圧縮、解消することを示す必要性があると考えていたと認められる。

　しかしながら、前述のとおり、福徳銀行の当時の資産状況では、新たに引当金を積んだり、直接償却するような余裕は全くなく、仮にそのようなことをしたら、明らかな債務超過に陥って、直ちに破綻することになりかねない状況であったと認められる。

　<u>以上のような福徳銀行の状況下においては、被告人両名らとしては、流動化スキームによって、とりあえず計数上分類債権を圧縮、解消し、特定合併を実現させるか、あるいは、特定合併をあきらめ、福徳銀行が破綻することを覚悟せざるを得ないと考える局面に至ったものと見られる。</u>」

　④　小括
　「したがって、上述したように、特定合併前の段階で、特定合併が実現しても、新銀行が破綻することは明らかであったといえず、被告人両名の立場からは、前記のようなデメリット（回収の危険性）があるにも関わらず、本件各融資のような流動化スキームを実行し、計数上分類債権を圧縮、解消して特定合併を実現し、銀行を存続させることが、福徳銀行の利益となると考えたことは、必ずしも不自然なことではない。

　以上によると、<u>検察官が主張するように被告人らが傷口を大きくしてから破綻するよりも傷口が小さいうちに破綻処理された方が真の意味で同銀行のためになると考えていたとまでは認定することはできず、被告人らは主として本人である銀行の利益を</u>

図る目的で本件融資を決行、実行したものと認められる。」

　エ　被告人両名らの捜査段階での供述の信用性について
　被告人らは、図利加害目的に関して、捜査段階で、特定合併を実現することが真に福徳銀行のためにならないことを認識していた旨の供述を行っている。裁判所は、この点に関しても、次の通り、詳細に検討し、その供述の信用性を否定した。
　「この点、まず、被告人Aは、第一事実（B社の件）での裁判所での勾留質問（6月12日）において『自分自身の利益を図る目的もありませんでしたし、銀行に損害を加える目的もありませんでした。』と供述していたところ、その後の6月23日付けの検察官調書では、『福徳銀行の存続が危ぶまれるような事態になれば、私や他の役員も責任を問われかねない。』と一部自己保身目的を認めるかのような供述をし、さらに、その後の第二事実での裁判所での勾留質問（6月28日）においては、一転して『自己らの保身を図る意図はありませんでしたし、銀行に損害を加える意図もその時はありませんでした。』と図利加害目的を否認する供述をしている。
　そして、被告人Bについても、第一事実での逮捕時（6月6日）の弁解録取書及び裁判所での勾留質問（6月8日）において、いずれも自己図利目的について否認する供述をしていたところ、同日付けの検察官調書において、『合併が不成功に終われば、直ちに福徳銀行が潰れる結果となり、私を含めた旧経営陣が、預金者、株主などからその責任を厳しく追及されることになりますので、できればそれを回避したいという気持ちがあったことも否定できません。このことが、自分自身の利益を図る目的と評価されるのであれば、私はそのことを素直に認めます。』と供述するに至り、その後の6月17日付け、同月19日付けの検察官調書でも同様の供述をしていたものの、その後の第二事実での裁判所での勾留質問（6月28日）においては、『私は自己の保身を図るためや銀行に損害を与える意図はありませんでした。』と再度自己図利目的を否認するかのような供述をし、その後の検事調べでは、再度自己図利目的を認める詳細な供述をし、第三事実に関する裁判所での勾留質問（7月15日）では、『自己の保身を図るためでも銀行に損害を加えるつもりでもありませんでした。』と再度一転して自己図利目的を否認する供述をしているなど、<u>被告人両名が、検察官調べにおいて、自己図利目的を認めた後も、なおも、裁判所での勾留質問においては、これを否定する供述をしていたことが認められる</u>（なお、被告人Aは、第三事実に関する勾留質問において、事実を全て認める旨の内容となっているが、わざわざ他の事件も含めて反省している旨の供述までしており、<u>この点、同人が、当公判廷で述べるように、当時、同人が早期の保釈を求めていたことと符合しているともいえる</u>。）。

660　　第2部　無罪を争う弁護活動

また、第一事実での勾留期間に作成された検察官調書では、被告人両名いずれについても、単に「銀行が破綻した場合の経営責任を免れたいとの認識を有していた。」旨の記載のみであったのに対し、その後、第二、第三事実の勾留期間内には、7月10日付けの被告人Bの検察官調書及び同月19日付けの被告人Aの検察官調書において、自己保身の内容として、それまで供述していた経営責任の回避に加えて、合併後に新銀行及び関連会社の顧問に就任して以前と変わらない待遇を受けることも意図していた旨の供述がなされ、その後の第三事実に関する調書には、これら全ての供述が記載されており、被告人両名の図利加害目的に関する供述が、取調べが進むにつれて、段階的に強度のものに変遷していると認められる。
　さらに、当公判廷において、被告人両名は自己図利目的を認めた事情について、捜査が拡大しないようにするため検察官に迎合したなど、取調べ時に付けていた日記に基づき、相当詳細に供述しており、その内容が、上述した供述の変遷の経緯、被告人Aの取調べに関し弁護人から検察官に出された6月17日付け意見書、上記日記の記載と符合しており、内容自体についてもあながち不自然ともいえないことなどの事情を併せて考えると、被告人両名のこの点に関する捜査段階の供述調書の記載の信用性には疑問が残るものである。」

　　オ　結論
　「以上の事情に照らすと、被告人両名は、福徳銀行を存続させるためには、特定合併を実現する必要があると判断し、流動化スキームを多数実行して、融資金の一部が回収困難となっても、特定合併を実現することで、公的資金の導入や信用状態の改善がもたらされることから、福徳銀行は新銀行として存続できるとの認識を持って、同行の利益を図る目的で、あえて本件各融資を実行したと解することが可能であって、被告人両名がそのような認識を抱いていたとしても、それを極めて実現可能性が乏しい、被告人両名らの単なる期待、願望に過ぎなかったと断ずることはできない。」
　「以上より、被告人両名は、福徳銀行の利益を図ることを主な目的として、本件各融資を実行したと認められるから、結局、被告人両名に図利加害目的を認めることができない。」

第3　控訴審における争点と裁判所の重要な判断

　以下、控訴審段階での本件の争点ごとに、裁判所の判断を整理して紹介する。

1 本件各融資時において福徳銀行が実質的に債務超過であったか否か

　先に述べたとおり、第一審無罪判決を受けて、検察官は事実誤認を理由として控訴したが、控訴趣意書において、第一審とは異なる主張を展開した。すなわち、①客観的に本件各融資時において福徳銀行は実質的に債務超過の状態にあり、②被告人両名はこれを認識し、かつ、新銀行がいずれ破綻することを認識しながら、流動化スキームによる融資を繰り返し、貸借対照表の見かけ上、債務超過とならず、特定合併を騙し取ったものであって、③流動化スキームを実行して不良債権を隠ぺいすることが福徳銀行の利益を図ることになると認識していたはずがない、というのである。

　第一審では、検察官は、「債務超過を免れて特定合併するために被告人らが本件各融資を行った」と主張していたのであり、それは、本件各融資が実行された時点においては、福徳銀行は債務超過状態にはなかった、ということが前提となっていたはずである。しかし、検察官は、第一審判決を受けて、「特定合併を実現することは本人たる銀行の利益にならず、したがって、本件各融資実行の主たる目的（動機）が本人の利益を図ることにあったはずはない」との主張を展開するために、「福徳銀行は既に実質的に債務超過にあり、被告人らもそのことを認識していた」との主張に変更せざるをえなかったのである。

　しかし、これは、本件で特別背任とされる行為の動機に関わる重大な主張の変更であるといわざるをえない。そして、控訴審において、検察官がこのような主張の変更をせざるをえなかったという事実は、元来の検察官の本件の「見立て」に重大な欠陥があったことを意味する。元来の検察官の主張である「債務超過を免れて特定合併するために被告人らが本件各融資を行った」という本件の動機論に、そもそも論理的に特別背任の成立を否定することになる要素が含まれていたのである。特定合併することが本人たる銀行の利益になることは当然であり、本件各融資がそのために行われたのであれば、それは本人の利益を図ることが主たる目的であったといわざるをえないからである。

　したがって、検察官の控訴審における主張にはそもそも無理があったが、控訴審において、本件各融資時に福徳銀行が実質的に債務超過状態にあったか否かが重要な争点として争われることになった。

　この点に関する控訴審裁判所の判断は次のとおりであり、検察官の主張に理由がないことを明快に判示した。参考になる判示であるので、やや詳しく引用する。

「所論はまず、原判決が『福徳銀行が特定合併に至るまでの経緯』として事実認定している部分につき、日銀考査や大蔵省検査の内容や福徳銀行の決算内容につき、さらに具体的事実を挙げた上で、福徳銀行が不適正な経理処理をし、実態を反映しない財務諸表を作成していた旨を主張する。
　しかし、当審（証拠表示は省略。）を含めて検討しても、所論が指摘する貸倒引当金又は債特若しくは支払承諾の過小計上が存在したことを認めるに足りる的確な証拠はない。
　そして、所論によっても、各次の大蔵省検査及び日銀考査並びに本件特定合併に伴う様々な場面で、多くの問題点の指摘を受けていたとはいえ、結論的には債務超過状態でないことが是認されてきていること、福徳銀行の決算において債務超過状態でないことは監査法人ｃも是認していることなどは無視し得ない事情である。確かに、ｄ検査官並びにｅ及びｆ両公認会計士の原審供述によっても、その検査や監査は、一定の基準で抽出されるサンプルにつき実施されるものである上、銀行側が提示する資料に依拠せざるを得ない部分も多いなど、その財務状態の把握に限界があることは否定できない。しかし、福徳銀行は従来から経営悪化が深刻で、資本の欠損が指摘された後は大蔵省の決算承認銀行にも指定されていたこともあり、大蔵省の検査はかなり厳格に行われたとみるのが自然であること、上記ｅらの供述によれば、ｃによる監査は抽出するサンプル数や調査の仕方もかなりの実質を伴ったものと認められることなどによれば、これらが一貫して債務超過状態でなかったと判断していたことが誤りであったというためには、それを裏付けるような特段の事情を指摘する必要があるというべきである。」
　「本件控訴趣意の構成をみると、要するに、このような特段の事情として、福徳銀行において多数実行された流動化スキームを挙げ、同スキームは見掛け上不良債権を解消するが実質は不良債権を付け替えるものにすぎず、純資産額を過大に計上する粉飾の手段であること、さらに同スキームによって不良債権を拡大させ、資産内容をより悪化させたと主張しているということができる。

(1)　流動化スキーム考案の経緯
　まず所論は、そもそも福徳銀行において流動化スキームが考案されたのは、真実の財務状態を隠ぺいするためであったという趣旨の主張をするが、結局、これを認めるに足りる証拠はない。むしろ、不良債権を回収するための方法として、流動化スキームそれ自体が違法不当なものでなく、要は、個々の事案における回収可能性もしくは採算性の問題というべきであることは、関係者が一致して供述しており、また所論自体もこれを前提とする主張をしている部分もあり、流動化スキームそのものが違法

不当であるかのように主張する所論は到底採用できない。
(2) 第22次大蔵省検査におけるキャッシュフロー表（以下「旧キャッシュフロー表」という。）の採用過程

次に所論は、旧キャッシュフロー表に不動産鑑定士及び監査法人の了解を得たものであるなどと虚偽が記載されていたこと、経済的合理性を有しない同キャッシュフロー表が第22次大蔵省検査によって了承されたのは不可解な僥倖であったに過ぎなかったが、被告人両名は、大蔵省が同キャッシュフロー表に御墨付きを与えてくれたものであると強弁しようとしていたなどと主張する。

確かに、弁護人が反論するところを含めて検討しても、不動産鑑定士及び監査法人の了承を得たとは認められないこと原判決が説示するとおりであり、g不動産鑑定士の話の中から都合の良い部分だけを取出したり、またe会計士としても同表のようなシミュレーションの合理性の判断は自己の専門的知見の範囲を超える問題と認識していたのに、同会計士との立ち話程度の話からこれを了承したと受け取るなど、了解を得たとの記載部分の不適正さは明らかである。また、これらの点が回収可能性の判断、資産評価、ひいては福徳銀行の財務状態の評価において重要な要素になることからみても、大蔵省検査官としては、監査法人から正式文書を求めるなど毅然とした対応をすべきであったのにこれもしておらず、検査に不備がなかったとはいえない。

また、同表の経済的合理性につき弁護人が種々反論するところを含めて検討しても、各与件の総合による全体的な内容が、銀行が新規融資を行うに際しての回収可能性判断のシミュレーションとして安全性への配慮が足りない旨の原判決の認定に誤りがあるとは認められない。

さらに、原判決が、本件当時、極めて多数の流動化スキームが短期間に立案・可決されている点を捉えて、被告人両名らの審査・決裁が形式的であったことを認定している点も相当である。弁護人は、そもそも福徳銀行は実績ベースの審査を行っており、同表は従来の審査に加えてさらに変動要素によるシミュレーションを行うことによって、正確に回収可能性を判断しようとするものであるから、同表の内容を批判するだけでは、回収可能性を否定することはできないと反論するが、新築後初期段階の物件においては、賃料収入の実績が水準以上であることは普通であって、その後長期間にわたる回収が可能かどうかをシミュレートすることこそが大事と考えられるのであるから、この実績ベースの審査は意味に乏しいと考えられる上、融資審議会等の席上において実績ベースの数字に関する不備な点についてもほとんど質問がなされることなく可決されたと原判決が説示する点はこの反論に対しても有効と認められる。

したがって、以上の諸点は上記所論を一応裏付けているとの見方もとり得る。

(3) 金融監督庁の検査について

所論は、b銀行に対して平成11年3月31日基準日で実施された金融監督庁検査の結果によって、同基準日時点において同銀行は1000億円を超える債務超過に陥っていたことが判明しており、そのような債務超過状態が一朝一夕にできることはあり得ないから、それ以前から大幅な債務超過状態にあったことは明らかである旨の主張をする。

ア 金融監督庁検査におけるキャッシュフロー表(以下「新キャッシュフロー表」という。)の内容

この点について弁護人は、空室率を必要以上に見込むことになること、経費率も過大であること、減価償却費を過小に計上している上、そもそも同費を家賃の一定割合として計算すること自体が会計の常識を逸脱している、法人税を見込んでいる点も妥当でないなどとして、同表は経済的合理性を有しておらず、いたずらに新規融資を躊躇すると、これによって得られる利益を放棄することになり、また100パーセント返済可能な融資はそもそも存在せず、一私企業である金融機関としての存在意義がなくなるなどと主張する。

しかし、hの当審公判供述によれば、各与件はそれぞれ一応の合理性が認められ、各与件の総合は、銀行の回収可能性の判断における安全性の観点からみて合理的ということができる。

また、このことは、本件各融資と同時期に実行された流動化案件の原判決別紙15の返済状況、及びその後平成14年11月時点までの返済状況によって裏付けられているというべきである。そもそも流動化スキームにおいては、特別事情がない限り、物件が新しいほど収益力が高いと考えられ、融資後間もなく延滞が発生するということは、そもそも回収可能性の設定自体に疑問があることを窺わせる事情というべきである。その観点からみると、既に原判決時点において35社中8社において延滞が発生したことに加えて、その後の2年間でさらに別の8社に延滞が発生したこと(当審検27、28、30)は、新キャッシュフロー表の経済的合理性を裏付けているというべきである。この点につき、弁護人は、同債権を譲り受けた整理回収機構が融資をせずに回収を図るのみであることなどから、債務者のインセンティブが失われることも要因であると主張するが、賃貸マンション等の物件の収益性に着目した融資において大幅な追加融資が必要な場合は考え難い上、同機構の発足の経緯からみてもその回収態勢や意欲は強いと認められ、それにもかかわらず、さらにこれだけの延滞が発生したということは、やはり上記検査の合理性を裏付けているというべきである。

したがって、新キャッシュフロー表が旧キャッシュフロー表と比較して経済的合理性があると認められる。

イ　引当基準の変更その他の問題

この点について弁護人は、引当基準として倒産確率を適用する基準日は同検査以後であったこと、倒産確率を用いる際は3年間のデータを基準とすべきであるのにわずか1年間の実績で行い、しかも基準の変わった前後の件数を置いていることなどを指摘して、倒産確率を適用したことを非難している。

しかし、hは、当審公判において、同確率の適用は既に平成10年4月の公認会計士協会の実務指針に発出され、別の銀行に対する検査においても使用されたこと、正確な形で取れる数字ということになると1年前の数字しかなかったなどと供述しているところは不合理とはいえない。弁護人は行政の継続性・法的安定性の見地から極めて疑問があるというが、金融機関に対する監督を強化する必要性を考えた場合、継続性の観点を犠牲にしても新たな基準を果断に適用することが金融当局の政策として是認できないわけではない（なお弁護人は、この金融監督庁検査が何らかの意図をもった不当なものであるとの主張もしているが、これを認めるに足りる証拠はない。）。

また、担保不動産の処分見込額の変更については弁護人自体がその合理性を認めており、債務者区分の変更については、新キャッシュフロー表の合理性を認めたことと連動すると解される。

(4)　小括

ア　まず、所論が、金融監督庁検査が正しいのであればそれ以前から債務超過状態にあったことが帰結される旨を主張しているのであれば、これが採用できないことは明らかである。上記のとおり、金融監督庁検査は、主として流動化案件についての資産評価の基準を大きく変えたものであり、基準が変われば異なった結果になることは当然あり得ることであって、これをもって以前の債務超過を基礎づけることはできない。所論が、控訴趣意書86頁以下で、過去の時点における純資産額を遡って逆算している点も意味に乏しいといわざるを得ない。

イ　そこで問題は、流動化スキーム案件の多数実行が、大蔵省の検査等を誤らせた粉飾手段といえるかどうかの点である。

確かに、上記(2)で指摘した諸点、すなわち旧キャッシュフロー表の採用過程に適切とはいいがたい経緯があったことや、案件の審査が形式的であったことなどによれば、粉飾という批判を容れる余地があることは否定できない。

しかし、当然の事ながら、大蔵省検査官も旧キャッシュフロー表の与件内容自体は検討の対象としていたのであるから、その内容が明らかに了承できないものであれ

ば、不動産鑑定士や監査法人の意見がどうであれ否認できたはずであり、そこまでしなかったのは、同表が一応許容できる範囲内に入っていたとの見解に基づくものと考えられる。また、各流動化案件の具体的内容は、上記の検査や監査に加えて、金融監督庁に提出された特定合併に係る実施計画（当審検22ないし25）においても明記されており、その過程でことさら隠ぺいや偽装が行われたとの証拠もない。所論は、福徳銀行が、第22次大蔵省検査以後も、そこで是認された旧キャッシュフロー表より緩やかな基準で融資を行おうとしていたことを指摘しているが、これとて監査法人に指摘を受けていることからみても、隠ぺいや偽装といえるものではない。

　また、上記のとおり、旧キャッシュフロー表による流動化案件においても、保証履行分は直ちに還流するほか、所論によっても相当部分の回収が可能であることは優に認められ、単なる付け替えと評価し得るものでもない（現時点までの返済状況に関する上記認定も、35社中19件は延滞が発生していないのであるから、この見方を裏付けている。）。特に、本件各融資当時は高利回りが期待できる収益物件が多数出回っていたとのi供述は具体的であり、これを否定する証拠もない。なお、所論は、流動化スキームのうちでも特に履行保証型の形態をとるものの不当性を強調するが、流動化スキームが基本的に物件の担保価値よりもむしろその収益性に重点を置いて計画・立案されるものである以上、結局、融資の回収可能性いかんが問題というべきであって、履行保証型であるから不当であると直ちにいうことはできない。

　このようにみると、新キャッシュフロー表と旧キャッシュフロー表の経済的合理性の差異は質的というより量的であり、あくまで考え方の相違にとどまると評価すべきである。したがって、旧キャッシュフロー表によって流動化案件を多数実行したことが粉飾とまでいうことはできず、結局、以前の大蔵省検査や監査法人の監査が誤りであったことに結び付く特段の事情があったともいえない。また、金融監督庁検査において引当基準として倒産確率が用いられた点につき、上記のとおりその使用が是認できるにせよ、被告人両名においては、全国銀行協会連合会の通達（当審弁1）もあることなどから、当該検査において倒産確率が用いられ従来より高い引当基準が適用されると認識していたとは認められない。」

「以上のほか所論は、『検査で相当厳しく見られたら債務超過とみなされる懸念がなくはない。』とのj発言や、『かろうじて債務超過ではない』との被告人発言などを指摘して、これがその発言当時、福徳銀行が債務超過状態であったことの根拠であると主張しているが、これらを素直にみれば、むしろ現状ではいまだ債務超過に至っていないことを前提とする発言というべきである。福徳銀行の財政状態が相当に深刻な事態であったことは原判決も認定し、被告人両名も認めているところであるが、現

5 「主観的要件」と闘う；なみはや銀行事件　667

実に債務超過状態にあることと、その危惧があることとは、意味として大きく異なることは明らかである。」

「以上を総合すれば、結局、本件各融資時点において、福徳銀行が実質破綻であったという所論は採用できない。」

2 本件各融資の回収可能性の認識

第一審判決は、被告人両名の本件各融資に係る回収の危険性につき未必的な限度で認めるに留まったが、検察官は、控訴審において、被告人両名が融資金額の相当部分が回収できないことにつき確定的な認識を有していたと主張した。

相当部分が回収できないことを確定的に認識していたからこそ、粉飾の目的であって、本人の利益を図ろうとしていたわけではない、という検察官の基本的主張を支えるために、このような主張を展開したものとみられる。この点についても、控訴審において重要な争点となったが、控訴審判決は、次のように判示し、検察官の主張を排斥した。

「所論がその前提とする、福徳銀行が実質的に債務超過状態にあったこと及び流動化スキームが単に不良債権を付け替えるものであることが採用できないことは上記第2により明らかである。」

「次に、本件各融資につき個々的にみても、原判決が回収の危険性及びそれについての被告人両名の認識につき説示するところ、すなわち未必的な認識を超えて、危険性及びその確定的認識があったことを認めるに足りる証拠はない。

(1)まず、kに対する融資につき、(中略) 所論が原判決の回収率の算定につき疑問を呈する点については、原判決が一応の試算として種々の要素を当てはめている点が不合理とはいえず、所論もこれに代わる説得的な算定は示すことができていないから、結局、所論によっても回収可能性及び被告人両名の認識に関する原判決の認定が甘きに失するとは認められない。

(2)次に、lに対する融資につき、弁護人の反論にも相応の説得力は認められるが、新キャッシュフロー表に基づく算定のほか、mグループにおける資金流用の実態を考慮した上でなされた原判決の認定に誤りがあるとまではいえない。

そして、この原判決の認定を超える回収の危険性が存在し、被告人両名がそれを認識していたとの証拠はない。

(3)nに対する融資につき、弁護人は、入居率が大幅に下落したのは融資後の突発的事情であるなどと主張するが、一棟貸しの解約などは予見可能な要素とい

うべきであり、むしろそのようなリスクが内在するからこそ、厳しい基準に基づくシミュレーションが必要であるとさえいうこともでき、弁護人の反論は採用できない。

しかし、ここでも回収の危険性や被告人両名の認識が原判決が説示する程度を超えていたとの証拠はない。」

3　図利加害目的の存否について

控訴審においても、本人の利益を図る目的が主目的であったか否かが激しく争われた。

ここでも、控訴審判決は、明快に検察官の主張を排斥した。重要なポイントごとに裁判所の判断を紹介する。

(1) 自己図利について

「所論は、原判決が自己図利の認識及び程度を過小に評価していると主張する。

まず収入の点をみると、確かに、被告人両名が、特定合併に際し福徳銀行を退任したにもかかわらず、関連会社の顧問に就任するなどして従前と同様の報酬を維持したことは、特定合併が公的資金を導入する破綻処理策の一種である趣旨に照らして相当でないことは明らかであり、金融当局がこれを黙認していた事情があったとしても、それ自体、社会一般の常識と乖離していることは否めない。

また、責任追及の点をみても、上記認定に照らせば被告人両名が流動化スキームの回収の危険性を認識していたと認められること、被告人《乙1》がo監査役の発言を取締役会議事録に記載させなかったことなどをみると、被告人両名において責任追及の可能性を全く危惧していなかったというのは不自然である。

弁護人は、特定合併後に調査委員会が設けられることになっていたなどと反論するが、上記のように関連会社の顧問に就任するなど影響力を残して退任した場合には、同委員会による責任追及が形式的に止まることも予想されるというべきである。さらに、被告人両名以前の経営トップが経営悪化の主原因を作出したとはいえ、被告人両名もその当時から幹部の地位にあり、その後経営トップの地位に就きながら経営悪化をくい止められなかったことなどにつき責任がないとはいえないとの指摘もなし得ないではない。

しかしながら、上記認定のとおり、<u>旧キャッシュフロー表に基づく流動化スキームは大蔵省検査によって是認され、その後の特定合併実施計画においても明示されていたことをみると、これがその後に否定されて責任追及される事項になることを予測し</u>

ていたとは考えにくいこと、報酬維持の点も被告人両名が新経営陣に働きかけるなどの計画的なものとも認められないことなどに照らすと、報酬維持や責任追及の回避を主目的として本件各融資を実行したとは認められない。

そして、銀行が破綻した場合の預金者、取引先等のほか地域経済に与える混乱には甚大なものがあり、これを避けようと考えることは銀行経営者として自然であること、少なくとも被告人両名が経営トップの地位に就いた時期において、福徳銀行の破綻を避けるための実現可能な他の手段については所論もこれを指摘できていないことに照らすと、結局、本件各融資を実行した主目的は福徳銀行の破綻を避けるために特定合併を実現させることにあったという原判決の認定は相当である。」

(2) 本件各融資のメリット

「所論は、原判決が認定する本件各融資を実行することにより特定合併を選択することのメリットにつき、〔1〕行政のバックアップ、近隣他行との合併、公的資金による資金注入を期待していたとはいえず、さらにこれは違法行為を実行することになるから望むことは許されない事項である、〔2〕特定合併に係る実施計画をみても、新銀行の自己資本は発足時点からぜい弱であったことを無視している、〔3〕特定合併後の検査で厳しい基準で審査されることまで予想していなかったはずはない、などと主張する。

しかし、〔1〕の点は、特定合併が金融当局が主導した構想であることからすると、合併後に更なる支援策を期待するということは不自然でなく、このことは、自己責任の原則が強調され始めたとはいえ、いわゆる護送船団方式の名残が強かった当時においては、なおさら自然な認識であったと考えられる。また、上記認定のとおり、この時点で福徳銀行が実質破綻していたとは認められないから、これを望むことが許されなかったともいえない。

〔2〕の点も、特定合併により対外的信用が向上し、市場の信任が得られるという期待もむしろ自然であったと認められる。

〔3〕の点は、確かに、被告人両名においても、上記認定のとおり旧キャッシュフロー表の問題点を認識していたと認められるから、厳しい基準に基づく検査を実施される可能性を全く認識していなかったとはいえず、また、金融当局として銀行の監督を強化する観点から基準を変更する必要性もあり得るから、弁護人がここで会計の継続性の問題を強調することは不適当である。しかしながら、金融当局がわざわざ斡旋までして特定合併を実現に導いたことから考えて、直ちに破綻につながるような厳しい検査基準を適用することを予測していたとまでは認められず、上記の問題性も、

上記〔1〕の各種支援策を得るなどし、上記〔2〕の自己資本増強を図る中で解消できるものと考えていたとみるのが相当である。このような意味で〔3〕は採用できない。」

(3) 本件各融資のデメリット

「所論は本件各融資のデメリットにつき、多額の不良債権が増加するから、たとえ特定合併を実現しても、単なる一時的な延命に過ぎず、新銀行がいずれ破綻することが明らかであると主張する。

確かに、新銀行であるb銀行が現実に早期に破綻している。しかし、本件証拠を総合してもその原因を明確に認定することはできず、少なくとも、本件各融資を含むこの時期の流動化案件を実行して不良債権を増加させたことが、直接破綻を招いたとは認められない。むしろ、その大きな要因を金融当局の姿勢が変化したことに求める弁護人の主張も一概に排斥できない。そうすると、被告人両名においてb銀行の早期破綻を予期できたとは認められない。

したがって、本件各融資が単なる一時的な延命策であったというデメリットがあったとはいえない。」

(4) メリットおよびデメリットの総合判断

「所論は、〔1〕メリット・デメリットの総合として、傷口を大きくしてから破綻するよりも傷口が小さいうちに破綻処理された方が、真に同銀行のためになることが客観的に明らかであること、〔2〕被告人両名の捜査段階の供述は真実であることから、被告人両名もそのことを認識していたと主張する。確かに、早晩、新銀行の破綻が避けられず、単なる延命にすぎないと認められる場合には、所論を容れる余地がある。

しかし、〔1〕の点は、上記認定によれば、特定合併が実現すれば破綻を避ける可能性が相当程度あったとも認められ、傷口を大きくして破綻するという事態が優に予測できたとはいえない。

また、〔2〕の点は、供述の変遷を考慮し、公判供述との対比において、その信用性を否定した原判決の認定に誤りは認められない。

したがって、被告人両名が、特定合併を実現することにより銀行を存続させたいと考えていたことが、単なる実現可能性の乏しい期待ないし願望の域にとどまっていたとはいえないと認めた原判決の判断は相当である。」

(5) 他の観点からの検討について

「以上の認定に対し、所論は、〔1〕原判決が被告人両名が本件各融資を行ったことが、公的役割を有する銀行の経営者として社会的に相当なものとは認め難いと述べながら、特別背任罪において主に本人の利益を図る目的でなされた場合本罪は成立しないと説示した点につき、この説示は、銀行が受けていた各種の規制を無視し、健全な社会常識等に反し、およそ許容できない、〔2〕仮に福徳銀行に利益がもたらされるとしても、違法性を帯びて社会的に是認されるものでないことが明らかな利益については、本人の利益と解することはできない（あるいは、銀行自体にも刑事罰を受けることを余儀なくさせる行為であるから、これは本人加害の高度の認識があることになる。）などと主張する。

確かに、上記認定によっても、被告人両名は本件各融資の全額の回収可能性がないことを未必的にも認識していたと認められるから、その意味で虚偽報告や虚偽開示があったといえないこともなく、この点を含めて被告人両名が福徳銀行の経営トップとしてこの特定合併において果たした役割は社会的に是認されるものではないとの厳しい見方も不可能ではない。弁護人は、現在大手行でも不良債権の処理に苦心していることからすると、被告人両名に責任を負わせることは相当でないと反論するが、現在の状況をみると、反論とは反対に、金融機関経営者の極めて重い社会的責任にかんがみて、そのモラルハザードを防ぐためにも、経営事項についての判断においても安易な弁解は許さないとの見方もできる。旧キャッシュフロー表を安易に是認したことなど、本件においては金融当局の責任も無視し得ないが、これによって銀行経営者が責任を免れるわけでないこともまた事実である。

しかしながら、<u>特別背任罪が目的犯とされている立法趣旨及び同罪に関する最高裁判例に照らすと、図利加害目的の存否の判断において、手段や本人にもたらされる利益の違法性を直接考慮することは予定されていないと解するのが相当であり、手段や利益の違法性が極めて大きい場合は、それによる本人加害が高度に評価されることが多く、その場合には結果的に本人図利が否定されるという関係に立つと解される</u>。換言すれば、<u>たとえ手段や利益の違法性が高いとみられる場合でも、行為者の主観において、それを専ら本人のためにするとの意識の下に行うことがあり得ないではない</u>。

これを本件についてみると、所論〔1〕及び〔2〕が手段や利益の違法性に関して主張するところをみても、<u>特定合併が実現せずに破綻に至るという事態を超える本人加害の状態が発生したとまで認めることはできない。特別背任罪の成立要件としての損害がすでに本件各融資の時点で発生しているとみるべきこと上記のとおりであるが、もちろん回収可能性が全く否定されているわけではなく、上記のような認識内容</u>

が未必的であることや銀行存続のメリットなども総合考慮すると、融資の時点で本人加害の目的があったと認定することには無理があるといわざるを得ない。
　また、手段の違法性につき、上記のように福徳銀行が債務超過の状態にあったとまでは認められず、したがって所論がいう粉飾決算ともいえない実態であること、また仮に所論のように違法性が強いと考えるのであれば、検察官としては端的にそれらの罪で起訴することもできることを総合すると、かならずしも特別背任罪の成立要件の判断において考慮しなければならない根拠ともならない。したがって、所論〔1〕及び〔2〕は上記の判断を左右しない。」

第4　おわりに

　以上、第一審、控訴審それぞれにおける検察官、弁護人の主張とこれに対する裁判所の判断を紹介した。
　いずれの判決も、2009年7月現在、判例集等、アクセスが容易な公刊物には掲載されていないため、やや詳細にわたって引用した。
　弁護人としての立場を離れて、改めて本件をみるとき、明らかに検察官の「事件の見通し」、「見立て」に重大な誤りがあったといわざるをえない。その見通し、見立ての誤りは、被告人両名の生活を一変させ、多大な苦痛を与えたというに留まらず、ひいては、特定合併により新設されたなみはや銀行の破綻につながったのであって、株主、従業員、取引先等の銀行関係者のほか、関西の経済にまで大きな影響を及ぼしたのである。
　このような悲劇が繰り返されないよう、われわれ弁護士は、誤った捜査、誤った起訴がなされることを何としてでも阻止していかなければならない。

6

自白に頼った杜撰な捜査と闘う

宇和島事件

大橋靖史

第1 はじめに

　宇和島事件は、無実の被疑者が自白し起訴され、いったん審理が終わってしまったが、判決までの間に真犯人が発覚し、検察が異例の無罪論告を改めて行い、無罪判決が下された冤罪事件である。刑事裁判における有罪率が99.9%を超えている我が国の現状では、他県で真犯人が逮捕され、本件犯行について自白していなければ、被告人は有罪になっていた可能性が高いと思われる。

　本稿では、虚偽自白が生みだされた取調べの問題点や、杜撰とも言える捜査の問題点を明らかにするとともに、それらの問題がどうして生じたのか、さらには、問題の再発を防止するにはどのような手立てが必要なのかについて論じていく。

1 宇和島事件の概要

　宇和島事件は、1998年10月に愛媛県宇和島市内の民家から貯金通帳などが盗まれ、1999年1月に農協から50万円が引き出された窃盗事件である。

　被害者Nさんは、1999年1月26日、銀行の定期預金書換えのため印鑑が必要となり、自宅にある印鑑を探したところ、農協の通帳と印鑑がなくなっていることに気がついた。そこで翌日（1月27日）、農協に電話で問い合わせたところ、同年1月8日に何者かが通帳から50万円を引き出していることが分かり、そこで初めて被害に気づき、警察に被害届を提出した。

その時点では、被害者はそれまで通帳や印鑑を盗まれたことに気づかず、また、荒らされた形跡もなかったと証言していた。しかし、1月29日に農協の防犯ビデオを見た被害者は、Nさんの知り合いの男性Yさんに雰囲気が似ているとの供述をおこなった。そこで、宇和島署は1999年2月1日午前6時過ぎにYさん宅の家宅捜査を行うとともに、Yさんに任意同行を求めた。Yさんは事情聴取の6時間後（同日午後2時頃）に自白し、同日、印鑑を盗んだ窃盗容疑で逮捕された。その後、自白は維持され、地検宇和島支部は2月12日に印鑑を盗んだ窃盗罪でYさんを起訴した。Yさんは否認に転じ、その後も一貫して否認を続けた。また、3月4日には宇和島署が通帳の窃盗容疑でYさんを追送検した。

　1999年3月23日の初公判でもYさんは、起訴事実を全面的に否認し、無実を主張した。しかし、地検宇和島支部は6月22日、通帳を盗み現金を引き出したとして窃盗、詐欺罪でYさんを追起訴した。そして、1999年12月21日の論告求刑公判で、検察側はYさんに懲役2年6月を求刑した。

　こうしたなか、公判中の1999年10月27日、高知県南国署が大阪市内の男性Mを強盗致傷容疑で逮捕した。Mには余罪があり、その1つがNさん宅からの窃盗であった。2000年1月6日、高知県警から愛媛県警に「大阪市内の男が宇和島市の窃盗を供述している」との連絡が入った。2000年2月初旬、Yさんの無実が濃厚となり、地裁支部で行われた裁判所、地検、弁護士の三者会談で、今後の対応について協議がなされた。2月21日、地検支部がYさんの拘置と、2月25日の判決公判の期日の取消しを請求した。この請求は即日認められ、Yさんは385日ぶりに釈放された。しかし、釈放の3日前に息子の無罪を念じていたYさんの父親は他界していた。

　2000年3月1日、高知地検は公判中の真犯人Mを宇和島市の窃盗事件で追起訴した。3月22日、松山地検が誤認起訴を公表し、3月23日には県警が誤認逮捕であったことを謝罪した。そして、4月21日に検察は誤認逮捕・誤認起訴を認めた無罪論告を行い、松山地裁は2000年5月26日無罪判決を下した。誤認逮捕から無罪判決まで1年3カ月半、拘留期間は1年20日間であった。

　なお、1999年2月12日になされた起訴における公訴事実は以下のとおりである。「被告人は、1998年12月下旬ころの午後7時ころ、愛媛県宇和島市のN方において、同人所有の印鑑ケース入り印鑑1本（時価合計2万500円相当）を窃取したものである」。

　また、1999年6月22日の追起訴における公訴事実は以下のとおりである。「被

告人は、1998年10月上旬ころ、愛媛県宇和島市のN方において、N所有の普通貯金通帳1通（預金額51万6,334円）を窃取し、1999年1月8日午後零時14分ころ、農業協同組合本所において、行使の目的をもって、ほしいままに、ボールペンを用いて、同所備え付けの貯金払戻請求書用紙1枚の金額欄に『500000』、おなまえ欄に『N』と各冒書し、そのお届印欄に窃取にかかる『N』と刻した印鑑を冒捺し、もってN作成名義の貯金払戻請求書1通を偽造した上、即時同所において、同組合本所の窓口係員に対し、偽造にかかる貯金払戻請求書を真正に成立したもののように装い、前記窃取にかかる普通貯金通帳と共に提出行使して普通貯金の払戻しを請求し、同人をしてその旨誤信させ、よって、即時同所において、同人から普通貯金払戻し金名下に現金50万円の交付を受け、もって、人を欺いて財物を交付させたものである」。

さらに、2000年4月21日になされた検察による無罪を求める論告要旨は以下のとおりである。「被告は捜査段階で自供し、その供述内容には秘密の暴露も含まれており、客観的事実を考慮して、起訴した。被告は否認に転じ、公判で無罪を主張した。その後、高知において別件で逮捕された男が本件犯行にも関与した可能性があることが分かり、高知県警は、愛媛県警に捜査情報を報告するとともに、男の本格的な取調べを開始した。高知地検などが検討を重ねた結果、この男の犯行である疑いが強まり、松山地検宇和島支部は被告の拘置取り消しを請求した。高知で逮捕された男は高知地裁で開かれた公判で、本件犯行を全面的に認めている。以上の結果、現段階ではこの男が犯人であることが明白である。よって被告が本件に全く関与していないことは明らかであり、無罪の判決を求める」。

2　その後の経過

無罪が確定した翌2001年、松山地裁宇和島支部は、Yさんの刑事補償の請求通り、拘置期間386日分の刑事補償482万5,000円を交付する決定を下した。

その後、Yさんは2002年6月21日に、警察と検察による違法捜査により不当に長期間拘束され多大な損害を受けたとして、国と県を相手に慰謝料や逸失利益など計約1,000万円の支払いを求める国家賠償請求訴訟（以下、「国賠訴訟」）を松山地裁に起こした（なお、訴訟の内容については次節以降において検討）。訴訟では、原告であるYさん側は、県警の捜査手法の杜撰さや、地検の裏付け捜査の不十分さなどを指摘した。一方、被告の国および県側は一貫して捜査の違法性を否認した。

2006年1月19日、松山地裁は国家賠償請求を棄却した。裁判長は「自白を強

要したとは認められず、捜査に違法性はない」などとして請求を棄却した。判決のなかで裁判長は、「原告は取り調べ中に手をはたかれたなどの事実を本訴訟で突如新たにするなど、供述全体が信用できない」と指摘するとともに、自白に至った6時間にわたる取調べに関しても「当初否認していたため、十分に事情聴取する必要があった」と、その正当性を認め、焦点だった自白の強要について完全否定した。

判決後、Yさんは「警察や検察の言い分だけを受け入れた判決で、怒りを覚える」と控訴する考えを表明した。また、弁護団長の西嶋吉光弁護士は「公権力の違法行為を追認しただけであり、冤罪を防ぐという意識に欠け、かえって助長するものだ」との弁護団声明を発表した。そして、原告側は判決を不服として、高松高裁に控訴した。

国賠訴訟の控訴審は、2008年4月25日に、県が500万円、国が100万円の和解金を支払うことで、高松高裁において最終的な和解が成立した。原告側は、この和解を、一審判決の事実認定を覆した実質上の勝訴と受け止めている。和解条項の前文には、「(国と県が)本件を真摯に受け止め、今後は警察権、検察権の適正な行使に努める」との文言が盛り込まれた。1999年2月の誤認逮捕から約9年、2002年6月の提訴から約6年が経過していた。和解成立後、Yさんと弁護団は高松市内で記者会見し、「自白に頼らず、客観的証拠に基づいた裏付けを徹底してほしい」と訴えた。弁護団は、早期解決のために和解を選択したと説明するとともに、一審では勝訴した県と国側が和解に応じたことについては「杜撰な捜査をある程度認めざるを得なかったのでは」などと語った。

以上が、事件およびその後の経過の概要である。続く2節および3節では、国賠訴訟において原告であるYさん側と被告である国および県側が、それぞれどのような主張を行ったかについて検討する。さらに、4節以降では、両者の主張・見解の相違点を明らかにすることを通して、宇和島件における誤判原因について考察を加える。

第2 国賠訴訟における原告の主張

訴状によれば、国賠訴訟において原告側は、警察官および検察官の違法性として、①自白を強要していること、②ビデオの調査・検討が不十分なこと、③アリバイについて聴取していないこと、および④無責任な起訴がなされ、また釈放までの手続が遅延していることを主たる問題点として指摘している。以下、各項目について原告の主張を紹介する。

1 自白を強要していること

　Yさんは、1999年2月1日朝、宇和島警察署に任意同行を求められ、当初は否認していたが、同日午後2時頃から虚偽自白を始めた。

　Yさんは、虚偽自白をした理由について、警察官が机をたたくなどしつつ、「証拠があるんやけん、早く白状したらどうなんや。実家の方に捜しに行かんといけんようになるけん迷惑がかかるぞ。会社とか従業員のみんなにも迷惑がかかるけん早く認めた方がええぞ。長くなるとだんだん罪が重くなるぞ」などと自白を強要され、実家や職場の人たちに迷惑がかかると思ったからだと言い、その旨の供述調書も作成され、無罪判決においてもそのように認定している。

　取調べの状況については、取調官による1999年2月14日付捜査報告書が作成されており、刑事事件の証拠として裁判所に提出されている。その内容は次のとおりである。「被疑者方等の捜査開始から、被疑者は本件等の犯行を一貫して否認していたが、右否認の供述については、曖昧で不自然な点が多数見受けられたため、同日（1999年2月1日）午前7時58分に被疑者を当署に任意同行して刑事課5号取調室において、鋭意取調べを実施した。しかし、被疑者の供述は理路整然としておらず、供述に一貫性がなく、同人の口からは、何の感情も持たず機械的に『私は、やってません。』の言葉を繰り返すのみで、本件等の犯行を頑強に否認し続けていたが、同人の顔面は蒼白になり、目の視点が、幾度となく変わり『目が泳いで』落着きがなく、唇が渇き、口内の入歯をしきりに舌で動かして口の中の渇きを潤したり、吸っていた煙草を持つ指先が、小刻みに震えて、明らかに本職の取調べに動揺している状況が、見受けられたものである。同日の午前の取調べを終了し、午後0時から午後1時までの間は、取調べを中断して同人に昼食として『官給糧食』を取らせ、引き続き午後1時から取調べを行った。被疑者に対しては、午前中の取調時と同様に毅然たる態度で、被疑者の供述の曖昧な点及び、不自然な点を追求していたところ1時間位経った頃の午後2時頃に突然号泣しだしたので、本職は何故号泣するのか質問したところ、『誰も自分の言うことは信じてくれない。』と申し立て、同人は自己の犯行を悔い改めたり、被害者に対する謝罪の気持ちは認められなかった。引き続き、本職は被疑者に対して取調べを行ったところ、被疑者は平常心を取り戻すも再び前記のような動揺した仕草を、顕にしていたが、突然」犯行を認める供述を始めた。

　捜査報告書からもYさんが厳しく取り調べられた様子がうかがえる。取調官は、「供述の曖昧な点及び、不自然な点を追求した」というが、この時点では、車の中の

10万円は発見されていないことから、客観的証拠はビデオしかなく、しかも原告は、「何の感情も持たず機械的に『私は、やっていません。』の言葉を繰り返すのみ」だったということから、本来、供述の曖昧な点および、不自然な点はないはずである。それにもかかわらず、Yさんの「顔面は蒼白になり、目の視点が、幾度となく変わり『目が泳いで』落着きがなく、唇が渇き、口内の入歯をしきりに舌で動かして口の中の渇きを潤したり、吸っていた煙草を持つ指先が、小刻みに震えて、明らかに」取調べに動揺し、号泣したことから、脅迫的・高圧的に自白を迫り、Yさんに「やくざに取調べられているような口調で怖かった」と言わせるような取調べがなされたことが容易に推測できる。

以上のとおり、警察官が脅迫的言辞を用いて、原告に自白を強要したことは、疑いようのない事実である。被害者に対する脅迫的・高圧的取調べが虚偽自白を生み、冤罪の原因になっていることは、これまでにも幾度も指摘されていることである。

2 ビデオの調査・検討が不十分なこと

警察官は、被害者の貯金を引き出した犯人を撮影した防犯ビデオないしビデオをプリント・アウトした写真（以下、「ビデオ写真」という）をYさんに見せて取調べをしていなかった。

ビデオ・テープはモノクロであって不鮮明であり、コマ落としのような映像であって、犯人が男性であることはわかるものの、直ちに人物を識別できるようなものではなかった。このようにビデオないしビデオ写真は不鮮明なものであったが、警察では、ビデオ写真を被害者に見せて、「写真を見て、私方の預金通帳から現金を引き出している男はYさんによく似ているので、大変驚いたのです」（被害者の1999年1月29日付員面調書）との供述を得て、Yさんに対する捜査が開始されており（検察官冒頭陳述）、また、検察官による1回目の論告でも「○○（Yさんが勤務していた会社の雇い主）の証言については、似ていないとする同人の証言がある一方、酷似しているとする被害者の証言もあるとおり、あくまで感覚に基づくものであって、むしろ、平素、部下職員として被告人を見ているに過ぎない○○よりもYさんと情交関係を有して長年同棲同様の生活をしてYさんと接してきた被害者の証言の方が信用できるというべきである」とビデオ・テープを有力な証拠として指摘している。

このように重要な証拠として考えられていたビデオ・テープであるが、Yさんの員面調書・検面調書には、ビデオの再生画像ないしビデオ写真を見せられて尋問された形跡が見当たらない。初めてビデオ写真を見せられたのは、国選弁護人が選任され

たあと、弁護人からであるとのことである。そして、弁護人からビデオ写真を見せられたとき、「自分は、顎が出ているのに写真の男は出ていない」「写真の男は、頬が出っ張っているように見えた」「出口から出るところの写真を見ると、自分の作業ズボンは、膝のところにポケットが付いているのに、写真の男のズボンには、膝のところにポケットがついていないように見えた」「写真の男は、背がスラーと高く感じた」「自分は、年がら年中白い長靴を履いているが、写真の男の靴は黒く写っていた」ということを感じたとのことである。実際、Yさんの身長は約160cmであるのに対して、真犯人の身長は約180cmであり、体格に大きな差異があった。ビデオに撮影された男の体格・身長を画像から算出するか、Yさんにビデオ・テープに撮影されている犯行状況を再現させて、同じ防犯ビデオ・カメラで撮影していれば、容易に別人であることが確認できた。

もしYさんがビデオ写真を見せられていれば、背の高さ、ズボンのポケットの相違について指摘していたであろうから、指摘を受けて上記の捜査も行われていただろうと思われる。そうすれば、Yさんが無罪であることが早期に判明していたものと思われる。これは一見結果論のように見えるが、捜査機関にとっての重要証拠は、被疑者にとっても重要証拠なのであって、重要証拠についての被疑者の説明・弁解を聴取しないという警察・検察の態度は、強く非難されるべきである。

3 アリバイについて聴取していないこと

Yさんは1999年2月1日朝に宇和島警察署に任意同行されて取調べを受け同日の午後2時頃に犯行を認める供述をしてから同年2月12日に否認に転ずるまで犯行を認める供述をしていた。その後、Yさんは否認に転じたが、防犯ビデオ・テープには1999年1月8日午後12時10分23秒に預金を引き出した姿が最初に撮影されていることから、預金引き出し時前後のYさんのアリバイが重要な意味を持ってくる。

しかしながら、Yさんの否認後の員面調書・検面調書には、Yさんが前記日時頃、どこで何をしていたかという点についてのYさんのアリバイに関する供述の記載がどこにもない。普段は、12時のサイレンが鳴ったら、仕事を止めて手を洗って、仕事場の窯と窯の間が暖かいので、ほとんど毎日、同僚のK君と一緒に昼飯を食べることが多く、外に食べに出ることはあまりなかったとのことなので、当日（1月8日）の昼休みも同僚のK君と食事をしていた可能性が高い。

1999年1月8日の昼休みのYさんの行動に関する捜査としては、Yさんの当時の雇い主に対する1999年2月12日付員面調書が作成されているだけである。否認後

も、Yさんの1月8日の昼休みの行動についての同僚等の事情聴取は一切行われていない。捜査とは、被疑者の弁解を聞いたうえで、被疑者の弁解を裏付ける証拠あるいは弁解を覆す証拠を収集することを主たる任務とするものであり、アリバイに関する捜査は、否認事件の捜査のうえで中心的なものである。それにもかかわらず、前提となるアリバイに関する被疑者の弁解の聴取さえなされていない。また、Yさんは、否認するまで、「正午に職場が昼休みになり同僚の誰だったか忘れたが、『ちょっと出てくるけん。』と言って、職場から車を運転し……」と供述していたのであるから、自白の裏付けのために否認に転ずる前でもYさんの同僚等にYさんの行動を確認するのが捜査機関として当然の態度だったと言える。早期に従業員等から聴取していれば、Yさんのアリバイが証明できていた可能性がきわめて高い。

　また、Yさんの当時の職場からJAえひめ南農業協同組合本所まで実測距離が4.2kmであり、所要時間が自動車で通常走行して6分程度である旨の捜査報告書が証拠として提出されていたが、愛媛弁護士会が走行実験を行った結果ではそれ以上の時間がかかった。徒歩で車まで移動する時間、駐車場で車から下りて農協まで歩く時間を加えると、Yさんが昼休みに入ってからわずか約10分の間に農協に到着することは経験則に反する。こうした弁護人の主張に対する反対証拠として捜査報告書が提出されているが、車での移動時間以外の所要時間について一切触れられていないこと、実測したというその実測した日時、実測した対象等も一切記載されていないことから見て、杜撰な捜査というのに止まらず、裁判所が誤解することを意図して作成された疑いすらある。

　以上**1**、**2**および**3**から、捜査の問題点は、極端な見込み捜査と自白偏重の捜査にあったと言える。不鮮明なビデオとビデオに写っている人物がYさんに似ているという被害者のあやふやな供述だけで、Yさんを犯人と決め付けて自白を強要し、いったん自白を得ると、その後、否認に転じても、原告の弁解を聞こうとさえしない。ビデオを科学的に分析していれば、あるいは、Yさんのアリバイについて早い機会に聞込み捜査が行われていれば、Yさんの無実が早期に明らかになったと思われる。警察官・検察官は、これらの捜査をしなかったどころか、その前提となるYさんの弁解すら聴取していないのである。

　また、否認に転ずる前の段階であっても、原告の自白内容は、10月上旬に貯金通帳を盗み、12月下旬に印鑑を盗み、翌年の1月8日に貯金を引き出したというものであって、きわめて不自然なものであり、被害者の被害届とも一致していなかったのであるから、自白の裏付け捜査、ビデオやアリバイに関する捜査を行う必要があっ

たと言わざるをえない。

4　起訴の違法性および釈放までの手続の遅延

　検察官は、1999年2月12日に、1998年12月下旬頃、印鑑を窃取したとの事実でYさんを公訴したあと、1999年6月22日に、1998年10月上旬頃、貯金通帳を窃取したとの事実と、1999年1月8日、貯金を引出したとの事実で追起訴している。しかし、本件は窃取した通帳と印鑑を利用して、貯金を引き出したというものであり、印鑑1本の窃盗で起訴するのは、本来、不自然な起訴と言わざるをえない。なぜなら犯罪の性質から見て、貯金を引出したという有印私文書偽造・同行使・詐欺の事実が中心となる事案であり、証拠の面から見ても犯行状況が撮影されており、犯人が書いた貯金払戻請求書が残っている有印私文書偽造・同行使・詐欺の事実が中心となるはずの事案だからである。印鑑窃盗・通帳窃盗・有印私文書偽造・同行使・詐欺は、本来、一括して処分が決定されるべきものであって、有印私文書偽造・同行使・詐欺について、十分な証拠が揃っておらず、さらに捜査が必要と判断される段階で、印鑑の窃取についてのみ起訴するにたる証拠が揃っているはずがない。通帳窃盗・有印私文書偽造・同行使・詐欺について、十分な証拠が揃っていなかったのであれば、印鑑窃取も起訴すべきではない。

　また、なぜ追起訴まで4カ月半もの時間を要しているかという点が問題になる。起訴まで4カ月半もの期間を要しているのは、犯人とYさんの同一性について合理的な疑いを超える確たる証拠がなかったからであり、新たな証拠が得られず、むしろ自白が客観的事実と合致しないことが明らかになったにもかかわらず追起訴を行っているのは、通帳窃盗・有印私文書偽造・同行使・詐欺を嫌疑不十分で起訴しなかったら、先に起訴した印鑑窃盗を維持できなくなるからにすぎない。すなわち、証拠が不十分でありながら、先に起訴した印鑑窃盗を維持するためだけに、無責任な起訴がなされているのである。

　真犯人が本件犯行を高知県警察南国警察署の警察官に対し自白したのは、2000年1月6日のことであり、同日中に宇和島警察署に通報されたもようである。翌1月7日には、南国警察署によって真犯人について被害者方の引当たり捜査も行われている。しかし、松山地方検察庁宇和島支部検察官が宇和島警察署から報告を受けたのは、2000年1月下旬のようである。そして、原告が釈放されたのは、さらに遅れて2000年2月21日のことであり、同日、検察官が弁論再開を請求するとともに、原告の身柄を釈放した。すなわち、真犯人の自白から原告の釈放まで1カ月半を要し

ている。無実の者の身柄を拘束している蓋然性が高い疑いが生じているにもかかわらず、警察から検察への連絡が著しく遅延しており、検察官が連絡を受けてから釈放のための手続をとるまでがあまりに遅すぎると言わざるをえない。釈放までの手続が遅延したために、Yさんは父親の死に目に立ち会うことができず、大きな精神的苦痛を被っている。

5 まとめ

　原告側の主たる主張は、①警察官による脅迫的・高圧的な取調べがYさんの虚偽自白を生みだしていること、②ビデオおよびビデオ写真をYさんに見せていればYさんが無罪であることが早期に判明していたと思われること、③Yさんのアリバイおよびアリバイに関する関係者への聴取がなされていないこと、④無責任な起訴がなされているとともに、真犯人の自白からYさんの釈放までの手続が遅延していることにある。
　それでは次に、これらの主張に対する被告の答弁について検討を加える。

第3　国賠訴訟における被告（国および県）の主張

　答弁書および準備書面によれば、国賠訴訟における被告である国および県の主張は、以下の点にある。なおここでは、原告側の主張する上記の4点の問題に対応する形で、被告側の主張をまとめることとした。

1　自白を強要していたとの主張に対する反論

　まず、国は、次のような反論を行っている。

　原告は検察官がYさんの自白が警察官による強要によってなされたものであることを見逃し、自白を偏重して杜撰な捜査を行った旨主張するが、Yさんがなした自白が警察官の強要によるものであることを認めるに足る証拠はない。
　Yさんは、検察庁における弁解録取、裁判官の勾留質問及び検察官調べの各段階を通じて、公訴提起に至るまで一貫して被疑事実を認め、警察官に自白を強要された旨の主張は一切していなかった上、否認に転じた後、主任検察官が、自白をした理由をYさんに確認した際も、警察官から脅迫や暴行等により自白を強要されたな

どとの訴えはなかった。

　Yさんの自白は、その内容や他の証拠との整合性などを考慮しても、不自然な点はなく、その証拠能力や証明力を疑うべき状況はなかったものであって、検察官は、Yさんの自白を適正に評価し、且つ、補強証拠となるべき他の証拠も併せて考慮した上、Yさんを犯人であると判断した。

　起訴後、刑事事件の公判において、検察側が、Yさんの自白調書の取調べを請求した際も、Yさんの弁護人は、任意性を争うことなく自白調書の取調べに同意し、弁論においても、自白の強要があった旨の主張をしておらず、Yさんも、被告人質問において、親兄弟に迷惑をかけるから正直に言えと言われて自白した旨供述しており、警察官から違法・不当な取り調べを受けたという主張はしなかった。

　また県は、次のような反論を行っている。

　Yさんは、警察官が机を叩くなどしつつ、「証拠があるんやけん、早く白状したらどうなんや。……だんだん罪が重くなるぞ。」等と申し向け、自白を強要したと主張するが、そのような事実はない。

　Yさんは、1999年2月14日付捜査報告書に記載のある、「顔面は蒼白になり、目の視点が幾度となく変わり……明らかに動揺する素振りを見せた。」を引用し、「やくざに取調べられているような口調で怖かった。」として、高圧的・脅迫的な取調べが行われたと主張する。しかし、Yさんが引用した捜査報告書のくだりは、被疑者が自供に転ずる前の一般的な特徴であって、しかも、原告にも同様の変化が認められたので、その状況をありのまま捜査報告書に記載しただけであり、それをとらえて自白の強要があったとするのは失当である。

　Yさんが自白に転じた理由としては、その供述内容は合理的で何ら不自然な点はなく、当時、独り身で借金を背負っていた原告が、面倒を見てくれる被害者に捨てられたくないとの心情は十分に理解できる。このことからも、取調官の情理を尽くした、真摯な取調態度にYさんが呼応した結果の自白であると判断するのが自然であり、強要ないし高圧的な取調べを行った事実はない。

　取調べは、被疑者の良心に訴えるような方法のほか、時には毅然たる態度で厳しく追及することも当然に想定されるべきであり、仮に取調官が否認するYさんに対して追及的な取調べを行ったとしても、それが直ちに自白を強要したということに結びつくとは限らない。特に本件の場合、被害者の供述や実況見分の結果等から、当時のYさんの容疑性が強く認められたのであるから、容疑性の低い犯人と比較して、あ

る程度、厳しく追及するのは、むしろ取調官として当然のことである。そもそも、自白の強要とは、一般的に暴行や脅迫等により任意性のない自白を得るものと考えられるところ、本件の場合は、暴行や脅迫の事実は一切なく、Yさんの主張は前提を欠く根拠のないものである。

2　ビデオの調査・検討が不十分であったとの主張に対する反論

防犯ビデオの解析について、国は次のような反論を行っている。

防犯ビデオの解析についても、警察大学校警察通信研究センター技術研究室において、防犯ビデオの再生写真につき画像鮮明化処理を行っており、可能な限りの解析は尽くしていた。

また、県は次のような反論を行っている。

ビデオ写真について、宇和島署では、Yさんの存在を知らない時点で、何の先入観も持たずこのビデオ写真を被害者に提示しており、その結果、被害者から、「Yさんによく似ているので、たいへん驚いた。」との供述を得たものである。また、宇和島署がYさんに対しビデオ写真を提示しなかったのは、被害者の供述に高度の信用性が認められたことや、Yさんの車内から発見押収した現金10万円の存在など、当時、存在した他の証拠により、ビデオ写真を見せなくても立証十分と判断したもので、決して捜査を省略したとか手を抜いたとかいうものではない。

防犯ビデオカメラに写された犯人像から身長を割り出そうとすれば、多少なりとも誤差が生じること、また、真犯人が浮上したのは2000年1月6日であるから、それまでは、Yさんと対比すべき具体的な人物が存在しなかったのであり、当時としては、身長割り出し作業をする必要性に乏しく、この捜査手法は用いられなかった。

3　アリバイについて聴取していないとの主張に対する反論

まず、国は次のような反論を行っている。

詐欺等事実の犯行時刻は、午後0時14分頃であるところ、Yさんは、当初「勤務先では、午後0時頃昼休みに入る。犯行当日は、午後0時40分頃から仕込み作

業に入ることになっていた。私は、犯行当日午後0時に職場に停めてある自動車に乗って、農協本所へ向かい、農協本所近くのスーパーの駐車場に自動車を停め、午後0時10分頃農協に入って犯行に及んだ。」旨供述し、公訴提起後、否認に転じたが、その後も、具体的なアリバイの主張はしていない。更に、Yさんは、被告人質問においても、日常の昼休みの状況を供述するとともに、犯行当日は、昼休みに職場から外へ出ていないと供述するのみで、犯行時刻に具体的に、どこで、誰と、何をしていたかについて明確に記憶しているとは供述しておらず、その際の行動については現在に至っても明確には主張されていない。

Yさんが当初自白したとおりの犯行が可能であるか否かという点についても、1999年2月12日、宇和島署警察官が、Yさんが勤務していた会社の代表取締役に事情聴取を行い、「昼休みの午後0時から午後1時までの1時間は外出自由である。」旨の供述を得た上、宇和島署警察官が、勤務先から農協本所までの所要時間について、自動車での走行実験を行って6分との実験結果を得ており、勤務先及び農協本所の各建物と車両との間の走行による移動時間を考慮しても、約10分程度での移動は可能であることが確認されていた。

以上のとおり、当初の自白の内容には、明らかに犯行が不可能と思われる点はなく、また、否認に転じた後も、Yさん側から明確なアリバイ主張がなされていない以上、アリバイ捜査が尽くされていないという主張は失当である。

また、県は次のような主張を行っている。

Yさんは、否認に転じたあと、被害者の貯金が農協から引き出された1999年1月8日の昼休みのアリバイについて質問をされていないし、捜査も行われていないと主張する。しかし、宇和島署では、昼休みの行動についてYさんから聴取しているし、社長ほか従業員からの事情聴取も行っている。なお、取調べの過程を通じて、Yさんから、昼休みのアリバイに関する積極的な主張がなかったのは事実である。

Yさんは、1999年6月15日付、捜査報告書にある「所要時間6分」という結果は疑わしいとし、また、その記載内容が明確でないと主張する。確かに、Yさんが指摘するとおり、捜査報告書には、実施日時は必ずしも明示されているとはいえないが、実施者は捜査報告書作成者であり、実測の始点及び終点、実測方法は普通乗用自動車で通常走行、その結果が実測距離4.2km、所要時間6分であったと明確に特定している。

4 無責任な起訴がなされ、また釈放までの手続が遅延していたとの主張に対する反論

まず、勾留の適法性について、国は次のように主張している。

検察官が届出印等窃盗事実で勾留請求した時点では、①被害品である届出印を使用して貯金払戻請求がなされていたところ、その際の防犯ビデオに撮影された犯人につき、Yさんと情交関係にあった被害者が原告に似ている旨供述していたこと、②Yさんの自白どおり、Yさんの車両の後部座席の床マットの下から現金10万円が発見された上、Yさんが勤務していた職場の事務員から、貯金払戻当日である1999年1月8日頃Yさんが職場に現金で20万円の借入金を返済していた旨の回答が得られており、原告が供述する詐取金50万円のうち30万円の使途先が明らかになっていたほか、Yさんの車両から発見された10万円の現金は隠してあったものであり、窃取にかかるものである疑いが認められたこと、③Yさんは被疑者方の合鍵を所持しており、いつでも同女方に侵入可能であったことなどの事情があり、Yさんが自白していたという事情も併せ考慮すれば、Yさんが罪を犯したことを疑うに足る相当な理由があったことは明らかである。

また、本起訴分（届出印等窃盗事実）の公訴提起の適法性について、国は次のように主張している。

本起訴分の公訴提起時点においては、(1)Yさんは、勾留後の取調べにおいても、本件通帳と届出印を窃取して現金50万円を引き出した旨の自白を維持していた上、その引き当たり捜査結果も被害者方の状況や農協本所の防犯ビデオの撮影結果に概ね符合していたこと、(2)Yさんは、本件通帳の窃取場所につき、「被害届になる寝室のドレッサー椅子の中ではなく、寝室の洋服ダンスの中にあった黒いバックの中から窃取した」旨供述し、同供述を受けて被害者がその旨保管場所を訂正したことや、Yさんが作成した未発見の被害品である巾着型印鑑ケースの見取図が被害品に酷似していることが被害者によって確認されたこと、(3)Yさんは、本件の動機について、「自分はお金に困っていて趣味のパチンコなどのギャンブルも自由にできないのに、ゴルフクラブを買ったり、釣り竿を買ったりして自由気ままに贅沢で優雅な生活をしている被害者の息子を見て、自分も遊びをして余裕のある生活をしたいと思って、被害者の通帳と印鑑を盗んで通帳から預金を引き出すことにした。」などと供述していたところ、

同供述は具体的詳細で原告が供述しない限り録取し得ないような内容であったこと、(4)貯金払戻の前後の期間、Yさんが消費者金融会社から融資を受けている事実があり、Yさんが金銭に窮していた事情が認められたことなどからすれば、有罪と認められる嫌疑があるとした検察官の判断には十分合理性が認められる。

　さらに、追起訴分（本件通帳窃盗事実及び詐欺等事実）の公訴提起の適法性について、国は次のように主張している。

　検察官は余罪捜査を尽くした上、原告が否認に転じたことから余罪に関する自白の信用性を慎重に吟味して追起訴に及んでいるところ、(1)Yさんは任意捜査の段階から届出印等窃盗事実による公訴提起に至るまでは、届出印等窃盗事実のほか、本件通帳窃盗事実及び詐欺等事実も自白していたこと、(2)Yさんは裁判官の勾留質問においても届出印窃取事実の自白を維持していたこと、(3)Yさんは、一連の取調べ過程の中で、本件通帳と届出印の窃取事実を認めながら、それ以外の被害届に記載された保険証等多数の物品については窃取した事実を明確に否定するなど、自己の主張は主張として押し通していたことに加え、(4)未録取供述部分である「貯金払戻請求書を書く際、最初焦っていたので枠からはみ出して書いて１枚書き損じ、もう１枚やり直して書き上げた。」旨の供述については、防犯ビデオの再生写真の画像鮮明化処理により、それに沿った状況（犯人が記載台に２度、手を伸ばしたこと）があったことが判明したこと、(5)原告の、「職場に近い農協高光支所ではなく、わざわざ遠い農協本所で貯金を引き出したのは、高光支所には顔見知りが多く悪事がばれてしまうと思ったからである。」旨の供述についても、捜査の結果、裏付けが得られたことなどから、検察官は、これらを総合的に判断し、自白の信用性を認めて追起訴したもので、当日の証拠関係に照らせば、追起訴にかかる事実についても有罪と認められる嫌疑があるとした検察官の判断には十分合理性が認められる。

　最後に、真犯人発見後、Yさんを釈放するまでの手続の適法性について、国は次のように主張している。

　検察官が真犯人の存在を把握した時点では、その供述内容の真偽を判断するに足る証拠がなかったことから、遠隔地である高知地検及び南国署と連携しつつ、速やかに所要の裏付け捜査を尽くし、真犯人であることが明確になった段階で直ちに勾留取消請求を行って釈放したものであり、何ら適法性に欠けるところはない。

また、釈放までの手続きが遅延していたとの主張に対する県の反論は次のようなものであった。

　Yさんは、警察から検察官への連絡が著しく遅延していると主張するが、真犯人は高知県下の南国警察署で身柄を拘束されており、必要な事実確認やYさんに関するこれまでの捜査結果を再点検し、Yさんの犯人適格性を再評価したうえで検察官へ報告する必要があったことなどから、連絡までに20日を要したものであり、いたずらに理由もなく遅延したものではない。

5　まとめ

　被告側の主張が原告側の主張と異なる点は主に次の4点にあった。①Yさんの自白が警察官による強要によるものであることを認めるに足りる証拠はなかった。②ビデオ写真は可能なかぎりの解析を行ったうえで被害者に提示しており、また、被害者の供述に高度の信用性が認められたため、Yさんにビデオ写真を提示する必要性はないと判断した。③Yさんから、犯行当日の具体的なアリバイの主張がなされていないことから、アリバイ捜査が尽くされていないとの主張は失当である。④勾留、起訴とも適法であり、真犯人発見後にYさんを釈放するまでの手続も適法であった。

　次節以降では、上記2節および3節において示した両者の主張の対立点を踏まえ、宇和島事件における誤判原因について考察することとする。4節では、①の虚偽自白が生じた原因について検討する。次に5節では、②のビデオ写真および③のアリバイ捜査の問題の検討を通して捜査方法に潜む誤判原因について考察する。なお、筆者は法心理学を専門とするため、④の法的手続の問題については、本稿では検討を控えることとする。

第4　虚偽自白が生じた原因

　宇和島事件では、1999年2月1日の朝に任意同行が求められ、警察署内の取調室において事情聴取がなされ、4時間後には自白がなされている。無実の被疑者であったYさんがどうして4時間余りで虚偽自白をするようになったか、その原因の追究がまず求められる。本節ではまずこの点について検討する。次に、本事件の取調べでは、結局のところ、捜査官はYさんの虚偽自白の虚偽性を見抜くことができなか

ったわけだが、どうして虚偽性を見抜けなかったのか、またさらには、どのような点に着目すれば見抜くことが可能であったかについて検討する。最後に、国賠訴訟では、自白の強要が実際にあったか否かが争点の1つとなっていたが、どのようにすれば自白の強要があったか否かを検証することが可能かについて検討する。

1 圧力の場としての取調べの場

前述したように、Yさんが宇和島警察署に任意同行を求められたのは、1999年2月1日である。1月26日に被害者から被害届が提出され、1月29日には農協の防犯ビデオを被害者に見せ、Yさんに雰囲気が似ているとの証言を得ている。こうした状況を鑑みれば、宇和島署はYさんが真犯人である可能性が高いとの前提のもと、Yさんに対してかなり強い圧力をかけながら取調べを行っていたことが考えられる。

実際この点については、国賠訴訟における原告・被告側とも見方は一致している。圧力をかける尋問がなされたことは、次の記述からも推測される。

「被疑者の供述は理路整然としておらず、供述に一貫性がなく、同人の口からは、何の感情も持たず機械的に『私は、やってません。』の言葉を繰り返すのみで、本件等の犯行を頑強に否認し続けていたが、同人の顔面は蒼白になり、目の視点が、幾度となく変わり『目が泳いで』落着きがなく、唇が渇き、口内の入歯をしきりに舌で動かして口の中の渇きを潤したり、吸っていた煙草を持つ指先が、小刻みに震えて、明らかに本職の取調べに動揺している状況が、見受けられた」

（午後になっても）「午前中の取調時と同様に毅然たる態度で、被疑者の供述の曖昧な点及び、不自然な点を追求していたところ1時間位経った頃の午後2時頃に突然号泣しだした」

こうした圧力をかける取調べは、被疑者が真犯人であることを取調官が疑わない場面では、しばしば用いられる。我が国においては、こうした状況において、自白に伴う不利益感を軽減させ、その一方で、否認を続けることによる不安を増大させる尋問技法が用いられることが多い（渡辺、2004）。取調べる側から見ると、被疑者の多くは、取調べにおいて嘘をつき続けるかぎりは逃げ延びられると考え、取調官の質問に対しどのように言い逃れ、矛盾しない嘘をつくかに腐心していると捉えることができる。また、被疑者にこのような欺瞞を動機づける主な要素は、処罰のような自白に伴う不利益な結果を回避することと、家族や自己の将来に対する不安を除去することの2つであると考えられている（渡辺、2004、2005）。すなわち、被疑者が自白するのは、自白に伴う不利益な結果を甘受するほうが、否認を続けることによる不安の持続

よりも望ましいと認識したときである。これに対し、自白に伴う不利益な結果よりも、否認することによる不安に耐えることのほうが望ましいと認識しているかぎり、被疑者は否認を続けることになる。実際、宇和島事件では、Yさんに対し、自白すれば家族や会社には言わない、逆に、自白しなければ家族や会社にも迷惑がかかるといった趣旨のことを捜査官から言われたとされている。

しかしながら、この尋問方法は次の2つのパラドックスを抱えている（大橋, 2007）。

1つ目のパラドックスは、自白することによる不利益感と嘘をつくことに伴う不安感とは、一方が軽減すると必ず他方が増大するといった相互に排斥し合う関係になく、むしろ、一方が軽減すると他方も軽減しやすい共生的な性質（symbiotic nature）をもっている点にある（Jayne, 1986）。たとえ自白することによる不利益感だけを取調官が軽減させようとしても、それとともに被疑者が嘘をつくことに伴う不安感も軽減させてしまいやすい。したがって、自白を促すには、自白することによる不利益感を増大させずに、嘘をつくことに伴う不安感だけを増大させる工夫を取調官はしなければならない。

もう1つのパラドックスは、真犯人であることが確実であると思うのは、あくまで取調官の主観である点にある。そこには常に、無実の者を真犯人だと誤る危険が伴う。なぜなら、被疑者が真犯人であることを確実に保証するためには、取調官はそのための客観的な証拠を必要とする。しかし、客観的な証拠の強弱と自白を得ることの重要性の強弱とは反比例の関係にあることが多い。と言うのは、一般的に、取調べにおいて自白を得ることの重要性は、捜査機関が把握している被疑者に対する不利な証拠の強弱の度合いに依存しているからである。捜査機関がすでに強力な証拠を収集していれば、被疑者が自白しても事件の証拠全体の強度にさしたる影響はない。しかし、収集した証拠が薄弱な場合には、被疑者の自白の重要性は増すことになる（渡辺, 2005）。そうした場合は、どうしても被疑者から自白を得ることに重点が置かれることになる。本件の場合は、犯人はYさんに違いないと捜査官が直観的に考えながら、その一方で、不明瞭な防犯ビデオ写真に対する被害者の供述以外に確たる証拠がなかったという点において、まさにこのパラドックスが当てはまるケースと言うことができる。

宇和島事件では、Yさんが真犯人であるとする取調官の主観が強く、その一方で、客観的な証拠が脆弱であったことから、自白を得ることにかなりの重点が置かれることになったことは容易に想像できる。そうした場では、自白に伴う不利益感を軽減させ、その一方で、否認を続けることによる不安を増大させる取調べ手法がとられることに

なる。

　しかしながら、こうした取調べ手法は、真犯人を自白させることには有効ではあるが、無実の人をも自白させる危険を常に伴っている。実際、取調べの場には被疑者を有罪方向に引き寄せる強い力が働いている。浜田（1992）が指摘するように、被疑者が無実で自白衝動（悔悟）の力動がない場合であっても、自白から得られる利得があったり利益誘導がなされる場合、あるいは、理詰めの尋問に対し答えに窮したり取調官が被疑者の弁解に一切耳をかさず無力感に囚われる場合、さらには、さまざまな形での取調べ圧力がかけられる場合には、その程度が過大になれば自白は起こりうる。綱川（1982）も、わが国における被疑者取調技術の教則本において、自白衝動（悔悟）に働きかけることを理想型としながらも、自白から得る利得や弁明不能感を被疑者取調べの際に利用することを勧めている。したがって、実際に犯行を行っていない者であっても、上に示したような力動が組み合わされることで、否認から自白への転回が図られることになる。これらの力動がはたらくとき、無実の被疑者であっても自白が引き出されてしまう危険が高まることになる。

　これまでの冤罪事例では、無実の被疑者はしばしば、否認し続けるなかで、取調官から自白したほうが有利ではないかとほのめかされている。否認して頑張っても無実だとわかってもらえる可能性はないかのように思われてくる。このままだと取調べの場から逃れられないし、いつまで警察に留め置かれるかわからない気持ちに襲われる。そう考えると、否認し続けるほうが危険に思われてくる。この瞬間、否認することの利益が不利益に、自白することの不利益が利益へと逆転することになる（浜田、2001）。

　ここで見過ごされがちなことは、無実の被疑者には、いったん自白をしても、裁判所で正直に弁明すれば裁判官にはわかってもらえるはずだという気持ちがある点である。これは、真犯人と大きく異なる点である。無実の人は未来の刑罰に現実感を持てないのである（浜田、2001）。

　真犯人ならば、自分のなかに犯行体験の記憶がしっかりと刻まれているはずである。そうした記憶を保持したうえで取調べを受ければ、自白することによって、犯行の結果としての刑罰が自分にふりかかってくることを真犯人は実感をもって感じることになる。

　ところが、無実の被疑者は、犯罪があったことは知っていても、やったのは自分ではないこともちろん知っている。たとえ捜査機関に疑われたとしても、自分が逮捕されるとは思っていないことがほとんどである。しかし、その自分が現実に逮捕され厳しい取調べを受けている、そのこと自体が無実の被疑者には考えられない非現実であ

る。そして取調べのなかでいま現実に味わう苦痛に耐えられず、罪を認めてしまったとする。しかしそのことが実際の刑罰につながるとの現実感はもちにくい。したがって、無実の被疑者にとっては、自白の結果予想される刑罰がきわめて希薄なものでしかないことがわかる。取調べの場で無実の被疑者は、自分に科せられるかもしれない刑のことを思い描くといった現実的な気分のなかにはいないのである。

　以上のように、本件では、客観的根拠が希薄にもかかわらず、Yさんが犯人であることを前提とした自白を引き出す取調べが行われてしまったことが誤判原因の1つとして考えられる。自白偏重の取調べの場では、こうした過ちが生じやすい。また、取調べのプロであれば、こうした取調べによって虚偽自白が生じた場合であっても、その虚偽性を容易に見抜くことができると指摘する者もいるが (Inbau, Reid & Buckley, 1986)、実際には困難な場合が多く、従来、自白の信用性を判断する際に用いられてきた経験則も必ずしも正しくないことが指摘されている（浜田，1992）。

2　虚偽自白の指標：無実の者と真犯人の供述比較

　宇和島事件におけるYさんの取調べ過程において、取調官は自白の虚偽性について見抜くことができなかった。それでは、どのようにすれば、Yさんの自白の信用性を検証することができたか。本件では、真犯人の自白も存在することから、Yさんの自白と真犯人の自白を比較検討することにより、虚偽自白の指標について検討する（なお、本分析は、『犯行体験の有無が供述コミュニケーションに及ぼす影響　平成13年度～平成15年度科学研究費補助金基盤研究 (C)　(2)研究成果報告書』〔大橋，2005〕にその詳細が記されている）。

　この分析では、宇和島事件に関する真犯人Mの供述と犯行体験のない無実のYさんの供述とを比較検討し、供述内容やその変遷過程にみられる特徴を明らかにすることを目的とした。とくに、Yさんの供述調書における虚偽自白の形成過程の特徴を明らかにし、取調べの場における取調官と被疑者の共同的な想起の問題について考察した。

　分析対象の資料は、公判時に真犯人が現れ被告人が無実であることが明らかになった本事件の取調べ段階における弁解録取書・供述調書・実況見分調書・捜査報告書等であった。これらの資料をまず、対象者ごと（無実の者Yさん、真犯人M）に一覧表に整理し直した。一覧表作成においては、横軸を日付順、縦軸を犯行筋書きの行為系列の時系列順に並び替えた。これにより、犯行供述の変遷一覧表が作られた。

次に、無実の者Yさんおよび真犯人Mの両者が供述している被害者宅における犯行行為の供述について、両者の行為系列を比較し、その特徴を分析した。それぞれの供述調書から印鑑および通帳等を盗んだ際の行動を抜き出し、犯行行為を時系列に並べた。なお、Yさんは被害者Nさん宅についてはよく知っていた。またさらに、Yさんが実際に体験していないことが客観的にほぼ確実である農協での犯行行為の供述について、Yさんおよび真犯人M両者の行為系列を比較し、その特徴を分析した。分析の際には、農協から50万円を引き出した日の行動と印鑑・通帳等の処分方法に関する供述を抜き出し、犯行行為を時系列に並べた。

　無実の被疑者の自白には、真犯人の「秘密の暴露」と対極する自白の特徴があるとされる。真犯人なら確実に知っているはずの情報が供述されない、あるいは、誤った形で供述され、かつ、そこに嘘や記憶違い等の理由が存在しない場合を、浜田（2001）は「無知の暴露」と名づけた。これは、非体験者の想像の限界が露呈した結果であると浜田は考える。一方、「秘密の暴露」とは、警察やマスコミが知りえない体験者の体験記憶に基づいた秘密が、自白において暴露される現象を指す。秘密の暴露は、その供述内容があらかじめ捜査官の知りえなかった事項である「供述内容の秘密性」と、その供述内容が供述後に捜査官により客観的な事実と合致することが確認される「供述内容の確認」という2つの要件が満たされる必要がある。本分析では、無実の者Yさんおよび真犯人Mの供述のなかに、無知の暴露もしくは秘密の暴露が存在するか否かを検証した。

　上記の分析の結果、次のことが明らかとなった。

　供述の一貫性については、Yさんの供述にも真犯人Mの供述にも一貫した供述内容が存在した。しかしながら、Yさんの供述にみられる一貫した供述内容は、いずれもYさん自身が実際に犯行を体験していなくても想像が可能な内容、あるいは、他者からの情報に基づき供述することが可能な内容であった。一方、真犯人Mの一貫した供述には、二次情報を含んでいない犯行供述が多かった。

　また、供述の変遷については、無実のYさん、真犯人M両者の供述においていくつかの項目が変遷していることが明らかとなった。真犯人であっても正確で一貫した想起が必ずしもなされないことがわかる。ただし、本事件の真犯人は空き巣の常習犯であり、類似の事件を行っていたことから、真犯人であっても供述に変遷がみられた可能性がある。また、無実の者、真犯人いずれの供述においても、供述の変遷に取調官のもつ情報が関係していた可能性が示唆された。この点については取調べ場面のさらなる分析が必要であった。また、無実の者の供述で変遷がみられた箇所はいずれも「場所やものに関する項目」であったのに対し、真犯人の供述で変遷がみ

られた箇所については、犯行日の朝の行動、侵入方法、逃走経路といった「犯行行為」に関わる項目が多かった。そこで、犯行の「行為」に注目し、さらに両者の供述を比較検討した。

本件における犯行行為の中核は、被害者宅において印鑑等を盗み出す場面、および、農協において盗み出した通帳と印鑑を使用し預金を引き出す場面である。そこで、これら2つの場面における、無実の者と真犯人の犯行行為をその内容において比較検討した。その結果、農協で預金を引き出す場面における犯行行為の供述内容に差異が見出された。本件犯行においては、農協で預金を引き出す場面が第三者と直接接する場面であり、犯行が発覚する可能性が最も高い行為の場面である。また現金を手に入れることが犯人の目的であることを考えるならば、細心の注意を払い慎重に行動せざるをえない場面である。その点において、無実のYさんはそうした行為の特徴についてとくに言及がなされていなかった。窓口でのやり取り、対応した行員の特徴、犯行発覚を防ぐ手立てについての言及がなかった。これに対し、真犯人Mはこれらいずれの行為についても言及していた。

無知の暴露については、次のような差異が見出された。Yさんは1999年2月1日の員面調書において、農協から引き出した現金50万円のうち、20万円については、「引き出した1月8日頃に借金先の勤務先であるY産業に支払いました。なお20万円を直接支払った相手は事務員のNさんです」との供述を行っていた。しかし実際に勤務先に借金が返済されたのは前日の1月7日であり、そうなると、1月8日に農協から引き出したはずのお金を使って、借金を返済することは不可能になる。ここには、盗んだ金を使って返済したとされる借金の返済日が農協から金が引き出された日付に先行するという矛盾が生じていた。これは浜田が指摘するところの無知の暴露である。これに対し、真犯人の供述では無知の暴露は見られなかった。

秘密の暴露については、次のような差異が見出された。まず、Yさんの供述には、秘密の暴露は見られなかった。これに対し、真犯人Mの供述には次の2点において秘密の暴露がみられた。まず、被害者の家族構成を調べるため偽名を使い住民票を入手したという供述があり、実際その後警察によりその事実が確認された。また、被害者の家族の出勤時間に関する供述においても後になって客観的事実との一致が確認された。こうした事実は真犯人のみが知りえる事実であり秘密の暴露と言える。

以上のことから、無実の者の供述には無知の暴露が、真犯人の供述には秘密の暴露がそれぞれ見られることが明らかとなった。なお、秘密の暴露については、無実の者では「秘密の暴露の不在」も重要な意味をもつと考えられる。

以上の分析から、無実のYさんと真犯人Mの供述との間には、質的な差異が認め

られることが明らかとなった。とくに、無実の者の供述では、犯行行為の核心部分に関する陳述が希薄であったり、無知の暴露がみられ、一方、真犯人の供述では逆に、犯行行為の核心部分に関する行為の描写が詳細であり、また、秘密の暴露が見られるといった特徴が見出された。

しかしながら、捜査官らはこうした特徴を見抜けず、検察官は真犯人出現以前の初めの論告において「その内容は犯人でしかなしえない供述を含んでいるとともに、具体的、かつ詳細で客観的証拠に符合していることなどに照らし、高度の信用性を有するものと認めるのが相当である」と述べている。また、盗んだ印鑑が「赤紫色の巾着袋」の中に入れられたとの供述を秘密の暴露に当たると指摘していたが、実際には、Yさんは日常の生活のなかで被害者がこの巾着袋を持っていることを知っていた、あるいは、事件発覚前に被害者と一緒に印鑑を探した際にYさんが被害者から入れ物の色や形について聞いていた、さらには、取調官があらかじめ被害者から印鑑入れについての情報を得ていた、尋問のなかでそのことについて言及していた可能性などが考えられる（浜田、2001）。秘密の暴露であるためには、これらの可能性がすべて否定されている必要があった。

3　自白の強要についての検証

1において検討したように、取調べの場は、Yさんにとって非常に強い圧力の場であったことは明らかである。しかしながら、そうした場において、具体的な脅迫や身体的な危害が加えられたか否かについては、客観的記録が残っていないかぎり、強要があったか否かについて争う際に、原告と被告の間でのことばの応酬に終始してしまうことが多く、さらには、裁判においては警察・検察側の主張が採用されることがしばしばある。本件の場合も同様であり、実際、2006年1月18日の国賠訴訟における松山地裁の一審判決では、自白を強要した事実は認められないと裁判官は断定している。

自白は、被疑者と捜査官とのやり取りのなかで生み出される。そのため、自白が生み出されるという行為において、被疑者も捜査官も、取調べの場における当事者となる。人は出来事の当事者となったとき、自らの視点から主観的にその出来事を捉えることになる。したがって、強要があったか否かについて証言する際にも、双方が互いの主観から取調べの場における出来事について語ることとなる。そして上述したように、裁判においては、しばしば捜査官の主観が裁判官によって採用されることになる。

こうした一種の水掛け論を防止するには、取調べの場を記録することが1つの解決

策となる。日本弁護士連合会取調べの可視化実現委員会（2004，2005）が指摘するように、もし取調べの可視化がなされれば、違法・不当な取調べ行為を未然に防ぐことができるとともに、2009年度から始まった裁判員制度において、裁判員にわかりやすい裁判を実現する手立てになることが考えられる。

　また、供述心理学の立場から見ると、初期供述の段階から録画や録音がなされ、それらの記録が残されていれば、**2**では分析できなかった捜査官と被疑者とのやり取りのなかでどのようにして供述が生み出されていったかを、甲山事件における園児証言の逐語録をもとにしたコミュニケーション分析や足利事件における被告人の法廷における自白の文体分析といった手法を用いて（大橋・森・高木・松島，2002）、事後的に検証することが可能となり、この点においても記録は非常に大切であると考えられる。

第5　捜査方法に潜む誤判原因

　前節では、虚偽自白が生じた原因の1つとして、被疑者が真犯人であることを疑わない取調官の聴取姿勢を指摘したが、この問題は、取調べ場面にとどまらず、本件の捜査全体に潜む誤判原因を示している。まず、勘に頼った見込み捜査が、誤判原因の出発点であったと考えられる。警察は、被害者からの被害届を受け、現場の様子を調べた初期の時点で、被害者宅への出入りが可能な親しい人物による犯行であるとの強い見込みを持ち捜査を始めている。第2点目としては、Yさんが犯人であることの検証のみがなされたことが挙げられる。捜査は、初期の仮説を検証する形で進められているが、防犯ビデオカメラに写された犯人像の検証などのプロセスにおいて、Yさんが犯人であるとの前提を検証するいわゆる黒の捜査のみが行われ、Yさんが犯人ではないかもしれないという仮説を検証する白の捜査が実際にはまったく行われていなかった点に誤判原因がある。それでは、捜査方法に潜む誤判原因を防止するにはどうすればよかったのか。本節では、これらの問題について検討する。

1　勘に頼った見込み捜査

　被害者が警察に被害届を出したのが1999年1月27日、農協の防犯ビデオを被害者に見せて供述を得たのが1月29日であったが、警察は、証拠がまだあまりはっきりしていない当初の3日間でYさんが犯人であると判断していたことがうかがわれる。しかし、確たる証拠もなく犯人と認定したとの国賠訴訟における原告側のYさんの主

張に対して、被告側は次のような主張をしている。

「宇和島署がYさんを犯人と認定した根拠は、現場の家屋の構造上、玄関及びその西側高窓以外からの侵入は一般的に不可能であること、無締まり箇所はあったものの侵入形跡はないことなどから、流しの窃盗犯人による犯行というよりは、合鍵等を使用した内部的犯行が疑われたもので、それらの状況から判断して、同居の親族や被害者方に頻繁に出入りする者が犯人である可能性が強く認められた。

ビデオ写真に写った男が、Yさんによく似ているとする被害者の供述からも、Yさんの犯人適格性は高いと判断された。

よって、確たる証拠がないにもかかわらず、Yさんを犯人と決め付けたとの原告の主張は失当で、宇和島署では当時の証拠関係を総合的に検討して、Yさんの犯人適格性を判断したもので、何の証拠もなく、むやみに関係のない人間を犯人と判断したものではない」。

しかしながら、実際には、真犯人は施錠されていなかった被害者宅2階の窓から侵入していたし、窃盗常習犯による手慣れた犯行であった。さらに、ビデオ写真に写った男は、Yさんと身長や服装などの特徴が異なる人物であった。Yさん以外の犯人の可能性を極めて初期の段階で排除してしまったことが、虚偽自白や杜撰な捜査を誘発した。少なくともいくつかの仮説を立てたうえでの捜査が必要であった。

2 黒の捜査、白の捜査：仮説検証方法の誤り

科学的な捜査というと一般的には、最新の分析装置や特殊な器材を用いた捜査手法を想像することが多いかもしれないが、正しくは、科学的な思考方法により、問題を解決する捜査を意味している。ここで言う科学的な思考方法とは、仮説の検証可能性と反証可能性の両者について常に検討していく姿勢を意味している。犯罪捜査の実務では、被疑者が犯人であることを補強する証拠を収集することを黒の捜査、被疑者が犯人ではないかもしれない証拠を収集することを白の捜査と言うが、前者の黒の捜査とは仮説検証可能性の検討を意味し、一方、後者の白の捜査とは反証可能性の検討を意味している。すなわち、科学的な捜査とは、黒の捜査と白の捜査を同時並行的に遂行していく捜査の進め方を指しているはずである（法と心理学会・目撃ガイドライン作成委員会，2005）。

この点から見ると、宇和島事件における警察の捜査は、被害者にビデオ写真を見せYさんに似ているとの供述がとれて以降は、取調べも含め、Yさんが犯人であるとする、黒の捜査のみが行われていたことがうかがわれる。黒の捜査のみが行われると、

仮説に反する事実には目を向けなくなり、たとえ仮説に反する事実を目にしても、こじつけとも言える解釈を加えることで、仮説が検証できたと判断されることになる。

たとえば、国賠訴訟において被告側は、通帳を盗み、印鑑を盗み、農協で貯金を引き出す行為が時間をかけて行われたとのYさんの自白内容について次のような解釈を行っている。

「Yさんは、否認に転じるまで、一連の窃盗等の事実について、1998年10月上旬に貯金通帳を盗み、同年12月下旬に印鑑を盗み、そして1999年1月8日に農協で貯金を引き出したことを認めていた。Yさんは被害者と情交関係になり、また、被害者から自宅の鍵を持つことを許され、いつでも好きなときに自由に出入りできることから考えれば、慌てて、印鑑と通帳を窃取する必要もなく、当初、Yさんが自供していた『あせらず、ばれないような盗み方をした。』という心情については、特段不自然ではないと認められる」。

こうした解釈は、Yさんが犯人であるという前提のもとに、自白内容を解釈すれば、可能かもしれないが、ここには、Yさんが犯人ではないかもしれないという反証の姿勢がまったくうかがわれない。こうした主張が、国賠訴訟においてもなされているということは、捜査側に黒の捜査のみを行っていたことに問題があるとの認識が欠けていることが考えられる。

否認に転じた事実を無視し、アリバイ捜査を行わなかったことも、白の捜査の欠如と関わっている。たとえば、警察側は、具体的アリバイの主張をYさんがしていないことを、アリバイ捜査を行わなかった根拠として挙げている。しかしながら、Yさんにとって農協に行って預金を引き出したとされる日の出来事は、通常の1日の出来事であったことが十分に考えられる。農協から預金を引き出したのは1月8日であり、自白したのは2月1日である。24日前のとくに通常と変わることのない昼休みにどのようなことをしたか思い出すのが非常に困難なことであるのは容易に想像できる。しかし、捜査側はそうした想像ができなかったのである。このことは、Yさんが犯人であるという仮説の検証にのみ、目が向いていたことを示している。

国賠訴訟において、被告側は、被害者の供述に高度の信用性が認められたため、白の捜査をしなかったことを認めているにもかかわらず、白の捜査を行わなかったこと自体を過ちとしては認めていない。このことから、警察や検察は、黒の捜査のみを行なったとしても、そこには特段問題がないといった認識があることがうかがわれる。さらに、国賠訴訟の一審判決が原告側の訴えを全面的に退けたことを考えれば、裁判所にもこうした捜査姿勢を否定しない傾向があることがうかがわれる。

本稿では詳しく検討しなかったが、裁判所の捜査に対する姿勢・認識が誤判と密

接に関わっていることが考えられる。

3　捜査方法に潜む誤判原因を防止するには

　本節において検討してきたように、宇和島事件の誤判原因は、見込み違いの見込み捜査がなされ、かつ、そうした見込みを検証する方法として、Yさんが犯人であるとの仮説のみを検証する形での黒の捜査のみが行われていた点にある。また、本件のように、被疑者が犯人であるとの無根拠な確信が高いほど、捜査は杜撰になってしまう。

　こうした誤った捜査を防ぐには、真の意味での科学的捜査を行う必要がある。すなわち、いったん仮説を立てた場合であっても、その仮説を検証する方向での捜査（黒の捜査）と並行して、その仮説を反証する方向での捜査（白の捜査）を行うことが大切である。おそらくこれまでも優秀な捜査官はこうした姿勢を持って捜査を行っていたと思われる。しかしながら、ベテラン警察官の大量退職の時を迎え、プロファイリングといった仮説を立てる技法が捜査において注目を浴びるなか、十分な経験を積むことなく、黒の捜査のみに頼り、被疑者が犯人であるとの確信のみを強くする捜査が行われる危険性についてしっかり注意をはらっていく必要がある。

《引用文献》

浜田寿美男　1992　自白の研究　三一書房
浜田寿美男　2001　自白の心理学　岩波書店
法と心理学会・目撃ガイドライン作成委員会（編）　2005　目撃供述・識別手続に関するガイドライン　現代人文社
Inbau, F. E., Reid, J. E. & Buckley, J. P. 1986 Criminal interrogation and confessions (3rd ed). Baltimore: Williams & Wilkins.　小中信幸・渡部保夫（訳）　1990　自白　ぎょうせい
Jayne, B. C. 1986 The psychological principles of criminal interrogation (An Appendix). In F. E. Inbau, J. E. Reid & J. P. Buckley (eds.) Criminal interrogation and confessions (3rd ed). Baltimore: Williams & Wilkins.　小中信幸・渡部保夫（訳）　1990　自白　ぎょうせい, pp. 351-390.
日本弁護士連合会取調べの可視化実現委員会（編）　2004　世界の潮流になった取調べの可視化　現代人文社
日本弁護士連合会取調べの可視化実現委員会（編）　2005　可視化でなくそう！違法な取調べ　現代人文社
大橋靖史　2005　犯行体験の有無が供述コミュニケーションに及ぼす影響　平成13年度〜平成15年度科学研究費補助金基盤研究(C)　(2)研究成果報告書
大橋靖史　2007　時間的展望研究の具体的展開　法の場に活かす　都筑学・白井利明（編）　時間的展望研究ガイドブック　ナカニシヤ出版, pp. 164-179.
大橋靖史・森直久・高木光太郎・松島恵介　2002　心理学者、裁判と出会う——供述心理学のフィールド——　北大路書房
綱川政雄　1982　被疑者の取調べ技術　立花書房
渡辺昭一　2004　取調べと自供の心理　渡辺昭一（編）　捜査心理学　北大路書房, pp. 51-73.
渡辺昭一（編）　2005　捜査官のための実践的心理学講座　捜査心理ファイル——犯罪捜査と心理学のかけ橋——　東京法令出版

謝　辞

　宇和島事件の資料収集にあたっては、宇和島誤認逮捕事件の損害賠償事件を担当されていた西嶋吉光弁護士の協力を得ました。また、日本弁護士連合会刑事弁護センター・目撃証言研究会の一瀬敬一郎弁護士には西嶋弁護士への仲介の労をとっていただきました。記して感謝いたします。

7

「やましくないなら話せ」という偏見と闘う

城丸君事件

笹森 学

　城丸君事件とは、情況証拠しかなく自白もない事件である。
　1984（昭和59）年1月10日の朝、女性の声の電話で呼び出された城丸秀徳君（当時9歳）が自宅から100mほど離れた近所のアパート（被告人が居住）付近で忽然と姿を消し、その後、札幌から70kmほど離れた新十津川町で、火災にあった農家（被告人の嫁ぎ先）の納屋から1988（昭和63）年6月に発見された焼損した遺骨が同君らしいとされ、同年8月に被告人の事情聴取がなされたものの沙汰止みとなっていたところ、DNA鑑定で被害者を断定し、公訴時効完成直前の1998（平成10）年11月に被告人を逮捕し起訴したものの、捜査・公判を通じて被告人がほぼ完全黙秘を貫いたため、「殺意をもって、不詳の方法により、同人を殺害した」という前代未聞の公訴事実だった。札幌地裁が2000（平成12）年5月30日に被告人が重大な犯罪で被害者を死亡させたことは認められるが、それが殺意に基づくものか合理的な疑いが残るとして無罪判決が言い渡され（判タ1068号277頁、判時1772号144頁）、2001（平成13）年3月19日にほぼ同様の理由で札幌高裁が検察官控訴を棄却し（判タ1095号287頁、判時1803号147頁）、無罪が確定したという事件である。なお殺人と傷害致死しか考えられないのに「重大な犯罪」と表現されているのは、どの犯罪か「特定できない」意味だと思われる。
　問題点は多いが、弁護人として活動したわれわれが学んだことを述べる[1]。

　1　1998（平成10）年11月15日（日）、当番弁護士だった三木明弁護士が被疑者からの出動要請を受けて直ちに接見に向かった。被疑者は弁解録取で否認した

あと「歯が痛くて熱っぽい」と述べたきり黙秘していた。群がる報道陣を「世間話をしてきただけ」と煙に巻いて帰路についた三木弁護士が、刑弁センターに被疑者援助と増員派遣要請を行った結果、砂子章彦、相原わかば、廣政純一郎、私、三木の弁護団が結成された。

2 夜半に接見に赴いた私は事件の本質・構造を思い知らされた。留置場には刑事部屋の隅を通って行かなければならない。満員の人いきれのなかで会議中の警察官が一斉に射るような視線を浴びせる。被疑者は倒れ込むように狭い接見室に入って来る。憔悴し切って、何も話していないので一日中続く罵詈雑言の取調べに疲れ果てる、見回りの足音が気になって眠れない、食欲はないと言葉少なに答える。世間に対し言い分を代弁できるが、と言う。何も言うことはありません。冤罪ではない？ という疑いが一瞬頭をよぎり、接見を終える。留置管理室のドアの前に取調べの刑事が立っていた。1分1秒でも惜しいらしい。罵詈雑言を再開するのか。刑事部屋の外にはイナゴのように記者が群がっていてドッと取り囲む。何かコメントを取りたい若手記者たちは語尾上がりの質問しかしない。「どうでした？」、「何話しました？」、「（被疑者の）様子は？」、「下を向いていたとか、どうです？」。私は不機嫌に「被疑者は前も向くし下も見る、上も見るし右も左も見る」と答えた。輪の外から「真相究明の見地から今後どのような弁護活動をなさるつもりですか？」という質問が飛んだ。シンソーキューメイ？ 弁護人選任届はもらったが知っていることは新聞記事程度、確かなことは何もわからない、だから何も話せない、でも被疑者とは会える、だから被疑者に聞けというのか。聞かないと被疑者ともども魔女狩りの場に引き摺り出されそうだ。でも被疑者は何も話していない。弁護人にだけには話せと言うのか。何かがおかしい。その違和感が反発に変わるのは一瞬だった。最初はマスコミが大騒ぎしている事件の渦中に物見遊山で足を踏み入れた私だったが、もみくちゃになって警察署の玄関を出ながら自問した。「俺はいったい誰なのか。俺の仕事は何なのか」。これは他の弁護人も同様だった。

3 被疑者の元夫から連絡があった。被疑者と暮らしていた16歳の長女に対し事情聴取をしたいと警察から呼び出しが来ている[2]。長女は泣いて嫌がっているという。幸運なことに頼りになる海川道郎弁護士が地元に転居して来たばかりだったのでお願いした。海川弁護士は長女の意思を確認して直ちに警察に連絡した。「長女の取調べは拒否する。今後は私を通さないで長女に接触することは許さない」と。このことは「お前が黙っていると色々な人に迷惑がかかる。お前の母親や長女を呼んで話を聞

かなければならない」などと脅されていた被疑者を安心させ信頼関係を醸成する契機となった。

4 否認し黙秘をしている被疑者を援護するには接見しかない。三木弁護士は執務時間外だとして毎朝8時から9時までの接見を認めさせていた。私は夕方の接見について交渉し、結局検察官は「やむをえない。6時30分から7時まで接見を許そう。しかし場合により指定権を行使する」ことになった。被疑者が予測可能な定時を希望したので、以後最後まで、朝8時から9時まで、夕方6時から7時まで連日の接見を続けた（5時30分から6時30分までの夕食時間を削って）。

5 毎日のように夜半の弁護団会議。手探りで弁護方針を確認した。被疑者は否認後黙秘している。事実関係もわからない。しかし自白獲得だけが目的の身体拘束であることは明白である。そこで、接見を過酷な取調べの休息と位置付け、取調べ内容を確認するだけにとどめ、弁護団が事実関係を尋ねることはしないこと、逆に黙秘権は権利であることを十二分に説明すること、言うことは何もないという被疑者の意思を尊重し、また黙秘権の重要性を世間にわからせるため被疑者の言動はコメントしないこと（われわれはこのことを「社会的にも黙秘権を行使する」と言っていた）、あらゆる異議申立てを行うこと、そして事件の概要把握のため過去の新聞記事を収集することにした（被疑者が住むアパートの階段で被疑者と被害者が立ち話をしている所が雪遊びをしていた近所の小学生に目撃されている、という過去の新聞記事があったが、「ホントならマズイね」と愚痴っていただけだった）。そして手探りの弁護の「御旗」を確認した。やはり「被疑者を護るのが弁護人、だよなあ」。被疑者が話さない以上事実を聞かないことは異論がなかった。やはり全員が接見現場の異常な状況を身をもって体験したからだと思う。11月18日、「適正手続を保障させるために監視する」旨の弁護団声明を発表。

11月19日、早くも接見指定を受けたので準抗告をしたが、何と棄却された。「（6時から）30分とした接見指定を取り消し、以後弁護人が申し出たら直ちに1時間の接見を許さなければならない」という請求に対し、裁判所は「接見し終わった接見については接見指定を取り消せない。将来の一般的な宣言的決定は出せない」という。訴えの利益を得るためには接見しないで来いというのである。正真正銘自白獲得だけが目的なのに、これでは準抗告審が存在する意味がない。弁護団は「やはり起訴前裁判所は敵だ」と再確認した。

勾留理由開示公判の意見陳述で、被疑者が「容疑についてはこないだ裁判官にお話ししたとおりです。……もう少し体が休まるところに移していただきたいと思います」

と久しぶりに述べたため、この直後の報道陣の攻勢は凄まじいものがあった。

6 被疑者はその後の取調べで「(勾留理由開示をしても) 認められなかっただろう。裁判官の心証を害したからだ。弁護士の言っていることは嘘だ。そのうち来なくなる」などと違法・不当な言動を浴びせられていた。他方で「身上経歴調書だけでも取らせてくれ」と懇請もされていた。対応を問われ「応じれば黙秘をしている意味がなくなる」と助言し、被疑者は従った。

勾留取消し請求、準抗告などを繰り返していたが、26日の夕方には最も恐れていた事態が起こった。被疑者の身柄を検察庁に連れて来られ、検察庁には接見場所がないとして接見制限を受けたのである。予想された最悪の手段だった。直ちに準抗告。裁判所は双方を呼んで「調整」を図る。いわば和解勧告である。執務時間外のために電話連絡がうまく行かず、裁判所での三者会談が遅れ、検察官が「きょうの取り調べは無駄になった」と悔しがった (あたかも巌流島の決闘のようなものであった)。11月27日、勾留期間延長に対する準抗告は棄却されたが、被疑者とカウントダウンを始めた。「延びたのではない。減って行くだけ」。12月2日、証拠保全の申立て。これは連日の長時間の取調べで被疑者が意識もうろう状態だったため、心身の状況などの鑑定を求め、その証拠保全を求めた。裁判官が検察官に何度か電話をして、抑制的効果はあったと思う。警察がやせ我慢をして取調べを休み「取調べに休日ももうけている」と記者会見したからである。

7 勾留満了4時間前の午後8時、起訴。同時に接見禁止決定。「殺意をもって、○○に対し、不詳の方法により殺害した」という前代未聞の起訴状だった。被疑者が否認ないし黙秘を貫いたからだった。同時に「憲法が弁護人に命じる弁護活動をする」という弁護団声明発表。冷ややかな世論のなか、罵詈雑言の取調べを阻止する効果的な手段はなく、われわれは手をこまねいているだけで、実に悔しい思いをした。

8 しかし休む間もなく公判準備である。1999 (平成11) 年2月15日に開示された証拠を見て、われわれは驚いた。自白をほしがった理由が痛いほどわかった。まともな証拠が皆無だった。被告人が被害者を「殺害した」という要証事実を直接かつ客観的に証明する証拠はまったくなく、「被告人が被害者を死亡させた」という中核となる要証事実についても質の高い情況証拠があるとは言えず、自白がなければとうてい立件が困難な事件だった。犯行時間帯の犯行現場だとする室内の様子は無

色透明で何もわからない。そのため弁護団会議では、全部同意で一回結審を求めようという意見すらあった。この時点で、われわれのなかで被告人質問を行うべきだなどという者は誰もいなかった。

ところが重要な目撃証拠である小学生2人の調書ないし報告書は開示されていなかった。検察官は「必要がないから請求しなかった」と述べるのみで「請求するつもりはないから開示するつもりもない」と抵抗していた。何かが変だ。だから慎重を期して全部同意は自重した。

9 罪状認否については周到に打ち合わせた。被告人は「起訴状にあるような事実はありません」と答弁、弁護人は「公訴事実につき被告人を有罪とする証拠は存在せず、被告人は無罪である」と主張した（これらはどう転んでも嘘にはならない）。裁判所は「起訴状では、城丸秀徳さんが昭和59年1月10日に当時の被告人方にいたことを前提としていますが、城丸秀徳さんがその日あなたのところにいましたか。弁護人と相談して答えて下さい」と釈明した。予想どおりの釈明である。被告人は予定どおり「今述べたとおりです」と答えた。

10 審理入りした裁判所は、できるだけ早い時期に被告人質問をしたいと繰り返し述べていた。検察官も「被告人は裁判になったら話すと言っていたが」と期待をにじませていた。われわれは被告人質問を行っても本人が答えるかどうかはわからない、と述べていた。ただし被告人とは従前から確認済みで、被告人質問はしないと決めていた。それは話すことは何もないという被告人の意向であるとともに、被告人だけが最後の立証方法のはずだから応じる必要などないとする弁護方針であった[3]。

第18回公判期日で裁判所は次回被告人質問を施行すると決定。われわれは異議を申し立てた。「被告人は包括的黙秘権を保障された訴訟の一方当事者でありますから、被告人、弁護人側が被告人質問を請求しない場合は、被告人が任意に供述しない場合に該当すると考えます。したがって、被告人質問を実施する決定は刑訴法311条1項、2項、同法1条、ひいては憲法38条1項、37条3項、31条の解釈適用を誤ったものと考えます」。検察官の意見は「個々の質問について被告人が答えるや否やは被告人の自由でありますので、被告人質問を行ったからといって被告人の黙秘権を侵害することにはならないと考えます」。裁判所は「法は被告人の供述を強制するものではなく、供述するかどうかは被告人の自由であるから、被告人質問を行うことにしたことには何ら違法な点はない」と異議を棄却した。

11 被告人質問に向けた打合せはとくにしなかった。ただ対応を問われ、その1年くらい前に札幌地裁で被告人質問を受け供述を拒否したフィリピン女性の事件があったので、それを教え「個人的には、最初から最後まで黙っていると、みんな息を潜めて答を待ち続けるだろうから長引くし何よりも疲れる。だから問いを終わらせるような言葉で区切ってくれたほうがいいと思う」と助言した。当日、被告人の言葉を待って法廷は満員となった。

その冒頭の速記録を引用する。

検察官　被告人は現在、昭和59年1月10日当時住んでいた札幌市内の△△荘のあなたの部屋で、被害者の城丸秀徳君を殺害したという殺人の容疑で裁判を受けていますね。
被告人　……。
検察官　今の質問に答えてくれるつもりはありませんか。
被告人　……。
検察官　あなたが、起訴状にあるように59年1月10日に秀徳君を殺したのではないですか。
被告人　お答えすることはございません。

検察官はその後、用意周到に質問を並べたうえ「（お答えすることはありませんという答えは）記憶にないというのか、記憶にはあるけれども答えたくないというのか、それはどちらなんでしょう」「そのどちらであるかも答えたくないというのはなぜですか」などと食い下がったが、以降、被告人の答はまったく変わらなかった。

波紋が立ったのはたった一度だけ。

検察官　それではお聞きしますけれども、あなたはその63年の任意の取調べのときに、自分が心を開けば事件が解決するんだと、ただ2、3日時間をくれと、そういうようなことを言いませんでしたか。
主任弁護人　事実に基づく尋問ではないと思いますので、異議を申し立てます。
検察官　本人に記憶がないということですので、そういったような事実がなかったかどうかを確認するための質問です。
裁判長　検察官は、原告官として訴訟追行の利益があり、それは本質的な権利であって、刑事訴訟法295条にのっとり、同法311条3項によって被告人に対して個別的に質問することが許されるので、弁護人の異議申立は棄却いたしま

す（何と大仰な！）。

　被告人が困った場面では異議を言って援護するとは言ってあったが、このときは明らかに弁護人がうろたえた。昭和63年8月に被告人が任意の取調べを受けたことは当時の新聞記事で知ってはいたが、「被告人は関与を否定した」と報じられていたからである。この言動は以降「ほのめかし供述」としてその意味が重大な争点となった。しかし被告人は微動だにしなかった。昼休みに裁判所の地下で接見したが、被告人は一人で大丈夫ですからと述べた。
　午後も延々と検察官の尋問が続き、そして最後の場面。

　　検察官　これ以上この事件のことについて私のほうから質問しても、あなたの答え
　　　は同じですか。
　　被告人　申し訳ありませんが、お答えすることはございません。
　　裁判長　裁判所からの質問に対しては、答える意思はありますか。
　　被告人　お答えすることはございません。

　裁判所は潔く二の句を繋がなかった。

12　聞く者すべてにため息をつかせた被告人の徹底さは見事と言うほかなかった。
　この結果を受けた裁判所は店仕舞いに入り始めた。しかし、ここからの検察官の粘り腰はすさまじかった。被告人が事件後嫁いだ農家の親族、DNA鑑定による親子鑑定結果の確率論争を補強する学者証人、まさに被告人が「ほのめかし供述」をした相手である取調べ担当刑事、被告人のポリグラフ検査をした科捜研の元技官を次々と採用させ、裁判上のDNA鑑定を採用させた。そして反証を積み重ねたとして再度の被告人質問を要求したのである。そして弁護人の異議を押し切って第32回公判において2回目の被告人質問が実施された。結果は、交替した検察官の質問が糾問型になって被告人も挑戦的になったきらいはあったが、前回とまったく同様であった。
　なお裁判上のDNA鑑定が採用され、鑑定資料として被害者の遺骨が証拠採用された際に、検察官が被告人に遺骨を示して質問しようとした場面があった。緊張が走る。われわれは直ちに「被告人に証拠物を示す必要はない」として阻止した。証拠物を示して聞くことも被告人質問に変わりはないからである。
　そして第35回公判に論告・求刑、第36回で弁護側の最終弁論となった。

被告人の最終陳述「今日までの長い時間において、一生懸命審理していただいたと思いますので、この場を借りてお礼申し上げたいと思います。ありがとうございます」。あれだけ頑なに沈黙の鎧を身につけていた被告人だったので、その言葉は「被告人が2年半ぶりに口を開いた」としてニュースになった。

13 無罪判決の言渡しが終了したあと、「今、裁判所に抗議の電話がじゃんじゃんかかっているそうですから気をつけて下さい」と主任書記官から伝えられた。社会的黙秘権を徹底する趣旨から被告人の奪還作戦も打合せ済みだった。パパラッチが来たら高速道路上で振り切る予定だった。被告人は女区である札幌刑務支所に勾留されていたが、マスコミ軍団は間違って隣接する札幌拘置支所前に集結していた。迎えに行った砂子弁護士から「今、誰もいないので出発します」という連絡が入った。被告人を乗せた車はまんまとマスコミ軍団の横を通り、平穏に走り去った。

14 検察官は「被告人の関与を認めたなら殺意を認めるのが常識だ」と控訴。われわれは「これ以上立証のハードルを下げるのでは厳格な証明はいらないと言っているのと同じだ。それは刑事裁判ではない」と反論した。検察官の控訴趣意書は迫力があった。しかしわれわれは、それは一面にすぎないと強調した。

控訴審では被告人に出頭義務はない。だから被告人の姿を晒さず終えることを目標とした。しかし検察官は控訴審の第1回公判期日に十数点の書証と被告人質問を請求。札幌高等裁判所は被告人質問を採用し、翌年1月10日被害者の命日に被告人質問を実施することを決定した。地裁と同様に異議を申し立てたところ、「被告人の弁解を聞く。被告人が弁解することは権利でもある」として棄却された。被告人は、誰からのいかなる質問にも答える意思はないから出頭しないとする上申書を提出、出頭を拒否した。被告人質問を強行するなら勾引させて「強制だ」と主張するつもりだった。しかし高裁は勾引せず、被告人に出頭の意思がないとして被告人質問を取り消した。

その時点でわれわれは賭けに出た。無罪判決を破棄するには事実の取調べをする必要があり、少なくとも被告人質問は実施すべきであるとする最高裁判決を参考とすれば同意書証の取調べだけで無罪判決の破棄はないのではないか。また裁判所の構成が変わる噂があったことから早く終結させる必要がある[4]。そこで反対尋問権を留保していた一部書証について留保をすべて撤回し、結審を早めた。

2003（平成15）年3月19日、控訴棄却（上告断念で確定）。

1 弁護団からの報告としてつぎのものがある。拙稿「ノット・ギルティ——情況証拠による『殺意』の認定」季刊刑事弁護28号（2001年）86頁、同「ひと筆『お答えすることはありません』」自由と正義53巻8号11頁、同「静かなる決闘——ある当番弁護士体験記」札幌弁護士会刑事弁護センター運営委員会・札幌における当番弁護士10周年、同「城丸君事件の報告」財団法人札幌法律援護基金・援護基金だより第3号4頁。
2 事件当日被疑者とともにいた長女は1歳7カ月に過ぎなかった。なお被疑者は一緒に暮らしていた長女、8歳の次女、5歳の長男の面前で逮捕された。
3 われわれは、情況証拠で事実認定をした判例を山ほど分析した結果、被告人の弁解が逆手に取られ、その不合理さが重要な情況証拠として認定を補強する役割を果たしていることを肝に銘じた。無尽蔵、トリカブト、名古屋バラバラ、田園調布資産家殺人などみなそうである。
4 門野博裁判長は東京高裁で、最高裁で維持されたロス疑惑銃撃事件を担当していた。われわれはこのコートに裁かれれば諦めもつくと被告人に助言し、被告人は従った。

8

フレームアップと闘う

志布志事件

野平康博

第1　事案の概要

1　志布志事件は、鹿児島県大隅半島、旧志布志町（現志布志市）四浦校区懐集落が舞台である。旧志布志町は、人口約1万8,500人の港町である。大隅半島は、鹿児島地方裁判所鹿屋支部の管轄で、管轄する人口は26万人ほどである。この支部で活動している弁護士の数は、事件発生当時、1名のみだった。現在は鹿屋ひまわり基金公設事務所が開設され、また、法テラスのスタッフ弁護士もおり、合計5名の弁護士が常時活動するようになっている。鹿児島市内から、この事件の舞台となった志布志警察署（以下「志布志署」という）までは、車で片道2時間程かかる。

志布志事件は、2003（平成15）年4月13日施行の鹿児島県議会議員選挙（以下「本件選挙」という）後に事件化された公職選挙法違反事件である。本件選挙では、旧志布志町のある鹿児島県曽於郡区で、定数3で4名が立候補した。曽於郡区の投票率は、72.7％で、保守系無所属の新人として立候補したOは、1万3,312票を獲得し、第3位で初当選した。その直後からOの陣営に対する捜査が始まった。捜査の端緒は未解明のままである。最初の事件は、いわゆる踏み字国賠訴訟を提起したRが建設会社役員に対してビールを供与したとするいわゆるビール口事件で、その後にOの選挙運動員の1人であるZが焼酎などを配ったとされるいわゆる焼酎口事件の捜査が始まった。

さらに、その捜査過程で、初当選を果たしたOが経営する農場で農作業に従事していたZ宅で、2003年2月から3月にかけて合計4回の選挙買収のための会合があ

ったとされる買収会合事件が発覚したとして、捜査が始まった。

　県議選施行当時、四浦校区は懐集落を含む4集落からなり、有権者数は114名であった。懐集落には6世帯20名の有権者がいた。

　その後、五月雨式に、O、Q夫婦をはじめ15名が逮捕・勾留され、最終的に13名（在宅1名）が起訴された。2003年10月10日に一番最後に在宅起訴されたIを除き、それぞれ長期間にわたって代用監獄に身体拘束され、接見禁止の状態で取調べを受け続けた。2003年10月17日以降、起訴された13名全員が否認し、公訴事実を全面的に争った。公判中の2005（平成17）年5月には、被告人の1人であったKが汚名を着せられたまま病死した。

　この捜査に関連し、隣接する旧松山町、旧大崎町の人々に対しても警察の取調べが行われた。捜査対象者は600人を超え、相当多数の人が任意捜査の名目で早朝から夜遅くまで連日警察署に呼ばれ、苛酷な取調べを受けた。そのため救急車で病院に運ばれる人も続出し、自殺を図る人も何人もいた。取調べを受けた多くの人々が警察の捜査のやり方に強い不信を抱き、弁護人らに警察の取調べの違法を口々に訴えて来た。なお、現在も、無罪判決を受けた者以外の7名の原告が、鹿児島県を被告として、1人について330万円の損害賠償を求めて国賠を提起している（いわゆるたたき割り国賠訴訟という）。

　2003年夏には「住民の人権を考える会」（会長一木法明氏）が結成され、警察の適正捜査や人権の救済を求め、取調べの全面可視化を求めるなど、現在も活発な活動をしている。

2　事実経過については、本稿末尾掲載の一覧表のとおり。

3　公訴事実について

(1)　本件各公訴事実は、Oは、2003年4月13日（以下、とくに断りのないかぎり、記載されている月日の年は、2003年である）施行の本件選挙に際し、曽於郡区から本件選挙に立候補する決意を有していた者であり、Qは、Oの妻で、かつ本件選挙に関するOの選挙運動者であり、Zは、曽於郡区の選挙人でかつ本件選挙に関するOの選挙運動者であり、その余の被告人および亡Kは、いずれも曽於郡区の選挙人であるところ、いずれもOに当選を得しめる目的をもって、①OおよびZが、共謀のうえ、2月上旬ころ（なお、検察官は、第42回公判において、「2月8日」と釈明した）、W方（同人方はZ方でもあり、以下「Z方」という）において、G、T、E、亡K、MおよびIに対

し、Oへの投票および投票取りまとめ等の選挙運動をすることの報酬として、それぞれ6万円ずつ供与するとともに立候補届出前の選挙運動をし、Gら5名は前記各供与を受けたというもの (第217号、266号、394号、395号、396号。以下この件を「1回目会合」という)、②O、QおよびZが、共謀のうえ、2月下旬ころ、Z方において、G、T、E、F、亡KおよびMに対し、Oへの投票及び投票取りまとめ等の選挙運動をすることの報酬として、それぞれ5万円ずつ供与するとともに立候補届出前の選挙運動をし、Gら5名は前記各供与を受けたというもの (第292号、293号、295号、320号、321号。以下、この件を「2回目会合」という)、③O、QおよびZが、共謀のうえ、3月中旬ころ、Z方において、G、T、E、Fおよび亡Kに対し、Oへの投票及び投票取りまとめ等の選挙運動をすることの報酬として、それぞれ5万円ずつ供与するとともに立候補届出前の選挙運動をし、Gら4名は前記各供与を受けたというもの (第292号、293号、295号。以下この件を「3回目会合」という)、④OおよびQが、共謀のうえ、3月下旬ころ (なお、検察官は、第42回公判において、「3月24日」と釈明した)、Z方において、Z、G、T、E、亡K、M、W、C、HおよびFに対し、Oへの投票および投票取りまとめ等の選挙運動をすることの報酬として、それぞれ10万円ずつ供与するとともに立候補届出前の選挙運動をし、Zら9名は前記各供与を受けたというもの (第266号、269号。以下、この件を「4回目会合」という) である。

(2) この公訴事実そのものがきわめて不自然なものであった。

ア まず、多数人が合計4回の買収会合に参加したことになっているのに、起訴状では4回の会合とも会合の日が捜査着手前のわずか2カ月前であるのに、特定されないまま、公判期日を重ね、検察官は第42回公判期日 (2005〔平成17〕年7月15日) に、1回目と4回目の買収会合日を特定した。検察官は、1回目会合が2月8日の夜であったとする複数の被告人の供述調書を作成していたのに特定を拒否し続けた。弁護人の再三にわたる求釈明で、第42回公判期日に「2月8日」と釈明した。その間に証拠関係に変更はなかった。2回目、3回目の会合は、10日間も幅があるまま会合日は判決まで特定されなかった。捜査したが詰め切れなかった等と弁解している。また、4回目の会合も、1回目会合と同様に、第42回公判期日に検察官は「3月24日」と釈明した。

イ 起訴状では、すべての会合がZ宅で行われたというが、
① 志布志事件の舞台は、上記のとおり、棚田が残る山奥にあり、有権者も7世帯 (実質的には5世帯) 20名にすぎなかった。参加者は同じ顔ぶれで4回も会合を開き、O

は総額191万円を配ったというのである。曽於郡区の有権者数は約8万1,000名であるが、曽於郡区の有権者総数に対する割合は0.02％にすぎなかった。また、Oの出身地である志布志町の有権者総数1万4,700人に対する割合は、懐集落の有権者の0.13％にすぎなかった。Oは県議選において志布志町では6,943票（旧志布志町の得票率は65.8％。旧志布志町民の有効投票の約3分の2）を得票した。立候補直前の超多忙な時期に、懐集落に何度も足を運ぶことは常識では考えられない。1回会合を開くだけでも最低でも2時間を要し、その日程調整もままならなかった。

　②　しかも、旧志布志町の市街地から四浦校区までは、車の離合ができない箇所も多数あるほど道路の整備が遅れていたところで、この四浦校区は、懐集落の人々を含め地区を上げて、この道路拡幅に尽力した現職のm県議を推していた。その切り崩しは相当の困難を伴うものであった。他方、Oは、補欠選挙で志布志町議に初当選したばかりで、県議立候補は未だ早いとの評価を受けていた。Oがこの懐集落に執着する特段の事情はまったくなかったのである。また、田舎で複数回会合を開くと、会合の痕跡（客観証拠）が残されていても不思議ではない。地域の閉鎖性もありOの反対派も多数いたのであるから、目撃証拠も容易に得られたはずである。しかし、いくら捜査を続けても第三者の目撃情報は何ら得られなかった。集会があれば飲食物が出されるので、飲食物に関する聞込み捜査を徹底的に行っていたが、何ら情報はなかった。

　ウ　自白調書上では、Oが懐集落の人たちに渡した合計額は、口止め料や他の地区への買収金を併せると500万円以上にもなる。起訴状では191万円であった。1世帯52万円にもなった。あまりに特異な金額である。捜査機関は、後付で投票買収ではなく、運動買収の趣旨だったと主張するようになったが、すでに4回会合開催の事実があることが判明したと言いつつ、最初の調書では、明確に投票買収の趣旨を記載していたのである。ところが、のちに金額の多さを指摘されると、運動買収の趣旨があったなどと虚構を作り出していった。しかし、運動買収の趣旨であれば、実際に選挙運動を行ったことが明らかになっていくはずであるが、会合に参加し現金の供与を受けたとされる人々がOのために選挙運動をしたという形跡はなかった。また、常識的に考えると、運動買収の趣旨であれば、何度も何度も繰り返し同じ人に対してお金を配るはずもない。

　さらに、県議会議員選挙という選挙の規模からして、常識的にみても、1人当たりの買収金額が多額であった。1人の人間が都合4回現金の授受に関与することも不自然で、現金の授受がわざわざ会合を開いて行われることも奇っ怪なことである。こ

の特異性を理由付ける証拠もなかった。

そもそも、本件のような買収事件では、通常もらった側（いわゆる「足」）から捜査し、その自白を固めて供与者側に迫る方法が一般的であるが、本件は、供与者側から供述を固めようとしたのである。この手法自体にも問題があった。

エ　検察官は、あるときは、ZがOから預かった現金入り封筒を参加者に渡し、あるときは、Oが直接会合参加者に現金入り封筒を渡したと主張した。そのような調書とともに、Zは会合外でも会合参加者に焼酎や現金を別に配ったことになっている調書も存在した。さらに、Zがすでに現金を渡しているのに、その後、候補者自ら直接渡すというのも特異なやり方である。このような特異なことについて、その理由は調書には記載されていなかった。Zは、Oとの関係では腹心の部下でもなく、票にも結びつかない関係性の希薄な人であるから、買収目的の会合を招集させる理由に合理性が必要であるが、そのような合理性はまったく見いだせなかった。

オ　本件訴訟では原資や使途に関する証拠は出てこなかった。検察官も証人尋問で、原資や使途に関する客観証拠はみつからなかったと述べている。

本件では、多額の捜査費用を投じて徹底的な捜索を行った。一説では約2億円もの税金が投入されたという。そして、被告人らの預貯金口座はことごとく捜索され、被告人らの財産関係はまる裸にされた。親兄弟はもとより、子どもの資産・収入の状況まで調べられた。四浦地区には、Mがやっている簡易郵便局があるが、その端末の全部が調べられた。貯金の移動が解明されたが、懐集落の人々がOから受け取ったとされる現金に結びつく証拠はまったくみつからなかった。さらに、Mが逮捕時に所持していた現金も、その出所も明確に説明できたことであり、犯罪性のあるものではなかった。

カ　以上のとおり、自白以外に客観的な証拠、裏付け証拠らしきものはなかった。むしろ、自白を裏付けようとすると、供述内容にそった客観証拠はみつからず、逆に、その虚偽性が明らかにされていた。

4　このように「ありえない」としか言いようのない被疑事実について、捜査機関は、強引な捜査を強行した。次々に任意という名目で警察に引っ張り、さらに通常逮捕し、最大限勾留されたあとに別件での再逮捕が繰り返された。しかも、本件選挙で初当選したOは、第24回公判後に保釈決定がなされ、395日間、身体を拘束され続け

た。また、否認を続けた人々は、平均180日程度の身体拘束を受け続けた。さらに、この拘束には接見禁止が付いていた。

取調べでは自白が強要され、捜査機関の筋書きどおりの供述調書を作られていった。長期間にわたり毎日12時間以上取調室で虚偽自白を強要され続けたのである。

「ありえない」ストーリーは、無理な筋立てであった。通常の正当な捜査方法であれば、逮捕したり、起訴したり、公判を維持することはとうてい不可能である。しかるに、捜査機関は、連日違法な取調べを行った。たとえば、脅迫的な取調べ、偽計的取調べ、切り違い尋問、利益誘導的取調べなどなど。あげればきりがないほど、まさに違法捜査のデパート、何でもありの総合商社であった。

Rは、いわゆる「踏み字」国家賠償請求事件の原告であるが、Rを取り調べた警部補（以下「踏み字警官」という）は、取調室でRに自白を迫ったうえ、「もと警察官の娘をそういう婿にやった覚えはない」などと書いた紙3枚を取調中にRの足下に置き、これを無理矢理踏ませた。鹿児島地方裁判所は、取調官の任命権者である鹿児島県に対し、慰謝料60万円をRに支払うよう命じた。鹿児島県は控訴せずに確定した。そして、鹿児島県は、踏み字警察官に対する求償権を50万円の限度で行使した。踏み字警察官は、すでに職を辞していたが、Rは、踏み字警察官を特別公務員暴行陵虐罪で刑事告訴し、福岡高等検察庁は、福岡地方裁判所宮崎支部に踏み字警察官を同罪で起訴し、その後、同地方裁判所は、執行猶予付きの有罪判決を宣告した。踏み字警察官は、これを不服として福岡高等裁判所に控訴したが、同裁判所は、控訴を棄却する判決をなし、同判決に対し、踏み字警察官は上告せず、確定した。

このような違法な取調べも厭わない捜査側に対峙する被疑者・被告人の唯一の拠り所は弁護人である。弁護人の援助を受ける権利が十分に保障されてこそ、被疑者・被告人の人権は保障される。そして、この援助を受ける権利を実現するためには、被疑者・被告人と弁護人間の秘密交通権は絶対的に保障されなければならない。ところが、志布志事件では、捜査側は被疑者・被告人と弁護人間に介入し、その関係を遮断する取調べを行った。本件は事件自体がない事案であった。にもかかわらず被疑者らは密室での厳しい取調べで取調官に迎合させられ、会合はあったとする自白調書に署名したのである。しかし、弁護人と接見すると、このまま取調官の言うとおりになっていればいろいろな人に害が及ぶとわかり、事実はなかったと本当のことを言い出す。すると、これは弁護人が否認を唆しているに違いないと捜査機関は「悪カン」を働かせた。だから弁護人と何を話しているのか、執拗に聞き出すことをしたのである。たとえば、私選弁護人を頼めば多額の弁護士費用がかかること、受供与

者である被疑者・被告人に対し、当該弁護人が供与者側の弁護人をしている人間であり、役に立たないこと等を告げて解任を勧める、弁護人との接見内容を事細かに聞き出し、これを意図的にねじ曲げて調書化するなどして、弁護人の固有権である秘密交通権を侵害し、弁護人の援助を受ける権利を組織的かつ露骨に侵害したのである。このようにして得られた自白調書に全面的に依拠して検察官は、上記のとおり、4回の買収会合事実で、13名を五月雨式に起訴していったのである。

5　判決要旨について

(1) 買収会合事件の公判について（本稿末尾掲載「公判経過一覧表」参照）

　買収会合事件の公判は、2003（平成15）年7月3日の第1回公判期日から2007（平成19）年2月23日の判決宣告期日までの間、合計54回（2003年6月3日起訴に係る基本事件）の公判期日が開かれた。

　なお、Kは、2005（平成17）年5月24日に入院先の病院で死亡したため、公訴棄却により公判は終了した。しかし、無罪判決の判決理由からも明らかなとおり、Kも生存していれば、無罪判決を確実に受けられたことは明らかであった。実際、Kも刑事補償を受けた。

　ところで、本件については、前記のとおり、数次にわたり公訴提起された。これは、検察官が同一の機会になされたとする買収会合事件を細切れにして、場当たり的な逮捕・勾留を繰り返し、五月雨式に起訴をした結果である。このことは、それほど鹿児島地検が迷走したことを示すものであるが、検察官は、自白を裏付ける客観的証拠もなく、自白のみに頼った見込み起訴を繰り返したのである。

　検察官は、買収会合事件について被告人を数グループに分けて公判請求したが、被告人13人の公判が併合審理されたのは、2003年10月17日（第8回公判期日）からであった。この日まで、すでに保釈されていた3名および在宅起訴のIを除き全員について接見禁止が続いた。OおよびQについては、驚くべきことに同年12月26日まで接見禁止が続いたのである。

(2) 買収会合事件に関する無罪判決（2007〔平成19〕年2月23日判決）

　本件各公訴事実については、捜査段階において、被告人らのうち6名（Z、G、E、F、亡K、T）が自白している（ただし、Z、E、Tは公判廷でも、1回目買収会合事件と4回目買収会合事件については自白している）が、これらの自白は、以下の理由により信用できず、ほかに公訴事実を認めるに足りる証拠はないとした。

ア　1回目買収会合があったとされる日時に、自白では各会合に出席していたとされるOについて、その同窓新年会に出席していたという事実が認められ、Oにアリバイが成立する。また、4回目買収会合があったとされる日時に、自白では各会合に出席していたとされるOについて、志布志町内のホテル玉垣（当時）で開催された同町内の上小西自治会の懇親会に出席して挨拶し、その後、旧有明町鍋集落に挨拶回りをしていたという事実が認められ、Oにアリバイが成立する。したがって、1回目買収会合と4回目買収会合にOが出席して現金を供与したという自白は信用できない。さらに、4回の会合は密接に関連するものであるから、2回目および3回目の各会合に関する部分の信用性も大きく減殺される。

イ　会合が開かれたとされるのは、わずか7世帯しかない集落であるが、このような小規模の集落において、ほぼ同じ顔ぶれの買収会合を開き多額の現金を供与することに選挙運動として果たしてどれほどの実効性があるのか、実際にそのような多額の現金を供与したのか疑問があり、これらの自白の内容は不自然・不合理である。

ウ　これらの自白において供与されたとされる現金については、その原資がまったく解明されておらず、供与後における使途も不明であるなどの客観的証拠の裏付けを欠いている。むしろ客観証拠に反する内容の供述も少なからず存在している。

エ　自白した被告人らの供述は、合理的理由のない変遷をしているうえ、その変遷の過程で、それぞれの供述が相互に影響を及ぼしあっていたことが強く疑われ、被告人らが連日のようにきわめて長時間の取調べを受け、取調官から執拗に追及されたため、苦し紛れに供述したり、捜査官の誘導する事実をそのまま受け入れたりした結果、このような供述経過になったと見る余地が多分にある。

第2　捜査弁護について

1　私は、志布志事件の被告人であったMやIの弁護人を担当した。私が、Mの弁護人に選任されたのは、長男MSから6月6日午前中に鹿児島地方裁判所鹿屋支部の裁判所内で、「選挙違反などをしていない母親が、5月13日以降、志布志署に身体拘束を受けていて、弁護士以外に会えない状態が続いている、すでにγ弁護士ら3人の弁護人がいるが、母親は高齢で体調が心配なので、その母親の弁護人になってほしい」と依頼を受けたからである。当時、Mには、弁護士3名が弁護人に選任されていたが、志布志署までは車で片道約2時間かかり、頻繁に接見すること

ができなかった。私は、翌日の6月7日（土曜日）、鹿児島市内の事務所を午後5時15分ころ車で出発し、当時Mが勾留されていた志布志署に赴き、午後7時20分過ぎに、2階にある留置場内の接見室で、Mに接見して直接弁護人に選任された。

　その日、私が志布志署に赴くと、通常の接見申込みと異なり、何か異様な雰囲気を感じた。応対した警察官は、何か非常にピリピリしており、すでに別の弁護士が弁護人に選任されているのに、どうして接見に来たのか、私に執拗に聞いてきた。私は、長男からの申出があり会いに来たので、速やかに接見させてほしいと言った。私は、この時点では、γ弁護士から詳しい情報提供は受けていなかった。ただ、Mが否認を続けてきたということだけであった。

　さて、担当の警察官は、「Mは現在取調中ですが、留置場からの出し入れには女性警察官の立会いが必要です。しかし、担当の女性警察官が夕食に出ていませんが、今呼び戻しますので、しばらく待ってほしい」と言った。私は、担当の警察官の言葉を信じて30分ほど1階の待合所で待った。

　そして、立会いの女性警察官が帰ってきたというので、ようやく志布志署接見室に通され、72歳のMに仕切り越しにはじめて接見した。ただ、Mは、人生ではじめて留置場に入れられ、すでに1カ月近くも勾留されているためか、相当やつれていた。

　私は、長男MSに依頼されてきたことを告げ、挨拶をした。

　接見室の隣は、接見の受付になっており、そこには明らかに警察官が立ち聞きしている気配がしていた。私は、その当時は、秘密交通権とはいえ、聞かれてまずいことは話さないので、とくに立ち聞きを咎めることもなく、ごく普通の声で接見した。

(1) しかし、私のここまでの対応では、次の点に問題があると思われる。

　まず、接見の申込み時に、直ちに申込書を記載し、接見を求めなかった点である。ここでは、初回の接見なので、取調中とはいえ、断固として直ちに接見の実現を要求するべきであった。直ちに接見できない場合には、国家賠償請求もあることを警告するべきであった。

　また、「誰から依頼されたのか」という警察官の問いに安易に答えていることも問題である。このような場合、「弁護人になろうとする者だから、答える必要がない」と言って断固拒否するべきであった。

(2) また、警察官が接見室の隣にいるのに、警察官に席を外すよう注意せずに接見を続けた点も問題である。地方の接見室の構造は、警察官の執務室と隣り合わせとなっていることが多いが、志布志警察署の接見室も同様で、これでは接見内容が

筒抜けである。これについては、法曹三者で協議し、弁護士会としては、代用監獄が是認されているあいだは、接見室の構造に問題がある警察署を勾留場所に指定しないよう強く要請することが重要である。そのこととは別に、秘密交通権は弁護人固有の権利であることから、必ずその場で抗議することが重要である。真実に従い隠し立てがないことと、秘密の接見が防御のうえで重要だということとは、まったく無関係のことだからである。

(3) また、私は、これまで、ほとんど接見時にビデオや録音機を持参することはなかったのであるが、これを持参し、録画・録音することを真剣に考えるべきである。確かに、被疑者との信頼関係を形成することは重要である。だから、そのようなものは有害だとの考えもありうるが、のちに供述証拠の十分な検証ができるようにすることと、信頼関係の形成とはまったく別の問題だからである。

被疑者のなかには、いわゆる供述弱者と呼ばれる方々がいる。本件のように公職選挙法違反被告事件では供述証拠が証拠の中核をなすものであり、そうであるだけに真相の解明のためには、心理学との連携は重要である。これまでは、心理学的のアプローチを軽視する傾向が大であった。裁判官は自由心証主義を標榜し、供述の信用性評価は、裁判官の専権だとする立場が有力であった。しかし、これは、すでに破綻している。供述はたやすく信用性を判断できるようなものではない。だから、のちに供述過程が検証できるようにしておくことが重要である。だから、弁護人も、これを実践していくべきである。このようにして獲得した供述証拠は、のちに重要な供述分析に資するものとなる。供述の時期的分析だけでなく、供述の質的・量的分析を可能としておくことは大切だからである。また、否認の慫慂などという捜査機関からの誹謗中傷を跳ね返し、罪証隠滅などの嫌疑を晴らす証拠ともなるからである。

(4) 私は、初回接見時は、先入観を持たずに接見するようにしている。だから、あえて情報提供を拒否して、初回接見に臨んだ。「被疑者・被告人が真実犯人なのかを、本人の口から聞く。虚心に聞く」ことが重要だからである。

2 私は、初回接見時に、Mから被疑事実を確認しなかった。

初回接見時、私は、被疑事実の内容はまったく知らなかった。

私は、地元紙の南日本新聞を読んでいなかったので、被疑事実そのものもまったくわからなかった。私は、日頃から、接見前は、できるだけ新聞記事の内容を読まないようにしている。予断を持たないようにするためである。

であるから、すべてMが経験した取調べから、その被疑事実を確認するほかないので、どのような取調べがなされているか、一つずつ確認するというやり方で、被疑事実の内容を確認していった。聴取内容は概ね次のとおりである。

① Z宅でZが勤める会社の社長であるOの選挙買収会合があり、Zから6万円をもらったとする嫌疑で、2003年5月13日に逮捕されたこと。

② その前にも、刑事が懐集落に来て、同年4月20日に志布志警察署に連れて行かれ、昼食もとらず、夕食もとれず、午後10時ころまで酷い取調べを受け、自宅に帰ったら過換気症候群で倒れ、深夜に救急車で運ばれたこと。
　　被疑事実は何かよくわからず、刑事からは、Zから何かもらったろうという趣旨のことを繰り返し言われたこと。怒鳴られたりしたこと等。

③ その後も逮捕まで執拗な取調べ要請がきたが、無実なので、一切取調べを拒否してきたこと。

④ しかし、5月13日に、突然、警察が来て、逮捕されたこと。6万円をもらったとする逮捕状を読んで、驚いたこと。これを読み上げたら、刑事が慌てて読むな等と、読むのを遮ったこと。

⑤ その後、長男の知り合いを通じて同じ法律事務所のγ弁護士、δ弁護士を弁護人に選任し、繰り返し接見してもらっていること。

⑥ 逮捕後も否認を続けてきたこと。

⑦ Mによれば、自宅の隣に住むZ宅で買収会合が2回あり、懐集落の人が集まり、その会合で買収金が配られた、そして、自分にもZからお金が渡されるところを懐集落の人が見ていたというので、逮捕・勾留されてしまったとのこと。

⑧ しかし、Zとも日ごろはほとんど話をしないこと、最近では3月下旬ころ懐集落で毎年恒例で開かれる観音講（女性だけのお祭りで、集落で持ち回りで開いていて、今年はIの家であったと話してくれた）で一緒だった程度で、Z宅に上げてもらったのは、3年前くらいにZの娘が結婚をしたとき（のちに長女の「いたしきばれ」という結婚披露宴であったことが判明）が最後だと思うこと。
　　それから、Mは、四浦の簡易郵便局の局長をしていると言い、現在は長女MNがその仕事を代行していること。

⑨ しかし、Mは2月上旬にZ宅で選挙買収会合があり、6万円をZからもらったという公訴事実で、6月3日に起訴されたこと。

⑩ 現在は、3月下旬にZ宅で選挙買収会合があり、当選したO県議から直接今度は10万円をもらったとして6月4日に再逮捕されて、勾留中であること。

初回の接見時に、以上の事実がわかった。

もちろん、私は、Mが住んでいる四浦集落という場所が志布志のどの辺りにあり、Z宅との位置関係や集落の人々との関係など知らなかったので、ただ、Mの話を聞くだけであった。Mは、どうして起訴されたりしたのか皆目見当が付かないという状況で、捜査側が何を疑い、何を捜査しているのか心当たりがなく、まったく何が何だかわからないという感じであった。当時、すでにZ宅では4回も選挙買収会合があったとして捜査が進展していたが、私も、Mも、そのような事実を知らなかった。
　しかし、Mは、「6万円をもらったこともなければ、10万円をもらったこともない、Z宅の集まりに行ったこともない」と答えたのである。つまり、被疑事実について、Zから6万円をもらったこともないし、10万円をOからもらったこともないと明言したのである。このことは、その後終始一貫してMが私に訴えたことである。
　Mは、私に、自分は無実であり、どうしてこのような酷い目に遭わなければならないのか、病気の夫と一緒に四浦簡易郵便局をまじめにしてきたこと、酷い取調べを受けてきたことなど、その理不尽さを切々と訴えてきた。ちゃんと調べてもらえば必ず身の潔白がわかるはずだと毅然と訴えてきた。
　Mは、担当刑事は、nという人で、その取調べについては、「逮捕後毎日朝9時ころから、夜8時ころまである。事実ではないので、否認しているので、毎日同じ事の繰り返しです」と半ばあきらめ顔で話してくれた。
　それで、私は、このとき、Mに、取調べ状況をノートにつけるようにアドバイスした。私は、どのような取調べであったかは、のちの公判で重要となるので、必ず毎日書くように言った。Mは、早速そのようにすると答えた。また、もらっていないのであれば、もらっていないと言い続けることが大切だもアドバイスした。供述調書の作成については、私に相談してから作成に応じるように、それまでは決して署名してはいけないとも伝えた。それから、私は弁護人選任届をMに留置係を通じて差し入れ、Mにその弁護人選任届を書いてもらい、これを受け取って、鹿児島への帰路についた。鹿児島に帰り着いたのは午後11時30分を過ぎていた。
　この時点までの弁護活動の反省点は次のとおりである。

(1)　接見メモをきちんと作成していないこと。確かにメモはとったが、これが十分ではなかった。
(2)　この時点での供述録取書を作成するべきであった。被疑者が否認し、その否認が自然であり一貫したものである場合は、とくにこの作業を惜しむべきではない。ビデオ録画しなかったことも問題であるが、次善の策として、供述録取書の作成は重要である。そして、これに確定日付をとっておく等の措置を講じて、こ

れを勾留理由開示裁判の資料とすること等は重要であった。パソコンとともに即座に対応できるプリンターなどの器材をそろえることも大切なことである。とくに供述証拠が決め手の事件では、なおさらのことである。

(3) ノートを作成するよう、求めたことは良かった。しかし、現在、弁護士会で行っているような可視化ノート（『被疑者ノート』）を差し入れるところまでやるべきであった。勾留されている被疑者の立場に立たされた無辜は、防御の術を知らず、代用監獄で全生活を支配されているので、単にノートを買ってつけろと言うだけでは、指示として不十分であった。ノートの作成法について説明していなかったことも問題である。やはり時間をかけてこのあたりも説明するべきであった。

(4) 取調べ時間が長く、体調が悪いと訴えているので、この点について、直ちに、担当警察官に面会を求め抗議するとともに、警察署長宛に抗議文を送るなどの対処をするべきであった。この点も、捜査弁護として適切ではなかったと反省している。さらに、検察官にも、警察取調べの問題点を摘示し、供述の任意性を担保する措置をとるよう求めるべきであった。とくに、取調べの全過程の録画を求めておくべきであった。

(5) また、土地勘のない地域での弁護活動には、常に地図を持参することも重要である。また、地域の特性なども十分に把握しておくことも大切である。

3 初回接見を終えて、Mの話を聞くと、それはとても自然で、合理的なものと考えられた。同一候補者のために、山間の6世帯しかない集落で、同じ人に買収目的で6万円と10万円を配るなどということがあるとは思えなかった。また、その供述態度も真摯であり、質問にも真剣に受け答えし、その表情も嘘をついているとはとうてい思えないものであった。

そこで、この接見をこれまで弁護活動をしてきたγ弁護士に報告し、共同で捜査弁護活動を行う方法を電話で伝えた。実際、鹿児島市内から志布志署までの往復は、事件を抱えている弁護士にとって、大変な重労働であった。毎日接見するなど困難なことであった。鹿児島市内から志布志署で1回接見するためには、接見と往復で最低6時間を要した。だから、ローテーションを組んで、交代で接見するほかなかった。β弁護士、δ弁護士、私の3人で、毎日1回、誰かが接見をしようと決めた。とにかく、志布志署での接見を充実させること、これに尽きるということになった

そこで、私は、6月7日60分間、6月11日35分間、6月14日80分間、6月17日85分間、6月21日60分間、6月25日35分間、6月30日135分間、7月3日、10分間裁判所仮監および95分間志布志署での接見をした。

私が弁護人に選任されたあとに弁護人が誰も接見できなかったのは、6月8日、9日、18日、20日、24日（ただし、この日は勾留理由裁判の日であり、実質的に接見している）、27日、29日、7月1日、2日の合計9日だった。3人でローテーションを組んでも、ほぼ1カ月間で9日間は接見できなかった。

　この間、Mは、心身ともに疲弊しており、時折、「嘘でも認めたら家に帰れるのか」と冗談めかして尋ねてくることもあった。しかし、Mは、「ここで、嘘の自白をしたら、冤罪をつくってしまう。無実の人々も巻き込んでしまう」と義理の息子の言葉を口にして頑張っていた。γ弁護士を中心として、私たち弁護人も、何とか心の支えになろうと、必死であった。

(1) 接見状況について
ア　6月11日の志布志署での接見
　私がMに体調を尋ねると、Mは手の震えなどを訴えてきた。夜8時、9時まで取り調べられていることもあり、精神的にも、肉体的にも相当疲れていた。

　取調べの状況を尋ねると、Mは、毎日、取調べ時にn刑事（のちにnk刑事と判明）から怒鳴られていること、ときどき取調べを受けるo副検事からも怒鳴られていること、o副検事は志布志署に常時いるようなこと、そして、刑事や副検事から終始一貫して無実を訴えているMに、「今のままだと泥沼に入っていく。どんどん罪が重くなる。釈放はされないし、面会も許されない。ほかの人は調書を書いているからすぐ出られる」などと毎日のように言われていると話した。

　私は、接見禁止が長期間にわたってつけられていることから、接見禁止決定に対する準抗告やその一部解除請求をしてみること、また、勾留理由開示裁判などについて説明し、無罪を勝ち取るために頑張ろうと励ました。

イ　6月14日志布志署での接見
　γ弁護士とはとくに情報の交換はしていなかった。

　Mは、o副検事は取調べで罪を認めろの一点張りで、取調べの間、沈黙が続くと説明した。また、n刑事は、私がお金をもらうところを見たという証人がいるので、このままでは罪が重くなると脅してくること、否認を続けたら裁判が長くなり、否認を続けたらどうなるか、弁護士に聞けなどと言っていることなど、取調べ状況を説明した。

　また、どうして私がMの弁護人になったのか、その事情も執拗に聞いてきたという。「弁護料は誰が出したのか、4人も弁護士がついているのはどうしてか、このままでは弁護士費用だけがかかって、大変だぞ、弁護士の言うことを聞いていても無罪には

ならないぞ」などと、弁護士を馬鹿にする話などもしてきたという。弁護士の悪口を言っていることを聞き、多少驚いた。

　私は、Mに、弁護士を選任した経緯や弁護士と何を話しているかなどは話す必要はないこと、黙秘権を行使するべきことをアドバイスした。

　また、Mは、大要次のようにも説明した。

「逮捕されるとき、刑事に逮捕状を見せてくださいと言ったら、その逮捕状に６万円貰ったって書いてありまして、私はびっくり仰天して、まぁーって言って大きな声で言いました。刑事は、手錠を掛けて逮捕するのが当たり前だけど、人情があるから逮捕するときは手錠を掛けなかったこと、それで、勾留されて一番先におっしゃったことが、みんなが私が会合に来ていたところを見ていると。おまえは行っていたんだと。６万円貰ったんだって。もう頭ごなしですよ。向こうから一方的なんです。それで私はそんなことはありませんって。絶対そんなことはありませんって言いました。そしたら、お前はみんなが見てるんだから、うそは言えないよと、それで私がちゃんと証明をするには、どこか旅行に行って、外泊であったという日がなかったら証明はできないと強圧的に言いました。一方的に、もう証明ができないことを言われました。私は、部落の人がこんな目に遭わせたんですから、私は部落の人ととことん闘いますからと言いましたら、刑事は、おまえは暴力団より悪いって言われて。えー？　って思って、世の中、逆さまになってると思いました。私が否認しているものだから、調べることがなくて、n刑事は、とにかく四浦の郵便局の写真を撮ってきたり、四浦の郵便局の付近の自然の光景を撮ってきたりして、こんな良いところに、認めたら早く帰れるんだよっ、というようなことを言われました。私は、それこそ外の草一本見られないような所に鍵で閉じられているわけですから、とにかく、四浦が懐かしい気持ちはありましたけど、ここで踏ん張らなければ、本当に無実である人が、冤罪で泣いてる人がいるかもしれないと思って、もう自分はどうなってもいい、自分の命はどうなってもいいって思って踏ん張ってきました。私も、うそでも認めればどんなに楽になるだろうとの誘惑に駆られましたが、私が認めれば、冤罪で苦しむ人が出てくると思い、踏ん張りました。そしたら、n刑事からは、『もういいが。もう相当頑張ったが。あんたは最高記録』とか何とか言って、誉められました。n刑事は、もう話をしてくださいと言いました。私はもらっていないので、もらっていないものはもらっていないとしか言いようがありません。そのような私の態度に業を煮やしたのか、n刑事は、毎日その説教じゃないですけど、大きな紙に『悪いことをした人は、罪を謝罪をして、認めて謝罪をすべきだ』という文章が書いてあって、取調べ室の机にそれが置いてあって、私に毎日それを読ませるのです。私は、そこには反対のことが書いてあるもんですから、余計腹が立って、

刑事とは話は合流することはないですからと、真実を述べ続けました。

　あるときは、n刑事は、私の机の前につかつかって来て、叩かんばかりの動作で大きな声で怒鳴って、机の前まで来て、そういう動作もされました。

　n刑事は、とにかく認めた人は書類を済ませて、もうバスでみんな行ったよ。お前はますます否認すれば否認するだけ泥沼の中に入っていくと、かわいそうだ。それで、みんな今まで私が言ったようなことになっているだろう。釈放はされなかっただろう、逮捕されただろうって。みんな私の言うようになるんだからと言うようなことも言われました。

　毎日、安定剤を飲まないと眠れないような状態でしたので、そしたら、夜中にお腹が痛くなって、水をもらって飲んだこともありました」。

　このような話を聴取し、私は、今後の手続について、勾留延長に反対すること、勾留理由開示を一刻も早く実現すること、接見禁止の解除請求を行うことなどを約束した。

　この日は、Mの2月、3月ころの生活状況なども尋ねた。すると、Mは、月曜日から金曜日までは、四浦の簡易郵便局に行き、郵便局の仕事をしていること、午前8時10分ころ自宅を車で出て、午後4時30分ころ帰宅すること、土、日、祭日は、郵便局は休みで、土曜日は、志布志の街にある姉の家へ車で行き、一緒に志布志のタイヨーストアーなどで買い物をして、夕方自宅に帰る生活をしてきたことなどを話した。ときどきは娘のMN宅に寄り、近くのガソリンスタンドで給油などをして帰宅することもあると説明した。

　2月の上旬の土曜日も、そのような生活状況であること、夫MIは、足が不自由で、Mの助けがないと生活できないので、Mが逮捕されてからは、MIは病院に入院していることなども話してくれた。

　このような会話をして、私は、家路についた。その日も志布志署を出たのは午後9時を過ぎていた。自宅に帰り着いたのは、夜中の12時前であった。

　　ウ　6月17日志布志署での接見
　受付の刑事が出てきて、待合所で世間話をした。

　通常、待合所で刑事から話しかけられることはないので、戸惑いを覚えた。何か相当ピリピリした感じであった。それから、午後3時30分ころから、接見室でMと面会した。

　私が志布志署に着いたときは、Mは調書を作成中で、5ないし6枚程度の言い分のみを書いてもらっていると話してくれた。問答式とも言っていた。内心しまったと思

った。自白調書でなければよいが思った。この調書は、開示を請求したが、最後まで開示されなかった。

それから、さらに現在の状況などを聞いていった。

Mによれば、Zの長女の結婚式のことをよく思い出したところ、Oとは、3年前、その長女の結婚式の日に、バスの中で会ったこと、また、最近では、あまり寒くはなかった日に、私が畑で仕事をしているとき、Oが小型トラックから降りるところを見たことがあるが、そのときもOとは話してはいないこと、さらに、Oの妻Qは会ったことはなく知らないこと、n刑事の話では2度目の逮捕事実については会合参加者が13人いたことなどを説明した。

Zの人柄や人間関係等についても詳細に話してくれた。

また、Zは集落の交際にはあまり出ていなかったこと、Mが知っている3月に開かれた集落での集会は、3月30日にJ宅で行われた観音講と、31日に四浦小学校の集会室で開かれた小組合の会合であったことなどを説明した。

なお、この日に、勾留理由開示請求を鹿児島地方裁判所に行った。そして、翌日、勾留理由開示裁判期日が同年6月24日午後2時からに決定されたとの通知が裁判所からあった。

エ　6月21日志布志署の接見

午後7時25分から志布志署の接見室でMと接見した。

8時30分ころまで接見したと思う。

この日は、主に今後の刑事手続の流れなどを説明した。また、弁護人の職務内容についても、改めて説明した。

この説明をしているとき、Mは、私に対して、「刑事が弁護士は金がかかる。何百万もかかる。弁護士はあなたの為にならない。辞めさせたほうがいい。野平弁護士は、そもそも誰が頼んだ弁護人なのか、よく聞いてみなさい。費用は誰が出すのか。否認して争っても長くなるだけで、それだけ弁護士費用も高くなる。それよりは認めたほうが、早く出られるし、弁護士費用もいらないと言っている」などと話した。

Mは、「弁護士費用が高くついても、自分の無実を晴らすためであれば、全財産を投げ打っても構いませんと刑事にきっぱり言ってやった」とも話してくれた。

私は、6月24日に開かれる勾留理由開示のことについても説明し、その日は公開法廷で開かれるので、長男のMSや長女のMNの顔を見ることができると伝えた。話はできないが、顔を一目見るだけでも、接見禁止中のMにとっては勇気づけられると思い、そのように話をした。

オ　6月25日志布志署での接見
　午後1時30分ころから1時間程度接見した。なお、この日、Mは、いわゆる10万円口では処分保留で釈放された。それゆえ、いわゆる6万円口の起訴勾留だけとなった。
　Mは、私に会うなり、「午前中の診察で自律神経失調症と言われた」と訴えてきた。手が震える、身体全体に汗をかく、頭のほうがガクガクするなど体調の不良を訴えた。自分は何もしていないのだから、死ぬに死ねないと必死であった。また、勾留理由開示期日に長男や長女に会えなかった理由も説明した。その日に、長男宅や郵便局など、3回目の家宅捜索があったため、長男や長女は期日に鹿児島地方裁判所に出てくることができなかったのである。警察は、Mと子どもたちをよほど会わせたくなかったのであろう。
　取調べでは、早く認めるように、認めないとますます泥沼に入っていく、かわいそうだ、刑事の言うとおりにすれば、家庭のことや郵便局のことも面倒をみてあげる、早く子どもやご主人のところに帰ってあげなさいと、繰り返し繰り返し刑事が言うと話してくれた。また、Mは、刑事から自分のことが書かれた新聞記事も見せられたとも話した。それだけでなく、n刑事が、Mが経営している簡易郵便局で不正な会計処理がなされていると脅してきたというのである。
　この日も、Mは、刑事の取調べで、弁護人とどのような話をしているか聞かれているということであった。弁護人の悪口も盛んにしているとも話してくれた。
　私は、弁護人との会話は刑事に話すべきでないこと、これまでの接見でMの話していることを信じることができるので、決して嘘の調書を作らせてはならないこと、そのような調書が作られると、公判で争う際に、Mの無実の訴えを裁判官に信用してもらえないことなどを説明し、ご主人も子どもたちも、あなたの潔白を信じて疑ってはいないこと等を伝えた。
　私は、志布志署への出張がたいへんな負担であり、弁護活動にも支障が生じるうえ、代用監獄を悪用してMに対し違法な自白強要がなされていると考え、勾留場所を鹿児島市内の拘置支所に変更するよう、2003年6月28日に申立てをした。しかし、その時点では拘置支所に女子被疑者を受け入れることができないという理由で、裁判所の職権発動はなかった。しかし、裁判所からは、7月2日には拘置支所側が移監を受け入れられると口頭での回答もあったので、そのころもう一度申立てをすることにした。

カ　6月30日志布志署での接見

　勾留場所については、7月2日以降に再度申立てを行うこと、第1回期日後に接見禁止の解除請求を行うことなどをMに話した。第1回公判期日での弁護人の対応などを話して帰った。Mは、第1回公判期日に、自己の無罪を主張できると意気込んでいた。

　また、7月2日には鹿児島の拘置支所に移ることになるなど話をした。相変わらず毎日厳しい取調べが続き、弁護人の悪口はもとより、早く認めろの一点張りということで、取調べは同じことの繰り返しだと説明した。

　「私は、無罪だから大丈夫です。頑張ります。先生こそ、遠いところありがとうございます。気をつけて帰ってくださいね」と、鹿児島に帰る私を気遣ってもくれた。私は、このような高齢の、立派な人を長く勾留することに対する怒りと自己の無力さを思い知ったのである。

　キ　7月3日午前9時50分から裁判所の仮監で接見

　第1回の公判直前に接見できなかったので、裁判所構内で接見をして公判に臨むことにした。Mは、これまでの接見のたびに、この日に、いよいよ起訴された懐集落の人々や関係者がいる裁判で自己の無実をしっかりと訴えると意気込んでいたので、この点を確認すること、体調や精神状態などMの様子を確認することが目的であった。

　裁判所構内の接見室に正装した姿で現れたMは、私に対し、しっかりした口調で、罪状認否の言葉を繰り返した。裁判でしっかり闘うという72歳の気丈な姿がそこにはあった。私は、このような姿勢に、逆に勇気をもらい、しっかりと意見書や起訴状に対する求釈明などを行うぞと、心に決めた。

(2)　これまでの対応の問題点

　ア　接見状況のメモが不足している。

　イ　Mは、取調べの酷さを訴えていた。そうであるのに、取調べ刑事に抗議していなかった。抗議はしなくても、接見状況報告書を作成し、自白強要をしているとして、直ちに勾留理由開示裁判の申立てをするべきであった。また、勾留の取消しも併せて申し立てるべきであった。検察官に対しても、取調べの適正を確保する措置を強く促すべきであった。

　これが容れられないとしても、検察官の起訴を阻止するためにも、また、検察官にこの要請はしておくべきであった。もっとも、このころ、検察官と警察は一体となってMに対する自白強要に狂奔しており、たとえこの申入れをしても、まったく無力だった

と思われるが、やるべきことをしていなかった点は反省点である。

　ウ　とくに捜査機関による秘密交通権や弁護権の侵害はあからさまであった。

　接見のときにも、Mが、弁護士は金取りだ、弁護士の言うことを聞いているとお前の罪はどんどん重くなるなど、刑事が弁護人を誹謗中傷をしていることを説明していた。確かに、Mは、自分は弁護士を信頼しているから大丈夫ですと話してくれた。しかし、ほかの人々の自白を裏付ける客観証拠は見つからず、逆に、自白と矛盾する証拠が次々に収集されているなかで自白を強要していたのであるから、弁護士との信頼関係が破壊されてからでは遅いので、やはり、その内容を具体的に接見状況報告書にまとめて、抗議するべきであった。弁護権の侵害に対する対抗措置がとられなかった点は、大きな反省点である。この申立てをビデオで録画しておくべきであった。

　他方、Mの長男や長女宅にも捜索がなされていたので、この点に対する対応も必要であった。長男からの報告では、自宅と勤務先事務所の捜索を受け、γ弁護士とのFAX文書を押収されたとのことであった。当初、私には、その意味が十分に理解できていなかったが、γ弁護士らが買収したとされるO県議の弁護人にも選任され、弁護活動を行っていたことと無関係ではなかったことが、その後徐々に明らかになって行った。

　このようななかで、弁護人と依頼者の家族との通信を侵害することが許されないことであり、これを捜索すること自体、弁護士の罪証隠滅活動を疑っていたことを物語るものであり、これに対する抗議活動をこの時点で展開する必要はなかったか、検討すべきであった。このような事態に遭遇した場合、弁護士会に対し援助を求める仕組みなど、権力の横暴に対し、なにがしかの仕組みをつくるべきである。何の根拠もなく弁護士の犯罪を疑うことは、すでに、司法制度の崩壊を意味するものであり、その危険性を検察官は自覚するべきである。

(3)　接見禁止に対する問題

　Mは、72歳と高齢であるにもかかわらず接見禁止がつけられ、長期間、身体拘束を受けていた。このような場合、接見禁止決定に対する準抗告などの対抗措置をとるべきであった。

　私は、7月3日になって接見禁止の解除請求を行い、Mは同月7日に長女との接見できた。しかし、この解除決定に対しても、検察官は準抗告を行い、これに反対した。1回きりの長女との接見なのに、そこまでするかという対応であった。

　Mは、四浦簡易郵便局長であり、長期間拘束されると、郵便局の業務に支障が生じることは明らかであった。また、Mには、身体障害のある高齢の夫の世話も必要

であり、家族との接見が必要であることも明らかであった。さすがに検察官の準抗告は棄却され、Mは長女と面会することができた。身体拘束を受けてほぼ2カ月ぶりの弁護士以外との接見であった。

(4) 勾留理由開示裁判の問題点
　勾留理由開示の申立て時期が遅かったことが問題であることはすでに指摘した。
　本件は、まったくの冤罪であり、そもそも犯罪が存在しなかった事案である。そうすると令状発付手続そのものに重大な問題があったことを意味する。そうだとすれば、強力に勾留理由開示を請求し、それと結びつく勾留取消しの申立てを行い、令状裁判官による厳格な勾留の必要性に関する再審査を強く求めるべきであった。そのためには、事前の準備として接見状況報告書などを作成しておくことはもちろんであるが、当時勾留されていた人々の弁護人との連携を図り、身体拘束を受けていた全員について、一斉に勾留理由開示請求を行うことも検討するべきであった。弁護人の独自の判断も大切であるが、そもそも買収会合の事実が存在しない事案では、この連携のやり方を工夫することが重要だと思った。
　勾留理由開示請求に対し、公開法廷で裁判官は、「一件記録によれば、罪証隠滅を疑うに足りる相当な理由が認められる」と述べるに止まった。きわめて形式的判断であった。勾留理由開示裁判の再審査の機能はまったく損なわれていることが、またも明らかになったが、本件が冤罪であることを考えると、この裁判の本来の機能をどのように回復するのか、何をすれば、不当・違法な身体拘束から無辜を解放することができるのか、限られた時間のなかで勝ちとる方策こそが重要である。裁判所は、単に一件記録のみで判断するのではなく、積極証拠が自白のみであったのであり、否認を続けているMが取調べの違法を訴えていたのであるから、自白者の留置記録はもとより、自白の任意性を担保する証拠資料も提出を求めるべきである。現在では取調べ状況報告書の作成が義務づけられているのであるから、その提出も求めるべきである。本件では、実際に取調べ小票が作成されていたのであるから、取調べの任意性を担保するものとして、その提供を求めることも必要だったのではないか。場合により刑事の備忘録の提示も必要だったと思う。これらは、捜査の秘密を云々してこれを拒否することはできない証拠資料群であるから、その提供がないことは、勾留の必要性に重大な疑問があることになる。
　もちろん、本件では、捜査機関が犯行日さえも特定していなかった。裁判官は、買収会合で現金が供与された事件だというのであるから、多数人が集まっているのにどうして日時を特定できないのか、捜査機関にその事情を釈明し、これに関する証拠

の提供を求めることも行うべきである。このようなことを行っても、捜査の密行性に反することはなく、まったく問題ないはずである。会合日が特定されなければ、それだけ弁護人としても無罪の証拠を発見することは困難となる。犯行可能日の全部を潰していくことが必要となるが、そのようなことはほとんど不可能に近いことである。もちろん、これを被告人や弁護人に求めることはできないはずである。

　私たちは、勾留理由開示を請求することにより、接見等禁止決定がなされ家族等との面談もできない状況を打破し、公開の場で家族らと顔を合わせることができる機会を確保しようと考えていた。しかし、捜査機関は、当日に、長男や長女の家宅捜索を行い、そのため、長男や長女は志布志から鹿児島地方裁判所に出頭することができず、Mは家族と公開法廷ですら顔を合わせることはできなかった。この家宅捜索がそもそもMの長男や長女と弁護人とのやり取りを記載した書面の捜索・押収が目的であったことと併せ考えると、まことにもって捜査機関の手法は強い非難の対象となると思われる。捜査は常に正義に適ったものであるべきであるが、そして、そのことを市民は期待しているのであるが、現実は、残念ながらそうではないことが明らかになった。

　ただ、当のMは、勾留理由開示公判に出頭し、過酷な取調べを一時中断する機会となり、意見陳述（刑訴法84条2項）により、違法・不当な取調べ方法などについて公開の場で訴え、そのことを調書として記録することに満足をしていた。これまでは、常に取調べの客体とされ、ただただ弁解ばかりで言い分を聞き入れてもらえないことが続いたため、自分が無実の罪で勾留され、これまでに捜査機関からされた苛酷な取調べを訴える機会が与えられ晴れ晴れとした心境となっていた。

(5) 勾留場所の変更問題

　ア　Mは、長期間にわたり代用監獄での取調べが継続し、疲弊しきっている状況であったので、私はMの勾留場所の変更を求めた。

　最初の職権発動の申立てに対し、鹿児島拘置支所が7月2日には受け入れ可能であると回答したのに、その日も受け入れができなくなったと回答してきたという。このため、7月4日に移監するということになった。これは不自然である。7月3日が第1回の公判期日だったからである。捜査側としては、どうしても公判期日後に一度志布志署に連れて帰り、取調べをしたかったというのが本音だったのではないかと思われる。というのも、自白をしていたZらが公判廷で自白する様子をMに聞かせ、その反応を知りたかったというのが捜査側の本音だと思うからである。

　この点について、後日、弁護士法23条の2による照会で、鹿児島拘置支所に受

け入れができなかった理由の開示を求めた。女子の入所者を受け入れることができなかったというのが移監が延びた理由であった。そこで、収容人数などを明らかにするよう求めたところ、これを拒否してきたのである。私は、これはおかしい、必ずカラクリがあると思った。しかし、その当時は、公判準備のため、そのことを追及することはなく現在に至っている。

　イ　そもそも、勾留場所の変更を求めた理由の1つは、Mが留置場でつけていた「Mノート」を、取調官であるn刑事にのぞき見られるという事件があったからであった。取調べと留置は完全に分離されていると警察は主張しているが、取調べ担当刑事は、「Mノート」の存在を知っていることを前提にして、検察官の電話聴き取りに回答している。同書には、「Mは留置場でノートにメモをしていたようで、何を勘違いしたのか、取調べ後、接見に来た弁護士に、所持品であるそのメモノートを宅下げしてしまいました」等と回答しているからである。このことからも明らかなとおり、取調べと留置が分離していないことは明らかである。

　ウ　なお、志布志事件でも、弁護人の知らないあいだに、代用監獄を悪用した取調べが行われていた。そのことは、検察官が証拠請求した開示証拠から明らかとなった。代用監獄に勾留された被告人のうち2名については、その同房者に対して公訴事実を認める旨の告白をしたとする、同房者の供述調書が存在したのである。

　被告人のひとりCは、鹿児島南警察署の留置施設に勾留されていたが、その同房者の検察官調書（7月4日および同月9日付け）によれば、Cは、その同房者2名に対し「Oから10万円をもらった」等と打ち明けたことになっていた。しかし、真実は、4回目会合は存在せず、Cも10万円をもらったことはなかったのであるから、このような告白をするはずもなかった。そうすると、なぜこのような告白調書ができたのか。それは、警察は同房者としてスパイを送り込むことが簡単にできるし、24時間監視体制で、身体拘束者の全生活を支配しているからである。Cのケースでも、同房者のうち1名は後から同房者となり、Cに盛んに被疑事実のことを聞いていた。このように、代用監獄を悪用する事案は、決してレアケースではない。

　志布志事件では、さらにもう1人、スパイ調書を作成された被告人がいた。Fだ。Fは、鹿児島中央署に勾留されていたが、その同房者に対し、「選挙で何回か金をもらった。夫婦で52万円もらった」と告白したことになっている（2003年7月7日付け警察官調書）。しかし、会合はなく、お金ももらっていなかったのであるから、この同房者の供述は、真っ赤な嘘だったということになる。このような讒言が、取調官の捏造なのか、同房者の捏造なのかは、今のところわからない。しかし、このようなことが横行しているのは、やはり代用監獄が存在しているからにほかならない。

8　フレームアップと闘う；志布志事件　733

志布志事件は、代用監獄も廃止されるべきことを明らかにした事件でもあった。

(6)　γ弁護士、θ弁護士およびδ弁護士が、T、OおよびQの弁護人に選任されていたことに対する対応

　上記3名の弁護士が、買収金を供与したとされるO、Qの弁護人にも選任され、弁護活動を行っていることに対し、捜査機関が疑惑の目を向けていることを、私は、接見のなかでヒシヒシと感じるようになっていた。

　TもO、Qも、いずれも、公職選挙法違反の事実を否認しており、Mも否認していたのであるから、3名の弁護人に選任されること自体は何ら問題とされることはない。γ弁護士らの判断に誤りはない。

　しかし、私がMの弁護人に選任されたあとも、Mの長男らとγ弁護人との通信記録が押収されるという事態が生じていた。私は、直接依頼を受けた長男MSからその事情を聞き、たいへん驚いた。通信内容のコピーは、私も長男らからもらっていたのであるが、その内容は、母親であるMの安否を気遣い、郵便局の業務の状況や家族の近況を明らかにしたものであり、また、Mから2月、3月のアリバイを確認するための資料の収集を求めたものであった。したがって、罪証隠滅活動とはほど遠い、およそ無関係のものであり、これを押収すること自体弁護権の侵害だと思えるものであった。そこまで踏み込んだことをしているのは、明らかに、γ弁護士らの弁護活動を違法なものと疑っていることの証左であると考えた。

　そこで、私は、γ弁護士らに対し、Mの弁護人は私がやるので、γ弁護士はOらの弁護人に専念することを勧めていた。本当は、私のような若輩の弁護士が申し上げることではなかったが、捜査機関の動きはとても嫌な感覚があったので、Mのために、あえてこのような進言をした。

　結局、γ弁護士らはMの弁護人を辞任した。第1回公判期日の直前の6月30日のことであった。

　弁護人としては、1つの決断である。ここでは、γ弁護士らがあくまでもMの弁護人を継続することも1つの道であった。最終的には起訴された13名が全員否認に転じたのであるから、そのまま継続することに何ら問題はなかった。しかし、第1回公判期日前の状況では、公訴事実を認めている被告人がおり、混沌とした状況にあった。全員が否認して争うのか、見通しがはっきりしなかった。ほかの弁護人の意向もはっきりしなかった。私たちとしては、その時点では1回目と4回目の会合についてOのアリバイの存在を覚知していたので、全員無罪を勝ち取れると確信していた。だから、弁護人の継続にはまったく問題はなかった。しかし、これ以上、捜査機関の疑いを

増幅させることは得策ではないとの判断で、私ひとりでMの弁護を行うことにしたのである。

結果としては、どちらでも良かったのであろう。

警察はともかく検察官が私たちを疑ったことについては、たいへん情けないことであった。6月3日の起訴検察官は、初任開けの検事で鹿児島地裁で司法修習をしたばかりの人であったから、なおさらである。法曹の信頼関係がもはや虚しいものになりつつあるのではないか、そのような危惧を抱かせるものであった。

4 Mの身体拘束関係についてのまとめ

(1) 接見禁止（2003〔平成15〕年）

接見禁止期間：5月13日（1回目逮捕時）～10月17日（第8回）

①	7月3日	接見禁止解除請求　全部・一部
	7月4日	一部（長女）解除許可
		検察官の準抗告
		準抗告却下決定 その後、家族との接見を、里心がつくとの理由でMが希望せず。
②	10月17日	接見禁止決定を付さず。それまで、公判のたびに接見等禁止決定が継続した。

(2) 勾留理由開示請求（2003年）

6月17日	請求
6月19日	求釈明書提出
6月24日午後2時00分	勾留理由開示期日

(3) 勾留場所の変更（2003年）

①	6月27日	申立て（恫喝・誘導をともなう取調べが志布志警察署の代用監獄を使ってなされていたことが理由） 裁判官は、検察官の求意見で、拘置支所の女子房の空きが7月2日にならないとないという理由で、7月2日に再度出してほしいと言い、職権発動しなかった。
②	7月2日 （第1回公判期日前日）	再度申立て 裁判官は、検察官の求意見で、拘置支所の女子房の空きが7月4日にならないとないという理由で、7月4日に再度出しほしいと言い、職権発動しなかった。
③	7月4日	検察官の指揮で拘置所に移監。

④ 7月16日	拘置所に対する23条の2照会
6月27日	7月2日当時の女子房の状況を明らかにするよう求めるも回答を拒否。非常に疑問である。

(4) 保釈請求等

8月11日	保釈請求①
8月12日	病気を理由とする勾留の執行停止申立て
8月12日	保釈請求却下
8月14日	弁護人の抗告申立て
8月15日	勾留の執行停止申立て
8月18日	弁護人の抗告棄却
8月20日	勾留の執行停止決定
	同決定に対する検察官抗告申立て
8月22日	高裁で勾留の執行停止決定の取消し
	特別抗告権放棄　高裁に対する抗議文
10月23日	保釈請求書②
10月24日	保釈許可決定
	同決定に対する検察官抗告
10月27日	高裁で原決定取消し・保釈請求却下
10月31日	保釈請求③
11月1日	10月27日付け高裁の保釈請求却下に対する特別抗告
11月4日	保釈許可決定
	同決定に対する検察官抗告
11月7日	高裁で原決定取消し・保釈請求却下
11月13日	保釈請求④
	保釈許可決定（保釈金200万円）　検察官抗告せず

5　第1回公判期日の問題

第1回公判期日は7月3日午前10時と指定されていた。

(1)　最初に逮捕された6名の被告人の1回目会合に関する審理の予定であった。

当時は、未だ鹿児島地方裁判所の建物が完成前で、プレハブの法廷での審理が予定されていた。私は裁判所の法廷に少し早めに行った。すると、傍聴席は満席の状態で、7名の検察官が法廷内に入っていくのがわかった。また、傍聴席には、明

らかに警察官とわかる人も多数詰めかけていた。

私は、Mと約束していたので、公判期日が始まる10分前に、Mと裁判所構内で接見した。接見では、勾留場所が7月4日に鹿児島拘置支所に変更になることを伝え、今日の対応の確認などをした。Mは少し緊張した面持ちであったが、やっと自分の無実を訴えられると、張り切っていた。

(2) 裁判所との公判前の打ち合わせ

私が、接見を済ませ法廷に戻ると、裁判所事務官から担当裁判官が話があるということで、裁判所内の準備手続室に案内された。そこには、ほかの5名の被告人の弁護人5名が担当裁判官と進行協議を行っていた。何かただならぬ雰囲気が漂っていた。

私が準備室に入ると、担当裁判官は、「今朝、検察官から裁判所に対し、国選弁護人2名の違法行為があったので、公判期日を開けば公判廷でその解任請求を行うとの連絡があった。それで、法廷の混乱を避けるため、公判期日を延期したい」と切り出した。また、担当裁判官は「部長裁判官に相談したかったが、部長も不在なので、公判期日を延期したほうがいいとの判断をした」など言い出した。

私は、そのようなことをすれば、第1回期日が延期となり、接見等禁止決定が第1回公判期日までなされている被告人の不利益になると考え反対したが、反対は私ともう1人の私選弁護人だけだったので、押し切られてしまった。国選弁護人の名誉に関わるということであったので、引きさがるほかなかった。

なぜならば、国選弁護人は3人（Z、E、Tの各弁護人）いたが、そのうちの誰と誰のことかも判明しておらず（結局前2者の弁護人であることがのちに判明）、その違法行為の内容も判然としていなかったことから、どのような問題が提起されるのか、重大な問題と思われたからである。

ただ、あとで判明したことであるが、国選弁護人2名には何らの違法行為はなく、むしろ秘密交通権侵害という検察官の違法行為に基づくものであった。つまり、期日延期に同意する必要はなかったのである。このような理由で、むやみに公判期日の変更ができることになると、検察官は、このような手法を乱発しかねないことにある。

(3) 公判

そして、公判は、人定質問と起訴状の朗読に止まり、罪状認否は行われず、閉廷した。はりきっていたMも落胆と戸惑いの表情を隠さなかったのである。

(4) 公判後の接見

この公判が終わったあと、私は、志布志署に行き、Mと接見した。午後7時20分から午後9時前まで接見した。

今日の出来事の意味などを説明した。期日の進行にとても戸惑っていたので、説明を繰り返し、安心させることに心がけた。

6 第1回公判期日後の対応

私は、このような強権的な当事者主義を無視する検察官の対応を目にして驚き、一人で弁護活動をすることに強い不安を覚えた。

そこで、長男MSや長女の夫MTと相談して、弁護人を2人追加してもらったのである。弁護士は、鹿児島県弁護士会きっての理論派ε弁護士やζ弁護士ということで決まった。かなり無理を言って引き受けてもらった。この対応は大変よかったと思っている。ε弁護士は、熱血漢で、鹿児島の北薩地区で発生した少年の集団強制わいせつ事件で抗告などを繰り返し、最終的に福岡高等裁判所宮崎支部で不処分の決定を勝ち取っていた弁護士で、一緒に中国残留孤児訴訟等を担当していた。ζ弁護士も、全国トンネルじん肺鹿児島集団訴訟や中国残留孤児訴訟などを一緒に追行する弁護士であった。

そして、7月7日午前8時30分ころから拘置支所で3人でMに面会した。これからは3人で協力して弁護活動をすることを伝え、「M弁護団」と銘打って活動することになった。Mには、拘置支所のほうが規律が厳しく大変だけど頑張ってくださいと激励した。それからは拘置所に3人で交替でローテーションを組んで接見に行った。刑事弁護は、1に接見、2に接見、3、4がなくて5に接見。接見は、24時間と20分との戦いだと言われるほど重要である。Mは、拘置支所に移監となったが、それでも、警察の取調べ担当のn刑事は執拗に取調べにやってきて、Mを悩ませ続けていた。私たちは、7月9日付け内容証明郵便で、警告書を検察庁と県警本部に送付した。被告人の起訴後取調べの要件を充足していないとして抗議したのである。それでもn刑事は、この抗議を無視し、起訴後取調べは継続した。拘置支所に押しかけたn刑事は、「弁護士を辞めさせろ。そのほうが、お前のためになる。弁護士費用は1,000万円はかかるぞ」等とMを脅迫して、執拗に自白を得ようとした。

Mは、拘置支所に移監となり、体調が著しく悪くなった。

拘置所は、警察署の留置場に比べ、未決であるのに待遇が非常に悪く、姿勢を崩すことも厳しく咎められ、冷暖房設備が不十分で、寝具類もダニがいたりして寝ら

れたものではなく、とても無実の高齢者が寝泊まりする場所とはいえない場所であった。

　ここからの救出をどのように行うのかも、3人のM弁護団の課題となった。暑い夏を迎え、拘置所での生活は、72歳のMにとっては苛酷なものであった。四浦集落という緑多い山間で人生のほとんどすべてを過ごしてきた方である。慣れない環境の下で、精神面でも肉体面でも疲労の極致の状態であった。

第3　公判弁護活動・その1

1　Mの起訴事実について

　(1)　2月上旬、6万円の受供与（公訴提起6月3日）
　(2)　3月下旬、10万円の受供与（公訴提起7月17日）
　(3)　2月下旬、5万円の受供与（公訴提起8月27日）

2　第1回公判の対応とその後の国選弁護人解任

　第1回公判期日直後には、検察官は担当裁判官と供述調書を持参して面談したようで、実際にも、国選弁護人2名の解任手続が進められて行った。

(1)　7月4日（金）正午ころ、Zの国選弁護人であるα弁護士は、検察庁の三席検事pより、「解任申出理由について説明したいので、検察庁に来庁されたい」と求められた。対立当事者からの呼出しに応じる必要などない考えたα弁護士は出頭を拒否した。さらに、4日午後4時50分、α弁護士は、裁判所から事情聴取も受けることになった。担当の担当裁判官のほかに、担当書記官、部総括裁判官が出席していた。事情聴取は、3分ないし5分程度であった。
　裁判官の聴取内容は、
　① 接見時の被告人に対して認めても認めなくても裁判は長くかかると伝えたことがあるか。
　これに対して、α弁護士は「被告人が犯罪事実を認めれば早く釈放されると考えているようだったので、認めたからといってすぐに釈放にはならないし、関係人も多いし、否認している人もいるので、そう簡単には出られないと伝えた」と答えた。
　② その際に親族から預かった手紙を接見室の透明仕切板の前に掲げる方法で

内容を閲覧させた事実があるか。
　これに対し、α弁護士は「閲読させた。受け取ったときには手紙の開封をせず、接見室の被告人の目の前で開封し、内容を確認したうえで示した。親族の状況を伝える内容であった。したがって、弁護人としては、それが問題だとは何ら感じていない」と答えた。
　③　弁護人と被告人との信頼関係が失われていると考えないか。
　これに対し、α弁護士は「そんなことはない」と答えた。この日の聴取については、書記官による口頭聴取書が作成されていた。
　7月7日（月）午前9時30分ころ、書記官より、α弁護士を解任する旨の電話連絡があった。午前11時頃、α弁護士は、書記官に解任理由の説明を求めた。そうすると、担当書記官は、「お二人が裁判所の事情聴取でお認めになった事実に基づいて判断したと伝えるように裁判官に言われた」と答えた。

(2)　β国選弁護人について。

　Eの国選弁護人であったβ弁護士は、6月12日、裁判所書記官からの電話で、Eの国選弁護人になることを承諾した。そして、6月30日、志布志警察署で、Eの長男の手紙2通、次女の手紙1通、Eの妹の手紙1通（各2頁）合計4通の手紙を受け取った。β弁護人は、その場でそれらの内容を確認した。
　その後、β弁護士は、三席検事pより呼出しを受け、これに応じ、7月4日（金）午後2時ころ、検察庁に行き、三席検事pと約1時間面談した。同検事からβ弁護士は、ZおよびEの7月2日付け検察官調書を見せられ、口頭で「α弁護人の被告人はもう国選弁護人に会いたくないと言っている」旨告げられた（β弁護人はひととおり各被告人の検察官調書に目を通したが、熟読していないので該当の部分を確認しなかった）。
　検察官調書の内容は、のちに判明したことであるが、弁護人と被告人の接見内容が克明に記載されており、β弁護士がEに接見室の仕切り板越しに上記の手紙を示したこと、Eとの会話内容等が克明に記載され、しかも、その内容が虚実が織り交ぜられて記載されていた。調書には「弁護士の示した手紙を見て、ショックを受けた。弁護士は私を否認させるために説得しに来たと思います」などと書かれていた。
　三席検事は、東京弁護士会の懲戒事案の文書を見せ、「接見禁止になっているのに手紙を呈示するのは違反行為であって、この人は業務停止2年の懲戒を受けた」等と説明した（なお、この事案は、罪証隠滅と偽証教唆を求めるもので、明らかに事案が異なるものであった。しかも、この事案は当時の検事正が東京弁護士会の懲戒委員会委員であったときのものであった）。なお、その際、α弁護士についての調書のなかで、Zがα弁

護士から、「認めても認めなくても長くなる」と言われた部分を示し、これでは誰の弁護人かわからない、Zはα弁護士の顔も見たくないと言っている、と説明した。弁護人の一部が、認否を留保すると事前に回答したことについて、あからさまに不快感を示していた。

　7月4日（金）午後4時40分、β弁護士は、裁判所の呼出しを受けて、裁判所書記官室に出頭した。担当裁判官と部総括裁判官がいた。当時は、担当裁判官の単独であったが、部総括裁判官からの質問は、親族からの手紙を接見室の仕切り板越しにEに見せたかという確認であった。β弁護士は、事実関係を認めたうえで、「形式的に見れば、接見禁止裁判に抵触しているかもしれないが、手紙の内容は激励や単に否認してほしいという親族の心情が綴られているだけであるから、直接見せても何ら問題がないのではないか。実質を検討してほしい」と申し入れた。さらに、β弁護士は、Eが前任者の弁護人であったξ弁護士について、攻撃するような供述調書の署名に応じていたから、Eとの信頼関係を維持できないと考え、「こんなことでは国選弁護人は辞めさせてもらいたい」旨告げたのである。この日の聴取についても、裁判所書記官作成の口頭聴取書が作成されていた。

　7月7日（月）朝、β弁護士のところにも担当書記官から解任の連絡があった。担当書記官に問い合わせたところ、事情聴取の際、β弁護士が認めた事実のみで解任にあたると判断した旨回答した。

　β弁護士の解任は、辞任を申し出たことによるものではなく、接見等禁止決定の付されたEに対し、子どもたちの手紙を見せたことにあった。

(3)　鹿児島県弁護士会の検察庁、裁判所に対する対応について

　私たちは、この2人の国選弁護人からの報告を受け、直ちに、鹿児島県弁護士会刑事弁護委員会に報告した。本件は冤罪であると考えていたが、そのこととは別に、まったく非行がない国選弁護人を秘密交通権を侵害して得た供述調書に基づいて、検察官の解任要求どおりに裁判所が解任したことは、弁護人の固有権である秘密交通権そのものに対する容喙行為であり、断じて許されないものだったからである。しかも、担当外裁判官の関与は断じてあってはならないことである。

　検察庁は、弁護人を対立当事者と考えず、自己に従属する機関とでも考えていたのであろう。裁判所も、弁護人の固有権であり絶対不可侵の秘密交通権について、まったく無理解であった。

ア　2003年7月11日（金）

鹿児島県弁護士会は、討議を重ねたうえで、抗議申入書を起案し、執行部3名と刑事弁護委員会委員長が検察庁検事正と裁判所所長に面会して、抗議申入書を手交した。同時に、担当裁判官へ抗議申入書を配達証明付書留郵便で郵送した。

　イ　2003年7月下旬午後6時～10時
　そのうえで、鹿児島県弁護士会臨時総会を開催し、次の決議を行った。
　　【決議内容】
　　　① 検察庁と裁判所への対応については、継続審議とする（ただし、改めて問題点を指摘して、抗議文への回答を求めること）。
　　　② 特別案件は、当面、推薦停止とする。
　　　③ 一般の国選は、当面、推薦を続けることにする。
　理由は、今回の国選弁護人の解任は不当であり、このような不当な解任が行われるのでは、弁護士会としては国選弁護人を推薦できないというものであった。

　ウ　2003年7月末
　日弁連大川事務総長、高階副会長らが来鹿し、関係弁護人らに対し事実調査（午後4時～）をした。

　エ　2003年8月上旬午後6時過ぎ～午後9時過ぎ　鹿児島県弁護士会臨時総会開催
　　【決議内容】
　　　① 国家賠償請求につき、調査検討委員会を設置する（全会一致）。
　　　② 国選弁護人の推薦手続をただちに当分の間停止する。
　　　③ 特別案件における国選弁護人推薦手続も当分の間停止する。

　オ　2003年8月下旬2日にわたり日弁連委員会来鹿。協議・調査

　カ　2003年9月10日（水）午後6時30分～国選弁護人運用協議会開催
　国選弁護人の解任の実体要件と解任手続について、議題を一般化・抽象化した形にして協議。

　キ　2003年9月下旬午後6時～鹿児島県弁護士会臨時総会開催
　　【決議内容】

① 国選弁護人運用協議会および国賠調査検討委員会報告の件。
② 国選弁護人推薦手続解除の件。
→翌日より、国選弁護人推薦手続停止を解除することおよび特別案件の国選弁護人推薦手続停止を解除することが議決された。

ク　2003年11月下旬午後1時〜国賠調査検討委員会（第5回）
日弁連接見交通確立実行委員会との合同協議

ケ　2004（平成16）年2月28日　鹿児島県弁護士会定期総会開催
国賠訴訟を鹿児島県弁護士会全体で支援する決議が可決された。

コ　2004年4月16日
鹿児島地方裁判所に国賠訴訟（接見交通権の侵害に対する損害賠償請求訴訟）提起。全国から約600名にも及ぶ弁護士が代理人に就任
原告：弁護人ら11名、被告：国（鹿児島地方検察庁と鹿児島県警）

サ　2004年7月5日〜2008年3月24日
2004年7月5日第1回口頭弁論で、その後、審理を継続し、2008（平成20）年3月24日午後1時30分から判決言渡しがなされ、原告らの請求が認容された（双方控訴せず確定）。

3　第2回公判期日に向けた対応

(1)　第1回公判期日が延期され、次回期日が決まらないなかで、すべての被告人について接見禁止が続いていた。
　そして、Mを除いて代用監獄で取調べを継続されていた。それはすでに起訴された1回目会合事実を含め、6月25日に処分保留となった4回目会合事実についても続けられていた。M弁護団は、自白強要の取調べを阻止するため、重点的な接見だけでなく、抗議文を送ったことは前述のとおりである。
　裁判所の夏休みを控えていたことから、関係者12名の公判期日を入れるにはタイトなスケジュールであった。お盆過ぎに期日が延期されることは、被告人らには重大な不利益があった。今後も、執拗な取調べが継続されるだろうし、保釈がそれだけ先に延びることになるだろうし、接見禁止が継続するからである。なお、この時期は、

起訴された人々全員の弁護団ではなく、あくまでも弁護人の寄せ集め所帯であった。その後も、判決宣告時までも寄せ集めの状態は続いた。

　そのため、M弁護団は、独自に、裁判所に対し上申書を作成提出して、早期に第1回期日を入れるように求めた。その結果、期日調整が行われ、裁判所の夏休み前に2回の期日を入れることで合意し、7月24日と7月31日に期日を入れることができた。

　M弁護団は、3人でローテーションを組んで、拘置所での接見を繰り返し、Mを励まし続けた。しかし、n刑事の執拗で苛酷な取調べと、身体拘束の長期化で、Mの体調はどんどん悪くなっていった。

(2) 弁護士による志布志での聞取り調査（7月20日）

　このようななかで、検察官は、7月17日に、3月下旬に開催されたとする4回目会合事件でOら12名を起訴した。4回目会合事件では、ほとんどの人は一度6月25日に処分保留で釈放されていたのであるが、検察官は、6名の不合理な虚偽自白だけで強引に起訴してしまったのである。また、検察官は、2月上旬に開催されたとする1回目会合で、Oを起訴した（Zについては、訴因を変更し、Z単独から、Oと共謀のうえ、買収金6万円を供与と変更した）。

　M弁護団とδ弁護士は、このような状況を目の当たりにして、さらなる情報の収集を行い、無実の証拠を収集する必要を感じた。検察は形振り構わぬ捜査を強行していた。そこで、私たちは、旧志布志町内にあるダグリ岬のホテルで、志布志市民からの事情聴取を実施することにした。検察官請求証拠によれば、1回目会合は2月8日午後7時半ころから始まったとのことであった。それで、その日の会合参加者とされる人々に、さらにアリバイは存在しないか確認したり、本件でどのような取調べが行われていたか、警察の取調べの実態を調査したりするのが目的であった。そのため、私たちは、志布志の街にビデオカメラなどを持参し、ビデオを回しながら、聞取りを実施した。そのときの録画・録音は、のちに反訳し、書面化しM弁護団に配布した。聞取り調査を行った取調べの被害者は15名、聞取り調査に参加した弁護士は全部で4名であった。

　このときの調査には、のちに1回目会合で在宅起訴されたIも参加されていた。任意の段階での取調べでは、年長者を捕まえて、若造の刑事が叩くぞと怒鳴るなどして恫喝して自白を迫るなど、まったくもって言語道断の取調べがあり、このため、Iは精神的病におかされ、懐集落に備えてあった拡声器で、叫びまくった話などを聴取した。

また、このときの調査で、いわゆる踏み字事件のR夫婦から、Rが取調中に刑事から踏み字を強要されたことを聴取した。黙秘している者に対する自白強要の手段として、キリシタン弾圧を思わせる踏み字という手法が取調室で行われている現実を知った。また、犯行日とされる2月8日午後7時過ぎまで、Rは、自宅で「もえ仲間」のルという人と一緒に飲んでいたこと、同人は代行運転で帰宅したことなどを訴えた。Vは、Zの長男だが、2月8日は友人と志布志の街で酒を飲み、その友人宅に泊まったことなどを話してくれた。

　なお、この「踏み字」は、のちにRが4回目買収会合事件で逮捕・勾留されたときの弁護人であったν弁護士が命名したものである。「踏み字」は、当意即妙の表現で、特別公務員暴行陵虐（とくに陵虐の事実やその故意）の事実を的確に表すものであった。

　聞取り調査の結果、私たちは、本件がまったくの虚構であると確信した。踏み字の話だけでなく、無実なのに自白を強要されて取調室から外に向かって叫ばされた話、ボールペンを掴まされて調書に署名を強要された話などなど、事情聴取に参加された方々がおのおのの口々に警察の取調べの違法を訴えた。そして、選挙情勢からも、この地区で、何回も現金が同じ顔ぶれに配られるはずがないなどと口々に訴えた。会合があれば、山間の小さい集落だからすぐにわかるので、弁護士にこのような訴えをするはずもないことなどを口々に訴えたのである。この聞取り調査の際に、私たちは、四浦集落をはじめて訪問し、会合があったとされるZ宅を訪問したが、志布志の市街地から車で40分ほどかかる、車の離合も容易でない、山間のいわば行き止まり集落で、携帯電話もつながらないようなのどかな地域で発生すること自体、不自然きわまりないと感じられる場所であった。このような辺鄙な土地では、人がたくさん集まれば、それだけで話題となり、とくにOの反対派であるm県議（本件選挙時も現職）を推す人が圧倒的に多い土地柄であれば、すぐに目撃情報が集まっても不思議ではないのに、そのような証拠は、開示された証拠にはなかったので、人々の訴えは自然で、合理性のあるものであった。このような事情聴取などの結果、本件は、間違いなくまったくの冤罪事件であると確信したのである。

　このような事情聴取を踏まえ、弁護人間で対策を協議する必要を強く感じた。

4　第2回公判期日（7月23日）の対応

(1)　第1回公判記録全部を謄写した。この謄写により、令状関係の記録に口頭聴取書の存在を確認した。そして、国選弁護人解任のための口頭聴取書の内容が事実に

反していることがわかった。私たちは、α弁護士およびβ弁護士から事情聴取し、陳述書を徴求していたのであるが、この聴取内容と口頭聴取書の記載内容に明らかな矛盾があった。

この事実に直面し、私は、ε弁護士とζ弁護士と実質的な第1回公判期日の対策を協議した。

M弁護団は、裁判所による国選弁護人の解任については、秘密交通権を侵害して得た供述調書に基づく、一方当事者である検察官の解任請求をそのまま受け入れて裁判所が解任したことは、刑事訴訟法の基本的な対立構造を根底から破壊するものであり、そのような判断を行った裁判官は、それだけで偏頗な裁判をするおそれがあるといえるのではないかという結論に達した。また、担当外の部総括裁判官が国選弁護人からの事情聴取に立ち会い、自ら発問したこと自体、担当裁判官の独立を害するものであり、これも偏頗な裁判をするおそれがあるといえると考えたのである。そこで、忌避申立てを行うべきだという結論になった。

他方、第2回公判期日での起訴状に対する求釈明、罪状認否の対応などの準備をした。

このような事前の打合せを行って、Mとも打合せを行い、忌避申立てを行うこと、公判が分離されるかもしれないが、それもやむをえないことなどを確認し、公判期日に備えた。

(2) 第2回公判期日にも、7名の検察官が公判に立ち会い、10名以上の警察官が法廷傍聴していた。傍聴席は満席で、物々しい雰囲気のなかで開廷された。この公判期日前に、裁判所は、本件の6名の公判について、裁定合議決定を行っていた。

公判の冒頭、M弁護団は、従前の担当裁判官、部総括裁判官について、忌避申立てを行った。しかし、ほかの弁護人は、大変遺憾ではあったが、これに追随することはなかった。

この忌避申立てについては、M弁護団の反省点がたくさんあった。果たして、この段階での忌避申立てが妥当だったのかどうか。また、ほかの弁護人に呼びかけずに行ったことも、問題があったのではないか等。

ただ、M弁護団としては、検察官寄りの姿勢を示す裁判所に対し、何らかの警告をする必要があると考えていた。弁護士会が行った国選弁護人の推薦停止決議の執行では足りないと考えたのである。

M弁護団の忌避申立てに対し、裁判所は簡易却下しなかった。Mに対する弁論を分離し、裁判長は、正式な手続で判断すると述べた。そして、分離した被告事件に

ついて、次回期日を取り消した。なお、この手続は、合議体であるにもかかわらず、合議はされず裁判長単独での決定であった。

Mの公判手続が分離され、ほかの5名の被告人を残して、私たちはMと一緒に公判廷から退廷した。

(3) 私たちが退廷したあと、ほかの弁護人は、日時の特定、共謀の内容、授受の時期について、検察官に求釈明の申立てを繰り返したものの、検察官は、特定は十分として釈明しなかった。

ほかの5名の被告人の罪状認否では、Z、T、Eが1回目会合事実について認め、Zの国選弁護人とEの弁護人は、弁護人の意見を留保し、Tの国選弁護人だけが「被告人と同様」との意見を述べたため、Z、E、G（否認）、K（否認）の公判手続が分離され、Tの公判だけ手続が進められてしまった。

そして、Tについて、検察官の冒頭陳述が行われた。

この手続で、Tの国選弁護人は、検察官請求証拠のすべてについて同意したため、その証拠全部が公判廷で取り調べられてしまった。

私は、事前に、聞取り調査の結果やアリバイ事実についてTの国選弁護人にも情報提供していたので、この結論を聞いて、愕然とした。弁護人の責務とは何か、改めて、その意義を考えさせられた。

(4) その後、この忌避申立てについては、鹿児島地方裁判所は、7月29日に、別の合議体（民事二部の合議体）で決定し、いずれも却下する決定をした。決定の要旨は、次のとおりであった。

「1　裁判官HOに対する申立てについて

一件記録によれば、本件につき、合議決定がなされる3日前の平成15年7月4日、鹿児島地方裁判所刑事部裁判官室において、裁判官KMが相被告人らの国選弁護人2名に対し、それぞれ事情聴取を行ったことが認められるものの、裁判官HOが関与したかどうかは記録上明らかではなく、これを認めることはできない。

前記事情聴取は、刑事部裁判官室で行われていて、そのため、事実上同裁判官が事情聴取に同席したとしても、これが直ちに裁判官の独立を侵害するものでないことは明らかである。

また、裁判官の独立の侵害と、不公平な裁判の虞とは直ちに結びつくものではないから、いずれにしても、裁判官HOに関する申立人らの主張には理由が

ない。
　　2　裁判官KMに対する申立てについて
　一件記録によれば、本件で問題とされる国選弁護人2名の解任は、同人らに対する事情聴取の結果等を踏まえて決定されたものと思料され、検察官の要望を理由にこれを解任したものとは認められない。
　また、裁判官KMにより解任された2名の国選弁護人は、いずれも相被告人らの弁護人に過ぎず、被告人本人の弁護人ではないことが明らかである。相被告人の国選弁護人の解任についての問題をもって、被告人との関係でも、直ちに不公平な裁判をする虞があるということはできない。
　以上のとおり、裁判官KMに関しても申立人らの主張には理由がない。」
　M弁護団は、α弁護士およびβ弁護士の陳述書を保有していたが、あえて、その証拠請求はしなかった。決定の理由については、まったく説得的なものではなかったものの、M弁護団は、Mの手続だけが進まないことは、身体拘束からの早期解放のためにも弊害が大きいこともあり、訴訟進行を優先させる観点から、即時抗告権を放棄し、分離された手続について、併合上申して、ほかの被告人と同時に手続を進行させるという政策的判断を行い、併合上申を行った。人質司法の故であった。

5　第3回公判期日（7月31日）の対応

(1)　忌避をした裁判官に面会を求めることは、心理的抵抗があったが、Mの不利益を考えると、何としても併合決定を勝ち取る必要があった。それで、M弁護団は、合議体裁判官に面会を求め、分離された手続を併合するよう求め、併合して手続を進めることになった。

(2)　第3回公判
　公判に臨むに当たり、弁護人の意見書を用意し、本件がまったくの冤罪であることを訴え、起訴後の取調べで、秘密交通権を組織的に侵害している事実等も併せて訴えることにした。

(3)　証拠開示命令申立書や証拠に対する求釈明申立書の用意
　また、自白したとされる6名の検察官調書は請求されており、それだけを見ると、有罪であるかのような供述内容となっていた。しかし、その調書は起訴後の取調べで得られたものであり、それまでの警察の取調べを前提として、相互に矛盾する内容の

ものが体裁を整えられたものとの強い疑念を生じさせるものであった。検察官が警察官調書をまったくといってよいほど請求してこなかったことで、そのことが強く疑われたのである。M弁護団は、それまでの取調べ時間の異常なまでの長さにも注目していた。Mとの接見でも、毎日10時間程度の取調べが継続されていたことを聞かされていた。そして、副検事は志布志署に常駐していたのではないか、そのような疑いももっていた。

そもそも、6名の自白調書は、Mからみれば、第三者・共犯者の自白であり、6名のうち、この段階で3名（G、K、F）が公判廷で否認に転じたことから、特信性がないかぎり、有罪の証拠とはなりえないものであった。取調べ時間の長さや警察官に自白（信用できない、きわめて不安定な供述で、自白と評価できるのか疑問がある）すると検察官が即座に取調べを行って、警察官とまったく同じ内容の自白調書を作成させていたことから、警察官の違法な取調べの影響を遮断せずに取り調べて得た検察官調書に特信性が認められるとは思えなかった。警察での供述内容の吟味が必要不可欠であり、開示は必要不可欠のものであった。

また、留置人出入簿等の開示も、特信性・任意性の判断のためにも必要不可欠なもので、早期の開示を強く求める内容のものを用意した。しかし、これに対しても、検察官は、検察事務官に作成された捜査報告書を証拠請求してきた。しかし、この報告書にはいくつもの誤りがあり、信用性に欠けるものであった。やはり出入簿だけでなく、診療簿、動静簿などのすべての簿冊類の開示を求めたが、最終的に検察官が開示したのは、留置人出入簿だけであった。それでも、その開示証拠によれば、Zの延べ取調べ時間は700時間を超え、そのほかの被告人の取調べ延べ時間の平均は500時間にのぼることが判明した。これほどの取調べ時間は、世界的にみても類をみないものであった。なお、否認していたMについても、延べ取調べ時間は、5月13日から7月4日までで、300時間を超えるものであった。Oは6月4日から8月13日までで約322時間の取調べを受けていた。

さらに、本件については、検察官は、供述証拠によって立証するというものであるから、その端緒に関する資料、買収会合の日付特定のための資料、自白の裏付け捜査資料、供述の経過を示す捜査報告書などの資料が提出される必要があった。

このような証拠開示がなされなければ、防御は困難であり、真相の解明もおぼつかないものと思われたので、証拠開示命令の実現に全力を尽くしていこうと話し合い、今後もさまざまな申立書を用意することを前提に、上記の申立書を用意した。

(4) 接見禁止決定をしないことの申入書の用意

本件では、異常なことに、第1回公判期日の午後10時までの間、接見禁止決定

が付せられていた。さらに公判のたびに接見等禁止を延長する決定が次々になされた。

　そもそも検察官は、Mに防御のきっかけすらつかめないように、買収会合日の特定を執拗に拒んだ。しかし、実際は、自白調書には1回目会合と4回目会合の日時が特定されていた。しかも、アリバイの事実もその時期（7月24日、25日）にはわかっていた（これは、公判廷で取調べ班長であったa警部が証言した）。

　検察官の意図は、Mらを人質にして、自白を迫るというものであった。公判中も、Mらの身体拘束を続けることで、間接的に自白者に対し、自白の維持を強要する意図もあったと考えて間違いがない。人質司法も、ここに極まったのである。

　私たちは、このような検察官、裁判所の対応に対し、接見禁止をしないよう、申入れを行った。しかし、まったく無視され続け、検察官の請求どおりに、10月まで接見禁止が続けられていったのである。

(5)　法廷でのやり取りについて

　上記書面による意見を述べ、さらに、口頭でも求釈明を行ったが、検察官は釈明には応じなかった。

(6)　同日、公判が分離されて、Tだけの第2回公判が開かれ、7月17日起訴の4回目会合について、Tおよびその国選弁護人は事実を全面的に認め、検察官請求証拠にもすべて同意したため、裁判所はそのすべての証拠を採用して取り調べた。

　検察官は、4回目会合については、Oの携帯電話の発信記録がない日は3月24日しかなく（3月下旬のほかの日は、被告人らに明確なアリバイが判明していた）、そのために4回目会合の日付を3月24日と特定する自白調書を作成していた。しかし、Oはホテル玉垣での上小西自治会の懇親会に午後7時30分から30分程度参加しており、アリバイ事実が判明していたのに、検察官はこれを無視して訴訟追行した。自白調書の買収会合開始時刻をずらして、会合に行けたと、さらに嘘の上塗りをしようとした。しかし、実際は、Oは、この上小西自治会の宴会に参加したあとに、懐集落とは別の方角の有明町伊崎田鍋集落の挨拶回りに行っており、完全なアリバイがあった。

　このTの公判廷では、妻のUが事実を認める陳述を行ったTを傍聴席から罵倒し、「家に帰ってくるな」と叫んだこともあり、この公判直後に、検察官（q副検事）は、Tの勾留されている鹿児島中央警察署を訪ね、Tを激励までしていた。Tだけが手続が進んだことに、Tが動揺していると考えたからであろう。このことは、ずいぶんあとでわかったことであった。このような検察官の対応が許されるだろうか。国選弁護

人の存在を無視したものであり、とうてい許されるものではない。検察官の思い上がりもここに極まった感がある。秘密交通権侵害という問題より重大な問題をはらんでいた。

6　第5回公判（9月3日）までの対応

(1)　保釈について

　本件で、保釈の第1号は、Eであった。
　Eの保釈許可決定（8月8日）は、（虚偽）自白の見返りであった。翌日には、大隅区検察庁で検察官による取調べが行われた。当時、国選弁護人は、弁護士会の特別案件として推薦した2名が選任されていたが、Eは、有罪とされることについてあきらめており、国選弁護人に相談することもなく、検察官の取調べにも応じてしまった。それほど、Eは捜査機関の言いなりの状態であった。Eが取調べを苦にして自殺を図った人物であることを考えると、まさに捜査機関のマインドコントロール下にあったと言ってよい状況であった。
　M弁護団も、Mの保釈請求書を提出した。裁判官面会を求め、7月20日の聞取り書やアリバイの事実などに基づき、保釈の必要性を訴えたが、裁判官らは聞く耳を持たないという状態であった。結局、第1次の保釈請求は却下されてしまった（8月12日）。抗告もしたが、上記のとおり、抗告も棄却されてしまった（8月18日）。特別抗告も行ったが、これもあっさり棄却された。

(2)　勾留の執行停止について

　M弁護団は、Mが日に日に弱っていくので、このままでは病気で倒れてしまうのではないかと考え、保釈請求とは別に、8月15日に、病気を理由とする勾留の執行停止申立てを行った。ζ弁護士がMからの聞取り書を作成し、これを報告書とし、さらに、執行停止を受けた場合の病院の受入れ体制を整え（病院に事情を説明し、事前交渉を行って入院の許可を得ていた）、これに関する報告書なども用意し、職権の発動を求めた。ε弁護士が裁判官と直接面談して、その必要性を強く訴えたことも功を奏し、同月20日に勾留の執行停止決定を得た。しかし、同日、同決定に対する検察官抗告の申立てがなされ、8月21日には、福岡高等裁判所宮崎支部は勾留の執行停止決定を取り消した。検察官は、高齢者で無辜のMを徹底的に苦しめたのである。検察官の公式見解では、このころには、検察官もOのアリバイの事実を掴んでいたのであり、検察官抗告までしてこれを取り消す必要があったのか疑問がある。この抗告を

入れた高等裁判所の判断も誤ったものと言わなければならない。
　M弁護団は、弁護人の無力を思い知らされ、これが正義を実現する裁判所か、検察官か、と怒りに震えた。Mと一緒に落胆した1日であった。このような判断手法が是認されると、被告人は死ぬ直前でなければ適切な医療は受けられないということになりかねず、そのような判断は、人権保障の最後の砦である裁判所のとる立場ではない。それだけでなく、検察官請求証拠がいずれも起訴後の取調べによるものであることから、全部不同意にしているのに、弁護団が意見を留保しているなどと事実誤認の判断を前提に、罪証隠滅のおそれがあると判断している点でも、重大な問題をはらんでいた。検察官請求証拠は、いずれも供述証拠であり、それが真実であるから、罪証隠滅のおそれがあると言わんばかりの認定となっている点でも、問題があった。この問題の本質は、ここでも裁判所の体質が自白依存症にあることを明らかにしていることであった。そこで、M弁護団は、特別抗告を考えたが、ほかの被告人との併合審理の利益を優先し、これを断念して、あまりに非情な結論には、書面で断固たる抗議を行った。

(3)　Tの問題について

　ア　Tは、5月22日にγ弁護士らを解任したが、その後、1回目会合の起訴後まで、弁護人がいない状態で、捜査機関の言いなりの自白調書を作成されていた。1回目会合の起訴後である6月9日になり、国選弁護人が選任された。
　しかし、Tだけでなく国選弁護人も、上記のとおり、明白なアリバイが存在した1回目会合も4回目会合も認め、検察官請求証拠の全部を同意したため、全員有罪の危険が高まったのである。
　イ　M弁護団は、Oのアリバイの事実を掴んでいたので、Tの国選弁護人にそれらの情報提供を行っていた。しかし、国選弁護人はTの有罪を認めて早期釈放を求めるという方針をそのまま受け入れたため、Mらとの公判も分離され、8月13日には2回目、3回目について起訴がなされたのであるが、Tは、これについても、次回の公判ではこれを認めるのも必至の状態となっていた。
　M弁護団は、Tが有罪となれば、Mたちも有罪とされてしまうかもしれないという強い危機意識を持った。刑事部が1つしかない鹿児島地裁では、証拠関係から全員が有罪となりかねないからである。鹿児島地方裁判所は、志布志署を舞台とした兄弟による殺人等再審請求事件（いわゆる大崎事件）で再審開始決定をした（2002〔平成14〕年3月26日決定。のちに福岡高等裁判所宮崎支部で取り消され、再審請求が棄却された）が、この事件の確定判決審でも共犯者間の公判は、自白した被告人と否認し

た被告人とで分離されたうえで、公判廷でも自白した共犯者の自白を証拠として、否認した被告人を有罪としていた。

　実際、本件では、裁判所の訴訟指揮は、アリバイの事実が判明するまでは、明らかに有罪の心証を抱いているように思えた。

　ウ　そこで、Tのために、闘う私選弁護人を探す必要があった。Tは8月21日に保釈になったが、その後、妻のUから、Mをはじめとする懐集落の人々が否認している事実を聞き、自分が捜査機関に騙されていたことに気づき、弁護人を探しているということであった。

　私は、同期のη弁護士が適任だと思った。それは、彼が困難な事件ほど闘志をむき出しにする人柄だったからである。私は、η弁護士に、「先生しかいない。Tは公判廷でも自白しており、あなたが1人で法廷で闘うことになるが、Tに是非会って話を聞いてほしい」と依頼した。η弁護士は1人で闘うということに大変興味を持ったようで、Tと会って弁護人を引き受けた。η弁護士はこのままでは有罪となると考え、8月22日からきわめて迅速に弁護活動を展開した。η弁護士は、無罪主張をしたうえで、採用された自白調書のすべてについて違法収集証拠として証拠排除するよう強く求めた。Tの意見書も書き上げ公判に臨んだ。裁判所とも進行協議を行い、弁論を併合するよう上申した。

7　第5回公判（9月3日）

(1)　審理内容

　この期日は、追起訴（2回目・3回目会合）の審理であった。

　検察官は、1回目、4回目会合について、日付について釈明しなかった。アリバイが判明しているため、求釈明に応じなかった。また、検察官は、2回目会合、3回目会合については、捜査ができなかったから、日付を特定できないと釈明した。

　この期日では、M弁護団は、捜査担当の検察官5名に対する退廷命令を求めた（刑事訴訟規則202条）。M弁護団としては、公判廷に7名の検察官を動員して示威行動をする（支配下に置こうとする）検察官を排除するのが目的であった。この効果は、後に現れた。この後、5名の検察官は、法廷に出頭しなくなった。同様に、警察官にも退廷を求めた。根拠は薄弱であったが、とにかく、法廷を取調室にはさせない、捜査の影響を遮断する目的で求めた。警察官の傍聴も、そのときから極端に減った。

　1回目会合、4回目会合については、ZとEは、公判廷で前と異なる供述を行った。つまり、本当はやっていないと述べた。

さらに、検察官に対し、開示された証拠では、日時を特定できるのではないかと追及し、裁判所に対しても、釈明するよう求める意思の有無を確認した。しかし、裁判所は、特定を求める考えはないと明言した。これでは、被告人の防御は相当困難な状況となった。Tに関係するかぎりでは、日付を特定する調書を読んでいるのに、これを放置することは許されないものである。
　また、証拠開示命令の意思も確認したが、裁判所は、現時点では命令を出す意思はないと、まったく聞く耳持たぬという対応であった。有罪の心証を持っていると推測でき、予断排除という考えはないのだと思い知らされた。

(2) Tの第3回公判（9月4日）

　8月12日付け起訴状（2回目会合および3回目会合に関するもの）については、Tは全面的に否認した。
　そして、1回目会合、4回目会合についても、Tは前と異なる供述をして、否認し、具体的な主張を記載した書面を読み上げた。
　η弁護士は、1回目会合について、2月上旬ではなく、具体的に特定できるのではないかと追及したが、検察官は、「関係人の供述の中で具体的な日が述べられている箇所があるが、犯行日がその日に絶対に間違いないとは言えない」などと、まったく意味不明の回答をした。しかるに、裁判所は、訴因としては特定されているとして、それ以上の釈明をしなかった。
　訴因の特定については、刑訴法256条3項があり、白山丸事件の最高裁判決では、「犯罪の種類も性質等の如何により、これを詳らかにすることができない特殊事情があるとき」は幅のある記載が許されるというのである。
　検察官は、詳らかにすることができない特殊事情を何ら明らかにしていない。それだけでなく、犯行があったとする時期からさして間がない時期の捜査経緯、取調べ状況（長期間・長時間の取調べ）・訴訟経緯や証拠状況を考えると、真実買収会合があれば、多数が参加したはずの会合日を特定できない等という事態がありえないことであった（特定できないことが消極的情況証拠つまり無罪の証拠である）。また、検察官は、犯行日を裏付ける証拠があり信用できるとして、自白調書を作成し、起訴した（この点、1回目会合を起訴した検察官は、1回目会合の自白が信用できる根拠として、1回目会合日の2月8日について自白したEが、その会合のあとで長男の携帯電話代をファミリーマートに支払いに行ったとの供述があり、その供述の裏付けとして、振込した日時の記載があるレシートを入手していたことを挙げていた）はずなのに、「犯行日がその日に絶対に間違いないとは言えない」（検察官の公判廷での釈明）などいうこと自体、ありえないことである。そうすると、

自白調書に依拠して起訴したはずなのに、これが信用できないなどとしているのであるから、公訴提起自体、違法性を帯びていると考えるのは、η弁護士やM弁護団だけであろうか。

　η弁護士は、さらに証拠開示も求めたが、検察官は、証人申請をしていない段階での証拠開示には応じないという姿勢を崩さなかった。しかし、検察官は「供述によって」立証しようとしていたのであり、それまでの供述経過を隠して立証できるはずもない。そうであるのに、任意性立証のために誰を証人申請するか決まっていないから開示できないという主張は不自然であり、被告人の防御権の観点からも許容できないものである。

第4　公判弁護活動・その2

1　弁護人協議会の開催について

　9月3日に、Tが否認に転じ、起訴された12名全員が否認になったことから、それまで個別に活動してきた12名の弁護人は、はじめて皆で一致協力して弁護活動を行うことをめざす「弁護人協議会」を開催し、今後の進行について協議することにした。それまでは、個別の弁護人の対応であったが、全員が否認している以上、全員が一致協力して争うことが重要だということになり、はじめて協議をすることになったのである。その後、何度も「弁護人協議会」という名称で弁護団会議を開催した。

　ただ、後の証人尋問において、組織的な罪証隠滅を疑っていたp検事をして、「意外とまとまりのない弁護団なのかな」と言わしめたとおり、そもそも、各々がそれぞれの弁護方針で各被告人のために弁護活動をしていたのである。

(1)　検察官請求証拠に対する対応

　本検察官請求の証拠は、6名の自白調書（検察官調書。しかもほとんどが起訴後作成されたもの）が、ほぼ唯一の証拠であり、買収金の原資や使途に関する証拠はまったくないと言ってよいものであった。

　そうすると、防御の対象は自白調書であり、その任意性・特信性、信用性を弾劾できれば有罪の証拠はなくなり、無罪という結論になるはずの証拠構造であった。

　そこで、弁護人協議会では、自白調書の証拠能力や信用性がないことを明らかにするために、どのような戦略をとるべきか議論となった。

　まず、一つの方法として、自白調書を不同意とすると保釈請求が認められず身体拘

束が続くことが考えられるので、無辜の方々を早期に身体拘束から解放することを最優先目標として、検察官請求の自白調書の全部を同意して取り調べたうえで、弁護人側のアリバイ立証に入り、自白の信用性を弾劾することで無罪判決を勝ち取るという弁護方針をとるという立場であった。1回目と4回目については、Oにアリバイがあることが判明していたことから、私たちはアリバイ立証にかなりの程度の自信があったので、この方向で審理を進めれば、短期間で無罪を勝ち取れるのではないかと考えた。それだけでなく、すでにTの関係で、裁判所が自白調書を採用して取り調べているので、不同意として採用を争っても、裁判官が予断を持っており、あまり意味がないのではないかという議論もあった。

　それに対し、やはり弁護の王道を守ることを主張する立場があった。身体拘束が長く続こうが、あとに悔いが残らないように、また、争っていないと控訴審で任意性を争うことは困難であるし、警察官調書をすべて証拠開示させなければ供述経過を確認することができず、また、会合日の特定も困難なはずで、結局は信用性を争うことは困難ではないかなどの意見であった。

　確かに、身体拘束が続き、Mらの疲労は極限的な状態になっていたので、無辜をこんなに長期間にわたり拘束することはあってはならないことである。だから審理の短期化も必要不可欠である。否認すると保釈を認めないという裁判所の運用が固定化していなければ、全部同意という選択は考えられないことであった。

　しかし、実際には、弁護人協議会の意見はなかなかまとまらなかった。一方では、Mのように、「私は、ここに閉じこめられていてもいい。徹底的に争い自分の無実をはっきりさせたい」と言ってくれる人もいれば、「私たちは、無実なのだから早く出してほしい」と望む人もいた。この要求は至極もっともであり、Mの言葉に甘えることも許されないものであった。

　いろいろな考えがあったが、最終的には、やれることは全部やろうということになり、考えられる弁護活動を全部することにした。会合日の特定のためにも、自白の供述経過を明らかにするためにも、そして、アリバイ立証のためにも、自白調書をすべて不同意にして任意性を徹底的に争うという方針を立てた。検察官請求証拠の不同意撤回、同意という方針はとらなかった。結果としては、弁護人らは任意性・特信性の争いには敗れたものの、この戦いは無益ではなかった。このことで検察官は警察官調書等の証拠開示に応ずるほかなくなり、そのため、自白供述間の矛盾・変遷を明らかにすることができたのである。

　それだけでなく、思わぬ効果が得られた。それは、取調官らの供述合わせの実態が、証人尋問で明らかになっていったことである。つまり、4回会合があり、そこで

買収が行われたという特異な事件構造がどのように作られていったのかが明らかになったのである。Zら5名の取調べがなされた4月30日から5月7日までの取調べ状況が判明した。この間、捜査会議が簡略化され、取調べ班長に情報が一元化されていたとの取調官らの証言がなされたのである（後掲供述経過一覧表参照）。そして、その証言から、捜査会議が簡略化されていた状況下で、どのようにしてZ、E、F、K、Gの5名の自白が、不自然な変遷をしながら不自然・不合理に一致して収斂して行ったのか、その内容を明らかにすることができたのである。この事実は、アリバイの事実とともに、被告人らが全員無罪であることの弁論要旨の骨格の1つとなったのである。

(2) そこで、その方針を立てたので、裁判所・検察官と進行協議をもったほうがいいということで、M弁護団で裁判所に申入れをして、進行協議を行った。

しかし、検察官は、立証計画をなかなか示せずにいた。

そして、ようやく、任意性立証のために、警察官を申請し、警察官調書の証拠開示に応じてきた。それでも、開示漏れがあったりして、五月雨式に警察官調書を証拠開示してきたりした。検察官は、相当立証に苦慮していた。金銭の授受はもとより、買収会合自体存在しなかったから、無理筋であることは誰の目からも明らかであった。検察官はまさに右往左往の対応であった。苦し紛れの状態だと言っても過言ではなかったのである。

2　検察官立証について

検察官は、自白の任意性・特信性を立証するために、被告人6名の尋問と担当の警察官6名を申請した。それだけであった。しかし、明確な立証計画のないもので、その後、誰を申請するのか、その後の何を立証しようとするのか、まったく明らかではなかった。任意性・特信性立証のために、その後、検察官が証人申請したのは、次のようなものであった。

① 第18回公判期日にV、U（会合に関する目撃など）、ホ（Eを救助した者）、ヲ（茶封筒の販売状況）。そのほか、被告人らの同房者3名の告白された旨を立証するため。同房者は後に撤回した。
② 第28回公判期日に取調べ班長a警部。
③ 第33回公判期日に取調べ担当検事（q副検事、r検事、p検事）。

(1) 自白調書を作られた被告人らは、全員、自白調書の内容は虚偽であり、そのような虚偽自白調書を作成したのは、警察官からの強制・誘導などによるものだと、自白と相反する供述をした。そして、検察官に対しても、真実はやっていない、会合もなければお金ももらっていないと述べていたことも詳細に供述した。

(2) 警察官は、いずれも、取調べは適正に行われたと証言した。そして、自白者は任意に自供したと証言した。しかし、取調べに際して、帽子と手ぬぐいを用いて、「間違いがなければ帽子をとる、誤りがあれば手ぬぐいをとる」などという取調べをしたことを認めた。また、Fについて、任意段階で、被疑者が病院で点滴を受けたのに、その直後から取調べをしたうえで、体がきつく簡易ベッドに横になって取調べをしたことなどを認めたりした。このときの取調べでFは、Z宅で会合があり、1万円をもらったとする自白があったとされていたのである。

取調官らの証言は、十分に打合せを行ったうえでの尋問であった。記者たちからは、担当刑事たちは公判対策室に張り付いた状態であるとの情報もあった。そのため、弁護人は取調官に対する有効な反対尋問はできなかった。

ただ、その尋問のなかで、Rに対して踏み字を行った踏み字警察官は、午前中の尋問では、Zの取調中にZに取調室から携帯電話をかけさせて、それを録音していないかという尋問に対し、録音の事実を否定した。「誰がそんなことを言っているのですか。ありません」と明確に否定した。しかし、続行された午後からの尋問に対し、再度このことを弁護人が確認すると、踏み字警察官は、取調室から出て携帯電話をかけさせ、補助官にこれを録音させたと、午前中の証言が嘘であったことを認めた。なお、実際は、Zや補助官は取調室を出ておらず、取調室から携帯電話をかけていた事実が、のちにs参事官の接見国賠訴訟の証人尋問で明らかにされていた。2度も嘘をついたことになる。

しかし、弁護側は、自白調書のある人たちの取調べ状況を再現することが十分にはできなかった。一つは、長い勾留と長時間の酷い取調べが理由である。たび重なる弁護人の解任のため、捜査弁護と公判との分断が生じ、その間の証拠化が不十分であったこともあった。捜査段階で弁護人が被疑者の言い分を十分に証拠化していなかったことも原因の一つであった。否認事件の弁護活動では、将来の公判に備え、あるいは身体拘束から解放のために、接見のたびに、その供述内容を弁護人が録取し、それに被疑者の署名・押印をもらって宅下げさせて、これに確定日付を得るなどし、当時の被疑者の弁護人に対する供述内容を証拠化する作業の必要性が叫ばれていたので、これをしておくことが重要であった。また、ビデオや録音も有効

な方法であったと思われるが、そのようなことはなされていなかった。

　当時、私たちには、被告人が取調べ状況についてどのように供述をしているかについて証拠化しておくことが、その後の公判で、供述経過を明確化するだけでなく、秘密交通権侵害を防止したり、違法捜査を抑止することに役立つことがあまり意識されていなかったのである。

　ただ、そのようななかで、「Zノート」は大きな手がかりであった。Zは、逮捕時点から5月末頃までの間、弁護人であったι弁護士の指示に従い、忠実に取調べ状況を記載していた。この「Zノート」は、判決でも取り上げられ、その内容の真実性が評価された。また、Kが逮捕前に書いていたノートも、取調べ状況が克明に記載されており、しかも、警察官の証言内容と符合することも明らかとなった。同人の弁護人κ弁護士は、確定日付をとって、その証拠を保存していた。

　なお、残念なことに、Zは、6月2日に裁判官の令状により「Zノート」を差し押さえられてしまった。どうして留置場でつけていた弁護人の指示で作成していたノートまで差し押さえることができるのか、まったく理解できないことであった。裁判官の令状審査のあり方に重大な疑問を感じた出来事であった。この差押えについても、弁護人の解任があったため、その後、公判までその対策をとることができなかったのである。

(3)　第三者供述については、検察官立証は完全に失敗に終わったと言っても過言ではない。被告人以外の第三者の法廷証言では、相反供述がなされたため、検察官は、結局は、特信性立証に力点を置かざるをえない状況となった。

　たとえば、Eが四浦川の滝壺に入水自殺をはかったとき、救助したホは、救助したあとのEから聞いた話として「どうしたのと聞いた。県議選で取調べを受けている。逮捕される。逮捕されれば子どもも仕事を失う。上げた直後は、気が動転していた。このままだと新聞にのると言った。このままでは、逮捕される。死んだほうがましだとはいったが、死んでお詫びをするとは言っていない」などとホの検察官調書とまったく異なる供述をした。もっとも、この調書については、裁判所は、321条1項2号後段に基づき証拠採用した。これも、後に検討するとおり、旧来型の判断だった。

　また、4回目会合で配られた茶封筒の入手先として捜査された文房具店の店員に対しても、証人尋問を実施した。検察官は、後援会事務所から押収したその文房具店発行の領収証（3月24日付け）をもとに、Oの娘が4回目会合前に茶封筒等を購入したことを立証しようとしたものである。そして、検察官は、Oの娘が、3月24日に文房具店で茶封筒を購入したこと、志布志署の道場で警察官に見せられた封筒を指さして、これがOの娘に販売した茶封筒だと説明したとする店員の検察官調書の内

容を証言させようとした。しかし、店員は、文房具店が発行した領収証を見せられていたことから、O後援会の女性に文房具類を販売したこと、しかし、写真を見せられたがそれらがそのとき販売した女性客であるかわからなかったこと、女性客が選んだ封筒も、どのような種類かわからなかったこと、店員が道場で封筒を指さしている写真は、警察官がとにかく指を指してくれというので指したもので、指さした封筒が販売した封筒であるかどうかはわからなかったが、とにかく、指で指すよう警察官に指示されたので、その指示に従った等と証言した。検察官に対しても、よく覚えていないと供述したのに、検察官が、女性客に販売した封筒にしても、その女性客の容貌にしても、よくわからないと答えているのに、断定した調書を作成したこと、これに対し、店員は、断定しないでくださいと検察官に求めたこと、これに対し検察官は記憶を断定して書いたところはあとで直しておくからと店員に答えたこと等を証言した。また、検察官の取調べは、警察の調書をもとに質問されたとも証言したのである。さらに、女性客の写真面割り手続も適正な方法ではなかった。

このように、店員は、警察には知らないと言ったのに、そうでない調書になっていると証言し、最終的にも、その検察官調書は、刑訴法321条1項2号後段に基づく証拠調べ請求はされなかった。

また、U（Tの妻）は、自白調書上で1回目会合の日付が2月8日となっていたことから、1回目会合に参加しなかったとされたのであるが、その1回目会合に参加しなかった理由として、当日踊りの練習に参加したからだとするTの供述調書を裏付けるために、Uがつけていた日記などをもとに法廷で証言させた。そうであるのに、検察官は、この段階においても、日付の特定をしなかったのである。もっとも、この調書についても、裁判所は、321条1項2号後段に基づき証拠採用した。これも、後に検討するとおり、旧来型の判断であった。

(4) q副検事も取調べ状況などについて証人として証言した。q副検事は、Tの担当検察官だ。Tは、7月24日の公判期日にただ1人弁護人も認める意見を述べ、検察官請求証拠も全部同意したため、公判が分離され、証拠調べがなされた。この閉廷後には、Tは傍聴席から罵声を浴びせられ、Uからも「もう帰ってくるな」等と言われたのである。このような様子を見ていたq副検事は、Tが公判廷で自白したことで「何かすごく詰め寄られてたりしてかわいそうに思って」Tを鹿児島中央警察署の留置場に「わざわざ」励ましに行ったと証言したのである。この証言に対し、右陪席の裁判官は、q副検事がTをわざわざ励ましに行った行動について、「検察官は普通そういうことをやりますか」と疑問を呈し、そのような行動をとったのは、「認めてい

るT被告人が、ひょっとしたらその気持ちが動揺するんじゃないかというような心配」からではないかと追及した。q副検事は、「純粋にかわいそうだという気がして」励ましに行ったと言い張ったが、右陪席の裁判官は、q副検事に「あなたは認めている人と否認している人とでは裁判は別になりますといったでしょう」と追及し、「そうだとすれば、Tは、否認している人と裁判を戦わなければならないことになると、これは大変なことだとTが思ったのではないかと、だから、Tは気持ちが動揺し否認に転じるのではないかと心配して、Tを励ましに行ったのではないか」と、執拗に追及した。

検察官として、公判廷後に弁護人を差し置いて被告人の気持ちを確認に行くなど、とうてい考えられない行動である。この行動は、ある意味で、秘密交通権を侵害する以上に、当事者主義の訴訟構造を侵害する悪質なものである。

3 第41回公判について

(1) 弁護人の冒頭陳述（平成17年6月29日）

若干時期を失した感はあったものの、自白の任意性に疑いがあることを主眼とする弁護人らの立証テーマを明らかにするために、弁護人の冒頭陳述を行うことになった。

中身について、弁論要旨を書くつもりで、相当程度突っ込んで、違法捜査の概要も述べた。アリバイの立証についても言及した。

この準備のために、弁護人は、アリバイの証言を予定している人々に対し、聞取り調査を行った。Oのアリバイについては、弁護人は、公判初期の段階から把握していたので、その証言を確実に行うための準備を念入りに行った。ビデオカメラを回しながら、証人予定者に証言内容を確認し、しっかりと供述を保全した。録音テープの反訳も行った。手間や費用がかかったが、これを惜しむことなくやった。弁護人として悔いのない立証をしようと取り組んだ。弁護人が志布志に集まり、聞取り調査を実施した。アリバイに関する多数の証人予定者に集まってもらい、多数の弁護人の協力で、この聞取りを行うことができた。

(2) 意見書および求釈明書の提出

検察官は、会合の1回目を2月8日ころ、4回目を3月24日ころと釈明したものの、それ以上の特定はしなかった。

ただ、その前後の日付については、Oに完全なアリバイが成立しているところであり、弁護人は、その関係証拠も収集していた。それで、この点について、意見書および求釈明書を用意して、指摘し、検察官に対して、それぞれさらなる日付の特定を行う

よう求めた。

　そのこともあったのか、検察官は、第42回公判で、1回目を2月8日、4回目を3月24日と釈明した。これで、弁護人は、明確な攻撃目標を設定できることになった。しかし、証拠状況については、すでに捜査当初から何ら変更がなかったので、この特定は、あまりに遅すぎた特定であった。

(3)　Tの弁護人η弁護士は、問題点の摘示を別途行った。理由は、公判廷でいったん認める供述をして、第3回公判までに検察官が請求した証拠が取調べ済みであったことが理由である。そこで6名の自白調書を違法収集証拠として証拠排除請求をした。

　ただ、この頃には、η弁護士は、癌に罹患していることが判明し、入院・手術が必要という状態であった。しかし、η弁護士は、捜査機関はTがほかにも同様の買収をしている等と根も葉もない事実をでっち上げて、Tの悪性格を立証しようとしていると激しく非難した。

(4)　この弁護人らの冒頭陳述に対し、検察官は、異議および削除の申立書まで用意し、反論した（2005〔平成17〕年7月29日付け申立書）。

　しかし、裁判所は、この検察官の異議を棄却した。

4　弁護人らの反証（アリバイ立証）

(1)　裁判所と協議をして、Oのアリバイを証言する証人尋問を実施するよう、証拠調べに関する意見書を提出した。弁護人らは、事前の準備で、アリバイに関しては豊富な証人を確保できていた。誰からやるのが効果的かも十分に検討して、証人尋問に臨むことができた。

　合計11名の証人について、アリバイ立証のための証人尋問を実施した。裏付けの客観証拠も弁護士法23条の2照会を用いるなどして収集したうえでの尋問で、これにより、裁判所の心証を変えさせることができたと確信した。

(2)　証拠調べ請求書の用意（2005〔平成17〕年9月1日および同年9月22日付け）

　再三の請求で、買収会合の日付の特定は終わったが、自白調書での会合開始時刻やOらの会合参加時刻の問題は残った。そこで、アリバイを確実なものにするため

に、会合の開始時刻や終了時刻を記載した自白調書の、当該部分のみを記載したものを抄本化して、弁護人側から証拠請求をした。

会合開始時刻や終了時刻、OらがZ宅に到着した時刻、退出した時刻などを明確に述べている供述調書は多数に及んだ。

そこで、当該部分を抄本として、弁護人請求証拠とした。その際に、供述調書の文言を全部引用する形で、請求書に記載した。

一見して無駄だと思われることも、何でもやってみようということで、そのような請求もした。検察官は、自己が請求した供述調書であるのに、伝聞証拠だから、取調べに異議があるとの判断を示した。しかし、これは、そのような記載があることを立証するためのものであるから、何ら伝聞法則に抵触しないし、弁護人の請求は弾劾のためであるから、許されるはずだとの意見を述べて、採用を迫った。

最終的には、裁判所はその結論を出さなかった。

任意性ありで、自白調書は1通を除き全部採用されたため、問題とならなかったものである。

(3) アリバイ立証のための検証申立て

ア　アリバイの成立を立証するためには、会合があったとされる場所（懐集落のZ宅）とOが実際に参加していた会合開催場所（ホテル玉垣・現ホテルポラリス）との間について、車でどれくらいかかるのか、測定する必要があった。捜査機関の「中抜けの主張」（Oがアリバイ事実である同窓会場を抜け出してZ宅の買収会合に参加したとの主張）を封じたり、買収会合開催時刻に行くことが時間的に可能だという主張を封じるためであった。そこで、まず、M弁護団は、裁判所による検証を実現するために、距離と時間について、弁護人の実況見分報告書を作成して証拠請求することにした。私は、カメラ・ビデオカメラなどを持参して、志布志に行き、ホテル玉垣とZ宅までの時間と距離を測定し、それぞれ写真などの撮影もした。

また、3月24日については、Oは、後援会事務所での役員会に7時過ぎまで参加したあと、午後7時30分ころからホテル玉垣で行われた上小西自治会の宴会で挨拶をしたあと、午後8時過ぎから、懐集落とは反対方向の有明町伊崎田鍋集落で挨拶回りをしていたので、ホテル玉垣から鍋集落までの時間と距離などの測定をし、さらに写真撮影も行った。

これを全部、実況見分報告書にまとめた。そして、その内容も詳細に証拠調べ請求書に記載（細々と記載し、取調べをしなくても裁判所に読んでもらえるように記載）した。このようにして実況見分報告書の取調べ請求をした。

検察官がこの実況見分報告書を不同意にしたので、この取調べは実現できなかったが、それでも検証実現には繋がった。

　イ　検証申立て

　私たちは、ホテル玉垣からZ宅までの夜間検証を実現することこそ、Oのアリバイを確実にすることができると確信していた。1回目会合のあったとされる2月8日には、Oはホテル玉垣で開かれた新年同窓会に午後7時ころから午後10時ころまで参加していた事実があったこと、その中抜けをしてホテル玉垣に帰ってくることはできないことなどを立証するため、また、4回目会合があったとされる3月24日には、Oはホテル玉垣で開催された志布志町内の上小西自治会の宴会に、午後7時30分ころから参加して挨拶をしていたことから、午後7時30分ころから始まった4回目会合に参加することはとうていできないことを立証するため、また、その後、Oは、同日午後8時過ぎからは、懐集落とはまったく別方向の有明町伊崎田の鍋集落の挨拶回りに行っており4回目会合に参加することはとうていできないことを立証するため、ホテル玉垣とZ宅の距離と車による往復の時間を計ることが必要であった。併せて、裁判官たちに夜間の志布志の街中から四浦までの道程を知ってもらい、検察官の主張の不自然さ・不合理さを肌で感じてもらうことも目的であった。

　この検証を何としてでも実現しようと考え、申立てを行った。

　ウ　上記の結果、裁判所は、上記実況見分報告書を証拠採用しなかったが、検証申立てについては、検察官は異議を述べることはなく、検証は採用されることになった。ホテル玉垣からZ宅までのコースについては、私たちは、検察官の主張を全面的に受け入れて、その時間帯やコースで実施することになった。なお、検証の結果、ホテル玉垣とZ宅との所要時間および走行距離は、往路、所要時間37分26秒（21.5km）、復路、所要時間37分32秒（21.6km）であった。

　その当日は、雨で、2月8日の夜や3月24日の夜と同じ気象条件であった。

　まさに天も味方したのである。天の采配であった。

5　証拠意見書の作成提出

　検察官は、2005年8月31日付け証拠請求書で、自白調書のほとんどを取り調べるよう請求してきた。

　これに対し、弁護人は、詳細な異議を書面にまとめ、意見書を提出した。300頁

程度のものを用意し、任意性・特信性がないことを論証した。とくに、3点を強調した。
　① 4月30日から5月7日までの供述合わせの実態
　② 1回目と4回目のOのアリバイの事実
　③ 各人に対する個別的な取調べの違法
　以上について、取調べ状況一覧表も作成して、違法な取調べ実態を明らかにした。

6　任意性に関する裁判所の判断

　しかし、それまで審理を担当してきた裁判長は、採否の決定前に、定年を待たずに退官し、ずいぶん長い間審理もなされないまま放置され、その間に、η弁護士も亡くなり、そのようななかで、新しい裁判長のもとで、2006（平成18）年7月27日第51回公判期日において、弁論を更新した直後に、任意性を認める判断を下し、ほぼすべての自白調書が採用されてしまった。

(1)　旧来型の判断

　裁判所は、検察官が刑訴法322条1項および同法321条1項2号後段で証拠請求した自白調書について、1通を除き全部を採用した。
　しかし、このことゆえに裁判所が取調べの適正を認めたのかと言えば、そうではないと考えらる。後の判決理由からは、そのことが明らかである。
　「1回目会合と4回目会合については、アリバイの存在によって、被告人らの自白するような買収会合の事実は存在しなかったものといわざるを得ない。にもかかわらず、被告人らの自白においては、あるはずもない事実が、さもあったかのように、具体的かつ迫真的に表現されている。自白した被告人らは、いずれも、長期間・長時間にわたる取調べで取調官から厳しく追及され、供述を押し付けられたと主張しているところ、被告人らの自白の中に、あるはずもない事実がさもあったかのように具体的かつ迫真的に表現されていることは、自白の成立過程で、自白した被告人らの主張するような追及的・強圧的な取調べがあったことをうかがわせるものであり、4回の会合事実に関する被告人らの自白全体の信用性に疑問を生じさせるというべきである」と判示していることに示されている。
　判決理由からも明らかなとおり、自白の任意性には疑いがあることが色濃くにじんでいるのである。

(2)　現在の刑事裁判の実務上、「任意性に疑いあり」として自白調書の取調べ請求

を却下して無罪を言い渡した場合に、任意性に関する判断が上級審で誤りであるとされたときは、事実認定を根本的にやり直す必要を生じ、多くの場合差戻しによる訴訟の長期化に途を開く結果となること、任意性に関する上級審の判断基準は緩やかであるから、「任意性に疑いあり」という下級審の判断が上級審で維持されるかどうかは不透明であり、そのため、もし事案が実体的にも無罪になる可能性があるのであれば、自白の信用性についても判断を示したうえで、できればその審級かぎりで確定させたいという一審刑事裁判所の心理が働き、仮に控訴があってもそのほうが上級審で維持される確率が高いことなどの現実があることから、刑事裁判所は自白調書をいったんは証拠として採用するという運用が生じている。

本件でも、6名の自白調書が任意性ありとして採用されたことも、この運用の一例であると解される。本件判決における証拠決定は、単に任意性があるとするのみであり、そのように判断した理由を一切明らかにしてないことは、上記の手法によったことを意味するものである。

しかし、このような手法が定着していることは、推定無罪原則に反するものであり、適正手続の法理を無視するものである。無罪にする以上、本当は自白の任意性は疑わしいが、上訴審で破棄されたらかなわないという事実審裁判所の判断で、このような事実審の手法が定着することによって、捜査機関の違法取調べが猖獗・跋扈している現実がある。だから、志布志事件のように、捜査機関の違法取調べが明白な事案では、任意性に疑いがあるとして、端的に証拠から排除するべきである。

裁判所としては、仮にいったんは自白を採用したものであっても、それらを取り調べた結果、自白には信用性もないが、もともと任意性にも疑いがあったものだとして、判決直前に証拠排除決定を行うべきであった。そのうえで、有罪を認める証拠がないから無罪という結論を採用するべきであった。そのことが、将来の違法捜査を抑止することになり、人権擁護に資することになるものと思料する。

裁判所が自白調書を証拠採用した点は、裁判所の志布志事件における最大の汚点の1つである。

(3) 私は、この証拠採用後に、被告人すべてが参加した、住民の人権を考える会の主催する集会に参加した。皆一様に落胆の表情を隠せなかった。裁判所というところは、こんなに酷いことをするところか、節穴かと非難が続出した。私は、志布志で、皆の前で、弁護人の1人として大変申し訳ない気持ちでいっぱいであった。私は、このようなことが許されてはならないこと、しかし自白調書が信用できないことは立証できたので、必ず無罪となることを強調した。暗たんたる思いは、私も住民の人権を考

える会の方々も皆同じであった。

7　弁論要旨の作成

　自白調書が採用され、またまた全員有罪の危険が生じた。

　しかし、私たちは、弁論要旨で、自白の信用性がないことをきちんと論証しようと弁護団会議を重ね、ポイントを絞った内容のものを作成しようと考えた。

　そして、Oのアリバイ成立を柱にして、4月30日から5月7日までの警察官による供述合わせを明らかにすることとした。とくに、会合の回数や買収金額が時期を同じくして変遷していったことを明らかにし、最終的に自白者の供述が自然に一致したとする検察官の主張が経験則に照らして不合理であることを明らかにした。

　そして、個別の取調べの違法を強調しながら、その個別の自白の変遷を明らかにして、自白に客観的裏付けがないこと、自白が真実であれば、本来あるべき供述が存在していないこと、客観証拠と矛盾すること、秘密の暴露が存在しないこと、ほかの共犯者の虚偽自白と同時期に供述が変遷していることなどを詳細に主張した。

　弁論要旨は、裁判所に判断枠組みを提供し、判決をしやすいように構成した。私たちの狙いは最終的には成功した。

第5　総括

1　志布志事件の最大の特徴

　志布志事件の最大の特徴は、捜査機関が被疑者・被告人を「たたき割り」で虚偽自白に陥れ、捜査機関がその意図するとおりに「虚偽自白」を捏造したことが証明されたことである。これまでの虚偽自白は、主に、被疑者・被告人が違法・不当な取調べの圧力に屈して虚偽自白に陥り、その後は、被疑者・被告人が捜査機関の誘導にのりながら虚偽自白を作出する「悲しい嘘」（浜田寿美男の『自白の研究』〔三一書房、1992年〕参照）と考えられていた。しかし、志布志事件では、絶大なる権力をもって6名もの被疑者・被告人の虚偽自白を一致させたために、捜査機関による自白の捏造が明らかになったのである。天網恢々疎にして漏らさずということであろう。

　客観的事実に反する内容の供述が複数の者の間で一致し、しかも、外部交通権を遮断されたなかで、被疑者・被告人が自主的・主体的に行うこと等とうていありえない。志布志事件以前には、雰囲気として、取調官がまさか違法な行為は行わない

との、根拠のない信頼があったのであるが、志布志事件では、関係者の供述がそれらの間で、時を同じくして虚偽の内容で相互に符合したことが明るみになったことから、捜査機関の違法行為が明らかになったのである。

それだけでなく、捜査機関は、自白の捏造を糊塗するために、さらに、弁護人との接見内容にまで容喙し、虚偽自白を維持させることに躍起となったのである。捜査機関が行った客観証拠の収集も、虚偽自白を本当らしく見せかけるためのものであった。つまり、自白供述が客観証拠と合致していなければ、さらに集めた客観証拠に虚偽自白を合致するように変更させて維持させた。そのための「裏付け捜査」にすぎなかったのである。これは捜査ではない。

さらに、被告人に対して、公判廷でも虚偽自白を維持させるために、検察官による国選弁護人の解任予告や公判廷で虚偽自白をした被告人を励まして自白を維持させようとする等の越権行為までも行い、検察官や警察官を公判廷に大量に動員して、公判廷をあたかも取調室であるかのようにしたのである。

志布志事件は、捜査機関が、検察・警察が一体となって、たたき割りにより虚偽自白を捏造し、これを維持させるために、ありとあらゆる違法な手段を用いたことを社会に発信した事件なのである。

2 裁判所の問題点（汚点）について

　(1)　令状審査の甘さ
　(2)　国選弁護人の理由なき解任
　(3)　旧来型の任意性・特信性判断
　(4)　自白の信用性判断について、経験則・注意則の不十分な適用

　裁判所の問題として、以上の4点を指摘できる。

　これらの問題は、裁判所が、治安維持に熱心で、人権保障の最後の砦であるとの役割を軽視していることに起因するものである。そして、このことは自白調書依存体質があることと密接に関連するものである。

　令状審査段階で、多数が参集した会合で容易に日付が特定できる事案であるのに、これを特定しない曖昧な自白調書だけで安易に令状を発付していること、被疑者が留置場内でつけていた「被疑者ノート」の差押えを許可していること、検察官による秘密交通権を侵害して得られた供述調書に基づく解任予告に基づき国選弁護人2名を解任してしまったこと、任意性がまったくなかったのに、これを任意性ありとして1通を除き大量の自白調書を採用してしまったこと、自白の信用性評価において、迫真

性、詳細性などの理由を安易に信用性を肯定的する評価を加えていること等があるからである。

自白調書に対する厳格なチェックこそが、自白の捏造を防止し、このような冤罪を防ぐために必要不可欠である。

3　自白依存の捜査・公判の危険性について

志布志事件は、事件性の存否そのものが問題となる事案であった。

犯人性が問題となる事案であれば、事件が存在するので客観証拠が存在する。少なくとも犯罪の痕跡があることが多く、そのぶんだけ真相に肉薄でき、弁護活動にも手がかりが存在する。非供述証拠による供述証拠の弾劾も可能であろう。

しかし、事件性も全面的に供述証拠に依拠する事案では、弁護人は供述証拠を攻撃の目標とするだけに、手がかりが少なく、これを弾劾することには困難を伴うものである。本件では、会合日時が特定されないままで公判が進行するという異常な事態が続いたため、なおさらのことであった。

ただ、本件では、客観証拠の裏付けのある供述証拠（アリバイに関する証拠群）が多数存在したため、「自白」を弾劾することができた。しかし、このような証拠群が存在しなかった場合（存在しても、収集能力の点から、弁護人が収集しえなかった場合も含む）には、はたして事件性・犯人性を否定することができたのか、甚だ心許ないところがある。

とくに、わが国では、供述証拠による事実認定について論理則・注意則が確立されておらず、心理学鑑定に対する裁判所の評価が低く、極度に自白「調書」依存の心証形成がなされている。

そのことも大きな問題なのであるが、それ以上に重大な問題は、裁判所が依存する自白の生成が、事後検証がおよそ不可能な密室取調べによって執拗に行われている現実に、裁判所が不当に目をつむり、楽天的にその調書に依存し続けてきたという現実である。まして、公判廷でも自白が維持されていれば、そのまま有罪の結論に到達するという現実がある。しかし、本件でTの事案で明確になったとおり、実は捜査機関の強い影響のもとで公判廷で自白が維持されるという事態があるのである。だから公判廷の自白に安易に依拠することも冤罪を生み出す危険がある。この点では弁護人の役割は重要である。

(1) そこで、このような司法の現実に直面して、まず、供述証拠について、心理学的

分析を加え、その信用性を判断するという手法を確立することが喫緊の課題である。

供述証拠は知覚、記憶、表現、叙述という過程を経て心証形成者のもとに到達する。しかし、そもそも人間の記憶は、それほど確実なものではない。語られた内容が疑似体験供述にすぎないこともあるから「体験供述があるから信用できる」ものと即断することはできないし、体験した事実とそうでない事実を織り交ぜて迫真的に供述することもありうることである。志布志事件の自白は、そのようなものの宝庫であった（だから、この虚偽供述の内容を分析・検討することは、これからの冤罪を防止するうえで重要なヒントを提供するものと考えられる）。

ほんの一例として、次のものを上げることができる。

検察官が自白が信用できる根拠として上げた、1回目会合の席での「WとIの喧嘩の場面」に関するZの供述がある。検察官は、会合でけんかがあったとする供述は体験した者でなければ語れないというのである。もっとも、Zは、夫WとIが第1回目の会合の席で、口げんかになった原因について、当初、「Iもm県議後援会の総会に出席していたので、Wがそのことを取り上げてIに言ったことが原因」と供述していた。しかし、その後の取調べで、Zは、「その当時のことをよく考えたところ、その総会にはIもJも出席していないことを思い出しました。Iがm県議の総会に出席していたという話は訂正してください。口げんかの原因は、WがIに対して、あなたはm県議を押しているのに、なんでここに来ているのかと言ったことが原因で、Iがお前こそ、m県議の総会に出ていたのではないかとWに言い返したことが原因でした。Iは直ぐに席を立ち家に帰った」などと供述したことになっている。このように、Zの口げんかに関する供述は、次の取調べの機会には根幹から崩壊してしまうようなものであった。その場合、あとからなされた供述内容を真実とすることはできない。Zは、この総会には出席していなかったのであるから（この点は、警察は、m県議が2003年1月に新栄閣で開催していた総会の参加者名簿を当時の四浦公民館長から、遅くとも2003年5月上旬ころまでに入手し把握していた。その旨の同日付警察官調書も作成されている）、いくら時間が経過しても、「その当時のことをよく考え」て、Iがm県議の総会に出ていなかったという事実を思い出せるというものではない。このように、Zがその総会に出席していないのに、このような供述をでっち上げているのである。

後者の例としては、次のものを上げることができる。「Eは、2月8日、Zから6万円をもらった会合（Oも参加していた1回目の会合）に参加した後、一眠りして午後10時55分ころ串間のファミリーマートに長男の携帯電話代を支払いに行った。そのときの領収証がこれです」と供述調書が作られていた。これも起訴検察官が自白が信用できるとした根拠の一つであった。確かに、後半部分の供述は、すでに5月13日

に押収されていた領収証に合わせられたものであり、一見すると全体としてその供述は真実に見えるが、前半部分の供述は、ほかの会合参加者であるOのアリバイが成立したため、虚偽であることがはっきりした。このことは、自白は体験した事実とそうでない事実を織り交ぜて迫真的に供述できることを意味する。

　なお、この例は、Eが捏造したものとすることはできない。むしろEの取調官が捏造したと考えるべきである。それは、Eが、何らの誘導なく、長男の携帯電話代のことを思い出すはずなどないからである。携帯電話代の支払いやファミリーマートに行くことなどは、日常生活では頻繁にあることで、「いついつ長男とファミリーマートに携帯代金を支払いに行った」等と自ら明確に思い出すこと等は通常考えられないからである。そうすると、Eは、取調官から、押収されていた領収証を示されて、2月8日にファミリーマートで携帯電話代を支払ったことを知ったにすぎないのである。そのことを会合事実に結びつけたEの上記供述内容は、取調官の捏造と考えられるのである。真実、2月8日に会合があり、その席でEが6万円をもらっていたのであれば、「会合で現金をもらった後、長男とファミリーマートに携帯電話代を支払いに行った事実」は、初期の取調べ段階から供述調書に現れていたはずである。しかし、このような調書は存在しない（逆に、Eは、初期供述では、「もらった3万円は白色封筒に入ったまま、風邪で寝ていた妻に渡し、残りは後日自分で使った」と供述している。この供述も、さらに後に変遷した後に、上記供述となった）。Eが自発的に述べていなかったことは、その事実が体験供述ではないことを意味する。だから、この供述は、取調官の捏造なのである（取調官が、Eに対し、前記領収証を示した後に、Eが携帯電話代を支払うためにファミリーマートに行ったと供述したのか、Eがその事実を述べたことから、取調官がその領収証を示して事実を確認したのか。前者か後者かで、その供述の意味は大きく異なってくる。前者であれば、取調官による証拠の捏造である。そして、後者であって、かつ、その後にファミリーマートなどを調べたところ、その事実が判明したのであれば、秘密の暴露にあたりえ、自白の信用性が格段にあがるものである）。このような取調官の捏造を阻止することは、供述の信用性を吟味するうえで重要である。このような捏造は、証拠の毀滅行為であり、のちの供述証拠の信用性吟味を困難にするもので、取調官が取調べに当たって行ってはならない禁止行為の一つである。

　本件で、もう一つだけ例を挙げる。Fの供述調書によれば、会合の出席者の服装等、会合出席者の特徴等、会合のときに出された料理等、現金の入っていた封筒の特徴等について、判決も指摘するとおり、具体的、かつ詳細に、迫真性・臨場感をもって供述されていた。そのような供述がなされている一例として、Fの警察官調書がある。Fは「4回目会合の際、Z方の車庫の前に軽トラックが2、3台止まっており、

さらに、Z方の周辺に普通乗用自動車などが2、3台止まっていたが、その中に灰色の軽ワゴン車も止まっており、ナンバーの頭の数字が『13』であったことから、Tの車であることが分かった」と供述したことになっている。ここでも、ありもしないことが詳細に迫真性をもって語られているのである。この供述そのものだけを捉えると、「体験した者でなければ語り得ないほどの迫真性」があり、この自白だけであれば信用性を肯定することになりそうである。つまり、Fには、1人でこのような供述を捏造する能力があるとは思えない（「証言の中で描写されている出来事を捏造する能力がその証人にないならば、その証人がそれらの出来事を実際に観察した確率は増大する」〔トランケル・植村秀三訳『証言の中の真実』（金剛出版、1976年）〕）し、とくにOら会合参加者に恨みなどがありそうもない（これまでFは会合参加者との交友も密ではなかったからだ）人物であるので、自白は信用できるということになりそうである。しかし、4回目会合の日には、Oにアリバイがあり、その自白は客観事実と矛盾したことから、その自白の信用性について、裁判所はその信用性を否定することができたのである。

　裁判所の判断を引用すると次のとおりである。「以上のとおりであって、被告人Fの供述内容は、普通はほとんど気にも留めないと思われる事項も含め、極めて具体的で詳細である。その一つ一つを個々にみれば、たまたま覚えていたにすぎないとも考えられる。また、服装のみに着目すれば、一般的な傾向として、女性は男性よりも他人の服装を注目して見ていると考えられるし、女性が同じ女性の服装により関心を向けるのも自然なことといえ、あながち不自然とはいい切れないかもしれない。しかし、全体としてみると、余りにも詳細にすぎるというべきである。仮に、このような供述が記憶に基づいてなされたというのであれば、被告人Fは、驚異の記憶力の人物ということになろう。しかし、被告人F自身、小中学校の成績も振るわず、読み書きも得意ではなく、特に記憶力がよいということもないというのであり、そのことは、後述する被告人F作成の『さいばんがんさま』と題する書面（乙694）からもうかがえ、被告人Fの記憶力が特に卓越したものであったとは考えられない。取調官であるIも、被告人Fの2回目会合と3回目会合に関する記憶があいまいで、各会合の出来事を混同しているところが見られたと述べているが、にもかかわらず、それらの会合の出来事について事細かく供述している点は、整合性を欠くというべきである」と認定しているのである。自白がある場合には有罪心証を原則としてきた裁判所であれば、詳細すぎること、迫真的であることは、信用性を肯定する経験則・注意則である。本件でも、上記裁判所の前段の判断から明らかなとおり、裁判所による経験則・注意則の誤った適用の傾向は払拭されていない。しかし、アリバイがなくても、上記供述調書は、信用できないとされるべきである。他人の車の色やナンバーを覚えているのであれば、

その根拠が必要だからである。他人の車の色やナンバーを思い出せる人がいたら、それは供述者と特殊な関係があるなど、その理由が示されてしかるべきである。ところが、実は、FとTは、ほかの集落に属しており、頻繁な人的交流がある間柄ではなかったのであるから、なおさらである。

　供述の1つ1つについて、供述内容や経過を心理学的にも捉え直し、誤謬が混入していないか、その誤謬原因は何か、そのような誤謬が存在していても供述証拠を信用できるのか、その供述の証明力評価の基準を確立することである。アリバイの成立という偶然ではなく、その供述経過やその内容から、その真偽を明らかにする方法を確立することが重要なのである。

　志布志事件は、自白の成立過程を、取調官の証人尋問等により、いくらかは解明することができたが、不完全であった。たまたまアリバイが存在したために、自白が枢要な部分で客観的事実と矛盾することを明らかにすることができたのである。そのために、上記供述が、まさに疑似体験供述であることをはっきりさせることができたり、虚実織り交ぜた供述であったことなどを明らかにすることもできたのである。

　しかし、アリバイを証明できなかった場合はどうか。供述証拠に安易に依拠した危険性はなかったか。裁判所が、自白「調書」に依存し、自白「調書」についてもっともらしく供述した取調官の証言を鵜呑みにして、自白のない被告人らの一貫性のある否認供述を無視した可能性があったのではないか。実際、否認供述の一貫性や信用性については、判決ではまったく触れられていない。厳しい取調べに屈せずに真実に従って否認を続けた者の供述の信用性がまったく評価されないのは、供述証拠が証明の科学に裏打ちされていない証左である。

　これでは、自由心証主義に名を借りた権力の濫用以外の何ものでもない。憶測やきわめて確率の低い可能性に基づく判断は、許されないはずである。

(2)　それだけではない。自白の捏造が、事後検証が困難な密室取調べでなされていることについて、これまで裁判所はあまりに無頓着であった。志布志事件は、このことに警鐘を鳴らしているのである。

　まず、自白といっても、その捜査段階の自白は、多く取調官の事件に対する認識と供述の選択と表現を経た供述記載になるという供述「録取書」の特質を備えているために、供述者の体験性の有無を、のちに的確に識別することは容易ではない。むしろ取調官の主観を排除することのほうが困難なのである。とくに、志布志事件では、この作成過程に取調官の作為が介在していたことが明らかになった。捜査機関は、「密室取調べで獲得した5名の自白は、変遷しつつ自然に符合しながら4回の買

収会合事実に収斂した」と主張したが、審理の結果、5名の自白が根幹部分において、「一致したはずの事実（2月8日の会合と3月24日の会合）」が客観的事実と矛盾したのである。この事実が意味するものは、そこに取調官の違法な作為が介在したことを如実に示すものである。それだけに、捜査段階の自白は、安易に信用することはできないことを白日のもとに晒したのである。

　ただでさえ供述証拠の誤謬（悪意の嘘であったり、誤認だったり、思い込みだったりなど）の有無を判断することは困難である。それが、さらに事後の検証が困難な密室取調べで得られた供述証拠の場合はなおさらのことである。そしてまた、捜査機関の影響を遮断した公判が開かれなければ、その影響をまともに受けて自白が維持されることがある（実際、Tらは、多数の検察官が法廷に臨席したこと、警察官も多数いたことなど、まるで法廷が取調室であるかのような状況があったことから、自白を維持したと思われる）ことも明らかになったのであるから、密室取調べの状況をのちに検証できるようにしておく必要性が高まっているのである。

　上記のEの例でも明らかにしたとおり、密室取調べでは、取調官は客観証拠を示して、体験したことと結びつけて犯罪事実を認めさせる手法をとることができる。実際にも、そのようにした。その意味で、これは取調官の捏造なのである。また、Fの例でも明らかなとおり、取調官は、密室取調べにおいて、供述者に体験していないことを詳細に迫真的に供述調書を作成させることもできるのである。他人の車の色やナンバーは、近くで毎日のように見て体験していても、のちに思い出すことは通常はありえない。それを覚えているのは特殊な事情が必要なことはすでに述べたが、これがなかったのであるから、これは、Fの捏造ではなく取調官が捏造したことなのである。

　しかし、実は、公判廷では、この点を明らかにすることは困難である。被告人と取調官を尋問をしても、言い合いになり、水掛け論に終始するからである。そうすると、その裁定は、裁判官の主観に頼ることにならざるをえない。これは直感的な印象で信用性を判断することにつながる。実際、これまでの裁判所は、極端に自白調書に依存して判断しており、上記のFの例では、「何かの機会で見て覚えていたとしても不思議ではない」等と、さしたる根拠もなく、ほとんどありえない可能性を指摘し、「体験した者でなければ語り得ないほどの迫真性がある」等として信用性を肯定するが、これがレトリックであることは明らかである。

　供述調書の録取過程をのちに検証できる方法で記録しておけば、供述証拠がどのようにして作られたのか、明らかにできる。志布志事件では、アリバイの立証により供述証拠の採取過程で取調官の作為が介在していることを証明した。さらにいうと、5人もの嘘の自白が同一時期に一致していることから、供述者に対して、同一時期に、

同一の違法な作為が加えられていることも判明したのである。捜査機関がその気になれば、このような強制的な供述合わせができるのである。だからこそ、まず、このような違法行為を抑止するためにも、取調べ全過程の可視化が必要である。さらにいうと、客観証拠の採取過程の可視化および採取時間の記録化が必要不可欠である。

　さらに、供述の録取過程が機械的に録画・録音されることで、供述証拠の心理学的・科学的鑑定が可能となる。供述の質的・量的分析が可能となり、体験供述かどうか、そもそも供述能力があるのかどうか、さらに、誘導・誤導、強制があるかどうか等の分析ができ、供述証拠の信用性評価の基準を定立することができ、供述証拠による事実認定の注意則を確立できるのである。

　志布志事件では、幸い、偶然にもアリバイがあり、供述証拠が客観証拠（豊富で良質な客観証拠）と矛盾することを明らかにできたことから、自白は信用できないとすることで冤罪を阻止できた。しかし、アリバイがなくても、供述証拠そのものが注意則・論理則に反することを明らかにすることにより、虚偽自白を強要された者が、確実に無罪を勝ちとることができるようにしておくことが冤罪防止のために必要なのである。志布志事件は、後者の視点でも無罪とすることができた事案であった。

4　秘密交通権の侵害問題

　志布志事件では、被疑者が否認と虚偽自白を繰り返した。事実がないから否認する。しかし、取調べにおける相当強い圧力、しかも、踏み字に代表される「たたき割り」と称する違法な取調べと、代用監獄の悪用による自白の強要に屈服して、虚偽自白する。しかし、やはり事実がないから、弁護士のアドバイスで虚偽自白に転落させられた人々が真実の叫びを上げ、勇気を振り絞り否認に転じたり、それができずに精神的に動揺するなどを繰り返した。このため、検察官は、弁護人が違法に否認を慫慂しているとして、自らも弁護人の適法な活動に容喙するだけでなく、警察にも指示して弁護人の適法な活動に容喙した。それも弁護人の固有の権利である秘密交通権を侵害し、被疑者・被告人から執拗に接見状況を聴取したのである。この場合、接見指定はなかった。自由に会わせるが、その代わり、その供述内容を被疑者から聴取し、これを意図的に歪めた供述調書を 75 通も作成したのである。先輩弁護士が勝ちとってきた接見指定からの自由保障に対し（刑訴法 39 条 3 項の問題）、これを保障するように見せかけて、接見内容そのものを侵害した（刑訴法 39 条 1 項が正面から問題となった）のである。検察官は、その理由について自白の信用性・任意性を担保するためだ、と言い張った。

しかし、秘密交通権の保障は、検察の立証を弾劾するための弁護の核心であり、当事者主義的訴訟構造を守るためには、黙秘権の保障だけでなく接見秘密交通権の保障が必要不可欠である。
　捜査機関が、弁護人の弁護活動に対して、邪推してどのようにも介入できるとすると、弁護は絵に描いた餅になる。被疑者・被告人の人権は保障できない。志布志事件では、密室取調べで秘密交通権が組織的に侵害され、弁護人と被疑者・被告人との情報交換がうまくいかなくなり、実際にも、捜査段階の弁護は、まさに絵に描いた餅になり、多くの私選弁護人が解任された。国選弁護人も、秘密交通権を侵害した供述調書（内容も捏造された調書）により、検察官による解任予告がなされ、裁判所によってやすやすと解任された。これでは、検察官が「立証に都合が悪い、邪魔な弁護人」と考えれば、いつでも国選弁護人は解任されることになる。
　一例を挙げる。Zは、4月22日いわゆる焼酎口事件で逮捕され、その直後に宮崎県弁護士会所属（都城市）のι弁護士が私選弁護人に選任され、志布志署での接見を繰り返していたが、5月13日いわゆる1回目買収会合事件で再逮捕され、鹿児島南警察署に移送されたことから、鹿児島県弁護士会所属のυ弁護士も、翌日に私選弁護人に選任されて、2人の弁護人が接見等の弁護活動を繰り返した。しかし、この2人の弁護士は、Zが平成15年6月3日に、1回目買収会合事件で起訴された後、翌日4回買収会合事件で再々逮捕された後にも、秘密交通権を侵害され、Zは虚偽自白を強要され、実際にも多数の自白調書を作成された。そして、2人の弁護士は、6月19日には私選弁護人を解任されてしまったのである。その後、α弁護士が同日、国選弁護人に選任されたのだが、捜査機関は国選弁護人が公判準備で行った接見内容も聴取し続け、α弁護士が第1回公判期日の照会回答書において認否留保との回答を行うや、第1回公判期日当日（7月3日）の開廷前に、検察官はα弁護士が接見室の窓越しにZに家族の手紙を見せたことが接見禁止に違反するとして、秘密交通権を侵害して聴取して作成したZの検察官調書をもとに裁判所に解任予告した。その結果、α弁護士は国選弁護人を解任された。弁護士会は特別案件として2名のλ弁護士およびμ弁護士を推薦し、同弁護士らが国選弁護人に選任された。Zが公判廷で公訴事実を認める旨の答弁をした後も、上記国選弁護人が弁護人の意見を留保すると、それらの接見状況をさらに執拗に聴取した。このように、検察官および警察は、公判準備のための秘密交通権も、組織的・継続的に侵害し続けたのである。
　ところで、Zが否認に転じた9回のうち、少なくとも3回は、弁護人の接見が契機となっているような調書が作成されていた。自白に転じた直後に作成されたZの供述

調書には、弁護人から「会合はなかったと言いなさい」などと言われたことから否認したと、あたかも弁護人がZに対して不当な働きかけをしたことにより否認に転じたかのような記述があった。しかし、弁護人としては、被疑事実に対する被疑者の言い分を聴取し、それが否認する内容であれば、取調官に迎合することなく否認を貫くように助言するのは、あまりに当然の弁護活動である。Zが、接見において、弁護人に対し、買収会合の事実を否定していたのであるから、否認を貫くようアドバイスをするのが、弁護人の職責として当然のことである。これに対し、捜査機関は、弁護人が、買収会合の事実を認める旨述べているZに対し、その言い分に反して、否認するよう不当に働きかけたと受けとめたのであるが、これはまったくの言いがかりである。Zは、もともと無実だったのである。Rに踏み字を強要した踏み字警察官からあまりに酷い取調べを受けたことから、動揺し、迎合的な供述をせざるをえなかった。この点、検察官も、自ら作成したZの6月18日付けの検察官調書に「これまで私についていたS先生と鹿児島の弁護士の先生に刑事や検事の前で話している内容は嘘のことだと話をしていたのですが、6月14日の面会のときに初めて会合があったこととお金をもらったことが、本当であるというような話をしました」と録取していた。

とすれば、検察官も、Zは6月14日まで弁護人に対し、買収会合の事実を一貫して否定していたことを知っていたことになり、そうすると、検察官は、捜査機関に弁護人と被疑者との接見内容を聴取するよう指示した5月18日当時は、弁護人が被疑者の言い分に反して否認を慫慂していたわけでないこともわかっていたことになる。そうであるのに、検察官は、5月18日ころから弁護人の活動を違法・不当なものと考え、接見状況の聴取を進めていたことになる。つまり、違法な活動は行っていないことを知りつつ、接見内容を聴取するよう指示したことは、明らかに違法な秘密交通権の侵害である。

Zの外5名の方々についても、ほぼ同様の弁護活動に対する妨害行為が繰り返された。

そこで、秘密交通権を侵害された弁護士（11名）は、鹿児島県警と検察庁を被告として、国家賠償請求訴訟を提起した。

否認を続けた被告人の弁護士についても、実は、被疑者・被告人は、接見状況を執拗に聞かれていたのであるが、それが調書化されていなかったため、秘密交通権侵害を立証する証拠が不足するという理由で、その訴訟提起を見送った。

これに対し、被告国・県は、被疑者等が自発的に接見内容を供述する場合や捜査権の行使が接見交通権の行使とのあいだの合理的な調整の範囲を超えていないと認められる場合（①供述に変遷のある場合、②接見交通権の濫用的行使のある場合——弁

護人が接見の機会を利用し、否認の慫慂等捜査妨害や証拠隠滅等の違法または不当な活動を行ったと認められる場合）には、捜査機関が接見内容を聴取することが許される等と主張した。

　しかし、鹿児島地方裁判所は2008（平成20）年3月24日に捜査機関の秘密交通権侵害の事実を認めて、被告両者に対し弁護人（原告）1人につき50万円の損害賠償をするよう命じた（鹿児島地方裁判所平成18年(ワ)第294号事件）。判決において、①原告らには、弁護人に固有の権利として被疑者および被告人との接見交通権が認められる、②刑訴法39条1項の趣旨からすると、同条項の「立会人なくして」は、接見に際して捜査機関が立ち会わなければこれで足りるとするというにとどまらず、およそ接見内容について捜査機関はこれを知ることができないとの接見内容の秘密を保障したものといえる、③被告人らの自発的供述によっても弁護人固有の接見交通権の放棄があったとは認められず、これに対する侵害がなかったとは言えない旨判示した。そして、原告らの主張をほぼ認め、弁護人らの弁護活動に捜査妨害等の違法な活動はなかったと判示した。

　あまりに当然の判決であるが、われわれの職責へのたび重なる侵害被害が、わずか原告1人当たり50万円とはあまりに低額である。また、一定の場合には、捜査機関の判断で接見内容の聴取も例外的が許されるかのごとき表現がある点では、疑問がある。ただ、上記判決はほとんど例外を認めなかったので、この点では評価に値する。

　秘密交通権の絶対的保障を勝ちとり、二度と捜査機関に接見内容を聴取させないようにするため、弁護の質を高める必要があると痛感した。とくに、上記判決の枠組みでは、例外の判断権者が捜査機関であるので、例外の判断如何により恣意的に濫用されるおそれがあることから、弁護人の役割の重要度が増している。秘密交通権の絶対的保障が認められることは重要であるが、それが認められない現状では、例外判断の恣意的行使を抑止する観点からも、取調べの可視化は必要不可欠である。

5　代用監獄問題と保釈問題

　私は、志布志事件の弁護を経験して、改めて、代用監獄における身体拘束が自白強要装置として機能していることをつくづく思い知らされた。山間の長閑で喧騒のまったくない日々を送っていた方々が、突如、代用監獄に入れられ、長期間の身体拘束を受け、いつ終わるともしれない酷い取調べを受けさせられ、虚偽自白に転落し、そ

の後、取調官の言いなりにほかの証拠と符合するように自白「調書」が作られていったのだ。

15名の方々（起訴されなかった人々）は、口々に代用監獄の怖さを訴えている。Oの同房者はやくざで、ずいぶんと怖い思いをしたそうだ。Zも、若い女性と同房となり、さまざまな意地悪をされたそうだ。他方、前述のとおり、スパイ調書も作られていた。

身体拘束された15名の方々が、取調室は怖い、留置場も安らげない、このような状況に対する精神的不安から、絶望とそこから逃れたいとの精神状態に追い詰められていったことは想像できる。否認を続けたMも、この精神的苦痛を接見のなかで何度も訴えてきた。

Mは、当時72歳だった。逮捕前の酷い取調べで夜中に倒れ救急車で搬送されたこともあった。その後、精神安定剤を服用せざるをえない状況にあった。それなのに5月13日に留置され、夜は、房内の灯りを消してもらえず、そのために眠れない状態が続いた。看守はわざと音を立てて見回り、よりいっそう眠れない状態が続いた。このような状況で、最初の勾留延長決定があった後、Mは、絶望し、わけがわからない状態で、5月26日に申述書なるものを作成させられた。このときのことをMは、ほとんど覚えていない。気丈なMでも、そのような精神状態になったのである。代用監獄における身体拘束自体、われわれの想像を絶する程の圧力があることを思い知らされた。この後、Mは、δ・γ弁護人が接見をして、精神的に落ち着きを取り戻し、これを撤回したが、やはり、いつまでも続くかわからない身体拘束が、虚偽自白を作る可能性があることを例証するものである。

犯罪事実を認めるという状態と、真にその事実を経験したということとは、必ずしも一致するものではない。犯罪事実を経験していない者でも前者の状態に陥ることはありうる。この状態に陥らせたり、この状態を継続させることにも、代用監獄が重要な役割を果たしているのである。

代用監獄を廃止し、権利保釈が原則であるという運用を取り戻すことが、虚偽自白をさせない、そして、冤罪を作らないために必要不可欠な刑事司法の改革である。

6 司法全体の改革を

まず、事実認定力について司法機関（とくに裁判所）の強化を図る必要がある。その前提として、指摘するまでもなく、司法機関（とくに裁判所）が正しい情報にアクセスできるようにしておくことは必要不可欠なことである。その意味で全面的な証拠開示がなされるべきである。

検察官も、当事者主義の訴訟構造、黙秘権の保障、接見交通権や秘密交通権を絶対に侵害しない、侵害すれば制裁があるという制度の構築が重要である。志布志事件では、これだけの権利侵害をしているのに、検察官が誰も責任を問われていないのは、不当である。検察官は、警察の違法捜査を抑止しつつ、その影響を遮断した検察官取調べを行って供述の任意性を担保するべきであった。そうすれば、今回の事件では勾留することさえありえなかった。本件の冤罪の被害者は、みな検察官に警察の違法を訴えていたのである。検察官としての職責を果たすべきであった。依頼者である警察の言いなりでは、法曹としては失格である。

　裁判所は、公平な第三者として、事実認定能力を格段に進歩させるべきである。そのために、現在の予算規模を大幅に拡大し、事実認定能力を高めるため、捜査機関とは別に独自の研究機関を設け、その調査研究について、あらゆる分野の科学者を集めて行うべきである。直感的な印象に頼った心証形成から、証明の科学を駆使した事実認定ができるようにしていくべきである。そして、将来の違法捜査を抑止する観点からも、任意性・特信性の判断は、厳格に行うべきである。裁判所は、志布志事件の経験から、捜査機関が組織的に違法捜査を行うこともあるのだ、その独走を止めるのは裁判所なのだということを認識できたはずである。司法権の独立を保障した憲法の目的からも、安易に検察官を信頼すべきでない。裁判所が人権保障の砦としての役割を果たすためには、任意性・特信性の判断の証拠資料として、取調べの全過程を撮影したビデオ録画のDVDを必ず要求し、その提出がなければ、任意性はないとの判断を繰り返し行うべきである。これだけビデオ機器が発達した時代に、いつまでも江戸時代のような取調べを容認することはできないはずである。直感ではなく科学的証明による認定をするためにも、客観証拠の価値を高めるためにも、取調べの全過程の可視化は不可避である。

　志布志事件は、現代のわが国の刑事司法が、踏み字のような取調べが横行していて、前近代的であることを証明した。現代人権国家として恥ずべきことである。

　自白偏重の捜査から脱却できる司法制度の構築に向けて何が必要か、志布志事件の記録を精査して、改革の礎にすることこそが、この事件の解決をみないで亡くなったKをはじめ現在も冤罪の後遺症に苦しんでいる人々の救済となる。弁護士は適切な弁護活動ができるように努力する必要があるとともに、捜査機関の徹底的な改革と捜査手法の徹底的見直しを図り、科学的証明の必要性を強く社会に発信し続ける必要がある。

逮捕・勾留請求・起訴一覧表（2003（平成15年））

	Z	G	T	E	M	O	Q	F	W	H	C	I	亡K
4月22日	逮捕（現金1万円・焼酎供与）												
24日	勾留請求												
5月13日	逮捕（1回目会合）処分保留釈放	逮捕（1回目会合）	逮捕（1回目会合）	逮捕（1回目会合）	逮捕（1回目会合）								逮捕（1回目会合）
15日	勾留請求	勾留請求	勾留請求	勾留請求	勾留請求								勾留請求
18日							逮捕（現金・焼酎供与）						
20日頃							勾留請求						
6月3日	起訴（1回目会合、供与）	起訴（1回目会合）	起訴（1回目会合）	起訴（1回目会合）	起訴（1回目会合）								起訴（1回目会合）
4日	逮捕（4回目会合、受供与）	逮捕（4回目会合）	逮捕（4回目会合）	逮捕（4回目会合）	逮捕（4回目会合）	※逮捕（4回目会合）	※逮捕（4回目会合）						逮捕（4回目会合）
6日	勾留請求	勾留請求	勾留請求	勾留請求	勾留請求	勾留請求	勾留請求						勾留請求
8日							逮捕（4回目会合）処分保留釈放						
10日頃							勾留請求						

※受供与者、Z・K・G・M・T・E、6名

8　フレームアップと闘う；志布志事件

	Z	G	T	E	M	O	Q	F	W	H	C	I	亡K
25日	処分保留釈放	処分保留釈放	処分保留釈放	処分保留釈放	処分保留釈放	逮捕（1回目会合、※4回目会合）	逮捕（※4回目会合）	逮捕（4回目会合）		逮捕（4回目会合）	逮捕（4回目会合）		処分保留釈放
27日頃										勾留請求	勾留請求		
28日					勾留請求	勾留請求	勾留請求						
29日									逮捕（1回目会合）処分保留釈放				
7月1日頃									勾留請求				
17日	追起訴（4回目会合）	追起訴（4回目会合）	追起訴（4回目会合）	追起訴（4回目会合）	追起訴（4回目会合）	起訴（1回目・4回目会合）	起訴（1回目・4回目会合）	起訴（4回目会合）	起訴 処分保留釈放（4回目会合）	起訴（4回目会合）	起訴（4回目会合）	追起訴（4回目会合）	
23日						逮捕（2回目・3回目会合）	逮捕（2回目・3回目会合）						
24日						勾留請求	勾留請求						

※受供与者、C・甲（不起訴）・H・F、4名

	Z	G	T	E	M	O	Q	F	W	H	C	I	亡K
8月12日	追起訴（2回目・3回目会合、供与）	追起訴（2回目・3回目会合）	追起訴（2回目・3回目会合）	追起訴（2回目・3回目会合）		追起訴（2回目・3回目会合）	追起訴（2回目・3回目会合）	追起訴（2回目・3回目会合）				追起訴（2回目・3回目会合）	追起訴（2回目・3回目会合）
27日	Mへの供与				追起訴（2回目会合）	追起訴（2回目会合）Mへの供与	追起訴（2回目会合）Mへの供与						
10月10日	Iへの供与					追起訴（1回目会合）Iへの供与						起訴（1回目会合）	

保釈関係一覧表

	Z	G	T	E	M	O	Q	F	W	H	C	I	亡K
2003（平成15）年													
4月22日	逮捕												
5月13日		逮捕	逮捕	逮捕								逮捕	
18日								逮捕					
6月4日					逮捕	逮捕							
25日							逮捕			逮捕	逮捕		

	Z	G	T	E	M	O	Q	F	W	H	C	I	亡K
8月6日				①保釈請求									
7日				許可									
11日					①保釈請求								①保釈請求
12日					却下								却下・抗告
14日	許可①保釈請求				抗告								
18日					棄却								棄却
20日			①保釈請求										
21日			許可										
29日						①保釈請求	①保釈請求						
9月1日						却下	却下						
10月23日					許可②保釈請求・抗告								
24日													②保釈請求却下

784　第2部　無罪を争う弁護活動

	Z	G	T	E	M	O	Q	F	W	H	C	I	亡K
27日					原決定取消 保釈却下	②保釈請求	②保釈請求	①保釈請求					
28日											①保釈請求		
29日						却下	却下	却下			却下		
31日					③保釈請求								
11月1日					特別抗告								
4日					許可・抗告								
5日						抗告	抗告						
6日										①保釈請求	②保釈請求		
7日	①保釈請求				原決定取消 保釈却下								
10日	却下					棄却	棄却			却下	却下		
13日	許可 ②保釈請求				許可 ④保釈請求	却下 ③保釈請求	却下 ③保釈請求	③保釈請求		許可 ②保釈請求	③保釈請求		許可 ③保釈請求
14日								許可 保釈請求			許可		

	Z	G	T	E	M	O	Q	F	W	H	C	I	亡K
12月24日						④保釈請求	④保釈請求						
26日						許可・抗告	許可・抗告						
27日						原決定取消保釈却下	原決定取消保釈却下						
31日						特別抗告	特別抗告						
2004（平成16）年													
1月15日						棄却	棄却						
16日						⑤保釈請求	⑤保釈請求						
19日						許可・抗告	許可・抗告						
22日						原決定取消保釈却下	原決定取消保釈却下						
2月25日						⑥保釈請求	⑥保釈請求						
26日						許可・抗告	許可・抗告						
3月2日						原決定取消保釈却下	棄却						
16日						⑦保釈請求							

	Z	G	T	E	M	O	Q	F	W	H	C	I	亡K
17日						許可・抗告							
22日						原決定取消 保釈却下							
4月9日						⑧保釈請求							
12日						許可・抗告							
14日						原決定取消 保釈却下							
6月30日						⑨保釈請求							
7月1日						許可・抗告							
2日						棄却							

供述経過一覧表

		F	Z	E	G	K
4月30日	回数	1	1	取調べなし	取調べなし	取調べなし
	金額	1	1			
5月1日	回数	1	1	1	（否認）	取調べなし
	金額	本人3，夫8	4～5以上	午前中 本人3、妻2 午後 本人5、妻5		
2日	回数	1	1	2	1	1
	金額	5	5	3・5	3	5

8 フレームアップと闘う；志布志事件

3日	回数	3	3	3	取調べなし	3
	金額	3・2・5	5・5・10	5・5・10		2・5・20
4日	回数	3	4～5	3	3	3
	金額	5・5・10	2か3・5・5・10	10・5・10	5・5・10	2・5・10
5日	回数	3	4	3	3	4
	金額	3・5・10	3・5・5・10	10・5・10	5・5・10	2・5・5・10
6日	回数	4	4	4	4	4
	金額	6・5・5・10	3・5・5・10	6・5・5・10	3・5・5・10	3・5・5・10
7日	回数	取調べなし	4	取調べなし	4	4
	金額		6・5・5・10		6・5・5・10	6・5・5・10

(注)
1 金額は万円単位。
2 Fは1回目会合には出席していないことになっている。Fは、夫Eから3万円もらったということであるから、5月6日の供述は1回目会合において夫Eは6万円を受け取ったという趣旨である。
3 5月6日のZおよび5月5日のGの、それぞれの回数・金額についての供述内容は必ずしも明らかではないが、それぞれ前日の供述と同じであったと考えられる。

志布志事件時系列表

	項 目	問題点等	備 考
2003（平成15）年			
3月18日	R、警察官（j巡査部長）にO候補者の選挙体制について、情報提供する。	「そうなるとRは3回の会合が終了した時期、4回目会合の前に同体制表を捜査員に手渡したことになるんですね。Rは、そんな危険なことをするのかな。」（公判担当検事の率直な感想）	
26日	警察が選挙情報収集中、「二建設に2月上旬ころ行ったとき、缶ビール1ケースが置いてあるのを見た。誰が持ってきたか確認したところ、ホテル枕榔のRがもってきたということだった」という情報を入手した。		
4月4日	鹿児島県議会議員選挙告示		
10日	警察官が、情報提供者から、Oの有機米製作者、K、乙、丙が現金と焼酎をもらっている旨の情報を得る。（警察の内部情報）		公判では、取調官は、この情報は明らかにせず。
12日	a警部、志布志署に総括班長として派遣される。なお、県警は、随時、w理事官も派遣した。	捜査の体制について刑事部参事官兼捜査第2課長事務取扱sが、総括責任者。捜査第2課理事官w警視が補佐。捜査第2課長補佐兼知能情報官tが違反情報の収集・検察官との報告・連絡にあたった。そして、事件着手予定のある警察署には、捜査第2課課長補佐を総括班長として派遣し、現地違反取	

		締本部の警察署長の指揮下に入らせた。	
13日	**県議会議員選挙投票日** a警部とb警部補、他の候補者（m元県議）のもとを訪問し、情報収集を行う。	情報収集活動といえるか、疑問あり。	O、曽於郡区3位当選。 内部情報では、「足を出させる」ためと警部が述べている。
14日	R、ビール口事件の捜査開始。早朝から夜遅くまで3日間の取調べ。4月14日には、3月26日の情報のため、R、二建設「二」らを聴取するも趣旨否認。K、4月10日の情報についての詳細聴取。	任意同行の問題。R、4月17日から入院。	
15日	K、乙、丙から聴取するも、乙、丙否認。Kが、OとRが訪問して焼酎を置いていったことを供述する。	この事実について、a警部は、公判でこれと異なる証言をする。	丙、乙は、この日の取調べで否認する。Kは、RとOが訪ねてきて、帰ったら焼酎2本が自宅縁側に置いてあったという。
16日	b警部補によるRに対する踏み字事件発生。 上記K供述に基づき、Rを再度聴取するも否認。Kから午前中調書作成。 四浦公民館長にO派の人物を確認したところ「W」「E」「G」「T」、有機米栽培者「K」「丁」「甲」の名前が挙がる（a警部の公判証言）。	4月16日付けKの供述調書は、最終頁（署名・指印のあるところ）のみ、和文フォントが違うことが判明している。 また、公民館長は、a証言は事実に反すると反発している。	のちに民事訴訟で常軌を逸した違法な取調べであったことを認定。3日間の取調べの違法を認め、60万円の支払いを命じた。鹿児島県は控訴せず確定。のちに鹿児島県は50万円の限度でb警部補に求償権行使。
17日	Rは、連日の取調べで体調を崩し入院する。ホテル枇榔の予約帳押収。これに基づき、警察資料の作成。 この日、G、T、E、W、C、甲、丁を調べるも、全員否認する。	ホテル枇榔の予約帳には、2月8日欄には、同窓会の記載があり、「Oちゃんも」の記載を読み取れなかった。ただし、その点について、その後もSは聞かれていない。また、3月24日欄には、役員会開催の事実やそうしん（鹿児島相互信用金庫）の人泊まるとの記載もあり、アリバイを知り得た。	
18日	Zの事情聴取始まる。前日に、Wを調べたところ、ZがO商店の従業員であったことから、同人からも事情を聴取することになったとされる。事実を否認し、運動実態のKS作成。警察の立場では、Eの取調べで、「FからZの焼酎供与事実を聞いた」ことになっている。Eは、この日、m派の運動実態を調書化している。	4月18日にEを取り調べたところ、妻Fから「Zの焼酎供与事実を聞いた」旨の供述を得たというのであるから、まず、Fから事情を聞くかというのが筋。しかし、Zからのみ聞いて、Fから事情を聞いていないのは、不自然である。	
	この日から、Fの事情聴取始まる。Zからの1万円供与事実、焼酎供与事実を認める	Fは、当初否認していたが、取調官が家族に累が及ぶ旨脅迫し、実	

19日	供述調書を作成する。Eも、同日、取調べを受け、焼酎供与事実についての供述調書を作成する（ただし、4月21日には焼酎受供与事実事実を否認。説得後、1万円と焼酎1本を認める調書作成。 Zについては、13名について1万円、焼酎2本の供与事実を認める概要調書作成。 Kについては、Zから1万円、焼酎2本の受供与事実を認める調書作成（ただし、4月20日いったん否認に転じる。その理由は、民生委員を辞めなければならないと思ったからと不自然な供述をしたことになっている）。	際にも補助官が取調室を飛び出す振りをしたことから、慌てて、もらった旨の自供をした。 Kも、当初は否認する。取調べ状況についてノートを作成している。取調官の誘導・強制の事実が克明に記載されている。	
20日	b警部補、Zに取調室から携帯電話で電話をかけさせ、これを補助官に録音させる。b警部補は、取調室から出て携帯電話をかけたと証言。これを補助官が録音したと証言した。b警部補は、取調室からではないと証言したが、実際は、取調室からであった。さらに、この件について、a警部はd補助官の報告書を書き直させた。	この日の録音の直後に、イ子、ロ子が執拗なたたき割りによる取調べを受ける。	b警部補、のちに法廷で偽証する。 a警部も偽証する。a警部の書き直し指示は、虚偽公文書作成の可能性がある。調査の必要がある。
20日	Eは、福島川の滝壺に飛び込み自殺を図る。ホが救助する。 Fは、その後、自殺を図る。長男に止められる。警察へ出頭できず。	ホ氏が、これを救助したときの調書は、「死んでお詫びする」という内容のものであったが、真実は「死んだ方がましだ。いくらいっても警察は聞いてくれない」という内容のものであった。ホ氏、のちに証言する。	a警部によるホ調書の添削問題。この添削も、d報告書と同様に虚偽公文書作成の疑いがある。
21日	Zは、焼酎口事件について、いったん否認に転じるも、自белет白調書作成に応じる。 Fは、焼酎供与事実を否認、しかし、説得後自ＫＳ作成（1万円、1本事実）。 Mは、4月20日の取調べで精神的な異常を訴え、4月21日午後11時20分ころ、自宅トイレ前で倒れ意識不明の状態となり、救急車で搬送される。	その後4月27日には、Z供述は、供与金額が1万円から2万円に変更される。F供述との齟齬も明瞭となる。	
22日	Z逮捕請求の総括捜査報告書作成。Zの焼酎口事件の逮捕状請求書添付書類である。	この捜査報告書には虚偽事実が記載されている可能性が大きい。 a警部ら公判調書との齟齬が明白。	
	焼酎口事件（FとKへの買収容疑）でZ逮捕。買収会合への序章	4月18日から連日の深夜までの取調べの挙げ句、4月22日午後11時に逮捕。	13名への現金と焼酎の供与事件の一部。
23日	Z、身上経歴調書の作成後、黙秘。弁護士接見あり。 Z宅の家宅捜索。通帳類、暮らしの早見帳、メモ紙の押収をしたが、買収会合等を裏付ける証拠資料は見つかっていない。	Zは、黙秘権を行使したのではなく、答えても聞いてくれないので、話せなくなって沈黙した。	
24日	Z、検察官送致。勾留質問で否認する。1万円の使途先のＫＳ作成。		
25日	Zは、午後の取調べで否認に転じたが、夜の取調べにおいて事実を認めた。ＫＳ作成。 Gは、否認に転じるも自白。否認理由は、Zが逮捕され、自分が否認すればZが助かると思ったから。ＫＳ作成（否認理由）。		

30日	県警によれば、この日から買収会合事件の捜査が開始されたとのことである。	Fが最初に買収会合の事実を自白したとされる。しかし、この捜査開始には疑問がある。	Kは、4月29日から取調官に買収会合の話を聞かれたと供述。
	Fは、連日の取調べで体調を崩し、病院で点滴を受け、その直後には取調室に連行され、取調室の簡易ベッドで横になりながら、Z宅で3月中旬ころに買収会合があり、1万円入りの白っぽい封筒をもらったとのKSを作成した。		
	捜査会議の簡略化。取調官同士の情報交換を禁止し、情報を取調班長であるa警部に一元化して、取調べを行ったという。その結果、5名の被疑者の自白が一致していったという。	a取調べ班長の証言には、取調小票の問題とあわせて疑問がある。箱口令という手法は、捜査報告書（5月12日付け）には、その旨の記載はまったくない。	供述内容に著しい変遷があることは警察は認識していた。
	取調官の公判証言では、Z、Fは、会合1回あり、1万円と供述。他の者の取調べなし。しかし、Zによれば、この日の取調べで、b警部補から会合事実について聞かれていないとのことである。	Zは、接見禁止付きの勾留中。したがって、口裏合わせはありえない。金額も買収会合の回数も、後の公訴事実とも異なる内容で一致したのは、不自然・不合理。強制・誘導の他に理由は考えられない。	b警部補の、Zも会合があったと自供したとする公判証言には疑問がある。
	Kは、4月30日午前7時過ぎに自損事故を起こし、びろうの樹脳神経外科に救急車で搬送され、1週間入院する。その間、5月2日からは、e警部補が、Kを病院から志布志署に連行して、取調べを続けた。		
5月1日	取調官の公判証言では、Z、Fは、会合は1回で、Eも1回と供述。Zは、自分は3万円もらい、Wは8万円をもらったと供述。Fは、4～5万円をもらったと供述。Eは、午前中は自分は3万円で、F2万円と供述し、午後からはともに5万円と供述。Gは否認し、Kは取調べなし。		全員が、当初は買収会合事実を否認していたことは明らか。
2日	取調官の公判証言では、Z、F、G、Kは会合は1回と答え、Eは2回と供述した。買収金額は、Z、F、Kが5万円で、Gは3万円で、Eは3万円と5万円と供述したことになっている。		
3日	取調官の公判証言では、Z、F、E、Kは買収会合は3回。Gは取調べはなく、金額は、Zが5、5、10、Fが3、2、5、Eが5、5、10、Kが2、5、20であったと供述。		
4日	取調官の公判証言では、F、E、G、Kは、会合は3回。Zは、4から5回。買収金額は、Fが5、5、10、Eが10、5、10、Gが5、5、10、Kが2、5、10、Zが2か3、5、5、10。		
3日	Kノートの欄には、「3回目の集まりにOさんが自ら出向いて金を渡したように脅迫された」と記載されている。なお、警察の記録には、3回ともTが渡したかのような記載がある。		
5日	取調官の公判証言では、会合回数は、F、E、Gが3回、Z、Kが4回。買収金は、Fが		

	3、5、10、Eが10、5、10、Gが5、5、10、Zが3、5、5、10、Kが2、5、5、10、と供述したことになっている。		
6日	取調官の公判証言では、会合回数は、F、Z、E、G、Kの全員が4回。買収金は、Fが6、5、5、10、Eが6、5、5、10、Gが3、5、5、10、Zが3、5、5、10、Kが3、5、5、10、と供述したことになっている。		
7日	取調官の公判証言では、会合回数は、Z、G、Kが4回。買収金も、全員が6、5、5、5、10と供述がそろったことになっている。FとEの取調べはない。	このときの証拠状況。会合事実があるとする裏付け証拠はない。会合事実はないとする証拠状況があった。本人の言い分を裏付ける資料が多数存在した。	使途、原資ともに発見できなかった。
8日	Eは、連日の取調べで自宅で意識不明となり倒れているところを、同行を求めにきた刑事が発見し救急車を要請し、午前9時24分、びろうの樹脳神経外科に救急車で搬送される。 Gは、取調室で殴るぞと恫喝される取調べを受けたため、懐集落の拡声器で叫び続け、その後、自宅で倒れ、22時20分、びろうの樹脳神経外科に救急車で搬送される。		
12日	6名の者の買収会合容疑での逮捕状請求の総括捜査報告書作成。	この捜査報告書には虚偽事実が記載されている可能性が大きい。	
13日	1回目買収会合で、Z、E、G、K、M、T逮捕。 Z、焼酎口事件・処分保留で釈放。b警部補は、Zから同人とi弁護士との接見内容を聴取し、調書化した（Z供述1）。 弁解録取で、Zは、いったん認めるも、否認に転じる。Gは否認。Tも否認。Kは黙秘。Mも否認。	この日まで、任意同行と称する強制的な取調べが続く。 Eは、1回目会合事実を認め、Fは、逮捕されていない。	これまでの密室取調べで、多数の人々が体調不良を訴え、救急車で病院に搬送されたり、病院で治療を受けたりしている。医師のモラルの問題。 逮捕事実は、ほぼ皆否認した。
14日	1回目買収会合で、Z、G、T、検察官送致・勾留状発付・執行。 Fは、この日に、5回目会合事実を供述し、OかQから20万円をEがもらったことを供述したとされる。 また、Eも、5回目会合が4月10日ころ開かれ、Zから30万円をもらったとされる。		
15日	1回目買収会合で、E、K、M検察官送致。勾留状発付・執行。 Zから口止め料5万円をもらったこと、5回目会合について受供与金額20万円に変遷。		
18日	W（Zの夫）、現金と焼酎口事件の逮捕。 b警部補は、Zから同人とυ弁護士との接見内容を聴取し、調書化した（Z供述2）。 Z、否認。夜自白。自白の理由を聴取したら、弁護士の否認の働きかけが明らかになったとする警察の主張。s参事官からt情報官に、接見内容も聴取し調書化するよう	Z供述2は、秘密交通権侵害調書の最初のもの。	

第2部　無罪を争う弁護活動

	に指示した。		
	T、g警部補の取調べで、全面否認から自白へ。 g警部補は、Tから同人とγ・δ弁護士との接見内容を聴取し、調書化した（T供述1）。 この事実の報告を受けて、s参事官からt情報官へ接見内容を聴取することを指示。t情報官から「否認の理由が弁護士の否認の働きかけ等と判断されるので、その状況を明らかにしておくために調書を作成するように」と指示を受けたという。	s参事官とt情報官が主任検事であるrのところに赴き接見指定の要望を出す。 Tの取調べで、接見状況の聴取は、r検事の指示と異なるものである。自白→否認→自白の場合に否認の理由を聞けというものだったはず。しかし、Tは終始否認であり、自白したというもので、その否認の理由を聞いたというものである。	
19日	Eは、虚偽の6万円口事件について、レシートをもとに日時を2月8日午後7時ころからと特定する。Eは、その長男の携帯電話代を同人と一緒に串間市のファミリーマート見帰店に、2月8日午後10時過ぎに支払いにいった（そのときのレシートあり）が、この日であったと自白を強要された。	遅くとも、この時点で、捜査機関は、1回目会合を2月8日と特定している。	
		遅くとも、この時点では、捜査機関は、2月上旬には、Z宅で買収会合を開催することはできないことを知り得た。捜査機関が通常の捜査を遂げていれば、2月上旬の被疑者とされる人々が会合へ参加することができないことは明らかであった。Oの携帯発信履歴がないことを唯一の頼りにして、検察官は、2月8日が買収会合の日であると考えて、公訴提起したものである。	Eのファミリーマート見帰店のレシートは、逮捕時点では入手していた。
20日	Wについて、現金と焼酎口事件の勾留請求・勾留状発付・勾留状執行。 q副検事は、Tから同人とδ・γ弁護士との接見内容を聴取し、調書化した（T供述2）。		
	f警部補は、Eから同人とξ弁護士との接見内容を聴取し、調書化した（E供述1）。 e警部補は、Kから同人とκ弁護士との接見内容を聴取し、調書化した（K供述1）。		
21日	「r検事からa警部へ弁護人との接見後、自白していた被疑者が否認し、その後、再び自白に戻った場合には、否認した理由を聴取して調書化するように、そのさいに、接見交通権の問題があるので聞き出し方に注意することと電話で指示があり、a警部が捜査会議でその旨取調官に指示した」と後に、接見国賠でs参事官が主張する。		
22日	夜の捜査会議で、r検事が、志布志署の捜査会議に参加し、上記同様の指示を出したと、後に、接見国賠でs参事官証言。これにプラスして、弁護士の懲戒請求も考えられるとr検事が述べたことになっている。 g警部補は、Tから同人とγ・δ・o弁護士との接見内容を聴取し、調書化した（T供述3）。 h警部補は、Gに対する取調べを行い、同人とξ弁護士との接見内容を聴取し、調書化した（G供述1）。	組織的な秘密交通権侵害が始まる。実際は、「弁護士が検察に全面戦争をしかけている。徹底的に叩かないといけない。弁護人とのやりとりを徹底的に聞き出せ」と検事から指示があったとされている。	同日までの間に、Z、T、E、Gの秘密交通権侵害調書作成。4名もの被疑者が時を同じくして弁護士との接見状況を自主的に供述するなどということ

8　フレームアップと闘う；志布志事件　793

	f警部補は、Eから同人とξ弁護士との接見内容を聴取し調書化した（E供述1）。		はありえない話である。
22日	q副検事の午前中の取調べで、Gが否認に転じた。しかし、午後の取調べで自白に戻った。t情報官から電話で、夜、取調べを行い、事実を否認した理由および自白に至った理由を調書化しなさいと指示を受けた。その結果、5月20日、5月21日のξ弁護士との接見内容が明らかになったという。iの陳述書。		
23日	Zは、口止め料について否認する。この日、Zは大変興奮しており、服を自分で引き裂いたようで、ぼろぼろになっている。留置場で首を絞めようとした。検察庁でも電気コードで首を絞めようとした旨し。当日の検察庁での取調べを中断して帰ってきたという。頭がががんするという。5月25日から、検察官に「やっていない」と言った。26日は、やっていないという調書も作った。Zノート「刑事さんに毎日怒られています。やっていないといってもとても聞かないです」。	Z、房内で特異言動。	このころから、6万円口事件の身柄を利用して、10万円口事件の取調べを盛んにするようになる。
24日	Z、E、G、K、M、Tの6名の勾留延長。Zは、この日午前9時33分から午前10時7分までu弁護士と接見したあと、否認し、以後公判請求まで6万円口事件を否認する。Zは、u弁護士に対し、「20回も30回も椅子の上に座らされ、すみませんでしたと刑事に謝らされている。刑事はおれは耳が遠いから大きい声で言えと言われ、何度も言わされた」旨訴えている。	勾留延長が許されるケースだったのか。	
25日	Zは、r検事に対し、否認した。刑事が怖かったと、認めた理由などを述べている。		Zは何度も否認と自白を繰り返した。検察官にも何度も否認し、事実がないこと、警察の違法捜査の実態を訴えている。が、検察官は、そのことを真摯に受け止めておらず、警察の違法を遮断する措置をとらなかった。
26日	s参事官とt情報官は、事件協議のため地検にr検事を訪ね、弁護人が連絡を取り合って否認の働きかけをしていることを説明し、その際、r検事から「自白している被疑者に対しても、被疑者が自発的に供述するなかで、弁護人の否認の働きかけが認められれば、任意性・信用性を担保する意味でも調書化するように」などと指示を受けたとされる。この日の夜、県警の捜査会議で、r検事の指示を伝える。b警部補は、Zから同人とu弁護士との接見内容を聴取し調書化した（Z供述3）。	指示を受け聞き出したのであるから、弁護人との接見状況を取調官に自発的に供述することはありえない。Tは、焼酎口事件の焼酎瓶について投棄したと述べ、警察は投棄したとされる場所の引き当たり捜査、捜索を徹底的に行ったが、焼酎瓶は見つからず、そのことを追及され、5月29日の取調べで、Tは、焼酎瓶投棄事実は嘘であったと供述。	

27日	f警部補は、Eから同人とξ弁護士との接見内容を聴取し、調書化した（E供述2）。 u副検事は、Eから同人とξ弁護士との接見内容を聴取し、調書化した（E供述3）。	
28日	q副検事は、Gから同人とξ弁護士との接見内容を聴取し、調書化した（G供述2）。 e警部補は、Kから同人とκ弁護士との接見内容を聴取し、調書化した（K供述2）。	Zは、極度の精神的不安定を来す。取調べもできない。
29日	Wについて、焼酎口事件の勾留延長。 G、T、K、Eについて、6万円口事件の再現をさせる。自発的な再現ではなく、警察の指示に基づくものだったと、同人らは供述する。	
30日	o副検事は、Eから同人とξ弁護士との接見内容を聴取し、調書化した（E供述4）。 f警部補は、Eから同人とξ弁護士との接見内容を聴取し、調書化した（E供述5）。 o副検事は、Kから同人とκ弁護士との接見内容を聴取し、調書化した（K供述3）。 i警部補は、Wから同人とι弁護士との接見内容を聴取し調書化した（W供述）	
31日	e警部補は、Kから同人とκ弁護士との接見内容を聴取し、調書化した（K供述4）。	
6月2日	Zノート差押え（鹿児島南警察署留置場でつけていた）。 q副検事は、Tから同人とγ・δ弁護士との接見内容を聴取し、調書化した（T供述4）。	差押え自体の違法性。	b警部補によるZノート解析の報告書あり。
3日	1回目買収会合で6名（Z、E、G、K、M、T）起訴。6名については、以後起訴勾留である。		
	4回目買収会合で、Z、E、G、K、M、T6名逮捕。 弁録で、ZおよびMは、否認する。その他の4名は認める。		被疑者の絶望。
	4回目買収会合で、O、Q逮捕（受供与者・Z、E、G、K、M、T）。		6月25日処分保留で全員釈放。
4日	Oの関係箇所を家宅捜索。アリバイの記載のあるカレンダーを押収。2月8日とするEの自白調書があるのに、カレンダーの同日欄にある「同窓会」事実について、警察はまったく確認をしなかった。		
	主任検事がr検事からp検事になる。このころ、s参事官とt情報官は、p検事を地検に訪ね、接見内容の聴取化について指示を受ける。MやWが逮捕事実を認める上申書を書いた後に、弁護人と接見後に再び否認に転じたことがあったことから、捜査妨害とも思える弁護活動があったと勘ぐり、指示を重ねて行っている。	指示が執拗であり、とうてい接見内容の発言が自発的になされたとは思えないものである。	
		3月下旬に、買収会合をZ宅で開催することは、不可能であることは判明していた。	
	Rについては、4回の買収会合事件で任意		

8　フレームアップと闘う；志布志事件

5日	同行。この日から7月23日まで。このなかで、携帯発信履歴をもとに、同日の行動を詳細聴取している。 Kは、この日の取調べで、10万円口事件について否認するものの、自白する。否認の理由として、Oに恨まれること、他の人に迷惑がかかるなどの否認の理由を調書化する。	このような長期間の任意同行が許されるのか。	Rの別件。
6日	4回目買収会合で、Z、E、G、K、M、T、O、Q、勾留請求、勾留状発付・勾留状執行。O、Q、ZおよびMは、検察官弁録でも、勾留質問でも否認する。	勾留された8名のうち、4名が否認していた事実。しかも、自白者とされる人々も、供述内容に重大な変遷が含まれていたことを、どのように考えたか、疑問がある。	
7日	Zの申立書には、「はやくじけんをすませていえにかえりたいおもいます」との記載がある。	Zは、四浦に帰りたいとの強い望郷の念を抱いていたことがわかる。	Zの虚偽自白の動機が、早期の釈放であることが明瞭に示されている。
8日	b警部補は、Zから同人とu弁護士との接見内容を聴取し、調書化した（Z供述4）。 r検事は、Zから同人とu弁護士との接見内容を聴取し、調書化した（Z供述5）。 e警部補は、Kから同人とκ弁護士との接見内容を聴取し、調書化した（K供述5）。 Wについて、焼酎口事件の釈放（処分保留）、4回目会合で逮捕状執行。 b警部補は、Zから同人とu弁護士との接見内容を聴取し調書化した（Z供述6）。		
9日	Sは、4回目買収会合に参加したとして連日取調べを受けていたところ、6月9日には、早朝自宅に刑事がきて、同行を求められたが、警察車両の中で気分が悪くなったことから、病院に連れて行ってもらい、点滴を受けた後、志布志警察署に連行され、取調べを受忍させられた。そして、6月10日から入院となった。		
10日	Wについては、4回目会合で勾留請求、勾留状発付・勾留状執行。 b警部補は、Zから同人とi弁護士とu弁護士との接見内容を聴取し、調書化した（Z供述7）。	Wは、1回目に参加していたはずであるのに、4回目会合から逮捕・勾留されることになったのは、どうしてか。	
11日	j巡査部長は、Zから同人とi弁護士とu弁護士との接見内容を聴取を聴取し、調書化した（Z供述8）。 Tは、この日、会合日時を3月24日と特定する。	ただし、Tの日時特定の調書はない。	この日から、b警部補は、Zの取調べから外れる。
12日	f警部補は、Eから同人とκ弁護士との接見内容を聴取し、調書化した（E供述6）。		
13日	r検事は、Zから同人とu弁護士との接見内容を聴取を聴取し、調書化した（Z供述9）。 u副検事は、Eから同人とξ弁護士・κ弁	任意同行を求められ、取調べを受けていたFは、10万円口事件について、使途を追及されて、否認するが、強要されて自白に戻る。	

	護士との接見内容を聴取し、調書化した（E供述7）。		
14日	j巡査部長は、Zから同人とι弁護士とυ弁護士との接見内容を聴取を聴取し、調書化した（Z供述10）。		
15日	f警部補は、Eから同人とκ弁護士との接見内容を聴取し、調書化した（E供述8）。		
	4回目買収会合で、Z、E、G、K、M、T、O、Q、勾留延長。		
17日	f警部補は、Eから同人とκ弁護士との接見内容を聴取し、調書化した（E供述9）。		
	h警部補は、Gから同人とξ弁護士との接見内容を聴取し、調書化した（G供述3）。		
18日	b警部補は、Zから同人とι弁護士とυ弁護士との接見内容を聴取し、調書化した（Z供述11）。		
	r検事は、Zから同人とι弁護士との接見内容を聴取し、調書化した（Z供述12）。		
	q副検事は、Gから同人とξ弁護士・π弁護士との接見内容を聴取し、調書化した（G供述4）。		
	u副検事は、Eから同人とβ弁護士との接見内容を聴取し、調書化した（E供述10）。		
19日	j巡査部長は、Zから同人とι弁護士とυ弁護士との接見内容を聴取し、調書化した（Z供述13）		
	q副検事は、Tとδ・γ弁護士との接見内容を聴取し、調書化した（T供述5）		
	q副検事は、Gから同人とπ弁護士との接見内容を聴取し、調書化した（G供述5）。		
	e警部補は、Kから同人とκ弁護士との接見内容を聴取し、調書化した（K供述6）。		
	Zは、弁護士解任届け作成。国選弁護人選任届け作成。		
20日	g警部補は、Tとδ・γ、o、ρ弁護士との接見内容を聴取し、調書化した（T供述6）。		
21日	写真面割りを実施するも、Eは、Rを判別できなかった。	4回も買収会合に参加したとされながら、その事実はきわめて不自然・不合理であり、そのことを捜査機関はどのように考えていたのか不明。	
22日	Tに対し、写真面割りを実施するも、Rについては1回ではわからず、Qについてはわからなかった。	4回も会っているのに、面割りができないのは不自然。会合の主賓である。	
24日	M勾留理由開示裁判開廷。もっとも、家族は、同日自宅など家宅捜索があり、公判に参加できず、Miに会えなかった。	Mが法廷で家族と会うことを妨害する意図があったのか？	
	b警部補は、Zから同人とι弁護士とυ弁護士との接見内容を聴取し、調書化した（Z供述14）。		
25日	4回目買収会合で、Z、E、G、K、M、T、O、Q、処分保留で釈放。		
	O、1回目会合と4回目会合（受供与者、C、		

	甲、H、F）で逮捕。 Q、4回目会合（受供与者、C、甲、H、F）で逮捕。		
	4回目買収会合で、F、H、C、甲を逮捕。	FとH、不自然な逮捕。	甲については、勾留延長後、勾留満期釈放。その後、不起訴処分になり、後に、被疑者補償規程に基づき、検察庁は勾留日数分全額を補償した。
26日	M勾留場所変更申立て。職権発動せず。7月2日にならないと拘置支所の収容ができないことが理由。	鹿児島拘置支所から、7月2日なら受け入れ可能との回答。しかるに、7月2日の勾留場所の変更に対し、鹿児島拘置支所は、7月4日の午後からと変更の理由を示さずに通知。	
28日	C、H、F、甲、4回目会合で勾留状発付、勾留状執行。 Oは、1回目会合と4回目会合（受供与者、C、甲、H、F）で、勾留状発付・勾留状執行。Q、4回目会合（受供与者、C、甲、H、F）で、勾留状発付・勾留状執行。		
29日	W、4回目会合について、処分保留で釈放。1回目会合で逮捕状請求、発付、執行。		
	b警部補は、Zから同人とα弁護士との接見内容を聴取し、調書化した（Z供述15）。 f警部補は、Eから同人とβ弁護士との接見内容を聴取し、調書化した（E供述）。 i警部補は、Wから同人とι弁護士との接見内容を聴取し、調書化した（W供述）。	国選弁護人解任の調書である。	
30日	s参事官は、p検事と協議し、p検事から、「被告人が公判に対する不安や心配事はないかと率直にきいてやったらどうか、これまで供述してきたことが事実であるという前提での心配事であるなら、その状況を調書化すれば、従前の供述の信用性を高めることになる」との指示を受けたので、その夜の捜査会議で、認否を確認し、これを調書化するようにと指示したとされる。	秘密交通権の組織的侵害。懲戒目的。	国賠訴訟提起。裁判所は提起せず。
7月1日	W、1回目会合で勾留状発付、勾留状執行。 h警部補は、Gから同人とπ弁護士との接見内容を聴取し、調書化した（G供述6）。		
2日	u副検事は。Eから、6月30日の同人とβ弁護士との接見内容を聴取し、調書化した（E供述11）。 k警部補は、Fから同人とκ弁護士との接見内容を聴取し、調書化した（F供述1）。 r検事は、Zから同人とα弁護士との接見内容を聴取し、調書化した（Z供述16）。		
	この日の夕方、s参事官とt情報官が地検にp検事を訪ねたところ、「接見禁止中に	秘密交通権侵害。	国賠訴訟提起。裁判所は提起

2日	も拘わらず、Eに接見した弁護士が家族の手紙を見せた行為があった。夫婦であるので、妻のFにも同様の事実がないか確認してもらいたい」との指示があった。取調官に指示する。κ弁護士も同様の行為をFにしていることが判明したという。		せず。
3日	**第1回公判期日**		
	検察官による国選弁護人解任請求の申入により、公判期日の延期。	検察官7名が公判廷に出頭。警察官も十数名は傍聴していた。	
	h警部補は、Gから同人とπ弁護士との接見内容を聴取し、調書化した（G供述7）。u副検事は、Fから同人とκ弁護士との7月1日の接見内容を聴取し、調書化した（F2）。b警部補は、Zから同人とα弁護士との接見内容を聴取し、調書化した（Z供述17）。		
4日	M、拘置支所に移監。	3回目の勾留場所変更の申立て後、ようやく認められる。拘置所の対応に問題あり。	勾留場所変更で認められる。
	口頭聴取書。裁判官による国選弁護人からの事情聴取。α・β国選弁護人。	裁判長が事情聴取で発問する。担当外裁判官の質問である。	口頭聴取書は、書記官による虚偽文書か。
7日	国選弁護人2名解任。	弁護権の重大な侵害事件。Z、Eに照会することなし。	
8日	鹿児島県弁護士会、Z、Eの国選弁護人を特別案件として、2名ずつを推薦する。	この2名の被告人の国選弁護人についても、接見状況を聴取されている。	
9日	g警部補は、Tとγ弁護士との5月14日の接見内容を聴取し、調書化した（T供述7）。		
10日	W、1回目会合で勾留延長。		
11日	q副検事は、Tとγ弁護士との5月14日夜の接見内容を聴取し、調書化した（T供述8）。	q副検事の調書は、g警部補の調書をなぞるような調書である。	
	鹿児島県弁護士会、検察庁・裁判所に抗議文執行。		
14日	b警部補は、Zから同人とι弁護士とυ弁護士との接見内容を聴取し、調書化した（Z供述18）。		
15日	b警部補は、Zから同人とμ弁護士との接見内容を聴取し、調書化した（Z供述19）。		
16日	o副検事は、Zから同人とμ弁護士との接見内容を聴取し、調書化した（Z供述19）。u副検事は、Fから同人とκ弁護士との接見内容を聴取し、調書化した（F供述3）。		
17日	4回目買収会合、求令状起訴。12名（O、Qが共謀、Z、G、K、E、F、M、W、C、Hに10万円供与）。W・1回目会合について、処分保留で釈放。Oについては、1回目会合でも起訴。		
	b警部補は、Zから同人とλ弁護士との接		

8　フレームアップと闘う；志布志事件　｜　799

18日	見内容を聴取し、調書化した（Z供述20）。 o副検事は、Zから同人とλ弁護士とμ弁護士との接見内容を聴取し、調書化した（Z供述21）。		
20日	ダグリ荘で、弁護団聞取り調査。志布志の住民、警察の取調べの被害を訴える。		ε、δ、ζ、野平による聞取り。
22日	弁護士会臨時総会	国選弁護人推薦停止問題の協議。	
第2回公判期日			
23日	裁定合議事件へ。訴因・罰条の変更申立て・許可決定。Mの弁護人、裁判長ら忌避申立て。Z、E、Tは1回目買収会合事実認める。Zの国選弁護人、Eの国選弁護人は、認否を留保する。Tの国選弁護人は被告人と同様の意見を述べる。	Tの事件が分離される。弁護人同意による同意書証として採用され、証拠調べもなされる。	有罪の危機的状況。
	s参事官は、公判で否認したG、Kの担当取調官であるh警部補とe警部補にそれぞれ、否認した理由と事実の真偽を確認するよう指示し、調書化させた。		
	O、Q、2回目、3回目買収会合事件で逮捕。		
	f警部補は、Eから同人とσ・τ弁護士との接見内容を聴取し、調書化した（E供述12）。		
	R、ヘ、4回目買収会合事件で逮捕される。		
24日	O、Q、2回目、3回目買収会合で勾留請求。勾留状発付・勾留状執行。		
	h警部補は、Gから同人とπ弁護士との接見内容を聴取し、調書化した（G供述8）。 I巡査部長は、Fから同人とκ弁護士との7月1日の接見内容を聴取し、調書化した（F供述4）。		
25日	f警部補は、Eから同人とκ弁護士との接見内容を聴取し、調書化した（E供述13）。		
	県警、この日にホテル玉垣の予約帳をトから預かったと主張する。I巡査部長の同日付預かり証あり。	アリバイに関する県警の偽装工作の疑いあり。	
27日	j巡査部長は、Zから同人とλ弁護士との接見内容を聴取し調書化した（Z供述23）。 I巡査部長は、Fから同人とκ弁護士との接見内容を聴取し、調書化した（F供述5）。		
29日	f警部補は、Eから同人とσ・τ弁護士との接見内容を聴取し、調書化した（E供述14）。 I巡査部長は、Fから同人とκ弁護士との接見内容を聴取し、調書化した（F供述6）。		
30日	j巡査部長は、Zから同人とλ弁護士との接見内容を聴取し、調書化した（Z供述24）。 j巡査部長は、Zから同人とλ弁護士とμ弁護士との接見内容を聴取し、調書化した（Z供述25）。 o副検事は、Zから同人とλ弁護士とμ弁		

	護士との接見内容を聴取し、調書化した（Z供述26）。		
	第3回公判期日		
31日	起訴状に対する求釈明、冒頭陳述、弁護人による証拠に対する求釈明、証拠開示命令申立てなど。T、第4回目買収会合事実認める。国選弁護人も同様。Eが公判で認めたところ、長男が馬鹿親父呼ばわりしたので、その後の心境を調書化するようs参事官がf警察補に指示した。		
	第4回公判期日		
	公判手続の分離。T関係の第2回・第4回会合の冒頭陳述、Tすべて認める。証拠も弁護人全部同意。		
8月1日	j巡査部長は、Zから同人と弁護士との接見内容を聴取し、調書化した（Z供述27）。 f警察補は、Eから同人とτ弁護士との接見内容を聴取し、調書化した（E供述15）。		
2日	O、Q、2回目、3回目会合で勾留延長。		
4日	u副検事は、Fから同人とκ弁護士との接見内容を聴取し、調書化した（F供述7）。		
	弁護士会臨時総会。国選弁護人の推薦手続を当分の間停止することを決議する。		
8日	E、保釈許可（8月6日請求）。 o副検事は、Zから同人とμ弁護士とλ弁護士との接見内容を聴取し、調書化した（Z供述28）。 j巡査部長は、Zから同人とλ弁護士との接見内容を聴取し、調書化した（Z供述29）。 u副検事は、Eから同人とκ弁護士との接見内容を聴取し、調書化した（E供述16）。	E、保釈第1号。2回目、3回目買収事件の起訴前の保釈である。翌日検事調べを国選弁護人（弁護士会の特別案件で推薦された2名の弁護人）に無断でされる。	弁護人の対応問題。
11日	M、保釈請求①（8月12日却下、8月14日抗告、8月18日棄却）。 K、保釈請求①（8月12日却下、8月12日抗告、8月18日棄却）。		
12日	2回目買収会合事件（2月下旬）、3回目買収会合事件（3月中旬）の起訴。O、Q、Zと共謀して、G、T、K、E、F、Mが起訴されず。		起訴・不起訴の基準判明せず。
13日	4回目買収会合で勾留されていたR、へ、甲、処分保留で釈放される。会合参加の共犯者自白が存在する。		不起訴の判断理由不明。
14日	Z、保釈請求①（8月14日保釈許可）。		
15日	M、勾留の執行停止請求（8月20日勾留執行停止決定。8月20日検察官抗告。8月21日原決定取消し。検察官抗告の容認。8月22日特別抗告権放棄書を弁護人が出して抗議する）。		
20日	T、保釈請求①（8月21日保釈許可）。		

22日	T、国選弁護人解任、η私選弁護人選任。		全員無罪への序章。
27日	志布志の「住民の人権を考える会」発足（会長・一木法明）。F、W、H、C第1回公判。C、罪状認否で否認。		
	O、Q、Zが共謀して、Mに5万円供与、2回目会合で追起訴。		
29日	O、Qの第1回公判期日。		
	O、Q、保釈請求①（9月1日保釈却下）。		
9月3日	**第5回公判期日**		
	検察官、第1回目、4回目会合の日時の特定を2月上旬、3月下旬ころという以上の特定はできないと拒否。また、証拠開示も開示されている以上は開示しないとする。E、Z、否認する。裁判所は、証拠開示命令は出す考えはないとする。2回目買収会合・3回目買収会合の冒頭陳述。弁護側起訴状に対する求釈明申立て。日時の特定を求める。		
	第6回公判期日		
	Tの第3回公判。すべての起訴事実について否認に転じる。検察官の冒頭陳述。弁護人の求釈明。日時の特定。証拠の開示を求める。裁判所は、起訴状程度で日時の特定は十分という認識を示す。公訴事実に対する弁護人の意見。	全員否認となる。	
	被告人全員に対し、接見等禁止決定（9月24日午後10時までの間。6月3日公訴提起分と7月17日公訴提起分について）。		
22日	住民の人権を考える会、人権侵害と県議会に陳情する。		
	弁護士会、国選弁護人の推薦手続の停止を解除する。		
24日	**第7回公判期日**		
	証拠開示をめぐる応酬。任意性を検討するために、すべての開示を請求するが、検察官は必要なものはすべて開示していると主張する。	この日からTも併合審理となる（併合決定は9月4日）。	
	被告人全員に対し、接見等禁止決定（10月17日午後10時までの間。6月3日公訴提起分と7月17日公訴提起分について）。		
10月10日	I、1回目買収会合事件で起訴される（在宅）。	最後の起訴。	
	O、Zが共謀のうえ、1回目会合で追起訴。		
13日	13名全員の事件併合。すべての事件の併合は10月22日。		
17日	**第8回公判期日（10：00～17：00）**		
	すべての事件の併合審理。起訴事実についての罪状認否。証拠開示請求。留置人出入簿の開示について検察官検討を約束。ZとTの被告人質問、終日。	第8回から第40回p検事の証人尋問まで任意性立証続く。被告人質問を先行させることについては、弁護人間に議論があった。	否認をしている被告人らの身体拘束からの解放が急務

			であったため、弁護人の防御に制約があった。
23日	M、保釈請求②（10月23日保釈許可、10月23日検察官抗告、10月27日原決定取消し、保釈却下、11月1日特別抗告、11月19日特別抗告棄却）。		
24日	K、保釈請求②（10月24日保釈却下）。		
27日	O、Q、保釈請求②（10月29日却下、11月5日抗告、11月10日棄却）。 F、保釈請求①（10月29日却下）。		
28日	C、保釈請求①（10月29日却下）		
	第9回公判期日（10:00〜17:00）		
31日	Iに対する関係での最後の起訴について、冒頭陳述と罪状認否。その後、EとKの被告人質問。		
	M、保釈請求③（11月4日保釈許可、11月4日検察官抗告、11月5日弁護人の意見書提出、11月7日原決定取消し、保釈請求却下）。		
11月6日	C、保釈請求①（11月10日保釈却下）。 H、保釈請求①（11月11日保釈却下）。		
10日	G、保釈請求①（11月10日保釈却下）。		
	第10回公判期日（9:45〜17:00）		
12日	K、GおよびFに対する被告人質問。		
13日	M、保釈請求④（11月13日保釈許可）。 F、保釈請求②（11月13日保釈許可）。 C、保釈請求③（11月14日保釈許可）。 G、保釈請求②（11月13日）保釈許可。 H、保釈請求②（11月13日保釈許可）。検察官抗告がなく、保釈される。 O、保釈請求③（11月13日保釈却下）。 Q、保釈請求③（11月13日保釈却下）。	この時点で保釈が認められなかったのは、O、Qの2人だけとなった。	
14日	W、保釈請求①（11月14日保釈許可）。		
	第11回公判期日（9:45〜17:00）		
26日	ZおよびTに対する弁護人の反対質問。		
	第12回公判期日（9:45〜17:00）		
12月12日	Z、T、EおよびKに対する弁護人の反対質問など。		
24日	O、保釈請求④（11月26日保釈許可、11月26日検察官抗告、12月27日原決定取消し・保釈却下、12月31日特別抗告、1月15日特別抗告棄却）。 Q、保釈請求④（11月26日保釈許可、11月26日検察官抗告、12月27日原決定取消し・保釈却下、12月31日特別抗告、1		

	月15日特別抗告棄却)。		
26日	R、ヘ、甲、4回目会合で、3名不起訴 Z、W焼酎口事件、不起訴。	焼酎口事件は、不起訴処分となった。	焼酎口事件の受供与者の処分は不明。
	第13回公判期日（9：45～17：00）		
	FおよびGに対する弁護人の反対質問など。		
2004年			
1月16日	**第14回公判期日**		
	尋問はなし。弁護人が意見を留保した書証の整理。		
	O、保釈請求⑤（1月19日保釈許可、1月19日検察官抗告、1月22日原決定取消し・保釈却下）。		
	Q、保釈請求⑤（1月19日保釈許可、1月19日検察官抗告、1月22日原決定取消し・保釈却下）。		
2月4日	**第15回公判期日（13：15～17：00）**		
	I巡査部長（Fの取調べ担当）の主尋問、f警部補（Eの担当取調官）、e警部補（Kの担当取調官）。		
25日	**第16回公判期日（13：15～17：00）**		
	I巡査部長の続行、f警部補（Eの担当取調官）。	この時点で、Oのみが保釈されず。	
	O、保釈請求⑥（2月26日保釈許可、2月26日検察官抗告、3月2日原決定取消し・保釈却下）。		
	Q、保釈請求⑥（2月26日保釈許可、2月26日検察官抗告、3月2日抗告棄却・保釈が認められる）。		
3月2日	Q保釈許可。6回目の保釈申請で、検察官抗告後に高裁で保釈許可。	4回目（2003年12月24日）に地裁は保釈を許可したが、高裁が2度にわたり原決定取消しで保釈請求を却下した。	弁護人、O・Qの保釈に躍起となる。
12日	**第17回公判期日（9：45～17：00）**		
	f警部補（Eの担当取調官）の尋問。		
16日	O、保釈請求⑦（3月17日保釈許可、3月17日検察官抗告、3月22日原決定取消し・保釈却下）。		
26日	**第18回公判期日（9：45～17：00）**		
	f警部補（Eの担当取調官）の尋問。		
	R、鹿児島県を被告として、踏み字国賠提訴。		
4月9日	**第19回公判期日（9：45～17：00）**		
	e警部補（Kの担当取調官）の尋問。		
	O、保釈請求⑧（4月12日保釈許可、4月12日検察官抗告、4月14日原決定取消し・保釈却下）。		
16日	秘密交通権侵害・国賠提訴12名の原告。原告代理人500名。		

23日	**第20回公判期日（9：45～17：00）** e警部補（Kの担当取調官）およびb警部補（Zの取調官）の尋問。		
5月12日	**第21回公判期日（13：15～17：00）** T弁護人による証拠排除の申立て。b警部補（Zの取調官）の尋問。		
26日	**第22回公判期日（9：45～17：00）** b警部補（Zの取調官）、i警部補（Gの取調官）の尋問。		この日、b偽証する。
6月9日	**第23回公判期日（9：45～17：00）** h警部補（Gの取調官）の尋問。		
30日	**第24回公判期日（11：00～17：00）** h警部補（Gの取調官）、g警部補（Tの取調官）の尋問。 O、保釈請求⑨（7月1日保釈許可、7月1日検察官抗告、7月2日抗告棄却・保釈が認められる）。		
7月2日	O、保釈許可。9回目の保釈申請で、検察官抗告に対し、抗告を棄却して保釈許可。	4回目（2003年12月26日）に地裁は保釈を許可したが、高裁は、5回にわたり原決定取消しで保釈請求却下。	
16日	**第25回公判期日（13：15～17：00）** g警部補（Tの取調官）の尋問。		
8月25日	**第26回公判期日（9：45～17：00）** g警部補（Tの取調官）の尋問。		警察関係者の尋問終了。
9月24日	**第27回公判期日（9：45～17：00）** ホ（Eを救助したもの）およびV（Zの長男で、1回目買収会合を目撃したとされるもの）の尋問。		証人はいずれも調書と異なる内容を証言する。
10月13日	**第28回公判期日（9：45～17：00）** V（Zの長男で、1回目買収会合を目撃したとされるもの）、U（Tの妻で、1回目買収会合に電話でTが誘われたことがあったとされるもの）の尋問。	z検察官は、この時点でも、2月8日と3月24日の特定を拒否する。	
27日	**第29回公判期日（13：15～17：00）** U（Tの妻で、1回目買収会合に電話でTが誘われたことがあったとされるもの）、ヲの尋問。		
11月2日	日弁連、クレオで志布志事件に関するシンポ実施。		
17日	**第30回公判期日（9：45～17：00）** a警部（本件捜査の取調べ班長）の尋問。		

12月15日	第 31 回公判期日（13：15 ～ 17：00）		
	a 警部（本件捜査の取調べ班長）の尋問。		
2005 年			
1月12日	第 32 回公判期日（13：15 ～ 17：00）		
	a 警部（本件捜査の取調べ班長）の尋問。		
26日	第 33 回公判期日（13：30 ～ 17：00）		
	a 警部（本件捜査の取調べ班長）の尋問。		
2月9日	第 34 回公判期日（13：15 ～ 17：00）		
	a 警部（本件捜査の取調べ班長）、q 副検事（T などの担当。第 1 回後、T を励ましに行っているものである）の尋問。		
23日	第 35 回公判期日（13：15 ～ 17：00）		
	r 検事（本件捜査の主任検察官の 1 人）の尋問。		
3月9日	第 36 回公判期日（13：15 ～ 17：00）		
	r 検事（本件捜査の主任検察官の 1 人）の尋問。		
23日	第 37 回公判期日（13：15 ～ 17：00）		
	q 副検事（T などの担当。第 1 回後、T を励ましに行っているものである）の尋問。		
4月8日	鹿児島市内自治会館で、志布志事件のシンポ実施。	踏み字再現をする。	
15日	第 38 回公判期日（9：45 ～ 17：00）		
	p 検事（捜査主任検察官の 1 人）の尋問。		
5月11日	第 39 回公判期日（9：45 ～ 17：00）		
	q 副検事（捜査担当検察官の 1 人）の尋問。		
15日	K、κ、野平で小倉記念病院病室で聞取り。ビデオ撮影。		ビデオテープ
23日	K、小倉記念病院で期日外尋問実施。	肺ガンが進行し、やっていないと回答するのがやっとの病状であった。	
24日	K、死亡。		被告人 12 名になる。
27日	第 40 回公判期日（9：45 ～ 17：00）		
	p 検事（捜査主任検察官の 1 人）の尋問 K の公判分離決定。		検察官の立証終了。
	第 41 回公判期日・弁護側冒頭陳述		
6月29日	アリバイ立証。弁護側求釈明書にて日付の特定を求める。検察官の日付の特定に関する釈明は不十分であり、2 月 8 日ころはありえないこと、3 月 24 日ころもありえないことを詳細に主張した。	200 頁の弁護人の冒頭陳述をする。検察官が弁護人の冒陳に対する異議を出す。	

7月15日	第42回公判期日（9:45〜17:00） 検察官が公判において1回目買収会合の日にちを2月8日と釈明、4回目買収会合の日にちを3月24日と釈明。	ようやく日にちを検察官が特定する。証拠状況に変化はないのに、遅すぎた特定である。開示された証拠に日にちは特定されている。	
24日	志布志市で、志布志事件シンポ実施。		
29日	第43回公判期日（10:00〜17:00） 弁護人申請のアリバイ立証（証人6名）。		
8月31日	検察官、6名の自白調書について322条、321条に基づき証拠請求。		
9月9日	第44回公判期日（9:45〜17:00） チの尋問。		
28日	第45回公判期日（9:45〜17:00） リ、ヌの尋問。		
10月21日	第46回公判期日（9:45〜17:00） W、C、I 被告人質問（否認）。		
28日	九弁連シンポで、本件を取り上げる。		
11月25日	第47回公判期日（9:45〜17:00） M、H　R尋問。		
12月14日	第48回公判期日（9:45〜17:00） 弁護人の冒頭陳述に対する異議について、裁判所、異議申立棄却決定。R証人尋問。		
2006年			
1月13日	第49回公判期日 上記請求に対する弁護人らの意見書提出。任意性、特信性がないことを詳細に主張する。		
2月15日	検証期日 裁判所車両を用いた距離と時間の検証。同窓会場と買収会合があったとされるZ宅までを夜間検証した。午後7時30分から開始。	検察官の主張するルートで行う。夜間、雨の日の検証となる。	
3月31日	裁判長退任。	裁判所の都合で判決が遅延したことの問題性。	
5月17日	第50回公判期日 裁判長交代による弁論更新、任意性なしでの証拠排除の意見書提出。 裁判所、証拠採用決定の延期。		

6月5日	η弁護士、死去。		
	第 51 回公判期日		
7月27日	自白調書全部採用（一通だけ不採用）。	任意性・特信性を認める。また、被告人以外の検面調書もすべて採用。不自然である。	
8月3日	任意性を認めた裁判所に対し、弁護士会会長声明で抗議。		
	第 52 回公判期日		
9月29日	論告・求刑。その前に、裁判所が弁護側請求証拠の全部却下。	勾留期間に比較し、短い求刑であった。	
10月27日	刑事事件関連で取り調べられた原告8名が、鹿児島県を被告として、総額2,640万円の損害賠償請求訴訟を鹿児島地裁に提起する。	たたき割り国賠事件。	
	第 53 回公判期日		
11月7日	弁護人の弁論。	110頁程度の弁論にまとめる。	
2007年			
1月18日	踏み字判決、60万円の支払いを命じる。		
31日	踏み字判決について、鹿児島県、控訴断念を表明。		
2月2日	踏み字判決確定。		
	第 54 回公判期日		
23日	判決宣告日、全員無罪判決。	会長声明	
3月9日	無罪判決について、検察官の控訴断念表明。		
10日	全員無罪判決確定。		
4月7日	鹿児島市でシンポジウム開催。		
24日	衆議院議員会館で、院内勉強会開催。取調べの可視化実現本部主催。	I、亡Kを除く全員が参加。Rも参加。	
6月6日	日弁連クレオで、市民集会開催。	O、Q夫婦、G、E、Rが参加する。	

2008年			
3月18日	踏み字刑事事件有罪判決。		
24日	接見国賠、弁護人の勝訴判決。		
4月5日	志布志シンポ（鹿児島県民交流センターにおいて）。		
8日	接見国賠、弁護人の勝訴判決確定。国も県も控訴断念。		

9 刑事補償請求の闘い

笹森 学

　無罪が確定した元被告人は、無罪を言い渡した裁判所に対し、刑訴法188条の2から7の規定に基づき無罪費用補償請求と刑事補償法に基づき刑事補償請求ができる。弁護人は当然に請求を援助すべきである（とくに手弁当で弁護してきたような場合には弁護人自身のためにも必須である）。

　なお、本稿末尾に申立書例を示す。

第1　無罪費用補償請求

1　「請求人に対し、無罪の裁判に要した費用の相当額を交付する、との決定を求める」と、裁判所が書記官に対し調査のうえ算定して報告するように命じ、その報告書に基づいて最終的に裁判所が決定する。

　「無罪の裁判に要した費用」とは、①請求人である元被告人自身の日当、②弁護士へ支払ったか支払うべき費用（弁護士の旅費、日当、報酬）のことである。記録謄写費用など経費は弁護士報酬算定に際して斟酌される。

　証人出頭費用や国選弁護人報酬などに準拠して算定されるが、事案ごとの事情が斟酌されるから、そのような事情を十二分に主張・立証することが必要である（裁判所の構成が判決裁判所と変わっている場合にはとくにそうである）。訟廷日誌など活動を裏付ける資料を提出する。

　なお、裁判所は検察官に意見を求める。これは参考意見にすぎないが、意見が出ると裁判所は請求人側に反論させることがあり、当事者主義的な取扱いをするのが

通常だと思われる。

2 ①について、検察官のなかには、刑事補償の対象であるとか、無罪を言い渡されるまでの勾留は有効で日当を観念する余地はないから費用補償としては補償されないと主張して最決昭和58年11月7日判夕525号105頁を引用することもある。

しかし実務上は通常補償されている。なぜなら、日当は裁判所の規程により実費として算定される積み上げ方式のものであるところ、一定額の日額を算出し抑留・拘禁日数を乗じて算定する刑事補償では、日当を反映させる余地がなく、刑事補償で代替できるものではないからである（山本和昭「刑事訴訟法の一部を改正する法律の解説（二・完）」法曹時報28巻8号66頁以下）。最決昭58年11月7日判夕525号105頁は、別表一覧表の中に勾留中の被告人の日当を記載していないというだけのものであり、その理由もまったく明記していないから、政策決定的ないしは先例的な価値があるものとは思われない。前記山本説を否定する程の説得力は存在しない。

3 また、元被告人の日当を補償するにせよ、逮捕・勾留当時「無職」であったことを考慮して減額せよという考えもある。しかし、日当は裁判所において定型的に定められているから無職を考慮し減額せよという主張は失当である（裁判所が無職の証人や服役者の証人尋問に対して日当を支払わない扱いではない）。たとえば、専業主婦であった者はその立場を否定される謂われはなく、少なくとも女子労働者の平均賃金（現在の判例の趨勢では全労働者の平均賃金）は保障されるべき立場にある。

4 なお元被告人に帰責事由がある場合には一部または全部の補償をしないことができるとされているので注意を要する（刑訴法188条の21但し書き、同2項。両者の関係については議論が必要である。詳しくは後述刑事補償の **4** を参照）。

第2 刑事補償請求

1 刑事補償額は、裁判所が、1日1,000円以上1万2,500円以下の割合の範囲内で（刑事補償法41条1項）、「拘束の種類及びその期間の長短、本人が受けた財産上の損失、得るはずであつた利益の喪失、精神上の苦痛及び身体上の損傷並びに警察、検察及び裁判の各機関の故意過失の有無その他一切の事情を考慮し」て（同法4条2項）その裁量により決定する。［日額］×［補償すべき日数］で算出する。

他方、刑事補償法3条では「左の場合には、裁判所の健全な裁量により、補償

の一部又は全部をしないことができる」とされ、「請求者自身の帰責事由」と「他の競合事件の存在」が列挙されている。

なお、裁判所は検察官に意見を求める（刑事補償法14条）。これは参考意見にすぎないが、意見が出ると裁判所は請求人側に反論させることがあり、当事者主義的な取扱いをするのが通常だと思われる。

2 そこで、同法4条2項の考慮によって同1項で1日当たりの補償額を決定すると同法3条による減額と同様の効果を生じることから、同法4条2項の裁量には限度があるのではないかということが実務上争われる。問題の所在は、無罪の言渡しを受けた者の苦痛は同法4条1項の最高額でも償えないのだから特別のことがないかぎり同法4条1項の最高額が補償されるべきであるが、同法4条2項によって自由に決定できるとなると自由に減額できる結果をもたらし、結局同法3条で減額できる場合を2つに限定している趣旨を損なうのではないか、という点にある。

実務上問題となった例としては、①灰色無罪の場合と②黙秘権を行使して審理に困難を来したと思われる場合がある。いずれも検察官は補償の必要なしと主張した。

3 裁判で犯人性を厳しく争った事例では上記のような点が争点となりうるが、弁護人としては、①、②とも当然に刑事補償されるべきことを主張しなければならない。すなわち、刑事補償の金額を算定するに当たり、いわば灰色無罪という評価をマイナスに考慮することは許されず、現行法上黙秘権は当然の権利であるから黙秘権を行使して審理が困難を来す場合は観念できない、ということである。

ところが判例のなかには、無罪判決の内容、無罪に至った経緯などを考慮し、刑事補償の日額を低額に算定しているものが見られる。多くはかなり昔の判例であるが、それらの判断には、憲法40条で保障された基本的人権である刑事補償請求権を蔑ろにする看過できない誤った解釈を含むものであるから、弁護人は以下のとおり主張する必要がある。

4 刑事補償法4条2項は「裁判所は、前項の補償金の額を定めるには、拘束の種類及びその期間の長短、本人が受けた財産上の損失、得るはずであった利益の喪失、精神上の苦痛及び身体上の損傷並びに警察、検察及び裁判の各機関の故意過失の有無その他一切の事情を考慮しなければならない」と規定している。

問題は「その他一切の事情」で考慮することが許されるものは何かという点にある。旧来の判例は、ほとんど無限定であり、無罪判決の内容、無罪に至った経緯など

をさらに分析評価し価値判断を加えることを前提として、もともと容疑が濃厚だったのだから抑留・拘禁は不当ではないとか、元被告人たる請求人の生活態度が悪かったとか、一件記録の書面審理だけに基づいて、有罪・無罪の結論を出すうえで無関係な事柄まで引用しつつ、きわめて道徳的で感情的な情状評価を請求人に不利益に積極的に展開しているものが多く見受けられる。

　たとえば、①いわゆる東十条郵便局事件の東京高決昭45・12・26（判時622号111頁）は、最高日額1,300円のところ1,000円とした原審判断を支持したが「国家賠償の場合とは異なり、公務員の不法行為による損害賠償、すなわち被告人の蒙った精神上、財産上の全損害を賠償するが如きものではなく、刑事事件に於いて被疑者、被告人とされた者が刑事訴訟法所定の拘禁に因って生じた直接の苦痛及び名誉侵害による精神上の苦痛及び名誉侵害による精神上の苦痛に対する補償であるから、この見地からすれば、刑事補償法による補償額の決定については前記の如き同法所定の事項については当該被告事件に即して、被告人が嫌疑を受けた犯罪の罪質、態様、当該事件の審理に要した証拠資料の数量、証拠調べの繁閑、審理期間の長短等審理の難易、更に当該無罪判決の内容、無罪の結論に至った理由の如何等の諸事情が十分考慮されなければならない」としつつ、「被告人の当時の生活態度及び行状等からすれば、捜査官憲が○○○に本件犯罪の嫌疑をかけたことも強ち不当であるとは為し得ず、本件捜査について所論のような違法があったとは認められない」、「先ず金額が一律に一定金額とされなかったのは補償を受けるべき者の主観的、客観的事情によってその被害程度に差異のあることからする当然の帰結であり……補償金の交付は生活費の補償ではないから、所論の如く、申立人の当時支払を受けていた賃銀の額を以て標準とすることはできない」などと判示する。

　しかしながら「当該無罪判決の内容、無罪の結論に至った理由の如何等」を「その他一切の事情」に含めて詳細に再評価することは不必要である。「被告人が嫌疑を受けた犯罪の罪質、態様」も同様である。元被告人たる請求人の生活態度や行状などを悪い情状として評価することなど許されない。また、刑事補償は国家賠償と異なるとして、精神上、財産上の全損害を賠償するがごときものではないとか補償金の交付は生活費の補償ではないなど、刑事補償を消極的に解する必要はまったくない。後に述べるように、このような解釈は誤っている。刑事補償は合法的行為に基づく損失補償ではない。客観的違法に基づく損害賠償責任の一種だからである。

　また②千葉地佐倉支決昭55・10・8（刑事裁判資料245号161頁）は、最高日額4,800円のところ3,500円と算定するに当たって「他方本件無罪判決は『疑わしきは罰せず』という刑訴法の原則に立ってなされたものであり……捜査官が請求人

9　刑事補償請求の闘い　813

に対し、本件犯罪の嫌疑をかけたことは強ち不当であるとは為し難い」、「刑事補償の理念は不法行為による損害賠償ではなく、刑事事件において被疑者、被告人とされた者が刑訴法所定の抑留又は拘禁に因って生じた直接の苦痛又は名誉侵害による精神上の苦痛に対する補償であり、公法的な調節的補償というべきものであって、無過失責任であり、また生活補償というべきものでもなく」などと判示する。

しかしながら、嫌疑をかけたことが不当でないことは補償金額を低額でよいとする事情にはなりえない。また、刑事補償は合法的行為による損失補償ではなく客観的違法に基づく損害賠償であるから、公法上の調節的補償などという曖昧な解釈は誤っている（高田卓爾『刑事補償法』〔有斐閣法律学全集〕34頁。有斐閣、1962年）。なお、「直接の苦痛又は」の「又は」も間違っている。

さらに③東京地決昭58・4・25（刑事裁判資料245号163頁）に至っては茫然自失とさせられる。曰く「請求人に対する本件抑留・拘禁の開始及びその係属は、捜査官側の不手際によるというよりも、むしろ請求人側の行為が準強姦すれすれの問題性の濃厚なものであったことによる面がはなはだ強いと考えられる」、「請求人は当時定職・定収がなく、行きずりの女性に霊感治療を加えると称し、さらに口実をもうけてその相手方から借金をしてこれを生活費に充当するというその日暮らしの生活をしていたものであること」などと判示する。

しかしながら、無罪の判決を受けた請求人に対し、悪性立証を容認して悪い情状評価をするなど許されず、刑法で処罰できなかった行為に対し実質的に違法性は高いなどと再度不意打ちの評価をするなど「疑わしきは被告人の利益に」を蔑ろにする制裁的判断であってとうてい許されない。

最後に、④いわゆるむつ湾殺人事件の青森地決昭61・7・29（刑事裁判資料245号167頁）は、最高日額7,200円のところ6,500円と算定するに当たり「警察、検察及び裁判の各機関がとった身柄拘束及び起訴の措置は止むをえないものであったと認められる」とした。

しかし、「しかも任意性の否定されない公訴事実に沿う請求人の捜査段階における自白……及びその信用性を高める諸事情も存した」ことを理由とするが、結局は信用性を否定されたのであるから、このような職務行為基準説的解釈を採って減額の事情と解することは間違いである。

5 この問題は、刑事補償請求権が基本的人権であることと刑事補償の法的性格から導かれなければならない。

第1に、刑事補償請求権は憲法40条に規定された基本的人権である。旧法下の

ような恩恵的・立法政策的権利ではない。したがって、基本的人権を制約することになる刑事補償請求権の否定や低額算定（減額）は、憲法や法の趣旨からきわめて限定的に解さなければならない。すなわち、刑事補償法4条2項の裁量の行使によっては請求人の刑事補償請求権を大幅に低額化させ（減額させ）実質的に制約ないし否定することになりうる（常に最低日額しか認められない運用を考えてみよ）。しかしながら刑事補償の一部または全部をしないことができるのは刑事補償法3条所定の「請求者自身の帰責事由」と「他の競合事件の存在」に限られている。したがって、同法4条2項によって減額できるのは、結局3条1号に実質的に匹敵する場合にかぎられる。

　第2に、刑事補償請求権は、客観的違法に基づく結果責任であり、損害額が1日当たりで算定するよう定型化されているものであるところに特質がある（村重慶一「冤罪者に対する賠償の法理」渡部保夫先生古希記念論文集『誤判救済と刑事司法の課題』〔日本評論社、2000年〕94頁）。この意味は、無罪判決すなわち無罪判決の存在だけで、それまで合法であった身柄拘束が客観的に違法だったことになるということである。しかも捜査機関等の故意・過失を必要としない。したがって容疑が濃厚であったから身柄拘束もやむをえなかったとか、強ち不当とは言えないなどという理由で身柄拘束を正当化し、補償額を抑制する目的で考慮することは背理である（これらの解釈は国家賠償と混同している）。

　第3に、刑事補償法5条が規定するように、誤起訴や誤判を理由とする国家賠償請求権と刑事補償請求権は発生根拠が異なると同時に重なり合う部分がある。そして、刑事補償請求権は客観的違法に基づく結果責任であるから、もともと捜査機関等の故意・過失は問題にならない。他方、国家賠償の判例では「職務行為基準説」によって警察、検察、裁判の故意・過失が認定されることは稀有である（幾多の再審無罪事件に関する国家賠償を見よ）。にもかかわらず、同法4条2項において捜査機関等の故意・過失を考慮することを許しているということは、捜査機関等の故意・過失はないことが普通なのであるから、故意・過失があると認められることが事実上増額に作用すべき事由であって、それがないからといって減額（補償額の低額化）に作用する事由とは認められない（そう解さないとほとんどの場合に故意・過失が認められないからほとんどの場合に減額されることになり、最高額の場合がほとんどなくなるという事態を招く）。

　第4に、無罪となった被告人に対する過去の身柄拘束は、国家権力の誤った行使としてきわめて高い違法性を帯びているものである。身柄拘束自体が甚だしい人権侵害だからである。だからこそ憲法40条は刑事補償請求権を基本的人権として保障したのである。それゆえ違法な身柄拘束のその違法の程度をたやすく減少させる解釈

は不当である。しかも、現在の1日当たりの支給額は、裁量の上限を画したとするには余りにも低額にすぎる。違憲の疑いもある（阿部泰隆『国家補償法』〔有斐閣、1988年〕248頁）。したがって、刑事補償法4条1項に定める上限は実質的には最低限度額にほかならず、それ以上の上積みが認められないので、同法3条の事由がないかぎり、上限額をいわば「定額」として補償する扱いが通常の運用であると解され、またそう解すべきである（すなわち「金額が一律に一定金額とされなかったのは補償を受けるべき者の主観的、客観的事情によってその被害程度に差異のあることからする当然の帰結であ」るとして無限定に諸般の事情を考慮することは正しくない。著しい人権侵害である身柄拘束の被害認識を甘くさせるからである）。

　第5に、刑事補償請求権は、憲法31条以下の最後に、刑事手続の終局段階の基本的人権として保障されているものであるから、補償手続にも当然に「疑わしきは被告人の利益に」の鉄則、無罪推定の原則が適用される（荒木伸怡「公訴棄却と刑事補償」梶田英雄判事・守屋克彦判事退官記念論文集『刑事・少年司法の再生』〔現代人文社、2000年〕561頁。実質的に同旨、いわゆる調布駅南口事件の東京高決平13・12・12〔公刊物未登載〕）。すなわち、刑事補償請求手続の段階における請求人を、刑事裁判の段階における被告人よりも不利益な立場に置くことは許されない。

　したがって「合理的な疑いを容れない程度の証明がないとして無罪判決を受けた事実」（確定判決の存在）だけで完全な刑事補償請求権の要件としては十分である。にもかかわらず、刑事補償手続の段階において、真っ白無罪から灰色無罪までというように無罪判決をランク分けして補償金額を増減することを許すのでは、元被告人だった請求人に刑事裁判手続では要求されなかった新たな「無実の立証」の負担を課すに等しく、完全な刑事補償を受ける権利を侵害することになる。よって、刑事補償受訴裁判所が無罪判決の内容に言及することは許されない。

　第6に、検察官には即時抗告または異議申立は認められていない（刑事補償法19条）。にもかかわらず、刑事補償法14条前段が検察官の意見も聞くとしている趣旨は、検察官が公益の代表者（検察庁法4条）とされていることから、刑事補償法3条に該当する事由があるかどうかを確認的に尋ねるだけにすぎない。

　したがって、検察官に当事者性を認めて、確定無罪判決について検察官による一方的な説明や証拠評価を主張させたり、有罪となるべきはずであったなどとの主張やその旨の再立証を認めることはできない。

　すなわち、請求人は、「疑わしきは被告人の利益に」の鉄則、無罪推定の原則の原理的帰結として、無罪判決の存在だけで完全な刑事補償請求権を行使できるのであるから、請求人に対し、逆にさらに自己防御のために反論（事実上の無実立証）を

しなければならない立場に置く主張を検察官に許すことはできない。
　要するに、刑事補償受訴裁判所は検察官の意見に拘束されない。

6　以上から、前述の判例はいずれも正しい解釈に基づくものとはいえず、先例的価値はない。刑事補償法４条２項の「その他一切の事情」で刑事補償額の低額化（減額）に考慮できるのは、実質的に同法３条の事由に匹敵すると評価できる場合にかぎられるというべきである（その意味で、原理的には、当事者主義のルールからの逸脱を問題とする東京高決平８・６・24〔判時1589号142頁〕の方向が正しいというべきである）。

7　よって、請求人に刑事補償法３条に該当する事由がない場合には、同法４条１項の最高日額から実質的に減額することは許されないと解すべきである。

8　ただし、違法収集証拠排除による無罪と、責任無能力による無罪については別の議論が成り立ちうる。形式的には狭義の犯罪成立要件は充足しているとも思えるからである。しかしながら、前者は結局は証拠不十分の場合であるし、現在の判例理論では無罪とされるのは「令状主義を没却するような重大な違法」がある場合であるから捜査機関等の故意・過失が実質的に認められると思われる。したがって、最高額を原則として問題はないと思われる。後者にしても、結局は犯罪成立要件を欠く場合で本人に帰責できない病気が原因なのであるから、最高額を原則として問題はない（したがって、神戸地決昭39・6・10〔判時378号418頁〕は妥当ではない）。

○○○○年○月○日

○○地方裁判所刑事第○部　　御中

無罪費用補償請求書

（本籍）
（住所）

請求人　○　○　○　○
（昭和○○年○月○日生）

　上記請求人について、刑事訴訟法第188条の2以下の規定に基づき、無罪費用補償の請求をする。

〒○○○－○○○○
○○市○○区○○町○丁目
○○○○法律事務所（送達場所）
上記請求人代理人弁護士　○　○　○　○
（電話）○○○－○○○－○○○○
（FAX）○○○－○○○－○○○○

記

請求の趣旨

　請求人に対し、無罪の裁判に要した費用の相当額を交付する。
との決定を求める。

請求の原因

1，請求人は、○○○○（平成○○）年○月○日、窃盗の被疑事実で通常逮捕され、同月○日、同被疑事実で勾留され、同月○日、身柄拘束のまま窃盗被告事件で○○簡易裁判所に起訴され同裁判所に係属した（○○簡易裁判所平成○○年（ろ）第○号）が、同年○月○日、○○地方裁判所に移送され同裁判所に係属するに至り（○○地方裁判所平成○○年（わ）第○○号）、○○○○（平成○○）年○月○日、○○地方裁判所刑事第○部によって無

罪判決の言い渡しを受け、同日釈放された。
　請求人は、○○○○（平成○○）年○月○日逮捕された以降、○○○○（平成○○）年○月○日の判決日まで300日間身柄を拘束されていたが、その間、○○○○（平成○○）年○月○日に仮出獄を取消され、同年○月○日までの150日間懲役刑の残刑を執行された。したがって、300日間の身柄拘束期間中、150日間の残刑執行期間を除いた未決抑留・拘禁日数は合計150日間である。
2、判決は○○○○（平成○○）年○月○日確定した。
3、請求人には刑事訴訟法188条の2第2項に該当する事由は存在しない。
（1）　本件無罪判決は、約1年間の審理を経て下されたが、それを得るために必要とした費用として、請求人の日当が補償されるべきである（請求人は10回の公判期日に全て出頭している）。
★なお在宅及び保釈されている場合は、出頭費用（旅費）も請求できる。
（2）　弁護士費用（★この部分を請求できるのは私選もしくは手弁当の場合である。）
　　　① 報酬
　　　② 旅費・日当
　　　③ 謄写費用
　　　④ 諸費用
（3）　なお費用の計算方法は、規則その他貴庁の実情に応じた判断に従う。
4　よって、請求人は、刑事訴訟法188条の2以下の規定に基づき、請求の趣旨記載のとおり、無罪費用補償として相当額の交付を求め、本請求に至った。

添付書類

1、確定証明の写し　　　　　　　　　　　　　　　　　　　　　　1通
1、代理委任状　　　　　　　　　　　　　　　　　　　　　　　　1通
　　　　　　　　　　　　　　　　　　　　　　　　　　　　　　以上

2009年○月○日

○○地方裁判所刑事第○部　御中

刑事補償請求書

(本籍)
(住所)

　　　　　　　　　　　　　　　　　請求人　○　○　○　○
　　　　　　　　　　　　　　　　　　　　(昭和○年○月○日生)

上記請求人について、刑事補償法の規定に基づき、刑事補償の請求をする。

　　　　　　　　　　　　　　〒○○○－○○○○
　　　　　　　　　　　　　　○○市○○区○○町○丁目
　　　　　　　　　　　　　　○○○○法律事務所（送達場所）
　　　　　　　　　　　　　　上記請求人代理人弁護士　○　○　○　○
　　　　　　　　　　　　　　(電話) ○○○－○○○－○○○○
　　　　　　　　　　　　　　(FAX) ○○○－○○○－○○○○

記
請求の趣旨

　請求人に対し、無罪の裁判による刑事補償相当額として金187万5000円を交付する。との決定を求める。

請求の原因

1、請求人は、○○○○（平成○○）年○月○日、窃盗の被疑事実で通常逮捕され、同月○日、同被疑事実で勾留され、同月○日、身柄拘束のまま窃盗被告事件で○○簡易裁判所に起訴され同裁判所に係属した（○○簡易裁判所平成○○年（ろ）第○号）が、同年○月○日、○○地方裁判所に移送され同裁判所に係属し（○○地方裁判所平成○○年（わ）第○号）、○○○○（平成○○）年○月○日、○○地方裁判所刑事第○部によって無罪判決の言い渡しを受け、同日釈放された。

　請求人は、○○○○（平成○○）年○月○日逮捕された以降、○○○○（平成○○）年○月○日の判決日まで300日間身柄を拘束されていたが、その間、○○○○（平成○○）

年○月○日に仮出獄を取消され、同年○月○日までの１５０日間懲役刑の残刑を執行された。したがって、３００日間の身柄拘束期間中、１５０日間の残刑執行期間を除いた未決抑留・拘禁日数は合計１５０日間である。

2、判決は○○○○（平成○○）年○月○日確定した。

3、請求人には刑事補償法第３条に該当する事由は存在しない。

4、請求人が捜査段階において一旦は自白したものの、送検時と勾留質問時に否認し、警察へ戻って自白し、そのまま起訴されたものの、公判に至って否認に転じた経緯からすれば、捜査段階の取り調べが適正ではなかったことが窺われること、本件が簡易裁判所から地方裁判所へ移送され、訴因変更（予備的訴因の追加）が許可され、裁定合議に付されて審理された経緯、１年にも亘る審理の期間、身柄拘束の期間、特に本件起訴がなければ請求人が仮出獄を取消されなかった蓋然性が高かったこと、働き盛りの請求人の年齢とその労働能力など諸般の事情を考慮すれば、請求人に対する補償金として１日当たり金１万２５００円を下るべき理由は見出し難いから、金１万２５００円に未決抑留・拘禁日数合計１５０日間を乗じた合計金１８７万５０００円の刑事補償金を交付することが相当である。

5、よって、請求人は、刑事補償法の規定に基づき、請求の趣旨記載のとおり、刑事補償として相当額である金１８７万５０００円の交付を求め、本請求に至った。

添付書類

1、確定証明書　　　　　　　　　　　　　　　　　　１通
1、代理委任状　　　　　　　　　　　　　　　　　　１通

以上

10
上申書の任意性と闘う

北方事件

浜田 恒

第1 問題提起

2009（平成21）年5月21日から裁判員制度が導入された。

従来の裁判員制度に向けての視点は、裁判員に選任されることについての一般市民の不安を解消することに力点がおかれ、刑事手続が本来の趣旨とする「無罪推定の原則」および「被告人の利益に（合理的な疑いをこえる程度の証明）」という視点を一般市民がどこまで前提知識として持つことができるかどうかの議論が十分ではない。

刑事裁判の大原則の意識が欠如した一般市民が、果たしてこれから説明する「北方事件」のような複雑で、検察官の公訴権濫用とも思われる刑事裁判に直面した場合、そしてわずか1週間足らずの公判期間で、公正で正当な判断ができるかどうかは大いに疑問である。

とりわけ、取調べ段階で、犯罪を認める自白調書（北方事件では上申書）が作成され、その任意性を争う場合、裁判員制度では、すでに公判前整理手続を経て証拠採用された自白調書、あるいは上申書が裁判員の目に触れる可能性も否定できず、任意性について、公判でどこまで徹底した審議が尽くされるかは、考えることさえ、そら恐ろしさを感じる。

そこで、裁判員制度を視野に入れて、私が担当した北方事件に関連して、取調べの可視化がいかに重要な意義を持つかの資料となれば、との思いから本稿を作成した。

第2　事件の概要

1　事件発覚の端緒

　1989（平成元）年1月27日の夕方5時ころ、佐賀県杵島郡北方町（現在は武雄市の一部になっている）のJR北方駅（JR佐世保線）に面した国道34号線から車で5分程度、山中方向に入った町道道路脇の崖下約4メートルの平地になった場所で、3名の女性の遺体が、偶然に車で通りかかった通行人により発見された。
　これが、当時世間を震撼させた北方女性連続殺人事件発覚の発端であった。

2　3名の被害者

　3名の女性のうち、1名は、遺体発見からさかのぼること1年半前の1987（昭和62）年7月8日の夜10時前に、最後に目撃された武雄市内の路上から、帰宅途中に消息を絶ち、行方不明になった（当時48歳）。（上記を第1事件、被害者をA女と称する）
　また、1名は、A女が行方不明になってから1年5カ月後の1988（昭和63）年12月7日の夕方7時過ぎ、北方町の自宅から5分程度のところにある体育館で行われる予定のスポーツ同好会への練習に徒歩で向かい、その途中で消息を絶ち、行方不明になった（当時50歳）。（上記を第2事件、被害者をB女と称する）
　最後の1名は、B女の行方不明から1カ月半後で、3名の遺体発見の2日前の1989（平成元）年1月25日の夕方7時半ころ、北方町の自宅から外出し、その後に消息を絶ち、その後行方不明となった（当時37歳）。（上記を第3事件、被害者をC女と称する）
　以上の3名の女性同士に日常の生活での接点はない。
　上記第1、2、3事件を総称して、「北方事件」とわれている（以下本稿では「本件事件」ともいう）。

3　死亡原因

　解剖の結果、死因は、A女は不明（すでに白骨化していたことが理由）、B女およびC女については、扼殺（あるいは絞殺）であった。

4　事件発覚直後に容疑者として浮かび上がっていた被告人

　事件の発端から、延べ人員10万人ともいわれる大捜査体制がしかれたが、犯人逮捕に至らず、3名の遺体発見から時は流れて13年余を経過した、第1事件の時効が迫ってきた2002（平成14）年6月11日に、被告人が逮捕された。
　被告人は、逮捕当時は別件で鹿児島刑務所に服役中であったが、1989（平成元）年の事件発覚当時から、第3事件のC女と交際のあった人物として、容疑者の1人として捜査本部からマークされていた人物ではあった。
　実際に事件発覚の1月27日の当日から連続4日間にわたって、警察に呼び出されて任意の事情聴取を受けていた。
　被告人は、事件発覚当時は26歳で、逮捕当時は39歳であり、10件以上の前科・前歴があり、地元では評判のよくない人物ではあった。

5　被告人のアリバイ説明書

　被告人が、1989（平成元）年1月27日から任意の事情聴取を受けていた時点で、C女殺害の夜の被告人のアリバイを説明した自筆の書面（上申書というタイトルではない）が存在する。
　被告人は、口は重く人に対して要領よく話すことは苦手であったと思われるが、その反面、誤字脱字も少なく、きちんとした文字で文章を書く能力は高かったようである。
　実際に、警察や拘置所での面会時には被告人の話し方は聞かれたことをボツボツと話すだけであったが、弁護人が差し入れた書面に対してはきちんとした文章で真実の内容とその書面の内容の誤りを指摘してきた。
　そのことを、捜査側も理解していて、比較的早期の時点で被告人に自筆での書面を作成させている理由であったのかとも思われる。
　任意捜査で作成された被告人の自筆によるアリバイ説明書について、被告人のアリバイの裏付け捜査を捜査本部は当然に行ったと思われ、アリバイ供述の曖昧さを捜査本部は当然に把握していたはずである。
　それにもかかわらず、捜査本部は1月30日の事情聴取以降、9カ月後の10月26日の取調べの開始まで被告人にはまったく接触していない。
　この空白期間は、弁護人側にとっても最後まで謎で残った。

第3　本件事件における起訴の特徴

1　検察官の冒頭陳述の概要
　検察官の冒頭陳述の概要は以下の要領であった。

(1)　被害者A女について
　被害者は武雄市内の料亭で働いていたが、仕事のあとは同じ武雄市内の小料理屋に寄ることがあった。
　そこにたまたま来ていた被告人と面識があった。
　1987（昭和62）年7月8日の夜9時頃に被害者が仕事後の帰宅途中に歩いていたところを、被告人に声をかけられ、被告人の車に同乗して、山中に連れて行かれて強姦のうえ、発見現場まで運ばれて遺棄された。
　ちなみに遺棄現場は、山中奥深い交通量のない場所ではなくて、どちらかといえば、県道脇の人家からさほど離れているとは言えない場所で、被告人の実家からも歩いて行けるほどの距離であった。

(2)　被害者B女について
　B女は、被告人とは面識がなかったが、1988（昭和63）年12月7日の夜7時20分頃に趣味の運動クラブの練習に参加するために、自宅からスポーツセンターまで歩いていたところ、すれ違った被告人の車と接触した。
　B女が被告人の車を呼び止めて文句を言ったところ、被告人と口論になり、その口論の過程で被告人がB女を殴打した。
　被告人は飲酒もしていたことから、事故や暴行、また飲酒の事実が警察にわかるとまた刑務所に行くかもしれないと思い、家に行って話をしようという理由をつけて、実際は殺害の目的でB女を車に乗るように誘い、車をそのまま山中に向かわせ、騒ぎ始めたB女を山道で絞殺あるいは扼殺した。
　その後、被告人は車を移動させて遺体をA女と同じ場所に遺棄した。

(3)　被害者C女について
　C女は結婚していたが、婚姻中は被告人とは同じ部落に住んでいたことから面識があり、C女が別居して部落外の北方町の実家に住み始めたころから被告人との交際が始まった。
　交際は、いつも被告人がC女を呼び出して、場所を決めておちあい、何度かの肉

体関係もあった。

ところで、C女と交際している時点で、すでに被告人は同時に愛人がいて、頻繁に会っていた。

1989（平成元）年1月25日の夜7時40分頃に、被告人はC女を、性交渉を持つ目的で、C女の自宅に電話をかけ、C女を武雄市内にあるボーリングセンターの駐車場まで呼びだした。

被告人も車でボーリングセンターに向かい、駐車場で落ち合って、被告人の車に乗り換え、ラブホテルに向かった。

その途中で、被告人に愛人がいることをC女が知り、車の中で口論になり、愛人の写真を車外に投げ捨てられたことから、被告人が激高して、道路脇に車を停めて車内で抵抗するC女を絞殺あるいは扼殺したうえ、A女およびB女の2名を遺棄した同じ場所にC女を遺棄した。

その後、遺棄現場から自宅に帰る途中に、C女の所持品（バッグ、財布、カード、免許証など）を車内から、数回道路上に投げ捨てたり、国道添いの当時は旅館をしていた店の自販機のそばのゴミ箱に投棄したりしながら自宅に帰った。

2　検察官の立証構造

本件で、3名の殺害行為について起訴がされ、併合審理となったが、検察官の主張・立証の構造は以下のような考えに基づいていた。

(1)　本件事件について、第1事件、および第2事件に関して、被告人の犯人性を裏付ける客観的な情況証拠は、ほとんどといってよいほど存在しない。第1事件および第2事件に関しては、検察官が被告人の犯人性を証明する唯一のよりどころは、被告人自筆による自白上申書であり、自筆上申書を補強する若干の関係者の証言がある程度である。

(2)　一方で、第3事件については、事件当時、被告人と被害者C女は交際していたことが認められ、また犯行を認める被告人自筆の上申書とともに、上申書の自白内容を裏付ける客観的な情況証拠も存在する。

(3)　本件事件では、3名の被害者の遺体が、ほぼ同一場所から発見され、3名の遺体遺棄状況は、同一犯人による行為と考えられる。

(4)　そうであるならば、第3事件について、被告人による犯行の証明が十分になされているので、第1、第2事件も被告人が犯人である。

3 立証のための証拠の偏在

　したがって、本件事件の証拠関係も、3件事件に共通する情状証拠（被告人の悪性立証等）を除けば、80％以上が、第3事件に関する捜査報告書、実況見分調書、鑑定書、関係者の供述調書等であるといってもよい。
　検察官の構想は、第3事件の立証をすれば、他の2つの事件についても、有罪の認定が可能であると考えたものと思われる。

第4　本件事件の審理の流れと判決

1　被告人（被疑者）逮捕の状況

　本件事件は、事件発覚が1989（平成元）年1月27日、被告人逮捕が2002（平成14）年6月11日、第3事件についての起訴が7月2日、第1事件の起訴が7月7日で公訴時効成立の数時間前、第2事件の起訴は7月30日であった。
　被告人は逮捕状執行後に、ただちに鹿児島刑務所から事件が発生した佐賀県杵島郡北方町の隣にある武雄市の武雄警察署に移送されてきた。

2　起訴前弁護

　殺人罪の被疑事実で重大案件であったことから、起訴前は、佐賀県弁護士会から、起訴前弁護として武雄市で開業している3名の弁護人が派遣された。
　3名の弁護人は、被告人（当時は被疑者）が否認していることから、無理な取調べや自白の強要を防止するために、毎日被疑者に面会して、取調べにあたっての留意事項をアドバイスし、同時に取調状況（取調時間、取調官の取調状況）を報道関係者に積極的に開示した。
　重大事件に関心の深い報道機関は否認事実と取調べの態様を毎日のように報道したので、取調官にとっても無理な取調べができず、大変なプレッシャーになったと思われる。
　被疑者弁護の段階での取調べは、法を逸脱するような無理な取調べができなかったことで、新たな取調べで何の成果もなく、若干の検察官調書が作成された程度で後の公判に大きく影響した。
　起訴前弁護では勾留理由開示、勾留延長の準抗告を繰り返したが、当然のよう

に認められることはなかった。

3 国選弁護人

起訴後は国選弁護に切り替わり、起訴前弁護人から1名のみ残った。

当初は弁護士会からの推薦のもとに2名の国選弁護人が選任され、最初の公判前整理手続において、裁判所からは公判段階に入ってから原則毎週1回開廷を打診された。

そして2年以内で結審したいとの裁判所の考えも開示された。

裁判所からの打診案を受け入れる替わりに、国選弁護人を最終的に4名まで増加するように要望し、最終的に認められた。

4名の弁護団の構成は、23期のベテランが1名で、その余は47期、48期、49期の比較的、経験の浅い弁護士が主となって構成された。

そして、主任弁護人には、起訴前から弁護を担当していた武雄の弁護士を選任した。

4 公判前整理手続、準備手続

2002（平成14）年10月22日の第1回公判（冒頭陳述）まで5回ほど、12月3日の第2回公判（弁護側意見陳述）までの間に2回、公判前整理手続、準備手続が行われ、2年以内の結審を目標として、3件の事件につき、どの程度の証拠調べ（証人、鑑定人の尋問）になるのか、検察官の提出した予定証拠から詳細な立証計画が提出され、その段階から提出予定証拠の同意・不同意の予定も裁判所から弁護団に打診があった。

弁護団はそもそも犯人性を争っているという大前提からして、乙号証はもちろんのこと、甲号証についてもほとんどを不同意とした。

提出予定証拠の同意・不同意については、検察官も反発したが、弁護人が譲ることなく、それを踏まえて審理計画が裁判所より示された。

審理は当初に作成された、裁判所の審理計画どおりに沿って、ほぼ進行していった。

第2回公判以降も準備手続が5カ月間で8回も行われている。

5 審理の流れ

審理は、2002（平成14）年10月22日の第1回公判から数えて2005（平成17）年2月17日までの65回、行われた。

公判は大きく分けると以下のような進行で進んだ。

1回（平成14年10月22日）　検察官冒頭陳述
　　検察官の冒頭陳述では、裁判員制度を先取りして、地図や現場の模型などを使用し、視覚に訴える方法を検察官がとった。
　　地図は使用が許可されたが、現場模型は縮尺が不明で、忠実に現場を再現できないという理由で採用されなかった。

2回（平成14年12月3日）　弁護人冒頭陳述
　　このあとに、刑事裁判では異例の現場見学（検証ではない）が行われた。
　　検察官が遺棄現場や殺害現場と主張する場所をビデオテープで証拠請求してきたため、テープを見るくらいなら現場を実地に見たほうが理解しやすいとの意見で3庁が合意して現場の見学が行われた。
　　事件発生から14年が経過していたが、犯行現場や犯人が車を運転したといわれる経路や車両の通行状況を確認し、今後の審理を理解しやすくするために3庁合同で行われた。

3〜8回	証拠調べ（実況見分調書関係）
9〜13回	証拠調べ（目撃証人、犯行車両目撃）
14〜15回・19回	証拠調べ（被告人家族、アリバイ証言）
16〜18回	被害者家族情状証人
19〜33回	鑑定人証拠調べ（洋服・血液・尿・精液・DNA鑑定）
34〜42回	取調官証拠調べ（自白上申書の任意性）
44〜53回	被告人質問（自白上申書の任意性）
55回	取調録音テープの証拠調べ
56〜58回	証拠整理と若干の証拠調べ（被害者側）
59回	上申書証拠採用却下決定（任意性否定）
60〜63回	以降は検察官申請の若干の証拠調べ
64回	論告・求刑（死刑求刑）
65回結審（17年2月17日）	最終弁論（無罪主張）
判決（17年5月10日）	3件とも無罪判決

　第1回公判から、審理は約2年4カ月を費やし、夏休みや正月休みを除けば、約月3回のペースで行われたことになる。
　大きな山場であった、上申書の証拠能力に関する決定が2004（平成16）年9月16日になされ（検察官請求の証拠却下）、その時点で審理の流れは大きく無罪に傾い

ていったといえる。

第5　本件の最大の争点
——任意取調べの限界と自白・自筆上申書の任意性

1　裁判の争点——犯人性

　本件の争点は、被告人の犯人性である。
　そして、前述したように、第1、2事件については、被告人と、被害者A女、B女とを結びつける客観的証拠はなく、第3事件も情況証拠のみであることから、大きな争点は結局、3件とも、被告人の自筆による自白上申書の証拠能力および信用性の有無であった。
　とくに、自筆上申書については、任意取調べの許容範囲（令状主義を潜脱しているか）、結果としての自白上申書の証拠能力（任意性の有無）が争点となった。

2　被告人の別件逮捕勾留と取調べの実態

　ところで、被告人の自白の自筆上申書も事件発覚から10カ月後の1989（平成元）年11月に集中して作成されているのみである。
　まず、被告人は、本件の3名の殺人事件とは関係のない覚せい剤事犯で、1989年10月3日に逮捕され、当時の北方町の隣町である大町警察署に勾留された（被告人には覚せい剤使用の前科3犯があった）。
　大町警察署には、3名の連続殺人事件の捜査本部がおかれていたところであり、このことは今後の取調べを行いやすくする捜査側の強い意図があった。
　取調べの状況は、同時に、近くに位置する捜査本部の部屋に伝わるのである。
　3名の遺体発見から8カ月余が経過しており、世間では、佐賀県警に対して連続殺人事件の捜査がいっこうに進展しないことに対しての非難が集中していた時期であった。
　そのような状況のなかで、被告人については覚せい剤事犯での逮捕・勾留の手続はされていたが、殺人罪についての逮捕・勾留の執行はされておらず、手続的には任意の取調べである。
　10月26日に覚せい剤事犯で起訴（単純自白事件）

10月26日に本件殺人事件で取調べ開始（身柄は大町警察署）
11月11日に自白の上申書作成開始
11月18日に自白上申書作成終了
11月20日に覚せい剤公判に向けて佐賀の拘置所に移監、取調べ中断
11月23日に覚せい剤事犯で第1回公判
　　　その後に被告人の家族の要請で、弁護人が被告人に面会
11月30日に拘置所での任意の取調べ再開から否認に転じる。
　その間の取調時間と作成した上申書の内容は、本稿末尾の取調時間一覧表のとおりである。

3　任意捜査としての取調べ

　10月26日から11月18日まで、別件逮捕・勾留された機会を利用して、任意取調べの意味も説明されず（取調べ体制の状況からして、おそらく黙秘権の告知すら十分ではなかった状況と思われる）、1日の休みもなく、とくに10月26日から11月11日まで、毎日朝9時過ぎころから、夜の12時ころまで、遅いときには夜中の2時過ぎまで、1日平均13時間もの取調べが、約8平方メートル弱の警察署の部屋で、3名の取調官により囲まれて（1名は記録係）、昼食と夕食以外は、休憩時間もなく行われた。

4　自白の獲得を目的とした取調べ

　取調べは、すでに判明している客観的証拠、鑑定結果からして、捜査本部が、被告人を犯人と断定して、客観的な情況証拠に沿った自白の獲得を目的としたことは間違いない。
　現実に被告人の取調べが開始される11月26日の前日に捜査本部の会議があり、被告人から自白を獲得する目的であることが確認されている。
　したがって、取調官は、捜査陣があらかじめ作成したと思えるストーリーに従って、被告人から自白を引き出すことを目的として、妥協を許さない過酷な取調べを深夜まで続け、被告人を精神的に追いつめていった。
　検察官は、取調べの際に取調官によって作成された「備忘録」、「取調メモ」、「取調状況報告書」「取調べ時の録音テープ」を証拠提出したが、検察官提出の証拠であるにもかかわらず、被告人がいくら否認しても、被告人が犯人であることを前提として、一定の言質が得られるまでは、同じ質問がしつこく繰り返される様子が記載さ

れている。
　裁判所も、検察官提出の「備忘録」や「取調べメモ」から、執拗に自白を追求する取調べの実態を認めている。

5　被告人自筆の上申書の作成

　そのような取調べ状況のなかで、上申書は10月26日から11月18日にわたって作成され続け、その総数は提出されているだけでも70通を越える（被告人の記憶によれば提出されていないが、否認の上申書も他に存在するし、目の前で破られた上申書も書いたとのことである）。
　上申書の作成過程は、完全否認から、だんだんと日を追って、自白に追い込まれていく様子が迫真性を持って伝わってくる内容である（自筆上申書を添付して説明できればよりわかりやすいのであるが、紙幅の制約もあり、添付できなかった）。

6　過酷な取調べ

　10月26日に覚せい剤事犯で起訴されたことは被告人も承知していたが、起訴当日の早朝に、取調官から「取調べはまだ終わっていない」という切り出しで、殺人の容疑で取調べが始まった。
　殺人の容疑については、任意の取調べであることから、取調べの前段階で「任意の取調べであることの告知」と「黙秘権の告知」は、当然取調官に要求される。
　また、被疑者には取調べの受忍義務はない。
　しかし、殺人容疑の取調べが始まる直前まで、被告人は覚せい剤事犯で逮捕・勾留されていた背景があり、被告人が覚せい剤事犯の逮捕・勾留における取調べと、殺人容疑の任意の取調べの区別がきちんと理解できたかは大いに疑問であった。
　実際に、裁判では「任意捜査であることの告知」の内容について、どの程度まで具体的に取調官が説明したかが大いに争われた。
　被告人は、10月26日以降、約20日間にわたって、時には深夜まで1日の休みもなく、過酷な取調べで肉体的・精神的苦痛を味わったのである。
　被告人が任意の取調べの具体的な内容を取調官から説明を受けていたのであれば、本件のような取調べの実態はなかったはずである。
　裁判所も、取調べの受忍義務の説明については、被告人が理解できるような十分な説明がなかったと判断している。

7　自筆上申書の具体的な作成経緯

(1)　10月26（取調べ1日目　C女の殺害に関する取調べ）

改めてC女殺害当夜の被告人のアリバイの警察官調書が作成された。

この調書の内容は、以前の9カ月前の1月30日に自身で記載したアリバイとほぼ同内容のアリバイの説明であった。

被告人のアリバイ供述が虚偽であることは、捜査本部はすでに捜査済みのことで把握していた。

取調官によるアリバイの虚偽説明の追及が執拗に始まった。

(2)　10月27日（取調べ2日目　C女の殺害に関する取調べ）

朝の9時5分から深夜の2時34分まで取調べが続き、最終的に警察官作成の供述調書が存在する。

この調書のなかで、すでに「C女に対してすまない」という表現がある。

この警察官調書の任意性については裁判所に否定された。

(3)　10月29日（取調べ4日目　C女の殺害に関する取調べ）

この日の取調べにおいては、取調官のC女殺害に関するしつこい追及に対して、「逃げ道がない」旨を内容とする被告人の警察官調書がある。

取調官の執拗な追及と、被告人が精神的に追い詰められつつある内容の供述調書である。

(4)　10月30日（取調べ5日目　C女殺害に関する取調べ）

取調官から自白を迫られる内容の供述調書が存在するが殺害については否認している。

この日頃から、警察官作成の取調調書から被告人自筆の上申書作成に変わりつつある。

1月25日に殺害されたC女が夜に外部からの不特定者の電話で呼び出されていることから（家族の証言で判明している事実）、被告人がC女に電話をかけていないかの追及が始まる。

3名の女性が殺害された頃に、被告人は知り合いの女性に対して、呼び出し、あるいはいたずらの電話をかけていた事実を捜査本部は把握していたことからの追及で

あった。

(5) 10月31日（取調べ6日目　C女殺害に関する取調べ）

　被告人は、不特定の女性に対する電話をかけていた事実については比較的当初から認める上申書を作成させられている。

　被告人が女性に対して電話をかける習慣があったことから、捜査本部は被告人がC女殺害の夜に、被告人がC女を電話で呼び出したという自白を引き出すことを目的として執拗な取調べを続けている状況が上申書の内容からうかがえる。

　また、殺害されたC女は、C女が行方不明になった翌日にC女の軽自動車が、武雄市内にあるボーリング場の駐車場で発見されていることから、殺害された夜にボーリング場の駐車場まで行った事実が判明している。

　さらに捜査本部は、被告人が当時つきあっていた愛人から、以前から被告人との待ち合わせの場所に武雄のボーリング場を使用していた事実を把握していた。

　取調官は、まず被告人が、愛人との待ち合わせ場所にボーリング場を使用していたことを追及して、この日はその旨の上申書を作成させている。

　被告人が愛人との待ち合わせ場所にボーリング場を利用していた事実があったことから、そこまでの上申書の作成には被告人は抵抗しきれなかったようである。

(6) 11月1日、2日（取調べ7日目、8日目　C女殺害に関する取調べ）

　捜査本部は、C女殺害の当夜に、被告人が電話でC女を電話で呼び出し、ボーリング場を待ち合わせ場所にしたとの筋書きを作成して、その筋書に沿った被告人の自白を引き出すために、しつこく被告人を問い詰めていったのがこの頃である。

　11月1日、2日はいずれも深夜まで取調べが続けられたが（合計で27時間の取調べ）、上申書は1通も作成されていない。

　被告人が真実でもない、また任意でもない上申書を作成することに抵抗していたためであった。

　なお、11月2日の取調べにおいては、被告人は昼食、夕食もとらされずに取調室に座りっぱなしであったことが法廷での取調官の尋問や被告人質問で明らかにされた。

　裁判所も上申書の任意性を否定するにあたって、とくに11月2日の取調べが違法であったことを決定で強く非難している。

(7)　**11月3日**（取調べ9日目　C女殺害に関する取調べ）

　この日も深夜の2時近くまで14時間以上も取調べが続けられ、最終的に被告人の精神的な崩壊が始まったころといえる。
　取調官は、被告人がC女殺害の夜に、C女が車で向かったボーリング場に立ち寄った旨の上申書を、被告人に作成させることに成功した。

(8)　**11月4日、5日**（取調べ10日、11日目　C女殺害に関する取調べ）

　この両日も深夜0時を超える時間の取調べがあった。
　取調官は、殺害の日にC女が行ったボーリング場に、被告人も立ち寄った旨の上申書まで作成させていることから、その後は2人が一緒に行動した趣旨の上申書を作成させれば、取調べの目的のかなりの部分は達成させられる。
　しかし、被告人はこの2日間は、まだ精神的に持ちこたえた。
　C女と1月25日の夜に会った旨の上申書を作成させられることの危険性を知っていたからである。
　ただ、被告人はこの頃に風邪をひいていたことが記録上うかがわれ、体調もすぐれず、精神面・体調面でも限界近くにあった。

(9)　**11月6日、7日、8日**（取調べ12日、13日、14日目　C女殺害に関する取調べ）

　この3日間も合計で38時間を超える取調べがあったが、上申書の内容は進展せず、被告人は駐車場でC女と会った上申書は作成していない。
　主として、被告人の所有する軽トラックに同乗させたことのある親族や知人の説明の上申書があるのみである。
　軽トラックへの同乗者の説明は、物的証拠として、軽トラックのシートから尿が検出され、またC女の下着に尿が付着していたことから、取調官がC女以外に尿がシートに付着する可能性のある同乗者の氏名を書かせたものと思われる。
　ちなみにC女の血液型はO型であった。

(10)　**11月9日**（取調べ15日目　C女殺害に関する取調べ）

　取調時間は当初から延べで170時間を超えた。
　被告人はもともと覚せい剤事犯で起訴されていることから、捜査本部はいつまでも捜査本部のある大町警察署に被告人をとどめておくことができず、公判前には拘置所に移管する日が迫っていることに焦りを感じていたはずである。
　また、捜査本部から取調官に対する自白を求める圧力も強かったものと思われる。

10　上申書の任意性と闘う；北方事件　｜　835

ついに、この日に被告人はC女と会って、車に乗せた旨を記載した上申書を作成させられた。

取調官の粘り勝ちであり、この上申書は同様の内容で念を入れて警察官調書も作成されている。

(11) **11月10日（取調べ16日目　C女殺害に関する取調べ）**

この日の取調べが一連の取調べの過程で一番遅くまで、深夜の2時35分まで行われた。取調時間は15時間を超えている。

取調べにおいては、記録係、また取調状況をリアルタイムに記録した「備忘録」が存在し、また公式的な記録として「取調状況報告書」が作成されているが、「取調状況報告書」においては、取調時間の改ざんが行われ、取調時間を少なく報告している。

裁判の過程で、取調時間の改ざんが判明したが、捜査本部もさすがに取調べの行き過ぎを懸念していたと思われる。

(12) **11月11日（取調べ17日目　3名殺害に関する取調べ）**

取調べ開始から17日目、1日も休みのない深夜まで続く取調べ、そして取調べの延べ時間は200時間を超えた。

まったく先の見えない取調べが続くことに被告人の精神力は限界を超え、絶望感からこの日を境に、被告人は3名殺害の上申書をひたすらに書き始めることになる。

まず、C女殺害を認める上申書を作成させられ、つづいてA女、B女の殺害の上申書を作成させられる。

この日を境に作成される上申書は激増し、その反面、取調時間が短くなり、連日10時間をはるかに超えていた取調時間が11月11日以降は7、8時間になった。

被告人は犯人ではないので、当然のように秘密の暴露はなにもない。

C女殺害に関しては、捜査本部の収集した情況証拠に沿った筋書きの基に上申書の内容も作成されていった。

また、A女、B女に関しては、捜査本部もほとんど情況証拠を持っていないことから、被告人も何を書いてよいかわからず、非常に淡泊な内容の上申書の体裁をとっている。

A女、B女に関しては、被告人と被害者は面識もないのに、被害者のほうから車に乗り込んできたとの内容になっている。

さらに、A女およびB女に関する一番肝腎な殺害の実行行為の内容についても犯人でなければ説明できないような具体的な行為内容はまったく記載されていない。

裁判所も、A女、B女の殺害に関する上申書については、具体性、迫真性がないと判断している。

(13) 11月12日から20日まで（取調べ18日目から27日目）

被告人は、殺害を認める上申書を作成させられた翌日の11月12日に、冷静になって、犯人ではない旨の上申書を作成したが、当然のように一顧だにされなかった。

そして、殺害状況について、どのような状況であったのかの宿題を連日のように与えられた。

取調官は、上申書の任意性及び信用性の担保のために上申書という形式を採用したので、被告人がどのように内容を書くかが問題であった。

被告人は犯人ではないので、何を書いてよいかわからないので、内容についてはほとんど取調官との問答を通じてヒントを与えられ、時には誘導によって上申書の内容を確定していった。

11月20日に被告人が覚せい剤事犯の公判のために、大町署から佐賀市の拘置所に移管される当日まで上申書は作成された。

検察官は公判で、上申書という形式、また記載内容から任意性、信用性は十分に担保されていると主張した。

しかし、上申書の内容を丹念に読んでいくと、内容の記載については、明らかに一般人が使用しない捜査の専門用語が用いられていたり、被告人が異なった日に作成しているにもかかわらず、文体や配列、記載順序がまったく同一で、どう見ても、モデル文をそのまま踏襲している形式であることなど、被告人が任意に自分の言葉で作成したとはとうてい思われない上申書も少なからず存在した。

さらに11月12日以降は短時間のうちに多くの上申書が作成され、被告人が文章の作成能力があったとしても、いかにも不自然な上申書の作成通数であるとの感は否めない。

裁判所も、上申書の任意性の判断に関する決定において、短時間のうちの上申書の作成数の多い点を不自然であると批判している。

(14) 取調べのその後

被告人は11月20日に佐賀市の拘置所に移管された後である11月27日に母親と面会し、殺人事件の取調べの内容を初めて肉親に話をし、3日後に母親と同行した弁護人に初めて任意取調べの意味の説明を受けた。

そして、11月30日に再び以前の取調官による取調べを受けたときに改めて否認

に転じ、任意の取調べであることを理由に取調べを拒否するようになった。

第6　上申書の任意性を検証する証拠調べ

1　時機を逸した起訴の不当性

　北方事件の審理を通じて、大きなネックになったのは、13年前の事件であったことであり、それゆえ、事件発覚当時に事情聴取を受けた、アリバイに関わる関係者の供述、被告人車両の目撃者の供述等、供述関係の真否の確認作業はほぼ絶望的であった。

　ほとんどの関係者は、13年前に警察官の事情聴取に対して、何を供述したかの記憶はすでになく、「当時の供述調書が、そのような内容で書かれてあるのであれば、間違いないでしょう」という程度の返事であった。

　そのような供述・証言を公判でされることは弁護側にとっては明らかに不利益であることは疑問の余地がない。

　この点においても、時機を失した起訴がいかに不当なものであるかが分かる。

2　被告人自身の記憶喚起

　取調調書、上申書関係については、検察官からの記録開示は、2002（平成14）年9月ころから段階的に行われ、その都度、弁護人が記録を被告人に差し入れして、事件当時の過去の記憶を喚起・確認させていった。

　被告人自身には、過酷な取調べの辛い体験が残っていたとしても、細部の内容や日時、上申書作成の順序については整理して説明できるほどの記憶はほとんど残っていなかった。

　しかし、差し入れられた具体的な記載内容、また日付の入っている書面を読んだことで、過酷な取調べを受けた体験のある被告人は、徐々に取調べ状況の記憶を改めて喚起・確認していき、時には深夜まで、休憩も取らずに、過酷な取調べを受けた実態、自白までさせられた過程が具体的に時系列で明らかになっていった。

3　任意性の争い

　取調調書、上申書記録は当然、任意性を争って不同意としたことから、上申書の

任意性について当時の取調官3名の証拠調べが8期日、約30時間、また被告人質問が10期日、約40時間もかけて行われた。公判回数で言えば全体の3分の1もの時間をかけて行ったことになる。

公判は、毎週木曜日であったことから、証言調書の謄写は翌週の月、あるいは火曜日に弁護団が入手し、その内容をもとに、2〜3日後の質問内容を検討した。

とくに、最大の争点であった、任意取調べの違法性、被告人の自筆上申書の証拠能力（任意性）に関して、被告人質問の主尋問の内容、また取調官の反対尋問の検討のために、被告人との打合せは、弁護人4人が交代して、平日の他、ほとんど土、日の午前中を費やして、被告人と接見して確認作業を行った。

弁護団議事録に残っているだけでも、弁護団会議は140回を超え、そのほか議事録を残していない会議・検討、また専門家を招いての勉強会を加えると、弁護団の打合せは200回を超えていた。

第7　自筆上申書以外の情況証拠

1　自筆上申書と情況証拠の関係

本件起訴にかかる犯人性に直接関連する証拠は被告人の自筆の上申書であったが、自筆の上申書を補強する多くの情況証拠が検察側から提出された。

結論から言えば、情況証拠に併せて自白を引き出しているのであるから、上申書の内容と情況証拠が一致するのは当然である。

その意味でも、本件の裁判は自筆上申書の証拠能力の採否がすべてであったといえる。

2　証拠の収集・作成時期

最終的に検察官提出の甲号証は500通を超えた。

ただ、本件における裁判のさらなる特徴は、1989（平成元）年に発覚した事件を2002（平成14）年になって起訴したことから、当然に捜査資料の大部分は1989年ころに集中して作成された記録である。

その後の鑑定手法の発達で、1990（平成2）年以降の捜査資料が存在はする（たとえばDNA鑑定など）が、検察官の立証の苦しいところは古い証拠、しかも自分たちがまったく関わっていない古い時期の証拠を用いて立証せねばならなかったことであ

る。

　弁護人と表裏の苦労を検察官も味わったのではないかと思われる。

　1989年の捜査資料（自筆上申書を含む）をもってしても、1989年には被告人を起訴に持ち込めなかったのであるから、起訴は当然その後の新しい展開によって得られた証拠が加味されて起訴にまでこぎつけなければ理屈にあわないはずである。

　新証拠は、事件以降の科学技術の発達によって可能となった数件の鑑定のみであり、新証拠によって起訴が可能になったとのマスコミの前評判とは異なっていた。

3　C女関連に偏った証拠

　自筆上申書は3名の殺害について、偏りが少なく、3名に平均して殺害の状況、またその前後の状況にかかる内容の上申書になっている。

　しかし、上申書を補強する情況証拠は被害者A女およびB女については、ほとんどないといってもよい。

　A女もB女も行方がわからなくなった時点での客観的な情況証拠は、ほとんど皆無であったといえる。

　行方がわからなくなるまでの足どり以外は目撃者もいない状況で、その点でも被告人の自筆上申書が、A女およびB女についての犯行のストーリーを詳細に記述したすべてであった。

　もちろん、捜査側の作成したストーリーにあわせて作成させられた上申書である。

　被告人とA女およびB女の過去の接点の可能性を示す証拠すらもなかった。

　その一方で、3人目の被害者のC女については、A女およびB女の証拠に比較すると情況証拠はあった。

　行方不明になった時期と遺体の発見が近接していたことから、C女の行方不明になる直前までの行動が明らかになっていたこと、被告人とC女が交際していた事実があったことが、多くの情況証拠を収集できた理由である。

　したがって、情況証拠による犯人性の立証もC女に関連した立証に集中されて行われた。

4　C女にかかる検察官の立証と裁判所の判断

　捜査資料によると、3名の殺害は、犯人が車を使用して被害者を遺棄現場まで運んだことを想定している。

C女についても同様の起訴内容であったことから、被告人の車両に関連した情況証拠が多数提出された。
　以下に述べる(1)から(6)はC女に関連した情況証拠であるが、当然すべて不同意としたことから、多くの鑑定人や捜査官への尋問が行われた。
　いずれの情況証拠も、自筆上申書の内容を忠実に補強する証拠内容であって、そのうちの多くは証拠採用された。
　C女について検察官が証拠を用いて立証しようとした点、それに対する裁判所の判断は次のとおりであった。
　(1)　C女が行方不明になった同時期の被告人のアリバイが曖昧であること。
　C女が行方不明になった夜の被告人のアリバイについてははっきりしていないし、被告人の釈明も変遷している。
　被告人は、その夜は以前から覚せい剤を購入していた売人のところに覚せい剤を購入に行っていたようで、その後パチンコをして家に帰ったと説明している。
　アリバイの説明が変遷していたのは、覚せい剤の購入であることから、犯罪を認めたくなかったことと、購入先の関係者に迷惑をかけたくなかったことを理由としている。
　覚せい剤を被告人に売っていた人物の法廷での証言によれば、被告人は確かに数回、覚せい剤を買いに来たことがあり、その他の用事でも来たことがあった。
　C女が行方不明になった日時に被告人が来たかどうかについては記憶が曖昧で何ともいえないとのことであった。
　裁判所は、結局、被告人のアリバイについては、アリバイが成立するとはいえないが、アリバイ成立の可能性も明確に否定しているわけではない。
　被告人のアリバイがはっきりしないことについては弁護人も苦労した点の1つである。
　(2)　殺害当夜に、被告人の運転する車両が、被害者C女の乗り捨てた武雄ボーリング場の駐車場において目撃されていること。
　1月25日の夜に武雄のボーリングセンターで、被告人とC女が落ち合っていたとの検察官の立証であるが、被告人は当時トラックの運転手をしており、自分の所有車である軽トラックも派手な電飾のうろこ模様のプレートを付けていた。
　ところで1月25日の夜に、同じうろこ模様のトラックが2人が落ち合ったとされる同じ頃の時間帯にボーリング場で目撃されている。
　この目撃証言は信用性が高いが、目撃者はうろこ模様に注意が集中して、トラックの仕様などの詳細は記憶していなかった。
　裁判所は、当時の佐賀県内には、うろこ模様の電飾トラックが少なからず存在した

と認定して、被告人所有のトラックであるとの断定はできないとし、トラックの特定について捜査が十分でないとした。

(3) 被告人の運転していた車両の車内で収集された衣服の繊維が、C女が殺害されたときに着用していたカーディガンの衣服の繊維と同一であることの鑑定結果がある。

この点については裁判所は、車内で発見された繊維は必ずしもC女のカーディガンと同一であるとの認定まではできず、またたとえC女のカーディガンと同一の繊維であると仮定しても、C女が被告人の車内で数回逢い引きしている事実からすると、殺害時とは異なるときに着ていたカーディガンの繊維が落ちた可能性も否定できないと判断した。

(4) C女の体、また下着に付着していた唾液、精液が、被告人の血液型と一致した鑑定結果がある。

またC女の下着から検出された唾液のミトコンドリアDNA鑑定を2002（平成14）年に行った結果、被告人のDNAと一致し、さらに下着から検出された精液のDNA鑑定の結果、被告人のDNAと一致していたこと。

上記から、被告人とC女が殺害の夜に会っていた証拠となる、と検察官は主張した。

この点について、唾液の鑑定の信用性については、裁判所は被告人の唾液の可能性が高いと判断した。

ただ、唾液についても、精液についても、被告人はC女と交際しており、C女が行方不明になる前日の1月24日の夜に、C女と被告人が性交渉を持った可能性があったと裁判所は認定したことから、唾液と精液が被告人のものとの検察官の主張は被告人の犯人性の立証にはなりえなかった。

その交渉後に、C女は風呂に入った形跡はなく、また下着を替えた形跡もないことから、前日に会った被告人の唾液であっても矛盾はしないし、C女の体内に残存した精液が被告人のC女の死亡の約1日前に付着しているとの鑑定内容からも、殺害当日の痕跡ではないと裁判所は判断したのである。

検察官が苦労して、鑑定結果として提出したミトコンドリアのDNA鑑定については、法廷で鑑定手法の信用性について大いに争ったが、裁判所はその点については判決ではほとんど触れることはなかった。

(5) 被告人の車両内の座席シートに尿が残され、C女の下着にも尿が付着していることから、C女殺害の際にC女の尿がシートに残ったこと。

裁判所は、結局尿の血液型は不詳で、C女の下着に付着した尿との同一性は認定できないとした。

また、C女の下着には尿が付着しているが、C女の履いていたスカートに尿が付着していないことから、シートにまで尿が付着する可能性は低いと判断した。

(6) C女の体の傷が、扼殺時に、被告人の車内で暴れたことによる傷であって、傷の部位が被告人の運転していた車両内の構造と一致すること。

しかし、裁判所はC女の体の傷害部位が狭い空間で付いたという点の否定はできないが、狭い空間が被告の軽トラックの車内であるとの特定はなにも立証されていないとした。

第8　裁判所の証拠排除の決定と無罪判決

1　自筆上申書の証拠排除

本件事件は、自筆上申書の任意性が否定されれば、自白が存在しないこととなり、情況証拠のみからの有罪・無罪の判断となり、3件ともに無罪の可能性が高くなる事案である。

上申書に対する意見書は検察が100頁、弁護側が200頁を超える意見書を提出し、意気込みの点からも弁護側の圧勝であった。

裁判所は決定で上申書を証拠から排除した。

その理由の骨子は、被告人の取調べが任意捜査の限界を超えた違法な取調べであったことから、それから得られた上申書も違法に収集された証拠であって、またその内容も任意性、信用性もなく、さらには自白調書に見られる「秘密の暴露」も見られないと結論づけたものであった。

2　情況証拠についての判断

上申書の証拠能力が排除された以上、本件事件で自白なしの状況での検察官の立証は第1事件、第2事件では皆無に等しい。

判決はもっぱら、第3事件における上申書以外の情況証拠について判断している。

判決当時は、自白がなくても情況証拠のみで有罪とした和歌山の毒カレー事件があったように、裁判所が本件の情況証拠にどのような心証を持つかに関心が集まったが、結局裁判所は、本件事件の情況証拠に鑑みても、被告人が犯人であるとの可能性があるにとどまり、それ以上に合理的な疑いを超える証明はされていない、と判断して3件ともに無罪とした。

被告人にとっては不利と思われる情況証拠も存在したが、その反面、捜査本部が、1989（平成元）年当時に集中して収集した情況証拠をもってしても、被告人を逮捕・勾留できなかった程度の証拠であった。

何よりも捜査本部が被告人を犯人と確信できていなかった証明である。

第9 判決と裁判員制度における審理のあり方への教訓

1 控訴審における無罪判決

裁判所はほぼ、弁護側の主張を採用した。

控訴審においても、鑑定をめぐる新しい主張が検察側からなされたが、裁判所の判断は第一審と同様の判断であった。

控訴審は、佐賀地裁から福岡高裁に移り、新たに福岡県弁護士会から2名の国選弁護人が選任され、2年近くにわたって弁護活動に集中され、再び無罪判決を勝ちとられたことに対して、深く感謝している。

2 判決の評価

本件は、別件逮捕・勾留中（起訴後ではあったが）における、本件取調べが任意捜査であることから、任意捜査の限界（許容範囲）と、任意の取調べの告知をどの程度に、そして具体的に勾留中の別件事件の被告人に説明する義務が捜査側にあるか、について一定の指針を示した裁判所の判断として、妥当なものである。

また、裁判所が、捜査・検察に対して厳しい判断をしたのは、裁判が始まって明らかになったことであるが、保管すべき証拠の紛失、再鑑定を阻む鑑定資料の全量消費など、捜査のずさんさ、そして捜査本部上層部の指示による取調時間報告の意図的な改ざんなど、捜査本部による資料内容の操作が明白になっていった。

上記のような恣意的な捜査のあり方、それに基づく資料の作成、起訴に対して、裁判所が異常な事態として嫌悪感を抱いていた感じもするのである。

3 北方事件と裁判員制度

ところで、北方事件については、裁判員制度のもとではどのような進行、結果にな

りますかとの質問を報道機関からときどき受けることがある。

この点は私にもよくわからないというのが本音である。

ただ、懸念される点は、「無罪推定の原則」、「疑わしきは罰せず」という刑事訴訟の基本を理解できていない一般の裁判員が、証拠としての北方事件の上申書の説明を受けた場合、あるいは目にした場合、任意性をどこまで理解できるかは大いに疑問に思っている。

上申書は文字で書かれた被告人の自筆の書面である。

被告人が自白調書を自らの手で作成し、後日その自白調書を否認する過程に一般の裁判員が疑問を持ってくれるのか、取調べの実態や被告人の心理を理解できていない裁判員に自白調書（とくに自筆上申書）の任意性を判断できるのかは、裁判員制度における大きな問題点である。

4　取調べの可視化の重要性

北方事件では、被告人取調べの実態が、裁判の結論のすべてであると言っても過言ではない。

密室で行われる取調べの実態、この点を可視化していれば、本件の起訴、また長期にわたる公判はありえなかった。

警察、検察は、現在でも訳のわからない屁理屈を並べて、取調べの可視化にはまったく消極的であるが、冤罪の温床である取調べの実態を可視化することこそ、裁判員制度の目的・趣旨に最も合致する方策ではないかと確信する。

別表　取調べ時間一覧表

日付(平成元年)	出房時刻	入房時刻	取調べ時間		作成された上申書等
10月26日(木)	8:57	11:50	2:53	11時間28分	乙46
	13:01	17:23	4:22		
	18:15	22:28	4:13		
10月27日(金)	9:05	11:55	2:50	15時間21分	乙47、48
	13:03	17:00	3:57		
	18:00	2:34	8:34		
10月28日(土)	13:02	16:52	3:50	9時間44分	
	18:01	23:55	5:54		
10月29日(日)	10:02	12:05	2:03	10時間26分	乙2、49
	13:05	17:24	4:19		
	19:02	23:06	4:04		
10月30日(月)	9:02	11:51	2:49	12時間43分	乙3、50
	13:01	17:03	4:02		
	18:03	23:55	5:52		
10月31日(火)	9:45	11:52	2:07	11時間52分	乙51、52、53
	13:06	17:14	4:08		
	18:20	23:57	5:37		
11月1日(水)	9:20	11:55	2:35	13時間21分	
	13:26	16:55	3:29		
	18:09	1:26	7:17		
11月2日(木)	10:53	0:20	13:27	13時間27分	
11月3日(金)	9:15	11:48	2:33	14時間28分	乙54
	13:09	17:30	4:21		
	18:20	1:54	7:34		
11月4日(土)	10:19	12:00	1:41	12時間16分	
	13:05	17:02	3:57		
	18:05	0:43	6:38		
11月5日(日)	10:03	12:51	2:48	11時間41分	
	13:59	17:14	3:15		
	18:32	0:10	5:38		
11月6日(月)	9:23	12:03	2:40	13時間48分	乙55、56
	13:37	17:11	3:34		
	18:33	2:07	7:34		
11月7日(火)	9:20	12:55	3:35	12時間37分	乙57、58、59
	13:38	17:13	3:35		
	18:23	23:50	5:27		
11月8日(水)	9:20	11:50	2:30	12時間16分	乙60、61,62
	13:11	17:08	3:57		
	18:06	23:55	5:49		
11月9日(木)	9:28	11:50	2:22	12時間9分	乙63、64,65
	13:03	16:45	3:42		
	18:05	0:10	6:05		
11月10日(金)	9:12	12:01	2:49	15時間11分	乙66
	13:16	17:18	4:02		
	18:15	2:35	8:20		
11月11日(土)	9:31	12:03	2:32	11時間14分	乙4、5、6、7、8、9、10、67
	13:07	17:08	4:01		
	18:14	22:55	4:41		

11月12日(日)	9:15 13:30 18:15	11:33 17:20 19:50	2:18 3:50 1:35	7時間43分	乙11、12、13、14、15、16、17、68
11月13日(月)	9:32 13:27 18:16	12:05 16:58 20:50	2:33 3:31 2:34	8時間38分	乙18、19、20、69、70
11月14日(火)	9:36 13:11 18:33	11:47 16:51 19:43	2:11 3:40 1:10	7時間1分	乙71、72
11月15日(水)	11:03 15:35 18:20	11:56 17:05 20:58	0:53 1:30 2:38	5時間1分	乙21、73
11月16日(木)	9:47 13:11 18:03	11:43 17:21 19:12	1:56 4:10 1:09	7時間15分	乙22、23、24、25、26、74、94
11月17日(金)	9:35 12:45 18:05	11:45 17:05 20:10	2:10 4:20 2:05	8時間35分	乙75
11月18日(土)	6:45 13:15 17:56	11:18 16:56 19:10	4:33 3:41 1:14	9時間28分	乙27、28、76、77、78、95、96、97
11月20日(月)	7:00	7:30	0:30	30分	乙79
11月30日(木)	8:45 13:00 17:30	11:50 16:50 20:40	3:05 3:50 3:10	10時間5分	乙80、81

11

同房者供述と闘う

引野口事件

田邊匡彦

第1 無罪判決を勝ち取る

　Kさん（事件発生当時56歳の女性）（以下「被告人」という）は実兄である被害者を殺害したうえ、放火したものであるとして殺人・非現住建造物等放火の罪で起訴されたが、捜査・公判を通じて、身に覚えのないことであると一貫して供述した。筆者らも、最初の逮捕翌日から弁護人として活動し、殺人、放火の起訴後も被告人は犯人ではなく無罪であると主張して、被告人の「犯人性」を徹底的に争った。その結果、事件発生から約4年、殺人の起訴から3年半の時間はかかったが、福岡地方裁判所小倉支部第2刑事部は2008（平成20）年3月5日に「本件殺人、放火の各公訴事実については、被告人と犯行とを結びつける証拠に種々の疑問があり、被告人が真犯人であると断ずるだけの確たる心証を形成するには至らなかったものであって、結局、これらの公訴事実については、いずれもその証明がない」として、被告人に対し、無罪の言渡しを行った（福岡地方裁判所小倉支部平成16年（わ）第501号、第657号、第956号、第1041号）。

第2 本件の基本的事実関係

　2004（平成16）年3月24日午後5時12分ころから午後5時56分までの間に、被告人の兄方で火災が発生し、同家屋が全焼した。焼け跡から同人の焼死体が発見された。家屋火災跡の遺体周りなどから灯油成分が検出され、また、火元は遺体

があった部屋であると認められた。遺体には胸部に心臓に達する刺し傷があり、遺体近くから凶器等は発見されなかった。この結果、遺体は他殺体であり、火災は放火によるものであると認められた。遺体は司法解剖され、解剖鑑定による死因は、当初、心臓刺創による出血性ショックであり、ショック状態に陥ってから死亡までに2時間以上経過していると推定するとされたが、同年8月10日には、死因が右頚部の刺創によって生じた右総頚動脈切損に基づく出血性ショックと訂正された。なお、起訴後である2005（平成17）年2月20日付けの鑑定書でも、同様の診断とされた。

第3　本件の立証構造および争点

　検察官の立証構造は、被告人と犯行とを直接結びつける証拠として、被告人と同房であった者（以下「同房者」ともいう）の証人尋問によって、同人が被告人から聞いたと証言した被告人の犯行告白が存在し、その犯行告白の内容が客観的状況と合致していること、とりわけ、被害者の首を刺したあと胸を刺したという犯行告白を得て、解剖鑑定医が再検討したところ、右総頚動脈に外傷が存することが明らかになったという事情が、いわゆる「秘密の暴露」として、犯行告白の信用性を支えているとするものであった。

　これに対し、被告人は、一貫して同房者に犯行告白などしていないと供述していた。弁護人も、同房者が犯行告白を聞いたという事実自体を虚偽であるとして争うとともに、検察官がその立証に用いる公判調書中の同房者証人の供述部分について、証拠能力および信用性を強く争った。

　このように、本件においては、被告人の自白は存在せず、被告人の同房者が供述する被告人の犯行告白によって、被告人の犯人性を立証しようという点に特殊性があり、その証拠能力、信用性が中心的な争点であった。

第4　検察官が主張した犯行告白の内容と犯行告白を同房者が聞いた経緯等

　検察官が主張した犯行告白の内容とその状況は、次のとおりであった。

1　犯行告白の内容

　被告人は、3月23日の昼、被害者宅において、被告人が被害者名義の口座の

預金を被害者に無断で別の被害者名義の口座に移したことで被害者と口論になり、かっとなって、被害者宅台所にあった包丁で、まず被害者の首を刺し、少し時間をおいて胸を刺した。被告人は、同日は帰宅し、翌3月24日の昼、いつものように弁当を買って被害者宅に赴き、玄関から声をかけるも、返事がなかったので、買った弁当を置いて帰宅し、夕方、再び被害者宅に赴いて、すでに死亡している被害者の周り等に灯油を撒くなどして、火を放った。

上記犯行告白内容は、同房者が被告人と同房であった間に、被告人から受けた犯行告白のうち、告白内容に基本的に変更がなく一貫した告白をするようになった以降に同房者が受けた被告人の犯行告白の概要であるとしていた。

2　犯行告白を聞いた経緯

検察官が主張した犯行告白は、被告人が同房者と同房であった間、継続して犯行についての話をしていたとするものである。

第5　同房者供述中の「犯行告白」部分の証拠能力について

1　証拠能力判断の対象と判断の枠組み

本件の捜査経過に基づく同房者の証言は違法収集証拠となるので採用すべきではないとの弁護人の主張や異議申立てにもかかわらず、同房者Mは、当初の裁判体によって証人として採用され、公判廷での証言がなされた。裁判体が変わった公判手続更新に際して、弁護人は違法収集証拠であるから証拠排除すべきであると主張したが、裁判所は、証拠能力についての最終的な判断は判決中で行うとしたうえで、その際に証拠排除することはせず、公判調書中の同房者証人の供述部分を取り調べた。被告人の犯行告白は、それを聞いたという同房者の公判調書中の証人尋問調書という形で、証拠として形式的に存在していたことになる。

同房者が公判廷で供述した被告人の「犯行告白」（公判調書中の同房者の供述部分中に存していた）は、伝聞証拠ではあるが、被告人以外の者の公判期日における供述で被告人の供述をその内容とするものであるから、刑事訴訟法324条1項（被告人以外の者の公判期日における供述で被告人の供述をその内容とするもの）によって同法322条（被告人の供述書面の証拠能力）の規定に従うこととなる。そして、「犯行告白」は

不利益な事実の承認であり、同条1項ただし書により、同法319条（自白の証拠能力・証明力）の規定に準じ任意にされたものでない疑があると認められるときには、これを証拠とすることができないこととなる。

2　被告人と同房者Mの身柄関係、同房時期の概略

（破線枠は逮捕・被疑者勾留を示し、実線枠は同房期間を示す）

	被告人	同房者M
5月23日	逮捕（窃盗）、k警察署留置	
5月25日	j署に勾留、接見等禁止	
6月13日	被疑者勾留満了、起訴（窃盗） 起訴後の接見等禁止	
6月18日		逮捕、j署留置
6月21日		j署に勾留、接見等禁止
6月24日	拘置支所へ移監	
7月1日	逮捕（威力業務妨害）、a署留置	
7月3日	a署に勾留、接見等禁止	
7月8日		起訴（窃盗）
7月9日	第1回公判 第2回公判日まで接見等禁止	
7月15日		逮捕（覚せい剤）、a署留置
7月18日		a署に勾留

7月22日	被疑者勾留満了、起訴（威力業務妨害）、起訴後の接見等禁止	
7月27日		起訴（覚せい剤）
8月13日	第2回公判 第3回公判日まで接見等禁止	
9月10日		第1回公判
9月24日	第3回公判 第4回公判日まで接見等禁止	
9月27日	拘置支所へ移監	
9月30日		拘置支所へ移監
10月3日	逮捕（殺人、a署留置）	
10月6日	a署に勾留、接見等禁止	起訴（窃盗）
10月22日		第2回公判、結審
10月25日	被疑者勾留満了、起訴（殺人） 起訴後の接見等禁止 逮捕（放火、a署留置）	
10月28日	a署に勾留、接見等禁止	
11月12日		第3回公判、判決
11月16日	被疑者勾留満了、起訴（放火）、起訴後の接見等禁止	

3 被告人に対する捜査状況

(1) 事件発生から被告人逮捕まで

①3月24日夕刻に火災が発生し、被告人の兄が遺体で発見された。被告人は、

火災の連絡を受けて現場に駆け付けていたが、同日、被害者の関係者として、被害者の生活状況などについて、警察官から事情聴取を受けた。

②福岡県警察は、3月25日、a署に、事実上の捜査本部として、特捜班を置いて本件の捜査に当たった。その後、特捜班は、聞込み捜査や、被害者の関係者、親族などからの事情聴取を進め、被告人に対して、本件事件に関与している嫌疑を抱いていったが、被告人を窃盗容疑で逮捕する時点で、被告人を犯人と決定づける証拠は収集できていない状態であった。

(2) 被告人に対する窃盗容疑での逮捕、j署在監

①被告人は、5月23日、被害者が遺体で発見された翌日である3月25日に被害者名義の貯金を引き出した窃盗（※これは、被告人が被害者である兄から管理を頼まれ従前から預かっていた預金通帳から兄の生前の意向に従って払戻を受けたことが窃盗罪とされたものである。なお、兄には離婚調停中で別居していた妻子がおり、兄の相続人は、法律上その妻子であった）の被疑事実で逮捕されてk署の留置場に留置され、5月25日j署代用監獄に勾留され、以後拘置支所に移監される6月24日まで同署に勾留された。被疑者勾留に伴い、検察官の請求により接見等が禁止された。被告人は、勾留の被疑事実である窃盗について合計500万円を引き下ろしたことは間違いないが、実兄の遺志を実行したまでで、預かり持っていたものと理解しており、盗んだという気持ちはない旨述べていた。被告人はあわせて本件事件についても取調べを受けたが、関与をまったく否認していた。

②勾留に対しては、弁護人として5月28日勾留場所を代用監獄から拘置支所とするよう準抗告が申し立てたが、同日棄却された。6月3日被告人の夫が自殺したため、勾留執行停止の職権発動を求める申立ても行ったが、勾留の執行は停止されなかった。6月6日、弁護人として「違法捜査中止要求書」を検察官宛に提出した。窃盗被疑事実での勾留なのに、殺人、放火事件について取調べがされ、自白が強要されているとして、検察官に善処を求めたものである。また、6月8日以降、勾留理由開示、勾留取消請求（却下）、勾留取消請求却下および勾留延長に対する各準抗告を行ったが、いずれも棄却され、6月13日被疑者勾留期間満了を迎えた。

③捜査官は、6月初めころ、被告人の同房者から被告人との房内での会話内容を聞くという捜査方針を立て、6月8日、被告人とj署で同房であった女性の事情聴取を行い、また、6月21日および22日にも、同じく被告人と同房であった別の女性の事情聴取を行ったが、どちらからも、被告人の犯人性を基礎づけるような事情を聴取することはできなかった。

④被告人は、勾留期間満了日の6月13日窃盗の公訴事実で起訴された。起訴後も拘置支所に移監されることはなく、j署に引き続き勾留された。起訴後も、検察官の請求により、第1回公判期日に至るまでのあいだ接見等が禁止された。起訴後も被告人の取調べは続き、被告人は、6月14日は警察官から取調べを受け、15日は取調べを拒否し、16日は警察官の取調べは午前中は応じて午後は拒否したが検察官の取調べに応じ、17日は取調べを拒否し、18日は検察官の取調べを受けた。このような捜査に対し、弁護人として、6月17日付けで、任意であるべき起訴後の取調べは被告人が拒否しているので中止を要請するとの内容証明を検察官、a署に出すなどして抗議した。被告人は、19日、20日、21日、22日、23日の取調べを拒否した。

(3) 拘置支所への移監

被告人は、6月24日、拘置支所へと移監された。拘置支所移監後も取調べが同月25日に行われたが、被告人は同日午前の取調べは拒否し、午後警察官の取調べに応じた。その後再逮捕までの間、拘置支所での取調べは行われなかった。

(4) 威力業務妨害容疑での逮捕、a署に移監

①被告人は、7月1日、2年前の2002（平成14）年3月に実家離れで兄嫁が経営していた学習塾の教室に使用していた部屋を壁で塞いでその業務を妨害した威力業務妨害の被疑事実で再逮捕されてa署の留置場に留置され、7月3日から拘置支所に移監される9月27日まで引き続き同署に勾留された。被疑者勾留に伴い、威力業務妨害の被疑事実でも検察官の請求により接見等が禁止された。

②7月9日、窃盗被告事件の第1回公判が開かれ、弁護人として、窃盗の公訴は、違法な別件逮捕勾留によるものであり、公訴権濫用により公訴棄却すべきと主張した。窃盗について、第1回公判後も、検察官の請求により、第2回公判期日に至るまでのあいだ接見等が禁止された。

③威力業務妨害の被疑者勾留に対する準抗告、7月15日勾留理由開示を経て、被告人は、被疑者勾留期間満了の7月22日、威力業務妨害の公訴事実で起訴された。起訴後も拘置支所に移監されることなく、引き続きa署に勾留された。起訴後も、検察官の請求により、威力業務妨害被告事件の第1回公判期日に至るまでのあいだ接見等が禁止された。起訴後も7月23日から9月10日までの50日間のうち4日間を除いた46日間、被告人の取調べが続き、被告人は、そのうち8日間については取調べに応じることもあったが、それ以外のほとんどの取調べを拒否した。

④8月13日、第2回公判（窃盗、威力業務妨害被告事件）、9月24日、第3回公判が行われ、それぞれ公判後も各事実につき検察官の請求により接見等が禁止された。

　⑤なお、特捜班は、7月1日から17日まで被告人とa署で同房であった女性について、同女の取調官を通じ、房内での被告人との会話の内容を聴取したが、同女からは本件事件の罪体に関し有効な事情を聴取することはできなかった。

(5)　拘置支所への移監②

　被告人は、9月27日、拘置支所へと移監された。

(6)　殺人容疑での逮捕、a署に移監②

　①被告人は、10月3日、本件殺人容疑で3度目の逮捕をされてa署に留置され、10月6日から引き続きa署に勾留された。被疑者勾留に伴い殺人の被疑事実でも検察官の請求により接見等が禁止された。被告人は取調べにおいて殺人容疑について否認し、検察官から、同房者に対して、兄を殺した旨の告白をしていないかとの問いに対しては、そのような話はしていない、と答えていた。

　②被告人は、10月25日、否認のまま殺人の公訴事実で起訴された。起訴後も、検察官の請求により、本件殺人被告事件の第1回公判期日の午後10時までのあいだ接見等が禁止された。

(7)　放火容疑での逮捕、a署在監

　①被告人は、殺人で起訴された10月25日、非現住建造物等放火の容疑で逮捕されて引き続きa署に留置され、10月28日から同署に勾留された。被疑者勾留に伴い放火の被疑事実でも検察官の請求により接見等が禁止された。被告人は取調べにおいて放火容疑について否認していた。

　②被告人は、11月16日、否認のまま非現住建造物等放火の公訴事実で起訴された。起訴後も検察官の請求により、本件非現住建造物等放火の第1回公判期日の午後10時までのあいだ接見等が禁止された。

(8)　拘置支所への移監③

　被告人は、11月18日、拘置支所へと移監された。

4　同房者Ｍからの事情聴取状況

(1)　ｊ署における事情聴取状況

①同房状況

　Ｍは、6月18日の夜、窃盗（車上狙い）の被疑者としてｋ署の警察官に現行犯逮捕されてｊ署に留置され、被告人と同房になった。Ｍは、同被疑事実で引き続き勾留され、7月15日までｊ署に留置された。

　被告人とＭは、同人が逮捕された6月18日夜から被告人が拘置支所に移監された同月24日までのあいだ、同房であり、その間、同じ房に他の者はいなかった。

②事情聴取に至る経緯

　Ｍの容疑事実について取調べを担当していたｋ署の警察官は、6月19日の取調べの際、Ｍから、五十年輩の女性（被告人）と同房になったこと、被告人が取調べ担当官の悪口をいろいろ言っていることを聞いた。同警察官は、その後、同署の盗犯係長に対し、Ｍが被告人の話をしていたことを報告した。

　本件捜査を担当していた特捜班の警察官は、6月24日ころ、房内での被告人との会話の内容を聴取するため、Ｍの事情聴取を指示され、ｋ警察署に対し、被告人の関係でＭの事情聴取を行いたいと打診し、この打診は、6月24日夕方ころ、Ｍの取調べを担当する警察官に伝えられた。Ｍの取調べを担当していたｋ署警察官は、6月25日、取調べ終了後の雑談のなかで、Ｍに対し、翌26日に被告人のことに関して事情聴取があると告げた。

③事情聴取状況、聴取内容

　特捜班の警察官は、6月26日、ｊ署において、Ｍから事情聴取を行った。Ｍは、同事情聴取において、被告人が、ｊ署で、兄を殺すつもりで殺したわけではないとか、ライター1本であそこまでになるとは思わなかったと言っていた旨を述べた。また、被告人が、銀行から800万円を引き出した件で勾留されていると言っていたことや、被害者名義の口座間で現金を移動させた件については、Ｘ銀行の口座からＹ銀行の口座に移動させたと言っていたことも述べた。Ｍの事情聴取は、6月27日および同月29日にも行われ、Ｍからの事情聴取内容について、6月27日および同月29日付けで警察官調書が作成された。

(2) a署における事情聴取状況

①同房依頼

　特捜班は、7月7日の週に、k署に、Mの事情聴取をさせてもらったことへのお礼の電話をした際、Mが近々再逮捕されることを聞いた。特捜班は、Mがa署に勾留され、被告人と同房になれば、Mから被告人との房内での会話を聞き出し、裏付け捜査もできるようなさらに詳しい事実を聞き出せるかもしれないと期待し、電話を架けた1、2日後に、k署のMの捜査担当幹部に対し、7月15日ころはa署の留置場に空きがあること、Mを同署に勾留するということであれば、k署の取調べがない時間にMを事情聴取させてもらいたいことなどを伝えた。

②同房状況

　Mは、7月15日、覚せい剤取締法違反の被疑事実でk署警察官に再逮捕され、a署に留置されて、再び被告人と同房となった。Mは、拘置支所に移監される9月30日まで同署に勾留された。被告人とMは、Mが再逮捕された7月15日から被告人が拘置支所に移監された9月27日まで同房であり、7月17日以降は同じ房内には被告人とMの2人のみで、同人ら以外の者はいなかった。なお、a署の女子房の収容定員は2名であるが、7月15日の同所の女子房にはすでに2名が収容されており、Mの逮捕留置により定員超過の状態となった。他方、同日時点で、k署の女子房（収容定員2名）は収容0、l警察署の女子房（収容定員2名）は1名、Mが勾留されていたj署の女子房（収容定員10名）は7名であった。

③事情聴取に至る経緯、概要

　特捜班は、7月15日、捜査本部の会議において、同日、Mが被告人と同房となることが報告されたことを受けて、会議終了後、先にMの事情聴取を行った警察官を今後事情聴取専従として、Mから事情聴取を行うこととし、7月16日から9月29日までの76日間中48日間、ほぼ連日、Mから房内での被告人との会話の内容を聴取した。特捜班は、同房者からの事情聴取に当たっては、捜査情報を一切与えないこと、Mの供述に客観的な事実に反する内容があったとしてもそれを訂正しないこと、質問事項の要望を決して言わないこと、何らかの便宜を図るような約束はしないことを事情聴取担当者に指示した。事情聴取専従の警察官は、a署におけるMからの事情聴取初日である7月16日、Mに対し、被告人の件でMから事情聴取していることについて被告人に話さないように明示あるいは黙示で注意し、Mもそのことを了承した。

④ 7月22日の事情聴取状況

　Mは、7月22日、自ら事情聴取を要請し、同日、事情聴取専従の警察官による事情聴取が行われた。Mは、その事情聴取の冒頭に「刑事さん、昨日の夜、K（被告人名）さんから重要なことを聞き出しましたよ、早く聞いてくれないから忘れるかと思いましたよ」などと述べて、前日夜に被告人から犯行告白を聞いたと供述した。その内容は、M供述によれば、なんで殺人がつくんですかみたいなことを聞いたら、被告人が「だれにも言っちゃだめだよ」と言って、殺してしまった、お兄さんの通帳から通帳にお金を移したことでお兄さんとトラブルになり胸を刺した、という内容であった。このMの事情聴取内容について、同日付けの警察官調書が作成された。

⑤ 7月27日の事情聴取状況

　Mは、7月27日の事情聴取において、7月26日のお昼に被告人から2回刺したということを聞いた旨述べた。その内容は、M供述によれば、トランプをしていて、Mが1回刺したんですかとかそういう話をしたら、被告人が「2回刺した」と言い、Mが2回ってどこを刺したんですかとかそういうことを聞いたときは、被告人が「ちょっと覚えていない」と言っていた、というのである。この日のMの事情聴取内容については、7月30日付けの警察官調書にまとめられた。

⑥ 7月28日の事情聴取状況

　Mは、7月28日の事情聴取において、興奮ぎみに、「あのですね、刑事さん、Kさんがお兄さんを刺したとき、どこを刺したか聞いてきましたよ、Kさんは首を刺したと言っていましたよ」などと述べて、首を刺した旨聞いたと供述した。その内容は、M供述によれば、トランプか何かをしていたときに事件の話になって、Mが2回刺したってどこを刺したんですかと聞いたら、被告人が「首だったと思う」と言っていた、というのである。この日のMの事情聴取内容については、上記7月30日付けの警察官調書にまとめられた。

⑦ 解剖鑑定医による被害者死因の変更

　被害者を解剖した解剖鑑定医は、捜査機関に死因に関する報告書を6月12日付けで作成して提出していたところ、その時点では、死因は心臓刺傷に基づく出血性ショックとの結論であった。

　検察官、特捜班長ら本件捜査に当たっていた捜査幹部は、被告人が胸のほかに

首も刺したと言っているとのMからの事情聴取内容を踏まえて、8月2日、解剖鑑定医を訪ね、被害者の右頚部に刺し傷の痕があるかどうかを聞いた。これを受け、解剖鑑定医が、ホルマリン漬けにして保存していた被害者の右総頚動脈を持ち出し、その血管を切り開いて傷の有無を確かめたところ、長さ約0.5センチメートルの直線状の離開が1カ所認められ、その離開の創縁および創面が整であり、離開の部分の内膜が黒色に変色していたと判断したことから、その部分について組織学的に観察することになった。

捜査官は、8月5日、解剖鑑定医から、被害者の右総頚動脈の組織片を確認したところ、右総頚動脈の傷口から生体反応の所見が認められたことを聞いた。解剖鑑定医は、被害者の死因を、刺創によって生じた右総頚動脈切創に基づく出血性ショックに変更し、8月10日付けでその旨の報告書を作成した。

⑧その後の事情聴取状況等

Mは、8月4日の事情聴取において、取調室に入るなり、事情聴取専従の警察官に対し、「M頑張りましたよ、昨日8月3日の夜、寝る前にKさんから重要な話を聞きましたよ、忘れるといけないから、今日の朝メモに書いてきました」などと言って、被告人から聞き出したという被告人の行動を記載したメモ紙を渡した。同事情聴取において、Mが、被告人は3月23日の昼に弁当を買って兄の家に行く際、夫はスポーツクラブに行って家にいなかった、夫はスポーツクラブに月、水、金と通っていたと話していると述べたのに対して、事情聴取専従の警察官は、3月23日は火曜日であるが、被告人が弁当を買って兄の家に行ったとき夫が外出中でいなかったと、本当にそのように話したのかと確認した。

Mは、8月9日の事情聴取において、最初に取調室に入るなり、事情聴取専従の警察官に対し、「またM頑張りましたよ、一昨日の夜と昨日、Kさんから聞いた話を忘れるといけないから、メモに書いてきてます」などと言って、『M「もし、殺人で逮捕されたらどうするんですか？」姫「完全黙秘して否認するよ」』などと、被告人との会話のやりとりの形式でその内容をA4用紙表裏にびっしりと記載したメモ紙を渡した。

Mは、9月15日、窃盗の被疑事実（追起訴事件）で取調べを受けた際、Mの取調べを担当している警察官に対して、事情聴取専従の警察官に渡してほしいと言付けて、「殺した事実はまちがいありまんせんK」「殺害したことを認めますK」と被告人に記載させたメモ紙を渡し、さらに、大事なことがあるので、その刑事を呼んでほしいと頼んで、被告人に関する事情聴取を受けた。

11　同房者供述と闘う；引野口事件

Mからの事情聴取内容については、検察官と協議のうえ、最終的には検察官がまとめて事情聴取するので、その都度警察官調書を作成する必要はないということになり、7月30日付け警察官調書を最後に、警察官に対する供述調書は作成されず、警察官の捜査報告書という形でまとめられた。

　以上のようなMからの事情聴取を踏まえ、9月29日、検察官がMから事情聴取を行い、検察官調書を作成した。

5　同房者自身の容疑事実に対する捜査、公判の状況

(1)　j署在監中の捜査状況

　Mは、前記のとおり6月18日に窃盗容疑で逮捕されてj署に留置され、6月21日から同署に勾留された。勾留に伴い検察官の請求により接見等が禁止された。Mは、7月8日、同窃盗の公訴事実で起訴された。

　Mは、同起訴後の7月12日までには余罪について自供書を書き、翌13日に盗品を捨てた場所への引き当て捜査が実施された。

(2)　a署被疑者勾留中の捜査状況

　Mは、7月15日、覚せい剤取締法違反容疑で再逮捕され、a署に留置され、7月18日から同署に勾留された。接見等禁止請求はされなかった。

　Mは、7月15日、M自身の被疑事実について取調べを受け、2通の警察官調書が作成された。7月17日午前中、検察官への事件送致に伴い検察官の弁解録取、7月18日午前中勾留質問、7月21日、M自身の被疑事実についての取調べを受けて警察官調書が作成され、7月26日、M自身の被疑事実について検察官の取調べを受けて、検察官調書が作成された。そして、7月27日覚せい剤取締法違反の公訴事実で起訴された。

(3)　起訴後のa署在監中の捜査状況等

　Mは、上記起訴後も拘置支所に移監されることなく、9月30日までa署に引き続き勾留された。このa署の起訴後勾留中、Mは余罪についても取調べを受けたが、上記7月27日の起訴後9月30日までの66日間に、Mを同人自身の被疑事実や余罪で取り調べたのは、9月3日および9月15日に警察官による取調べ、9月21日および9月28日に検察官による取調べの4日間が認められるのみである。

(4) 拘置支所への移監

Mは、9月30日拘置支所へと移監された。

(5) 公判の状況等

Mの第1回公判は9月10日に開かれ、7月9日付け起訴に係る窃盗、7月27日付け起訴に係る覚せい剤取締法違反被告事件が審理されたが、追起訴予定により次回続行となった。10月6日、窃盗の公訴事実で追起訴された。

第2回公判が10月23日に開かれ、同日結審し、判決期日が指定された。11月12日、第3回公判において判決が宣告された。懲役2年6月、4年間執行猶予の有罪判決であった。

6 これらの事実を基に判決が指摘した『同房者が供述するa署での「犯行告白」獲得過程の問題点』

(1) 身柄拘束の捜査への利用

捜査機関は、j署における同房者からの事情聴取の結果をふまえ、房内での被告人の会話内容をその同房者を通じて聴取する目的で、同房者が再逮捕される機会を利用して、同人を、被告人が勾留されており、また、その収容定員から2人が必然的に同房になるa署に留置勾留するように依頼し、その同房者を、当時弁護人以外の者との接見等が禁止された状態で勾留中であった被告人と意図的に同房にした。

さらに、起訴後も拘置支所に移監することなく、代用監獄への勾留を続け、意図的に同房状態を継続した。すなわち、被告人については、7月22日勾留被疑事実であった威力業務妨害の公訴事実で起訴し、被告人が取調べをほとんど拒否していた状況にあるのに、起訴後ほどなく拘置支所に移監することなく、上記威力業務妨害での起訴後も2カ月以上のあいだ、a署での勾留を続けた。また、同房者については、7月27日勾留被疑事実であった覚せい剤取締法違反の公訴事実で起訴した後も被告人と同房状態を続け、ほぼ連日同房者から事情聴取を続けるとともに、被告人の殺人、放火事件の捜査を担当する検察官が事情聴取し検察官調書作成をすませるまで、同房者を拘置支所に移監せず、a署での勾留を続けた。

検察官は、同房者をa署に移監し、その後も留置し続けたのは、余罪捜査の必要性からであった旨を主張するが、前記認定の同房者に対する同人自身の容疑事実についての捜査状況からは、余罪取調べの必要があるとしても拘置支所において取り調べることでも支障ないものと考えられ、a署のほうが捜査に便宜であったことは否定

できないにしろ、その必要性は明確ではないのに対し、同房者自身の余罪に対する取調べ以上に、被告人に関する事情聴取をほぼ連日行っている状況からすれば、同房者をa署に勾留し続けたのは、被告人との同房状態を継続し、同房者を通じて被告人に関する捜査情報を得るためであったことは否定できないと認められる。

以上のとおり、同房者を通じて捜査情報を得る目的で、意図的に２人を同房状態にするために代用監獄を利用したものということができ、代用監獄への身柄拘束を捜査に利用したとの誹りを免れない。

(2) 房内での身柄留置の捜査への利用

a署における同房者の事情聴取に当たっては、７月16日の最初の事情聴取時に、同房者に対して被告人には内密にするように依頼し、同房者が了承したうえで、以後ほぼ連日同房者から事情を聴取している。実際にも、同房者は被告人から聞いた内容を捜査官に伝えていることを被告人に知らせていない。

捜査側は、同房者からの事情聴取にあたって、同房者に対して質問依頼をしたり、捜査情報を与えたりしないよう配慮しているが、同房者は、その供述によれば、同房者自ら被告人に質問して被告人の犯行告白を聞き出したというのであり、その供述する会話の状況からは、日ごとに積極的に被告人に働きかけ、ときには自ら聞き出した内容のメモを作成し、被告人に「殺した事実はまちがいありません」等の文章をメモに記載させるなど、同房者の事情聴取に当たった警察官をしても、被告人に対して何らかの働きかけをしていくことはあまり望ましくないとの感想を持つほどに、積極的に捜査に協力したと評価できる。このような同房者の態度は、たまたま同房になった者が吐露した犯行告白を聞いたというような状況とは異なり、捜査側の意を酌んで、聞き出した内容を捜査側に伝えることをあらかじめ意図して、しかも、被告人にはその意図を秘したまま、積極的に質問して被告人の「犯行告白」を得たものといえる。しかも、先に指摘したとおり、同じ房に留置して強制的に２人きりとなる状況を作出したうえ、その状態を相当な期間継続して、いわば必然的に会話を交わすようにしむけた状況の下で、同房者を捜査側に協力させて、被告人から話を聞き出させたということができる。そして、同房者からの事情聴取を担当する専従班を作り、事情聴取する態勢を取ってほぼ連日事情聴取を行い、同房者を介して、被告人の房内での様子を詳細に把握した。

逮捕勾留が被疑者の取調べのために存するとの立場によっても、身柄拘束を不当に犯罪捜査に利用することを許容するものでないと考えられるが、本件では、上記に指摘したとおりの状況にあり、被告人は房内での留置時においても自らはそれと知ら

されないまま、同房者を介して捜査機関による取調べを受けさせられていたのと同様の状況に置かれていたということができ、本来取調べとは区別されるべき房内での身柄留置が犯罪捜査のために濫用されていたといわざるをえない。

(3) 被告人の供述拒否権への配慮不足

同房者は、捜査側の意図を酌んで、房内において被告人に発問するなどし、その結果、被告人から犯行告白を含む自己に不利益な事実を聞き出し、その内容は、同房者を介して調書化され、同房者が公判廷で供述する事態となった。

被告人の側からすれば、房内で同房者を信じて話をするにあたり、その話した内容が将来犯罪事実認定の証拠となりうることなどまったく想定しておらず、むしろ、捜査側には伝わらないことが前提となっていて、自己に有利か不利益かを考慮したうえで話すような状況になく、当然のことながら、話をする際に黙秘権や供述拒否権を告知されるようなことはない。

(4) 虚偽供述が入る危険性

捜査官にそのまま伝達するという意図を隠して同房者により聞き出された犯行告白に果たして供述の任意性があるのか疑問であるうえ、同房者を捜査協力者とし、同人を介して、当該被疑者の房内での犯行告白を得るという捜査手法によって得られた供述には虚偽が入り込む危険が高いと言わざるをえない。すなわち、犯行告白を聴取する同房者は一私人であって、捜査官のような事情聴取能力や聴取した事情を把握する能力に裏付けがあるわけではなく、同房者も逮捕あるいは勾留によって身柄を留置され、捜査機関の捜査を受け、捜査機関に自らの処分を委ねている立場にあるから、無意識的にであれ、捜査機関に迎合するおそれが内在していることは否定できない。本件についてみても、同房者は、窃盗および覚せい剤取締法違反の被疑事実で勾留され、余罪がどれくらい立件されるか等について捜査機関に委ねられている状況にあったが、同房者は、捜査側から質問要望を受けたり、捜査情報の提供を与えられたことはなかったにしろ、同房者みずから捜査側の意を酌んで積極的に捜査に協力する姿勢をみせており、その全体的な供述は捜査機関が客観的な証拠を有している部分についてのみ不自然に詳細であるようにも見え、同房者が公判廷で述べる被告人の不利益供述が全てそのとおりされたものであるか否かには疑いが残る。

したがって、被告人の犯行告白には供述の真実性を担保する情況的な保障がなく、むしろ虚偽が入り込む危険性が指摘できる。

7　犯行告白の証拠能力（任意性）に関する判決の結論

本判決は結論として以下のとおり述べた。
「同房となった者から、その者が体験した容疑者との会話内容など、容疑者に関する事情を参考聴取すること自体は、任意捜査として許されるものであると考えるし、その有用性を否定するものでもない。しかし、本件のそれは同房者からの参考聴取といえるものではなく、被告人の告白を直接同房者を通じて得ようとする捜査手法であり、先に指摘した諸点に照らすと、被告人の告白が真実であることの情況的保障がなく、虚偽自白を誘発しかねない不当な方法であって、その結果得られた犯行告白に任意性を認めることはできない。のみならず、本件の捜査手法は、身柄留置を犯罪捜査に濫用するものであり、他の捜査手法を用いることが困難であったということもできないから、適正手続の観点からも捜査手法としての相当性を欠くといわざるを得ない。そもそも本件捜査においては、被告人と犯行を直接結びつけるような客観的な証拠がなく、いきおい被告人の自白がほとんど唯一の証拠となりうる事案であり、その任意性の担保について捜査上特段の留意を払うべき事案であると考えられ、現に、被告人が窃盗容疑で逮捕されて以来、弁護人から別件逮捕であるとの主張や、余罪取調べの違法など種々の申立がされており、検察官は捜査指揮に当たって慎重な配慮を要する事案であったと考えられるのに、本件のような捜査手法を選択し、被告人の犯行告白を得て、同房者供述によってそれを立証しようというのであって、その証拠能力を認めることは、将来における適正手続確保の見地からしても相当でないと考える」。

本判決は、これらの判断の上に立って、「同房者供述のうちa署で被告人から聞いたとする犯行告白部分については、任意性に疑いがあり、その証拠能力を認めることはできない」と判示したのである。

なお、裁判所は、検察官が請求した同房者Mの警察官面前調書、検察官面前調書、同房者Mの被告人との同房時の会話内容等を聴取した報告書はすべて却下していた。

第6　被告人の犯行告白の信用性について

1　判決の信用性についての判断

以上のとおり、被告人の犯行告白を内容とする同房者の公判供述部分には証拠能

力が認められないとして「犯行告白」を証拠から排除しているので、このことのみで殺人と非現住建造物等放火について「無罪」が言い渡されることとなるが、判決は、「犯行告白には、被告人が犯人であると認定するに足りる程の信用性は認めがたいとの心証に達している」として、「念のため」、犯行告白の信用性についての判断も示した。

2　犯行告白を聞いたとする同房者供述の信用性

　判決は、「同房者供述の内在的問題点」として、「そもそも、同房者は、被告人から、房内の日常生活の中で機会をうかがって、何げない素振りをして話を聞いていたもので、聞いた内容をその場でまとめて書き留めるなどという状況にはなかったこと、そうした状況下において同房者が被告人から聞いたと供述する内容が多岐にわたること等をも併せ考えると、同房者の述べる内容は、被告人の実際の発言内容に、捜査機関から確認されたり、同房者なりの理解を加えて整理している部分がある疑いは払拭できず、全てが被告人により発言された内容とみることはできない」とするものの、同房者から聴取したことを契機として、捜査を大きく進展させた犯行告白である「被害者を刺し殺したこと、被害者の胸と首の2か所を刺したこと」については、その存在が認められ、これを聞いたとする同房者の供述が信用でき、犯行告白の根幹内容は、被告人が同房者に話していたと認めることができる、との判断を示した。

3　被告人の犯行告白自体の信用性

　そのうえで、判決は、犯行告白自体の信用性について検討している。
　判決は、「犯行告白は、同房者が公判廷で供述するものではあるが、被告人が同房者に述べた被告人と犯行を直接結びつける証拠であり、自白に準じるものであるから、自白の信用性判断手法に従って、その信用性を」以下のとおり検討している。

(1)　犯行告白の経緯

　a署で同房者が聞いたとする犯行告白には、捜査協力を約した同房者が発問して得られた告白であるという証拠能力の判断で指摘した問題点があるうえ、同房者は、トランプゲームをしながら等、房内の日常生活における雑談として被告人から話を聞いていたものであり、その具体的な状況は明らかではないが、少なくとも取調室における捜査官による取調べと異なり、そもそも被告人にとっては、自己が体験した事実

を話すべきであるという心理的規制とは無縁な状況であったことをあわせ考えると、被告人の発言内容は、雑談として、その場の思い付きで、虚構も織り交ぜながらなされている疑いがある。

(2) 内容の変動、合理性

　内容の変遷については、8月22日ころの事情聴取では、放火に食用油を使用したかのような内容もみられるほか、9月7日ころの事情聴取においては、同房者は、被告人が本当は1回刺した旨述べていたと供述しており、この点は、検察官が犯行告白の根幹部分とする内容を変更するものとなっている。このことに加え、検察官指摘の根幹部分以外のものではあるが、殺害日時について8月23日までは3月23日夜、8月27日と31日には3月23日昼と変遷し、首を刺したときに被害者が立っていた、寝ていた、座っていた、凶器について果物ナイフ、出刃包丁、包丁など等、変遷がみられる。さらに、凶器がフランスやイタリアで買ってきたアーミーナイフやサバイバルナイフであるとか、犯行態様について、ナイフで刺す、ナイフを引いた、もう一度刺したら血が止まった等と、突飛ともいえる内容も含まれている。

(3) 告白内容に客観的裏付けが存するか（秘密の暴露の存否）

　検察官は、首を刺したとする犯行告白を受けて、解剖鑑定医が改めて被害者の遺体を調べたところ、遺体の右総頚動脈に外傷性の生前に生じた切損があることが明らかになったとして、告白内容には客観的な裏付けがあり、かつ秘密の暴露として高度の信用性があると主張していた。判決は、頚部の創傷の有無について、以下のとおり判断して、秘密の暴露があるとは認めなかった。

①解剖鑑定結果の要旨

　被害者の遺体を解剖した医師J作成の鑑定書3通および公判での供述（以下これらを「J鑑定」ともいう）によれば、J鑑定の要旨は、次のとおりである。被害者の遺体には、左胸部刺創に加え、右総頚動脈の下部の起始部から上方約3センチメートルの部位に長さ約0.5センチメートルの離開1個が認められ、この離開は、生前に受傷した刺創による切損であって、離開の長さおよび形状から有刃器によって生じたと考えられる。右総頚動脈の切損は、創傷治癒機転が生じたと認められ、生命活動が十分な状態で生じたものと認められるのに対し、左胸部刺創は、生命活動がきわめて減弱した状態で生じたものと推認されるから、右総頚動脈の切損を生じたあとに左胸部刺創を生じたと考えられる。被害者が生前に首に損傷を受けたとする根拠は、

離開部分につき、組織学的に観察すると、右総頚動脈の外膜に凝固した血液、すなわち血腫があり、その血腫のなかにフィブリンが析出し好中球が軽度に出現していたことである。フィブリンは、生前に創傷が発生した場合、その血を止めるために出てくる物質であり、好中球は、白血球の一種であるが、抗菌作用があることから、炎症を止めるために創傷の部位に集まってくるものであり、これらの物質が出現して創傷の治癒に寄与するという働き（創傷治癒機転）は、生前に創傷が発生したことを示すものである、というのである。

②離開の形状について
　検察官は、J鑑定を根拠に、離開の形状が直線的で、創縁および創面の性状が整であることから、離開が鋭器損傷であると認められると主張していた。しかし、検察官が離開として指摘する部分は、穴の形として確認されておらず、血管を切り開いた切開線から切り込みを入れたようなくさび形で、その創縁全体の形状が明確ではなく、創縁および創面の性状についても、離開を撮影した写真からは、この点については一見して明らかではない。他方、医師である証人Kは、離開とされる部分は右総頚動脈の死後の破綻によって生じたものであるとの所見を述べているところである。K医師は写真を基に所見を述べるものにすぎず、総頚動脈そのものを観察した解剖鑑定医の所見が直ちに不合理とはいえないが、J鑑定も、その形状のみならず、生前の傷であったという組織学的な検討結果も踏まえて、外傷性の傷であると判断しているものと理解される。したがって、離開の形状のみから有刃器により生じた鋭器損傷であるとは、直ちには断定できない。

③創傷治癒機転を示すフィブリンの析出について
　J鑑定は、右総頚動脈に存在した離開部の外膜周囲の血腫内部にフィブリンの析出および好中球の軽度出現が認められ、これが被害者が生前に首に損傷を受けて創傷治癒機転の発生している所見であるとする。
　これに対し、K医師は、その公判供述ならびに鑑定書（以下、これらを「K鑑定」ともいう）において、フィブリンは明瞭な繊維の形成を示す物質であり、繊維状あるいは網目状でなければならないが、右総頚動脈の外膜血腫の顕微鏡写真には繊維状網目構造は見られないので、フィブリンの析出は認められないとの所見を示している。このK鑑定は、医学書の写しの、「繊維状網目、ときには均一な凝固物質のように見える」との記載や、別の医学書の、フィブリンとは、血液の中の血漿成分に含まれるフィブリノーゲンから形成される繊維性蛋白である旨の記載にも沿うものである。また、医師

であるLも、本件ではフィブリン析出は見られないと所見を述べている。

　J鑑定は、ぼやっとなってる所見が、フィブリンが析出しているということである、鑑定書の添付写真には繊維状、網目状になっている部分は確認しにくく、映っている概ねすべてが均一な凝固物からなるフィブリン塊であると説明するが、K医師らの指摘を踏まえると、J鑑定によって、明確にフィブリンの析出があるとは認定し難い点がある。

　④創傷治癒機転を示す好中球の出現について
　好中球の出現について、J鑑定は、好中球は白血球の40から60パーセントを占めるもので通常の血液内にも含まれるものではあるが、離開の外膜の血腫内に認められる好中球の出現頻度が通常の血液内に比較して高いとして、創傷治癒機転が生じたことを有意に示す程度に好中球が軽度に出現していると認められるとの所見を述べる。

　これに対し、K鑑定は、J鑑定が指摘する顕微鏡写真について、好中球は見られるが、出現している好中球の数で創傷治癒機転が発生しているとはいえない所見であるとし、また、右総頸動脈の外膜血腫のなかに好中球が見られたとしても、創傷治癒機転とは無関係である旨の意見を一貫して述べている。K医師は、その根拠として、創傷治癒機転は創傷の局所に生じるものであるから、そこから離れた外膜の血腫を検査しても意味がないことおよび血腫そのものは血液の凝固機転によって起こるもので、受傷後1時間くらいで起こるのに対し、創傷治癒機転は、その後に発生するものであるから、すでに固まった血腫が創傷治癒機転の影響を受けることはありえないことを指摘する。医学書にも、創傷治癒機転として好中球が遊走、すなわち出現するのは、損傷部の局所であることを示す内容の記載があり、上記Kの説明に沿うものであるといえる。

　好中球について、J鑑定自体、「軽度」に出現しているとの所見であり、K鑑定の指摘も踏まえると、好中球の所見から、離開が生前の傷であるとするには合理的な疑いが残るといわざるをえない。

　⑤その他の事情について
　検察官は、右総頸動脈の離開は、右総頸動脈の外側方、頸部の外表側にあると主張し、J鑑定をその根拠として引用する。しかし、右総頸動脈を写した写真からは、肩の方に向かう動脈分岐部との位置関係などからは、むしろ離開は頸部の身体内側方にあるのではないかとも見られ、K医師、L医師の見解も内側であるとしており、

離開が右総頚動脈の外側方に位置するという点についても疑問がある。

　⑥離開に関する認定判断の結論

　以上検討したとおり、被害者の右総頚動脈の離開が、生前に生じた外傷性のものであると認めるには、なお合理的な疑いが残り、したがって、被害者の頚部に生前に生じた外傷性の傷があると認めることはできない。

(4) 被告人の犯行告白の信用性についての結論

　判決は、以上の認定を踏まえ「被害者の首を刺した後に胸を刺したとの犯行告白には、首を刺したという枢要部分について、客観的証拠による裏付けがあるとするには疑問が残り、したがって、首を刺したと述べた点が秘密の暴露であるともいえない。その余の信用性に関する事情を考慮しても、被告人の犯行告白に、被告人の犯人性を認める程の信用性があるとは認めがたい」と判示した。

第7　判決の評価について

1　本判決が、殺人・放火の公訴事実の関係で、同房者が聞いたとされる被告人の「犯行告白」についての公判供述を「犯行告白」には「任意性に疑いがある」として証拠能力を認めなかったことは積極的に評価されるべきである。本件の捜査手法は、代用監獄を不当に利用した捜査手法であり、かつ、私人を利用した捜査手法である。判決が問題とした点は、前述したとおり、身柄拘束の捜査への利用（捜査機関が同房者を通じて捜査情報を得る目的で意図的に被告人と同房状態にしたこと）、房内での身柄留置の捜査への利用（本来取調と区別されるべき房内での身柄拘束が犯罪捜査のために濫用されたこと）、被告人への供述拒否権への配慮不足（話した内容が将来犯罪事実認定の証拠になりうることがまったく想定されない状況で、黙秘権や供述拒否権が被告人に告知されていなかったこと）、虚偽供述が入る危険性の4点である。これらは、人権擁護、違法排除、虚偽排除等の観点を総合考慮したものといえよう。

　本件事案が明らかにしたことは、代用監獄が残置されている現状下では、警察が捜査と留置の分離を謳っていても、同じ警察が管理する以上、留置が捜査に利用されている実態は残っており、これを解消するには廃止するしかないということである。被疑者取調の可視化だけでは冤罪はなくせないのである。

2　一方、本判決が「同房になった者から、その者が体験した容疑者との会話内

容など、容疑者に関する事情を参考聴取することは許される」としたことは批判されるべき点があろう。同房者がほかの事件で拘束されている者という地位にあることに鑑みると、いわゆる共犯者の自白以上に虚偽が入り込む余地が一般的に高いとも考えられ、捜査機関が私人を利用し、黙秘権を告知しないで自白を取り出すという点では、本件と何ら変わるところがないと考えられるからである。

3 また、被告人が「犯行告白」をしたと認定したことは、証拠の評価を誤っており不当である。ただし、本判決がこのように認定したうえで、自白法則を適用し、検察側鑑定結果を採用せず、「犯行告白」には客観的裏付けがなく「秘密の暴露」にも当たらないとして、信用性を否定したことは、控訴されても覆りにくい判断を示したといえ、検察が控訴を断念した大きな理由となったとはいえよう。

4 さらに、残念なことは、殺人事件の捜査のための身柄確保であることが容易に推認できるにもかかわらず、窃盗や威力業務妨害での逮捕勾留が違法な別件逮捕・勾留であるという主張が認められず、これらに関し、執行猶予付きではあっても、有罪判決がなされたことである。

第8　どうして無罪判決を勝ち取れたのか

第1には、被告人が別件逮捕を含めて4回の逮捕勾留期間中、一貫して自白を取られることなく否認を通したことである。これができたのは、弁護人が最初の逮捕の翌日から毎日接見を行い、被告人（被疑者）を励ましたことも寄与しているであろうが、何より、子どもたちを始め、被告人の親族や被告人の亡夫の友人たちが被告人の無実を信じて、終始支援を続けたことが大きかったと言える。また、子どもたちを始めとする支援の広がりは多くの署名を集め、マスコミにも本件が冤罪事件として取り上げられることにつながり、よい雰囲気のなかで判決を迎えることができた。

法廷内の活動としては、弁護側として、当初から同房者M供述について違法収集証拠排除、任意性否定を争点として提起したことである。この争点提起に基づき、証人調べに入る前に徹底的な証拠開示請求を行った。被告人や同房者Mの留置人出入簿に基づく出入場の捜査報告書（出入りの時間だけでなく、連行した警官名も含む）、被告人および同房者Mの取調状況記録制度関係書類綴り、同房者Mから事情聴取した結果を聴取担当警察官が毎日報告した報告書綴り一式、同房者M自身の刑事事件記録一切、地域の各警察署の女子房の定員と被告人留置時の実際の収容人員

数、同房者Mが作成し警察に提出した被告人との会話内容を記したメモ、同房者Mが被告人に心理テストだと言って書かせた「殺害したことを認めます」との内容のメモ等を開示させることができた。これらの文書により、同房者Mは、自分の事件の取調べは極少なく、被告人との会話内容を聴取するため毎日のように事情聴取されていたこと、ほかの警察署の女子房に空きがあるのにあえて女子房が1つしかなく、しかも定員をオーバーすることになるにもかかわらず、あえて同房とされたこと等が明らかになった。さらには、捜査本部の特捜班長、同房者Mの事情聴取に当たった警察官、同房者M自身の事件の取調担当警察官等警察官5人の証人尋問を採用させた。これらのことが裁判所が「犯行告白」の任意性を否定する判断をした重要な材料となったのである。

「犯行告白」の信用性判断に関しては、解剖時の写真のネガを開示させ、拡大写真にすることによって、より精密に御遺体の状況を確認して、検察側鑑定医（法医学）への反論に役立たせることができた。さらには、頸動脈にあった「離開」が生前のものか否かという争点（生前のものと言えなければ、犯行告白に秘密の暴露がないことになる）について、弁護側証人として法医学者だけでなく、病理学者の証人も確保でき、採用させることができたことも、信用性を否定するのに大いに役立ったといえる。

第9 判決後の対応について

検察官は控訴を断念した。被告人、弁護人側としても、有罪となった窃盗、威力業務妨害についての控訴も検討したが、Kさんを被告人の地位に置き続けることになることや、犯行告白の任意性を否定した本判決を確定させることを重視して控訴せず、確定させることにした。

刑事補償請求については、窃盗や威力業務妨害での逮捕・勾留期間を除く期間すべてを補償対象期間として認定した最高日額での補償を受け取ることができた。刑事費用請求についても、弁護側鑑定に要した費用の全額や国選基準ではあるが弁護人4人分の日当報酬が認められ、一定の補償や費用補填が実現できた。

まとめ
誤起訴・誤判の最大の原因

本田兆司

第1　分析の視点

　報告のあった11の無罪事例を概観すれば、わが国の刑事手続における制度的な欠陥が見事に露呈し、ここに、誤起訴・誤判の最大の原因があることも見て取れる。
　すなわち、なによりも捜査当局の誤った見込捜査である。
　そして、この誤った見込捜査を支える制度が、代用監獄の利用であり、別件逮捕による長期の身体確保を許し、密室での被疑者に対する長時間の取調べ受忍義務にあり、このこと自体が自白の強要を許容するのである。
　それゆえ、11の無罪事例のほとんどが誤った見込捜査に端を発している。
　それに続いて、代用監獄を利用しての自白の獲得が、検察当局をして真実であると確信させ、自白を裏付ける客観的証拠を収集する捜査を疎かにしていることである。
　氷見事件や足利事件がその典型的な事例であり、宇和島事件をはじめ広島甲板長殺人事件などもそれであり、いわゆる自白の信用性判断が問題となる事案である。
　さらには、嫌疑を否認する被疑者の弁解に耳を貸さず、作為的な証拠の獲得を目論んだり、証明力のきわめて乏しい情況証拠を積み重ねたりしている事例もある。
　前者の事例としては、被告人の犯行告白を聞いたという同房者の供述証拠をもって犯罪を証明しようとした引野口事件があり、後者の事例としては、自民党本部放火事件、甲山事件やロス疑惑銃撃事件などがあり、講学上、情況証拠によって犯罪事実を推認する判断基準が問題となった事案である。
　以上の観点から、第2部の無罪事例の問題点を概観することにする。

第2　誤った見込捜査について

1　すべての無罪事例は、捜査当局の誤った捜査方針、つまり、無実である被疑者をその嫌疑を超えて真犯人と誤信し、その弁解を聞き入れず、執拗に供述を強要して虚偽自白を獲得し、裏付け捜査が杜撰なまま、誤起訴を行うことにある。

以下で紹介する志布志事件や北方事件などからわかるとおり、わが国の刑事裁判制度はこのような捜査当局の誤った見込み捜査にきわめて寛容であり、そのことが氷見事件、足利事件の冤罪を招いたといえる。

志布志事件は、「平成15年2月上旬ころ」会合に集まった地区の6名の住民に投票の取りまとめ等の選挙運動をする報酬として各金6万円を供与したという事件であるが、2003（平成15）年5月13日に逮捕された後も、会合を開いた月日も不明な3件の別件逮捕が繰り返され、7月4日までの50日も代用監獄に留置され、連日のごとく長時間の取調べが行われた。筆者が指摘されるような別件逮捕を許せば、捜査当局の恣意的な運用により、令状主義を潜脱することが可能である。この事件は、別件逮捕が捜査当局の常套手段となっている実態を物語っているとともに、自白を強要しようとする捜査側が弁護人の連日の接見活動を快く思わず、秘密交通権の侵害など弁護活動を妨害するといった問題も示している。

この秘密交通権の侵害をめぐって、裁判所が国選弁護人を解任したことは、検察官と裁判所が一体となった弁護権の侵害であるといえ、鹿児島弁護士会が国選弁護人の推薦手続を停止し、捜査当局の違法捜査の非難決議をしたことは、適切な対応であったといえる。

また、北方事件では、1989（平成元）年1月に山中の同じ場所から3名の女性の死体が発見され、3名の女性の1名と交際のあった被告人が、事件発覚当日から4日間、任意の事情聴取を受け、アリバイ書面を提出し、その9カ月後の10月26日、覚せい剤事犯で逮捕され、覚せい剤事犯を自白したが、その日から、任意調べと称して、上記殺人事件の任意調べが11月18日まで連日13時間以上にも及ぶ形で行われ、その後、自筆の殺害を否認することから徐々に自白に至る判明しているだけでも70通以上の上申書が作成されてしまい、11月20日、拘置所に移管された被告人を心配した家族に伴われた弁護士の接見を受けて、殺害を否認し、その後の任意調べを拒否するに至ったというのである。

しかし、被告人は時効が成立する前の、事件発覚から13年余を経過した2002（平成14）年6月11日に逮捕され、3名の女性の殺人事件で起訴された。そのため、13年も前に作成された70通にも及ぶ上申書の証拠能力が問題となった事件であり、

この間、捜査当局が実質的な捜査をしていたとも思われず、時効の責任回避のための思いつきのような公訴提起と思われ、2002年10月から2005（平成17）年2月まで実に65回もの公判を数える審理となって、誤起訴がいかに重大な人権侵害となるかを認識させる事案である。

さらに、引野口事件では、最初の逮捕から別件逮捕を繰り返し、被告人が虚偽自白を行わないことから、被告人を真犯人と信じて疑わない捜査当局が、他事件の被疑者に捜査協力をさせて、同房となった被告人から犯行告白を聞いたという供述調書を作成し、これを情況証拠として誤起訴をした。このような信じ難い違法収集証拠をも検察官が証拠請求すること自体信じ難い事案である。

また、城丸君事件では、被疑者が黙秘権を行使し、供述証拠を獲得できないことから、検察官は「不詳の方法により殺害した」との訴因で起訴したこと。それに対して弁護側は、情況証拠によっては、死亡原因が事故、自殺又は事件によるか不明であると主張しており、このような起訴はそもそも訴因の特定明示に反するばかりか、誤起訴であることは明白であり、裁判所がこのような公訴提起を是認したこと自体、問題であるといえる。

ところが、わが国の刑事裁判実務は、訴訟手続においても、憲法で保障された被疑者・被告人の権利保障に対する配慮に慎重であり、結局、黙秘権を行使する被告人に対し、検察官による個別の被告人質問を許したことは、黙秘権の侵害だけでなく、苦役を強いる不適正な訴訟指揮であり、それに対する自戒の念すら見て取れない。

これらの事件はいずれも、代用監獄制度のもとで可能となる違法捜査の実例であり、何よりも、捜査の常道といって憚らない別件逮捕を許し、被疑者に取調受忍義務を課し、弁護権の侵害、黙秘権の侵害をも許す刑事裁判実務のあり方を是正しなければならないし、このような実務のあり方が誤起訴・誤判を生む土壌を醸成することを認識しなければならない。

2 この代用監獄制度については、国連の自由権規約委員会が日本政府に対し、その最終見解において（2008年12月18日）、条約（とくに規約第14条）の補償措置が完全に満たされないかぎり代用監獄制度を廃止するように強く勧告し、さらに、弁護人立会権、起訴前保釈、取調べ時間の制限や違反に対する罰則などの措置を採るように勧告していることに鑑みれば、国民に代用監獄制度自体が違法な制度であることの理解を求めることが重要である。

しかし、冤罪が判明した志布志事件と氷見事件に関する最高検の調査報告書によ

れば、検察当局は、冤罪の原因が代用監獄による制度的欠陥にあることを省みないで、取調官の個人的な問題に収斂させるというものであり、これでは、捜査当局に冤罪に対する自戒もなく、これを防止することも全く期待できないし、日弁連は先頭に立って代用監獄制度の廃止を強力に進める必要がある。

3 現在、裁判員裁判制度がはじまり、各裁判所での事件報道が行われているが、自白などの供述証拠の信用性判断を誤ることのないよう、また、一つでも誤起訴・誤判を生じさせないために、代用監獄を利用した供述の形成過程全てを可視化することが急務なのである。

第3　自白の信用性について

1　はじめに

　代用監獄を利用した供述の強要によって虚偽自白が形成され、虚偽自白であるのを見誤って公訴提起をした事案は枚挙に暇がない。

　本書第3部で、村岡啓一教授が、氷見事件や志布志事件の誤起訴調査に関する検察庁等の報告書によれば、「なぜ無実であるのに虚偽自白をしたのか」という原因解明がまったく行われていないし、「本来、検証すべきであった警察の取調べを支配している自白至上主義の考え方や組織全体の有罪志向の体質といった根源的な冤罪の元凶には、ついにメスが入れられることはなかった」と指摘されるとおり、今後とも、虚偽自白に依拠し、誤起訴を招来させる危険性が高いのである。

　刑事弁護人は、このような刑事裁判の構造的な欠陥を十分に認識し、捜査当局に虚偽自白を獲得させないためのきめ細かな弁護活動を行うとともに、これを弾劾する弁護活動を行う責務があるのである。

2　ここで、この自白の信用性の判断基準（注意則ともいわれる）に関しては、多数の論文が公刊されているので（司法研修所編『自白の信用性』〔法曹会、1991年〕、同『共犯者の供述の信用性』〔同、1996年〕、同『犯人識別供述の信用性』〔同、1999年〕、渡部保夫『無罪の発見』〔勁草書房、1992年〕等）、これを概観しておく。

　ところで、自白（上申書）の信用性の判断基準として、おおよそ次のような観点（論者によって種々区分され、講学上統一的な分類はない）から判断すべきであると説かれている。

①　自白の形成過程と変遷の有無、その動機とその合理性
　②　自白を裏付ける客観的証拠の存否
　③　自白と客観的事実との整合性の有無
　④　自白に秘密の暴露又は無知の暴露（犯人であれば当然知っている事実の記載がないこと）の有無
　⑤　自白内容自体の体験性やその合理性

　第2部で紹介された広島甲板長殺人事件や宇和島事件などは、自白の信用性が争点となる典型的な事件であり、虚偽自白を獲得させないための弁護活動が何よりも重要である。この点で、接見活動が大変ではあるが、志布志事件や城丸君事件の弁護活動が参考となる。

　なお、共犯者の供述（自白）については、
　⑥　捜査当局における共犯者への利益誘導や自己の刑責の減殺の有無
　⑦　相手への嫌悪感などの主観的要素の存否
などの観点も加わることになる。

3　以上の問題点を踏まえて、自白の信用性が問題となった広島甲板長事件などを見てみると、任意取調べの早い段階でも虚偽自白が獲得されている。

　広島甲板長事件は、行方不明となった寄宿者の預金を引き出した被告人が、その2週間後に海中で溺死体となって寄宿者が発見されたことから、警察官の任意な事情聴取を受けたもので、当初は殺害を否認し、事情聴取の40分後に預金を詐取した事実を認め、その1時間半後に海中に突き落として殺害したと自白し、その直後に強盗殺人と預金の詐取を認める上申書まで作成している事案である。

　しかし、その後の警察官と検察官の同じ日の取調べに対して、警察官には自白を維持し、検察官には否認するという自白の変遷に特異性があり、取調官が違うと自白と否認とが交錯すること自体、真に反省した真犯人であれば合理的に説明できないことであり、虚偽自白の疑いを強くいだくのも当然である。

　宇和島事件は、被告人が宇和島市内の民家から貯金通帳などを盗み、現金50万円を引き出したとして窃盗で起訴された事件であり、被告人は、警察の任意の事情聴取を受けた4時間後に自白し、起訴された事案である。

　そして、取調べの状況に関する捜査報告書によれば、取調官の問いかけに機械的に「私は、やっていません」の言葉を繰り返すのみで、頑強に否認し続けていたが、午後1時からの取調べにも否認を続け、午後2時頃に突然号泣しだし、「誰も自分の言うことは信じてくれない」と申し立て、引き続き取調べを行ったところ、「突然」犯

行を認める供述を始めたとの記載があり、この自白の形成過程を分析すれば、弁解を聞き入れてくれない悔しさの様が見て取れ、犯人としての反省の涙とは考えられず、そこに、取調官の威迫的、高圧的な強要の状況を見て取るのが自然である。しかし、宇和島事件の国家賠償訴訟の一審判決は、この自白の形成過程を「自白を強要したとは認められず、捜査に違法はない」と判示した。これは、裁判官の証拠に対する評価の浅薄さを物語っている。

そして、広島甲板長事件の被告人は、知的能力に劣る面があるとはいえ、預金を引き出したことを追及されて弁解に窮し、殺害という重大犯罪を自白したという経緯、また、宇和島事件の被告人は、預金を引き出す犯人の防犯ビデオを見た被害者が、ビデオの男が知り合いの被告人に似ていると供述していることを知り、自白したという経緯に照らせば、刑事弁護人は、弱い立場にある人間が追い詰められれば、いとも簡単かつ短時間に虚偽自白をすることを認識しておく必要がある。

氷見事件では、強姦という汚名を着せられるのに、裁判官の面前ですら積極的に争う気力を喪失したことに鑑みれば、刑事弁護人は、まず何よりも被疑者・被告人を信頼し、被疑者・被告人が真実を語ることができる信頼関係を築くことが重要であり、そして、被告人から得た情報を裏付ける弁護活動を行う必要性を認識すべきである。

ところで、大橋靖史教授は、宇和島事件の無実の被告人の自白と真犯人の自白との供述内容を比較、分析し、「具体的で迫真性がある」といえる虚偽自白の特徴を指摘されている。きわめて貴重な分析であり、ここに要約して引用させていただく。

ⓐ 供述内容について、無実の被告人の供述は、想像が可能な内容や他者からの情報に基づく供述であり、真犯人の供述には、2次内容を含んでいない犯行供述が多くあること

ⓑ 供述の変遷について、無実の被告人のそれは、場所や物に関する供述に変遷があるのに、真犯人の供述のそれは、犯行日の朝の行動、侵入方法、逃走経路といった具体的な犯行行為に関する供述が多いこと

ⓒ 犯行場面に関する供述には、犯行発覚に細心の注意を払い慎重に行動せざるを得ないが、無実の被告人の供述には、そうした行為の特徴についてとくに言及がなく、真犯人の供述はこれらいずれの行為についても言及していること

ⓓ いわゆる無知の暴露について、犯人であれば当然知っているはずの供述記載がなく、あるいは、客観的事実に反する間違いなどの供述があること

ⓔ 秘密の暴露について、無実の被告人には秘密の暴露がなく、真犯人の供

述には秘密の暴露があり、それが客観的事実に符合していること
　以上のとおり、無実の者の供述と真犯人の供述とは、明らかに供述の質的な相違が認められるのである。
　しかるに、宇和島事件の真犯人が現れる前の論告で、検察官は、「その内容は犯人でしかなし得ない供述を含んでいるとともに、具体的、かつ詳細で客観的証拠に符合していることなどに照らし、高度の信用性を有するものと認めるのが相当である」と定型文句のような言葉の羅列をしているが、検察官自身の証拠評価の浅薄さを露呈するもので、およそ検察官に虚偽自白を見抜く能力を期待することは不可能であり、そのためにも、取調べの全場面の可視化が急務なのである。

第4　犯人識別供述（目撃供述）の信用性について

1　はじめに

　犯人識別供述は、知覚、記憶、表現、叙述という過程を経て事実認定者に伝えられるが、その供述過程のいずれかの段階において誤りが入る可能性があり、この供述の信用性判断に関して、次のような問題（注意則）があると説かれている。
　①　人の観察力、記憶力が脆弱なものであること
　②　人の容貌、風体などは、一見して他人と明確に区別できるほどの特異性を有していないこと
　③　人を観察することは日常的な出来事であり、人の容貌等は記憶に残りにくいこと
　④　目撃者と犯人との距離、角度、明るさ、目撃時間の長短などの客観的条件、目撃者の年齢、視力、目撃時の心理状態などの主観的条件が影響すること
　⑤　犯罪などと異なり、人の容貌等は、ストーリー性がなく、記憶に残りにくいこと
　⑥　犯人識別供述は、犯人を観察し記憶した人物像と、呈示された写真あるいは実物とを比較対照するが、既知性の有無によって困難性が異なるし、既知性がない場合は、時間の経過によって見間違う危険性が増大すること
　⑦　犯人を観察し記憶した人物像と、呈示された写真や実物とを比較対照することから、暗示が作用すること
　⑧　人の記憶は時間の経過とともに薄れ、あるいは変容すること

⑨　容貌について言語化することが困難であること
⑩　一度犯人であることを承認すると後にこれを取り消すことができないという供述心理があること
⑪　一度犯人であると断定した場合、これを検証することが困難であること
⑫　供述態度、誠実性、中立性、真摯性などが信用性のメルクマールとならず、識別供述自体に危険性があること

(前掲書『犯人識別供述の信用性』2頁)

　以上のとおり、目撃供述自体が弾劾を困難とするものであり、その信用性の判断は慎重を要するのである。
　さらに、その目撃者が年少者である場合には、さらなる慎重さが求められる。なぜなら、児童や少年は、一般的に被暗示性が強く、表現力に不足し、その所有する言葉で語られるものであるから、そのことを考慮に入れないと証言を正確に評価することができないからである。
　司法研修所『供述心理』(〔法曹会、1949年〕) 240頁によれば、この年少者の暗示性について、次のように説いている。
　「児童と少年は……成人に比して高度の被暗示性を示す。この被暗示性は、幼少期においては、青年期におけるとは比較にならぬほど強く、且つ又、努力被暗示性（これが復習の結果として学習によっても増大する）としてのみならず、判断被暗示性としても発現する。それゆえ、今まで述べて来た尋問の影響とか、児童が当該対象につき聞くところの発言や物語とかすべてものは、特別より強力に作用するのである」。
　また、児童が周囲の環境などから強い暗示性を受けることは、渡部保夫元判事も、女児（9歳）強制わいせつ事件における評釈で、
　「第1に、子どもは周囲の者の言動による暗示性を受けやすいこと
　　第2に、当為即妙というか、深く考えないで、質問をそのまま肯定したり、思いつきでいい加減な答えをしてしまう――気をきかしたり、善意に基づく場合を含めて――傾向がある。想像力のコントロールを欠くためである。
　　第3に、子どもは視野が狭く、概念も豊富ではない。したがって、その視野やその持つ疑念の枠を超えた事柄について的確な認識ができないし、また、そのような事柄について誤認をしやすい。……概念の貧困さは、認識能力にも影響をするが、表現にも同様の影響を及ぼす。子どもは表現力に不足し、また、不正確な表現をする。このことを考慮に容れないと、子どもの表現を正確に評価することができないであろう。

第4に、しかし、子どもの証言の価値を過小評価すべきではないであろう。4歳から8歳までについては、被暗示性が強いといわれているが、9歳から12歳の子どもは有用な証人であるといわれている」（渡部・前掲書281頁）。
と述べている。
　また、最高裁の大阪地裁所長襲撃事件にかかる平成20年7月11日決定の補足意見でも、少年の迎合性について、
　「本件は、事件関係者が、客観的証拠と明らかに矛盾する事実について、捜査当局の意向に迎合して、比較的安易に自白することがあり、殊に、少年事件においては、そのような危険性が高いことを如実に示す一事例であり（本件では、送致事実には全く関与していないことが後に明らかになった少年も、一旦自白している）、刑事事件、少年事件に関与する者には、証拠の評価、殊に自白の客観的証拠との関連性につき慎重な判断が求められることを示す一事例として、実務に警鐘を鳴らすものと言えよう」
と述べている。
　このように、年少者の供述は、周囲の者の話や取調官の尋問などに暗示を受けやすく、迎合しやすいという傾向があり、その信用性の判断には、殊のほか慎重な考察を要するのである。

2　目撃供述の信用性が問題となった事案として、自民党本部放火事件と甲山事件がある。
　自民党本部放火事件は、1984（昭和59）年9月19日の午後7時半すぎに、ある政治党派の5、6名が隣接建物に駐車させたトラックの車内から火炎を発射して、東京都千代田区内の自由民主党本部のある自由民主会館をゲリラ攻撃で放火し、実行行為後、犯行現場から徒歩で移動し、近くに待機していた車両に乗って逃走したという事件であり、事件から7カ月後に、被告人が逮捕され、別の男性1名も指名手配された。
　犯人が逮捕された経緯は、事件発生前（したがって、事件に対する認識がない）の別々の場面での3名の目撃供述に依拠したものである。
　目撃者の1名は交差点で立番勤務中の警察官で、逃走車両の助手席の人物を約14m先に約14秒間認めたが、そのうち顔を見たのは約8秒程度であり、その目撃供述の初期供述は、事件から12日後、写真面割まで17日、面通しまでは7カ月半かかったというものであり、他の目撃者2人はいずれも火炎放射装置に使用された部品の販売店の女性店員NとTで、1名の女性店員Nは事件の約50日前の午前

10時から11時の間の5分間と、他の1名Tは同じ日の午後2時頃の5分間、それぞれの店内で圧力調整器5個や電磁弁10個をそれぞれ買いに来た人物を目撃したというものであり、Nの初期供述は事件から84日、写真面割まで3カ月、面通しまで9カ月、Tの初期供述は事件から119日、写真面割まで4カ月、面通しまで9カ月という経過において獲得された供述である。

なお、他に実行犯人を見た複数人の目撃者が在ったが、いずれも実行犯人を識別できなかった。また、購入した部品と犯行に使用された装置の部品とが同一の物であるとの裏付ける捜査がなく（捜査の常道からして、部品の同一性を捜査したと思われるが、これを証明しないのは不自然である）、女性店員の目撃供述（情況証拠）によって、被告人が本件犯行を実行した共犯者であると推認できないのも当然である。

ところで、前述の注意則にあるとおり、面割方法による犯人の特定には細心の注意を要するところ、捜査当局が実施した面割方法によっては、被告人を目撃したとの供述の信用性が認められないのは当然である。

また、本件では、警察官の目撃供述の信用性を争うために、模擬フィールド実験なる大学生36名による目撃供述の再現実験を行っていることが参考となる。結局、走行する車両の助手席に人が乗っていたことまでを確認できるとしても、人物の容貌については、36名の実験の体験者の誰一人として確認できなかったことが証明されたというのであり、この実験は、他の目撃供述の信用性を判断する場合の客観的資料にもなり得て、貴重な実験といえる。

3 児童の供述の信用性が問題となった事件としては、甲山事件を挙げることができる。

甲山事件は以下のような経過をたどった。1974（昭和49）年3月17日、知的障害者施設（甲山学園）に入所していた当時12歳の女児M子が行方不明となり、その2日後の3月19日夜、同じく12歳のS君が行方不明となり、その2時間後に、溺死体となって発見された。捜査当局は、この2週間後に、女児A子から聴取した「Y保母が居室棟廊下を非常口の方へつれて歩いて行くところを見た」との目撃供述によって、Y保母を逮捕、自白も得たが、嫌疑不十分として不起訴処分にした。ところが、被害者遺族から検察審査会への申立があり、1976（昭和51）年10月28日に検察審査会の「不起訴不相当」との議決を受け、再捜査において、すでに事件当時に事情聴取をしていたB君ら3名から新たに「Y保母がS君を非常口から引きずり出すのを見た」との目撃供述を得て、1978（昭和53）年2月27日にYを再逮捕し、起訴したというのである。

本件では、年少者のA子とB君の目撃供述の信用性が重要な問題である。

情況証拠から主要事実を推認できるかという観点でいえば、「非常口の方へ連れて行くのを見た」とのA子の供述をもって、S君殺害を推認できないことはいうまでもない。

しかし、「非常口から引きずり出すところを見た」とのB君の供述によっては、主要事実まで推認できるかと考えると、これまた推認できないと解するのが当然である。

しかも、B君の目撃供述は、事件直後に5、6回行われた事情聴取ではその供述がなく、3年後に繰り返し行われた事情聴取によって獲得された供述であるというのであるから、このような度重なる事情聴取の過程で暗示を受けた蓋然性がきわめて高い。また、検察官請求の精神科医や発達心理学者の知能テストや性格テスト、記憶実験による能力レベルに基づく目撃に対する供述能力を認める3通の心理学鑑定書によっても、B君が真に事件直後に目撃していたにもかかわらず、なぜその段階で供述しないで、3年後に供述をしたのか合理的に説明できたと考えられず、事情聴取の回数の多さなどに照らせば、捜査官の無意図的な誘導への無警戒さによるものと見るのが合理的である。

なお、この供述証拠の信用性に関して、広島甲板長事件や自民党本部放火事件でも心理学者による供述心理鑑定が実施されているが、その有用性は今後ますます高まるものと思える。

第5　情況証拠による事実認定について

1　はじめに

情況証拠とは、一般には、直接証拠と間接証拠とを区別し、要証事実（犯罪事実）を直接証明するのに用いる証拠を直接証拠といい、被告人の自白の他、共犯者の自白、被害者、目撃者の犯行状況に関する証言等がこれに含まれ、要証事実を直接証明することはできないが、これを推認させる事実（間接事実）の証明のために用いられる証拠を間接証拠といい、この後者を情況証拠と呼んでいる（司法研修所編『情況証拠の観点から見た事実認定』〔法曹会、1994年〕7頁、白取祐司「情況証拠による事実認定」季刊刑事弁護27号〔2001年〕22頁）といわれている。

それ故、情況証拠による事実認定とは、間接証拠（情況証拠）から間接事実を認定し、この間接事実から要証事実（検察官が主張する公訴犯罪事実をいう）を推認するという事実認定の方法であり、刑事事件の証拠の評価のもっとも重要な問題である。

この情況証拠から要証事実を推認する場合にはさまざまな問題があり、学説等が公表され（前掲書『情況証拠の観点から見た事実認定』、白取・前掲論文、増田豊『刑事手続における事実認定の推論構造と真実発見』〔勁草書房、2004年〕、木谷明編著『刑事事実認定の基本問題』〔成文堂、2008年〕、渡部・前掲書等）、渡部元判事は、

「間接証拠を利用して要証事実の真実なることを証明するためには、(イ)真実なることの証明せられた積極的徴憑は多数存することを要する、(ロ)真実なることの確定せられた徴憑はそれぞれ独立せるものなることを要する、(ハ)多数の徴憑を総合して要証事実を推断する思考過程は十分に合理的なることを要する」（渡部・前掲書179〜180頁）

と、不破武夫教授の論述を引用して説かれている。

その主要な問題を指摘すると、次のような問題に分類できる。
① 情況証拠により間接事実を認定する場合の証明度
② 間接事実により要証事実を推認する場合の間接事実の個数やその要件
③ 間接事実により要証事実を推認する場合の論拠
④ 間接事実により要証事実を推認する場合の認定方法

2 そこで、以下にこれらの問題の概略を紹介しておく。

ア　情況証拠により間接事実を認定するための証明基準

情況証拠により間接事実を認定する場合の証明基準をどのように考えるかという問題である。

情況証拠により間接事実を認定のうえ要証事実を推論する過程で、誤認する危険性があることから、情況証拠から間接事実を認定する場合にも「合理的疑いを超える」証明を要すると説かれている。

その代表的な判例である長坂町放火事件の最高裁判決（昭和48・12・12判時725号104頁）は、次のように説示している。

「『犯罪の証明がある』ということは『高度の蓋然性』が認められる場合をいう」。
「（この高度の蓋然性とは）反対事実の存在の可能性を許さないほどの確実性を志向したうえでの『犯罪の証明は十分』であるという確信的な判断に基づくものでなければならない。この理は、本件の場合のように、もっぱら情況証拠による間接事実から推論して、犯罪事実を認定する場合においては、より一層強調されなければならない」。

また、仁保事件最高裁判決（昭和45・7・31刑集24巻8号597頁）、強盗強姦

事件最高裁決定（平成19・10・16判時1988号152頁）も同旨の説示をしている。

学説は判例を支持し、高田昭正教授は、次のように説かれる。

「情況証拠による証明については、他の情況証拠を介在させず被告人の犯行を推認させる『第1次的情況証拠』（犯行の動機、犯行の準備行為、犯行の具体的可能性、現場の遺留物、犯跡隠蔽の工作など）の存在を要求すべきであり、かつ、そのような第1次的情況証拠（間接事実）については、それ自体で『合理的疑いを超える証明』の対象とされなければならない」（「情況証拠による推断過程の検討」季刊刑事弁護27号39頁）。

以上、判例・学説は、情況証拠により間接事実を認定する証明基準として、「反対事実の存在の可能性を許さないほどの確実性を志向した確信的な判断」、すなわち、「合理的疑いを超える証明」を要すると解することで一致している。

もっとも、この「合理的疑いを超える証明」の意味・内容などについて、主観的証明度説、客観的証明度説、相互主観説などの学説があり（増田・前掲書に詳述されている）、また、中川孝博教授は、「最高裁が示してきた証明基準の説明は、具体的な、法的規範としてなされたものとはいえない。……いずれにせよ、このような現状のもとで、証明基準が実務においてどのように考えられているかを明らかにしようとするならば、個々の事例における具体的判断結果を収集して帰納する以外にない」と説き、12の無罪事例からその意味の分析、検討をされている（中川孝博『合理的疑いを超えた証明』〔現代人文社、2003年〕）。

イ　情況証拠により認定される間接事実の個数とその要素

情況証拠によって認定される間接事実が少ない場合、また、認定される間接事実は多いが、その間接事実の内容や要素が一つの要素にすぎない場合、すなわち、推定力の弱い僅かな情況証拠によって認定された間接事実に依拠して要証事実を推認する場合は、冤罪を生む危険性が高いことが説かれている。

この点、前記長坂町放火事件最高裁判決は、次のとおり説示している。

「被告人が争わない前記間接事実をそのまま受け入れるとしても、証明力が薄いかまたは十分でない情況証拠を量的に積み重ねるだけであって、それによってその証明力が質的に増大するものではないのである」。

また、渡部元判事も、弘前事件を例に挙げて、次のとおり説かれている。

「状況証拠が十分であるというためには、その事件において提出された全ての証拠を配列した場合、あたかも、四方八方の方向から入ってくる光がレンズによって1つの真実に絞り込まれる、そのように多方向からの状況証拠がいずれも有

罪を指示していることが必要です（ウイルズ下巻206頁）」（渡部・前掲書181頁）。

この「多方面」という意味では、村岡啓一教授は、検察官が提出する多数の情況証拠と要証事実との関係から「証拠構造分析」を行うことが重要だとして、そのためのチャートメソッド（図表方法）の有意性を説かれ（「証拠構造の解析方法」季刊刑事弁護27号25頁）、石塚章夫元判事も、長坂町放火事件などの3事件のチャートメソッドによる証拠構造の分析理解の有意性を説かれている（「裁判官から見た情況証拠による事実認定」季刊刑事弁護27号29頁）。

このように、要素が異なる多くの間接事実が存在してはじめて被告人と犯罪との結びつきを推認できるのであり、わずかな要素の情況証拠により要証事実を推認することはきわめて危険なのである。

この点でいえば、上申書や同房者の供述調書を違法収集証拠として排除した北方事件や引野口事件、そもそも情況証拠と要証事実の関連性も不明な城丸君事件などは、起訴すること自体、誤りなのである。

ウ　間接事実より要証事実を推認する論拠

間接事実より要証事実を推認する架け橋となる論拠は、誰もが納得できる推論である必要があり、「経験則」・「論理則」に求められるべきである。

この点、増田豊教授は次のように説かれている。

「すべての刑事手続における証明は、究極的には『情況証拠による証明』、すなわち、『間接証明』であるということが一般に認められている。そういうのも、事実認定に携わる裁判官は、〈単称的な〉過去の出来事を直接的に知覚・観察し、そこから真実発見に至るのではなく、証拠調べに際して〈知覚された〉証拠資料（あるいはそれによって構成される間接事実）に基づき、少なくとも〈裁判官自身によって知覚されなかった〉「要証事実」を「経験則」を通じて推論することを自らの課題とするものだからである」（増田・前掲書1頁）。

また、中里判事も次のように説かれている。

「間接事実が仮に認定できるとしても、その間接事実から主要事実を推認するには、論理則・経験則による推論を経ることを要する」（前掲書『情況証拠による認定』249頁）。

ここにいう「経験則」なり「論理則」・「経験則」というのは、自然科学などに依拠した合理的なものであることが必要であり、誰もが情況証拠（間接事実）から要証事実を推認できる「経験則」・「論理則」でなければならない。

それゆえ、「経験則」や「論理則」に反する不合理な推認があれば、「経験則」・「論

理則」に反する審理不尽の違法が問題となる。

　この点で、なみはや事件は、不良債権処理に関して、1997（平成9）年12月12日に、預金保険法の附則が改正され、2以上の破綻金融機関を全部の当事者とし、預金保険機構による資金援助を受けて行われる新設合併制度が認められることになったことで、大蔵大臣による特定合併の斡旋を受け、「流動化スキーム」と呼ばれる不良債権処理について大蔵省の検査承認を受け、社内手続を経て新規融資を行ったことが、旧商法の特別背任罪に該当するとして起訴された事案であるが、法律に基づく特定合併制度自体が破綻金融機関を救済するための制度であり、銀行の経営陣が特定合併を実現して破綻銀行を救済したいと考えるのも、「論理則」・「経験則」からして当然のことであり、法律に沿って手続が行われているという情況証拠によれば、要証事実である図利加害の意思の存在を推認できないことは当然のことであり、筆者が指摘されるとおり、検察官の「事件の見通し」・「見立て」に誤りがあったというほかない事案である。

エ　情況証拠より要証事実を推認する方法論

　情況証拠より要証事実を推認する方法論として、設定された仮説から成立しない仮説を消去し、最後に残った一つの仮説を真実であると推認して事実認定を行うことがある。

　この推認方法は消去法的推認（後掲・中里論文）、帰謬法的論証（増田・前掲書）、あるいは消去法（渡部・前掲書）などと呼ばれているが、判例は、この推認方法自体が誤りであるとはいえないが、誤った事実認定を行う危険があることを説いている。

　葛生事件控訴審判決（東京高裁平成7・1・27判タ879号81頁）は、次のとおり説示している。

> 「問題は、むしろ、その後の犯人割り出しの過程で、原判決が多分に消去法的手法をとっていることであろう。すなわち、原判決は、各種の外的条件やM子死体の情況等から犯人像を設定し、怨恨、痴情、物取り、わいせつ等の目的による外部の者による犯行の可能性を否定し、この犯人像に当てはまる者としては、被告人以外にはないということで、被告人を犯人と断定している点である。……被告人を犯人とする積極的証拠の不足する中での消去法的認定方法は、事実を誤る危険性を多分に孕んでいることに留意する必要がある。……消去法的な推論を重ねた場合の最大の問題点は、被告人の犯行であることを立証する積極的な証拠が不足しているのを論理的な推論によってカバーしてしまう危険である。特に、本件では、被告人がTとの結婚目的のためにその障害となる、M

子を自宅で殺害したとされているのに、被告人による犯跡隠蔽行為の存在が認定できないという被告人を犯人と見ることの大きな障害要素も存するので、『被告人以外の者の犯行の可能性は考えにくい』ということをもって、直ちに『被告人が犯人である』ことの証明に置き代えてはならない」。

また、中里判事も、次のようにその危険性を指摘されている。

「間接事実からの推認過程においては、仮説の設定と消去という形で、被告人が犯人であるということに反対方向の合理的仮説を排除していく判断が行われるのであり、その意味では判断作用自体に消去法的な要素を含んでおり、実際、判断過程において、多かれ少なかれ消去法的な手法が用いられているといえるように思われる。問題は、積極的に被告人が犯人であると認定するのではなく、他の可能性を消去して最後に残された被告人が犯人である可能性（犯行の機会があったのは犯人しかない）を真実と認めるという形での消去法的推認による認定が許されるかということである。このような認定が許されるためには、あらゆる可能性を想定した条件設定が前提となるが、そのような条件設定は事実上困難であると考えると、通常は、消極法的推認に決定的比重をおくことはできないというべきであろう」（中里智美「情況証拠による認定」木谷・前掲書261頁。同旨、増田・前掲書61頁）。

以上の学説・判例が説くとおり、消去法的推認は、要証事実を積極的に認定させる情況証拠によって推認するのではなく、要証事実以外の他の可能性を排除することにより、残された唯一のものである要証事実を推認するという方法であるから、推認される要証事実は思考上の虚像であり、その事実が確かに存在することを確信することはできないのである。

長坂町放火事件最高裁判決が「思考上の単なる蓋然性に安住するならば、思わぬ誤判におちいる危険のあることを戒心しなければならない」と説示するのも当然である。

以上のとおり、情況証拠による要証事実の推認を行う場合の判断基準（注意則）を概観したが、誤起訴・誤判原因は、これらの情況証拠の評価方法を誤ることによって生じることになるのである。

この点で、城丸君事件や北方事件の捜査当局の見込み捜査がまさにその例であり、情況証拠によって要証事実を推認することはできないのに、被告人以外に犯人はいないとの仮説に安住し、そのために自白を強要し、犯人に仕立て上げようとしたものであり、きわめて誤判の危険性の高い論理なのである。

ところで、裁判員裁判制度が開始された現在、裁判員にこれらの証拠評価を正し

く行えるかには危惧を覚え、そのうえ、事件報道のあり方にも懸念を抱かずにはおれない。

　足利事件の事件報道に関して、一部の報道機関では、事件当時の新聞報道が警察発表に依拠した被疑者があたかも真犯人であることの誤解を与える報道であったと疑惑報道の誤りを自戒しているが（2009〔平成21〕年6月11日付毎日新聞朝刊等）その後に続くロス疑惑や城丸君事件などの報道姿勢に照らして、これが市民、ひいては裁判員の心証形成に大きな影響を与え、情況証拠による事実認定を誤ることの危惧を払拭できないのは筆者ばかりではないと思われる。

3　ロス疑惑銃撃事件が示唆するもの

　ロス疑惑銃撃事件とは、被告人がXと共謀し、ライフル銃で妻を殺害し、保険金を詐取したとする事件であり、一審は、Xとの共謀が認められないが氏名不詳の者と共謀したとの事実を認めて有罪を言い渡したが、控訴審はこれを破棄し、最高裁も控訴審の無罪判決を是認した事件である。なお、この銃撃事件の3カ月前に、同様の保険金目的で、Yに命じて妻をハンマー用凶器で殴打させたとの有罪の確定事件（殴打事件）がある。

　この事案は、事件発生から3年を経過したころ、週刊誌のロス疑惑と名付ける疑惑報道を契機に、被告人を犯人視する過熱報道で世間の注目を集めた。

　本件の法的問題としては、訴因の変更をすることなく、公訴事実の「Xとの共謀」を、X以外の「氏名不詳の第三者との共謀」として認定することができるかや、外国での捜査書類の証拠能力を認めることができるかなどの多くの問題があるが、最も重要なのは、膨大な情況証拠によって要証事実を認定できるかが最大の争点となった事件であり、情況証拠の証拠評価によって一審と控訴審とで結論が異なった事件だということである。ここに情況証拠による事実認定の困難さがみてとれる。

　ところで、控訴審は、情況証拠によって犯罪事実を推認できない着眼点として、

　　① 犯行現場に共謀共同犯とされた被告人のシャツのボタンが落ちていたという間接事実に関して、その発見過程が意図的な偽装工作であるとすることが不合理であること
　　② 白いバンの一部が写っている証拠写真に関して、被告人が白いバンの写真を撮影させた行動が余りにも不用心、無警戒過ぎて、本件のような犯行を周到に準備して計画した同一人物の示す行動としては不自然に過ぎること

と説示し、犯罪事実を推認できない根拠とした。

ところが、上記①と②の間接事実の証拠評価について、弁護人は、これに言及してはいるが、控訴審のような証拠評価まで主張をしていないことに鑑みて、筆者は、裁判員裁判での公判前整理手続においては、弁護人の主張がない場合に、控訴審が重視した上記①と②の間接事実の立証が行われない可能性があり、その場合の情況証拠による事実認定の結論が異なる可能性があるとして危惧されている。

この点で中川孝博教授は本書第2部の論考の中で「控訴審判決が重視したボタンの存在という事実は、多種多様な証拠群を丁寧に検討したからこそ、その重要性を浮かび上がらせることに成功したといえるし、抽象度の高い疑いであっても、容易に批判されにくい叙述を可能にした」と説かれる。また、裁判員裁判で判決理由をいかに短くすべきかという議論に対して、「事案の特殊性を考慮することなく、ただ（判決理由を）短くすること自体を目的化することの危険性は計り知れない」と指摘され、「判決理由に書かれていないことが多くなるため原判決は審理不尽なのではないか、そして経験則に違反しているのではないかと疑問をもたれる可能性が広がり、上訴審の負担（当事者にとっても控訴審裁判官にとっても）を不必要に重くする危険をもたらす」と同教授は警鐘を鳴らしている。このことは、裁判員裁判制度に対して示唆に富むものがある。

現に、ペルー人広島女児殺害事件の控訴審判決（一審は死刑求刑に対して無期懲役を言い渡した）は、女児の殺害場所が屋内か戸外かが量刑に影響を与えると判断し、一審の公判前整理手続での証拠調べ手続に審理不尽の違法があるとして、一審判決を破棄してこれを原審に差し戻す判決を言い渡したが（現在上告中）、このことも、事実認定と量刑という異なる性格のものではあるが、公判前整理手続における当事者の主張や一審と控訴審との判断にズレが生じる危険性を示している。先般、最高裁で弁論が開かれたので、その判断が注目されるが、公判前整理手続で情況証拠などの立証を制限すること自体に誤判の危険性があり、それが被告人にとって不利益な手続となってはならないように注意を要するのである。

なお、最高裁は、脱稿後の2009年10月16日、広島高裁が刑事訴訟法の解釈を誤ったとして、審理を同高裁に差し戻した。

4 以上、11の無罪事例の報告には弁護活動を行ううえで参考となるものも多く、今後の積極的な弁護活動に資することを願うものである。

第3部 誤判研究の現段階

3 脳死問題の
現段階

1

裁判員制度下の冤罪問題について

合理的疑いの意義・上訴審の審査方法・注意則の機能を中心に

中川孝博

第1　はじめに

　事実誤認の有無が上訴審の審査の対象になる制度のもとでは、上訴審がどのような審査をするかという点が下級審の事実認定に多大な影響を与えうる。それにもかかわらず、これまで行われてきた模擬裁判や裁判員裁判に関する実務家の議論は、上訴審の問題と必ずしも連動させずに行われてきた。いきおい私は、議論の流れを追いながら、一抹の不安を払しょくしきれずにいた。

　しかし、裁判員裁判を目前に控え（本稿は2009年5月に執筆した）、ここ1年ほどの間に、控訴審のあり方に関する議論が活発に展開されるようになってきた。本稿は、これらの議論を検証し、事実誤認の有無に関する審査のあり方を中心に、事実認定者が証拠を評価する「場」をどのように整備すべきかについて論じようとするものである。

第2　裁判員裁判における証拠評価の環境

1　2005年時点での予測

　私は、裁判員裁判の尊重といった価値観に基づく事後審論の主張に控訴審裁判官が影響を受けると事実誤認の有無に関する審査はどのように変化するかについて、

2005年に予測してみたことがある。次のようなものである。

　ある疑いが合理的疑いといえるか否かに関する判決理由中の叙述様式に注目すると、これまでの控訴審は、有罪判決破棄・無罪判決維持の場合と、無罪判決破棄・有罪判決維持の場合とではかなりそれが異なっている。前者の事例群においては、具体的事情との連関でいかに当該疑いが合理的疑いと言えるかを、詳しく論証する場合が多いのに対し、後者の事例群においては、原判決の証拠評価がなぜ問題なのかを具体的に指摘せず自身の証拠評価のみを記したり、具体的な疑いに対し被告人に不利益な一般的説明によって克服しようとしたりするものが多い。控訴審における合理的疑いの程度は相当高度なものになっている。かなりの程度疑いの「合理性」が論証できると判断した場合でないと控訴審は有罪判決を破棄しないし、逆に、どのような疑いであれ、自身が「合理的でない」と思ったならば、十分な論証なしに合理的疑いの存在が否定されているのである。

　このような状況において事後審論に直面した控訴審は、次のような運用の変化を示すと思われる。第1に、有罪判決破棄のケースは減少するだろう。現在でさえ、合理的疑いがあることを判決理由中で高度に論証できないかぎり有罪判決を破棄しないのであるから、裁判員裁判の事実認定を尊重せよという要請を行えば、合理的疑いがあるというためには現在よりもさらなる高度な論証を要すると考えさせることになるだろう。第2に、無罪判決破棄のケースはさほど減少しないだろう。破棄自判有罪のケースは減少するかもしれないが、審理不尽（これは裁判員を非難するものではないから裁判員の事実認定の尊重という命題に反しない）による破棄差戻というバイパスが活用されることになるだろう[1]。

　以上のような予測をしてみたのだが、裁判員裁判開始直前の現時点において、この予測を修正すべき状況ができているだろうか。順に見ていこう。

2　最高裁による「合理的疑い」の定義

　2007年に最高裁第1小法廷は、合理的疑いを超えた証明につき、「合理的な疑いを差し挟む余地がないというのは、反対事実が存在する疑いを全く残さない場合をいうものではなく、抽象的な可能性としては反対事実が存在するとの疑いをいれる余地があっても、健全な社会常識に照らして、その疑いに合理性がないと一般的に判断される場合には、有罪認定を可能とする趣旨である」[2]と定義した。最高裁が合理的疑いの定義をはっきりと示したのはこれが最初である。

　合理的疑いの定義を今頃になって示しておく必要があると最高裁が考えた背景に

は、裁判員裁判の開始という事態があったと考えるのが自然だろう。最高裁調査官は、同じく第1小法廷がいわゆる長坂町放火事件において出した無罪判決[3]のなかで述べた証明基準に関する説示を「ややミスリーディング」と断じ、2007年決定の意義について次のように述べている。

　　情況証拠による事実認定の必要性・重要性は、今後もますます増加していくと予想されるところ、取り分け、間もなく始まる裁判員制度の下では、犯罪の立証における「合理的な疑い」の意義や、情況証拠による事実認定の在り方等が問題として提起される可能性は少なからずあるように思われるが、ややミスリーディングな説示を含む昭和48年判例の下では、これを正解しない当事者から、同判例に依拠して、「判例によれば、情況証拠に基づく立証では、直接証拠に基づく立証より高度な証明が必要とされている」などと、裁判員に向けたアピールがなされる事態なども考えられないではなかった。本決定が示されたことにより、そのような懸念は払しょくされたのではないかと思われる[4]。

このように、本決定の説示が裁判員裁判を射程においたものであることは疑いない。しかし、そこに示された合理的疑いを超えた証明の定義内容といえば、ロス疑惑銃撃事件控訴審判決が示した「抽象的には反対事実の疑いを入れる余地がある場合であっても、社会経験上はその疑いに合理性がないと一般的に判断されるような場合は、有罪認定を可能とする趣旨」[5]という定義と比較してみてもわかるように、日本においてこれまで一般に示されてきた定義と大差ない。したがって、従来の定義における問題点が裁判員裁判開始後もそのまま残存する可能性が生じた。

日本における合理的疑いの定義の問題は、事実認定者が抱いた疑いが合理的疑いか否かは「健全な社会常識に照らして」「一般的に」承認されるのかを第三者が検証する余地を残す点にある。そして、事実誤認の存在が原判決の破棄理由となる現行システムのもとでは、原判決が抱いた疑いが合理的か否かは「上訴審が承認するか否か」で決まるということに事実上ならざるをえない[6]。2007年決定は、従来どおり、裁判員裁判による事実認定が合理的といえるか否かについて上訴審が審査する旨を宣言したものと解する余地があった。

本決定に対しては、「『合理性がない』疑いは『合理的な疑い』ではない、と言う同義反復に過ぎない」という批判がある[7]。このような同義反復の表現をあえて採用したのは、上訴審が下級審の事実認定を批判する際に、上訴審の判断が下級審の判断に優越することを正当化しやすいように抽象的道具概念を設定しておく必要があ

ったからではなかろうか。

　このような、「『健全な社会常識』という幅のある概念を媒介項として判断することを求める」定義が採用されたことから、「結局、判断者（裁判官、裁判員）は、今後も自分の抱く疑問が単なる『抽象的な疑い』にとどまるのかそれとも『健全な社会常識』に照らして『合理性』があると一般的に判断されるのかどうかについて悩みながら結論を出していくことを求められる」[8]ことになるとの危惧が示された。そして、事実上は、「健全な社会常識を持っている」上訴審裁判所裁判官が、下級審裁判官が抱いた疑いの「合理性」を判断するのである。当然、下級審裁判官は、従来と同様、自らの判断を上訴審がどのように審査するのか、気にせざるをえない。

3　控訴審裁判官の意識

　それでは、裁判員裁判施行を目前にした控訴審裁判官たちは、事実誤認に関する審査方法につきどのような考えを抱いているだろうか。何らかの変化が必要だと感じているだろうか。高裁判事が執筆している論稿のなかから、執筆に至るまでに何らかの形で集団討議を経ていると思われるものに焦点をあてて検討したい。

(1)　司法研究報告書

　まずは、司法研究報告書『裁判員裁判における第一審の判決書及び控訴審の在り方』（以下、「❶書」という）をみてみよう。本書は、控訴審の事後審性を運用上徹底させるべしという立場を前提とした[9]うえで、事実誤認の有無に関する審査については、①供述の信用性判断の当否の審査と、②間接事実を総合して合理的な疑いを超えた証明があったといえるかの審査に分けて検討し、次のように主張している（引用文中（　）は筆者が付した）。

　　　（①について）裁判員制度導入の意義や、第一審が、直接、証人尋問や被告人質問を見聞きして判断していることを考えれば、例えば、信用性の判断が、客観的な証拠と明らかに矛盾するなど経験則・論理法則上明らかに不合理であり、これが結論に重大な影響を及ぼすといった場合でない限り、第一審の判断をできる限り尊重するという姿勢をとるのが相当ではなかろうか[10]。
　　　（②について）第一審の判断は、その経験則・論理法則に裁判員の視点、感覚、健全な社会常識などが反映されたものであるとすれば、控訴審は、例えば、客観的な証拠により認められる事実を見落とすなどして、経験則・論理法則上

あり得ない不合理な結論に至っている場合などを除いて、基本的にこれを尊重するという姿勢で臨むべきであろう[11]。

この主張は、文意からすると、裁判員制度と関わりなく従来から主張されてきた「経験則・論理則違反説」[12]を踏襲するものといえよう。しかし、この見解の具体的意味は判然としない。この見解に反する実務の運用が従来あったとすれば、それはどういうものか、そして、この見解に立てばどうすべきだったのかといった具体例が挙げられていないので、この見解どおりに実務が運用された場合、従来の運用と比べて事実誤認の審査基準が変化するのか否か、わからないからである。今回の司法制度改革によく見られるパターン、すなわち「実証なき主張」の典型である。

もっとも、若干の例示がなされてはいる。①に関しては、「信用性の判断が客観的な証拠と明らかに矛盾する」場合という例が示されている。しかし、これは論理則違反（矛盾それ自体）または審理不尽（矛盾に気づかなかったこと）の例であって、直接的には経験則違反の事例ではない。さまざまな裁判官が最も知りたいのは、とりようによっては広くも狭くもなる「経験則違反」とは具体的にどの程度のものを指すのか、であろう。

②に関してもそうである。「客観的な証拠により認められる事実を見落とすなどした」場合という例が示されているが、これも審理不尽（見落とし）を示すものであり、直接的には経験則違反の問題ではない。

以上のように、❶書には、今後の実務に影響を与えるべき最も重要な部分について例示すらしていないのである。これでは無内容といわざるをえない。

なお、審理不尽（訴訟手続の法令違反）に関しては、「裁判員の視点、感覚、健全な社会常識などを反映させるべき前提を欠くという場合であり、控訴審における、裁判員制度導入の意義を踏まえた第一審の判断の尊重という観点はそもそも問題にならない場合である」[13]として、この理由により原判決を破棄することに対する制限は特にかけられていない。

(2) つばさ会

次に、東京高等裁判所刑事部陪席裁判官研究会（つばさ会）の論文（以下、「❷論文」という）を見てみよう。

> 控訴審は、①これまでも1審の事実認定が許容される幅を超えて不合理といえる場合に1審判決を破棄してきたのではないかと考えられるところではあるが、裁判員制度施行後は、1審の事実認定が論理則・経験則に違反する場合に1

審判決を破棄することができるという基本姿勢をより明確にした上、1審判決のどのような点に論理則・経験則違反があり不合理であるのかについて、国民にも納得がいくよう、これまで以上に具体的かつ明確に指摘し説明しなければ、裁判官が参加した1審判決を破棄することに国民の理解を得られないであろう。

　また、経験則については多用な見方があり得るところであり、非法律家である裁判員の知識経験を生かすという制度趣旨に照らせば、控訴審は、経験則違反の判断に際して、広く多くの国民の納得を得られる確実性の高い経験則を用いるよう努める必要がある[14]。

　❷論文においても経験則・論理則違反説が採用されているが、❶書と比較していくつかの特徴がみられる。第1に、これまでの控訴審の運用に関する評価が示されている（下線①）。そこでは従来の運用にとくに問題はなかったという評価がなされている。第2に、単に審査基準を抽象的に定義しているだけでなく、控訴審判決の判決理由の書き方についてまで指摘している。第3に、基準として用いられる経験則は確実性の高いものを用いるよう主張されている。総じて❶書よりも踏み込んだ記述といえるが、やはり次のような問題は残る。

　従来の控訴審の運用に特段の問題がないという評価を前提としつつも、判決理由の書き方には何らかの問題があったと評価しているのだろう。となると、判決理由の書き方について従来の実務にどのような問題があって、どう書けばよいのかを例示してもらいたいのだが、それがなされていないので、具体的にいわんとすることが不明である。これもまた「実証なき主張」である。

　また、「確実性の高い経験則」を用いることを提唱していることについても気になる点がある。なぜ経験則については多様な見方がありうるのかというと、経験則自体が当該事実認定経験者の生活経験等から発生するものであるから、生活経験等が異なれば経験則自体もまた変わるという関係にあるからである。したがって、ある問題で見解が対立した場合、その問題に関係する経験則がどの程度確実なものか否かを具体的に論証することは性質上できない。「こんな状況で被害者がこんな行動をするのは不合理でしょう」という主張に対し、「いや、ありうるのではないですかね」といった反論があり、証拠評価に審理不尽はない（検討すべきポイントはすべて検討した）という場合に、どちらの考え方が正当か（双方が依拠する経験則のどちらが正当か）を議論しようとしたときに、説得的な言語表現でもって自分のほうが正しいことを論証することは不可能ではなかろうか。いきおい、判決理由中の叙述は、従来の実務においてもみられたような一刀両断型の叙述になってしまう。

つまり、原判決を破棄しようと思っているこれまでの控訴審裁判官にとって、自身が用いる経験則は常に「確実性の高い経験則」（と自分が思っている）なのであり、❷論文のような主張によって実務に変化が生じるようには思われない。かつ、このような場合には具体的論証も一刀両断型になるのが不可避なので、説得的な叙述の要請にも意味があるようには思われない。一刀両断型の叙述がダメだと明言しているのであれば非常に画期的な見解といえるが、そのように明言はされていない。一刀両断型の叙述が許されるのであれば、「この説が主張していることは、これまで私が用いてきた基準と同じだ。裁判員裁判だからといって何か変える必要はないということだな」と控訴審裁判官に考えさせやすいものとなっている。

(3) 大阪高等裁判所陪席会

　最後に、大阪高等裁判所陪席会の議論（以下、「❸論文」という）を見てみよう。❸論文の構成は複雑で、特定の見解一本に絞ることなく、なされた議論を整理してまとめるという体裁をとっている。

　第1に、裁判員裁判と裁判官裁判との間で控訴審の審査基準を変える必要はないという考え方が示されている[15]。

　第2に、裁判員裁判の事実認定はとくに尊重しなければならないという考え方が示されている。その根拠として国民の健全な社会常識を反映しようとするという裁判員裁判の目的が、なされた事実認定の尊重を要請するという点が最も有力なものとして挙げられている。

　これをふまえると、経験則・論理則違反説に立つ場合には、経験則等が人により差異がありうることを十分に自覚したうえで審査に臨むという要請がなされ、心証優先説に立つ場合には、一審判決の証拠評価に対する裁量を認めうることを前提にし、その裁量の範囲内において謙抑的な姿勢で審査に臨むという要請がなされると結論づけている[16]。

　第1の考え方については、現行どおりの運用でよいという主張を含意している。そして、第2の考え方については、一見従来よりも審査基準の厳格化を主張しているように見えるが、国民の健全な社会常識を裁判に反映させるという視点はマクロなもので、ミクロな視点と混同させてはならないという指摘[17]や、裁判員裁判のほうが事実認定力は高いとか、裁判員裁判のほうが直接主義・口頭主義が徹底されるといった主張を排斥していることに鑑みると、上記見解は、審査基準を変化させるよう具体的に要請したものというよりも、多分に倫理的（心構え的）色彩が強いものということができよう。

　❸論文がこのように考えていることは、裁判員裁判の尊重という価値と誤判防止と

いう価値のバランスをどうとるかについて述べているところからもうかがわれる。

　　裁判員制度の下では、第一審裁判体の構成員として、多種多様な思想、信条、経歴、能力等を有する裁判員が関与し、多角的な事実判断が行われることに期待が寄せられているが、その構成次第では、各裁判体間にかなりの資質格差等が生じ、……最悪の場合には、誤判の危険も増大すると思われる。
　　……第一審の事実認定は、控訴審における事実誤認の審査によっても支持される場合に初めてそれを判決の基礎とすることができるものである。第一審判決が有罪であった場合において、控訴審における書面審理でする有罪認定を支持できるというのであれば、これを維持することに何ら問題はないが、逆に、有罪認定を支持できないというのであれば、裁判員裁判尊重論よりも誤判防止の要請を重視し、第一審判決を破棄すべきである。他方、第一審判決が無罪であった場合において、……このまま支持することはできないというときは、控訴審では、事件の核心ないし主要な争点について、直接主義・口頭主義の原則を充たすような証拠調べを行わずに、書面審理だけで有罪の自判をすることは許されないという制約があるが（最大判昭31.7.18刑集10巻7号1147頁）、そのような証拠調べが行われている限り、有罪の自判をすることに法的な支障はなく、裁判員裁判における第一審判決とは事実判断の基礎資料を異にするとも考えられることのほか、裁判員裁判をやり直さなければならず、訴訟経済に反するばかりか、国民に与える負担を増大させ、国民からの強い反発が予想されるという意味でも弊害が大きいと思われることなどをも考慮すると、有罪の自判が裁判員裁判尊重論に抵触するものではないという説明も許されるのではなかろうか[18]。

　ここでは、裁判員裁判による誤判の危険が強調されている。そして、それを回避するための方策として述べられているところは、要するに「現行どおり」ということである。

4　一審裁判官に与える影響

　以上のように、現在までのところ、高裁裁判官の見解は、事実誤認の有無に関する審査基準は現行どおりでよいというものか、あるいは、基準を厳格化しようという提案のように一見みえるが具体的に判断基準がどのように変化するか不明（個々の裁判官任せ）というものにとどまっている[19]。現行どおりに行くとなった場合、事態はこれまでと変わらないということになるし、基準を厳格化した場合についても、❶書が

述べていたように、審理不尽による破棄は従来どおりというバイパスが維持されている以上、2005年時の予測を修正する必要はなさそうである。

これらの見解が裁判員裁判体における職業裁判官に与える影響は大きいと思われる。前述のように、破棄できる例として❶書が例示していたのは、「信用性の判断が客観的な証拠と明らかに矛盾する」場合や「客観的な証拠により認められる事実を見落とすなどした」場合であった。これらの事由に該当するという評価は、一審判決の判決書をもとに下されることになる。❶書は次のように述べている。

　　控訴審の審査において、判決書と記録がその判断材料になるとしても、書証は非常に数が少なくなり、評議自体についてはもちろん記録が残されるということはない。……第一審がどのような思考過程で結論に達したのかという点については、結局のところ判決書を除いてはあまり明らかにされることはないということにならざるを得ないであろう[20]。
　　控訴審において、第一審がどのような思考過程で結論に達したのかということを明確に知るための判断資料は、正に判決書であろう。仮に、判決書に何をどの程度記載すべきかという運用が十分に確立されておらず、結論を導いた実質的な理由さえ記載されていないとすると、特に、第一審の判断に事実誤認があるかどうかを検討・評価するという場面においては、経験則・論理法則違背による不合理性の有無や間接事実による認定の的確性といった点を控訴審がきちんと判断できるかどうかといった保証はないということになろう。……第一審の判決書には、重要な争点に関する判断について、単なる結論のみならず、簡潔ではあっても、結論を導いた実質的な理由を具体的に示すことが、その機能としてふさわしいということになる[21]。

このように、判決書をほぼ唯一の検討資料としたうえで、「信用性の判断が客観的な証拠と明らかに矛盾する」場合や「客観的な証拠により認められる事実を見落とすなどした」場合にあたるかという評価がなされることになる。実際上は、控訴審裁判官が訴訟記録を検討したうえで気づいた問題点につき、判決書に記載されていない場合に、これらの判断が下されるのである。

このような審査方法がとられるとなると、審理不尽という判断を下されたくない、あるいは一刀両断されたくないと思う一審裁判官は、判決書を詳しく書かざるをえない。上訴審の審査が原判決の判決理由に基づいて行われるという状況が変わらない以上、従来どおり、「上訴審の審査に耐えうる判決理由（事実認定の補足説明）」が

要求される、と一審裁判官は考えるだろう。いきおい、そのような判決理由が書けるような証拠評価を裁判員に要求することになる。かくして、合理的疑いの高度化現象は、裁判員裁判開始後も依然として続くことになる。また、判決理由が書きやすいようにすべく、公判前整理手続においてとくに争点整理を強力に推し進めようと考えがちになるだろう。供述証拠についていえば、矛盾、変遷等が存在する旨の指摘だけでは足りず、その理由まで立証することを要求される（「可能性論」は存続し、それに対抗する「アナザーストーリー」が必要となる）だろう[22]。今までと同等、もしくは今まで以上の負担が当事者にかけられる可能性が高いということである。

第3 弁護士層はこのような事態に備えているか？

このようにみてくると、結局のところ、裁判員裁判においても、取り調べられた証拠を評価する場面に関する環境は従来と変更がないか、あるいは（冤罪救済という観点からは）かえって困難なものへと変化する可能性を否定できない。冤罪救済の第1の担い手である弁護士はこの事態に備えているだろうか。

残念ながら、控訴審における事実誤認の有無の審査について、一審裁判官に与える影響という観点から弁護士が本格的に論じたものは現在のところ見当たらない。むしろ、かなり楽観的な見地から従来の事実認定方法が変わることを期待する向きもある。

たとえば高野隆は、裁判官層による事実認定のあり方と従来の事実認定研究を批判し、次のように述べている。

　　事実認定が法律家のレーゾン・デートルであるためには、それは<u>一般の人には理解できない特殊な知識の体系</u>である必要がある。戦後の刑事裁判官たちはまさにそのような体系を樹立することに精力を注いだ。その結果、刑事事実認定の方法論——自白や目撃証言の信用性評価の方法（いわゆる注意則研究）、犯罪類型ごとに情況証拠を分類選別して主要事実を認定する方法など——に関する精緻な議論が展開されるようになった[23]。

　　……「注意則」……が果たして有効な武器になるのか。私は実はこの点について大きな疑問を持っています。弁護人が弁論で「注意則」の話をし、それに共感した裁判員に有罪判事と渡り合わせるというのは果たして可能なのか。……

「間接事実」にしろ「注意則」にしろ、それは説明の道具にすぎないのではないでしょうか。いずれの場合も素材は活字を中心とする記録です。しかし、実際には「説明」の前に「判断」があります。そして、判断は、記録として残ったものによるのではなく、法廷で体験した全て——いわば空気のようなもの——に基づいて下されるのであって、必ずしも論理的な説明ができるとは限らない。そして説明でもないから間違っているとも言えないのです。上手な説明ができるかどうかではなく、市民的な常識に根差した判断、あえて言えば直観的な判断こそが重要であるということを、むしろ裁判員に伝えるべきではないか。論理的な説明ができるかどうかではなく、自分が共感できるかどうかが大事だと裁判員に伝えること、素人の人たちを勇気づけること、エンパワーすること、エンカレッジすること、これが重要ではないかと思うのです[24]。

　裁判員が加わることによって事実認定のあり方は変わらねばならないという主張の趣旨は理解できるし、共感できる部分も多い。しかし、疑問が2点ある。
　第1に、本稿で検討してきたような証拠評価の環境について論者がどのように捉えているのが明らかでないという点である。従来とあまり変わらない、あるいはより厳しくなる控訴審の審査が控えているという証拠評価の環境がある以上、裁判員と向き合う裁判官は、裁判員と意見が異なる場合、論理や審理不尽を盾に裁判員を説得しようとするだろう。どれだけ弁護人が裁判員をエンカレッジしたとしても、論理で攻められ、それに答えられなければ答えられないほうの負けになるという雰囲気が醸し出された評議の場では、弁護人の励ましは吹き飛んでしまう可能性が高い。評議を適正なものにせよという要求によってこれをカバーすることは困難だろう。上訴審で蹴られる可能性を最小限するためには判決書を説得的に書かなければならないと考える裁判官にとって、そのような「説得」をして「議論を尽くす」ことこそが適正な評議であると考えるだろうからである[25]。陪審裁判とは異なる制度である裁判員裁判のもとでは、このような証拠評価環境のもとでもなお裁判員が裁判官に対抗できるようなツールが必要である。注意則がそのようなツールとなる可能性は高い。この注意則は同時に、裁判官が判決書を説得的に書けるようにするためのツールともなろう。注意則をそのようなツールとして捉えなおしたうえで用い続けることは十分合理的だと思う。
　第2に、裁判員の直観的判断が被告人の有利に働く必然性はないという点である。これまでよりも無罪判決となる割合が相対的に高くなることを期待するだけでなく、冤罪を1つも出さないという気構えでいくならば、直観的判断がもたらしうる過誤の危険を最小限にするためのツールが必要である。注意則をそのようなツールとして捉えな

おしたうえで用い続けることもまた、十分に合理的だと思うのである。現に、陪審裁判のもとでも、犯人識別供述の信用性等に関して、裁判官が陪審員に対し検討すべきチェックポイントを説示するということは行われている[26]し、参審制をとるドイツでも、証拠評価の方法に関する判例が積み重ねられてきており、コンメンタールに記載されることにより、注意則として機能している[27]。

裁判員裁判によって実務に良い変化を生じさせようと考えるのであれば、そのための環境を整備する必要がある。私が重要だと考えているところを以下に述べる。

第4 注意則研究の進化と判決書記載内容のルール化

まず、証拠評価に関するコミュニケーション・ツールとして注意則を活用することが必要である。前述のように、注意則研究を放棄すべしと考えるのは妥当ではなく、むしろ裁判員裁判が始まるからこそ、従来の研究をより進化させることが必要である。証拠を評価する際に最低限おさえておかねばならないチェックポイントを指摘し、それらをすべてクリアーすることが審理不尽にならないための必要条件であるとしなければならない。このようなツールを設けることによって、裁判員は職業裁判官に対抗できる「言葉」を持つことができ、また、職業裁判官もこれらのツールを活用することによって審理不尽の不安を軽減させることができる。そのうえで、注意則に従ったことを判決書に示すというルールを徹底化させる必要がある。裁判員裁判の場合には判決書が短くならざるをえないとしても、弁護人が主張する検討ポイントについてはすべてとりあげ、それらについて十分に検討したことを示すことだけは最低限守られねばならない（それだけでは足りないことについて、本書第2部「2 ロス銃撃事件」参照）。

ただし、従来の注意則研究だけでは十分なコミュニケーション・ツールとはならないだろう。従来の注意則研究には、もっぱら過去の判決書の判決理由から抽出されてきたという検討対象に由来する問題、分析方法が検証可能・反証可能なものになっていないという検討方法に由来する問題、裁判官の心構え論の構築を目的としており、当事者や第三者のツールとして使うことを意識していないという検討アプローチの問題があり、さらなる検討の進化を阻んでいる[28]。当事者のツール、裁判員のツールとして活用できるようなものとすべく充実させる必要がある。とりわけ検討を急がねばならないのは、供述証拠に対する信用性評価の注意則の詳細化である。

証拠の厳選、直接主義・口頭主義、証拠自体のわかりやすさといった価値を考慮すると、犯人識別供述や共犯者供述は、原則として公判廷証言のみで決するという

方向に進んでいくだろう。いきおい、刑訴法321条1項2号書面が証拠採用される機会も減り、また、328条書面を提出する機会も制限されることになっていくと思われる。

そうなると、（証拠開示によってどのような素材を得たかにもよるが）公判廷供述それ自体で、その信用性評価について勝負しなければならない場面が増えることは不可避だろう。捜査段階で作成された膨大な調書群にみられる矛盾や変遷を細かく指摘していく方策をとることが困難になっていく可能性がある。

仮にこのような方向に進んでいくとすると、証言それ自体の評価をどのようにするかが重要な問題となる。反対尋問で完璧に崩さないと負罪証言の信用性が簡単に認められてしまう、反対尋問で完璧に崩せなかった場合には「反対尋問によく耐えた」と評価されてしまう、というのが実務の現状ではなかろうか[29]。そして証言それ自体から証言の信用性を判断するための注意則は十分に開発されていない。心理学等の隣接諸科学と連携して、証言それ自体の信用性判断に関する注意則を開発する必要性は高い。

また、（公判前整理手続の方針にもよるが）反対尋問にも制限がかけられやすくなるという問題がある。たとえば、従来行っていたような探索的尋問は困難になるだろう。事前に証拠開示を十分にさせ、独自の実験等も行い有利な客観的証拠も揃え、十分に反対尋問事項と方法について戦略を練り、尋問技術を磨きあげることが求められることはいうまでもないが、反対尋問が成功したとしても、それを崩壊させてしまうような、裁判員や裁判官の補充尋問がいつ出てくるかわからないという怖さもある。当事者主義構造なのだから補充尋問はするなという要請は、前述のような、破棄されないような判決理由を書きたい裁判官、そして職責を十全に果たしたい裁判員の前ではかなえられない可能性が高い[30]。

自白についてはどうか。効率的裁判、わかりやすい裁判という観点から、任意性や信用性立証は一部録画DVDで行う機会が増えていくだろう。このDVDがどのように評価されることになるかは、明らかでない。とくに、目立った有形力の行使や脅迫的言動もないなかでなされた虚偽自白が心配である。日本における取調べの特色は、捜査と拘禁を完全には分離せず、外界から遮断し、長期間にわたり、全生活を警察のコントロール化におくことによって、精神的プレッシャーを与えていく点にある。多くの論者が指摘している[31]ように、現在試行されているような一部録画では、それまでの長期間に与えられたプレッシャーの影響が伝わらない。また、これはあまり議論されていないが、全部録画が仮に実現されたとしても、問題は残るだろう。膨大な量のDVDをすべて公判廷で再生することが認められるのであればまだしも、そうで

ないとすると、とくに際立った暴力などを加えられずともプレッシャーは与えられることを、実感をもって裁判員に納得してもらうことは相当困難ではないか。DVD再生による立証には非常な危険が伴うのである。

だからといって、従来型立証で良いというわけでもない。ここでも、DVDに収録された取調べ過程の心理学的分析、そしてそれに基づく注意則の開発が喫緊の課題となる。

第5 合理的疑いを超えた証明基準原則の理解に基づく実践の徹底

1 合理的疑いの意義

上訴審における事実誤認の有無に関する審査のあり方については、政策論にすぎない事後審論を基軸に据えるのではなく、憲法上の原則である合理的疑いを超えた証明の意義を十分につきつめて考察し、その考察をふまえた運用を実践していくことが重要となる。

控訴審が事後審とされたのは、第一審の手続の変化に対応して上訴裁判所の負担超過を回避するため、控訴審を簡略化しようとしたためであった[32]。このようなポリシーから出発した概念が事実誤認の審査について一義的な帰結をもたらすことはそもそも不可能であることは自明のことであろう。事実誤認の審査基準をどうすべきかを考察するにあたり、事後審論は無内容なのである。また、このような政策的議論によって、憲法が保障している権利の侵害を正当化することはできないことも説明の必要がないだろう。事後審論を基軸とした議論はもうやめるべきである。事実誤認の審査について主軸としなければならない概念は、事後審ではなく、憲法上認められた証明基準である「合理的疑いを超えた証明」なのである[33]。この合理的疑い原則を保障することが第一であり、それに抵触しないかぎりで、政策的ポリシーである事後審論を展開することが許されるのである。

それでは、まず合理的疑いの意義について簡単に紹介しよう。私は、日本、ドイツ、英米において「合理的疑い」というタームが実務においてどのような機能を果たしているかを実証的に検討したうえで、合理的疑いを「証拠を適正に検討した結果残る個人的疑い」と定義し、①証拠あるいは証拠の不存在に基づく疑いであり、②自身の疑いが証拠のどこから生ずるかをいちおう言語で指摘できるならばそれは合理的疑いであり、それを超えて③自身の疑いが他者を納得させうるものであるかを考慮する必

要はなく、④自身の疑いを解消させうる説明が可能であったとしても、それが自身の疑いを否定する根拠になるわけではないことを提唱してきた[34]。

この学説が承認されるならば、裁判員をエンカレッジする大いなるツールとなるだろう。自身の疑いを言葉で表明できるならばそれは合理的疑いとして承認されるのであり、有罪と考えるほかの裁判員や職業裁判官がそれに納得しなくても意見を撤回する必要はなく、むしろ有罪と考えるほうが私を説得しなければならないのだということを強調することによって、少数派かもしれず、また、自身の言語コミュニケーション能力に何らかのコンプレックスを抱いている裁判員の不安（自分が悪いのではないか／自分の頭が悪いのではないか／自分だけが駄々をこねているようで申し訳ない）を大いに軽減することに資するだろう[35]。

さて、以上のように、合理的疑いという概念は、まず個人の心証を示すものとして示される。これを「主観的概念としての合理的疑いを超えた証明」と呼ぼう。しかし、合理的疑いという概念は、これにとどまらない。一般的抽象的には当該疑いが合理的疑いか否か意見が分かれうるのにもかかわらず、それでもなお、事実問題について判断する権限と責任を有する者すべてが合理的疑いを超えた証明があると判断すること（moral certainty）が、もう1つの意味である。平野龍一が moral certainty を「道徳的確実性」とか「裁判官が、良心に従って、間違いないと信じ」ること[36]というふうにミスリーディングな説明をしたために、日本ではこの言葉の意味が正確に理解されていない。しかし、moral という言葉は「間接的」という意味である。moral certainty とは、「直接に知覚できず、媒介（証拠）を通して間接的に知覚されるにもかかわらず、偏見なく判断する者すべてが結論に同意すること」である。個人の心証を示すのではなく、みんなが同意している状態が moral certainty である。すなわち、一般人が納得するか否かを判断者自身が内省するのでもなく、他者が審査するのでもない。現に判断者全員が疑問なしと判断したという状態が合理的疑いを超えた証明の十分条件となるのである。これを「客観的概念としての合理的疑いを超えた証明」と呼ぼう。判断者が裁判員か職業裁判官かはこの帰結に影響しない[37]。

この「客観的概念としての合理的疑いを超えた証明」は、事実誤認の審査のあり方に影響を与える。従来、事実誤認の意義をめぐっては、経験則・論理則違反説と心証優先説に大別して議論されてきた。前述の高裁裁判官たちの論稿のなかには、前者が事後審に適合的であるのに対し、後者は裁判員の加わった第一審の判決を破棄できることの説明が十分でないとの評価がなされ、「裁判員が加わらない控訴審の判断の優越性を十分に説明することのできる理論的な研究が更に深まることに期待したい」[38]との要請をしているものもある。

私からみれば、事後審論を軸とした議論を続けるかぎり、理論的な研究がさらに深まることは原理上ありえない。第1に、両説の違いに実践的な意味はない。後掲の最判平成21年4月14日において、経験則・論理則違反説に立つと自ら宣言している堀籠幸男裁判官が、一、二審判決に叙述のまったくない事情を多数挙げ、「被告人の信用性には疑問がある」とはっきり述べることによって、自ら心証を形成しているのを明らかにしていることからもわかるように、両説のいずれかをとるかによって検討方法が根本的に変わるというものではない。両説の争いは、事後審のもとでどのように説明すれば上訴審の判断のほうが「正しい」と理屈付けられるかをめぐるレトリック合戦にすぎない。

　第2に、事実誤認の意義は、そもそも事後審論から導き出される問題ではなく、合理的疑いの意味から導き出されるべき問題である。控訴審の判断が「優越」するのは、控訴審の判断のほうが「正しい」からではない。有罪判決を破棄できるのは、事実認定の権限と責任を有する者のなかから合理的疑いがあると考える者が出てきたので、「客観的概念としての合理的疑いを超えた証明」（moral certainty）があるとはいえなくなったからである。

　したがって、有罪判決破棄の場合は、「心証の優越」は一般に許される。上訴審で再度事実問題を争う機会を与えた以上、上訴審裁判官が主観的に合理的疑いを抱いたならば、その利益は被告人に与えなければならないのである。したがって控訴審裁判官は、原審裁判官の認定と関わりなく、第一審と同様の基準で、自由に判断すればよい。第一審の有罪判断が誤っていることを逐一論証する必要はない（してもよいが）。

　しかし、無罪判決破棄の場合はそうではない。なぜなら、控訴審裁判官の判断を優先させるならば、事実認定の責任を有する者すべてが合理的疑いを抱いていない場合にはじめて客観的に合理的疑いを超えた証明があったといえる（客観的概念としての合理的疑いを超えた証明）という原則が崩れるからであり、それによって下級審裁判官は高度な疑いを提示しなければならなくなる環境に置かれるからである。控訴審裁判官が無罪判決を破棄できるのは、個人によって合理的疑いに関する判断が異なりうることを前提にしてもなお、原審裁判官の疑いはありえないということを指摘できなければならない[39]。

　以上のようなセーフガードを用意して、初めて高野のような主張を実現させていく基盤ができるのである。

2　最高裁平成21年4月14日判決の登場

以上のような主張を私は機会あるごとに繰り返してきたわけだが、最近、この主張を参酌したと思われる最高裁判決が登場した。最高裁第3小法廷の平成21年4月14日判決である。痴漢事件につき、被害者と検察官が主張する人物の供述の信用性を否定した事例であり、マスコミでも大きく取り上げられた。しかし、本判決の判例としての意義がある第1の部分、すなわち刑訴法411条3号「重大な事実誤認」を解釈した部分についてはほとんどまったく取り上げられていない。
　判決によると、「当審が法律審であることを原則としていることにかんがみ、原判決の認定が論理則、経験則等に照らして不合理といえるかどうかの観点から」事実誤認の有無に関する審査を行うという。いわゆる経験則・論理則違反説に立つことを明言したようにみえるが、実はそうではない。経験則・論理則違反説に立つことを確認したかったのであれば、八海事件第3次上告審判決[40]が呈示した「原判決の認定に不合理なところがないか」という定式を再確認すればそれで事足りたはずである。しかし、多数意見はこの判例を引用せずに、新たな定式を呈示しているのである。また、「不合理といえるか」という定式を立てたのだから、本件あてはめは「原審の認定は不合理である」と表現するのが素直にも思える[41]が、そのような表現はとらず、「合理的な疑いが残る」という表現を用いているのである。この2点は見落としてはならない重要な点である。
　多数意見が提示した基準の具体的意味について、2つの補足意見と2つの反対意見が激しく争っている。典型的な経験則・論理則違反説に立つ反対意見の2人に対し、補足意見を書いた2人は、従来の枠組みとは異なる意見を述べており、注目される。
　まずは近藤崇晴裁判官の補足意見を参照してみよう。次のように述べている。

　　　上告裁判所は、事後審査によって、「判決に影響を及ぼすべき重大な事実の誤認がある」（刑訴法411条3号）かどうかを判断するのであるが、言うまでもなく、そのことは、公訴事実の真偽が不明である場合には原判決の事実認定を維持すべきであるということを意味するものではない。上告裁判所は、原判決の事実認定の当否を検討すべきであると考える場合には、①記録を検討して自らの事実認定を脳裡に描きながら、<u>原判決の事実認定が論理則、経験則等に照らして不合理といえるかどうかを検討する</u>という思考操作をせざるを得ない。その結果、②<u>原判決の事実認定に合理的な疑いが残ると判断するのであれば</u>、原判決には「事実の誤認」があることになり、それが「判決に影響を及ぼすべき重大な」ものであって、「原判決を破棄しなければ著しく正義に反すると認めるとき」

1　裁判員制度下の冤罪問題について——合理的疑いの意義・上訴審の審査方法・注意則の機能を中心に　909

は、原判決を破棄することができるのである。殊に、原判決が有罪判決であって、その有罪とした根拠である事実認定に合理的な疑いが残るのであれば、原判決を破棄することは、最終審たる最高裁判所の職責とするところであって、③<u>事後審制であることを理由にあたかも立証責任を転換したかのごとき結論を採ることは許されない</u>と信ずるものである。

　下線①の部分は、事実誤認の審査「方法」として、経験則・論理則違反説と心証優先説の対立に実践的意義がないことを示唆するものである。いずれにせよ「記録を検討して自らの事実認定を脳裡に描きながら」判断する以外に方法がないことが示されている。実際、経験則・論理則違反説に立つ堀籠裁判官の反対意見そのものが、「被告人の供述の信用性には疑問がある」というように「自らの事実認定を脳裡に描いて」判断していることを明確に示していることについては前述した。

　下線②の部分は、結局のところ事実誤認の有無を決するのは「合理的疑い」があると最高裁裁判官自身が思うか否かだということが示されている。有罪か否かを決する判断基準は合理的疑いの有無である以上、最高裁裁判官自身が合理的疑いがあると思うならば、合理的疑いを超えた証明がないことになり、それはすなわち「原判決を破棄しなければ著しく正義に反する」(411条柱書)、「判決に影響を及ぼすべき重大な事実誤認」(411条3号)だということである。合理的疑いを超えた証明の意味を正しく捉えた見解である。

　下線③の部分は、合理的疑いを超えた証明原則を侵害するような帰結を事後審論によって正当化することができないことを指摘するものである。合理的疑いがあると主張している者に対し事後審論を持ち出して批判することのおかしさを論じた最高裁決定(中の反対意見)はすでに出ていたところである[42]が、この論争に決着をつけようとするものといえる。正当な見解である。

　次に、那須弘平裁判官の補足意見をみてみよう。経験則・論理則違反というテーゼを敷衍した個所から始めたい。

　　　当審における事実誤認の主張に関する審査につき、当審が法律審であることを原則としていることから「原判決の認定が論理則、経験則等に照らして不合理といえるかどうかの観点から行うべきである」とする基本的立場に立つことは、堀籠裁判官指摘のとおりである。しかし、<u>少なくとも有罪判決を破棄自判して無罪とする場合については、冤罪防止の理念を実効あらしめるという観点から、文献等に例示される典型的な論理則や経験則に限ることなく、我々が社会生活の</u>

中で体得する広い意味での経験則ないし一般的なものの見方も「論理則、経験則等」に含まれると解するのが相当である。多数意見はこのような理解の上に立って、Aの供述の信用性を判断し、その上で「合理的な疑いを超えた証明」の基準に照らし、なお「合理的な疑いが残る」として無罪の判断を示しているのであるから、この点について上記基本的立場から見てもなんら問題がないことは明らかである。

　下線部分に明らかなように、有罪判決を破棄自判して無罪とする場合については経験則等を広くとるべきだと指摘している[43]。事後審論に基づくならば出てきにくい考え方である。そのうえで、「意見が分かれる原因を探ると、結局は『合理的疑いを超えた証明』の原理を具体的にどのように適用するかについての考え方の違いに行き着く」と述べ、問題解決の軸は事後審論に基づく審査方法の検討ではなく合理的疑い基準の検討であることを明らかにし、この原理の意義について検討が開始される。
　まず主観的概念としての合理的疑いについて論じている。

　　本件では、……被害者の供述の信用性に積極的に疑いをいれるべき事実が複数存在する。その疑いは単なる直感による「疑わしさ」の表明（「なんとなく変だ」「おかしい」）の域にとどまらず、論理的に筋の通った明確な言葉によって表示され、事実によって裏づけられたものでもある。Aの供述はその信用性において一定の疑いを生じる余地を残したものであり、被告人が有罪であることに対する「合理的な疑い」を生じさせるものであるといわざるを得ないのである。

　疑わしさの表明だけでは合理的疑いとはいえないが、論理的に筋の通った明確な言葉によって表示され、事実によって裏付けられたものであれば、それで十分だとするこの見解は、私が強調した①の要素（証拠あるいは証拠の不存在に基づく疑いであればよい）と②の要素（自身の疑いが証拠のどこから生ずるかをいちおう言語で指摘できるならばそれでよい）を敷衍したものといえる。正当な見解だと思う。また、この見解は、先に紹介した第1小法廷2007年決定における定義の解釈にも影響を与えるだろう。すなわち、以上のような要件を備えた疑いであれば「健全な社会常識に照らしてその疑いに合理性がないと一般的に判断」されるのであり、疑いを抱いた本人が、健全な社会常識に合致しているか否かについて悩む必要はないということである。これは合理的疑いの程度が高度化していた日本において、本来の水準にまで程度を下げさせる機能を持つ画期的判断である。

本補足意見は、さらに、客観的概念としての合理的疑いに関する指摘にまで踏み込んでいる。

　　堀籠裁判官及び田原裁判官の各反対意見の見解は、その理由とするところも含めて①傾聴に値するものであり、一定の説得力ももっていると考える。しかしながら、これとは逆に、……Aの供述の信用性にはなお疑いをいれる余地があるとする見方も成り立ち得るのであって、こちらもそれなりに合理性をもつと評価されてよいと信じる。

　　合議体による裁判の評議においては、このように、意見が２つ又はそれ以上に分かれて調整がつかない事態も生じうるところであって、その相違は各裁判官の歩んできた人生体験の中で培ってきたものの見方、考え方、価値観に由来する部分が多いのであるから、これを解消することも容易ではない。そこで、問題はこの相違をどう結論に結びつけるかであるが、私は、②個人の裁判官における有罪の心証形成の場合と同様に、「合理的な疑いを超えた証明」の基準（及び「疑わしきは被告人の利益に」の原則）に十分配慮する必要があり、少なくとも本件のように合議体における複数の裁判官がAの供述の信用性に疑いをもち、しかもその疑いが単なる直感や感想を超えて論理的に筋の通った明確な言葉によって表示されている場合には、有罪に必要な「合理的な疑いを超えた証明」はなおなされていないものとして処理されることが望ましいと考える（これは、「疑わしきは被告人の利益に」の原則にも適合する。）。

　従来、事実誤認があると最高裁が判断した場合、原判決に対して審理不尽か証拠評価の不合理性を指摘するのが常であった。不合理であることが具体的に論証できない場合にも不合理だと一刀両断してきたのである[44]。これに対し、下線①の部分は、反対意見を不合理と断ずることなく、そのような見方もありうることを肯定しつつ、だからといって自身の見解が不合理なわけでもないことを指摘している点で、注目される。私が合理的疑い概念について強調した③の要素（自身の疑いが他者を納得させうるものであるかを考慮する必要はない）と④の要素（自身の疑いを解消させうる説明が可能であったとしても、それが自身の疑いを否定する根拠になるわけではない）を実践によって示したものといえる。またこれは、前述のように、有罪判決を破棄する際は合理的疑いを抱いたと言うだけで（も）よいのであって、原判決の判断がいかに不当かを厚く論証する必要はないという命題にも符合する。

　このような水かけ論に終始せざるをえない場合に合議体としてはどのような処理が

なされるべきかを論じたのが下線②の部分である。従来から、無罪に票を投じた者がいるにもかかわらず多数決で有罪判決を出すことができる制度（裁判所法77条）につき、「疑わしきは被告人の利益に」原則に反するという見解[45]や、合理的疑いを超えた証明原則に反するという見解[46]が提唱されてきた。本意見は、これらの見解をふまえたものといえる。合理的疑いを超えた証明の意義を個人の心証概念としてのみ狭く捉える方には奇異な主張に見えるかもしれないが、前述のような客観的概念としての合理的疑いを超えた証明を踏まえるならば、無罪と考える者が存在すればmoral certaintyの状態に達していないわけであるから、合議体としては有罪の判決が出せないとすることは理論的に正しい。

　もっとも、この合理的疑い原則を貫徹するならば、そもそも多数決評決制自体がこの原則に違反すると考えるのが正当であろう。この点で本意見は理論的に徹底していない。ただし、全員が無罪票を投じないと無罪評決を出せない（評決不能となる）陪審制のもとでも本意見と同種の主張は古くからなされている[47]。また、多数決評決が許容されている陪審制のもとでも、無罪票がある場合には、有罪の評決を出すに必要な数の有罪票があったとしても、あえて評決不能という答申を出すという慣習があるとの指摘もある[48]。多数決評決制を残すことを前提にするのであれば、次善の策として本意見のような主張も十分ありうることは指摘しておきたい。理屈としては、次のようなものになろう。事実認定者は、評議の末、まず「主観的合理的疑い」があるか否かを判断する。あると考えた場合には無罪票を投じる。ないと考えた場合には有罪票を投じる。次に、合議体の中で無罪票があった場合、当該裁判体としては、無罪票がある以上「客観的合理的疑い」が残ることになる。そこで、有罪票を投じていた者も無罪に転じることにより、裁判体としては無罪と判決することになるのである。

　なお、本意見は「複数の」裁判官が合理的疑いを超えたことを例示しているが、理論的には、無罪と考える者が1人でもいれば裁判体としては無罪判決を出すべきである。この点は多数決評決制をめぐる英米の議論においても問題とされているところではあるが、事実誤認を理由に陪審の判断を上訴審が否定できない英米とは異なり、無罪判決の理由に論理則違反が認められるか否かを上訴審が審査できる日本では、「数による正当性の担保」を考える必要はない。本意見も「少なくとも」と述べており、1人の無罪票があった場合に無罪判決を出すこと自体を否定しているわけではないことに注意しておこう。

　両裁判官のこれらの補足意見は、単に上告審における重大な事実誤認の意義を敷衍するにとどまらず、控訴審における事実誤認審査のあり方、そして第一審における有罪・無罪の判断方法にも等しく妥当するものである。裁判員裁判に対する控訴

審のあり方を議論するにあたっても、もはや事後審論を基軸とした検討には意味がないことを自覚してほしい。そして弁護士や裁判官諸兄は、これらの補足意見およびその土台となっている理論を最大限活用してほしいと思う[49]。

第6 むすびにかえて

裁判員制度の導入に関し、私は常に懐疑の眼で見てきた[50]が、最高裁第3小法廷判決における補足意見の登場により、ようやく少し希望が持てるようになってきたというのが偽らざる実感である。裁判員裁判を成功させるためには、裁判員裁判か否かにかかわらず、まずは憲法上の原則を正しく理解し実践しなければならない。その結果として、裁判員裁判もまた活性化するのである。

1 詳しくは、中川孝博『刑事裁判・少年審判における事実認定――証拠評価をめぐるコミュニケーションの適正化』(現代人文社、2008年) 236〜239頁参照。
2 最決平成19年10月16日刑集61巻7号677頁。
3 最判昭和48年12月13日判時725号104頁。
4 松田俊哉「判批」ジュリスト1356号 (2008年) 150、151頁。
5 東京高判平成10年7月1日判時1655号3、9頁。
6 山口直也=上田信太郎編『ケイスメソッド刑事訴訟法』(不磨書房、2007年) 267頁 [中川孝博執筆] 参照。
7 正木祐史「判批」法学セミナー636号 (2007年) 123頁。
8 木谷明「判批」ジュリスト1354号 (2008年) 211、212-213頁。
9 司法研修所編『裁判員裁判における第一審の判決書及び控訴審の在り方』(法曹会、2009年) 92〜99頁参照。
10 司法研修所編・前掲注9書108頁。
11 同109頁。
12 事実誤認の審査のあり方については、経験則・論理則違反説と心証優先説に大別されて議論されてきた。これらの説の名称自体は確定しているわけではなく、論者によって微妙に異なるが、いちおう注9書のなかで用いられている呼称に従っておく。
13 司法研修所編・前掲注9書101頁。
14 東京高等裁判所刑事部陪席裁判官研究会 [つばさ会]「裁判員制度の下における控訴審の在り方について」判例タイムズ1288号 (2009年) 5、9頁。
15 遠藤和正=冨田敦史「事実認定の審査」判例タイムズ1276号 (2008年) 43、46頁参照。
16 遠藤ほか・前掲注15論文46〜48頁参照。
17 同47頁参照。
18 同48頁。
19 本稿校正段階で、東京高等裁判所刑事部部総括裁判官研究会「控訴審における裁判員裁判の審査の在り方」判タ1296号 (2009年) 5頁に接した。事後審論に依拠することを明言しつつも、これまでの実務にどのような問題があったのかを具体的に示さず、かつ、今後どのように審査基準が変化すべきだと具体的に考えているのか不明瞭、というほかの論文の傾向をこの論文も踏襲している。
20 司法研修所編・前掲注9書98頁。
21 司法研修所編・前掲注9書104頁。
22 司法研修所編『裁判員制度の下における大型否認事件の心理の在り方』(法曹会、2008年) 10頁は、「裁判員の心に訴える弁護」という観点から、積極的に具体的ストーリーを主張せよと説いている。
23 日本弁護士連合会編『法廷弁護技術 [第2版]』(日本評論社、2009年) 5〜6頁 [高野隆執筆]。
24 高野隆「裁判官は、いつ事実を認定するのか」法と心理7巻1号 (2008年) 19、22頁。
25 模擬裁判における評議は、控訴される可能性がまったくないなかでのものであり、現実の場とはまったく異なるも

26 たとえば五十嵐二葉『説示なしでは裁判員制度は成功しない』(現代人文社、2007 年) 54 ～ 55 頁参照。
27 中川孝博『合理的疑いを超えた証明――刑事裁判における証明基準の機能』(現代人文社、2003 年) 111 ～ 191 頁参照。
28 詳しくは、中川・前掲注 1 書 72 ～ 75 頁参照。
29 同 33 ～ 65 頁参照。
30 杉田宗久「裁判官の尋問のあり方を考える――後藤・秋田両弁護士のご批判にお答えしつつ」季刊刑事弁護 46 号 (2006 年) 117、121 頁は次のように述べている。「いやしくも裁判員制度を採り入れたから重大事件で誤判が多くなったというのでは困る。今後とも重要証人の証言の信用性の検討は十分慎重に行う必要があり、裁判員裁判が始まったから、その究明の度を落としてよいということにはならない。……われわれ裁判官は、アプリオリな結論を持たない。ただ重要証人なればこそ、それが結果的に検察官側に有利になるか被告人側に有利になるかを問わず、批判的にその信用性を検討するだけのである。……そして、このことは、裁判体の構成が裁判員も加わった大合議体に変わったとしても、その本質が変化してよい問題ではない。おそらく、今後は、裁判員自ら証人に対し素朴な疑問をぶつけることが多くなるので、裁判官の出番は相対的に小さなものとなっていくであろう。それはそれで結構なことである。しかし、そのうえでなお、裁判員も尋ねなかったことがらで、証言の信用性を判断するうえで欠かすことができない事項があれば、なによりも誤りのない事実認定を行うという極めて重要な職責を有する裁判官は――もちろん裁判員への影響も考えて、その表現ぶりや口調には相当の配慮が必要であるとはいえ――究明型の尋問も躊躇すべきではない」。
31 例えば、中川孝博「取調べの可視化は進展したか・改善されたのか」法学セミナー 630 号 (2007 年) 24、26 頁参照。
32 後藤昭『刑事控訴立法史の研究』(成文堂、1987 年) 292 ～ 293 頁および 303 頁注 129 に掲げられている文献参照。
33 中川・前掲注 27 書 2 頁、306 頁以下参照。
34 同 279 頁参照。
35 合理的疑いの意義について石塚章夫は、「……疑いを抱いた場合には、その理由を評議の場で説明する必要があります。『ただなんとなく』というのでは、評議が成り立たないからです。しかし、その疑いが『合理的である』ことまで証明する義務はありませんし、他の評議参加者を説得し尽くす必要もありません。自分の意見を述べ、他の人の意見も聞いて評議を尽くした上、なお納得できないところが残るのであれば、それは『合理的疑い』が残る状態ということになるのです」という説示を提唱している (石塚章夫「挙証責任および合理的疑いに関する説示」季刊刑事弁護 52 号 (2007 年) 73、77 頁)。合理的疑いが評議において果たすべき機能を的確におさえた優れた説示例である。
36 平野龍一『刑事訴訟法』(有斐閣、1958 年) 189 頁。
37 中川・前掲注 1 書 240 頁参照。
38 司法研修所編・前掲注 9 書 106 頁。
39 中川・前掲注 27 書 312 ～ 315 頁参照。
40 最判昭和 43 年 10 月 25 日刑集 22 巻 11 号 961 頁。
41 実際、八海事件第 3 次上告審は、結論部分において「事実認定に不合理な点の存することを認めた」と述べていた。
42 最決平成 19 年 10 月 10 日判時 1988 号 152 頁における涌井紀夫裁判官の補足意見と横尾和子・同泉徳治裁判官の反対意見参照。
43 無罪判決を破棄する場合については説明がないが、後述の合理的疑い概念からすると、当然同じ基準は適用されず、より厳格な基準が用いられるべきこととなろう。
44 中川・前掲注 27 書 26 ～ 65 頁参照。
45 平野・前掲注 36 書 271 ～ 272 頁、井戸田侃「疑わしきは被告人の利益に」熊谷弘ほか編『証拠法体系 I』(日本評論社、1970 年) 225、230 頁参照。
46 下村幸雄『刑事司法を考える――改善と改革のために』(勁草書房、1992 年) 69 ～ 70 頁、村井敏邦「刑事裁判における証明基準の憲法的基礎」杉原泰雄教授退官記念論文集『主権と自由の現代的課題』(勁草書房、1994 年) 317 ～ 318 頁、中川・前掲注 27 書 281 ～ 293 頁参照。
47 中川・前掲注 27 書 291 頁注 23 参照。
48 たとえば、繁田實造「英国における陪審制度に関する文献の紹介(6)」龍谷法学 16 巻 1 号 (1983 年) 35、41 頁参照。
49 本稿校正段階で、本判決を批判する論文に接した (後藤弘子「最高裁痴漢無罪判決――供述の信用性の判断基準をめぐって」法学セミナー 656 号 [2009 年] 57 頁)。この批判が的を射ていないことにつき、中川孝博「誤読される最高裁痴漢無罪判決」法学セミナー 658 号 (2009 年) 4 頁参照。
50 大出良知ほか「座談会・刑事訴訟法の現在と課題――事実認定の過程と主体論」法律時報 79 巻 12 号 (2007 年) 6 頁中の中川発言参照。

2

裁判員制度下の冤罪問題について

刑事弁護人の立場から

今村 核

第1 冤罪・誤判事例を実証的に検討することが、決定的に不足している

　最高裁判所刑事局は「模擬裁判の成果と課題」で、2008年末までの5年間で、延べ550回の模擬裁判を実施したとし、その時期を3段階に分け、その第2段階で「複雑困難事件」を取り扱ったとする[1]。そこでいう「複雑困難事件」とは、自白の任意性、検面調書の特信性、正当防衛の正否などが、それぞれおもな争点とされた事例をいう。最高裁判所司法研修所の平成18年度司法研究『裁判員制度の下における大型否認事件の審理の在り方』においても、任意性、特信性が争点とされる事例を主に検討しており、そこに取りあげられた「大型否認事件」6事例は、いずれも有罪判決が確定した事案である[2]。

　裁判員制度で冤罪・誤判を減らせるか、との視点からは、模擬裁判で「複雑困難事件」、司法研究で「大型否認事件」と称している事例のなかに、本書で取りあげられたような典型的な冤罪・誤判事例がないことに危惧を禁じえない。そこで以下、過去の冤罪事例を取りあげ、これらを平成18年度司法研究で示されている運用モデルのもとで審理したならば、はたして無辜を救済しうるか、シミュレーションを試みた。またこれまで公判前整理手続に付された事例において、どのような問題が生じているかを見ていく。さらに、平成19年度司法研究『裁判員制度下における第一審判決と控訴審の在り方』[3]で示されている控訴審の在り方のもとで、無辜が救済されるかどうかの検討も試みた。取りあげた事例は、必ずしも裁判員裁判対象事件に限

定していない。

第2　公判前整理手続における「争点の削ぎ落とし」と「証拠の厳選」

1　最高裁は「裁判員に負担をかけられない」、「裁判員は長期間記憶を保持できない」として審理期間を短縮しようとする。そして「裁判員が書証を読むことは期待できない」として証拠の量を減らそうとする。そのため公判前整理手続で「争点の絞り込み」と「証拠の厳選」が行われ審理計画が策定される。模擬裁判では、およそ5分刻みで公判のスケジュールが決められていた。平成18年度司法研究は、審理計画どおりの審理をいわば金科玉条とし、審理計画から逸脱することに対して「裁判員が被る迷惑が甚だしいことはもちろん、制度そのものを揺るがしかねない」と激しい拒絶の態度を示す[4]。

こうした「審理の在り方」には冤罪・誤判の危険が伏在していないだろうか。具体例にもとづいて考えてみたい。

2　争点の「削ぎ落とし」

制度設計者の池田修氏（現東京地裁所長）は述べる。「……多くの事案では、これまで行われていた程の精緻さはなくても『核心司法』と言われるような、事件の核心的な部分の判断が正しければ、枝葉にまでこだわらなくても足りると思われる。……したがって、これまで以上に裁判官には大局的な視点が必要とされ、裁判員の理解を得て、枝葉の論点にわたる証拠申請を切り捨てて審理を進めたり、枝葉の議論を整理して評議を進めなければならない場合もあれば…」[5] 必要な争点までもが、「枝葉」として切り捨てられる心配はないだろうか。

次の事例をみよう。ある朝、自転車に乗った男性が多くの女子高生らの前を、陰茎を露出したまま通り過ぎた。約1時間後、数キロ先でサイクリング中の男性が警察官に呼び止められた。パトカー近くに立たされた男性をみて、3名が犯人と同じだと述べた。しかし3名とも「犯人は白髪交じりの中年男性」と述べていたところ、その男性は髪を真っ黒に染めていた。うち2名は、犯人は少し前にも同じことをやったと述べた。しかし、その別件の日時には被告人には、勤務表という明確なアリバイがあった。別件の犯人と本件の犯人が同じであれば、男性は犯人ではない。しかし「別件に関するアリバイ」は争点から落とされ、勤務表は採用されず一審で有罪とされた。

二審でも、「別件に関するアリバイ」その他の証拠が取り調べられず、被告人の控訴が棄却され、上告も棄却された。

これは某地方裁判所で公判前整理手続に付された実際の事例であり、必要な争点まで削ぎ落とすことによる誤判の危険を警告する。

3 証拠の厳選

重複する証拠は必要ないとの考えのもと、たとえば供述調書は、変遷があっても「総仕上げ」の検面調書一通にしぼって請求され、その任意性や特信性を、取調べの一部録画のDVDにより立証するといった事態が考えられる。前掲平成18年度司法研究は、検察官に対してそうした立証方針を勧めている[6]。

(1) 自白調書について

布川事件では、再審請求人の桜井氏の「自白テープ」（改ざん痕跡がいくつもあるもの）があり、すでに暗記してしまったストーリーをすらすらと語っており、それだけを聞くと「任意性」があるように聞こえる。桜井氏は、代用監獄で虚偽自白に落ちたあと、拘置所に移管されアリバイを思い出して検事調べで否認した。しかしその後代用監獄に戻され再び自白に転じ、2度目の検事調べでは自白をした。たとえばこの2度目の検事調べのときの調書だけが請求され、一部録画により任意性立証をされれば危険ではないか。

袴田事件の確定審では、合計45通の自白調書のうち、起訴前勾留の満期直前の検面調書だけが採用され、残る44通は任意性がない、起訴後取調べで違法であるなどにより採用されなかった。確定判決は検面調書のストーリーに基づき事実認定をしている。しかし全45通の自白調書を時系列で検討すると、ストーリーが大幅に二転三転しており、しかも捜査官の認識の変化にともなった供述の変遷となっており、そこに捜査官による誘導の痕跡や、被告人の「無知の暴露」が十分にうかがわれるのである[7]。

虚偽自白が行われ、何十通も自白調書が作成される日本の典型的な冤罪例において、さいごの「総仕上げの調書」一通にしぼって請求し、一部録画により任意性が立証されるという事態になっては、捜査過程が明らかにならず、冤罪・誤判がふえる。

(2) 参考人調書について

参考人に対する行き過ぎた事情聴取は、虚偽自白の強要に勝るとも劣らない誤判

原因となる。たとえば志布志事件の「会合事件」では、取調べに耐えかねて川に身を投げて自殺未遂をした被疑者を助けた参考人の調書は、「死んだ方がましだ」と聞いたと述べたのに、「死んでお詫びをする」とされている[8]。

福井女子中学生殺し事件（1990年一審無罪、二審有罪、上告棄却、再審請求中）は、被告人の複数の知り合いが「当日、血染めのシャツを着ている被告人をみた」「女の子を殺してしまったと聞いた」等と供述。彼らは非行歴、前科をかかえ、取調べ中の者もいた。被告人は一貫して犯行を否認。当初、知り合いのXは、Aが白色の車に被告人を乗せ自分がいるゲーム喫茶にやって来た、被告人は血染めの服を着ていた、と供述。Aも執拗な事情聴取の結果、そのことを認めた。その後、ある白色スカイラインのダッシュボードに被害者と同じO型の血痕が付着しており犯行車両が特定された。事件当日それを借りていたBが、今度は被告人の運転者として追及された。Bは10回以上の事情聴取後、運転していたと供述するに至った。そこでXの供述は、運転者がAからBへと変更された。Xは当初、自動車は、色が白という以外何もわからないと供述していたが、その後、車種がスカイラインジャパン2000であるほか、所有者や使用状況まで供述した。ところがその後、ダッシュボード上の血痕は、詳細な血液型判定の結果、被害者と一致しないことが判明した。一審は、こうした供述の変遷経過や、供述が何ら客観証拠に裏付けられていないことを重く見て無罪としたが、控訴審は、B供述が大筋で一貫しているとして、これを中心にすえて有罪とした[9]。

東大井町路上内ゲバ事件（一審無罪、1986年二審有罪、再審請求中）は、7名の犯人識別供述があった事例である。7名は写真面割りで共通してAを犯人として選別した。7名が述べる犯人の男の年齢は、最初20歳〜35歳と幅があったのに、供述が変遷し、最後は24歳〜27歳に収束した。Aの役割については、最初7名の供述者のうち2名が「車道上で指揮」、2名が「歩道上で指揮」、3名が「殴打」と、相互に矛盾していた。しかし供述が変遷し、「歩道上で指揮」の2名は「車道上で指揮」に変遷し、「殴打」との3名の供述は「逃走」と変遷し、相互に矛盾がなくなった[10]。

甲山事件における園児らの供述は、第一次捜査（1974年）における捜査復命書、供述録取書、いったん不起訴処分とされてからの第二次捜査（1987年）における捜査復命書、供述録取書等、園児1人当たりにして20通ほどの調書類があった。そして第一次捜査で、被告人が浄化槽で死亡した園児を、事件当夜、部屋に呼びに来たとのBの供述があらわれ、第二次捜査で、被告人が同園児の反抗を抑圧しながら廊下から非常口へ連れ出すのを見たとのDの「新供述」が、突如あらわれた。こ

れらのB、Dの供述を中心として、5名の園児供述が、幾多の変遷を経ながら、最終的な結果としては相互にぴったりとパズルのピースどうしのように符合するものとなっている。この供述の変遷経過、すなわち捜査官を媒介として園児らの供述が、被告人の犯人性を示す方向に相互に一致させられて行く過程を仔細に検討しなければ、真相は見えてこず、園児らの供述を弾劾することはむずかしい[11]。

　参考人の供述調書が多数つくられ、供述が変遷している事例で、検察が1通の「総仕上げ」の供述調書だけに請求をしぼり、その供述調書と一致する公判供述を聞かされるだけでは、裁判員たちは目隠しをされたも同然であり、過ちをおかしやすい立場におかれる。

　参考人取調べの過程で、捜査官により意識的、無意識的に示唆、誘導が行われ、その影響を受けて参考人の記憶が変容し、数カ月後に証言台に立つときには、変容した記憶に基づき証言を行っていることは多い。著名な心理学者ロフタスによれば、被験者に交通事故のビデオを見せ、しばらくして「車がぶつかったとき、ガラスの破片を見ましたか」、もしくは「車が激突したとき、ガラスの破片を見ましたか」と質問をする。後者のほうが、「ガラスの破片を見た」という回答率はあがる。実際はガラスの破片など映っていない[12]。尋問者が無意識に使った言葉の欠片さえ暗示を与えうる。こわいのは、供述者自身が記憶の変容に気がついていないことである。そのため反対尋問による弾劾は必ずしも有効ではない。法廷で直接主義・口頭主義に基づき主尋問、反対尋問を経ても、それだけでは真相が浮かび上がらない。真相解明のためには捜査過程を明らかにすることこそが求められる。

(3)　しかし前掲の平成18年度司法研究は、こうした点への懸念に欠けるようだ。「……弁護人の反対尋問においては、信用性を弾劾するためとはいえ、従来行われてきたような、捜査段階の供述の変遷過程を逐一確認するような尋問方法は避けるべきである。類型証拠開示により開示された証人の全供述調書を検討すれば、些末な供述の矛盾や変遷はそれなりに見出されるであろうが、信用性にどの程度影響するであろうか」[13]

　同司法研究は、こうした供述の変遷を弾劾証拠として用いることも避けるべきだという。「裁判員裁判においては、刑訴法328条による書証の請求は、できるだけ避けるべき手法である。法律専門家でない裁判員に対し、実質証拠と弾劾証拠の差や、弾劾証拠の意味・機能を十分に理解するよう期待することは極めて困難だからである」[14]

　ここには捜査過程を明らかにすることへの無関心さが示されている。

これに対して被疑者取調べの可視化が進み、被疑者段階の国選弁護が進めば、虚偽自白を防止することができるのだから、心配はないとの意見があるかもしれない。しかし現在検察が提出してくるDVDは、そのすべてが、「レビュー方式」もしくは「読み聞かせ後、レビュー方式」にすぎない。レビュー方式とは、調書に署名・指印が押された後に、内容を再度確認する作業である[15]。つまり、現在裁判所に提出されているDVDは、取調べの一部可視化ですらない。被疑者、参考人の取調べ過程の全面可視化の立法がされないかぎり、安んずることはとうていできない。

　志布志事件を見れば、警察が、自白調書も、参考人調書もやりたい放題にねじ曲げる実力組織であり、被疑者取調べが進行しているときに弁護人が付いていてもとうてい力及ばない場合があることがわかる。起訴された「会合事件」では、「会合」や、「金銭の流れ」を示す物的証拠は一切なかった。しかし、公判で否認をする被告人らに対して、長い者では395日間の勾留が行われ、家族との接見も禁止された。国選弁護人が接見室で家族の手紙（「本当のことを話すように」）をアクリル板越しに被告人に見せたところ、検察官は「接見禁止処分」に違反したとして国選弁護人の解任を請求し、裁判官は弁護人を解任した。警察は、秘密交通権を侵して、被告人らから弁護人との接見内容を聞き出し供述調書を75通も作成した。警察は、弁護人と家族との手紙まで「証拠隠滅のおそれ」があるからとして捜索、差押えした。もちろん裁判官の令状審査の対象となったが、裁判官たちは、捜査機関の言いなりに助力した。警察が全力で動いているときには、被疑者国選弁護制度ぐらいでは太刀打ちできないことが起こりうる。また、中途半端な被疑者弁護活動では、かえって自白の任意性が認められやすくなることもある。

　逮捕状なしに早朝に「任意同行」をかけ深夜まで取り調べることを何日もくり返し、虚偽自白させてそれを資料に逮捕状を請求することは警察の常套手段となっており、その場合、少なくとも被疑者国選弁護制度は役に立たない。

第3　公判前整理手続中における弁護側証拠の請求の義務づけ、同手続終了後の証拠調べ請求の制限（316条の32）について

1　弁護人は、公判前整理手続中にすべての証拠を準備できるのか

　検察官は、長期間（ときに数年にわたる）の捜査を経て起訴に至っており、検察官による証拠の請求は、警察から送致されてくる大量の証拠から、選り分けるだけで足

りる。しかし弁護人には、受任時に何ひとつ証拠がないのが通常である。国家権力と被告人との組織力、資金力の隔絶、着手時点のちがいにもかかわらず、弁護側が早期に被告人に有利な証拠を収集し、準備することには多くの困難が伴う。

(1) 人証の請求

　被告人に有利な証人を探すのはなかなか困難である。

　映画「それでもボクはやってない」のモデルとなった痴漢冤罪西武新宿線事件では、キイ・ポイントとなった「被告人は電車のドアにはさまれたコート裾をひっぱっていました。だから痴漢ではないと思います」との女性の目撃者は、ビラ配りによって公判開始後数カ月して、幸運にも、見つけ出せた証人だった。

　また、大阪地裁所長オヤジ狩り事件（2006年大阪地裁無罪、2007年大阪高裁無罪）においては、全員無罪の決め手となった、1人の少年のアリバイを裏付ける少女との2回のメールのやりとりと、その間少年とデートをしていたという同少女の供述は、公判開始後、5カ月を経過して発見された[16]。

　公判前整理手続自体、「出来るだけ早期に終結させるよう努めなければならない」（刑訴法316条の32）との規定があり、公判前整理手続中に証人を探し出せるかどうか、心配である。

(2) 科学的鑑定の請求

　弁護側の科学的鑑定は、自分たちで検討をしたあと、まず専門家を探さなければならず時間がかかる。公判前整理手続に付された長野ひき逃げ事件（2008年東京高裁有罪）では、ひき逃げ車両と被告人車両の同一性が争点とされ、被告人車両の車底部の布目様痕跡と、被害者のジーパンの布目が一致するか、また車底部のエンジンオイルと、被害者のジーパン臀部に付着した油が一致するか、等が争点とされ専門家の鑑定が多数必要だった。

　担当裁判官は、公判前整理手続の早期にすべての公判期日を一括指定し、審理計画を策定した。弁護人がまだ鑑定人を探し出せていなかったので、鑑定人を特定せず「油の専門家」、「繊維の専門家」などとして証拠調べ請求をさせた。そして、指定された公判期日に鑑定が間に合えば採用したが、間に合わなければ却下した。油の同一性に関して、科捜研のガスクロ検査によれば、両試料のピークポイントに目立ったずれがあった。相談していたガスクロの専門家は「両試料は違う」と言ったが、鑑定は引き受けてくれず却下された。公判前整理手続で裁判所が弁護側立証を急がせると、このようなことが起こる。控訴審でようやく鑑定人を探し出し鑑定請求をし

たが「やむを得ない事由」（刑訴法316条の32）がないとして却下された。

下高井戸放火事件（2004年東京地裁無罪）では、自白では出火箇所が「二階押入床上」とされていた。しかし消防の出火原因判定書では出火箇所は「一階店舗」とされていた。検察官は火災研究の科学者に嘱託し「出火箇所は一階店舗と二階押入床上の二箇所」との鑑定が出たので起訴した。嘱託鑑定は、押入の床下の梁の上角部が丸く焼損しており、押入床板と梁にはすきまがなく空気が入り込まないから、押入床上にも火源があるとした。しかし床下の梁のうえに「根太」という角材があることを、大半の根太が焼失したため見落としていた。弁護団は、約200枚の写真を凝視して1本だけ燃え残った「根太」を発見した。それまでに公判開始から約1年かかり、適切な鑑定人を見つけて鑑定を完成させるまでさらに約1年かかった。公判前整理手続中に弁護側の鑑定書の請求、開示を求められても、間に合わなかった危険は大きいし、そもそも見落としに気づかなかったかもしれない[17]。

引野口事件（2008年福岡地裁で殺人、放火につき無罪）では、同房者スパイが供述する被告人の「犯行告白」に秘密の暴露が認められるかとの関係で、被害者の頸動脈の切損に生体反応があるか否かが争点とされた。生前の傷であれば、血液を凝固させるため、血中のフィブリノーゲンが網目状の繊維であるフィブリンに変化する。また、傷から入るバクテリアを退治するために好中球が局所にあつまる。これらの点につき、病理学的な鑑定が必要となった。弁護団は鑑定人を探し歩いた。「検察側の鑑定は病理学的におかしい」と言う専門家は多くいたが、いざ鑑定を引き受け証言台に立つとなると二の足を踏むことがくり返された。結局、被告人の家族が探し出してきたが、元主任弁護人は、公判前整理手続に付された場合、その段階で鑑定の準備ができたのか、たいへん疑問が残ると述懐されている[18]。

再審で無罪となっている事件などは、多くは科学的鑑定を新規明白な証拠として提出している。名張毒ぶどう酒事件（2006年再審開始決定、2007年同取消、特別抗告中）は、凶器とされた農薬が、じつは有罪判決の決め手となった「ニッカリンT」ではないことが、農薬の毒物以外の添加剤の成分分析により明らかとなった。こうした科学鑑定が出来たのは、事件発生から40年以上が経過してからであった。

また布川事件（2008年再審開始決定）では、扼殺ではなく絞殺であることが見落とされており、その旨の法医学鑑定が新規証拠として提出されたのは事件発生後30年以上を経過してからであった。こうした科学鑑定は、通常審で無実の被告人を救済しようと思えば、原則として第一審の公判前整理手続中にやり終えなければならない。そのことが非常に困難であろうことは一見明白である。

弁護人は、科警研や科捜研などの機関を持たず、鑑定の原資料にアクセスできず、

かつ被告人にお金がなく、みずからは科学的な素養に乏しい。きちんとした科学鑑定を準備するには相当の時間と労力がかかり、多くの場合身銭を切っている。近年、科学的鑑定によって被告人に有利な証明をするチャンスは広がって来ている。公判前整理手続を「早期に終結させる」ことを志向するあまり、被告人、弁護人の防御権を奪ってはならない。

2 アリバイ潰しなどが行われる危険

　証拠請求すると、警察の補充捜査により、アリバイなどがつぶされる危険がある。綾瀬母子強盗殺人事件（1989年非行なし決定）では、少年審判で、証人が事件当日少年のひとりはアルバイトで一緒に作業していたと証言した。すると翌早朝、その証人は水戸から車で警視庁に連行され夜遅くまで取調べを受けた。翌朝も6時から連行され、夜遅くアリバイ証言は嘘だったと認めさせられた。検察庁に連行されアリバイは本当だと供述をひるがえした。深夜2時にビジネスホテルに宿泊させられた。その日午後3時人身保護請求によって、ようやく身柄が開放された[19]。警察には、このような「補充捜査」を行った「実績」があり、そして裁判員裁判では弁護側の証拠調べ請求、開示後に「補充捜査」を行うと述べている[20]。

3 あらかじめ手の内をさらしてしまう危険

　弁護人が検察官の請求した証人の証言の信用性を弾劾する証拠を入手した場合、これを公判前整理手続中に請求し開示すれば、検察側の証人に先回りの弁解を許してしまう。公判における弾劾証拠の提出は、刑訴法316条の32の「やむを得ない事由」に該当するとの解釈もあるが[21]、却下例もある。

　御殿場事件では、被害者とされた少女は、ある日テレクラで知り合った男性とデートをして帰宅が遅くなった。門限破りを母親に叱責され、その理由を「10名の少年に強姦されそうになったからだ」と嘘を述べ、それが事件へと発展した。弁護人は少女の携帯電話の履歴から当日少女とデートをした男性と話をして事実をつかみ、少女を反対尋問したところ、少女は絶句して何も答えられなかった。その後検察官は「犯行日は1週間前だった」として訴因変更の許可をもとめた。弁護側が公判前整理手続中に証拠調べ請求をすれば、公判での少女に対する反対尋問の効果は大きく削がれたであろう。

4　控訴審における弁護活動と無辜の救済

(1)　これまで検察官控訴における破棄率は異常に高く（約70％）一審の裁判官を萎縮させ、無罪率の減少傾向に拍車をかけてきた。裁判員裁判において、一審判決が無罪の場合は一審判決を尊重すべきである。

しかし控訴審は、無辜を救済しなければならない場合にまで、一審で直接主義、口頭主義的な審理が行われたことや、職業裁判官だけで構成される控訴審が裁判員が参加した裁判を破棄する正統性が問題となるとか、裁判員に負担をかけられないなどの一般的な理由で、原判決の破棄を決してためらうべきではない。「冤罪で国民を処罰するのは国家における人権侵害の最たるものであり、これを防止することは刑事裁判における最重要課題の一つ」（最三小判平21・4・14）だからである。

一審で弁護人が不熱心だった場合にかぎらず、弁護人が大変な努力と犠牲を払った場合でも、一審で無罪が救済されなかったケースは掃いて捨てるほどある。捜査から公判、第一審判決に至るまでの構造的な歪みの集積により、無辜が犠牲にされる。

これまで控訴審は、事後審制を基本としつつ続審制の面も併せ持つものと理解され、続審的な運用がされることで一部の無辜を救済してきた。一審で、被告人に有利な証拠が十分調べられず有罪判決が下されたが、控訴審であらたな事実取調べが行われ幾分なりとも真相が明らかとなり、無罪となるケースは決して少なくなかった。こうした運用は、一審判決までの構造的な歪みの集積を多少とも是正する措置となっていたのであり、それゆえ事実審としての控訴審の救済機能はきわめて重要である。

(2)　裁判員裁判における控訴審の在り方として、続審的な運用により、あらたな事実取調べを行い、原審の不十分さを補うことがどの程度考慮されているだろうか。

平成19年度司法研究『裁判員裁判における第一審の判決書及び控訴審の在り方』によれば、事後審制を徹底すべきであるとして、控訴審は、みずから心証を形成してその心証を第一審の判決と比較して、それが合致しなければ破棄するのではなく、第一審の判決が論理則、経験則上明らかに不合理でなければ、第一審判決を尊重すべきであるとする。そして事実の取調べの在り方として、刑訴法316条の32の「やむを得ない事由」と同382条の2の「やむを得ない事由」の関係を検討し、同316条の32の「やむを得ない事由」が認められない場合には、同382条の2の「やむを得ない事由」も認められないとする。したがって、同393条1項但書により、事実取調べが義務的になることはない、とする。そして、同393条1項本文による職権

による裁量的取調べは、同316条の32の趣旨を考慮し、取り調べうる新証拠の範囲は相対的に狭いものとなるだろう、とする。他方、明らかに争点とすべきものを削ったためや、採用すべき証拠を採用しなかったために誤判に至ったなどの場合には、訴訟手続の法令違反として原判決が破棄される場合があるとする[22]。

　平成19年度司法研究の運用モデルであれば、一審で無辜が処罰された場合、救済が困難になると考えられる。地下鉄半蔵門線窃盗未遂、脅迫事件（1997年控訴審無罪）は、一審で犯人識別供述だけで有罪とされ、写真面割帳すら証拠開示がされていなかったケースである。控訴審で、写真面割台帳が開示されたところ、被害者が犯人の第一の特徴としていた「薄いサングラスの男」の写真が被告人のもの一枚しかなかったことがわかった。そして、被告人が弁解で真犯人と指摘していた人物について、控訴審は弁護人の請求により事実の取調べをしたところ、情況証拠からその疑いが濃いことがわかった。その人物の写真も写真面割台帳に載っていたが、その日は普段掛けている薄いサングラスをたまたま外していたため、被害者により見過ごされたことも、その男の証言によりわかった[23]。

　大森勧業銀行強盗殺人事件（1973年一審無期懲役、1978年控訴審無罪、その後上告棄却）は、一審で28回の公判が行われ、被告人は無期懲役とされた。数通の自白調書があり、一審判決では、凶器とされた小刀の入手経路、金庫のボルトを外したとされた工具の入手経路、ボルトの1つは工具を右回しにしたあと、左回しにして外されたことが、被告人の自白後、すべて客観的に裏付けられ、自白には秘密の暴露があり、信用できるとされていた。また現場の段ボール紙片上の靴底痕が、被告人の靴と一致するとの科警研の鑑定書が信用できるとされていた。

　しかし、凶器小刀や工具の入手経路、投棄場所は、自白調書で二転三転していた。凶器小刀の入手経路は、最終的に被告人は友人のKから盗んだと供述し、その後Kに確認して裏付けられたとされていた。しかし控訴審弁護人は、自白調書よりも前の日付で、Kが被告人に小刀（ヤッパ）を盗まれたとの捜査報告書が作成されていたのを見つけた。また自白調書よりも前の日付の捜査報告書で、工具痕跡を調べ、ボルトの1つが最初右回しにされ、後に左回しにされたことがわかったと記載されていたことを発見した。この2つの捜査報告書の提出により、控訴審は、弁護人の請求による事実取調べを徐々に行っていく。結果的に、控訴審で45回の公判が重ねられた。途中、Kが被告人に盗まれたと供述した小刀が、その後Kの倉庫から見つかり、さらにKは交通検問で飲酒検知され、その際小刀も見つけられ、道路交通法違反、銃刀法違反で罰金刑となっていたことが判明した。確定記録における小刀の大きさ、形状は、Kの盗まれた小刀についての供述のそれと一致した。

さらに、弁護人は段ボール紙片の靴跡と被告人の靴底について拡大コピーして合わせたりすると、合わないことを見出した。そこで私的鑑定を提出し、裁判所に鑑定申請したところそれが採用され、千葉大名誉教授の鑑定によれば、段ボール紙片の靴跡は２つであり、いずれも被告人の靴底と合致しないとの結論だった。

　さらに、捜査本部の責任者（警視庁捜査一課長代理）の証人尋問が行われた。被告人は、取調べ時に第一勧業銀行大森支店内の見取り図を何度も書かされ、最初は入り口を反対側に書き、金庫の位置など内部は白紙だった。その後捜査官からヒントをもらいながら少しずつ見取り図を詳細化させ、最終的には現場に合う見取り図を書いたと弁解していた。捜査本部の責任者は、被告人が現場に合う見取り図をまったく書けず、何度か書き直させたこと、間違った見取り図は調書に添付していないことをあっけらかんと認めた。また自白調書では、被告人は工具を特定できず、パイプレンチ、スパナ、と供述を変遷させていたが、最終的にブライヤーに落ち着いた。被告人は、いくつか工具を示され、パイプレンチもスパナも捜査官に「違う」と言われたので、ブライヤーのところにマル印を付けたところ「おまえよく知ってるじゃないか」と言われたと弁解していた。捜査本部の責任者は、被告人に工具を示したことも、あっさりと認めた。

　自白調書では、工具（ブライヤー）は被告人の知り合いの工場から盗んだこととされ、一審判決では、その後、その工場主からそのことが確認されたので「秘密の暴露」にあたるとされていた。しかし控訴審で工場主が証人となり、自白調書作成前に、警察が来てブライヤーが１本なくなっていたとの確認がされたことを証言した。

　さらに、弁護人のひとりは最終弁論作成中に、５年間わからなかった電気コードの結束方法（被害者は小刀で刺され、電気コードで絞殺されていた）の解明を妻に頼み、枕に電気コードを巻いているうちにひょんなことからそれがわかり、最終弁論で弁護人らが犯人役と被害者役をして実演した。そのほか、死亡推定時刻についての上野正吉鑑定などさまざまなことが行われた。数名の若い弁護人が、身銭を切りながら必死で５年間をたたかったのであるが、控訴審裁判官はこれを受け止めて徹底した事実取調べを行い、無罪とした[24]。

　この大森勧業銀行強盗殺人事件の控訴審は、続審的な運用により無辜を救済した典型例であろう。前掲の平成19年度司法研究の運用モデルどおりであれば、こうした運用はありえないこととなる。「足切り」のような形で控訴棄却されるであろう。

　さらに一審では被告人がずっと犯行を認めていた狭山事件のようなケースでは、控訴審の在り方は一体どうなるのであろうか。

　ところで上告審の在り方について、痴漢冤罪のケースで一、二審の有罪判決を破

棄して被告人を無罪とした最判平21・4・14の補足意見は「上告裁判所は、原判決の事実の認定の当否を検討すべきであると考える場合には、記録を検討して自らの事実認定を脳裡に描きながら、原判決の事実認定が論理則、経験則等に照らして不合理であるかどうかを検討するという思考操作をせざるを得ない。……原判決が有罪判決であって、その有罪とした根拠である事実認定に疑いが残るのであれば、原判決を破棄することは、最終審たる最高裁判所の職責とするところであって、事後審制であることを理由にあたかも立証責任を転換したかのごとき結論を採ることは許されないと信ずるものである」と述べた[25]。この判決は、控訴審の在り方としても、控訴審みずからが心証形成をして疑いが残る場合にまで直接主義、口頭主義的な運用などを理由に第一審判決の尊重を言い、論理則、経験則違反が明らかな場合にだけ原判決を破棄するといった消極的姿勢を厳しく批判したものと受け止められる。裁判員制度下における控訴審の在り方は、なお根本的な検討が必要であろう。

5　本当の誤判原因を見きわめた対策を

(1)　裁判員裁判によって「調書裁判」がなくなるのか

　裁判員裁判では、裁判員は調書など読まず、そのため見て聞いているだけでわかる裁判となり、調書は採用されず、したがって調書をつくることは無駄となり、ひいては長時間の取調べもなくなる、と期待を込める弁護士の論者は少なくない[26]。「裁判官が書斎で調書を読み込んで心証を形成すること」をなくして「調書裁判」を終わらなければならず、そのようにできると言う[27]。

　これらの見方に頷ける部分も、ないわけではない。しかし、本稿で検討したようなケースの多くでは「裁判官が書斎で調書を読み込んで心証を形成すること」が、はたして本当の誤判原因だったのだろうか。供述調書を残らず開示させて時系列に並べ、その供述の変遷経過を検討し、捜査官がほかから得た情報も時系列に並べ、それに合致する方向に供述が変遷していれば、捜査官の誘導痕跡を見るといった分析、客観的な証拠との符合性を供述の時期との関係を含めて検討する、実験的トレースを行う、など注意則研究にもとづいた客観的・分析的手法による検討は、弁護人の活動を受け「裁判官が書斎で調書を読み込んで」行われてきたのではなかったか。

　「裁判員が調書を読むことは期待できない」し「裁判員に過度の負担をかけられない」から証拠の量を減らし、重複証拠を避けて、供述調書の採用を最小限に抑える。これだけで、被疑者、参考人に対する長時間の取調や供述の歪曲がなくなるのか。

まず捜査機関が「何度も長時間の取調べを行う」ことはなくなるのか。代用監獄を廃するなり、勾留期間や取調べ時間を直接的に法規制するなり、全面的な取調べ可視化の実現をせずに「連日の長時間の取調べはなくなる」と述べるのは、捜査機関が自主的に取調べを控えることに期待することにほかならない。それでは捜査機関は「調書の作成」は、調書が採用される見通しが少なくなれば「無駄」と考えてやめるのだろうか。ひるがえって、警察はこれまでなぜ大量の自白調書を作成してきたのであろうか。

規範的には、犯罪捜査規範177条に、取調べごとに調書を作成しなければならないとあるので作成される。事実上の理由として、虚偽自白事例では、被疑者に犯行の体験がないために供述ができず、そのために連日長時間をかけて、ひとこまずつ、その時々に判明している情報に合致するように、供述内容をつくってゆかざるをえない。最終目標として「総仕上げ」の検面調書を作成する。最終段階に近づけば、仕上げ一歩前の状態としての供述調書が作成される。「総仕上げ」の検面調書が作成されるかぎり、そこに至るまでの避けては通れない過程として、大量の供述調書をつくらざるをえない。少なくとも取調べメモを残さなくてはならないはずだ。そして「総仕上げ」の検面調書さえ採用されれば、それ以外の供述調書は採用されなくても検察としては痛痒を感じない。確かに従来、自白調書を何十通も積み上げることにより、反復による信用性の増強というねらいもあったと思われる。しかし、その増強効果はさほどでもなく、逆に捜査過程が見えてしまう弱点を抱えることを、捜査側ははるか以前から学習しているはずである。むしろ「長時間の取調べは行うが、メモ等の作成にとどめて捜査報告書や供述調書はつくらない」という戦略をおそれなければならない[28]。

検面調書一通のみを一部可視化のDVDで任意性を立証して採用させることが、現在の検察側の戦略であるし、前掲の平成18年度司法研究はそれを検察に対して勧告してさえいる[29]。参考人調書についてはどうだろうか。参考人調書は、その種類によるが、1つは参考人が法廷で調書とちがうことを証言した場合に備えて必ず作成される。検面調書を刑訴法321条1項2号で採用させるためである。また参考人調書の作成を通じて参考人の記憶を定着させ、それに反したことを証言した場合、法廷で参考人調書により弾劾し、場合によっては偽証罪でおどすこともできる（八海事件、甲山事件等では偽証罪による立件もあった）。

参考人調書の場合、体験記憶に起源を持つ情報と、想像や推測に基づく情報、外部からもたらされた情報などが多少なりとも混在している。日常生活における私たちの「記憶」自体そうしたものの混在である[30]。捜査では、人間の知覚、記憶はも

ともと断片的であるのに事件の全体像の再現を求められ、断片と断片の間を埋めなければならないと思わされがちなこと、捜査官から意識的、無意識的に外部情報がもたらされやすいこと、事件解決が強く志向され進んで協力したいと思うことなどから、体験記憶以外に起源を持つ情報が混入し、汚染されやすい環境にある。こうして参考人供述は、聴取を重ねるごとに被告人の犯人性をより肯定する方向に変遷していく傾向を持つ。ここで本当にこわいのは、虚偽自白の場合とちがって、参考人自身、体験記憶と事後情報によりもたらされた記憶との区別がつかず、すべてが体験記憶だと思いがちだということである[31]。法廷における証言は、たび重なる事情聴取、公判のための入念な打合せの結果であり、そこで事後的に獲得された情報が、あたかも体験記憶に基づく情報であるかのように再生される。捜査過程で汚染された部分が、あたかも体験記憶に基づくかのように語られるという点で供述調書と同じであり、それが証人の口から直接語られるという点ではより危険ですらある。直接主義、口頭主義のよそおいを持つ「見えざる調書裁判」が行われる危険がなかろうか。

　裁判員裁判では、調書が採用されないからつくるのが無駄となり、そのため長時間の取調べもなくなるとの意見は、危険な幻想である。また長時間の取調べが行われながら、供述調書さえ作成しないという状態は、捜査の不可視化を招くもので望ましいとは考えられない。

(2) 供述調書の作成過程を明らかにすること

　供述調書は、一人称独白体で作成され、すべて供述者が語ったかのような形式を取っている。しかし、捜査官がまとめたものであるから、捜査官の認識に起源を持つ情報がいくらでも入り込める。犯人性を肯定する方向に潤色されている程度から、白紙調書に署名・押印する事態まで起こりうる。個々の記載部分が、供述者と捜査官のどちらに起源を持つ情報なのかが区別できず「汚染された資料」である。

　備忘録等の証拠開示命令についての最高裁決定（最三小決平19・12・25、最三小決平20・6・25等）は、供述調書の作成過程をより明らかにさせるものである。

　備忘録や「取調べ小票」も、しょせんは捜査官のメモであるから捜査官の主観的な認識が記載されているにすぎない場合もあろうが、そのメモの記載と、供述調書の記載が食い違っている場合もあり、取調べ過程を読み解く1つの貴重な資料となりうる。志布志事件では、取調べのメモである「取調べ小票」には、会合回数が4回、7回、10回、あるいはそれ以上の回数が記載されていたが、供述調書では4回とされていた。検察は警察と公判対策会議を行い「（取調べ小票は）死んでも出さない」と述べ、警察も「小票が出たら（事件は）飛ぶ」と述べ、「取調べ小票」を全力で

隠そうとした[32]。しかしこのことが内部告発をきっかけに暴露されたことが真相解明につながった。

結局、すべての取調べ過程を録音・録画することこそが求められる。

しかしひるがえって、取調べごとに供述調書が作成されるということは、「汚染された資料」ではありながら、ある種の「取調べの可視化」であったことに気づかされる。調書を時系列に並べて分析することにより、誘導の痕跡を読み取るなどして、どのような取調べがあったかを知る手掛かりになる。かつて上田誠吉弁護士や後藤昌次郎弁護士は「供述調書は物証である」と禅問答のような言い方をしたが、そうした意味として理解しうる。何度もくり返すが、総仕上げの一部の調書だけを、取調べの一部可視化により採用する実務が行われるならば、それは、捜査過程の可視化の点から、むしろ今日よりはるかに後退しており、捜査の不可視化と言うべきであろう。

捜査過程を再現するためには「汚染された資料」ではあっても、資料がないよりマシなのである。

(3) 捜査の全過程の記録化、可視化を

ところで、韓国では参与裁判制度の成立と同時に刑事訴訟法が大改正され、130以上の条文が変更、新設、削除された（2008年1月1日から施行）。そのなかで弁護人立会権、映像録画制度（録音、録画制度）が明文化された。録音、録画制度は検面調書、員面調書の証拠能力の要件が厳格化したために実現したのである。録音、録画制度は被疑者取調べだけでなく、参考人取調べについても明文化された[33]。2007年におけるソウル司法警察署での実施件数は6,690件で、4,608件が告訴人、1,555件が参考人、527件が被疑者となっている[34]。

日本において参考人の事情聴取の全過程の録音、録画制度は、供述調書作成過程を明らかにするために、一刻も早く導入されなければならない。たとえば、痴漢の冤罪事件について、被害者の全供述過程の録音、録画を行うだけでも、誤判の多くは防止しうるであろう。前述のとおり尋問者の仮説が無意識のうちにも目撃者の供述に影響を受けるおそれが大きく、それを検証するためには、録音、録画が不可欠である。暗示、誘導に対する耐性は被疑者と比べて、参考人のほうが一般的に低いと考えられる。早く日常生活に戻りたい参考人にとっては、短時間の取調べでも圧迫的なものと感じる可能性は十分にあり、その意味で、取調べ可視化の優先順位は、参考人のほうが被疑者よりもむしろ高いとも指摘される[35]。

そもそも物証について、白鳥事件[36]、弘前大学教授夫人殺し事件[37]、松山事件[38]、鹿児島夫婦殺し事件[39]、埼玉の覚せい剤取締法違反事件[40]等で、証拠のすり

かえや、血痕の付着等の捏造の疑念が判決や決定で指摘されている。判決で指摘されていなくても、そうした疑いをもたれている事例は多い。最低限、物証の採取・保管の連続性を保障するための規定を設け、再鑑定のために全量消費を禁じ、被告人、弁護人が鑑定資料にアクセスする権利を保障する規定を設けなければ、こうした事態は絶えない。

裁判員裁判において「証拠を厳選」する以上、その証拠の作成過程、採取・保管過程を可視化する必要性は従来に増して強まっており、早急な解決が必要である。

6　捜査改革なしの公判改革の持つ危険性

今回の裁判員制度の導入により、公判は大きく改革されたが、捜査の改革は一切行われず、また供述調書の証拠能力の規定は旧来のままである。これらの事情は、韓国における参与裁判制度の導入とそれにともなう刑事訴訟法改正と大きく異なる。公判は直接主義、口頭主義的に運用し、短期間の集中審理を行う。しかし、捜査法を改革せずいわゆる糾問的捜査を温存したまま、こうした公判を実現できるのだろうか。そのために、公判前整理手続で争点を絞り証拠を厳選するという。公判前整理手続が担う機能の1つは、長大な精密司法型の捜査と、コンパクトな核心司法型の公判の濾過装置といったところであろう。しかしその濾過の過程では、重要性が高くない間接事実の存否を争点から省き、重複証拠を避けるなど、単なる省略化、簡素化が行われるだけである。たとえば供述調書の作成過程が明らかにされた結果、その供述調書が捜査官の働きかけの影響を大きく受けた汚染度の高いものであることが判明し、したがって証拠として採用しない、といった捜査批判が行われるのではない。捜査を批判するのが公判の役割である。そのためには捜査過程が明らかにされなければならない。しかし公判では、捜査過程を明らかにするための証拠が、すでに「無駄」として省かれている可能性がある。

裁判の長期化が指摘されてきた。たとえば大森勧業銀行強盗殺人事件の控訴審では、前述のように5年間で45回の公判が行われた。しかしその公判回数は、捜査過程を明らかにして批判するために不可欠だった。捜査機関が虚偽自白に追い込んだほか、その虚偽自白をもっともらしく見せるための偽装がいくつも行われていたからである。長期裁判は、公判の在り方が問題だったというよりも、捜査の在り方にこそ根源的な問題があったためである。喩えていえば、三斗樽、四斗樽分の捜査が行われたが、公判には一升瓶の容量しか入らないので上澄みだけ入れてくださいとなると、公判で十分な捜査批判が行えるだろうか。捜査の改革なしに、公判の在り方だ

けを改革すれば、その矛盾がどこかに生じる。それが「足切り」のようなかたちで生まれる裁判員制度下における新たな冤罪であってはならないであろう。

7 さいごに

批判的な見方を多く述べたが、私は、裁判員制度の実施の影響については、必ずしも悲観的なわけではない。ふつうの市民が刑事裁判を自分のこととして関心を持つことにより、長い目で見て、冤罪・誤判を生まない刑事司法のへの改革が進むことに期待している。

1 最高裁刑事局「模擬裁判の成果と課題」判例タイムズ 1287 号。
2 司法研究報告書第 60 輯第 1 号『裁判員制度の下における大型否認事件の審理の在り方』(法曹会、2008 年)。
3 司法研究報告書第 61 輯第 2 号『裁判員裁判における第一審の判決書及び控訴審の在り方』(法曹会、2009 年)。
4 前掲注 2 書 9〜10 頁。
5 池田修『解説裁判員法』(弘文堂、2004 年) 123 頁。
6 前掲注 2 書 77 頁以下、207〜208 頁。
7 浜田寿美男『自白が無実を証明する』(北大路書房、2006 年)
8 粟野仁雄『警察の犯罪』(ワックス社、2008 年) 79 頁。
9 福井地判平 2・9・26 判例タイムズ 54 号 226 頁。
10 渡辺保夫監修、浜田寿美男他編『目撃証言の研究』(北大路書房、2001 年) 321 頁以下。
11 神戸地判昭 60・10・17 判例タイムズ 583 号 40 頁、浜田寿美男『証言台の子どもたち』(日本評論社、1986 年)。
12 E.F ロフタス『目撃者の証言』(誠信書房、1987 年) 79 頁以下。
13 前掲注 2 書 38 頁。
14 前掲注 2 書 38 頁。
15 大濱健志「取調べの録音・録画をめぐる議論の動向及び警察における取調べの一部録音・録画の試行について」警察学論集第 61 巻第 6 号。
16 読売新聞 2008 年 8 月 30 日。
17 今村核「燃焼メカニズム解明により自白の信用性を否定し無罪—下高井戸放火事件」判例レビュー東京地判平 16・2・23 (いずれも季刊刑事弁護 42 号)。
18 日本弁護士連合会、全国冤罪事件弁護団連絡協議会主催第 12 回交流会「引野口事件」。
19 兼松佐知子、福島瑞穂、若穂井透『少年事件を考える』(朝日新聞社、1989 年) 36 頁以下。
20 白川靖浩「刑事司法制度改革と警察捜査」警察学論集第 60 巻第 3 号。
21 岡慎一「予定主張明示と冒頭陳述」自由と正義 59 巻 5 号。
22 前掲注 3 書。
23 東京高判平 7・3・30 判例タイムズ 884 号 264 頁、刑事訴訟法判例百選 [第 7 版] 71 目撃証言の信用性、田中康郎「目撃証言の信用性」『刑事事実認定重要判例 50 選 (下)』(立花書房、2007 年)。
24 門井節夫「ある冤罪事件の弁護活動—大森勧業銀行強盗殺人事件の場合」日本弁護士連合会昭和 56 年度特別研修叢書。
25 最三小判平 21・4・14 近藤崇晴補足意見。
26 四宮啓「司法制度改革と刑事司法—書かれた改革と書かれざる改革」菊田幸一他編『社会のなかの刑事司法と犯罪者』(日本評論社、2007 年)。
27 高野隆「裁判員裁判と法廷弁護技術」日本弁護士連合会編『法廷弁護技術』(日本評論社、2006 年)。
28 上野勝『甲山事件 えん罪のつくられ方』(現代人文社、2008 年) の座談会「裁判員裁判では、甲山事件はどうなるか」231 頁以下で元大阪高裁部総括判事の石松竹雄氏は「……捜査側が調書の形で残さないおそれが強いと私は見ているんです。同じように捜査はするけれども、それはメモか何かで残しておいて、捜査復命書とか報告書とかいうきっちりした形、まして供述録取書という形にはしない。そして、調書としては最終的な供述しかない、そうすると、それしか原則として開示されないという事態が起こるんじゃないかということを一番おそれているんです。

……」と発言する。その趣旨に同感である。
29 前掲注2書207頁以下、77頁以下。
30 高木光太郎『証言の心理学』(中央公論社、2006年) 第2章「ネットワークする記憶」等。
31 法と心理学会・目撃ガイドライン作成委員会編『目撃供述・識別手続に関するガイドライン』(現代人文社、2005年) 第Ⅱ部第3章「供述聴取手続(1)時間と場所」原聰執筆部分。
32 朝日新聞社ニュース asahi.com2007年4月7日。
33 李東熹(韓国・国立警察大学校教授)「韓国における刑事司法改革について」日本弁護士連合会刑事法制委員会「刑法通信」第111号。
34 遠山大輔、吉岡毅「韓国における取調べ可視化の最新事情」(第10回国選弁護シンポジウム)。
35 前掲注31書88、100頁、中川孝博執筆部分。
36 札幌高決昭46・7・16判例時報637号3頁。
37 仙台高判昭52・2・15判例時報849号49頁。
38 仙台地判昭59・7・11判例時報1127号34頁。
39 最一小判昭57・1・28刑集36巻1号67頁。
40 浦和地判平3・12・10、浦和地判平4・1・14判例タイムズ778号99頁。

3

裁判員制度のもとで供述鑑定は意味をもちうるか

浜田寿美男

第1 はじめに

　刑事裁判の供述問題に関わるようになって30年になる。はじめて本格的に関わったのが、知的障害の子どもたちの目撃供述が問題になった甲山事件（事件発生は1974年）、ついで虚偽自白の疑いがあったにもかかわらず第一審で自白を維持し、第二審でようやく自白を撤回して、本格的に冤罪が争われた狭山事件（1963年）、そして重度の知的障害があってその訴訟能力が問題になったにもかかわらず、結局自白が決定的証拠となった野田事件（1979年）……。最初のうちは、1件目、2件目、3件目と数えていたけれども、いまはもう何件目になるのかわからない[1]。殺人事件を中心に、関わった事件はもう30件ほどにもなるのだろうか。

　この種の供述鑑定の依頼が、ここしばらく途切れたことがない。もっとも1件にかかる期間は短くて数カ月、長ければ数年を要する。なかには、裁判上は決着がついたはずの古い事件が、再審請求を繰り返し、いまなお終焉を迎えることのできないまま、私たちのところに供述鑑定を求めてやってくることがある。最も古いところでは1947年の福岡事件（この事件の主謀者とされた西はすでに死刑執行されている。つまり死刑執行後の再審請求事件である）、1948年の帝銀事件（12人が毒殺された戦後最大の銀行強盗事件で、高校の歴史の教科書にも載っている大事件。犯人とされた画家平沢貞通氏は死刑囚のまま95歳で獄死した。再審請求はすでに第19次におよんでいる）がある。この2つは事件発生から数えればすでに60年を超える。そしてもちろん、たったいまリアルタイムで進行している事件もある。最近とくに目立つのは電車内痴漢事件で、ここ

しばらく5件、6件と立て続けに鑑定依頼が舞い込んできている。いずれも冤罪を訴える事件である。

　私自身、こうしてあれこれの事件に首を突っ込むことがなければ、冤罪などこの世の中でめったに起こることのない例外的な事態だと思っていたかもしれない。しかし、刑事裁判の世界にどっぷりつかってみると、日本の刑事司法がいかに深刻な状況にあるのかを突きつけられる。この状況が、2009年からはじまった裁判員制度で、はたして少しは改善するのか、それとも逆に、いまよりももっと酷い状況になるのか。

　ここで、私たちが行ってきた供述鑑定が裁判員制度のもとでどこまで意味を持ちうるかを考えてみる。

第2　裁判員制度への大きな不安と期待

1　反省なき司法による司法制度改革

　私たちにとってまず気がかりな問題は、今回の司法制度改革の出発の仕方である。最初にこの制度改革が目論まれたのは、長期化が目立つ現状の裁判に対して「より効率的な審理を」との提案がなされことにはじまる。そこに「裁判への市民参加」という議論が乗っかって具体化したのが裁判員制度である。その経緯からして、そもそも過去の冤罪事件の反省のもとに発想された改革ではない。じっさい、制度設計にあたって、過去の冤罪事件を洗い、その問題点をチェックして、これを新しい制度に盛り込もうとした形跡はまったくうかがえない。

　戦後日本の刑事裁判には膨大な数の冤罪事件がある。たとえば死刑確定囚が再審請求を認められて無罪で娑婆に帰ってきたという事件が、1980年台に4件続いた。免田事件（事件発生は1948年）、財田川事件（1950年）、松山事件（1955年）、島田事件（1954年）である。地裁、高裁、最高裁という三審制の審理の結果、死刑判決が確定していた4人の死刑囚たちが、長い再審請求運動のすえに、ようやく無罪で釈放されたのである。彼らはいずれもおよそ30年を獄中で過ごしていた。デュマが描いた『岩窟王』ですら冤罪で孤島に幽閉されたのは14年、それを思えば、この30年というのは途方もない年月である。無罪で終わってよかったねと、単純に言えるようなことではない。

　それほどの大冤罪事件が起こっても、国は、このような間違った捜査、裁判がなぜ行われたのか、それを防ぐ手立てはなかったのかについて、一度も公の調査を行なうことがなかった。しかも、この4件は氷山の一角で、これに続く死刑確定囚の再

審請求事件が、名張毒ブドウ酒事件（1961年）、袴田事件（1966年）など、いくつもある。しかし、1990年代以降、重大事件の再審請求がほとんど認められなくなって、再審の状況はすっかり冷えきっている。獄中40年を超える人たちが、なお無実を訴えて、獄中から再審請求を繰り返しているのである。

　繰り返し再審請求が却下されるこの状況を見て、事情を知らない人たちのなかには、そもそも弁護士たちが裁判所から認められないような無理な再審請求をしているからではないかと言う人たちがいる。しかし、実際に証拠資料に付き合って自白などの供述鑑定を行ったものの目で見たとき、これでどうして有罪判決が書けるのかと首を傾げてしまうような事実認定が少なくない。有罪の判決に対して、明らかに「合理的疑い」があると言えるだけの問題点を提出しても、裁判所はそれをまともに取り上げて答えようとせず、ほとんど無視したまま、再審請求を却下する。

　裁判所こそは理性の府であると思いたいところだが、現実には、明確な根拠を示さず、直感だけで簡単に有罪判決を下してしまう。そうした裁判にしばしば出会うと、ここはむしろ理不尽の府と言いたくなる。

　ここ数年のあいだの事件で言えば、裁判の結審後に真犯人が現れた宇和島事件（事件発生は1999年、真犯人が現れたのは2000年）や、あるいは実刑判決を受けて刑期満了出所後に真犯人が出た氷見事件（事件発生は2002年、真犯人が現れたのは2007年）のように、無実が言わば証明された事件が相次いだ。しかし、これについても捜査に当たった警察・検察が形式的に謝罪をしただけで、その背後にある制度上の問題、捜査実務上の問題には目をつむったまま、なんらの改革も行わず、たまたま捜査がずさんだったためにこうした不幸が起こったのだということですませてしまっている。また宇和島事件では、事件に巻き込まれた元被告が国家賠償を求めたが、裁判所はその訴えを全面的に退けた。無実なのに虚偽の自白をした元被告に責任があるとでも言わんばかりの判決を下したのである。氷見事件の国家賠償を求めて提訴したが、はたしてどのような結論が出されるのか、楽観を許さない。

　こうして司法の状況を見れば、反省すべき材料はいくらでもある。しかしそれでも反省しないのが司法の世界なのかと思ってしまう。反省を知らないこの司法が、今回行おうとしている司法制度改革に、はたしてどれほどの期待ができるのか。そうとうの疑いをもってかかったほうがよいというのが、私自身の現状認識である。

2　素人裁判員への期待

　ただ、この裁判員制度への期待がないわけではない。その1つは、職業裁判官と

違って、裁判員は人生ではじめて刑事裁判の場に身を置き、はじめての刑事被告人を目の前にして、その審理をすることになるという素朴な事実である。

よく知られているとおり、わが国の刑事裁判における有罪率は、ほとんど99.9%におよぶ。1,000中、998〜999人は有罪で、無罪になるのはわずか1人か2人という勘定である。裁判官の現場はそういうところである。その裁判官の目から見れば、自分の前の被告席に座る被告人のほとんどが、実際に事件をやった真犯人で、無実の人などめったに出会わないということになる。職業としてそうした経験を重ねていけば、新しい被告人の裁判を真っさらなところから始められず、まあ次もだいたいが有罪だろうと思ってしまう。そういう位置にいるのである。そうなると、推定無罪の原則はどこへやら、事実上は推定有罪で裁判が進んでしまいかねない。

自分はやっていないと主張する否認事件でも、無罪となるのは100人中2人から3人にすぎないのであるから、裁判官にとっては有罪判決を書くのが日常、無罪判決などめったに書く機会はないということになる。いや司法修習の過程でも、練習で判決の作成を求められるとき、ほとんど有罪判決で書くのが前提のようになっていて、無罪判決の答案を書く修習生はきわめて稀だという。各裁判官が任官してのちに下した判決の有罪−無罪率を個人ごとに調べたデータは、残念ながら、どこにもないが、30年、40年の裁判官人生で、一度も無罪判決を書いたことがないという裁判官が少なからずいるはずである。それは、当の裁判官が実際にも無実の被告人に出会うことがなかったということなのかどうか。

現役時代にいくつもの無罪判決を書いて、それが上級審で覆されたことは一度もないという有名な元裁判官でも、「無罪判決を書くには勇気がいる」と言う。それはそうだろう。なにしろ1,000回判決を書くとして、平均して1件か2件しか無罪を書くことがないのである。また多くの裁判官のなかには、被告人は嘘をつくものだという意識があるという。被告席に座る人たちの大半は、世間からはみ出した犯罪者で、なおかつできるだけ罪を逃れよう、罪を軽くしようとする者が少なくない。その被告人の嘘にだまされることは、裁判官として最大の恥だとして、とにかくだまされまいと警戒しているというのである。さらにはマスコミで騒がれたような有名な事件で無罪判決を書くと、その裁判官は出世を望めないという話もある。裁判の事実認定は証拠によらなければならないはずだが、現実の裁判官の意識のなかには、証拠の世界を超えた、このような心的状況がさまざまに渦巻いている。

もちろん神様が裁くのではなく人間が裁く以上、裁判に間違いはありうる。それは避けがたいことである。しかしこの場合、間違いには2つの種類がある。1つは、真犯人に無罪判決を下して見逃してしまうという間違い、もう1つは、無実の人に有罪

判決を下して罰してしまうという間違いである。では、どちらかの間違いを避けがたいとき、人はどちらの間違いを引き受けるべきなのか。法の理念では、「疑わしきは被告人の利益に」と言われるとおり、証拠上「疑わしい」というところがあれば無罪の判決を下して、それでもってひょっとして真犯人を逃すことになるかもしれないという間違いは、覚悟して引き受けなければならない。「100人の有罪者を逃しても、1人の無実者を罰してはならない」という法諺はこのことを指している。

　この法における基本理念さえしっかり押さえることができれば、あとは素人裁判員のほうが、職業裁判官よりよほどましだと言ってよい。職業裁判官は、ほとんど1,000分の1あるいは2ほどにしか無実の可能性を考えないことになりがちだが、素人裁判員は、人生でたった1回きり体験する裁判で、五分五分とまでは言わなくても、せめて10分の1、2ほどには無実の可能性を考えるはずだからである。わずかであれ無実の可能性があると考えることができれば、その方向の証拠が弁護側から提出されたときには、それをちゃんと見てみようという気にもなれる。

　これは案外大きいファクターかもしれないというのが、裁判員制度への私の期待である。ただ、これはほとんど唯一の期待であって、それ以外は、裁判員制度について、むしろ不安材料のほうが圧倒的に多い。

第3　供述聴取の過程と可視化

1　供述という証拠

　これまでの冤罪事件を振り返ってみて、最大の問題は、人がことばで語る供述証拠、つまり自白や目撃の供述をどのように扱うかである。物的証拠についても、非常にずさんな扱われ方をされて、誤判を招くことがしばしばあるが、それでもブツはブツである。そうそう簡単に人間の手で左右することはできない（現実には捜査の内部で証拠捏造という犯罪行為が行われることがあって、この密室の犯罪はほとんど外から暴くことができない。これがネックになった冤罪事件も少なからずあるのだが、これについてはここで触れない）。それに対して供述証拠については、供述をする人、供述を聴き取る人の状況次第で、その内容がしばしば大きく揺れ、場合によっては、同じ人があるときは「やった」と言い、あるときは「やっていない」と言う。あるときは「見た」と言い、あるときは「見なかった」と言う。そういうように、正反対の供述になってしまうことがめずらしくない。

　たとえば被疑者が逮捕されて、その身柄を押さえた当の警察・検察によって取調べを受けるという場面を考えてみる。このとき、もし被疑者が無実ならば、拷問やそ

れに類する身体的暴力でも受けないかぎり、やってないことをやったと言うことは、さすがにあるまいと、一般に思われている。しかし、実際のところ、身柄を押さえられて、身近な人たちとの関係を断たれ、孤立無援の状態におかれて、しかもすべての生活を管理される。そんななかで、「お前が犯人だろう」と朝から晩まで追及され、それが連日続いて、いつ解放されるかもわからない。そのとき被疑者がどのような心理状態になるのかを、ほとんどの人は知らない。そもそもそうした場面を体験したことがない。それでいて、自分たちの日常的な感覚で、「どんな状態になっても、自分がやってないということくらいは、ちゃんと言えるはずだ」と、簡単に考えてしまう。しかしここで「どんな状態になっても」というのは、無実の被疑者として身柄を押さえられる体験をしたことのない人にとって、ただのレトリックにすぎない。実際にその状態を具体的に想像しているわけでないし、また想像しようとしても簡単に想像できるものではないからである。

　一方、被疑者の取調べを担当する捜査官の心理状況も単純ではない。捜査によって得た情報と証拠で一定の被疑事実を把握して被疑者を逮捕したとする。その逮捕は単独の捜査官の個人的な営みではなく、警察という組織のなかでチームを組み、共同でやった捜査の結果である。そして、言わばその組織方針の下に、上司からの指示で、ある捜査官が逮捕後の被疑者の取調べを担当することになる。その役割は被疑者から自白をとり、謝罪させたうえで、事実を明らかにさせることにある。見込みどおりに、その被疑者が問題の被疑事実をそのとおりやった真犯人であれば問題はないのだが、もし被疑者が事件に関与していない無実の人だったならばどうであろうか。捜査官が純粋に個人として取調べを行い、その場の判断も対処もすべて個人の責任で自由にできるのならば、被疑者がこの事件に関与していない可能性に気づいて、無実方向での裏づけ捜査を進めることもできるかもしれない。しかし捜査チームが一丸となって被疑者＝犯人の線で突き進んでいるなかで、取調べを任された捜査官が当の取調べの感触から、ひょっとしてこの被疑者は無実かもしれないと思ったとき、それを素直に周囲の捜査官たちに訴え、あるいは上司に訴えて、無実方向での裏づけ捜査をできるかどうか。それは簡単ではない。

　選挙違反事件で無理な取調べが行われたことが判明して、世間のひんしゅくをかった志布志事件（2003年）は、その1つの典型例となる。この事件で捜査陣が立てた犯行筋書は、およそ荒唐無稽と言わざるをえないもので、被疑者たちの取調べに当たった個々の捜査官自身も、冷静になって考えれば、ほんとうにそうなのかと思ったはずである。しかし捜査官たちは誰一人として、被疑者たちは無実ではないかの声を上げることなく、強引な取調べを執拗に繰り返した。その結果、被疑者たちのなか

には病気で倒れて入院する者、自殺しようとする者まで出た。逆に捜査官自身が、100日を越える取調べでも被疑者を落とせないことを非難されて、上司から無能呼ばわりされ、のちに「自分たちこそつらかった」と述懐する者もいた。そういう取調べのなかで多くの被疑者たちが自白に落ちたのである。

　供述は、供述者と捜査官とが出会って、そこでなされる両者のやりとりによって引き出されるものであり、供述の具体的な内容は供述者と聴取者のそれぞれの置かれた心的状況によって、大きく左右される。それゆえ、供述がいかなる意味で事件の証拠になるのかを正確に見きわめようとすれば、表向き現れた供述の内容のみならず、その供述がとられた過程をその前後の文脈状況と合わせて検討しなければならない。したがって供述が事件の正確な判断材料となるためには、その供述の全過程が可視化されて、証拠として提出されるのでなければならない。それは当然のことである。

　昔はともかく、いまは録音や録画の機器が一般化していて、供述過程を記録することが簡単にできる。とすれば、これを使わない手はないはずなのだが、わが国の刑事捜査実務を担う警察・検察は、供述過程を録音、録画してこれを証拠として使うことにまったく消極的である。その理由として、取調べは被疑者と捜査官とのあいだの信頼関係によって成り立つものであり、そこに録音テープやビデオテープを持ち込めば、真摯な自白が取れなくなってしまうなどと言うのだが、おそらくそれは表向きの理由にすぎない。むしろ本音のところは、録音・録画をやらなければならないことになれば、これまでの取調べ手法をすっかり変えなければならないというところにあるのではないか。いずれにせよ、裁判員制度がはじまった今もなお、録音・録画による可視化実現の見通しは立っていない。

2　取調室の可視化

　供述証拠は、わが国の場合、取調室でとられた供述調書のかたちで法廷に出てくる。供述調書にはほぼ決まった様式があって、通常は、供述者を一人称にして、問題となった出来事を独白的に「私は……」というかたちで語り出す。しかし実際は、供述者が一方的に出来事を語るなどということはありえないことで、捜査官が訊き、供述者が答えるという問答を繰り返して、一通り終わったあとで全体として独白形式にまとめ、捜査官の側で文章化する。そうしてまとめた文章を読み聞かせ、最後に「右の通り録取して読み聞かせたところ誤りのないことを申し立て署名指印した」としたためて、そのとおりに供述者が署名、指印を押す。これが供述調書録取の基本パターンである。

3　裁判員制度のもとで供述鑑定は意味をもちうるか

捜査官が調書にまとめたところで、供述者本人に読み聞かせて「誤りのないことを申し立て署名指印した」のだから、それで正当な証拠となるという体裁をとっているのだが、実のところ、それはあくまでお役所的な形式主義にすぎない。供述者が取調室の場でどのような心的状況にあるかを考えたとき、この形式主義が実質をそのまま表しているとはとても言えない。

　私は無実の人たちの虚偽自白を、数多くの事件で見てきた。そのなかで知った最大の事実は、ほとんどの虚偽自白事例では、無実の人がただただ強引な捜査官によって、無理やり自白させられ、捜査官の考えた犯行筋書をそのまま受動的に飲み込まされたのではないということである。じっさいには、無実の被疑者であれ、とうとうあきらめて自白に落ちるときには、突きつけられた状況をなにがしか主体的に引き受けて、言わば「犯人になる」。無実の主張を頑として受けつけない捜査官の前で、被疑者が自分の無力さを突きつけられ、あきらめて「私がやりました」と言う。そのとき、被疑者はもはやその場の関係に屈し、抵抗する気力を失って、捜査官の前で「犯人を演じる」以外にないと思い切る。そうしてでき上がった犯行筋書を、最後に読み聞かせられたとき、被疑者はもはや「これは間違っています」と言えないところに来ているのである[2]。

　こうした可能性をも想定して、供述が真に証拠たりうるためには、供述の聴取過程がすべて記録化され、それを後でチェックできるのでなければならない。つまり供述が聴取される取調室は、外部から見えないブラックボックスであってはならない。その内部を可視化し、そこでの捜査官の尋問の仕方、供述者の供述の出方をチェックできるのでなければならない。そうした前提があってはじめて、供述は証拠として意味をもちうる。それゆえこれは部分的可視化であってはならない。検察庁など、捜査当事者たちは、ある程度の可視化はやむをえないという事態のなかで、部分的な録音・録画なら認めてよいと言いはじめているが、これはかえって危険である。

　取調べ過程の末に、被疑者がとうとう自白したとき、その最後の自白の様子を録音・録画すれば、それによって被疑者が強引に自白させられたのか、自ら反省して自白したのかは判断できるはずだと言う人がいるが、それはおよそ虚偽自白の実態からは離れた考え方である。虚偽自白は、たったいま述べたように、捜査官がただただ強引に飲み込ませたものではなく、被疑者があきらめて、最後は自分から主体的に引き受けてしまうものである。そうして被疑者は「犯人を演じ」、事件について謝罪をし、反省のことばさえ語る。それを見ただけでは、それが真犯人の真の自白なのか、無実の人の虚偽の自白なのかを見抜くことはできない。

　最終取調べ場面のみの可視化は、供述調書で「右の通り録取して読み聞かせたと

ころ誤りのないことを申し立て署名指印した」として、実際に署名指印するのと基本的に同等の意味しかもたない。その映像から、無実の人の虚偽自白を読み取ることは難しいし、そればかりか、被疑者本人が自分の口で自白を語る場面を見てしまえば、その映像に動かされてしまう可能性が小さくない。

3　裁判のかたちは変わるが、捜査のかたちは変わらない

　裁判員制度によって裁判のかたちは大きく変わる。ところが捜査のかたちは、それによって変わるところがほとんどない。被疑者の身柄を1件につき23日間拘束して、その間、ずっと取調べが可能だということ、同じ殺人事件でも最初は死体遺棄で逮捕して、そののち殺人罪で再逮捕すれば、取調べ可能な身柄拘束期間を2倍にできるということ、あるいはさらに容疑をくっつければ3倍、4倍にすることもできるということ、その間の身柄が拘置所ではなく警察の管轄下の留置場であって、全生活を管理されるということ、繰り返し執拗に続けられる取調べ過程が、その大半においてブラックボックスのままで、外部からはその様子がまったく見えないということ、これらすべての状況が、これまでとまったく変わらない。

　そうだとすれば、むしろ供述証拠を正確に見極めるという観点からは、かえって後退する状況も懸念される。調書裁判と言われてきたこれまでは、よかれ悪しかれ、膨大な量の供述調書が法廷に提出された。私が関与した袴田事件の例で言えば、否認調書は皆無だが、自白調書がなんと45通もあり、400字詰の原稿用紙で換算すれば600枚以上におよぶ。私の鑑定ではこれを詳細に分析して、これが真に犯行をやった真犯人の自白とは理解できないことを証明した。そもそも、そこにはまったく異なる犯行筋書の自白が3つもあって、それが日替わりでコロコロ変わっている。すでにすべてを犯行のすべてを認めている真犯人の自白として見ると、この供述変遷はまったく理解できない。また真犯人ならばおよそ間違うはずのない部分に、事実とまったく食い違う供述があって、しかもそこにおよそ嘘をつく理由が見当たらない。さらにはあらかじめ物的証拠などで裏づけられているところは供述に変遷がないのに対して、それ以外の部分では変遷が繰り返されている。これらの点を見るかぎり、その供述調書の全体は、強圧的な取調べで自分をあきらめてしまった被疑者が、自分なりに知っている情報をもとに「犯人を演じた」結果であるとしか説明できない[3]。しかし裁判所は、この鑑定結果に対して、結局のところ、表面的なところだけを取り出して非難し、内容に踏み込むことなく、事実上これを無視するという態度をとった。

　この事件が、もし今回の裁判員制度のもとで審理されたとして、私の鑑定書が分

析したこの膨大な供述調書を、裁判員にそのまま見せるということになったかどうか。それはおよそ考えられないことである。この制度では一般の裁判員を集めて集中的に審理しようというのであるから、結論を出すのにせいぜい数日間、どんなに長くても1週間以上の時間をかけることはできない。となると、公判前の整理手続で、裁判員に見せる証拠を限定するということにならざるをえない。また公判前の整理手続で、裁判官、検察官、あるいは弁護士が誰かに供述鑑定を依頼し、その結果を審理のなかに活用するということになるかというと、それもいまの裁判所の姿勢からは考えにくい。

そこで考えられるのは、これまで膨大に取ってきた供述調書を最小限にとどめ、自白がとれた事件ならば、最終段階でほぼ完成した自白調書のみを証拠として提出させるということである。合わせて、一部可視化で、最後の自白をビデオ録画して、これを裁判員に見せるということもありうる。そのような事態になれば、裁判員の審理のなかで、無実の人の虚偽自白を見抜くことは、いま以上に困難になってしまう。そうなることだけは避けなければならない。

取調べ過程の全面可視化を法的に制度化しようという動きがあって、その実現可能性もなくはない。しかし、そうなったとして、そのビデオ録画を公判前手続のなかでどのように扱うのか、裁判員の審理過程でどのように扱うことになるのか、まったく見えていない。そこで、この現状のなかで当面は可視化がなされないことを前提に、以下、裁判員制度のもとでの供述鑑定がどのような意味をもちうるかについて考えてみたい。

第4 供述鑑定のはたすべき役割

1 供述聴取過程の危うさを裁判員に伝えること

現行の司法制度化での供述鑑定が、無視されたり、反発されたりしながら、最近になって、一定の存在位置を持ちはじめている。供述鑑定で法廷証言に立つ機会も増えてきたし、供述鑑定の結果を否定する場合でも、その批判にそうとうのページを割くケースも出ている。これからさらに供述鑑定を方法として洗練し、体系化することが必要となる。幸か不幸か、私たちがやってきた供述鑑定の多くは、第一審段階でなく、第二審以降で求められることが多く、再審請求審での鑑定も少なくない。その意味では、裁判員制度がはじまっても、これまでの供述鑑定の仕事が終わることはない。

しかし問題は、裁判員制度が開始された今、その制度下での審理で、私たちのこ

の鑑定作業がどこまで意味をもちうるかである。裁判員制度のありようが具体的にどのようになるのかが、十分に見えていない段階では、まだはっきりしたことは言えないが、裁判のかたちが変わるだけで、捜査のかたちがほとんど変わらない状況では、これからも虚偽自白や間違った目撃供述などが起こり続けることを覚悟しておかなければならない。いや、下手をすれば、むしろいまよりもっと酷くなる可能性も否定できない。そうなれば、取調室で録取される供述データは、これまでと同様に、あるいはそれ以上に「汚染される」ことを免れない。取調べ過程を可視化して精査すれば、その汚染源をチェックすることもできようが、その汚染過程をブラックボックスのなかに閉じたまま、最終的に取り出された「上澄み」だけを見せられたときには、それが「汚染されている」ことすら伏せられてしまう。これがもっとも警戒されるべき事態である。図で示せば下図のようになるだろうか。

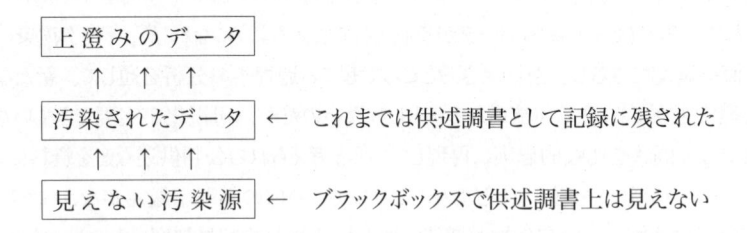

```
   上澄みのデータ
    ↑  ↑  ↑
   汚染されたデータ  ←  これまでは供述調書として記録に残された
    ↑  ↑  ↑
   見えない汚染源   ←  ブラックボックスで供述調書上は見えない
```

　これまでならば、取調べ過程の可視化がなされていない状況ではあれ、汚染されたデータがそのつどの供述調書として記録され、前述の袴田事件のように、それを読み取ることで、少なくとも汚染過程の一部を明らかにすることができた。裁判員制度の下で、もし公判前整理手続によって供述調書すら十分に分析されないまま、供述の概要だけがわかりやすくまとめられて提示されるようになれば、その汚染源がますます見えづらくなる危険性は高くなる。そうした事態になることは少なくとも避けなければならない。

　審理のなかで、一般の裁判員たちが、現在の捜査の問題性、そこから出てくるこの供述証拠の危うさに気づくようになってくれることを、まずは期待したいのだが、そのためにもいまの私たちの供述鑑定の作業をさらに一歩進めていく必要がある。

2　「汚染されたデータ」に対処する3つの方法

　供述聴取過程には種々の汚染源がありうるし、また現にそのブラックボックスからは相当に汚染されているデータが引き出されてくると考えなければならない。この「汚

染されたデータ」に対して、心理学研究者はどのように対処しうるのだろうか。

　第1に考えられるのは、実験心理学的手法によって一般的法則を立て、現実の取調べのなかに混入しうる汚染要因を指摘し、事実認定上の問題点を浮かび上がらせるという手法である。これは目撃供述の問題などに関してアメリカでロフタスが先駆的にやってきたことである[4]。わが国でもこの必要性は高いが、この一般論を述べるような専門家証言は前例がないし、これをきちんと受け止めるだけの素地が法曹界にあるのかどうかも疑問である。ただ自民党本部放火事件のように、問題となる出来事の条件を再現して模擬実験を行い、その鑑定成果が無罪判決に生かされた事例はある。裁判員制度のもとでこの種の専門家証言の可能性が広がるかどうか。この点の模索を続ける必要性は高い。

　第2は、汚染状態が直接確認できるデータ、あるいは比較的汚染を免れたデータを選んで資料にして、コミュニケーション分析を行うものである。取調べ状況が可視化されて、その録音・録画データが資料として使えるようになれば、データ汚染の過程を直接確認できるし、意図せざるところで起こる過程への分析を通して、新たな供述心理学を立てることも可能になるかもしれないのだが、可視化が実現できていない現状では、問答を比較的忠実に再現していると考えられる公判供述などを資料にコミュニケーション分析を行うにとどまる。これまでこの種の心理学鑑定がなされた事例がいくつかあって、その有効性が期待される[5]。しかし裁判員制度になると、少なくとも第一審公判がなされたあとでしかこの分析はできない。この手法が現実的に力を持つためには取調べ過程の全面的な可視化が前提となる。

　第3は、現実の取調べ状況のもと、供述データがあらゆる汚染源を抱えていることを承知で、それとして扱う手法を考えるものである。つまり汚染されたデータとはいえ、それがそうとうな量におよぶとき、そこから可能なかぎり合理的な推論を経て、何らかの結論を得る努力を放棄してはなるまい。これまでの刑事裁判の事実認定実務は、事実上やむなくこの種の手法を模索してきたし、その手法をさらに洗練することは不可能ではない。私がこれまでいくつもの事件で行ってきた供述鑑定もまた基本的にこの線上にある。

　心理現象としての供述過程とその結果に対して供述分析を進める作業は、ある種の心理学を前提とする。とすれば、そのための心理学理論が構想されなければなければならないし、それは心理学の研究者に求められるべき課題であろう。最後にここで、供述分析の心理学的基礎づけとしてどのようなことを考えているかを、簡単に示しておきたい。

4 供述分析のための4つの基本原則

　供述を聴取する過程を1つの心理過程と見なして、そこに分析のメスを入れようとするとき、当然前提として念頭においておかなければならない原則がある。ところが裁判官、検察官、弁護士など法の専門家たちがその事実認定の実務のなかで現実的に行ってきた分析作業においては、しばしばその原則が看過されてきた。以下にそのいくつかを上げる。

基本原則1：供述聴取は供述者と聴取者の相互作用過程である。したがって記録された供述結果はその相互作用の所産である。

　これは供述を分析するうえでもっとも基本的な原則である。しかし裁判の実務においては、供述を供述者単独の心理過程の結果と考える傾向が強く、聴取者の質問・尋問や働きかけの及ぼす影響力は、一般に看過ないし過小評価されがちである。捜査の実務では供述を録取して調書を作成し、それを読み聞かせて供述者に確認し、署名押印を求めるという手続を供述聴取のルールとしている。それでもって供述の信用性を担保しようということだろうが、心理学的に見れば、これは規範上の建前であって、このルールどおりに手続がなされたからと言って、供述を供述者単独の要因のもとに考えてよいということにはならない。供述聴取の過程はそれほど単純ではない。

　供述聴取を行う捜査官の側でも、供述以外の証拠にも拠りながら、事件の解決につながる供述を得ようとの強い思いがあり、その思いが供述者への質問や尋問のなかに反映する。そして、それによって正確な供述が導かれることもあれば、逆に汚染された情報が引き込まれてしまうこともある。

　供述分析の課題は、対象となる供述者の供述のなかに、聴取者の側の質問や働きかけによる情報の汚染がないかどうかを見極め、できるかぎり供述者の体験記憶に起源をもつ情報を正確に取り出してくることにある。この供述の起源を分析する作業においては、供述聴取の過程が供述者と聴取者の相互作用過程であるという原則を片時もおろそかにしてはならない[6]。

基本原則2：供述はすでに終わった過去の出来事を語るものである。したがって供述者と聴取者がその出来事についてたがいに問い、語るとき、両者はすでに当の出来事の結果を知っている。

　これもまた言うまでもない当然の基本原則であるが、そこには案外見逃されやすい問題がはらまれている。実際、ある出来事をリアルタイムで体験しているときには、そ

の体験の渦中にいるかぎり、次の瞬間に何が起こるかがわからない。ところが、その出来事を体験して、これを語るときには、その出来事の結果がすでにわかってしまっている。そうして事後に知ってしまったことが、おのずと体験の語りのなかに入り込んでしまうことがある。これを語りの逆行的構成という。渦中から生きた体験はまさに「次の瞬間に何が起こるかが分からない」という体験であるはずのところ、その体験の語りはその当の体験の先に何が起こるかを知ってしまった位置から逆行的になされるのである。

当の体験者本人にとっては、まだしもその体験記憶のなかに、「次の瞬間に何が起こるかが分からない」というそのときそのときの感覚や心情が刻印されていて、その記憶に忠実であれば、逆行的構成の危険をそれだけ小さくできる（それでもその危険性をゼロにするのは至難である）。しかし、体験の当事者ではない聴取者にとっては、問題の出来事について渦中の体験記憶はなく、事後の結果しか与えられないために、それだけ逆行的構成の危険性は大きくなる[7]。

たとえば殺人事件で残忍としか言いようのない事件の結果を見せつけられたとき、人はその結果の残忍さに引きずられて、事件の過程そのものをも、それに見合ったかたちで同じくらい残忍なかたちで思い描きやすい。もちろんそうして聴取された供述が事件を正確に描いている可能性もあるが、それが現実以上に残忍に描いた逆行的構成の産物である可能性もある。そのことを念頭においておく必要がある。

基本原則3：人は自分が体験した過去の出来事を語るとき、純粋にその体験の記憶そのものを語るのではなく、体験の記憶に拠りながらその事実を語ろうするものである。

人は自分の過去の体験を語るとき、ともするとこれを「記憶を語る」と言う。しかし人が過去の出来事の体験を語るとき、「体験の記憶」のみを取り出して語っているのではない。実際「体験の記憶」は、出来事を撮影したビデオ映像とは違って、出来事のすべてを隈なく写し取ったものではなく、そこにはもはや埋めようのない「穴」がいくつもある。記憶に刻印されているのは、むしろ実際に臨場して体験した出来事のほんのわずかな部分にすぎないと言ったほうが正確かもしれない。それゆえ人が過去に体験した出来事を1つの流れとして語るとき、そこではもちろん体験の記憶を重要な手がかりとしつつも、体験の記憶では埋められない部分を、それまでの知識や想像、あるいは事後に残った証拠や情報によって補填しながら語る。つまり人は過去の出来事を語るとき、それについての自分の記憶を語っているようでいて、実はその記憶を手がかりとしつつ、その他のあらゆる手がかりを活用して、そのときの事実を語

ろうとしているのである。この「記憶を語る」ことと、記憶に拠りつつも記憶以外の起源から種々の情報を織り交ぜて「事実を語る」ことの違いを確実に見分けてことが必要である[8]。

とくに刑事事件での取調べの場合には、供述者が記憶にとどめていない些細な部分が、聴取者である捜査官にとっては重要だという場合があって、そのとき供述者は聴取者と一緒になってその記憶の穴をなんとか埋めようと努力してしまう。そうして想起に努め、知識や想像、あるいは事後情報を最大限に利用して、供述者は何とか「事実を語る」。その結果、供述調書にはあたかも「記憶を語った」かのように記録されていながら、その実、記憶以外のさまざまな起源の情報が混入することになる。まして情動的にひどく興奮したなかで行われた犯行過程を、そうとうの時日を経たのちに供述するような場合、体験記憶にはおのずと限界があり、それだけ記憶以外の情報で汚染されてしまう危険性が高くなるものと考えなければならない。

基本原則4：語られた供述の分析から妥当な結論を導き出すためには、その分析過程を仮説検証と位置づけたうえで、そこで導き出された結論は、与えられた供述データのすべてを合理的に説明する唯一のものでなければならない。

供述が、供述者の体験記憶のみに依っていて、それ以外の起源からの情報の汚染を免れているならば、その供述をそのままに受けとめるだけで、十分に真実に近づけるのかもしれないが、現実に取調室で聴取され記録された供述には、多くの汚染情報がまつわりついていて、たがいに相容れない複数の解釈を可能にする場合が少なくない。そこから妥当な解釈を導き出すためには、仮説検証による分析・検討が必要になる。

たとえば1つの供述データに対して、仮説1と仮説2の2つの仮説が考えられて、これが対立しているとき、被告人の供述データのうち仮説1に合致する部分と仮説2に合致しない部分をあれこれ列挙して、だから仮説1のほうが正しいと主張したり、あるいは逆に仮説1に合致しない部分と仮説2に合致する部分をあれこれ列挙して、だから仮説2が正しいと主張したりする。しかしそれでは仮説を検証したことにはならない。それは一方の仮説に都合のよいものだけを取り出して見る、言わば「つまみ食い」的な擬似証明でしかない。残念ながら、いまの裁判実務においては、この種の「つまみ食い」的な検証がしばしば見られる。

与えられた供述データについて一定の仮説が検証されたと言えるためには、その仮説は与えられた供述データの重要な部分を余すことなく合理的に説明できなければならないし、また供述の重要な部分を余すことなく合理的に説明できる仮説として、そ

れ以外の仮説の可能性はなく、それが唯一の仮説でなければならない[9]。

　実際、これまで「汚染されたデータ」に対する不十分な分析によって数多くの冤罪が生み出され、無実の人々の人生に取り返しのつかない影響を及ぼしてきた。この現実を看過できないし、この現実に食い入る心理学的手法がなければならない。そこで求められるのは、自説に有利なデータのみを恣意的につまみ食いするというやり方を徹底して排除することである。そのためには、事件についての仮説と反対仮説（典型的には被告人の有罪仮説と無罪仮説）を立てて、どちらの仮説がよりよくデータを説明できるかという視点から供述分析を加えることが必要である。

5　もう1つのアナザーストーリー論

　最後に誤解のないよう言っておかなければならないが、ここで仮説検証のために対立仮説を立てるというのは、真相を解明して真犯人を示すような「アナザーストーリー」を立てることではない。むしろそこで求められるのは、それとは異なる「もう一つのアナザーストーリー」論である。たとえば、被告人が捜査段階で自白をし、これを公判になって否認したような場合、実際に問題の犯行を犯した被告人が取調べで真の自白をしたにもかかわらず、やはり死刑が恐くなって、法廷では否認に転じたというストーリーを立てるのか、それとも無実の被告人が間違って逮捕され、何らかの心理過程を通して自白に落ち、虚偽の犯行筋書を語ったのちに、法廷で自分を取り戻して否認したというアナザーストーリーを描くのか。この2つを判別することは可能であるし、それを判別する理論を立てることは十分に可能ではないか。この方法は、事実上「合理的疑いを越える証明」がなされているかどうかについての実体的なチェックにもなる。

　よかれあしかれ調書裁判を前提に行われてきたこれまでの供述分析は、裁判員制度のもとでなお追及され続けなければならない課題を抱えている。そしてまたこの課題に取り組むことで、そこから思わぬ心理学的発見をすることもある。私たちはまだ当分の作業を続けねばなるまい。

　1　この3件については、それぞれ鑑定書をもとに『証言台の子どもたち』（日本評論社、1986年）、『狭山事件虚偽自白』（北大路書房、2009年）、『ほんとうはぼく、殺したんじゃねえもの』（筑摩書房、1991年）にまとめている。
　2　虚偽自白の心理については、『自白の心理学』（岩波書店、2001年）、『自白の研究』（北大路書房、2005年）を参照されたい。
　3　袴田事件の鑑定書は、『自白が無実を証明する』（北大路書房、2006年）にまとめている。
　4　ロフタス（西本武彦訳）『目撃者の証言』（誠信書房、1987年）。
　5　大橋靖史・森直久・高木光太郎・松島恵介『心理学者、裁判と出会う』（北大路書房、2002年）。
　6　これについては、トランケル（植村秀三訳）『証言のなかの真実』（金剛出版、1976年）、渡部保夫監修『目撃

証言の研究』（北大路書房、2001年）。
7 浜田寿美男『うそを見抜く心理学』（NHK出版、2002年）。
8 浜田寿美男『私と他者と語りの世界』（ミネルヴァ書房、2009年）。
9 トランケル・前掲注6書。

4 誤起訴・誤判原因に関する弁護士への意識調査の分析から見えてくるもの

仲 真紀子

第1 はじめに

　冤罪といえば、徳島ラジオ商殺し、八海事件、免田事件などが有名である。突然の逮捕、長時間の厳しい取調べ、目撃者や参考人による誤った供述。そして、虚偽自白が生まれる。物的証拠がないにも関わらず有罪判決を言い渡され、無実を訴えても聞き入れてもらえない……。そのような図が思い描かれる。しかし、映画や小説になるような重大事件でなくとも誤起訴・誤判はあるだろう。弁護士は現場でどのような誤起訴・誤判事例に遭遇しているのか。そして、誤起訴・誤判の原因をどのように認識しているのだろうか。

　弁護士を対象とした誤起訴・誤判の研究は、日本弁護士会人権擁護委員会による1981年の調査（日弁連、1981）、同委員会による1989年の調査（日弁連、1989）、龍谷大学矯正・保護研究センターで筆者らが行った意識調査（仲・村井・一瀬、2005）などいくつかある。ここではまず、主に自白の問題を扱った日弁連(1981)、次に広く刑事弁護の問題を扱った日弁連(1989)について述べ、最後にこれらの調査を踏まえて行った龍谷大学での調査（仲ほか、2005）について述べる。龍谷大学での調査では、弁護士に具体的な事件を前提とした場合（弁護士特定条件）と、一般的な観点から答えてもらう場合（弁護士一般条件）での回答を求めた。また、市民の代表として学生にも同様の質問に答えてもらい（学生一般条件）、弁護士と一般市民の意識の違いを調べた。これらの調査を通し、弁護士が誤起訴・誤判原因をどのように認識しているかを検討する。

第2　日弁連（1981）の調査

　この調査は、札幌で行われた日弁連第24回人権擁護大会シンポジウム第一分科会「刑事裁判と誤判原因——自白を中心として——」を目指して行われたものである。一次調査はハガキによる簡便な調査であり、当時の全会員である11,687人の弁護士を対象に、誤起訴、誤判の経験があるか、あるとすればその原因は何だと思うかを尋ねるというものであった。その結果、683人の弁護士から「誤起訴・誤判」の経験があるとの回答があった。うち33％は一審で無罪確定であり（つまり、被告人の起訴は「誤起訴」であったことになる）、25％は上級審または差戻し審で無罪確定となった（つまり、少なくとも下級審の判決は「誤判」であったということになる）。残りの34％は有罪確定であったが、弁護士は誤判だと認識していた。誤起訴、誤判の原因として挙げられた理由は、以下のようなものである。

①捜査の不備、違法：回答した会員の75％が経験ありとし、誤判原因の36％を占めている。ただし、これだけが原因というものは6％であった。とくに「自白、供述の強要」が多い。
②被告人の虚偽自白、共犯者の虚偽供述：回答した会員の37％、29％が経験ありとし、誤判原因の32％を占めている。
③裁判所の予断・偏見：回答した会員の46％が経験ありとし、誤判原因の22％を占めている。

　捜査、取調べ、そして裁判の問題が重要だ、ということになるだろう。
　二次調査は、一次調査で「経験あり」と回答した弁護士に対して行われ、380の回答が寄せられた。罪名は窃盗、業務上過失致死、覚醒剤取締法違反が多く、被疑者・被告人の年齢は20代、30代、40代が多かった。誤起訴、誤判原因としては、

①捜査の不備・不当性
②自白の偏重、供述証拠の誤信、誤採用
③裁判官の予断・偏見、捜査官作成調書の誤信、誤採用
④身柄拘束の有無、起訴前の弁護活動の有無

が挙げられている。ここでも、捜査、取調べ、裁判の問題が取り上げられ、とくに自

白は重要な要因として検討がなされている。実際、報告された事件の60%強において自白があり、うち80%は自白を撤回し、撤回の時機は90%以上が公判段階であった。虚偽自白の原因としては、捜査官の誘導、偽罔、強制、脅迫などに加え、被疑者の心理状態として、以下のような項目が挙げられている（272件の回答の分析だとされるが、あらかじめ作られた項目への反応か、自由記述を分類したものかは不明である。（ ）内は回答数であり、重複カウントがある）。

①否認しても、周囲の状況から、認めてもらえないとあきらめた（95）
②肉親や家庭、仕事などが心配で早期釈放を願う（72）
③心理的、肉体的に耐えられない（69）
④裁判所では真実が認めてもらえると考えた（62）
⑤捜査官を通じて、自己の供述が大したことではないと誤信（54）
⑥供述調書の証拠法上の効力に無知（23）
⑦捜査官の情にほだされ迎合（14）
⑧他人に迷惑をかけたくない（13）
⑨捜査官と取引し、別件の嫌疑の追及をまぬがれる（6）
⑩その他（40）

二次調査では、このほか、逮捕、勾留、保釈の有無、起訴前の弁護活動、国選・私選の区別についても尋ねている。最終的に無罪となった事例では、有罪となった事例よりも、「不拘束」「起訴前弁護あり」、そして「私選」の割合が高かった。ここでも自白を偏重する捜査・取調べ、不十分な起訴前弁護、自白、そして自白偏重の裁判が誤起訴・誤判を生じさせるという図を描くことができる。

第3　日弁連（1989）の調査

こちらの調査は、1989年の第32回人権擁護大会シンポジウム第一分科会資料「刑事裁判の現状と問題点——刑訴法40年・弁護活動の充実をめざして——」のために行われた。本調査の目的は刑事裁判の実情を調べることを目的としており、対象は1989年4月時点での全会員13,654名であった。

質問紙は17分類58問（「はい・いいえ」の択一式）から成る。内容は過去5年における刑事弁護経験の有無から、控訴、上告、再審、および刑事裁判での改善策など刑事裁判全般に及んでいる。

回答数は2,317通（16%）であり、回答した者のほとんどが刑事裁判を経験したことのある者であった。回答者のうち違法・不当な逮捕を経験した者は34%、不当な起訴があったとする者は50%、無罪と思われる事案で有罪判決となった者は40%、無罪判決を得た者は40%であった。有罪となったあと、控訴、上告すべき事案で断念したことがある者は49%であり、控訴、上告を断念した理由は、①被告人があきらめた（31%）、②判決が変わる見込みが薄い（16%）、③執行猶予がついた（16%）、であった。なお、再審請求の弁護をしたことがある者は4%であり、うち棄却は27%、再審開始は43%であった。

　この調査では直接、誤起訴・誤判原因を尋ねてはいない。しかし、「現在の裁判」の評価を求める問いに対し、「かなり絶望的」と回答した者は48%、「改善を要する」とした者は85%であり、改善すべき点としては、捜査や公判における自白偏重、安易な身柄拘束、虚偽の供述を生じさせやすい調書作成の過程（代用監獄、長期勾留、密室での取調べ等）、裁判官の偏見・予断（捜査官に対する過度の信頼、任意性、信頼性についての審査が不十分、書面中心の審理・事実認定等）などが挙げられている。また、不必要な勾留を争った者は51%、保釈棄却に対し不服申立てをした者は26%、取調べ中の暴行、脅迫に対し方策を講じなかった者は64%であるなどの結果から、弁護活動の改善についても示唆がなされている。

第4　2004年の調査

　上記の調査は、誤起訴・誤判を経験したことのある弁護士は多いこと、誤起訴・誤判においては虚偽自白が大きな原因だと認識されていること、虚偽自白をもたらす要因としては違法な捜査や取調べ、裁判官の偏見・予断、弁護のあり方などさまざまな組織的問題があると考えられていることを示唆している。しかし、これらのさまざまな要因を網羅的に調べた研究はない。そこで、筆者らは「捜査・起訴」「裁判」「被疑者の特性」「参考人・共犯者の特性」「弁護活動」の5つの領域に関わる57項目について、これらの要因が誤起訴・誤判の原因としてどの程度重要だと認識されているかを、弁護士を対象に調査することとした（仲・村井・一瀬、2005）。

　この調査は1981年、1989年の調査を拡張するものであるが、さらに以下の2点の工夫を行った。工夫の第1は、弁護士に、個別具体的な事例に基づいての回答と、より一般的な見地からの回答を求めた点である。繰り返し起きることがらから形成される一般的、抽象的な知識の枠組みを、心理学者は「スキーマ」と呼んでいる。多くの冤罪事件において虚偽自白が大きな役割を果たしたため、私たちは知らず知らず

のうちに、冤罪の原因を自白偏重の取調べや裁判にもとめるスキーマを形成しているかもしれない。しかし、個別具体的な事件においては、自白以外の問題も関わっているかもしれない。そこで誤起訴・誤判原因を一般化して考えた場合と、弁護士が経験したことのある個別具体的な事例を前提として考えた場合の2通りの回答を求めることとした。

　工夫の第2は、調査を弁護士のみならず、学生に対しても行った点である。弁護士の認識の特徴は、弁護士以外の人たちの認識と対比することでより明らかになるだろう。また、2009年より開始される裁判員制度のことを考えれば、一般市民が誤起訴・誤判原因についてどのような意識をもっているかを調べることも有用であると思われた。そう考えて、弁護士のみならず、大学生を対象とした調査も行った。

　弁護士を対象とした調査には一次調査、二次調査があるが、これらの調査項目は重なっているので、ここでは両方をまとめて紹介する。

1　方法

　調査票：調査項目は「捜査・起訴の問題」22項目、「裁判の問題」12項目、「被告人の特性」9項目、「参考人・共犯者の特性」9項目、および「弁護活動の問題」5項目、計57項目であった（図1、表2に示される項目を参照のこと）。これらの項目を用いて、特定の事件を前提として回答を求める調査票（A）と一般的な意識を尋ねる調査票（B）とを作成した。

　調査票（A）の冒頭の教示は以下のようなものである。

> 「1990年（平成2年）以降に担当された刑事事件のなかで、無罪が確定した事件または有罪が確定した事件であっても、弁護人としては無罪判決となるべきだったとお考えの事件についてお尋ねします。事件が複数ある場合は、最も印象に残った事件についてお答えください」

　引き続き、この事件について、罪名、事件の通称名、発生年代、受任時期、弁護の形態、判決、および誤起訴・誤判原因（「この事件において、無実であるべき人が起訴または有罪判決を受けたことに対し、以下の各項目〔注：57項目〕はどの程度影響があったとお考えですか」）を尋ねた。回答は「1：どちらともいえない」「2：やや重要である」「3：非常に重要である」の3件法で求め、該当するものがない場合は「無」に○をするか（一次調査）、飛ばすように（二次調査）指示した。

一般的な意識を尋ねる調査票（B）では誤起訴・誤判原因を、「過去の誤起訴・誤判の事件において、一般に、無実であるべき人が起訴または有罪判決を受けたことに対し、以下の各項目（注：57項目）はどの程度影響があるとお考えですか」という教示で、3件法での回答により求めた。なお、学生に対する調査では、最後に、「冤罪について見たり読んだりした映画や作品」を尋ねた。

　対象者と時期：弁護士については、大阪弁護士会に所属する弁護士、および大阪での国際シンポジウムに参加した弁護士を対象に調査を行った。有効回答数は調査票（A）は88、調査票（B）は58である。学生は北海道大学の文学部、医学部の学生を対象に調査票（B）のみを行い、90の回答を得た。以下、弁護士が回答した調査票（A）を弁護士特定条件（弁特条件）、弁護士が回答した調査票（B）を弁護士一般条件（弁一条件）、学生が回答した調査票（B）を学生一般条件（学一条件）と呼ぶ。以下、仲ほか（2005）に基づき、補足的な分析を行いながら結果を述べる。なお、受任時期、弁護の形態、判決については紙幅の制約もあるため、ここでは取り上げない。また、統計分析結果の記述も省略する。詳細は仲ほか（2005）を参照されたい。

2　全体的な傾向

　上記のように、回答の選択肢は「1：どちらともいえない」「2：やや重要である」「3：非常に重要である」または「無記入（該当なし）」である。一般には回答1を1点、回答2を2点などとスコア化することがよく行われるが、本調査では、全体として「無記入（該当なし）」が多かったため、回答をスコア化して平均値を求めることは適切ではないと考えた。そのため、分析は3「非常に重要である」の個数をカウントするかたちで行った。

　図1に弁特、弁一、学一の各条件における「3：非常に重要である」の反応％（各条件の回答者数に対する「3：非常に重要である」をつけた者の％）を示す。バーが右に長ければ長いほど、その項目について、「非常に重要」と判断した人が多いということになる。また、**図2**に領域ごとの「非常に重要」とされる項目数の度合い（％）を示す。

　図1、2から以下の3点を読み取ることができるだろう。第1に、図1の5つの領域を比較してみると、全体として「捜査・起訴」「裁判」に関わる項目のバーが右に長い。つまりより多く「非常に重要」と認識されていることがわかる（「捜査・起訴」「裁判」「被疑者の特性」「参考人・共犯者の特性」「弁護活動」の各領域において「非常に重要」

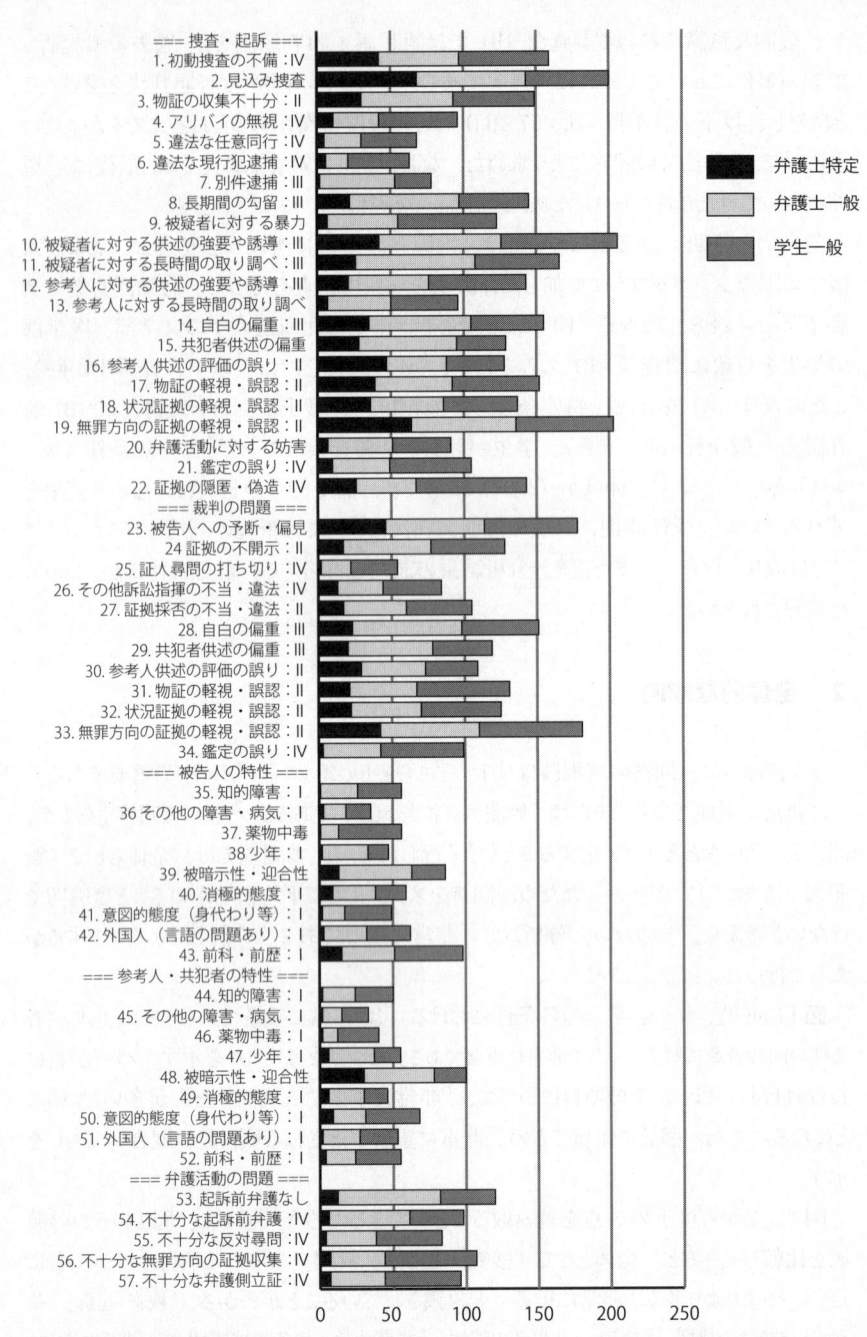

図1 各項目の重要度：各項目における「非常に重要」と判断した人の割合（%）

=== 捜査・起訴 ===
1. 初動捜査の不備：IV
2. 見込み捜査
3. 物証の収集不十分：II
4. アリバイの無視：IV
5. 違法な任意同行：IV
6. 違法な現行犯逮捕：IV
7. 別件逮捕：III
8. 長期間の勾留：III
9. 被疑者に対する暴力
10. 被疑者に対する供述の強要や誘導：III
11. 被疑者に対する長時間の取り調べ：III
12. 参考人に対する供述の強要や誘導：III
13. 参考人に対する長時間の取り調べ
14. 自白の偏重：III
15. 共犯者供述の偏重：III
16. 参考人供述の評価の誤り：II
17. 物証の軽視・誤認：II
18. 状況証拠の軽視・誤認：II
19. 無罪方向の証拠の軽視・誤認：II
20. 弁護活動に対する妨害
21. 鑑定の誤り：IV
22. 証拠の隠匿・偽造：IV

=== 裁判の問題 ===
23. 被告人への予断・偏見
24. 証拠の不開示：II
25. 証人尋問の打ち切り：IV
26. その他訴訟指揮の不当・違法：IV
27. 証拠採否の不当・違法
28. 自白の偏重：III
29. 共犯者供述の偏重：III
30. 参考人供述の評価の誤り：II
31. 物証の軽視・誤認：II
32. 状況証拠の軽視・誤認：II
33. 無罪方向の証拠の軽視・誤認：II
34. 鑑定の誤り：IV

=== 被告人の特性 ===
35. 知的障害：I
36. その他の障害・病気：I
37. 薬物中毒
38. 少年：I
39. 被暗示性・迎合性
40. 消極的態度：I
41. 意図的態度（身代わり等）：I
42. 外国人（言語の問題あり）：I
43. 前科・前歴：I

=== 参考人・共犯者の特性 ===
44. 知的障害：I
45. その他の障害・病気：I
46. 薬物中毒：I
47. 少年：I
48. 被暗示性・迎合性
49. 消極的態度：I
50. 意図的態度（身代わり等）：I
51. 外国人（言語の問題あり）：I
52. 前科・前歴：I

=== 弁護活動の問題 ===
53. 起訴前弁護なし
54. 不十分な起訴前弁護：IV
55. 不十分な反対尋問：IV
56. 不十分な無罪方向の証拠収集：IV
57. 不十分な弁護側立証：IV

凡例：
■ 弁護士特定
▨ 弁護士一般
▨ 学生一般

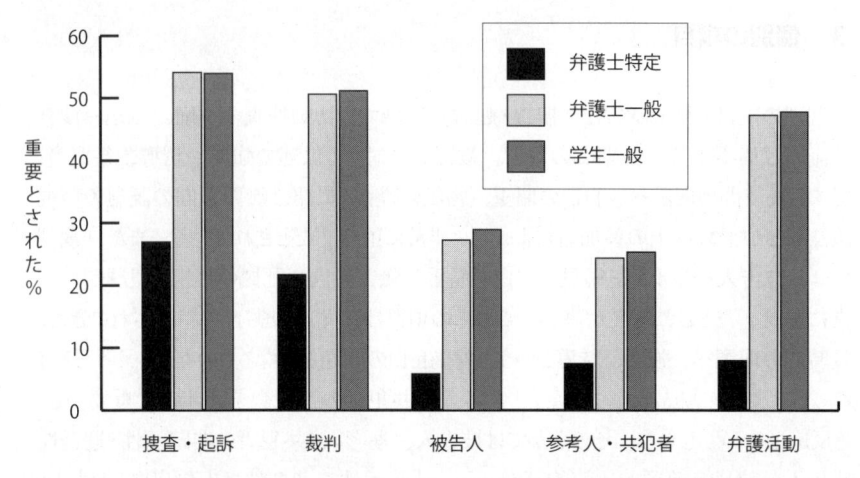

図2　領域ごとの重要度：各領域における「非常に重要」とされた項目の割合（％）

と評定された項目の平均個数はそれぞれ22項目中9.8〔45％〕、12項目中4.9〔41％〕、9項目中1.8〔20％〕、9項目中1.7〔19％〕、5項目中1.7〔34％〕であった）。この結果は、「捜査」や「裁判」の問題が重要だとする日弁連（1981、1989）の結果とも一致する。ただし、日弁連（1981）では被疑者の特性が重要な要因として挙げられていたが、本調査ではそれほどの重さは与えられていなかった。

　第2に、図1の弁特、弁一、学一条件を比較すると、弁特よりも、弁一および学一条件のバーが長い。つまり、弁一と学一のほうが「非常に重要」という反応をたくさん行っている（「非常に重要」と回答した人の％を57項目間で平均すると、弁特、弁一、学一の平均値はそれぞれ17％、43％、43％であった）。一般的に考えればどれも重要であり、軽い項目などないのかもしれないが、特定の事件では事件タイプごとに重要な要因は異なるのかもしれない。事件タイプごとの分析は**4**で行う。

　第3に、図2の弁特、弁一、学一条件における各領域の反応を見ると、弁特では「被告人の特性」「参考人・共犯者の特性」「弁護活動」を「非常に重要」とする反応が少ない。これに対し弁一、学一ではこれらの領域についても「非常に重要」とする反応が見られる。被告人の特性、参考人・共犯者の特性、弁護活動などは誤起訴・誤判スキーマにおいては重要だとされても、実際の事件ではそれほど重要ではないか、あるいは重要とされる事件とそうでない事件が入り交じっている可能性が考えられる。このことについても**4**で検討する。

3　個別の項目

　個別の項目を見ていくと、「捜査・起訴」領域では初動捜査の不備、見込み捜査、物証の収集不十分、長期間の勾留、被疑者に対する供述の強要や誘導、被疑者に対する長時間の取調べ、自白の偏重、物証の軽視・誤認、無罪方向の証拠の軽視・誤認などが半数以上の参加者によって「非常に重要」だとされている。また、「裁判」では、被告人への予断・偏見、自白の偏重、無罪方向の証拠の軽視・誤認が、「非常に重要」だとされる率が高い。これらの項目は、従来の調査で指摘されてきた、長時間の取調べ、強制、誘導という、虚偽自白の問題と重なるものだといえるだろう。

　これに対し、「被告人の特性」「参考人・共犯者の特性」を「非常に重要」とする反応は少ない。しかし、そのなかでは被告人、参考人・共犯者の非暗示性・迎合性、比較人の前科・前歴が比較的高かった。非暗示性・迎合性は虚偽自白とつながる傾向性として重要である (Gudjonsson、1984、1987)。また、前科・前歴は裁判における予断・偏見と関わるものと思われる。

　「弁護活動の問題」では、反対尋問などの法廷内の活動よりも、起訴前弁護なし、不十分な起訴前弁護、不十分な無罪方向の証拠収集などの法廷外の活動が重要だとされている。自白偏重の捜査や取調べを防ぎ、無罪方向の証拠を提示することがまず重要だと考えられているようである。

　弁特、弁一、学一条件において特徴的に「非常に重要」とされているものを見てみると、弁特では、参考人供述の評価の誤りや、物証／状況証拠の軽視・誤認が重要だとされる度合いが高い。どの程度自白以外の証拠（参考人、物証、状況証拠）が検討されるかが鍵になる、ということかもしれない。これに対し、弁一では、長期間の勾留、被疑者に対する長時間の取調べ、自白の偏重が高かった。一般的には、やはり自白偏重が最大の要因だと認識されているのだろう。学一では、被疑者に対する暴力、参考人に対する供述の強要や誘導、証拠の隠匿・偽造、物証の軽視・誤認などへの反応が高く、弁一ほどには、自白への集中した反応は見られなかった。ただし、弁特、弁一、学一にこのような違いはあるものの、全体としては条件間の相関は高かった（つまり、弁特によって「非常に重要」とされる度合いの高い項目は、弁一、学一においても「非常に重要」とされやすい）。どの条件でも「見込み捜査」「被疑者に対する供述の強要や誘導」「無罪方向の証拠の軽視・誤認」などは「非常に重要」と判断される度合いが高かった。

4　事件タイプごとの分析

日弁連人権擁護委員会は事件タイプ、すなわち窃盗、詐欺、恐喝、横領・背任（以上、財産犯罪）、暴行・傷害、業務上過失傷害・業務上過失致死（身体犯罪）、放火、覚せい剤・その他薬物犯罪（社会犯罪）、強姦・強制わいせつ、痴漢事件（性犯罪）ごとに事件を取り上げ誤判原因の検討を行っている。成果は季刊刑事弁護（2003）にまとめられているが、その分析によれば、事件のタイプにより誤判に関わる要因の重さは異なる。たとえば窃盗では被疑者や共犯者の自白や目撃供述が、恐喝では被害者の供述が、業務上過失傷害・致死では客観的証拠や鑑定結果が相対的に重要な役割を担うことが示唆されている。本調査においても同様の結果が得られるだろうか。弁特の回答数は88であり、88の個別の事件が収集された。これらを**表1**のようにタイプ分けし、どのような項目が「非常に重要」とされやすいかを検討した。

　表1は、各項目において、全体を分母とした値よりも多くの人が「非常に重要である」と回答した項目に、その数値（何％の人が「非常に重要」と判断したか）を記入したものである（たとえば弁特において「初動捜査の不備」を「非常に重要」とした人は88人の42％であるが、「窃盗」を前提として回答した人で「初動捜査の不備」を「非常に重要」としたのは55％である。この場合、55％＞42％であるので、窃盗の「初動捜査の不備」には

表1　弁護士特定条件で挙げられた事件の種類

事件タイプ	件数	内容
放火殺人・放火	6	強盗殺人・現住建造物放火、現住建造物放火殺人事件、強盗殺人・放火、保険金放火殺人、非現住建造物放火・窃盗、現住建造物放火
窃盗・強盗	10	窃盗、ひったくり、強盗致傷
恐喝・脅迫	11	脅迫、恐喝、恐喝未遂
殺人	7	殺人、殺人・兇器準備集合、殺人・殺人未遂、殺人未遂・器物損壊、殺人予備、殺人幇助
強姦・わいせつ	7	強姦・恐喝・覚せい剤、強制わいせつ、公然わいせつ、児童買春、住居侵入・強姦、準強姦、殺人・死体遺棄・強姦未遂のうち強姦未遂
詐欺	5	詐欺、詐欺・窃盗、簡易生命保険証不正受交付詐欺
傷害・傷害致死	12	暴行・傷害、傷害、傷害致死
業務上過失致傷・致死	9	業務上過失致傷・致死
覚せい剤	5	覚醒剤取締法違反
その他	16	銃刀法違反、証拠隠滅・偽証、器物破壊、雇用保険法違反、公職選挙法違反、公正証書原本不実記載、公務執行妨害、商法違反、贈賄、著作権法違反、道交法違反、迷惑防止条例違反

55%という数値が入っている)。これを見ると、「非常に重要」とされる項目は、均等に散らばっているわけではないことがわかる。

　季刊刑事弁護（2003）に示される事件タイプごとの事例分析を参照しつつ、事件タイプごとに回答のパターンを見ていこう。回答パターンは、全体としては**2**で見たように、捜査・起訴、裁判の問題が「非常に重要」とされやすく、被告人や参考人・共犯者の特性、弁護活動は「非常に重要」とされる度合いは低い。「放火殺人・放火」「窃盗・強盗」はこのパターンである。そこでは初動捜査の不備、被告人に対する長時間の勾留、供述の強要、長時間の取調べ、そして捜査・起訴の段階での自白偏重、裁判における自白の偏重が重要な要因だと捉えられているようである。舟木（2003）によれば、放火では、焼損、消火活動等により証拠資料が不十分となりやすく、目撃者も少ないので、被疑者の供述が重視されやすい。また、本田（2003）によれば、窃盗では事件が起きた時期・場所と被疑者による財物の所持が判明する時間・場所が隔たっており、目撃者も少ないため、自白の信用性や被疑者の犯人性が問題になりやすいという。こういった事件の特性が、初動捜査の不備、長時間の勾留、自白偏重が誤起訴・誤判の原因であるという認識を生じさせていると推察できる。

　「恐喝・脅迫」も上記のパターンに近い。しかし、捜査・起訴、裁判の問題に加え、参考人・共犯者への対応も重要な要因とされ、とくに「捜査・起訴」における参考人への長時間の取調べ、供述の強要、共犯者供述の偏重、参考人供述の評価の誤り、「裁判」における共犯者供述の強要、参考人供述の評価の誤りなどが重視されている点が異なる。大川（2003）は、恐喝においては財物移転に関わる脅迫・暴行があったかどうか、移転はあったとしても主旨はどうであったか等が問題になるとし、被害者の供述が重要な役割を担うと述べている。本調査で見られる参考人重視のパターンもそれを反映しているものと思われる。

　上記で検討した事件では、被告人の特性や、参考人・共犯者の特性はあまり重視されていない。これに対し「強姦・強制わいせつ」「詐欺」「殺人」は、事件のタイプは性犯罪、財産犯罪、身体犯罪と異なってはいるが、被告人、参考人・共犯者の特性が重要だとされている点は類似している。

　まず「強姦・強制わいせつ」では、被告人の特性（その他の障害・病気、非暗示性・迎合性、消極的態度）、参考人・共犯者の特性（知的障害、少年、被暗示性・迎合性、消極的態度、意図的態度〔身代わり等〕）が重要だとされている。岩本（2003）は強姦、強制わいせつについて、被害があったとしても被疑者が犯人を識別できるかどうか、識別に問題がなくても承諾があったかどうかが、争点になると指摘している。被告人・

被害者の供述や被暗示性などの特性は重要だといえるだろう。知的障害者や幼児、児童が被害を申し立てた場合、その能力や面接・取調べの方法により、真犯人ではない者が被疑者とされる場合もありうる（仲、2005）。物的証拠が残りにくい性犯罪では、被害者の特性にはとくに注意が必要だということであろう。

　次に「詐欺」では、被告人、参考人・共犯者の両方において、被暗示性・迎合性、意図的態度、前科・前歴が重要だとされている。一瀬（2003）によれば、詐欺罪には、欺罔者が約束を履行すると信じて財産を処分する「約束型」と、欺罔者の請求は正当だと信じて財産を処分する「非約束型」があるという。前者では、①そもそも約束があったのか、②履行の意思能力があったのか、後者では③請求には理由があったのか、④不正請求の認識はあったのか、ということが問題になるという。意図や信念などの心理的な要素が重要な働きをするために、被暗示性、迎合性、意図的態度など、被告人、参考人・共犯者の特性が重要視されているのかもしれない。

　「殺人」においても被告人の特性が重要とされ、回答者の半数以上が10項目中7項目を「非常に重要」としている。季刊刑事弁護（2003）には「殺人」に関する分析はないが、同じく人権擁護委員会による「事例研究誤判」（日弁連）には、四日市青果商殺し事件（中務、1989）、鹿児島夫婦殺人被告事件（村野、1990），貝塚ビニールハウス殺人事件（1991、平栗・増田）など、無罪となった殺人事件が取り上げられている。いずれも自白があり、その背景には病気（四日市青果商殺し事件では病の後遺症で長時間椅子に座れない、鹿児島夫婦殺人被告事件では心臓病、低血圧症、不眠、発熱等があった）や特性（貝塚ビニールハウス事件は少年事件である）の問題があると考察されている。殺人事件のような重い事件では取調べ期間も長くなる。長期のストレスで認知機能が低下し（VonDras, Powless, Olson, Wheeler, & Snudden、2005）、被暗示性が亢進することはおおいに考えられる。

　以上、「強姦・強制わいせつ」「詐欺」「殺人」について見てきたが、次に検討する「傷害・傷害致死」「覚せい剤」「業務上過失致傷致死」では、捜査・起訴に関わる要因の度合いは相対的に低いか、または焦点化されている。「傷害・傷害致死」では、被疑者や参考人に対する長時間の勾留、暴力、長時間の取調べは重要な要因だとされているが、ほかの項目はそうでもない。また、「裁判」の問題よりも、むしろ「参考人・共犯者の特性」が重要だとされている。笹森（2003）によれば、喧嘩などによる傷害事件では、当事者同士が興奮していたり、酔っぱらったりしていることが多いという。そのため、お互いの供述や関係者による目撃供述などが重要になるのかもしれない。

　「覚せい剤」では「捜査・起訴」における共犯者供述の偏重、物証、状況証拠の軽視、

「裁判」における予断偏見、共犯者供述の偏重、無罪方向の証拠の軽視誤認等など、自白以外の項目の重要度が高くなっている。また、被告人の特性よりも「参考人・共犯者の特性」が問題だとされている。荻野（2003）によれば、薬物犯罪では①違法に収集された証拠（尿の採取過程等の違法性等）、②第三者による他者による所持・使用（第三者が被告人に覚せい剤を持たせた、知らないうちに覚せい剤を与えられた等）、③鑑定書の誤りなどが誤起訴・誤判の原因となった例があるという。本調査の結果も、そういった物的証拠の軽視、誤認、共犯者供述等の問題を反映しているのかもしれない。

「業務上過失致傷・致死」では捜査・起訴が重要だとされる度合は低く、裁判の問題における物証採否の不当・違法、物証、状況証拠、無罪方向の証拠の軽視・誤認が重要とされている。被告人や参考人・共犯者の特性もあまり問題にされていない。黒田（2003）によれば、業務上過失傷害・致死では、①客観的証拠（実況見分調書等）や鑑定結果（事故現場や事故車両等）、②自白や目撃供述の信用性が重要であり、客観的な事実と供述の一致・不一致が重要であるという。本調査の結果は、①と対応するものと思われる。

このように、事件により重要だとされる要因は異なり、誤起訴・誤判が必ずしも長時間の取調べ、自白の強要、自白の偏重というパターンに従うわけではないことが示唆される。また、全体としては、被疑者や参考人・共犯者の特性、弁護活動は重要だとされにくいが、これらの項目が特異的に重要だとされる事件もあるといえるだろう。

なお、弁護活動に関する問題は、放火殺人・放火、窃盗点強盗、恐喝・脅迫、強姦・わいせつ行為、殺人などで重要とされる度合いが高かった。しかし、詐欺、暴行・傷害、業務上過失致死・致傷のように、弁護活動よりもほかの要因のほうが重要とされる度合いが高い事件もある。これらは起訴前弁護の相対的な重要性を反映しているのかもしれない。

第5　因子分析

最後に因子分析の結果について述べる。

この調査には5領域57項目が含まれており、ここまでの分析は、領域または個々の項目ごとに行ってきた。たとえば被告人の特性である「非暗示性・迎合性」と参考人・共犯者の「被暗示性・迎合性」は、それぞれ独立に誤起訴・誤判に関わるものとし

て見てきた。しかし、被告人か参考人・共犯者かにはよらない、一般的な「被暗示性・迎合性」が、誤起訴・誤判に関わっていると認識されている可能性もある。たとえば、被告人の「被暗示性・迎合性」を「非常に重要」とした人は、参考人・共犯者の「被暗示性・迎合性」も「非常に重要」とするかもしれない。そうであれば、被告人の「被暗示性・迎合性」と参考人・共犯者の「被暗示性・迎合性」は一つにまとめ、一般的な「被暗示性・迎合性」という要因として検討できるかもしれない。このように関連のある項目をグループ化する方法を因子分析という。ここでは因子分析の一種である主成分分析を行い、グループ化した項目の得点（尺度得点という）の分析結果を示す。弁特、弁一、学一の回答を合わせて主成分分析を行ったところ、4つの成分（これがグループに対応する）が得られた。どの項目がどの成分と強く関わっているかを**表2**に示す（各項目のⅠ～Ⅳが、それぞれの成分を表している）。

表2　項目が「非常に重要」とされる度合い：事件タイプごとの分類（%）

	放火殺人・放火	窃盗	恐喝・脅迫	強姦・わいせつ	詐欺	殺人	傷害・傷害致死	覚せい剤	業務上過失致傷致死	その他
捜査・起訴										
1. 初動捜査の不備：Ⅳ		55		50		50		55		
2. 見込み捜査			88	90	83					
3. 物証の収集不十分：Ⅱ		66	36	66	40			44		
4. アリバイの無視：Ⅳ	16		18	16		12	20			
5. 違法な任意同行：Ⅳ	16	22		16		12				
6. 違法な現行犯逮捕：Ⅳ	16	22		16						11
7. 別件逮捕：Ⅲ		11				8				
8. 長期間の勾留：Ⅲ	50	55			40	25	25			
9. 被疑者に対する暴力	50		9			12	16			
10. 被疑者に対する供述の強要や誘導：Ⅲ	83	44						44	52	
11. 被疑者に対する長時間の取り調べ：Ⅲ	50	44	27	33		50	33			
12. 参考人に対する供述の強要や誘導：Ⅲ	33	22	54		40	25				
13. 参考人に対する長時間の取り調べ			9		20		16		11	11
14. 自白の偏重：Ⅲ	66	66	36		40	50				
15. 共犯者供述の偏重			45		60		33	80		
16. 参考人供述の評価の誤り：Ⅱ			72	83		83				
17. 物証の軽視・誤認：Ⅱ	66	66		50			40	44		

	放火殺人・放火	窃盗	恐喝・脅迫	強姦・わいせつ	詐欺	殺人	傷害・傷害致死	覚せい剤	業務上過失致傷致死	その他
18. 状況証拠の軽視・誤認：II	50	44	45	50				60		
19. 無罪方向の証拠の軽視・誤認：II	83		72	83			75	80		
20. 弁護活動に対する妨害	16	11	9		20		16			
21. 鑑定の誤り：IV	66	11				12				11
22. 証拠の隠匿・偽造：IV	33	44				37		40	44	
裁判の問題										
23. 被告人への予断・偏見	66	55			100	62		60		
24. 証拠の不開示：II	33		27			37	25	20		
25. 証人尋問の打ち切り：IV			9							5
26. その他訴訟指揮の不当・違法：IV	16		18	16	40					
27. 証拠採否の不当・違法：II						50		40	33	
28. 自白の偏重：III	83	33			40	37				
29. 共犯者供述の偏重：III		22	36		60	25		80		
30. 参考人供述の評価の誤り：II	33	33	54	50			33	40		
31. 物証の軽視・誤認：II	50	22		33		25		40	33	
32. 状況証拠の軽視・誤認：II	33	33	27			25		40	33	
33. 無罪方向の証拠の軽視・誤認：II	66	44		50	60	62		60	44	
34. 鑑定の誤り：IV	16	11								5
被告人の特性										
35. 知的障害：I						12				
36. その他の障害・病気：I				16		12				5
37. 薬物中毒						12				
38. 少年：I		11				12				
39. 被暗示性・迎合性	50			16	20	50				
40. 消極的態度：I	33			33		12			22	
41. 意図的態度(身代わり等)：I					20					5
42. 外国人(言語の問題あり)：I		11				12				5
43. 前科・前歴：I		22	36		20			60		
参考人・共犯者の特性										
44. 知的障害：I				16			8			
45. その他の障害・病気：I							8		11	
46. 薬物中毒：I								40		
47. 少年：I				33						

	放火殺人・放火	窃盗	恐喝・脅迫	強姦・わいせつ	詐欺	殺人	傷害・傷害致死	覚せい剤	業務上過失致傷致死	その他
48. 被暗示性・迎合性	50	22	54	50	20	62	25	60		
49. 消極的態度：I	33		27	16						
50. 意図的態度(身代わり等)：I				16	20		16	60		5
51. 外国人(言語の問題あり)：I		11				12				
52. 前科・前歴：I		11			20	12		20		
弁護活動の問題										
53. 起訴前弁護なし		44		33				40	22	
54. 不十分な起訴前弁護：IV	33	11		16		12		20		
55. 不十分な反対尋問：IV	16	11	9	16						
56. 不十分な無罪方向の証拠収集：IV	16	11	18	16		12	8			
57. 不十分な弁護側立証：IV	16	11	18			12	8	20		
件数	6	10	11	7	5	7	12	5	9	16

　表2に示されるように、第一成分には、外国人、少年、知的障害、薬物中毒、その他の障害や病気、意図的態度、消極的態度、前科・前歴、被暗示性・迎合性などが関わっている。よってこの成分は、一般的な「特性・障害」に関わる成分だと解釈できるだろう。第二成分には、状況証拠の軽視・誤認、無罪方向の証拠の軽視・誤認、物証の軽視・誤認、参考人供述の評価の誤り、物証の収集不十分、証拠採否の不当・違法、証拠の不開示などが関わっている。これは「事実認定の問題」に関わる成分だと解釈できる。第三成分には、被疑者や参考人に対する供述の強要や誘導、被疑者に対する暴力、参考人に対する長時間の取調べ、長期間の勾留、別件逮捕、自白の偏重、共犯者供述の偏重などが関わっている。これは「供述証拠の偏重」に関わる成分だと解釈できるだろう。第四成分には、証拠の隠匿・偽造、不十分な反対尋問、不十分な弁護側立証、不十分な無罪方向の証拠収集、不十分な起訴前弁護、違法な現行犯逮捕、違法な任意同行、アリバイの無視、証人尋問の打ち切り、鑑定の誤り、弁護活動に対する妨害、不十分な起訴前弁護、初動捜査の不備、その他訴訟指揮の不当・違法などが関わっている。これは「証拠の不備・違法性」に関わる成分だと解釈できる。なお、いくつかの項目は、どの成分とも関連が低く除外した。

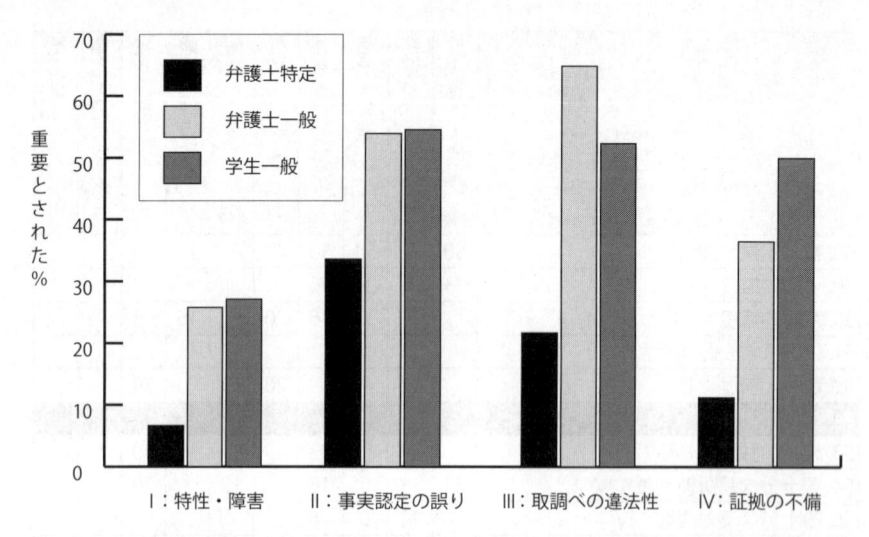

図3　成分ごとの重要度：各領域における「重要」とされる項目の割合（%）

　以上の4つの成分において負荷が高い項目は、第一成分「特性・傷害」は18項目、第二成分「事実認定の問題」は11項目、第三成分「違法な取り調べと供述の偏重」は11項目、第四成分「証拠の不備・違法性」は14項目となる。そこで、各成分に関わる項目のうちいくつが「非常に重要」と判断されているか、その割合を算出し、条件ごとにプロットした（**図3**）。

　図3を見ると、全体的な傾向としては、領域別の分析でも検討したとおり、弁特よりも弁一、学一において項目（のまとまりである成分）を「非常に重要」とする率が高い。しかし、条件ごとに見ると領域別の分析では見えなかったことも見いだせる。

　第1に、弁特では、第二成分「事実認定の誤り」が最も重要だとされ、次が第三成分「取調べの違法性」だとされる。これに対し弁一では、第三成分「取調べの違法性」が一番高く、次が第二成分「事実認定の誤り」となっている。弁護士は、「取調べの違法性」が一般的な誤起訴・誤判の原因だと考えがちだが、個別具体的にには「事実認定」が重要な役割をもつと認識している。

　第二に、弁一と学一の違いも見られる。領域ごとの分析では、弁一と学一はほとんど同じ判断傾向であった（**図2**参照のこと）。しかし、成分ごとの分析では、弁一と学一に違いが見られる。弁一では第三成分「取調べの違法性」＞第二成分「事実認定の誤り」＞第四成分「証拠の不備・違法性」＞第一成分「特性・傷害」の順となるのに対し、学一では、第二、三、四成分間に差は見られない。裁判の知識

の少ない学生にとっては、成分ごとに見た場合、どの要因が重要であるかの区別がつきにくい、ということかもしれない。

第6　全体のまとめと考察

　本稿では弁護士を対象とした調査研究を概観し、誤起訴・誤判に対する弁護士の意識について検討した。日弁連による1981年の調査では、虚偽自白が大きな問題として認識され、1989年の調査ではそれを含むさまざまな問題（捜査・取調べから弁護まで）が、誤起訴・誤判と関わっていると認識されていることが示された。これらの先行調査をもとに、筆者らは5領域57項目について調査を行い、特定の事件を前提に回答を求める弁特条件、一般的な見地から回答を求める弁一条件、学生を対象とした学一条件を比較した。調査結果は以下のようにまとめられる。

◎5つの領域、すなわち①「捜査・起訴」、②「裁判」、③「被告人の特性」、④「参考人・共犯者の特性」、⑤「弁護活動」については、全体として①、次は②が重要とされ、③、④、⑤の度合いは比較的低いと認識されている。

◎弁特、弁一、学一の条件ごとに見た場合、弁特は①、②を重視し、弁一と学一は①②③を重視している。弁一と学一では差はない。

◎弁特では、個別事件ごとに重要とされる領域が異なる。「放火殺人・放火」「窃盗・強盗」では重要とされる項目が①②に集中している。「恐喝・脅迫」も同パターンであるが、参考人の取調べや参考人の供述の評価等も重要だとされる度合いが高い。「強姦・強制わいせつ」「詐欺」「殺人」においても①②が重要である点は変わらないが、相対的に③④（被告人、参考人・共犯者の特性）がより重要だとされた。「傷害・傷害致死」「覚せい剤」「業務上過失致傷・致死」では、①の度合いは相対的に低く、「傷害・傷害致死」では参考人・共犯者の取り調べ、「覚せい剤」では物証・状況証拠の軽視や参考人・共犯者の特性、「業務上過失致傷・致死」では物証・状況証拠の軽視などが重視されている。

◎主成分分析の結果を見ると、弁特では第二成分「事実認定の問題」が最も重要だとされているのに対し、弁一では第三成分「違法な取調べと供述の偏重」が第一の要因とされていることがわかる。また、同じ一般条件でも、弁護士は違法な取調べと供述の偏重＞事実認定の問題＞証拠の不備・違法性の順で重要だとしているが、学生ではこれらの成分間に差が見られなかった。

これらのことから、弁護士は一般に誤起訴・誤判原因として「捜査・起訴」「裁判」「弁護活動」を重視し、とくに「違法な取り調べと供述の偏重」が誤起訴・誤判の大きな要因だと考える傾向があるが、現実の事件を前提に考えれば、「違法な取調べ、供述の偏重」よりも「事実認定」の問題が重要だとされ、また事件によって重要な要点も異なると認識されているといえるだろう。

　このような意識は一般市民である学生と重なるところもあれば、重ならないところもある。領域で見ると、学生は弁護士一般条件とさほど変わらないが、成分で見ると「特性」以外はどれも重要という判断である。2009年に開始された裁判員制度という観点から見れば、一般市民は裁判員として裁判に参加しても、どこに焦点を当てればよいのかよくわからない、という可能性がある。

　なお、学生には「冤罪」に関する映画、著書を尋ねた。90人中回答したのは20人であり、「松本サリン事件（6）」「日本の黒い夏（6）」「12人の怒れる男（4）」「ショーシャンクの空に（3）」「逃亡者（2）」「ダブル・ジョパディー」「帝銀事件」「私は貝になりたい（東京裁判）」「グリーンマイル」「大地の子」「黒い夏」「赤かぶ検事」「告発弁護士シリーズ」「坂本弁護士一家殺害事件」他が挙げられた（（　）内は回答者数。重複カウントあり）。強圧的な取調べが問題となっているもの、裁判に焦点が当てられているもの等、さまざま含まれているので、これらが相殺されて上記における「成分間に差がない」という結果になった可能性も、もちろん考えられる。本調査では回答数が少なく分析はできないが、こういった映画、小説が、誤起訴・誤判に関する意識に及ぼす影響の検討も興味深い。いずれにしても、経験が限られている一般市民においては事件に即した焦点の提示が必要であるだろう。

第7　おわりに

　意識は事実を受けて作られるかもしれないが、「事実」そのものではない。同じ事件であっても、弁護士、裁判官、検察官、そして市民による理解の仕方、捉え方は異なり、そこからつくられる意識も異なるであろう。また、同じ人が同じ事件を見ても、時代や状況により、見方には変化が生じるかもしれない。専門性や立場性、文脈の違いによる意識の違いを検討し、また、現実の判例との対応づけを行うことにより、誤起訴・誤判の原因はより明確になっていくものと思われる。

参考文献
船木誠一郎 (2003). 放火. 季刊刑事弁護、89-94.
Gudjonsson, G. H. (1984). A new scale of interrogative suggestibility. Personality and Individual

Differences, 5(3), 303-314.
Gudjonsson, G. H. (1987). A Parallel form of the Gudjonsson Suggestibility Scale. British Journal of Criminal Psychology, 26, 215-221.
平栗 勲・増田隆男 (1994). 貝塚ビニールハウス殺人事件. 日本弁護士連合会人権擁護委員会（編）(1994). 事例研究誤判 IV. 日本弁護士連合会. 高千穂印刷所.
本田兆司 (2003). 窃盗. 季刊刑事弁護, 36, 39-46.
大川治 (2003). 恐喝. 季刊刑事弁護, 36, 57-64.
一瀬敬一郎 (2003). 詐欺. 季刊刑事弁護, 36, 47-56.
岩本朗 (2003). 強姦・強制わいせつ. 季刊刑事弁護、36, 104-109.
黒田一弘 (2003). 業務上過失傷害・業務上過失致死. 季刊刑事弁護、36, 80-88.
村野守義 (1990). 鹿児島夫婦殺人被告事件. 日本弁護士連合会人権擁護委員会（編）(1990) 事例研究誤判 II. 日本弁護士連合会. 高千穂印刷所.
中務嗣治郎 (1989). 四日市青果商殺し事件. 日本弁護士連合会人権擁護委員会（編）(1989) 事例研究誤判 I. 日本弁護士連合会. 高千穂印刷所.
仲真紀子 (2005). 子どもの目撃供述とその面接法. 219-233. 法と心理学会ガイドライン作成委員会 (編). 目撃供述・識別手続に関するガイドライン . 現代人文社 . Pp. 129-148.
仲真紀子・村井敏邦・一瀬敬一郎 (2005). 誤起訴・誤判の原因に関する意識調査：弁護士と学生、および個別の事例にもとづく判断と一般的判断の比較. 村井敏邦（編）龍谷大学社会科学研究叢書第 61 巻 揭示司法と心理学–法と心理学の新たな地平線を求めて. Pp. 61-103.
日本弁護士連合会人権擁護委員会 (1981) シンポジウム基調報告書「刑事裁判と誤判原因——自白を中心として——」
日本弁護士連合会人権擁護委員会 (1989) 第 32 回人権シンポジウム第一分科会資料「『刑事裁判の現状と問題点』に関する全会員宛アンケート結果報告書」
日本弁護士連合会人権擁護委員会 (1989) 第 32 回人権擁護大会シンポジウム第一分科会基調報告書「刑事裁判の現状と問題点——刑訴法 40 年・弁護活動の充実をめざして——」
萩野淳 (2003). 覚せい剤点その他薬物犯罪. 季刊刑事弁護, 36, 95-103.
笹森 学 (2003). 暴行・傷害. 季刊刑事弁護, 36, 72-79.
VonDras, D. D., Powless, M. R., Olson, A. K., Wheeler, D., & Snudden, A. L. (2005). Differential effects of everyday stress on the episodic memory test perform.

5

冤罪事件から捜査機関は何を学んだのか

氷見事件と志布志事件の調査報告書の分析から見えてくるもの

村岡啓一

第1 はじめに

　平成19年（2007年）に判明した2つの冤罪事件——氷見事件と志布志事件——は、わが国の刑事司法、とりわけ捜査段階に重大な問題があることを改めて白日のもとに曝した。氷見事件とは、平成14年（2002年）に富山県氷見市で発生した2件の強姦および強姦未遂事件につき、自白して有罪判決を受け服役した被告人が真犯人ではなかったことが、服役後の真犯人の登場によって明らかになった事件である[1]。志布志事件とは、平成15年（2003年）4月の鹿児島県議会議員選挙に際し、候補者であった被告人の志布志町における選挙運動に関し、7世帯しかない山村集落の住民12名が公職選挙法違反（現金買収）に問われたが、のちに、現金供与の会合自体が存在せず、空中楼閣であったことが裁判によって明らかになった事件である[2]。いずれの事件にも共通している点は、①当該事件の被告人とされた人物が無実の者であり、完全な冤罪であることがのちに証明された事件であること、および、②無実であるにもかかわらず、氷見事件の被告人および志布志事件の被告人（一部の例外を除く）が罪を認める自白（虚偽自白）をしていたことである[3]。つまり、場所も犯罪類型も異にする2つの冤罪事件が明らかにしたのは、「無実の者からでも自白を獲得する」捜査機関による取調べの存在である。このことは、わが国の捜査段階の取調べには重大な欠陥があるのではないかという深刻な疑問を、国内のみなら

ず国際社会にも喚起させることとなった。

　国内では、国民からの非難を浴びて事態を深刻に受け止めた捜査機関が、相次いで、氷見事件および志布志事件に関する調査報告書を発表した。時系列順に示すと次のとおりである。

① 平成19年8月最高検察庁『いわゆる氷見事件及び志布志事件における捜査・公判活動の問題点等について』[4]（以下、「最高検調査報告書」という）

② 平成19年12月鹿児島県警察『いわゆる志布志事件の無罪判決を受けた再発防止策について』（以下、「鹿児島県警報告書」という）

③ 平成20年1月警察庁『富山事件及び志布志事件における警察捜査の問題点等について』（以下、「警察庁調査報告書」という）

　さらに、2つの冤罪事件の捜査段階における問題点を踏まえて、捜査機関は再発防止策として、以下の文書を公表している。

① 平成20年1月警察庁『警察捜査における取調べ適正化指針』（以下、「警察庁取調べ適正化指針」という）

② 平成20年4月最高検察庁『検察における取調べ適正確保方策について』（以下、「最高検取調べ適正確保方策」という）

③ 平成20年国家公安委員会規則第4号『被疑者取調べ適正化のための監督に関する規則』（以下、「適正化規則」という）

　その改善の方向性は、一言でいえば「取調べの適正化」であり、上記適正化規則に基づく「被疑者取調べの監督」制度の試験運用がその中心である。そして、平成21年4月には、警察庁から『被疑者取調べの監督の試験運用の総括等について』と題する検証結果が公表されている。

　また、氷見事件については、被告人の虚偽自白を看過し自白を前提とした弁護人の活動も冤罪の一因であったことから、捜査機関ではないものの、刑事弁護人の視点から氷見事件の弁護活動の問題点を分析した平成20年1月日本弁護士連合会『氷見事件調査報告書』（以下、「日弁連調査報告書」という）が公表されている。

　一方、国外でも志布志事件の顛末は衝撃をもって受け止められた。平成19年（2007年）5月8日、インターナショナル・ヘラルド・トリビューン紙の一面トップ記事は、「強制による虚偽自白が日本の刑事司法の欠陥を暴露」というタイトルの下、志布志事件を紹介した。同年5月11日には、ニューヨーク・タイムズ紙が、「日本ではたとえ無実でも警察は自白を強要する」と題する解説記事を掲載した。折しも、国連では拷問禁止委員会の第1回日本政府報告書の審査が行われており、同委員会が日本の刑事司法をめぐる拷問等禁止条約違反の問題点として代用監獄の廃止と取調

べ規制を提言するにあたり、志布志事件の報道と事実紹介は委員に大きなインパクトを与えた[5]。

その後も、氷見事件および志布志事件は、ほかの代用監獄における密室取調べに起因して生じた冤罪事件（宇和島事件[6]、北方事件[7]、布川事件[8]など）とともに、わが国の取調べ制度の構造的な欠陥を示す典型例として、各種の国際人権機関の審査に関連情報として提供され、平成20年（2008年）6月の国連人権理事会の普遍的定期審査に基づく勧告[9]、同年10月の国際人権自由権規約第5回日本政府報告書の審査に基づく総括所見と改善勧告[10]に大きな影響を及ぼした。

氷見事件および志布志事件を具体的なエビデンスとして、国際社会がわが国に対し改善を求めている方向性は、一言でいえば、「自白中心の捜査からの決別」である。同じ氷見事件および志布志事件を取り上げながら、国際社会が求める改善方向と国内の捜査機関のそれとの間には相違がある。一見すると、同じ捜査の適正化のための方策を提言しているように見えるが、改善勧告の背後にある考え方には大きな違いがあるのである。

本稿では、氷見事件および志布志事件に関する関係諸機関の報告書を分析して、捜査機関は2つの事件の冤罪の原因を何に求め、何を改善しようとしているのかを明らかにするとともに、国際社会が求める改善の方向性との違いを指摘する。私は、そこから見えてくるものこそが2つの事件の冤罪を導いた元凶であると考えるからである。

第2　2つの事件で検証すべき課題は何であったのか

氷見事件は、服役後に真犯人が現れて冤罪であることが捜査機関に判明した事件であるのに対し、志布志事件は、第一審段階から日弁連接見交通権確立実行委員会の支援を受けて冤罪の主張がなされ、事実審理を通じて警察によるフレームアップであることが立証された結果、第一審で無罪判決が出された事件である。したがって、両者には同じ冤罪事件といっても、公判段階の問題点には大きな違いがある[11]。しかし、捜査段階に着目すると、両事件には大きな共通点がある。それは、無実の者が警察の取調べの結果「自白」をしたという事実——すなわち、虚偽自白の存在である。一般に誤判原因の1つに虚偽自白があることは知られているが[12]、本件の検証において最も重要なことは、2つの事件の無実の者がなぜ虚偽自白をしたのかの原因の究明である。これを受けて、第2の検証課題が出てくる。一般的に捜査には虚偽自白の危険性がつきまとうので、捜査の過程では、当該自白の信用性の検討のほかに、

情況証拠による犯罪証明が可能か否かの検討や大局的な見地から見た「事件の筋」の検討がなされ、通常は、捜査機関がこうした捜査の基本を踏むことによって虚偽自白は排除される。少なくとも、国民の側は虚偽自白が排除されることを期待している。したがって、本件の検証においても、捜査機関が虚偽自白の存在を前提に、虚偽自白を見破り排除するための捜査の基本的な手法を実践したのか否かが検証されなければならない。2つの事件ともに、捜査段階では誤起訴に至っているのであるから、結果として、虚偽自白の排除には失敗したわけであり、なぜ捜査機関は虚偽自白を見抜けなかったのかの究明が重要な課題となる。以下、この2つの検証課題につき、各調査報告書がどのような分析をしたのかを見てみよう。

第3　虚偽自白の原因究明はなされたか

1　氷見事件

　最高検調査報告書と警察庁調査報告書とを対比すると、事実経過の記載から捜査上の問題点の指摘に至るまで、表現の細部は別として、内容的には同一である。そこで、以下には、最高検調査報告書の分析を主とし、必要に応じて、関連する事項につき、警察庁調査報告書に言及することとする。

(1)　供述の変遷の理由

　氷見事件の被告人A氏の自白は、当初から一貫したものではなく、否認から自白へと変遷している。A氏の初期供述は否認から始まり、被害者による犯人特定の後に逮捕状請求の資料となった自白調書が作成され、その後、検察官の弁解録取および裁判官の勾留質問に対する否認を経て、再び、警察の下で自白したという流れになる。この供述経過は不自然であり、なぜ、A氏が警察で否認から自白という変遷を繰り返したのかその理由が明らかにされなければならない。しかし、報告書のなかには、供述の変遷理由についての記載はない。
　一方、日弁連調査報告書を読むと、この間の変遷理由がわかる。A氏の第1回目および第2回目の任意取調べは、パンと牛乳の昼食が与えられただけで早朝から深夜まで12時間を優に超える長時間に及ぶものであり、担当刑事が一方的に犯行を追及するものであった。そのため、A氏は、帰宅後、「こんな取調べを受けるくらいなら死んだほうがましだ」という気持ちになり、牛乳で薄めた除草剤を飲んだという。第3回目の任意取調べでは、A氏は取調室で倒れるほどに心身ともに憔悴していた

が、担当刑事はこの憔悴状態に乗じて、姉がA氏を見放している旨の虚偽の事実を申し向けたり、亡き母の写真を持たせて「やってない」と言えるのかと心理的な圧力をかけたり等の尋問技術を使って自白を迫った。その結果、A氏は「親族からも見放されているという絶望的な心境に陥るとともに、何を言っても無駄だという気持ち」から、担当刑事の「やっただろう」という追及に「はい」と答えたという。検察官および裁判官に対する否認のあと、再度、自白した理由については、担当刑事から「何言ってんだ、この野郎」と机を叩かれて恫喝されて、今後は自白を翻さないという趣旨の上申書を書かされた。その後の取調べでは、一切の弁明をすることを許されず、担当刑事の作成する供述調書の内容に「はい」と「いいえ」だけで答えることを要求され、内容虚偽の詳細な自白調書が作られていった。各被害者宅の見取図は、1通が鉛筆で下書きされていたものをなぞったものであり、もう1通が担当刑事に後ろから手を取られて描かされたものだと説明している。以上のA氏の説明を前提にすれば、警察の取調べの苛烈さが虚偽自白をした理由であることがわかる。そして、虚偽自白を受け入れたA氏の絶望と諦念が、以後、A氏において捜査・公判を通じて一度も否認することなく自白を維持し続けた理由であったことが了解できる。

(2) 虚偽自白の帰責原因

最高検調査報告書は、日弁連調査報告書が明らかにした虚偽自白の背景事情についてはまったく言及することなく、捜査の問題点として、「客観証拠のぜい弱性にかんがみるならば、A氏の自白の信用性については慎重に検討する必要があった」が、「A氏が自白していることに過度に依拠したうらみがある」と述べる。この記載では、冤罪の帰責原因があたかも虚偽自白をしたA氏の側にあるように読めるが、もともと無実で否認をしていたA氏の側に非があったわけではない。同報告書は、警察の取調べを前提とした検察官の立場から、警察において「A氏に対して相当程度誘導的な取調べがなされていた可能性」を認めたうえで、「検察官において、その点に十分留意したとはいえない」としている。この記載によれば、同報告書の元となった事実調査においても、担当刑事の違法・不当な取調べの存在を認識していたことが窺われるが、その具体的な認識内容についてはまったく言及されていない。同報告書が検察官の捜査を対象とするものであるとしても、検証の本来的な目的が警察・検察が一体となった捜査機関の重大な過誤に基づく冤罪事件の原因を探ろうとするものである以上、警察における取調べの実態がどうであったのかについて、準司法官として、少なくとも虚偽自白の背景事情を明らかにする必要があったといわなければならない。しかし、この決定的に重要な点の解明は回避されているのである。

ちなみに、警察庁調査報告書では、「取調べにおける問題点」として、「自白が真意によるものであるのか否かについて慎重な検討を行うべきであった」と結論づけているが、「本件捜査では、同氏が積極的に供述しない状況の下、その供述を得るに当たっては、捜査員による暴行や脅迫が行われた状況は認められないものの、相当程度捜査員から積極的に事実を確認する形での取調べを行わざるを得ない状況にあったと認められる」と述べて、A氏の供述態度に帰責原因があったとして担当刑事の取調べ手法を容認している。

　A氏の供述態度に帰責原因を求める点では、最高検調査報告書も同じである。同報告書は、検察官の取調べにおいて、「検察官がA氏を誘導することにより供述を得ていたこと」を認めるが、その原因はA氏の供述態度にあり、検察官がA氏は「口が重い」と考えたためとして理解を示し、誘導による取調べ手法自体を非難してはいない。しかし、検察官が行った取調べの内容は冤罪作出の行為そのものである。日弁連調査報告書が正当にも指摘するとおり、被害者の手を縛ったのは被害者の申告するチェーン様のものではなくA氏宅にあったビニール紐であり、反抗を抑圧した凶器も被害者の申告するサバイバルナイフではなくA氏所有の果物ナイフであるとの前提に立って、「ナイフが被害者の手に触れたことから金属製のチェーンと勘違いしたのではないか」と誘導（実は誤導）して、被害者証言や客観的証拠との食い違いを糊塗する内容の検察官調書を作成しているからである。同報告書は、検察官の誘導を認めながら、検察官が被害者の申告に反して凶器を果物ナイフ、被害者の手を縛ったものをビニール紐と認定した根拠をA氏からその旨の「供述を得た」ことに求めている。A氏が自発的に供述したのではなく、虚偽供述は警察および検察の取調べの結果なされていること、すなわち、捜査機関の仮説を受け入れざるをえなかったという虚偽自白の背景事情がここでは完全に捨象されているのである。

2　志布志事件

　取調べにおける問題点につき、最高検調査報告書、鹿児島県警報告書および警察庁調査報告書を対比すると、警察庁調査報告書の記載が最も詳細である。しかし、共通しているのは、いずれもが、独自の事実調査の結果に基づくというよりは裁判所が認定した事実に依拠して取調べの問題点を抽出していることである。本件については本書に別稿があるので詳細はそれに譲り、ここでは、被告人らの虚偽自白の原因究明がどの程度なされたのかに絞って検討する。

(1) 警察での取調べの問題点

　志布志事件では、被告人13名（1名は死亡により公訴棄却）のうち6名が捜査段階で自白したが、公判段階では最終的に全員が否認するに至った。公判では上記6名の自白調書の任意性が争われたが、裁判所は任意性を認めて同調書を採用した。しかし、判決において、「あるはずもない事実がさもあったかのように具体的かつ迫真的に表現されていることは、自白の成立過程で、自白した被告人らの主張するような自白成立の過程で追及的・威圧的な取調べがあったことを窺わせる」と判示している。被告人らの主張した取調べの実態とは、次のようなものである。①連日繰り返される取調べ、長時間にわたる取調べ、②簡易ベッドに横にならせての長時間にわたる取調べ、机の上に両手を載せる姿勢を取らせたままの状態での取調べ、③「認めれば早く帰れる」「逮捕は何回でもできる」「認めないと地獄に落ちるぞ」「選挙違反は交通違反と一緒」「正直に言わなければ家族をも取り調べる」といった甘言と恫喝を交えた取調べ等々（被告人のなかには、氷見事件の被告人と同様に、自殺を考えた人もいる）である。この実態を認定するのであれば、裁判所としては当然任意性を否定すべきものであったと考えられるが[13]、わが国の判例実務は強制に至らない程度の有形力の行使であれば未だ「任意」の範疇にあるとの考え方を採っているため、こうした証拠能力としての任意性判断と信用性判断の下で示される取調べ実態の認定との間に齟齬が生じるという奇妙な現象がみられるのである。

　最高検調査報告書は、上記判示を前提にしながら、「被疑者に真実を語らせるためには、時には追及的な取調べを行う必要があることは言うまでもない」と述べて、追及的・威圧的な取調べの手法そのものを否定するのではなく、むしろ積極的に真実究明の手段として肯定する。ここには、追及的・威圧的な取調べが無実の者を虚偽自白に追い込む結果となる危険性の認識がない。そのため、本件において、なぜ、6人が「あるはずもない事実がさもあったかのように」虚偽を述べたのかの解明はなされていない。単に、同報告書は、警察における追及的・威圧的な取調べの存在を前提にしたうえで、検察官として、批判的な視点から警察における取調べ状況を的確に把握すべきであったのに、本件ではその点が不十分であったとするにとどまる。

　鹿児島県警報告書は、「捜査員等約100名に対して順次聴き取りを行うなど、必要な事実確認を行ってきた」と述べながら、具体的な調査結果に基づく取調べ実態の記載はない。裁判所によって指摘された事項を前提に、「今後は、取調べに当たっては、事案の性質を勘案しつつ、相手方の事情や境遇にも配意しながら、取調べが不当に長期間・長時間にわたり、供述の信用性を失わせることのないように、相手方の年齢等に応じ、その心情を理解しつつ真相を解明するという基本姿勢を堅持

して取調べを行うよう、指導・教養を徹底する」と述べるにとどまる。

　警察庁調査報告書は、判決の指摘事項を引用したうえで、取調べの問題点を「ア　長期間・長時間にわたる取調べ」「イ　追及的・威圧的な取調べ」「ウ　不適切な言動」の3点に要約して、それぞれにつき、結論として判決の指摘事項に同意する。しかし、結論の表記が「より一層留意する必要があった」と記載されていることに見られるとおり、上記3点につき、本件においては行き過ぎがあったという評価であり、アプリオリに上記の取調べ形態を否定しているわけではない。アの項目では、「被疑者の任意取調べにおいて、1日当たりの取調べ時間の長さの適否は、被疑事実の重大性や被疑者の供述状況等に照らし個別具体的に判断されるべきものであり、単に時間の長短をもって、本件の個々の取調べ時間が過度に長時間にわたると認められるか否かを判断することは困難である」と述べ、一律の基準に基づく取調べの時間規制には反対の立場を明らかにしている。これが、後述する国際人権自由権規約に基づく規約人権委員会の勧告と相反するものであることは容易に理解されよう。イの項目では、「取調べは真実の発見を目標として行われるものであり、取調べに当たっては被疑者の自発的な供述を待つだけではなく、真実を語らせるため、供述の矛盾や不合理な点を指摘し、説得、追及、あるいは理詰めの質問を行うなどして、納得のいく説明を求めることは当然である」と述べ、最高検調査報告書と同様、追及的・威圧的な取調べの手法をむしろ積極的に真実究明の手段として肯定している[14]。

(2) 虚偽自白の帰責原因

　最高検調査報告書および警察庁調査報告書ともに、なぜ、被告人らが虚偽自白をしたのかの原因を明らかにしていないため、氷見事件と同様、虚偽自白の帰責原因につき責任主体の主客転倒が生じている。たとえば、最高検報告書では、「供述の信用性の吟味の不十分さ」の項目において、本件買収が「常識的に考えても金額及び会合回数に見合った買収の効果が得られるかとの疑問が生ずる」としながら、本件の嫌疑が「投票買収」ではなく「運動買収」であり、一部の供述調書には、「（運動買収の）選挙運動を展開する上で、4回の各会合にはそれぞれ異なった趣旨・目的があった」旨の供述があったので、一応の説明がなされていたと警察の取調べに理解を示す。しかし、この説明は供述者自身が述べた内容ではなく担当刑事が事件の構図の不自然さを隠すために創作した内容である。担当刑事の説明をそのまま受け入れざるをえなかった背景事情がまったく顧慮されていないのである。同様に、供述の変遷についても、「周辺部分の事実関係のみならず、会合の回数その他の事案の枢要をなすとも言える部分にも見られる」と指摘したうえで、「立証の核とも言うべ

きこれら6名の供述の信用性を低下させるもの」であるから、「供述の変遷理由等についての捜査とそれを踏まえた慎重な吟味が必要であった」とし、あたかも6名が自発的に供述を変遷させていったかのごとく記載されている。ここでも、供述者が無実であるがゆえに合理的な説明ができず、担当刑事の仮説の変化に応じて供述内容を変化させざるをえない状況にあったことをあえて捨象しているのである。

3 小括

　以上の分析から明らかなとおり、鹿児島県警報告書はもちろんのこと、最高検調査報告書も警察庁調査報告書もともに、氷見事件および志布志事件の被告人らが「なぜ無実であるのに虚偽の自白をしたのか」の原因解明をまったくしていない。2つの事件が「虚偽自白による冤罪」という共通のパターンを示していることの意味は、全国の警察捜査の現場で、当該被疑者の人格特性や心身の状況といった取調べを受ける側の固有の事情を考慮することなく、捜査機関の抱いた嫌疑の下、一方的に追及的・威圧的な取調べが行われているということである。そして、それが警察および検察のいわば日常的な光景となっているという現実の存在である。2つの冤罪事件から真摯に教訓を学び取ろうとするのであれば、日本の捜査現場の第一線では、容易に市民から虚偽自白を引き出すことができる取調べの実態があるということが出発点にならなければならなかった。しかし、上記各報告書は、こうした現実には目をつぶり、虚偽自白がなされた背景事情には一切踏み込まず、虚偽自白が被告人らによって任意になされたという擬制から出発した。そのため、あたかも責任の帰属が捜査機関にではなく虚偽自白をした被告人自身にあるかのように冤罪を招いた責任主体の主客転倒が見られ、捜査機関の反省すべき点は、専ら、虚偽自白の存在を前提とした後の一般的な捜査の基本を実践しなかった点のみに向けられてしまったのである。

第4　虚偽自白を見抜くための適正捜査は行われたか

　氷見事件および志布志事件では「虚偽自白」が冤罪の根底にあるが、虚偽自白の存在を前提にしても、捜査機関において、情況証拠の適切な評価および自白の信用性判断に関する注意則の適切な適用をしていたならば、誤った起訴およびその後の誤判は避けえたものである。最高検調査報告書および警察庁調査報告書は、専ら、虚偽自白の存在を前提にした捜査の基本が尽くされていたか否かに焦点が合わせら

れている。ここでは、情況証拠の観点と自白の信用性判断の観点から、両調査報告書が指摘した事項を確認するにとどめる。

1　情況証拠の評価

　氷見事件について、両報告書は以下の点を指摘する。
　①捜査機関において第1事件と第2事件とが同一犯人による犯行と判断したのであるから、押収した架電記録上に、保管期間を徒過した第1事件当時の履歴がなかったとしても第2事件当時の記録は残っており、その通話記録によれば「第2事件当時の犯行時間帯にA氏方固定電話から実兄方に架電した」事実を発見し得た。しかし、第1事件の積極証拠としての評価の検討をしたのみでA氏のアリバイ成立という消極証拠の吟味が不十分であった。②犯行現場に遺留された足跡痕の長さは28センチメートルであり、A氏の足のサイズ24.5センチメートルに適合する靴25.5センチメートルとは整合しなかったのであるから、別人の可能性があるのに、この客観的証拠の不整合について十分意識した捜査がなされなかった。③被害者が供述した犯行に使用した凶器類は、サバイバルナイフ様の刃物とチェーン様のものであったところ、いずれもA氏宅からは発見されなかったことは、「A氏の犯人性に疑いを生じさせる事情」であったから、A氏の犯人性について慎重に吟味すべきであった。
　志布志事件について、両報告書は以下の点を指摘する。
　①山間の小集落における4回にわたる多額の現金買収といった本件の特殊性、原資が解明されていないこと、使途先の裏付けが十分でないこと等は消極方向に働く重要な事項であったのに、「消極証拠を虚心坦懐に評価する姿勢が十分ではなかった」。②アリバイの存否に関する捜査は立件にあたり決定的に重要であるが、本件においてその捜査は十分に行われていなかった。本件における被告人らの手帳やカレンダー等に基づくアリバイ捜査の手法には限界があり、選挙活動の実態を周辺捜査によって早い時期に実施すべきであったのにこれを怠り、候補者であった被告人の「同窓会等出席の事実の把握が遅れてしまった」。
　両事件に関する情況証拠の評価、とりわけ、犯人性を否定する方向に働く消極証拠の評価が十分になされていなかったことの指摘は正当であるが、なぜ、積極方向の証拠評価のみに目を奪われて消極方向の証拠評価がなされないのかという捜査機関の姿勢に対する根源的な疑問の解明はなされていない。上記の情況証拠の評価の誤りはあまりにも基本的なものである。それと同時に、重層的な捜査手続のチェック機構がまったく機能していないことを示している。これは相当に深刻な由々しき事態

というべきである。なぜなら、両事件の捜査を担当した個々人の技量の問題というのではなく、捜査機関全体が根強い有罪志向に囚われており、被疑者が特定され、いったん捜査方針が有罪方向で決定されると、組織体として有罪の積極方向での証拠収集に邁進し、無罪の消極方向での証拠収集がおろそかにされるという捜査機関の傾向を示しているからである。

2　自白の信用性判断

　氷見事件について、最高検調査報告書は、客観証拠の脆弱性およびA氏の供述態度からして、「自白の信用性については、慎重な検討が必要であった」と述べるが、その具体的な内容としては「様々な角度から問いを発する」こと以外には言及がない。警察庁調査報告書は、慎重な検討の具体的な内容として、「(秘密の暴露)の有無を始め、きめ細かな注意を払いその真偽を慎重に吟味し、得られた供述についてその裏付け捜査を徹底して行う必要があった」としたうえで、今回の誤りの原因は「同氏が自白している以上犯人に間違いないとの認識から脱却できなかった」ことにあると推測している。そして、両報告書とも、「A氏が自白していることに過度に依拠した」との認識の下、同氏の犯人性を否定する方向についても慎重に検討すべきであったとする。
　志布志事件について、最高検調査報告書は、「供述の信用性の吟味の不十分さ」の項目で、以下の諸点を指摘している。
　①山間の集落における多額の現金買収という事件の構図が不自然ではないことを示すには、被告人らの供述の信用性を認めるに足りる特段の理由が必要であったが、供述内容の自然さ・合理性の存否に関する証拠の収集が不十分であった。②被告人らの供述は事案の枢要部分でも変遷していたから、供述は一定方向に収れんしているか、収れんしているとすればその経過は自然なものか等、供述の変遷理由についての捜査とそれを踏まえた慎重な吟味が必要であった。③現金買収事案の捜査の要諦に供与された現金の原資や使途先の解明があるが、この点に関する客観証拠による裏付けや客観証拠との整合性の確保が不十分であった。④被告人らの供述には秘密の暴露が含まれておらず、供述の信用性の判断において消極要因となりうる種々の要因が存在したから、秘密の暴露が存在しないことの意味を検討すべきであった。⑤被告人らの供述のなかには体験供述が含まれていたが、その数は少ないうえ、信用性を担保する決定的な体験供述はなかったから、体験供述が十分に得られない理由につき検討を尽くすべきであった。⑥検察官において、警察における取調べ状況を的確に把握し、得られた自白内容を批判的に検討すべきであったが、警察の取調

状況を把握していたとはいえず、自白の批判的検討も不十分であった。

　警察庁調査報告書も、「供述の信用性の吟味における問題点」として、「ア　供述の不自然性」(最高検報告書①と同旨)、「イ　過度に詳細な供述」、「ウ　供述の変遷」(最高検報告書②と同旨) を、「供述の裏付けにおける問題点」として、「ア　アリバイに関する不十分な捜査」、「原資及び使途先の未解明」(最高検報告書③と同旨) を指摘しており、最高検報告書と内容的には同一である。しかし、「イ　過度に詳細な供述」の項において、裁判所が過度に詳細な自白内容を「真に記憶に基づく供述であるのか、疑問である」と判示した点を受けて、「供述内容が詳細であること自体を決して問題視すべきではない」と反論[15]したうえで、本件の問題点としては「具体的かつ詳細な供述内容が客観的事実と矛盾しないか、自然性が担保されているかといった幹部による供述の信用性の吟味が十分でなかった」とする。幹部による吟味が不十分であったとする点は、供述の変遷理由の検討についても同様である。本件の問題点の摘出において、自白調書を作成した担当刑事ではなく、とくに警察幹部に責任を認めている点で最高検報告書と異なっている。これとの関連でいえば、両報告書ともに、捜査態勢および決裁態勢の問題点についても言及している。警察庁報告書では、捜査指揮をした幹部において、捜査状況に即した的確な捜査運営が十分になされなかったことが、最高検報告書では、事案全体を見通した捜査計画が立てられていなかったこと、および、経験の浅い検事を主任とした場合に必要不可欠な上司による適時かつ的確な指導が不十分であったことが指摘されている。注目すべきは、最高検報告書において、警察捜査との関わりのあり方として、検察官の公訴官としての立場が強調されており、警察捜査を的確に把握したうえで、検察官自らが関係者の取調べにあたり、判断のための材料を直接収集することも考慮すべきであったとされている点である。

　自白の信用性判断に関する両報告書の指摘自体は正当なものであるが、供述者の人格特性に着目した虚偽自白のメカニズムの理解が下敷きになっていないために、冤罪事件であることが判明したあとの結果論としての問題点の指摘にとどまっており、捜査段階でどうすれば虚偽自白を防止でき、また、どうすればいったんなされた虚偽自白を是正することができたのかが示されていない。取調べという異常な環境の下でなされる「自白」には真実のみならず虚偽も入り込むので、それをいかに峻別して虚偽を排除するかが取調べの最も基本的な課題であるのに[16]、その意識が担当刑事にもその上司である幹部にも浸透していないために、自白の信用性判断の注意則がまったく機能していないのである。本件の真の問題点は検察官個人の能力や資質に還元される問題ではないし、決裁制度や指導体制の不備といったシステムの問題でもな

5　冤罪事件から捜査機関は何を学んだのか　│　983

い。まさしく組織全体の体質の問題なのである。情況証拠の評価が適正になされてなかったのと同様に、ここでも自白の信用性判断という捜査の基本が適切に実践されていなかったのである。

また、検察と警察のあり方について、検察官の公訴官としての立場の強調は警察捜査の適正化を担保するための捜査機関内部の司法的コントロールを意味するものとしては正当であるが、現実問題として、現在の検察と警察の力関係の下で、検察官が直接警察捜査に介入することがはたして可能なのかには多大な疑問が残る[17]。

3　小括

以上の検討から明らかなように、各調査報告書の指摘する情況証拠の評価の誤りおよび自白の信用性判断における誤りの記載自体は正当なものであるが、その内実はあまりにも当然の指摘であり、一言でいうならば、捜査の基本がまったく実践されていなかったということに尽きる。各調査報告書の問題点の指摘から抽出される2つの冤罪事件の教訓は、「基本に忠実な捜査を励行しよう」という当たり前のことでしかなく、本来、検証すべきであった警察の取調べを支配している自白至上主義の考え方や組織全体の有罪志向の体質といった根源的な冤罪の元凶には、ついにメスが入れられることはなかったのである。各調査報告書が、2つの冤罪事件に共通する「虚偽自白」がなぜ生じたのかという最も重大な問題の解明を回避した時点で、すでに、各調査報告書の調査結果の限界は明らかになっていたということができるが、逆説的にいえば、各報告書が共通して明らかにした「基本捜査の不徹底」という事態は余りにもお粗末すぎたがゆえに、かえって、捜査機関は「適正な捜査」を実現するための改善方策を提示しなければならなくなったのである。

第5　捜査機関の適正捜査のための改善方策は有効か

1　警察庁取調べ適正化指針

平成19年11月1日国家公安委員会決定「警察捜査における取調べの適正化について」を受けて、警察庁は、警察庁調査報告書の再発防止策の一環として、平成20年1月、『警察捜査における取調べ適正化指針』（警察庁取調べ適正化指針）を公表した。その概要は以下のとおりである。

【取調べに対する監督の強化】
① 警察本部の総務または警務部門に取調べに関する監督担当課を新設する。監督担当課に所属する監督担当者により、適正化規則が類型的に規定する「監督対象行為」の有無を確認する。監督担当者が「監督対象行為」を認めたときは、中止させることができるほか、調査結果を監察部門に通報し、指導や懲戒処分に活用する。
② 捜査主任官は、取調べ状況報告書を監督担当課に提出して報告する。在宅被疑者の取調べについても、取調べ状況報告書を作成する。
③ 取調べにつき苦情があった場合は、書面化し、公安員会または警察本部長に報告する。

【取調べ時間の管理の厳格化】
① 犯罪捜査規範に、やむを得ない場合を除き深夜または長時間の取調べを避けるべきことを規定する。
② 夜間（午後10時以降翌朝5時まで）の取調べ、8時間を越える取調べについては、警察本部長または警察署長の事前の承諾を要する。

【その他適正な取調べを担保するための措置】
① 取調べ室の設置基準を犯罪捜査規範に規定する。
② 取調室に透視鏡を設置し、入退室時間を電子的に管理するシステムを導入する。

【捜査に携わる者の意識向上】
① 警察学校において、司法制度改革に的確に対応し適正な捜査を推進するために、適正捜査に関する教養を充実させる。
② 取調べに関し卓越した技能を有する退職者を技能伝承官として採用して取調べ手法を伝授する。
③ 弁護士など法曹関係部外講師を招聘して、取調べについての問題意識を醸成する。
④ 「監督対象行為」を認めた場合の厳正な対処など人事上の措置を講ずる。

　警察庁取調べ適正化指針に対しては、日弁連が的確な批判を行っている。2008年2月15日日弁連「『警察捜査における取調べ適正化指針』に対する意見」は、同指針策定の源となった氷見事件及び志布志事件の問題点の抽出において「なぜ、無実の者が虚偽の自白を余儀なくされたのか、という核心問題については、まったく検討がなされていない」としたうえで、2007年5月の国連拷問禁止委員会のわが国に対する勧告内容[18]に従えば、「自白獲得を最優先課題とする捜査のあり方からの

脱却」が求められていたのに、同指針は「被疑者からの自白獲得を捜査における最優先課題と位置づける捜査のあり方とその基盤である代用監獄制度を維持・温存し、取調べに対する実効的な規制措置の導入はしないという従来の警察の立場を、言葉を変えて表明したものにすぎない」と批判する。そのうえで、日弁連意見書は、「真に必要な改革課題は何か」につき、国際社会からの改善勧告を受けて、以下の4点を挙げている。

① 警察内部で捜査と監督を分離しても、警察の体質から、捜査が監督に優先することは明らかであり、捜査に対する実効的な監督を徹底させるには、外部からチェックできるシステムを導入すべきである。
② 事前承認をもって深夜や長時間の取調べを許容するのではなく、深夜および長時間にわたる取調べは法律で明確に禁止すべきである。
③ 適正な取調べの担保措置として、取調べの全過程を録画するシステムを導入すべきである。
④ 取調べによる自白獲得を第一義とする捜査官の意識を改革し、人権に対する知識と理解に立脚した適正な捜査技術を習得させることが第一の課題とされるべきである。

日弁連の批判は正鵠を射ており、警察が組織全体として代用刑事施設を利用した自白至上主義の取調べから脱却しないかぎり、虚偽自白による冤罪の克服は難しい。その意味で、最重要課題は第4の指摘「捜査官には徹底した人権教育による意識改革を」促すことにこそあるといえよう。

警察裏金操作の告発者である原田宏二氏[19]は、元警察幹部として警察組織の内情を知悉している立場から、警察庁が取調べ適正化指針を公表した真意は日弁連の提唱する「取調べ全過程の可視化」を阻止するための対案としての性格を持つと分析したうえで、同指針では2つの冤罪事件にみられた違法な取調べの実態を阻止することにはならず、「違法な取調べを是正するためには、警察の留置場を刑事施設制度に代用する制度を廃止するしかない」[20]と説く。原田氏の論旨は、「『代用刑事施設』（留置場）こそが、被疑者の長期勾留、すなわち自白偏重の人質司法の出発点となっている」ので、警察庁は「可視化によって警察の取調べの実態が録音、録画され、取調べの実態が客観的に明らかになれば、悪名高い『代用刑事施設』の廃止論が再浮上」するのを恐れているというものである。ここには、自白獲得をめざす捜査が維持されるかぎり、警察は代用刑事施設を利用した取調べシステムを改めることはないという基本認識が示されている。

これに対し、日弁連の提唱する取調べ可視化論には、取調べの全過程が録音・

録画されることになれば、捜査官は適正な取調べを実現せざるをえなくなるので、必然的に適正な捜査が実現されるという楽観的な見方が潜んでいるように思われる。つまり、取調べの可視化が代用監獄問題のすべてを解決するかのごとき過大な期待である。しかし、氷見事件の被告人の場合もそうであったように、虚偽自白の発現形態は取調べを受けている人の人格特性や肉体的・精神的な負因に依存することが大きく、必ずしも暴行・脅迫といった目に見える有形力の結果に基づくのではない。それゆえに、たとえ、警察内部の監視装置はもちろんのこと外部からの監視装置を完備したところで、警察官自体の意識が変わらないかぎりは、自白獲得に向けた新たな潜脱行為が考案されることはあっても、虚偽自白による冤罪の克服にはつながらない。自白を中心とした現在の刑事司法を前提とするかぎり、取調べの可視化が適正な捜査の実現に一定の役割を果たすことは確かであるが、それはあくまでも、取調べの時間規制、代用刑事施設の廃止などと一体となって適正な捜査が実現されることの一側面にとどまるものである。取調べの可視化の考え方は、その前提として、自白を求める捜査機関の取調べを容認するものであるから、必然的に虚偽自白による冤罪の可能性を考慮せざるをえない。その意味では、取調べの存在を容認しつつ捜査の適正化を実現しようとする警察庁取調べ適正化指針と同じ限界を構造的にもっているのである。

2 試験運用の総括

警察庁は、平成20年9月から同21年3月までの間、適正化規則の施行に向けて、被疑者取調べの監督制度の試験運用を行った。その実施状況を平成21年4月、「被疑者取調べの監督の試験運用の総括等について」と題する文書にて公表した。それによると、適正化規則10条に基づく監督対象行為の有無を調査した事例は43件、そのうち監督対象行為があったと判断されたのは24件であり、類型別の内訳は、多い順に「事前承認を受けずに深夜及び長時間の取調べを行った事例11件」、「約束を含む便宜供与の事例9件」、「殊更に不安を覚えさせ、又は困惑させるような言動の事例2件」、「身体接触の事例1件」、「直接又は間接の有形力を行使した事例1件」となっている[21]。警察庁は、事前承認なしの深夜または長時間の取調べが多かった理由につき、「試験運用開始当初」の「運用の誤解や失念」によるものであると説明し、その後、指導の徹底により適切な運用が行われていると総括している。また、取調べ状況の把握のための透視鏡ないしドアスコープの整備率は全国の取調室の82.7%に達しており、業務の合理化・管理化を図るためのITシステムはすべての

都道府県警察で構築されたとしている。そして、今後の課題として、「捜査員の中には、監督対象行為の概念について未だ不十分なものがみられるほか、被疑者取調べを監督されることにより、捜査員の中に多少なりとも萎縮する様子がみられる」ので、「継続的な教養」を実施するとしている。

　この試験運用の結果から、警察庁は、適正化指針および適正化規則に基づく取調べの監督制度は概ね成功していると判断しているようである。しかし、数は少ないとはいえ、適正化規則が定める監督対象行為のほぼすべての類型について該当事例が報告されていることは、依然として、捜査現場の取調べにおいて虚偽自白を誘発する取調べの実態が存在することを示している。また、不法・違法な取調べに当たる行為を指摘された捜査員が萎縮する例があるということは、それだけ、不法・違法な取調べが許される環境になじんできた捜査官の意識改革が容易ではないことを示しているという見方も可能であろう。警察庁の適正化方策は、警察内部における規律、監視、処分といった上からの規制を中心として構想されているが、取調べの適正化を実現するには、やはり、捜査官自身の意識改革こそが最も重要である[22]。警察庁が実施する「継続的な教養」のなかに、捜査官に対する基本的な人権教育が盛り込まれなければならない所以である。

3　最高検取調べ適正確保方策

　最高検調査報告書は、捜査全般にわたる再発防止策を公表していたが、取調べのあり方が焦眉の急となったので[23]、最高検察庁は、平成20年4月3日「検察における取調べ適正確保方策について」を策定し、検察官に周知徹底することとした。その方策の概要は以下のとおりである。

【弁護人接見に対する一層の配慮】
① 取調べ中の被疑者からの接見要請を直ちに弁護人に連絡する。
② 弁護人からの接見申出につき、早期に接見の機会（遅くとも、食事、休憩時）を与える。
③ 接見申出とそれに対する措置を記録化する。

【取調べに当たっての配慮】
① 身柄拘束中の被疑者の取調べにあたって、就寝、食事、運動、入浴を確保するように努める。
② やむをえない場合を除き、深夜または長時間の取調べを避ける。
③ 取調べにおいて、少なくとも4時間ごとに休憩を与えるよう努める。

④　供述調書は、必要に応じて、問答式で作成する。
【取調べに関する不満等の早期かつ網羅的な把握とこれに対する適切な措置】
　①　被疑者の取調べに関して不満等の申出があった場合には、決裁官が、申入れの内容を把握し、調査をして必要な措置を講じる。その申入れの内容、調査結果、措置等を記録化する。
　②　調査結果等について、可能な範囲で、被疑者または弁護人に説明する。

　被疑者取調べを容認するかぎり、上記方策の内容は当然すぎるほど当然のものである。従来の取調べを前提とした接見実務では、このような当然な措置すら実現されていなかったので、弁護士のなかから、この方策に対する批判は聞こえてこない。むしろ、警察庁の適正化指針と同様に、被疑者および弁護人からの苦情申立てに対する決裁官の調査および調査結果の説明が義務づけられたことから、外部からのコントロールがある程度可能になるとして歓迎する向きもある。確かに、弁護人の活動如何によっては取調べの監視機能を果たすことができるので、適正な取調べの実現に寄与することが考えられる。しかし、取調べの可視化論と同様に、被疑者の取調べを所与の前提として弁護人の関与を取り込んだ適正化方策であるから、弁護人において、取調べという制度自体が常に虚偽自白を誘発する危険性を有するという認識を持っていないかぎり、かえって、弁護人の関与自体が虚偽自白による冤罪の一因となりかねないことを銘記しておく必要があろう。氷見事件の弁護活動から汲み取るべき教訓は、まさにこの点にある。

4　取調べの可視化

　最高検調査報告書の「再発防止のための方策」および警察庁調査報告書の「再発防止のための当面の方策」には、取調べの可視化に言及した記載はない。その後に示された警察庁取調べ適正化指針および最高検取調べ適正確保方策にも、取調べの可視化の記載はない。しかし、平成20年2月、最高検察庁は、平成18年8月から平成19年12月までに試行した170件の録音・録画の検証結果を「取調べの録音・録画の試行の検証について」（以下、「施行検証結果」という）と題する文書にて公表した。このなかでは、取調べの録音・録画が「取調べの適正確保にも資する」としている。この検察庁における録音・録画の試行は、裁判員制度における裁判員による供述調書の任意性判断の便宜を目的としたものであり、氷見事件および志布志事件という冤罪事件の反省から適正な取調べの実現を目指したものではなかった。しかし、平成20年3月、政府与党の捜査のあり方を考えるプロジェクトチームが、

検察庁において取調べ状況の録音・録画を一部とはいえ試行したことを高く評価し、取調べ状況の録音・録画が裁判員裁判の円滑な実施に寄与するのみならず、取調べの適正化の方策としても有効であることを指摘して、適正化方策の1つとして取り入れるべきことを提言した[24]。それを受けて、平成20年4月から本格的な試行に入った検察庁に加えて、警察庁も、同年4月から一部の警察で取調べの録音・録画の試行を開始し、その試行結果を踏まえて、平成21年4月から、全国の都道府県警察に拡大して試行することとなった[25]。

最高検の試行検証結果によれば、①特定の自白調書につき、自白の動機・経過、取調べの状況、作成過程、自白内容等について質問し、被疑者が応答する場面を録音・録画する「レビュー方式」と、②被疑者が読み聞かせを受け、閲読する場面および内容を確認して署名する場面を録音・録画する「読み聞かせ・レビュー組合せ方式」を実施した結果として、以下の点を確認したとする。

① 裁判員制度において、任意性等の有無を効率的に立証する手段になりうる。
② 試行した方法であれば、取調べの機能を害さないことも可能だが、一方で、供述態度を変化させた事例もあり、取調べの機能を害するおそれも否定できないから、最終的な評価は難しい。
③ 全面録音・録画方法では、自白により物証を発見して逮捕する類型の事件では、被疑者から真実の供述を得ることが困難となり、真相解明が困難となる蓋然性が高い。

そのうえで、今後の課題として、①任意性に限らず、信用性等を立証するための証拠として使用する方向での試行をする。②取調べの適正確保のために、警察とも連携して、録音・録画を利用することを掲げている。

最高検の試行検証結果は、取調べ過程全部の録音・録画は真実解明にとって弊害があるので採用できないが、「レビュー方式」および「読み聞かせ・レビュー組合せ方式」の一部録音・録画であっても、「録音・録画に至るまでの捜査において適正でない取調べが行われれば、それが録音・録画時における被疑者の供述内容や態度等に反映されることになる」から、部分録音・録画であっても取調べの適正確保には十分とするものである。

しかし、氷見事件の被告人A氏の例に見るように、何らかの事情で被疑者取調べのある段階で虚偽自白を受け入れてしまった場合[26]には、上記の部分録音録画方式では虚偽自白の端緒を把握することはできない。また、部分録音・録画であれば、捜査官に恣意的な利用を許すことになるので、取調べを可視化するのであれば、取調べの開始から終了までの全過程および客観的情況を映像録画する必要がある[27]。

しかし、すでに述べたように、取調べの可視化はあくまでも自白獲得を目指す取調べを容認したうえでの適正化方策の1つでしかないから、仮に全面的可視化が実現したとしても、それによって供述の任意性の問題や虚偽自白の問題がすべて解決されるわけではないことに留意する必要がある。

第6　国際人権法からの批判

　最後に、氷見事件および志布志事件を契機として公表された最高検および警察庁の調査報告書、その後の取調べ適正化のための改善方策等で完全に無視されている国際社会からの改善勧告について触れておこう。そこには、冤罪防止策の原理的な違いが伏在しているからである。

　わが国の刑事司法は、国際人権法の観点から、わが国が批准した国際条約に適合していないとして繰り返し批判され、改善勧告を受けてきた[28]。とりわけ、刑事司法に関しては、国際人権自由権規約に関する規約人権委員会の勧告が重要である。従来から、同委員会の勧告は、現行の刑事手続のある部分だけを取り出して規約に違反していると指摘したのではなく、総体としてのわが国の刑事司法システムに問題があることを指摘してきた。同委員会の累次の勧告は、わが国に特徴的な代用監獄（代用刑事施設）を利用した自白中心の刑事司法システム、すなわち自白中心主義の捜査に着目して規約の刑事手続保障に違反することを指摘してきたのである[29]。

　平成20年（2008年）10月、国際人権自由権規約委員会は、第5回日本政府報告書審査の総括所見において、過去2度にわたる改善勧告の多くが履行されていないことに懸念を示したうえで（6項）、以下の点につき、三たび規約違反の懸念を表明し勧告を繰り返すとともに、勧告に従った改善内容につき1年以内に報告をするようにフォローアップを義務づけた（34項）。

　① 委員会は、「捜査と拘禁の分離」を謳う刑事収容施設及び被収容者の処遇に関する法律の下での代用刑事施設における身体拘束であっても、それは長期に及ぶ取調べと自白を得る目的での濫用的な取調べ方法の危険を増大させるので、繰り返して規約違反の懸念を表明する。【勧告】締約国は、代用監獄制度を廃止すべきであり、あるいは、規約第14条に含まれるすべての保障に完全に適合させることを確保すべきである。（18項）

　② 委員会は、被疑者の取調べ時間についての不十分な制限、取調べへの弁護人立会が、真実を明らかにするよう被疑者を説得するという取調べの機能を損なうとの前提で、弁護人の立会が排除されていること、取調べ中の電子

的監視方法が、散発的かつ選択的に用いられ、被疑者自白の記録に限定されていることに懸念を表明する。【勧告】締約国は、虚偽自白を防止し、被疑者の権利を確保するという観点から、取調べの時間に関する厳格な時間制限や、これに従わない場合の制裁措置を規定する法律を制定し、取調べの全過程における録画制度を実現し、取調べ中の弁護人の立会権を全被疑者に保障しなければならない。また、締約国は、捜査における警察の役割は真実を確定することではなく、裁判のための証拠を収集することであることを認識し、被疑者の黙秘は有罪の根拠とされないことを確実なものとし、裁判所では、警察取調べ中の自白よりも現代的な科学的証拠に依拠する裁判がなされるよう働きかけるべきである。(19項)

　この総括所見に従えば、最高検取調べ適正確保方策および警察庁取調べ適正化指針の内容がとうてい勧告を満たすものではないことが明らかである。国家公安委員会規則である犯罪捜査規範が定める時間規制には法的拘束力がないし、現在、試行中の取調べ過程の録音・録画も部分的な可視化であって取調べの全過程の録音・録画を求める勧告とのあいだには大きな開きがあるからである。そして、何よりも重要な相違は、これらの適正化方策の乖離の原因となっている取調べに対する考え方の違いである。わが国の捜査機関は自らが真実の究明者であると自負し、体質ともいうべき実体的真実主義への傾斜から、取調べを真実究明の手段として不可欠なものと考えている。しかし、国際社会は、わが国の捜査機関の体質である実体的真実主義への傾斜が代用刑事施設における被疑者の身体拘束と結びついたとき、捜査機関の主張する取調べの機能なるものは、その目的とする真実発見とはまったく逆に、虚偽自白を誘発し冤罪を作り出すことにつながるという認識を持っている。そうであるがゆえに、自白中心の捜査から脱却して、科学的証拠に基づく現代型の捜査へと変貌することを促しているのである。同じ氷見事件および志布志事件という2つの虚偽自白に基づく冤罪事件をわが国刑事司法の病理現象として扱う点では同じであっても、わが国の捜査機関が、現行の取調べ制度を維持しながら取調べの適正化の方策で対処できる例外的事例と位置づけるのに対し、国際社会の見方は、代用監獄制度を前提とした自白中心の捜査という考え方そのものを改めないかぎりは、どのような適正化方策をもってしても克服できない虚偽自白による冤罪の必然的典型例と位置づけているのである。私自身は、国際社会の見方の方に与する。それは、どんな適正化方策が施されようとも、身体を拘束された状況の下では、決して被疑者の側に対等な自由意思なるものを想定できないからである。

第7　おわりに

　最高検調査報告書および警察庁調査報告書、それに引き続く各捜査機関が公表した改善方策を分析して感ずることは、2つの深刻な冤罪事件から得た教訓が「適正捜査の励行」と「取調べの適正化」というのでは、あまりにも表面的・皮相的すぎるという思いである。英国で誤判問題が生じた場合には、徹底的に誤判原因を調査する王立委員会が設置される。その調査は、捜査機関にとどまらず弁護士会、裁判所までも巻き込む。そして、解明された誤判原因を解消するための立法がなされ、新たな制度が創設される[30]。氷見事件では日弁連によって弁護人の活動も分析対象とされたが、その分析は捜査機関に対する批判に比べて甘いのではないかという印象をぬぐえない。また、裁判所の責任は、氷見事件についても志布志事件についても免れえないはずなのに、日弁連調査報告書を含めてすべての報告書で言及されていない。最高裁判所が2つの冤罪事件について裁判所の責任を自発的に調査することも期待できない。2つの冤罪事件の調査報告書の分析から得たもう1つの教訓は、わが国でも冤罪事件の誤判原因を徹底的に調査する第三者機関が必要であるということかもしれない。

付記

　2009（平成21）年6月23日、東京高裁は、いわゆる足利事件（請求人菅家利和氏）の再審請求即時抗告審において再審開始を決定した。菅家氏を犯人と同定したDNA鑑定が誤っていたことを警察・検察ともに認めて菅家氏に謝罪しているので、宇都宮地裁における再審公判で無罪が確定することは確実である。足利事件においても、無実である菅家氏から捜査機関は「自白」を得ており、氷見事件および志布志事件と同様、「虚偽自白を生む取調べ」の存在が明らかになっている。足利事件でも捜査機関は独自に冤罪の原因を調査するとしているが、本稿でも明らかにしたように捜査機関内部の調査では限界があるので、国が第三者機関を設けて徹底的に誤判原因——虚偽自白がなぜ発生するのか——を調査する必要があると考える。

1　富山地裁高岡支判平成19年10月10日（再審無罪）。最高裁判所判例検索システム下級裁判所判例集データベースに収録。
2　鹿児島地判平成19年2月23日（第一審無罪確定）。前注1のデータベースに収録。朝日新聞鹿児島総局『「冤罪」を追え―志布志事件との1000日』（朝日新聞出版、2008年）。
3　真犯人の登場によって虚偽自白による冤罪であることが判明した事件に宇和島事件がある。本書第2部「6『善意の誤判』と闘う」参照。
4　最高検が個別事件の誤起訴原因について公的に報告書を発表したのはきわめて異例である。守屋克彦「氷見事件・志布志事件に関する最高検察庁の調査報告書について」季刊刑事弁護54号（2008年）126頁。

5 拷問禁止委員会の第1回日本政府報告書に対する総括所見は、日弁連ホームページの国際人権ライブラリー http://www.nichibenren.or.jp/ja/kokusai/humanrights_library/index.html に収録されている。
6 前注3参照。松山地裁宇和島支判平成12年5月26日判時1731号153頁。
7 本書第2部・浜田惇「10 上申書の任意性と闘う；北方事件」参照。
8 東京高決平成20年7月14日（再審開始決定に対する即時抗告審決定）。
9 日弁連編『国際社会が共有する人権と日本——国連人権理事会 UPR 日本審査2008』（明石書店、2008年）。
10 日弁連編『日本の人権保障システムの改革に向けて——ジュネーブ2008国際人権（自由権）規約第5回日本政府報告書審査の記録』（現代人文社、2009年）。
11 最高検調査報告書は、公判の問題点として、志布志事件における公判長期化と身柄拘束の問題についてのみ言及する。氷見事件については、被告人及び弁護人が公訴事実を認め情状弁護に徹したため、公判の問題点は特に指摘されていない。
12 スティーヴン・A・ドリズインほか『なぜ無実の人が自白するのか』（日本評論社、2008年）、ギスリー・グッドジョンソンほか『取調べ・自白・証言の心理学』（酒井書店、1994年）279頁以下。
13 拷問等禁止条約第1条の定義に従えば、精神的拷問そのものであり、同第15条により証拠能力は当然否定されるべきことになる。
14 ただし、「踏み字行為」については、「親族を思いやる相手方の気持ちを傷つけるものである」から、「取調べが真実発見のため行われたものであったとしても、取調べとして適切ではなかった」としている。「踏み字行為」を行った警察官に対する特別公務員暴行陵虐被告事件につき福岡地判平成20年3月18日（有罪）参照。
15 裁判所は、過度に詳細な自白内容から自白調書の作成者である担当刑事の作文の疑いを指摘しているのであるから、警察庁調査報告書（これは鹿児島県警報告書を取り込んでいる）は、この疑惑に答える必要があったはずであるが、同報告書は、供述内容は詳細であるほうが信用性を担保するという一般論で反論するのみで、担当刑事の作文ではないかという疑惑には直接答えていない。これは、すでに見てきた虚偽自白の背景事情に踏み込まなかった本報告書の姿勢と通底している。
16 前注12のギスリー・グッドジョンソン『取調べ・自白・証言の心理学』437頁以下。石塚章夫「自白の信用性」木谷明編著『刑事事実認定の基本問題』（成文堂、2008年）165頁以下。
17 志布志事件では、被告人のアリバイ成立を示唆する取調小票の開示をめぐり、検察官が警察の暴走を止めるのではなく、一緒に隠蔽工作に加担したことが、県警内部文書から明らかになっている。朝日新聞鹿児島版平成19年4月20日および21日の特集記事参照。
18 代用監獄（代用留置施設）の廃止と取調べの時間規制など現在の取調べ制度の全面的な改革を勧告。前注5参照。
19 元北海道警察釧路本部長。原田宏二『警察内部告発者』（講談社、2005年）。
20 日弁連第10回国選弁護プレシンポジウム資料(2) 104頁。
21 監督対象行為の調査の端緒となる被疑者取調べに対する苦情申出の件数は49件となっている。
22 平成19年12月12日の「警察捜査における取調べの適正化に関する有識者懇談会」第1回議事概要によれば、自由討議で、「最終的には、捜査に携わる者の意識の向上が重要であって、能力・モラルの向上をどう図るかが重要である」「捜査員に対してだけでなく、捜査全般を把握し、捜査を指揮する指揮官に対する教育が重要であり、指揮官がもっとしっかりしなければならない」との意見が見られる。
23 当時の政府与党である自民党と公明党は、それぞれプロジェクトチームを設けて、自白の強要による冤罪を防止するためには「取調べのあり方」が焦点になるとの認識から、従来からの被疑者取調べを前提にした取調べの適正化を提言した。平成20年3月19日自由民主党政務調査会・司法制度調査会経済活動を支える民事・刑事の基本法制に関する小委員会・新時代の捜査のあり方プロジェクトチーム「真に信頼される捜査の確立に向けて——取調べに関する中間提言——」、平成20年3月14日公明党法務部会・これからの捜査の在り方検討会「あるべき取調べの適正化についての提言」参照。
24 前注23の平成20年3月19日自由民主党プロジェクトチームの提言参照。
25 平成21年4月3日警察庁「警察における取調べの録音・録画の試行について」および試行検証報告参照。
26 前注12のギスリー・グッドジョンソン『取調べ・自白・証言の心理学』319頁以下参照。
27 韓国では、改正刑事訴訟法の下、被疑者取調べの全過程の映像録画が行われている。申東雲「韓国における刑事司法の改革」刑法雑誌48巻2号189頁。今井輝幸「韓国における国民参与裁判の現状」刑事法ジャーナル15号（2009年）90頁。
28 わが国が批准した各種条約に違反する懸念があるとして勧告を受けた事項は、国連人権理事会による普遍的定期審査（Universal Periodic Review）の基礎資料である国連文書要約 Compilation にまとめられている。国連文書要約は、前注5の国際人権ライブラリーに収録されている。
29 拙稿「刑事裁判の現状と課題」法律時報増刊シリーズ司法改革1（2000年）181頁以下参照。
30 たとえば、冤罪コンフェイト事件に関する1977年「フィッシャー・レポート」や1981年刑事手続に関する王立委員会報告書「フィリップス・レポート」の提言は1984年英国警察刑事証拠法の制定の基礎になっている。

6
誤判研究私史

庭山英雄

第1　はじめに、あるいは前史

　裁判関係者なら誰でも真実発見に興味を持つ。そして探究を始めて苦悩する。その苦悩の歴史は、戦前戦後の別を問わない。したがって誤判研究の文献は、枚挙に暇がない。しかしここでは、戦後間もなくの主要なもの（と言っても私がとくに興味を抱いたもの）に限る。紙面に限りがあるので、勝手な選択をお許しいただきたい。

　1953年に司法研修所教官判事の荒川正三郎氏の手になる『実例判例中心──無罪と有罪との限界』（警友書房）が出版された。荒川氏が退官後に日本刑法学会で講演されたとき、あつかましくもご挨拶にうかがうと「庭山さんですね。存じ上げております」とていねいに受け答えされた。私が『自由心証主義──その歴史と理論』（学陽書房、1978年）を出版していたためかもしれない。それにしても謙虚な紳士であった。

　本書は次の4部からなる。第一部無罪事件を究明するために、第二部無罪事件の根本的究明その一（訴因と証拠の面から見て）、第三部無罪事件の根本的究明その二（犯罪の一般成立要件の面から見て）、第四部無罪事件の根本的究明その三（犯罪の特別構成要件の面から見て）。

　表題に予告されているごとく、上記の4つの問題意識について、実例・判例に基づいて詳細に論じられている。よほど緻密な頭脳の持ち主らしい。大変有益なので全編にわたって紹介したいが、その余裕はない。ここでは、またしても私の関心のある「自由心証主義」（第一部第二章第三節）に限らせていただく。

著者は同書12頁以下で要旨つぎのように述べる。(1)相反する証拠のうち一を採り他を捨てる場合の判断には、合理的な根拠がなければならない。(2)証拠の一部分を信用し、他の部分を信用しない場合も、合理的な根拠がなければならない。(3)供述の内容の順序を変更すると、供述の趣旨が全く変わってしまう場合が少なくない。これには作為ないし無理がある場合が多い。その意図が無くても誤解から生ずる場合があるので注意しなければならない。(4)証拠の証明力は論理則、経験側にしたがって判断されなければならない。

　結局著者は、証拠の取捨選択、証明力の判断は裁判官の合理的な判断にゆだねられていると言い、その合理性判断の根拠は論理法則、経験法則だと言う。それでは経験側とはなにか。この点については結論を急がず、もうしばらく先人の思考のあとをたどってみることにしよう。

　1954年に斎藤朔郎著『事実認定論』（有斐閣）が公刊された。前掲の『無罪と有罪との限界』とほぼ同じころに出版されたにもかかわらず、本書のほうが有名である。なぜか。不思議に思った私は、久しぶりに本書を繰り返し読んでみた。わかったことは、本書のほうが理論的問題についても、実に率直に述べている点であった。多くの学者や実務家が「裁判官による事実認定とはなにか」について知りたかったのであろう。

　本書所収の「事実認定論」（本書には付録的に他の論文も収録されている）は、次の10章から成る。裁判における事実認定の特殊性、立証責任の機能及び確証責任と提証責任の分析、刑事訴訟における立証責任の存在に関する学説の概観、刑事訴訟における職権主義の後退、刑事訴訟における確証責任の分配、刑事訴訟における提証責任の転換、推定殊に法律上の推定の意義と効果、自由心証の論理過程、経験側の内容及び作用、結語。

　本稿の趣旨にかんがみ、ここでは終わりの3つの章に焦点をしぼる。まず自由心証の論理過程では、著者は要旨次のように述べる。われわれ実務家が、日常の裁判をするにあたって、現実に行っているところを顧みると、窮極の事実認定をするのには、経験側を用いているのであるが、それは決して、常に三段論法的演繹推理によっているものではない。情況証拠の総合による事実認定における経験側の機能は、われわれの帰納推理それ自身、つまり自由心証そのものの内容をなしているのである。

　次いで経験側の内容と作用の章では、著者は要旨以下のように述べる。一般的な経験側（人類的な良識と言ってもよい）は、正しい常識のある人であれば、誰でもが備えている判断能力、または科学上の因果法則に関する知識（これも良識人であれば誰もが備えている）である。この一般的な経験側は、ある証拠の証明力を判断するときと、

証拠資料から要証事実を推理するときとの両者で機能するが、両者においてその機能に本質的な差異はない。これらの場合、先述のとおり経験側は自由心証の内容をなしているから、法律審がみだりに容喙するべきではない。ただその判断がきわめて非常識であるときには、自由心証の濫用であり、理由不備ないし事実誤認となる。このことは、最高裁大法廷昭和26年8月1日の容認するところでもある。

　最後に著者は結語の個所で次のように述べる。「裁判官は平凡な通常人であることを、自覚すべきである。徒らに職権を過信して、職権を発動しさえすれば、真実の発見が、できるように思うことは、理由のない思い上がった考えである……」（本書92頁）
　すばらしい言葉である。本書の評価が高いのは、この結語の故かもしれない。

　1961年にマックス・ヒルシュベルク著安西温訳『誤判』（日本評論新社）が出版された。著者は数々の冤罪の解明に成功している著名な弁護士である。本書は、英米独仏伊、スペイン、オーストリア・ハンガリー（かつて併合されていた）7カ国の問題事例48件を検討して、誤判原因を究明したものである。世界にまたがる豊富な実例の引用とそれら実例から誤判をなくす方策を探究する著者の熱意とには圧倒される。ちなみに著者は同書の末尾で「私は、この著作を、将来誤判への戦士となる人々に対し私の遺言状として捧げるつもりである」（271頁）と述べている。
　本書は、大きく第一部一般的刑事訴訟における誤判と第二部政治的訴訟における誤判との2部にわかれるが、ここでは本稿の性質上、第一部に限って取り上げる。第一部はさらに、第一章誤判の刑事学的主原因、第二章刑事裁判における蓋然性と確証性、第三章誤判の原因としての法の欠陥、第四章刑事裁判における判決発見の心理学のために、の4つの章にわかれる。以下、要点を紹介する。
　著者は第一章において、主要な誤判原因として次の6点を挙げる。自白の無批判な尊重、共同被告人による有罪証言の無批判な尊重、証人の供述の無批判な尊重、まちがいの犯人識別、有罪証拠としての嘘、鑑定人の鑑定結果の無批判な尊重。
　著者は上記の主要原因について、実例を示して詳細に検討しているが、日本の場合と驚くほどよく似ている。したがって日本でも、それらについては多くの研究が発表されているので割愛し、私の最大の関心事である次章に進む。
　第二章において著者は、証明についての歴史を詳細にたどったうえで、「かくして、われわれは、たいていの誤判の大きな原因は、裁判所が確証性を求める代りに蓋然性で満足することの中にあるという結論に達する」（117頁）と述べる。それでは以上2つの概念の違いはなにかと著者自ら問うて、それらの概念の検討に入る。
　著者は幾多の実例や先人の業績を考察したうえで、要旨以下のように説く。明証性、

すなわち、確証性の意識は、すでに紹介したライヒ裁判所の判決や著述家が考えているような蓋然性の高度のものではない。確証性は、むしろ、必然的な因果の結合に関する確信、その他ではありえないという不可能性に関する確信である。これに反し、蓋然性の表象は、反対の可能性を排斥するものではなく、ただ単に、一致しているいろいろの可能性が反対のいろいろの可能性のうえに占める優位性によって生じているだけである。（したがって）蓋然性は、その他でありうる可能性を含む。（これに対し）確証性は、その他でありうるといういかなる可能性も含まない（140～141頁）。
　著者は第三章において、真実発見ないし誤判防止をさまたげる手続上の欠陥をいくつも指摘しているが、いずれもドイツ法に関するものであり、そのほとんどが過去のものであるので、次章に移る。
　著者は第四章において判決発見のための心理学について論ずる。その種の心理学には、犯罪心理学、証言心理学、供述心理学、精神分析学などがあるが、私がとくに注目するのは、著者が刑事裁判官による判決発見のための心理学（裁判官心理学）の重要性を指摘している点（195～196頁）である。著者は、裁判官が潜在意識によって動かされると述べてはばからない。そして次のように説く。「裁判官の無意識的な衝動は、裁判官じしんがそれを意識することによってのみ、コントロールすることができ、かつ、事実認定に影響を及ぼさないようになりうるのである」（199頁）
　私は2006年に田中嘉之弁護士との共訳、G．ボーネ著『裁判官の心証形成の心理学――ドイツにおける心証形成理論の原点』（北大路書房）を公刊した。ボーネは、裁判上の確信形成は、解決行為、解決意識、解決検証から成るものであり、心理学上の問題解決過程と同様であるとし、確信形成とは、感情により規定を受ける、精神上の快楽体験だと結んだ。
　このボーネの主張は、ヒルシュバーグとほぼ同趣旨と思われる。しかしボーネ著は、本書の文献表に載せられてはいるが、本文ではまったく触れられていない。不思議である。アメリカに亡命した人（ヒルシュバーグ）としなかった人（ボーネ）とでは思想信条が異なっていたのであろうか。それとも思想信条と理論とは別物なのであろうか。

　1963年に斎藤秀夫著『裁判官論初版』（一粒社）が出版された。書名でわかるごとく、本書では裁判官にまつわる種々の問題が論じられているが、ここでは裁判官の法意識の問題を取り上げる。著者は、本書88頁以下で次のように述べている。三段階にわけて要旨を紹介する。
　(1)　裁判官の法意識を形成する人格、すなわち判決に影響を与える人格を形成する要素としては、教育、家族および個人的な交友関係、財産と社会的地位、

法律上・政治上の経験、政治的関心と意見、知的および性質上の傾向などが数えられる。わが国では裁判官についてのこれらの資料はきわめて少ない。各裁判官の個人別調査も、最高裁・地裁・簡裁の審級ごとの調査も地域ごとのグループ別調査もほとんど行われていない。

(2)　ただしその端緒はすでに現われている。最高裁判事と簡裁判事とを除く全部の判事・判事補を対象（総数 1,835 名）として、法律時報編集部が 1960 年に、裁判運営や司法行政についてどう考えているか、その待遇や地位、購読している新聞や定期的に読んでいる雑誌名などについて郵送による回答を求めたことがあった。

　　約2割の判事・判事補から回答があっただけであるが、このような調査は、裁判運営改善の基礎資料として必須であることを認識して裁判官の協力を得るのでなければ、その成功は期待できない。

(3)　具体的な方法としては、わが国では、調査担当者に学者のほか裁判官・検察官・弁護士をも含め、最高裁・法務省の協力の下に行われないと成果を挙げる見通しは少ないと思われる。1953 年に、江家義男教授を代表者として、刑事訴訟法の運用に関する実態調査を実施したグループがメンバーに、学者のほか、判事・法務省刑事局参事官をも加え、公的な背景のもとに成果を挙げたことは、モデルケースとして貴重な意義を持つと考える。

　以上が裁判官の法意識調査についての著者の意見であるが、卓見であろう。私（庭山）は、これを裁判官の心証形成にまで広げることができないか、と夢想する。刑事裁判における事実認定は、主体、客体、両者をつなげる手段の三者によって形成される。主体は客体の価値を、合理性ないし経験則という手段によって判断する。その際いかに客体たる証拠資料や手段たる経験側について研究を重ねてみても、判断する側についての科学的分析がなくては、「疑わしきは被告人の利益に」や「合理的な疑いを超える証明」も、ほとんど機能しないであろう。本気になって誤判・冤罪をなくそうとするのであれば、ここまで踏み込まなければならない。

第 2　誤判と弁護士・学者

1　刑事再審制度研究会の発足

　1974 年秋に、日本刑法学会第 47 回大会が東京神田の学士会館で開かれた。共同研究のテーマの1つに再審に関するものがあり、弁護士会を代表するかたちで

竹澤哲夫弁護士が報告を行った。その報告に心を動かされた光藤景皎、小田中聰樹、庭山の3名は翌日、刑法学者による共同研究の必要性について語り合った。こうして1975年の春に、刑事再審制度研究会が鴨良弼先生をはじめとする15名の会員（のち増員された）でスタートした。

　同研究会はそれから満5年にわたり、全国研究会・地方研究会合わせて20回の研究会を持ち、1979年秋には立教大学での刑法学会で「刑事再審の構造と展望」と題する共同研究報告を行った。その間いろいろな方のご援助を頂いた。団藤重光先生には毎日学術奨励金出願にさいし推薦の労をとっていただいた。そのほか著名な研究者や実務家の方にご参加いただき、貴重な助言をいただいた。現在ではとても考えられないような、希望に満ちた再審制度研究の黎明期であった。

　同研究会は1980年に『刑事再審の研究』（成文堂）を公刊した。資料をあわせると629頁に及ぶ大冊であった。同書は、序章、終章のほか第一部再審の基本問題、第二部再審の理論的諸問題、第三部再審運用の実態、第四部比較再審法の4部門から成る。日本で最初の理論的研究であったので、簡単に内容を紹介しておこう。

　序章では、再審研究の課題と方法とが示される。ただし「現代法的課題」としての再審制度という副題が付されているので留意されたい。第一部では、再審の指導理念、基本構造、沿革および問題状況が論じられている。次いで第二部においては、証拠の新規性、明白性、手続構造、既判力など核心的な理論問題について立ち入って考察されるとともに、鑑定、上訴制度、誤判問題などとの関連において、再審の位置付けも試みられている。また第三部においては、理論的に興味のある再審事件をできるだけ取り上げ、その実態が解明される。さらに第四部においては、英米、独仏のほか主要な社会主義国家の再審制度についても検討が加えられている。

2　『再審』『続・再審』の公刊

　本書は1980年に公刊されたものであるが、これよりさき1977年に弁護士の手になる『再審』（日本弁護士連合会編、日本評論社）が出版された。上記の学者研究会がまだ研究継続中に出版されたので、学者を刺激するところ大であったと思われる。

　現在、白鳥・財田川事件と一括して紹介されているが、上記『再審』が出版されたときには、まだ最高裁白鳥決定しか出されていなかったので、同決定についての評価しか記されていないが、白鳥決定は、「再審請求審理にも疑わしきは請求人の利益にの原則の適用がある」と述べていると正しく評価している。

　日弁連の人権擁護委員会は、1972年に部内に再審研究会を発足させて以来、

各事件弁護団との交流を重ね、内外の学者との連携を強化しつつ、再審理論の発展に努めて来た。その成果が1970年の白鳥決定であり、続いて出された財田川決定である。これらの決定がどれほど再審弁護団への励みとなったかわからない。
　白鳥・財田川決定はおおむね次のように判示した。疑わしきはの原則は、再審請求審理にも適用がある。その原則の実際の適用にあたっては、新旧両証拠を用いて総合評価し、確定判決に合理的な疑いがあれば、再審開始決定を出してもよい。この原則の適用の結果、免田、財田川、松山、島田と1979年から1986年にかけて、相次いで死刑事件について再審開始決定が出されて世界を驚かせた。
　そのほかにも再審開始決定を獲得した事件はいくつもある。これに勢いをえた日弁連は、1986年に『続・再審』（日本評論社）を発表した。同書には種々の貴重な分析が掲載されているが、本稿の性格上、216頁以下の「誤判原因」に焦点をしぼろう。ほぼ次のように説いている。
　（はじめに）免田事件、財田川事件、松山事件といった3事件（島田事件は1986年に出されたため、分析未了であった）の誤判原因を大別すると、第1に捜査、第2に裁判、第3に弁護、第4に鑑定その他の問題、に区分できる。これらの誤判原因は、むろん単独で存在するものではなく、複合して存在する。これらはここに取り上げた3事件に特有のものではなく、ほとんどの冤罪・誤判事件に共通している。そして誤判の最大かつ最終的責任は裁判所にある。
　（捜査）3事件に共通する問題点は見込み捜査である。確証がないのに特定の者を犯人と想定するので、必然的に別件逮捕となる。
　3事件ではいずれも自白をとることを、捜査の中心においた。そのためにさまざまな違法・不当な捜査が行われた。
　捜査官は、捜査の想定に矛盾が生じても反省することなく、証拠を偽造したりして、無理やりに証拠と事実とを合致させ、矛盾を糊塗した。
　自白偏重主義の捜査は当然のこととして、客観的捜査の不備を招く。たとえば上記3事件では、いずれも指紋が採取されていない。
　誤判防止という観点からの検察官によるチェックがほとんど機能していない。
　（裁判）三審制度が適切に機能していない。これは検察官追随、原審有罪判決尊重という裁判所の傾向を示している。
　取調べの過程で暴行、脅迫があったこと、あるいは捜査官の証言が偽証であったことの立証責任を被告人に課している。
　自白の任意性・信用性は現実には一体不可分であるので、信用性にいささかでも疑問があるならば、自白を排除すべきである。

貧弱な資料で逮捕・勾留令状が発付されている。
アリバイの主張について裁判所はきわめて厳格な立証を要求している。
裁判所は弁護人の主張に対し、予断偏見を抱いている。
（弁護）起訴前の弁護活動がきわめて不十分である。
公判における弁護活動も効果を挙げていない。
弁護人は自白事件においても独自の立場から証拠関係の科学的検討を行うべきである。
重大事件においては当初から、複数の弁護人が認められるべきである。
（鑑定）再審の審理を通して、3事件の血痕鑑定の誤りが明らかにされた。
3事件では、新証拠の鑑定が真実解明に大きな役割を果たした。
いわゆる不可知論は、科学に対する不信であり、真実発見の努力の放棄である。
鑑定人の鑑定に対する態度・姿勢に問題なしとしない。

　以上が日弁連の委員会が掲げた誤判原因の要約である。ごく最近（2007年3月現在）、これらの誤判原因が払拭されていない事実が相次いで判明した。富山の氷見事件では、服役後真犯人が判明し、検察官が再審請求した。鹿児島の志布志事件では、被告人12名全員が無罪となり、検察官は控訴を断念した。続いて佐賀の北方事件では、一、二審とも続けて無罪判決を出した。
　これを受けて刑事拘禁制度改革実現本部委員の田原裕之弁護士は、日弁連宛、捜査の全面的可視化のみならず、長時間取調べの禁止、代用監獄制度の廃止（廃止までのあいだ、否認事件については代用監獄収容を禁止し、弁護人による移監請求権を法定する）、弁護人との電話・ファクス接見の拡充、勾留の厳格化と保釈制度の改革、全面証拠開示、裁判官による自白の任意性・信用性判断の厳格化、の諸点を改革提案に加えるよう勧告した（2007年3月22日付私案）。同じ改革実現本部に属する者として感銘したのでとくに記した。
　それにつけても、誤判原因といわれるものが、約20年前とほとんど変わらない事態に、誰しも深い憂慮を抱くであろう。

3　起訴前手続研究会の発足

　刑事再審制度研究会がほぼ終わりに近づいたころ、誰いうとなく、この研究会をこのままで終わらせていまうのはもったいないとの声が出てきた。問題は次なるテーマであったが、誤判を未然に防ぐためには、現在の捜査手続、とりわけ代用監獄制度

をベースとする、被疑者取調べの制度・手続を変革しなければならない、との認識で全員の意見一致をみた。

こうして1980年10月に新潟大学で行われた刑法学会の折に、井戸田侃立命館大学教授を代表者とする起訴前手続研究会が発足した。発足時の会員数は19名であったが、その後あっという間に増加し、1981年には41名に達した。この問題に対する研究者の関心の強さを示すものと言えよう。

第1回研究会は1981年に京都で催された。爾来、1986年5月の第7回研究会に至るまで、会員で手分けしてそれぞれの得意テーマを担当し、捜査全般にわたって綿密な討論を繰り返した。その研究成果が1991年に日本評論社から刊行された『総合研究＝被疑者取調べ』（編集代表井戸田侃）である。私は同研究会の世話人の1人であったので、原稿を取りまとめる作業がいかに大変かをつぶさに体験した。800頁を超す同書の構成は大筋を示せば以下のとおりである。

Ⅰ　取調べ総論
Ⅱ　歴史的考察
Ⅲ　比較法的考察
Ⅳ　取調べの主体と方法等に関する諸問題
Ⅴ　若干の関連問題
Ⅵ　取調べの実態研究
Ⅶ　終章　取調べ問題の展望（田宮裕）

この研究会には、竹澤哲夫弁護士が終始参加した。夜の懇親会では竹澤先生持参の酒を酌み交わしながら、先生を囲んで話に花が咲いた。今でも夜のほうが楽しかったと思っている研究者が多いであろう。

この研究会とは別に、代用監獄問題をめぐっては、もう1つの動きがあった。五十嵐二葉弁護士から人を介して、私に「救援」の以来があったのは私がイギリス留学から帰って間もなくであった。ベッカリーヤの『犯罪と刑罰』（岩波文庫）を訳した才媛と聞いて一も二も無く引き受けた。最初の仕事は、代用監獄の実態に関する海外へのアンケート調査であった。この調査結果は、東京三弁護士会代用監獄調査委員会編『諸外国における未決拘禁の実態』（会内資料）として1977年に出版された。

他方、五十嵐弁護士と私とは、1976年ささやかながら「代用監獄問題研究会」を発足させていた。欧米の実態がわからないので、2人で手分けして現地調査を行なったこともあった。それらの成果が、庭山英雄・五十嵐二葉共著『代用監獄制度

と市民的自由』（成文堂、1981年）であった。自画自賛ながら、弁護士から「こんなに面白い本は読んだことがない」と言われたこともあった。

この書物がやがて庭山英雄・西嶋勝彦・寺井一弘編『世界に問われる日本の刑事司法』（現代人文社、1997年）につながっていくのであるが、話が長くなるので今回はこの程度に留めておく。

第3　刑事弁護と精神鑑定

1　鑑定の必要性の立証

すでにケース研究で見たごとく、弁護人が鑑定の必要性を実感するのは本人との接見の結果が一番多い。次いで事件記録の精査である。これらで疑問を感じて家族面接までやる弁護士がいるかもしれない。国選弁護人であるのに、友人である精神医学者に質問の手紙を出す人もいる。敬服に堪えない。国選弁護人の職務と私選弁護人のそれとのあいだに差異はないと言われる。理屈はそうであるが、現実にはなかなかむずかしい。

鑑定請求にあたっては、弁護人はそれまでに調べた本人の病歴と犯行時の病的徴候とをできるだけ具体的に記載し、可能ならば医師の診断書など裏づけとなる資料を添付したほうがよい。医学的文献の収集と引用も有効であろう。事件によっては、正式鑑定の請求以前に簡易鑑定の請求を必要とする場合もある。

簡易鑑定との関係でいえば、捜査段階で違法・不当な鑑定請求もなされないではないので、弁護人は訴追側の動向を注意深く見守らなければならない。被疑者・被告人の悪性格の立証や身体拘束の延長に鑑定が利用されてはならないことは、言うまでもない。

2　鑑定手続上の問題点

弁護人として鑑定を依頼する場合には、鑑定人の専門性についてあらかじめ十分に吟味しなければならない。とは言ってみても、精神鑑定にかぎっても、鑑定人を見つけることは非常にむずかしい。私には、精神鑑定を依頼した経験はないが、その他の領域では散々苦労した経験がある。費用は自弁である。にもかかわらず結果は必ずしも弁護人の望みどおりには出ない。

裁判所は専門別に鑑定人の候補者リストを持っており、われわれ弁護人が特定の

鑑定人を希望しても、それに応じない場合が多い。法医学鑑定の場合でも、裁判所の指定する鑑定人はかなりかたよっているが、精神鑑定の場合は偏りがもっとひどい。弁護人は事前準備を十分に行い、おかしいと思う点はその場で反論しなければならない。刑事訴訟法 321 条 4 項の解釈に際し、かつて専門家に対して反対尋問はできない、と主張する学者もいたが、今は影を潜めた。

　ケース研究のための資料を調べていたとき、鑑定人の多くが裁判所から与えられた資料を丹念に読んでいることがわかった。そこで気になったのが、被告人の自白の影響であった。鑑定人は、精神医学者として責任能力判定のための素材を提供する役割を持つ者であるから、被告人の自白調書を読んでもよいが、よほど慎重に読むようこころがけなければならない。自白があるから心神喪失ではない、と短絡的に考えないでほしい。

　さきに鑑定書の末尾に、参考までに責任能力についての鑑定人の意見を記したほうがよいとの考え方があることを紹介したが、どうであろうか。責任能力を判断する要素としては、医学的には、生物学的要素と心理学的要素とがあるが、両者の関係は微妙である。前者が基礎だと言えなくもないが、そうとも言い切れない。これら両要素について、過去から犯行時、さらに現在にわたってまで診断することは容易ではない。責任能力の件は法律家にまかせておいてもよいのではないか。

3　医療観察法の意義と課題

　平成 17 年 7 月 16 日に、「心神喪失者等の状態で重大な他害行為を行なった者の医療及び観察等に関する法律」(略して医療観察法) が施行された。この法律の目的は、心神喪失等の状態で重大な他害行為を行った者について、その病状の改善およびこれに伴う同様の行為の再発防止を図り、同人の社会復帰を促進することにある。その目的達成のためには、継続的かつ適切な医療が必要であるが、その確保のために入院または通院、退院、退院期間延長、処遇の終了、再入院等は裁判所の決定を要するものとされた。

　弁護士は付添人としてこれらの手続に関与できるが、入院または通院に関する審判手続では付添人が必要的とされている。したがって私選の付添人がいない場合には、裁判所がこれを選任しなければならない。刑事事件における国選弁護人を想像していただければ、その大体はイメージできるであろう。

　ところで日本弁護士連合会は、主として医療設備の不完全を理由として、2005 年 6 月に同制度の実施の延期を政府に申し入れたが、同月に閣議決定によって実施が

強行されることになった。その強行の結果がどうなるかが、ここでの主題である。弁護人の努力によって、被告人が心神喪失を理由に無罪とされると（心身耗弱を理由とする執行猶予の場合も同様）この医療観察法によって審判にかけられることになる。受け入れ体制がととのっていれば問題ないが、現状では寒心に堪えない。

　弁護人としてなにより心配なのは、医療観察法があるからということで、心神喪失による不起訴や無罪判決が減り、刑務所内における医療処遇が増えることである。拘禁者に対する医療処遇が十分でないことは、弁護士一般の見方であるが、この機会に時間をかけて十分に検討し問題の抜本的解決を図らなければならない。弁護士会は医療観察法の実施の成り行きを重大な関心をもって見守る必要がある。

第4　国際人権法と誤判の防止

1　国際人権法とはなにか

　私の知るかぎり、国際人権法の定義について本格的に論じたのは、宮崎繁樹・五十嵐二葉・福田雅章編著『国際人権基準による刑事手続ハンドブック』（青峰社、1991年、7頁以下）が最初と思われる。編者の1人、五十嵐弁護士によって「国際人権法の成立と効力」と題して詳細に論じられている。本書によって国際人権法に対する法律家の関心が一挙に高まったと評してよいであろう。編著者の労を多としたい。

　ここではごく最近出版された、国連人権高等弁務官事務所著、国際法曹協会協力、平野裕二訳、アジア・太平洋人権情報センター編『裁判官・検察官・弁護士のための国連人権マニュアル──司法運営における人権』（現代人文社、2006年）に基づいて国際人権法の意味・内容を見てみよう。同書36頁以下によれば、国際人権法とは、国連憲章および世界人権宣言に起源を有する、国際条約、国際慣習法および法の一般原則である。

　そのなかで刑事司法に直接関連する国際文書としては、つぎのようなものがある。

　　世界人権宣言（1948年）
　　市民的及び政治的権利に関する国際規約（自由権規約、1966年）
　　拷問及び他の残虐な、非人道的な又は品位を傷つける取扱いもしくは刑罰を禁
　　　止する条約（拷問等禁止条約、1984年）
　　国際刑事裁判所規程（1998年）
　これに準ずるものとしてはつぎのようなものがある。
　　被拘禁者の取り扱いに関する最低基準規則（1955年）

法執行官行動綱領（1979 年）
　あらゆる形態の拘禁もしくは収監のもとにある、すべての者の保護のための原則
　　（1988 年）
　検察官の役割に関する指針（1990 年）
　弁護士の役割に関する基本原則（1990 年）
　旧ユーゴスラビア国際刑事裁判所およびルワンダ国際刑事裁判所の手続規則
　　（前者は 1994 年、後者は 1995 年）
関連する地域文書にはつぎのようなものがある。
　欧州人権条約（1950 年）
　米州人権条約（1969 年）
　人および人民の権利に関するアフリカ憲章（アフリカ人権憲章、1981 年）

　以上が日本で国際人権文書といわれているものである。本稿の目的との関係でここでは上記の自由権規約（国際人権規約ともいう）と拷問等禁止条約とにまず焦点をあてる。

2　規約人権委員会について

　正式には国際人権規約委員会というべきかもしれないが、ここでは日本弁護士連合会の用例にしたがって、規約人権委員会といわせていただく。この呼称は日本ではすでに一般化している。
　さて 1998 年秋、私はジュネーブを訪れた。規約人権委員会を傍聴するためであった。傍聴の合間につてをたどって、何人かの委員に会い、代用監獄問題と証拠開示問題とについて日本の実情を説明した。みなびっくりしていた。もちろん事前のブリーフィング（委員有志との懇談会）にも、日本の各種人権団体の代表とともに出席して発言した。
　その甲斐あってか、第 4 回日本政府報告書審査の結果は、われわれの期待を上回る大きな成果を生み出した。以下に同委員会の最終見解（勧告）を紹介する。
　最終見解（以下同じ）23 項は、日本の代用監獄の存在は、国際人権規約（以下同じ）9 条および 14 条に違反すると指摘した。
　25 項は、日本の捜査官憲による取調べについて、同取調べが厳格に監視できるよう、録音・録画による記録（可視化）を実施するよう勧告した。
　26 項は、規約 14 条 3 項に基づいて、被疑者・被告人の防御権を確保するため、

弁護側が関連するあらゆる証拠資料にアクセスできるよう、法律と実務とを改正することを勧告した。

以上が刑事関係についての最終見解ないし勧告であるが、驚くべきことに同委員会は、国際人権教育について、裁判官・検察官・行政官が受講できるよう研修を整備することを勧告した。とくに裁判官については、研究会やセミナーを開催するようにと、具体的に示唆した。

私は帰国後、他の用事もあって地方裁判所、高等裁判所、司法研修所を訪問し、それぞれの事務責任者に規約人権委員会の意図を伝えたが、司法研修所の担当官の応対が最も冷ややかであった。最高裁直属だから、とのことであった。

3 拷問禁止条約について、その1

国連拷問禁止委員会は、2007年5月、拷問等禁止条約の実施状況に関する第1回日本政府報告書についての審査結果を発表した。同条約は、1984年に国連総会で採択され、日本政府は、1999年に同条約を批准した。批准後1年以内に各国は報告書提出を義務付けられていたが、日本政府が報告書を提出したのは、2005年12月であった。日弁連は4名の代表を上記審査委員会に派遣した。予算が3名分しかなく、残りはカンパに頼ったという。私は代用監獄との関係で審査結果に強い関心を寄せていたが、その詳細が2007年8月に日弁連の機関紙に発表された。

同機関紙に発表された論文（小池振一郎、大橋毅、海渡雄一、田鎖麻衣子「拷問禁止委員会第一回政府報告書審査に基づく最終見解の意義と日弁連の課題」自由と正義58巻8号〔2007年〕80頁以下）によれば、その内容（刑事手続関係）はほぼ次のようである。

上記拷問禁止委員会の最終見解の懸念事項および勧告15項は、「代用監獄」の項目のもとで、警察における取調べの可視化の必要性、弁護人の立会権の不存在、接見制限、取調べ期間・時間の無制約、証拠の不開示の問題性をまとめて指摘した。この点が画期的である。

拷問等禁止条約2条は、公務員による身体的拷問と並んで、精神的拷問をも防止する措置を政府に義務付けた。日本の代用監獄の基本的な問題点を的確に指摘し、それが無罪推定の原則、黙秘権・防御権の尊重という近代刑事司法の根幹に触れることを明確に示した。その点が規約人権委員会の勧告（1993年、1998年）に優る点といえよう。

このような結果が得られたのには、いくつかの幸運や代表団の努力がある。まず2007年5月8日に、インターナショナル・ヘラルド・トリビューン紙が鹿児島県志布

志事件など日本の冤罪事件について大きく報じた。また代表団がいろいろ根回しをして、同年5月7日夜に、周防正行監督の「それでもボクはやってない」（英語版）を上映したところ、委員や国連職員を含む60名余が参加し、その人たちから「これは本当の話か」「どうしたら変えられるか」といった質問が相次いだという。

以上が上記15項の意義ならびにその背景事情であるが、重複をいとわず各論的に15項の重要点を挙げれば要旨次のようである。

1 捜査と拘禁（護送手続を含む）の機能の完全な分離を確実に実現するため、法律を改正すること。日本では捜査官が護送することがあるとの情報がある。
2 国際的な最低基準に適合するよう、被拘禁者を拘禁できる最長期間を制限すること。（私見によれば、それは日本の逮捕許容期間の3日と推測される）
3 弁護人が取調べに立ち合い、防御の準備のため起訴後は警察記録中のあらゆる資料にアクセス（全面証拠開示）できるようにすること。

その他についても述べたいことがたくさんあるが、ここでは上記の証拠開示問題を取り上げる。私は日弁連人権擁護委員会の研究会において、証拠開示について何度か報告したことがあるが、そのさい名張事件の主任弁護人、鈴木泉弁護士から、「その報告の趣旨では警察の手持ち証拠を開示させることができない」との鋭い指摘を再三受けた。まことにそのとおりであるが、解決策を見いだせないままでいたところ、このたび拷問禁止委員会から日本政府は的確な勧告を受けた。強力な援軍を得た思いであり、今後、全面証拠開示に向けて学者としても弁護士としても最善を尽くしたい。

4　拷問禁止条約について、その2

最終見解の懸念事項及び勧告16項は、今回、独立の項目として「取調べに関する規則と自白」を取り上げた。日本の実情に対する委員会の関心の強さがうかがわれる。その要点は以下のようである。

1 無罪判決に比して有罪判決の数が極端に多い。自白に基づいた有罪の数の多さも異常である。本条約15条に反して得られた自白が裁判所によって許容されている結果によると考えられる。
2 未決拘禁に対する効果的な司法的統制の制度が欠如している。取調べに法的規制をかけて、効果的司法的抑制が実現されるべきである。
3 代用監獄制度の下における被拘禁者の取調べについては、全取調べの可

視化（録音録画による）ならびに弁護人の立会い制度が実現されるべきである。またその可視化記録は刑事裁判において利用可能となるよう法改正されるべきである。

　以上が16項の要点であるが、15項を含めて拷問禁止委員会は、報告書の提出は条約で4年ごとと定められているにもかかわらず、日本政府に対しては1年後の報告書提出を求めた。今後、日本政府がどう対応するか、われわれは関係各庁の動きを重大な関心を持って見守る必要がある。

5　欧州人権条約および米州人権条約

　表題の人権条約は、日本国に対し直接の効力はないが、日本法の解釈にさいして援用できる（高松高判平成9年11月26日判時1653号117頁）ので、簡単ながら紹介しておこう。注目すべき点は以下のようである。

　欧州人権条約は1950年に成立し、1953年に発効した。同条約3条は、はっきりと拷問または非人道的な待遇もしくは刑罰の禁止を定めている。同5条3項は、実質的に代用監獄の禁止を定め、同6条3項bは被疑者・被告人の十分かつ適切な弁護を受ける権利を定めている。

　他方、米州人権条約は、1969年に成立し1978年に発効した。同条約5条2項は、肉体的もしくは精神的な拷問禁止を定めている。同7条5項は、実質的に代用監獄禁止を定め、同8条2項cとdとは、被疑者・被告人の防御権と弁護を受ける権利とを定めている。それらの内容は本質的に欧州人権条約と変わりはない。

第5　グッドジョンソンの研究をめぐって

1　研究の背景

　本稿は、取調べと自白との経験科学的研究について高い評価を受けている、ロンドン大学のギスリー・グッドジョンソン教授の最近の2著について紹介しようとするものである。その第1は、Gisli Gudjonsson, The Psychology of Interrogations, Confessions and Tesimony（1992, Wiley）〔庭山英雄ほか訳『取調べ・自白・証言の心理学』〔酒井書店、1994年〕であり、その第2は、同書の改訂版であるThe Psychology of Interrogations and Confessions（2003, do）である。

旧版出版当時著者は、ロンドン大学精神医学研究所の上級講師であったが、現在では同大学キングスカレッジの法心理学教授を務めている。少しでもイギリスに滞在したことのある研究者であれば、キングス・カレッジの権威の高さを承知しているであろう。実務面では、当時でも現在でもモズリー・ベスレム王立病院の法心理学部長を務めている。

　同教授は若き日、アイスランドの警察官を勤めたことがあるという異例の経験を持つ。このように特異な経験（取調べ）を生かして、同氏は、誤判や冤罪を憂える人たちの要望に応えて旧版を著わした。同書が類書にない特徴を有し、広く内外の注目を集めたのはそのゆえであった。

　本書は、経験科学的なデータにもとづいて、捜査官による取調べ、その影響ならびに意義について検討し、捜査関係者（研究者を含む）にガイドラインを提供しようとしたものである。中心テーマは、「なぜ、そしてどのようにして虚偽自白が生まれるか」である。虚偽自白の強要は、被疑者・被告人に対する大きな人権侵害であるのみならず、捜査や裁判を誤らせる重大な危険性を孕む。

　このような問題意識で著者は、自分が実際に関与した、著名な誤判事件を含む多くの事件において上記の問題を主として心理学をもとに学問的に究明した。理論と実務双方の知見を駆使して、経験科学的に虚偽自白を取り上げた研究としては、本書が内外ともに最初のものといってよいであろう。

　1992年に本書の旧版が公刊されるや、関係する新聞や雑誌がこぞって取り上げ、時宜を得た刊行として絶賛した。世界で最もすぐれた刑事司法制度を持っていると自負していたイギリス国民にとっては、当時の相次いだ冤罪や誤判は衝撃的な出来事であった。その誤判を予防できるとあって、人々は本書を喜んで迎えた。イギリスと異なり、代用監獄制度を温存しているわが国においては、問題はもっと深刻なはずである。しかし人々は、この事実を十分には意識していない。

　実は、本書の訳業は日本弁護士連合会刑事弁護センター事務局長（当時）寺井一弘弁護士の強い要請によって始められたものであった。1993年秋、寺井氏はロンドンで開催された日英共同シンポジウムにおいて、グッドジョンソン氏のレクチャーに接して強い感銘を受けた。そこで帰国後直ちに関係者に相談して本書の翻訳を企画した。寺井氏（現在、日本司法支援センター理事長）の刑事司法改革に寄せる熱い思いには敬服のほかない。また、本書の翻訳を担当していただいた方々は、それぞれ当時の法曹界や学界で最高の評価を受けておられた人たちであった。世話人役を仰せつかった私には、生涯忘れることのできない光栄であった。

2　本書の旧版の内容

本書の旧版は次の 15 の章からなる。
　第 1 章　序論
　第 2 章　取調べ：基本原則と理論
　第 3 章　取調べの駆け引きと技術
　第 4 章　被疑者はなぜ自白するのか
　第 5 章　証人の供述における知覚と記憶の役割
　第 6 章　被暗示性：その歴史的および理論的な側面
　第 7 章　取調べ過程の被暗示性：実証的研究から
　第 8 章　記憶喚起を高める心理学的技法
　第 9 章　証言や調書を評価するための心理学的技法
　第 10 章　虚偽自白の心理：調査研究と理論上の論争点
　第 11 章　虚偽自白の心理：事例紹介
　第 12 章　ギルフォード 4 人組事件とバーミンガム 6 人組事件
　第 13 章　争いのある自白の法的な側面
　第 14 章　争いのある自白：心理学鑑定
　第 15 章　要約と結論

　以上が旧版の章別であるが、これらについて抽象的に説明を加えても、あまり読者の興味を惹かないであろう。ここでは実際に起きたバーミンガム 6 人組事件を題材にして、経験科学的心理学研究の有用性を明らかにしたい。

　1974 年 11 月、バーミンガムの 2 軒のパブがアイルランド共和国軍によって爆破され、21 人が死亡した。その日の夜遅く、4 人のアイルランド人（ゲリー・ハンター、リチャード・マキルケニー、ウイリアム・パワーそしてジョン・ウオーカー）が、アイルランド行きのフェリーの乗船手続中、職務質問のため停止を求められ、鑑識検査のため警察署に連行された。彼らの友人の 1 人（パトリック・ヒル）がそれまで一緒に旅行していたことを知るや、すでに乗船していた彼をも警察は逮捕した。

　5 人の男は、内務省の技官（スクセ医師）によって検査され、そのうち 2 人（パワーとヒル）からニトログリセリンが発見されたと報告された。5 人の男は一緒に旅行していたので、警察による激しい取調べを受けた。最初に自白したのはパワーであり、6 頁に及ぶ自白調書にも署名した。彼らの友人ヒュー・キャラハンも翌日、自宅で逮捕され、彼も爆破事件について自白した。ヒルとハンターとは終始否認を貫いた。

6人の男は、殺人の罪で起訴され、スクセ医師の鑑定証拠と4人の自白調書とによって有罪とされ、1975年に無期懲役に処された。1980年代の後半になって、同事件に疑問が持たれ、新しい証拠が収集されて、1991年、控訴院は6人の有罪判決を破棄した。事件発生以来、16年の歳月を経ていた。

　取調べのときから13年後の1987年に、服役中の6人に対し、グッドジョンソンの被暗示性ならびに迎合性テストが実施された。その結果によれば、被暗示性と迎合性の低い2人は自白せず、それらの程度の高い人たちは自白していた。この事実は、被暗示性と迎合性とが13年以上も変わらずに残っていたことを証明している。

3　改訂版の内容

　本書の改訂版は、構成が大幅に変えられ（表題から「証言」が除かれている）、大きく次の4部から成る。

　　第1部　取調べと自白
　　第2部　法的側面と心理学的側面
　　第3部　イギリス控訴裁判所の裁判例
　　第4部　争われた自白についての外国の裁判例

　それらにおいて取り上げられた章の数は22章にふやされ、総頁数は700頁近くに及ぶ。にもかかわらずハンドブックの副題が付されている。実務家等に手引きないし便覧として利用してほしいとの著者の意図と推測されるが、索引を合わせると700頁になんなんとする大著が「ハンドブック」とは恐れ入った次第であった。

　改訂版には旧版になかった質問項目一覧（GCQ-R）が付録として掲げられている。全部で52項目に及ぶが、ここでは最初の10項目を紹介する。

　　1　自白したら家に帰れると考えたか。
　　2　容疑について有罪と考えたので自白したのか。
　　3　否認しても無意味だと考えたのか。
　　4　心配などを打ち明けて、胸の中をさっぱりさせようと思ったのか。
　　5　自白したら罪が軽くなるかもしれないと考えたのか。
　　6　結局警察はあなたがやったと証明するだろうと思ったのか。
　　7　取調べの間の警察の圧力に負けて自白したのか。
　　8　警察があなたを犯人と考えていないとしても、あなたは自白したであろうか。
　　9　自白することはあなたの利益になると考えたのか。
　　10　あなたの共犯者があなたを連座させると考えて自白したのか。

以上が52項目中の10項目であるが、それぞれに1点から7点までの点数がつけられており、合計点数が多いほど被暗示性や迎合性の程度が強いとされる。その実効性についてはすでに前節で紹介したとおりであるが、代用監獄制度のある日本で果たして通用するのか、といった懸念がないではない。

あとがき

1 本書を作成する過程で多くの貴重な事件に接することができ、その弁護活動の素晴らしさに敬服すると同時に、その苦闘を目の当たりにし、被告人と検察官は全く対等ではないという我が国の刑事裁判の矛盾を否応なく再確認することとなった。本書が、裁判員裁判の時代に、より良い刑事裁判の実現のためにいささかでも利用されることがあれば、編著者一同この上ない喜びである。

2 本書の原稿の取りまとめに入った2008年秋ごろから「足利事件」の前代未聞の展開に心を奪われることになった。

足利事件とは、周知のとおり、1990年5月に当時4歳の幼女が行方不明となり翌日足利市の渡良瀬川の河川敷で遺体となって発見された事件である。元幼稚園バス運転手の菅家利和（当時45歳）さんが、幼女の半袖下着に付着していた精液のDNAと菅家さんのDNAが一致したとするDNA鑑定によって1991年12月に逮捕され自白、その後宇都宮地裁に起訴され1993年7月無期懲役の判決を受け、2000年7月上告を棄却され服役したものの、日弁連の支援を受けて2002年12月宇都宮地裁に再審請求をしていた。菅家さんは、2008年2月再審請求を棄却されたが、12月に即時抗告審の東京高裁がDNA再鑑定を決定、2009年5月DNAは一致しないという衝撃の鑑定を受け、6月に刑の執行停止を受けて釈放、直後に原決定を取消され（再審開始、刑の執行停止）、現時点では宇都宮地裁で再審公判を闘っている。

3 さて、足利事件の再審公判の進め方については三者協議で激論がかわされた。

弁護団は、氷見事件の轍を踏まないよう足利事件の「誤判原因」究明に向けた「充実審理」を要求、科警研のDNA鑑定が誤鑑定だったことや公判廷の自白にも任意性がないことについて明らかにするため多数の証人尋問による実質審理を求めた。検察官は菅家さんの無罪を認めるので争点は存在しないから無用な審理は刑事裁判の目的を逸脱するうえ、迅速な無罪こそが菅家さんの利益に適うとして「早期結審・早期無罪判決」を求め、東京高裁で行われた2人の法医学教授によるDNA再鑑定のうち検察側推薦の法医学者の鑑定書だけを取り調べれば足りる、とした（その理

由*は、弁護側推薦の本田克也筑波大教授は、科警研が行ったMCT118型の鑑定も実施、犯人のDNA型は科警研の判定した型とは異なる、科警研は誤鑑定をしたと思われるとの鑑定書を提出していたからである)。

* もう一つの理由は、足利事件でDNA再鑑定へとの報道がなされた直後の2008年10月久間三千年氏の死刑が執行されたことだと思われる。同氏は1994年に福岡県飯塚市で起こった2人の幼女殺害事件で起訴されたが最後まで全面否認で争っていた。同事件でもDNA鑑定が大きな有罪証拠の柱であり、MCT118型も実施され、その型は16-26型で菅家さんと同一であったからである。

これに対し、弁護団は、確定審の段階では菅家さんは有罪であることを前提とする検察官の意見は根本的な誤りである、菅家さんが無実であれば確定審の段階でも無罪でなければならない、再審公判での「手続の更新」の際に刑事訴訟規則207条に基づき、菅家さんの自白一切と科警研のDNA鑑定の「証拠排除」を申し立てる、その判断のために裁判所は「証拠調べ」をしなければならないとする強力な論陣を張った。

当初裁判所は充実審理に消極的な対応を見せていたが、2009年8月に足利事件と前後して起こった2件の幼女殺しも自白しながら不起訴となった菅家さんの取調べ録音テープの存在が発覚し世間の耳目が高まったこともあって、裁判所は「刑事裁判の目的は国家刑罰権の存否を判断するものであるから誤判原因の究明はその目的を逸脱する。しかし、本件では被告・弁護人側が証拠排除を申し立てており、その申立の内容を判断するうえで必要な証拠調べを行うことは必ずしもその目的に反しない。審理は半年程度で終えたい」との基本方針を示した。

4 このように足利事件の再審公判への道のりは検察官の抵抗により険しいものだったのである。その原因は、再審公判は通常の公判と変わりはないのであるから、国家刑罰権の存否すなわち菅家さんの有罪、無罪さえ判断できれば足りるという考え方が根強いからだと思われる。

しかし、その考え方では、冤罪を導いた誤判原因について充実した審理が必ずしも行われないことを意味する。再審公判で誤判原因の究明をしなければ、国民が参加する裁判員裁判の時代に、責任を持って冤罪の教訓を後世に伝える機関が存在しないことになる。それでいいのか、というのが足利事件の提起した問題である。菅家さんも「私が苦しんだ17年半を無にしないためにも私を冤罪に陥れた原因をキチンと審理して欲しい」と訴えている。他方、再審公判の第一の目的は冤罪者の早期解放であり、冤罪を生んだのは正に刑事司法そのものであるから、そこに誤判原因の究明を期待することは背理である、との指摘もある。目を世界に向けると、イギリスの

王立委員会、カナダの冤罪事件調査委員会など誤判原因を多角的に検証し、立法的提言などをするシステムを持っている。これらは必ずしも刑事司法による誤判原因の調査制度ではない。我が国でも、誤判原因をどの機関に制度的に徹底的に調査させるのかを議論しなければならない時期に来ていると言えよう。
　そうしなければ菅家さんは浮かばれない。

　最後に、誤判原因調査研究委員会を担当して支えて下さった歴代の日弁連職員のみなさんに深く感謝するとともに、私たちの遠大な企画を受け入れ、愚直で地道な作業をひたすら待ち続けていただいた現代人文社の成澤壽信氏に厚くお礼を申し上げる。
　そして、冤罪がなくなることを祈って。

2009年11月

日本弁護士連合会人権擁護委員会
誤判原因調査研究委員会
委員　笹森 学

誤判原因に迫る──刑事弁護の視点と技術

2009年11月20日　第1版第1刷

編　者　日本弁護士連合会人権擁護委員会
発行人　成澤壽信
発行所　株式会社現代人文社
　　　　〒160-0004　東京都新宿区四谷2-10 八ッ橋ビル7階
　　　　振替　00130-3-52366
　　　　電話　03-5379-0307（代表）
　　　　FAX　03-5379-5388
　　　　E-Mail　henshu@genjin.jp（編集）／hanbai@genjin.jp（販売）
　　　　Web　http://www.genjin.jp
発売所　株式会社大学図書
印刷所　株式会社ミツワ
装　丁　Malpu Design（黒瀬章夫）

検印省略　PRINTED IN JAPAN　ISBN978-4-87798-433-5 C3032
© 2009　NIHONBENGOSHIRENGOUKAI

本書の一部あるいは全部を無断で複写・転載・転訳載などをすることは、または磁気媒体等に入力することは、法律で認められた場合を除き、著作者および出版者の権利の侵害となりますので、これらの行為をする場合には、あらかじめ小社また編集者宛に承諾を求めてください。